U0535562

弗洛伊德传

Freud: A Life for Our Time

〔美〕彼得·盖伊(Peter Gay) 著

龚卓军 高志仁 梁永安 译

刘森尧 校订

Peter Gay
Freud: A Life for Our Time
Copyright © 2006, 1988 by Peter Gay
ALL RIGHTS RESERVED
Published in agreement with the author, W. W. Norton & Company, Inc. through Bardon-Chinese Media Agency

弗莱堡的锁匠街117号,1856年5月6日,西吉斯蒙德·弗洛伊德诞生于此。

弗洛伊德8岁时和他的父亲雅各布(时年约50岁),在全家迁居维也纳之后合影。

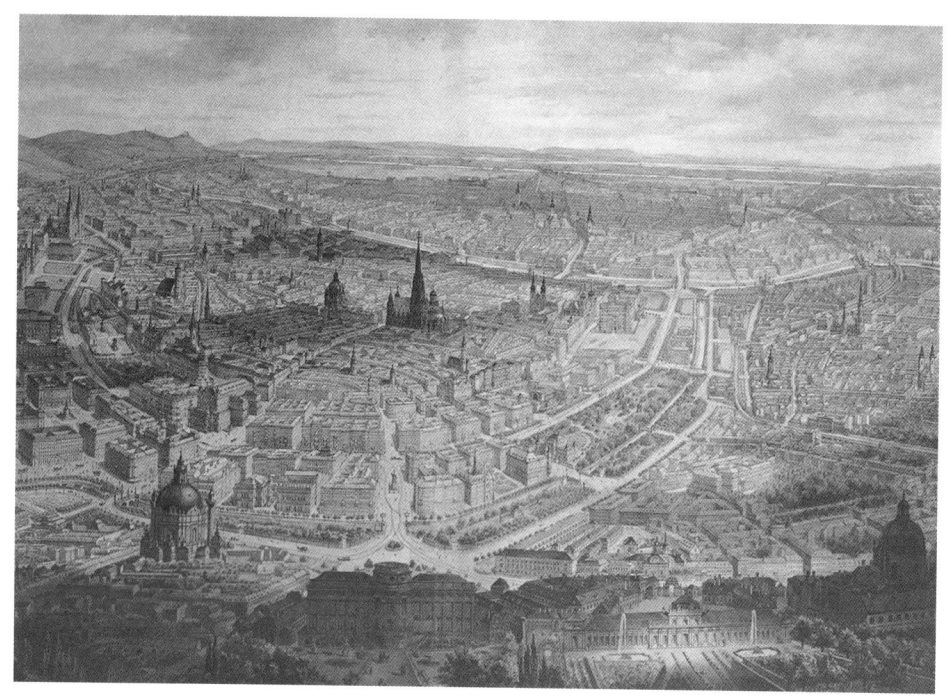

1873年维也纳城市的鸟瞰图,这一年弗洛伊德进入维也纳大学。

《黑色星期五》(Black Friday),霍瓦特的素描作品,捕捉了1873年5月9日证券市场崩盘后,证券交易所前的场景。许多手势夸张的掮客带着反犹太主义的情绪,把一切归咎于犹太人。

16岁的弗洛伊德和他那令人崇敬的母亲阿马利娅·弗洛伊德。

1876年的弗洛伊德家族。站在中间面对镜头的就是20岁的弗洛伊德。他的同父异母哥哥埃马努埃尔在他旁边背对着他。后排从左向右还有他的妹妹保利娜、安娜、罗莎、玛丽,以及母亲阿马利娅的表弟西蒙·纳坦森。弗洛伊德的妹妹阿道芬和他们的双亲坐在前一排。坐在最前排的可能是弗洛伊德的弟弟亚历山大。另外两个小孩的身份未知。

1884 年的玛尔塔·贝尔奈斯,时年约 23 岁。弗洛伊德当时疯狂地爱上她,并订立婚约。

伟大的德国生理学家埃内斯特·冯·布吕克。他对弗洛伊德的影响远胜于其他大学时代的教授。

弗洛伊德与玛尔塔·贝尔奈斯,1885年,也就是婚前一年时摄于万茨贝克。

安德烈·布鲁耶的雕版画作《沙可博士的临床课程》(*La Leçon clinique du Dr Charcot*)。内容是沙可正向一群痴迷的听众展示一名歇斯底里的妇人。弗洛伊德把这幅画的复制品挂在了他的诊疗室里。

贝塔·巴本海姆,著名的歇斯底里病人(Anna O.),布洛伊尔在1880年到1882年之间的病人。她的特质使她成为精神分析的奠基病人。

弗洛伊德(左)与他19世纪90年代的密友,威廉·弗利斯。他是弗洛伊德最重要的密友,同时也为弗洛伊德引发了最多困扰。

弗洛伊德在1890年左右得到这张著名的分析躺椅。

1891年的弗洛伊德,这一年他的作品《论失语症的概念:一个批判研究》出版。

阿尔弗雷德·阿德勒无疑是星期三心理学会中仅次于弗洛伊德,最主要且最具影响力的人物。直到1911年两人的合作才结束。

卡尔·荣格,在充满风暴的数年之中,是弗洛伊德指定的继任人。

第三次国际精神分析代表大会的团体合照,摄于1911年9月德国魏玛。弗洛伊德站立于中间,他左边稍低一点的是桑多尔·费伦齐,在他右边稍微弯腰的是卡尔·荣格。前排左五位是露·安德烈亚斯-莎乐美。

1913年暑假期间,弗洛伊德在意大利北部的多洛米蒂山,当时17岁的安娜挽着他的胳膊。

1916年的弗洛伊德和他两个服役中的儿子——埃内斯特(左)和马丁。

弗洛伊德与女儿苏菲。苏菲在1920年因流行性感冒而去世。

露·安德烈亚斯-莎乐美:在人生的最后25年,弗洛伊德与她的友谊愈趋密切。

弗洛伊德与"委员会"成员合影。后排立者(左起):兰克、亚伯拉罕、艾廷冈和琼斯;前排坐者(左起):弗洛伊德、费伦齐和萨克斯。

炯炯有神看着镜头的弗洛伊德(摄于1921年)。

弗洛伊德与安娜1928年秋天摄于柏林。弗洛伊德到柏林是为了装一副新的人工口腔。

1938年6月(4或5日)弗洛伊德和安娜摄于载着他们奔赴法国的火车上。

1938年夏天弗洛伊德坐在伦敦家中书桌前工作的情景。他穿戴整齐,把布尔乔亚的本色保持到了最后。

西格蒙德·弗洛伊德(1856 年 5 月 6 日—1939 年 9 月 23 日)

有一些法则,它们以同等严厉的姿态
统治着正常活动和病态活动,
在它们面前,人人平等。

——弗洛伊德《达·芬奇及其童年的回忆》

目　录

导读　如何阅读弗洛伊德 ··· i

序 ··· i
前言 ··· 1

第一部　奠基期：1856—1905

第一章　对知识的贪求 ·· 3
　　回忆的滋养 ·· 4
　　研究生涯的诱惑 ·· 22
　　恋爱中的弗洛伊德 ·· 37

第二章　酝酿中的理论 ·· 64
　　必要的朋友与敌人 ·· 64
　　歇斯底里、投射与困窘 ··································· 77
　　自我分析 ·· 95

第三章　精神分析 ·· 120
　　梦的秘密 ··· 120
　　献给心理学家的心理学 ································· 133
　　从罗马到维也纳：一段缓慢的进展 ··················· 147
　　性欲地图 ··· 157

第二部　深究期：1902—1915

第四章　四面受敌的宗师 ···································· 175
　　50 岁 ··· 175

感官之乐	183
星期三心理学会	192
外国人	198

第五章　精神分析政治学　223

荣格：加冕的王储	223
美国插曲	231
维也纳对抗苏黎世	238
荣格：后来的敌人	250

第六章　疗法与技术　278

疑窦重重的首演	279
经典的两课	288
事出有因：达·芬奇、史瑞伯、弗利斯	300
事出有因：狼人政治学	316
临床技术手册	324

第七章　应用与涵蕴　345

有关品位	345
社会的基础	362
重绘心灵地图	374
欧洲的终结	381

第三部　修正期：1915—1939

第八章　攻击性　407

牵连甚广的重大事件	407
风雨中的和平	417
死亡：经验与理论	431
爱欲、自我及其敌人	444

第九章　生死相争　469

死亡的阴影	469
安娜	479

成名的代价 …………………………………………… 496

　　活力：柏林精神 ……………………………………… 509

第十章　黑暗大陆的摇曳火光 ………………………… 528

　　兰克事件及其结果 …………………………………… 528

　　医生的两难 …………………………………………… 546

　　女人，黑暗大陆 ……………………………………… 556

第十一章　人性使然 …………………………………… 588

　　对抗幻象 ……………………………………………… 588

　　文明：人类的困境 …………………………………… 606

　　丑陋的美国人 ………………………………………… 616

　　战利品与讣闻 ………………………………………… 631

第十二章　死于自由 …………………………………… 659

　　灾难政治学 …………………………………………… 659

　　反抗作为自我认同的方法 …………………………… 666

　　奥地利完了 …………………………………………… 679

　　一个斯多葛派之死 …………………………………… 696

缩略语 …………………………………………………… 729

文献综述 ………………………………………………… 730

后记 ……………………………………………………… 807

致谢 ……………………………………………………… 809

索引 ……………………………………………………… 818

导　读
如何阅读弗洛伊德

弗洛伊德主义是当代智识生活无法回避的一大重要主题,因为它早已渗透到我们知性生活的各个层面,它影响着我们的生命观和世界观,同时操纵着我们人际关系的运行,更确切地讲,它左右着我们生命的呼吸方式。总之,它开拓了我们看人的现象和世界运行方式的视野,我们因而能够更了解自己以及他人,借此揭开生命的盲点以减少人生的伤痛。这看来不知道是幸还是不幸,因为我们都自觉或不自觉生活在弗洛伊德所揭露之心灵事实的阴影底下,这逼得我们无法不去正视这门学问。

然而,一百年来,以弗洛伊德为名所主导的精神分析理论,一直不停在演变和争论。即使到今天,其演变和争论仍方兴未艾,甚至越演越千头万绪,已然成为众说纷纭而莫衷一是的局面。几乎每一学问领域都无法避开其尖锐触角,这形成一种现象,即人人都知道弗洛伊德,但很难了解什么是弗洛伊德主义,或者什么是精神分析,因为之间牵涉太多太复杂的要素,感觉起来,简直教人无从捉摸,好比一部二十四史,真不知要从何读起。那么,既然无可回避,我们要如何面对弗洛伊德呢?很简单,去读他。

弗洛伊德主义所牵涉的学问虽说庞然芜杂,但事实上并不如我们所想象的那么困难,我认为读弗洛伊德的方式归纳起来不外乎三种:第一,直接阅读弗洛伊德的全部著作,他的许多重要作品的中译本已陆续出版,但距离理想仍远,特别是他那精彩的通信集仍一概付之阙如。第二,阅读有关分析评论弗洛伊德学说的介绍性或评论性著作,这当然以名家著作为主,如荣格所写的《弗洛伊德与精神分析》或是拉康所写的许多有关弗洛伊德的论述文字,甚至法兰克福学派马尔库塞(Herbert Marcuse)所写的《爱欲与文明》(*Eros and Civilization*)一书也不失为谈论有关弗洛伊德思想的精彩著作。第三,读有关弗洛伊德的传记,但弗洛伊德死后60余年来，有关他的生平传记何止汗牛充栋，恐怕仍得以阅读名家所写作品为主。约瑟夫·施瓦兹在《卡桑德拉的女儿》一书中曾提到比较著名的八本弗洛伊德传记，有三本我个人认为值得特别推介，其作者和书的出版年代分别是：威托斯（Fritz Wittels，1924年）、琼斯（Ernest Jones，1953—1957年，分为三大册出版）以及彼得·盖伊（Peter Gay，1988年）。最后这一本值得在此特别一提，一方面这是近年所出版弗洛伊德传记中，最具分量且描写最翔实同时也是叙述风格最杰出的一本（原书近千页篇幅），其中译本的出版，就弗洛伊德这一学问领域在中国的介绍而言，毋宁是盛事一桩，适巧借此补足了我们多年来在这方面的缺失，至于有关这本传记的特色及其价值，我将于后文详细论及。

关于第一种阅读弗洛伊德的方式，这可能是最直接但同时也是最困难的方式，因为一般而言记载伟大思想的原创性作品经常是不容易阅读的，相对而言，如能读通也是最为振奋人心的。法国著名精神分析学家拉康即说过，欲探索弗洛伊德主义的奥秘，首先必须全面回到弗洛伊德的原典上面，只有在这里头我们才能真正窥见大师思想的全貌，也才能确实掌握这套学问的来龙去脉。当然，所谓弗洛伊德的全部著作必得包括他那为数极庞大惊人的通信记录，弗洛伊德和历史上许多伟大作家及思想家一样，一辈子写了许多信，信中不仅记载日常生活琐碎杂事，同时也免不了披露个人思想的精华。要了解弗洛伊德，他的通信集自然不能不读，特别是他在写《梦的解析》一书时和弗利斯之间的通信，他们在频繁的信件往来之中互相谈论了许多有关精神分析的概念，这些书信内容形成了有关此概念最早和最珍贵的第一手原始资料，这看来好比马克思和恩格斯两人之间通信里有关共产主义概念的启蒙讨论，都是珍贵的思想记录。

关于弗洛伊德和弗利斯两人之间的通信（1887—1902年），有一点似乎值得在此带上一笔。1928年弗利斯去世，他的遗孀曾写信给弗洛伊德，言明想要回先前弗利斯写给他的所有信件，弗洛伊德推说早已散失（或根本已经烧毁），并未加以理会，但同时又警觉到他写给弗利斯的信会外流而担心不已，他告诉好朋友波拿巴王妃说："由于我和他当时关系极亲密，我们在信中几乎无所不谈，这些信的内容包括一些私人事务以及精神分析概念的启蒙，一样含有私人性质。"果然不久之后，弗利斯的遗孀真的把弗洛伊德写给她丈夫的信全数卖给了柏林一位书商，后来又辗转落到波拿巴王妃手上。弗洛伊德知道这个消息之后，想出钱购回以便销毁，王妃怎么样都不肯，她肯定这些信具有无与伦比的学术价值。

1950年，英国伦敦一家出版社出版了这批信件，书名定为《精神分析学的诞生》，从今天眼光看，要了解什么是精神分析，读这本通信集比什么都有用。

此外，弗洛伊德通信对象尚有其他多人，除他结婚前五年间写给未婚妻玛尔塔的大批情书之外（五年期间每天一封，有时甚至二至三封不等，目前已公布的才几百封而已，实际数目肯定要多许多），我们比较熟悉的至少还有荣格、阿德勒、费伦齐、琼斯及亚伯拉罕等人。这些人在精神分析的发展过程中也都扮演了相当重要的角色，他们同时也各自发表了许多极有分量的有关精神分析理论的精彩文字，这些人和弗洛伊德之间的通信记录必然有其可观之处。但问题是，如果我们只是出于对弗洛伊德学说有兴趣的普通读者，无意成为这方面的专家学者，比如成为精神分析医师，则似无必要花费时间和精力去读遍弗洛伊德那卷帙浩繁的全部著作，当然更不要说那数量更为庞大惊人的通信集了。我们该如何做呢？择要精读。

欧内斯特·琼斯曾经是弗洛伊德生前在英国方面最得意的私淑弟子，弗洛伊德于1939年去世后，琼斯曾于20世纪50年代为他写过风行一时的三大册传记，在当时曾被视为最翔实且最权威的弗洛伊德传记。琼斯在书中即透露大师生前曾对他表示过，他自己最得意的三本作品依写作年代顺序是：《梦的解析》（1900年）、《性学三论》（1905年）及《图腾与禁忌》（1913年）。这中间最重要的毫无疑问是《梦的解析》了，此书可说正是弗洛伊德所有有关精神分析观念的理论核心所在，亦即所谓弗洛伊德主义之重镇所在。他后来所有作品，包括死前一年于英国伦敦流亡期间所写的毕生最后作品《摩西与一神教》，全都是在为这本书作注脚，因此我们可以肯定这是进入弗洛伊德世界必读的首要之书。作者为此书而觉得意，乃是因为他自认是人类历史上第一个用科学方法全面探讨梦现象的人。这里作者同时透过对自己许多梦境的分析而流露出浓厚的自传色彩，把自传生活和理论论述交融在一起，展现出一种有很强的艺术性且有强烈个人风格的写作方法，这是许多谈理论的书难以做到的。但更重要的是，此书不管是内容材料的处理，原创观点的披露（比如"梦是愿望的实现"和"无意识"等观念），或是写作风格的展现，弗洛伊德都觉得自己已经写出了毕生的伟大杰作。从今天的眼光看，弗洛伊德的自信并未失误，这是一本永远的不朽杰作。

许多评论家一致认为《性学三论》是弗洛伊德作品中，除了《梦的解析》之外，对人性的了解最有创意且是最具永恒价值的贡献。读这本书显然要比"梦书"轻松愉快多了,几乎毫无障碍即可掌握作者所要传达的意思,甚至可以深刻感受到书中有关性见解的真知灼见而由此获得极大乐趣。弗洛伊德在此书中有关性变态和同性恋等现象的看法固然不是什么伟大创见(主要来自和他同时代的两本伟大性学名著,克拉夫特-埃宾的《性变态心理学》和霭理士的《性心理学的研究》),但是他在书中提出的"力比多"和"婴儿性欲"理论,则是大胆原创的洞见且又相当的惊世骇俗,前者的"失调"和后者的"固着"等现象,说明了许多神经症的病源即是由此而来。弗洛伊德为此一发现深感得意,但批评和争论最激烈的,也正是他有关这方面的论调,理由在于他的见解大胆而具革命性。他和克拉夫特-埃宾及霭理士等人一样,都是人类历史上首先把性的问题放到台面上检验研究的前辈大师,进而建立起自己的一套理论系统,最后事实终究还是会证明,他的看法并不是那么一厢情愿,因为他毕竟对了。

年轻时代的弗洛伊德,远还在医学院求学时代,曾经相当热衷于哲学以及和人类文明现象有关的学问(比如宗教或考古人类学)。事隔多年之后,他再度把探索的目标回过头指向这方面,甚至还成为他晚年的研究重心。而精神分析是他所使用的方法和手段,这使他显得更加得心应手,由此而展开了研究角度上另一别开生面的宏观视野。他在《自传研究》中即说,他绕了医学的一个大弯路,最后还是又回到了最初阶段所热爱的题目上面:哲学,这包括他后期几本重要作品如《超越快乐原则》、《图腾与禁忌》、《一个幻觉的未来》、《文明及其缺憾》以及毕生最后压轴杰作《摩西与一神教》等。

1912 年,由以弗洛伊德为核心人物的"星期三心理学会"演变而来的维也纳精神分析学会创办了一份刊物,叫作《潜意象》(*Imago*),这个刊物的主要目标就是将精神分析的原理运用到其他文化领域,借精神分析理论来说明许多文化现象(当然也包括弗洛伊德自己所热爱的考古人类学和文学),《图腾与禁忌》一书正是此一宗旨下的产物。这是一本有关人类学的著作,也是另一本读来轻松愉快甚至爱不释手的弗洛伊德作品。作者在这本书中力图证明原始人透过图腾和禁忌等仪式的压抑生活方式,正是现代文明人与之相同的压抑生活内容,在伦理道德压制下,形成了神经症的根源。据弗洛伊德自称,他写这本书的灵感主要来自英国方面的人类学概念,特别是弗雷泽、史密斯及泰勒等人的著作,当然也包括达尔文。当然,在人类学事实方面弗洛伊德谈不上有什么伟大创见或发现,他惊人的地方在于,他认定了原始人与现代神经症患者在心灵上有众多一致性,而这正是本书最早版本的副标题,也正是本书有别于一般人类学著作的地方,弗洛伊德感到得意也正是基于此一独创论调。

弗洛伊德借着分析原始人的心灵生活,进而在他多年前于《梦的解析》中所提到的俄狄浦斯情结上面大做文章,同时更进一步大幅扩充这个理论。事实上,《图腾与禁忌》一书所最强调的心灵事实就是俄狄浦斯情结,这甚至是全书在概念演绎上的真正主轴。弗洛伊德向来强调俄狄浦斯情结在神经症上所扮演的重要地位,从杜拉、小汉斯及鼠人等案例报告中,他不断加重对这个概念的宣扬,而于《图腾与禁忌》中集其大成并确定其重要性。他透过对原始人心灵生活的分析研究而了解到,在这个情结里,人的世界中一切宗教、道德、社会生活和艺术创作等现象的开端起源都汇集在一起,所有神经症也因此得到了适当的解释。从原始人的生活方式中他看出,每个人类的新生代所必须面对的任务就是去适度驾驭俄狄浦斯情结,做不到这个就会沦为神经症的牺牲者。

我们不能否认的是,几乎所有弗洛伊德的著作都少不了一些理论上的漏洞,以及无法自圆其说的武断论调,但更多的是独创而颠覆传统的不凡洞见。上述三部弗洛伊德自己最喜爱的个人作品显然即具有这类特点,而这正好也是他会饱受批评和争论的原因,但换另一个角度看,这其实也正是他的作品迷人的地方。有时我们不免会纳闷,弗洛伊德应该算是伟大的精神分析家呢,还是伟大的作家?他显然两者都是,但我倒偏向于认同他是当代无可匹敌的伟大作家,他写作时在修辞学上所透露的文采是那么圆满无瑕,在论理时好做恰当贴切的比喻,然后不偏不倚地点出他的论点之核心所在,即使他所要传达的知识信息是那么武断,甚至是偏颇可疑的,我们还是乐于阅读他所写的东西,好比我们读某些伟大作家所写的东西时,未必会接受他们的意见,但对他们所展露的文采以及表达意见的方式则总是心悦诚服。在弗洛伊德身上,我们看到了某种高超写作艺术的表现,而此一特点尤其见之于他后期的几本有关文学和文化论述的作品,比如《短篇小说格拉迪娃分析》、《达·芬奇及其童年的回忆》、《一个幻觉的未来》、《文明及其缺憾》等,都是会令人想一读再读的迷人作品。除此之外,要是再读他所写的书信,则不难发现,其吸引人程度绝不亚于他的任何一部作品,一样都是写作艺术的高度发挥,也都是极佳创作风格的表现。

读弗洛伊德的第二个方式,去阅读有关评论分析弗洛伊德的作品,这是一条看似简便的途径,实则并不周全。法国自从20世纪50年代以来即已成为精神分析研究的重镇,一般知识界不管任何领域都离不开对弗洛伊德主义的涉猎和钻研,许多哲学家或文化领域学者很自然都会成为弗洛伊德专家,比较著名的如拉康、德里达、德勒兹、罗兰·巴特、福柯、阿尔都塞甚或克莉丝提娃等人,都曾经是弗洛伊德和马克思的忠实信徒,都或多或少写过一些极具分量的谈论精神分析的文字,当代极负盛名的哲学家保罗·里克尔(Paul Ricoeur)的《论诠释——弗洛伊德总论》(*De L'interprétation: Essais sur Freud*,1965年)一书更以无比巨大的篇幅全贡献给了弗洛伊德,算得上是少数以哲学眼光探索弗洛伊德主义的杰作之一。德国法兰克福学派自从20世纪50年代以来的许多文化评论文字一样离不开对弗洛伊德的专注。谁都知道,20世纪中弗洛伊德主义和马克思主义之间最深入且是最有力的对话,乃是由法兰克福学派所主导进行的,特别是以马尔库塞和弗洛姆两人为主。马尔库塞以英文写作的《爱欲与文明》一书便毫不迟疑摆明是献给大师弗洛伊德的,弗洛姆更大言不惭以弗洛伊德的继承人自居,事实上他也的确为弗洛伊德学说贡献过不少心力,他和铃木大拙所合写的《禅与精神分析》一书,确实充满许多令人印象深刻的美妙高见。

早在20世纪20年代之际,弗洛伊德的理论系统尚未完全真正确立之时,俄国著名的文化理论大家巴赫金即已发表过多篇论文,针对精神分析有关的语言问题及文化论调展开严苛批判,然后在批判之余却又同时认定其不可抹灭的价值。这些文章后来收集一起成书付印,即《弗洛伊德主义》一书,从今天眼光看,可以肯定巴赫金是西方学界最早从事弗洛伊德理论研究的最重要的先驱之一。我们看弗洛伊德和马克思的紧密对话构成了法兰克福学派批评理论及西方马克思主义的核心焦点,而后结构主义理论如拉康和女性主义批评等,又无不以弗洛伊德主义和结构主义语言学(如罗兰·巴特)的交叉为其出发起点。事实上,这些文化批评理论的出现和受重视,包括法兰克福学派和后结构主义理论,都是巴赫金的《弗洛伊德主义》出版之后几十年的事了,即便后结构主义时期的阿尔都塞、拉康和福柯等人,把语言当成核心问题来重新解读马克思主义和弗洛伊德主义,一样离不开早在20世纪20年代巴赫金所探索的范围。

上述有关弗洛伊德主义的延伸和诠释只能算得上是一个大概简略举隅而已,实际情况恐怕要更为复杂许多,比如我们绝不可能忽略由弗洛伊德分叉出来的,由荣格和阿德勒各自所主导的与精神分析有关的学说;还有,弗洛伊德的女儿安娜以及克莱因女士所发展出来的儿童精神分析;此外,卡伦·霍妮和海伦娜·多伊奇两位女士从欧洲到美国落脚之后所发展出来以女人为主体的女性精神分析似亦不应忽略(她们皆各自以精神分析角度写出极精彩的有关女性心理学的著作)。由此看来,读弗洛伊德的第二个方式并不会比第一个方式轻松简便,甚至可能更复杂难缠,因为其触角漫无节制地延伸,几乎没有止尽。也许我们应该这么看,第二个方式的阅读应以第一个方式为先决条件,换句话说,事先对弗洛伊德的著作有了某种程度的理解之后,再进行第二阶段的延伸阅读。可是这显然又形成了另一不必要的负荷,除非我们企图成为弗洛伊德主义专家,否则大可不必如此。现在我们不妨看看第三种阅读弗洛伊德的方式,亦即阅读有关他的传记。

彼得·盖伊出生于1923年,任教于美国耶鲁大学,专业领域是法国启蒙运动时期的思想和德国魏玛共和时代的文化。他是这一代美国学院派学者的顶尖代表,不但治学严谨,而且才华横溢,从他的著作履历来看,从1952年以来,所发表的学术论著几近30种之多,真称得上是著作等身了。晚近20年来,他的研究重心几乎全围绕在弗洛伊德身上,1988年出版的《弗洛伊德传》一书可称得上是他这一系列研究中最具典型代表的扛鼎巨著,不但篇幅浩大,同时写作风格突出,全书近1000页篇幅写来不疾不徐,仿如一气呵成。至于内容,我们几乎可以大胆肯定,有关弗洛伊德的一切,包括大师的生平、交友和著述生涯,全都巨细靡遗写在里头了。这显然是近50年来,继琼斯于20世纪50年代所写的三大册《弗洛伊德的生活和工作》一书之后,最翔实也是最精彩的一本弗洛伊德传记。1988年此书出版之时,《纽约时报》上一篇书评中的一句话最能说明盖伊教授这本传记的特点:"知性且全然贯注……借着对弗洛伊德所有作品的全盘掌握,作者以严谨客观的态度写出了一本公正而充满创意的伟大传记。"

琼斯曾经是弗洛伊德最得意的门生之一,追随弗洛伊德长达30年之久。1938年弗洛伊德一家人为躲避纳粹迫害而流亡伦敦,正是由琼斯周旋奔波一手所促成,他本身亦具有相当高水平的写作才能,似乎最具权威资格来写大师的传记,他拥有别人所无的第一手资料和一般人不会有的直接印象,但问题恰恰就出在这里。大凡学生为老师写传记都免不了沦入主观和胡乱吹捧的窠臼,柏拉图写苏格拉底简直把对方快要捧上了天,托洛茨基写列宁一样不能免俗,简直是捧得离了谱。至于朋友写朋友,比如布劳德写卡夫卡,未必胡乱吹捧,也是一样不免有失客观而流于偏颇。琼斯写弗洛伊德所犯的毛病正是如此,他不但笔调主观武断,甚至还刻意隐藏一些曾发生在弗洛伊德身上的事实,最明显的一桩是关于大师死亡的记载。

琼斯在他所写的传记里,不知由于什么缘故,审慎删除了他和弗洛伊德信件往来中某些极有趣的片段,同时更刻意回避说明大师最后是如何依照自己要求采取安乐死方式离开这个世界的。琼斯是否怕触犯当时(20世纪50年代)有关死亡方式的禁忌呢?这极有可能。我们如今读了盖伊教授的版本,他依据后来出现的资料和证据,总算为我们揭开了谜底,而有关这个部分的描写,可说是全书诸多精彩片段中最为精彩感人的一段。早在1915至1917年,弗洛伊德曾在维也纳大学医学院以讲座方式演讲精神分析理论,这些演讲内容后来成书出版,即有名的《精神分析导论》一书。当时来听演讲的,除了赫赫有名的露·安德烈亚斯-莎乐美女士之外,还有一位名叫马克斯·舒尔的医学院学生,他从第一天开始即对大师的理论佩服得五体投地,后来成为弗洛伊德的私人医生。1928年左右,弗洛伊德罹患口腔癌已有一段时间,可能随时命在旦夕,他们随即互相约定,必要时为他注射吗啡,以自我了结方式离开这个世界。到了1939年,弗洛伊德全家移居伦敦的第二年,大师已进入癌症末期,痛苦难当,他只简单对他的医生这么说:"你没忘记我们的约定吧?现在是该了结的时候了。"舒尔遂义不容辞地履行了他的承诺,盖伊最后这样写道:"弗洛伊德终于目睹他的秘密约定实现了,这位老斯多葛派至终都没有失去对自己生命的操控权。"以今天眼光看,这实在是安乐死的至佳典范,除了有尊严,同时还充满了风格。

盖伊教授写这本传记所占的最大优势是,他拥有最新和最充分的资料,特别是信件方面,并且所动用的参考书目也是史无前例的,这不能不说是一桩巨大的写作工程,他遂能勾勒出一幅完整而没有偏颇的弗洛伊德形象。另一方面,正如《纽约时报》的书评所说,作者借着对弗洛伊德所有著作的全盘掌握,写出这样一本公正严谨的传记,并以深入浅出的笔调加以评述,正是这本传记的一大特色,也是最能嘉惠一般读者想接触弗洛伊德却不得其门而入的地方。在盖伊教授笔下,《梦的解析》不再是一本艰涩难懂的作品,我们对《超越快乐原则》一书的疑惑适时迎刃而解,突然之间,我们对弗洛伊德这个人以及他的作品总算豁然开朗起来,终于可以正式轻松愉快地去拥抱弗洛伊德的世界。

文化评论学者　刘森尧

关于惯用法和引文的说明

全部译文都由我自己翻译。鉴于本书面向的是英语国家的读者,为了方便,有几处我还引述了弗洛伊德的作品和通信的英文版本,读者也许会发现我已经引用过的段落。我也在正文中说明过,我完全按照原样复述了弗洛伊德所写的英文,他的英文虽然出色却偶尔稍微有些生硬,故而错误和自造词等等也全部照搬,不插入评注,保持引文的完整性。因此如果读者遇到"intellegible"或者"Prussianity"之类的词,就是看到了弗洛伊德的真正原文。

为了文体的和谐,并避免"他/她"之类[或者更糟糕的是"他(她)"]笨拙的惯用语,我使用传统的阳性形式(在性别不明的情况下)指代两个性别。

序

西格蒙德·弗洛伊德出生于150年前的1856年5月6日。他的150周年纪念使人们重新审视他的作品和影响。但是由于他的名声引起争议的情况仍然和一个世纪前一样,这是一项成问题的任务。1859年,20世纪精神的另一位伟大缔造者查尔斯·达尔文凭《物种起源》成为不朽,立即俘获了热情的读者,当时弗洛伊德刚刚三岁。经过一段时间充满敌意的论战之后,连善良的基督教徒也能认可达尔文关于人类如何进化的不敬神的思想。如今他在生物学领域拥有稳固的地位,除了一些固执己见的孤立例子,特别是美洲的原教旨主义者,他们坚持混入宗教信仰,其余几乎每个人都同意基督教信仰在该领域没有地位。

弗洛伊德的地位截然不同。围绕着他的精神遗产发生争吵的各方分歧甚大,以致他们之间达成共识,甚或安排一种可接受的妥协方案都是难以想象的。达尔文在很大程度上不受这类基本问题的影响。人们普遍接受自然选择方面的大量证据,但精神分析却难以提供此类权威证据。同时精神分析学家提供的证据常常难以解读。与物种的历史相比,人类的精神对分析甚至描述更加抗拒。假定生物学家和精神分析学家都对理解精神行为有所贡献。但是一些批评者认为,弗洛伊德提出的诠释——如关于梦的理论——会毁掉精神分析的结构,近年来,分析专家替他辩护,提出有说服力的理由,主张我们对梦的了解实际上是肯定了弗洛伊德最热爱的一个研究领域。分析专家提出的其他观点也同样处于异议和辩护之中。

这一议题不可避免地在很大程度上涉及个人。在弗洛伊德的支持者看来,他不仅是研究精神的有趣的学者,做过一些有益的贡献,而且是一种新体系的预言家,无异于文化英雄。而贬低弗洛伊德的人认为,他不仅是个误导人的心理学家,而且是独裁者、说谎者、骗子——总之就是冒充内行。如我所言,双方的观点没有妥协余地,读者必须选择一种立场。我写这部传记,也不逃避采纳某一方的观点。

在本书开头,我就选择了肯定的基调。我赞赏此人及其作品,主要因为他的成就。我相信这部传记不是英雄崇拜的史诗。我始终假定弗洛伊德只是人类,因此我们可以持怀疑态度对他进行调查;早期的分析家向他谄媚,尤其欢迎他的一切言论,仿佛他是精神分析学界绝对正确的教皇,那样只是损害了他的事业,致使他近年来被广泛讨论(并且毫无结果)的梦的理论变得模糊不清,俗话说就是众说纷纭,没有定论。

此外,弗洛伊德遗留了一些问题,相关证据过于支离破碎或互相矛盾,无从获得可靠的结论。弗洛伊德和他妻子的妹妹明娜之间有没有风流韵事?我已在文中指出,几乎没有令人信服的答案:弗洛伊德的想法不足以说服我们相信两人是否上过床。在我这里,这个问题悬而未决。不过我最好的推测是,他们的关系仍然仅限于友谊。但我不愿拘泥于教条,我已经补充说,只要出现相反的有说服力的证据,我就会改写那几页。另外还有弗洛伊德和美国外交家威廉·蒲立德合作的关于伍德罗·威尔逊总统的奇怪"分析"。我称之为尴尬难堪的事和应用分析学的滑稽模仿。不过出于文体上的理由,我只安排了对弗洛伊德的介绍性材料。现在研究弗洛伊德的学者保罗·罗森(Paul Roazen)发掘了一些从未发表过的材料,暗示弗洛伊德在书写这件"尴尬难堪的事"的过程中发挥的作用比人们通常猜想的更大。这本书里只有寥寥数语需要改写。尽管如此,改善总是好的,纵然只是小小的修正。

那么弗洛伊德的150周年就颇值得我们去纪念,而非抱之以失望和遗憾之情。虽然有的精神分析学家怀疑他的一些最激进的观点是否有继续存在的价值,但我想即使这些人也必定能发现他的作品所具有的划时代意义,而无论他的作品里有多少细节需要修改。以我的判断,他比任何人都更清楚、更公正地理解人类这种动物。他认识到人类——所有人类——都必须面对文明的困境。因为文明既是人类最伟大的成就,又是人类最大的悲剧。它要求个人控制自己的冲动、否认自己的愿望、限制自己的性欲。按照弗洛伊德那揭穿幻觉的明智观点，倘若没有文明强加的节制，人就不能生活，但在这些约束之下，他们也无法真正自由地生活。挫折、失意和不幸是人类命运的一部分。教育中最有意义且最被忽视的是它消极的一面；它教孩子不要做什么，不要要求什么，甚至不要想象什么。弗洛伊德告诉我们的消息令人不悦，因此他永远不会是广受欢迎的预言家。然而让我们牢记这一真相吧，因为这是值得的。

彼得·盖伊
2006 年 5 月

前 言

彼得·盖伊

1885年4月，在一封后来被众人广为引用的信中，弗洛伊德告诉他的未婚妻，他已"快要完成一个计划，这个计划，会让一堆人头疼不已——包括一些尚未出世但注定遭受厄运的人"。他指的是他的传记作者。"我销毁了过去14年来所有的笔记、书信、科学摘要和我的著作手稿。所有的信札，我只留下了家书。"他写道，面对关于他自己堆积如山的资料时，他觉得自己好像一头陷溺在流沙里的斯芬克斯（Sphinx），即将被这些文件淹没，只能在没顶前，撑大鼻孔，强行呼吸。对于那些可能想描写他生活的人，他颇为无情："让传记作者干点苦差事，我们不要让他们太好得手。"他已经在翘首盼望，要看看他们写他的时候，究竟会错得多离谱。在为本书做研究和写作的时候，我眼前常常会浮现这幅景象：弗洛伊德这头斯芬克斯不再忧虑，摆脱了这批堆积如山、传记作者梦寐以求的文件。往后的岁月里，弗洛伊德更不止一次重复这种破坏的姿态。1938年春天，他准备从奥地利赴英国时，又销毁了大批文件，幸好有机警的安娜·弗洛伊德（Anna Freud）和玛丽·波拿巴（Marie Bonaparte）王妃从旁帮助，才从废纸篓中拯救出一些文件来。

弗洛伊德还用了其他方法，让他未来的传记作者退避三舍。其中，弗洛伊德为书写生平所下的某些评论，必定会使任何想要描写他生平的人踌躇不前。他在1910年所写关于达·芬奇的论文中指出："传记作者都以特定方式过度依恋他们笔下的主人翁。"弗洛伊德认为，他们早已选定了主角，因为他们强烈恋慕他，所以，他们的作品几乎逃不开理想化的做法。四分之一个世纪以后，在岁月的痕迹、日益恶化的健康和纳粹威胁的阴影下，弗洛伊德变得更刻薄。阿诺德·茨威格（Arnold Zweig）当时已准备要写弗洛伊德的生平，弗洛伊德在写给他的信中说："变成传记作者的人，就等于让自己不得不满口谎言、文过饰非、伪善、巧饰，甚至不懂装懂，因为，传记的真相根本无法取得，即使我们能够取得真相，也无法运用。"简单地说,弗洛伊德一向对写传记这档事不甚信赖。

然而,在探索心灵的未知领域时,弗洛伊德却随时准备把自己当作实验的小白鼠。他的斯芬克斯隐喻虽然动人,但他其实常常自视为斯芬克斯的征服者——俄狄浦斯(Oedipus),只有这位勇士答出了斯芬克斯的谜题,制服了这头神秘的索命怪兽。弗洛伊德不止一次在观察中叹息,很少人曾经不顾自己的名誉,以庄严崇高之情,透露过自己的情感、野心和邪恶的念头。对于他自己某些最泄露内情的梦境,他不仅报道,还加以仔细分析,同时,他也记录了某些自己早年让人尴尬的回忆;可是,另一方面,一旦他觉得自己原本珍视的秘密将来一去不返时,他又会抑制这股自我揭露的冲动。在中途突然结束诠释他自己那个有名的梦——"伊尔玛(Irma)的注射"之梦时,他理直气壮地写道:"谁要是急着谴责我做如此的保留,他就该自己试着说得比我还露骨。"他既是一位大胆的研究者,把自己最隐秘的部分摊开在大众眼前,接受检验;他也是一个十足的中产阶级,极度看重自己的隐私。

弗洛伊德留下了引人遐思的自传线索,让想要研究他生平的人自以为了解这些线索。他在1900年写给友人威廉·弗利斯的信中谈到自己:"我一点都算不上科学家,算不上观察者,算不上实验者,也不是思想家。我的真性情是征服者(conquistador),如果你想翻译这个词的话,可以用冒险家这个词,这种人尽爱追根究底,肆无忌惮,却又顽冥不化。"然而,这一套说辞,就像许多类似的说法一样,只会误导那些想要了解他的人。盲目相信他在信中说的话,从而曲解他的精神,这是没有意义的。不过,尊重弗洛伊德的自我评价是一回事,这是传记作者应有的态度,但是,把弗洛伊德的说法当作福音,就是另一回事了。稍后,本书会在许多地方指出,弗洛伊德对自己的评断,并不是那么公允。

弗洛伊德的思想和偏见之所以引人注目,激发热情,常常是因为弗洛伊德在自我揭露和自我评价时流露出高度主观的态度,自然而然,他生平的大大小小事件,会因为这种态度而招来大相径庭的诠释。虽然经过数十年的研究,累积了各种各样的成果,弗洛伊德的面貌仍旧让人迷惑,而且引起高度争议。有人认为他是创造现代心灵的天才、创建者、大师、巨人,但另一种声音却说他是独裁者、剽窃者、说谎家、无与伦比的庸医。只要有崇拜者尊他为发现新大陆的哥伦布,就不乏诽谤者嘲讽他是招摇撞骗的卡廖斯特罗(Cagliostro)。他的生平提供了永无止境的材料,让人讥讽、沉思,也让人制造神话。美国一位信奉原教旨主义的牧师,在一张充满恶意的反天主教传单中,指控弗洛伊德是个"皈依罗马天主教会的犹太人",而且,"是众所周知世界上最变态堕落的人"。反过来说,精神分析家虽然会对这种无聊说法嗤之以鼻,却经常把弗洛伊德当作弗洛伊德教的主教来供奉,把他的言语当作主教的宣示,不可挑战。这两种极端的态度之间,似乎找不到和解的可能。当然,如果因此而说弗洛伊德的真面目就在这两个极端之间,又难以让人接受。

这些笼罩在弗洛伊德上空的风暴,并不值得大惊小怪。归根结底,就如同他曾满足地自我揶揄,他的命运不外是"摇醒沉睡中的人类"。有一次,他在写给作家斯蒂芬·茨威格(Stefan Zweig)的信中说,精神分析的根本任务,就是以"冷静审慎的方法"跟魔鬼角力,这儿所说的魔鬼,就是非理性。他还指出,这种冷静审慎的态度,会让魔鬼降服,成为"科学上可理解的对象"。这种说法,似乎只会令人对他关于人性特质的想法感到更气馁、更难以接受。无怪乎十之八九的人,都会愤然否认,抗拒弗洛伊德带来的信息。然而时至今日,毋庸置疑的是,不论我们承认与否,我们都会谈论弗洛伊德,把事情归因于压抑和投射、神经症、矛盾双重性、手足间的竞争。当一位史学家说我们生活在一个自恋的时代时,每个人都会声称了解他在讲什么。但是,这种随口而来的承认,反而比竭尽全力的否认会更有破坏力。这些口头上的承认,在有意无意之间,企图掏空弗洛伊德思想中立足于实际经验的现实态度,弗洛伊德不止一次说过,他可以面对他的敌手,但让他心神不宁的人,其实是他的友人。

如果说对弗洛伊德性格的激烈争辩证明了什么的话,相较于弗洛伊德的学说之争议,对他性格的争议充其量只证明了里面包含太多的恶意,而弗洛伊德本人也助长了这股风气,他通过一些朗朗上口但误导他人的格言警句,让各种传言甚嚣尘上,徒然留下对他自己作品的不精确评价。于是,出现了一种吊诡的状况:弗洛伊德所创造的精神分析,终究遭受了最严苛的质问,而它自身却是隐瞒、伪善、中产社会故作礼貌的遁词的天敌。事实上,弗洛伊德非常自豪能成为幻象的破坏者和科学真相的忠诚守护者。他在1910年写给桑多尔·费伦齐的信中说:"对我来说,真相乃是科学的绝对目标。"20年后,他对阿尔伯特·爱因斯坦(Albert Einstein)说了同样的话:"我总是尽可能说出真相,而我不再认为这只是我的优点之一,这根本就是我的职业。"

我们知道弗洛伊德的很多事情。他有大量的书信往来，我读过其中的大部分，不论正式书信抑或私密信件，都透露了许多弗洛伊德的重要真实面。他的著作丰富庞杂，有些显然是自传，有些则暗藏了自传成分。他的书信和出版物包含了许多片断，十分可靠，足供任何一本弗洛伊德的传记采用——包括各位面对的这一本，所以我尽量做到有凭有据，而非哗众取宠。即便如此，尽管他曾被十分细致地研究过，而且他自己也留下不少有说服力的线索，但我发现，他一生的图谱中仍留有许多相当大的空白区域，等着进一步的探索。弗洛伊德的父亲究竟有过两次婚姻，还是三次婚姻？弗洛伊德跟他的小姨子明娜·贝尔奈斯曾暗通款曲吗？或者，这只是当代人恶意栽赃，或哪个爱杜撰八卦的传记作者的杰作？为什么弗洛伊德在讨论精神分析技巧时，格外排斥分析家与分析者有过于亲近的关系，却认为他的女儿安娜接受自己的精神分析并无不当？弗洛伊德是否涉及剽窃，事后还用记忆力不好等说辞为自己的不法引用脱罪？或者，这种控诉完全误解了他的研究程序，甚至有恶意中伤一位光明正大研究者的嫌疑？弗洛伊德是否有可卡因毒瘾，甚至他是在这种药物的作用下，才发展出他的学说？或者，他的可卡因用量其实颇为适当，完全无害？

问题尚不止于此。弗洛伊德究竟是他自己宣称的科学实证论者，还是受浪漫主义朦胧冥思或犹太神秘主义影响较大？他真的像他常常抱怨的那样，被当时的医学体制排挤吗？他经常宣称对维也纳的厌恶，而骨子里却是十足的维也纳性格，这究竟只是故作姿态，还是出自真心？他的学术地位之所以迟迟无法晋升，真的是因为他是个犹太人，或者这只是由专门探测反犹太主义不平事件的过于敏感的人所创造出来的传说？他在1897年放弃了所谓的神经症诱发论，究竟是出自科学的勇气，对科学保持虔诚，还是一种怯懦的退缩，只因为他推出的普遍原理会让他不受同行欢迎？他对19世纪90年代的密友弗利斯产生的所谓"同性恋"情谊，程度究竟有多深？在由追随者组成的紧密、顺从的团体里，他究竟是不是自己封王，成为心理学领域的路易十四，宣告"精神分析就是我，我就是精神分析"；或者，只是有时不失威严，但基本上是个亲切的向导，他不仅指引大家认识心灵的隐秘法则，也很开放地承认同行与后继者的贡献？他是否爱慕虚荣，在拍团体照的时候，站在一只箱子上，免得自己被身材高大的人比下去，或者，这又是某个煞费苦心、鸡蛋里挑骨头的传记作者的幻想，一心只想破坏弗洛伊德的名声？

这类传记上的争议,虽然引人入胜,却不仅止于传记上的意趣。它们冲撞到弗洛伊德著作所引发的最大问题:精神分析究竟是一门科学、一门艺术,还是一种冒牌货?它们冲撞着这个问题,是因为弗洛伊德跟西方文化史上的其他重要人物似乎不同,他似乎有完美无缺的义务。熟悉路德或甘地、牛顿或达尔文、贝多芬或舒曼、济慈或卡夫卡精神病理状况的人,不会冒失到认为这些人物的神经症状有损于他们的创作、减损他们的地位。相形之下,弗洛伊德的缺点,不管是真的,还是想象出来的,都成为他的创作破产的呈堂证词。这已经变成了一种通行的策略,通过打击精神分析的创建者,来打击精神分析,就好像只要把他的性格抹黑,就可以连带一笔勾销他的作品似的。这无疑假定这一门学科具有非常露骨的自传性,里面有弗洛伊德的深层心理、有极为主观的材料,因此,必须揭露其创建者的心灵之路。然而,精神分析命题的有效性,当然不能仰赖我们揭露这些命题原创者的秘密而成立。我们大可以想象,弗洛伊德可能是个完美的绅士,却宣传着一门有着根本缺陷的心理学;或者,弗洛伊德虽然一无是处,甚至充满恶意,却是历史上最重要的心理学家。

说得确切一些,我们找不到任何理由,让弗洛伊德独立于精神分析的彻底检查,也找不到任何理由,说他那些不论是正确还是经过扭曲的著作和回忆,不足以提供传记信息。只有这样说似乎才合理:弗洛伊德的目标是一门普遍的心理学,它不仅要解释少数几个和他同时代的人的神经症,还要解释世界各地所有人的神经症——包括他自己的。其实,弗洛伊德自己已经指出了方法。他在讨论歌德的文章中说:"童年生活的某个细节之所以会被遗忘,并不是无关紧要或毫无意义的。"成人的行为,一样也需要这类的深度探究。他在一段脍炙人口的文字中写道:"只要是眼睛能看、耳朵能听的人都会深信,凡人不可能保密到家。如果他们的嘴唇不发一语,他们的指尖就会蜚短流长,泄密之举,会从任何毛细孔里找到出口。"弗洛伊德在讨论"杜拉"的病史时,提出了这项反省,不过,这种说法不仅适用于他的分析者,也适用于他自己。在弗洛伊德经年累月、无人能出其右的心灵考古学生涯里,他发展出大量的理论、以经验为基础的研究和治疗技巧,一丝不苟的传记学者通过这些材料,可以发现他的愿望、焦虑和冲突,大量并未浮现到意识层面却有助于我们理解他生平的动机。所以,我在探索弗洛伊德的生命史时,便尽情运用他的发现、他的方法,然而,我却不会让弗洛伊德的方法垄断我的注意力。身为史学家,我将弗洛伊德及其作品置入种种相应的脉络:被他颠覆并革命化了的精神医学专业,作为无信仰的犹太人、非传统的医师被迫生活于其中的奥地利文化,于其生涯过程中饱经战乱创伤、极权独裁统治的欧洲社会,以及整个西方文化。这个文化对自身的认识,经过弗洛伊德的扭转,展现出完全不同的面貌,再也无法回头。

我写下这本书,既不为谄媚奉承,亦不为纠举指责,而是为了理解认识。在行文过程中,我无意跟任何人争论,对于让弗洛伊德评论者和精神分析评论者渐行渐远的那些争端,我并不是没有立场,我只是没有将我如何获得这些立场的历程勾勒出来罢了。的确,有些论战让弗洛伊德的生平研究显得引人入胜,对于这方面感兴趣的读者,我为他们附加了一篇涉及广泛、追根究底的书目解题文章,相信可以让这些读者了解我为何采取某些立场,也能够借以找到对立观点的材料。

在我所无法苟同的弗洛伊德诠释者当中,有一位就是弗洛伊德本人。当他说自己的生活"表面平静无波、了无新意",只等着"一些晤谈来填塞",他或许在字面上很正确,却造成根本的误导。说得确切些,弗洛伊德的生活表面上跟其他许多受过高等教育,聪明过人,且活跃于19世纪的医师没有两样:他出生、读书、旅游、结婚、执业、教书、写书出版、参与论争、变老、死去。但是,他内在心理的纠结苦恼,却无法让任何传记学者视若无睹。我在前面曾经引用他写给友人弗利斯那封有名的信,弗洛伊德在信中自称征服者。这本书,就是弗洛伊德的征服史。然而,无论是否能够加以完整呈现,我们都会发现,原来,在他的这些征服之中,最戏剧性的竟然是征服他自己。

第一部　奠基期
1856—1905

第一章　对知识的贪求

1899年11月4日,莱比锡和维也纳的弗朗茨·多伊蒂克书屋(Franz Deuticke)出版了西格蒙德·弗洛伊德(Sigmund Freud)所写的巨著《梦的解析》(Die Traumdeutung)。但是,这本书扉页上所标明的出版时间却是1900年,表面上,这个不一致的书目信息只不过是出版的传统手法,回头来看,它却有意无意象征了弗洛伊德在知识上继承的遗产,以及他最终所产生的影响,就像他喜欢声称:他这本"梦书"是19世纪所塑造的心灵产物,然而,它已经变成20世纪的财产,被人们珍视、辱骂,无法逃避。这本书的标题,特别是简洁的德文"释梦"(Dream Interpretation),挑衅意味十足,让人想起某种便宜的小册子,目标是容易受骗而迷信上当的大众,这类书把梦分类为吉兆和凶兆的预言,弗洛伊德曾评论道:他当时"甘冒严格科学之大不韪,站在古人和迷信的这一边"①。

但是《梦的解析》有好一阵子乏人问津,在六年的时间里,只卖出351本,直到1909年才被要求出版第二版。就像弗洛伊德后来所相信的,如果他的命运就是要唤醒沉睡中的人类,那么这也只会在好些年后才发生。这种冷淡的反应,跟塑造现代文化的另一本革命性经典——查尔斯·达尔文(Charles Darwin)的《物种起源》(The Origin of Species)——比较起来,可真是冷清!《物种起源》在1859年11月24日出版,几乎是在弗洛伊德梦书出版的前40年,它的第一版1250本在当天傍晚之前全数卖完,而且很快就出了新的修订版。达尔文的书颇具颠覆性,他站在激烈争辩的风暴中心,大家争辩着人类的动物天性,而且这种争辩让人引颈企盼已久。弗洛伊德的书虽然也具有强烈的颠覆性,但刚开始似乎只是少数专家私下的爱好、秘藏的"食物",不论弗洛伊德怀有什么样的期望,想让这本书得到广大而快速的接纳,都被证明是不切实际的。

弗洛伊德付出了长期的心血,几乎可以跟达尔文数十年默默无闻的准备工作相媲美。他对梦的兴趣可以远溯自1882年,他在1894年就已经开始分析梦,不论《梦的解析》进展的历程显得多么迟缓，却已成了弗洛伊德生涯的轴心。1910年，他说这本书是他"最重要的著作"，他又说："如果这本书要获得承认，那么正常人的心理学将被更正，而且必须被置放在一个新的基础上来理解。"②1931年，弗洛伊德在为英文版第三版所写的序言当中，再度慎重地对这本梦书表达了敬意："即使从我今天的判断来讲，它都包含了我所有发现当中最有价值的部分，像这样的洞见，一生只有一次，有如从天上掉下来的好运一般。"③弗洛伊德的自豪并非得意忘形，他早期研究中那些不可避免的错误和迂回曲折，固然是无可否认的事实，但他在19世纪80年代和90年代所有的发现，都汇聚到了《梦的解析》一书当中。更有甚者，他在后来将会发现的东西，那些不仅仅是跟梦有关的见解，都隐含在这本书里面。这本书的广博以及随处充满自传材料的性质，使得此书对弗洛伊德传记作者来说，具有无与伦比的权威性，它总结了弗洛伊德的所有学养，也总结了弗洛伊德本人的一切，直抵他那复杂多端的童年。

回忆的滋养

西格蒙德·弗洛伊德，人类之谜的伟大解谜者，他的成长背景所带来的难题和困惑，引起了精神分析家的高度兴趣。1856年5月6日，他出生在摩拉维亚（Moravia）的弗莱堡（Freiberg）小城里，父亲是雅各布·弗洛伊德（Jacob Freud），一位经济拮据的犹太羊毛商人，母亲是阿马利娅（Amalia）④。父亲在族谱里为他取的名字是西吉斯蒙德·施洛莫（Sigismund Schlomo），这个名字在他青少年期之后就消失了，他从来不用"施洛莫"这个祖父的名字。在中学生涯中，有一段时间他试着用过西格蒙德（Sigmund）这个名字，在1873年进入维也纳大学之后，便正式改用了这个名字⑤[他甚至那个时候还在犹豫着。1872年，他还在中学阶段时，曾经在一封信上署名西格蒙德，但三年之后，当他在维也纳大学研习医学时，他在达尔文《人类的由来》（*Die Abstammung des Menschen*）的德文翻译版上署名"西吉斯蒙德·弗洛伊德（Sigismund Freud），1875年，医学院学生"。由于他从来没有说明过为什么要缩短他的名字，因而所有在这方面的推测，都将纯然是一些推想]。

1856年5月13日，他诞生一周之后，弗洛伊德家族的族谱记录了西吉斯蒙德"进入了犹太人与上帝的契约"，简单地说，就是行过了割礼⑥。这是最可信的一件事情,其他的大部分信息,都没那么确定。弗洛伊德认为他"有理由相信,父亲的家族曾经有很长一段时间生活在科隆的莱茵河边,在14世纪和15世纪欧洲人迫害犹太人的时候,往东迁移,到了19世纪,又从立陶宛经过加利西亚(Galicia)迁移到说德语的奥地利"⑦。弗洛伊德相信其家族传承在此,科隆犹太人社区的秘书在一次偶然的机会中,为他父亲详细说明了弗洛伊德家族的传承,一直追溯到这个家族14世纪时在科隆的根源⑧。这一项弗洛伊德家族传承的证据或许合理,但却显得很薄弱。

弗洛伊德的情感发展过程,与其说是由这种精确的细节和历史传说所塑造,不如说是由他发现他家族传承上的纷乱关系脉络所塑造。在19世纪,家庭网络之间的混乱状况是极为常见的,由于疾病和分娩过程经常造成死亡,鳏夫寡妇又经常立即再婚,故弗洛伊德所面对的谜团之复杂难解,真是超乎寻常。雅各布·弗洛伊德娶他的第三任太太阿马利娅·纳坦森时是在1855年,时年他40岁,比新娘年长二十。他第一次婚姻所生的两个儿子:已婚的老大埃马努埃尔(Emanuel)及其子女、单身的老二菲利普(Philipp),都住在附近。埃马努埃尔比他年轻又迷人的继母还要年长,这位继母是他父亲从维也纳娶来的,而菲利普只比这位继母年轻一岁。对西吉斯蒙德·弗洛伊德来说,有趣的是,埃马努埃尔的其中一个儿子应该是比他还年长一岁,弗洛伊德不仅是他的第一个玩伴,而且还是这个小孩的小叔叔。

在弗洛伊德的回忆中,这个侄子约翰是他最好的朋友和"做坏事的伙伴"⑨。其中一件坏事,发生在他大概三岁的时候:他和约翰在一片草地上采花,之后他们两个凶恶地抢走约翰的妹妹保利娜(Pauline)的花。有时候,两个男孩产生了不和与紧张,就会把他们的攻击转向彼此。另一件斗殴的插曲,被放到家族传说的记事里面,那是弗洛伊德不到两岁的时候所发生的事:有一天,弗洛伊德的爸爸问他为什么要打约翰,虽然弗洛伊德口齿还不清楚,但是已能够思考事情,他很巧妙地为自己辩护道:"我打他是因为他打我。"⑩

进一步缠绕在弗洛伊德家族关系的纷乱模式当中的,是弗洛伊德觉得,跟爸爸比较起来,他那年轻貌美的妈妈,与同父异母的哥哥相配多了,然而,阿马利娅·弗洛伊德却跟他的爸爸睡在同一张床上。1858年,在他两岁半之前,这类问题达到了特别动荡的高峰,他的妹妹安娜诞生了!回忆起这段岁月,弗洛伊德认为他当时已经明白,他的小妹妹是从妈妈身体里跑出来的,比较难懂的是,他的同父异母哥哥菲利普,究竟是怎样取代了父亲的位置,成了与他争夺母亲爱意的竞争者? 或许,是不是菲利普让妈妈怀了这个可恨的新的小对手呢?⑪整件事情让人陷入一团迷雾当中。

这些童年时的难题,都被弗洛伊德搁置下来,压抑多年,一直到 19 世纪 90 年代晚期,他在自己的梦境和自我分析当中,才重新回想起来。他的心智是由这些事情所组成的:他那年轻的妈妈怀了一个小对手,而他的同父异母兄弟,用某种神秘的方式,成为她妈妈的伴侣;他的侄子比他自己还老,是他最好的朋友也是他最大的敌人;他那仁慈的父亲老得可以当他的祖父。他从这样私密的体验当中,慢慢编织出他精神分析理论的基础来,当需要它们的时候,它们就回到他身边。

弗洛伊德并不认为有必要去隐瞒一些很显著的家族事实,他在 1925 年所写的篇幅不长的《自传研究》(Autobiographical Study)当中,很简洁地写道:"我的双亲都是犹太人。"对于犹太教徒通过洗礼的庇护,来寻求免于受到反犹太主义的攻击,弗洛伊德显然表达了他的轻蔑,他说,"我也依然是一个犹太人"⑫,但他乐于追随的是不属于宗教的犹太主义。雅各布·弗洛伊德从他祖先遵行的哈西德教派(Hasidic)仪式当中解放了出来,他和阿马利娅·纳坦森的婚礼,是以犹太教改革派的仪式来进行的;实际上,他抛弃了所有宗教上的仪式习惯,而主要以普珥节(Purim,也称掣签节)和逾越节(Passover)作为家族的节庆活动。弗洛伊德在 1930 年回忆他的父亲"允许我在完全忽视所有跟犹太教有关的事物中长大"。⑬虽然努力想要融入当地文化,但是雅各布·弗洛伊德从来不以他基本的犹太血统为耻,也从来不否认它,他持续在家里用希伯来文研读《圣经》,弗洛伊德相信他的教导和他所说的神圣语言,"不比德国人差,甚至要更好"⑭。因此,雅各布·弗洛伊德营造了一种氛围,使年轻的弗洛伊德在这种氛围当中学到了一种对"圣经历史"持续不懈的着迷,即对《旧约圣经》的着迷,那时他"几乎还没有学到任何阅读的艺术"⑮。

弗洛伊德小时候,并不只生活在犹太人圈子里,这也带来了复杂的状况。一直照顾他到两岁半的奶妈,是一位虔诚的罗马天主教徒,在弗洛伊德母亲的记忆里,这位奶妈年纪很大,又老又丑,但很敏锐,她用虔诚的故事教养她所照顾的小孩,并且拉着他上教堂。"那时候,"弗洛伊德的母亲后来告诉他,"当你回到家后,你就会开始讲道,而且告诉我们全能的上帝做了些什么。"⑯那个奶妈做的还不止如此,显然有很多事颇不寻常,弗洛伊德有点拐弯抹角地暗示说:"她还扮演性事方面的老师。"⑰弗洛伊德认为她对那个早熟的小男孩非常苛刻,而且要求很多,但是小男孩在那时还是非常爱她。

这份爱被冷不防地切断,在他妈妈生下妹妹安娜的那段时间,他的同父异母兄长菲利普抓到了奶妈在偷东西,把她送进了监狱。弗洛伊德非常想念她,她的消失和妈妈的不在场同时发生,让弗洛伊德产生了一段模糊而不愉快的回忆。许多年之后,弗洛伊德才努力去厘清、诠释这段回忆,他想起他曾死命地要找妈妈,无时无刻不哭哭啼啼,那时候菲利普曾经打开一个橱柜(奥地利语即 Kasten),告诉弗洛伊德妈妈没有被关在里面。这并未让弗洛伊德安静下来,直到妈妈"窈窕而美丽的"身影出现在门口的时候,他才真正得到抚慰。为什么在他哭着要找妈妈的时候,菲利普会以一个空的橱柜来展现给他看呢?1897 年,在弗洛伊德做最密集的自我分析的时候,他找到了答案。当他问他的同父异母兄弟菲利普,奶妈到哪里去了的时候,菲利普的回答是:她"被关在盒子里"(eingekastelt),这个笑话暗指她已经在监牢里了⑱。很显然,弗洛伊德也害怕妈妈会被关到盒子里,跟一个被他认为让他妈妈怀孕的哥哥做幼稚的竞争,对从身体里面跑出来的婴儿抱有的幼稚的性好奇,以及失去奶妈那种悲伤的被剥夺感,搞得这个太小的小男孩,还没办法掌握其中的关联,却已经可以感受其中的伤害。那个天主教的奶妈,虽然老迈而且不讨人喜欢,对弗洛伊德来说却意义重大,她的重要性几乎跟他心爱的母亲不相上下,她就像他在后来的想象生活中,深深吸引他的某些人物一样——如达·芬奇、摩西,当然还有俄狄浦斯。年轻的弗洛伊德乐于享受两位母亲充满爱心的呵护⑲。

虽然雅各布和阿马利娅·弗洛伊德全心全意地照顾小西吉斯蒙德,但是他们的生活却很拮据。1856 年,弗洛伊德诞生的时候,他们一家子挤在一间分租的单人房里。当时弗莱堡的主要建筑物,是一座高耸修长的天主教教堂塔楼。这个钟塔的钟声名闻遐迩,在许多大大小小的宅第建筑之中显得特别突出。除了教堂之外,弗莱堡主要吸引人之处是它出色的市集广场,广场接壤着广大无边的肥沃农田、浓密森林及小丘陵,远方则遥遥耸立着喀尔巴阡山脉的身影。19 世纪 50 年代末期,这个小城有超过 4500 位居民,其中有 130 人是犹太人。弗洛伊德一家人住在锁匠街(Schlossergasse)117 号,一栋简单的两层楼房——房东的楼上,房东是扎伊克(Zajik),一位铁匠。就在这位铁匠的楼上,弗洛伊德诞生了[20]。

弗洛伊德一家人并未在弗莱堡停留多久，1859年，他们先搬到莱比锡，小住了一段时间，第二年又搬到维也纳。对弗洛伊德来说，回忆起家中的穷困似乎是件痛苦的事。在1899年的一篇论文当中，弗洛伊德插进了一段经过掩饰的自传情节，他把自己形容为："原本是一对家庭宽裕的双亲所生的小孩，我相信他们那时住在足够舒服的乡下窝巢中。"这种夸张修辞是弗洛伊德后来称之为"家庭罗曼史"（family romance）的温和例证。这是一种普遍的倾向，认为自己的双亲比他们在实际上更有钱有势有名，甚至会去杜撰出一个显赫的身世。弗洛伊德把他家搬离弗莱堡的动机简单化了，而且把他们在那儿的生活也加以美化了，他写道："在我父亲任职的那一家企业遭受到巨大灾害之后，他失去了财富。"说得明白些，雅各布·弗洛伊德从来没有完全保住他不曾真正享受过的东西。其实在某些时候，他们的处境曾经略有改善，搬到维也纳，也让他们稍得喘息，但弗洛伊德后来写道："之后又是一段漫长的艰苦岁月，我想这段岁月当中，是没有什么值得回忆的。"[21]

生活来源的不稳定，并没有让阿马利娅·弗洛伊德的生育力稍稍缓和。雅各布·弗洛伊德和太太来到维也纳的时候，带着两个小孩，西吉斯蒙德和安娜，另一个儿子尤利乌斯（Julius）在7个月大的时候，于1858年4月死于弗莱堡。接下来1860到1866几年当中，一个接着一个，弗洛伊德一下子有了四个妹妹——罗莎（Rosa）、玛丽（Marie）、阿道芬（Adolfine）和保利娜，以及另外一位最小的弟弟亚历山大（Alexander，由弗洛伊德妹妹安娜所回忆起的家族传统里，"亚历山大"这个名字是在家族会议里，由10岁大的弗洛伊德建议的：亚历山大是宽大以及军事领袖非凡才能的代表）。在1865年和1866年初的苦日子中，又因雅各布·弗洛伊德的弟弟约瑟夫·弗洛伊德（Josef Freud）被起诉、定罪、入监服刑，他们一家人的生活更加艰难。约瑟夫因为贩卖伪造的卢布被起诉，这一场灾难带给这个家庭很大的伤害。弗洛伊德并不在乎他的叔叔约瑟夫，但他显然惊扰了弗洛伊德的梦。弗洛伊德在《梦的解析》中回忆：那场大灾难，让父亲的头发于短短几天之内，在痛苦中变成灰白[22]。或许雅各布·弗洛伊德的痛苦还掺杂着焦虑，有证据显示，他和他两位年纪较大的，那时候已经搬到曼彻斯特的儿子，也被牵连到约瑟夫的案子里[23]。

生活上的拮据、家族中有人蒙羞，使弗洛伊德认为他在维也纳的最初几年实

第一章　对知识的贪求

在没有什么值得回忆的理由,其实他还在追悼着弗莱堡,特别是他曾身处其中的可爱乡间景色。1899年他自白道:"我在城市里从来没有真正感到舒服过,现在我认为我从来没有克服过一种渴望,渴望着我家乡的美丽树林,在这片树林里(这段回忆,可作为那些时光的证据),我几乎很少走路,我总是迫不及待地逃离我父亲。"㉔1931年,当弗莱堡的市长为弗洛伊德诞生之地所做的铜碑揭幕时,当时已75岁的弗洛伊德在一封感谢信中,简短地重温了他生命的变化历程,并且从他遥远的过去,挑出一段稳当的回忆:"在我内心,还深深埋藏着我在弗莱堡所经历的快乐童年,他是一位年轻妈妈的头胎儿子,他从这儿的空气、这儿的土壤中,吸收到了难以忘怀的第一印象。"㉕这段话并不只是漫不经心的唠叨,或是出自社交礼貌中带有韵脚的修辞——"从这儿的空气、这儿的土壤"——种种关切不言自明。它深深触及了弗洛伊德心智当中最私密的层面,说出了他无法被压抑的渴望,渴望着去爱慕年轻美丽母亲的那段时光,渴望着逃离他年老的父亲。弗洛伊德从来没有办法逃离他对维也纳五味杂陈的情感,这并不令人意外。

弗洛伊德的儿子马丁(Martin Freud)曾经提到,他父亲对于维也纳的厌恶毫不讳言,而且反复地表现他的嫌恶,这其实是在掩饰他的爱,真正的维也纳人的特征难道不就是乐于寻找他们所钟爱城市的缺点吗?说得更确切一点,像弗洛伊德这样到处跟人家说他有多么讨厌维也纳,可是他所表现出来的,却是那么不愿意离开维也纳。他能说流利的英语,也有良好的国外关系,经常被邀请到海外定居,但他仍然安身在维也纳,直到他无法再待下去。"得到自由时所带来的胜利滋味,掺杂着强烈的哀悼,"1938年6月初,就在他刚刚抵达伦敦之后,这位垂垂老矣的老人写道,"即使一旦获释,还是会忍不住深爱那个曾经关过他的监狱。"㉖

显然,他爱恨交织的情感发展得很深厚,无论他曾经多么热爱维也纳,它最终还是变成了一所监狱,但是远在纳粹进驻他的国家之前很久,弗洛伊德就已经在通信中散播他的恨,这当中并没有什么自我意识,也不是拿这些充满恨的话来故作姿态。他在16岁时,从弗莱堡回到维也纳之后,在写给朋友埃米尔·弗卢斯(Emil Fluss)的信上说:"我会跳过任何维也纳在我身上所造成的印象,这些印象让我觉得恶心。"㉗之后,在柏林写给未婚妻玛尔塔·贝尔奈斯(Martha Bernays)的信中,他承认:"维也纳对我的折磨或许要超过它对我的好。"维也纳天空突出的主要建筑——圣史蒂芬大教堂对他来说,只是个"糟糕的尖塔"㉘,他承认

9

在这些尖酸刻薄的话里面,其实深深埋藏着某些东西。他认为他对维也纳的恨可以说是出于个人的因素,"与巨人安泰俄斯(Antaeus)相反的是,我经常借由脱离家乡的土壤来获得崭新的力量"[29]。对弗洛伊德来说,维也纳是一个社会剧场,不断上演着艰苦的失败、漫长可恨的孤独,以及仇恨犹太人的不愉快事件。弗洛伊德把他的假期花在山上,花在乡间作长时间的健行,这也暗示了他的感受:维也纳比不上弗莱堡。

这个论断有它不合理的一面,再也没有什么东西比精神分析显得更极度需要城市生活的了,他所发明的理论和心理疗法,都来自于被都市化以及为了都市化的布尔乔亚阶级。弗洛伊德也是典型的都市人:整天在他的咨询室工作,晚上就在里面做研究;他每天的散步,都经过在他学生时代和青年医生时代建造起来的现代维也纳城市街道。其实,大部分的观察者都认为精神分析就像它的创建者一样,不仅是城市的产物,基本上也是专属于维也纳的现象。当法国心理学家皮埃尔·让内(Pierre Janet)暗示说,精神分析只可能从维也纳这样充满肉欲氛围的环境中出现时,弗洛伊德激烈地抗议。弗洛伊德认为这种冷嘲热讽是带有恶意的,而且骨子里是一种反犹太主义的诽谤[30]。事实上,如果任何城市拥有第一流的医学院,拥有大量受过教育的群众,又拥有足够的人来成为他的患者,那么弗洛伊德其实可以在任何城市发展他的观念。一直无法忘怀弗莱堡周遭森林的弗洛伊德,显然并不是一个到处巡游的乡下人,他被命运捕捉到一个压迫得让人喘不过气的城市里面。弗洛伊德慢慢为他自己所建构出来的维也纳,并不是由法院、咖啡座、沙龙,或滑稽歌剧所形成的维也纳;维也纳的这些侧面,在弗洛伊德的工作进展上并没有太大的帮助。他的新娘会远从汉堡而来,并不是完全没有理由,他钟爱的追随者,来自苏黎世、布达佩斯、柏林、伦敦甚至分布在世界各地,因为他的心理学理论是在一个辽阔得足以拥抱所有西方文化的知识宇宙中形成的。

但再怎么说,弗洛伊德所定居安顿的地方还是维也纳。父亲并没有让局面变得更好,表面上,他是个无可救药的乐观主义者。这个小商人并没有足够的资源去跟上他身边不断工业化的世界的脚步,他温和、慷慨、不排斥享乐,而且深深相信儿子西吉斯蒙德具有无与伦比的天赋。他的孙子马丁·弗洛伊德回忆道,家族的每一个成员都爱他,"他对我们小孩真是好得不得了"。他会带礼物来,而且会说一些逗趣的故事,"每一个人对他都非常尊敬"[31]。但是对他的儿子西格蒙德来说，雅各布·弗洛伊德给他的感受就复杂得多了。

同时，年轻貌美的母亲也未曾让年幼的弗洛伊德在情绪上自在些，这让他以后回忆起小时候的一段经验，它属于那些"意义重大的细节"，这些细节是从他范围广泛的失忆症当中唤醒的，同时也是每个人都可能会有的早年经验。这段回忆是在1897年10月，他在自我分析当中想起来的，在这段时间里，他发现他的无意识活动以一种令他炫目的方式大量流出。他告诉亲密的友人威廉·弗利斯(Wilhelm Fliess)，大约在他两岁到两岁半之间的某一天，从莱比锡到维也纳的一段过夜的铁路旅程中，他"朝向母亲的力比多(libido)被唤醒了"。在这个短期旅行里，他"有机会看到母亲的裸体"，就在解开这个让人侧目的回忆之后，弗洛伊德立即想起来，他那时"带有恶意的愿望，以及纯粹幼稚的嫉妒"，欣然接受了褶褓中的弟弟尤利乌斯的死亡——尤利乌斯大概小他17个月。这个弟弟和大他一岁的侄子约翰，"决定了在我所有的友谊关系中，什么是神经症性质的，同时又是紧张的"㉜。爱与恨，那些在人类命运里无止境缠斗的基本力量，那些在弗洛伊德成熟的心理学著作中突显出来的力量，正在这份回忆中直面彼此。

有时候弗洛伊德在回忆他童年故事的时候，会出现显著的错误。举例来讲：实际上，他是在接近四岁的时候偶然瞧见妈妈的裸体，而不是在两岁多的时候，他那时候年纪更大、更壮，也更有能力从事偷窥行为，同时也更有能力去回想如何偷窥到母亲裸体这件事情。弗洛伊德后来即使已经41岁了，在性学领域早已是个超越传统的探索者了，在谈起这段意外经验时，仍免不了要使用令人生畏的拉丁文术语去描述它。

不论这个插曲的真相如何，重点都在于那个溺爱他且精力十足而又强势的母亲，而不是他那生性乐天但是有点无能的父亲。是他的母亲让他有能力在生命中进行大无畏的研究，取得让人难以捉摸的声望和略带点缺憾的成功。她有能力克服肺病——按弗洛伊德最小的女儿的说法是"结核病"㉝，为了肺病，她还花了好几个夏天跑去做温泉治疗，这就是她充满精力的明证。最后，对于自己充满激情的无意识和那个强势的母亲形象之间形成的联结，弗洛伊德尚未完全修通其含义。然而，他有许多的病人都是女性，他也写了很多关于她们的事，他经常说：在他的生命里，女人对他而言还是一块黑暗的大陆。这几乎意味着，这种晦暗不明在根源上带着某种自我防御的成分。

弗洛伊德对父亲模棱两可的情感更接近于表面层次，在他重要的儿时回忆当中,有一件事,与其说是让人激动,不如说是令人可怜,也证明了他对父亲的情感。这段回忆同时困扰着他,也让他着迷:"在10岁或12岁的时候,我父亲开始带我跟他一起散步",告诉我他所认识的世界。有一天,为了要证明奥地利的犹太人生活是如何彻底改善了,雅各布·弗洛伊德告诉儿子这个故事:"年轻时,有一个礼拜六,我在你出生的城市街上散步,我打扮得很光鲜,还戴了一顶新皮帽,然后来了一个基督徒,一拳就把我的帽子打落到垃圾堆上,对我叫嚣:'犹太人,滚出人行道!'"于是弗洛伊德颇感兴趣地问父亲:"接下来你怎么办?"这个泰然自若的父亲回答:"我就走过去捡起我的帽子。"对于爸爸这种逆来顺受的反应,弗洛伊德一本正经,或许带点小心眼地回忆道:"对我而言,这不像是英雄行径。"爸爸不应该是一个"强壮的大男人"吗?㉞

被这幅怯懦的犹太人向异教徒摇尾乞怜的景象所刺伤的弗洛伊德,发展出一些幻想来报复,他便自己去认同了战功彪炳、勇猛无敌的犹太人——汉尼拔(Hannibal)。汉尼拔曾经发誓,不管罗马人有多强大,他都要为迦太基复仇,这时的汉尼拔成为一个象征,"在不屈不挠的犹太人社会和天主教教会组织之间形成对比"㉟。他们别想要他弗洛伊德从阴暗的臭水沟里捡帽子〔我认为弗洛伊德当时可能还有另外一个理由,会选择汉尼拔这个不朽的将军为他最敬爱的英雄:汉尼拔几乎就要跨越所有的障碍,征服他憎恨的罗马。这个理由或许弗洛伊德本人也没有察觉到,就像弗洛伊德在为他最小的弟弟亚历山大命名时,他也是在颂扬一位比他父亲更为伟大的征服者。亚历山大的父亲是马其顿国王菲利普二世,菲利普二世靠自己的力量成为一个伟大的人,而弗洛伊德也是在想象中认同汉尼拔,一个比他的父亲更为有力、更有响亮名声的人物。汉尼拔的父亲阿米尔卡(Hamilcar),同时也像马其顿国王菲利普二世一样,是一个政治家兼军事将领,具有历史地位。弗洛伊德在他的著作《日常生活中的精神病理学》(*Psychopathology of Everyday Life*)当中,把他对汉尼拔的选择跟他的父亲联结起来。他说:在《梦的解析》中,他自己不经意地犯了一个奇怪的小错误,他把汉尼拔的爸爸叫成哈斯德鲁巴(Hasdrubal),而不是阿米尔卡,而他认为这个小错误应该是对雅各布·弗洛伊德面对反犹太者时候的回应有所不满而产生的(参见《日常生活中的精神病理学》,*SE* VI,219 – 220)。但是弗洛伊德的这项选择,极有可能还包含有俄狄浦斯的元素,他可能要展示他比父亲还优越——这也就是说他在俄狄浦斯的斗争中获得了胜利——而不需要对他的父亲要求过多。以这个方式,弗洛伊德可以在家里胜过他这位"敌人"(他的父亲),同时还可以保留对他的尊敬]。这个男孩在14岁的时候,在席勒(Friedrich Schiller)的革命戏剧《强盗》(The Robbers)中,扮演罗马政治家布鲁图什(Brutus)的角色时,做过独白演说㊱。从他的童年期开始,知性上强而有力的独立表现、高度控制的欲望、体力上的勇猛,以及作为犹太人的自尊自信,在弗洛伊德的个性当中,结合成为高度个人化及不屈不挠的混合体。

如果弗洛伊德对双亲的情感是复杂难解的,那么他们对于他的信心倒是完全不容置疑。在弗洛伊德35岁生日的时候,父亲将自己的《圣经》送给"亲爱的儿子",上面还有希伯来文的题词:"上帝的圣灵在你七岁时感动你开始学习。"㊲实际上,对弗洛伊德家族来说,他们的儿子对于阅读的一种早发热情,老早就成为他未来声名鹊起的一种幸福前兆。弗洛伊德在《梦的解析》里,为他众多野心之梦的其中一个寻找理由时,回忆起一个故事:"这是我在小时候经常听到的一个故事";大约是在弗洛伊德刚生下来的时候,"曾经有一个老农妇向我妈妈提出预言,恭喜她生了头胎,并为这个世界带来一个伟大的人物"。弗洛伊德带着讥讽的语气评论说:"这些预言必定经常发生,有那么多母亲充满了喜悦的期待,又有那么多的老农妇或干瘪的老太婆风华不再,因此就把她们的影响力转向未来,反正说这些话,也不会让女预言家失去什么。"㊳不过,弗洛伊德的怀疑论并不是认真的,他并不是不愿对这种让人快乐的预言投下几分信赖,同时,他也猜测一家人不断重复地说这类生活轶事时所造成的那种气氛,而且这种猜测只会持续增进他对于成为伟人的渴望。

另外一个他记得清清楚楚的小插曲也让弗洛伊德的双亲深信,他们正在养育一个天才。当时弗洛伊德十一二岁,跟双亲坐在维也纳最有名的普拉特(Prater)餐厅里,一个流浪的打油诗人在餐桌之间游走,只要丢题目给他,他就会即席创作一些小小的打油诗来换取一些零钱。"我被派去找那个诗人到我们这桌来,他对我这个传口信的人十分感激。在他找出题目之前,他忽然写了几行有关我的诗句,他写得激动人心,并断言我有一天可能会成为一位内阁部长。"㊴在19世纪60年代奥地利所拥有的自由气氛当中,这种预言其实是很平常的一种说法,但是回想起来,弗洛伊德认为他最初之所以会研读法律,大概多多少少即是来自这种印象的影响。

很自然的,这个前途一片光明的年轻人,必然会成为这个家族的最爱。弗洛伊德的妹妹安娜也证明，弗洛伊德一直有他自己独立的房间，不管父母手头如何拮据。弗洛伊德家族到达维也纳时，他们住在传统的犹太社区利奥波史达特区（Leopoldstadt），它横跨维也纳城的东北缘，过去就曾是维也纳的犹太人区，在不断吸收从东欧过来的犹太移民潮之下，它又很快地成为犹太人聚集的地区；1860年左右，居住在维也纳的15000名犹太人当中，几乎有一半是聚集在这里的。利奥波史达特区称不上是贫民窟，因为也有为数众多的富裕犹太家庭也选择住在那里，但是大部分犹太人都挤在缺少管理、乏人问津、过度拥挤的角落里，弗洛伊德一家就属于后者㊵。

经过一段时间，雅各布·弗洛伊德手头开始宽裕一些——大部分来自他那两个较为幸运的年长儿子所给的补贴，他们一度定居在曼彻斯特，在那儿发了一笔小财。但他们在1875年迁入的这所公寓，对这个人口众多的家庭而言，还是显得拥挤了点。当时，弗洛伊德已是一位大学生，最小的亚历山大、五个姊妹和父母挤在三间卧室里，弗洛伊德则独自享有他的"阁楼"，作为他的私人空间，这个"狭长的房间，有一个窗户，可以眺望街道"。而房间里面塞满了越来越多的书，那是少年弗洛伊德唯一的奢侈品，他在这个房间读书、睡觉，也经常一个人在里面吃饭。这个房间也是他跟朋友、"学伴"碰面的地方——妹妹安娜把他们称为学伴，而不是玩伴㊶。

弗洛伊德算是一个亲切但是带点权威的哥哥，会帮弟弟妹妹解决功课问题，并且长篇大论地告诉他们这个世界是怎么回事；他那种说教癖，是从他读书之后就显现出来的。他也会扮演那种自以为是的监督者。妹妹安娜回忆，她15岁时，有一次弗洛伊德对她所阅读的巴尔扎克以及大仲马皱起眉头，来表示这些书过于猥亵。

这个家以平静孕育着与众不同的氛围，接纳了弗洛伊德童稚般的跋扈。如果他的需求与安娜或其他小孩相冲突，他的需求会优先得到满足。当他专心致志于课本，并且抱怨安娜钢琴课发出的声音太大时，钢琴马上就消失无踪。这些当然都让母亲和妹妹感到不愉快，却没有出现明显的抱怨。弗洛伊德家是当时中欧中产阶级家庭里极少数没有钢琴的，但这个牺牲在他们想象着阁楼里那个勤奋又精力充沛的学生未来将拥有的辉煌事业时，也就显得不那么重要了。

弗洛伊德年少时期的维也纳，尽管对生活在奥地利的犹太人来说仍有许多不便,然而天赋优异的犹太青年子弟想出人头地并不是梦想。1848年革命风潮横扫欧洲大陆,同时也是弗朗茨·约瑟夫皇帝登基的那年,功能不彰的跨民族帝国哈布斯堡王朝(Habsburg Empire)已经显现出需要重整的端倪。在19世纪60年代初期,弗洛伊德一家落脚维也纳的利奥波史达特区的那年,支持传统权威的一系列政府措施反而不经意地带给这个国家更多的自由。同时,没有言论限制的新闻媒体以及在公共论战中以危险言论为自己谋求权力的政治团体充斥着奥地利,并且变得越来越嚣张。起初为了咨询功能而设立的新帝国内阁,转变为起草法案与议决预算的立法单位。这一切代议政府的大胆实验,只有政治圈里的少数人参与。即使是1873年时被当作一大进步的选举改革,仍然需要严格的资格限制:被选举为代议士依然只是总人口里6%成年男性的特权。简单来说,有限的寡头政治让步给有限的宪政体制[42]。

在激烈的民族主义年代,哈布斯堡王朝很少把政治议题的争论以及有敌意的民族团体当一回事,这些奥地利政客提出来的解决办法充其量都是权宜之计而已。"在20年之间,"历史学家伊尔莎·巴利亚(Ilsa Barea)贴切地总结道,"不下八部奥国宪法被提出、撤回、修改,其中实验着联邦制或者中央集权制、直接或间接选举、权力中心或者代议方式的政府。"[43]炫目的独裁政体以及高傲的社会意识,难以掩盖公众共识的破产,以及政治角力间无法妥协的僵局。鲁莽的战争以及灾难性的外交主张,在公众面前和渐有进展的立法程序相互较劲。

但是数年来,这个在政治、经济以及社会关系上寻求持续进展的赌注,已经有一些颇具说服力的成绩出现。在19世纪60年代末,帝国的内阁成员都是高尚的、自我奉献的中产阶级官僚以及政客,称他们为"布尔乔亚内阁"(bourgeois ministry)并不是没有道理。在这些布尔乔亚内阁及其继任者的运作下,政府把教育和婚姻的控制权转移到世俗权威的手上,开启了教派间的联姻,并且设定了合乎人道的法律。在这些对自由主义出击的改革列车上,奥地利的商业、银行、工业、运输以及传播业都有长足的进步,工业革命来到奥匈地区,虽然迟到了但终究是出现了。但所有的改革都止于1873年5月9日,股市崩盘的"黑色星期五"使这一切再度遭到质疑,并使许多成就蒙上被怀疑的阴影。大众的破产和银行的倒闭毁了一堆鲁莽的投机者,倒霉的存款人,运气差的商人、工匠,以及农人。一位6月到访的机敏的德国访客评论道:"此时的奥地利人,失去了他们所有的钱,或者更精确地说,发现他们原来什么钱也没有。"[44]

面对一下子失去了所有的积蓄与投资,并且需要代罪羔羊的情况,奥地利人愤怒地展现出毫不节制的反犹太情绪。新闻记者把此次崩盘归咎于犹太银行家的"阴谋",漫画家描绘长着鹰钩鼻与卷发的捐客在维也纳证券交易所前张牙舞爪[事实上,奥地利的犹太人和其他人同样在"大崩盘"之下损失惨重。其中之一是施尼茨勒(Arthur Schnitzler)的父亲,"以及其他许多无辜的受害者,都失去了他们至此为止所储蓄的一切"。(Arthur Schnitzler, *Jugend in Wien*〔1968〕,48)]。弗洛伊德在 1873 年秋天开始的大学生活[在 1930 年给德沃西斯(J. Dwossis——他的希伯来语翻译者——谈论到过去时光的一封信里,弗洛伊德尖锐地提到"德国的反犹太主义"(Freud to Dwossis, December 15, 1930.)。而的确在 19 世纪 70 年代初期,德国也有非常类似的浪潮,鼓动类似狭隘的言论。但奥地利的版本不需要从北边邻国来的刺激,也没有出现德国后来的类似状况]。但是日益严重的反犹太宣传,并不是当时极端激进的政治修辞中唯一危险因素,整个社会情势也被凶恶的党派利益人士、日益兴起的工人阶级意识以及弱势民族的异议分子(如波兰与捷克等地区人士)继续恶化,19 世纪 60 年代脆弱的成就正危在旦夕。

然而,对生活在奥地利的犹太人来说,这依然是个可以期待的年代。自 1848 年起,犹太人在哈布斯堡王朝里的合法地位就日益稳固。革命那年为犹太人带来了宗教仪式的合法权利,终结了许多繁重又带有羞辱性质的赋税,犹太人开始和基督教徒一样可以拥有房地产、选择职业以及拥有任何公司。19 世纪 50 年代一些不合理的禁制法令相继被废除,例如不再禁止犹太人家庭雇用非犹太人的仆役或者非犹太人家庭雇用犹太产婆等。到了 1867 年,过去的一些法令歧视都已经被废除了[45]。至少对犹太人来说,这些法令上的修正是值得庆贺的。

更进一步,1860 年一个自由开明的党派控制了维也纳,在其治理期间犹太人可以得到更多的社会接受度以及政治上的晋升。1867 年的妥协宪章(Ausgleich),把蔓生的哈布斯堡王朝分成奥-匈两个君主政体,在其中的"布尔乔亚内阁"里就有许多犹太人。正是这个时期,弗洛伊德和他的双亲在普拉特餐厅遇到那位诗人预言家,弗洛伊德日后在《梦的解析》里写道:"每个勤奋的犹太男孩的背包里,都带着想要成为内阁大臣的满腔抱负。"[46]

这句话,是弗洛伊德于 19 世纪 90 年代改写自拿破仑的可资纪念的革命名言——"每个士兵都有一支指挥官的权杖在他的背包里",只是略微显得有些可悲。具有群众魅力的政客卡尔·卢埃格尔（Karl Lueger）在1897年成为维也纳极具权威的市长，并且把反犹太变成了机会主义式的政策条款之一。维也纳政客对犹太人的怨恨已经有段时间了：1885年，弗洛伊德对他的未婚妻说，在6月1日的选举日时，维也纳就有"暴动和反犹太示威"[47]。卢埃格尔在19世纪90年代成为这股风潮的催化剂，虽然他有一些犹太友人，而且在私下对待犹太人时也比面对簇拥他的群众时矫揉造作的表现要和善；不过，他的许多支持者远比他们的领导人物要激烈而坚持反犹太论。他的出现是宣告维也纳自由主义破产并且是无可挽回的关键[48]。但是35年来——在弗洛伊德成长、学习、结婚、成家，并且努力朝向他的精神分析之路的过程中——自由主义在维也纳政坛仍旧是个虽然陈旧但却明显的倾向。这也是弗洛伊德在家里感受到的氛围，在他年迈后重新回顾这段激烈的年代时，他称自己是个"老派的自由主义者"[49]。

事实上，19世纪60年代以来，自由主义是犹太人一个主要和慎重的选择；另类的如犹太复国运动和社会主义都尚未出现。如同其他被解放的同道一般，弗洛伊德成为自由主义者，是因为自由主义的世界观看起来更贴切，而且如同一般的说法，它比较适合犹太人。弗洛伊德是人性的悲观论者，因此对于任何政治的解决方案都抱着怀疑的态度，但他绝不是保守论者。作为一个有自尊的中产阶级，他对于自大的贵族政体以及带有压抑倾向的神职人员，都抱持着不耐烦的态度。他把罗马教廷以及它在奥地利的分支，视为犹太人可以融入奥地利社会的最大障碍。即使在学童时代，如我们所知，弗洛伊德就对书中每个反犹太的论点幻想做出精密而令人赞同的还击。大众观点里日益增长的反犹太种族主义观点，成为他新的愤恨对象，但他从未忘记罗马天主教廷这个旧敌人。对弗洛伊德和其他被同化的犹太人来说，奥地利的自由主义是用来对抗蛊惑人心的政客和教士的最佳利器。

我们可以发现这其中的道理，正是自由主义者使得犹太人在1867年之后拥有全面的公民权。因此《新自由通讯》（Neue Freie Presse）这份在维也纳唯一有国际声誉的报纸，在1883年反犹太示威的时候，没有忘记告诉它的读者，"自由主义的第一个信条"，就是"每个公民都享有同样的权利"[50]。不用说，《新自由通讯》也是弗洛伊德每天的精神食粮，因为它支持弗氏所珍视的自由主义观点。

当年轻的弗洛伊德被这些政治现实所唤醒的时候，奥地利的犹太人早就视之如家常便饭。1879年的选战中，阿道夫·耶利内克（Adolf Jellinek），维也纳教区的犹太祭司长,宣示:"在最符合利益的前提下,奥地利的犹太人应该贴近宪法以及自由主义的力量。"[51]时论家以及犹太祭司布洛赫(Joseph Samuel Bloch)指出:自由主义的精义不只是一种教条,一种合宜的原则,自由主义可以说是犹太人的灵性收容所、避难所,自由权的来源、守护女神,以及心灵的皇后[52]。而奥地利的犹太人很明显地将他们的票投给其心之所向:他们对自由主义取向候选人的拥戴是极为全面的。弗洛伊德会尽可能地投票给这样的候选人[1885 年 6 月 2 日,弗洛伊德写信给他的未婚妻玛尔塔·贝尔奈斯小姐说:"昨天是投票日,一个对维也纳人来说很激动的一天。自由主义的党派失去了四个席次,在 Marahilf 以及 Badner 区,反犹太主义的候选人当选。"(By permission of Sigmund Freud Copyrights, Wivenhoe)],当时的教权主义(clericalism)、教皇至上论(ultramontanism),以及偏向没有德裔成分的奥匈帝国联邦制,都是犹太人的敌人。弗洛伊德的政治热情并不是很强烈,但是在自由主义年代,他书信中极少数的评论却也反映出他对耶利内克、布洛赫以及《新自由通讯》说法的同意及满意程度。从 1890 年以后,当卢埃格尔和他的密友渐渐掌控这个城市之后,弗洛伊德还有更多的话要说。

　　政治和文化上自由主义的出现,意义不只是办公室里出现了一群具有相同理念的政客。自由主义的象征标志到处可见。与其他 19 世纪时的大都会并列——例如柏林、巴黎、伦敦,维也纳的变化和发展令人目眩。在 1860 年,维也纳大约只有 50 万居民,20 年后,当弗洛伊德接受完医学训练之后,已经有超过 70 万人居住在维也纳,其中许多人都如同弗洛伊德一家人一样,是在其他地方出生的。如同巴黎被精力旺盛、有想象力以及律己甚严的执政官奥斯曼男爵(Baron Haussmann)以几乎改头换面的方式重建,维也纳也一样在 20 年之间彻底改变了面貌。在 1857 年,弗朗茨·约瑟夫皇帝授权将内城的老旧防御城墙拆掉,七年之后,大部分城墙都已经消失了。而"环形大道"——一条角度明显的马蹄形大道,正在慢慢成形。1865 年,九岁的弗洛伊德进入"利奥波史达特六年制公立中学"的那年,皇帝与皇后正式为这座大道命名。一栋接着一栋的公共建筑,其间点缀着大量的公寓住宅,在大道两边矗立,庆祝着自由的文化与宪政体制。之后歌剧院在 1869 年完成,两座华丽的博物馆在 12 年后出现——新古典式设计的国会大厦以及新哥特式的市政厅,呈现出自由主义扩张与丰富的建筑语汇,都在1883年时完成。

这一切都令人印象深刻。多年之后,为了要抓住双君主政治(Dual Monarchy)的精髓,奥地利的论述家与小说家赫尔曼·布罗赫(Hermann Broch)以自己一句日后常被引用的话回忆着当时的感觉:"围绕在19世纪80年代的欢愉启示录(the gay apocalypse)。"这启示录伪装良好,装扮成自我保护下美丽的蓝色多瑙河、高蹈文化的欢腾,以及节庆里华尔兹喧哗所吐露的感伤。布罗赫有后见之明作为其看法的引导,但即使在当时也有一些批判的精神——不是弗洛伊德,因为他还忙于医学和爱情,这些人认为多瑙河浑浊、香槟酒陈腐,而华尔兹则是在隆隆火山口上绝望的舞蹈。

维也纳这些年来都是从东边来的犹太移民的避难所,他们不断涌入,超过进入任何一个德国城市的移民数,因为虽然奥地利的气氛是混杂的,但其他地方则更糟。在19世纪末,维也纳的犹太人形成一个混杂的团体:旧的居民家族,来自国外的新移民(主要是俄国),来自哈布斯堡王朝其他地方的移民,如加利西亚、匈牙利,或者摩拉维亚(如弗洛伊德一家)。这也是变动极大的一个浪潮,如同数以千计的犹太人为了逃避迫害以及寻找机会而涌入这个城市,许多人也留在德国或者前往海外[3]。在19世纪80年代到90年代,弗洛伊德也兴起移民的念头,比如去美国,或者是他青年时代起就喜爱的英国。

犹太人大量移入的影响,套用一句典型反犹太主义者喜欢用的说法,迫使维也纳要在两难的情况下去面对同化犹太人的议题,其他城市如柏林或伦敦,在这个时期也遇到类似但尚未如此迫切的问题。大众对从东欧涌进的贫苦难民,起先抱持同情态度,但这种态度,不久即被这些难民的外貌和衣着淹没了,弗洛伊德也没能免除这种群众情绪。在他16岁的某天,结束完拜访弗莱堡亲戚回家的路上,在火车上遇到"一个极为体面的犹太丈夫,伴着他愁颜不展的太太、懒洋洋的小女儿以及看似大有前途但却鲁莽的男孩",弗洛伊德把他强烈的厌恶,描述给同样是犹太裔的朋友埃米尔·弗卢斯听,他觉得这样的组合"让人完全无法忍受",并且认为这位先生是那种典型的弗莱堡人,"他的儿子亦然,正和他的父亲谈论着宗教方面的问题。他是一块时间成熟之后会被命运刻画成骗子的材料:狡诈、虚伪,被身边的亲人吹捧得自以为真有某种天赋一般,却缺乏对生命原则的观点"[54],即使一个专业的迫害犹太人者都没办法描绘得比这更精彩。[在缺乏进一步证据之下,这个高傲的描绘依然显得有点神秘。这可能是个势利眼、得到良好教养、习惯使用德文的犹太人对他的亲密友人才会说的话。但是弗洛伊德的母亲实际上就带有浓厚的东欧腔调,这使人不禁疑惑,是弗洛伊德想要否认其母亲的出身,或者更潜在的,是在反抗他的母亲?]

许多从东边那些悲惨小镇来的移民,他们不管是衣着或言谈举止,都让维也纳人感到陌生而且不舒服,他们的一切都怪异得无法让人产生好感。他们一开始以小贩或修鞋匠的身份出现,但儿辈们却进入了银行、中盘商,或新闻业,从事这些职业容易受到顽固派的抨击,也易受诽谤和中伤。到了19世纪80年代,至少有一半的维也纳记者、医师和律师都是犹太人。弗洛伊德在中学里考虑的不论是法律还是医科,都是犹太人惯常的选择,这是许多年轻的犹太人在维也纳所做的职业。在他们强烈的学习欲望之下,这些犹太青年涌入维也纳的教育机构,集中在几个他们特殊的领域里,聚集在几所学校中,直到教室都可能变成亲属关系的交际场所。在弗洛伊德念中学的八年间,从1865到1873年,学校里的犹太学生从68人增加到300人,占学校总人数的44%—73%[55]。

意识到被突然冒出的犹太人所包围,奥地利的非犹太人在讽刺杂志、社交俱乐部,以及政治集会中表现出他们的忧虑。他们流传着充满焦虑的玩笑,试图同化这些"外来的入侵者",其中有些人甚至还提出尖锐的请求意欲排除这些人。在1857年,当弗洛伊德一岁的时候,普查统计维也纳的犹太人只有6000多人,大约是城市人口的2%[56];十年后,因为立法与经济状况的改善,犹太人大量移入这个城市:他们此时大概有四万人,约占城市人口的6%。1872年,伟大的瑞士籍文艺复兴史学家雅各布·布克哈特(Jacob Burckhardt),在某次拜访维也纳时对这个城市由犹太人掌控提出严厉的批评,也表达了他对现代文明忙乱及紧张的厌恶,并且视犹太人为这一切的代表。他表现出"对于掌控一切的犹太人,以及他们收买的新闻媒体的厌恶"[57]。但这样的"外来入侵"尚未结束,到了1880年,犹太人口增长到72000人,每十个维也纳居民中就有一个是犹太人。当布克哈特在1884年回到这个城市时,他发现它已经完全地"犹太化"了[58]。

19世纪,虽然在整个欧洲都有解放犹太人的风潮,但却是在新旧反犹太主义之间的插曲而已。孩子们也对他们的家长随声附和,反犹太的说辞从大众的煽动言论和家庭偏见转变成学生间每日的取笑话题。弗洛伊德在他中学生涯的高年级岁月起,也开始认识到"身为外来种族后裔的后果",当"学校内反犹太的骚动提醒我要选定一个立场的时候"[59],他发现自己更认同年少时心目中的英雄——犹太裔的汉尼拔。

与此同时,获得解放的奥地利犹太人的机会从商界扩展到专业领域。犹太人在维也纳的文化生活里同时扮演着创造者与中介者的角色:他们成为出版商、编辑、画廊主人、戏剧与音乐赞助人、诗人、小说家、指挥家、艺术家、画家、科学家、哲学家,以及历史学家[犹太裔的德国小说家瓦塞尔曼(Jakob Wassermann),在世纪末回忆起他待在维也纳的岁月时强调:"我的知己和亲密友人几乎都是犹太人……我马上发现,所有的公共生活都被犹太人所占据:银行、印刷业、剧院、文学、社会机构,统统都在犹太人的手中。"因为奥地利的贵族阶级对这些事业并没有兴趣,因此它们就留给了不属于其教派的人士和犹太人。(Jakob Wassermann, *Mein Weg als Deutscher und Jude*〔1922〕,102)]。著名的人物,如施尼茨勒、卡尔·克劳斯(Karl Kraus)、马勒(Gustav Mahler),这些只是令人敬畏的各种天才中的数位。在双君主政体的官僚以及军队中,犹太人也在转信天主教之后扮演许多角色,有些甚至没有受洗也晋升到极高的位置。数个犹太家庭因为他们的财富或对国家的贡献被封爵位,并未因其出身而被否定,遑论被拒于荣耀之外。

施尼茨勒比弗洛伊德小六岁,同时是医生、心理学家、小说家及剧作家,他的自传里回忆起那段处境模棱两可的日子:"在那些日子里——自由主义大放异彩的后期——反犹太主义仍然存在,但如同它一贯的表现,其实只是千万心灵倾向的一种情绪,或者在各种可能发展中的一种观点,而且反犹太主义并没有在社会和政治上发挥重要的功能。可用的说辞尚未发明,那些不喜欢犹太人的人则被嘲笑地称作'犹太吞噬者'(Judenfresser)。"施尼茨勒只能在他的阶级里想到一个这样的人,他被耻笑为纨绔子弟、势利眼、愚笨,不受欢迎。施尼茨勒觉得,那个时代的反犹太主义既不令人尊敬也不令人觉得危险,但这样的感觉还是令他焦虑苦闷⑩。仇恨犹太人的骚扰情绪数年来渐渐变得令人不快,且更具威胁性。另一位受过教育的维也纳见证者——瓦伦丁·波拉克(Valentin Pollak)博士,生于1871年,他回忆道,"在我年轻的时候,这样的(反犹太)情绪仍然只是沉默的怨恨",它"并没有被上流社会所接受,但这还是令我们觉得很糟糕",因为不断地要避开街头少年阿飞的凶恶伏击⑪。奥地利的犹太人期待更好的事情发生,但直到歧视整个种族的反犹太主义在19世纪90年代完全成熟之际,乐观的气氛还是可以击倒阴郁的不祥预兆。那是这样的一个时代,让像弗洛伊德这样的学生,幻想未来可以成为穿着制服的将军、讲台前的教授、持有公文的部长,或是手执解剖刀的医师。

研究生涯的诱惑

雄心勃勃,充满自信,在学校里表现优异且勤于阅读,青少年时代的弗洛伊德有理由相信未来有极不平凡的事业在等着他,那是清晰一如现实的不凡未来。"在中学时代,"他简短地提到他的成绩,"七年来我都是全班第一,获得特殊地位,很少需要参加考试。"⑫他所保存的成绩单,一再地显示他在班上的杰出表现以及出色的学业成绩。父母当然对他寄予厚望,而其他人,例如他的宗教学教师以及父辈的朋友萨穆埃尔·哈默施拉格(Samuel Hammerschlag),皆将他们对弗洛伊德的喜爱以及热烈的期待化为具体行动。

但在安定下来满足其父母以及他自己的期望之前,弗洛伊德还需要经历一段青少年的过渡仪式:他的初恋。1872年,弗洛伊德16岁,他回到家乡弗莱堡探望,其中一位旅行的同伴是爱德华·西尔伯施泰因(Eduard Silberstein),是弗洛伊德那几年当中最亲密的朋友。两个人组成了一个特别的秘密团体"西班牙学院",没有其他成员,两人嬉闹地各自取了塞万提斯(Cervantes)小说里两只狗的名字,并且互相交换以西班牙文写的秘密信件,以及更为广泛的德文通信。在其中一封情感充沛的通信里,弗洛伊德承认因为朋友缺席而出现"可以理解又渴望的感受",以及对于"衷心"谈话的"渴望"⑬。另一方面他在给这位友人的秘密信息中带着警告:"不要让别人看到这封信(*No mano otra toque esa carta*)。"⑭这是一封弗洛伊德最私密恋爱的信件。

令弗洛伊德神魂颠倒的对象是吉塞拉·弗卢斯(Gisela Fluss),她比弗洛伊德小一岁,是同为弗莱堡出身同学埃米尔·弗卢斯的妹妹。他为这位"同时带着天真与优雅的女孩"大为倾倒,但只把这样的感觉隐藏在心中,责难自己这种"荒谬的哈姆雷特状态",并且忧虑于跟她说话可能会出现失败,从而感到羞赧⑮。弗洛伊德持续数月在信中称呼吉塞拉·弗卢斯,但是以特别的双关词"Ichthyosaura"这个字眼来代替她的名字"弗卢斯"(Fluss),Fluss在德文里就是河流的意思,而Ichthyosaurus是一种已经绝迹的河流生物⑯。但他这份自己所谓的"青涩的着迷"(first rapture),只限于一些害羞的想象以及脸红心跳的偶遇机会而已⑰。

弗洛伊德的告白里实际上强烈暗示，这个经验基本上是迟来的俄狄浦斯迷恋：他详细思索，并且列举吉塞拉的母亲，一位富裕的弗莱堡遗孀的迷人之处——她的智慧、教养、多才多艺、一贯表现的欢乐、对待孩子的温柔以及衷心表现出来的好客态度，不只对弗洛伊德一人如此⑱。实际上是弗卢斯夫人，而不是她的女儿吉塞拉，才是弗洛伊德表现出沉默和短暂的青少年激情的对象。看起来，他直觉地表现出那种他将会为之献出毕生精力的判断："我好像把对她母亲的敬爱转化为对女儿的友谊。"⑲

现在弗洛伊德马上要面对一个更严肃的问题，他将要上大学，有关职业的选择，如同他想出名的渴望，少不了带来一番内在冲突和痛苦挫折。在《梦的解析》中，他记录了一段在七八岁时发生的羞辱事件：有一天晚上，他在双亲的面前，在他们的房间里尿床。弗洛伊德稍后会以精神分析家的角度来说明为什么一个小男孩会这么做。但当时恼怒的雅各布·弗洛伊德告诉儿子他将无法成就大器，这个事件的记忆纠缠弗洛伊德多年，这曾经是"对我自信的强烈打击"，而他在梦中还不断地重复这个场景⑳。也许当时的事件并不是真的如此，但扭曲的记忆有时候比真实的状况更能透露真正困扰他的问题，这个记忆其实显示了他的欲望和疑虑。无论何时他想起这个事件，弗洛伊德自陈，他就会马上列举自己的成功，似乎要向他父亲显示，他真的可以成就一番事业［弗洛伊德把这个事件和他自己"图恩伯爵"（Count Thun）的梦境解释放在一起讨论。如同评论家所说，这里面的情况其实颇为复杂。有可能是小弗洛伊德出于对性的好奇心而闯入父母的卧房，并且在兴奋的状态下尿出来。更有趣的是，1914 年弗洛伊德对这个尿床事件加以评论，当时他怀疑这个事件应该发生在两岁时，并且认为这件事和看到床笫间的画面密切相关，而尿床实际和自我抱负这个性格相关（*Interpretation of Dreams*, SE IV, 216）。如果要得到此议题的最佳总结，参见 Didier Anzieu 所著《弗洛伊德的自我分析》（*Freud's Self-Analysis*）(2d ed., 1975; tr. Peter Graham, 1986, 344 - 346)］。如果他真的尿在父母的卧房里，那将是弗洛伊德家极为少见的情况：自律甚严的小男孩在特殊时刻表现出无法克制的冲动，慈爱的父亲一反常态地暴怒。总而言之，弗洛伊德家的模范生不应该出错——也不曾出错。

这个冲突激励弗洛伊德走向成功之路——想要雪耻和自我证明的企图也包

含在内——已经显而易见。这样的动机也引导他走向医学,而他一旦决定要走的路就不太容易变更。弗洛伊德的描述虽然精确,却也需要一些解释和说明。他记录下自己的冲突,却漫不经心地简化了这个结果。"一个较年长的中学学长后来成为一位颇有名气的政治家,在他的友谊和强力影响下,我也一度考虑要学习法律而在社会上有活跃的表现。"这个同校的友人是布劳恩(Heinrich Braun),后来成为奥地利最卓越的社会民主党政治领袖和社论作家。"然而,达尔文主义比这些论题对我具有更大的吸引力,因为这个主义让我们对这个世界的不凡进展有一种了解,而在我参加学校期末考试之前,布吕尔(Carl Brühl)教授朗读了歌德优美的《论自然》("On Nature")一文,也坚定了我想要走向医学这条路的决心。"[71]

这样的自传故事有点像在建构神话,或者至少可以说太过简洁。布吕尔,一位杰出的比较解剖学家以及维也纳大学动物解剖学教授,是个很有感染力的演说家。那段改变弗洛伊德心意的文字,对自然表达了情欲化的赞叹和情感上的歌颂,把自然当作一位包容甚至有点专制压迫,又不断更新的母亲。这可能是对弗洛伊德长期埋藏在心中接近成熟想法的一个刺激,他不止一次如此表示[72]。但这也绝不是一次突然的启示,在歌德的这篇文章之前,弗洛伊德也投注了许多心力使得他可以认定医学之路的重要性,毕竟,如果不是如此,就算是歌德也没有用[73]。

不论弗洛伊德在沉思中的计划是什么,1873 年 3 月中旬,他对朋友埃米尔·弗卢斯带着一种自觉且如同神谕般的语调提道:"(我)要告诉你一个好消息,可能是我这个卑微生命中最重要的消息。"之后他却犹豫,带着嘲讽又很罕见的暧昧情绪说,这个事情还没有成熟到可以讨论和决定的地步[74]。一直到 5 月 1 日,弗洛伊德才挣扎到了完全清楚的地步,"如果我现在揭开面纱,你会不会觉得失望?"他对弗卢斯如此探问,"现在,听好,我想要成为一个自然科学家。"他要把法律抛诸脑后,但是,在保持轻松的心情之下,他回到法律的词汇,似乎为了要对即将被他放弃的职业表示一些依恋的情绪:"我将探索自然上千年的历史,或许还能偷听到它和人类之间永恒的诉讼,我将和每一位愿意了解的人分享我的胜利果实。"[75]这是轻快活泼,还带点智慧的说辞,但是它暗示克服冲突方面的困难,或者可以说他打算坚定地先把困难搁在一边。实际上,在当年 8 月,弗洛伊德给西尔伯施泰因的信件中,他夹带了一张私人的邀请卡,上面写着:"西吉斯蒙德·弗洛伊德/实习法官。"[76]这也许是个玩笑,不过却也是个带着遗憾的玩笑。

维也纳医师威托斯(Fritz Wittels),后来成为弗洛伊德阵营里持异议的追随者,以及弗氏的第一位传记作家。在1923年写作的传记里,威托斯敏锐地认为,弗洛伊德特别宣称《论自然》这篇文章的重要性,听起来像是种筛选过的记忆,为了无害地掩饰他背后阴沉而不那么明确的经历[77]。某种母亲般的憧憬在布吕尔朗诵的片段中,伴随着环抱一切的温暖、对喜爱事物的承诺和用之不尽的滋养,冲击了弗洛伊德这位思绪澎湃的青年。不论这个冲击产生了什么作用,《论自然》的确落到了肥沃的土壤上。

当时,一般双亲会提及医学比法律更为实际和赚钱的这类意见,这不太可能影响当时的弗洛伊德:弗洛伊德特别在他的书中提到,虽然他的家庭"生活在非常拮据的环境下,我的父亲坚持对于选择个人事业这件事,应该要依循我的意向"。如果弗洛伊德听到《论自然》短文的记忆真的是有选择性的话,他隐藏的将不是谨慎的计算而是情绪上的动机。对于以自由意志选择习医这条路,弗洛伊德在日后的《自传研究》里提到,他"在早期的那几年间并没有对医师这个职业特别有兴趣,甚至在之后也没有。毋宁说,我是被一种对知识的贪求所推动"[78]。这是弗洛伊德所写过最具有挑逗意味的说辞。作为精神分析学家,弗洛伊德日后把对于性的好奇当作科学探索的真实来源。我们可以合理地推测,他七八岁之间在父母卧室的那个插曲,是这种好奇心相当直接,甚至是有些粗鲁的表现,只是到后来才精细地化为研究。

医学研究除了满足弗洛伊德对原始求知欲的升华之外,更在心理层次上给予他丰富的回馈。他日后提到,年轻时他尚未学到以观察(意谓带着距离和客观化)来满足他贪得无厌的好奇心。就在结婚前不久,他与向未婚妻展现的自我肖像之间的确缺乏冷静的距离:他感觉到自己如同"那些为保卫宗庙而展现出热情的先祖们"的后裔,但又感觉到自己的无力,以及无法以"一首诗或一个词表达出的热情",他总是"压抑着"自己[79]。数年之后,当他的传记作者琼斯询问他曾经阅读过多少哲学家的作品时,弗洛伊德回答说:"很少,在年轻时代我曾被沉思强烈吸引,并对之严厉地加以检视。"[80]在他生命中的最后几年,他仍然维持着"某种保守态度,以免在主观倾向下过多地允许科学研究中的想象"[81]。

无疑，弗洛伊德对他的科学想象力维持松弛的驾驭标准，尤其是在那充满发现的年代里。但他的自我评价——不论信中、告白式的科学论述里，或者是记录下来的对话中，都表现出他对于在沉思的泥沼中失去自我的害怕，以及自我控制的强烈愿望。迟至1875年，他在大学中的第三年，弗洛伊德仍在考虑"取得以哲学和动物学为基础的博士学位"㉜。但最后医学还是胜出，他转向医学这个充满活力、严谨、实证、责任重大的学科，既可以拥抱自然这位母亲的爱，又可以逃开她，或至少在一个特定距离下拥抱她。医学是弗洛伊德自我征服的一部分。

在1873年6月以优异的成绩从中学毕业之前，弗洛伊德已经认识到他渴望认识自然是人的天性。在他的回顾中，对知识的贪求"在人类活动方面较之于自然事物更为强烈"㉝。他在给密友的信件中展现出这个倾向，充满大胆的好奇以及强烈的对心理学的感知。他在1872年9月满16岁的时候，写信给埃米尔·弗卢斯说："理解到由意外和命运线索所联系起来的缜密纹理，紧紧地围绕在我们身旁，带给我许多乐趣。"㉞即使在这么年轻的时候，弗洛伊德已经发现表面的沟通是极为可疑的，他在1872年夏天向西尔伯施泰因说道："我注意到，你只对我开放你经验中的一部分，且把你的想法完全保留给自己。"㉟他已经在寻找更深入的揭露方式，对于1873年春在维也纳举行的万国博览会，他觉得那看来新奇有趣，但却远远不能够令人为之沉迷，"我无法找到关于人们活动巨大而协调的图像，如同我可以在植物标本室里看到的那种小型风景那样的协调。""世界的壮观，"他继续说道，在于多样的可能性，但不幸的是，"这并不是我们自我了解的坚实基础。"㊱这是一位天生心理学家的说法。

弗洛伊德对行医态度的模棱两可，并没有强烈到让他盼望行医受挫，也没有剥夺他这方面的乐趣。1866年，当他还只有十岁的时候，他就已经展现出强烈的人文倾向，要求他的老师发起活动，提供绷带给因对抗普鲁士而受伤的奥地利士兵。十年之后，1875年9月，在他进入医学院两年之后，他对西尔伯施泰因告白："我现在有两个理想，在早先的理论理想之外，现在加上比较实用的另一个。如果去年问我最大的心愿是什么，我会回答：一座图书馆以及自由时间，或者一艘载有全部研究所需器材的船。"显然他羡慕的是达尔文，可以有丰富的时光待在"小猎犬号"船上，他幻想自己也能得到这样的机会，但是发现科学的真理已不是自己的唯一愿望。"现在，"他继续说，"我犹豫着是否我真正想说的愿望是：一家大医院以及一大笔钱，来除去在我们身上的许多病痛，或者把这些病痛从世界上消除掉。"⑧ 这种对疾病宣战的愿望总是定期地迸发,"我今天到病人住处的时候,发现我无法表现出专注和同情。"他在1883年给未婚妻的信中写道,"我是如此疲倦与冷淡,但当病人开始抱怨时,我的倦怠感就消失了,因为我体会到,这件工作是极具重要性的。"⑧

他孩童时期的好奇心在科学研究上得到升华,包括关于心灵与文化谜题的探讨,但在1927年自我回顾的时候,他说他从未好好当过医生,并且发现在一段延伸而迂回的旅途之后,他回到自己真正的天职里⑧。同样,在他年近八旬于1935年的最后一份回忆传记里,他把自己的生命历程看作一段"回归的发展",在经历"一生时光走过自然科学、医学,以及心理治疗的迂回道路"之后,回到"那些曾经在年少时代使他迷恋的文化议题"⑨。我们可以发现这个迂回过程,并没有像弗洛伊德所说转移注意力,倒是如同精神分析家所说的:人尽其用。

在维也纳大学的初期,弗洛伊德就受到反犹太主义的刺激,这刺激如此令人愤怒且值得纪念,让弗洛伊德在半世纪之后的自传里仍给它留了醒目的位置。他还附注说明,他的回应并不是出于挑战和好斗,其中典型的反应是,他把愤怒转为优势。非犹太人的同学傲慢地希望他"觉得自己不如他人",并且自认是身为奥地利的异乡人(nicht volkszugehörig)——"只因为我是犹太人",但是他"断然"拒绝这样的羞辱,"我从不觉得为何我要为我的出身或是我的种族感到羞耻"。带着同样的自尊心,他"毫不后悔"放弃了归属于这个集体的可疑特权,感觉自己的独来独往同样可以过得好,他觉得,这样的决定不但是为了谴责违背自己倾向的做法,"也来自于我独立的判断"。想到易卜生(Ibsen)戏剧《人民公敌》(*An Enemy of the People*)里面史塔克曼(Stockmann)医师的诚实和勇气,弗洛伊德宣称自己反而会玩味被"团结在一起的多数人"排斥的感觉⑨[在1923年圣诞节前后,弗洛伊德读了威托斯关于他的传记初稿,并且随性在上面写上评注。在谈到弗洛伊德的早年历程时,威托斯写道:"作为犹太人在德国文化区里的命运,让他的早期感到困窘而觉得不如人,这是一种德国犹太人无法摆脱的命运。"弗洛伊德在页缘标注上"!"——这是他表示强烈异议的方式。弗洛伊德加强语气地标注而省去说明不如人的感受,可能是对威托斯这种一般化结论的间接回应(See pp. 14 – 15, in Freud's copy of Wittels, *Sigmund Freud*. Freud Museum, London)]。

弗洛伊德并不是在卖弄后见之明,他的道德和行动的勇气是留有记录的,

1875年初他告诉西尔伯施泰因，他对大众舆论的信任程度已经逐渐减低，而"对弱势意见的倾向正在增加"⑫。这个态度支持他，使他可以面对医学社群，以及其根深蒂固的想法，但他仍然保留了对反犹太者展现愤怒的机会。在1883年的火车旅途中，他碰到几个这样的人，当弗洛伊德打开窗户想要呼吸点新鲜空气时，他们丢出一句"可怜的犹太人"，尖锐地评论犹太人非基督教式的利己主义，并且扬言要"给他好看"。弗洛伊德显然没有受到惊吓，他要这些挑衅者站起来，对着他们吼叫，并且以特别的姿态胜过这些"乌合之众"⑬。他的儿子马丁回忆起一次类似的情形：1901年，当他们在巴伐利亚的避暑胜地图姆湖（Thumsee）时，弗洛伊德轰退一群大约十个人的群众以及一些女性支持者，这些人当时对着马丁以及他的弟弟奥利弗咒骂反犹太的脏话⑭；当弗洛伊德拿着他的手杖愤怒地冲向这些人的时候，他应该觉得这个光荣的时刻与他父亲默默忍受被人羞辱的状况，有天壤之别。

这些好战的自我展现将来还有很多，19世纪70年代的大学生活还没有因日后所出现的反犹太学生暴动而失色。仅就此刻来看，道德勇气是弗洛伊德唯一需要的装备——也许可以再加上一个明确的学业方向。早在17岁的年龄他就进入了大学，却一直到1881年，25岁时才完成学业，广泛的兴趣以及对研究的热衷，让他比一般所需的五年时间晚了许久才拿到医学学士学位。弗洛伊德的广泛兴趣是有计划的。"关于在大学的第一年，"他对朋友西尔伯施泰因这样说，"我应该完全用来学习人文学科，这虽与我未来的医学事业无关，却并非完全无用。"他郑重说明，如果要他提出什么人生计划，他将拒绝给出"确定而简单的回答——如成为科学家、教授，这类的说辞"⑮。无论他对哲学如何加以批判，或者如同西尔伯施泰因一样，"出于失望而放弃哲学"⑯，弗洛伊德实际上在这几年阅读了相当多的哲学书籍。显然，在他所阅览的思想家之中，对他产生最大影响的是路德维希·费尔巴哈（Ludwig Feuerbach）。"在所有的哲学家中，"他在1875年如此告诉西尔伯施泰因，"我最崇拜与欣赏这个人。"⑰

对弗洛伊德这样一位18世纪启蒙运动的信徒而言，他必然会在费尔巴哈这位左派黑格尔主义者身上发现许多令他激赏的地方。费尔巴哈发展出一种风格，脱离和德国学术团体结合后常有的空泛与抽象化，并且当他面对其贬抑者"愚笨又空泛的判断"⑱时，带着拳击的架势常使读者魅惑（或者说惊骇）于其中。

他对弗洛伊德影响不小,不论在实质上或者风格上:弗洛伊德认为这是他用来揭露神学,以及所有太过世俗的人类经验之根源的思想工具,神学应该要变成人类学。严格说来,费尔巴哈并不是无神论者,他只是积极地想要从神学家那里把宗教的本质救回来,而不是直接摧毁它,不过他的说法以及采取的方式,常常会教导出无神论者。他最有名的一本书,是谈论宗教的作品——《基督教的本质》(*The Essence of Christianity*),首次在1841年出版,基本上是"对幻象的拆解",对抗着所谓"绝对有害的"幻象[99]。把自己视为幻象终结者的弗洛伊德,觉得这个宣告和他颇为意气相投。

费尔巴哈和弗洛伊德在另一方面也颇为一致:他对哲学也如同对神学一样地批判。费尔巴哈提供了他自己的哲学反命题,那就是"绝对的、非物质的、自我圆满的思索"[100]终究会"消解"。事实上,如同弗洛伊德后来的自白,他自我陈述说(或者可以说,公告周知),自己缺乏那种"正统哲学的、系统的、百科全书式的方法论"[101]天分。他找寻的不是系统,而是真相,甚至因此否认自己的哲学可以挂上哲学之名,或者称他自己为哲学家,"我只是个面对自然的智识研究者"[102]。弗洛伊德也会喜欢这样的称呼。

弗洛伊德作为年轻大学生的哲学探索,驱使他跟从令人耳目一新且带着诱惑氛围的哲学家弗朗茨·布伦塔诺(Franz Brentano),他上过不下五堂这个"天杀的聪明家伙"以及"天才"所开的演讲以及讨论课[103],并且还曾单独访问过这位教师。布伦塔诺早先是一个牧师,后来成为亚里士多德哲学以及实证心理学的倡导者,一位可以激发学生思考的老师,同时相信上帝并崇敬达尔文。"一时间,"当布伦塔诺的影响力达到顶峰,弗洛伊德对他的朋友西尔伯施泰因告白,"我不再是个唯物论者,却也还不是个有神论者。"[104]但弗洛伊德终究没有变成有神论者,在他心底,如同他在1874年告诉他的朋友,他是"一个不信神的医学院学生与实证论主义者"[105]。当他挣扎着度过布伦塔诺对他的全面说服之后,弗洛伊德回到自己不信神的立场并维持这个状态。但布伦塔诺已经对弗洛伊德的思想产生了刺激与复杂的影响,他的心理学论著也在弗洛伊德心中占有一定的地位。

这一切的智性活动似乎和医学学习有点距离,弗洛伊德看似漫无目标,却是个稳扎稳打的研究学徒,他一生专长的医学研究的基础就是在这传奇般的数年中打下的[这样的态度在他日后为"非医学专业分析家"(lay analysts)做辩护时有很重要的影响]。这段时间他有机会聆听印象深刻的演讲以及感兴趣的研究,弗洛伊德发现他的医学教育无疑是个不甚确定的幸运之事,而给他授课的教授们也都无可挑剔。在维也纳大学求学时代,当时的医学教师群是绝佳的一时之选,大多数的成员都来自德国:比较解剖学研究所所长卡尔·克劳斯,刚从哥廷根(Göttingen)挖过来;埃内斯特·布吕克(Ernst Brücke),是位著名的生理学家;内科医学部主任诺特纳格尔(Hermann Nothnagel),出生在德国北部并且在柏林受过医学训练;著名的外科医师特奥多尔·比尔罗特(Theodor Billroth),一位业余的天才音乐家,勃拉姆斯的密友,在德国和苏黎世领导过研究团队之后被吸引到维也纳来。这些教授都是其各自领域的一时俊杰,为稍嫌狭隘的维也纳带来了独特的学术气息和连接世界的脉动。在这种环境下,维也纳医学院可以吸引到一群群来自国外的学生并不令人意外——他们来自欧洲各地甚至美国。在1883年出版的非正式却资讯丰富的《美国留欧医学院学生指南》(Guide to American Medical Students in Europe)当中,美国神经学家亨利·洪(Henry Hun)给予维也纳最高的评价。"除了他们的医学优势外,"他写道,"维也纳是一个令人愉快的居住城市。"他赞美那些"咖啡店生活",歌剧院和公共花园,以及"和善、潇洒,又投身于乐趣"的人们[⑩]。

弗洛伊德对于这一番奢华的赞赏或许会有点犹豫,他在维也纳并没有多少愉快的日子,甚少闲坐咖啡厅,更不用说有机会去听歌剧,但他绝对可以认可维也纳医学教授们的国际声望是令人愉快的。他的教授们在他眼中还有另一种美德:他们并不受遍布整个维也纳的反犹太气氛所沾染,他们的自由主义倾向让弗洛伊德觉得自己不再像个贱民一样。弗洛伊德拿到医学学位之后,最先在诺特纳格尔教授的部门工作,这位教授就是个充满自由主义见解的健谈之士。作为一个公共演说的老手,这位教授在1891年成为"对抗反犹太学会"的创始人之一,但在三年之后,他的授课却被一群鼓噪的反犹太学生所打断。布吕克,一位如同诺特纳格尔那样的开明教授,虽然没有他那么善于集会结社,也有自己的犹太朋友,再者,他也是个公开的政治自由主义论者,亦即他和弗洛伊德共享对于罗马教廷的敌意。弗洛伊德具有坚实的政治和科学理由,去回忆起他那些"值得尊敬又身为典范"的教授[⑩]。

1875年初夏,弗洛伊德终于有机会远离那令人厌恶的圣史蒂芬教堂尖塔,他前往曼彻斯特拜访同父异母的兄弟,这是一趟他已经期待许久又延宕多时的旅程。弗洛伊德心中对英国的向往已持续很久,从他少年时代起,他就大量阅读并且非常喜爱英国文学。1873年,在他实现这个旅程的两年之前,弗洛伊德告诉友人西尔伯施泰因:"我现在阅读的是英文诗,以英文写信,朗诵英文韵文,聆听英国风格的描述,并且渴望看到英国的风土。"弗洛伊德开玩笑地说,如果这种情形持续下去,他大概会染上"英国疾病"[108]["英国疾病"——die englische Krankheit,是德文里对"佝偻病"的俗称]。关于未来的想法,他在拜访英国之后如同之前一般未曾消减。他在曼彻斯特受到的热情款待,以及他对英国的整体印象,让弗洛伊德觉得定居此处亦无不可。他喜爱英国远胜于他的故乡,他告诉西尔伯施泰因,这一切是因为"那(英国的)雨与雾,酗酒与保守的气息"[109]。这次造访持续地为他留下深刻印象:七年之后,在一封给未婚妻情感丰富的信件中,他回忆起他从旅行中带回来"无可磨灭的印象",英国"清醒的勤奋态度",以及"他们所致力的公共福利",更不用说"其居民对正义所表现出来的刚毅和敏锐"。他告诉他的未婚妻,英国的经历对他的一生有"极为关键的影响"[110]。

弗洛伊德的远行促使他集中他的兴趣——英国的科学著作,他告诉西尔伯施泰因,包括"廷德耳(Tyndall)、赫胥黎(Huxley)、赖尔(Lyell)、达尔文、汤姆孙、洛克耶(Lockyer),以及其他人"的著作,使他成为这个国家的忠实支持者。因为他们始终如一的实证态度,对过于夸大的形而上学的厌恶,使弗洛伊德印象深刻,他在一段反思之后立刻加上:"我现在比以前更加对哲学感到不信任。"[111]布伦塔诺的教诲,已经渐渐地成为背景。

实际上,弗洛伊德在短时间之内也用不到哲学。当他回来之后,他开始专注于卡尔·克劳斯教授实验室里的工作。而克劳斯,这位在德语区里对达尔文最为积极且热烈的鼓吹者,马上就给了弗洛伊德一个可以让他展现其特殊才能的机会。克劳斯来到维也纳的任务,是进行动物学系的现代化,并且把它带到和学校里其他科系相同的水准,另外,他还可运用一笔经费去建立位于的里雅斯特(Trieste)的水中生物研究站[112]。这一部分经费还可用来资助那些有前途的学生,让他们进行特定的研究。在克劳斯的记录里,弗洛伊德当然是第一批被选上的学生。1876年3月,弗洛伊德来到的里雅斯特,这让他第一次见识到地中海地区,而他日后对这个区域极为喜爱,每个夏天都带着愉悦的心情前来度假或工作。克劳斯交付给弗洛伊德的任务,是他自己长期以来就一直有兴趣的雌雄同体(hermaphroditism)研究:检测波兰籍研究者西蒙·德塞斯基(Simon de Syrski)宣称他找到鳗鱼生殖腺的推论。如果有机会被证实的话,这将是一个令人惊讶的发现。如同弗洛伊德在他的报告中指出的,已经有"数世纪的努力"投注在寻找鳗鱼的睾丸上,但却都失败了[⑬]。如果德塞斯基的说法正确无误,那么传统认为鳗鱼是雌雄同体性的观点就站不住脚了。

弗洛伊德的初始努力没有得到预期成果,"我所切开的每条鳗鱼,"他对西尔伯施泰因如此说,"都是雌性的。"[⑭]不过,并非每封信件都是纯科学报告,弗洛伊德不只对鳗鱼感兴趣,他对的里雅斯特地区的女人也很感兴趣。这样的兴趣,如同其信件所显示的,还是带着距离、纯粹学术性的。在面对那些马路上碰到的性感"意大利女神"诱惑而产生的焦虑之下,弗洛伊德还会对她们的外表以及妆容加以评论,但保持对她们的冷漠,"因为我无法解剖这些人,"他用幽默掩盖了一些羞怯,"我实际上并不能对她们怎么样。"[⑮]他在鳗鱼研究上的进展就好多了:在的里雅斯特停留两次,并且解剖了将近400条鳗鱼之后,弗洛伊德可以部分地,并不是那么确定地证实德塞斯基的说法。

这算起来是个值得称许的贡献,但是当他日后回国谈起这些早期的研究时,弗洛伊德却带着鄙视的说法[在1936年,瑞士籍的精神科医师鲁道夫·布伦(Rudolf Brun)向安娜·弗洛伊德要一些她父亲的"早年神经学著作",她回答说父亲对于这些研究的评价极低:"他认为如果你执着于这些作品,你将会感到失望。"(Anna Freud to Rudolf Brun, March 6,1936. Freud Collection, B1, LC.)弗洛伊德早期对鳗鱼睾丸的研究一直被当作他后来性欲研究兴趣的早期例证,这种基于推测的对弗洛伊德内在历程的重新建构和这样的声称一致:弗洛伊德,这位俄狄浦斯情结的发现者,他完成中学学业的毕业考试题目,正是翻译索福克勒斯(Sophocles)的《俄狄浦斯王》的33行韵文,而这两项事实之间被认为存在着更深的关联。(但我认为,)这两者,终究都只是指定作业而已],在衡量其心目中的事业成就时,他常变得对自己颇不公正。对鳗鱼性腺的研究使弗洛伊德培养出耐心和精确的观察,这样专注的注意力是日后弗洛伊德在聆听患者陈述时绝对不可或缺的。无论他的说法是什么以及某种无法排除的模糊厌恶——弗洛伊德谈到克劳斯交付他的工作时带着不满,他对自己的苛求如同对他人一样。令人惊讶的是,弗洛伊德自己的自传著作竟然没有一处提到克劳斯。

弗洛伊德对他下一位导师——伟大的布吕克,表现出来的情感就完全相反,

"在埃内斯特·布吕克的生理实验室里,"他写道,"我得到休息以及全然的满足。"弗洛伊德自在地崇敬——并且努力模仿——他的"布吕克大师",以及布吕克的助手们。这其中之一是埃内斯特·冯弗莱施尔-马克索(Ernst von Fleischl-Marxow),一个令人"目眩神迷的人",弗洛伊德后来和他相知甚深[116]。弗洛伊德同时在布吕克的朋友圈里,找到了他日后在发展精神分析时具有决定性地位的朋友:约瑟夫·布洛伊尔(Josef Breuer)。他比弗洛伊德大14岁,是个成功又富裕、极有教养的医师以及著名的生理学家。两个人很快成为这个圈子里的最佳搭档。弗洛伊德把布洛伊尔当作他另一个父亲,成为布洛伊尔家里的常客,并且也喜爱布洛伊尔夫人玛蒂尔德(Mathilde)如母亲般的迷人风采。这些还不全然是弗洛伊德在布吕克那里得到的好处,1876年到1882年的六年间,弗洛伊德在他的实验室里工作,解决他尊敬的教授所指派的作业,工作成果让他自己和布吕克都感到满意。他们拆解神经系统的谜题,一开始是低等鱼类,后来是人类,这些工作都达到他导师的精确要求与期望,弗洛伊德因此感到格外高兴。1892年,在他这位导师刚去世之后,弗洛伊德以布吕克的名字埃内斯特,用为他的第四个小孩的名字以资纪念:这是他所能做的最衷心的回报。布吕克对弗洛伊德来说,一直是"影响最深的人物"[117]。

无须怀疑,弗洛伊德对布吕克的情感是顺从的,布吕克实际上比弗洛伊德大了40岁,大约是他父亲的年纪。不过我们也可以认为,要说弗洛伊德以埃内斯特·布吕克来取代雅各布·弗洛伊德的重要性和影响,未必全然确实。"移情作用",如同弗洛伊德这位精神分析家后来会如此加以命名的那种强烈情绪,实际上活跃而无所不在。但布吕克对弗洛伊德最大的吸引力,应该是在于他不是弗洛伊德的父亲。他对弗洛伊德的权威是后天赢得的,而非生来如此,同时在这个重要的关头上,弗洛伊德正将自己锻炼为面对人类秘密的探索者,这样的权威是需要的。雅各布·弗洛伊德待人温和且善良,宽厚而温顺,但这些特质却会引来反抗。相对来说,布吕克正好相反,他充满书卷气,是一位令人生畏的审查者和执行者。雅各布·弗洛伊德喜爱阅读并且对希伯来经典了如指掌,布吕克虽不是多才多艺,却也不差:他是个有天分的画家,他业余对美学的终身兴趣,也影响到他的学生们["在他每日的实验室工作之时,"列斯基(Erna Lesky),这位维也纳医学院的历史学家这样描述,"布吕克认定他自己不只是个生理学老师,而是总体文化观念的传递者。"(Erna Lesky, *The Vienna Medical School of the 19th*

Century〔1965;tr. L. Williams and I. S. Levij,1976〕,231)〕。就表面上的特征来看,弗洛伊德的眼睛完全不像他的父亲而有他自己的特质,所有认识弗洛伊德的人,不论说法大同小异,都对弗洛伊德锐利而渴望真理的眼神印象深刻。布吕克有着类似的眼神,而这种眼神给弗洛伊德留下的印象甚至进入他的梦中,其中一个梦境,是弗洛伊德在《梦的解析》中仔细分析的"他未曾活过"(Non vixit)之梦,弗洛伊德只用一个"尖锐的眼神"就让他的对手消失无形。在自我分析当中,他提到一个来自真实生活经验中的扭曲记忆,实际上正是布吕克而非弗洛伊德,做出这个尖锐的摄人眼神:"布吕克曾经有几次发现我晚到学生的实验室,"当时弗洛伊德是实验示范者,"于是,有一次他在课堂开始的时候,马上出现在那里并且等着我。他切中要点地数落了我一番,但重点不是他的话,那压倒性的感觉来自他直视着我的蓝色眼睛,我就在这种眼神面前融化了。"无论如何,弗洛伊德继续说,他记得"伟大导师的眼神,在他的年老外表下如此的深邃美丽。如果有人看过他动怒,就会对他面前那个可怜的年轻罪人感到同情"[⑱]。布吕克为弗洛伊德树立的模范,对这位年轻罪人的影响,是一种理想的专业化自我要求。

布吕克的科学哲学对弗洛伊德的影响也不下于专业层面,他在气质上和信念上都是实证主义者。实证主义不特别成一学派,而是对于人类、自然以及探究问题的普遍态度。它的奉行者希望把自然科学的这个发现和方法,运用到人文研究的思想以及行动上,不论是公众或者私人部分。这个心性气质是奥古斯特·孔德(Auguste Comte)所鼓吹的,这位19世纪初期对极端形式实证主义的鼓吹者,设想着如何在可靠的基础上研究人类社会,他使用"社会学"这个词,并且把它视为一种社会物理学。实证主义诞生于启蒙运动的18世纪,认为形而上学只是一种不那么武断的神学而加以排斥,而它则于19世纪在物理、化学、天文以及医学上得到突出的胜利,布吕克是实证主义在维也纳的一位重要代表。

布吕克从柏林习得对科学风格的自信以及雄心,在19世纪40年代早期,当他还是个医学院学生时,他就和另一位著名的同事埃米尔·杜布瓦-雷蒙德(Emil du Bois-Reymond)一同严肃地排斥那一堆无用的幻想迷信,以及展现了自然神秘的神谕般力量的其他自然神秘主义。生命主义(Vitalism),这个当时自然科学家所拥抱的浪漫哲学,以及其松散诗意的神秘内在力量,激起这两位年轻学者的抗拒以及激烈辩论,他们认为,只有"一般的物理化学"力量,才"活跃在有机体中"。难以说明的现象必须以"物理数学方法"去加以研究,或者在认定有"内在于物质"的"新"力量的情况下,现象必定可以"被还原为相互吸引或相互排斥的元素"。[19]他们认为理想的研究者,以杜布瓦-雷蒙德的话来说,是不应被"神学的先入为主之见"[20]所阻挠的自然科学家。当19世纪的文艺复兴学者亥姆霍兹(Hermann Helmholtz)在各个层面取得世界声誉——包括光学、声学、热力学、物理学、生物学时,再加上布吕克以及杜布瓦-雷蒙德,这个"学派"已经成形了。生命主义的影响马上就无可抵御地快速扩散,其支持者以及成员占据了著名大学的主要职位,并且确定了科学期刊的基调。当弗洛伊德在维也纳学习时,实证主义正大行其道。

1874年底,弗洛伊德打算追溯这个思想的源头,他决定去柏林停留一个学期,直接聆听杜布瓦-雷蒙德、亥姆霍兹,以及著名的病理学家——政治上也较为开明的——鲁道夫·菲尔绍(Rudolf Virchow)的教导。这个预期的计划,弗洛伊德告诉西尔伯施泰因,让他"高兴得像个孩子"[21]。最后,这个计划没有任何结果,但弗洛伊德仍可以在家乡继续吸收他所想要的知识。同时,布吕克将他的理论大纲,透明而详细地呈现在他1876年出版的《生理学讲稿》(Lectures on Physiology)中。这其中将医学的实证主义,诉诸于极端唯物主义的表现形态:布吕克宣称,所有的自然现象,都是运动的现象。弗洛伊德实际在课堂上听过这本书的内容,并且表示赞同。诚然,他对布吕克基本观点的认同,使他对心理事件的解释从生理学转向心理学。在1898年,亥姆霍兹过世四年之后,弗洛伊德的朋友弗利斯送了他一套亥姆霍兹两大册的演讲集作为圣诞礼物,他知道这对弗洛伊德的意义重大[22][从这里我们可以看出弗洛伊德基本的犹太教倾向,礼物应该在圣诞节时赠送]。弗洛伊德将会以布吕克想不到的方式,来运用他授业导师的原则,虽然没有得到他的全然喝彩,却不减弗洛伊德的观点受益于布吕克的事实。对弗洛伊德来说,布吕克以及他杰出的同事们,是哲学指定的接班人选。当弗洛伊德强有力地宣告,精神分析没有它自己的世界观,同时也永远不会产生自己的世界观时,他正是在数年后向他的实证主义教师致敬。他1932年如此总结,精神分析"是科学知识的其中一块,并且可以依附于科学世界观"[23]。简言之,精神分析如同其他科学,是为了要追求真理并且揭露幻象,这也是布吕克的说辞。

布吕克以及他气味相投的同事们的自我肯定,是由达尔文划时代的贡献所支撑的。在19世纪70年代初期,虽然已经有许多有影响力的支持者接受,物竞天择学说仍然是个具有争议的说法,危言耸听以及危险的改革兴奋气息仍然围绕着它。达尔文计划将人类放回动物的行列之中,并且尝试探索其源起、生存,以及在全然世俗基础下的多样发展。引发生物的自然秩序改变的原因,达尔文认为不需要将之归于较为遥远的神性,整个世界里是盲目、冲突和世俗的力量。弗洛伊德在动物学领域里研究的是鳗鱼的性腺,在生理学领域研究淡水蜇虾的神经细胞,而在心理学领域则转而研究人类情绪,这些其实都在同一个理论架构中。在弗洛伊德为布吕克所做的严谨的神经系统组织学研究中,他所做的无非正是揭示进化的轨迹。对他而言,达尔文一直是"伟大的达尔文"[124],生物学的探索也比照顾病人使弗洛伊德着迷。他已经准备去面对他的天职召唤,1878年他写信给朋友,他选择去"虐待动物",而非"折磨人类"[125]。

他有很好的理由去追求他的目标。弗洛伊德早期在1877年到1883年之间所出版的论文内容,有详细发现却绝非琐碎细节。在他的显微镜下,进化的过程由他研究的鱼类神经系统得到佐证。更甚者,从回顾的角度来看,这些论文形成的观点,联结成为他在1895年尝试进行的科学心理学初稿。弗洛伊德继续进行理论架构的研究,并把神经细胞和神经纤维功能看作一个整体。但是他不久就转移到其他的研究内容,到了1891年,当瓦尔代尔(H. W. G. Waldeyer)出版他划时代的关于"神经元"理论的专著后,弗洛伊德开拓性的研究就被遗忘了。"那不是唯一的一次,"琼斯这么说,"弗洛伊德因为不敢把他的想法追溯至符合逻辑的结论,结果错失了早期生命中可得的世界名声。"[126]

虽然仍住在家里,但他的心思已经全然放在工作上,弗洛伊德在布吕克的指导下在他的实验室里成果丰硕。在1879年至1880年之间,他被迫服了一年的义务兵役。他的任务是照顾几个生病的士兵,他感到极为无聊,但弗洛伊德的上司对他的表现却赞誉有加。他们对他的评价是"值得尊敬"、"士气高昂"、"非常积极"且负责任,并且对他的个性评价是"坚毅的"。他们觉得他"极为可靠",并且对待病人"考虑周详而温和"[127]。尽管如此,弗洛伊德觉得这个被迫接受的插曲无聊至极,并且为了打发这些无趣的时光而翻译了密尔(John Stuart Mill)合集里的四篇文章。密尔的德文编译者特奥多尔·贡珀茨(Theodor Gomperz)是一位奥地利的古典文学家以及希腊思想史家,一直在找寻扩大其翻译阵营的对象,弗洛伊德和布伦塔诺的关系使得这个消磨闲暇的机会得以出现：布伦塔诺向贡珀茨推荐了弗洛伊德。

不过最主要的还是他对研究的陶醉，而不是服役生涯让弗洛伊德的学业慢了下来，一直到1881年的春天他才得到医学学位。弗洛伊德新的身份对他的生活模式只有些微改变：他依然希望由医学研究而得到名声，因此继续留在布吕克身边。一直到1882年夏天，在布吕克的建议之下，弗洛伊德才离开实验室的保护环境，来到维也纳总医院，从最小的医师职位做起。这个改变的真正理由是弗洛伊德的贫穷[128]，这的确是理由的一部分，却也并非全部，他的穷困好像现在才出来困扰他，以前都没问题。1882年4月，弗洛伊德遇到了玛尔塔·贝尔奈斯，她到弗洛伊德家里探望他的一位妹妹。这位来访的女子纤细，精力充沛，但有点忧郁且苍白，有一双迷人的眼睛——那决定性的吸引力使弗洛伊德马上坠入情网，如同他十年前一般。不过，玛尔塔·贝尔奈斯是不同的人，她存在于现实而非幻想，她不是另一个吸引青少年爱慕的吉塞拉·弗卢斯，她值得她的爱慕者努力以赴，她值得等待。

恋爱中的弗洛伊德

见过玛尔塔·贝尔奈斯之后，弗洛伊德知道他需要她，于是开始了热烈的追求。1882年6月17日，他们在才见面两个月之后就订婚了，两个人都感觉到这样做并不谨慎。贝尔奈斯小姐的寡母——强势又意见甚多，怀疑弗洛伊德是否合适，这并不是没有理由：玛尔塔家有社会声望，但没有钱，弗洛伊德家则两者皆无。弗洛伊德表现得很不错，但是看起来还会穷困好几年，目前也看不到立即可以得到好工作的可能，或者任何可以让他成名的科学发现，并且（此时更重要的）可以让他富有。他也无法指望他那自己都需要经济资助的年老父亲，弗洛伊德的自尊心，也不允许他一直依赖父辈朋友布洛伊尔的支持，即使有时后者会以借贷的名义直接给弗洛伊德金钱支援[129]。他的情况看来无从选择，布吕克大声说出了弗洛伊德必然想过的状况：开私人诊疗所，这大概是唯一可以满足他和玛尔塔这样的中等家庭所需要的基本收入的途径。

要准备开业，弗洛伊德需要得到足够与病人相处的临床经验，这无法由聆听演讲和在实验室里累积经验而得来。成为临床医师，需要痛苦牺牲那些弗洛伊德曾经为之倾心的研究工作，而只有想到可能由此而获得的经济转机，才使弗洛伊德痛下决心，放弃了研究工作。实际上，订婚是对小两口的耐力的最大考验，如果没有失败的话，那就是弗洛伊德专一心志的坚忍不拔，加上玛尔塔的机灵、宽容，以及单纯的情感产生的力量所致，因为弗洛伊德其实是个性情狂烈的情人。

他追求玛尔塔的方式，是他的阶级与文化所允许的：两个人唯一允许的亲密方式是亲吻与拥抱。订婚期间，女方的贞洁一直得以保持，弗洛伊德在此期间也一直保持独身，并没有证据显示相反的情况。但四年永无止境的等待，让他们经历了弗洛伊德日后提出的大多数心理疾病都来自于性欲源头的理论架构的经验内容。在19世纪90年代，弗洛伊德谈到现代生活中的性欲痛苦，他应该有一部分是在说自己。他其实极无耐心，此时也已26岁，他耗费了投注极大能量的、极为压抑的情感，对于同一对象可能表现的怒气，有时只比他的爱情要少一点。

玛尔塔比弗洛伊德小五岁，身边不乏追求者，弗洛伊德对她极为倾倒，他以自己都颇感惊讶的强烈态度向贝尔奈斯小姐大献殷勤。糟糕的是，在他们感到挫败的订婚期间，她仍然和母亲住在汉堡附近的万茨贝克（Wandsbek），弗洛伊德穷到没办法常常去看她。琼斯曾经计算过，这对情侣从他们初次见面至结婚之间的四年半，有三次长时间的分离[⑩]，但他们几乎天天写信给对方。19世纪90年代中期，在结婚十年之后，弗洛伊德惋惜地说，他的太太经常出现词穷的状况[⑪]。最糟糕的状况是宗教上的冲突：玛尔塔生长在一个严格规范的正宗犹太家庭里，而弗洛伊德不只是个无动于衷的不信教者，更是一个有原则的无神论者，他希望把自己的新娘从这些迷信的无稽之谈里拯救出来。他总是用他不断重复、不妥协甚至跋扈的语气，要她放弃那些她目前为止没有仔细思量过的信仰。

事实上，弗洛伊德让玛尔塔毫无疑问地确认，他要成为一家之主。在1883年，他向贝尔奈斯评论一篇他在军旅阶段中翻译的文章，谈到给予妇女参政权的时候[⑫]，他赞扬密尔可以超越"一般的偏见"，但他马上落入自己的一般偏见，他抱怨，密尔没有发现"自己的荒谬见解"，这个密尔宣称的荒谬见解就是女人可以赚得和男人一样多。弗洛伊德认为，这种看法忽略了家事的现实：照顾家务，教养小孩，是一个全职的工作，会让妇女没办法在家庭以外有工作机会。如同他那个时代传统的布尔乔亚，弗洛伊德认为性别的差异，"是男女之间最重要的事实"。女人并不像密尔所宣称的那样，如黑奴一般被压迫："任何女孩，即使没有投票权或者立法权，只要男人亲亲她们的手，为了赢得她们的爱可以勇于做任何事，女孩可以通过这样的方式使男人变得可靠而正直。"把妇女推到外面去为生存而挣扎是"行不通"的想法，一想到玛尔塔，他"亲爱、温柔的女孩"，和她竞争的感觉让弗洛伊德觉得愚蠢。他承认当不同的教育系统出现之后，男女的新关系有可能产生，法律和习俗也可能承认现在尚未赋予妇女的权利，但全然的解放将意味着令人赞扬的理想的终结。毕竟，"经由她们的美丽、迷人、甜蜜，以及其他特质"[133]，"自然"已经注定了女人的命运。没有人能从这个无疑是保守的宣言里猜到，弗洛伊德将走向讨论人类天性与行为的道路，建构最具破坏性、最令人不安、最异于传统的理论。

弗洛伊德和玛尔塔的通信，也显示出他作为浪漫情人不寻常的一面，他是多情而可靠的，有时表现得冲动、需求紧急、扬扬得意、忧郁、唠叨、爱说闲话、自大，以及在某些少见的时刻表示出悔恨。他原先就是个风趣而精力充沛的写信好手，现在他更成为他从未尝试过的文体——情书的多产作家。勇敢地、未加考虑地展现他的坦白，从不吝惜表达对她的情绪，当然更多的是弗洛伊德自己的情感展现，他的信件中充满各种情境的对话以及对同事朋友坦率的描绘。如同他在信中把自己的情绪分析给玛尔塔听，他也分析玛尔塔的信，对任何细节都加以注意，如同一个侦探——或者可以说精神分析家一样。有时是精巧的细节，有时是令人起疑的遗漏，对他来说都可能是未点明的疾病症状，或者玛尔塔倾向其他男人的线索。但终究，虽然他的信件通常充满攻击性而缺乏甜言蜜语，它们代表的则是感情充沛的抒情时光。

诚然，这些情书累积成 19 世纪 80 年代初期弗洛伊德名副其实的自传。他极少对他的未婚妻保留什么，除了坦诚地记录自己对工作的想法之外，还包括那些总是令他不满意的伙伴，他尚未成熟的雄心，以及对她倾注的热烈感情。他遐想着因为距离遥远而无法给她的热情亲吻，在一封信里，他以她不在身边的理由为自己的雪茄瘾辩护："如果一个人没办法亲吻的话，吸烟就变得不可或缺。"[134] 1885 年秋天待在巴黎的时候，他辛苦地登上圣母院的其中一个钟塔，并且以计算他到达顶端的方式唤起了对玛尔塔的思念："我一个人登上这三百多阶，这里实在非常昏暗，非常孤独，如果你在这里，我将每登上一步就给你一个吻，那么到顶端的时候你会无法呼吸而意乱情迷。"[135] 玛尔塔回应她"亲爱的宝贝"[136]时，并没有这么口若悬河,充满想象,或许也没有如此热情,不过却会很甜蜜地回送她的吻以及温暖的问候[139]。

有时,为了要塑造玛尔塔,弗洛伊德变得爱说教,他会对她温柔地教导,一个医师需要使他的情绪远离病人们,甚至是他的朋友们:"我可以清楚地了解,当你听到我坐在病床边只是为了观察,并且把人类受苦当作对象时,是多么难以接受。但,我的女孩,没有别的选择,你必须要以不同的方式看待我,不同于其他人。"不过,他补充说有一个人,只有那个人的病痛,会让他忘记他的客观性,"我不需要向你说明那是谁,我希望她永远健康。"[139]他在任何时候都在写情书。

恋爱颠覆了弗洛伊德的自信,他时而出现的嫉妒有时候过度强烈,表现出无理的愤怒。40年后,弗洛伊德会把轻微嫉妒分析为"表达情感的状态",类似于服丧的哀恸,可以看作是"正常的"。弗洛伊德认为,它所标示的匮乏,是和深层的压抑症状相联结的[139]。但是弗洛伊德的嫉妒,远大于一般所能理解的恋爱中人对对手可能怀抱的愤恨:玛尔塔不可以直呼一个熟识的表亲的名字,而要正式地使用姓氏来称呼。她不可以对她的两位仰慕者——一个是作曲家,另一个是画家——表现出明显的偏爱:弗洛伊德忧郁地写着,艺术家拥有对于像他这样的科学家不平等的优势。总之,她必须要背弃其他所有人,而这些闯入的其他人包括她的妈妈和弟弟埃利(Eli),即使他将要迎娶弗洛伊德的妹妹安娜。这些不断产生的张力要花上数年才会慢慢消退。

比以前更善于自我观察的弗洛伊德发现自己心情不稳的一些迹象。"我对我所爱的人非常独占。"他在订婚两天之后对玛尔塔这样说[140]。他有点悲惨地发现:"我的确有点暴君的倾向。"[141]但是这个自我告白的一瞥并没有减低他表现暴君的一面,我们可以确定,玛尔塔已经拒绝了一个人,而还可能有其他人向她提亲。不过弗洛伊德想要独占他所爱女人的努力,被证明不是要面对真实的危机,而是要保住他的自尊。从孩提时代以来就未曾解决的冲突,在那里爱和恨令人迷惑地交织在一起,现在回过头来这些内容让弗洛伊德疑惑,他是否真的值得他的玛尔塔爱慕。他不止一次告诉她,她是他的公主,但弗洛伊德常常怀疑自己是不是个王子,因为虽然母亲对他珍视有加,视他为有出息的"西吉"(golden Sigi),但他的表现只是个令人喜爱的小孩,且这个地位已经因其他兄弟姊妹的竞争而动摇。

终究,弗洛伊德不允许轻信的愤怒以及不满的嫉妒来残害他的感情,他毕竟不是奥赛罗。他对他自己的选择未曾怀疑,并且从中得到了真正的快乐。家庭生活的远景让他感到高兴,并且愉快地找时间列出他们所期待的"幸福小世界"里的必需品:他们希望有一套房间、一些桌子、床、镜子、舒适的椅子、地毯、为了一般和特殊场合使用的杯盘和瓷器、带有人造花的帽子、一大串钥匙,以及被有意义的事情、亲切的好客和相互的爱情所填满的生活。"我们可以把心思放在这些小东西上吗?只要巨大的命运没有来敲醒我们爱好和平的门——我们可以不带忧虑地说:可以。"⑫弗洛伊德的想象总是跟随着他伟大的命运,但他也可以和同时代里无数普通、默默无闻的中产阶级一样,享受那具有独特风味的愉快时光。

面对这个愉快的想象,弗洛伊德不得不接受布吕克的建议,在他和玛尔塔订婚六周之后,进入维也纳总医院任职。他在那里待了三年,在不同的科别里累积不同的医学专科经验——外科、内科、精神科、皮肤科、神经疾病、眼科,依序而来。弗洛伊德的工作是有目标的,他的眼光放在他的最终目标,即结婚之上,但是他必须要回归现实,至少需要有一点点回归。奥地利的医学专业晋升是困难的,并且有许多层级。弗洛伊德从总医院里可能得到的最小职位临床助手(Aspirant)做起,⑬1883年5月晋升到助理医师(Sekundararzt),当时他加入特奥多尔·梅内特(Theodor Meynert)的精神科门诊,还有其他阶梯要爬。1884年7月,他成为资深的助理医师,并且在一年之后,经过一些挫败他爬上了渴望的无薪酬讲师(Privatdozent)阶层["委员会"(Referat)在1885年2月28日,以极为强烈的词汇,推荐弗洛伊德进入"无薪酬讲师"职位,由"布吕克、梅内特、诺特纳格尔"所签署。不过认可令一直要到9月才被当局发布。(Photocopy of handwritten four-page"Referat". Freud Museum, London)],这是一个提供名望但没有薪水的职位,只因为它是未来教授职位的起点而吸引人,但却不能为婚姻的实际需要提供帮助。无可置疑,弗洛伊德对挡住他晋升之路的同行们,怀着敌意的幻想,其中当然也包括死之愿望。"一旦某处有了阶层顺序和晋升,"他在日后回忆这些日子时这样说道,"就出现了需要压抑着的愿望。"⑭

弗洛伊德不满足于仅是"希望"而已,1882年10月,他成功地向当时富有名望的内科医学主任诺特纳格尔申请到了他部门里的一个职位。当弗洛伊德渐被大众认识以及有稳定地偿付债务的能力时——诺特纳格尔和布吕克二人,成为弗洛伊德最坚定的支持者。弗洛伊德在第一次和这个伟大人物见面之后，描述这个和他完全不同的人："令人惊讶地看到一个人可以对我们，同时也对我们无法掌控的人，掌握了那么大的权力。""不，"他补充说，"这个人并不属于我们这个种族，他像是居住在德国森林中的人，他的头发、额头、面颊、脖子都是金色的。"⑭不过，他也发现诺特纳格尔仁慈并且令人愉悦地愿意在他的职业生涯上帮助他，这个声望极高的教授及时激励了弗洛伊德的雄心，并且提供给他某种可能会招致不满的比较标准。"在某些有利的情形下，"弗洛伊德在1886年2月向他的未婚妻夸耀说，"我可以做得比诺特纳格尔好，那时我觉得我可以高人一等。"⑭

这是绝对私人的竞赛。梅内特是一位不比诺特纳格尔逊色的大脑解剖学家以及精神科医师，弗洛伊德认为自己最终会在公开场合和他决裂。但他在诺特纳格尔门下一年半之后，转到梅内特的部门去，却发现"伟大的梅内特"同时是保护者以及竞争对象⑭。整个情势和曾经有的状况已经大不相同。当弗洛伊德还是医学院学生的时候⑭，梅内特的成就和人格曾经令他印象深刻。的确，梅内特的哲学姿态可以使弗洛伊德确认自己，并形成对自己的激励。梅内特是个绝对的决定论者，意志坚决，并且热心于科学心理学，把自由意志拒斥为幻觉，他认为心灵运作遵守隐藏着的基本原则，并且等待着细心、眼光锐利的分析家。但是，几乎是从他们合作的开始，弗洛伊德就抱怨梅内特难以共事，"充满反复无常与妄想"⑭，他"并不会听从或是试着了解你的意见"⑭。在19世纪90年代，这两个人会针对非常实际的议题，包括催眠和歇斯底里症，进行一番争论。

在这个阶段还有另一个事件，让潜伏了数年的愤恨与怒气显现出来，这一次弗洛伊德的愤怒是针对自己。在弗洛伊德40年后的自述里，将之有意地曲解为："如今回顾，在早期那些年中，我未成名，可能是未婚妻的错。"⑭那是个错失重大契机的故事：弗洛伊德几乎可以对外科手术工作做出重大贡献。1884年初春，他对玛尔塔说，他开始对可卡因（古柯碱）的性质感兴趣。在当时这还是一种不大为人所知的药物，一位德国军医曾用它来增强士兵身体的耐受能力。他告诉玛尔塔，这可能不会得出什么结果，但他计划去实验这个药物在减轻心脏疾病以及神经衰弱方面的功用，诸如处理吗啡使用者在戒断之后的"悲惨状况"⑭。弗洛伊德的兴趣还有私人层面，他希望可卡因可以帮助他当时的研究同事弗莱施尔－马克索,此人因为用吗啡止痛,而出现了上瘾的痛苦症状。但当年夏天,弗洛伊德在一年左右没有见到未婚妻的状况下,放纵自己来到他极少机会拜访的万茨贝克。他的寂寞一定已经到了极致,甚至在回忆中说,已经有"两年"甚至"两年以上"没有见到玛尔塔——两次感人的口误[153]。

心情烦躁让弗洛伊德加速他的研究,1884年6月他完成了一篇技术性论文《论古柯》(*On Coca*),其中充满复杂的科学报告与费劲的预测,于次月发表在维也纳的医学期刊上。9月初,弗洛伊德出发去找玛尔塔,在此之前对他的眼科医师朋友利奥波德·科尼希斯坦(Leopold Königstein)谈到关于可卡因的工作,以及可能同时出现舒缓和刺激的性质。当他结束假期回到维也纳时,他发现不是科尼希斯坦,而是另一个研究同事卡尔·科勒(Carl Koller),"这位我也曾向他提到可卡因的人,已经在海德堡的眼科医学大会上,进行了一项对动物眼睛的重要实验"[154]。弗洛伊德记得,他曾经碰到一个同事抱怨肠痛,于是便开了5%浓度的可卡因给他,这个药量造成了嘴唇和舌头上的麻醉感。科勒当时也在场,这是他"第一次发现"这个药物具有麻醉效果[155]。即使如此,弗洛伊德认为:"科勒应该被认为是运用可卡因做部分麻醉的发现者,这在后来的小手术里极为重要",特别是眼科手术,"但我对我的未婚妻在当时让我忽略了此一事实,并无怨恨"[156]["可卡因的研究,"弗洛伊德在1884年10月29日对他的小姨子明娜·贝尔奈斯如此说道,"的确为我带来了一点名誉,但最大的功劳却给别人占去了。"(By permission of Sigmund Freud Copyrights, Wivenhoe)]——这个意思是,他既怪她,又不怪她。

这样直率地把自己的错失归咎于别人身上,在弗洛伊德的言行里很少见。我们也可以发现,即使在多年之后的认知中,对弗洛伊德来说,可卡因事件对他的意义仍然未能得到完全承认,且他也未能释然。事实比他痛苦地重组的记忆所暗示的还要清楚,如果弗洛伊德从一开始就同意科勒一夕成名是理所当然,就不会因为自己错失良机,因而失去可能快速通往名声和婚姻的康庄大道而感到怨恨痛苦。更糟糕的是,他过度情绪化地认定可卡因是对付疼痛、心神疲惫、精神不振以及吗啡上瘾的万灵丹,这实际上是错误的。弗洛伊德自己也开始服用这个药,作为控制沮丧情绪的刺激物,增进他整体健康的感觉,帮助他面对社会情境时得以放松,或者只是让他觉得自己更像个男人[因此在1884年6月2日,他开玩笑地对玛尔塔说,下次见面时,他将会表现得更为强壮,因为他是"有可卡因在体内的狂野男人"。（*Jones* I, 84）]。他鲁莽地推荐这个药,甚至给玛尔塔一些轻微的剂量,认为对她的微恙有所帮助。1885年6月——这已经不是第一次,他寄上一个装有半克可卡因的小药瓶到万茨贝克,建议她"每次可以使用八分之一（至多五分之一）剂量"⑮。她收到货品后,立刻回复说,虽然她现在并不需要,但还是会把这个药品分好剂量,在需要时使用⑯。没有任何证据显示她（或者是她的未婚夫）有上瘾之虞。

弗洛伊德为他的朋友弗莱施尔－马克索所开的剂量,就不是毫无伤害了。早在1885年弗洛伊德即充满期望地对未婚妻宣称,如果他能成功解除弗莱施尔－马克索的痛苦就好了⑰！但他热切的期望并没有实现,弗莱施尔－马克索可怜地、缓慢地死去,比弗洛伊德对可卡因的治疗效果更狂热的是,他最后必须每天服用大剂量的可卡因。不幸的是,这个疗法更加重了他的痛苦:在治疗的过程中,弗莱施尔－马克索对可卡因上瘾了,如同他之前对吗啡上瘾一般。

诚然,弗洛伊德在药物上的实验,被他自己讽刺地称为"追逐金钱、地位以及名声"⑱的过程,最初并没有对他造成巨大伤害。他讨论可卡因的文章以及之后发表的论文,在维也纳医学圈甚至国外都有一点名声,而一直要过了一段时间之后,可卡因的上瘾性质才会呈现出问题。不可否认,科勒因发现可卡因可以用来作为局部麻醉的药物而获得声名,而弗洛伊德有限的成功在他自己看来则是一种失败。更甚者,他好意地介入弗莱施尔－马克索的治疗,却提出了糟糕的医学建议,更不用说他错误地建议以注射的方式使用可卡因,使他事后因内心的罪恶感而自责不已。实际的情况给了弗洛伊德自责的理由,虽然没有人可以减轻弗莱施尔－马克索的痛苦,但其他医师对可卡因的实验,证明经由皮下注射使用可卡因,会造成最不幸的副作用[这是个错综复杂的问题:弗莱施尔－马克索自己注射了可卡因,而弗洛伊德当时并没有反对这个做法。后来,弗洛伊德认定不可这么做,他也否认曾经建议以这个方式使用可卡因]。

这个不幸的试验在弗洛伊德的生命中一直是最令他困扰的事件之一,他的梦境显示了可卡因及其后续的影响,弗洛伊德持续使用剂量轻微的可卡因直到19世纪90年代中期[这些证据见诸关于"伊尔玛的注射"以及关于植物学专著的梦,弗洛伊德在《梦的解析》中曾详细加以分析（*SE* IV, 106 - 121, 169 - 176）。在报告前面那个他在1895年梦到并且加以分析的梦境时,弗洛伊德提到他最近仍用可卡因来减轻鼻子的肿胀。（Ibid., IV, 111）],无怪乎他一直企图想减轻这个事件对他的影响。当威托斯在他的传记里宣告,弗洛伊德"不断痛苦地回想这件事情为何会发生在他身上"时,弗洛伊德在页缘加注"胡说!"来加以否认⑯。同样也不令人意外的是,在无意识里,他认为将整个事件的责任转移给某个特定的人(指的是科勒)是有用的,正是因为这个人,使他更加有动力不顾危险地追求名誉。

想念远在万茨贝克的未婚妻的同时,弗洛伊德把空闲的时间拿来重新阅读《堂吉诃德》。这本书使他发笑,他也向玛尔塔推荐这本书,虽然其中有些段落不适合他的"小公主"⑯。这个穷小子医师在其财力能负担之下买了许多经典作品,彻夜阅读,感到深受撼动且愉快。弗洛伊德的智慧老师来自不同的世纪:希腊哲人、拉伯雷、莎士比亚、塞万提斯、莫里哀、莱辛、歌德、席勒,还包括那个睿智的 18 世纪德国业余人性研究者利希腾贝格(Georg Christoph Lichtenberg),他也是物理学家、旅游家,以及值得一提的无政府主义创造者。这些古典学者对他的意义,更大于拥有敏锐直觉的现代心理学家尼采。弗洛伊德从学生时代就开始阅读他,并且在他 1900 年过世的时候花了一笔钱买下尼采的纪念全集,弗洛伊德告诉朋友弗利斯,他希望通过尼采"找到在我心中仍然暗哑无声的语言"。不过弗洛伊德把尼采的作品当作要去抗拒的文本多于要去学习的部分,这种情结的症状显示在,在提到买了尼采的作品之后,弗洛伊德马上补充说他实际上并未打开它们:"因为我目前还太懒散。"⑯

弗洛伊德采取这种防御姿态的主要动机,是不愿意从他清醒的工作中,分出"多余的兴趣"来研究尼采⑯,他认为从分析中得到临床资料,胜于阅读一个思想家的作品,但这位思想家却以自己独特的方式,预先展现出弗洛伊德的一些最为激进的猜想["天生缺乏哲学天赋,"他在 1931 年回顾时写道,"我发展出一种为了需要而行的优点。"他已经把自己训练去"转换事实,使得它们对我来说"尽可能形成"没有伪装、不带偏见,以及不期而来"的形态。哲学家的研究不可避免地要使用某种令人难以接受的预先决定论。"因此我拒绝学习尼采,虽然——不,因为——很清楚地,我可以在他的说法中找到和精神分析相近的洞察力。"(Freud to Lothar Bickel, June 28, 1931, Typescript copy, by permission of Sigmund Freud Copyrights, Wivenhoe)]。弗洛伊德会坚持他并没有把任何观点放在优先的顺序——这种否认太明确,以至于它不是全然正确的,理由就是他会挑选出德国物理学家以及哲学家费希纳（Gustav Theodor Fechner）的心理学著作，当作他认为唯一有用的部分。这些理论都为他解释了快乐的本质。正如同他喜爱并且从阅读中获益，弗洛伊德从经验中获益的部分更为丰富。

1880年初期，当他仍在接受私人开业训练的时候，弗洛伊德主要关注的是职业上的问题而非理论上的问题，但是人类心灵的神秘越来越吸引他的注意。早在1884年，他对"甜美的小公主"引用他钟爱的来自席勒的诗句，却显得有点过于简洁："饥饿与爱情，终究来说，就是真正的哲学，如同我们的席勒所说。"⑯ 多年之后，弗洛伊德多次借这句话，来表达他的驱力理论：饥饿代表"自我驱力"（ego drives），作为自我的生存能力之用，而爱情，当然是性驱力（sexual drives）的含蓄称呼，供作物种的延续之用⑯。

如果把19世纪80年代的弗洛伊德当作一个发展中的精神分析家，实际上犯了时代错误。他一直把他的研究放在解剖学，尤其是大脑解剖上。那时他之所以开始专注于精神医学，是考虑到可能带来良好的收入。"从实际的观点来看，"他日后直言不讳，"大脑解剖当然不比生理学高级，我是从实际效益的角度考量，开始学习治疗神经疾病的。"这在当时的维也纳医学界是不太有人涉足的学科分支，就连诺特纳格尔也没办法在这个领域提供太多见解。"一个人必须是自己的老师。"他对名声和财富的欲望随着自身的努力增长着，同时，他对如何治疗神经疾病的求知欲也越来越浓烈。他所需要的超过维也纳所可以提供的。"在远方，"实际是在巴黎，他40年之后试着重新捕捉那种新鲜经历时写道，"闪耀着伟大的名字，那就是沙可（Jean Martin Charcot）。"⑯

1885年3月，当他离被指定为讲师还有数月之遥，弗洛伊德向单位申请一份旅行资助，这个补助只提供了些许的零用金，以及同样不怎么丰裕的六个月离职许可，不过弗洛伊德心意已决，并且持续在他给玛尔塔的信件里报告自己的展望。他在6月初以一贯的分析口吻对她说："啊！我一点都不感到满足，我是如此无可救药的懒惰，并且发现原因何在：期待总是使人类忽略了现实。"每个申请者在负责提供零用金的委员会里都需要有个监督者，"监督我的就是布吕克，一个令人尊敬却不怎么热心的代理者"⑯。弗洛伊德显然低估了布吕克[无疑，弗洛伊德后来的公开说法并没有如实地，或者完全地复制他的私人感受，他提到他得到这笔资助是得益于"布吕克的热情请求"。（"Selbstdarstellung," *GW* XIV,

37/"Autobiographical Study," *SE* XX, 12）］。弗莱施尔－马克索有一点内线消息，他告诉弗洛伊德："情况对你极为不利，今天你可以得到这个机会完全是布吕克在背后支持你，以及他对你毫无保留的推荐，这产生了极大的作用。"[109]无疑布吕克的推荐是极为正面的，但弗洛伊德还是等到6月中旬，直到审查委员会争辩是否要给予更丰厚的资助之后，才拿到补助。弗洛伊德毫不迟疑地规划着他的时间，他会在前往巴黎之前，先去探望未婚妻和她的家人。在他到万茨贝克六个星期的拜访期间，他终于完全解除贝尔奈斯夫人对他挥之不去的反对，并且在10月中旬抵达巴黎。

一到巴黎，他立刻就对这个城市探索了一番，得到了初步的印象：街道、教堂、戏院、博物馆、公共花园等。他寄给玛尔塔的描述生动细致，他惊讶于协和广场上"确实来自卢克索（Luxor）的方形尖塔"，幽雅的香榭丽舍大道，交通繁忙却没有商店的纷扰、嘈杂而属于百姓的共和广场，以及宁静的杜乐丽（Tuileries）公园。弗洛伊德对卢浮宫特别感兴趣，对那里的古老气息流连忘返，这是一个"收藏希腊与罗马雕像、墓碑、铭文，以及残瓦的地方。这些极为美丽的事物，古老的神祇代表的是漫长的时间过程，我也见到有名的米洛斯的断臂维纳斯"，同时还有令人印象深刻的罗马皇帝胸像，以及那些"如树般高大的亚述国王塑像——他们把狮子搂在怀中，就像搂着它们养育的小狗一样，人和动物的发丝飘逸，旁边的楔形文字精巧地篆刻其上，仿佛昨日才刚完成。来自埃及带着灼热色彩的浅浮雕画、有如真人的国王巨像、真实的狮身人面像，这是一个仿佛在梦中的世界"。他知道他会不止一次地再回顾这些亚述以及埃及陈列室。"对我来说，"他评论道，"这些东西的历史价值更高于它的美学价值。"[110]不过这种兴奋的感觉透露出更多学术之外的意义；它透露出一种得到这些地中海或者近东地区塑像的愿望，一旦有了足够的金钱和空间，便会付诸行动。

不过1885年，在巴黎的弗洛伊德只有一点点空闲，更不用说钱也不多，当他有机会到戏院去的时候，就是去看令人惊叹的《莎拉·本哈特》（*Sarah Bernhardt*）——由维多利安·萨尔杜（Victorien Sardou）编写的戏剧，弗洛伊德觉得这部戏大胆而又平凡；或者是看莫里哀的喜剧，精彩绝伦的同时还可以作为他的"法文课"[111]。但一般来说他都是坐在便宜的座位，有时候是"最旁边的角落，非常寒酸的鸽笼包厢"，只要1法郎55生丁[112]。他以借贷度日，并且被一些日常事务压迫得锱铢必较，比如火柴或者文具等。他在到达后不久，向玛尔塔的妹妹明娜报告自己的状况:"我总是喝着那种带着深红色,还可以忍受的便宜红酒,就食物的问题来看,100法郎和3法郎都可以解决一顿,只要知道在哪里可以找到这样的餐馆。"[173]因为孤单的关系,他变得有点吹毛求疵且爱自我辩驳。他也是个爱国的家伙:"如你所见,我是个来自德国的村夫,这种气息到哪里都跟着我。"他认为,法国民族是一个无止境的追求声色享乐的民族:"一个有流行心理疾病,以及历史上有过大量动乱的民族。"[174]

有时候,他会带着惶恐的心情,对玛尔塔倾诉一些谨慎的计划。1885年底,他每周都去(也许不是全然必要)探视一个讨厌的奥地利女病人——"带着不怎么自然的态度,极度的做作"——因为"得到来自维也纳同事的好名声是件重要的事"[175]。但如此造作的举动让他极不自在,稍早的时候,当他倾诉着他"对工作的狂热"时,他告诉未婚妻自己必须对"工作和成功的热切企图"表现出若无其事的样子,不然就会被解释成"不实诚"[176]。

但更重要的是,从一开始,弗洛伊德就完全对沙可感到目眩神迷。在大约六个礼拜之中,弗洛伊德在沙伯特利耶医院(Salpêtrière)沙可的病理实验室中,进行他显微镜下的儿童大脑研究,稍后在儿童脑瘫以及失语症方面的论文的发表,证明了弗洛伊德在这方面下的功夫,虽然后来他已经渐渐丧失对神经学研究的兴趣。不过伟大的沙可的出现还是引诱弗洛伊德离开显微镜,转向另一个他已经显示出一些天赋的领域——心理学。

沙可的科学风格和个人魅力,比他在学科上的教导更让弗洛伊德感受到其全然的影响。"他总是激励人心,方向明确,如此耀眼,"弗洛伊德告诉玛尔塔,"我回到维也纳将会非常想念他。"[177]为了表达他在沙可出现时感受到的欣喜情绪,他诉诸宗教的或至少可以说是美学的词汇。"沙可,"他这么告白,"是当代最伟大的医师,一个天才以及头脑非常清醒的人,就这么把我的观点以及意图连根拔起。只经历了几场如同参观圣母院般震撼的演讲,我对完美的感觉有了全然改变。"只有创造新的赞美词汇才能表达他的情绪,弗洛伊德,一个如此强调自我心灵独立的人,竟然不知不觉被这位才华横溢的科学家、表演家深深吸引住,他这样赞美沙可:"我不知道是否有一天会开花结果,但我知道没有其他的人,曾经对我有类似的影响。"[178]

沙可无疑是个表演欲很强的人,在说明他的论点时总是头脑清醒,有时严肃但绝对不失幽默。沙可的每次"精彩绝伦"的课堂,弗洛伊德认为都是"一个小型的艺术,如建筑和乐曲"。的确,弗洛伊德提到:"他从不会在他做了许多说明之后,还让自己表现得比听者伟大——经由对自己思想的详细论述,以及对自身疑惑和迟疑的绝对坦白,他让教师和学生之间的鸿沟自然消失了。"作为一位讲师和鼓吹者,弗洛伊德对他自己不确定感的探索,表现得也所差无几。

在沙伯特利耶医院观赏这些表演时,弗洛伊德尤感兴趣的,是沙可在诊断某些特殊心理疾病时所展现的智力亢奋状态,这让弗洛伊德联想到亚当在发现动物的不同以及为它们命名时的神话状态。弗洛伊德这位卓越的命名者,如同精神分析里的亚当,在这方面应该深受沙可的影响。辨别不同的心理疾病,以及将它们和身体病痛区分开,在当时是极为不易的一种艺术:这个时代正是弗洛伊德等人还对神经症所知不多的时候,可能会把一种因为神经症出现的慢性头痛看成是脑膜炎,当时"在维也纳那些比我厉害的权威们,也习惯于把神经衰弱诊断成脑瘤"。

沙可绝不只是个演员而已,他同时是个医学方面的领航者,也是社会上的斗士,他因此诊断出歇斯底里症实际上就是一种心理疾病,而不是病人的故意装病。更有甚者,他发现这个精神疾病影响男人的层面——完全和传统信念相反——并不比女人少。更大胆的一步是,沙可把催眠术从江湖骗子和郎中那里拯救出来,重新赋予其在心理治疗中的严肃目的。弗洛伊德在看到沙可可以直接的催眠暗示就引出并且治愈歇斯底里造成的瘫痪后,感到非常惊讶且印象深刻〔在他回到维也纳的多年后,弗洛伊德试着对他的病人运用这个技术——而他得到的不只是相同的结果,而且是显著的成功〕。

催眠对 1885 年的弗洛伊德来说,并非全然只是一种新发现。作为一位医学院学生,他已经让自己相信,虽然这个技术在使用上有许多不光彩的名声,但是催眠状态是一种真实存在的现象。沙可令人愉悦地证实了这种他已经大致相信的技术,他还对沙可的病人在催眠前后所产生的变化印象深刻。以皮埃尔·让内这位沙可最著名的学生的话来说,他们展现出了一种对催眠者的"磁性热情"——一种忠诚的感觉,不论其内在性质是顺从、母性,还是纯粹色情。弗洛伊德在不久后发现,这种热情有其不便之处,在他回到维也纳的某一天为他的一位早期病人看病时,这位女病人经过催眠治疗之后解除了她歇斯底里式的疼痛,但是却以手臂环抱着治疗者的脖子。弗洛伊德回忆,这个令人窘迫的经验,给了他隐藏在催眠背后"神秘因子"的线索。之后,他认识到这是移情作用的一个例子,并且把它当作精神分析技巧中的有力工具来使用。

一旦生活规律稳定之后,弗洛伊德不再认为他的巴黎之旅是令人眩惑且引人入胜了,他反而强烈地专注于研究——强烈到必须要给他的未婚妻言辞上的保证:证明她仍旧是弗洛伊德心目中的主要牵挂。"如果你需要我爱的宣言,"他在12月写信给她,"我可以洋洋洒洒写上50张这样的信纸,但你总是那么体贴地不这样要求。"不过他向她保证,他已经"克服了到目前为止横在我们之间对科学的爱,我除了你之外什么都不要"。不过对于他自己一穷二白的忧虑从来没有远离——带着一点悲情,弗洛伊德向玛尔塔描述自己有如"一个被燃烧着的期盼和阴郁的悲伤所折磨的穷小子",充满着"行乞者的希望"——实际上是期待着某位富裕的朋友,给他金钱上的支援。

不过弗洛伊德的工作成绩日有起色,且在一段时间之后为他带来了社交生活。在1886年的1月和2月,他受邀到沙可那如宫殿般的豪宅。因为自觉蹩脚和不够自信的法语会话能力,他用一个剂量的可卡因提振精神,穿上正式服装,心跳加速地前去赴会。他向未婚妻诉说焦虑,没有在沙可面前出丑让他松了一口气。2月的某个晚上,刚从这位伟人的家庭宴会回来,弗洛伊德在午夜时分写信给他"亲爱的宝贝":"感谢上帝,它终于结束了。"整个宴会"无聊到极点,只靠着一点点的可卡因让我撑着。试想,这次有四五十个人,其中我只认识了大概三四个。没有人互相自我介绍,每个人都各自活动"。他觉得自己谈吐笨拙,比平常还要糟糕。不过他参与讨论了一个政治话题,并且他"既不认同自己是奥地利人也不认同自己是德国人",而是一个"犹太佬"。接近午夜,他已经喝了一大杯巧克力饮料。"你不要认为我会感到失望,人无法从行礼如仪的生活里期待什么,我只知道我们都不想为自己安排这样的活动,但也不会告诉别人这有多无聊。"不过,即使弗洛伊德觉得这种社交场合乏味冗长,或是他的法文多么糟糕,沙可还是特别注意到他,这份热诚,让弗洛伊德更加肯定沙可的典范地位。

对弗洛伊德最重要的,还是沙可对于病人古怪的行为严谨以待,对于任何奇特的假设也同样一丝不苟。沙可以最小心且最敏锐的注意力对待他的病人,他是这方面的艺术家,以他自己的说法就是一种"眼光"——"一个会看的人"。眼见为凭,他以实务经验对抗理论。某次他得出的观察结果深深地烙印在弗洛伊德心中:有理论是好事,但并不能妨碍事实的存在(La théorie, c'est bon, mais ça n'empêche pas d'exister)。弗洛伊德从不忘记这美好的事物,并且在日后,当他以令人惊奇的事实扰动了整个世界时,他也从未忘记去复诵这句名言:"有理论是好事,但不能妨碍事实的存在。"这也是沙可教导中最重要的部分:科学家服从于事实并非与理论对立,相反,这是理论的来源,也服务于理论的诞生。

但沙可无法让弗洛伊德完全满足,而且还有一项让他多年来感到焦虑的事情,这就是催眠的根本性质,即使在法国这些催眠的支持者之间,这项技术也并非毫无争议。沙可和他的学生将催眠状态定义为"一种人为制造的疾病状态———一种神经症",简单地说,就是一种神经疾病,尤其是歇斯底里症,伴随着明显的器官上的表现,而且沙可还认为,催眠状态只能在歇斯底里中被引发出来。但是另一派在南锡(Nancy)的反对论者,由神秘的私业医师利埃博(Ambroise Auguste Liébeault)引领,并由活力充沛以及多产的伯恩海姆(Hippolyte Bernheim)所承继,他们采用的是另一种途径:催眠纯粹是暗示造成的,因此每个人都可能被诱导。有好几年,弗洛伊德在两种说法之间摇摆,他以过人的公正态度,在1886年翻译了沙可的《神经系统疾病论》(Lectures on the Diseases of the Nervous System),两年后,又翻译了伯恩海姆的主要论著《论暗示及其对治疗的应用》(On Suggestion and Its Applications to Therapy)。他一直比较倾向沙可的观点,不过当他在1889年前往南锡拜访伯恩海姆的时候,他发现这趟为了增进催眠暗示技巧的旅程,是他生命中获益最大的旅程之一。弗洛伊德在19世纪90年代中期发展出来的精神分析,就是一种从催眠中解放出来的技术。不过弗洛伊德在19世纪90年代早期相当数量的论文以及评论,让他在催眠技巧的实验探索方面打下了足够的根基,而实际上,催眠也持续数年成为弗洛伊德重要的个人技术。

弗洛伊德前往柏林,对儿童疾病做短暂的研究,再度回到维也纳之后,他的主要课题并非打算追随哪个法国学派,而是如何去面对其他人对这项医疗技术的质疑。在翻译伯恩海姆著作的前言时,他清楚地表示对本地医疗同事的不满。"医师们,"他心中想着那些倔强的维也纳医师的形象并写道,"不能再对催眠术冷漠以待了。"一旦对这个技术加以了解,他们就会"破除""如同梅内特认定的,催眠的问题仍然笼罩在荒诞的光晕里"这样的流行信念。弗洛伊德坚称,伯恩海姆和他在南锡的同事,已经展示了催眠术并不是一种古怪的偏方,而实际上确实是连结到"正常心理生活以及睡眠状态的相似现象"。因此,对催眠以及催暗示的严肃研究，应该可以对主宰"大多数健康人"心灵生活的"心理学规律"的理解，带来一线曙光。带着某种威吓同行的语气，弗洛伊德在结论里说："在自然科学的领域"，决定是该接受一个观点还是拒绝时，"光是运用权威而不以经验证实，没有办法得到最后答案"。⑱

弗洛伊德于1886年复活节对其医疗同事提出的报告，可用以说服同行。他在巴黎进行知识论辩时总是爱说：因为德国的（还包括奥地利）科学工作者对于法国的接触颇为不足，因此法国神经病理学方面的发现，"有些极值得注意（催眠术），有些在实用上极为重要的（如歇斯底里症）"，在德语区并没有受到重视。他坦承受到沙可"一如法国人国民性格里就有的生动、活力，以及绝佳的辩才"深深的吸引，当中吸引弗洛伊德的还有他的"耐心和对工作的热爱，这正是我们民族所宣称的首要个性"。在享受与沙可亲密地"科学以及私人对话"之后，弗洛伊德此时把自己视为沙可的代言人。弗洛伊德带回德语研究圈里最令人振奋以及持久的信息，正是沙可的视野，这为神经病理学家们开启了下一步的工作。"沙可常常说，解剖学已经大致完成它的工作，器质性病变的理论也大致可称完备，接下来就是神经症的时代。"⑲弗洛伊德的上司们对这样的话感到不甚顺耳，但这些话却是对弗氏未来的朦胧预言。

当这个未来越来越近的时候，他对沙可的记忆仍然鲜明，弗洛伊德把沙可当作另一位布吕克，一个他可以咨询和仿效的智识上的父亲。即使后来他对沙可的教导开始质疑，他还是在评论里对沙可百般尊崇：除了将沙可的讲义翻译成德文之外，他持续宣扬沙可的想法，在适当的场合把它当作可引用的权威观点。弗洛伊德拥有一幅布鲁耶（André Brouillet）的雕版画作《沙可博士的临床课程》（*La Leçon clinique du Dr Charcot*），内容是在沙伯特利耶医院里，沙可正向一群痴迷的听众展示一名歇斯底里的妇人；之后搬到伯格巷19号时，弗洛伊德骄傲地把它悬挂在咨商诊疗室，置于一个放满小型古董雕塑的玻璃书柜上。更有甚者，1889年，弗洛伊德以沙可的名字，为他的第一个儿子让·马丁（Jean Martin）命名，也就是一般人较熟知的马丁；沙可知道之后，对这份敬意以谦恭以及"我全心全意的祝福"来回复⑳［沙可的信息简短但意义深远：他表示自己希望弗洛伊德小孩所用的"福音传教门徒以及慷慨的百夫长"的名字，能"为他带来好运"。很明显，沙可希望弗洛伊德了解他指的是传播福音的门徒约翰，以及把自己的长袍交给一位乞丐的异教武士马丁，马丁后来成为基督教里的圣徒］。沙可于1893年过世时，弗洛伊德在《维也纳医学周刊》(*Wiener Medizinische Wochenschrift*)上发表了一篇充满感情的纪念文章，这篇文章里弗洛伊德并未提及自己，但它应该被放在弗氏自传式的片断中，作为对他自己科学风格的一种间接见证。

这些都是多年之后的事，到了1886年春天，弗洛伊德的前途未曾如此不确定过，虽然回到了维也纳，他了解到那一段在法国的日子不只是远离，而是结束。他辞去在总医院的职位。在4月25日复活节的星期日，《新自由通讯》晨间版的地方新闻出现了一个小标题："西格蒙德·弗洛伊德博士先生，大学的精神疾病讲师，从巴黎以及柏林的学习之旅荣归故里，并且在第一区，国会大道七号开辟诊疗时间，下午一点到两点半。"[101] 布洛伊尔以及诺特纳格尔都转介病人给他，有些人会给他诊疗费用，当时他也继续在梅内特的解剖实验室里进行研究，因为他关心的是要能过活。他对赢得"在维也纳的战争"并不乐观[102]，不时想要移民。保守的策略渐渐胜出，弗洛伊德发现他所治疗的一些神经疾病患者在科学研究上颇为有趣，而其他的一些病人虽然无趣，却可以带给他收入。他的穷困着实恼人，他承认有时候连叫出租车外出看诊的钱都没有。

有些时候，弗洛伊德的收入看来好像宽裕到可以计划结婚了，他也会享受这种一闪而逝的幸福感。他发现和专业同侪们对抗无助于现实，弗洛伊德对法国改革观念的热情，只会让他回忆起过去拥护可卡因的怀疑心态。1886年秋天，他在维也纳医师学会演说男性歇斯底里症状，并提出心因性的病源解说。弗洛伊德得到褒贬不一的回应，一位弗洛伊德永远不会忘记的年老医师，对弗洛伊德——从法国带回来——的主题表示反对。他说，男人不会歇斯底里："歇斯底里"这个词的希腊词源是"子宫"，不就已经表示只有女人会受歇斯底里之苦吗？[103] 其他的医师看起来比较能容纳异己，带着被激怒的敏感，弗洛伊德选择认定他同事们的态度是纯粹的以及愚蠢的为反对而反对。从那时起，他就觉得自己站在和整个医学社群对立的位置上。即使梅内特，这位他曾经最有力的支持者，也决定要和弗洛伊德决裂。

不过在这种情况下，他还是有值得满足的理由，虽然弗洛伊德自己的储蓄贫乏，且还在不断减少，但加上未婚妻尚可的遗产及嫁妆、来自她家族的结婚礼金，还有最重要的，来自富裕朋友慷慨的借贷与馈赠，终于让他可以迎娶玛尔塔。这场婚礼9月13日于万茨贝克举行，不过没有预料到的法律问题让他们又办了第二次典礼。因为,虽然在德国普通的婚礼就够了(这也是弗洛伊德所坚持的),但奥地利的法律却要求举办宗教仪式。就这样,在9月14日,弗洛伊德这位和所有仪式以及宗教不共戴天的敌人,被迫要复诵一段他草草背诵下来的希伯来誓词,俾使其婚姻得以有效。在结婚之后,弗洛伊德马上就有机会复仇,或至少从他的观点来看是一种报复。"我记得很清楚她这么说,"玛尔塔·贝尔奈斯——现在是玛尔塔·弗洛伊德——的一位堂亲回忆道,"不能在她婚礼后的第一个星期五晚上点起安息日蜡烛,是她生命中最沮丧的经验之一。"[105]对于不断主张在他的家庭环境里有关宗教的——或者应该说反宗教的——议题,弗洛伊德固执地宣示着他的主权。

结婚一年后,1887年10月16日,在给远在万茨贝克的岳母贝尔奈斯夫人和明娜·贝尔奈斯的信件里,弗洛伊德说:"我已经很累了,但是仍然要写这一堆信,不过写给你们的信是第一封。你们应该从电报里知道,我们有了一个小女儿",玛蒂尔德(Mathilde)。"她重3400克,"大约合7.5磅,"相当可观。看起来丑得很,一开始就吸吮着拇指。除此之外她非常健康,对于待在这个家庭似乎感到很舒适"[106]。五天后,他发现小玛蒂尔德"和我像极了,她已经变得好看多了,有时候我觉得已经非常可爱了呢"[106]。他"自然地"以他的好友玛蒂尔德·布洛伊尔来命名这个小孩[107]。就在一个月后,他在社交圈里认识了一个来自柏林的访客威廉·弗利斯,成为日后影响他一生命运的最忠实的友人。

注 释

① "Der Wahn und die Träume in W. Jensen's *Gradiva*"(1907),*GW* Ⅶ,31/"Delusions and Dreams in Jensen's *Gradiva*," *SE* Ⅸ,7.

② Freud to L. Darmastaeder, July 3,1910. Freud Collection,B3,LC.

③ *The Interpretation of Dreams*(3d〔rev.〕English ed.,1932),*SE* Ⅳ, xxxii.

④ 她的名字一直被写成"Amalie",而人们似乎也都这样称呼她,但是她在维也纳墓园里和她先生葬在一起的墓碑上,写的是"Amalia"[参见在 Ernst Freud, Lucie Freud, and Ilse Grubrich-Simitis 合编的《弗洛伊德:他生命中的图像与文字》(*Sigmund Freud: His Life in Pictures and Words*)〔1976;Tr. Christine Trollope,1978〕,161]。同时,她的娘家姓氏一般被拼为"Nathanson",这出现在她的结婚证书上,但是她经常坚持她的正确拼法是

"Nathansohn"。生活在弗莱堡的捷克人称呼这个地方为 Pribor,现在它是一个位于捷克的小镇,并且以此为正式名称。这个名字显然是个惯用语,弗洛伊德在他学生时代的通信里常常戏谑地使用它。(See Freud to Emil Fluss, September 28, 1872. "Selbstdarstellung," *Schriften zur Geschichte der Psychoanalyse*, ed. Use Gru-brich-Simitis〔1917;corr. ed., 1973〕,110)

⑤ See Freud to Siberstein, June 11, 1872. Freud Collection, D2, LC. And see also Anna Freud to Ernest Jones, January 18, 1954. Jones papers, Archives of the British Psycho-Analytical Society, London.

⑥ 对弗洛伊德早年生活具有争议性的研究里,连他的生日都无法逃过推测的调查与检视。因为当地公务员的笔误,有些研究者甚至把较早的 3 月 6 日混淆地推测为他的生日。如果这样,那会是个有趣的版本,因为雅各布·弗洛伊德在 1855 年 7 月 29 日娶了阿马利娅·纳坦森。不过根据弗洛伊德家族族谱的充裕证据,老弗洛伊德和他的新娘确实遵照礼仪,一般传记里的日期 5 月 6 日,是正确无误的。

⑦ "Selbstdarstellung" (1925), *GW* XIV, 34/"An Autobiographical Study," *SE* XX, 7 – 8.

⑧ From notes by Marie Bonaparte (in French) for a Freud biography, given by Freud in April 1928. Jones papers. Archives of the British Psycho-Analytical Society, London.

⑨ Freud to Wilhelm Fliess, October 3, 1897, *Freud-Fliess*, 289 (268).

⑩ *Die Traumdeutung* (1900), *GW* II-III, 427 – 428/*The Interpretation of Dreams*, *SE* V, 424 – 425.

⑪ See *The Psychopathology of Everyday Life* (1901), *SE* VI, 51 – 52n. (note of 1924).

⑫ "Selbstdarstellung," *GW* XIV, 34/"Autobiographical Study," *SE* XX, 7.

⑬ Freud to J. Dwossis (in Jerusalem), December 15, 1930. Typescript copy, Freud Museum, London.

⑭ Ibid.

⑮ Selbstdarstellung, 40/"Autobiographical Study," *SE* XX.(这句话在 1935 年被加上,那时弗洛伊德着迷于对摩西的研究。)

⑯ Freud to Fliess, October 15, 1897. *Freud-Fliess*, 291 (271).

⑰ See Freud to Fliess, October 4, 1897. Ibid., 290 (269).

⑱ Ibid., 292 (271 – 272).

⑲ See John E. Gedo, "Freud's Self-Analysis and His Scientific Ideas," in *Freud: The Fusion of Science and Humanism: The Intellectual History of Psychoanalysis*, ed. John E. Gedo and George H. Pollock (1976), 301.

⑳ "Sigmund Freuds Beziehungen zu seinem Geburtsort Freiberg (Príbor) und zu Mähren,

"*Clio Medica*,Ⅲ(1968),167-180,and"1981",143-152.

㉑ "Über Deckerinnerungen"(1899),*GW* I,542/"Screen Memories,"*SE* Ⅲ,312.

㉒ See"R. was my uncle," in *Interpretation of Dreams*,*SE* Ⅳ,138-145.

㉓ See Marianne Krüll, *Freud and His Father* (1979; tr. Arnold J. Pomerans, 1986), 164-166.

㉔ "Über Deckerinnerungen,"*GW* I,542-543/"Screen Memories,"*SE* Ⅲ,312-313.

㉕ Freud to the mayor of Príbor,October 25,1931. Typescript copy,Freud Collection. B3. LC/"Leter to the Burgomaster of Príbor",*SE* XXI,259.

㉖ Freud to Max Eitingon,June 6,1938,*Briefe*,462.

㉗ Freud to Fliess,September 18,1872. *Selbstdarstellung*,109.

㉘ Freud to Martha Bernays,March 10,1886. *Briefe*,219.

㉙ Freud to Fliess,March 11,1900. *Freud-Fliess*,442(403).

㉚ See"On the History of the Psychoanalytic Movement"(1914),*SE* XIV,39.

㉛ Martin Freud,*Sigmund Freud*:*Man and Father*(1958),10.

㉜ Freud to Fliess,October 3,1897. *Freud-Fliess*,289-289(268).

㉝ Anna Freud to Jones,May 29,1951. Jones papers,Archives of the British Psycho-Analytical Society,London.

㉞ *Traumdeutung*, *GW* Ⅱ-Ⅲ,202-203/*Interpretation of Dreams*,*SE* Ⅳ,197.

㉟ Ibid.,202/196.

㊱ See *Interpretation of Dreams*,*SE* Ⅴ,424.

㊲ 这部《圣经》现在仍在伦敦的弗洛伊德博物馆展示。See for this inscription,Ernst Freud et al.,eds.,*Sigmund Freud*:*His Life in Pictures and Words*,134.

㊳ *Traumdeutung*, *GW* Ⅱ-Ⅲ,198/*Interpretation of Dreams*,*SE* Ⅳ,192.

㊴ Ibid.,198-199/192-193.

㊵ See Krüll,*Freud and His Father*,147-151.

㊶ Anna Freud Bernays, "My Brother, Sigmund," *American Mercury*, LI(1940)336. 安娜·贝尔奈斯的回忆,有许多错误,使用时要加以注意。

㊷ See,for this paragraph,above all Robert A. Kann, *A History of the Habsburg Empire*, 1525-1918(1974;*corr. ed.*,1977),243-366 passim.

㊸ Ilsa Barea,Vienna(1966),244-245.

㊹ Max Eyth,一位流浪诗人以及工程师,到维也纳探望他的双亲时所说,1873年6月7日。Quoted in Bernhard Zeller,ed.,*Jugend in Wien*:*Literature um 1900* (1974),30.

㊺ See Wolfdieter Bihl, "Die Juden," in *Die Habsburger Monarchie*, 1848－1918, ed. Adam Wandruszka and Peter Urbanitsch, vol. Ⅲ, *Die Völker des Reiches*(1980), part 2,890－896.

㊻ *Traumdeutung*, *GW* Ⅱ-Ⅲ,199/*Interpretation of Dreams*, *SE* Ⅳ,193.

㊼ Freud to Martha Bernays, June 2,1885. By permission of Sigmund Copyrights, Wivenhoe.

㊽ see above all John W. Boyer, "Karl Lueger and the Viennese Jew," *Leo Baeck Yearbook*, ⅩⅩⅥ(1918),125－141; and John W. Boyer, *Political Radicalism in Late Imperial Vienna: Origins of the Christian Social Movement*, 1848－1897(1981).

㊾ Freud to Arnold Zweig, November 26,1930. *Freud-Zweig*,33(21).

㊿ Quoted in Zeller, ed., *Jugend in Wien*,69.

㈤ Dennis B. Klein, *Jewish Origins of the Psychoanalytic Movement*(1981),4.

㈥ See Joseph Samuel Bloch, *Der Rationale Zwist und die Junden in Österreich*(1886), 25－26, and see also 18－21.

㈦ See Marsha L. Rosenblit, *The Jews of Vienna*, 1867－1914: *Assimilation and Identity* (1983),13－45 passim.

㈧ Freud to Fluss, September 18,1872. *Selbstdarstellung*,107－108.

㈨ See Klein, *Jewish Origins*,48.

㈩ 这个数据只包含在城市里合法居留的犹太人,真实情况无疑高出许多。See Rosenblit, *Jews of Vienna*,17.

㊄ Burckhardt to Friedrich von Preen, October 3, 1872. *Briefe*, ed. Max Burckhardt, 10 vols.(1949－1986),Ⅴ,175.

㊅ Burckhardt to Johann Jacob Oeri-Burckhardt, August 14,1884. Ibid.,Ⅷ,228.

㊆ *Traumdeutung*, *GW* Ⅱ-Ⅲ,202/*Interpretation of Dreams*, *SE* Ⅳ,196.

㊇ Arthur Schnitzler, *Jugend in Wien*(1968),78－81.

㊈ Barea, *Vienna*,305.

㊉ "Selbstdarstellung," *GW* XIV,34/"Autobiographical Study," *SE* XX,8.

㊋ Freud to Silberstein, June 11,1872. Freud Collection, D2, LC.

㊌ Freud to Silberstein, September 4,1872. Ibid.

㊍ Ibid.

㊎ 关于这个用词的时间,参见弗洛伊德给西尔伯施泰因,1872年3月25日,在他拜访弗莱堡之前的信。在其中他把吉塞拉·弗卢斯称作"Ichth",并且把他的哥哥埃米尔叫作"Ichthyosaurus"(Freud Collection, D2. LC.)。比较晚一点的使用方式,见弗洛伊德给弗卢斯的信,1872年9月18日与28日(*Selbstdarstellung*,109,110.)。在这些信件的初期,弗

洛伊德使用缩写"Ich."。如同给西尔伯施泰因早期的信件所显示,这个密码对两个人来说都已经使用一段时间了。

㊏ "Über Deckerinnerurgen," *GW* 1,543/"Screen Memories," *SE* Ⅲ,313.

㊈ See Freud to Silberstein, September 4, 1872. Freud Collection, D2, LC.

㊉ Ibid. Also in Ronald W. Clark, *Freud: The Man and the Cause*(1980), 25.

⑩ *Traumdeutung*, *GW* Ⅱ-Ⅲ, 221-222/*Interpretation of Dreams*, *SE* Ⅳ, 216.

⑪ "Selbstdarstellung," *GW* XIV, 34/"Autobiographical Study," *SE* XX, 8.

⑫ 除了他的自传之外,参见弗洛伊德对他的友人 Friedrich Eckstein 的评论,弗洛伊德对他把自己的经验描述为在他"知识发展"中"一次决定性的转向"。Quoted in Friedrich Eckstein, *Alte unnennbare Tage! " Erinnerungen asu siebzig Lehr-und Wanderjahren* [1936], 21.

⑬ 研究歌德的学者现在确定,这个段落实际上是由他的一位友人,瑞士作家 Christoph Tobler 所写。See the editorial note by Andreas Speiser in *Johann Wolfgang Goethe, Gedenkausgabe der Werke, Briefe und Gespräche*, ed. Ernst Beutler, 24 vols. (1949), XVI, 978.

⑭ Freud to Fluss, March 17, 1873. *Selbstdarstellung*, 114.

⑮ Freud to Fluss, May 1, 1873. Ibid., 116.

⑯ Freud to Silberstein, August 2, 1873. Freud Collection, D2, LC.

⑰ See Fritz Wittels, *Sigmund Freud: His Personality, His Teaching, and His School* (1924; tr. Eden and Cedar Paul, 1924). 19. Freud first used the term "screen memory" — *Deckinnerung*— in the paper of 1899 "Über Deckerinnerurgen."

⑱ "Selbstdarstellung," *GW* XⅣ, 34/"Autobiographical Study," *SE* XX, 8.

⑲ Freud to Martha Bernays, February 2, 1886. *Briefe*, 208-209.

⑳ *Jones* I, 29.

㉑ Freud to Marie Bonaparte, November 12, 1938. *Briefe*, 471.

㉒ Freud to Silberstein, March 7, 1875. Freud Collection, D2, LC.

㉓ "Selbstdarstellung," *GW* XTV, 34/"Autobiographical Study," *SE* XX, 8.

㉔ Freud to Fluss, September 28, 1872. *Selbstdarstellung*, 111.

㉕ Freud to Silberstein, August 17, 1872. Freud Collection, D2, LC.

㉖ Freud to Fluss, June 16, 1873. *Selbstdarstellung*, 120-121.

㉗ Freud to Silberstein, September 9, 1975. Freud Collection, D2, LC.

㉘ Freud to Martha Bernays, August 28, 1883. *Briefe*, 54.

㉙ See "Postscript" (1927) to *The Question of Lay Analysis: Conversations with an Impar-

tial Person(1926), *SE* XX, 253.

⑨⓪ "Nachschrift"(1935) to"Selbstdarstellung," *GW* XVI, 32/"Postscript" to "Autobiographical Study," *SE* XX, 72.

⑨① "Selbstdarstellung," *GW* XIV, 34 – 35/"Autobiographical Study," *SE* XX. 9.

⑨② Freud to Silberstein, March 27, 1875. Freud Collection, D2, LD.

⑨③ Freud to Martha Bernays, December 16, 1883. *Briefe*, 84 – 85.

⑨④ See Martin Freud, *Freud*, 70 – 71.

⑨⑤ Freud to Silberstein, July 11, 1873. Freud Collection, D2, LC.

⑨⑥ Freud to Silberstein, August 6, 1873. Ibid.

⑨⑦ Freud to Silberstein, March 7, 1875. Ibid.

⑨⑧ Ludwing Feuerbach, "Vorwort" to the second edition of *Das Wesen des Christenthums* (1843), iii. (It is omitted in the famous translation George Eliot made of this book, first published as *The Essence of Christianity* in 1854).

⑨⑨ Ibid., 408.

⑩⓪ Ibid., ix – xii.

⑩① Feuerbach to Christian Kapp, November 1840. Quoted in Marx W. Wartofsky, *Feuerbach* (1977), 202.

⑩② Feuerbach, *Wesen des Christenthums*, x.

⑩③ Freud to Silberstein, March 7, 1875. Freud Collection, D2, LC.

⑩④ Freud to Silberstein 13 – 15, 1875. Ibid.

⑩⑤ Freud to Silberstein, November 8, 1874, Ibid.

⑩⑥ Henry Hun, *A Guide to American Medical Students in Europe*(1883). Quoted in Sherwin B. Nuland, *The Masterful Spirit—Theodor Billroth*, The Classics of Surgery Library(1984), 9.

⑩⑦ "Selbstdarstellung," *GW* XIV, 35 "Autobiographical Study," *SE* XX, 9.

⑩⑧ Freud to Silberstein, August 6, 1873. Freud Collection, D2, LC.

⑩⑨ Freud to Silberstein, September 9, 1875. Ibid.

⑩⑩ Freud to Martha Bernays, August 16, 1882. Jones I, 178 – 179.

⑪① Freud to Silberstein, September 9, 1875. Freud Collection, D2, LC.

⑪② See Jones I, 37 – 38.

⑪③ Beobachtungen über Gestltung und feineren Bau der als Hoden beschriebenen Lappenorgane des Aals"(1877), in Siegfned Bemfeld, "Freud's Scientific Beginnings," *American Imago*, VI(1949), 165.

⑭ Freud to Silberstein, April 5, 1876. Freud Collection, D2 LC.

⑮ Freud to Silberstein, n. d. [April 1876?], Ibid.

⑯ Selbstdarstellung, 41/"Autobiographical Study," *SE* XX, 9 – 10.

⑰ "Nachwort" to *Die Frage der Laienanalyse*, *GW* XIV, 290/"Postscript" to *The Question of Lay Analysis*, *SE* XX, 253.

⑱ *Traumdeutung*, *GW* Ⅱ-Ⅲ, 424 – 425/*Interpretation of Dreams*, *SE* V, 421 – 422.

⑲ Bemfeld, "Freud's Scientific Beginnings," 169 – 174.

⑳ Emil Du Bois-Reymond, "Über die Grenzen des Naturerkennens" (1872), in *Reden von Emil Du Bois-Reymond*, ed. Estelle Du Bois-Reymond, 2 vols. (1885; 2d enlarged ed., 1912), I, 461.

㉑ Freud to Silberstein, January 24, 1875. Freud Collection, D2, LC.

㉒ See Ernst Kris's introduction to Freud's letters to Fliess: "Einletiung zur Erstaus-gabe" (1950), in *Freud-Fliess*, 526.

㉓ Über eine Weltanschauung (written in 1932), in *Neue Folge der Vorlesungen zur Einfuhrung in die Psychoanalyse* (1933), *GW* XV, 197/"The Question of a *Weltan-schauung*," in *New Introductory Lectures on Psycho-Analysis*, *SE* XX Ⅱ, 181.

㉔ Zur Psychopathologie des Alltagsleben (1901), *GW* IV, 164/The Psychopathology of Everyday Life, *SE* Ⅵ, 148.

㉕ Frued to Wilhelm Knoepfmacher, August 6, 1878. Typescript copy. Freud Collection. B3. LC.

㉖ *Jones* I, 50.

㉗ "Qualifications Eingabe" (1886). Freud Museum, London.

㉘ See "Autobiographical Study," *SE* XX, 10.

㉙ See on this point *Jones* I, 60 – 61, quoting an unpublished letter from Freud to Martha Bernays of September 9, 1884.

㉚ Ibid., 99.

㉛ See Freud to Fliess, March 7, 1896. *Freud-Fliess*, 187(177).

㉜ 《妇女的参政权》这篇文章,1851年7月第一次出版在 *Westminster Review* 期刊上,密尔称它是一个合作的作品,共同作者是他妻子 Harriet Taylor 女士。我同意 Alice S. Rossi 的说法,这篇文章主要是 Harriet Taylor 的作品。See Rossi's edition of John Stuart Mill and Harriet Taylor Mill, *Essays on Sex Equality* (1970), 41 – 42.

㉝ Freud to Martha Bernays, November 15, 1883. *Briefe*, 81 – 82.

⑭ Freud to Martha Bernays, January 22, 1884. By permission of Sigmund Copyrights, Wivenhoe.

⑮ Freud to Martha Bernays, December 5, 1885. By permission of Sigmund Freud Copyrights, Wivenhoe.

⑯ See for one instance, Martha Bernays to Freud, New Year's Eve (December 31-January 1), 1885 – 1886. By permission of Sigmund Freud Copyrights, Wivenhoe.

⑰ See Martha Bernays to Freud, June 4, 1885. By permission of Sigmund Freud Copyrights, Wivenhoe.

⑱ Freud to Martha Bernays, January 22, 1884. By persission of Sigmund Freud Copyrights, Wivenhoe.

⑲ "Über einige neurotische Mechanismen bei Eifersucht, Paranoia und Homosexalität" (1922), *GW* XIII, 195/"Some Neurotil Mechanisms in Jealousy, Paranora and Homosexuality," *SE* XVEI 223 – 224.

⑳ Freud to Martha Bernays, June 19, 1882. *Briefe*, 20.

㉑ Freud to Martha Bernays, August 22, 1883. Ibid., 52.

㉒ Freud to Martha Bernays, August 18, 1882. Ibid., 37.

㉓ See *Jones* I, 63.

㉔ *Traumdeutung*, *GW* 11-111, 488/*Interpretation of Dreams*, *SE* V, 484.

㉕ Freud to Martha Bernays, October 5, 1882. *Briefe*. 41.

㉖ Freud to Martha Bernays, February 2, 1886. Ibid., 208.

㉗ *Traumdeutung*, *GW* Ⅱ-Ⅲ, 439/*Interpretation of Dreams*, *SE* V, 437.

㉘ See *Interpretation of Dreams*, *SE* V, 437; and "Autobiographical Study," *SE* XX. 10.

㉙ Freud to Martha Bernays, August 29, 1883. *Briefe*, 58.

㉚ Freud to Martha Bernays, May 12, 1885. Ibid., 148.

㉛ "Selbstdarstellung," *GW* XIV, 38 – 39/"Autobiographical Study," *SE* XX, 14 – 15.

㉜ Freud to Martha Bernays, April 21, 1884. *Briefe*, 114.

㉝ "Selbstdarstellung," *GW* XIV, 38/"Autobiographical Study," *SE* XX, 14; and a letter to a Professor Meller, November 8. 1934. Freud Museum, London. See also *Jones* 1, 79.

㉞ "Selbstdarstellung," *GW* XIV, 38 – 39/"Autobiographical Study," *SE* XX, 15.

㉟ Freud to Professor Meller, November 8, 1934. Freud Museum, London.

㊱ "Selbstdarstellung," *GW* XIV, 38 – 39/"Autobiographical Study," *SE* XX, 15.

㊲ Freud to Martha Bernays, June 2, 1885. By permission of Sigmund Freud Copyrights,

Wivenhoe.

⑱ See Martha Bernays to Freud, June 4, 1885. By permission of Sigmund Freud Copyrights, Wivenhoe.

⑲ See Freud to Martha Bernays, January 7, 1885. *Briefe*, 138.

⑯⓪ Freud to Martha Bernays, January 7, 1885. Ibid., 137.

⑯① See p. 19 in Freud's copy of Wittels, *Sigmund Freud*. Freud Museum, London.

⑯② Freud to Martha Bernays, August 22, 23, September 8, 1883. *Briefe*, 50, 52, 62.

⑯③ Freud to Fliess, February 1, 1900. *Freud-Fliess*, 438(398).

⑯④ Freud at the Wednesday Psychological Society, April 1, 1908. Protokolle, 1, 338.

⑯⑤ Freud to Martha Bernays, February 12, 1884. By permission of Sigmund Freud Copyrights, Wivenhoe.

⑯⑥ See, for two instances, "Screen Memories," *SE* III, 316; and "The Psycho-Analytic View of Psychogenic Disturbance of Vision" (1910), *SE* XI, 214 – 215.

⑯⑦ "Selbstdarstellung," *GW* XIV, 36/"Autobiographical Study," *SE* XX, 11.

⑯⑧ Freud to Martha Bernays, June 3, 1885. By permission of Sigmund Freud Copyrights, Wivenhoe.

⑯⑨ Fleischl-Marxow to Freud, n. d. (Anna Frued rightly gives the letter to June 1885), Freud Collection, LC. uncatalogued.

⑰⓪ Freud to Martha Bernays, October 19, 1885, *Briefe*, 176 – 178.

⑰① Freud to Martha Bernays, October 19, 1885. Ibid., 176. See also Freud to Martha Bernays, November 8, 1885. Ibid., 182 – 185.

⑰② Freud to Martha Bernays, October 19, 1885. Ibid., 176.

⑰③ Freud to Minna Bernays, October 18, 1885. By permission of Sigmund Freud Copyrights, Wivenhoe.

⑰④ Ibid. By permission of Sigmund Freud Copyrights, Wivenhoe.

⑰⑤ Freud to Martha Bernays, November 24 – 26, 1885. By permission of Sigmund Freud Copyrights, Wivenhoe.

⑰⑥ Freud to Martha Bernays, January 22, 1884. By permission of Sigmund Freud Copyrights, Wivenhoe.

⑰⑦ Freud to Martha Bernays, December 5, 1885. By permission of Sigmund Freud Copyrights, Wivenhoe.

⑰⑧ Freud to Martha Bernays, November 24, 1885. *Briefe*, 189.

⑰㊉ "Charcot" (1893), *GW* I, 28 – 29/"Charcot," *SE* III, 17 – 18.

⑱㊉ See Ibid., 23/13.

⑱㊀ "Selbstdarstellung," *GW* XIV, 36 – 37/"Autobiographical Study," *SE* XX, 12.

⑱㊁ Pierre Janet, *L'État mental des hystériques* (1892; 2d ed., 1911), 132 – 135.

⑱㊂ "Selbstdarstellung," *GW* XIV, 52/"Autobiographical Study," *SE* XX, 27.

⑱㊃ Freud to Martha Bernays, December 5, 1885. By permission of Sigmund Freud Copyrights, Wivenhoe.

⑱㊄ Freud to Martha Bernays, February 2 – 3, 1886. *Briefe*, 209 – 210.

⑱㊅ "Charcot," *GW* I, 23 – 24/"Charcot," *SE* III, 12 – 13.

⑱㊆ J. M. Charcot and Gilles de la Tourette, "Hypnotism in the Hysterical," in *A Dictionary of Psychological Medicine*, ed, D. Hack Tuke, 2 vols. (1892), I, 606.

⑱㊇ "Vorrede des Uebersetzers" in Hippolyte Bernheim, *Die Suggestion und ihre Heilwirkung* (1888), iii-iv/Preface to the Translation of Bernheim's *Suggestion SE* 1, 75 – 76.

⑱㊈ Bericht über meine mit Universitäts-Jubiläums-Reisestipendium unternommene Studienreise nach Paris und Berlin" (written in 1886 first published in 1960), Selbstdarstellung," 130, 134/"Report on my Studies in Paris and Berlin," *SE* 1, 5 – 6, 10.

⑲㊉ Inscribed, undated visiting card. Freud Collection. B3. LC.

⑲㊀ "Kleine Chronik," date line April 24, 1886, in Neue Freie Presse, April 25, 1886. Clipping in Freud Museum, London.

⑲㊁ Freud to Martha Bernays, May 13, 1886. *Briefe*, 225.

⑲㊂ See "Autobiographical Study," *SE* XX, 15.

⑲㊃ Quoted in Clark, *Freud*, 89.

⑲㊄ Freud to Emmeline and Minna Bernays, October 16, 1887. *Briefe*, 231.

⑲㊅ Freud to Emmeline and Minna Bernays, October 21, 1887. Ibid., 232.

⑲㊆ Freud to Emmeline and Minna Bernays, October 16, 1887. Ibid., 231.

第二章　酝酿中的理论

必要的朋友与敌人

"亲密的朋友和讨厌的敌人,对我的情感生活永远都是必要的,"弗洛伊德在《梦的解析》中如此坦诚,"我总是知道如何让自己不断地兼有两者。"他说,有时候这两者就是同一个人[①]。童年,这个双重角色由他的侄子约翰扮演。在婚后以至展现其伟大发现的数十年之间,威廉·弗利斯成为弗洛伊德的益友,以及后来的敌人。

弗利斯是个柏林的耳鼻喉科医生,1887年秋,为了进一步的研究来到维也纳。在布洛伊尔的建议下,他聆听了弗洛伊德关于神经医学的数场讲座。在回到家乡的同年11月,弗利斯收到弗洛伊德十分诚恳的第一封信,弗洛伊德写道:"虽然今天这封信带有公事意图,但我必须表示,诚恳地希望能够继续维持和您的友谊,因为您在我心中留下了不可磨灭的印象。"[②]这样的说法比弗洛伊德惯用的表达风格更为正式,也更富感情,因为那时他和弗利斯的友谊终究是他众多经验中独一无二的。

为了发展精神分析理论,弗洛伊德树敌众多,鲜少密友,敌意和嘲讽更是必然存在。就一个听众、一个知心密友、一种刺激、一个不被他所吓倒的追随者和啦啦队而言,弗利斯正是弗洛伊德所需要的。弗洛伊德在1894年5月的书信中对弗利斯说:"你是唯一的他者,一个与众不同的人。"[③]1893年秋天,弗洛伊德用一种未来七八年将拒绝遵循的先见之明的语调对弗利斯坦诚:"你真要让我的批评能力变得无用武之地了。"[④]对弗洛伊德这样一位以头脑冷静为傲的科学家而言,如此完全信任一个人,在此需要一点解释。

这种轻信似乎更为突兀,因为在今天看来弗利斯其实是个病理学上的数字命理学家,并且是个古怪的家伙。但是随后他的声望便下降了。他的理论实际上看起来极端怪异:弗利斯把鼻子视为人体中最重要的器官,并且由鼻子主控全身的病痛和健康。他更执着于23天或者28天周期的生理规律框架,认为不论男女都受这种规律主宰,医师可依此诊断各种身体状况或病症。这样的理论现在看来已全然不可信,然而在当时的世纪之交,有许多不同国家的研究者发表赞同的意见。弗利斯的说辞看起来无可非议:他是个受人敬重的专业医师,在柏林内外都有良好的执业声誉。老实说,弗洛伊德感兴趣的观点也不比弗利斯的说法正统到哪里去。布洛伊尔的推荐,对19世纪80年代末的弗洛伊德来说,是学术诚信的保证。

弗利斯的科学知识渊博,并有极大的野心。他给人的印象之深刻,包括外貌、教养和博学,并不亚于弗洛伊德。甚至在1911年,两人已经绝交数年之后,弗洛伊德忠诚的追随者,卡尔·亚伯拉罕(Karl Abraham)——一个清醒的旁观者——评价弗利斯的可亲、敏锐和原创性时,仍认为他"是柏林医师当中,最值得结交的一个人"[5]。弗洛伊德在第一次和弗利斯相遇时就有这种感觉。同为医学领域里被孤立的颠覆分子,他们意气相投。"我在厘清神经症方面的工作可以说是很孤独的,"弗洛伊德在1894年给弗利斯的信中写道,"他们大都认为我是个偏执狂。"[6]他们之间的投缘对彼此来说,就是两个拥有深奥而仍未被认可的真理的偏执狂之间的对话。

弗利斯表现出对弗洛伊德理论发展过程的实质性的理解,给予他需要的意见和支持,勤奋敏锐地阅读弗洛伊德的手稿。在他的想法中,弗洛伊德的理论是人类文化的基调,并可作为其价值的普遍宣告。弗洛伊德在1896年6月对他表示赞赏:"你让我知道,细微的真理隐身在每个可见的异常中。"[7]他帮助弗洛伊德集中心力,把幽默当作精神分析检视的有用素材。同时,弗利斯早在19世纪90年代中期的论文里,就思考过婴儿性欲的问题,这早在弗洛伊德之前。当弗洛伊德被视为第一位提出某种性压抑是神经症的核心问题的人时,弗利斯自己也正在处理人类的双性恋观念,并且看着弗洛伊德把它转变成其论点的核心原则。

这一切都说明,弗利斯最终的非理性奇想,以及他试图去证明的努力,都在它们公之于世前已为弗洛伊德认识。例如,弗利斯曾试图寻找生物学的数学基础。另外,他认为一个特定的身体器官会对其他部位有绝对影响的想法,也不必然荒谬。一个精神分析学家可能对鼻子有特殊的幽默观点:它的形状让人联想到男性的生殖器,会流血的倾向也让人想到女性性器官。关于身体某部位的问题会转移到另一部位的想法,以及其可见的征兆,已被认为是精神分析诊断的主要支柱。一个寻找心理机制的科学家,如弗洛伊德试图假设动欲区随着个人发展而转移,很可能受到将鼻子认定为"生殖器官"这种想法的启发(他认为鼻子影响月经和生产过程)。甚至在其他研究者认定弗利斯偏执荒谬之前,本应会让弗洛伊德产生犹豫的是弗利斯的教条取向——他无法认识到主宰人类事务之因素的丰富性和复杂性。但因为弗利斯对他的称赞就像是"美妙的甘露"[⑧],弗洛伊德无意提出,甚至不会想到任何不必要的怀疑。

同样的任性盲目,驱使弗洛伊德去和弗利斯大玩关于生物医学数字的游戏。考虑到女性的月经周期,关于男性性欲周期的观点并非难以置信。一个热烈而浪漫的性研究者,哈夫洛克·霭理士(Havelock Ellis),就曾经在他的著作《性心理学》(*Studies in the Psychology of Sex*)中专辟一章谈到"性周期的现象",这本书当时大约与弗洛伊德的《梦的解析》同时面世。作为一个孜孜不倦的搜集者,霭理士从各国搜集性知识材料。他曾阅读过弗利斯关于性周期的文章,觉得很有意思;但对于男性周期的部分,他未被说服:"虽然弗利斯提出了很多细微的观察,但我仍不能被他提出的男性23天周期说服。"霭理士用他惯有的宽容来处理此一推论。"新近提出生理周期的假定,需要更多仔细的研究和观察",他总结说,虽然"这样的可能性可以在思虑中盘旋",但现在"我们没有能力去证实它"[⑨]。霭理士知道弗利斯其实是在把玩23和28这两个关键数字,它们作为一种间隔或是整体概念,使弗利斯可以说明任何主张。后来的学者可就没有像霭理士对弗利斯这么宽容,他们不客气地批评这些是完全不可信的。

然而,弗洛伊德相信这样的说法,还勤于提供相关的支持数据给弗利斯:他偏头痛的间隔、小孩们病症的周期、妻子的月经周期,以及父亲的生命周期。在这种不科学的天真错误中,所牵涉的不单是奉承和知识的不足,弗洛伊德这位伟大的理性主义者,并无法置身于迷信之外——尤其是对数字的迷信。1886年,弗洛伊德和他的新婚妻子住进了维也纳环形戏院旁的公寓。这座戏院在五年前一场造成400人伤亡的火灾中被烧毁。因为对迷信的挑战,他搬进这座公寓,但某些特定的数字还是使他产生了一定程度的焦虑。多年来他一直认为自己命定在51岁,后来又认为是61岁或62岁时寿终。他觉得命定的符码似乎在提醒他必然一死，连他在1899年被分配的电话号码——14362也不例外。他在43岁时出版《梦的解析》，而最后两个数字62，他坚信是他命中的恶兆数字[10]。弗洛伊德曾经分析说，迷信是敌意或者谋杀愿望的掩饰，而他自己的迷信则为永生欲望的压抑[11]。但是他的自我分析并未使他脱离这种非理性的想法，这个思想残余——他自己称为"独特的犹太神秘主义"[12]——使他对弗利斯不着边际的猜想产生了极大的敏感性。

在专业兴趣之外，弗洛伊德和弗利斯还有其他的关系。两者同是局内人与局外人：训练极佳的专业医师，却游走在被认可的医学领域边缘。他们同样是犹太人，面对在社会上可能遭遇的相同问题和下场，因而产生了同为被迫害族群的手足之情。从情感上来说，弗利斯是布洛伊尔的继承人，弗洛伊德对前者投注的关切使他对后者的依赖慢慢减退，布洛伊尔会成为两者的媒介可说是个辛辣的讽刺。

虽然可能夸大了一般的定义，但从某个角度来说，弗洛伊德把弗利斯拉到接近于一个精神分析家的位置。长期以来，弗洛伊德都无法好好评估他这位亲密朋友的真正价值，主要是因移情关系：由于弗洛伊德不客观，竟把弗利斯看成具有如布吕克或沙可一般令人尊崇的特质。弗洛伊德甚至想要以弗利斯来为他的一个儿子命名；但天不遂人愿，1893年到1895年间，他只生了两个女儿：苏菲和安娜。他通过文字或是事先小心安排的令他极期盼的私人"会议"，对这位柏林的"密友"透露了许多个人秘密。从1893年末开始，他对弗利斯透露自己为胸痛和心律不齐所苦，弗利斯把这令人担忧的症状归因于弗洛伊德的烟瘾。弗洛伊德有些想法，弗利斯也是唯一知道的人。在1894年4月重提胸痛症状时，弗洛伊德告知弗利斯，他的太太"并不是我个人死亡妄想的知己"[13]。在之前的夏天，弗洛伊德对弗利斯透露，他的太太玛尔塔正享受着一种"重生"。因为"到目前为止，已经一年了，她都不用生小孩"，他说，"我们生活在禁欲之中。"[14]这些都是一个严肃的布尔乔亚只会对其分析家透露的话。弗洛伊德的确对弗利斯无话不说，而他对弗利斯提到妻子的细节，也比告诉别人的多。

19世纪90年代，对弗洛伊德来说，弗利斯之所以如此不可或缺，是因为他的妻子并非其理论的忠实听众。由于弗洛伊德的炫目神采，玛尔塔相形之下成了一个居于暗处的人物。弗洛伊德遗留后世的文件当中（当然某种程度上违背了他的意愿),玛尔塔的出现或相关资料都非常稀少。根据访客的评论,以及部分来自丈夫的评价,她是个典型的家庭主妇:持家、烧饭、管理仆役、教养小孩。整个家庭以弗洛伊德为中心,我们有趣地发现,六个小孩的名字都来自他的朋友和他的心灵导师。当次子1891年出生时,弗洛伊德以他尊崇的奥利弗·克伦威尔(Oliver Cromwell)来命名⑮。但弗洛伊德的长子马丁,回忆他母亲给人的印象,是和蔼且坚强的,对许多家务的重点细节包括旅行安排,都了如指掌,一丝不苟,从不慌乱。她对于守时的坚持(马丁观察到,这是当时维也纳风气所少见的),带给弗洛伊德家一种可靠感,甚至,安娜·弗洛伊德后来还抱怨,家中总是笼罩着一种过度的规律⑯。弗洛伊德最后的医师马克斯·舒尔(Max Schur)在玛尔塔晚年时认识她,他认为许多人都低估了她的能力。即使在他来到弗洛伊德床边为他诊疗弄乱了床沿,令玛尔塔颇有微词时,舒尔医师仍然不减对她的喜爱⑰。

这些小插曲显示,玛尔塔·弗洛伊德是个地道的布尔乔亚。出于爱护和照顾她的家庭,对家庭不间断的义务,以及中产阶级道德观对行为失检的强烈反应[玛尔塔无法原谅斯蒂芬·茨威格为了一个年轻女人而离开他的太太,即使最后他的生命悲惨地结束(斯蒂芬1942年在巴西因为长期的忧郁症而自杀)。她无法理解,并在写给弗里德里克(Friderike,斯蒂芬的妻子)的信中说:"我们的朋友不忠于你!"玛尔塔补充说,即使到他去世,也无法减轻她对他的怨恨。(Martha Freud to Friderike Zweig, August 26,1948. Freud Collection, B2,LC)],让人低估了她。晚年寓居伦敦时,她自述阅读是她唯一的"娱乐",但是出于歉意和玩笑,她马上补充:"只有晚间在床上的时候。"在白天她却对这样的享乐保持矜持,此乃因其"良好的教养"⑱而有所克制。弗洛伊德对弗利斯暗示,他的妻子极端保守,很难和陌生人热络。虽然一般来说她要求不高,但她会极力坚持她认为合理而已经下定决心的事情。从弗洛伊德的书信描述和照片中判断,玛尔塔很快从青春少女成为一个一丝不苟,甚至有点不注意衣着打扮的中年妇女。她几乎不抗拒刻板的年龄形象,严酷地将一个年轻妻子变成严格的女舍监⑲[要知道,当时对中年和老年的认定标准和现在不同。弗洛伊德可以在1890年的时候就使用"上年纪的老处女"这样的说法(但实际上她不过30岁左右)。(Freud to Fliess, Draft H. *Freud-Fliess*,107[108])]。从他们订婚开始,弗洛伊德即坦白,她并不漂亮,但是外表看起来"甜美,大方,举止合宜"⑳。结婚之后,她更不再将心思放在美貌上。

　　玛尔塔一胎接着一胎怀孕,弗洛伊德家在九年内有了六个孩子。结婚之前,她梦见有三个小孩,如果是这样就简单多了。"我可怜的玛尔塔过着艰苦的生活。"[21]弗洛伊德在1896年2月间如此感叹,当时他们最小的女儿已经两个月大了。负担更大的是,玛尔塔还必须处理小孩一个接着一个的病痛。弗洛伊德有时候会伸出援手,听听小孩的病痛呻吟,或者暑假带他们到山中进行一段采集蘑菇的探险旅程。弗洛伊德空闲时,是个关心小孩的父亲,但大部分的家庭负担都落在妻子肩上。

　　虽然玛尔塔是个爱书成癖的人,但她却无法成为弗洛伊德在精神分析领域孤独的追求上可依靠的伴侣。她协助弗洛伊德处理家庭事务,使他安心工作,已成了理所当然。在一封回应吊唁弗洛伊德的信件中,玛尔塔感到这其实是个"无关紧要的安慰,在53年的婚姻里,我们之间没有一句气话,而我总是尽力清理他在日常生活中的'惨状'(misère)"[22]。她觉得能够在这数十年间照顾"我们亲爱的船长",是个无法取代的殊荣[23]。这对弗洛伊德来说是绝对重要的,但也不代表全部,他的妻子使弗利斯的存在成为必要。

　　法国精神分析家拉福格(René Laforgue)在20世纪20年代就认识弗洛伊德一家,他在回忆中称赞玛尔塔是个"务实的女人,以卓越的技巧创造出一种平和的家居气氛以及生活的乐趣"。他认为玛尔塔是个勤奋的家庭主妇,干净利落,"从未变成像其他女性知识分子一样苍白"。但他接着说,玛尔塔认为丈夫的精神分析思想是"一种色情"[24]。因此,在这些频繁忙碌的家居生活中,弗洛伊德其实是孤独的。1895年12月3日,弗洛伊德向弗利斯报告小安妮尔(Annerl)的出生,说到母亲和"那美好而完整的小女人般"的婴儿都非常健康[25]。但在下一封信,仅短短五天之后,看到弗利斯的笔迹,会让他欣喜地"忘却许多孤单和缺失"[26]。这样的家庭组合是悲哀的,弗洛伊德珍视他的家人,不能没有他们,但是家庭却没有办法减轻令他畏惧的孤独感。而这正是弗利斯的任务。

　　弗洛伊德与弗利斯的友谊快速成长,在一个亲密关系发展缓慢甚至有点排斥的年纪里这并不常见。弗洛伊德在1887年11月写给弗利斯的第一封信里,暗示他花了一番功夫才有办法驾驭那种要喷发的热情。在信上他称弗利斯为"最尊敬的朋友和同事"(Verehrter Freund und Kollege)!1888年8月,弗利斯变成了"最尊敬的朋友"(Verehrter Freund)[27],两年后,他甚至偶尔称呼其为"亲爱的",或者"最亲爱的朋友"(Liebster Freund)[28]。这样的语气一直是弗洛伊德的最爱,直到1893年夏天,他把语调提高为"我挚爱的朋友"(Geliebter Freund)[29]!在那时,两个人都用最亲密的称呼"你"(du)书信往返了一年以上,而弗洛伊德对弗利斯太太,则带着距离地称呼"您"(Sie)[30]。

在他对这位来自柏林的"他者"出现越来越多的依赖时,也正是弗洛伊德感觉缺乏足够技术治疗神经症病人的时期。"在1886年到1891年之间,"弗洛伊德回忆,"我极少涉及科学工作,几乎没有出版任何东西,我正在新的领域里寻找可行的路,以及让我自己和人口急速增加的家庭可供温饱的基础。"[31]在酝酿期的此时,这是不适当的急躁:弗洛伊德正为一场革命打地基。他翻译伯恩海姆有关催眠与暗示的书,以及1889年造访南锡,都是他成为精神分析学家自我教育的步骤。

在他那本1891年出版、题献给布洛伊尔的关于失语症的第一本书中,他微妙地指出他的未来和心理学之间存在着越来越紧密的联结。《论失语症》(On the Conception of the Aphasias: A Critical Study),是神经医学领域的杰作,在丰富而广泛的引述中,弗洛伊德刻意散布引自哲学家密尔以及心理学家休林斯·杰克逊(Hughlings Jackson)的说法。在评论界当时对于这一种语言障碍的主流观点下,弗洛伊德认为自己——带着一些自我察觉——是"极为孤立的"。他开始将这样的孤独感变成他的风格。实际上,《论失语症》这本书从较清醒的角度来看,只是个修正工作,弗洛伊德试图"摇撼对这个语言障碍惯用的便宜论点",同时将心理学的要素引进临床观察中。在那个把心理问题归因于生理原因的时代,其他研究者几乎没有疑惑地认为,失语症必定是来自脑中特殊部位的损伤,弗洛伊德一反这样的流行观点,认为"在失语症原因的讨论中,(脑生理)部位的讨论被过于强调,我们必须重新考虑关于语言机制的功能意涵"[32]。在众多的神经生理学家中,弗洛伊德试着让心理反应回归于心理学的解释。

1892年冬天,弗洛伊德并不是很认真地继续将催眠暗示治疗用于缓解他病人的症状,并且出版了一本书详述某个成功案例的治疗历程[33]。他后来淡淡地评论:"如果一个人想以治疗病人的精神症状为一生目标,他就必须对此做出贡献。"[34]他发现以传统的电疗刺激的方式治疗神经衰弱患者,比他以催眠的方式治疗效果还差。1890年初,他就"把电疗仪器搁在一边"[35],他感到松了一口气。

弗洛伊德在这几年中的信件中,显示出许多创新想法,特别是在思考性欲冲突对神经疾病的影响上。1893年初,他就已经将先前的臆测转换为确认的想法。在一份转给弗利斯的备忘录里,弗洛伊德警告弗利斯让这份手稿远离其妻之手,明确表示:"众所周知,神经衰弱一直被认为是不正常性生活的结果。但我在这里要声明以及检验的是,神经衰弱实际上可能只是一种性神经官能症。"弗洛伊德并未排除遗传倾向的因素,但他开始认为所谓"先天的神经衰弱",实际上有性方面的后天刺激:由手淫而造成的耗损,或者是性交障碍的问题。虽然弗洛伊德并未低估女性潜伏的性欲倾向,似乎相较之下她们不容易出现神经衰弱。但如果她们出现这样的问题,其缘由和男性并无二致。弗洛伊德这种结论旨在说明,神经衰弱完全是可以预防的,却无法矫正,因此"外科医师的工作必须完全转移到预防医学上"[36]。

整个笔记显示出弗洛伊德充分的自信,以及他对精神疾病的社会意义的兴趣:此时,他已经把自己看作整个社会的医师。他认为,健康的性爱可以防止性方面的疾病,并且认为青年未婚男女应该要以"自由的性交"取代手淫。因此应该找出优于保险套的避孕方式,因为前者既不绝对安全也不令人愉快[37]。笔记看起来是个对反对阵营的快速突击。但在弗洛伊德当时和布洛伊尔一起准备的专著《歇斯底里症研究》(Studies on Hysteria)中,情色的要素却再次退入羽翼之中。稍后在书中,弗洛伊德带着未加掩饰的讽刺注明:"其实我们很难判定,究竟性活动在决定神经症的病因上有多大的重要性。"[38]

虽然《歇斯底里症研究》1895年才发行[《初步交流》(Preliminary Communication),由布洛伊尔和弗洛伊德共同执笔,在1893年写成。这篇文章稍后在1895年的时候重印,作为《歇斯底里症研究》的第一章],书中一个最早的案例——布洛伊尔和"安娜·O"历史性的相遇,却早在1880年就出现了。这个精神分析的奠基个案,使弗洛伊德不止一次地将分析之父的头衔给予布洛伊尔而不是他自己,当然布洛伊尔在精神分析历史中有其应得的重要地位。当布洛伊尔向年轻的弗洛伊德透露这个奇特的个案时,他说了许多在弗氏所能承受范围之外令人不安的想法。其中一次发生在1883年两人的秘密会面中,那是一个沉闷的夏日午后。后来弗洛伊德对他的未婚妻重述当时的场景,显示了两个朋友之间不造作的亲密,以及专业人士间的智性絮语:"今天是整个夏天里最热、最让人烦闷的一天,我已经因为疲惫而变得有点无理取闹。我觉得我需要一点精神上的提振,所以来到布洛伊尔——这个我有点相见恨晚的人——的办公室。可怜的家伙,他当时头疼得厉害,服用水杨酸制剂止痛。他做的第一件事就是把我赶进浴缸,让我恢复精神。当我接受这个氤氲的治疗建议时,第一个想到的是,如果我的小玛尔塔也在这里,她会说,这也是我想让头脑清醒点的时候会做的事。""然后,我们在楼上穿好衬衫吃起晚餐(我现在却穿着一件更宽大的居家服写信给你)。之后是一段关于'道德疯狂'、精神疾病与奇特个案的谈话。"㊴在"又一次"讨论关于玛尔塔的朋友贝塔·巴本海姆(Bertha Pappenheim)的过程中,两个男人变得更为亲近。贝塔·巴本海姆,就是布氏给予的安娜·O这个不朽化名的案主本人。

布洛伊尔在1880年12月时开始治疗这个有趣的歇斯底里案例,并且持续追踪了一年半。1882年11月中旬,布洛伊尔第一次向弗洛伊德谈到安娜·O㊵。之后,在1883年的仲夏夜里,弗洛伊德第一次告知他的未婚妻,布洛伊尔告诉他某些关于贝塔·巴本海姆的事情;而这些事情"最好在婚后才告诉玛尔塔"㊶。当弗洛伊德前往巴黎的时候,曾试图引起沙可对这个独特个案的兴趣,但是"这个伟人"㊷大概已经被他的病人耗去了所有的心力,对此并无特别兴趣。然而弗洛伊德对安娜·O的兴趣,以及对催眠提示治疗效果的失望,让布洛伊尔再一次谈到她。两位神经医学专家把他们在19世纪90年代初对歇斯底里的研究放在一起,成就了安娜·O的特殊性。

安娜·O会成为杰出病例的原因是,她自己也进行了许多想象的工作。虽然弗洛伊德认为分析家听人说话的能力很重要,但是如果没有病人的配合,仍然无法成就精神分析的理论,这对布洛伊尔或弗洛伊德来说都一样。布洛伊尔在四分之一世纪之后正确地宣称,他对贝塔·巴本海姆的治疗"是整个精神分析理论中的细胞胚芽"㊸。事实上,是安娜·O造就了许多未来连续不断的发现;而且是弗洛伊德,不是布洛伊尔,孜孜不倦地对这个案例进行探讨,直到看到丰硕而确定的发现。

这个个案的不同版本之间有些许矛盾和隐晦,但并没有太大的争议。1880年,安娜·O在21岁的时候开始发病。弗洛伊德说,她是个"拥有不凡教养和天分"⑭的年轻女性,对人亲切和蔼、仁慈、充满精力但有时固执,绝顶聪明。布洛伊尔在病例中写道:"生理上健康,经期正常。拥有极佳的智力和记忆力,令人惊讶的绝佳联想力以及敏锐的直觉,想要欺瞒她肯定会失败。"他同时认为她"高超的理解力"可以"消化任何困难的知识"。只是自从她离开学校之后,就没有这样的机会了⑮。因为像洋娃娃一般被困在过于严苛的犹太家庭中,她倾向于往自己"系统的白日梦"里遁逃,那个她自己称作"私人戏院"的地方。布洛伊尔在面对她的家庭困境时充满同情,"极为单调的生活,完全被她的家庭所局限"。布氏如电报般简洁的病例报告继续写道:"她试图在对宠溺她的父亲的热烈爱情中寻求替代物,并沉溺在自己发展出来的诗意幻想中。"⑯布洛伊尔认为(弗洛伊德后来不相信且惊讶地回忆这件事情),她在"性方面令人无法置信地发展不足"⑰。

造成安娜·O歇斯底里症发作的重要事件是她父亲的重病,布洛伊尔也敏锐地发现她对父亲深切的依恋。在父亲生命的最后两个月之前,安娜·O还可以不眠不休地照顾父亲,以致耗损了健康。在照顾父亲的日子里,她出现了越来越严重的无行动力症状:因为食欲不振而引发的虚弱,以及严重的神经质咳嗽。到了12月,在半年来严重的自我耗损之后,她出现严重的斜视症。之前,她是个精力充沛的年轻女孩,但现在却变成了行动不便的可怜病人。她为头痛、间歇性的亢奋、视力的诡异障碍、部分瘫痪与失去感觉能力所苦。

到了1881年初,她的症状变得更加怪异,她会出现短暂的心神丧失、长时间的嗜睡、情绪快速变动、关于黑蛇和骷髅的幻觉、语言困难。有时候,她的语法和文法出现迟滞退缩的现象。有时候,她只能说英语、法语或意大利语。她出现两种对比鲜明的性格,其中之一是非常的任性。当她父亲在4月过世的时候,她出现因惊吓过度而恍惚的状态,她的症状群比以前更严重。布洛伊尔每天傍晚去探视她,那时她正处于一种自我引发的催眠状态中。她会讲故事,忧伤抑或可爱的故事,她和布洛伊尔同时发现,这样做会暂时解除她的症状。由此展开一个天赋禀异的病人与医师之间划时代的合作:安娜·O赋予这样的程序一个适当的名称,叫作"谈话治疗"(talking cure),或者一种风趣的说法"清理烟囱"(chimney sweeping)⑱。这个程序让她同时纾解宣泄,忆起重要事件,并且疏导某些她在正常状态时无法表达或者回忆的强烈情绪。当布洛伊尔对弗洛伊德吐露安娜·O的秘密时,他将这样的宣泄过程也一并告知。

这个谈话治疗的转折点在1882年的暖春,当时安娜·O正经历一种恐水的症状。虽然极度口渴,但她没办法喝水——直到傍晚的自我催眠时刻来临。她告诉布洛伊尔她看见她的英国女伴——一位她不喜欢的人,让她的狗喝着由杯中溅出来的水。当她把压抑的恶心感说出来之后,这个恐水的症状就消失了。布洛伊尔对此印象深刻,并且接受了这一种罕见的寻求安全的解脱方式。他将安娜·O催眠,并且观察她是否能在催眠状态下,追溯至在她父亲病重时慢慢产生的这些症状的原因。用这种方式,布洛伊尔说道,她所有的症状,包括她瘫痪性的痉挛以及麻木、双重以及扭曲的视觉、多种的幻觉等等,都被"谈走了"(wegerzählt)。布洛伊尔认为症状能被谈开并不是一蹴而就的。安娜·O的回忆常常是模糊的,但这些症状就在为她做心理清理工作时恰恰会痛苦而真实地重现。她对这个谈话治疗的参与越来越积极,布洛伊尔在数年之后仍然真诚地称赞她。她的症状后来被认定是情绪的残余物,以及某些她认为应该压抑的冲动。1882年6月,布洛伊尔总结说,安娜·O所有的症状都已经消失了,"然后她离开维也纳去旅行,但仍需要一段时间才能得到心灵的平衡,在那之后她就可以获得真正的健康"[49]。

布洛伊尔的个案史在这里出了问题。实际上在治疗结束的时候,布氏把安娜·O介绍给宾斯万格(Robert Binswanger)推荐的位于瑞士克罗伊茨林根(Kreuzlingen)声名卓著的美景疗养院(Bellevue Sanatorium)。在1882年9月中旬,她的症状被认为应该消失的三个月之后,安娜·O大胆地尝试将她的状况写下来。她在克罗伊茨林根,用极佳的英文提到她"完全被这里的工作人员剥夺了说、想或者写德文的机会"。同时,她也为"严重的神经痛"所苦,还有"或长或短的心神丧失",她称为"时间消逝"。无疑,她是好多了:"我只有在满心害怕失去德文能力时,才会感到紧张、焦虑甚至想哭。"[50]但一年之后,她还是没有好转,为旧病复发所苦。接下来的生命经历令人赞叹:她成为一个拓展新领域的社工人员,成为犹太女性组织的领导人。这些成就其实见证了真正的复原状况,但是布洛伊尔在《歇斯底里症研究》中,将略有困难且通常需要时间的复原过程,压缩成一次全然的康复。

在1895年写完安娜·O的案例时,布洛伊尔若无其事地注明他其实"隐藏了许多有趣的小细节"[51]。我们从弗洛伊德的通信内容知道,这些细节不只是有趣而已,这些细节说明了布洛伊尔为什么不愿意在一开始就把这个案例出版。

把歇斯底里的病变看成对特殊创伤的反应,同时把神经症看成环境压抑的结果,而不单只是某些遗传因素在作祟,这是一回事。然而,若是把歇斯底里看成纯粹是由性的障碍所造成,这又是另外一回事了。布洛伊尔后来写道:"我承认,在理论和临床运作上把触角深入到性的领域,不是我的初衷。"[52]在安娜·O这整个故事中,弗洛伊德用许多含蓄的语句暗示,这是一出与色情有关的把戏,布洛伊尔对此则感到窘迫。

事隔多年,弗洛伊德在1932年写信给他最热烈的拥护者斯蒂芬·茨威格时,回忆起"关于布洛伊尔病人的真实状况"。他说,布洛伊尔很久以前对他说过:"在症状大致被控制的每个傍晚,他会被安娜·O再次唤来,发现她出现迷乱、腹部绞痛痉挛的症状。问她怎么回事,她回答:'B博士(布洛伊尔)的小孩要出生了!'"在这个时间点上,弗洛伊德评论说,布洛伊尔已经"把钥匙握在手上了",但却不知道也不愿意去使用它,"他把这个钥匙丢了。纵使有伟大的心智,却缺乏浮士德的勇气。在常人有的恐慌中他选择逃离,把病人留给同事"[53]。这个歇斯底里的怀孕现象应该就是在1883年7月晚间,他告诉弗洛伊德必须当他的未婚妻成为妻子之后才能说出来。

安娜·O的案子让弗洛伊德和布洛伊尔分道扬镳,而不是把他们拉在一起,它加速了一段长期互惠友谊的最终崩毁。如弗洛伊德所说,他拾起布洛伊尔的发现,鼓起勇气继续探寻。当弗洛伊德尽力挖掘这个案例背后的意义,以及潜在的性欲色彩时,他不得不离开这个在事业初始曾指引他的导师。布洛伊尔曾对自己说,他总是被那个叫作"'但是……'的恶魔"[54]所惑。而弗洛伊德把这样的保留——任何形式的保留——解释为一个胆小鬼从战场上溜走。在这样的刺激下,弗洛伊德积欠布洛伊尔某种后者不要他偿付的债务。1890年左右弗洛伊德对布氏的抱怨是一种忘恩负义的典型反应:神气的欠债人对早期资助他的人出现的怨怼。

超过十年的时间,布洛伊尔给予弗洛伊德慷慨的帮助,温暖的接纳、鼓励,并且提供情感庇护以及财力上的资助。弗洛伊德对他们友情的回应是,把他第一个小孩以布洛伊尔夫人的名字来命名,对一个身无分文但努力向上的年轻医生来说,布洛伊尔夫人是个有魅力又愿意助人的朋友。这是1887年的事,但是到了1891年初,两人之间的友谊就开始有了变化。那年布洛伊尔对于《论失语症》的反应让弗洛伊德感到失望,这是题献给布氏的书。弗洛伊德带着一点迷惑,对他的小姨子明娜抱怨:"他几乎没有感谢我,还说了很多无法理解又令人难堪的批评,甚至没有什么好的评语。到最后,为了安慰我,他说书中的文笔还不错……"㉟接下来的数年间,弗洛伊德曾继续谈到跟"友伴"之间的"战争"㊱。1893年,当两人出版对歇斯底里的初步研究时,弗洛伊德渐渐显得有些不耐烦,并且抱怨布洛伊尔"挡了我在维也纳的晋升之路"㊲。再过一年,他说道:"我和布洛伊尔的科学交流已经结束了。"㊳1896年,他躲着布洛伊尔,说不要再看到他㊴。弗洛伊德心中老友的理想形象(那个终要令人失望的形象)已经在他心中变得恶劣。"我对布洛伊尔的愤怒有增无减。"弗洛伊德1898年如此写道。他的一个病人曾对他转述,布洛伊尔对人说他放弃"和弗洛伊德接触",是因为"他不能同意我的生活风格以及对金钱的处理方式"。当时弗洛伊德还欠布氏一些钱,他把这样的说法解释为一种"神经质的不诚恳"㊵。他们之间的关系如果说是"如父执辈般的友谊",虽然可能错置,但应该比较符合事实。

毕竟,弗洛伊德亏欠的不只是金钱,还有布洛伊尔指导弗洛伊德关于宣泄情绪的概念,并且使他远离当时那些无益的心灵治疗方式。虽然后来布洛伊尔对安娜·O的案例有着复杂的情绪,但他仍然极为诚恳地把许多细节告知弗洛伊德。再者,布氏的科学态度也给了弗洛伊德一个学习典范:布洛伊尔以科学直观作大胆假设时,也会小心求证,有时候他丰富的想象力甚至超越了实际观察——弗洛伊德也会如此。的确,布洛伊尔只是太在意横在推测与知识之间的距离。在《歇斯底里症研究》中,他引用《仲夏夜之梦》里忒修斯对悲剧的评论:"最好的状况也不过是幻影罢了。"他仍企图在歇斯底里症状的医学知识以及现实之间找寻最可能的联结㊶。

布洛伊尔无法否认性欲冲突对神经症状的影响。似乎因为安娜·O的年轻美貌、彷徨无助,以及她的名字贝塔(和布氏的母亲同名),唤醒了布洛伊尔对其母亲潜伏的俄狄浦斯情结。布洛伊尔的母亲在他三岁时就去世了㊷。只有在19世纪90年代中期的短暂时间,布氏似乎转而支持弗洛伊德的性欲理论,但这也只是被他的"但是"这个犹豫恶魔所影响。之后,他退回到更为保守的观点。弗洛伊德1895年跟弗利斯说:"不久前,布洛伊尔对维也纳的医学社群做了一个关于我的演说,并且称他自己也是以性欲病源说来解释神经症的改宗者。"不过,

"后来我私下感谢他的时候,他却很扫兴地说:'我一直都不相信它。'"这个反应着实让弗洛伊德困惑,他对弗利斯抱怨:"你能了解其中缘由吗?我不能。"[63]五年之后,弗洛伊德以类似的困惑,向弗利斯谈到一个布洛伊尔介绍给他的女病人,在一连串的挫折之后,弗洛伊德得到惊人的分析过程。这个病人后来对布洛伊尔表示她的状况有"无与伦比的进步",布氏"拍手大叫了好一阵子:'他(弗洛伊德)还是对的。'"但弗洛伊德对这迟来的赞美并不感到高兴,虽然布洛伊尔是因为对他的信任才把这个困难的病案介绍过来,弗洛伊德却把这个例子称为来自"喜欢崇拜成功的人"[64]。当弗洛伊德把对老友的忠诚从记忆中抹去时,布洛伊尔做的任何事都可能是不怀好意的。弗洛伊德只在数年后的自我分析中才对布洛伊尔有较公平的评价,那时他的情绪风暴已经平复,对弗利斯的热情也减退了。"我已很久不怨恨他了。"他在1901年对弗利斯说,"我仍感觉到他对我的影响力。"[65]经过多年的自我分析,弗洛伊德此时做这样的表示具有特殊意义。但纵使布洛伊尔有如此的"影响力",他还是把安娜·O这个案例看成一桩不折不扣的难堪经验。他回忆:"我当时告诉自己,绝不要再经历这样的折磨。"[66]这是一个他从未忘记,也未曾从中获益的个案。当弗洛伊德的传记作者威托斯暗示,布洛伊尔在一段时间之后曾有意毁弃关于安娜·O的回忆,弗洛伊德在页缘辛辣地评注:"胡说!"[67]精神分析的过程是一个自我阻抗的艰苦斗争;布洛伊尔面对基本但令人害怕的事实时拒绝去理解,实际上是处理这种情绪时的惯常反应策略。而弗洛伊德的"益友"弗利斯,在这方面的接受度就高多了。 69

歇斯底里、投射与困窘

弗洛伊德有自己的阻抗要克服,但是从《歇斯底里症研究》一书看来,他从病人那里学到了一种处理模式。他是个主动、自我意识高的学徒:1897年他写信给弗利斯的时候,弗洛伊德称呼个案中 Frau Cäcilie M. 太太是他的"指导者"[68]。毫无疑问,采齐莉太太(Cäcilie M.,本名 Baroness Anna von Lieben)是弗洛伊德早期病人中最有意思,而且可能是最花时间加以治疗的一位。她是弗洛伊德的"主要客户"[69]"首席女伶"[70],来自一个弗洛伊德熟识的著名奥地利犹太家庭。她富有、聪明、善感、博学,但长期被各种奇特和令人困惑的症状所扰;幻觉、 70

抽搐,还有种奇怪的习惯——会把别人的羞辱或批评转变成她脸部的神经痛,虚拟成脸上的"一记耳光"。弗洛伊德曾带她去看沙可,并且在1889年利用一次见习旅行的机会,带她去求教法国南锡的催眠师伯恩海姆[21]。多年的治疗关系里,她"教导"了弗洛伊德许多症状的意义和治疗技巧。当然,弗洛伊德其他的歇斯底里病人,也是他自己的指导者。在他漫长的自传回顾中,对于自己深入精神分析初期的探险,带着明显的轻蔑态度。他在1924年的时候,回忆起关于"埃米·冯恩女士"(Frau Emmy von N.)个案时写道:"我想,没有一个分析者不会对这个个案史报以同情的微笑。"[22]但这是过于严苛且时代错置的说法。老实说,当时弗洛伊德对埃米·冯恩女士或者其他病人的治疗行为,从发展完备的精神分析技巧来看,虽然是初级而原始的,但这些个案在精神分析历史中的地位,在于她们对弗洛伊德展现出一些最重要的基本原则。

弗洛伊德在这段传奇的日子里治疗的歇斯底里个案,都呈现转换症状的集合。从腿部疼痛到发冷的感觉,从忧郁情绪到间歇的幻觉。弗洛伊德尚未打算将带有遗传观点的"神经病理"机制从他的诊断中去除。但他现在已经倾向以早期的创伤经验,作为这些病人身体功能失调的潜在线索。他渐渐地认为,这些神经症病人的秘密就是布洛伊尔所说的"床笫秘密"(secrets d'alcôve),即这些病人自己所隐藏起来的性欲冲突。至少,这就是弗洛伊德认为他的病人以非常间接的方式传达出来的信息。

聆听,对弗洛伊德来说,不只是一种艺术,而且成为一种方法,是一条病人为他指出来的知识之路。其中弗洛伊德非常感激的一位向导,是埃米·冯恩女士,她的本名是Baroness Fanny Moser,一位弗洛伊德在1889年到1890年间,以布洛伊尔的催眠分析法治疗的中年富孀。她为面部肌肉抽搐、痉挛般的语言障碍,以及不断出现死老鼠和扭动的蛇体的幻觉所苦。治疗过程中,她表现出弗洛伊德极感兴趣的创伤记忆——她谈到一个表姊妹被送到疯人院,以及她母亲因为中风倒在地板上的样子。但更奇妙的是,她还为她的医师指导了口头诉病方式的课程。当弗洛伊德急切地询问时,她显得不耐烦,"相当暴躁",并且要求弗洛伊德停止"问她这些点子从哪里来,让她把该说的先说出来"[23]。弗洛伊德发现,不停地打断诉说,正如她沉闷而重复的症状所宣示的,并没有办法使治疗有所进展,反而应该让她把故事说完,一点一滴费力地累积进展。如同弗洛伊德在1918年时告诉冯恩女士的女儿那样,冯恩女士同时也教会他别的东西:"单靠催眠方式的治疗,既没有感觉也没有效果。"这是个关键的时刻,它促使弗洛伊德"去开发更能被察觉到的精神分析疗法"[74]。如果说有任何一位医师,可以把自己的错误转化成为洞见的来源,那就是弗洛伊德。

冯恩女士让弗洛伊德了解到催眠治疗既无意义又无价值,并帮助他从布洛伊尔的影响中解放出来。弗洛伊德和布洛伊尔在1893年共同执笔的《初步交流》一文当中,陈述了一个值得纪念的句子:"歇斯底里症患者的痛苦来源是回忆。"[75]一直到19世纪90年代初期,弗洛伊德还是试图用布洛伊尔的催眠方式,来引出病人不愿意说出的重要记忆。这个过程通常有宣泄的作用,但有些病人无法被催眠;而病人没有掩饰的告知,让弗洛伊德觉得这是一种更为优越的调查方法。当他打算逐渐放弃催眠时,弗洛伊德不只从催眠中借鉴了优点,更开始酝酿一种崭新且重要的治疗模式。自由联想这一技术正在逐渐成形。

弗洛伊德这项重要的全新技术的使用,和一个个案历史的纠葛有密切关系:伊丽莎白·冯尔小姐(Fräulein Elisabeth von R.)只在开始时接受短暂的催眠治疗,她在1892年秋天求助于弗洛伊德。弗洛伊德对这个病人的报道,展现了他如何系统地锻炼自己仔细观察方面的天赋。诊断冯尔小姐神经症状的第一个线索,是当弗洛伊德为了身体检查而压迫或掐拧她的大腿时,出现的性欲刺激。弗洛伊德这样写道:"她的脸上出现一种特别的表情,一种近乎愉悦而不是疼痛的表情;她叫了出来——我禁不住联想到她可能在经历性快感,伴随着快感般的抽动——她脸泛红潮,把头撇开,闭上眼,身体也随着向后弓了起来。"[76]她正在经历意识生活中自我否认的性欲快感。

但实际上治疗她的关键是谈话,而不是观察。在对这"第一个我完全经历且理解的歇斯底里病人"的分析中,弗洛伊德与伊丽莎白·冯尔"清除"了"引起疾病的心理素材"。在整个分析过程中,"我们喜欢把这个技术比喻为挖掘一座被埋没的城市"[77]。弗洛伊德鼓励他的病人自由联想。当她沉默的时候,弗洛伊德会问她现在正想什么,他不接受她"没什么"这样的回答。这是另一个和他合作(或者应该说,不合作)的病人展现的重要心理机制。弗洛伊德从这里学到阻抗作用。就是因为阻抗,让冯尔小姐不想说。弗洛伊德认为,就是因为她刻意地遗忘,造成她一开始的转换症状,去除她痛苦的唯一方式只有把它谈走。

这个个案让弗洛伊德思绪澎湃,伊丽莎白·冯尔小姐的症状也开始转而

"用语言表达出来":最开始谈论的时候,症状会变得很剧烈,在冯尔小姐说出完整的故事之后才平静下来。但是弗洛伊德还必须习得更难的教训,了解到治疗并不是一连串戏剧般顿悟的爆发。单一问题的叙述通常不够,创伤必须被"修通"。伊丽莎白·冯尔康复过程的最后一个部分,是弗洛伊德提出让她激烈阻抗了好一阵子的症状解释:她暗恋姐夫,压抑希望姐姐死去的邪恶想法。在承认这个不道德的愿望之后,她结束了身心之苦。"1894年春天,"弗洛伊德说,"我听说她要去参加一个私人舞会,便设法混进去,我不想放过看到我先前的病人在舞会上翩然起舞的机会。"[23]

伊丽莎白·冯尔1867年出生于布达佩斯,Ilona Weiss是她原来的姓名,后来在跟她女儿的谈话里,她对弗洛伊德解决她神经症状的评价打了折扣。她形容弗洛伊德"只是他们派来的一个年轻、留了短须的神经专科医师"。他还"试着要让我以为我爱上了我的姐夫,但事实并非如此"。她女儿说,虽然弗洛伊德对她母亲家庭历史的说明基本上是正确的,但母亲的婚姻很幸福[29]。病人可能或多或少地选择去压抑弗洛伊德对她病情所做的解释,弗洛伊德也可能把她那无节制的滔滔说辞解释为故意隐藏不可告人感情的企图。无论如何,这是一个生命低潮被驱散的个案,一个原先站立或行走都为腿痛所苦的歇斯底里病人,现在已经可以翩然起舞。弗洛伊德,这一位对其事业仍有矛盾情绪的医师兼研究者,已经可以因病人的恢复生机而自豪了。

1892年,当"露西小姐"(Miss Lucy R.)来找弗洛伊德寻求治疗时,他了解到了应该关注的主要目标是什么。九个星期后,弗洛伊德发现病人最显著的症状是能闻到烤煳的布丁刺鼻的味道,同时伴随着沮丧的心情。弗洛伊德非但没有忽略这个特殊的嗅觉幻觉,还利用它来寻找露西小姐的病痛根源。对弗洛伊德来说,心灵规则与画面般的症状越来越清楚:必定有特殊的理由让特定的味道和特定的心情联结在一起。但是其中重要的联结,弗洛伊德知道,必须等到这位英国女教师回忆起相关的记忆之后,才会清楚。当然,也只有等到"她评判的态度暂歇"[30]——如果她可以让思绪流泻而不刻意以理性去控制。弗洛伊德把对伊丽莎白·冯尔小姐使用的自由联想技术,应用在露西身上。同时,露西让弗洛伊德了解到,要让自我评判的机制解除并不容易。人们倾向使用琐碎、非理性、重复、无关要旨以及猥亵等理由,去拒绝可能的联想。在1890年,弗洛伊德仍是一个主动,甚至带有侵略性的聆听者。他对病人的告白以快速但怀疑的角度解释,他想要更深入地探索受苦的心灵。精神分析家带有警觉的被动性——弗洛伊德后来称之为"同等悬浮"(evenly suspended)或者"均匀盘旋"(evenly hovering)的注意力[81]——慢慢成为他爱用的方法。伊丽莎白·冯尔以及露西这些歇斯底里病人的确给他不少启发。到了1892年,弗洛伊德已经大致把精神分析技术的轮廓画了出来:仔细观察、适当解释、不被催眠方式羁绊的自由联想,以及重新经历创伤(修通)。

弗洛伊德还有另一项重要课程尚待学习,这是一项占据他整个分析事业思绪的课程。在一个迷人的个案故事里,他描述了"卡塔琳娜"(Katharina)这位芳龄十八,在奥地利山中旅馆招待过他的乡间女孩。1893年8月他向弗利斯透露:"拉克斯山区旅店老板的女儿向我求医,这真是一个美丽的案例。"[82]在发现弗洛伊德是个医生之后,卡塔琳娜大胆地向弗洛伊德透露她的紧张症状,并向他寻求建议。卡塔琳娜的症状包括呼吸急促、晕眩,有时甚至会出现令人害怕的窒息感。弗洛伊德原来希望借由假期,在神经衰弱病人之外找到一些休息的机会,却在拉克斯山区的旅游中,回归到他的专业领域。对他来说似乎到处都有神经症患者。由于好奇,弗洛伊德接受了对方的要求,对他的"病人"展开了一段直接的访谈。她说(根据弗洛伊德的记录)在14岁的时候,一个叔叔曾试着猥亵地诱惑她,但没有成功。两年之后,她又撞见这个叔叔压在一位表妹的身上,从那时起她就出现了身体上的症状。这个女孩当时天真而涉世未深,她觉得叔叔的企图令人厌恶,但在发现叔叔压在表妹身上时,整个画面和性交产生联结。这个记忆让她觉得恶心,并且出现混着歇斯底里的焦虑神经症。她没有矫饰的诉说,帮助弗洛伊德厘清了她的问题,但是她喜怒无常的态度则把她原本健康活动的能量压了下去。弗洛伊德希望她可以从这个谈话当中持续获益,"但我后来没有再见过她"[83]。

然而弗洛伊德常想到这个女孩,30年后,他在《歇斯底里症研究》书中加了一个告解式的注解;他抛开拘谨的态度,承认其实调戏卡塔琳娜的并不是叔叔,而是她的父亲。弗洛伊德对自己颇为严格,他认为应该有更好的办法将病人加以匿名:"我在这个例子中所做的扭曲,在处理个案历史的时候应该避免。"[84]无疑,精神分析的两个目标——提供治疗和建立理论,常常是共存且互相依附的。但有时它们会彼此冲突:保护病人的隐私与科学对公开讨论的需求发生冲突。

弗洛伊德将再次面对这个难题,只不过下一次不是他的病人,他将发现自己作为一个被分析者的自我揭露,是痛苦且必要的。不论是对读者或者他自己来说,他尝试进行的折中揭露从来未曾令人完全满意过。

一般的病历个案,虽然不是每个内容都像卡塔琳娜那么有趣,却对弗洛伊德的治疗技术或理论有所助益。1895年,在《歇斯底里症研究》以及和弗利斯的私人通信当中,弗洛伊德开始向从未有过的观点移动。借由不断积累和对所获得的信息进行整合、排列,他慢慢塑造出精神分析的思想雏形,以及那些到了19世纪末之后成为金科玉律的精神分析词汇。正当思想发展和改变的同时,弗洛伊德让弗利斯完全知悉他的想法;许多寄往柏林的信件是智慧的结晶,包括个案心得、思想精要、梦境内容,以及许许多多的"草稿",记录着他的发现以及思想的实验,讨论焦虑、忧郁,还有偏执妄想。带着研究者特有的执着,弗洛伊德在《歇斯底里症研究》出版那年对弗利斯自白:"像我这样的人,不能没有爱好和盘踞心思的热情,或者用席勒的话来说,不能没有一个暴君降临在我身上;而现在我知道这个暴君已经出现了,那就是心理学。"[65]

虽然弗洛伊德心目中的暴君已经急迫地发起了攻势,但并没有因此破坏他心中的平静。他的私人生活还是一如既往的恬静与舒适。1891年秋天,弗洛伊德一家搬到维也纳伯格巷19号,一栋看起来并不特别,却能让人充分感到舒适的公寓。这所房子在此后的47年都是他的总部,虽然繁务缠身,弗洛伊德并未怠慢他的家庭。1895年10月,他为那时才八岁的女儿玛蒂尔德办了一个生日宴会,"大约20多人到场"[66]。他也花了一些时间用在其他愉快的家庭聚会中。1896年春天他的妹妹罗莎结婚,他愉快地发现彼时三岁的女儿苏菲"一头松发,还有一朵勿忘我花插在头上",真是"婚宴上最美丽的小东西"[67]。弗洛伊德看起来对他的"小姑娘"们很满意,就算她们后来变成"大姑娘"[68]也没什么改变。

弗洛伊德特别眷顾家族的"第二代"[69]。在他的书信当中,常常中断其高深难解的臆想或者临床个案史,而以家中小孩的消息取而代之。他向弗利斯转述儿子奥利弗的机灵:当一个"过度热心"的阿姨问起小男孩他将来想变成什么的时候,他回答:"到了2月,阿姨,我就五岁了。"弗洛伊德对这个反应,以及对他所有小孩的评论都是:"从他们的多种花样来看,他们很令人玩味。"[70]同样有趣的是,弗洛伊德告诉弗利斯,他最小的女儿安娜表现出咄咄逼人的气势,虽然以两岁的年龄感觉起来有点早熟,他却觉得令人怜爱:"不久前,小安娜抱怨玛蒂尔德把所有的苹果都吃掉了,还要求家人把她的肚子纵向剖开来证明清白(像是童话故事小山羊里的情节),小朋友们的成长真奇妙!"⑨¹至于"苏菲儿",她已经"三岁半了,一个可人儿的年纪"⑨²,也许会有人说,就让时间停在那儿吧。为弗洛伊德提供长期娱乐的要算儿子马丁了,他很小的时候就会写诗歌,自称是个诗人,还偶尔抱怨自己因"无害的诗意"⑨³而受苦。大概有六首马丁的童年创作被放在弗洛伊德给弗利斯的信件里。第一首全文如下:

> 雌兔这么说道:
> "老公,你的喉咙吞东西还会不会痛?"
> [原文为:'Hase',spricht das Reh,/"Tut's Dir beim Schlucken im Halse noch weh? (Freud to Fliess, May 16, 1897, *Freud-Fliess*, 260〔244〕)]

马丁那时候还不满八岁,接下来的一年他把心思(如同许多中欧儿童)放在童话故事里狡猾又肆无忌惮的狐狸身上,通常这是小朋友的最爱。他作了几首童诗是关于"被狐狸诱惑的鹅"的。在马丁·弗洛伊德的版本里,狐狸用某种方式表达它的爱意:

> 我爱你,
> 一遍又一遍,
> 一定要,吻我!
> 在我喜爱的动物中,
> 你是我最钟爱的那种。
> [原文为:Ich liebe Dich,/herzinniglich,/komm, küsse mich,/Du könntest mir von allen/Tieren am besten gefallen. (Freud to Fliess, March 24, 1898. Ibid., 334〔304〕)]

弗洛伊德殷勤地问他的友人:"你不觉得结构严谨吗?"

但弗洛伊德对儿女的快乐也常常被焦虑打断:"我在小毛头身上可以找到

更多趣味,如果没有这么多令人害怕的事情的话。"㉟他所担忧的,几乎是重复单调的主题,紧紧编织的家庭生活里充满小朋友不断的病痛。作为孩子父亲,他大小事情都按时告知弗利斯。弗洛伊德儿女们之间有一个模式,这是拥有许多小孩的大家庭一定不陌生的经验:疾病一个个地传染给兄弟姐妹。那些永不停止的腹痛发作、鼻黏膜炎、水痘,伴随着一个有经验的父亲的镇定,或者从成串对弗利斯的诉说中,显示出一个焦虑父亲的警觉性。

好在坏消息总会被好消息盖过,在另一封有意思的书信里他说:"我的小安娜又好起来了,其他的小动物也是,好好地吃着他们的牧草长大。"㉟经济上看起来也是渐入佳境,虽然已经习于节约花费,弗洛伊德对偶尔出现的丰饶当然也会感到高兴。1895年年末,他发现自己可以"开始支配金钱",因此感到很满意。对此,他断然表示生活本该如此:"人若不能勇于想象,就很难有所作为。"㊱但即使这个世纪快过完了,他的债务仍然未还清;即使在成为一个有名的专科医师之后,他偶尔仍会发现诊疗室空无一人,这时他就必须思考要怎么照顾小孩,以及他们未来的财务状况。

在弗洛伊德的家庭生活中,一个必要的成员是他的小姨子明娜。在他和玛尔塔小姐订婚之后,他曾给明娜写过不少亲密且富有情感的信,把自己叫作"你的兄弟西格蒙德"㊲,称明娜作"我的宝贝"㊳。在那几年中,明娜也和弗洛伊德的一个朋友伊格纳茨·舍恩贝格(Ignaz Schönberg)订了婚。但是舍恩贝格在1886年就患结核病英年早逝。之后,明娜就退缩到寡居的生活里。她变胖了,有了双下巴,苍白,看起来比姐姐玛尔塔年纪还大,虽然实际上还小她四岁。作为伯格巷19号的常客,她在1890年成为这个家庭的长期固定成员。她是个机智的妹妹,一定程度上也能跟上弗洛伊德天马行空的想法,并附上慧黠的评论㊴。在思想拓荒初期,弗洛伊德把明娜当作他"最亲密的知己"㊵,和弗利斯并列[多年后,弗洛伊德告诉玛丽·波拿巴,在19世纪90年代,弗利斯和明娜·贝尔奈斯是仅有的相信他的两个人。(Marie Bonaparte to Ernest Jones, December 16, 1953. Jones papers, Archives of the British Psycho-Analytical Society, London.)]。她保持与弗洛伊德的亲密,夏天,两个人偶尔还会一起到瑞士的度假胜地或者意大利城市去旅行[荣格曾经散布谣言,指出弗洛伊德和明娜·贝尔奈斯有染,不过缺乏真实的证据(关于对这个问题的进一步讨论,请参考本章的书目研究)]。无论何时,她都是整个家庭中不可分割的一分子,帮忙照顾弗洛伊德的小朋友们。

19世纪90年代中期,弗洛伊德的家居生活,以及过去较无保障的行医生涯似乎渐趋稳定,但是他的科学事业前景则仍难预料。他不断出版关于歇斯底里、强迫症、恐慌症、焦虑型神经症的文章,个个都指向心理学这个他认定的主要战场。除了弗利斯持续的友谊和支持,弗洛伊德常常被不闻不问、毫无回应的冷漠,或敌意围困。《歇斯底里症研究》得到了彼时著名的神经学家阿道夫·冯施特林佩尔(Adolf von Strümpell)的评论,他还不至于轻视这本书,但他的意见显得混杂而有所疑惑。弗洛伊德以夸张的敏感表示施特林佩尔的书评近乎"严厉"。[101]其实,这份书评并不公允,甚至有点浅薄。施特林佩尔给读者的印象是,他对其中描述的个案历史并不了解,并花费过多心思担心催眠在治疗歇斯底里上的应用。但同时施特林佩尔认为这本书"令人满意地证明了"歇斯底里症是心因性的说法,而且这种说法已经逐渐稳固[102]。弗洛伊德把这样的评论称作"严厉",显示了他对评论的温和反应,而这样的反应日后会逐渐成为弗洛伊德的习惯。

弗洛伊德紧绷的精神变成一波波忧郁和不适的生理症状——其中有些无疑是心因性的生理反应。有两三次,因为鼻黏膜炎的问题,在弗利斯的吩咐下他不情愿地放弃喜爱的雪茄。对弗利斯来说,要放弃雪茄轻而易举,但是弗洛伊德却认为,弗利斯的缺点之一就是不吸烟[103]。在一种反抗的心态下,他很快就宣告戒烟失败。"我现在并未遵照你的指示戒除烟瘾,"弗洛伊德1893年11月告诉弗利斯,"你以为这些年来过的悲惨生活算是一种光彩的命运吗?"[104]他必须依赖雪茄来帮助工作。就算在抽烟这样短暂的陶醉、乍现的愉悦中,弗洛伊德也会被踌躇和阴郁的心情破坏。如同他后来对自己状况的总结,总是"骄傲与欣喜、困窘与痛苦交替出现"[105]。在给弗利斯的信件中,他就描绘出那如云霄飞车般变动的心情。"狂野,与我何其相称?"1895年10月的某一天他曾如此自述,"这两个礼拜我一直处在写作的狂热中,虽然我已经掌握了秘诀,但仍没有拥有它。"当然,他仍坚持,仍未失去信心[106]。

他并没有失去信心。"现在听好,"他在数天后如此告知弗利斯,"经历一周前一个勤奋的夜晚,我虽因大脑极佳的运作状态感到疲惫,但是先前的障碍倏然消失,遮蔽物被除去,从神经症的细节到意识状态的关键因素全都变得清楚了起来。"⑱但是 11 天之后,弗洛伊德又失去自信。他感到"无比疲倦",出现恼人的偏头痛,还抱怨着:"我一开始带着热情宣布,强迫型神经症和歇斯底里症的解释是快乐和痛苦之间的冲突和交织,现在我不那么确定了。"⑲他对他的"暴君主人"心理学,产生了"反叛"的想法。他对弗利斯抱怨,觉得自己"过度工作,感到恼怒烦躁,因而心生困惑"。他似乎有种被击倒与幻灭的感觉,还狐疑起让弗利斯对他的想法花那么大的力气是否值得。他觉得,仍然有某个重要的东西不在他拼凑的图景之中⑩,他仍然需要继续奋斗。他急切想了解的症状,有一部分是自己的。在间歇性的头痛周期中,弗洛伊德给了弗利斯一份关于偏头痛的备忘录,我们可以发现弗洛伊德是如何渴望恢复信心⑪。

早在 1895 年春天,弗洛伊德即已酝酿着有关科学心理学的野心计划,而这个计划竟在他心中激起了剧烈摆荡着成名和失败的设想。他的计划实际上是"要探索何者形成了心理功能的理论,如果我们引入量化观点,也就是神经力量的经济学会怎样;另一方面,要从心理病理学中萃取出一般心理学的知识"。始终在远处呼唤他的,正是这个心理学⑪。

4 月,弗洛伊德对弗利斯如此诉说,那"为神经学家而设的心理学"观念⑫"折磨着"他。5 月他又写道:"过去数周来我花费自己所有的空闲时间,每天晚上从 11 点到次日凌晨 2 点之间的时光,不断地想象、研究,以及揣测。"在过度工作的状况下,他实在没有多余兴趣去面对日常的行医活动。但在另一方面,他的神经症病人给他"无比的乐趣",因为他们对他的研究有许多启发:"每件事情几乎每天都可以重新再确认一次,新的状况会加入,而掌握事物核心的感觉让我非常愉快。"⑬弗洛伊德这几年的外貌可以说已进入中年,他的精力虽然间断地出现令他失望的状况,却并不曾失去年轻研究者应有的韧性。

他需要任何可以集中操作的心力,弗洛伊德两个最主要的科学目标——引进量化观点,以及从心理病理学中寻找一般心理学原则,都还有一大段路要走。这两个理想加在一起,预示了一个乌托邦的科学事业。1895 年 9 月至 10 月初,在结束和弗利斯的另一次"会议"之后,趁着一股创造力的热情,弗洛伊德下笔完成了《神经病理学者的心理学》("Psychology for Neurologists")草稿,在 10 月 8 日寄给弗利斯,征求他的意见。在创作的阵痛中,他把自己的研究工作比喻为耗尽力气的登山,一座座不间断的高山让他喘不过气来。到了 11 月,他再也无法理解自己"孵化'心理学'的心理状态"是什么⑭。他体会到一个探险家在耗尽自己所有心力寻找一个可能目标,最后却没有得到任何结果的感受,他发现自己忙乱的即刻回馈竟然是散乱和不切实际。他从未花费心力去完成这个计划,在自传中也故意从未提过这件事情。但如果这是个失败,则无疑是个伟大的失败。《心理学》虽然读起来感觉并非精神分析理论的初稿,但是弗洛伊德后来关于驱力、压抑、防御,能量之间相互竞争的精神经济学,还有人类作为一种欲望着的动物等观念,都在其中绘出了轮廓⑮。

弗洛伊德的目的,如同他在厚实而令人印象深刻的备忘录中所提及的,是要"提供一个自然科学的心理学,也就是,重现可以使用量化方式,来标定内容质地的心理过程,并使得这些过程清晰可见而稳定一致"⑯。他要描绘心理机制如何运作,这个机制如何接收、控制,以及如何释放各种兴奋状态。他以一种突兀的乐观语调,向弗利斯概述这个计划:"每件事情似乎都紧密结合,控制机制配合得刚刚好,让人有种印象,这东西不久将可以自己独立运作。这包括神经元的三个系统;自由或束缚状态的数量,初级过程(primary process)与次级过程(secondary process);神经系统之主要倾向与折中倾向;注意与防御这两种生物规则,对于质量、现实与思维的指标;心理性欲群组的条件,也就是关于压抑的性决定观。还有最后,作为知觉功能的意识因素——这些以前都是正确的,而且现在还是!当然,我无法遏抑自己的欣喜。"⑰

弗洛伊德机械式的比喻,以及他自己的技术词汇,包括"神经元"、"数量"、"注意与防御的生物规则",还有其他的部分,都是他所处的学术世界内的语言,它们来自他的医学训练与维也纳总医院的行医经验。弗洛伊德试图建立自然科学的心理学,以及基础坚实的神经医学,这符合他曾经问学的实证主义者的企图,并且在往后研究中慢慢实现了自己的取向。他从未放弃想要找寻一个科学心理学的雄心,在《精神分析纲要》(Outline of Psychoanalysis)这本写作于客居伦敦的生命最后时光,总结式的未完成稿中(如同他现在这个计划),弗洛伊德断然宣告,在精神分析中对无意识的强调,为的是让精神分析可以"具有与其他自然科学一样的地位"⑱。在同一个内容丰富的片段里面,他推测,在未来精神分析将可以"借由化学物质的作用方式,在能量的多寡以及在精神装置(mental apparatus)的分配上,展现直接的影响"⑲。这个构想和他在1895年设想的计划几近相同。

平心而论,弗洛伊德的写作计划曾经被称作牛顿式的[⑳]。其原理就是把心灵的规则转换为运动的规则,这是心理学家从18世纪中期以来就一直尝试进行的转换。在命题中寻找经验证实,也是牛顿主义的想法。弗氏对无知的认定,附和了牛顿著名的科学风格及其哲学式的谦逊。牛顿诚恳谦逊地表示,自然界的万有引力原则还是个谜,但他也同时坚持不应阻止科学家认识这股力量,也不应阻止对之加以测量。继承同样的不可知论,弗洛伊德在1895年以及多年之后认为,即使心理学家也还未能了解到精神能量的真正秘密,他们不应该放弃持续的观察工作,也不应放弃将之整理成规则。1920年,弗洛伊德甚至直接从牛顿那里借用说法,坚持"我们在讨论关于心灵的'激动历程'时不应该将自己限定在任何假设上"[㉑]。但在这些严格划分的限定之内,弗洛伊德相信还有许多关于功能的运作可以得到进一步了解。

但是其中的困难超乎想象。某些关于精神机制的主导原则,对弗洛伊德来说似乎很清楚。精神受恒常原则支配,它要求排解令人不安的刺激,不论这个刺激是来自外部还是内部。"这可以说是神经系统的惯性",以弗洛伊德的技术公式来说,"神经元会让自己摆脱过量负载"[㉒]。这么做是因为沉静的状态中,不论是一般的平静或者在骚动之后的平复,皆会产生愉悦,而精神倾向于追求愉悦并排除痛苦(两者常常是同一回事)。但是单单"从刺激中逃离"[㉓],并没有办法形成所有的精神运作,恒常原则常常被打破。此时,以及稍后在弗洛伊德的思想中扮演主要角色的"记忆",在心中累积并且储存刺激。更进一步,精神在寻找满足的前提下,对真实的外界施予不同作用,试图保护这份满足——包括知觉的方式、推论的方式,甚至改变外界以确保持续的欲望满足。因此,企图对所有精神活动加以解释的科学心理学,必须要解释记忆、知觉、思维、规划,把他们视为类似于刺激释放之后,形成放松以及满足的机制。

弗洛伊德试图处理精神活动多样性的其中一个办法,是假设有三种不同的神经元,包括适合用来接收刺激的、用来传递信息的,以及负载意识内容的。他的推测并非天马行空,其他受人尊敬的心理学家也可能会有类似的想法。但在这个概念里,有许多关于意识活动的实际状况需要厘清,这使弗洛伊德感到受挫,正如类似的推测也同样击败了他的同事们。无论如何,就算是在《神经病理学者的心理学》当中草草写了下来,弗洛伊德的想法已经开始往非常不同的方向移动。他处在一个边界上,所构想的并不是给神经学家的心理学,而是给心理学家的心理学。在此，弗洛伊德未曾忽视精神活动在生理和生物方面的内容，但数十年之后，这些重视慢慢退居幕后，因为对无意识的探索以及相关的心智活动——口误、玩笑、症状、防御机制，以及最主要的，梦的研究，占据了更耀眼的位置。

在1895年7月23日和24日之间的晚上，或者从他的回忆来说，是个清晨，弗洛伊德做了一个历史性的梦。它将进入精神分析的传说中，被称作"伊尔玛的注射"。在四年之后的《梦的解析》中，弗洛伊德给了它一个特殊地位，将它写成梦作为欲望满足理论的一个典型。做这个梦的时候，弗洛伊德正在为他的心理学计划日夜操劳，不过他仍住在一个颇为舒适的环境里——美景度假地，一个弗洛伊德家族在假日里常常光临的维也纳郊区别墅。时间和地点都很理想，却没有太多值得讨论的梦——弗洛伊德一整年的梦都颇为丰富，但是大多是休闲时才进行解释。现在这个梦，他稍后补述，是第一个让他"以如此精密的方式加以诠释"的梦[124]。虽然经历智力运作的煎熬，小心翼翼且费尽心力，他对这个梦的解释仍是片段的。在将梦中的线索与近来或过去的经验联系之后，弗洛伊德突然松手："我不会说我已经完全揭示出这个梦的含义，也不会说我的解释没有漏洞。我可以继续思索这个梦，从中引发更多阐释，并且讨论它抛出的新谜题。我自己知道要追寻更远的思维序列，需要经历怎样的过程，但对其他每个梦的考虑和研究阻止我将这个梦更深入地研究下去。"这些弗洛伊德公开说明的部分，听起来并不十分可信，因此保持些微的隐私，似乎是弗洛伊德这个举动的真正考量。弗洛伊德准备好了自己的辩护："让那些责备我有所保留的人，来展现比我光明正大的一面吧。"[125]诚如斯言，即便如何不在意掩饰自己的人，也少有人愿意向大众展现这么多的私密自我。

奇特的是，弗洛伊德给弗利斯的信件内容，这个平常无穷尽的资讯来源，在这件事上也混杂了弗洛伊德有选择性的坦白。7月24日，就在他做了这个伟大之梦数小时之后，弗洛伊德给他在柏林的朋友寄了一封异常简短的信，署名收件者是（带着一点模棱两可）他的"恶魔"——他的命运，他的灵感。在问候弗利斯最近的想法、健康和太太之后，弗洛伊德质疑弗利斯为何最近没有写信给他，不知弗利斯是否还关心他的事业，并自嘲是否两人的友谊只存在于不幸的时刻。从写给一个好友的语气来看，弗氏最后以不相干的结尾，自述他和他的家庭"很知足地生活"在美景别墅。未有只字提及"伊尔玛"，或者关于当天他正全神贯注的那份解读工作⑩。

8月间,弗洛伊德向弗利斯暗示,在一连串辛勤的智性运作之后,他慢慢理解什么是"病理性的防御,以及许多与这个观念相关的心理运作历程"⑫。这听起来像是他对"伊尔玛的注射"之梦进行分析结果的一个间接提示。9月初和弗利斯在柏林碰面时,他也有机会向弗利斯好好描述这个梦,但一直到几乎是五年后的1900年6月,弗洛伊德才明确地向弗利斯回述他心目中的那个胜利时刻。他又一次来到美景别墅,在对弗利斯闲聊过家庭信息,以及晚春的花香气息如何令人愉快之后,他戏剧性地询问弗利斯:"你相不相信有一天,在这个屋子里,人们会读到一片大理石刻板,上面写着:'1895年7月24日,西格蒙德·弗洛伊德医师在此自我揭露梦境的秘密'?"⑫这是一个带着修辞而又极不信任的问句。

这个时常被引述的自我幻想,除了暗示弗洛伊德对名声的渴望之外,也包含了极为复杂的信息。雀跃的语调似乎要掩饰一份细微的责难,除了迟来的暗示,弗洛伊德已经在1895年的夏日夜晚解读了他的梦,也表示他对弗利斯的不满仍盘踞在心中。夏洛克·福尔摩斯知道,弗洛伊德长期的沉默,如同一只狗没有在夜晚狂吠,是充满丰富意义的。1895年7月24日,弗洛伊德没有告诉弗利斯和其他《梦的解析》读者们的是,"伊尔玛的注射"这个梦是经过仔细重新建构的。弗洛伊德设计了高度精细的场景,至少其一部分目的是为了挽救对弗利斯的美好印象。相对于弗洛伊德公开的版本,对这个梦更为完整且更少自我保护的阐释,可以使我们窥见弗洛伊德人生中最令人沮丧的一段经历。

如同他大部分的梦,"伊尔玛的注射"梦里弗洛伊德醒来时还记得的部分,既丰富又清晰,梦的表面是与家族消息和事业有关的内容。弗洛伊德在一个大厅里接待他的客人,其中一个客人叫作"伊尔玛",弗洛伊德发现她是家族成员的朋友,"我曾经以精神分析方式治疗的一个年轻女病人"。弗洛伊德把她带到一旁,为她没有接受他的"解决办法"而略有斥责,并且用亲昵的"你"(du)称呼她,告诉她如果仍有疼痛,"那是你的错"。伊尔玛告诉弗洛伊德,现在她喉咙里的窒息痛感,以及胃痛和腹痛,都比他原先知道的还严重。弗洛伊德把伊尔玛带到另一个角落做进一步检查,怀疑也许是他真的忽略了某个器官部位的病灶。他在伊尔玛有点犹豫地张开嘴之后,检查她的喉咙,发现一些白色斑点,以及如鼻甲骨状的灰色癣疥。梦境随着弗洛伊德医师朋友的加入而逐渐拥挤,但所有的人都经过适当的伪装:奥斯卡·里依(Oscar Rie),弗洛伊德家小孩的儿科医师;布洛伊尔,维也纳医学界的名人;还有弗利斯也在场,穿着弗洛伊德认为最有知识权威的专科医师服。不知为什么,弗洛伊德在梦中认定,除了弗利斯之外,其他人都要为伊尔玛的疼痛负责。的确,弗洛伊德在梦中发现他的朋友"奥托"——奥斯卡·里依,给伊尔玛做了一次未经仔细考量的注射。"也许是在丙基准备的过程中,丙基……"弗洛伊德结结巴巴地说,"丙酸……三甲胺",还有,"可能是注射器不干净的感染"[12]。

在解释这个梦之前的讨论中,弗洛伊德透露伊尔玛歇斯底里的焦虑症状已经在分析治疗过程中有所改善,但是身体方面的疼痛仍然令人困扰。做这个梦的前一天,弗洛伊德刚和里依大夫碰过面,他似乎(从弗洛伊德的角度来看)间接地批评弗洛伊德没有完全把伊尔玛治好。为了替自己辩护,弗洛伊德写了份简要报告给布洛伊尔。虽然弗洛伊德没有明说,但是布洛伊尔对他来说仍是权威的代表;两人之间关系的张力,让弗洛伊德重视布氏的评价,同时害怕他的批评。

弗洛伊德认为上面这些是这个梦境的背景,它们在梦中经由扭曲和戏剧化的愿望呈现出来。他对这个梦境一个场景接一个场景,一句话接一句话地仔细诠释:接待宾客的场景回溯到他太太对她生日宴会时的描述。三甲胺这个化学物质,是他朋友弗利斯认定的有关性欲的化学物质。不清洁的注射筒,反映出他每天使用清洁的注射器认真地为一个年老病人注射两剂吗啡的自豪。随着他跟随一条接一条的线索,弗洛伊德的思绪开始出现分歧。这些记忆引导出一个悲剧的个案,弗洛伊德曾为一个极为相信他的病人开出令人信赖的药方,最后却导致这个病人死亡;在另一个记忆里,他的介入使一个病人暴露在不必要的危险中;他的太太曾经在怀孕中受血管问题苦扰(弗洛伊德此处并没有对读者交代清楚),现在她又怀孕了。弗洛伊德将所有——至少是大多数——记忆,都关联到对他作为治疗者专业能力的质疑上。梦境显现出来的愿望,是希望伊尔玛的痛苦归咎别人,而非弗洛伊德。"简单地说,我是诚恳且认真的。"[13]最方便的办法,就是在梦中把对敏感的弗洛伊德加以批评的那个人,变成不负责任且不值得信赖的医师。因此,弗洛伊德把"伊尔玛的注射"这个梦当作报复以及自我确认的方式:当所有的想法都出现的时候,这些关切点就可以被指认出来了,他总结说,是"关于自己的或他人的健康,以及一个医师良知方面的忧虑"⑬。

弗洛伊德还提到出现在这个梦境思路中的其他主题——他大女儿玛蒂尔德的疾病是其中之一,但他在巧妙地解释中躲开其他问题。弗洛伊德把解释压缩为他病人的状态,伊尔玛拒绝好好地把嘴张开,或者没有提及任何他朋友奥托所用的不洁针筒,都可以让熟悉精神分析说法的读者发现弗洛伊德的性欲幻想。但其中还有一个更重要却更为不明显的刻意忽略,弗洛伊德在他的自我解读当中构筑了一个结结实实的置换作用:他借这个梦塑造的那位有热忱的医师并不是他,而是弗利斯。

这样解释的关键在于伊尔玛复杂的角色内容,如同大多数梦境的中心人物,她是弗洛伊德坚持的所谓"复合人"(sammelperson),一个"复合体"⑫。弗洛伊德可能是从安娜·利希坦(Anna Lichtheim),他私人宗教教师萨穆埃尔·哈默施拉格的女儿身上,撷取了这个人物的主要特质:她是一个年轻寡妇,也是弗洛伊德最喜欢的病人之一。她年轻,寡居,歇斯底里;作为弗洛伊德的病人与他家的熟客,在她的身体症状等特质之外,安娜·利希坦神似弗洛伊德的另一个病人——埃玛·埃克施泰因(Emma Eckstein)。埃玛·埃克施泰因似乎也是1895年初期这个医学剧场之梦当中的主角,而弗洛伊德,甚至弗利斯,只在其中扮演不会引人注意的角色。在弗洛伊德的无意识中,将埃玛·埃克施泰因和安娜·利希坦的形象糅合成为伊尔玛。

除了她的歇斯底里焦虑症状之外,埃玛·埃克施泰因也受鼻子习惯性出血困扰。虽然怀疑这个症状是心因性的,弗洛伊德还是请弗利斯帮他检查这个病人,以免在器质性的病灶之上过度高估心理方面的问题,在"伊尔玛的注射"梦中,弗洛伊德就是担心这样的误诊。同时,弗利斯也来到维也纳,为埃玛·埃克施泰因做了鼻子手术。但是这个手术并未使她的症状有所减轻,反而转为大量的出血与恶臭。出于警觉,弗洛伊德在1895年3月8日当天请来其他外科大夫,同时告知弗利斯病人的现状。弗洛伊德医学院的老朋友伊格纳茨·罗萨内斯(Ignaz Rosanes),一个有名的专科医师,在埃玛的公寓和弗洛伊德碰面。她当时鼻口出血,"恶臭难当"。罗萨内斯"清理了手术伤口四周,并且把黏着其上的血块拉出来。这个清理动作突然拉到一段像线头的东西,于是他继续拉",在弗洛伊德和罗萨内继续猜测这可能是什么东西的同时,"一段将近半尺长的医用纱布从这个缺口中被拉出来。接着大量出血,病人脸色变得苍白,眼睛鼓胀并且失去了脉搏"。罗萨内斯很快用干净纱布把伤口处理好,血就止住了。整个过程大概只有一分多钟,却已经使得埃玛·埃克施泰因"不成人样"。弗洛伊德同时已经了解到发生了什么事,面对可能有的医学纠纷灾难,他感到不舒服。在她的鼻子包扎好之后,弗洛伊德跑到另一个房间去喝了一小杯烈酒,并且为他自己感到可悲。烈酒使他恢复神智,当他"有点摇摇欲坠"地回到埃玛·埃克施泰因身边时,她傲慢地评论:"这也可以算是猛烈的性爱吧?嗯?"[131]

弗洛伊德的解释是,并不是大量的血让他失去勇气,而是"情绪的压力",我们可以猜到那指的是什么。但是即使在这令人仓皇失措的插曲之后,他在写给弗利斯的第一封信中,仍然急切地为弗利斯这个不小心甚至几近致命的错误辩护。"所以我们一直都对她太不公平。"弗洛伊德这样承认。埃玛·埃克施泰因非常正常,她鼻子的流血症状不是因歇斯底里而来,而是"一片沾有三碘代甲烷消毒剂的纱布,你把纱布取出的时候撕断了,它留在里面超过两个礼拜"。弗洛伊德把罪责归于自己,还为他的朋友辩解:他不应该怂恿弗利斯在一个陌生的城市里进行手术,因为无法做后续的检查。"你尽了最大的努力。"这个纱布的意外"也会发生在任何一个幸运且细心的医师身上"。这是一个以弗洛伊德的精神分析角度,日后会叫作"否认"的防御机制在发生作用。但这样的时机还未出现。他以一个专科医师的经验对弗利斯说他也发生过这样的事,并且再次确认:"没有人苛责你。"[132]

实际上,弗洛伊德在一封4月稍早时写的信中提到,一位维也纳的耳鼻喉科医师,曾经提及埃玛·埃克施泰因大量且周期性的流血症状,是弗利斯灾难性的介入造成的。把医用纱布忘在病人的鼻子里是所有状况中最糟糕的一种[133]。弗利斯当然被激怒了,但是弗洛伊德试着安抚他:不管这些所谓专科医师怎么想,"对我来说,你仍是那个让病人可以信任地把自己和家人的生命交给你的医师"[134]。但弗洛伊德并不只满足于对弗利斯信任感的重申,他还认为埃玛·埃克施泰因应该为整个灾难负责。4月下旬,一封写给他"亲爱的魔术师"的信中,弗洛伊德提到他的病人,"那个我和你共同的梦魇"[135],现在慢慢痊愈了。一年后,他再次探望这个病人,并且对弗利斯通报:"对埃玛的出血有了令人意外的解决办法——这会让你很高兴。"[136]弗洛伊德认为他可以证明弗利斯并没有什么差池。"她的出血是歇斯底里式的,因为渴望而出现,"[137]他谄媚地说道,"你的鼻子再一次闻到了正确的气味。"埃玛·埃克施泰因的状况是"愿望式的出血"[149]。

说病人现在可以"非常完美地"[141]生活,只是让弗洛伊德为他的朋友寻找坚实托辞的需要暂时得到舒缓。他仍然狡猾地对弗利斯的手术操作是否合理保持沉默,狡猾地对弗利斯让纱布留在里面化脓的事实沉默。这全都是埃玛·埃克施泰因的错,她因为倾向于流血,把自己想象中的病痛变成真实的症状,以得到他人的同情。为了确认他的想法,弗洛伊德举证了一些例子,说明数年来埃克施泰因可以因为流血得到实际上的好处。但这样仍无法使弗利斯免责,弗洛伊德模棱两可的解释,让他的企图显得非常明显。真正在这个解释中作祟的,并不是埃玛因为需要被爱而出现的病痛,使弗洛伊德觉得扰人的,是那位糟糕的外科医师,是否值得弗洛伊德那样喜爱他。虽然弗洛伊德大部分以安娜·利希坦的形象塑造出他梦中的伊尔玛,但两个女人间的相似性无法避免地显示,埃玛·埃克施泰因也应该是这个梦中主角的一部分。按弗洛伊德所说,弗利斯只在梦中出现了一下子,他疑惑:"在我生命中这么重要的朋友,难道不应该在梦中有更进一步的涉入吗?"[142]但实际上,弗利斯的确有更深的涉入。"伊尔玛的注射"这个梦,显示了弗洛伊德想向自己隐藏对弗利斯的怀疑(而非向弗利斯隐藏)从而产生的焦虑。

这其实是个自相矛盾的状况,弗洛伊德挣扎着要了解无意识心理运作历程的规则,反而替有罪者开脱而丑化无辜者,一切都只是想得到他自己无法缺少的幻觉。在数年之后,弗洛伊德会有进一步解释,表示前后矛盾虽然不是值得赞许的,但却是人类不可逃避的命运。他喜欢引述他最喜欢的作家之一——瑞士诗人康拉德·费迪南德·迈耶(Conrad Ferdinand Meyer)的诗句:"人,充满着自我矛盾。"他慢慢了解心灵中矛盾状态的支撑点——爱和恨并存的张力。他最早的一些病人让他理解,在同一个时刻,人有些部分可以被理解,有些部分却无法被识破,只有从智性的运作上去了解情绪无法洞悉的部分。更多的精神分析经验,为莎士比亚的观察提供了精彩的临床实证:愿望是想法的源头。处理这个麻烦而复杂的状况的最好办法,就是不管它们多显眼,都要用愿望来包装它们,从而让令人不悦的状况消失。这在1895年春夏之际,真实地发生在弗洛伊德身上。

虽然经历这件事,弗利斯依然是弗洛伊德那位"不可取代的他者"。"看看我们经历过的,"弗洛伊德在1899年末,他们另一次会面不久后写信给弗利斯说,"我一直生活在无趣和黑暗之中,直到你出现;我责骂自己,心中摇曳不定的灯火,在平静的你面前才被点亮。当你离开之后,我再一次有了可以看见事物的双眼,让我看见美与善。"[113]不论在维也纳还是其他地方,没有其他人可以让弗洛伊德出现这样的神采,即使他机智又聪明的小姨子明娜·贝尔奈斯也不能。但是,被弗洛伊德视为完美听众的弗利斯,其实有一部分是弗洛伊德自己创造出来的。

这个理想化的图像持续这么久而没有被破坏的原因之一,弗洛伊德也花了许久才了解并且克服,那是在依赖当中出现的情欲成分。"一个朋友的陪伴,其中会有特别的部分——对我来说大概是女性特质,正是感受到了这样的特质才使我如此依赖他。"弗洛伊德曾经对弗利斯如此告白,"没有人可以取代这个位置对我的重要性。"[114]这是在1900年,他们友谊晚期时的对话。一年之后弗洛伊德回顾这个说法,就事论事地责难道:"我并不同意你对男人间友谊的轻蔑,大概因为我某种程度上颇为支持这种想法。在我的生命中,如你所知,女人从来不曾取代同志或是朋友。"[115]这时弗洛伊德和弗利斯的亲密已经衰退,并且可以自己看清事物的真相了。1910年,回顾整个命定般的依附关系,弗洛伊德生硬地对当时的几个亲密门生承认,他对弗利斯的依赖感其实含有同性爱恋的成分。但是在1895年到1896年之间,他驳斥了自己对弗利斯的疑惑。要经过五年乃至更长的时间,他才能看清自己所身处的这层束缚关系。

自我分析

1896年春末,埃玛·埃克施泰因已经从弗洛伊德和弗利斯的通信之中消失,但并没有远离他的生活[她一直是弗洛伊德家的朋友,并且后来成为"同事":一封弗洛伊德在1897年12月12日写给弗利斯的信中,透露她开始对她自己的病人进行精神分析(*Freud-Fliess*,312[286])]。在他心中还有许多压迫着他的事:喋喋不休的病人、学术上的孤立,以及对心理学理论炫目的追击。1896年4月,他对弗利斯说:"整体说来,我在神经症的心理学方面进展不错,有许多理由让我觉得满意。"[116]但不久,一个月后,他的自况又变成:"在心理学方面的工作,艰辛又孤独。"[117]他也在诺特纳格尔编著的极负盛名的百科全书《特殊病理学与治疗法》(*Special Pathology and Therapy*)中,撰写了一章关于婴儿脑瘫的专论。

因为被他研究神经症的秘密驱使，他以很不情愿的态度，完成了这个神经病学的任务。"我整个人陷落在婴儿的麻痹症当中，实际上我原先没有一点兴趣。"弗洛伊德在1895年末对弗利斯如此抱怨。一年之后，他认为"诺特纳格尔的作品"是"令人反感的"。当《婴儿脑性麻痹》(Infantile Cerebral Paralysis)在1897年初出版时，他已经完全失去对学术论文的兴趣，而这是其他医师会将全部名声投注其上的战场。瑞士神经生理学家鲁道夫·布伦在1936年写道："弗洛伊德的专著是有关婴儿大脑麻痹中讨论最深入且最完整的一本书……我们可以在其中感受到大师对临床资料技巧性的掌握，以及整整14页半具有批判性的文献回顾。这是伟大的成就，并且可以保证弗洛伊德在临床神经学方面的永久地位。"（引自 Jones I, 219.）

但在1896年春夏，弗洛伊德的父亲病危。这对弗洛伊德来说比他的神经学事务更重要，当然也重要于他所专注的神经症问题。"我的老爸爸（当时81岁），"他在1896年6月的时候告诉弗利斯，"正在巴登（Baden，维也纳近郊约一个半小时车程的度假地），他的状况摇摆不定，可能随时会出现心源性休克，或是膀胱无力等问题。"弗洛伊德所有的暑期计划，包括一次和弗利斯的会面，都可能因此而耽搁。他在两周之后写道："我真的觉得，这是他最后的一段日子了。"他渴望见到弗利斯，并希望"再一次让心灵与头脑住在一起"，但是他不敢离开那个度假地。父亲的濒临死亡让弗洛伊德心烦，但并未使他消沉。"我并不吝惜给予他应得的安息，毕竟这也是他希望的。"当父亲雅各布·弗洛伊德还一息尚存，他就用了感伤的过去式来形容，"他曾经是一个有趣的人，在精神上非常的自得，"现在要走得"有尊严，有风格"。8月，情况似乎暂时有好转，这是雅各布人生余烬中最后的火花，弗洛伊德也因此获得一点喘息的机会。10月23日，雅各布·弗洛伊德病逝，"他勇敢地走向尽头，一如往昔地与众不同。"这么一个曾经从排水沟里捡起帽子，无法在维也纳维持良好生计的人，弗洛伊德还来不及对他做清醒的反思，他就已经离开了人间。而曾经有过那么一段时间，弗洛伊德是深深以这个父亲为荣的。

但不可避免的后遗症反应出现了，弗洛伊德发现自己连写信都有困难。"通过那些表面意识之后的黑暗路径，"他回信感谢弗利斯的慰问说，"父亲的死对我影响很大，我对他非常尊敬，我非常了解他，他以独特的性格混杂着深邃的智慧和奇想式的轻松，对我影响深远。"父亲的死，使他忆起内心最深处的自我，

"我现在有种被连根拔起的感觉"。对一个中年的儿子来说,面对高龄父亲能"长寿地"[159]结束生命,这样的反应并不常见。弗洛伊德的哀恸在强度上有些不寻常,同时他把这个经验拿来作为科学探究,也不寻常;他独立于痛失亲人的情绪,并且从中为他的理论搜集资料。

在这些伤痛的日子里,他把在自己这里观察到的一个现象,叫作"幸存者的罪恶感"[弗洛伊德在一封信中提到"在幸存者身上可见的自我责难"(Freud to Fliess, November 2, 1896, *Freud-Fliess*, 214[202])]。1904年,数年之后他戏剧性地确认了这个经验的存在。那时他第一次造访希腊,有一种不真实的感觉。雅典卫城真如他在学校时学到的那样吗?他在当地的身历其境是如此的美妙,这是真实的吗?许久之后,为了分析这个困扰已久的经验,他将其与罪恶感的出现联结起来:他超越了父亲(所能达到的成就),而这应该是被禁止的[160]。弗洛伊德在自我分析中发现,一个人与自己的俄狄浦斯情结争斗时,不论克服或者失败都是危险的。这个反省可以回溯到在他服丧的过程中,试图把感觉转译为理论的经历,这是弗洛伊德致力于工作的一种报偿。

借由父亲的死,弗洛伊德从深沉的个人经验中提取普遍的意义,像是一颗小石头投到平静的湖水里,激起一波波广泛的回应。在1908年《梦的解析》第二版序言中,弗洛伊德重新反省这个事件,他评论道,此书具有强大的"主观性"意义,只有当他"完成这本书之后才能够理解到"。此时他将之视为"一份自我分析,对父亲死亡的一种反应;这可以说是一个最具意义的事件,一个男人一生中最具决定性的丧失经验"[161]。

这种将科学与个人生命史纠结在一起的方式,在精神分析发展的开端就展现了相当的魅力。弗洛伊德对父亲去世而产生重大意义的著名告白,揭示的与忽略的内容相当:母亲的死在意义上就不如父亲这样强烈吗?弗洛伊德的母亲,一位冷静沉着而有威严的人物,一直活到1930年、95岁高龄,从她的儿孙那里得到无比的崇敬,包括她最喜爱的第一个曾孙。也因为她如此活力充沛的长寿,才使得进行精神分析事业的儿子,忽视了俄狄浦斯情结的全部含义,而这个情结,最开始正是弗洛伊德使大家注意到的。对精神分析发展的历史来说,弗洛伊德作为他父亲忠诚的儿子是重要的,这使他梦到的或者所关切的,较多与父亲有关,而非与母亲有关[162],同时在无意识里非常不乐意分析自己对于母亲的矛盾双重心理。

总体来说,弗洛伊德对他自身经历的特殊本质相当敏感。1895年撰写伊丽莎白·冯尔小姐的病历时,他带有些许的防御心态表示:"我写下来的这些个案史读起来像小说,缺乏科学方法的严肃标记。"他强调:"造成这个感觉的是那些个案的本质,不是我的偏好。"⑱但是,别人对弗洛伊德的指控,即他总是以自己的想法推测出一般的理论,并不会随着弗洛伊德的宣告而消失。1901年初,以弗利斯为首的一群质疑者,就已对弗洛伊德推论的出发点加以攻击:"善于思考的读者,总是用自己的想法来阅读他人。"⑲

从那时起,人们的反对之声就未曾平息,他们认为弗洛伊德只是(或不合理地)从自己的心理创伤中推导出所谓的精神法则。可以想象,这个反对为何会出现且持续不断。弗洛伊德许多令人不安的想法,都来自他自陈的自身经历。他无所拘束地穷究自身经验,并把自己视为所有病人中最言无不尽的报道人。从严格的自然科学角度来看,他这种观察细微的主观性并没有问题。一个物理学家或生物学家的神经质式的困境或是动机,只和他的家人、朋友有关,或是使传记作者感兴趣。他所提论点的有效性,可以由客观检测来决定,经由重复实验或者检验数学推理过程的正确性去肯定。理想上,对心理学也应该抱持同样严格的程序。在对精神分析有兴趣的学生看来,最重要的不是弗洛伊德自己是否有(或者想象有)俄狄浦斯情结,而是他所宣称的这一每个人都会经历的心理发展困境,是否可以经由独立的观察或者精巧的实验所证实。弗洛伊德并不认为他的经验,可以自动地对全人类都有效。他检验其推论的方式是,对应在许多病人身上的测试,以及之后与精神分析有关的文学作品的对照。他在这个理论上面花费数年时间,同时不断加以修正并使之更精确。他那些著名的个案故事颇能反映他对个人和群体的有效运作,每一个个案虽只是刻画一个独特的个人,但还是隶属于某种案例范畴。

弗洛伊德随后承认,没有人,包括他自己,可以是任何人。但借着应有的谨慎推演,可以发现造成每个个体差异的变化所在,弗洛伊德就打算以他自己的心理经验,去探索更广泛的人类心灵规律。虽然试图维持他的个人私密,也厌恶将内在世界对陌生人敞开,但他仍屈服于他想建立的科学梦想,甚至不惜轻率地谈论自身经验。从某个角度来说,他也只是众多资料来源之一。弗洛伊德希望只将他的自我陈述视为精神分析的表面证据之一,而着重在他所建构的心灵公式的解释效力。如果对他来说,失去父亲是他所经历过的最重要的损失,那么这样的影响在其他人身上自然会大大的不同。但是承认这是个个人经验来源,并不和弗洛伊德发展和服丧情绪有关的一般理论相违,甚至可以更广泛地推论到那些无所不在的家庭故事中,些许不同但总归可以预期的情节上,例如个人愿望、满足、挫折与失落,而这些反应大多是无意识的。

他父亲在1896年的亡故,为弗洛伊德正在思索其一生事业所建造的架构,带来强大的动力。但在他能够从失怙之痛中去获得这个益处之前,他需要回去修正一个在19世纪90年代中期主宰其思绪的严重错误。他需要抛弃他所谓的"诱惑理论"(seduction theory),宣称所有的神经症患者都是儿童时期被兄弟、家仆或是父亲性侵害的受害者〔虽然大部分性侵害的受害者都是女孩,弗洛伊德知道,男孩受到的威胁其实是一样的。1895年,当他对这样的理论信心达到高峰的时候,他告诉弗利斯,他的一位神经症病人"正好给了我所期待的(答案:对性经验的惊恐,也就是,幼儿期的性侵害以及男性的歇斯底里症状)!"(Freud to Fliess, November 2, 1985, *Freud-Fliess*, 153〔149〕)〕。"诱惑理论"即使深具魅力,但似乎并不是那么有说服力,只有像弗利斯这样的奇想家才会对它加以赞赏。令人惊讶的并不是弗洛伊德最后也放弃了这个想法,而是为什么一开始的时候竟然先接受了它。

但这个论调对弗洛伊德的吸引力是很明显的,终其一生,他的理论思考都在繁复与简洁的两端摆荡。如我们先前所见,这个倾向很自然地出现在他的个案历史中。对繁复的认知,证明人类经验令人惊叹的多样性,比截至当时任何心理学家所专注的意识心灵要复杂得多〔弗洛伊德把他对复杂的理解体现在"多元决定"的观念里,一个他在1895年首先提出的观念:症状、梦境,或者其他无意识心灵的产物,会同时受到许多原因的影响,来自遗传与环境、先天气质与创伤等。这样的心灵产物倾向于把各种各样的冲动和经验浓缩为简单的表现形式,而这种简单的形式是有欺骗性的〕。但相对地,弗洛伊德也重视简洁的重要,将看起来不相干的精神事件,简化为几个可以清楚界定的类型,是他对科学研究所追求的另一个目标。在他的临床经验中,弗洛伊德见证了许多其他维也纳医学同行觉得不体面,也难以置信的病例:催眠术的神秘效果、病人的情色幻想、以谈话治疗歇斯底里症状,还有性欲力量的潜在作用。实际上,他已经准备好要去相信比这些都更难以令人接受的想法。此外，19世纪90年代中期，弗洛伊德仍然执着于要在原有的科学活动上获取名声的想法，因此他对诱惑理论表示欢迎，因为这个说法的简约普遍化，可以用来说明一系列的病理问题，都来自于同一种野蛮行为——乱伦诱惑或者强暴。

从弗洛伊德提出"神经衰弱"症状大多来自性欲问题这样的想法来看，要接受"诱惑理论"的推论步骤并不太费功夫，但是这样的信念其实是费尽辛苦才建立的。对于一个来自布尔乔亚阶层的人来说，弗洛伊德要克服强大的内在阻抗才会去接受这样的观点。许多他敬重的老师及同事，包括沙可、布洛伊尔，以及他熟识的鲁道夫·克罗巴克（Rudolf Chrobak，一个有名的维也纳妇科医师），都大致暗示过神经失调通常和布洛伊尔所说的"床笫秘密"有关。但是弗洛伊德在他自己面对问题的时候，立刻"忘了"他们在这个说法之前所做的观察，以及他们所引述的事例。1886年初，在沙可住处的接待会上，弗洛伊德无意间听到沙可正以他生气勃勃的语调，谈论一个为神经症状所苦的妇女，其症状应该归咎于她先生不举或是性生活的技巧拙劣。在那个案例中，沙可解释说，像这样的问题常常都是生殖器方面的问题。一年之后，克罗巴克把一个有意思的女病人转介给弗洛伊德。她被一种无意义的焦虑困扰着，而克罗巴克，用一种很平常的嘲讽口吻，把这个问题归咎于她先生在床上的表现不佳。他告诉弗洛伊德，只有一个处方有效，但却是她先生无法配合的处方：

> Penis normalis
> dorsim
> repetatur![159]

（"剂量可以正常重复注射的阴茎……"）

这些不假思索的判断，似乎放诸四海皆准，但缺乏一个可以将心因性障碍整合进去的普遍解释，弗洛伊德在心中默默酝酿这个概念，一直到1893年，他准备将这些想法整合为讨论神经症的理论。我们知道在同年2月，弗洛伊德给弗利斯寄了一份备忘录，他很简要地宣布他的主张、他的试验，那就是"神经衰弱实际上只可能是性方面的神经症症状"[160]。当然，在《歇斯底里症研究》提到的个案历史当中，他很隐晦地暗示这些病人的症状都有性欲方面的根源。

当弗洛伊德开始试图臆想记忆在神经疾病形成中所占的地位时,他就把心理或者身体上的羞辱反应归因于病人早期的经验。"实际上"的神经症——那些因现在而非过去经验所产生的神经症——马上被排除在他的兴趣之外。他在1895年10月询问弗利斯:"我有没有以口头或是书写的方式和你讨论过一个伟大的临床秘密?"此时他正沉浸在他伟大的计划中,"歇斯底里是过早地在性上受到了惊吓。强迫型神经症是过早地感受到性快感,随后又为此感到自责"。弗洛伊德对当时宽松模糊的诊断类型如神经衰弱,感到不满意,并且开始将神经症做更精确的细分。但是他在此使用的"前性欲期"这个词暗示的婴儿期性欲,虽然看样子似乎呼之欲出,当时却仍在他的视野范围之外。"前性欲期,"他对弗利斯解释,"实际上指的是青春期之前,在身体释放性激素之前,唯一相关的事件就是记忆。"现在这些相关事件,正如他的病人们在弗洛伊德面前回忆的,都是儿童时期的性创伤——不论当时是被狡猾的说服或是遭到粗暴的侵害。

1896年,弗洛伊德已经准备将他的想法付诸文字。在是年初所写的《防御的神经精神疾病》("Neuro-psychoses of Defense")的论文中,他由13个个案的观察提出,这些造成歇斯底里的创伤"必然都发生在儿童期早期(也就是青春期之前),而其内容必定具有对生殖器的真实刺激(在可以进行真正的性交之前)"。正如强迫型神经症患者在性欲活动的表现上出现早熟的情形一样,他们同时也出现歇斯底里的症状,因此他们也必在童年时就是性创伤经验的受害者。弗洛伊德进一步指出,由分析过程所揭示的童年时期,对病人来说都是经验的"坟墓",令人"憎恶的黑暗过往"。而故事中的坏人大都是"女佣、家庭女教师,或是其他仆人",令人遗憾的是,也包括教师以及"天真的"兄弟们。

同年的4月21日,在对本地的精神医学与神经学学会发表关于"歇斯底里病源学"(The Etiology of Hysteria)的演讲中,弗洛伊德向一群专业听众表明自己对诱惑理论的认定。他的听众都是些旁门左道的性学专家。伟大的性精神病理学的专家克拉夫特-埃宾(Richard von Krafft-Ebing)当时主持这场演讲,弗洛伊德的演讲活像一场充满法庭辩论技巧的生动表演,他说,研究歇斯底里的学者,可以说是一座废弃城市遗迹的探险者,其中有墙垣、石柱,以及铭文已经大半消去的碑铭。他可以将它们挖掘出来,幸运的话在清理之后,将会发现石头上写着:"石头会说话(saxa loquuntur)。"他尽可能地放大这些词汇去说服那些充满怀疑的听众,告诉他们必须在儿童时期的性虐待经验中寻找歇斯底里的答案。

弗洛伊德指出,他所治疗过的 18 个案例,都引领他得到这个答案⑭。但是他综合性的雄辩以及科学式的清醒并没有发挥作用。这个演讲,正如他数天之后告诉弗利斯的:"得到来自驴子们的冷淡反应。而来自克拉夫特-埃宾的,是古怪的评论:'这听起来像是个科学式的神仙童话。'这些反应竟然是,"弗洛伊德抗议地嚷着,"在一个人为他们解说了千年疑惑的答案,指向尼罗河的源头之后!"他最后还粗鲁地加上一句,"他们几乎可以委婉地对我说,去死吧!"(sie können mich alle gem haben)⑯即使在弗利斯面前,弗洛伊德似乎也没办法把自己完全放开。

　　那是一个令弗洛伊德无法忘怀的夜晚,这个夜晚所遗留的创伤,成为他以后低度期望的肇因,也证实了他悲观的想法是正确的。他感觉到身旁从未有过的冷漠气氛,他也知道这次演讲让他成为流放疏离的对象。他对弗利斯说道:"要将我放逐的密语已经发出,因为我身边的所有事物正在一点一点地离弃我。"⑯他宣称要"以平静的心情"面对那些对他的隔离,但是缺少新病人的现象令他忧心。他仍然不停地进行探索,有好长一段时间他还把病人的告白当作真理。最终,他完全训练自己去聆听他们。但渐渐地,这个攻击他的困扰变得无法忍受。1897 年 5 月,他梦到一个对他的大女儿玛蒂尔德表现得"过于温柔"的梦境,并且把这个情欲倾向的梦解释为他希望为神经症找到一个可以作为理由的"父亲"。他对弗利斯宣称,这个梦平复了他对于诱惑理论"无法停止的疑惑"⑯,然而这是个古怪又无法令人信服的解释。这个梦应该引起,而不是平复弗洛伊德的局促不安。他清楚地知道自己并没有对玛蒂尔德或是其他女儿有性骚扰的行为,而性欲想象与性活动是两码事。更重要的是,在他的科学信条当中,想要理论得到证实,和真的去证实它是不同的。但在那时,他把这个梦拿来作为支持他所喜爱论点的说法。

　　弗洛伊德的质疑一直没有占上风,但是到 1897 年夏天以及初秋开始有所改变。9 月中旬刚从夏天的假期回来,"清新,愉悦,累",他对弗利斯透露,"过去几个月来,那伟大的秘密,慢慢地在我身上展现开来。我已经不再相信我对'Neurotica'的解释"——他对神经症过于简化的解释。1897 年 9 月 21 日的这封信,也许是这些通信中最坦露真情的一封。为了详尽说明,弗洛伊德对弗利斯做了"历史性的"报告,说明为何他最后对"诱惑理论"失去信心:他没办法完成任何一个对病人的分析历程,要么是分析中断了,要么是症状的一部分由其他的阐释所解除。此外，一般的常识也对他过度简化的模式产生怀疑，既然歇斯底里如此广泛，并不只散布在弗洛伊德的诊疗室中，他必须遵守原先所预设的规则，"在任何情况下，父亲都必定被认定是变态的，我自己的父亲也无法例外"。在19世纪90年代，弗洛伊德对他父亲理想化的程度还没有他对弗利斯的程度高，但是要把雅各布·弗洛伊德也列入那个儿童侵害者的形象中，对弗洛伊德来说是极其荒谬的。更进一步，如果亲人的侵害是歇斯底里的唯一来源，那么这样的恶行必然是普遍性的，因为实际上歇斯底里的案例远少于可能造成这个结果的原因，并非所有的受害者都得了病。"这样广泛的针对儿童的变态行为几乎不可能。"此外，"在无意识中没有任何关于真相的印记"可以被侦测，因此没有办法去区辨到底是真实，还是情绪上虚构的认定[108]。弗洛伊德正准备好要运用有原则的怀疑论，那是他在临床经验中所学到的，病人们的"揭露"至少有一部分是她们想象的产物。

理论的崩毁，并没有使弗洛伊德放弃神经症具有性起源的信念。或者以这个观点来看，某些神经症患者仍有可能是父亲性侵害的受害者。如同其他的医师，他也曾碰到过这样的例子［虽然在医学文献里提到这样的事情时都加以保留，但父亲对女童的性侵害在19世纪初的时候就已经在公开的场合被加以描述。早在1821年，著名的法国精神科医师Jean Etienne Esquirol已经报道过这样的案例。一个父亲对他年仅六岁的女儿加以性侵害，导致这个女孩的崩溃，以及一再地试图自杀〔见"自杀"，在《医学辞典》(Dictionnaire des Sciences Médicales)中，由"一群医师与外科手术人员"执笔，我从Lisa Lieberman获得这个资料］］。即使在1897年12月，弗洛伊德大致放弃"诱惑理论"的三个月之后，他仍然这样写道："父亲是病源的信心又大幅度提升。"[109]不到两个礼拜之内，他对弗利斯谈到，一个女病人曾经告诉他一件可怕的事，让他不得不相信自己的说法：在她两岁的时候，曾被父亲凶残地强暴，她面对的是一个需要见到鲜血，才能得到性满足的变态人物[110]。实际上，弗洛伊德大概过了两年才真正放弃这个理论，而他在大众面前宣告他的改变实际上是等了六年[111]。一直要推迟到1924年，当他忏悔地告白这个"自从提出之后不断觉察也不断更正的错误"，离当初提出来的时间已经有30年了。弗洛伊德仍然坚持，并不是19世纪90年代中期他写到每个关于童年性侵害的个案，都缺乏真实性。他特别谈到两个早期的个案状况：卡塔琳娜以及"罗莎莉娅小姐"(Fiäulein Rosalia H.)，的确都被她们的父亲性侵害过[112]。

弗洛伊德无意以一种轻信替代另一种轻信。即使他不太相信他的病人所说的一切，他也没有掉入感情用事的陷阱，使清醒的中产阶级无法反抗性侵。弗洛伊德拒绝的是，把诱惑理论当作所有神经症来源的通行解释。

弗洛伊德的宣告放弃，为精神分析历史打开新的一页。他表示自己不再感到"沮丧、困惑，以及疲倦"，并且颇有先见之明地疑惑"不知这样的自我怀疑，是否预示进一步发现的时代将要来临？"他明白，失去"永久名望的期待"对他来说是一种痛苦。这样的期待，"如此美妙"，如同对"任何财富完全自主的独立。这种期待，好像把那因为严格教养而被限制住的孩子救起，如同我自己在年幼时被剥夺的经验"。在许久之后回忆起这个转折点，弗洛伊德谈到那"几乎扼杀了一个年轻科学"的"诱惑理论"，因为"不可行"而崩毁的时候，他第一个反应曾经是"一个完全困惑的阶段"，"真实世界的基础几乎丧失了"。他曾经过于热情，也有点天真。

但是他的气馁并不会太久，"最后终于体会到，我们总不应该因为期待落空就感到沮丧"。这是弗洛伊德的正字标记。他了解到这个世界并不是到处都有母亲会源源不断地提供补给给她的小孩，他只得接受这个世界。如果真实世界的基础失去了，幻觉就会占上风。克拉夫特－埃宾大致是正确的，弗洛伊德1896年为他的医师同事所做的演说的确是个童话故事，或者更精确地说，是他病人所诉说童话故事的组合。但如同弗利斯对弗洛伊德的鼓励，童话故事其实是将掩盖的事实供奉起来。弗洛伊德从"诱惑理论"中学习到的反应，是更加严肃地对待他的病人，或他自己所传达出来的信息，且不像以前只从字面上来进行。他对这些内容以被编码的信息来看待——各种扭曲的、被审查的、刻意伪装的信息。总之，他更加仔细倾听，更谨慎地去区辨。这段时间是个艰苦费力且不安的阶段，但得到的回馈是光彩炫目的。他写道："全然诚实地面对自己，是绝佳的练习。"那条走向持续自我分析，以及认识到俄狄浦斯情节的道路，已经在他眼前展开。

自我分析看起来是个矛盾的词汇，但是弗洛伊德的自我探险，已经变成精神分析神话中令人珍惜的宝石。19世纪90年代中期他开始对自己做自我分析，在1897年晚春或者夏初期间更系统性地进行了一段时间。这种英雄式的耐心行为，既令人赞叹又难以仿效，可以说是精神分析极具代表性的奠基行为。"对现在的我们来说，已经很难想象这个成就有多么重要，"琼斯这么写道，"最具开创性的功业其命运必定是最困难的,然而留下来的成就也最独特的。一旦伟大工程如此完成就是永远地完成了,因为再也没有人可以成为第一个去挖掘那其中的厚度的人。"⑩

弗洛伊德自己的评价没有这么绝对,我们知道,他把《梦的解析》当作自我分析工程的一部分,在写给弗利斯的信中,他不时透露出自己的进步和困境,不断无情地进行自我探索,这未尝不是一种自我分析的工作。但他有时也感到困惑。1897年11月他对弗利斯说:"我的自我分析,还在断断续续地进行,我只能以客观得到的知识来分析我自己,像个局外人一样。"结论是阴郁的:"真正的自我分析是不可能的,不然就不会有心理疾病的存在了。"然而弗洛伊德允许自己处在一种两相矛盾的情况下,只有史无前例的创举能帮他解释。就在他宣告自我分析不可能的同一封信里,他回忆在暑假之前他是如何告诉弗利斯的:"我最重要的病人就是我自己,在一段旅行之后,我的自我分析没有任何预兆地展开了。"⑩在后来的场合里,弗洛伊德将自我分析看成分析者认出自己的情结并加以客观看待的方法。但与此同时他又认为被他人分析的经验,乃是一条必然优于自我分析的途径[1935年,精神医师保罗·希尔德(Paul Schilder)和其他建立精神分析规则的成员,在是否训练时经历分析这个议题上有极大的争议,弗洛伊德强烈地提醒他,在第一代的分析家中,那些没有被分析过的人"从未因此而感到骄傲"。事实上,"只要有机会"被分析,"都已经进行了:例如琼斯和费伦齐,在许久之前就已经经历了被分析的历程。"至于他自己,弗洛伊德的评论是:"总可以有人站在一个特殊的位置上吧。"(Freud to Schilder 26,1935,Freud Collection,B4,LC)]。有趣的是,弗洛伊德并没有总是把自我检查和完整的分析等同起来。在他有名的《日常生活中的精神病理学》一书中,他谈到一个折中的办法,叫作"自我观察"⑩。回顾1898年,他回忆自己如何"在43岁的时候,把兴趣转向包括童年在内的剩余记忆"⑩。这听起来,不像"自我分析"那么严苛,也不那么高不可攀,当然也不令人畏惧。

弗洛伊德犹豫而委婉的说法是正确的,因为精神分析不管怎样的带有片面性质,其实质状况乃是一种对话。分析家,虽然多半是个沉默的伙伴,却会提供无法被分析者自己触及的解释方式。如果分析者自己可以处理,依照弗洛伊德的说法,就不会有神经症状的出现了。当病人怀着自大妄想,或者被罪恶感纠缠,让他的世界以及立足之处扭曲变形时,分析家既不是去赞赏他也不是去责难他,而是精简地指出什么是被分析者实际说出来的意思,并提供有治疗意义的现实观照。更重要的,在自我分析中可能无法做到的是,分析家——通常是相对地隐去或被动地倾听——把自己当作一块幕布,提供给分析者来投射他的情绪,他的爱憎、希望或焦虑。这个移情作用,作为精神分析的疗愈工作所依赖的技术,是两个个体间的相互作用。我们也很难想象,自我分析者如何为自己提供分析家以他隐去的在场,或是音调,或是长长的沉默所呈现出来的有助于个体退行的氛围。简言之,精神分析家对分析者来说,就是弗洛伊德给予弗利斯的称呼:一个他者。弗洛伊德,不论多么胆大或是具有原创性,他如何能成为自己的他者呢?

不管怎么说,弗洛伊德在19世纪90年代末期让自己经历过一种全然的自我检视,一个精炼的、穿透的、不停止的审查,对象是他片段的记忆,他掩盖的欲望与情感。通过这些撩拨人的一点一滴,他建造起业已湮没的早期生命中的残片,并且借由他临床经验的协助,从极端个人化的经历中,试图描绘出人类本质的轮廓。这项工作没有前人,没有指导者,但是在他踽踽独行的过程中必须找出其中的规则。那些发觉自我的自传书写者,从圣奥古斯丁到卢梭,不论怎么穷尽其顿悟或坦白反省的历程,和弗洛伊德所得到的成就相比,还是显得有所保留。琼斯的夸张说法或有诸多可议之处。弗洛伊德自我分析的生动细节,尚有许多部分意义并不清楚。他毫无疑惑地每天进行自我分析,但他是在晚间某个空闲时刻,抑或是在晤谈室的休息时间自我分析?当他为了放松持续聆听的姿势,或是买雪茄的午后散步时,是否也同时进行着紧凑,而又常常是内容令人惊慌的分析呢?

我们知道的就是这些,弗洛伊德进行自我分析的方式,就是他发展出来的自由联想®,而他主要依靠的素材就是他的梦[玛丽·波拿巴1953年12月16日告诉琼斯,在弗洛伊德的自我分析中,"充满了他对自我梦境的分析,正如你贴切地指出,这是他最主要的立基点"。(Jones papers, Archives of the British Psycho-Analytic Society, London)]。当然,他没有把自己限制在梦的讨论里,他同时也搜集自己的回忆,口误或写错字的内容,援引诗歌时忘记的其中一句,某个朋友的名字等等,并且让这些材料,经由自由联想"自然地绕道",把他带领到一个个不同的想法中。但是梦的材料,才是他最为依赖也是最大量的资讯来源。19世纪90年代中期他就用解释梦境的方式,阐释病人神经症的核心问题。他也认为:"就是这些成功的例子让我一直努力不懈。"弗洛伊德进行他的"自我分析,其重要性马上就会对我显现,借由一连串梦境的帮助,让我回到了儿童时期的记忆里"[182]。虽然"谜语般林立的谎言环伺其间",他对弗利斯这样说,"对梦境的解释"似乎是"最坚实的"一种资料来源[183]。并不令人意外,他的自我分析塑造了对梦境的阐释。他梦到"老布吕克"给他一个奇怪的任务,要他切开自己的下半截身体,而他认为这个景象直接指涉他的自我分析动作,联结到对自我梦境的报道,以及对幼儿时期性欲感的挖掘[184]。

弗洛伊德给弗利斯的信件说明了这个过程是个困难的工作,有时候令人欣喜,有时候令人沮丧。"我脑中正在翻滚沸腾。"弗洛伊德在1897年5月如此写道,他正在等待另一个向前冲刺的动力[185],但是顿悟并没有及时出现。6月中旬他坦承,他正处于一种极端懒惰的状态,智性活动停滞不前,在舒服的夏日中懒散度日:"自从上次的想法刺激之后,没有任何翻搅,也没有任何改变。"[186]但他感觉到伟大的事物就要迸发出来。他在四天后写道:"我相信,我正窝在一个茧里面,只有上帝知道什么样的怪兽会爬出来。"[187]他在他的病人那里学到阻抗作用,现在自己也体验到这个状况。"到底在我身上有什么样的变化,我现在还是不知道,"7月初他如此自白,"在我内心深处最深沉的精神症状,产生了想对这些精神症状更进一步了解的阻抗,而你已经牵涉了进来。"可见弗利斯可能隐约涉入弗洛伊德面临的困境,使整个状况更难以令人接受。"几天以来,我感觉到随时都会从黑暗中挣脱出来。同时我发现,我在工作上有相对的进步。总之,现在事情又有些改变了。"一个人不应该忽略环境对心境的影响,弗洛伊德感觉夏天的热度以及过度工作使他产生了暂时的麻痹[188]。但是,他仍然被自己的信念鼓舞,相信只要他继续等待并且分析下去,被湮没的材料总有一天会浮现到意识的表面上来。

但是他的自信并不坚固。"在此度过一段愉快的时光之后,"弗洛伊德8月时从奥斯湖(Aussee)度假地写信说,"我现在正经历着一段情绪低落期。"当他正设法处理属于自己的"小歇斯底里时,许多问题都被我的工作放大了",自我分析的剩余工作现在已经停顿了。他了解到"这个"分析比"其他任何一个都要困难",但他也知道,"这一定要解决",这是他工作的基础部分[189]。弗洛伊德没错,他的自我分析对即将出现的精神理论来说是个必要阶段。慢慢地,他的阻抗消失了。9月底,他度假回来,给弗利斯写了那封标示他放弃"诱惑理论"信念的信。10月，他已挣脱出来，并整合了自我认识，厘清了理论问题。弗洛伊德在10月初对弗利斯报告：这四天以来，为了厘清整个问题而不可缺少的自我分析，持续出现在梦中，并且给了我最宝贵的解释和线索。⑱这时他回想到的材料，包括他婴儿时期的天主教护士、他对裸体母亲的一瞥、他希望弟弟死去的愿望，以及其他儿童时期压抑的记忆。这些记忆未必完全正确，但正如幻想，它们提供了通往自我认识不可缺乏的路标。

正当他的阻抗开始显现的时候，弗洛伊德继续因短暂且痛苦的中断而苦恼。然后是更多的记忆、更多的想法涌现。他感觉到（他在10月底的信件中如此生动地描述）自己正因为思想进行快速的联结，而被强行经历所有的过往记忆："心情的转变正如旅客在火车上看着窗外不同风景的不停变化。"他实际的工作表现"极糟"，而他只能以"内在工作"过日子。他引用歌德在《浮士德》里的台词去说明他的心灵状态：令人钟爱的幽灵从老旧半衰的神话中升起，带着友谊与初恋随行。"起先是惊惧和纷扰，许多悲伤生命的秘密从此回到它的根源，许多骄傲与特权开始意识到它们卑微的源头。"如他自己所说，这些日子他因为无法理解一个梦或一个幻觉的意义而无所适从，然后"在紧接下来的日子里，好比闪电一般，一切的联结关系都变得清楚了，我也因而了解到，原来过去的一切都是为今天而准备"⑲。他发现这过程不仅相当困难，并且令人极不舒服。几乎是每一天，他的自我分析都放出邪恶的欲望，以及莫名其妙的举动，但是他仍然心情愉快地一个接着一个吐露这些幻想。他在1897年10月初告诉弗利斯，他发现他已经难以传达出他的工作所具有的知性之美这种概念。知性之美，弗洛伊德向来用这么动听的词汇来形容他自己的发现和说明⑳。

所有的事情现在都适得其所，他认出自己记忆中"对母亲的迷恋以及对父亲的嫉妒"，不是个单独的个案。相对地，他告诉弗利斯，这个俄狄浦斯关系，是小孩子与其父母"在婴儿初期都会有的普遍事件"。他确认，这是个"关于普遍价值的想法"，可能用来解释《哈姆雷特》，或者是"俄狄浦斯王故事中慑人的力量"⑫。其他同样令人吃惊的发现完全占据了他的工作：无意识的罪恶感、性发展的阶段论、关于内在生成的神话与宗教信仰之间的因果联系，那些"家庭罗曼史"让儿童发展出针对其父母的夸大妄想、从口误到做错事所得到的启示意义、被压抑的攻击情绪的力量，还有（永远在他心中的）那错综复杂让梦生成的机制。他甚至为上瘾行为找到了心理学的解释：那是一种转移的自慰活动——

个对他来说有独特意义的想法,因为他无法抗拒对雪茄的需求。

尽管有这股集中在1897年秋天至1898年秋天之间的洞察力的涌现,许多枯竭和挫折的时刻仍不时侵袭着他。弗洛伊德曾经表示对酒类完全没有兴趣——"任何酒精的痕迹都会使我变得迟钝"[196],现在,他开始自由自在地喝起了酒。他寻找在"Barolo酒瓶中的力量"[197],并且寻求"Marsala好友"的协助[198],他宣称酒可以是一个"好朋友"[199]。一两杯酒可以使他觉得比完全清醒时要乐观一些,但没办法长期消除他的疑虑。同时他也觉得羞愧,并且对弗利斯解释说:"我竟然以一种新的坏行为来治疗自己。"[200]有时他告白:虽然时而感到"枯竭,心中的泉源正在干涸,许多感受都在枯萎。但我并不想做太多描述,毕竟这只会使我的感受看起来像是抱怨而已"[198]。

幸运的是,孩子们逐渐成长,使他感到愉悦欣慰。他继续向弗利斯报告,苏菲令人担心的腹泻,奥利弗的机智反应,以及埃内斯特的猩红热,"小安娜迷人地长大着,她是马丁那一类型的,身体和心灵同时发展"。弗洛伊德就这样一点一滴地发表他的情绪公报。"马丁以诗作完成他的自我讽刺,最为奇妙。"[199]除此之外,弗洛伊德也没有忘记弗利斯对生物规律周期的兴趣,并提供他可以作为参考的资料。弗洛伊德的大女儿玛蒂尔德成熟得很快,1899年6月,随着弗利斯的精确期待,弗洛伊德对他报告女儿的初潮。"6月25日,这一天玛蒂尔德证明自己已成为女人,是早熟了一点。"[200]但是,写作一本谈梦专著的压力使他心情郁闷,他怀疑自己是否已经老了——虽然只有四十出头,这或者只是因为受一种"周期性摆荡"的心情影响[201]。这样的魔咒一次次地出现,幸好它们并没有持续很久,弗洛伊德也已经习惯于等待这种情绪的出现。他仍然需要弗利斯做他忠实的听众。为了无止境的兴趣,弗利斯持续为他提供"他者的存在",一个最好的"读者与评论者"。弗洛伊德知道自己的工作需要群众,但他可以满足于由一人所组成的群众,如他对弗利斯所说,"只为他写作"就可以使自己得到满足[202]。

但弗洛伊德对弗利斯的依赖正在逐渐消失,其中一个原因来自他的自我分析,让他渐渐体会到与来自柏林那个"恶魔"的纠缠根源,并且加速从"他者"的影响下解脱出来。他一直和弗利斯分享他的想法,寄给他书中的章节,并且采纳他对写作风格与保护个案隐私权方面的建议。他甚至让弗利斯否决在书中引用歌德的一篇"感伤的"铭文[20]。他对弗利斯编辑意见上的听从还付出过更高的代价:由于弗利斯的坚持和抗议,弗洛伊德从草稿中删去一个重要的梦。弗洛伊德带着屈从的口气写道:"美梦和谨慎无法并存。"[20]但是他一直觉得很可惜[20]。尽管如此,弗洛伊德长期酝酿的伟大著作就要问世了。"酝酿期马上就要过去。"他在1898年7月如此告诉弗利斯[20],他指的是弗利斯太太即将临盆的事实,但同时也指自己长期的创造过程就要结出硕果了。弗利斯,这个精神分析的助产士,眼看着就要完成自己阶段性的任务,然后也准备要离开了。

弗洛伊德会和弗利斯疏远,不单只是因为他不再需要他,随着弗利斯真正的心灵轮廓、明显的神秘主义、他对数字理论的著述等这些因素逐渐为弗洛伊德洞悉,而且弗利斯所热情拥抱的信念又与他那么不合,他们的友谊于是就此打住了。1900年8月初,弗洛伊德在因斯布鲁克(Innsbruck)附近的奥斯湖遇到弗利斯,那是个美丽的度假胜地,让夏日游客放松与休息。两个人在此发生严重口角,各自攻击了对方最敏感、最强力保护的观点:关于作品的价值以及可信度。这是两个人最后的一次"高峰会",也是两人最后一次看到对方。两人随后还彼此通信了一段时间,只是更为稀疏。1901年夏天弗洛伊德写信给弗利斯,更强烈地表达他对弗利斯的谢意,但是直言他们两人在私人情谊与学术交流上的关系都已经结束了:"你已经到你洞察力的极限了。"[20]弗利斯曾经在精神分析史前史中扮演极为重要的角色,但是当精神分析的历史在1900年开展之后,他的参与可以从此被忽略了。

注 释

① *Traumdutung*, GW Ⅱ-Ⅲ, 487/*Interpretation of Dreams*, SE Ⅴ, 483.

② Freud to Fliess, November 24, 1887. *Freud-Fliess*, 3(15).

③ Freud to Fliess, May 21, 1894. Ibid, 66(73).

④ Freud to Fliess, September 29, 1893. Ibid, 49(56).

⑤ Abraham to Freud, February 26, 1911. *Freud-Abraham*, 106–107(102).

⑥ Freud to Fliess, May 21, 1894. *Freud-Fliess*, 67(74).

⑦ Freud to Fliess, June 30, 1896. Ibid, 203(193).

⑧ Freud to Fliess, July 14, 1894. Ibid, 81(87).

⑨ Havelock Ellis, *Studies in the Psychology of Sex*, 2 vols. (ed. 1900), Ⅱ, 83.

⑩ See Freud to Carl G. Jung, April 16, 1909. *Freud-Jung*, 242(219).

⑪ See *Psychopathology of Everyday Life*, *SE* Ⅵ, 260 and 260n.

⑫ Freud to Jung, April 16, 1909. *Freud-Jung*, 243(220).

⑬ Freud to Fliess, April 19, 1894. *Freud-Fliess*, 63(68).

⑭ Freud to Fliess, August 20, 1893. Ibid, 47(54).

⑮ See Peter Gay, "Six Names in Search of an Interpretation: A Contribution to the Debate over Sigmund Freud's Jewishness," *Hebrew Union College Annual*, LIII(1982), 295–307.

⑯ See Martin Freud, *Freud*, 32–34, 38, 44–45.

⑰ Interview with Helen Schur, June 3, 1986.

⑱ Martha Freud to Elsa Reiss, March 8, 1947. Freud Collection, Bl, LC.

⑲ See Freud to Fliess, July 10, 1893, and August 29, 1894. *Freud-Fliess*, 43, 90(50, 95).

⑳ Freud to Martha Bernays, August 2, 1882. Jones Ⅰ, 102.

㉑ Freud to Fliess, February 13, 1896. *Freud-Fliess*. 180(172).

㉒ Martha Freud to Ludwig Binswanger, November 7, 1939. By permission Sigmund Copyrights, Wivenhoe.

㉓ Martha Freud to Paul Fedem, n. d. [early November? 1939]. By permission of Sigmund Freud Copyrights, Wivenhoe.

㉔ René Laforgue, "Personal Memories of Freud" (1956), in *Freud As We knew Him*, ed. Hendrik M. Ruitenbeek(1973), 342.

㉕ Freud to Fliess, December 3, 1895. *Freud-Fliess*, 159(153).

㉖ Freud to Fliess, December 8, 1895. Ibid, 160(154).

㉗ Freud to Fliess, August 29, 1888. Ibid, 9(23).

㉘ Freud to Fliess, July 21, 1890, and August 11, 1890, Ibid, 12, 14(26, 27).

㉙ Freud to Fliess, August 20, 1893. Ibid, 46(53).

㉚ See Freud to Fliess, June 28, 1892, Ibid, 17.23(31, 35).

㉛ "Selbstdarstellung," *GW* SIV, 41/ "Autobiographical Study," *SE* XX, 18.

㉜ *Zur Auffassung der Aphasien. Eine Kritische Studie*, (1891), 18, 106, 107.

㉝ See "A Case of Successful Treatment by Hypnotism" (1892–1893), *SE* Ⅰ, 117–128.

㉞ "Selbstdarstellung," *GW* XTV, 39/ "Autobiographical Study," *SE* XX, 16.

㉟ Ibid, 40/16.

㊱ Freud to Fliess, Draft B, enclosed in letter of February 8, 1893. *Freud-Fliess*, 27 - 43.
37 Ibid, 32(44).

㊲ Ibid, 32(44).

㊳ "Selbstdarstellung," *GW* XTV, 47/"Autobiographical Study," *SE* XX, 22.

㊴ Freud to Martha Bernays, July 13, 1883("2 A. M.") *Briefe*, 47 - 48.

㊵ See *Jones* I, 226.

㊶ Freud to Martha Bernays, July 13, 1883. *Briefe*, 48.

㊷ "Selbstdarstellung," *GW* XTV, 44/"Autobiographical Study," *SE* XX, 19 - 20.

㊸ Breuser to Auguste Forel, November 21, 1907.

㊹ "Selbstdarstellung," *GW* XTV, 44/"Autobiographical Study," *SE* XX, 20.

㊺ Josef Breuer, "Krankengeschichte Bertha Pappenheim" (1882). Reprinted in Albrecht Hirschmüller, *Physiologie und Psychoanalyse im Leben und Werk Josef Breuers*, supplement 4 to *Jahrbuch der Psychoanalyse*, X(1978), 348 - 362. Quoted passages at 348.

㊻ Breuer, "Krankengeschichte Berhta Pappenheim," in Hirschmüller, *Physiologie und Psychoanalyse in Breuer*, 349.

㊼ "Selbstdarstellung," *GW* XTV, 47/"Autobiographical Study," *SE* XX, 22.

㊽ Anna 0. used these phases in English. *Studien über Hysterie* (1895; 2d ed, unchangd, 1909), 23/*Studies on Hysteria*. *SE* Ⅱ, 30.(英文标准版全集的编者,将这本书包括布洛伊尔执笔的部分都翻译了出来,但是弗洛伊德德文全集的编者则略去布洛伊尔的章节。我这里引用的是原来全书的章节页数,让读者可以对照英文版的内容。)

㊾ Ibid, 27, 32/35, 40 - 41.

㊿ "Bertha Pappenheim über ihre Krankheit" (September 1882). Quoted in full in Hirschmüller, *Physiologie und Psychoanalyse in Breuer*, 368 - 370, quotation at 370.

(51) Breuer and Freud, *Studien über Hysterie*, 32/*Studies on Hysteria*, *SE* Ⅱ, 41.

(52) Breuer to Forel, November 21, 1907. Quoted in Cranefield, "Breuer's Evaluation," 320.

(53) Freud to Stefan Zweig, June 2, 1932. *Briefe*, 427 - 428. (See Henri Ellenberger, "The Story of 'Anna 0.'.: A Critieal Review with New Data," *Journal of the History of the Behavioral Sciences* VⅢ[1972], 267 - 279; and Hirschmüller, *Physiologie und Psychoanalyse in Breuer*, 47 - 48.)弗洛伊德说整个安娜·O的案例"重建"是他完成的,他对这样的说法有信心。因为布洛伊尔最小的女儿曾读过弗洛伊德的描述,并且询问她父亲加以确认。但这其中有点错误:弗洛伊德认为这个女儿应该是"在治疗结束之后立刻出生的,无从逃避和这个案例相关的深层联结"(*Briefe*, 428)! 在他的自传里,琼斯更详细地描述这个故事:布洛伊

尔太太因为丈夫对这个年轻而炫目的病人的注意而感到嫉妒。因为这样，布洛伊尔在一些慌乱的情绪下，结束治疗并且带他的太太到意大利度二次蜜月，在这个旅行中他们的小女儿才得以受孕（*Jones* I,224 –226）。弗洛伊德似乎相信这样的说法。但据亨利·埃伦贝格尔（Henri Ellenberger）以及阿尔布雷希特·希尔施米勒（Albrecht Hirschmüller）的学术研究，布洛伊尔小孩出生的年代实际上不符合这个说法。杜拉·布洛伊尔是在 1882 年 3 月 11 日生的，这是她父亲结束安娜·O 案例的三个月之前；再者，布洛伊尔那时候也不是去意大利避暑，他实际上去了 Tramsee 湖边的 Gmunden。

(54) Quoted in Hirschmüller, *Physiologie und Psychoanalyse in Breuer*, 256.

(55) Freud to Minna Bernays, July 13, 1891. *Briefe*, 239.

(56) Freud to Fliess, December 18, 1892. *Freud-Fliess*, 24(36).

(57) Freud to Fliess, September 29, 1893. Ibid, 49(56).

(58) Freud to Fliess, June 22, 1894. Ibid, 80(86).

(59) See Freud to Fliess, April 16, 1896. Ibid, 191, 202(181, 191).

(60) Freud to Fliess, January 22, 1898. Ibid, 322(296).

(61) Breuer and Freud, *Studien über Hysterie*, 221/*Studies on Hysteria*, *SE* II, 250 –251.

(62) See George H. Pollock, "Josef Breuer," in *Freud, Fusion of Science and Humanism*, ed. Gedo and Pollock, 133 –163, esp. 141 –144.

(63) Freud to Fliess, November 8, 1895. *Freud-Fliess*, 154 –155(151).

(64) Freud to Fliess, May 16, 1900. *Freud-Fliess*, 453 –454(414).

(65) Freud to Fliess, August 7, 1901. Ibid, 491(447).

(66) Breuer to Forel, November 21, 1907. Quoted in Cranefield, "Breuer's Evaluation," 319 –320.

(67) See p. 33 in Freud's copy of Wittels, *Sigmund Freud*. Freud Museum, London.

(68) Lehrmeisterin: Freud to Fliess, February 8, 1897. *Freud-Fliess*, 243(229).

(69) Freud to Fliess, August 1, 1890. Ibid, 12(27).

(70) Freud to Fliess, July 12, 1892. Ibid, 18(32).

(71) See Peter J. Swales, "Freud, His Teacher, and the Birth of Psychoanalysis," in *Freud, Appraisals and Reappraisals: Contributions to Freud Studies*, ed. Paul E. Stepansky, I(1986), 3 –82.

(72) *Studien über Hysterie*, *GW* I, 162n/*Studies on Hysteria*, *SE* II, 105n (note added in 1924).

(73) Ibid. 116/63.

㉔ Ola Andersson. "A Supplement to Freud's Case History of 'Frau Emmy v. N.' in Studies on Hysteria 1895, *Scandinavian Psychoanalytic Review*, Ⅱ (1979), 5 – 15.

㉕ *Studien über Hysterie*, *GW* I, 86/*Studies on Hysteria*, *SE* Ⅱ, 7.

㉖ Ibid, 198/137.

㉗ Ibid, 201/139.

㉘ Ibid, 212, 224, 226/148, 158, 160.

㉙ "Memorandum for the Sigmund Freud Archives," dated January 11, 1953. Freud Museum, London.

㉚ *Studien über Hysterie*, *GW* I, 168/*Studies on Hysteria*, *SE* II, 111.

㉛ See, for instance, "Analysis of a Phobia in a Five-Year-Old Boy" ("Little Hans") (1909), *SE* X, 23; and "Recommendations to Physicians Practising Psycho-Analysis" (1912), *SE* XII, 111.

㉜ Freud to Fliess, August 20, 1893. *Freud-Fliess*, 48(54).

㉝ *Studien über Hysterie*, *GW* 1, 193/*Studies on Hysteria*, *SE* Ⅱ, 133.

㉞ Ibid, 195n/134n.

㉟ Freud to Fliess, May 25, 1895. *Freud-Fliess*, 130(129).

㊱ Freud to Fliess, October 16, 1895. Ibid, 149(145).

㊲ Freud to Fliess, May 17, 1896. Ibid, 196(187).

㊳ Freud to Fliess, May 21, 1894. Ibid, 66(73).

㊴ Freud to Fliess, November 22, 1896. Ibid, 215(204).

㊵ Freud to Fliess, August 16, 1895. Ibid, 139(136).

㊶ Freud to Fliess, February 23, 1898. Ibid, 328(300).

㊷ Freud to Fliess, August 12, 1896. Ibid. 207(196).

㊸ Freud to Fliess, May 16, 1897. Ibid, 259(244).

㊹ Freud to Fliess, April 12, 1897. Ibid, 250(236).

㊺ Freud to Fliess, March 27. 1899. Ibid, 382(349).

㊻ Freud to Fliess, December 8, 1895. Ibid, 160 – 161(154 – 155).

㊼ Freud to Minna Bernays, August 28, 1884. By permission of Sigmund Freud Copyrights, Wivenhoe.

㊽ Freud to Martha Bernays, October 12, 1884. By permission of Sigmund Freud Copyrights, Wivenhoe.

㊾ Interview with Helen Schur, June 3, 1986. Photographs in Ernst Freud et al., eds., *Sigmund Freud: His Life in Pictures and Words, 99, 151, 193.

⑩⓪ Freud to Fliess, May 21, 1894. Freud-Fliess, 66(73).

⑩① Freud to Fliess, February 6, 1896. Freud-Fliess, 179(170).

⑩② Adolf von Stümpell, "Studien über Hysterie," Deutsche Zeitschrift fur Nervenheilkunde, VIII(1896), 159 – 161.

⑩③ See Freud to Martha Bernays, April 17, 1893. Quoted in Freud-Fliess, 34n.

⑩④ Freud to Fliess, November 27, 1893. Ibid., 54(61).

⑩⑤ Freud to Fliess, October 8, 1895. Ibid., 146(141).

⑩⑥ Freud to Fliess, October 15, 1895. Ibid., 147(144).

⑩⑦ Freud to Fliess, October 20, 1895. Ibid., (146).

⑩⑧ Freud to Fliess, October 31, 1895. Ibid., 151 – 152(148).

⑩⑨ Freud to Fliess, November 8, 1895. Ibid., 153 – 154(150).

⑩⑩ See Ibid., 155 – 157(142 – 144).

⑪① Freud to Fliess, May 25, 1895. Ibid., 130(129).

⑪② Freud to Fliess, April 27, 1895. Ibid., 129(127).

⑪③ Freud to Fliess, May 25, 1895. Ibid., 130 – 131(129).

⑪④ Freud to Fliess, November 29, 1895. Ibid., 158(152).

⑪⑤ 弗洛伊德精神分析作品的英文编者非常正确地断定,这个"计划"虽然"外表上是一个神经学的理论文件",其中"实际上包含了弗洛伊德后期心理学理论当中核心的伟大想法"。的确,"这个'计划',或者应该说其后看不见的幽灵,一直笼罩着弗洛伊德的整个理论作品,直到最后"。"Editor's Introduction" to "Project for a Scientific Psychology," SE I, 290.

⑪⑥ "Entwuif einer Psychologie"(1895), in Aus den Anfängen der Psychoanalyse. Briefe an Wilhelm Fliess, Abhandlungen und Notizen aus den Jahren, 1887 – 1902, ed. Ernst Kris, Marie Bonaparte, and Anna Freud(1950), 379.

⑪⑦ Freud to Fliess, October 20, 1895. Freud-Fliess, 150(146).

⑪⑧ Abriss der Psychoanalyse(1940), GW XVII, 80/Outline of Psychoanalysis, SE XXIII, 158.

⑪⑨ Ibid., 108/182.

⑫⓪ See Robert C. Solomon, "Freud's Neurological Theory of Mind," in Freud: A Collection of Critical Essays, ed. Richard Wollheim(1974), 25 – 52.

⑫① Jenseits des Lustprinzips(1920), GW SIII, 32/Beyond the Pleasure Principle, SE XVIII, 31.

⑫② "Entwrnf," in, Anfängen, ed. Kris et al., 380/"Project," SE I, 296.

⑫ Ibid.,381/297.

⑭ *Traumdeutung*,*GW* II-III, 111n/*Interpretation of Dreams*,*SE* IV,106n (note added in 1914).

⑮ Ibid.,126/120 – 121.

⑯ Freud to Fliess,July 24,1895. *Freud-Fliess*,137(134).

⑰ Freud to Fliess,August 6,1895. *Freud-Fliess*,137(134).

⑱ Freud to Fliess,June 12,1900. Ibid.,458(417).

⑲ *Traumdeutung*,*GW* II-III,111 – 112/*Interpretation of Dreams*,*SE* IV,107.

⑳ Ibid.,123/118.

㉑ Ibid.,125/120.

㉒ Ibid.,298 – 299/292 – 293.

㉓ Freud to Fliess,March 8,1895. *Freud-Fliess*,116 – 117(116 – 117).

㉔ Ibid.,117 – 118(117 – 118).

㉕ See Freud to Fliess,April 11,1895. Ibid.,125(123 – 124).

㉖ Freud to Fliess,April 20,1895. Ibid.,127(125).

㉗ Freud to Fliess,April 26,1895. Ibid.,128(127).

㉘ Freud to Fliess,April 16,1896. Ibid.,191(181).

㉙ Freud to Fliess,April 28,1896. Ibid.,193(183).

⑭⓪ Freud to Fliess,June 4,1896. Ibid.,202(192).

⑭① Ibid.

⑭② *Traumdeutung*,*GW* II-III,122/*Interpretation of Dreams*,*SE* IV,117.

⑭③ Freud to Fliess,January 3,1899. *Freud-Fliess*,371(339).

⑭④ Freud to Fliess,May 7,1900. Ibid.,452(412).

⑭⑤ Freud to Fliess,August 7,1901. Ibid.,492(447).

⑭⑥ Freud to Fliess,April 2,1896. Ibid.,190(180).

⑭⑦ Freud to Fliess,May 4,1896. Ibid.,195(185).

⑭⑧ Freud to Fliess,November 8,1895. Ibid.,154(150).

⑭⑨ Freud to Fliess,July 15,1896. Ibid.,205(195).

⑮⓪ Freud to Fliess,June 30,1896. Ibid.,203 – 204(193).

⑮① Freud to Fliess,July 15,1896. Ibid.,205 – 206(194 – 195).

⑮② Freud to Fliess,October 26,1896. Ibid.,212(201).

⑮③ Freud to Fliess,November 2,1896. Ibid.,212 – 213(202).

⑭ See "Brief an Romain Rolland(Eine Erinneningsstörung auf der Akropolis)" (1936), *GW* XVI, 250 - 257/"A Disturbance of Memory on the Acropolis,"*SE* XXII, 239 - 248.

⑮ *Traumdeutung*, *GW* Ⅱ-Ⅲ, x/*Interpretation of Dreams*, *SE* Ⅳ, xxvi.

⑯ See George F. Mahl, "Father-Son Themes in Freud's Self-Analysis," in *Father and Child: Developmental and Clinical Perspectives*, ed. Stanley H. Cath, Alan R. Gurwitt, and John Munder Ross(1982),33 - 64; and Mahl,"Freud,Father,and Mother: Quantitative aspects," Psychoanalytic Psychology, Ⅱ(1985),99 - 113.

⑰ 这个声明,是弗洛伊德引用弗利斯写给他的信中的一句话。*Studien über Hysterie*, *GW* Ⅰ,227/*Studies on Hysteria*, *SE* Ⅱ, 160.

⑱ Freud to Fliess, August 7, 1901. *Freud-Fliess*, 492(447).

⑲ "Zur Geschichte der psychoanalytischen Bewegung"(1914), *GW* X,52/"On the History of the Psycho-Analytic Movement,"*SE* XIV 14 - 15.

⑳ Freud to Fliess, February 8, 1893. *Freud-Fliess*, 27(39).

㉑ Freud to Fliess, October 15, 1895. Ibid., 147(144).

㉒ "Weitere Bemerkungen Über die Abwehr-Neuropsychosen"(1896), *GW* Ⅰ, 380/"Further Remarks on the Neuro-Psychoses of Defence,"*SE* Ⅲ, 163.

㉓ Ibid., 382/164.

㉔ See"The Aetiology of Hysteria"(1896), *SE* Ⅲ, 189 - 221 *passim*.

㉕ Freud to Fliess, April 26, 1896. *Freud-Fliess*, 193(184).

㉖ Freud to Fliess, May 4, 1896. Ibid., 195(185). 在 1914 年的时候回顾,弗洛伊德像是一片"空白"围绕着他。("Geschichte der psychoanalytischen Bewegung,"*GW* X,59/"History of the Psycho-Analytic Movement,"*SE* XIV, 21.)

㉗ Freud to Fliess, May 31, 1897. *Freud-Fliess*, 266(249).

㉘ Freud to Fliess. September 21, 1897. Ibid., 283, 284(264).

㉙ See Freud to Fliess, December 12, 1897. Ibid., 312(286).

㉚ See Freud to Fliess. December 22, 1897. Ibid., 314(288).

㉛ For his public disavowal, see *Three Essays on the Theory of Sexuality*(1905), *SE* Ⅶ, 190 - 191 and 190 - 191 n; and "My Views on the Part Played by Sexuality in the Aetiology of the Neuro-ses"(1906), Ibid., 274.

㉜ *Studien Über Hysteris*, *GW* Ⅰ, 385n/*Studies on Hysteria*, *SE* Ⅲ, 168n(note added in 1924).

㉝ Freud to Fliess, September 21, 1897. *Freud-Fliess*, 285(265 - 266).

⑭ "Geschichte der Psychoanalytischen Bewegung," *GW* X.55/"History of the Psycho-Analytic Movement," *SE* XIV,17.

⑮ Freud to Fliess,October 15,1897. *Freud-Fliess*,293(272).

⑯ *Jones* I,319.

⑰ Freud to Fliess,November 14,1897. *Freud-Fliess*,305,301(281,279).

⑱ *Psychopathologie des Alltaglebens*, *GW* IV, 5/*Psychopathology of Everyday Life*, *SE* VI,1.

⑲ Ibid.,58/49.

⑳ Ibid.,153/138.

㉑ "Geschichte der Psychoanalytischen Bewegung," *GW* X,58 – 59/"History of the Psycho-Analytic Movement," *SE* XTV,20.

㉒ Freud to Fliess,July 7,1897. *Freud-Fliess*,273(255).

㉓ *Traumdeutung*,*GW* II-III,455 – 458/*Interpretation of Dreams*,*SE* V,452 – 455.

㉔ Freud to Fliess,May 16,1897. *Freud-Fliess*,258(243).

㉕ Freud to Fliess,June 18,1897. Ibid.,270(252 – 253).

㉖ Freud to Fliess. June 22,1897. Ibid.,272(254).

㉗ Freud to Fliess,July 7,1897. Ibid.,272(255).

㉘ Freud to Fliess,August 14,1897. Ibid.,281(261).

㉙ Freud to Fliess,October 3,1897. Ibid.,288(268).

㉚ Freud to Fliess,October 27,1897. Ibid.,295(274).

㉛ Freud to Fliess,October 3,1897. Ibid.,289(269).

㉜ Freud to Fliess,October 15,1897. Ibid.,293(272).

㉝ Freud to Fliess,April 16,1896. Ibid.,192(181).

㉞ Freud to Fliess,January 16,1899. Ibid.,372(340).

㉟ Freud to Fliess,July 8,1899. Ibid.,394(359).

㊱ Freud to Fliess,June 27,1899 Ibid.,391(357).

㊲ Freud to Fliess,December 5,1898. Ibid.,368(335).

㊳ Freud to Fliess,May 1,1398. Ibid.,341(312).

㊴ Ibid.,342(313).

㊽ Freud to Fliess,June 27.1899. Ibid.,391(357).

㊾ Freud to Fliess,May 1,1898. Ibid.,341(312).

㊿ Freud to Fliess,May 18,1898. Ibid.,342(312).

㉓ See Freud to Fliess, July 17, 1899. Ibid., 396(361).

㉔ Freud to Fliess, June 9, 1898. 344 – 345(315).

㉕ See Freud to Fliess, June 20, 1898. Ibid., 346(317).

㉖ Freud to Fliess, July 30, 1898. Ibid., (321).

㉗ Freud to Fliess, August 7, 1901. Ibid., 491 – 492(442). 当玛丽·波拿巴在 1937 年把这封信拿给弗洛伊德看的时候，弗洛伊德把它说成是"非常重要"的(Ibid, 490n〔448n〕)。

第三章 精神分析

弗洛伊德在1896年第一次以法文使用"精神分析"这个历史性的名词,之后以德文继续使用①。但在这之前,他已经朝这个方向努力了一段时间。那张著名的分析躺椅,是一个病人赠送的感谢礼物。他在1891年9月搬入伯格巷19号的公寓时,这张躺椅就已经成为办公室中家具的一部分[在玛丽·波拿巴为弗洛伊德传记整理的资料中有一项用法文写的未标日期的注释:"弗洛伊德夫人告诉我,这个分析用的躺椅(弗洛伊德将把它也搬到伦敦),是一位感激的病人本韦尼斯蒂(Benvenisti)夫人在1890年左右所送的礼物。"(Ibid.)]。从一开始受到布洛伊尔的影响,到后来把诊疗的方式从催眠转为谈话治疗,弗洛伊德慢慢地调整布洛伊尔的方法,直到19世纪90年代中期蜕变为精神分析。事实上,他最违反传统的某些观念,一开始还看不出其重要性,可以追溯到他于1890年初期的研究和临床观察上。他先是从容地从事他的工作,1897年以后,他感觉到研究已经有了成果,便加快了速度,不断把这些研究成果写成文章发表出来,同时在和弗利斯频繁往来的书信中透露这些成果。接下来的30年左右,弗洛伊德将要修补他的精神地图,精炼精神分析的技巧,慢慢修正理论中关于驱力、焦虑、女性性的部分,甚至涉及艺术史、哲学人类学知识、宗教心理学,以及文化评论等领域。1899年末他出版《梦的解析》时,精神分析的原则已大致成型。1905年出版的《性学三论》(Three Essays on the Theory of Sexuality),是阐述这些原则时次重要的文章,但总的来说,他的梦书最为重要,并被弗洛伊德自己视为毕生工作的核心关键。"《梦的解析》,"他强调,"是通往心理活动中无意识知识的康庄大道。"②

梦的秘密

弗洛伊德《梦的解析》谈的不只是梦,这是一本既坦率又谨慎的自传,书中揭露的或是遗漏的,都一样令人极为好奇。即使在比后来的版本稍短的第一版中,弗洛伊德已经对精神分析的基本观念做了清楚说明。为俄狄浦斯情结、压抑的作用,以及欲望与防御方式之间的抗争,提供了大量的个案历史作为参考。这本书也不经意地提到维也纳医学圈的种种片段,尖锐地刻画了同行间互相竞争与沽名钓誉的现象,以及奥地利社会上反犹太主义的气氛与自由思想接近尾声的日子。他在这本书中以引用大量与梦有关的文献开始讨论他的观点,并在最困难的第七章,以提出心理活动的综合理论作为结束。简单地说,弗洛伊德这本旷世之作的文体,还没办法被明确归类。

书中的论证对他所要表达的意义来说是够清楚的,但作为一个自我意识强烈的文体家,弗洛伊德对他呈现的方式感到疑虑。他在《梦的解析》第二版序言中承认,这本书"并不好读"③,他对这本书的评价随着工作的进展摇摆不定。1898年2月他告诉弗利斯:"我正沉浸在我的梦书里,写作非常流畅。"④几个星期后他谈到,"这本梦书,"已经写了几个章节,"慢慢变得比较可读"⑤。但到了5月,他觉得弗利斯正在阅读的那个章节"风格上仍然十分粗糙,某些部分非常拙劣,呈现出来的感觉几乎没有任何生气"⑥。

他的忧虑并未随着书即将出版而消散,努力工作让他觉得"极度痛苦"⑦,即使那些梦境资料无懈可击,他仍担心书中会显现他的不安感受。"让我觉得不满意的,"1899年9月校阅时他观察到,"是其中的风格,我没办法呈现出那种高雅简洁的表达方式,这种风格只是显得滑稽的赘述罢了。"他用一个笑话吐露对这本书的失望感,这个笑话来自一份他喜欢阅读的德文讽刺周刊(*Simplicissimus*):"两个军人正互相对话:'同志,如果现在你要结婚了,你希望你的未婚妻迷人、美丽、机智,还是大方?''这是见仁见智的说法,但问题是我不爱她。'这就是我现在的写照。"⑧弗洛伊德因为对"形式的严格讲究","对美感的要求近乎完美",他担心"梦书中曲折迂回的说法,用非常间接委婉的方式呈现的观点,已经严重地偏离我内在的理想形式",也可能被读者私下认为,"对材料的掌控不足"⑨。

他此时欠缺的就是平静,他曾经考虑在书中引用一句歌德的"感伤"格言,但由于弗利斯的反对,他改而引用维吉尔的《埃涅阿斯纪》(*Aeneid*)一书第七卷中一句谜一般的格言,而这句格言暗示了他的紧张与气愤状态。他对"*Flectere si nequeo* Superos, Acheronta movebo"["如果我不能让上天的力量转向,我将向冥界寻求协助。"]这句话的解释是非常直接的:这句名言简洁地总结了他书中的基本主题,那就是,欲望被"更高的心灵主宰"拒绝,因此向"心灵中的冥界(无意识)"寻求帮助,以使其目的得到保障[弗洛伊德1896年底第一次向弗利斯提到这句话时,他表示打算将它放在一本最近计划的关于歇斯底里症心理学的书中。这句话将作为书中讨论症状形成的名言。(Freud to Fliess, December 4, 1896. *Freud-Fliess*, 217 [205])]⑩。这句话是愤怒的宙斯,在奥林匹斯众友神都拒绝协助他达成愿望之后粗鲁地说出的韵文,其所表达的意思远不止于此。这句话倒是符合弗洛伊德的挑衅心态。1899年9月为此书校稿时,他向弗利斯预告,这本书出版之后将会引来一场风暴,因为它会引起那些无知且愚昧的人发出愤怒的强烈抗议,会是一场真正的"暴风雨",那时,"我倒要听听他们的反应"⑪。他的梦书不会撼动那些在维也纳具有更高权力的人,那些宣称他的想法是童话、缺乏想象力的教授,那些固执不给他正教授职位的官僚,他们并不会因他的观点而有所改变。但这无妨,他会利用冥界的力量来打击他们。

弗洛伊德对书的呈现方式的不满并没有得到实际证明,正如他对读者会有激烈反应的预测也没有真正发生。可以想见,弗洛伊德并不是他自己作品完美的评判者。老实说,这本梦书的结构的确枝节旁生,他在编辑随后的版本时,又放入过多的材料。在书中的前四章,以略显轻快的笔触陈述有关梦的基本理论,只在有重要的范例梦境以及相关的解释时才稍作停顿。弗洛伊德在此之后的行文变得舒缓,使他可以奢侈地扩展自己的想法,他仔细地描述各种各样的梦,并且从梦境表面原因追踪到更深的源头。他的第六章谈到梦所完成的工作,在后来的版本里这一章得到大量扩展,以至于几乎和前五章的总和一样长。作为总结的章节,著名的"哲学式"的第七章,风格晦涩且具有高度的技术性,但是全书的一致感与用词的优雅还是未受影响。

弗洛伊德精明地利用他的文体技巧,来展现他要传递给读者的信息:引用作为范例的梦使讨论更为深入,行文中的自我诘问使可能的批评失去着力点,而对话的语调,如同文学作品中经常使用的,能为阅读者卸去重担。弗洛伊德对引文随手拈来,所引用的包括:索福克勒斯与莎士比亚,歌德与海涅,莫扎特与奥芬巴赫,以及流行歌曲。他精妙的比喻使得《梦的解析》看来不像是一栋建筑,而是有导游带领的游览:"整个过程以一场梦幻般的散步展开,开始的时候,展现在我们面前的是那些作家的一片黑暗森林(他们并未看到树),在这片森林里,到处是无望而错误的路径,然后出现一条隐藏的小道,我用它引导读者,那就是我的范例梦境,它有其特殊之处与细节,以及疏漏之处、糟糕的玩笑等等。然后豁然出现了山峰、景致与问题:请问,你现在想走去哪儿?"[12]当他为书中文字所形成的"破碎表面"[13]忧愁以及疑虑的同时,弗洛伊德也要他的读者把自己交付给他,并且让他来导游。

弗洛伊德很适当地以一种带着挑衅的自信为《梦的解析》做开场白:"在接下来的文字里,我将展示一系列的证据,证明有一种心理学技巧可以用来对梦境进行解释。借由这样的程序,每个梦都可以将自己展示为一个有意义的心理结构。而且这种心理学技巧也可以拿来解释清醒时的精神活动。"[14]弗洛伊德不只认为梦具有可以解释的意义,而且还认为其他人也必须依照他的程序才能对梦加以解释。他让读者知道,他的书将大幅度说明许多东西。

弗洛伊德一开始即不厌其烦以许多梦的文献来展开他的说明:从哲学论文到心理学专著,古典的和现代的都有。1898年2月,当弗洛伊德开始对意气不合的前辈的论梦作品认真思考时,他向弗利斯毫不客气地抱怨这个令人沮丧但无法逃避的零星琐事:"真希望我可以不必读这些东西,这些琐碎的文献让我厌烦至极!"[15]他觉得搜集参考书目是"一项可怕的惩罚"[16]。更糟的是,一个月之后,他发现需要读的东西远超过想象。一直到1899年8月,这本书的部分手稿已经交到出版商手中,弗洛伊德还在嘀咕抱怨搜集参考书目的事情。但是,他也明白导论性的第一章是其他部分的后盾,他不想给"科学家们"——他为这个词加上嘲弄的引号——"一把杀死这本小书的利斧"[17]。在第一章,走过以前作家的黑森林,我们可以看到当时有关梦的理论是多么的贫乏。他虽然不停抱怨每个论点,但每个论点都可以找到一个相对的论点。他还是对某些作者的想法加以赞赏。德国学者希尔德布兰特(F. W. Hildebrandt)就曾在他1875年出版的《梦及其在生活中的应用》(The Dream and Its Utilization in Life)里,对梦的作用做过提纲式的说明。法国档案学者、民族志作者、魔术史家阿尔弗雷德·莫里(Alfred Maury)也曾经对他自己的梦做过一些精彩的实验,记录在1878年的《睡眠与梦境》(Sleep and Dreams)中。语词累赘但富有想象力的哲学教授卡尔·阿尔伯特·施纳(Karl Albert Schener),主要的兴趣是美学,在象征意义的研究上蹒跚而行,1861年把他的发现作为专著《梦的生活》(The Life of Dreams)出版。弗洛伊德感谢这些人的著作为真理的路铺上轨道。但是,没有人对梦进行全面的讨论,他需要重新来过。

因此在第二章,弗洛伊德提出对梦的诠释方法,附上一个范例梦境的完整分析——"伊尔玛的注射"之梦。但在他展开研究方法的讨论之前,弗洛伊德略带恶作剧地把他的发现和民间迷信联结在一起。毕竟,除了极难阅读的施纳之后,没有一个当代的研究者,把梦当作可以严肃分析的对象。梦的解读已经被归类为"外行人的意见"[18],因为隐约地感到梦中含有未解读信息的人都是未受过教育的大众。

梦里的确有信息,弗洛伊德同意,但不是一般大众期待的那种。梦境并不是以普通的方法赋予每个梦一个单一、确定的象征意义,或者把梦当作一连串密码,而用简单的答案来解谜。弗洛伊德明确地说,"这两种解释过程"都没有用。为了取而代之,他打算从布洛伊尔的宣泄方法起步,经过精炼和修正后成为他自己的做法:做梦者必须进行自由联想,放弃他先前熟悉的理性评价与心灵随想,认识到梦是一个不折不扣的"症状"。把梦里的每个元素独立开来(就像旧的解码方式那样,但为了新的科学目的加以利用),并以这些元素为起点做自由联想,梦者或他的分析家最终会揭开其中的意义。弗洛伊德宣称他使用这个方式,对他自己以及病人的一千多个梦做过解析,出现的结果是一个普遍原则:"梦是愿望的实现。"[19]

这个规则马上面临一个问题,弗洛伊德把这个问题放在最简约的一个章节里来处理。欲望满足是梦的普遍规则吗?还是一种对"伊尔玛的注射"才适合的简单解释?在提出一大堆其他的例证之后,弗洛伊德坚持这是每个梦境的真理,不论梦境是否表现为刚好相反的内容。每一个与此论点明显不同的例子,在弗洛伊德看来,经过检验之后,还是一样符合他的论点,只不过是同一主题的巧妙变化罢了[一直到1920年一场精神分析家参与的国际会议中,弗洛伊德才允许对其解释的唯一例外:那就是创伤性的梦境,即那些回忆起最近意外或者童年创伤的梦。但即便如此,它们仍不是完全的例外:创伤性梦境仍然符合愿望满足的梦理论,因为在这样的梦境中,通过修通以往的创伤,梦满足了想要驾驭创伤的愿望("Supplements to the Theory of Dreams",[1920],*SE* XVIII,4-5)]。

第一个对弗洛伊德的梦境法则有所提示的梦,大概比"伊尔玛的注射"早五个月。那是个有趣且表达相当直接的"懒惰的梦"(Bequemlichkeitstraum),梦中的主人翁是一个年轻的外科医师的友人,实际上是布洛伊尔的外甥[20]。在《梦的解析》中这个主角化名为Pepi,是个喜欢赖床的人。某个早上,当房东太太要叫醒他的时候,Pepi以他已经躺在医院病床上的梦境来回应,因此他觉得可以不用起床,于是就翻了个身继续睡[21]。但是反对者会说,许多梦根本不是愿望的满足。它们可能代表焦虑,或激起焦虑,或呈现出一个中性的,相当缺乏情感的场景。为什么像这种令人沮丧或中性的梦可以被算作满足愿望的例子呢?为什么它们又需要隐藏自己的真实含义呢?"当科学工作遇到解释上的困难时,"弗洛伊德回答道,"寻找第二条路通常是好办法。如同把两个果核互相敲击来打开,要比打开单一果核容易。"[22]这个解决办法就是伪装,它把基本线索以梦者意识不到的运作过程,呈现在最后的梦境中。

为了解释伪装,弗洛伊德引入一个重要的区别,那就是外显的梦境与潜藏的梦思。前者是每个梦在清醒之后可以模模糊糊回忆到的内容,而后者梦思部分,通常被隐藏起来,并且以相当遮掩的方式以及需要转译的伪装,出现在梦境中。小孩的梦是例外,它们既让人觉得无趣却又充满信息:"小孩子的梦通常是单纯的愿望满足,"因此,"其中没有需要被解开的谜题"。但他们的梦却"在展示梦的意义上价值非凡,因为它们归根来说,就是愿望的满足"。他们的梦赤裸裸地呈现被禁止的内容,例如一颗可以吃的糖果,或者一趟答应过的旅行,他们的梦实际上并不需要解释。为了说明这点,弗洛伊德以他儿子和女儿的梦作为例子。一个迷人的例子来自他的小女儿安娜——未来的精神分析家。当小安娜19个月大的时候,有一天早上呕吐之后,一整天都没吃东西。当天晚上,她的父母听到她在梦中兴奋地叫着自己的名字。叫出自己的名字,是这个小女孩表示被某些东西淹没或占据时的习惯,她嚷着:"安娜·弗洛伊德,草莓,野草莓,煎蛋……布丁……"弗洛伊德评论说,这份"菜单,包含了她理想餐点中希望出现的食物"[23]。

但另一方面,对成人来说,伪装已是第二天性,比如日常生活的礼貌。更戏剧性的是,梦活动模仿了出版品的检查制度,用看起来无害的内容和不能穿透的面具,来掩饰其真实欲望。简单地说,外显梦境,是做梦者内在检查机制处理之后,允许其内容流动到意识表面的部分:"我们可以这么说,做梦者给予梦境一个大概的轮廓,两股心理的力量(或者说流动、系统),其一形成梦所表达的欲望,另一股力量则对梦中欲望进行检查,并因为这个检查而迫使梦境的表达方式变形扭曲。"㉔认知到一个梦包括了外显内容和潜伏思绪两个部分,可以使解释者进一步认识到梦所要形成及伪装的力量,以及这两者间的冲突。

这些冲突通常在寻求满足的驱力,以及否认此一满足驱力的防御机制之间产生。但是梦也可能展示另一种竞争:欲望之间的互相碰撞。1909年《梦的解析》再版时,可能来自他人对其理论反对的刺激,弗洛伊德增加了一个极具说服力的例子来说明无意识冲突——他的病人,"为了阻抗",常常产生出愿望明显受挫的梦境。这些弗洛伊德称之为"反愿望梦境"的梦㉕,展示了病人想要证明弗洛伊德理论错误的欲望。但它们并没有使弗洛伊德怀疑自己的正确。即使有关焦虑的梦,看起来是对弗洛伊德理论有力的反驳,也没有脱离这个类型。那是一种在无意识中生成的愿望,但是遭到心灵的其他部分的驳斥,因此整个梦负载着焦虑感[弗洛伊德对这个受争议的说法提供了一份颇长的注释,并加以精细化(见《梦的解析》,SE V,580-581)。他的论点引起关于其理论是否可以在每个可能情境中都适用的争议,因为他的理论无法被否证:一个很容易解释为愿望满足的梦可以确认他的理论,但是一个焦虑的梦,看起来与他所说的相反时,也可符合他的解释架构。弗洛伊德认为,这种状况是由于精神是由一组互相冲突的组织构成的;精神中一部分想要的,另一部分很可能会反对,因此引起焦虑]。一个小男孩因为不能接受他对妈妈的性欲望而对之施行压抑,但是它持续存在无意识中并且会以其他方式出现,也许就成为一种焦虑的梦。因此,弗洛伊德在这时候提出的,并不是从他原先的架构中退缩,而是对之更进一步的扩展:"梦是一种对(受压抑、禁止的)欲望的(伪装)满足。"㉖

为了使自己感到满意,他第一个普遍命题变得更为复杂了。弗洛伊德将愿望满足论暂时搁置,回顾他曾经的思考过程,在他"漫步"走过"梦的问题"时,从一个新的起点再度接近梦的理论。他现在对典型的梦的材料与来源发生了兴趣。在区分梦的外显和内在层面之后,他要继续说明,虽然这两部分的关系紧密,但仍显著不同。一个梦必然会使用最近的生活素材,但是它会导引出一个最遥远的过去的解释;不论回忆的景象有多平淡无奇或怪异,都指向做梦者最核心的重要问题。弗洛伊德带着些许不祥的预兆做出以下结论:"没有中立的梦境煽动者,因此也没有天真而没有缘由的梦。"㉗

弗洛伊德的一位女病人,梦到她曾经试图把一支蜡烛放到烛台上,因为蜡烛断掉了,因此无法好好地站立在烛台上。同学责怪她笨手笨脚,但她的老师则说那不是她的错。在弗洛伊德的阐释系统里,一个不能站立的蜡烛激起一个软弱阳具的意象。这个说法现在看起来已经不新奇,但是当弗洛伊德刚出版这本书的时候,他的情色解释倾向,使得充满防御心态的大众受到惊吓,从而将弗洛伊德指认为不入流的偏执狂。弗洛伊德并不因为这些评论而气馁,并声称这个象征是"清晰无比"的。终究,"一支蜡烛是一个可以刺激女性生殖器的物品,当它破碎而没办法好好站立的时候,就因而象征了男性的不举"。正当弗洛伊德为这个出现的隐含意义,试探着询问分析者和蜡烛有关的模糊想法时,她给了弗洛伊德一个充满启示的回应:她回忆到某次和先生乘坐在莱茵河的摇桨船上时,一群学生在另一艘船上经过他们,嘈杂大声地唱着一首歌:"瑞典的女王……拉上她的百叶窗……还有阿波罗的蜡烛。"为了补充她没有听到或者帮助理解那漏掉的字,她的先生为她解释那就是"手淫"。"自由联想让她把带有猥亵歌词的'拉上百叶窗'转换成为一种粗鄙的感觉———一种她曾经在寄宿学校做过的坏事,于是在梦中她的性幻想被伪装成无害的样子而可以再经历一次"。那么"阿波罗"呢? 那是一个蜡烛的厂牌,并且经由这个梦联结到早期对战神雅典娜处女形象的想象。弗洛伊德再次简要地说:"的确,所有的事情绝不是那么单纯。"㉘

然而一般来说,梦的最近刺激来源却是单纯的。每一个梦,弗洛伊德认为,都有一个和前天事件的联结点。"不论我所得到的是什么梦境,不论是我自己或是别人的,每一次都可确认这样的经验。"㉙这些他称为"白日残余"(day's residues)的事件,通常可以提供对梦最简易的解析方向。以弗洛伊德自己关于植物学专著的简短梦境来说,在梦中他看到一本自己写的图解书,每一页都有一份干燥的植物标本在里面。引发这个梦的起源,是他前一天早上在一家书店的橱窗里,看到了关于仙客来(cyclamens)的专著㉚。但不论如何,做梦的人终究会从他的儿时经验中撷取一些内容,放在他的梦里。

早期对梦的研究者例如莫里就已经发现,婴儿时期的生活素材可能会被置放到成人的显梦当中。不断重复出现的梦,一开始可能在儿童时期出现,之后又回到梦者数年后的睡梦之中,这是人类记忆另一项穿梭时空的展现。但对弗洛伊德来说,做梦中婴儿时期的材料,只有以分析解释的方式才能发现。那掩盖在潜伏梦思中的素材十分吸引人。他发现它是如此引人入胜,以致需要另一个单独的章节来说明,并且重新整理了他自己做过的梦境,完成了一个延伸极广、非常私人的自传式解析。他以自己的私人记忆,来展现"一个人的儿童期冲动,会继续在他的梦境中活动"㉛的结论。在这些文字当中,弗洛伊德披露出令人不快的细节,并坦陈自己的野心,并把这个野心追溯至普拉特餐厅吟唱诗人的预言。在这些文字中,弗洛伊德也表明了他的苦恼,因为长期以来去拜访罗马的心愿一直落空。

弗洛伊德在《梦的解析》中所分析的最轻率的自传式的梦,是他经常引用关于"图恩伯爵"的梦。在他的分析中,加入了有关白日残余的附带说明,这使得梦的解析工作变得更为丰富详细。有关图恩伯爵的梦中,弗洛伊德加入的白日残余事件,显示了他自我扩张,甚至好战的心情。当弗洛伊德要前往奥斯湖过暑假时,在维也纳的西站,他遇到了图恩伯爵,一个极端保守的政客,当时奥地利的总理。这位伯爵看起来极为高傲,充满"自大与保守反动的思想"。弗洛伊德哼着《费加罗的婚礼》中费加罗有名的咏叹调,歌曲中描述一个平民大胆地邀伯爵跳舞,并以此联想到博马舍(Beaumarchais,1732－1799)的讽刺喜剧,这出喜剧后来成为达蓬特(Da Ponte)为莫扎特歌剧所写的脚本故事。弗洛伊德在巴黎看过这出戏,他在此联想到戏中主人翁以不屈服的抗议,来面对伯爵这个令人厌恶又毫无怜悯心的大人物[弗洛伊德引用的咏叹调歌词,原文是:"Se vuol ballare, signor conlino. /Se vuol ballare, signor contino, /Ⅱ chitarino le suonerò"。弗洛伊德并没有提到——虽然他可能心中想到——他最喜爱的讽刺作家海涅。海涅也在他的剧作 The Baths of Lucca 当中引到这几句话,作为封面的铭文。剧中主角对普拉滕伯爵(Count Platen)展开了无情的攻击,这首同性恋隐喻的诗句让主角想象这伯爵是他的敌人,并且在剧本的故事核心将这个伯爵陷入一场阴谋中]㉜。

弗洛伊德的政治倾向,是一个自由派的布尔乔亚,想象自己可以(取代他人)做一个好伯爵。图恩伯爵这个梦的驱动力量,可以经由联想的网络,使弗洛伊德追溯到早已忘记的童年事件。那些事件不如这些立即的诱发事件那么的政治意味鲜明,但在特性上同样强烈,并且形成弗洛伊德自尊的政治立场的基础。弗洛伊德所回想起的事件当中最鲜明的,是大约七八岁的时候,他在双亲的房间里尿床,而被父亲斥责为永远不会有出息。"这对我的野心是一重大打击,"弗洛伊德评论,"暗示着这幕景象的场景不断地出现在我的梦中,并且通常和许许多多我所获得的成就联系在一起。似乎我想说：'看，我终究还是成了某个像样的人。'"③

并非每个梦都需要追溯到孩童期的事件。关于植物学专著的梦，让弗洛伊德想到他极少送花给太太，想到他关于可卡因的专论，想到最近一次和友人科尼希斯坦博士的谈话，关于"伊尔玛的注射"之梦，他自己想做科学家的雄心，以及许多年以前——他五岁，妹妹不到三岁，父亲给他们一本有彩色图片的书来撕着玩，一个令人兴奋且清晰独立的童年记忆。

弗洛伊德在童年记忆的珍贵森林中狩猎，他带回来的战利品当中，没有一样如"俄狄浦斯情结"那么炫目且引起争议。他首次在1897年秋天对弗利斯宣告这个重大的想法。现在，在《梦的解析》中，他进一步精细地发展这个概念，使其成为支配精神分析历史的名词。他在谈论典型梦境的章节中恰当地介绍这个概念，他以这个概念清醒地评论了所爱之人死去的梦境。兄弟间的竞争，母女或父子间的紧张关系，或是希望家庭成员死亡的欲望，这些愿望看起来都邪恶且不自然。家人之间的情谊最为社会所崇尚，但前面提到的这些事件，以弗洛伊德的观察来说，对任何人都不是秘密。日常生活里的俄狄浦斯情结，并不比神话、悲剧和梦境中少见，同时也卷入前述提到的家庭冲突中。它被驱赶到无意识里，但比无意识更重要。俄狄浦斯情结，如弗洛伊德之后所认定的，是所有神经症的"核心情结"㉞。但如同他一开始坚持的观点，"爱上父母中的一方而恨另一方"㉟，并不是神经症患者的专利，相对来说，这是所有正常人要面对的命运。

弗洛伊德早期对俄狄浦斯情结的构思，相对比较简单，经过数年的重新思考，他才慢慢将其内容精细化。当这个想法引起激烈争辩时，他对它的喜爱反而渐渐增加：他把这个想法当作神经症起源的一个解释，作为儿童发展阶段中的转折点，以及区分男性与女性性欲成熟的标记，甚至在《图腾与禁忌》(*Totem and Taboo*)中，把它作为文明的基础与形成良心的原因。但在《梦的解析》中，虽然其广泛的涵义还没有被注意，由俄狄浦斯情结带来的挣扎却已有了比较实际的意义。它为那些和谋杀配偶或者双亲带来的梦，提供梦境作为欲望满足理论的例证。此外，也可以用这个情结来解释为何梦如此奇特，因为所有人都怀藏着无法见光的欲望，因此必须要以伪装的方式逃避心灵检查。

每个梦都是以上述方式辛苦制造出的产物。如果欲望要到达意识的压力没有那么大,如果抗拒这个压力的需要没有那么急迫,则这些梦的过程就会比较轻松。作为睡眠时的守护者,"梦工作"(dream work)的功能是转换不能接受的冲动与记忆,将其变为没有那么尖锐而可以诉说的故事。做梦者进行的梦工作多不胜数,因为他们有无穷的"白日残余",以及独特的个人生命史。虽然得到的结果看起来是一团没有头绪的混乱,但实际上梦工作依循着固定的规则。检查机制修饰隐梦梦思,使它在显梦中出现的时候能够享有更大的自由度,并且使梦境看起来更加巧妙。但审查机制的指令很简洁,它采取的措施也并不多。

弗洛伊德在书中花了最大的篇幅,来讨论这些指示和命令的机制。他把梦的解析者视为既是古文字专家,又是翻译者,同时也是密码破解者。"梦思与梦境呈现在我们面前,就像是同一种内容以两种语言写成,或者,换另一种说法,梦境是梦思另一种表达方式的抄本,其中的文字和句法在我们比对两个文本之后,可以得到解答。"弗洛伊德转换不同的比喻,把梦比作一种图画式的谜,一个没有线索的图画拼图,只有在我们不对它的荒谬感到惊讶,并且"将每一块图片替换上一个音节或者一个字"㊱时,这个谜题才可以解出来。

梦工作中最主要的工具,是凝缩(condensation)、移置(displacement),以及弗洛伊德所谓的"对表现力的考虑"(concern for representability)㊲[在他较通俗的著作《论梦》(On Dreams)中,弗洛伊德列出"凝缩、移置与戏剧化"为最重要的梦工作工具]。这些作用不只在梦的产生中出现,也包括在神经症状、口误,以及玩笑的形成中出现。但是在对梦境的解析中,弗洛伊德才第一次解释了这些工具的用途。他还找到第四种机制——"润饰"(secondary revision),即是在醒来之后,对于令人迷惑的梦境加以整理,但他对是否要把这项也列入梦工作的机制并不是很确定。

然而,还有另一种方法可以让梦传达其内在意义——通过象征符号。弗洛伊德对象征只给了粗浅的解释,在《梦的解析》早期版本中他只是略微带过,之后因为威廉·斯特克尔以及其他第一代追随者的敦促,弗洛伊德才为这个问题增加了许多的讨论。象征诠释的机械性本质一直不停地困扰着他。因此,"我要对高估象征在释梦上的功能提出特别警告",他在1909年写道,并且持续反对"把解释梦的工作窄化为对象征的翻译,以及放弃仔细考量,对做梦者自由联想内容的转化"㊳。一年之后,他以惯有的语调告诉瑞士友人——牧师兼精神分析家普菲斯特(Oskar Pfister):"在重复而深入地身历其境之前,对于你怀疑每个梦都需要用强有力的象征来解释这点上,我完全赞同。毕竟,精神分析(ψA)[在非正式的通信中,弗洛伊德和他的同事喜欢用ψA作为精神分析的缩写]最好的工具,是去熟悉无意识所使用的独特方言字典。"㊴

弗洛伊德对梦工作机制的列举弥漫着一种讽刺的感觉。用象征加以解释,一直是释梦书籍百年来的支柱,也成为业余爱好者在20世纪20年代以精神分析为娱乐时喜欢使用的方式。因此,在建立起精神分析的领域之后,弗洛伊德觉得最有问题的技术,反而变成大家最常用的技术。有许多例子,弗洛伊德并不用常见的观念来处理,我们在稍后会看到。

梦工作中最显著的第一个工具凝缩,从名称就可以了解它的意义。那些涌入做梦者心灵的梦思,永远比外显的梦境更为丰富,相比之下后者"过于贫乏、琐碎、简单"。做梦者的联想内容中有一部分可能是新的,但大多数都和梦境有关。每个外显梦境的内容最后发现都是被其他因素决定的,这些材料可以重复表现潜伏的梦思。一个梦中的人物,通常是个复合的形象,"伊尔玛的注射"之梦是典型的例子,她代表了数个从现实生活中借用来的特征和性格。滑稽的词汇或者在梦中常常出现的自创新词,说明了凝缩如何以极精简的方式来压缩许多念头。弗洛伊德自己关于植物学专论的梦虽然是一个单一景象,一个最简单的视觉印象,但其中浓缩了他不同生命阶段中的多种元素。"Autodidasker"这个弗洛伊德在梦中创造的新词,是从三个词来的:"作者"(Author)、"自学自修者"(autodidact),以及"拉斯克"(Lasker)——一个自由派的德国犹太裔政治人物,弗洛伊德由他联想到德国犹太裔的社会学家费迪南德·拉萨尔(Ferdinand Lassalle)。这些名字引导他经过迂回的小径,进入充满情欲想法的内在源头,实际上这才是这个梦真正要表现的意义。拉斯克和拉萨尔两人都因女人结束他们不幸的生命:前者因梅毒而死,后者在为情人决斗中丧生。弗洛伊德在"Autodidasker"这个词中还发现另一个隐藏的名字,就是他的弟弟亚历山大,在家里大家都叫他亚历克斯(Alex),这个梦的其中一个愿望就是,弗洛伊德希望弟弟能有个美满的婚姻㊵,由此看来,凝缩的丰富性常常令人感到惊讶。

凝缩作用并不经过心理审查机制,相比之下,移置作用就是心理审查最主要的对象。它最主要的作用是,降低将要爆发的激情可能表现的外在强度,然后将其变形。在这个原则下,激情虽然在外在的伪装下支离破碎,但却得以躲过检查机制所启动的对抗。因此,真实的愿望在形成一个梦境的时候,并不会出现在其中。这就是为什么在分析的过程中,做梦者必须尽可能自由地去联想任何事物,而分析家必须尽可能展现他的才能,去处理做梦者告诉他们的内容。

既然梦是一个疯狂逻辑的拼图,除了移置和凝缩作用之外,梦境的解释者还需要了解其他技术,"对表现力的考虑"也是一个重要的部分。一个人醒着的时候视为当然的分类推理,在梦中并没有用,梦中不分因果,没有对立,也缺乏一致性。梦将思想再现为画面,将抽象的想法化为实际的影像。比如,某个人是多余的这个想法,可能以水溅出管子的形象来表达。梦中元素在时间上出现的顺序,可能反映了原因和效果的逻辑关系,一个重复出现的图像梦元素,也可能是为了强调其重要性。梦没有办法直接表达否定,但它会以呈现人、事、感觉的相反面来表示。梦境是最喜欢说双关语和喜欢变把戏的家伙,它们也制造玩笑以及伪装的智力活动。

116　　弗洛伊德对梦的策略的看法,被证明完全无误。许多梦境中有演说,而这些话通常都一字不差地由做梦者从某处听来的话里搬运过来。然而梦工作把这些话撷取过来,不是为了要阐明其意义,而是要以迂回的方式将想要传达的信息,当作无害的素材偷渡出去。通常,梦境会被情绪所淹没,但弗洛伊德警告说,解释者不应该把梦中出现的情绪以字面的角度来看待,因为梦工作通常会削弱或者放大实际想法的影响,伪装它们真正的目标,或者如我们所见,梦境出现的内容变得与实际想法相反。一个广为人知的例子是"未曾活过"(Non vixit)梦境,以词语和感觉表明了梦运作的方式,无怪乎弗洛伊德把它称为"美好的"例子。这个梦中有许多朋友出现,有些已经过世了。其中有一位叫作约瑟夫·帕内特(Josef Paneth),他在梦中无法理解弗利斯说话的意思,弗洛伊德解释那是因为帕内特已经过世了("Non vixit")。这个词弗洛伊德在梦中就已经知道,是拉丁文的错误拼写,为了表示"他不再活着"(He did not live),而不是"他不在活着"(He is not living)。就在这个时候,弗洛伊德瞅了帕内特一眼,他就被毁灭了,他融解消失,如同弗莱施尔-马克索一样。当每个人都是个亡灵,可以用愿望让他们消失的时候,做梦者可能觉得这个想法是令人愉快的[41]。

弗洛伊德在梦中戏剧性地以一个眼神让帕内特消失的动力并非无法理解。这是一个为自我服务的变形,源头来自弗洛伊德的导师布吕克曾经以目光压倒弗洛伊德的方式斥责他,他被当作一个办事不小心的助理,被导师贬斥为废物。但为什么会出现"Non vixit"这样的新词?弗洛伊德最后追溯到一些没有听到但是看过的句子,它们出现在维也纳皇宫前约瑟夫二世的雕像基座上:"Saluti patriae vixit/non diu sed totus",意思是:"为了国家的富强,他活得不长但全心全意。"弗洛伊德的梦借用了这几个词,并且放在另一个约瑟夫,亦即约瑟夫·帕内特身上。这个约瑟夫是布吕克实验室的继承者,但在1890年时英年早逝。这样看起来很明显的是,弗洛伊德对这位同行的早逝感到遗憾,且为自己仍活着感到庆幸。上面这些是弗洛伊德在梦中出现但经过伪装的情绪;另一方面,弗洛伊德接着说,是对弗利斯的担忧。那时弗利斯正要进行一场手术,弗洛伊德对自己没有赶到柏林去陪伴好友,并且为弗利斯告诉他不要对任何人讨论这个手术,感到些许罪恶,好像弗洛伊德自己常常不谨言慎行,而需要别人的提醒。梦中的亡灵把弗洛伊德带回到他小时候的记忆:亡灵们会留在朋友或敌人的身边好一阵子。这些包括在许多竞争者中庆幸自己依然存活、想要不朽的愿望,对他人压迫而气度狭小的反应,以及过度反应之后同样使人烦心的情绪,充斥在"Non vixit"梦境的内容里。整个梦境情节使弗洛伊德想起一个老故事——一对夫妇,其中一位天真又自私地对另一位说:"如果我们其中一个过世的话,我就搬到巴黎去。"㊷从这些例子,我们可以理解为什么弗洛伊德觉得,没有一个梦可以被充分解释。它可以联结的文本脉络太过丰富,可以使用的变形手段太过灵巧,这使得梦境制作的哑谜很难被厘清。但弗洛伊德从来不吝于表示,每个梦境底下终究还是有个愿望,那么的天真,但又被礼教社会称为下流猥亵的愿望。

献给心理学家的心理学

在弗洛伊德精神分析理论的发展过程中,《梦的解析》占据了策略性的中心位置,弗洛伊德自己也这样认为。他选择梦境当作心灵作用的范例,是具有特殊意义的:做梦是个正常且普遍的经验。弗洛伊德写作梦书的同时,也在寻找其他可以作为研究对象的一般心理历程,但他也许会循着另一种出发点来讨论。19世纪90年代后期,他已经开始搜集各种口误与生活中的小错误,放在其1901年出版的《日常生活中的精神病理学》书中。同样,1897年6月,弗洛伊德已告诉弗利斯他正在搜集"深刻的犹太人故事"㊸;这些材料,之后弗洛伊德也会写成一本书,并在其中刻画玩笑与无意识之间的关系。最普通的失误与最精简的玩笑,都引导他走向心灵最遥远的深处。但是对梦境的探索,对弗洛伊德来说,却是最有特色的心灵导览。同时具有普遍却又神秘、怪异却也可以理性探索的性质,梦境的枝丫分叉深入到每个心灵功能的领域。因此,在《梦的解析》第七章,弗洛伊德展现了他无比细致的解释能力。

弗洛伊德使用的梦境材料也非常发人深省,如同他在第一版的序言中所说,神经症患者的梦表现出一种特殊性质,可能在其所展现的意义上不够完整,无法适用于他所揭示的一般性理论㊹。因此,弗洛伊德穷尽他的友人还有小孩的梦,以及在文献作品中的梦,但却没有提到他自己病人的梦。但在最后,他发现有些病人的梦具有不可忽视的贡献,但他之前都以正常人的梦来取代这些例子。他不想让通往精神分析知识的道路,由这些有特殊限制的歇斯底里症或强迫症病人来导引。

在这些分析者所提供的材料很可能不具代表性时,弗洛伊德亦未扭曲他的探索方向。因为每日必要的执业活动,弗洛伊德可以从他的神经症病人那里自由地取得资料,这些资料易于取得而且有趣。经由对神经症的理论探索,他发现神经症病人可以对一般人有极大的启发,主要的原因其实是这两者并没有太大的差别。神经症病人和比较极端的精神病病人的表现不像一般人那么矫揉造作,反而较带有启发意义。"一个令人满意的神经精神病症解释,"弗洛伊德在1895年春天对弗利斯如是说,"如果没有办法对一般正常的心理机制有清楚的推测,是不可能成功的。"㊺弗洛伊德正苦心孤诣于"一个科学心理学的计划"的同时,也仍被神经症的谜团折磨着。在他的心中,这两个探究工作无法分开,分开也将对彼此没有助益。因此,他会以他的临床案例来强化他的抽象理论,这说来一点都不令人觉得意外,这些案例也都会是一般心理学的良好素材。

不论个案所提供的信息多么有意义,弗洛伊德并没有因此特别感激他的病人。在长时间疲惫的晤谈过程后,他的情绪大受影响,而且治疗工作似乎把他从解谜的世界隔开来,但事实相反:临床经验和理论探索通常可以相互滋养。弗洛伊德喜欢把自己的医疗生涯比作一段长长的迂回之旅,从年少时对哲学谜题的思索,经历一番医师生涯中长期的流放之后,老年时又返回到对基本问题的思考。实际上,"哲学式"的问题从来没有离开弗洛伊德的思索,以他自己的说法,即使在"违反我自己的意愿成为医生"之后也是如此。当他40岁时回顾起年少时光,弗洛伊德在1896年告诉弗利斯:"除了哲学的洞见,没有一样事物能引起我的兴趣,我正在往满足这个愿望的道路上走,正如我从医学的事业走向心理学。"⑯他对这位柏林的朋友表示这一倾向,因为对方似乎也正要走向这条路。"我了解到,"他在1896年1月1日回应新年祝贺的信件中写道,"你如何经由成为外科医师走向你的第一个理想,那就是要从生理学家的角度来理解人,正如同我如何去培养对最初的目标——哲学信念的希望。"⑰不论弗洛伊德如何对哲学家及他们玩弄文字游戏的方式表示轻蔑,他还是终生努力追寻他自己的哲学问题,这看似矛盾,但他赋予"哲学"一种特殊的意义,他以一种启蒙运动的风格,对形而上学哲学家无用的抽象思维感到不屑。对那些把心灵的范围等同于意识的哲学家,他也怀有敌意。他的哲学,是科学式的实证主义,体现在对心灵做科学描述的理论中。

梦的研究引发了弗洛伊德的雄心壮志。既然梦根本上是行动中的愿望,弗洛伊德觉得有必要进行一项系统、全面的对心理学基础的研究行动。通过这个方式,梦的意义即可加以掌握理解。因此弗洛伊德对精神分析使用的"通关密语"(Shibboleths)["示播列",圣经词汇,基甸用以辨别逃亡之以法莲人所用语,因为彼等不能发'sw'音,而发成"西播列",故被杀。见《圣经·士师记》第12章第6节。——译者注],不单单在梦书分析严密的最后一章出现;它们由将弗洛伊德的研究和他人的心理学区分开的不可简化的短目录构成。最后,遍布整本书的,是心理决定论原则,心灵中存在着各种力量彼此冲突的观念,以无意识驱动的观念,以及各种心灵活动背后隐藏着的情绪动力观念。

弗洛伊德理论的关键在于,心灵的世界中没有意外。弗洛伊德从未否认人类会不停地碰到偶然机会,他坚持:"事实上,我们倾向于遗忘生命中的每件事情,乃是概率在作用,从我们由精子与卵子的相遇而诞生开始。"⑱他也没有否认人的自由选择是真实的;精神分析的目标之一,就是精确地"给予病人的自我以自由,让它去决定选择此或彼"⑲。但弗洛伊德所谓的"机会"与"自由",都不是武断或随意的,也不是自发的。在他对心灵的观点里,每个事件,不论出现得多么意外,都是许多偶然的线索缠绕在一起的结果,只是由于起源时代太久远,或数目太多,或太复杂,因而我们无法理解其中的意义。事实是,从因果关系的掌控之中取得自由,是人类最珍视,因此也是最顽固且最具幻觉特性的愿望。但弗洛伊德坚定地认为,精神分析并不应该给这样的幻觉想象任何的安抚空间。弗洛伊德的心灵理论因此非常严苛,且毅然决然地走向决定论。

他的工作绝对是心理学的,在那个时代也是革命性的。弗洛伊德以发展当代心理学为框架进行他的理论,但又在某个关键点之后打破了这个框架。在精神病医学领域里他许多出众的同事,实际上都是神经学家。1895年,弗洛伊德与布洛伊尔发表《歇斯底里症研究》的那年,克拉夫特-埃宾也出版了一本专著——《紧张与神经衰弱状态》(Nervousness and Neurasthenic States),极尽完美地阐述了当时普遍的观点。这本小书大胆尝试将当时用法混乱的诊断学名词进一步厘清。克拉夫特-埃宾将"紧张"定义为"大多数时候是一种内在病理气质的表现,而很少是由于中枢神经系统的病变"。而遗传,是这个问题最主要的根源:"大多数被紧张的气质影响的人,从他们早年幼儿时代即有所表现,因此这是来自先天的影响。"克拉夫特-埃宾以一种崇敬的语气,对"那决定性地影响器官本性、万能的遗传生物定律"致敬。这个因素对心灵活动的影响,是无可否认且是绝对的。后天产生的紧张感,出现在当"神经力量的累积和消耗之间的正常关系"被扰乱的时候。睡眠不足、营养不良、大量饮酒,以及"违反卫生观点"的现代文明特质(匆忙、对心力的过度索求、民主的政治活动,甚至给予妇女的解放权力),全都使得现代人变得紧张。但是后天产生的紧张,如同先天的紧张,仍然关系到"神经构造,即使是只在神经系统中引起最微小的变化"[50]。

对克拉夫特-埃宾来说,更严重的病症"神经衰弱",是紧张的极度发挥:一种"功能性"的疾病,使得心灵活动"无法再建神经力量的生产与消耗间的平衡"。这个机械化的比喻并非偶然拾得,克拉夫特-埃宾的确把神经衰弱视为神经系统运作的脱序。就像对待紧张一样,医师首先应该在遗传因素中寻找神经衰弱的首要病源。后天的紧张也可以追溯到生理上的原因,一组不幸的创伤,或者具伤害性的环境:由神经病态体质导致的童年疾病,手淫,或者如同先前提过的,现代生活为神经系统增加的过大压力。即使引发神经衰弱的源头是心理事件,如担忧或者心理压力,它仍然可以追溯到最终神经系统方面的失调。克拉夫特-埃宾已经准备要将"社会"的因子和"先天气质倾向",归因到"神经系统的构造问题"[51]。依照这个状况,克拉夫特-埃宾建议的治疗方式自然倾向于自然的饮食、药物、物理治疗、电疗、按摩疗法等[52]。作为一个性失常行为方面的专家,他并没有忽略他所谓的"Neurasthenia sexualis"(性因神经衰弱),但他只把这个状况当作临床图像的一角,而非肇因[53]。

简言之，克拉夫特-埃宾把由心理因素导致的病痛，视为生理问题所致。即使到了1895年，他仍然没有从16年前自己出版的精神医学教科书里面的观点——"疯狂是一种脑部疾病"[54]中走出来。19世纪中期，心理学大幅度进步，令人印象深刻，但其所处的位置是矛盾的：它把自己从纯粹的哲学思想当中解放出来，如同哲学从神学中出走一般，但却投向了另一个跋扈的主人——生理学的怀抱。心灵与身体以什么方式联结，已经有悠久的论辩历史。劳伦斯·施特内（Laurence Sterne）在18世纪中期就已经表示："我以最崇敬的心情说明，人的身体与心灵，就像是男人穿的长袖衬衣与它的衬里一样紧密相连，把其中一个弄皱了，另一个也就皱了。"[55]19世纪的学者仍然同意这样的观点，并且更进一步，他们极具信心地指出，哪部分是衬衣，哪部分是衬里。他们认为，心灵依赖着身体，也就是神经系统，还有脑。

1876年，著名的美国神经学家威廉·哈蒙德（William Hammond）描述了当时专业研究者的一致意见，他是位男女性冷淡方面的专家。他这样下断语："现代的心理科学，不多不少正是**以生理功能来考虑的心灵科学**。"[56]这个强调的粗体字是哈蒙德自己加的。在英国，影响深远且多产的精神医学家亨利·莫兹利（Henry Maudsley）也强调类似的观点。1874年，谈到疯狂这个问题的时候，他写道："用心理学的方式解释任何堕落本能的起源或本质，并非我们能力所及，也不关我们的事。""如果真的要解释的话，那必定来自生理，而非心理层面。"[57]欧陆的心理学家和精神医学家，对英美同行的说法并没有太多的异议。19世纪初期，著名的法国精神医学家埃斯基罗尔（Jean Étienne Esquirol）曾经给"疯癫以及心理疾病"下了个定义："一种常见的慢性大脑情绪疾病。"[58]这样的解释维持其优势直到19世纪末甚至更晚，影响力遍及欧洲与美国。1910年，弗洛伊德告诉他最著名的病人之一"狼人"说："我们有办法治疗你受苦的心灵。直到现在你都在便壶里寻找你疾病的原因。"多年之后，这个"狼人"同意了弗洛伊德的看法，并用有点武断的语气说："在那个大家都想使用生理方式解释心理状态的时期，心理的作用完全被忽略了。"[59]〔1917年3月6日，第一个以正面观点看待弗洛伊德的著名美国精神医师威廉·阿朗森·怀特（William Alanson White），写信给罗宾森（W. A. Robinson）说："如果你熟悉这个国家里对所谓疯癫的治疗历史的话，你会很惊讶地发现就在这几年间，心理疾病已经确实被当作心理疾病来看待了。之前，它们通常被当作生理疾病的证据。我们长久以来就想要从心理的角度来趋近这个问题,最近终于可以以心理治疗的观点来看这个问题。我们依循着弗洛伊德教授的方法,但并没有把他当作教条来使用,或者依附其他的特殊学派。"(Gerald N. Grob, ed., *The Inner World of American Psychiatry*, 1890 – 1940: *Selected Correspondence*, 1985, 107)]但也有些异议者,例如英国贵格教会的医师,在 1800 年左右发展出他们所谓的"道德治疗"来处理疯狂的病人。他们试图用道德劝说、心灵的训诫以及慈爱,来治疗这些可怜的疯子,而不是用药物或者物理式的限制,据说也有一些效果。但从实际的情况来看,其他的神经学家、精神医师或者疯人收留所的管理人员,都认定身体对心灵的影响,远大于心灵对身体的影响。

19 世纪对解剖大脑的耀眼研究,提供了视觉、听觉、语言能力以及记忆功能的定位图谱,心理历程的神经学观点也正是要迎合这样的思潮。就连骨相学家,虽然他们的想法古怪而荒谬,却也有助于强化这种观点。19 世纪下半叶,怀疑论的脑解剖学家打破了骨相学的教条,不再相信每个情绪或者心理能力位于身体的某个部位,但他们实际上并没有脱离骨相学的基本观点,本着类似的信仰,他们转而把心理功能的来源视为大脑中的某个部位。伟大的科学家赫尔曼·亥姆霍兹,以及他的同侪科学家们如埃米尔·杜布瓦－雷蒙德,以其对神经脉冲的速度和通路所做的精密的实验研究,进一步支持从物质观理解心灵的可信度。心灵渐成为一个由电能和化学能驱动的机器,而这些能量是可以被追溯、计算和测量的。随着一个接一个的发现,所有心灵事件的生理学基础似乎都已经奠定了,神经科学是最后的赢家。

布吕克曾把亥姆霍兹以及杜布瓦－雷蒙德的研究结果带回维也纳,弗洛伊德是布吕克的杰出学生,他可以随意地接触到这个思潮,实际上,他从未真正放弃过这个思潮。执业经历给他许多思考这个观点的素材:他的病人让他知道,虽然许多身体症状是由心理的歇斯底里转换而来,但也有一些实际上仍是生理器官上的问题[19 世纪 90 年代中期不幸的"诱惑理论",清楚地把生理创伤当作神经症的原因。但即使在弗洛伊德觉得有必要抛弃这个理论的时候,他仍然没有放弃心理事件必然有身体上的基础]。弗洛伊德受"神经症是来自某些性方面的失调"这个观点所吸引的一个原因是,"终究,性欲不只是单纯的心理活动而已,它也有身体上的层次"[60]。因此,正如弗洛伊德在 1898 年的时候对弗利斯所说的,他自己"不会让心理的问题独自悬空着,而不考虑生理基础"[61]。弗洛伊德后来对当时所盛行的正统思想的颠覆，完全不是出于计划，乃是他个人渐进的变化。在完成革命之后，他不只抛弃了神经科学理论，更改变了身心互动既存的次序。他把心理层面的影响当作心灵运作的首要因素，而不是独断的因素。

在弗洛伊德挑战这个普遍化的机械观之前，对于心灵机器具有物理本质这种观点，他很少有争议。直到1895年，弗洛伊德才提出他自己未完成的计划，作为《神经病理学者的心理学》草稿。但是最后，对这个心灵机器如何会出故障，弗洛伊德却跳入这个冗长而没有结论的争议中。总的来说，精神医师同意心理疾病几乎全是脑部功能损害的显现，他们对这个损害可能的病源产生了不同的意见。19世纪30年代，埃斯基罗尔仍然试图提出折中看法，对病因的说法模棱两可。"心理疾病的病因，其繁杂程度正如同其类型，"他这样写道，"不只是气候、季节、性别、年龄、气质、职业以及生活方式等，会影响心理疾病发生的频率、状态、病程、危机以及对疯癫的治疗；这个疾病还进一步被法律、文明、道德以及国家的政治形态影响。"㊷19世纪中期，原来最主要的病因选项——遗传，虽然没有被消除，但已经慢慢失去光彩，此时，它又重新获得某种程度的重要位置。个案历史显示——甚至可以说得到结论，许多心理病人都被不正常的家庭历史束缚。克拉夫特-埃宾关于神经质的专著，就专门谈到这个问题。弗洛伊德在他早期的个案报告中，也对病人"神经质般的"家庭做过细节的讨论，他仔细记录一个病人母亲在精神病收容所的停留，以及他兄弟的疾病妄想症。之后心理学占了上风，1905年，在《性学三论》里，弗洛伊德对与他同期的精神医师过于将心理疾病归因于遗传的说法，做了一番批评㊸。

弗洛伊德对心理疾病其他导因的想法也颇为混淆。克拉夫特-埃宾对神经衰弱的研究即证实过有关此种心理疾病的病源，虽然有许多病源学的说法比不上归因于遗传的说法重要，却能在文献上找到可资佐证的对象。有些精神医师完全将突然的惊吓以及拖延数年的疾病排除在外，但弗洛伊德没有。许多人也只对现代文化有害的副作用感兴趣。对于最后这项诊断，弗洛伊德同意大多数人的说法，虽然是为了他自己的理由。如同许多当代的观察者，他同意这种都会的、布尔乔亚的工业文明，的确产生了那种时代特有的紧张，在他看来，此种现象正有逐渐严重的趋势。但是当其他人都把现代文明对紧张问题的影响着重在急促、嘈杂、快速的沟通以及心灵机制过多的负载时，弗洛伊德却独树一帜地归因于被压抑的性生活。

这个与主流说法截然不同的观点，是弗洛伊德对心理疾病起因最核心的认知。他并不怀疑同时期的精神医师对强迫型神经症、歇斯底里症、妄想以及其他精神疾病的解释能力。但是他很清楚地发现，他无法以这样的观点对患者隐藏的本质做进一步探究。究其根源，医师们都忽略了性欲因素的重要性，以及这个驱力在无意识中产生的冲突。这就是为什么他们喜欢强调病人遥远的前史——遗传，却忽略另一个性欲冲突出现的前史——儿童期。《梦的解析》第一次全面地表达出弗洛伊德的立场，虽然还并不太完整，但这是他献给心理学家的心理学。

马丁·弗洛伊德在许多年后回忆，"我们在1899年夏天假期中几乎很少看到父亲"。这对喜欢与孩子在山里度假的弗洛伊德来说，是很少见的。在那个夏天里，除了加速完成他的书以及开始校阅之外，"他完全陷入他所关注的工作中"。他很自得地对家人提到这本书——对他来说是一本旷世巨著："他告诉我们这本书即将问世，甚至不断鼓励我们把自己的梦说出来。那是我们很喜欢做的事。"如我们所见，有些弗洛伊德家小孩所提供的梦境标本，被放到书中出版了。"他用简单的话对我们解释书的大意，"马丁·弗洛伊德接着说，"要如何了解梦，以及它们的来源和意义。"[64]弗洛伊德意图使这本书对一般心理学产生巨大贡献，但它的内容却并非只有圈内人才能读懂。

毫无疑问，一些私密的事还是必须放入弗洛伊德的写作里。当他随意地谈到他人的性欲和性冲突的驱动、激发力量时，他拒绝以同等的未受抑制的自由探索自己的梦的力比多来源。但弗洛伊德会为了没有把自己的过去以及梦境当作一般素材来检验而付出代价。一些弗洛伊德最机警的读者及同行，都对他做部分的保留而惊讶不已。卡尔·亚伯拉罕曾经毫无保留地询问弗洛伊德，他是否刻意让自己没有办法完成关于"伊尔玛的注射"这个梦的解释。毕竟，在弗洛伊德最后的解释中，性的暗示变得越来越明显[65]。以早期分析家之间的亲切方式，弗洛伊德立即开放地回答："性欲的自大妄想隐藏在这些梦里，三个女人，玛蒂尔德、苏菲、安娜是我女儿们的三个教母，而我三个全部都拥有！"[66]卡尔·荣格也感知到了这一点。在受邀为《梦的解析》第三版作序言时，他反对弗洛伊德对其本人及其孩子的梦的解释，认为有些肤浅。荣格补充，弗洛伊德以及他的学生"严重地错失了（个人的）根本含义"，忽略了在例如"伊尔玛的注射"这样的梦中的"力比多上的动力",以及"在弗洛伊德自己梦境中的个人的伤痛"。他还认为,弗洛伊德使用一个病人的梦时,"残忍地去揭开其中最终的动机"[67]。弗洛伊德答应在文本上做出改动,但不同意完全揭露自己:"读者并不值得我在他们面前更进一层脱下我的外装。"[68]事实上,其他的同行希望他进一步揭露个人过去的情欲历史,但这些没有在以后新的版本中出现。弥漫在《梦的解析》全书中的紧张气氛,正是潜伏在弗洛伊德心灵底层的自我揭露与自我保护之间的冲突,但弗洛伊德并不认为他不进一步揭露自我会对其理论探索的能力有所损害。

考虑到决定论在弗洛伊德思想的中心地位,他在研究梦的时候,无疑也在累积日常生活心理病理学的材料。结果并不使他惊讶,可以说是老调重弹,"正常人的病理学"仍然提供给他表面上看来不可驳斥的材料:所谓"偶然"其实都有其他的因素,远非偶然可以解释。拼错一个熟悉的名字,忘记一段最喜爱的诗句,莫名其妙地把某个东西放错地方,或者忘记在太太生日时送她一束平常会准备的花——这些信息都等待被解读。这些是欲望或者焦虑的线索,连行动者自己都无法自由地理解。这些发现确认了弗洛伊德对因果观点的明确认定,诊断成果向他暗示的结论也再明显不过。它显示,用最平常的经验做材料,可以科学式地解读发现表面上没有关系或者难以理解的事件,其实都是被潜在的心灵规律主宰着。

弗洛伊德对失误现象(如口误、笔误等)的理论感兴趣始自 1897 年年底,他找不到在拜访柏林时需要的一个地址。聆听自己的经验对弗洛伊德来说已不是新鲜事,而且在他自我分析的那几年之间,他对心灵细微而迂回的运作特别敏感[69]。从 1898 年的夏天开始,弗洛伊德不断对弗利斯说明在一般心理病理学的探索上发现的例子。8 月的时候他说:"我终于想起了一些猜测已久的生活琐事。"当时他"忘了"某首喜爱的诗的作者名字,并且把这个被压抑的名字,与幼童时期的私人记忆联结在一起[70]。其他的例子立刻涌现,特别是他无法记起叫作西尼奥雷利(Signorelli)这个名字,那个在奥尔维耶托(Orvieto)画《最后的审判》(Last Judgement)的画家。他的名字似乎常常被波提切利(Botticelli)或是博塔费奥(Boltraffio)的名字取代。经过分析,弗洛伊德发现了一个联想和压抑的复杂网络,其中包括一场最近发生的关于死亡与性欲的谈话。"现在,谁愿意相

126 信我呢?"⑪不管有没有人相信,弗洛伊德觉得这个刻意遗忘的例子值得发表。文章迟至1898年才出现,发表在一份关于神经学与精神医学的专业期刊上,弗洛伊德为它配了复杂的关系图表⑫。

1899年夏天,弗洛伊德发现了另一个和日常生活里的精神病理学说有关联且更奇特的例子,那时他正在校阅《梦的解析》的稿子。不论他多么努力地要改进这本书,他对弗利斯写道,还是有"2467个错误"⑬。这个数字完全是随意冒出来的,弗洛伊德原来想表达的只是他的书会被无数的错误搞砸。但对弗洛伊德来说,心灵的活动是不可能完全任性的,因此,他在信尾对这个数字做了一番分析。实际上,弗洛伊德对这个调查活动颇为自得,还在一年之后,请弗利斯把原来的信件寄还给他⑭。这个例子在《日常生活中的精神病理学》中出现,并且有详细的解释。弗洛伊德在报纸上读到一个将军退休的消息,他在军中服役的时候认识了这个将军。这件事让他也兴起计算何时会退休的念头,把可能考虑到的加加减减,他认为自己还有24年才退休。弗洛伊德在24岁时得到少校军衔,他现在是43岁,这两个数字加起来是67,而24和67合并起来就是2467,他把这个数字放到写给弗利斯的信件里。这个看起来没有原因的数字,这时候变成一个想要再有二十几年活跃生活的愿望⑮。

弗洛伊德1901年1月完成《日常生活中的精神病理学》的草稿,5月,他开始第一次校阅这本书,打从心里觉得不喜欢,还表示希望其他人会比他更不喜欢这本书⑯。其中缘由,除了弗洛伊德在著作出版之前惯有的患得患失之外,另一个原因是这本书谈到太多与弗利斯的交往内容。关于他的《日常生活中的精神病理学》一书,他告诉弗利斯:"提到太多和你有关的事。明显的关联是,你提供给我许多材料;不明显的关联是,有些分析会追溯到你身上,就连其中的警句也是你提供的。"总的说来,弗洛伊德把这本书看作"到目前为止,你在我生命中扮演角色"⑰的见证。

这个角色比弗洛伊德愿意承认的以及坦白表明的都还要强大。他现在公开利用他对弗利斯的不公平对待作为日常生活中精神病理实例的展现。在某次会面中,弗洛伊德带着一种发现新事物的姿态对弗利斯说,可以用人类被赋予了双性特质这样的观点,来理解神经症者的问题。而弗利斯提醒弗洛伊德注意,事实上,在数年前当弗洛伊德对此尚不表示任何兴趣的时候,是他率先提出了这个观点。在接下来的一周,思索着弗利斯的话,弗洛伊德终于想起一个插曲,并且明白了弗利斯确实有资格宣告其发现的优先性。但弗洛伊德说道,他实际上已经忘记这个讨论的经历,直到此时弗利斯提醒了他。借由压抑对之前对话的记忆,弗洛伊德得以取得一些本不属于他的好处。他悲伤地为自己刻意的健忘症加上注解:一个人很难放弃对自己原创性的宣告[弗洛伊德之后给这种"有用的"遗忘一种技术性的名词——"无意的剽窃"]。弗洛伊德在《日常生活中的精神病理学》中的一个章节里加入这个插曲,用它来说明对印象和意图的遗忘⑱。这样的安排,向读者隐藏了这个事件背后的情感刺痛,但对之后马上不再是朋友的两个人来说,这个插曲是极端不愉快的,甚至是痛苦的。

这个世界当然无从知晓这些幕后故事,弗洛伊德反常地希望大家都不喜欢这本书的愿望也没有实现。这本书注定不会成为只是几个专科医师的私人财产。书中几乎没有什么专业术语,通过从他自己和别人的经验里撷取,弗洛伊德在其中填塞了许多故事插曲,汇集成一本有关动机如何造成失误的选集,并且在最后一章保留了他对决定论、机遇以及迷信的理论观点。其中一个最适当的故事,是弗洛伊德从他最喜欢的报纸《新自由通讯》中取材出来的,里面谈到奥地利下议会的议长:因为预期一个即将到来的暴风雪,议长先生在议会刚开议时,便慎重地宣布议期马上就要结束了⑲。在这明显的口误背后,有个隐而不宣的愿望可以清楚地被理解。弗洛伊德在列举全书各种不易辨识的思考错误、口误与行为错误之后,认为这些例证都指向一个结论:心灵受到某些法则的约束。这本《日常生活中的精神病理学》对精神分析的理论架构没有任何贡献,而对此书的批评也认为其中的某些例子过于牵强附会,或者说,弗洛伊德式的口误定义太过宽松,以至于没办法以科学方式的测验去验证。即便如此,这本书仍然是弗洛伊德最广为阅读的书之一,它在弗洛伊德在世时,就已经再版11次,并且被翻译成12种语言⑳[根据弗洛伊德的决定论,精神分析家正确地指出"自由联想"的技术是个错误命名。因为,被分析者在躺椅上说出的想法和记忆会出现有意思的顺序,正是因为在某个看不到的地方,它们不可分割地联结在一起]。

心灵潜藏的秩序能躲过心理学家探索的主要原因,弗洛伊德认为在于许多心理运作以及最重要的动力都是无意识的。弗洛伊德并不是第一个发现无意识的人。在启蒙时代,一些对人类心灵本质有兴趣的学者,就已经认识到无意识心态的存在。其中一位弗洛伊德最喜欢的18世纪德国哲人——利希腾贝格,曾经对梦的研究做过这样的评论:梦是一条道路,可以得到其他方式不易获得的自我知识。弗洛伊德可以经常且乐而不疲地引用歌德与席勒,他也认为诗歌创作的灵感根源在无意识里。不论是英国、法国,或是德国的浪漫诗人,都同样认同柯勒律治(Coleridge)所称呼的"意识的幽暗区域"(the twilight realm of consciousness)。与弗洛伊德同时代的小说作家亨利·詹姆斯(Henry James),明确地把无意识和梦连起来,并在他中篇小说《阿斯彭文稿》(The Aspern Papers)里让叙述者谈到"睡眠的无意识思考活动"[⑥]。弗洛伊德可以在叔本华与尼采的隽永词语中,找到类似的说法。但他的特别贡献在于,找到一段诗意与朦胧兼有的见解,并精确引用,由此指出无意识的源头和内容,以及它是如何强加自己表达活动的影响力,从而把无意识变成心理学的基础。"精神分析被迫借由对病理的压抑加以研究,"弗洛伊德后来这么解释,"才能严肃对待'无意识'这个观念。"[⑦]

无意识与压抑的联结,可以回溯到弗洛伊德精神分析理论发展的初期。意识思考的线索看来像是不连续因素的偶然结合,只因为它们大多数的相关环节都被压抑了。以弗洛伊德的话来说,他对压抑理论的研究是"了解神经症的基石"[⑧]——并且不只是对神经症而已。大部分的无意识都包含被压抑的想法,弗洛伊德所构想的这个无意识,并不是心灵中暂时不被看见或者不容易被想起的片段。这个无意识恰恰代表着最大的秘密因牢,禁锢着反社会的,包括长期受苦的以及新加入的因犯。这些受监禁者被严厉对待并且严格监视着,却很少能被好好控制住,他们总是想要逃走。他们的突围只有间歇性的成功,并且让自己以及他人付出不小的代价。精神分析者的工作就是要去除压抑,至少是去除部分的压抑,因此他必须认知可能出现的严重风险,并且注意到具有爆发力量的无意识动力。

既然阻抗作用所形成的阻碍如此难以对付,要让无意识的部分成为可意识的,其过程是无比艰难的。想要回忆的欲望遭受想要遗忘的欲望反击,这个从出生之后就建立在心灵发展过程中的冲突,是文化的作用,不论是如警察般监视的外在形态,或是以良心的内在形态出现。因为害怕这些难以压抑的激情,世界的历史已经把根深蒂固的人类冲动烙印为不文明的、非道德的,或是亵渎的。从出版说教书谴责沙滩上的裸体,到限定对配偶的忠诚以及宣扬乱伦禁忌,文化的各种通路不断地限制、诋毁原有的欲望性的驱力,但是如同其他原始的驱力,性驱力也不断地在严厉的禁止命令前寻求满足的可能。自我欺骗以及伪善,通常以"好"的理由来取代"真"的理由,乃是压抑作用的有意识的伙伴;为了家庭和谐、社会安详的需要,或者是纯粹值得尊敬的理由,去否认激情的需要。欲望可以被否认,但无法被消灭。弗洛伊德喜欢尼采的一句隽语,是他最喜爱的病人"鼠人"(the Rat Man)引用给他听的:"我的记忆说'这是我做过的',但我的自尊无动于衷地表示'我不可能这样做',最后,记忆输了。"⑭自尊是文化压抑的打手,但关于欲望的记忆仍会存在于思想与行为里。也许自尊得到了胜利,但欲望仍是人性最迫切的特质。前述种种把我们带回梦境之中,竭尽所能地表示,人是欲望的动物。这就是《梦的解析》一书想要表达的:欲望,以及欲望的命运。

弗洛伊德不是第一位宣称激情欲望具有最本质力量的人,正如同他不是第一位发现无意识的人。从人类书写《旧约》以来,哲学家、神学家、诗人、剧作家、小说家,以及自传作者,都不曾停歇地颂扬或哀悼这个力量。几个世纪以来,如柏拉图、圣·奥古斯丁,以及蒙田所证实的,人们在自己的内在生活中探求激情欲望的作用。在弗洛伊德时代的沙龙或咖啡馆里,这样的自我审视常常可见。19世纪正是心理学的年代,那是一个充满告白式的自传、非正式的自我剖析、以自我为主角的小说、私人日记和秘密手札充斥的年代,从一股涓涓细流转为主流书写风格,他们在写作中展现自我主体性时,皆很明显地表现其内省的目的。卢梭痛苦而坦白的《忏悔录》(Confessions),以及年轻歌德自我苦闷和解放的《少年维特之烦恼》(Sorrows of Young Werther),都已经在18世纪为这股潮流播种,到拜伦、司汤达(Stendhal)、尼采以及威廉·詹姆斯活跃的19世纪里,种子终于成熟结实。托马斯·卡莱尔(Thomas Carlyle)曾经敏锐地称呼,这是"我们的自传时代"⑮。但现代对自我的专注绝非只是纯粹的收获。爱默生(Ralph Waldo Emerson)晚年说:"这个时代的关键,似乎就是心灵开始对自己有所察觉的时代。"随着"新意识"的出现,他认为"现代人在他们的脑袋中带着一把心灵的解剖刀出生,一种向内挖掘的倾向、进行自我分解还有对动机的解剖"⑯。这是个人人都是哈姆雷特的时代。

这个时代的许多哈姆雷特都是奥地利人,更有甚者,他们的文化让他们倾向于自由显露自我心灵的活动。1896年末,维也纳的讽刺作家卡尔·克劳斯以尖刻的语气对当时主宰整个社会的情绪做了一番精确的剖析:"不久大家对不变的现实主义感到厌烦,随后'Griensteidl'——当时许多文人汇聚的咖啡馆——就转移到象征主义的旗帜底下。'秘密的神经'!现在是通关密语。人们开始观察'灵魂的状态',并且寻找特殊事务来逃离平淡无奇。但最重要的口号总是'生命',一个人每晚总要和他的生命来一番争执,或当事情开始变化的时候,即去阐明生命的意义。"⑩也许,最能够表达专注于自我的社会氛围的艺术品,是阿尔弗雷德·库宾(Alfred Kubin)在1902年所画的《自我省思》(Self-consideration)。这幅画绘着一个站立、半裸、无头的人形,背对着观众,而他自己则面对着一个对无头人形来说显得过大的头像,这个头像看似盲目地直视前方,嘴巴大张,露出裂开的可怕牙齿。

这幅图看起来像是《梦的解析》的插图,但实际上不是。弗洛伊德对这个过度兴奋的维也纳社会其实没什么兴趣。如同其他的维也纳人,他也阅读独特而有趣的期刊《火炬》(Die Fackel),这是一份几乎全由卡尔·克劳斯编辑,机智又极尽挖苦之能事的杂志,主题大多是关于政治、社会、语言方面的腐败。此外,他还对施尼茨勒的故事、小说以及剧本有高度兴趣,其中多半呈现角色本身赤裸的内在欲念世界。施尼茨勒还跨界攻击弗洛伊德的专业,写了四行诗描写梦是"无耻的愿望","没有勇气的渴望",被逼回心灵的角落,只有在晚上的时候才敢出来活动:

> 梦是没勇气的欲望,
> 是无耻的愿望,
> 白日的光将其逼回心灵的角落,
> 一到晚上则又出来活动。⑱

弗洛伊德对施尼茨勒的作品一直都很有兴趣,并且还写了封不只是礼貌奉承的信给施尼茨勒,表示羡慕他拥有关于人类心灵的"秘密知识"⑲。但大多数的时间,如我们所见,弗洛伊德对当代的诗人、画家以及沙龙里的哲学家,都报以冷漠的态度。他只能在自己绝然孤立的晤谈室里追索他的真理。

《梦的解析》与精神分析理论的主要论点中最吸引人的发现,是人类持续不断的欲望根源于婴儿时期,却不见容于社会,它们被机巧地隐藏着,免于被意识的检查发现。弗洛伊德把这些"在我们无意识中保持活跃的,也可以说是不朽的愿望"联结到希腊神话中的泰坦神,胜利的诸神把巨大的山脉压到他们身上,但即使如此,他们仍能抽动自己的四肢。正如在所有的梦境底下隐藏的力量,弗洛伊德把激发梦境的白日思维,比喻为一家只有想法却没有资本的企业,而资本家,那拿钱出来让人冒险一试的,是"来自无意识的愿望"⑨。这些角色通常未被绝对地划分开来,资本家自己也可以是企业主。这个比喻的重点是,梦需要激发它的想法,也需要能量的来源。

然后出现的问题是,为什么资本家有必要把自己的富余资产拿来投资。弗洛伊德在他1895年中途放弃的计划里回应:人类有机体总是要试图降低其所产生的兴奋,为了回忆早期的快乐,必须激活记忆,或许这也是为了确认这些记忆能够被重复体验到。愿望就是这样诞生的。在缺乏协调的情况下,它们在无意识里产生冲突,因为它们与其生长的文化体制的要求背道而驰。虽然被压抑,但它们并没有消失:"无意识的愿望一直维持着活跃的状态。"事实上,如同弗洛伊德得到的结论,它们是"无法被毁灭的。在无意识中,没有事物会终结,没有东西会被忽略或是遗忘"。但这些愿望随着时间慢慢变得复杂。弗洛伊德所谓的"初级过程",指一开始就存在于心灵中的原始而未驯化的精神力量,这些力量仍然完全地被快乐原则主宰:它需要满足,需要不经过思考的直接满足,它无法忍受任何考虑和延迟。但是在多年的发展之后,心灵强加上"次级过程",该过程会考虑到外在现实。它能使精神运作不那么情绪化,并通过使用思考、计算和延迟满足的能力使精神的运作更加有效。弗洛伊德对高估"次级过程"的影响提出警告,"初级过程"仍然终其一生维持着一贯贪婪的企图。因此,弗洛伊德在下一版的《梦的解析》中,简洁地介绍这个观念,研究梦境时需要认识到:"心理现实是一种存在的特殊状态,不应该和物质的现实混淆。"⑨以这个注解作为结束,弗洛伊德证实原本模糊的计划已经得到胜利。他在1910年时充满希望地写道,如果《梦的解析》——他"最重要的作品"——可以"得到认可",它必然也会"把一般心理学转移到另一个新的基础上"⑨。

从罗马到维也纳:一段缓慢的进展

在《梦的解析》各种深刻的线索当中,最具启发性的,要算是与罗马有关的主题。那是弗洛伊德一直渴望去拜访的城市,但他发现这个愿望奇特地被一种恐惧症似的抑制所破坏。他在假期时去过意大利好几次,但从来没有超越过特拉西梅诺湖(Lake Trasimeno),它距离罗马还有50里,这是汉尼拔曾经停留的地方。1897年底,他曾经梦到和弗利斯在罗马举行"会议"⑬;1899年初,他们又计划于复活节在罗马碰面⑭,他觉得这是个极好的想法。那年年底他写道:"在永恒的城市里,第一次听说关于生命中的永恒法则。"⑮他研究罗马的地理环境⑯,在其中体验到一种他自己所说的"渴望的折磨",并从而知道这当中必定存在着某种会令他如此着迷的奇特事物。他告诉弗利斯:"我发现我对罗马的热烈向往乃是一种神经症,它可联结到从孩童起就对闪族英雄汉尼拔的热情。"⑰正如我们所知,弗洛伊德对他自己"Gymnasialschwärmerei"(如运动员般的盲目热情)的解释,是一种想要反抗或者打败反犹太势力的热情。征服罗马就是登上犹太人最无敌宽容的敌人的宝座,也是占领敌人的总部。"汉尼拔与罗马对年轻人来说,象征坚韧的犹太人与天主教教会组织之间的对抗。"除此之外还有更丰富的意义,弗洛伊德记载了他对罗马的欲望,是一些其他热切渴求的愿望的伪装和象征"⑱。他暗示,这些欲望在本质上都是俄狄浦斯式的。他引用对塔尔奎尼(Tarquins)呈现的古老神谕,第一个亲吻母亲的人,就会成为罗马的统治者[这个吻代表的精神分析意义(虽然弗洛伊德没有明说)是对父亲的胜利。背后也许还有更深入的秘密以及更广泛的指涉对象,但弗洛伊德没有提供足够的资料做进一步合适的推论]⑲。作为一个投注了欲望而又爱恨交织的象征,罗马对弗洛伊德来说代表最强烈的掩藏的性欲,以及几乎相等的攻击欲望,弗洛伊德窥视着这些神秘的历史。

弗洛伊德出版《梦的解析》时,他尚未征服罗马。但他觉得这个事实在某种程度来说是合适的,这样的感觉与他多年处在这骚动不安的岁月里,把自己设定在厘清以及冒险的理论工作中,所得到的孤独与挫折感受若合符节。梦书的写作过程是漫长的,而他把书的完成视为一种失落。他沮丧了一段时间,并在1899年10月初,证实了弗利斯对他的观察:当剥除某个曾经"对一个人来说最重要的关注"时,其结果是"一种极痛苦的感觉"。经过一段时期的自我批判之后,弗洛伊德渐渐开始喜爱这即将问世的新书,"当然还不够好,但已经不错了"。他认为,出版它是整个过程中最痛苦的,"因为对我来说被剥离的不是智慧财产,而是情感上的财产"⑳。此时微弱而仍在远处徘徊的风暴,预告着他另一次将和数年来情感上珍视的朋友弗利斯分离,这当然不会让他的心情好转。

第三章 精神分析

再加上有消息说,他有一个教授职位的机会又落空了——虽然已经不是第一次,但让他无法坦然地面对自己的情绪。他寄给弗利斯两本梦书的第一版,作为弗利斯的生日礼物,却让自己刻意冷酷地面对群众的反应:"长久以来,我已经学会如何调适自己的心情,并且以一种认命的期待来面对命运。"[101]

实际上,弗洛伊德一直在期待,他也并不认命。他对早期那些梦书的读者只会举出书中一些细微的语词错误,却对梦书整体的想法未加赞赏感到无奈、沮丧以及恼怒。当他期待外界迸发的剧烈反应没有发生时,第一个注意到《梦的解析》的评论却在12月间突然出现,弗洛伊德对此并不感到兴奋。他告诉弗利斯,这充其量是个"没有意义"的评论,是个"无法令人满意"的书评。评论者是一个叫作卡尔·梅岑汀(Carl Metzentin)的家伙,在他毫不深入的评论中,只有一个词让弗洛伊德看对眼:"开创新纪元的作品。"[102]但这绝对不够。弗洛伊德发现维也纳圈子里的人物对他的想法"极为负面",他试着以他和弗利斯都属大胆开创者这样的想法来激励自己:"我们毕竟都过于超前了。"他的抑郁感并未因此降低,"我现在对理论工作一点兴趣也没有,所以到了晚间,变得极为无聊。"[103]无聊厌倦通常是愤怒和焦虑的症状,对弗洛伊德这部巨著未被肯定的难产作家来说,情形亦然。

新年仍未能疏解他的情绪,1900年1月初,在维也纳广受阅读的日报《时代》(*Die Zeit*)上的一篇评论,被他惊讶地斥为"无知",认为其带着"些许奉承和不寻常的误解"[104]。另一篇发表在《国家》(*Nation*)上面的评论,由一个认识的朋友,诗人与剧作家雅各布·尤利乌斯·大卫(Jakob Julius David)执笔,就显得"温和而敏锐多了",虽然还是"有点模糊",却是少有能让弗洛伊德觉得安慰的评论。"我发现科学对现在的我来说太难了,我需要点亮思绪,让自己清醒起来,把不需要的东西清理开,但我总是孤独的。"[105]这听起来像是一种自怜的口吻,弗洛伊德似乎觉得自己注定被徒劳无功的误解和忽略所包围。"实际上我已经和外界切断了关系,"他在1900年3月的时候说,"《梦的解析》激起的反应比一片落叶还少,昨天我在《维也纳旅游日报》(*Wiener Fremdenblatt*)上面读到一篇亲切的评论,甚感惊异。"现在只有好消息会让他感到惊异。"我让自己沉浸在幻想、下棋、阅读英文小说之中,对所有严肃的活动都一概排斥。已经有两个月了,我没有将任何想到或者学到的观点写下。我一旦脱离自己专注的事业,就变得像个耽于逸乐的庸俗之辈。你知道我对自己的放纵一向是很节制的,我没有抽过什么好烟,酒精对我也没有用处,我已经尽了生养儿女的责任,但是和其他人的联系却完全断了。所以我茫茫然过日子,只想把我从白天工作的注意力转移开来。"⑩他似乎已经精疲力竭了。

弗洛伊德如此精神不振的原因,一部分是经济因素,他的病人数量一直不太稳定。他以自律或难以获得的心灵平静来解救自己,但效果不大。1900年5月,在给弗利斯的生日贺卡上他写道:"大体说来,我因为太过理性而不太会去抱怨,除了对贫穷的恐惧之外。"但他知道,"如果一个人考虑到对人类不幸遭遇的统计数据,就会知道人本来能拥有的那么少,而我已经够富足了"。⑩有时候无法理解或帮助病人时,他就会陷入绝望,当他陷入这种情绪,负面的感觉就会成为折磨他的来源⑩。1900年冬末,渴望着许久不见的春天和阳光,他抑郁地谈到"灾难"以及"累垮"的生活,他被迫"拆除"所有"空中楼阁",又"尽力鼓起一点勇气重建之"。⑩

群众的忽略以及个人的孤寂互相鼓荡。弗洛伊德把自己比作与天使角力的雅各布,在实力悬殊又喘不过气来的情况下,他要求天使放过他。"这对我将是公正的惩罚,"弗洛伊德做了有生以来最不准确的预测,"虽然我是第一个进入未被发现的心灵领域探险的人,但这些领域将不会印刻上我的名字,或者遵循我发现的法则。"他和天使角力的结果导致他跛足而行,且沉溺于早熟的失意的忧郁中。"是的,我已经44岁了,"1900年5月他写道,"一个年老、有点邋遢的以色列子民。"⑩即使在家书中,他也使用同样阴沉的语气,在回信给他柏林侄子寄来的生日贺词时,他自称为"你们的老伯父"⑪。这一年之后,他曾经要求家人"不要再为一个老人动生日活动的脑筋";他自比为一个老旧的纪念碑,而不是"一个喜欢生日的小孩"⑫。年龄的压力自此成为纠缠他心头的阴影。

如此优雅的悲歌,和之前并没有太大的变化,显示即使在他的自我分析之后,弗洛伊德在1900年左右的心情还是非常容易受伤。他祈求于失败的幽灵,来回避对自己是否能成功的担忧。弗洛伊德知道他的原创观点与冒犯的说法,必然引起困惑的沉默或愤怒的非难,他也可能同时收到许多非自发性的恭维。他对他的评论者、他的病人、他的朋友,甚至他自己都感到不满意,他的"梦小孩"⑬真的很难产。

弗洛伊德在完成了自己满怀期待的著作后,并未因此而消除自己的挫折感,亦未消除自己强烈的孤独感,他感到很沮丧。1900年3月,他用一种乡愁式的笔调回顾前一年的夏天,当时他在一种"疯狂的思考活动"中完成了他的梦书,天真地"自我陶醉,并期盼从此可以迈出自由和安适的另一步。然而这本书被接受的程度以及伴随而来的寂寥,再次破坏了我和周遭环境之间正在萌芽的关系"⑭。但渐渐地他从沮丧中走出来,1901年9月,经由他的自我分析之激励,他至少克服了长久以来的自我设限,在弟弟亚历山大的陪伴下拜访了罗马。就像许多北方来的访客,如吉本(Gibbon,《罗马帝国衰亡史》作者)、歌德、莫姆森(Mommsen,《罗马史》作者,诺贝尔文学奖得主),弗洛伊德整个人也被一种兴奋的目眩神迷所包围。基督教历史下的罗马令他困惑,现代的罗马则看起来充满希望且与他意气相投,但令人神迷的却是古老文艺复兴时代的罗马:将铜币投入许愿池(Trevi Fountain)里,站在古老但依旧散发着慑人气质的米开朗基罗的《摩西像》前[关于这个塑像以及摩西这个人物对弗洛伊德的意义,见原书314—317页]。弗洛伊德以一点都不夸张的语气形容,这一次的旅程,是他生命中的"高峰"⑮。

每天给家里的信件中,弗洛伊德质疑自己为何拖了这么久才来体验这无比的愉悦。"中午,在万神殿前我自问,"在9月3日写给太太的信中,他惊讶且疑惑,"这就是让我害怕了多年的地方吗?"⑯罗马的气候很迷人,罗马的阳光很耀眼。两天后他向妻子保证,根本不必担心他,他"工作、娱乐皆得意,置身其中即忘我,忘记诸事"⑰。9月6日他仍然身在罗马,弗洛伊德再一次以轻快的电报式语气,说他的兴奋之情仍未减退:"这个下午有不少印象,可以让人回味数年。"⑱其后,在他历次的意大利之旅中,皆盛赞威尼斯的美丽⑲和那不勒斯附近的山水(而不是那里的人)[1902年9月1日,弗洛伊德从那不勒斯寄了张明信片给他的妻子,他大大赞扬了城市的美丽,尤其是望向维苏威的方向。但他同时加上:"这里的人令人厌恶,看起来像是大船上的奴隶。吵闹和肮脏的感觉就像中世纪一样。同时还有让人不能忍受的酷热。"(Freud Museum, London)]。但是,罗马,"这个神圣的城市"⑳,仍是他无可替代的最爱。从罗马写给女儿玛蒂尔德的信中,他说他不想在佛罗伦萨附近迷人的菲耶索莱(Fiesole)山顶待太久,"因为我已经被罗马的严肃淹没了"。的确,"罗马是个独一无二的城市,许多人都这么觉得"㉑。

弗洛伊德很快就感受到了征服罗马所带来的新经验。他通过自己的造访,获得了更大的心灵自由,也获得了在社会和政治上一种新的灵活方式。这个实际的经验使他得以脱离那个在他"光芒四射的孤独"中既令人满足又令人沮丧的矛盾状态[122]。1902年秋天，弗洛伊德开始每礼拜三在他伯格巷19号的住所，和一群人数慢慢增加的医师们（一开始很少，只有五个人），以及数位有兴趣的一般听众，进行讨论。他理所当然是其中的带领者，内容包括个案讨论、精神分析理论，以及对自我心理的探索。大概在此半年之前的2月间，他终于得到梦想已久也应得的终身教授一职。从那时候起，弗洛伊德已经不用再担心缺乏社会地位、群众回应、热烈的追随者，以及内部的争论。

弗洛伊德曲折的学术发展历程，为奥匈帝国当时既啰唆又错综复杂的晋升通道染上骇人的色彩。思想的原创性不一定会成为阻碍，作品的优点也不一定是必要条件，只有人际关系的联结，通常被称为保护的，才能保证事业的升迁。弗洛伊德从1885年之后就是一个无薪酬大学讲师[德国大学里不领国家薪水的讲师，其薪资直接从学生的学费里支出。——译者注]，漫长的12年之后，1897年2月，他的两位颇有影响力的同事，诺特纳格尔以及克拉夫特－埃宾，推荐他进入Ausserordentlitcher Professor——相当于特聘教授（Professor Extraordinary）的遴选名单中。这是一个以声望（和略高的薪水）为评判标准的职位，因为这个头衔本身并不代表薪资或在医学教授团中的成员资格。无论如何，教授头衔，如同弗洛伊德自己说的："可以把一个社会中平常的医师，提升为对他的病人来说近乎神的位置。"[123]与弗洛伊德同年的其他同事，都慢慢地进入教授职的阶级，只有弗洛伊德还是一个无薪酬的大学讲师。提名弗洛伊德的七人小组在1897年3月聚会，无异议地通过这个任命。6月间，医学院的教授群签署了22票对10票的推荐函，而教育部是不参与这整个过程的。

弗洛伊德静静地旁观每年与他擦肩而过的晋升仪式。他不情愿地踏上"溜滑的斜坡"[124]，支持那些提倡以人脉关系来判定教授职位的人。他觉得奥地利的保护系统令人厌恶[125]，但却无法置身事外。毕竟，他有许多的本钱去认定自己符合这个资格：对失语症务实的讨论专著以及对婴儿脑瘫的讨论，前者1891年出版，后者六年之后出版，两者都展示了令人印象深刻的传统医学领域的绝佳知识。但从1897年起，弗洛伊德连续四年都没有得到弗朗茨·约瑟夫皇帝亲自指定的终身教授职位。1901年末，弗洛伊德决定转向。他表达了自己的厌恶与自觉的罪恶感，从被动转向主动，很快便有了令人满意的结果。皇帝颁布了弗洛伊德特别教授的任命令,这是整个家族辉煌的时刻,弗洛伊德的妹妹玛丽马上写信到曼彻斯特,兄弟菲利普以愉快的口吻对"我们亲爱的老哥哥西格蒙德"的好消息做出回应,还询问晋升的种种细节⑭。

在弗洛伊德给弗利斯最后几封信中的一封里,他以痛苦的语调描述了这一过程。弗利斯恭喜弗洛伊德终于成为"教授先生",并且用了"表彰"和"精湛的成就"等字眼。弗洛伊德在回这封信的时候,以他"惯常而急于表现诚意"的姿态,带着挖苦的口气,承认他主导了这个过程。在前一个月从罗马回来之后,他感到就诊的病人减少,和弗利斯日益陌生,他比以前更为孤独,觉得后半辈子都要在教授职位的等待之中度过。"我实在很想再去一趟罗马,好好照顾我的病人,让我的小孩过好日子。"所有这些因素迫使他站在那个寻找保护的坡道上。"我决定,打破严格的道德心藩,采用和一般人相同的步骤。"从被提名四年以来,他都保持沉默。现在他向自己的老师——生理学教授西格蒙德·冯埃克斯纳(Sigmund von Exner)求助。这位老师板着脸孔教他要化解教育部对他的敌意,并寻找"个人的影响力"。因此,弗洛伊德动用了他的"老朋友以及前病人"——埃莉泽·贡珀茨(Elise Gomperz)的关系,她的先生特奥多尔·贡珀茨是位有名的古典文学家。他曾经要弗洛伊德帮忙把几篇密尔的文章翻译成德文。贡珀茨夫人介入了,又发现弗洛伊德需要请诺特纳格尔教授与克拉夫特-埃宾教授重新写一份推荐函。他们都照做了,但此时还未发挥作用⑫。

另一个病人,男爵遗孀玛丽·费斯特尔(Marie Ferstel),她比贡珀茨教授夫人在社交界更有影响力,为弗洛伊德处理此事,她运用关系见到教育部长,说服他把教授职给予"一位为她治好疾病的医生"。弗洛伊德还提到,他们以埃米尔·奥尔利克(Emil Orlik)为这位部长计划筹建的画廊绘"一幅现代画"作为酬劳。弗洛伊德以讽刺的方式评论,如果"一些勃克林(Böcklin)的画(理论上来说比奥尔利克的画更为值钱)"是在玛丽·费斯特尔的手里,而不是她舅妈手里的话,"我就会提前三个月得到晋升"。但弗洛伊德把最尖酸的讽刺留给自己。当《维也纳日报》(Wiener Zeitung)还没有刊登这个任命消息的时候,弗洛伊德告诉弗利斯:"即将公开的新闻已经快速地在官僚体系里蔓延开了,对这个消息有兴趣的人非常多,祝贺的花和礼物纷至沓来。在整个事件中,好像性欲的角色突然被我们的陛下接受,梦的重要性被部长会议确认,而以精神分析理论来治疗歇斯底里的必要性,被国会的三分之二多数通过。"他终于了解到,"旧的世界是被权势,而新的世界是被金钱统治"。在第一次向势力屈服之后,他只是等待着报偿,但他是一个地道的笨蛋,一个蠢材,竟然被动地等了这么久:"整个事件里,有一个长了长耳朵的家伙,在给你的信件中我没有对他表现出足够的感激,那就是:我自己。"显然,"如果我在三年前就做这些事,我会在三年前就获得任命,还省了许多力气,其他人只是聪明到不用先去罗马一趟"[129]。他把自己描述得好像在雪地里光着脚走到意大利的嘉诺萨(Ganossa)避暑地一样。弗洛伊德对他的新头衔相当满意,但这个愉快的感觉却被他使用不名誉的策略掩盖,其实根本不需要使用这些策略,他的成就使他本应早就获得这个头衔。

但从记录上看得出来:弗洛伊德的学术生涯显然是被刻意地拖延了。一般的医师大多会先被指定为"无薪酬大学讲师",四或五年,甚至一年之后,就会晋升到特聘教授职。著名的神经学家瓦格纳-尧雷格(Julius von Wagner-Jauregg)和弗洛伊德同样在1885年得到讲师职,但四年后就被指定为特聘教授。弗洛伊德等了17年。除了一些未被认可、有资格可以升为教授的人之外,在这个世纪末的最后15年的100多人中,只有四人比弗洛伊德更晚从讲师职向上升迁[129]。埃克斯纳说得没错,在官方的学术圈里,有一股针对弗洛伊德的顽强偏见。

当然反犹太主义与此也无法脱离关系,虽然当时有许多犹太人,甚至那些拒绝改宗洗礼的,仍能在奥地利的医学专业圈中获得高位,然而,整个具有影响力的官僚体系还是无法免除受到反犹太主义思潮的影响。1897年,当诺特纳格尔教授告诉弗洛伊德,他和克拉夫特-埃宾教授将会推荐他为教授时,他提醒弗洛伊德不要抱太大的期望:"你知道未来会碰到的困难。"[130]诺特纳格尔很坦白地提醒他注意,当时在维也纳市长卢埃格尔掌权的时代,弥漫着对犹太人极不友善的气氛。如我们所见,19世纪90年代的反犹太主义,要比19世纪70年代的时候严重,且公开得多。那时弗洛伊德还在学生时代,就已经受到影响。1897年,卢埃格尔为了自己的政治目的煽动对犹太人的仇视。这样的风气在当时影响到犹太人的职业生涯,这是个公开的秘密。在施尼茨勒讨论世纪末许多事件的小说《开放之路》(*The Road to the Open*)当中,施尼茨勒让书中的一位犹太角色——一位外科医生——对正在抗议当时的顽固风气的儿子说:"人格和成就都会延续到最终,什么会伤害到你呢?你只是会比其他人晚一点得到你的教授职称而已。"[131]这里说的正是弗洛伊德的处境。

但反犹太主义并不是弗洛伊德久久无法得到教授一职的唯一原因。他阐释神经症起源的理论近似于丑闻,令人震惊,这样的理论不可能让他得到位高权重者的青睐。弗洛伊德活在一个对头衔的尊敬高于其他任何事物的文化氛围中。不久前,1896年左右,弗洛伊德才在维也纳精神医学与神经医学学会的众人面前,发表他对于歇斯底里的性欲病源观点的演讲——一场被称为"科学童话"的演讲。当局不愿意承认且赞赏弗洛伊德的科学成果,对弗洛伊德来说是"由多种因素决定的"的一个反应——复杂且难以明白。

弗洛伊德自己的动机,若从耐心等候到突然转变为积极争取来看,倒是比较好理解。他渴望名声,但要求的是那种不经贿赂的名声、最诚挚的认同——由成就而来的那种赞赏。他不要变成那种安排自己生日惊喜派对,又担心全世界不来参加的人。但是他在获得正式地位前那段令人沮丧的等待,实在太久了。现实战胜想象,也战胜他那严谨的行为准则,他必须正视维也纳的现实面貌。弗洛伊德当然知道,教授职位会为他改善经济状况,带来更多的机会。但光是金钱上的问题,还不会让他自嘲变成了一个"一心追求名利地位的人"——或是德文所称的"奋斗者"(Streber)。这类对生活的忧虑,毕竟是老生常谈,然而,弗洛伊德在发现自己能够达成探访罗马的心愿,并且超越心目中的英雄汉尼拔之后,他对自己的其他愿望也学会了以比较轻松的方式看待。弗洛伊德并不是要让自己的良心视而不见,他的良心一向防护严谨而无所疏漏,但是他现在已经发现了如何缓和良心对正直的严厉要求。

上述种种都出现在给弗利斯告解般的信件中,弗洛伊德的语气混合着蔑视与歉意,显示最近的行动花了他不少心力。在等待升职结果时,他对弗利斯说:"没有人会为我的事情自找麻烦。"但有了罗马经验之后,他对"生活和工作的乐趣有了提升",而他"殉道受苦式的乐趣已经减低了"。这可能是弗洛伊德对自己的一次最清楚的说明。他的良心不只是严谨,还会施加惩罚。殉道受苦是为了补偿犯下的罪过,在弗洛伊德的早年,他曾在幻想里预演着这样的牺牲受难场景,而后来,这样的幻想得以在贫穷、孤独、失败甚至最终的死亡中表现出来。弗洛伊德不完全是个道德的受虐狂,但他喜欢在痛苦中品味快乐。

弗洛伊德习惯对自己智性上的孤独感加以夸大。他所扮演的角色类似律师又类似讲故事的人,这两者都诉诸强烈的叙事色彩与明显的故事大纲。除此之外,弗洛伊德也是一个自觉的英雄,把自己认同于达·芬奇或汉尼拔那样的历史人物,那时他还没谈到摩西。这些想象的活动,既有趣又严肃,使他生命中的搏斗呈现出壮丽的简洁。但当弗洛伊德在自传中对自己的挣扎进行描述时,这类挣扎展现了一种情感的真实:他感受到的挣扎正是如此。即使在阅历丰富成熟之后,早期的伤疤仍然疼痛。1897 年,他加入一个两年前成立的社团圣约之子会(B'nai B'rith)[历史最悠久也是规模最大的犹太人服务性组织,1843 年成立于纽约。——编者注]的"维也纳分会",开始为社团成员上课。被学术社群"放逐"之后,他开始寻找可以忍受他"大胆鲁莽言论"的"特殊团体"[134]。回忆这几年的状况总是让他感伤,"自从和布洛伊尔分开的十年来,我没有同伴,"他在四分之一世纪之后这样写道,"我在维也纳完全被孤立,我是被遗弃的。就算在国外,也没有人注意到我。"至于《梦的解析》一书,"它很少出现在学术期刊的书评内容里"[135]。

每一种说法都有点误导,弗洛伊德和布洛伊尔的疏远是渐进而非突然的,并且在疏远过程中还有一些零星的友好关系。总之,他不是全然孤独的:热情的弗利斯和热情程度没那么强烈的明娜,都在他进行探索的这段艰苦时期给予他支持。弗洛伊德其实也没有全然被维也纳的医学圈排斥。著名的专科医师们即使面对他那些奇特怪异的理论,还是准备要推荐这个叛逆的同事,如我们所见,克拉夫特-埃宾在 1896 年的时候把弗洛伊德的理论斥为童话,但仍然在随后的一年将弗洛伊德推荐到特聘教授的遴选名单当中。此外,虽然国外或国内对《梦的解析》的回应也许迟了点,但仍有赞同,甚至有热烈的支持者。弗洛伊德绝对有理由把自己视为在危险的领域开垦的拓荒者;学术圈的期刊把他的观点视为荒谬,以嘲讽的言辞加以批评。但弗洛伊德顽固地拥抱他的孤独,因而忽视了包括喝彩在内的外界的声音。他好像迷信一样守着自己在成功分娩前的阵痛,或是正在逼近的失败,不想激怒善妒的众神,因为他们最讨厌看到别人成功。如同弗洛伊德所言,迷信是将自己的敌意和令人不快的愿望向外投射后,害怕招来麻烦的心理;而弗洛伊德的迷信要回溯到他小时候就出现的无意识冲突,他的攻击幻想以及手足间的竞争对抗,还有他害怕的内心邪恶的愿望会引来报应的心理。

1890 年末,经历父亲过世的自我分析,以及精神分析理论的加速成长,弗洛伊德似乎再次体验了俄狄浦斯冲突特有的残暴。当他写作《梦的解析》时,他挑战了父亲的替身——那些曾经孕育他的老师以及同侪,现在弗洛伊德把他们抛在了脑后[琼斯曾经写道:弗洛伊德"深沉的自信,被一种自卑掩盖,即使在智性的活动方面也是如此"。他试着将他的心灵导师们抬到极高的地位,以驾驭这个矛盾的问题,这样做可以让他对这些导师还有所依赖。他"将六个在他学术生涯早期扮演重要角色的人物加以理想化",琼斯列出布吕克、梅内特、弗莱施尔-马克索、沙可、布洛伊尔,以及弗利斯。但随后,琼斯认为,弗洛伊德的自我分析让他"完全成熟",这使这样的建构变得没有必要了]。随着日子一天一天过去,他努力抓住机会走自己的路。1901年9月拜访罗马就是他自我独立的一个象征。在迷茫的气氛里巡航,挑战自己殉道受难的需要,品尝个中滋味,弗洛伊德以惹人注目的方式偿还了自己的心理债务。

当他乐于工作时,工作永远可以让他从挫折中复原。1901年是忙碌的一年,这一年他在不情愿的心境下,把《梦的解析》一书缩减出版,另名为《论梦》(*On Dreams*)。重新经历那个他已经花了许多力气筹划出来的领域,让他感到无趣而心烦。他对完成《日常生活中的精神病理学》这本书比较有兴趣,如我们所知,本书也在这一年出版。更吸引人注意的是一个歇斯底里症的个案报告,那就是著名的"杜拉"(Dora)。弗洛伊德在1月份就完成了这个报告,但直到1905年才出版。关于玩笑的精神分析间歇性地占用他的时间,这个研究也成为他1905年出版的一本书的主题。但这其中最好的成就(让他有点惊讶得不可置信),是原先散布各处关于性欲观点的想法,渐渐地汇聚成完整的理论。

性欲地图

弗洛伊德在《梦的解析》的出版过程中,一些关于性的想法激起他进一步的思考。"有些东西正在最底层运作着,这说来很奇怪,"1899年10月他对弗利斯说,然后又带着预告的口吻补充道:"关于性的理论,可能是梦书之后的下一本。"[131]如同生活的单调乏味,弗洛伊德缓慢地、持续地,甚至抑郁地酝酿着下一本书。隔年的1月,他说他正在"搜集有关性的理论,直到堆积的材料足够燃起一股惊人的火焰"[132]。事实上,他还需要等一段时间。"现在,"在1900年2月的通信中他说,"我被好运遗弃,我没有找到任何可用的东西。"[133]

在朝向普遍性欲理论的路上,他遵循着一条最适合自己,也最为必要的发现之路:从他的病人,他的自我分析和阅读中提取一些尚不成熟有待完善的概念,让这些概念盘旋在心中,在它们的喧闹吵嚷之中渐渐理出思绪。弗洛伊德从不因单一的观察而满足,他感受到一股不能抗拒的压力要将这些观察所得转化成有秩序的结构。许多时候,他曾因为某些极细微的资料而一头栽入一个全然陌生的领域,然后又巧妙地回到原来的位置,并使原来的论点得到强化。他信任自己的前意识(preconscious)对他的协助。"在我的工作中,"1900年11月他告诉弗利斯,"事情尚未结束,而是将要进入一个全然的底层活动中,现在当然不是意识操作丰收的时候。"[⑱]在弗洛伊德可以看到其中的关联之前,他的心情必定是纷乱不安的,他辛苦培养的耐心也几乎无法疏解这样的不安,只有在事情接近尾声时才得以平静。

直到1905年,当《性学三论》出版的时候,弗洛伊德的心情才确实得到缓解。如同他其他的基本理论,力比多的理论也经过了漫长的发展过程。理论发展过程的每一步,保守的布尔乔亚弗洛伊德与科学征服者弗洛伊德都在互相交战着。力比多假说的震撼对他自己来说,并不比一般读者感受到的小。为什么他"忘记了"那些沙可和布洛伊尔以及克罗巴克提醒他的,在神经疾病中无所不在的"生殖器问题"呢?每个遗忘的动作,如同弗洛伊德自己在《日常生活中的精神病理学》中记录的,都是一种阻抗。

但弗洛伊德比其他的医学专家或者那些有教养的大众,更早且更为完全地克服了这个阻抗的问题。在谈论性欲的敏感领域里,弗洛伊德渐渐地以自己的特立独行为傲,并认识到他可以推翻中产阶级的"美德"力量。在写给美国著名神经学家帕特南(James Jackson Putnam)的信件中,他认为自己是这个领域里唯一的改造者,"性道德——就连最极端的美国社会也如此定义,我是不屑一顾的,我认为会有一个无法比拟的性自由生活形态出现"[⑲]。他在1915年做了这个毫不含糊的陈述。早在十年前,为了回应一份关于重新拟定奥匈帝国离婚法令的调查时——当时天主教会不允许离婚,只有合法分居,弗洛伊德就支持且"认可更为广泛的性自由",他驳斥永续的婚姻制度与"有意义的道德与卫生原则及心理经验"相矛盾。他进一步指出,许多医师过于低估"强大的性驱力",那就是力比多[⑳]。

弗洛伊德对这个性驱力,及其对正常生活和神经症病人的影响的赞同,可以回溯到19世纪90年代早期。他各种不同的论文都证明了对此看法的支持。即

第三章　精神分析

使在1897年秋天放弃他的"诱惑理论"之后,他也没有改变立场。相反,它使弗洛伊德把关于性的渴求以及失望回溯到儿童时期的想象。这个时期的另一项发现——俄狄浦斯情结的经验,很明显也是一个情欲经验。

然而,当弗洛伊德大声地对这个世界提醒大家不想听的内容,他并不是唯一,也不是第一个发现性的力量的人。的确,维多利亚时代的人,虽然平常谨言慎行,但是对于性的态度并不真如他们的批评者——弗洛伊德和其他人⑫所说的那么假道学。最开始是由性学家带头谈论了这个议题。克拉夫特-埃宾在1886年出版了《性精神病理学》(*Psychopathia Sexualis*),这本书以带有神秘风格的拉丁文为书名,作者在书中引用了许多相当有趣的案例[这里有个例子。在"第124号观察"里,克拉夫特-埃宾记录了一个来自同性恋医师的报告:"某晚我坐在歌剧院里,紧邻一个年长的绅士。他引诱我,我打从心里对这个老绅士感到好笑,并加入了他的游戏。"当这个老人把他的阴茎抓出来之后勃起时,因为有些警觉,这位医师要求老先生说出他在想些什么。"他对我说他爱上我了。但因为我在医院里见过一些阴阳人的案例,所以我觉得我又碰到了相同的案例。"这个医生因此对老人的生殖器感兴趣。但是当他看到老人的阴茎勃起到最大程度时,他就逃走了。〔Richard von Kraft-Ebing, *Psychopathia Sexualis*(llth ed,1901),218-219〕任何一个有中学拉丁文教育程度的人,都不难解读这个说明],这本书马上变成出版成功的范例,这是一本关于变态的科学研究的即时经典。克拉夫特-埃宾的书,不断地改版与增订,开启了严肃医学讨论的新大陆。每个人,包括弗洛伊德都受益于它。19世纪90年代末,《性精神病理学》这本书加入了霭理士的文章,这个有勇气、热忱、不矫饰且孜孜不倦的共同执笔者,报道了许多性活动的有趣变化。1905年,在弗洛伊德出版《性学三论》的那年,一支小型的由性学专家组成的研究队伍,开始持续地出版关于性欲主题的专著与一般观点,这个领域在此之前通常是男性之间的玩笑、情色文学,以及晦涩的医学期刊的内容而已。

在《性学三论》中,弗洛伊德对这些研究文献表示敬意。在书的扉页,他感谢了不下九位作者的"著名文笔"⑬,包括从开创性的克拉夫特-埃宾以及霭理士,到布洛赫(Iwan Bloch)以及希施费尔德(Magnus Hirschfeld),当然还有其他许多人。这些谈论性生活的专家,有些是特别的辩护者,想把这些例子从一般人所谓的"性倒错"里解放出来。但即使是这些人,也很难完全不带偏见地做客观的讨论,弗洛伊德发现希施费尔德的《性过渡阶段年鉴》(Yearbook for Intermediate Sexual Stages)中有许多可用的观点,虽然他不同意编者的立场。这些性学家当中文采优美的,例如霭理士,虽然观点容易受到攻击,但他们提供的文献内容却足以扩大这个领域的讨论。他们把诸如同性恋或其他变态的案例,放在医师和一般大众都可以接受的图谱当中。

虽然有这位令人振奋的友伴,弗洛伊德仍然迟疑了数年才接受婴儿的性欲观点,如果没有这个基本的观点,他的力比多理论仍会不完整。至少,弗利斯以及数位在他之前的探索者,已经开始对性生活的早期源头进行探究。早在1845年,在一本谈论妓院的小册子里,一位叫作阿道夫·帕泽(Adolf Patze)的无名德国乡间医师,在某个注释里写下他的观察:"性欲驱力在很小的时候就显现出来,包括六岁、四岁,甚至三岁的儿童。"⑩另外在1867年,一位比较为人所知的英国精神科医师亨利·莫兹利嘲弄一般的观点,强调"繁殖的本能"并不是在"青春期才变得明显"。他发现"在生命早期就已经时常显现,包括动物与儿童,他们不需要意识到任何实际目的,设计自己盲目的冲动。不管谁如此断言",莫兹利严肃地补充,"他一定没有对小动物的嬉戏好好观察,或者以刻意或伪善的方式遗忘了自己早期生活中明显的事件"。⑩没有明确的证据说明弗洛伊德曾经读过帕泽的小册子,但他的确知道莫兹利的研究,并在19世纪90年代中叶开始考虑幼儿性欲这个观点。1899年,在《梦的解析》中,他还认为:"我们称颂儿童时期的快乐,因为那时还不知道性的欲望。"⑩即使像弗洛伊德这样一位特立独行的研究者,都会说出那么迎合一般大众意见的话〔关于儿童时期天真的说法,如同弗洛伊德的英文编者观察到的,"无疑,是在这本书初期的草稿中所提到的"("Editar's Note", SE Ⅶ, 129)。荣格不认为这种说法是"基于弗洛伊德式的性理论而来",受此激发(Jung to Freud, February 14, 1911, Freud-Jung, 433〔321〕),弗洛伊德在1911年的版本注解里增加了一个放弃声明,但他并没有改动这个句子。弗洛伊德向荣格解释——《梦的解析》是对释梦理论的基本介绍,在1899年出版的时候,并没有办法预见到1905年出版《性学三论》时所需要的理论转变,但这样的说法并不具特别的说服力(Jung to Freud, February 17, 1911, 435-436〔394-395〕)。我先前说明过,弗洛伊德已经在1899年的时候接受大部分婴儿性欲的观点;再者,在梦书销量奇差的情况下,他必然知道他的读者都是专业医师,到1911年时,这些专业医师应该对《性学三论》的内容十分熟悉了,也不会排斥弗洛伊德对梦书中的那句话做出修订]。但在同一本书里,在他第一次提到有关俄狄浦斯情结的资料时,他已经明白表示,小孩子具有性欲的反应。到了《性学三论》中,已经没有任何迟疑了,"婴儿性欲"是其中的第二论,可以被视为整个作品的中心思想。

但有时候弗洛伊德在《性学三论》里的论调,听起来仍然过于谨慎,他对上述想法的重要性仍然有点怀疑。因此在1914年第三版的序言里,他提醒读者不要过度期望:在这些讨论里并没有完整的性欲理论[47]。他要说明的是,书中彼此相关的三论中的第一论,并不是在处理"正常"性欲生活的方方面面,而是较为局限的"性失常"领域。但渐渐地,随着版本的改变,弗洛伊德发现《性学三论》可以用来在反对者面前维护精神分析理论。他把这本书当作某种试金石,区分出谁是可以真实接受他力比多理论的人,谁是不能像他一样把性欲当作最重要因素的人,以及那些因为这个令人不齿的想法而趋向谨慎的人。无论如何,《性学三论》的读者都给了许多不同的评论,比弗洛伊德原来准备的方向还丰富。他的"性书"不断重印,展现出力比多驱力及其各种不同发展路线的综合全景,这本书成为另一本可和"梦书"等量齐观的基本理论书籍,虽然长度上不能相提,但重要性可以并论。在当时,弗洛伊德正是抱持这样的想法,在1908年写给亚伯拉罕的一封信中他说道:"对婴儿性欲的抗拒,强化了我的看法,即《性学三论》的价值成就可与《梦的解析》等量齐观。"[48]

三论中的第一论,以其冷静的临床语调和涵盖范围之广著称,文中以不带戏谑或哀叹的语气呈现出极丰富多样的与色欲有关的行为或倾向:雌雄同体、同性恋、恋童症、肛交、恋物癖、暴露狂、虐待与受虐狂、嗜粪癖、恋尸癖等概念。在短短的几个讨论段落里,弗洛伊德的说法听起来既批判又传统,但平心而论他并不是在对这些现象进行道德评价。在细数这些他认为"最令人感到恶心的变态行为"之后,他客观地描述这些状况,有时甚至带点赞许。这些行为交织成为"一件心灵的作品",这样的作品看起来虽然讨厌,我们却无法否认其"说明了驱力的价值"。的确,"也许这些偏差的行为正是强烈爱欲最极致的表现"[49]。

弗洛伊德罗列这些范例的理由,是要将令人迷惑的性欲愉悦种类,转变为有秩序的可理解对象。他把这些病例分成两类——正常性对象的偏离以及正常性目标的偏离,并且把他们放在可以接受的人类活动谱系之中。如同以往,他认为神经症患者是由于性生活的失调，因而表现出异乎寻常的行为。我们再一次看到，弗洛伊德企图从临床的材料中发展出更广泛的一般心理学基础，并且得出了令人折服的清晰解释。精神分析发现"神经症的展现，可以说和健康状况息息相关"。弗洛伊德有点故意地引用德国精神医学家默比乌斯（Paul Julius Moebius）的话：某种程度上"我们都有点歇斯底里"。所有人在本质上都有些变态，神经症患者的症状只是变态行为的否定式，神经症患者只不过比一般"正常人"更夸张地展现了这方面。神经症的"症状，是病人的性活动"。对弗洛伊德来说，神经症不是古怪或者异类的疾病，而是不完全发展下的普通结果，也可以说，是对儿童时期的冲突无法得到驾驭的结果。神经症，是患者返回到当初冲突情境的一种状态，简单说，他要处理的是一个未完成的心理课题。借由这个观点，弗洛伊德抵达最敏感的主题——婴儿性欲。

精神分析是一种发展心理学，其自身也在过程中经历了可观的发展。弗洛伊德并没有对心理成长做最终的评估，包括其中的阶段以及主要的冲突。这些要到19世纪20年代初，才由杰出的年轻分析家如卡尔·亚伯拉罕帮忙整理。在《性学三论》的第一版里，弗洛伊德只对人类这种动物的性欲历史做介绍——并没有增加关于性组织的发展章节，这样的状况一直延续到1915年。不过在第一版中，弗洛伊德还是提到了"动欲区"（erotogenic zones）的观点。它们是身体的部位——诸如口腔、肛门以及生殖器，在发展的过程中成为性满足的焦点所在。1905年，他也提出了他所谓的"组成驱力"（component drives）。从一开始，弗洛伊德理论的一个重点就是：性欲不是一种简单而单一的生物力量，在出生或者青春期的时候就一次完全地形成它该有的样貌。

根据他对婴儿性欲的说法，弗洛伊德在儿童早期与青春期的发展骚动中，画出一段沉寂数年的相对潜伏期。虽然弗洛伊德没有把这个观点当作其发现的主要部分，他觉得指出婴儿期的性欲激情，仍然是其讨论的关键部分。其他文献中偶尔写着"早熟的性活动"，例如"勃起、手淫，甚至模仿性交的活动"，他发现这些活动都被描述成"只是出于好奇的行为，或者早熟的堕落的例子"。他骄傲地发现，在他之前没有人清楚地认识到"儿童时期无所不在的性驱力"，他因此又写了三论中的第二论来补足这个忽略。

弗洛伊德把这个普遍被忽略的幼儿性活动现象，归因于假道学和社会礼仪的限制,但原因不只这些。从五岁到青春期之间的潜伏期中,儿童在这段时间发展的重点是智力与道德,而儿童前期的性欲感受,又被推到不被注意的位置。更有甚者,无法战胜的遗忘症像是厚重的毯子,把幼儿早期的活动掩盖了。性欲生活始于青春期这个被普遍接受的观点,正好被自我欺骗的遗忘症支持。但以特有的方式,弗洛伊德将他的科学好奇指向了这个明显的事情,长久以来每个人都感觉到这普遍的遗忘症,但没有人做进一步的调查。他强调,这个令人不解的遗忘症所掩盖的,是儿童的性欲经验,它和日后在青年生活里所激发的感觉相互联结了起来。

弗洛伊德并不是荒谬地认为儿童期的性欲可能以和成人相同的方式表现出来。儿童的生理以及心理状态,都无法允许这种可能性。相反,婴儿的性感受与性欲望以多种形式出现,并非每一种都被认为是令人不快的情欲的表现:吸吮拇指与其他表现自体情欲的方式、忍着不排便、手足竞争以及自慰等等。在最后一种玩乐的方式中,小男孩或小女孩开始注意到了自己的生殖器。"在孩子的动欲区中,有一个还没有担负起统领职责,也还没有成为最古老的性冲动的出口,但却注定会在未来大展身手。"弗洛伊德所说的,当然是指阴茎和阴道:"在动欲区上进行的性活动,是稍晚之后'正常'性生活的起源。"放在"正常"两边的引号是意味深长的。实际上,身体的任何部位,任何可能的客体,都可以是性满足的对象。早期生活中意外事件,例如诱惑、强暴或遭受性暴力,会激起弗洛伊德以中立的观点称呼的儿童的"多型变态"(polymorphously perverse)倾向,但变态"气质"⑬是天生的。一般人所谓的"正常"性行为,实际上是一段长期朝圣之旅的终点,而且这趟旅途还经常会被打断,它指向的目标,许多人从来没有机会——或只有很少的机会——可以达到,性欲驱力的成熟型态实际上是一种困难的成就。

弗洛伊德在三论的最后一论谈到青春期以至青年期,这个时期是个巨大的挑战。此时期强化了性身份,埋藏许久的俄狄浦斯依恋关系也得以复活,并建立了生殖器在获得性满足上的主要地位。这个最后出现的优先位置,并没有让生殖器在性生活中有独占的地位。"动欲区"在早期得到的满足会持续提供快乐的感觉,即使动欲区的快感退居为"前期快感",只为获得"最终"快感服务。对弗洛伊德来说,把最终快感建构为一个青春期才出现的新经验是没有太大意义的。即便弗洛伊德强调了童年期对日后生活的主导影响和童年期在临床诊断中的重要意义,他并没有低估年轻男女在成人生活中第一次相遇的经验。如他某次说过的,成人通常都会为他们自己寻找辩护的理由,心理学家因此必须成为早期生活实情的代言人,并为至今仍被过度轻视的真相翻案。

《性学三论》的第一版,只是一本八十几页的小书,就像一本宣传小册子,却如同手榴弹一样结实且具有爆炸性。到了1925年的第六版,弗洛伊德有生之年的最后一个版本,它已经增加到120页。但仍有些秘密并没有在这本书中解开,包括对于快感的定义、驱力和性兴奋的本质。纵然如此,不少问题在弗洛伊德的综合讨论之后已经清楚了许多。把性欲感受的起源推回到生命的早期阶段,让弗洛伊德可以解释——从完全自然且心理学的角度来看,如为什么会出现羞耻感和厌恶感这类强大的情绪闸门,是什么推动着艺术、科学活动等文化成就(当然也包括精神分析)。它同时也显示成人爱情根底里赤裸裸的纠缠。这些全部都在弗洛伊德的世界里联结起来:甚至包括玩笑和审美活动,由驱力产生的"前期快感"也刻上了性驱力以及发展过程的烙印。

弗洛伊德对力比多观念定义的宽松使他成为心理学的民主人士。既然全人类分享相同的性欲生活,那么所有的男人女人在文化的制约下其实都是兄弟姊妹。性观念的激进者以他们所谓的"生殖器意识形态"(genital ideology)责难弗洛伊德,因为他把成人异性恋的性交活动,配上温柔可爱的伴侣以及少量的前戏,就当作全人类应该共同渴望的理想。虽然如此,却因为弗洛伊德没有把这个理想画面配上一夫一妻制,他的意识形态在他的年代看起来极具颠覆性。即使他对于这些变态活动抱持未加谴责、中立的态度,也没有减低他的"颠覆力"。弗洛伊德相信这些因为对早期性欲对象的执着,而无法进一步发展的"变态"问题,不论是恋物癖或者同性恋,都不是过错,不是罪恶,也不是疾病,不是疯癫的形态或者堕落的症状。这是个看起来非常前卫且不体面的观点,简单来说,是个非常反布尔乔亚的观点。

然而我们必须承认,弗洛伊德不是泛性主义者。他以毫不客气的方式拒绝了这种称号,并非因为他是个对力比多观念的片面的奉承者,而是,他认为那些诋毁者都错了。在1920年《性学三论》的第四版序言里,他以相当严厉的口吻提醒他的读者,是德国哲学家叔本华这位反抗者和局外人,而非弗洛伊德,在不久前"曾经强调过,人类的目标和行动都被性欲冲动所决定",这是文化的历史事实——那些坚持精神分析"以性的观点解释了所有问题"的批评者,常常太过轻率地遗忘了这一事实。"希望那些鄙视精神分析的人,从优越的位置意识到精神分析所扩展的性欲理论,和神圣的柏拉图所说的爱欲观,有多么接近。"⑩如果需要,弗洛伊德,这位实证主义者以及固守原则的反形而上学者,并不介意把哲学家拿来当作思想的先祖。

注 释

① See"Heredity and the Aetiology of the Neuroses"(1896), *SE* III,151; and "Futher Remarks on the Nouro-Psychoses of Defence"(1896),Ibid.,162.

② *Traumdeutung*,*GW* Ⅱ-Ⅲ,613/*Interpretation of Dreams*,*SE* V,608.

③ Ibid.,ix/xxv.

④ Freud to Fliess. February 9,1898. *Freud-Fliess*,325(298).

⑤ Freud to Fliess,February 23,1898. Ibid.,327(300).

⑥ Freud to Fliess,May 1,1898. Ibid.,341(312).

⑦ Freud to Fliess,September 6,1899. Ibid.,405(369).

⑧ Freud to Fliess,September 11,1899. Ibid.,407(371).

⑨ Freud to Fliess,September 21,1899. Ibid.,410(373-374).

⑩ Freud to Werner Achelis,January 30,1927. *Briefe*,389-390. 在同一封信里,弗洛伊德提到他不是直接从维吉尔的书中引用这个名言,而是来自一本由德国社会学家费迪南德·拉萨尔所写的书。

⑪ Freud to Fliess,September 6,1899. *Freud-Fliess*,405(369).

⑫ Freud to Fliess,August 6,1899. Ibid.,400(365).

⑬ *Traumdeutung*,*GW* II-III,vii/*Interpretation of Dreams*,*SE* IV,xxiii.

⑭ Ibid.,1/1.

⑮ Freud to Fliess,February 9,1898. *Freud-Fliess*,325(299).

⑯ Freud to Fliess,December 5,1898. Ibid.,368(335).

⑰ Freud to Fliess,August 6,1899. Ibid.,400(365).

⑱ *Traumdeutung*,*GW* II-III,100/*Interpretation of Dreams*,*SE* IV,96.

⑲ Ibid.,104,126/99,121.

⑳ Freud reported it to Fliess on March 4,1895. *Freud-Fliess*,14 – 15(114).

㉑ See *Interpretation of Dreams*,*SE* IV 125.

㉒ *Traumdeutung*,*GW* II-III,141/*Interpretation of Dreams*,*SE* IV,135 – 136.

㉓ Ibid.,132,135/127,130.

㉔ Ibid.,149/143 – 144.

㉕ Ibid.,163/157.

㉖ Ibid.,166/160.

㉗ Ibid.,169,189/163,182.

㉘ Ibid.,191 – 194/186 – 187.

㉙ Ibid,170/165.

㉚ See Ibid.,175 – 182. 287 – 290/169 – 176,281 – 284.

㉛ Ibid,197/191.

㉜ Ibid.,214 – 224/208 – 218.

㉝ Ibid.,221 – 222/216.

㉞ "Über infantile Sexualtheorien" (1908), *GW* VII, 176/"On the Sexual Theories of Children,"*SE* IX,214.

㉟ *Traumdeutung*,*GW* II-III,267/*Interpretation of Dreams*,*SE* IV,260.

㊱ Ibid.,283 – 284/277 – 278.

㊲ Ibid.,344/339.

㊳ *Traumdeutung*,*GW* II-III,365/*Interpretation of Dreams*,*SE* V,359 – 360(sentence added in 1909).

㊴ Freud to Pfister, November 6, 1910. By permission of Sigmund Freud Copyrights, Wivenhoe.

㊵ *Traumdeutung*, *GW* II-III, 284, 304 – 308/*Interpretation of Dreams*, *SE* IV, 279, 298 – 302.

㊶ *Traumdeutung*,*GW* II-III,424 – 425/*Interpretation of Dreams*,*SE* V,421 – 422.

㊷ Ibid.,425 – 426,484 – 485,489/423 – 424,480 – 481,485.

㊸ Freud to Fliess,June 22,1897. *Freud-Fliess*,271(254).

㊹ See *Interpretation of Dreams*,*SE* IV,xxiii.

㊺ Freud to Fliess. May 25,1895. *Freud-Fliess*,130(129).

㊻ Freud to Fliess, April 2,1896. Ibid.,190(180).

㊼ Freud to Fliess,January 1,1896. Ibid.,165(159).

㊽ "Eine Kindheitserinnerung des Leonardo da Vinci" (1910), *GW* VIII, 210/"Leonardo da Vinci and a Memory of His Childhood," *SE* XI, 137.

㊾ *Das Ich und das Ex* (1923), *GW* XIII, 280n/*The Ego and the Id*, *SE* XIX, 50n.

㊿ Richard von Kraff-Ebing, *Nervosität und Neurasthenische Zustäde* (1895), 4, 16, 9, 17.

(51) Ibid., 37, 51, 53.

(52) See Ibid., 124 – 160.

(53) See Ibid., 188 – 210.

(54) Quoted in Erna Lesky, *The Vienna Medical School of the* 19*th Century* (1965; tr. L. Williams and I. S. Levij, 1976), 345.

(55) Laurence Sterne, *Tristram Shandy* (1760-1767), book III, ch. 4.

(56) William Hammond, reviewing John P. Gray, *The Dependence of Insanity on Physical Disease* (1871), *in Journal of Psychological Medicine*, V (1876), 576.

(57) Henry Maudsley, *Responsibility in Mental Disease* (2d ed., 1874), 154. Quoted in Miehael J. Clark, "The Rejection of Psychological Approaches to Mental Disorder in Late Nineteenth-Century British Psychiatry," in Ibid., 271.

(58) Jean Étienne Esquirol, *Des Maladies mentales considérées sous les rapports médical, hygiéniqueet médico-légal*, 3vols. (1838), I, 5 (form a treatise of 1816 taken over into the larger later work).

(59) Quoted in Karin Obholzer, *The Wolf-Man Sixty Years Later: Conversations with Freud's Contoversial Patient* (1980; tr Michael Shaw 1982), 30.

(60) "Selbstdarstellung," *GW* XIV, 50/"Autobiographical Study," *SE* XX, 25.

(61) Freud to Fliess, September 22, 1898. *Freud-Fliess*, 357 (326).

(62) Esquirol, *Des maladies mentales*, I, 24.

(63) See *Three Essays on the Theory of Sexuality*, *SE* VII, 173.

(64) Martin Freud, *Freud*, 67.

(65) See Abraham to Freud, January 8, 1908, *Freud-Abraham*, 32 (18).

(66) Freud to Abraham, January 9, 1908. Ibid., 34 (20).

(67) Jung to Freud, February 14. 1911. *Freud-Jung*, 433 (392).

(68) Freud to Jung, February 17, 1911. Ibid., 435 – 436 (394 – 395).

(69) See editor's note in *Freud-Fliess*, 355.

(70) Freud to Fliess, August 26, 1898. Ibid., 354 – 355 (324).

(71) Freud to Fliess, September 22, 1898. Ibid., 357 – 358 (326 – 327).

㊂ See "The Psychical Mechanism of Forgetfulness" (1898), *SE* III. 289 – 297.

㊃ Freud to Fliess, August 27, 1899. *Freud-Fliess*, 404(368).

㊄ See Freud to Fliess, September 24, 1900. Ibid., 467(425).

㊅ See *Psychopathology of Everyday Life*, *SE* VI, 242 – 243.

㊆ See Freud to Fliess, May 8, 1901. *Freud-Fliess*, 485(441).

㊇ Freud to Fliess, August 7, 1901, Ibid, 492(447).

㊈ See *Psychopathology of Everyday Life*, *SE* VI, 143 – 144, 弗利斯名字的缩写只出现在早期的版本(1901 & 1904)因此这个参考注释对弗利斯有一定的影响。

㊉ See Ibid., 59. He is quoting from an article by R. Meringer, "Wie man sich versprechen kann," *Neue Freie Presse*, August 23, 1900.

⑳ See "Editor's Introduction" to *Psychopathology of Everyday Life*, *SE* VI, ix – x.

㉑ Henry James, "The Aspern Papers" (1888), *in Tales of Henry James*, ed. Christof Wigelin(1984), 185.

㉒ "Selbstdarstellung," *GW* XIV 56/ "Autobiographical Study," *SE* XX, 31.

㉓ Ibid., 55/30.

㉔ See "Bemerkungen über einen Fall von Zwangsneurose" (1909), *GW* VII, 407/ "Notes upon a Case of Obsessional Neurosis," *SE* X, 184. The quotation is from Nietzsche, *Beyond Good and Evil*, iv, 68.

㉕ Carlyle, *Sartor Resartus book* II, ch. 2.

㉖ Quoted in Jerome Hamilton Buckley, *The Turning Key: Autobiography and the Subjective Impulse since 1800*(1984), 4.

㉗ Kraus, "Die demolierte Literatur," manuscript of the draft in Zeller, ed., *Jugend in Wien*, 265 – 266.

㉘ Quoted in Amos Elon, *Herzl*(1975), 109.

㉙ Freud to Schnitzler, May 8. 1906. *Briefe*, 266 – 267.

㉚ *Traumdeutung*, *GW* II-III, 559, 566/ *Interpretation of Dreams*, *SE* V, 553, 561.

㉛ Ibid., 583, 625/577, 620.

㉜ Freud to Darmstaeder, July 3. 1910. Freud Collection, B3, LC.

㉝ See Freud to Fliess, December 3, 1897. *Freud-Fliess*, 309(284 – 285).

㉞ See Freud to Fliess, February 6, 1899. Ibid., 376(344).

㉟ Freud to Fliess, August 27, 1899. Ibid., 404(368).

㊱ See Freud to Fliess, October 23, 1898. Ibid, 363(332).

㊆ Freud to Fliess, December 3, 1897. Ibid, 309(285).

㊇ *Traumdeutung*, *GW* Ⅱ-Ⅲ, 202/*Interpretation of Dreams*, *SE* Ⅳ, 196 – 197.

㊈ See Ibid., 403n/398n.

⑩ Freud to Fliess, October 4, 1899, *Freud-Fliess*, 414(376, 377).

⑩① Freud to Fliess, October 27. 1899. Ibid, 417 – 418(380).

⑩② Freud to Fliess, December 21, 1899. Ibid., 430(392). See also editors' note in Ibid., 430(392).

⑩③ Ibid., 430, 431(392).

⑩④ Freud to Fliess, January 8, 1900. Ibid., 433(394).

⑩⑤ Freud to Fliess, February 1, 1900. Ibid., 437(398).

⑩⑥ Freud to Fliess, March ll, 1900. Ibid. 441, 443(402 – 403, 404).

⑩⑦ Freud to Fliess, May 7, 1900. Ibid., 452(412).

⑩⑧ See Freud to Fliess, March 11, 1900, Ibid., 442(404).

⑩⑨ Freud to Fliess, March 23, 1900. Ibid., 444(405).

⑩⑩ Freud to Fliess, May 7, 1900. Ibid., 452 – 453(412).

⑪① Freud to [Margarethe, Lilly, and Martha Gertrude Freud] (postcard), May 20, 1900. Freud Collection, B2, LC.

⑪② Freud to [Margarethe, Lilly, and Martha Gertrude Freud], May 8, 1901. Ibid.

⑪③ Freud to Fliess, March 23, 1900. *Freud-Fliess*, 444(405).

⑪④ Freud to Fliess, March 11, 1900. Ibid., 442(403).

⑪⑤ Freud to Fliess, September 19, 1901. Ibid., 493(449).

⑪⑥ Freud to Martha Freud(postcard), September 3, 1901. Freud Museum, London.

⑪⑦ Freud to Martha Freud(postcard), September 5, 1901. Ibid.

⑪⑧ Freud to Martha Freud(postcard), September 6, 1901. Ibid.

⑪⑨ See Freud to Minna Bernays(postcard), August 27, 1902. Ibid.

⑫⓪ 琼斯,1912 年12 月5 日从罗马写信给弗洛伊德时,引用弗洛伊德自己的说法。By permission of Sigmund Freud Copyrights, Wivenhoe.

⑫① Freud to Mathide Freud, September 17, 1907. Freud Collection, B1, LC.

⑫② Freud to Fliess, May 7. 1900. Freud-Fliess, 452(412)弗洛伊德不止一次,用英文使用这个词汇"光芒四射的孤独"(splendid isolation)。

⑫③ *Traumdeutung*, *GW* II-III, 142/*Interpretation of Dreams*, *SE* Ⅳ 137.

⑫④ Freud to Elise Gomperz, November 25, 1901, *Briefe*, 256.

㉕ See K. R. Eissler, *Sigmund Freud und die Wiener Universität*, Über die Pseudo-Wissenschaftlichkeit der jüngsten Wiener Freud-Biographik(1966),170.

㉖ Phillip Freud to Marie Freud. March 12,1902,Freud Collection,B1,LC.

㉗ Freud to Fliess,March 11,1902. *Freud-Fliess*,501 – 502(455 – 456).

㉘ Ibid.,502 – 503(456 – 457).

㉙ See Eissler,*Sigmund Freud und die Wiener Universität*,181 – 185.

㉚ Quoted in Freud to Fliess, February 8,1897, *Freud-Fliess*,244(229).

㉛ Quoted in Eissler,*Sigmund Freud und die Wiener Universität*,135.

㉜ Freud to Elise Gomperz,November 25,1901,*Brirfe*,256.

㉝ Freud to Fliess. March 11,1902. *Freud-Fliess*,501(456).

㉞ Freud to members of B'nai B'rith(May 6,1926). Bride,381. See also Hugo Knoepfmacher. "Sigmund Freud and the B'nai B'rith". Undated manuscript,Freud Collection,B27,LC.

㉟ "Selbstdarstellung," *GW* XIV 74/"Autobiographical Study,"*SE* XX,84.

㊱ Freud to Fliess,October 11,1899. *Freud-Fliess*,416(379).

㊲ Freud to Fliess,January 26. 1900,Ibid.,436(397).

㊳ Freud to Fliess,February 1,1900. Ibid.,437(398).

㊴ Freud to Fliess,November 25. 1900,Ibid.,471(429).

㊵ Freud to Putnam,July 8,1915,*James Jackson Putnam and Psychoanalysis: Letters between Putnam and Sigmund Freud, Emest Jones, William James, Sándor Ferenczi, and Morton Prince*,1877 – 1917,ed. Nathan G. Hale,Jr,(1971),376.

㊶ John W. Boyer, "Freud, Marriage, and Late Viennese Liheralism: A Commentary from 1905," *Journal of Modern History*,L(1978),72 – 102. Quoted passages at 100.

㊷ For documentation, see Peter Gay, *The Bourgeois Experience: Victoria to Freud*, vol. 1, *Education of the Senses*(1984), and vol. II, *The Tender Passion*(1986).

㊸ *Drei Abhandlungen zur Sexualtheorie*(1905), *GW* V,33n; see also 174n.

㊹ Adolf Patze, *Ueber Bordelle und die Sittenverderbniss unserer Zeit*(1845),48n. See Peter Gay,*Freud for Historians*(1985),58.

㊺ Henry Maudsley, *The Physiology and Pathology of Mind* (1867). 284. See Stephen Kern, "Freud and the Discovery of Child Sexualily," *History of Childhood Quaterly: The Journal of Psychohistory*,I(Summer 1973),117 – 141.

㊻ *Traumdeutung*,*GW* II - III,136/*Interpretation of Dreams*,*SE* IV,130.

㊼ See *Three Essays*,*SE* VII,130.

⑱ Freud to Abraham, November 12, 1908. *Freud-Abraham*, 67(57-58).

⑲ *Drei Abhandlungen*, *GW* V 59-60/*Three Essays*, *SE* Ⅶ, 161.

⑳ Ibid., 71, 63/171, 163.

㉑ Ibid., 67-69/167-169.

㉒ Ibid., 73/173.

㉓ Ibid., 88, 91/187, 191.

㉔ Ibid., 32/134.

第二部 深 究 期
1902—1915

第四章 四面受敌的宗师

50 岁

1906年5月6日,弗洛伊德年届五十。这之前的年月,是充满奖赏,充满应许的。在1899年末至1905年之间,他出版了两部关键巨著(《梦的解析》与《性学三论》),一部专业研究著作(《论诙谐及其与无意识之间的关系》[Jokes and Their Relation to the Unconscious]),一部有关日常生活中的精神病理学的畅销书,以及"杜拉"的案例分析报告——他第一个和最具争议的案例分析报告。另外,经过争取,他也终于获得了特任教授的头衔。随着在维也纳的医生之间有了若干的支持者,他专业上的孤立感开始消退。不过,如果弗洛伊德以为出版了两本创时代的著作、获得了一个高贵头衔和找到一些追随者,生活就会从此变得平静晴朗,那就错了。事实上,在接下来的年月,他将要面对的动荡不安,一点都不会比19世纪90年代少。他将会发现,推广精神分析的工作极为艰巨费力,会耗去他相当大的精力。但这些外务并没有让弗洛伊德停止一再重新检讨精神分析的理论和技术:接下来的15年,是其理论进入细致化与近似修正化的阶段。然而他亦将发现,精神分析圈的人事纠纷将占去他检讨自己理论的不少宝贵时间。

为祝贺弗洛伊德50岁诞辰,其追随者订造了一枚大纪念章作为礼物。纪念章的一面镌有他的侧脸像,另一面是俄狄浦斯破解斯芬克斯谜题的情景。上刻一行引自索福克勒斯《俄狄浦斯王》(Oedipus Rex)的古希腊文铭文:"他解开了著名的谜题,是个了不起的伟人。"据琼斯回忆,当大家出示纪念章,念出上面的铭文时,弗洛伊德的脸色"变得苍白而激动……就像是碰到一个幽灵"。确实如此。大学时代,弗洛伊德喜欢在学校广场散步,看着广场上著名校友的塑像,遐想有朝一日,自己的塑像也会竖立于此。而他当时想象刻在塑像上的铭文,恰恰与追随者为纪念章所选择的是同一句①。这枚大纪念章意味着,现在至少已经有一些人肯定他这个无意识探索者是个巨人了。

这种赞美,正是弗洛伊德当时急需的,因为他和弗利斯之间早就奄奄一息的友谊已告彻底破裂,并演变为一件众所周知的事件,此事让弗洛伊德深感痛心。自从弗利斯 1900 年夏天质疑弗洛伊德的精神分析研究的价值,两人大吵一架后,就没有再见过面,但仍然断断续续通了两年信。

1904 年初夏,弗利斯给弗洛伊德写了一封不友善的信。他刚刚读完魏宁格(Otto Weininger)一年半前出版的《性与人格》(Sex and Character)。此书是一个奇怪的混合体,集生物 - 心理学的思索与异想的文化批评于一体,书一出来,很快就受到热烈的崇拜,而这也多少跟魏宁格戏剧性的自杀有关。魏宁格是个天分高、早熟而狂乱的青年,原是犹太教徒,后来脱教;他对犹太人的憎恨,一点也不亚于对女人的憎恨。23 岁那年,他在维也纳的贝多芬旧居举枪自尽。弗利斯在信中告诉弗洛伊德,魏宁格的书让他大感惊愕,因为书中"用了我的双性(bi-sexuality)理论和由这个观念导出的关于性吸引力性质的想法:女性化的男人会吸引男性化的女人,反之亦然"②。弗利斯认为,这个想法是他原创的,多年前曾私下向弗洛伊德透露过,只是一直没有公之于世罢了。现在看到魏宁格的书,他很肯定,这个观念要不是弗洛伊德直接泄漏给魏宁格的,就是间接通过斯沃博达(Hermann Swoboda)——一位心理学家,也是弗洛伊德的病人泄漏的。

诚如先前我们已经看到,一种性别会隐藏另一种性别的元素这一观念,和弗利斯认定自己为这观念的原创人,早已在他与弗洛伊德的关系间造成某种紧张。而现在,1904 年,面对弗利斯的泄密指控,弗洛伊德的回答显得吞吞吐吐。弗洛伊德在回信中承认,在治疗斯沃博达的过程中,他是向后者提到过双性倾向的观念,但这种事情几乎在所有分析中都会出现。他又说,他相信一定是斯沃博达把这个资讯告诉了魏宁格,因为后者当时正着迷于性问题的研究。弗洛伊德在信中说:"已故的魏宁格,是个拿着从别人那里找到的钥匙的窃贼。"他又补充说,也不能排除魏宁格是从别处得到这个观念的,因为这个观念出现在专业文献里已有些时日③。但弗利斯并没有因此释怀,他回信说,他从一个朋友那里得知,魏宁格曾把《性与人格》的手稿给弗洛伊德过目,而弗洛伊德则认为其内容荒诞不经,劝对方打消出版念头。弗利斯说,如果真的是这样,那弗洛伊德显然没有尽到警告魏宁格不要剽窃别人智慧财产的义务④。

弗利斯说的句句是事实,这逼得弗洛伊德不得不进一步承认:魏宁格确实找过他,给他看过手稿,但手稿的内容,和后来出版成书的大不相同。弗洛伊德又严厉地表示,弗利斯因为这种小事而恢复与他通信,让他深感遗憾。又说,抄袭本来是很容易的,但他本人从不会把别人的观点据为己有。为了避免引起进一步的争端,弗洛伊德表示他愿意把未出版的《性学三论》手稿先交给弗利斯过目,让他检查其中有关双性倾向的论述,有没有抄袭之嫌,甚至表示愿意延后出版《性学三论》,好让弗利斯的书可以先一步出版⑤。这些都是示好的姿态,但弗利斯都拒绝了。

弗洛伊德与弗利斯通信至此终了,但他们的争执却没有就此打住。1906 年初,弗利斯终于出版了他的书,并雄心勃勃地取名为《生命的过程:精密生物学的基础》(The Course of Life: Foundation of Exact Biology)。书中极详尽地阐述了有关周期与双性倾向的理论。与此同时,一个叫普芬宁(A. R. Pfennig)的人也出版了一本充满挑衅意味的小册子(弗洛伊德认为是弗利斯唆使),指斥斯沃博达和魏宁格是剽窃者,又说他们之所以接触到弗利斯的智慧财产,是弗洛伊德泄的密。这本小册子最让弗洛伊德感到被冒犯的,是它引用了弗洛伊德写给弗利斯的一些私人信件的内容。弗洛伊德在一封写给克劳斯的信中对此提出反驳⑥。他承认魏宁格对弗利斯理论的认识,确是从他那里间接得来,而且表示,他对魏宁格的剽窃行为非常不耻。不过,对于普芬宁的其他指控,他一概否认,并称普芬宁(当然无形中包括了弗利斯)为小心眼的诽谤者。

这一次,尽管弗洛伊德已经宣泄了怒气,却不能释怀。最让他耿耿于怀的,不是自己曾经不谨慎地对斯沃博达谈过双性倾向的观念,而是自己一开始没有老实告诉弗利斯,魏宁格曾找过他。有超过十年的时间,弗利斯都是弗洛伊德最亲密的至交,是一个他投注了最深感情的人。所以,在 1906 年的时候,弗洛伊德觉得他无法对这份友谊的决裂淡然处之。在这种苦恼的情境下,能得到来自追随者的恭维,被他们比作俄狄浦斯,自是让弗洛伊德感觉大受鼓舞。

50 岁的弗洛伊德思想力旺盛而身体强壮,不过却时而被自己会老朽的灰暗念头所困扰。亚伯拉罕在 1907 年第一次拜访弗洛伊德时观察到:"很不幸,老年情结(old-age complex)似乎压迫着他。"⑦我们知道,早在 44 岁,弗洛伊德就自嘲为衣衫褴褛的以色列老人,这种情绪在他的内心不断发酵。1910 年,他写信给朋友说:"我曾经觉得,我大概活不过 1906 或 1907 年。"⑧不过,他旺盛的生命力和炫人的风采却让别人难于察觉他内心潜藏着的这种神经症般的执念。弗洛伊德虽然只有中等身高(约1.73米),但因为仪表威严、穿戴整齐和目光炯炯,让他站在众人中间时总是显得鹤立鸡群。

弗洛伊德的眼睛受到很多人的谈论,这时期与他过往甚密的威托斯形容,他的眼睛"棕色而有光泽",带着"审视的眼神"。有些人觉得弗洛伊德的眼睛让他们难以忘怀,其中之一是格拉夫(Max Graf)。他是维也纳的音乐学家,对创造活动的心理学深感兴趣。他在1900年初认识了弗洛伊德,很快就成为密友。他形容弗洛伊德的眼睛"漂亮"而"严肃","看起来像是从某个深处打量别人"[9]。第一次世界大战后认识弗洛伊德的英国女精神分析家琼·里维埃(Joan Riviere)指出,尽管弗洛伊德拥有"深具魅力的幽默感",但却让人望而生畏,因为他"头总是向前探,眼神锐利而凌厉"[10]。如果诚如弗洛伊德自己所说,"观看"是比"触摸"更文明的感官形式的话,这一双锐利的眼睛,自然是与他最匹配不过的。威托斯说弗洛伊德具有"学生般的恭敬谦逊"[11]。但这一点,似乎完全无损于弗洛伊德的威严气势。

不过,他的气势,有一部分是精心营造出来的。甚至他的髭须与尖尖的颔胡,每天都必经过理发师的修剪。弗洛伊德已经下定决心,把自己的一切欲念(火山般的情绪、对思辨的沉湎和无穷的精力)都放在一心一意为实现使命而努力上。1910年他在写给朋友普菲斯特(Oskar Pfister)的信上说:"我不能想象没有工作的生活会是舒适的。"又说:"对我来说,遐想与工作是重合的;除此以外,没有其他事情会让我觉得是娱乐。"[12]为了专心致志于工作,他除了进行一种坚毅的自制外,还用一个最精准的时间表来规范自己的生活。据他的侄儿瓦尔丁格(Ernst Waldinger)形容:"他是靠着时钟过活的人。"[13]身为一个优秀的布尔乔亚,弗洛伊德也从来不讳言这一点。

哪怕是日常生活里的调剂变化——牌局、散步、夏天度假——都有固定时间表。他每天早上7点起床,8点开始接见病人,直至12点。午餐准时在1点开饭:钟声一敲响,一家人就会聚集到饭厅餐桌边。弗洛伊德会从书房里出来,他太太会在餐桌的另一头与他面对面坐下,女佣随之出现,把有盖的汤碗端到桌子上。饭后,弗洛伊德会出去散步,以促进血液循环,有时候会顺道寄出校对稿或买雪茄。会诊在3点进行,之后,会接见更多的病人,往往一直到晚上9点为止。然后是晚餐,饭后有时他会与小姨子明娜打一会儿纸牌,要不就是跟太太或女儿散步,散步的终点站总是一家咖啡厅,他们会在那里读报,夏天还会吃一客冰淇淋。晚上的其余时间,弗洛伊德会用来看书、写作或从事精神分析期刊的编辑杂务,他总是在凌晨1点就寝[14]。

弗洛伊德在大学开的课,时间总是不变地排在星期六下午5点到7点。下课后,他也总是不变地到老友科尼希斯坦家打塔罗克(Tarock)牌。这是一种四个人一起打的纸牌,在奥地利与德国相当流行,历史悠久,也是弗洛伊德少不了的娱乐[15]。星期天早上,去探望母亲之后,写一些过去一星期该写而没时间写的信。每年夏天的度假对弗洛伊德一家来说是件大事,也是他们翘首企盼的。弗洛伊德在度假的几个月前就开始筹备,这期间他有大部分的书信都会提到这件事。1914年他在写给亚伯拉罕的信上说:"我知道夏天度假是一件多复杂的事。"[16]在中产阶级的世界还没有被第一次世界大战粉碎以前,夏天度假问题一直被认为是一件最需要花费脑筋的事情。通常,弗洛伊德在初春就开始选择度假地点,等夏天一到,一家人(夫妻俩、六个子女和小姨子明娜)就前往奥地利的巴德加施泰因(Bad Gastein)或巴伐利亚的贝希特斯加登(Berchtesgaden),住进位于山区的安静旅馆。开始几星期,一家人会一起捡拾蘑菇、采集草莓、钓鱼和远足。到了夏天的最后阶段(8月与9月上旬),弗洛伊德则会跟弟弟亚历山大或一个同事(如费伦齐)到意大利旅行。1904年,他和亚历山大去了一趟雅典。站在卫城的上面,他思绪万千,疑幻疑真,因为这个他多年来靠着书本熟得不能再熟的地点,终于活生生地出现在他眼前了[17]。

1904年至1905年间,也就是弗洛伊德快要写完《性学三论》期间,德国社会学家韦伯(Max Weber)出版了名著《新教伦理与资本主义精神》(*The Protestant Ethic and the Spirit of Capitalism*)。书中,韦伯形容现代人犹如被困在一个铁笼中,饱受强制的守时性、磨蚀心智的劳动和刻板的官僚制度所折磨。不过,弗洛伊德的生活规律是他的先决条件,他认为有规律的生活不仅有益于工作,也有益于娱乐)。伯格巷19号的访客以及他夏天的游伴都可以证实,即使年过五十以后,弗洛伊德对新鲜事物仍然有不偏不倚的接受能力。虽然,有时在餐桌上他会因为陷入沉思而把客人交给家人[18],但更多时候,他都是一个热情的主人。亚伯拉罕1907年12月底拜访弗洛伊德以后,满怀幸福地写信对朋友艾廷冈(Max Eitingon)说:"我在他家里受到异常热诚的接待,他本人、他太太、小姨子和女儿带我在维也纳到处游逛。我们去了艺廊,去了咖啡厅,去找书商黑勒,也去逛旧书店,不一而足,那真是一段快乐的日子。"⑲

尽管弗洛伊德偶尔会陷入低潮,但充沛的精力不会让他长时间沉湎于忧郁的思绪中。在回顾他 1909 年的美国之旅时,他说:"我当时才 53 岁,感到自己年轻而健康。"⑳在他儿子马丁对这段岁月所写的回忆录里,弗洛伊德是"一个快乐而豪爽的父亲"。马丁形容,他父亲拥有 ein froehliches herz,这句话大致可以翻译为"一颗快活的心"㉑。安娜·弗洛伊德的话印证了她哥哥所言不假:她告诉琼斯,她父亲的个性,并没有完全从书信中反映出来,因为这些书信"总是为别人而写的,有时是为了告诉他们一些什么,有时是为了安抚,有时是为了打气,有时是为了分担问题与事情"。她说,一般而言,她父亲为人"温和、乐观,甚至欢快","极少生病,即使生病,也不会病得延误一天的工作"㉒。

照片里的弗洛伊德,脸色以阴郁居多。他自有脸色阴郁的理由:他的追随者以至于人类同胞,都有太多可叫他愠怒之处。不过,这并不是他在照片里总是一脸阴郁的全部原因。琼斯指出过,弗洛伊德不喜欢照相,显然就是因为这个缘故,正式照片中的他,看起来要比真实生活中的本人肃穆㉓。然而在那些儿子们趁他不注意时拍下来的照片里,却可以看到一个不一样的弗洛伊德:或在欣赏巍峨山景,或在审视一颗丰美多汁的蘑菇,或在凝观一片异国城市风光,都是一脸欣悦的表情。这个弗洛伊德,就像正式照片中那个心灵世界的牛顿、那个独自遨游过深邃知识海洋的思想家、那个用冷峻眼神谛视叛教者的创教宗师一样,都是真实弗洛伊德的一部分。

规律并不代表僵化。事实上,弗洛伊德喜欢搞非正式的组织,也喜欢与出版商或翻译者进行非正式的会面(这有时会造成他生活上的混乱)。但除此以外,最能反映他的弹性的是,他不会死守自己的某些观念不放。除却一些精神分析最基本的原则以外(如"儿童性欲"、"神经症的性病源"和"压抑作用"),他对有潜力的理论和技术歧见的态度是敞开的,甚至是欢迎的,他一点都不害怕折中。他的谈话风格就像他的书信风格一样,清晰而有力,充满原创构思。他喜欢说笑话,特别是一针见血的犹太人笑话;而惊人的记忆力,也让他在讲演和写作时,可以顺手拈来地引用最相宜的诗歌或小说文句。他尤其是一个吸引人的讲演者,讲话时缓慢、清晰而充满活力。威托斯回忆,在大学的教室里,弗洛伊德"可以不靠笔记而连续讲课近两小时,而听众无不全神贯注"。又说弗洛伊德的"教学方法是一种德国人文主义者的方法,再加上一种他大概是从巴黎学来的谈话语调。既无虚浮词句,也不矫揉造作"[24]。即便是在最专业的讲演里,他的幽默感与不拘一格仍然会不断浮现。"(他)爱使用苏格拉底的方法,他会在讲演半途突然打住,提出问题或招请批评。有人提出反对意见时,他都能做出机智而有力的回应。"

尽管穷过相当长一段时间,但弗洛伊德并不是个吝啬的人,他比较吝惜的是时间,例如,当侄女莉莉·弗洛伊德·马尔莱(Lilly Freud Marlé)——一位知名朗诵艺术家——在维也纳首次登台演出时,弗洛伊德就因为觉得自己花不起这个时间而没有出席。在写给莉莉的道歉函上,他说自己"不过是部赚钱机器",又形容自己是"暂时拥有极高天赋的临时工"[25]。但对于真正有需要的人,弗洛伊德从来不会吝于慷慨助人,他对青年诗人格茨(Bruno Goetz)的资助就是一个好例子。1905年前后,也就是弗洛伊德快50岁的时候,格茨正在维也纳学习。他一向深为头痛所苦,试过一切方法都不见效,他的一个教授建议他不妨找弗洛伊德看看。事前,这位教授寄了一些格茨写的诗给弗洛伊德。接见格茨时,弗洛伊德先让格茨放轻松,然后诱导他说出年少时代的往事。格茨的叙述中充满私密的性细节,其中包括他跟一些水手的荒唐事。听罢,弗洛伊德告诉格茨,他没有接受精神分析的必要。开了处方以后,弗洛伊德突然无缘无故问起格茨为什么会那么瘦弱,于是在不经意间,促使格茨谈到了自己的困窘。"对,"弗洛伊德听完格茨的回答后说,"对自己严苛没有什么坏处,但却不能太过分。你上一次吃牛排是什么时候?"格茨不讳言已经是四星期前的事。"我想也是。"弗洛伊德说。接着,他给了格茨一些饮食上的建议,又表情近乎尴尬地交给对方一个信封,说:"希望你不会为此觉得受到冒犯,但我已经是个年长的医生,而你还只是个青年学生,请你接受这个信封,容我扮演一次你的父亲,仅此一次,这只是你的诗歌与你少年时代的故事带给我快乐的一点小小谢礼,你过些时候再来找我。没错,我的时间都是排得满满的,但半小时或一小时是应该腾得出来的,再见!"格茨回到住处打开信封一看,发现里面竟放着200克朗(奥币)。"我激动得不能自已,"他回忆说,"以至于放声大哭起来。"[26]这并不是弗洛伊德唯一一次资助有潜力的年轻人,甚至是病人。他的帮助总是最切中需要和婉转,让领受的人满怀感激。

弗洛伊德为人父的风格,跟他当讲演者、作家和小慈善家的风格是一贯的。尽管弗洛伊德一辈子都讲究19世纪的家庭礼节,但他仍不全然是一般的布尔乔亚家长。众所周知,弗洛伊德太太费尽心思,务求让丈夫可以把全部时间和精力用于研究和写作。在她的操持下,家中事务井井有条(唯一一次重要的例外是在第一次世界大战之后)。

弗洛伊德夫妻对子女的基本要求是行为端正——但只是行为端正,而不是畏首畏尾。正如他们的长子所回忆,妈妈虽然慈祥,却是有原则的家长。"我们并不缺乏管教。"弗洛伊德重视子女的学习成绩,但并不过分强调。另外,尽管小孩子被要求行为合宜,但并未被禁止开玩笑或嬉戏。"我知道,"马丁回忆说,"我们弗洛伊德家的孩子,所做的事和所说的话,在外人看起来会有点怪怪的。"㉒ 这是当然,因为他们是在一个自由的环境中长大的。"父母从来不会规定我们只准做这个、不准做那个,也从来不会叫我们不要问问题,他们把我们当成具有独立人格的个体对待。"这是一种精神分析教育理论在实际中的应用,一种以布尔乔亚礼节来平衡的现代开明主义。弗洛伊德太太指出,她丈夫"明言"不希望三个儿子"继承父业",值得一提的是,弗洛伊德的三个儿子无一显示出有继承父业的倾向和天分。但尽管如此,他们的幺女安娜最后还是成了精神分析家,"他阻止不了女儿的想法。"㉓不过,正如弗洛伊德晚年岁月的遭遇所表明的,女儿的违逆,是他衷心欢迎的。

弗洛伊德为人父的风格,很能从马丁少年时代的一件轶事反映出来。一个冬日,马丁偕姐姐玛蒂尔德和弟弟埃内特斯一起滑冰。两个男孩挽着手一起滑冰,却一个不小心,撞在一位年长蓄须的绅士怀里,后者猛摆双臂,好不容易才恢复平衡,姿势相当滑稽。埃内特斯见状,说了几句取笑的话。当时,在场的一个滑冰者目睹这一幕,误以为说话的人是马丁,滑了过来,掴了他一耳光。马丁当时还年少,满脑子都是荣誉感和骑士精神之类的观念,视之为奇耻大辱。让事情雪上加霜的是,溜冰场的管理员没收了马丁的季票,而一个肥胖的滑冰者则上前自我介绍是个律师,表示愿意替马丁出面打官司。马丁回忆说,这个提议"只增加了我的绝望感",因为诉诸法律正好是与他信奉的中世纪行为原则背道而驰。所以,他愤怒地拒绝了那个自称是律师的人的帮忙。后来,在玛蒂尔德的力争下,马丁的季票被要了回来,几个孩子马上回家,把事情告诉父母。玛蒂尔德和埃内特斯都不觉得这事情有什么大不了的,只有马丁一个人始终闷闷不乐。"在我看来,我整个未来都被这件不体面的遭遇给毁了。"他深信,等到他需要服兵役的年纪,"我将不会成为一个军官,而会被分发去干削马铃薯的工作",不然就是当个下等兵,负责倒垃圾或洗厕所之类的,他感到自己的名誉已荡然无存。

弗洛伊德专心聆听几个孩子活灵活现的复述,等他们冷静下来后,就把马丁带到书房去,叫儿子把事情从头到尾再叙述一次。然后,他对马丁说了一番话。尽管马丁已不记得父亲当时说了什么,但却记得,这番话把他本来觉得是一件"断肠的悲剧"的事淡化为"无足轻重的不快琐事"[29]。这事情反映出,弗洛伊德并不是一个完全只专注于工作或只知管教,而吝于抚慰孩子的父亲。

作为一个深受其时代和北方文化熏陶的典型布尔乔亚,弗洛伊德并不是个情感非常外露的人。据他侄儿哈利回忆,弗洛伊德"对待子女很友善",但却不会"感情洋溢","总是有一点礼貌与保留"。事实上,"他极少亲他们,几乎从来不会。即使是自己的妈妈——一个他挚爱的女人——他也只会在告别时吻她一下"[30]。不过,在1929年写给琼斯的信上,弗洛伊德表示自己内心对家人有着"泉涌般的柔情",哪怕他并没把这种柔情炫耀出来,"但我家人都很清楚"[31]。似乎,弗洛伊德虽然对儿子们有所保留,但对女儿们却不会。琼斯在一次拜访中注意到,弗洛伊德的一个女儿,"当时还是个女学童,坐在他的大腿上撒娇"[32]。尽管弗洛伊德的柔情是内敛的,但已尽够为子女提供一个温暖而有安全感的家庭环境的责任。他在1910年写给荣格的信上说:"当祖父的很少会对小孩子疾言厉色,而我虽然只是父亲,但情形大概没两样。"[33]弗洛伊德子女的回忆印证了他这个自我评断。

感官之乐

弗洛伊德在那时候并不是个十分严肃的人,也绝不是个禁欲主义者,然而他的性生活似乎从很早就开始逐渐减少。我们知道,他在1893年8月,37岁时,就已经开始过着节制性欲的生活。但这并不代表他从此没有性生活,因为他最后一个小孩安娜,是于1895年12月出生的。第二年,他告诉对人的生物周期深感兴趣的弗利斯,每隔28天的周期,"我就会没有性欲,变成一个性无能。不过在其他日子,情况却不是如此"[34]。1897年,他向弗利斯报告他的一个梦境:梦中的他衣不蔽体,正在上楼梯,后面跟着一个女的。不过,他说,他在梦中的感觉却不是"焦虑不安而是性兴奋"[35]。

没错,诚如前面曾提过的,在1900年,他就表明自己"不会再生小孩"[36]。但仍然有有趣的证据显示,弗洛伊德的性欲乃至性活动,要再延续到十多年之后才告停止。1915年7月,他做了一连串的梦,醒来后迅速把它们记下来,并一一加以分析。其中一个梦和他太太有关:"玛尔塔走向我,我看来正准备为她写下些什么——写在笔记本上。我掏出笔……之后,梦境就变得非常不清晰。"他的分析结果当然少不了"性意涵":这个梦"一定和星期三早上我的成功勃起有关"[37],他当时59岁。同一年,他告诉帕特南,他"非常少利用"到自己所鼓吹的性爱自由[38],言下之意,他基本上是反对婚外情的。就像他的梦境那样,他的一些文章和不经心的评论也透露出这些年间,他持续有着极丰富的性幻想。不过,这些幻想很有可能始终只是停留在幻想的层次。51岁时,弗洛伊德曾对他的追随者说,"我们文化人多少都有一点点心理阳痿的倾向。"几个月后,他又开玩笑地表示(但不无惆怅意味),应该恢复一种古老的机构:"一家爱的学院,让人们在里头开设爱的技艺(ars amandi)的课程。"[39]但在这样一家学院里,他会在多大程度上践行自己教导的内容,仍然是仅属于他的秘密。因为他既然会在1915年分析自己梦境时特别提到"成功勃起",可见他有过很多次不举的经验。

弗洛伊德的寡欲,多少跟他对任何形式的避孕方法都心存芥蒂有关。我们知道,早在19世纪90年代,他在探索神经症的性病源时,已经指出过避孕会带来不良的心理后果。他相信,除非是在最良好的环境下,否则使用保险套是有可能导致精神疾病的,性交中断法和其他方法也好不到哪里去。至于男方或女方会否因为避孕而成为歇斯底里症或焦虑症患者,则要视使用的是什么避孕方法而定。马尔科姆(Janet Malcolm)说过:"如果弗洛伊德的探索朝这个方向继续前进,他就会成为一种较佳保险套的发明者,而非精神分析学的创建人。"[40]不管怎样,弗洛伊德在这方面的研究,都若隐若现地透露出保险套让他产生的欲求不满。

在一个更幽深的层次,弗洛伊德的寡欲似乎和他预期自己会早逝有关。他1911年告诉荣格的太太爱玛:"我的婚姻早已失去了生命力,而现在等着我去做的只有一件事:死亡。"但他也多少为自己的禁欲感到自傲。在1908年一篇论文明性道德的论文里,他指出,现代文明对性欲的节制有极严苛的要求:它要求人们把性行为延至婚后,并把对象局限于单一的性伴侣。弗洛伊德相信,对大部分人来说,这种限制都是无法遵循的,而如果遵循的话,将会付出沉重的精神代价。"只有小部分的人可以通过升华,通过追求更高的文化理想,成功地达到节制性欲的目的。"而其他大部分人"不是会得神经症,就是会受到其他种类的心理创伤"㊶。

弗洛伊德不认为自己属于得了神经症或受到心理创伤的类型,而是认定自己的生物本能已通过追求最高层次的文化理想而获得升华。然而,他身上的男性欲望可不是那么容易被制服的:在晚年,弗洛伊德明显喜欢受到来自漂亮女性的恭维,莎乐美就是最显著的例子。1907年,也就是他自认为已经把性冲动升华得很好的时期,他从意大利度假地点写信告诉荣格,说自己碰到荣格的一位年轻同事,"看来他又开始与女性交往了,这样的实践是会破坏理论的"。这件偶然事件让弗洛伊德反思自己的实践:"当我能够完全克服我的力比多(一般意义下的力比多)以后,我就可以展开一种'人类爱的生活'(Love Life of Mankind)。"㊷但很明显,在1907年,他还没有能完全克服他的(一般意义下的)力比多。

但弗洛伊德从来就不是个敌视感官之乐的人,他对古罗马诗人贺拉斯(Horace)的格言"及时行乐"(carpe diem)曾表示出若干认同,认为那是一种有感于"生命的不确定性和放弃享乐的徒劳性"而产生的生命哲学。他说:"我们每一个人都有过承认这种生命哲学的时刻。"这些时刻,我们会倾向于批评道德教诲那种不知怜悯的严峻:"这种教诲只知要求而没有提出补偿。"㊸因此,弗洛伊德尽管是个严厉的道德高尚之人,却不完全否定快乐的价值。

经过多年的累积添购,弗洛伊德家里的家具和摆设变得相当可观,这说明了医生和居家男人双重身份的弗洛伊德,基本上还是个相当热衷于感官享乐的人。伯格巷19号是一个经过精心经营的小世界,通过它所包含的东西与所排除的东西,让弗洛伊德可以安安全全地生活在他所属的文化脉络里。尽管弗洛伊德是那个时代受过高等教育的市民的典型,但他对这个阶级所偏好的事物(艺术、音乐、文学、建筑)的态度,却是不可全然预测的。他对人为的美感具有很大的感受力。1913年,当他听说亚伯拉罕喜欢荷兰的度假胜地诺德韦克(Noordwijk aan Zee)时,深感高兴(他自己曾经在那儿度过假)。"那里的日出尤其壮丽。"他回忆说。不过,他更激赏的是人为的美:"这些荷兰小镇魅力无穷。代尔夫特(Delft)精陶有如小小的珠宝。"㊹让他得到更多视觉之乐的,是那里的绘画、雕刻与建筑,风景只是其次。

姑且不论弗洛伊德欣赏的是何种类型的美,他的审美观都相当传统。他所选择布置在他四周的艺术品,都具有毫无妥协余地的保守色彩,无不是属于一些声誉确立已久的传统产物。他喜欢大部分 19 世纪布尔乔亚认为是幸福生活所不可或缺的摆设物:亲朋好友的照片、去过和值得怀念的地方的纪念品、由传统艺术观主宰的蚀刻画和雕刻品(也就是都是学院派和不具冒险性格的)。尽管艺术上的革命在维也纳进行得如火如荼,但弗洛伊德对前卫的绘画、诗歌和音乐却是碰都不碰。当他不得不去面对的时候(这种时候很少),他总是激烈地否定其价值。从挂在弗洛伊德家中墙上的油画,你不可能得知法国印象主义已经繁荣了一段时间,或得知克里木特(Klimt)、考考斯卡(Kokoschka)和席勒(Schiele)是在维也纳作画的。有一次,弗洛伊德看了亚伯拉罕一幅"非常现代"的肖像画之后表示,很担心"你(亚伯拉罕)对现代'艺术'的容忍或同情,将会使你受到多么严厉的惩罚"⑥。他为艺术两字加上引号,挖苦之意昭然若揭。他也向普菲斯特坦承过,自己对于印象主义是个大外行⑥。

同样,你也不会在弗洛伊德家拥挤的家具中间,看到任何实验性的式样(那是当时维也纳较时尚的家庭所不乏见的)。弗洛伊德一家人生活在坚实、舒适的维多利亚式家具之间,并衬托以绣花桌布、长毛绒椅套、镶框的人像照片和大量的东方小地毯。这些家具驳杂而缺乏系统性,反映出它们并不是出于某个装潢师的布置,而是一点一点经过长年的添购堆积而成。换成品位挑剔的人,也许觉得这种家居环境深具压迫感,但弗洛伊德一家人生活在其中,却是如鱼得水。它贯彻了弗洛伊德在婚前已经定下的家居原则,并见证了他最后终于成为一个有财产和拥有许多可资回忆的往事的人。事实上,"财富"和"回忆"正是伯格巷 19 号的两大标志,烙印在房子的每一个空间里,包括弗洛伊德的专业角落:他的分析室和私人书房。弗洛伊德对艺术的分析,远远比他对美的品位极端。

同样的落差也见于弗洛伊德对文学的态度,他的著作处处流露出他的阅读范围之广、记忆力之强与对风格的强烈讲究。他喜欢引用德国古典作家(尤其是歌德和席勒)和莎士比亚的文句(他能够用近乎完美的英语长篇背诵莎士比亚的作品)。如海涅般的智者和威廉·布施(Wilhelm Busch)般粗线条的讽刺作家,则为他提供了锐利明快的写作榜样。不过,弗洛伊德对于同时代的欧洲前卫作家却颇为轻视。他固然也读易卜生,但主要是尊敬他是个有胆识打破旧传统的斗士,至于像波德莱尔(Baudelaire)之类的诗人和斯特林堡(Strindberg)之类的剧作家,弗洛伊德都兴趣索然。在当时维也纳的前卫艺术家和文学家里,会得到弗洛伊德毫无保留的掌声的,只有施尼茨勒一个,但这只是因为,后者对维也纳社会的性现象有鞭辟入里的心理学观察。

这倒不是说,弗洛伊德不会为了消遣而阅读小说、诗歌和文章。事实上,他不仅会因为消遣而读书,而且阅读的兴趣很广泛。当他需要放松时(特别是晚年动完手术休养期间),他嗜读克里斯蒂(Agatha Christie)和塞耶斯(Dorothy Sayers)㊼等古典侦探小说作家所写的凶杀和神秘故事。不过,一般来说,他阅读的档次要高很多。1907年,弗洛伊德应其出版商黑勒之邀,挑选10本"好"书,结果,被他相中的作家当中,两个是瑞士人(凯勒[Gottfried Keller]和迈耶),两个是法国人(法朗士[Anatole France]和左拉[Émile Zola]),两个是英国人(吉卜林[Rudyard Kipling]和麦考利[Lord Macaulay]),一个俄国人(梅列日科夫斯基[Dmitri Merezhkovski]),一个荷兰人(穆尔塔图里[Multatuli]),一个奥地利人(贡珀茨),一个美国人(马克·吐温[Mark Twain])㊽。这个偏好,就像他艺术上的偏好一样,是相当保守的。不过,它至少还是显示出一点点叛逆的味道,例如,像穆尔塔图里——荷兰评论家暨小说家德克尔(Eduard Douwes Dekker)的笔名——就多少是个政治和道德的改革者;吉卜林的《丛林书》(Jungle Book)可以解读为对现代文明造作的抗议;至于马克·吐温,更毫无疑问是幽默作家中最辛辣的一个。

事实上,一些弗洛伊德偏爱的作家,都是以某种方式带有颠覆性的,例如麦考利有关17世纪到19世纪的英国文化史论文,和贡珀茨有关古希腊哲学史的论述皆属这一类。这一点让人想起,弗洛伊德深受18世纪启蒙运动的影响。启蒙运动的批判精神和对人性的希望,通过对伏尔泰和狄德罗或是19世纪作家的阅读,能深刻感受得到。我们知道,弗洛伊德喜欢说自己一辈子都在努力摧毁幻象,不过,尽管他有着坚定的悲观主义,但他有时仍然会赞同这样的幻象,即在人类事务中,进步是有可能的,而且还可能会以逐渐累积的方式进步。值得注意的是,当他的东西是为出版而写时(不管那是有关个体的心理学、有关群体的心理学,还是有关文化整体的心理学),他的态度都相当不乐观。不过,在为消遣而阅读时,弗洛伊德看来却允许自己对进步的观念怀有充满希望的幻想。

毫不让人惊讶的是,弗洛伊德用来臧否一个文学家的标准,经常彻头彻尾是政治性的。例如,他会推崇法朗士,原因之一是后者的反反犹主义(anti-anti-

Semtism)立场鲜明;而梅列日科夫斯基——《达·芬奇传奇》(*The Romance of Leonardo da Vinci*)的作者——之所以会受到弗洛伊德推崇,则是因为他所讴歌的达·芬奇,正是弗洛伊德所景仰的人(弗洛伊德景仰达·芬奇的独立人格与知性上的勇气)。不过,大部分获得弗洛伊德青睐的作家,都因为他们是有天赋的业余心理学家。弗洛伊德认为,他的专业可以从这些作家中获益,一如可以从传记学家和人类学家中获益。这倒不是说,弗洛伊德对文学只是个"外行",不过,他的文学品位中包含着实用性,却是无可否认的。在一篇讨论米开朗基罗的《摩西像》的文章中,弗洛伊德自承:"我察觉到,一件艺术作品的主题,要比它的形式或技巧特质更吸引我,尽管后者才是一个艺术家的真正价值所在。说实在的,我对很多艺术的方法和它们的外观缺乏恰如其分的了解。"[49]这反映出,弗洛伊德认识到艺术或文学具有一个形式、美学的面向和一个主题内容的面向,而这两个面向是不同的。但他的思索到此就打住了,部分是因为,他认为艺术家的方法是超乎理解的。"对这些人而言,意义是无足轻重的,他们所关心的全都是线条、形状和轮廓吻合度的问题。他们是完全向快乐原则(Lustprinzip/pleasure principle)臣服的。"[50]但对弗洛伊德而言,现实原则(reality principle)的重要性是凌驾于快乐原则之上的。

这种重实际的心灵模式,无可避免地会让弗洛伊德与音乐之间的关系显得既遥远又怪异。他坦承自己没有音乐细胞并且五音不全。在《梦的解析》一书中,他说,要是他哼一段《费加罗的婚礼》(*The Marriage of Figaro*)的旋律,"别人大概不会知晓他是在哼什么"[51]。那些被迫听过他唱莫扎特歌剧咏叹调的人,都可以证实此言不假[52]。弗洛伊德没有音乐家朋友,他女儿安娜指出,他"从不去交响乐演奏会"[53]。但他倒是喜欢看歌剧,至少是部分歌剧。他几个女儿努力回忆,记起了五出父亲所欣赏的歌剧:莫扎特的《唐·乔万尼》(*Don Giovanni*)、《费加罗的婚礼》和《魔笛》(*The Magic Flute*),比才(Bizet)的《卡门》(*Carmen*)和瓦格纳(Wagner)的《纽伦堡的名歌手》(*Meistersinger*)[54]。这份名单可说是既安全又保守:没有德彪西(Debussy),也没有施特劳斯(Strauss)。在瓦格纳的歌剧之中,《纽伦堡的名歌手》明显要比他早期的作品,如《漂泊的荷兰人》(*The Flying Dutchman*),易于欣赏。《卡门》一剧虽然1875年首演后花了一段时间才征服巴黎,但却快速风靡德语地区。勃拉姆斯(Brahms)、瓦格纳和一向挑剔的柴可夫斯基对它交口称赞,都认为这是一部杰作。尼采看过此剧不下20遍,认为它轻快的高卢风格,要远胜瓦格纳那种沉重的日耳曼风格。俾斯麦声称自己看过此剧 27 次[55]。由此可知,能够欣赏《卡门》的人,不需要是一个拥护前卫的人。弗洛伊德对这些歌剧非常熟悉,能够在想引用的时候随手拈来:费加罗咏叹调中的"若你想起舞,我的好伯爵";《魔笛》中萨拉斯托对帕米娜公主说,他不会强迫公主爱上他;莱波雷洛无耻地把唐·乔万尼征服的又一名女子唐娜·埃尔维拉记录在册。

像弗洛伊德这样一个没有音乐细胞的人会喜欢歌剧,其理由不难理解。毕竟,歌剧并不是纯粹的音乐或歌曲,而是音乐和文字、歌曲与剧情的结合。就像文学作品一样,歌剧可以带给弗洛伊德一种熟悉的震撼和快感,因为它们会以夸张的方式,探讨弗洛伊德毕生所关注的心理学课题:爱、恨、贪婪、背叛。除此以外,歌剧是有场景的,而弗洛伊德又是一个对视觉感受特别敏锐的人(这也是为什么,他对病人的观察,会像他聆听病人说话一样专心)。更重要的是,歌剧会展现道德冲突,而最后又会达到完满的解决。在弗洛伊德最欣赏的五部歌剧中,除《卡门》以外,都是以美德战胜邪恶收场的(《魔笛》与《纽伦堡的名歌手》尤为明显)。这个结果,可以为最老练的聆听者带来愉悦。

因此,对弗洛伊德而言,歌剧和剧场只是偶一为之的调剂。相比之下,他对饮食的钟爱,要固定恒久得多。弗洛伊德既不是饕客,也不是美食家,他对葡萄酒也少有好感。不过,他喜欢用餐,这一点,从他进食时总是全神贯注就可以反映出来。在弗洛伊德住在维也纳的那些月份里,一天的主餐——午餐——会在中午 1 点准时而迅速地端上桌,内容包括汤、肉类、蔬菜和甜点:"这种三道菜的午餐,内容会依季节的不同而变化;每逢春天,会再加上一道以芦笋为主的菜式。"弗洛伊德特别喜爱意大利洋蓟、炖牛肉和洋葱拌烤牛肉,但却不喜欢花椰菜鸡肉[56]。他喜欢扎实、有饱足感的家常菜,而不喜欢如法国菜那样精雕细琢的料理。

不过,弗洛伊德对雪茄的味道,却是毫不挑剔的,他是个嗜烟如命的人。早在 19 世纪 90 年代,弗利斯为他治疗鼻黏膜的时候(弗利斯是一个鼻喉科的专家),曾经要求他戒烟,于是弗洛伊德如丧考妣,苦苦求饶才幸免于戒烟。他抽烟始于 24 岁,最初是香烟,很快就转嗜雪茄。他声称,这个"习惯或恶习"可以大大增加他的工作效率和自制能力。他父亲显然就是他的榜样[57],因为前者"一直到 81 岁为止……都是个大烟枪"。在 50 岁前后,弗洛伊德有一群为数不少的烟友。每星期,星期三心理学会要在弗洛伊德家里聚会前,女佣都会在桌子上摆上很多烟灰缸:一个客人一个。据马丁回忆,每次聚会结束,房间里都会"弥漫着浓浓的烟臭味,我只觉得惊讶,人类怎么可能在这样的环境里活上小时,更别说开口说话而不被呛到"。㊳弗洛伊德在侄儿哈利17岁时要送他一包香烟,但却被哈利谢绝了。当叔叔的告诉这个侄儿:"孩子,吸烟是人生最大和最便宜的娱乐,如果你决定不沾香烟的话,我只能为你惋惜。"㊴抽烟所带来的感官满足感,是弗洛伊德所无法抗拒的,但他也将为此付出重大代价。1897年,他告诉弗利斯,他相信,人的种种癖好(包括烟瘾在内),其实都是人的"首要而基本的癖好"——也就是手淫——的替代物罢了㊵。只是,弗洛伊德并未能把他这个心理学的洞察转化为戒烟的决心。

如果说弗洛伊德的烟瘾反映出口欲期的遗迹,那他搜集古物的癖好,就可以视之为肛门期的遗迹。弗洛伊德曾经告诉他的家庭医生舒尔,他对史前文物的爱好,"强度仅次于嗜烟之癖"㊶。弗洛伊德接见病人的分析室乃至毗邻的书房,都慢慢地挤满了东方小地毯、朋友照片和石匜。玻璃书橱里除了摆满书,也摆着很多摆设物。墙上密布着照片和蚀刻画。供病人躺卧的沙发盖着一张波斯毯子,上面高高堆着几个枕头,椅脚边放着毯子,以供病人冷的时候使用。不过,最引人注目的,还是高低错落地占据着每一个平面的雕刻品。它们密密麻麻地占据着书橱各层多出来的空间,摆满桌子和柜子的顶部,最后甚至入侵到弗洛伊德井井有条的桌面:他喜欢一边写信或写文章,一边饶有兴致地打量它们。

这个雕刻品丛林是他的访客和病人印象最鲜明的部分。据弗洛伊德的密友萨克斯(Hanns Sachs)回忆,他在1909年初拜访伯格巷19号时,尽管弗洛伊德的搜集"仍处于起始阶段,但其中一些物品已足以马上攫住访客的目光"㊷。"狼人"是在隔年接受弗洛伊德的精神分析的,他回忆说,弗洛伊德的古文物相当吸引人。他说,"两个紧邻的书房……总是透着一股神圣的祥和宁静感",而身在弗洛伊德的分析室,他的感觉不是"在一个医生的办公室里,而是在一个考古学家的研究室里。哪怕是门外汉也看得出来,摆在这里的各种小型人像以及其他不寻常的东西,都是来自埃及的古文物,墙上各处挂着的石匜反映的是一些消失已久的古老王朝"㊸。

搜集古物是弗洛伊德的终身爱好,而他的搜集,是带着热忱和系统性的。他的老友勒维(Emanuel Löwy)——罗马的考古学教授——每次来访,都会为他带来考古学界的最新消息。弗洛伊德也大量阅读考古学的书刊,激情地追踪各个考古挖掘的进展情况。"为了搜集希腊、罗马和埃及的古物,"他晚年告诉斯蒂芬·茨威格,"我做了很多牺牲,我所读过的考古学书刊,甚至要比心理学的还多。"⑥这当然只是夸大其词:从他著作后面收录的参考书目,就可以知道他对当时心理学专业文献的掌握有多全面。不过,古代文物带给他的乐趣仍然是巨大的。早期,他只能依自己财力状况搜购,到后来,朋友和追随者的馈赠让他的收藏大幅增加。晚年,当他坐在分析室那张舒服的扶手椅上四望,可以看到一幅画着阿布辛贝(Abu Simbel)一间古埃及神庙的大画,一幅安格尔(Ingres)油画的复制品(画的是俄狄浦斯诘问斯芬克斯的情景)和一幅古代浅浮雕的石膏模型。在对墙一个摆满古物的玻璃橱柜顶上,则挂着一幅位于吉萨(Gizeh)的狮身人面像照片——它再次让人联想起,弗洛伊德是重大谜题的无畏征服者。

这样一种对古物的强烈激情,自是引人好奇的,而弗洛伊德自己也不吝提供一个解释。他告诉"狼人":"精神分析家就像考古学家一样,必须要层层挖起病人心灵的覆盖物,才能得到最深层、最有价值的宝藏。"⑥但这个有力的比喻只解释了弗洛伊德强烈好古癖的一部分。事实上,他喜爱古文物,还是因为它们可以带给他视觉和触觉的乐趣。他坐在书桌前,喜欢观赏或抚摸这些古物。有时,还会拿着一件新得的古物,到饭厅去检视和把玩。它们同时也是他回忆的凭据,可以让他回忆起送他这些文物的朋友以及忆起南方:那些他旅行过的阳光普照的地方,那些他希望去而没有去过的地方,还有那些远得他无法去的地方。就像从温克尔曼(Winckelmann)到福斯特(E. M. Forster)的许多北方人一样,弗洛伊德热爱地中海文明。"现在我的房间里点缀了很多佛罗伦萨铜像的石膏模型,"1896年底他告诉弗利斯,"它们带给我异乎寻常的活力。为了可以再一次从事这些旅行,我打算加把劲赚钱。"

不过,在更隐晦的层次,弗洛伊德会酷爱古物,似乎是因为它们代表着一个失落的远古世界——他和他的民族(犹太人)可以溯源之处。1899年8月,他从贝希特斯加登写信给弗利斯,表示打算在接下来的雨天,"行车"到他"深爱的萨尔斯堡",在那地方他最近"找到过几件埃及的古物。这些东西会述说遥远的时代与土地,让我精神抖擞"⑥。许多年后,他告诉费伦齐,当他审视自己的得意收藏时,会有"一股奇怪的、秘密的思慕"在内心升起,"那是对东方和地中海以及一种相当不一样的生活的思慕。这种思慕,也许是一种远祖的遗传,是一种我童年晚期的梦想:它从未得以实现,也从未能适应于现实"。⑰这就怪不得,会让弗洛伊德最感兴趣的一个人(大概也是最嫉妒的一个),就是特洛伊城的发现者谢里曼(Heinrich Schliemann)[谢里曼是德国考古学家,在1873年挖掘出古代特洛伊城的遗址。——译者注]。弗洛伊德认为,谢里曼的事业是无与伦比的,因为他在发现了"普里阿摩斯宝藏"[普里阿摩斯(Priam)为特洛伊最后一任国王,所谓的普里阿摩斯宝藏并非指真正的宝藏,而是指特洛伊城的遗址。——译者注]的同时,也找到了真正的快乐:"真正的快乐,只存在于儿时梦想的实现里。"⑱显然,在弗洛伊德的现实人生里,儿时梦想是很少得到实现的。

不过,正如弗洛伊德告诉"狼人",他对古文物的偏爱,最主要的还是因为古文物是他终身工作的主要隐喻。1896年,在对一群维也纳医界同仁演讲歇斯底里症的病源学时,他疾呼:"石头是会说话的(Saxa Loquuntur)!"⑲至少,石头会对他说话。在写给弗利斯的一封喜气洋洋的信里,他把自己新近成功分析一个病人所获得的快乐,比拟于发现特洛伊城的快乐。他说,在他的帮助下,一个病人发现了在自己一切狂想的最底层,"埋藏着一个原始期(22个月大以前)的场景,它解释了一切……我至今仍然不敢置信这个发现是真的,那就像是谢里曼挖出原来被认为只是传说的特洛伊城一样。"⑳弗洛伊德对考古学的比喻一直偏爱有加。在为杜拉的案例分析报告所写的序言里,他把自己"分析结果的不完全性"比拟于考古工作的局限性。他说,自己固然是做了一些恢复的工作,但就像每个"有良知的考古学家那样",他不会"在每一个个案中忘了提到我所重建的只是事情原貌的一部分"。㉑36年之后,在《文明及其缺憾》一书中,为了说明"心灵中保存的普遍问题",弗洛伊德拿罗马来做比喻:罗马的古迹虽然有很多已被考古学家给挖掘了出来,但未被挖掘出来的却更多㉒。因此,可以说,弗洛伊德对古物的搜集,是集工作与娱乐、儿时的冲动与成年的升华于一体的。尽管如此,他对古物的喜好,仍然不能说没有癖好的味道。弗洛伊德是个有多种癖好的人,所以,在星期三心理学会1902年秋天的首次会议上,讨论的主题是吸烟对人的心理影响,而这并不是偶然的㉓。

星期三心理学会

弗洛伊德的星期三心理学会成立于1902年秋天,起初是个规模不大的非正式团体。十多年后,弗洛伊德回忆星期三心理学会的成立缘起:"当时,有一些年轻的医生聚在我身边,想要学习、实践和推广精神分析。最初出主意(建立星期三心理学会)的,是一个亲身体验过分析治疗好处的同仁。"[74]弗洛伊德所说的"同仁",就是斯特克尔,之所以不提他的名字,可能是因为两人在后来产生了嫌隙。斯特克尔是一位富有想象力和创造力的医生,曾在弗洛伊德的分析治疗下,减缓了心理阳痿的症状,这是两人关系的一个凝着剂。另一个凝着剂则是斯特克尔对梦的象征所做的研究:在《梦的解析》后来的版本里,弗洛伊德公开承认,他对梦的研究,有受惠于斯特克尔之处。这一点,反映出弗洛伊德和他的一些追随者之间,存在着互惠关系。尽管弗洛伊德教给其早期追随者的,要远多于从他们身上所学到的,不过,他总是向着他们的影响敞开。在斯特克尔的回忆录里,他谈到自己与弗洛伊德的早期关系时,这样说:"我是弗洛伊德的门徒,而他是我的基督!"[75]

如果弗洛伊德活得够长命,读得到斯特克尔的这句话,一定会把他比做12门徒中的犹大。不过,在1902年,两人的关系依然和睦,而斯特克尔提出成立学会的建议,弗洛伊德一眼就看出其价值。对弗洛伊德来说,这是成立一个精神分析团体最恰当不过的时间,因为不管那些每星期三晚在他候诊室里聚会的成员后来证明有多少缺点,但在早期,却可以提供给弗洛伊德最渴望的心理回应。他们或多或少弥补了他失去弗利斯友谊的遗憾,而且给予他出版《梦的解析》时所希冀而没有获得的掌声。弗洛伊德日后带点怀念地回忆说,这个学会建立之初,他感到颇为安慰[76]。

不管起初星期三心理学会的规模多么小,但气氛却生气勃勃。除斯特克尔以外,弗洛伊德还写明信片邀请了三个维也纳医生参加:卡哈内(Max Kahane)、赖特勒(Rudolf Reitler)和阿德勒(Alfred Adler)。这五人小组,构成了后来的维也纳精神分析学会(Vienna Psychoanalytic Society)的核心成员(维也纳精神分析学会成立于1908年,是日后数十个分布世界各地同类型学会的模型)。卡哈内就像弗洛伊德一样,曾经把沙可的一卷讲演录译成德文,而斯特克尔就是在他的介绍下,认识弗洛伊德及其著作的。赖特勒是继弗洛伊德之后世界上第二位精神分析家[77],但他于1917年英年早逝。每当弗洛伊德征引他的著作时,都语带尊敬,不过,赖特勒在学会聚会时的发言往往很尖锐,有时甚至会伤人。三个生力军里,最难缠的一个也许就是阿德勒,他是医生,也是社会主义者,曾写过一本关于裁缝的健康状况和生存环境的书,但却越来越对精神病学的社会应用感兴趣。星期三心理学会最初几期的集会——斯特克尔自豪地回忆说:"相当激励人心。""五个人之间完全和谐一致,没有杂音。我们就像在一块新发现的土地上进行探索的先锋,而弗洛伊德是领导者。一团火花在一个个心灵间跳动,每一个(星期三)晚上都像一次天启。"⑱

斯特克尔使用的比喻很寻常,但他的描述却传神地捕捉住了当时的气氛,异议和杂音是后来的事。斯特克尔绝不是学会成员中唯一一个使用宗教词语来形容学会气氛的。例如,格拉夫就回忆说:"我们的聚会依仪式般的程序进行,首先是由一个成员宣读论文,接着,黑咖啡和糕饼就会上桌,然后是香烟和雪茄。讨论会在一小时的闲谈后开始,每次为会议做结语的,总是弗洛伊德本人。房间里弥漫着一种新宗教成立的气氛,弗洛伊德是这个宗教的先知,他宣示的教诲,让当时流行的心理学探究方法显得肤浅。"⑲但这种措辞,不会是弗洛伊德本人所欣赏的。他会乐于把自己视为一个比"先知"更有弹性且不那么权威的人。不过,当时有某种兴奋感弥漫在学会的成员间,却是不争的事实。要到若干年后,学会的气氛才会变得越来越窒息,导致某些成员——尽管他们仍然景仰弗洛伊德——决定退出,格拉夫就是其中之一。

任何想参加星期三心理学会的人,都要获得全体成员的一致同意。不过,这个规定,在学会最初几年的融洽气氛中,只是形式性的。新人都是由会员引荐,被否决的寥寥无几。到了 1906 年,也就是弗洛伊德 50 岁那年,学会的成员一共是 17 人,而其中 12 个发言踊跃,甚至越来越具侵略性。当年 10 月,学会的风格发生了一个细微却清晰的变化。在学会成立的第五个年头伊始,大家决定雇用一名受薪秘书,负责记录学会出席人数、收集会费和在会议上做记录等事宜。被雇的人名叫奥托·兰克(Otto Rank)。

兰克所做的会议记录里,有关于案例讨论的,有关于文学作品和公共人物的精神分析的,有对最新的精神医学文献进行评论的,也有对成员即将印行的出版品进行预览的。有时候,学会的会议也是告解之夜。例如,在 1907 年 10 月,一名叫施泰纳(Maximilian Steiner)的皮肤病学家暨性病方面的专家,在会议上报告了自己禁欲期间所出现的各种身心症候,并表示,这些症候在他跟一位阳痿朋友的妻子发生关系后就不药而愈⑳。又例如,在 1908 年初,疗养院院长乌尔班季奇

(Rudolf von Urbantschitsch)在会议上宣读了一篇摘自其日记的文章,名为《我婚前的发展岁月》(*Up to my marriage*)——这里所谓的"发展",是指性心理的发展。文中他坦承,自己很早就有手淫的行为,并有若干的施虐/受虐癖(sadomasochism)。在做出评论时,弗洛伊德只是淡淡地表示,乌尔班季奇送给了学会成员一份礼物。星期三心理学会对这种科学性的自我剖白一向引以为傲[81]。

若干在1902年之后才加入学会的成员是默默无闻的。不过,其中的少数,却成为了精神分析史上的重要人物,其中包括胡戈·黑勒(Hugo Heller)和格拉夫。黑勒是书店老板和出版商,办有一个供知识分子和艺术家出入的沙龙(后来精神分析学家亦成为座上宾)。格拉夫5岁的儿子是弗洛伊德的病人,也是他最特别的案例之一——"小汉斯案例"(Little Hans)。这两人都算是外行人,但弗洛伊德对于他们投入精神分析的研究却赞扬有加,这是因为,弗洛伊德一直都担心精神分析会沦为医生的垄断行业。尽管如此,学会里还是有一些医生,注定了日后要在奥地利和海外的精神分析运动中,扮演重要角色。其中之一是费德恩(Paul Federn),他是位具有原创性和影响力的理论家,很快就成为维也纳精神分析学会里弗洛伊德最忠实的信徒。另一个重要成员是萨德格尔(Isidor Sadger),他是位相当能干的精神分析家,是由其外甥威托斯介绍入社的。后来还有希尔施曼(Eduard Hitschmann),他是在1905年入社的,6年后,弗洛伊德特别就他向公众阐明精神分析的功劳做出了赞扬——他写作并出版了《弗洛伊德的神经症理论》(*Freud's Theories of the Neuroses*)一书。就像费德恩一样,不管多年下来学会发生了多少风风雨雨,希尔施曼对弗洛伊德的忠诚都矢志不渝。

星期三心理学会的新成员中,最可堪惊讶的大概莫过于奥托·兰克。他本是个机械工,五短身材,长相一般,多年来健康不佳,出身于一个贫穷而不快乐的犹太家庭。他赖以脱出其可悲处境的,是一种无底的求知欲。跟一般自学成功的人不同的是,他具有过人的智力与吸收能力。他什么都读。他是在他的家庭医师阿德勒的推荐下读弗洛伊德的作品的,一读就欲罢不能。这些作品让他目眩,深感解决世间一切谜题的关键尽在其中。1905年春天,也就是21岁那一年,兰克把自己一本小书的手稿呈给弗洛伊德过目。此书名为《艺术家们》(*The Artists*),是把精神分析的观念应用于文化领域的初步尝试。一年多以后,他被委任为星期三心理学会的秘书。弗洛伊德对他有着父亲般的关怀,深情地称他为"小兰克",又雇他为助理,帮自己誊写文稿,并慷慨资助他念文科中学和维也纳大学。在星期三心理学会里，兰克可不只是个文书助理的角色：在1906年的10月，亦即他加入学会的第一个月，就在聚会上发表了一篇论文学中乱伦基调的文章，而那是从他即将出版的大部头专题论著里摘录出来的[82]。

但是，受雇于学会期间，兰克之所失恐怕犹在所得之上，尽管这一点并不是他自己造成的。因为慢慢地，学会会议的气氛变得激烈，甚至尖刻：成员互不相让，吹嘘自己的原创性，并以刻薄的言辞去攻击别人的主张。1908年初，学会成员就学会是不是应该实行"改革"进行了正式讨论：有人提出了废除"知识共产主义"（Geistiger Kommunismus）的主张，认为不管是谁在会议上发表的观念，都应该视为其本人的私有智慧财产。弗洛伊德提出了一个折中的办法：一个成员发表的观念是公有财产还是私有财产，全凭该成员自己决定；至于他本人发表的观念，他宣布，则一律归入公有财产[83]。

但其他成员就没有那么慷慨和克制了。1907年12月的一次聚会上，萨德格尔宣读了一篇分析19世纪瑞士诗人迈耶诗作的论文，指出其创作深受对母亲未获回报的爱恋所影响。尽管这类诉诸恋母情结的分析在学会成员间甚为常见，但这一次，其他成员还是认为萨德格尔的分析太过粗糙。费德恩宣称这个分析让他发指，斯特克尔则说他感到震惊，并表示像萨德格尔这种过分简化的分析，对精神分析事业的推广来说，只会有害无益。威托斯则挺身为自己舅舅辩护，驳斥这些指责都是"个人怒气的爆发"。尽管弗洛伊德对萨德格尔的分析有所保留，但他还是采取了较中庸的立场。事实上，弗洛伊德也可以是一个很有杀伤力的人，但他宁愿把杀伤力保留给一些必要的场合。萨德格尔在回应时表示了自己的失望，说他希望从这个会议带回家的，是有教益的意见，而不是谩骂的言辞[84]。

到了1908年，这一类火药味的场面不再是偶尔发作。尖锐的言辞往往只是洞察力匮乏的一种掩饰。不过，星期三心理学会这种令人失望的表现，却不只是因为成员的平庸所造成，主要还是因为成员之间互相刺激对方的敏感部分造成的摩擦。更重要的是，精神分析的主题都是很敏感的，往往会触及人类心灵守卫最森严的部分，这个部分一旦被刺激挑拨，就很容易产生愤怒情绪。然而，在那些英雄式的探索年代里，曾入侵别人或自己最内在神圣领域的人，倒是从未被真正分析过——斯特克尔虽曾在学会里被弗洛伊德分析过，但却是简短且不全面的。弗洛伊德固然也自我分析过，但这种自我分析并不可靠。至于其他人，则没有运用他们的精神分析本领去分析其他成员。早在1908年,格拉夫就已经黯然察觉到:"我们已不再是我们曾经那样的伙伴了。"⑥

尽管如此,弗洛伊德仍是这支充满异见的部队无可争议的领袖。为了解决星期三心理学会发生的问题,他建议取消这个非正式的组织,把它改组为维也纳精神分析学会,他希望这个改组可以让一些已经失去兴趣或不再认同他目标的成员,有一个不着痕迹的脱离机会⑥。因此,维也纳精神分析学会的成立,只是一个解决星期三心理学会内部不和的权宜之计,别无其他,弗洛伊德找不到可以迫使其他人提升自我的方法。亚伯拉罕第一次出席星期三心理学会的会议,是在1907年12月,事后,他把观感告诉艾廷冈:"这些维也纳同仁没给我什么太激动雀跃的印象,我参加了星期三的会议。他(弗洛伊德)的层次高出其他人太多了。萨德格尔是一个墨守成规的弟子,不管解释什么,他都以正统犹太教的严厉态度维护师训。在一群医生成员中,给我印象最好的是费德恩。斯特克尔显得肤浅,阿德勒为人偏颇,威托斯辞藻华丽而言之无物,其他人更无足观。年轻的兰克非常聪慧,格拉夫博士也不遑多让。……"⑥1908年春天,琼斯自己亲自参加过会议后,对亚伯拉罕之见表示完全同意。日后,他回忆第一次参加学会会议之后的观感时这样说:"那些人看来都是无法匹配弗洛伊德的天才的,但那时的维也纳对弗洛伊德的偏见是如此之大,要找到追随者极不容易,所以他只能捡到什么就要什么。"⑧

不过也不是没有光明灿烂的时刻:在1908年至1910年之间,新的成员相继加入,其中包括了布达佩斯的费伦齐、法学家陶斯克(Victor Tausk)、社会民主党人福特穆勒(Carl Furtmüller)和律师萨克斯。出席会议的人数,也随着慕名到维也纳拜访弗洛伊德的外国人而大大增加。这些外国人,以"瑞士帮"为大宗——也就是来自苏黎世或瑞士其他地方的精神病学家和医学院的研究生。他们最早参加学会会议的时间是1907年。他们之中,最受弗洛伊德看重的是艾廷冈、荣格、宾斯万格(Ludwing Binswanger)和亚伯拉罕。第二年,其他对精神分析的未来大有贡献的外国人也加入了弗洛伊德的旗下,其中包括布里尔(A. A. Brill)、琼斯和魏斯(Edoardo Weiss):布里尔是弗洛伊德的美国门徒与翻译者,琼斯后来成为弗洛伊德最具影响力的英国支持者,魏斯则是把精神分析引入意大利的前驱。

拿这些候鸟般的访客和其他维也纳本地的信徒两相比较,弗洛伊德的感觉只有难过。尽管弗洛伊德的知人之明常常会被他的主观好恶蒙蔽,但他对一干维也纳徒众却没有心存幻想。1907年一次学会会议结束后,他对年轻的瑞士精神病学家宾斯万格说:"这伙人是什么德性,你现在都看到了!"⑧这句话,不无可能意在婉转地恭维宾斯万格,不过,宾斯万格多年后回顾当时的情景时,却提供了一个可能更精确的解读:它反映出弗洛伊德虽然有一群追随者簇拥,却依然感到孤独。这一点,也可以从弗洛伊德在1911年写给亚伯拉罕的信上反映出来:"除小兰克以外,我所有的维也纳追随者都不值一提。"⑩在维也纳的精神分析圈子里,固然不是没有一些有潜力的成员,如兰克、费德恩、萨克斯,也许还包括赖特勒、希尔施曼,甚至陶斯克。不过,随着年月的逝去,弗洛伊德越来越把他的期望寄托在外国人身上。

外国人

四个深为弗洛伊德倚重的外国人是柏林的艾廷冈和亚伯拉罕、伦敦的琼斯和布达佩斯的费伦齐,他们长年在各自的住地,为推广精神分析不遗余力。有别于弗洛伊德和荣格那种戏剧性的合作与决裂关系,这四个人与弗洛伊德的关系一直保持和谐(除了偶尔出现一点紧张),而且互相都能从对方那里获益良多。

艾廷冈是"瑞士帮"之中第一个造访伯格巷19号的人,他富裕、慷慨而谦逊,是个俄籍犹太人,在苏黎世学医。1906年写信给弗洛伊德时,他自我介绍是布尔戈霍兹利(Burghölzli)精神医院的"低阶助理医师",又说他是受其上级"布洛伊勒教授和荣格医生"的推介,开始接触弗洛伊德的作品。"深入阅读这些作品让我越来越相信,你有关歇斯底里症的解释力量惊人,而精神分析方法的价值极其巨大。"⑨弗洛伊德如一贯的样子,一点没有拖延回信。他在复信中表示,自己欣见有年轻人"会被我们学说中的真理成分所吸引"⑩。在那段日子,弗洛伊德自视为"网人的渔夫"(fisher of men)⑬,不遗余力地网罗年轻后进。1907年1月,艾廷冈为一个病情棘手的病人前来维也纳寻求咨询,停留两星期。他与弗洛伊德的友谊由此展开。弗洛伊德带着他在维也纳到处逛,一边走路,一边对他进行精神分析。"这就是我最初接受的精神分析训练!"⑭日后回忆这段日子时,艾廷冈惊叹地说。1909年秋天,他再次到维也纳,从弗洛伊德那里接受更多的这种"流动性"的精神分析训练。之后,这个弗洛伊德的"弟子"⑮从苏黎世搬到柏林,成为执业的精神分析家。他的事业进展缓慢,偶尔会请弗洛伊德替他介绍病人,弗洛伊德有求必应⑰。作为回报,他寄了很多礼物给弗洛伊德。1910年初,弗洛伊德兴高采烈地写信给他这个柏林的学生说:"有连续三天时间,D(陀思妥耶夫斯基)的作品如雨点般落在我家里。"⑱他指的是艾廷冈寄给他的那一本又一本陀思妥耶夫斯基的小说,艾廷冈特别提醒他要留意《群魔》(*The Possessed*)与《卡拉马佐夫兄弟》(*The Brothers Karamazov*)⑲两书。他们的通信,内容越来越感情洋溢和推心置腹。"我知道你会始终忠于我的,"⑳弗洛伊德在1914年7月的一封信上对艾廷冈说,"我们这个小团体不需要盲目的信奉者,当然也不需要叛徒。"弗洛伊德从来不需要为自己对艾廷冈的信任后悔,因为在其有生之年,艾廷冈一直是精神分析运动最慷慨的资助者。

艾廷冈从来都不用为金钱担心,反观他在柏林的亲密战友亚伯拉罕,却为经济独立奋斗了很长一段日子。亚伯拉罕比艾廷冈长4岁,1877年出生于港口城市不来梅(Bremen)一个久居德国的犹太家庭。他父亲虽然是个宗教老师,却开明得异乎寻常。当亚伯拉罕告诉他,自己准备当个精神病学家,而且无法再遵守安息日和其他的犹太教规范时,老亚伯拉罕叫儿子只管照自己的良知行事⑳。不过,身为精神分析守护人之一的亚伯拉罕的表现,有时不如其父宽容。他的同伴形容他冷静、讲究方法和智性,不愿意耽于思辨和放纵情绪;待人似乎有些冷淡,琼斯将之形容为"情感内敛"。不过,他的自制和讲究实际,正好是精神分析运动的成员所最缺乏的两样素质,所以,琼斯又说他"显然是弗洛伊德周围最正常的一个"⑳。另外,亚伯拉罕的乐观在其同仁间是出了名的,弗洛伊德把他称为无可救药的乐观主义者,常常提醒自己不要被他的乐观预期所误导。

亚伯拉罕是从医学转向精神病学的,他在1907年30岁那年初会弗洛伊德,这次碰面,改变了他一生。之前三年,他都在苏黎世附近的布尔戈霍兹利精神医院工作(荣格是此医院的首席驻院医师),不过,自从完全服膺于弗洛伊德的理论后,他就前往柏林,开了一家小型的精神分析诊所。这可是相当冒险的一步,因为当时的柏林完全受传统的精神病学所主宰。这些被弗洛伊德称为"挂牌流氓"⑳的人对精神分析所知甚少,而又对他们所知的部分感到厌恶。迟至1912年,琼斯还从伦敦写信对亚伯拉罕说:"你在柏林一定正打着一场硬仗。"⑳有好些年,亚伯拉罕都是德国首都唯一的执业精神分析家。尽管接连受挫,但他毫不气馁,弗洛伊德也不断从维也纳为他打气:"迟早会云开见日的!"⑩

1907年底,柏林的精神病学家尤利乌斯伯格(Otto Juliusburger)发表了一篇支持精神分析观念的论文。尽管这只是一个小小的正面信息,但生性乐观的亚伯拉罕大受激励,在1908年8月成立了柏林精神分析学会,成员一共五人:除他以外,还包括尤利乌斯伯格和性学家希施费尔德。

弗洛伊德和亚伯拉罕的通信并非全和精神分析事务有关。他们两个人,乃至双方的家人,很快就成为密友,经常互相探访,而弗洛伊德对亚伯拉罕的孩子也表现出父亲般的关怀。1908年5月,弗洛伊德感激地写信告诉亚伯拉罕:"我太太告诉我她在你家里受到了极热情的接待。"弗洛伊德也欣然告诉对方,自己打从一开始就对他的好客有"正确的诊断"⑩。

经过多年努力,亚伯拉罕终于成为一位备受欢迎的心理治疗师,并成为欧美两大洲第二代精神分析家的主要培训者。1914年,在感谢亚伯拉罕一篇有关偷窥癖(voyeurism)的论文时,莎乐美特别赞扬他清晰明快的论点,他愿意让材料自己说话,而非把教条硬套上去⑩。亚伯拉罕变得如此有名,以致在同一年,美国克拉克大学的校长、心理学家霍尔(G. Stanley Hall)甚至写信向他索取照片,说是要用来"点缀我们研讨室的墙壁"⑩。

成功带来了财富,在1911年初,亚伯拉罕告诉弗洛伊德,自己的事业"已生气勃勃了相当一段日子"⑩,甚至说得上是"兴旺"⑩。他一天分析八小时,不过却没有将这种成功视为完全的祝福,因为这种忙碌让他"难有时间从事科学探究"⑩(一种典型的弗洛伊德式语气)。到了1912年,他一天接待的病人可多达十个。这一年的头六个月,他赚进了11000马克(这是相当可观的收入),同时还打算提高收费。"你看到了,"他告诉弗洛伊德,"即使是在柏林,你的追随者也不必再当烈士了。"⑪亚伯拉罕很少抱怨,若有的话,也只是针对他的专业同仁而不是病人。例如,他曾向弗洛伊德抱怨,对一个爱好理论研究的精神分析家来说,"柏林是一片瘠土"⑫,又说柏林精神分析学会尽管常常聚会,却"没有恰当的人可以讨论问题"⑬。这其实不是缺点:如此一来,他反而可以朝自己有兴趣的方向进行思考研究。

精神分析家族中的成员,几乎人人都有过剩的精力,而亚伯拉罕的精力,又更胜于其他人。不过,他的精力主要是意志力的结果:从童年开始,他为了治疗轻微的哮喘和改善羸弱的体格,就强迫自己从事网球和游泳,后来,登山成了他最爱的运动⑭。登山在精神分析家中是相当热门的运动,即使是弗洛伊德,虽然他对激烈运动的兴趣要比其追随者低,仍然喜欢进行较长里程的山间步行。

意志力让亚伯拉罕成为一名登山者,也成为他从事专业工作时的燃料。他网罗人才、主持会议、从事一系列范围宽广的主题研究。打开他的著作目录,你会找到对当时精神分析文献的评论,临床研究,题材广泛的应用精神分析、讨论,现代艺术乃至古埃及宗教这样纷纭的题材。不过,他对精神分析历史的最大贡献是一系列讨论力比多发展过程的论文,弗洛伊德就是因为这些论文,改变了对这个问题的思考方向。

尽管是精神分析大业的好仆人,亚伯拉罕对弗洛伊德并非奴颜婢膝。事实上,从他敢于和弗利斯交往这一点,就足以反映出他具有独立的人格。1911年初,弗利斯得知亚伯拉罕从一个病人身上发现"弗利斯式"周期,就写信邀他来访。亚伯拉罕坦然把受邀的事告诉弗洛伊德,而后者的回应是谨慎的。弗洛伊德在信中说:"我看不出来为什么你不应该造访他。"又预言亚伯拉罕会发现弗利斯是个"很体贴,甚至很有魅力的人"。而且弗洛伊德认为这次造访可以给亚伯拉罕一个机会,"科学地接近弗利斯的周期理论中包含的部分真理"。但弗洛伊德又提出警告,说弗利斯一定会怂恿亚伯拉罕脱离精神分析甚至其创建者。弗洛伊德继续直率地说,弗利斯"本质上是一个冷酷无情且恶劣的人"。"我特别告诫你要小心他太太,她这个人自作聪明、恶毒而歇斯底里。一言以蔽之,她要不是神经症患者就是变态者。"⑮

这个警告,并没有让亚伯拉罕与弗利斯的友谊裹足不前。他对弗洛伊德的提醒表示感谢,答应自己一定会"格外谨慎"⑯,而且在每次拜访弗利斯之后,都不忘向弗洛伊德报告。他向弗洛伊德保证,弗利斯并未尝试把他带离精神分析或它的创建者,自己也并不觉得弗利斯有此等魅力⑰。出于一贯的谨慎性格,他并没有就弗洛伊德对弗利斯太太的贬语做出评论,也没有告知弗洛伊德——不管当时或后来——他和弗利斯彼此交换了作品的选印本。弗洛伊德毫无疑问是夸大了亚伯拉罕接近其前密友的危险性。弗利斯过分虚假地恭维了亚伯拉罕的选印论文集,似乎这些论文呈现了弗洛伊德以前从未能传递出的信息一样。因为弗利斯并没有打算诱使亚伯拉罕脱离弗洛伊德。就算他这样做过,也没有成功。亚伯拉罕的精明和沉着,足以抵抗一切甘言诱惑。不过不管怎样,弗洛伊德会容许亚伯拉罕与弗利斯接近,就证明他对亚伯拉罕的信任是毫不动摇的。

琼斯受弗洛伊德的信任程度，并不亚于亚伯拉罕。他和亚伯拉罕意气相投，而不管国际精神分析运动经历了哪些风暴，他们始终是坚定的盟友。他们都同样崇拜弗洛伊德，同样是工作狂，也同样酷爱运动。亚伯拉罕喜欢爬山，而结实、生气勃勃、浑身是劲的琼斯则偏好花式滑冰（他甚至写过有关花式滑冰的论文）。不过，在个性上，两人却南辕北辙。亚伯拉罕为人静谧切合实际，琼斯则性好寻衅喜怒无常；亚伯拉罕生活节制对伴侣忠诚，琼斯则韵事不断，甚至闹过几次性丑闻。弗洛伊德自己就欣然指出过，琼斯是他的追随者中最固执己见和最好斗的，也是个不倦的通信者、专横的组织者和激烈的辩论者。

琼斯接触到弗洛伊德的作品，是在后者发表了杜拉的案例分析报告不久之后。作为一名专攻精神病学的年轻医生，琼斯早就对当时有关心灵运作或失调的正统解释感到失望，而这种失望，加速了他投向弗洛伊德的怀抱。读到杜拉案例时，琼斯的德语仍然是结结巴巴的，但他却"深深感受得到，在维也纳有一个人，可以清清楚楚听得懂病人对他说的每一个字"。琼斯只觉得有如经历了天启。"我一直努力要做到这一点而不可得，而我也没有听说过有谁做得到的。"这让他意识到，弗洛伊德是个"不同凡响的人物，是个真正的心理学家"[119]［琼斯第一次听到弗洛伊德的名字，是从朋友特罗特（Wilfred Trotter）口中（特罗特是知名的外科医师与群众心理学家，后来成了琼斯的妹夫）。但琼斯对弗洛伊德真正心悦诚服，是在读了杜拉案例之后]。为此，他前往布尔戈霍兹利精神医院，追随荣格学习了一段时间的精神分析。1908年春天，他得知弗洛伊德将会出席在萨尔斯堡举行的一个精神分析家会议，就决定前往，一睹这位大师的风采。会上，他聆听了弗洛伊德一个令人难忘的讲演（讲题是一名病人的案例，即"鼠人案例"）。5月，琼斯前往伯格巷19号拜访，受到热情接待。自此以后，琼斯和弗洛伊德常常在学术会议上碰面，平时则以长篇书信互通消息。不过，有好几年时间，琼斯都因为未能完全排除对精神分析的怀疑，而处于令人苦闷的内心战役中。不过一旦完全服膺了弗洛伊德的理论，他就成为了精神分析领域最有活力的提倡者——首先是在美国，继而英国，最后是全世界。

琼斯会选择加拿大和美国东北部作为他推广精神分析的战场，并非完全偶然。他在英国行医时，曾两次被指控对接受其诊治的儿童进行性骚扰，最后被一家儿童医院解聘，因此不得不远走多伦多［在他的自传里，琼斯颇细致地回忆了这些事件的始末，并且有说服力地辩称，事件中的小孩都是把自己的性感受投射到了他的身上。这样的解释,在第一次世界大战前的英国医学界自是不会有任何人相信的。在发生这些事件时,琼斯已经深信,精神分析是唯一真正的深层心理学]。一旦定居下来,他就开始向多伦多和美国的听众宣传推广精神分析。1911年,美国精神分析协会成立,他是主要的发起人之一。两年后,也就是1913年,他回到伦敦从事精神分析,并把弗洛伊德在英国的信徒组织为一个小团体。11月,他在写给弗洛伊德的信上得意地说:"伦敦精神分析学会如期在上周四成立了,成员九人。"⑲

琼斯几乎是弗洛伊德亲密圈子里唯一的非犹太人,不过,他却懂得通过讲犹太人的笑话和使用犹太人的措辞,把自己装点得像个犹太人。这让他在相当程度上受到当时维也纳和柏林略带排他性的精神分析文化的接纳。他写的论文几乎涵盖了精神分析的每一个主题,不过,这些论文的长处主要是在清晰性而非原创性。这一点,也是他自己承认的。他告诉弗洛伊德:"写作对我来说就像是女性十月怀胎,而我想,对于像你这样一个真男人来说,写作就像是射精。"⑳[但琼斯并不是一个盲从的信徒,例如在20世纪20年代,他就曾强烈地对弗洛伊德有关女性性欲的观点表示异议。在第一次世界大战期间,他也不赞成弗洛伊德对最后胜利会属谁的见解]但不管是不是有原创性的人,琼斯都是精神分析最有说服力的宣传者与最执着的辩论家。弗洛伊德有一次这样对他说(不无推崇之意):"很少有人像你那样长于应付别人的诘难。"㉑他对于精神分析的另一大功绩,是无意中留给了后人大量弗洛伊德以英文撰写的书信。两人通信之初,琼斯就向弗洛伊德抱怨过,自己"不太熟悉古老的德文字体[指弗洛伊德使用的"哥特式"字体]",而弗洛伊德的反应不是改变字体,而是直接使用英文回信㉒[除第一次世界大战期间和人生最晚年以外,弗洛伊德给琼斯写信都是用英文。这些英文书信,有时不免会有些语法错误。琼斯在撰写皇皇三大册的弗洛伊德传记时,凡引用到弗氏的英文书信,都会费力把其中的大小错误修改过来。这是殊为可惜的,因为这些错误中有些是饶有意思的。所以在本书中,我都是以它们的本来面貌加以引用]。这件事大大加强了弗洛伊德对自己最喜爱的一种外语的驾驭能力[经过一段时间的磨炼后,琼斯对德语的驾驭能力,已不逊于(也许甚至更胜于)弗洛伊德驾驭英语的能力。弗洛伊德用英语给他写信,并不是琼斯主动要求的,但弗洛伊德却对他说:"我的(英语)错误你得一概负责。"(FJ, November 20,1908. Fd2)1911年6月18日,琼斯在写给亚伯拉罕的信上为自己用英文写信致歉说:"我确信你的英语比我的德语好。"不过,证诸他日后的德文书信,可知琼斯是个学习得很快的人]。

直到 1910 年为止,琼斯对精神分析的投入固然是全心全意的,但偶尔,他仍然会对精神分析乃至弗洛伊德本人抱有若干质疑。至少这个时期的琼斯,对他精神分析学界的朋友而言,并不是个太透明的人:他们觉得他难以了解和揣度。像荣格在 1908 年夏天写给弗洛伊德的信上就说,"琼斯对我来说是个谜一样的人物,我觉得他神秘而且难以看透。他肚子里真的有很多东西吗,还是只有一丁点儿?不管怎么样,他都不是一个简单的人,而且是个很聪明的骗子。""(琼斯)会一方面是个仰慕者,而另一方面又是个机会主义者吗?"⑳弗洛伊德的回答相当模棱两可。"我想你对琼斯的了解要比我多,"他在信上说,"有时我觉得他出于胆怯才对我盲目崇拜,(但如果他真是个骗子)那他的谎言是对别人说的,不是对我们说的。"在结论里,弗洛伊德说:"我们这一群人来自不同的种族,这很有趣。他是个凯尔特人,所以我们这些日耳曼人和地中海人会觉得他费解是很自然的。"㉑不过,事实证明,琼斯是个很聪慧的学生,很乐意把他对弗洛伊德一些观念的质疑,归咎为是非理性的自我防御在作祟。"简单来说,"他在 1909 年 12 月致弗洛伊德的信上说,"我对你一些观念的抗拒,不是来自于认为你的理论有什么不妥,而是部分源自于我强烈的'父亲情结'(Father-complex)。"㉒

弗洛伊德欣然接受这个解释。"你的信一直以来都令我甚感宽慰,"弗洛伊德在 1910 年 4 月的信上说,"而你的活动力、博学与最近表现的真诚风格,都让我感到惊讶。"他接着又说自己很高兴拒绝了"那些暗示要我放弃你的建言"。现在一切都雨过天晴,"我相信我们一定能够携手同行,做出一番成绩来"㉓。两年后,弗洛伊德在信上告诉琼斯,自己对他完全释疑是在哪个时候:那是 1909 年的 9 月,两人在马萨诸塞州伍斯特(Worcester)的克拉克大学经过一席长谈之后。"我非常高兴你知道我有多珍视你,而且对你为精神分析事业所贡献的高度才智,我也深感自豪。"他告诉琼斯,"我记得,第一次意识到对你存有这种态度,是在你经历了一段灰暗的反复不定时期而准备离开伍斯特的时候。当时我以为,你即将要离我们而去,成为陌路人。然后,我想到我不应该让事情如此演变,于是决定随你一路去火车站,直到握过手,你上车离去为止。当时我想,也许你是了解我的,而这种感觉也终于获得证实,你最后终于灿烂地蜕变出来了。"㉔

自此以后,琼斯便无所保留地献身于精神分析。1913 年,他前往布达佩斯,在费伦齐那里接受了短时间的精神分析训练。他向弗洛伊德报告说,他和费伦齐"花了很多时间一起从事科学性的谈话",而费伦齐"对我的古怪之处与变化无常的情绪非常容忍"。琼斯从来不吝于在写给弗洛伊德的信上自我批判。至于弗洛伊德,对待琼斯则是一种叔叔对侄儿的态度(后者比他小23岁)。他喜欢以赞美来为比他年轻的一辈打气。例如,他在一封信上对琼斯说:"你在做的是一件了不起的工作。"在另一封信中又说:"从我急于回信你就可以知道,我对你的来信与文章有多欣赏。"对琼斯这个重要的新成员,弗洛伊德是毫不吝惜回信的。

从1912年起,弗洛伊德开始为琼斯的漂亮情妇勒·卡恩(Loe Kann)进行精神分析,治疗她的吗啡瘾(包括弗洛伊德在内,每个人提到她的时候,都把她称为琼斯的太太)。尽管精神分析家有为病人保密的神圣义务,但弗洛伊德却破戒向琼斯透露了分析进展。有时,他也会给琼斯一些个人的忠告。例如,得知琼斯又卷入另一件风流韵事时,弗洛伊德就求他说:"看在我的面子上,不要那么急于结婚。我认为对这件事,你应该慎重选择,三思而行。"弗洛伊德否认他干涉琼斯的私生活有任何"特殊目的",而只不过是向他"倾吐肺腑之言"。对弗洛伊德的忠告,琼斯多能从善如流。这种推心置腹使精神分析运动中有一种友好气氛。琼斯50岁生日时,弗洛伊德以他一贯真诚与恭维参半的口吻说:"我总是把你当成最亲密家人中的一员。"又讨好地补充说,如果他和琼斯之间有过任何不睦的话,那只是家人间的不睦。

与琼斯构成尖锐对比的是费伦齐,他是第一代精神分析家中最易受伤和最复杂的一个,也是弗洛伊德的一大烦恼来源。如果说琼斯有时会让弗洛伊德生气,费伦齐则有时会让他不快乐。琼斯不无嫉妒地指出过,在弗洛伊德紧密的小圈子里,费伦齐已经成为"资深成员",也是与弗洛伊德"站得最近的人"。费伦齐1873年出生于布达佩斯,父亲是个书商和出版商。由于有11个兄弟姊妹,加上父亲早逝,母亲忙于打理书店,费伦齐自幼就觉得备受忽略。后来与他变得熟稔的莎乐美在日记里写道:"儿时,他觉得自己从来得不到足够的赞赏,深感创伤。"成年以后,他这种对父母之爱的渴求,成了一个永远无法愈合的伤口。

费伦齐19世纪90年代初期在维也纳学医,之后回到布达佩斯,成为一名执业精神医师。他第一次接触精神分析的结果并不好:他匆匆浏览了一遍《梦的解析》后，就下判断说此书语焉不详且不科学。不过，之后他迷上了由荣格开发出来的字词联想测验（word association），并由此重新认识了弗洛伊德。荣格的这个测验方法，会给病人一个单字，要他自由联想出另外一个单字，与此同时，施测者会记录下病人进行联想所需要的时间。据匈牙利的精神分析家（也是费伦齐的学生和朋友）巴林特（Michael Balint）回忆，为了在进行字词联想测验时可以测量病人的反应时间，费伦齐"买了一个秒表，自此，没有一个人可以免疫。谁在布达佩斯的咖啡馆给他碰上——不管是小说家、诗人、画家、衣帽间小妹或侍者——都会被他拉着进行'字词联想实验'"。不过这种嗜好对费伦齐不无好处，因为这让他对精神分析重新产生兴趣。他把《梦的解析》仔细重读了一遍，而这一次，他被说服了。1908年1月，他写信给弗洛伊德，表达了求见之意，结果受邀在一个星期天下午造访伯格巷19号。

　　两人一见如故，迅速成为朋友。费伦齐的思考天赋让弗洛伊德深感着迷，因为他曾经感受过自己内心有同样的向度（但他同时也抗拒着这个向度）。费伦齐把精神分析的直觉发展为一种高度的艺术。有时，弗洛伊德纵容自己的想象力与费伦齐一起翱翔，但到头来往往会发现这个学生飞得无影无踪。琼斯形容费伦齐是"一个有超强想象力的人。他的想象力，也许有时是不羁的，但却总是很有启发性"。弗洛伊德觉得费伦齐想象力的启发性是不可阻抗的，因此宁愿选择忽略其不羁的一面。"我很乐见你对研究谜语的投入，"弗洛伊德在与费伦齐相交之初写信告诉他，"因为谜语可以展现出所有隐藏在笑话中的技巧，平行并进的研究也许会有帮助。"但不管弗洛伊德本人还是费伦齐，都没有沿着这个有潜力的方向进行进一步的探索。不过，他们却发现彼此有很多想谈的共同话题：案例分析、恋母情结、女性同性恋、精神分析在苏黎世和布达佩斯的处境。

　　1908年夏天，弗洛伊德带着家人前往贝希特斯加登的时候，特别于住处附近的旅馆为费伦齐安排了一个房间，这反映出两人的友谊有多亲密。"我家大门是随时为你敞开的，但我想你会喜欢保持自由。"一年后，也就是1909年的10月，弗洛伊德写给费伦齐的信件，都以"亲爱的朋友"作为抬头，而获得弗洛伊德这种荣宠的，只有寥寥可数的几个人。但后来证明，费伦齐是个问题重重的人。他对精神分析最有力的贡献（也是最受争议的）是他的技术，它们之所以如此强有力，又如此饱受争议，是因为这些技术来源于费伦齐的同理心天赋，他表达爱和从他人身上引出爱的能力。不幸的是，费伦齐对弗洛伊德的热烈付出，是希望弗洛伊德能给以同样热烈的回应。在与弗洛伊德的交往中,他把双方的关系无限地理想化了,他渴望的是一种极亲密的友谊,但这种友谊又是弗洛伊德在经历了与弗利斯的决裂后,不愿意再次付出的。

即使是在弗洛伊德与费伦齐相交的第一年,两人的紧张关系已隐约可见。不止一次,费伦齐把弗洛伊德当成自己的告解师一样,巨细靡遗地向弗洛伊德剖白自己极其复杂的爱情生活,并倾诉自己在布达佩斯的寂寞。1910年,两个人曾一道到西西里旅游,但这并不是一趟完全怡人的旅程,因为费伦齐不放过任何一个可以逼弗洛伊德扮演慈父角色的机会。

这并不是弗洛伊德喜欢扮演的角色,他告诉费伦齐,回顾两人相处的时光,他感到"温暖和意气相投",但"(我希望你)可以把自己从幼儿的角色中分离开来,站在我旁边,成为一个平起平坐的同伴——这是你没能做到的"[141]。一年后,弗洛伊德半开玩笑地表示,自己勉为其难愿意接受费伦齐强加给他的角色。"我坦承我宁愿扮演一个独立的朋友的角色,"他写道,"但如果你办不到,我会收你为养子。"信的最后写道:"我给你致上父亲的祝福。"[142]在接下来的一封信中,弗洛伊德使用的抬头是"亲爱的儿子",又在旁边加上括弧写道"我会一直使用这个抬头直到你要我改变为止[143]"。不过一星期后,他又把抬头恢复为"亲爱的朋友"[144]。

弗洛伊德不喜欢也改变不了费伦齐对他的依恋,但费伦齐恣肆的想象力、无比的忠诚、卓越的才华以及在布达佩斯为精神分析所做的一切,都让弗洛伊德对他有比对别人更大的容忍度。尽管弗洛伊德与亚伯拉罕的关系亲密,但他最后却发现,亚伯拉罕的内心最深处,有一个别人无法触及的部分。"我想你的看法是正确的,"他在1920年告诉琼斯,"亚伯拉罕的普鲁士调调(Prussianity)十分强烈。"[145]但费伦齐身上却没有这种"普鲁士调调"。既然不愿意失去这么投契的伙伴,弗洛伊德只好多培养自己的耐性。

几乎所有弗洛伊德的早期追随者都有成为精神治疗师的潜力,除了少数例外(特别是萨克斯和兰克)。他们全都是医生,而且其中一些(如荣格、亚伯拉罕和艾廷冈)本来就是在治疗心理疾病的岗位上服务的。陶斯克在大学学的是法律,后来成为法官和新闻记者,不过,一旦决定要投入精神分析的研究,他马上进入医学院就读。当然,精神分析——基于其本身的性质使然——也吸引了一些外行人的兴趣,这一点让弗洛伊德颇为释怀。1910年,他在写给一个英国朋友的信上说:"虽然(在维也纳)有那么多医学界的门人围绕身边",但他却感到"知性上的孤独",不过,他的这种孤独感却在瑞士找到了慰藉,因为在瑞士,最少有"若干非医界的研究者"对他的理论感兴趣⑭。在弗洛伊德的业余追随者中,最突出的两个是普菲斯特和莎乐美:两人与弗洛伊德的友谊,都持续超过25年。然而,乍看之下,他们又是最不可能成为弗洛伊德信徒的人,因为他们一个是牧师,而另一个则是名媛(grande dame),喜好与诗人和哲学家发生风流韵事。但弗洛伊德却喜欢与他们交往,也爱读他们的来信,这一点,证明了他对人的品味是多元的,而且不局限在维也纳一隅。

普菲斯特是苏黎世的新教牧师,他在1908年偶然接触到弗洛伊德的作品前,就已经对心理学产生了极强烈的兴趣。普菲斯特1873年生于苏黎世郊区(弗洛伊德是这一年入读医学院),从早年起,就感到有关神学上的争辩,不过都是言语之争。之后,他发现了弗洛伊德。回忆读到弗洛伊德的作品时,他说他的感觉"就像一个古老的预兆获得了实现"。在弗洛伊德的作品里,"没有灵魂形而上那种没完没了的臆测……也没有任何生命的重大问题是未被触及的"。他认为,弗洛伊德发展出了一个"灵魂的显微镜",让人可以洞悉心智功能的源头及发展⑭。普菲斯特一度希望成为医生(就像他爸爸那样),以便可以帮助自己教区的信徒。但弗洛伊德不鼓励他学医,因此,普菲斯特没有成为医生,而成为一个分析家牧师(analysis-pastor)和弗洛伊德的好友⑭。

普菲斯特与弗洛伊德的相识,始于他寄给弗洛伊德一些他早期所写的关于学童自杀的文章。"我从你勇敢的朋友普菲斯特那里收到一篇文章,"弗洛伊德在1909年1月写给荣格的信上说,"为此,我要向他致上很大的谢忱。"弗洛伊德看得出来把一个牧师纳入精神分析的阵营会包含着什么样的讽刺意味:无神论的精神分析现在要被征召去对抗撒旦了⑭。不过,他很快就改变了他挖苦的语调,因为他发现,普菲斯特不只是个有用的盟友,还是个怡人的伙伴。在他们友谊的第一年,有一些弗洛伊德的密友(特别是亚伯拉罕)向他质疑普菲斯特精神分析的正统性,而且提醒他对普菲斯特要防着点。但弗洛伊德不为所动,因为就他所见,普菲斯特的忠诚度是毋庸置疑的。这一次,他那常常不可靠的观人直觉,终于正确了一次。

弗洛伊德之所以会这么信任普菲斯特,原因之一是他有很多机会可以近距离观察普菲斯特。普菲斯特第一次造访伯格巷19号,是在1909年4月。他这次造访,不只赢得了这家男主人的欢心,还赢得了全家人的欢心。弗洛伊德在写给费伦齐的信上说:"(普菲斯特)是个有魅力的家伙,掳获了我们全家人的心。他又是个慈爱的宗教狂热者,半像救世主耶稣,半像花衣吹笛手[中世纪传说中的人物,他为一个村子解除鼠患,但村人却食言不付他费用,结果他用笛声把全村的小孩拐走。——译者注]。他告别时,我们已经成为好朋友。"⑬安娜·弗洛伊德回忆说,她第一次看到普菲斯特,只觉得是看到"一个来自异世界的幽灵"——不过是一个让人感觉愉快的幽灵。毫无疑问,作为一个牧师,普菲斯特的谈吐、衣着以及习惯,跟其他一心一意要在餐桌边跟弗洛伊德谈论精神分析问题的访客都是大异其趣的。与其他仰慕者不同的是,普菲斯特不会忽略弗洛伊德的小孩而只注意他们著名的父亲⑬。他高个子、看起来精力旺盛,有着"很阳刚的髭须"和"慈祥而探索的眼睛"⑬。显然,他也是个勇气十足的人,因为他那一套糅合了精神分析的新教神学,是与瑞士教会的正统神学相抵触的,有好几年时间,他都得面对被革除教职的危险。不过,在弗洛伊德的打气下,他坚守不移。他固然知道自己为精神分析运动的贡献有多大,但他也意识到,这种裨益是互惠的。多年以后,他告诉弗洛伊德:"我对爱一直如饥似渴,要不是有精神分析,只怕我早就崩溃了。"⑬

在第一次拜访弗洛伊德的15年后,普菲斯特深情地回忆起当日的情景。他在信中告诉弗洛伊德,"你一家人欢快自由的精神"让他一见倾心。又说,要是有人问他世上最怡人的地方是哪里,他一定会说是"弗洛伊德教授府上"⑬。

这些年间,普菲斯特利用精神分析技术帮助他的教众。他常常会与弗洛伊德讨论彼此病人的情况,而且坦然地辩论彼此有歧见的主题(特别是宗教信仰)。普菲斯特认为,由于耶稣是把爱提升为其教诲的核心主张的人,因此是第一个精神分析家,也因此,弗洛伊德一点都不算是犹太人。"从来没有比你更好的基督徒。"⑬他这样告诉弗洛伊德。后者并没有回应普菲斯特这个善意的赞美,因为他无法想象自己是个最好的基督徒。不过,他倒是欣见自己是对方最好的朋友。"你始终如一!"他在与普菲斯特相交超过15年后欢呼说,"勇敢、忠实而仁慈!毫无疑问,你的性格在我眼中从来没有变过!"⑬

莎乐美在弗洛伊德精神生活中所引动的,却是不同的心弦。如果说普菲斯特对弗洛伊德来说是保守而透明的话,莎乐美就是引人注目和富有挑逗性的。莎乐美年轻时代是个美女,有着高高的前额、大大的嘴巴、突出的五官和性感的身材。在19世纪80年代早期,她与尼采一度是密友——至于有多亲密则不得而知,因为她对这段生活讳莫如深。她也有可能曾经是诗人里尔克(Rilke)和其他一些名人的密友。1887年,她下嫁给哥廷根大学的东方学家安德烈亚斯(Friedrich Carl Andreas),从此定居哥廷根。不过,她可不是个甘心受布尔乔亚礼法约束的人,所以风流韵事不绝。她初识弗洛伊德,是在1911年举行于魏玛的精神分析家会议上。当时,她是以瑞典心理学家比耶勒(Poul Bjerre)女伴的身份出席的。虽然已经50岁,却依然亮丽动人,而她对男人(特别是杰出男人)的胃口也未见减少。

弗洛伊德一度深情地称呼莎乐美为一位"缪斯"[157]。不过,"露夫人"(Frau Lou)——这是她乐意听到的称呼——可不只是天才背后的平凡女人,她是一个能文的女性,勤于写信,拥有让人动容的知性力(尽管带点不正统),而她吸收新观念的能力也同样让人动容。被弗洛伊德的思想吸引,莎乐美开始大量阅读他的著作。亚伯拉罕告诉弗洛伊德,他从未见过一个比莎乐美更通晓精神分析的人(他是1912年春天于柏林认识她的)[158]。半年后,弗洛伊德高兴地告诉亚伯拉罕:"莎乐美夫人(来信说她)希望来维也纳住几个月,而目的则全然是为了研究精神分析。"[159]她如期在秋天来到维也纳,并在最短时间内征服了维也纳的精神分析圈。到了10月下旬,弗洛伊德就不得不奉承她为"一个具有危险智力的女性"[160]。这固然是带点油腔滑调的话,不过,又几个月之后,弗洛伊德就严肃地认识到:"她的兴趣真的是在纯粹知性的事情上面的,她是一个非常值得尊敬的女性。"[161]这个论断,弗洛伊德一生都不觉得有修正的必要。

根据维也纳精神分析学会的会议记录,莎乐美第一次参加其会议,是在10月30日(此后固定出席)[162]。那之前的一星期,胡戈·黑勒才宣读了一篇以《作为作家的莎乐美》为题的论文[163],这反映出,她在多短时间内就征服了维也纳的精神分析圈。莎乐美在维也纳期间的活动并不全是知性的,她说不定曾和比她年轻许多的陶斯克有过一段短暂韵事(陶斯克是一个很吸引异性的人)。另外,她也不是从一开始就对弗洛伊德的思想完全心悦诚服。停留维也纳初期,她曾对阿德勒的观念产生过兴趣(这些观念在弗洛伊德的阵营恶名昭彰)。不过,弗洛伊德最后还是全面赢得了莎乐美的青睐。1912年11月,莎乐美没有如常到弗洛伊德的周六课堂上听讲,而弗洛伊德也注意到她的缺席,并在事后告知她这一点,以示自己对她的看重⑥。两人在新年时互相交换照片,而在莎乐美要离开维也纳(1913年初春)之前,弗洛伊德曾好几次邀请她到伯格巷19号。从她的日记判断,这几次星期天的会面都很愉快,毕竟,不是只有莎乐美才会施展魅力的。弗洛伊德对她的喜爱是由衷的。随着年月逝去,莎乐美开始在哥廷根从事精神分析工作,而且用一些充满柔情的信,始终与弗洛伊德保持联系。弗洛伊德对她的喜爱与日俱增。有了像莎乐美、普菲斯特(先不说亚伯拉罕、费伦齐和琼斯)这样的追随者,让弗洛伊德作为一个创建者所承受的压力获得舒缓。不过,他的本地追随者却又要另当别论。弗洛伊德倒不是有必要去担心这些维也纳徒众的数目,他真正担心的,是他们的素质与可靠度。

考验着弗洛伊德耐性的,除了他在维也纳的徒众,还有他的敌人。这些人在德国和奥地利的著名大学和精神医院里各据要津,足以提供大量让弗洛伊德恼火的机会。正如我们所知道的,弗洛伊德喜欢夸大自己的险恶处境,不过,即便不刻意夸大,他的实际处境也够险恶的了。对精神分析的抵制力量——不管是以漫骂式的攻击、恶毒的流言还是不怀好意的沉默表达——都是持久而让人痛苦的。当然,期望事情会有所不同是完全不切实际的。因为诚如弗洛伊德自己说过的,要让那些著名的精神病学家(一些老得无法改变观念的人)接纳他的理论,等于要他们扔掉写过的所有论文和著作。不过,最令弗洛伊德不悦的是他最顽强的批评者中,有一些是年轻人。其中一个让弗洛伊德难以释怀的是个精神科的助理医师。此人在1904年出版了一本反对精神分析的书,在书中被当成箭靶的,是一些弗洛伊德早已丢弃的观念。更让弗洛伊德恼火的是,此人甚至坦承自己没有读过《梦的解析》⑥。

类似这些极度无知的反对意见遍布欧洲和美国,很多以心理障碍为主题的会议,不是根本对弗洛伊德的观念置之不理,就是为那些对其理论做出空泛驳斥的发言大声喝彩。自《性学三论》在1905年出版以后,那些把弗洛伊德指为思想龌龊的泛性论者(pansexualist)的人,就有更多文章可以做了。他们称弗洛伊德为"维也纳的浪荡子",称精神分析的论文为"关于纯洁处女的色情故事",称精神分析的方法为"精神手淫"。1906年5月,在巴登巴登(Baden-Baden)举行的神经病学家与精神病学家大会上,海德堡大学的神经病学与精神病学教授阿沙芬伯格（Gustav Aschaffenburg）用寥寥数语把精神分析法贬得一文不值：错误的、讨人厌的、多余的[109]。

几个追随者持续向弗洛伊德汇报这些反对言论。1907年，跟阿沙芬伯格在书面和讲台上都交过手的荣格告诉弗洛伊德："阿沙芬伯格正在治疗一名患有强迫神经症的女病人，但她开始想谈自己的性心理情结时，阿沙芬伯格却禁止她谈。"[110]同一年，心理学家、精神病学家和神经病学家的大型国际会议在阿姆斯特丹举行（阿沙芬伯格也参加了）。荣格告诉弗洛伊德，会上，萨克森一家疗养院的院长阿尔特（Konrad Alt）"对你发起恐怖主义式的攻击，他说他绝不会嘱咐病人转诊于任何使用弗洛伊德方法的医生那里，说这种方法无耻、淫秽等。他的讲话获得如雷掌声，柏林的齐恩教授（Prof. Ziehen）还上台向他道贺"[111]。

如果说夸张而好斗的荣格向弗洛伊德报告这个，是为了急于输诚表忠的话，那来自亚伯拉罕（一个较不感情用事的人）的类似报告，显然就不能作如是观了。1908年11月，亚伯拉罕在柏林的精神病学与神经疾病学会上发表了一篇以近亲通婚与神经症的关系为题的演讲。他很有技巧地向听众强调，他的观点，与在座的柏林神经病学家奥本海姆（Hermann Oppenheim）是一致的。他也避开了同性恋之类的敏感主题，并且"不太多次"提起弗洛伊德的名字（对一群公牛般的听众提这名字，不啻是"挥动一块斗牛的红布"）。亚伯拉罕认为，他当晚的演讲算是相当成功，抓住了听众的注意力，而一部分参与讨论者还表现出赞赏之意。不过，仍然有一些不友善的发言者，其中一个就是奥本海姆，他发言时尽管彬彬有礼，却粗鲁而断然地否定"儿童性欲"的观念；而齐恩（就是那个在阿姆斯特丹为"恐怖主义式攻击"喝彩的人）则把弗洛伊德的作品斥为不负责任的，是胡说八道；还有一个批评者指出亚伯拉罕演讲时所提到的俄狄浦斯情结观念，会陷"日耳曼理念"（German ideals）于危殆，当时亚伯拉罕举了瑞士作家迈耶对他母亲的爱作为例子。亚伯拉罕在信中表示，尽管听众没有人挺身而出为他辩护，但私底下却有人告诉他，他的演讲让人耳目一新。亚伯拉罕获得的印象是，那个晚上的听众至少被他半说服了[112]。

为了给亚伯拉罕打气，弗洛伊德用尖刻的评语扫射他的敌人。"有朝一日，"他写道，"（指齐恩）会为他的'胡说八道'付出惨痛代价的。"[113]对于奥本海姆，弗洛伊德说："他是个一脑子糨糊的人，我希望你假以时日能做到不把他当一回事。"[114]"儿童性欲"始终是柏林的一个敏感话题，而"弗洛伊德"也一直是个能牵动强烈情绪反应的名字。1909年,受敬重的柏林性学家莫尔(Albert Moll)出版了一本有关儿童性生活的书,其内容和弗洛伊德十多年来对于同一个主题的见解完全南辕北辙。为此,弗洛伊德在第二年出版的《性学三论》里特别添加了一个注释,指出莫尔的《儿童的性生活》(The Sexual Life of the Child)一书是完全没意义的。私底下,他的反应要激烈得多,他告诉亚伯拉罕:"(莫尔)不是个医生,而是个恶劣的不择手段的人。"当莫尔在1909年拜访弗洛伊德时,受到了很傲慢的接待。弗洛伊德告诉费伦齐,莫尔差点被扫地出门。"他是个可憎、刻薄、恶毒、恶劣诡辩的人物。"平常,如果弗洛伊德宣泄过愤怒的话,就会感觉好过得多;他宁可对手向他叫阵(不管说的话有多难听),而不是保持沉默。自1905年以后,弥漫在精神分析四周的沉默就被完全打破了,这是一件好事,因为争论可以带来追随者。不过,情绪性的批评氛围仍然如阴影般笼罩在慢慢升起的支持声浪之上。迟至1910年,一位叫魏甘特(Wilhelm Weygandt)的教授还在汉堡的精神病学家与神经病学家大会上声称,讨论弗洛伊德理论的场合应该不是科学聚会,而是警察局。

与此同时,海外对他的类似评语,也传到弗洛伊德耳里。1910年4月,琼斯向弗洛伊德抱怨,有一个多伦多的教授对弗洛伊德的攻击是如此激烈,以致会让"寻常读者误以为你主张自由性爱,解除一切束缚,倒退到原始的蛮荒时代!!!"这之前三个月,琼斯才向弗洛伊德详细报告过在波士顿举行的精神病学家与神经病学家会议的情形。会上,哈佛的知名精神病学家帕特南对精神分析做出了友善的评论。然而,其他大部分发言者的话都很苛刻。有一位女士以自己的梦境为例证,说不是一切梦境都是自我主义的产物。更糟的是,精神病理学家西季斯(Boris Sidis)"对你做出凶猛而泛泛的攻击,说什么'疯狂的弗洛伊德主义流行病正入侵美国',说你的心理学会把我们带回到黑暗的中世纪,并称你为'另一个虚伪的唯性主义者'(Sexualist)"。显然,弗洛伊德的性理论已然充斥于西季斯心中。第二年,西季斯又把精神分析斥为"以性为主题的有毒文学的另一支",1914年又称精神分析为"对维纳斯与普里阿普斯(Priapus)的崇拜[指崇拜性爱与阳具。——译者注]",指它鼓励手淫、变态和非法的性行为。

即使是为讨论和颂扬弗洛伊德而举行的会议,仍然未能完全排除刺耳的异声。1912年4月5日的《纽约时报》(New York Times)报道,美国精神病学家斯塔尔(Moses Allen Starr)——他声称于19世纪80年代曾与弗洛伊德在维也纳短期共事过——"在美国医学会神经病学组昨晚举行的一个拥挤会议上,发言抨击弗洛伊德的理论,引起一阵骚动"。这个会议,原是弗洛伊德在美国最知名的支持者所举办的,但斯塔尔竟敢在会上发言说:"维也纳并不是一个特别有道德的城市,而弗洛伊德也不是一个生活在特别高的道德水平上的人。他不是个自我压抑的人,不是个苦行者。而他的理论,主要受其环境与自己的个人生活经验所塑造。"对于弗洛伊德这个人,《纽约时报》的介绍是(有一点点不正确):"这位维也纳心理学家主张,所有人类的心理生活都以性驱力为基础。这个理论,在美国的医学界拥有不少的支持者。"[101]弗洛伊德的其中一个病人把这份报道的剪报带回去给他看,他的反应半是莞尔,半是恼怒。弗洛伊德声称他不记得自己认识过斯塔尔这个人,并在信中问琼斯:"这是哪门子的意见呢?难道,故意撒谎和恶言中伤就是美国神经病学家常用的武器吗?"[101]1913年3月,《纽约时报》又刊登了一篇题为《疯人的梦对他们的治疗大有助益》("Dreams of the Insane Help Greatly in Their Cure")的长文。此文虽然对精神分析的态度友善,却把弗洛伊德误称为苏黎世的教授。[102]

注　释

① *Jones* Ⅱ,13 - 14.

② Fliess to Freud,July 20,1904. *Freud-Fliess*,508(463).

③ Freud to Fliess,July 23,1904. Ibid.,508(464).

④ Fliess to Freud,July 26,1904. Ibid.,510 - 511(465 - 466).

⑤ Freud to Fliess,July 27,1904. Ibid.,512 - 515(466 - 468).

⑥ Freud to Kraus,January 12,1906. *Briefe*,265 - 266.

⑦ Abraham to Eitingon,January 1,1908. 此封信完全引用自 Hilda Abraham,*Karl Abraham. Sein Leben für die Psychoanalyse* (1974; tr. into German by Hans-Horst Henschen,1976),73.

⑧ Freud to Ferenczi,January 10,1910. Freud-Ferenczi Correspondence,Freud Collection,LC.

⑨ Max Graf,"Reminiscences of Professor Sigmund Freud," *Psychoanalytic Quarterly*,XI (1942),467.

⑩ Joan Riviere,"An Intimate Impression," *The Lancet*(September 30,1939). Reprinted in Freud As We knew Him, ed. Ruitenbeek. 129.

⑪ Wittels, *Sigmund Freud*, 129.

⑫ Freud to Pfister, March 6, 1910. *Freud-Pfister*, 32(35).

⑬ Ernst Waldinger, "My Uncle Sigmund Freud," *Book Abroad*, XV(Winter 1941), 7.

⑭ 对弗洛伊德每天作息有最好说明的,是安娜给琼斯的一封信。Anna Freud to Jones, January 31, 1954. Jones papers, Archives of the British psycho-Analytical society, Lordon.

⑮ Freud to Fliess, March 11, 1900. *Freud-Fliess*, 443(404).

⑯ Freud to Abraham, April 24, 1914. Karl Abraham papers, LC.

⑰ Jones Ⅱ, 379 – 402; Martin Freud, *Freud*, *passim*; and "A Disturbance of Memory on the Acropolis: An Open Letter to Romain Rolland on the Occasion of his Seventieth Birthday" (1936), *SE* XXII, 239 – 248.

⑱ 请见这位精神分析学家(同时也是接受弗洛伊德分析的人)Ludwig Jekels 未标明日期的回忆录,其中明白地回应 Siegfried Bernfeld 的询问,为他从未写成的弗洛伊德传记做准备。Siegfried Bernfeld papers, container 17, LC.

⑲ Abraham to Eitingon, January 1, 1908. Quoted in Hilda Ahraham, *Karl Abraham*, 72.

⑳ "Selbstdarstellung" *GW* XIV, 78/"Autobiographical Study," *SE* XX, 52.

㉑ Martin Freud, *Freud*, 9, 27.

㉒ Anna Freud to Jones, June 16, 1954. Jones papers, Archives of the British Psycho-Analytical Society, London.

㉓ *Jones* Ⅱ, 415 – 416.

㉔ Wittels, *Sigmund Freud*, 129 – 130.

㉕ Freud to Lilly Freud Marlé, March 14, 1911. Freud Collection, B2, LC.

㉖ Bruno Goetz, "Erinnerungen an Sigmund Freud" *Neue Schweizer Rundschau*, XX(May 1952), 3 – 11.

㉗ Martin Freud, *Freud*, 32.

㉘ Martha Freud to Elsa Reiss, January 17, 1950. Freud Collection, B1, LC.

㉙ Martin Freud, *Freud*, 40 – 43.

㉚ Richard Dyck, "Mein Onkel Sigmund" interview with Harry Freud. *Aufbau*(New York), May Ⅱ, 1965, 3 – 4.

㉛ Freud to Jones, January 1, 1929. *Briefe*, 402.

㉜ *Jones* Ⅱ, 387.

㉝ Freud to Jung, June 9, 1910. *Freud-Jung*, 361(327).

㉞ Freud to Fliess, December 17, 1896. *Freud-Fliess* 229(217).

㉟ Freud to Fliess, May 31, 1897. Ibid., 266(249).

㊱ Freud to Fliess, March 11, 1900. Ibid., 443(404).

㊲ 这份亲笔文件的原始版本从未被发现,其中,弗洛伊德的梦境记录与分析占了5页,标题是"7月8日(星期四)/9日(星期五)的梦,醒时所写"("Dream of July 8/9, Th[ursday] Fr[iday], upon Awakening),此记录某个部分处理了关于他儿子马丁的预言式(但不幸是错的)梦境,当时他儿子正在服兵役,弗洛伊德在1915年7月10日将此部告知费伦齐。

㊳ Freud to Putnam, July 8, 1915. *James Jackson Putnam: Letters*, 376.

㊴ 弗洛伊德1907年10月16日在星期三心理学会的发言,又见 February 12, 1908. *Protokolle*, I, 202, 293.

㊵ Janet Malcolm, *In the Freud Archives*(1984), 24.

㊶ "Die 'kulturelle' Sexualmoral und die Moderne Nervosität"(1908), *GW* VII, 156/"'Civilized' Sexual Morality and Modern Nervous Illness" *SE* IX, 193.

㊷ Freud to Jung, September 19, 1907. *Freud-Jung*, 98(89)

㊸ *Der Witz und seine Beziehung zum Unbewussten*(1905), *GW* VI, 120/*Jokes and Their Relation to the Unconscious*, *SE* VIII, 109.

㊹ Freud to Abraham, July 31, 1913. *Freud-Abraham*, 144(145).

㊺ Freud to Abraham, December 26, 1922.

㊻ Freud to Pfister, June 21, 1920. *Freud-Pfister*, 80(77).

㊼ 见安娜·弗洛伊德写给琼斯的信,在琼斯为弗洛伊德所写的传记中第三卷里未加注日期的评论打字稿。

㊽ "Contribution to a Questionnaire on Reading"(1907), *SE* IX, 245 - 247.

㊾ "Der Moses des Michelangelo"(1914), *GW* X, 172/"The Moses of Michelangelo," *SE* XIII, 211. 这篇文章最初弗洛伊德是以匿名的方式发表在《潜意象》(*Imago*)上,过了10年他才承认自己的作者身份。

㊿ Freud to Jones, February 8, 1914. Freud Collection, D2, LC.

(51) *Traumdetung*, *GW* II - III, 214/*Interpretation of Dreams*, *SE* V, 245 - 247.

(52) Anna Freud to Jones, May 29, 1951. Jons papers, Archives of the British Psycho-Analytical Society, Lonclon.

(53) Anna Freud to Jones, January 23, 1956. Ibid.

(54) Anna Freud to Jones, May 29 and 31, 1951; and Marie Bonaparte to Jones, November 8,

1951. Ibid.

㊺ Mina Curtiss, *Bizet and His World*(1958),426 – 430.

㊻ Martin Freud, *Freud*, 33.

㊼ 弗洛伊德在 1929 年写给 Victor Riehard Rubens, 回应一份关于吸烟的问卷(Arents Collection, No. 3270, New York Public Library), 这封信的德文在舒尔所著的 *Freud, Living and Dying*(1972)中被完整引用, 但被误解为是写给弗利斯的。

㊽ Martin Freud, *Freud*, 110.

㊾ Dyck, "Mein Onkel Sigmund," interview with Harry Freud, *Aufbau*, May 11, 1956, 4.

㊿ Freud to Fliess, December 22, 1897. *Freud-Fliess*, 312 – 313(287).

㉑ Schur, *Freud, Living and Dying*, 247.

㉒ Sachs, *Freud: Master and Friend*(1945), 49.

㉓ "My Recollections os Sigmund Freud," in *The Wolf-Man by the* Wolf-Man, ed. Muriel Gardiner(1971), 139.

㉔ Freud to Stefan Zweig, February 7, 1931. *Briefe*, 420 – 421.

㉕ "My Recollections" in *The Wolf-Man* ed. Gardiner 139.

㉖ Freud to Fliess, August 6, 1899. *Freud-Fliess*, 402(366).

㉗ Freud to Ferenczi, March 30, 1922. Freud-Ferenczi Correspondence, Freud Collection, LC.

㉘ Freud to Fliess, May 28, 1899. *Freud-Fliess*. 378(353).

㉙ "Zur Atiologie der Hysterie"(1896), *GW* I, 427/"The Actiology of Hysteria," *SE* III, 192.

㉚ Freud to Fliess, December 21, 1899. *Freud-Fliess*, 430(391 – 392).

㉛ "Bruchstück einer Hysterie-Analyse" ["Dora"](1905), *GW* V, 169 – 170/"Fragment of an Analysis of a Case of Hysteria," ["Dora"], *SE* VII, 12.

㉜ *Civilization and It's Discontents*(1930), *SE* XXI, 69 – 70.

㉝ *The Autobiography of Wihelm Stekel: The Life Story of a Pioneer Psychoanalyst*, ed, Emil A, Gutheil(1950), 116.

㉞ "Geschichte der Psychoanalytische Bewegung," *GW* X, 63/"History of the Psycho-Analytic Movement," *SE* XTV, 25.

㉟ *Autobiography of Wihelm Stekel*, 106.

㊱ "History of the Psycho-Analytic Movement," *SE* XIV, 25.

㊲ Jones II, 7.

㊳ *Autobiography of Wihelm Stekel*, 116.

㊴ Graf,"Reminiscences,"470-471.

㊵ October 9,1907. *Protokolle*,I,194.

㉛ January 15,1908. Ibid.,264-268.

㉜ 结果这本名为《文学与传说中的乱伦基调》(*The Incest Motif in Literature and Legend*)的书要到了1912年才出版。

㉝ February 5,1908. *Protokolle*,I,284-285.

㉞ December 4,1907. Ibid.,239-243.

㉟ February 5,1908. Ibid.,284.

㊱ Freud to Rank,September 22,1907. Typescript copy,Freud Collection,B4,LC.

㊲ Abraham to Eitingon,January 1,1908. Quoted in Hilda Abraham,*Karl Abraham*,72.

㊳ Ernest Jones,*Free Assocations*: *Memories of a Psycho-Analyst*(1959),169-170.

㊴ Ludwig Binswanger,*Erirnneungen an Sigmund Freudi*(1956),13.

㊵ Freud to Abraham,March 14,1911. Karl Abraham papers,LC.

㊶ Eitingon to Freud,December 6,1906. By permission of sigmund Freud Copyrights.

㊷ Freud to Eitingon,December 10,1906. By permission of sigmund Freud Copyrights.

㊸ 弗洛伊德是在1910年3月3日一封信上用"网人的渔夫"(Menschenfischer)来自我描述的。这个词显然是呼应于《新约·马太福音》4章19节耶稣对门徒说的话。

㊹ *Jones* Ⅱ,32.

㊺ 早在搬到柏林前半年,艾廷冈就已称自己为弗洛伊德的门徒。(Eitingon to Freud,February 5,1909. By permission of sigmund Freud Copyrights,wivenhoe.)

㊻ Freud to Eitingon,February 17,May 5,and June 10,1912. By permission of sigmund Freud Copyrights,wivenhoe.

㊼ Freud to Eitingon,February 17,1910. By permission of sigmund Freud Copyrights,wivenhoe.

㊽ Freud to Eitingon,February 10,1910. By permission of sigmund Freud Copyrights,wivenhoe.

㊾ Freud to Eitingon,July 10,1914. By permission of sigmund Freud Copyrights,wivenhoe.

⑩ Hilda Abraham,*Karl Abraham*,41.

⑪ *Jones* Ⅱ,159.

⑫ Freud to Abraham,April 19,1908. Karl Abraham papers,LC.

⑬ Jones to Abraham,June 18,1911. Ibid.

⑩ Freud to Abraham, July 11, 1909. Ibid.

⑩ Freud to Abraham, May 29, 1908. Ibid.

⑩ Andreas-Salomé to Abraham, November 6, 1914. Ibid.

⑩ Hall to Abraham, January 2, 1914. Ibid.

⑩ Abraham to Freud, February 26, 1911. Ibid.

⑩ Abraham to Freud, March 9, 1911. Ibid.

⑩ Ibid.

⑪ Abraham to Freud, July 24, 1912. Ibid.

⑫ Abraham to Freud, December 25, 1911. Ibid.

⑬ Abraham to Freud, May 28, 1912. Ibid.

⑭ Hilda Abraham, *Karl Abraham*, 39.

⑮ Freud to Abraham, February 13, 1911, Karl Abraham papers, LC.

⑯ Abraham to Freud, February 17, 1911. Ibid.

⑰ Abraham to Freud, February 26, 1911. *Freud-Abraham*, 106 – 7(102).

⑱ Jones, *Free Assocations*, 159 – 160.

⑲ Jones to Freud, November 3, 1913. By permission of sigmund Freud Copyrights, wivenhoe. 这9个人并非都是弗洛伊德的信徒,他们其中一些偏好荣格的观点。

⑳ Jones to Freud, June 19, 1910. By permission of sigmund Freud Copyrights, wivenhoe.

㉑ Freud to Jones. April 28, 1912. Freud Collection, D2, LC.

㉒ Jones to Freud, November 8 [1908]. By permission of sigmund Freud Copyrights, wivenhoe.

㉓ Jung to Freud, July 12, 1908. *Freud-Jung*, 181 – 182(164).

㉔ Freud to Jung, July 18, 1908. Ibid., 183(165).

㉕ Jones to Freud, December 13, 1909. By permission of sigmund Freud Copyrights, wivenhoe.

㉖ Freud to Jones, April 15, 1910. Freud Collection, D2, LC.

㉗ Freud to Jones, February 24, 1912. Ibid.

㉘ Jones to Freud, June 3, 25, July 8 [1913]. By permission of sigmund Freud Copyrights, wivenhoe.

㉙ Freud to Jones, February 22, 1909. Freud Collection, D2, LC.

㉚ reud to Jones, June 1, 1909. Ibid.

㉛ Freud to Jones, March, 10, 1910. In English. Ibid.

(132) Freud to Jones, February 21, 1914. In English. Ibid.

(133) Freud to Jones, January 1, 1929. *Briefe*, 402.

(134) *Jones* Ⅱ, 157.

(135) Lou Andreas-Salomé, *In Der Schule bei Freud. Tagebuch eines Jahres*, 1912/1913, ed. Ernst Pfeiffer(1958), 193.

(136) Michael Balint, "Einleitung des Herausgebers" in Sándor Ferenczi, *Schriften zur Psychoanalyse*, ed. Balint, 2 vols. (1970), I, xi.

(137) Freud to Ferenczi, January 30, 1908. Freud-Ferenczi Correspondence, Freud Collection, LC.

(138) Jones to Freud, July 8[1913]. By permission of sigmund Freud Copyrights, wivenhoe.

(139) Freud to Ferenczi, February 11, 1908. Freud-Ferenczi Correspondence, Freud Collection, LC.

(140) Freud to Ferenczi, August 4, 1908. Ibid.

(141) Freud to Ferenczi, October 2, 1910. Ibid.

(142) Freud to Ferenczi, November 17, 1911. Ibid.

(143) Freud to Ferenczi, November 30, 1911. Ibid.

(144) Freud to Ferenczi, December 5, 1911. Ibid.

(145) Freud to Jones, August 2, 1920. Freud Collection D2. LC. "普鲁士调调"是弗洛伊德写给琼斯的书信里众多的自造英语词汇之一。

(146) Freud to [Rickman?], March 3, 1910. Freud Collection B4. LC

(147) Oskar Pfister, "Oskar Pfister," in *Die Pädagogik der Gegenwart in Selbstdarstellungen*, ed. Erich Hahn, 2 vols. (1926 – 1927), Ⅱ, 168 – 170.

(148) Willi Hoffer, obituary of Pfister, *Int. J. Psycho-Anal.*, XXXIX(1958), 616. See also Peter Gay, *A Godless Jew: Freud, Atheism, and the Making of Psychoanalysis*(1987), 74.

(149) Freud to Jung, February 17, 1909. *Freud-Jung*, 217(195 – 196).

(150) Freud to Ferenczi, April 26, 1909. Freud-Ferenczi Correspondence, Freud Collection, LC.

(151) Anna Freud, Prefatory remark, dated 1962. *Freud-Pfister*. 10(11).

(152) Willi Hoffer, obituary of Pfister, *Int. J. Psycho-Anal.*, XXXIX(1958), 616.

(153) Pfister to Freud, November 25, 1926. By permission of sigmund Freud Copyrights, wivenhoe.

(154) Pfister to Freud, December 30, 1923. *Freud-Pfister*, 94 – 95(90 – 91).

⑮ Pfister to Freud, October 29, 1918. Ibid. 64(63).

⑯ Freud to Pfister, October 16, 1922. By permission of sigmund Freud Copyrights, wivenhoe.

⑰ "Lou Andreas-Salomé." (1937), *GW* XVI, 270/"Lou Andreas-Salomé," *SE* XXIII, 297.

⑱ Abraham to Freud, April 28, 1912. *Freud-Abraham*, 118(115).

⑲ Freud to Ferenczi, October 2, 1912. Freud-Ferenczi Correspondence, Freud Collection, LC.

⑳ Freud to Ferenczi, October 31. 1912. Ibid.

㉑ Freud to Ferenczi, March 20, 1913. Ibid.

㉒ October 30, 1912. *Protokolle*, IV 104.

㉓ October 23, 1912. Ibid., 103.

㉔ Freud to Andreas-Salomé, November 10, 1912. *Freud-Salomé*. 12(11).

㉕ "Autobiographical Study," *SE* XX, 48.

㉖ *Jones* II, 122, 115, 111.

㉗ Jung to Freud, September 4, 1907. *Freud-Jung*, 92–93(84).

㉘ Jung to Freud, September II, 1907. Ibid., 93–94(84–85).

㉙ Abraham to Freud, November 10, 1908. *Freud-Abraham*, 65(55–56).

㉚ Freud to Abraham, December 14, 1908. Karl Abraham papers, LC.

㉛ Freud to Abraham, March 9, 1909. Ibid.

㉜ *Three Essays*, *SE* VII, 174n, 180n.

㉝ Freud to Abraham, May 23, 1909. Karl Abraham papers, LC.

㉞ Freud to Ferenczi, April 26, 1909. Freud-Ferenczi Correspondence. Freud Collection, LC.

㉟ *Jones* II, 109.

㊱ Jones to Freud, April 20, 1910. By permission of sigmund Freud Copyrights, wivenhoe.

㊲ Jones to Freud, January 2, 1910. By permission of sigmund Freud Copyrights, wivenhoe.

㊳ Boris Sidis, "Fundamental States in Psychoneuroses," *Journal of Abnormal Psychology*, V(February-March 1911), 322–323. Quoted in Nathan G. Hale, Jr., *Freud and the Americans: The Beginnings of Psychoanalysis in the United States*, 1876–1917(1971), 297.

㊴ Boris Sidis, *Symptomatology, Psychogenesis and Diagnosis of Psychopathic Diseases* (1914), vi-vii. Quoted in Ibid., 300.

㊵ "Attacks Dr. Freud's Theory/Clash in Academy of Medicine When Vienna Physician

Was Honored,"*New York Times*, April 5,1912,8.

⑱ Freud to Jones, April 28,1912. Freud Collection, D2, LC.

⑫ "Dreams of the Insane Help Greatly in Their Cure," *New York Times*, Sunday, March 2, 1913,10.

第五章　精神分析政治学

荣格：加冕的王储

1906年4月初,弗洛伊德还有一个月就要过50岁生日,卡尔·荣格(Carl G. Jung)给弗洛伊德寄了一本他编的《诊断中的联想实验研究》(*Diagnostic Association Studies*),其中包括一篇他自己的重要文章。此时的荣格正开始在临床和实验精神医学领域里享有名声。1875年,荣格出生在康斯坦斯湖边一个瑞士小镇凯斯威尔。因为父亲是牧师,荣格从小就随着父母在不同的乡村教区之间搬迁。虽然4岁时就搬到巴塞尔附近居住,但一直到11岁进中学的时候,荣格才接触到城市生活。从儿童时期开始,荣格就被许多梦境困扰。许多年后,他写作那本以片段串联起来且充满主观色彩的自传《回忆、梦、反思》(*Memories, Dreams, Reflections*)时,这些梦境被他当作其独特生命的见证。在这本自传里,如同他在其他访谈中承认的一样,荣格乐于寓居在他自己丰富又梦境般的内在生活中。

父母不合,母亲情绪不定,造成荣格的内向性格。荣格广泛而驳杂的阅读,滋养了他奇幻的生命。在家里多数男性都是牧师的神学环境下,他沉思反刍的倾向并未被消解。他和童年时一起成长的小孩大不相同,但并不缺乏朋友,也喜欢恶作剧的嬉闹。从小到大,荣格给予认识他的人最矛盾的印象是:他善于社交但难以相处,时而风趣时而沉默寡言;外向时显得自信,却又容易因他人批评而感到受伤害。其后,作为一位经常旅行的精神医师和专栏名作家,他的内心才趋于安稳,甚至平静。然而,即使在他已经成为国际知名人物之后的许多年,却仍被自身的宗教危机感所困扰。不论荣格的自我冲突如何造成了他的困扰,自年轻时代起,他那硕大、坚毅、线条粗犷的条顿人轮廓,及其滔滔不绝的雄辩能力,就已散发出一股魅力。欧内斯特·琼斯在1907年第一次看到他的时候,觉得他具有"令人愉快的人格特质",且天生就有"永不停歇的快速思考能力"。他"在性情上活泼热情",永远充满"活力与欢笑",的确是个"极有魅力的人"[①]。弗洛伊德因此指定他作为自己的继承者。

不像家族中的其他人,荣格打算学医,并且在1895年于巴塞尔大学开始医学培训。但在这段科学训练的过程中,被神秘力量以及奇特宗教文化所深深吸引的感觉,还有他内在的丰富奇想,仍然萦绕不去。1900年底,荣格以苏黎世大学临床医师的身份,来到布尔戈霍兹利疗养院任职,这个位置对他来说再好不过了。在尤金·布洛伊勒(Eugen Bleuler)充满启发的领导之下,布尔戈霍兹利医院被带上研究心理疾病的最前线:来自不同国家的医师聚集在这里观摩学习,自己的医师群则到不同的国家考察。1902年末,大约是弗洛伊德40多岁的年纪时,荣格在沙伯特利耶医院待了一个学期,聆听皮埃尔·让内关于理论精神病理学的演讲。这所医院对精神科医师来说具有磁石般的吸引力。

在荣格背后指导与支持他的是当时精神医学界执牛耳之一的人物——带点谜样色彩的尤金·布洛伊勒。布洛伊勒生于1857年,比弗洛伊德晚一年,他曾在巴黎随沙可学习,然后回到瑞士,服务于不同精神病院的精神科。布洛伊勒习得许多临床经验,但他并不只是一位临床医师:作为一个观察者以及想象力丰富的研究者,他通过研究疯癫病人,进行以科学为目的的理论探究。1898年,他被任命为奥古斯特·福雷尔(Auguste Forel)的继任者,成为布尔戈霍兹利医院院长,把这家原本就已声望卓著的医院,变成了国际知名的精神疾病研究中心。跟随沙可的脚步,他也是一位把过于浮泛且不精确的精神疾病诊断整理得更有秩序的先驱者之一;如同沙可,布洛伊勒也是一位极具影响力的诊断命名者,他所创造的一些诊断名称,如精神分裂(schizophrenia)、矛盾双重性(ambivalence)、自闭症(autism),都成为精神医学里的重要词汇。

即便布尔戈霍兹利医院的国际名声响亮,荣格回忆在那里的前几年都像是在从事无趣又平淡的例行公务,与他的原创思维和创造的个性有所抵触[②],然而,这个地方却为他铺好了走向精神分析的道路。福雷尔早先就已经对约瑟夫·布洛伊尔以及弗洛伊德在歇斯底里方面的研究稍有了解;在荣格来此之后不久,布洛伊勒要荣格对医院的其他成员报告《梦的解析》。这本书确实对荣格有所影响,他立刻把弗洛伊德在梦书里的观念,以及早期关于歇斯底里的文章,还有后来"杜拉"的病史分析,整合到他的研究里去。荣格是个具有坚定主张的人,他很快把自己视为弗洛伊德热忱的支持者,努力地在医学会议以及他自己发表的文章里护卫弗洛伊德的精神分析观点。他把弗洛伊德的理论运用在精神分裂症[当时仍然称作"早发型痴呆"(demantia praecox)]以及他所专长的精神症(psychosis)方面,在建立了自己的声誉后,他对精神分析理论的支持更大大增强。1906年夏天,在他享有盛誉的专著《论早发型痴呆症的心理学》(*On the Psychology of Demantia Praecox*)的序言里,他特别谈到弗洛伊德"精彩的观念",但在当时"还没有得到应有的认识和称赞"。荣格承认,一开始他很"自然地在论文中反复辨证那些反对弗洛伊德的意见",逐渐得出一个结论,即唯一可以驳倒弗洛伊德的合法方式就是去复制他的理论。如果不能做到这样,就"不应该评判弗洛伊德,否则他们就像科学史上的某些名人,始终不敢通过伽利略的望远镜去看真实的世界"。然而,为了在公众意见上保持自己的独立位置,荣格质疑精神分析治疗是否可以真如弗洛伊德所宣称的那般有效。他也不会"把年少时期的性创伤,当作弗洛伊德所认定的那么重要"③,这样含蓄的保留,竟预示了弗洛伊德与荣格之间的友谊日后灾难般的决裂。

1906年,荣格仍然坚持"所有这些问题都只是次要的",它们"会在心理学原则——弗洛伊德最珍贵的发现——面前消失无踪"。在书中他不断地引用弗洛伊德的话,带着一种热烈的赞赏④。1906年,他在一篇谈字词联想的文章中提供了许多实验证据来支持弗洛伊德关于自由联想的理论⑤。琼斯称这篇文章是"了不起的",并且认为"或许是他(荣格)对科学最具原创性的贡献"。⑥

弗洛伊德以他独特的坦诚方式由衷感激荣格对他的热心,并感谢荣格致赠其中包括了他的一篇重要文章《诊断中的联想实验研究》;他表示自己"极为自然地"喜爱荣格的文章。对弗洛伊德来说,荣格的理论发现都"来自经验世界",并且恳切地坚持弗洛伊德"说明了我们的领域里,到目前为止尚未开发的真理"。这样一位来自异邦充满敬意的头号宣传者,身在最负盛名的精神病院,而且拥有和那些有意思的病人及精神医师的相处机会,这完全超出弗洛伊德原本理性的期待,但他仍谨慎地避免任何可能出现的盲目追随⑦。

1906年秋天,弗洛伊德以他刚出版的神经症论文选集作为礼物回敬荣格。荣格热情地回应弗洛伊德说,布洛伊勒一开始还有点抗拒弗洛伊德的想法,"现在他已经全然地信仰"⑧。弗洛伊德在回信中,谦恭地把这个好消息当作荣格个人的胜利:"你的来信以及布洛伊勒的转变令我鼓舞。"弗洛伊德的赞美有时堪比最完美的恭维者。他迫不及待地在同一封信里,毫不掩饰地把自己看作是一位年长的奠基者,准备要把手上的火炬传给年轻的接棒人。在谈到嚣张的阿沙芬伯格教授,以及他对精神分析毫不留情的攻击时,弗洛伊德把精神医学界对精神分析的争论,看成是两个世界之间的斗争:当其中一个潮流慢慢消退时,另一方的胜利将指日可待。即使他没有办法看到胜利来临的那天:"我希望,我的学生们将会在那里;我更希望,有一个人会因为对真理的信仰,克服心中的阻抗,并乐于消除他思想中尚未决定的剩余的疑惑,站在我的学生之间领导他们。"⑨弗洛伊德与荣格之间的友谊有了良好的开始。

两人的友谊一旦开了头,进展就极为神速。在礼貌的互动中,两人讨论到性欲活动在神经症发生的起源中所占的地位,也交换单篇论文和专著,以及让他们感兴趣的个案分析。荣格持续表达他的敬意,但并不是只有奉承而已,他希望自己没有误解弗洛伊德的观点。他把自己对精神分析的一些迷惑,归因于自己的经验不足和主观,以及和弗洛伊德私人接触机会的不足。对于在公开场合为弗洛伊德辩护所使用的外交辞令,荣格也贴切地用了谨慎的语气。他定时地报告瑞士方面的状况,如:"你的观点在瑞士有极佳的进展"⑩,"我个人极为偏爱你的治疗方式"⑪。

弗洛伊德接纳荣格在言辞上的热情奉承,并以父亲般的宽大回应:"我可以理解你暂时愿意相信我的主张,因为你尚未拥有足够的经验去决定,当然,只有当你放手相信自己的判断时,这个疑惑才会消失。"在这里,弗洛伊德把自己形容得比一般人所认识的他来得有弹性,而且很高兴荣格能认识到这个特质。"如你所知,作为一名'创新者',我必须对付由此产生的各种恶习;这其中相当困难的一种恶习就是面对自己的支持者时,变成一个刚愎自用以及不可救药的牢骚者,但我不是这样的人。"带着迎合的谨慎,弗洛伊德说:"我总是不断提醒自己,我也可能出错。"⑫他引领荣格对一位病人的症状判断为"早发型痴呆"⑬。在赞美荣格的文章中,弗洛伊德以锐利的评论来表现他的热烈支持:"你迅速地放弃我在书中谈到早发型痴呆的错误,并没有特别讨好我,我提供进一步的评论即是明证。如果不是这样的话,我会尽可能想办法对你掩饰我的回应。毕竟,最不明智的方式就是冒犯你这位我到目前为止最得力的副手。"⑭面对像荣格这样的人,弗洛伊德一定感觉到,正直的批判,比起无条件的称赞来说,是更为有效、机巧的奉承。

第五章 精神分析政治学

弗洛伊德打心底喜爱荣格,对他抱以极高的期待,一如他理想化弗利斯那样去理想化荣格。荣格有他的用处是毋庸置疑的,但不论之后弗洛伊德对荣格会有怎样吹毛求疵的评论,他都不只是把荣格当作装点门面的异教徒,而进行革命工作的其实是犹太分析家。荣格是弗洛伊德最喜爱的"儿子"。在给犹太籍密友的信件中,弗洛伊德一次又一次地称赞荣格在编辑工作、理论操作,以及打击精神分析敌人上,"极为杰出,极为漂亮"[15]。"但不要嫉妒,"弗洛伊德在1910年12月提醒费伦齐,"把荣格放在你的名单当中,我现在比从前更为相信,他是未来的重要人物。"[16]荣格承诺了当弗洛伊德这位精神分析的奠基者离开这个舞台之后,精神分析这个学问还会继续发展下去。1908年夏天,弗洛伊德告知荣格他将要造访的消息,而且希望能有一个完全专业的讨论,并拟"任命"荣格为继承"我的志业"的分析家。不只如此而已,"除此之外,我还非常喜欢你"(habe ich Sie ja auch lieb),弗洛伊德所期待于荣格的,是极为私密的,因为弗洛伊德认为自己等同于自己所创造出来的精神分析。当弗洛伊德为荣格冠上许多美丽称号,且喜爱他更胜于维也纳身边的追随者时,他心中的想法,其实是更看重这个由他发起的运动之蓬勃发展,而非狭隘的私人利益。看起来"强大、人格独立如同条顿人"——如同日耳曼民族一般,荣格让弗洛伊德觉得他是弗洛伊德所有追随者中最完美的。弗洛伊德直截了当地告诉他,为了他们的事业,对外面世界要保持一定的共鸣兴趣。[17]荣格不属于维也纳,年纪还不大,最重要的,他不是犹太人。这三个"否定"加起来,让弗洛伊德难以抗拒。

另一方面,荣格沐浴在弗洛伊德温暖的认同里。"我对你全心全意的信任表示无比感谢。"1908年,当弗洛伊德第一次称呼他"亲爱的朋友"之后,荣格如此回复。这个"我实在不配接受的友谊称号,象征我生命中无可取代的高峰,对此,我无法以言语来形容我的心情"。荣格要求弗洛伊德"让我享受你的友谊,但不是以平等的角度,而是父与子的关系,这样的距离对我来说较自然恰当"[18]。作为弗洛伊德伟大遗产的指定继承人,并且由开山祖师钦点册封,让荣格感受到了伟大的召唤。

这两位治疗师由于事务忙碌缠身,始终抽不出时间见面,荣格和弗洛伊德一直到1907年3月初才有机会第一次会晤,那已在两人通信一年之后了。荣格带着妻子爱玛,以及年轻的同事宾斯万格一起来到伯格巷19号。在维也纳的这次碰面是一场事业会谈的盛会,其间也点缀着星期三心理学会的活动以及家庭聚餐。马丁(弗洛伊德的儿子)当时也和其他小孩一起在场。他后来回忆说,荣格当时充满自信并带着充分的个案经验而来,像迫不及待要一口气全部倾泻出来一般。他"从未和妈妈或者我们这些小孩有任何礼貌的交谈,只是不断地谈论他的论题,尽管总是被吃晚饭的招呼声打断。荣格不停地说,而父亲也带着全然的欣喜持续地聆听"[19]。荣格回忆他和弗洛伊德之间的对话十分投契,或者可以说是没完没了。他记得,他们谈了13个小时,几乎没有停止[20]。荣格给弗洛伊德家的印象是生气勃勃且滔滔不绝。马丁这样描写:他全身充满着"值得赞扬的风采,个子很高且肩膀宽大,看起来比较像个军人而不是研究科学或医学的人。他的头型是纯粹条顿式的,配合强有力的下巴、短髭、蓝眼,以及削平的头发"[21],似乎极为享受他这趟访问旅行[就在这次的拜访后,荣格宣称听说了弗洛伊德和他的小姨子明娜·贝尔奈斯之间有染]。

同行的宾斯万格无法忘记弗洛伊德亲切而口若悬河的谈话,以及从一开始就存在的"无拘无束的友谊气氛"。宾斯万格当时才26岁,深深感受到弗洛伊德的"伟大与威严",但并不令人感到害怕与胆怯。"完全无视所有的繁文缛节,他的个人魅力、简洁风格、开朗和善,更不用说他的幽默",显然将所有初次见面的焦虑都一扫而光。在随兴的气氛中,三个人互相探讨彼此的梦境,一同散步、用餐。"在餐桌上,小朋友们安静地聚成一群,而另外一边,则是无拘无束的讨论气氛。"[22]

弗洛伊德对访客的到来非常高兴,荣格也极尽所能地表现自己。在回到苏黎世之后,荣格写信给弗洛伊德,表示他在维也纳的时光"是一桩笔墨难书的美妙经验",让他"印象极为深刻"。他对弗洛伊德"夸大的性欲观念"的抗拒正在渐渐减少[23]。弗洛伊德则重申他在维也纳告诉过荣格的话:"你的出现让我对未来充满信心。"弗洛伊德知道,自己现在"就像其他人一样,并非必不可少",又补充,"我确信你不会对这项工作坐视不管"[24]。弗洛伊德当时的态度这么肯定吗?在他们谈论荣格的梦中,其中有一个被弗洛伊德解释为具有罢黜他的愿望[25]。

弗洛伊德和荣格,都没有把这个梦当作令人不安的预兆。两人的友谊很快变成了金石之盟。他们在交换研究个案的心得时,忍不住流露出互相尊敬的神情,分享着彼此为拓展精神分析在研究精神病症以及文化问题上的想法,同时也嘲弄那些"愚蠢的一般人"(荣格的说法)——那些没办法认清弗洛伊德观点是真理的学术界精神科医师[26]。荣格虽然快速地累积了许多临床经验,以及辩论的经验,但是多年来他还是保持着学生姿态。弗洛伊德在1907年4月写信给他的时候,这样说道:"很难得你问了我这么多事情,即使你知道我也只能回答其中一部分。"[27]不只是弗洛伊德在这些书信往来之中极尽阿谀,荣格更是,他告诉弗洛伊德,在谈话中他被丰富的内容滋养,并形容自己是"靠着伟人餐桌上掉下来的碎屑生活的人"[28]。对于这样的奉承,弗洛伊德装作若无其事,只强调荣格对他的重要性。1907年7月度假之前,弗洛伊德告诉荣格,他的来信对自己来说"已经是不可或缺"[29]。接下来的一个月,在荣格对弗洛伊德提到自己的性格缺陷时,弗洛伊德有时候需要消除荣格心中的疑虑:"那个你称为人格中歇斯底里的部分,想要让人加深印象并且影响他们的那种需要,实际上是让你成为一个好教师与向导的特质。"[30]

但即使在这个国王与王储之间甜腻的对话时期,他们对于性欲因素的潜在分歧也没有消除。亚伯拉罕留在布尔戈霍兹利医院的最后几个月时间里,荣格感觉到亚伯拉罕比他更能接受弗洛伊德的力比多理论,他开始退缩不前。在自己的地盘上出现的竞争引起了荣格的嫉妒。弗洛伊德并没有对荣格隐瞒,亚伯拉罕告知他冲突点在于"他(荣格)直接攻击性欲问题"[31]。然而嫉妒与钦羡是荣格的情绪反应中极为表层的情绪,他根本无法伪装,更不用说去压抑这些情绪。1909年初,他告诉费伦齐,因为弗洛伊德大大地赞赏了费伦齐的一篇文章——这是弗洛伊德没有对他做过的,他必须在这封信里面处理他那股"见不得人的嫉妒感"[32]。不过,荣格还是不断地宣称他对弗洛伊德理论保有"无条件的忠诚",以及对弗洛伊德本人"的尊敬未有丝毫减少"。他意识到这个"尊敬"带有"宗教狂热般"的特质,因为这个特质"无法否认地潜藏着情欲",让荣格立刻觉得"反感与荒谬"。但是既已走上自白之路,荣格就未能在中途打住。他把这股近乎宗教式的迷恋,归因于他儿童时的一个特殊事件。在他"还是个男孩时,我听任一位之前颇为我尊敬的男人,对我所做的同性恋性攻击"[33]。此时弗洛伊德回想起自己对弗利斯的同性恋感情,因而镇静地回应了荣格的坦白。弗洛伊德指出这种宗教式的移情作用,最后只能以变节的方式终场。但弗洛伊德正以他最大的努力来避免,他试着开导荣格:"我并不是一个值得崇拜的对象。"[34]荣格同意弗洛伊德这个看法的日子,终有一天会来临。

弗洛伊德在给亚伯拉罕的信件中,清晰地评论了他写给荣格的那些信的内容,并且未加保留地详加说明这段"苏黎世联结"中的特殊意义。在布尔戈霍兹利医院三年的经历中,亚伯拉罕以极坦率的态度和荣格交往,但同时却忍不住对他感到隐约的不安。当他到柏林执业后,亚伯拉罕有时候会激怒这位长兄,尤其是在精神分析大会上。弗洛伊德则以耐心和合作的方式来处理这个问题,他把亚伯拉罕对荣格冷淡的态度,解释为兄弟之间无害且几乎无可避免的冲突,"要有耐心",他在1908年5月嘱咐亚伯拉罕,作为一个犹太人,接受精神分析"对你来说其实比较容易";对荣格这个"基督教徒以及牧师的小孩"来说,要找到"和我接壤的路线,其实需要克服许多内在的阻抗",因此,"他的归附是更有价值的。我几乎可以这么说,他的出现让精神分析免于沦为只有犹太裔人士才会关切的危险"。㊱弗洛伊德相信,一旦这个世界把精神分析当作"犹太人的科学"时,那么这门科学的颠覆观念所遭遇的抗拒将会加倍。"我们会继续是犹太人,"弗洛伊德在不久之后写信给另一位犹太裔的朋友,"其他人只会剥削我们,而不会了解或者感谢我们。"㊲在某次对亚伯拉罕发脾气时,弗洛伊德举出一个普通的非犹太裔奥地利名字,来说明作为犹太人的悲哀:"如果我的名字是奥勃胡伯(Oberhuber),我的创见思想遇到的阻力与抗拒会少得多。"㊳

在这种自我保护的态度下,弗洛伊德直截了当地警告亚伯拉罕要对抗自己的"种族偏见"。因为他们两个人,以及在布达佩斯的费伦齐,皆极为了解彼此,因而必须把偏见放到一旁,"不要忽视雅利安人[欧洲人种多为雅利安人,语系众多,包括日耳曼语系、拉丁语系和斯拉夫语系等。反犹太主义认为雅利安人是最优秀的种族,而主张灭绝犹太人。——编者注],对我来说他们是全然的异族。"㊳他毫无疑问地认为,"终究,我们的雅利安同志对我们来说是不可或缺的;否则,精神分析将沦为反犹太主义的牺牲品。"㊴值得重申的是,就算实际情况需要非犹太人的支持者,弗洛伊德对荣格的鼓励并没有变成命令或者操控;他对荣格的看法比亚伯拉罕对荣格的看法要好得多㊵,但是弗洛伊德并没有对他自己跟亚伯拉罕之间的关系打上任何折扣。这种关系用当时的术语叫作"种族亲属感"(Rassenverwandtschaft)的关系。"是否可以说,是一种犹太人特有的亲属感,让我注意到你?"如同给家族中人写信一样,弗洛伊德以犹太人对犹太人的方式,向亚伯拉罕表示对"瑞士隐藏的反犹太主义"的担忧,并建议"顺从"是唯一的对应方式:"作为犹太人,如果我们想加入任何一个团体,必须都要表现出一点点的被虐倾向。"即使知道这个说法带有一丝不公正,弗洛伊德还是要这么说[41]。他同时提醒亚伯拉罕:"总体来说,事情对我们犹太人而言比较简单,因为我们缺乏神秘元素。"在此,弗洛伊德无意间暴露了他对犹太人具有悠久传统的神秘主义的全然无知[42]。

从弗洛伊德的角度来看,能够快乐地不带神秘元素,可以对科学开放心胸,是唯一理解他观点的态度。荣格,这个牧师的儿子,如同许多基督徒一样,怀着对东方与西方此种神秘性的危险认同。一个精神分析者最好是一个无神论者——就像弗洛伊德,不论是不是犹太人。真正重要的,是把精神分析当作一种科学,这门科学的探求方式与宗教精神是格格不入的,"不应该绝然区分出雅利安人或犹太人的科学。"弗洛伊德曾经对费伦齐如实说[43]。但是他相信,精神分析的政治现实,使得他的追随者不得不把这个宗教差异放在心里,因此他尽力对他的犹太裔以及非犹太裔追随者同样做最好的训练。他对荣格表现出家长式的慈爱,对亚伯拉罕给予"种族亲属的"投契,并且从未忽视对他们"志业"的关注,在1908年间,他对亚伯拉罕和荣格几乎相同的说法相互通信。

当然从这些日子来看,弗洛伊德并不怀疑荣格在信仰上的坚定。"你可以放心,"荣格在1907年的时候写信给弗洛伊德,"我绝不会放弃任何一部分对我来说如此基本的理论——我已经太投入了。"[44]两年后,他再一次向弗洛伊德保证:"不管是现在或是未来,像弗利斯这样的事情都不会发生。"[45]如果弗洛伊德好好使用他的侦探技术,他会发现这个没有理由地过度强调的宣言,将会是类似弗利斯事件再次发生的恶兆。

美国插曲

1909年荣格向他表忠的同时,弗洛伊德出乎预期地获得了远离内部政治争斗的机会,去了离家遥远的地方。当年9月10日星期五的晚上,他站在马萨诸塞州伍斯特市克拉克大学运动场演讲台上,接受了荣誉法学博士学位(honoris causa)。这个荣誉让弗洛伊德感到惊讶,他在维也纳有一群拥护者,现在在苏黎世、柏林、布达佩斯、伦敦,远至纽约都有追随者。但这群人只是代表了奋斗于精神医学领域的一群小众的战斗团体;弗洛伊德的思想仍然是少数人的认同,大部分人的争论。

克拉克大学校长斯坦利·霍尔带领整个学校举行弗洛伊德获得荣誉学位的庆祝活动。事实上,霍尔自己就是一个积极进取的心理学家,非但不畏惧争议,甚至还乐于引发争议。弗洛伊德称呼他"如同一位拥立国王的志士"[46]。霍尔是一位与众不同的热心人士,他在美国致力于心理学的宣传,尤其是儿童心理学。1889年,霍尔被指派为克拉克大学的第一任校长,这是一所资源充裕的大学,他矢志令研究课程赶上约翰·霍普金斯大学,超越哈佛。对霍尔来说,这是个理想的平台。他是一个不屈不挠怀抱奇想的宣传者,但不是原创性的研究者;作为机警、有旺盛企图心,以及无可救药的兼收并蓄者,霍尔可以马上吸收来自欧洲的最新心理学思潮。1899年,他就已经请了布尔戈霍兹利精神病院前任院长——瑞士学者奥古斯特·福雷尔来报告最新的心理学发展,福雷尔在报告中讲到了弗洛伊德与布洛伊尔在治疗歇斯底里症上的医术。接下来的数年,其他的演讲者把维也纳精神分析的发展现况带到了克拉克大学。1904年,霍尔在他出版的两大册专著《青少年》(*Adolescence*)当中,曾经不止一次暗示,有一些证据实际上证实了弗洛伊德声名狼藉的性欲观点。在评论这本《青少年》的时候,著名的教育心理学家爱德华·桑代克(Edward Lee Thorndike)对霍尔空前的坦白嗤之以鼻,并且私下指控这本著作"充满错误、手淫与耶稣基督"。他认为,这个作者"是个疯子"[47]。

就是这个疯子把极具争议的弗洛伊德请到美国发表演说,霍尔选择克拉克大学基金会成立20周年的时机,同时也邀请了荣格。荣格在当时已经是一位精神分裂症的专家,并且被认为是弗洛伊德的主要接班人[48]。

在弗洛伊德即兴的荣誉学位致辞里,他骄傲地宣称这个场合是"对我们努力成果的第一次公开认同"[49]。五年之后,弗洛伊德仍然沉浸在这一喜悦之中,并把美国人这种慷慨好客以及开放的思想当作教训欧洲人的话柄。弗洛伊德把他到克拉克大学的访问称作:"我第一次被允许在公开场合里谈论精神分析。"为表重视,他用德语做了五场演讲,且场场人满。他对欧洲读者语带责备地提醒:"精神分析在美国是带着特殊荣耀开始的。"弗洛伊德承认他没有料到:"我们很惊讶地发现,在这个规模不大但是声誉卓著的大学里,有一个人对精神分析的文献了解得如此透彻",并且在教学里面介绍这些理论。有教养的欧洲人向来鄙夷美国文化,他调和这种看法,以赞赏的口吻如此说道:"就算在过于拘谨的美国,但至少一个人可以在学术圈里自由地讨论,并把在日常生活中视为不合

第五章　精神分析政治学

宜的每件事都以科学精神来看待。"⑩十年之后,他在自传中特别提及这次美国之行对他帮助很大。"在欧洲,我好像一个被逐出教会而无人交谈的人,然而在这里,我被平等地当作一个人加以款待。我在伍斯特进行的演说,就好像一场不可置信的白日梦。"这显示出,"精神分析不再只是幻觉,它已成为现实当中一个有意义的部分。"⑪

起初,弗洛伊德觉得无法接受霍尔的邀请:典礼安排在6月,这样会切断他的执业而影响收入,对弗洛伊德来说这永远是最棘手的问题。他对费伦齐说:"我觉得要牺牲这么多收入只为了去演讲,是太'美国'了。"他说:"美国之行应该是带来财富,而不是花掉金钱。"但财务不是弗洛伊德对美国公开演讲之行感到犹豫的唯一原因,他担心一旦美国人发现"我们心理学的性欲根基"⑫,他和同事将会被摈弃。然而,邀请还是令他感兴趣,霍尔晚了一点回他的信,就已令他不安,说他实在对美国人没信心,说他担心"新大陆上的假道学",借此掩饰自己的失望⑬。数日后,他更焦虑地高声对费伦齐说:"没有从美国来的信!"⑭

霍尔把欢迎庆祝活动延迟到9月,还提高了弗洛伊德的旅费补助,这样的回应如弗洛伊德告诉费伦齐的,的确"较方便于接受邀请"⑮。如同之前的习惯,弗洛伊德问费伦齐是否同行。费伦齐当然非常想去,1月初,费伦齐告诉弗洛伊德他自己可以负担旅费⑯,3月他开始筹划"对这次跨洋远足的准备",包括提高英文能力,阅读与美国相关的资料⑰。日子一天天过去,弗洛伊德对即将到来的活动的兴奋之情溢于言表。费伦齐也开始为这趟探险做准备,看起来美国之旅似乎会是个"伟大的经验"⑱。费伦齐得意扬扬地告诉亚伯拉罕说这趟美国演讲之行"是个大消息"⑲。作为一个谨慎而有经验的旅行者,弗洛伊德在计划、衡量各种不同的选择之后,敲定了"北德船舶公司"(Norddeutsche Lloyd)的"乔治·华盛顿号"(George Washington)蒸汽轮船,这个行程可以在抵达克拉克大学之前让他们有一个礼拜的时间做观光旅游。"我们有机会每隔一年就去一趟地中海,而到美国则不可能。"⑳

弗洛伊德很了解他这趟"冒险之旅"所引发的矛盾情绪,但他还是决定付诸行动。他告诉费伦齐,他把这次旅行当作《魔笛》(*Magic Flute*)当中一句隽永台词所描写的状况:'至于爱情,我就不能勉强你。'我对美国一点都不喜欢,但却花许多心思去考虑我们的旅行"㉑。他也很高兴荣格会是这趟旅行中的一员:"从自私的理由看,我为此感到快乐。"他在6月才让荣格知道,而且很高兴能看到荣格在心理学界如此受到重视[62]。

虽然弗洛伊德旅行时带了一两本关于美国的书,但并未阅读,他告诉费伦齐"我要让自己感到惊喜"[63],并要荣格也以这样的态度面对他的美国之旅[64]。最后,美国之行变成一部分度假,一部分推广精神分析的旅程。但是一个不祥的事情在旅行之前发生:8月20日,当三个旅行者在不来梅碰面准备登船时,荣格不停地谈论在德国北部地区发掘出来的史前遗迹,他们当时正一起吃午饭。弗洛伊德试图打断荣格的谈话,但荣格却一直滔滔不绝,于是弗洛伊德把这个话题以及荣格对此话题的喋喋不休,解释为荣格心里隐藏着反对他的欲望,甚至因此晕倒。这不是弗洛伊德于荣格在场的时候第一次晕倒,不过,期待旅行的愉快之情很快取代了这种情绪。弗洛伊德、荣格和费伦齐三人兴高采烈地从不来梅出发,度过了八天越洋旅程,互相分析彼此的梦境。后来弗洛伊德告诉琼斯,在旅程里值得记上一笔的是,他发现连船舱里的服务生都在读他的《日常生活中的精神病理学》[65]。弗洛伊德写这本书的理由之一,就是希望引起一般读者的注意;他发现已有充足的证据来证明他的努力已被大众注意到。

三个人在纽约市停留的一周期间,由当时正在新大陆从事精神分析的琼斯以及布里尔陪同。琼斯远从多伦多南下,来陪伴这位特殊的贵客,但是他们真正的专业导游是布里尔。布里尔在1889年15岁时,只身从奥匈帝国的家乡前往纽约,口袋里只有三块钱,从那时候起他就住在纽约。他对这个城市,至少是曼哈顿区的里里外外都很熟悉。他离开欧洲是为了逃离家庭:他父亲没有受教育且极为专制,母亲则希望他成为犹太教拉比。美国不只让他逃离他不想从事的职业,也让他逃离"窒息"的父母[66]。他以同样的决心拒绝了父亲的家庭专制以及母亲的宗教信仰。但如同内森·黑尔(Nathan G. Hale)所说的,他仍"保留着犹太人对教师以及智者的敬畏。他要找寻的是引导他的人,而不是一个高级士官"[67]。

虽然极度贫穷,却毅力十足,布里尔在纽约大学做过不同的工作,包括教书。在多年省吃俭用之后,他告诉琼斯,他已经有钱可以进入哥伦比亚大学接受医学训练,但还没有办法筹够钱来缴纳考试的费用。"向当局要求帮助通常是不可能的,他必须依赖自己才行,所以他只好回去继续教一年书。在困顿中,他对自己说:'你不能责怪谁,也不能要求谁。'他继续勇敢地向上爬。"琼斯无法掩饰对布里尔的敬意:"他也许是一块未经琢磨的钻石,但却真真实实地是一块钻石。"1907年,布里尔终于有钱可以到布尔戈霍兹利医院去学习一年的精神医学。在那里他发现了弗洛伊德的精神分析著作,并认定这就是他一生的志业。回到纽约,他立志成为精神分析的代言人,同时促使弗洛伊德的著作以英文问世。

带着探索城市的心情,弗洛伊德并未感觉疲倦。虽然他的名气还未大到成为摄影师和记者的追逐对象,甚至纽约的某家早报还把他的名字拼错,写成"来自维也纳的弗罗因德(Freund)教授"。但这并未让弗洛伊德觉得困窘,他兴奋地行遍整个纽约,走过中央公园、哥伦比亚大学、唐人街以及科尼岛,在大都会美术馆里对他喜爱的希腊文物致敬。9月5日,这群旅游者来到伍斯特市,其他人被安排到斯坦迪什饭店(Standish Hotel),主客弗洛伊德则受邀住在克拉克大学校长霍尔的幽雅住处。

弗洛伊德一共做了五次即席演讲,反应极佳,他每一次都会在演说当天和费伦齐先在散步时演练一番。弗洛伊德很容易就赢得了美国听众的注意,他在这一系列的演讲里,大方地把布洛伊尔称作精神分析真正的奠基者——这个称号弗洛伊德私下认为有点夸大其词——并且把他的分析技巧以及观念作了简单的历史回顾,同时提醒听众,对这样一门过于年轻的科学不应该赋予太高的期望。到了第三次演讲,他已经为听众介绍了精神分析的基本观念:压抑、阻抗、梦的解析及其他。第四讲他着手处理关于性欲的细节主题,包括婴儿性欲的观点。他从没有把自己的雄辩技巧用在过比这更好的地方,美国经验的确让他得以大展身手。代他见证这个理论的桑福德·贝尔(Sanford Bell),正好是克拉克大学的一位研究人员。1902年,弗洛伊德出版《性学三论》的前三年,贝尔曾在《美国心理学刊》(American Journal of Psychology)发表了一篇论文,恰好在许多不同的观察层面上印证了婴儿性欲的现象。弗洛伊德在这方面未必有什么原创性,但他还是把这个观点发挥到了淋漓尽致的地步。他以令人陶醉的方式混合文化评论以及应用精神分析,结束了这次的系列演讲,并感谢这个讲座所提供的机会以及所有共同参与的听众。

弗洛伊德的访问可以说近乎完美。他后来对这次旅行的吹毛求疵实际上是牵强的,不够宽容,甚至不够理性。行程中,美国的食物和冰水,让他原来就已经不是很好的消化系统出了毛病。当然弗洛伊德也相信,这次的美国之行是受他消化问题的困扰而"大大扫了兴"。琼斯在数月后写信给他:"我衷心希望,现在你的病痛已经过去了,美国食物让你有这么不舒服的印象实在太糟糕了。"[72]弗洛伊德实际上夸大了美国食物的坏影响,其实消化问题本来就困扰他很久了。那么到底是什么因素使他在访问美国之后,这么不留情面地批评美国呢[73]?琼斯觉得,追根究底是弗洛伊德的反美国主义情绪,"实际上和美国本身一点关系都没有"[74]。

事实上,弗洛伊德美国之行的接待者,不管是学界人物或者是媒体都非常热诚,其中许多人都十分通情达理。《伍斯特电讯报》(*Worcester Telegram*)的头条写着:"克拉克花絮……具有奇特想法的人物,也有亲切的笑容。"[75]在弗洛伊德的听众当中,有许多人觉得性欲理论非常惊人,媒体则把这个主题敏感的第四讲,称作简洁而合宜。弗洛伊德没有理由觉得被美国听众忽视,更不用说拒绝[76]。更甚者,美国心理学界的领袖人物都特地前往伍斯特,就是为了要和弗洛伊德碰上一面。威廉·詹姆斯(William James)——美国最有影响力的心理学家与哲学家,在克拉克大学花了一天的时间聆听弗洛伊德演讲,并和他一起散步。弗洛伊德无法忘怀这次的比肩并行,詹姆斯当时罹患心脏病已经有一年时间了。在自传里,弗洛伊德回忆到詹姆斯在散步中突然停下,感觉到心绞痛,他把手提行李交给弗洛伊德,请他先行。随后詹姆斯在恢复之后赶上弗洛伊德。"从那时起,"弗洛伊德说,"我就希望在面对自己生命即将抵达终点时,可以有相同的无惧感。"[77]多年来他不时思索死亡的问题,他对詹姆斯庄严的坚毅态度非常佩服,甚至有点羡慕。

詹姆斯在1894年之后就一直关注着弗洛伊德的理论发展,那时引起他注意的是弗洛伊德和布洛伊尔关于歇斯底里症的《初步交流》。现在,以他面对理论问题时常有的开阔心胸,他发现弗洛伊德的理论虽然无法被接受,但极具启发性;他衷心希望弗洛伊德的理论能够持续发展。作为一位宗教研究大家,并已把宗教经验提升到了更高的真理层次,詹姆斯为弗洛伊德理论中对宗教的过度敌意感到不安,但这并没有让他失去对弗洛伊德整个理论架构的兴趣。在伍斯特和琼斯道别的时候,詹姆斯环抱着琼斯的双肩对他说:"心理学的未来属于你们所进行的工作。"[78]詹姆斯强烈地质疑弗洛伊德的"梦理论,可能只是一般的幻觉(halluciné)",但他认为弗洛伊德可以"加强我们对'功能性的'心理学的理解,这才是真正的心理学"[79]。另一次,就在克拉克大学的会议结束后不久,詹姆斯写给瑞士的心理学家泰奥多尔·弗卢努瓦(Théodore Flournoy)的信中,提及他担心弗洛伊德"固执的想法",承认他没办法接受弗洛伊德的梦理论,甚至认为精神分析关于象征的观点是错误的。但他也期许"弗洛伊德以及他的弟子们可以把他们的想法推展到极致,这样我们才能知道这些想法到底是什么。他们在探究人类本质的工作上不会失败"[80]。

这样的意见很友善,但是有点踌躇不决与模糊。詹姆斯比较认同荣格,因为他对宗教的看法跟自己比较接近。荣格在克拉克大学关于儿童心理学以及词语联想实验的演讲[81],对于詹姆斯所热衷的哲学神学理论来说,没有如弗洛伊德那般的刺激。其实弗洛伊德在克拉克大学的演讲并没有宣扬无神论的意图,他只是秉持着一种科学信念,拒绝在追求真理的道路中采用宗教思维。但威廉·詹姆斯所致力的正是把宗教提升到科学之上,他在数年前于吉福德讲座(Gifford Lecture)上大胆宣传过,并于1902年出版的著名的《宗教经验之种种》(The Varieties of Religious Experience)一书中,明确阐扬了这个观点。相对地,帕特南就全心全意地支持弗洛伊德,在美国,帕特南比詹姆斯更为拥护精神分析学说。帕特南和詹姆斯同为哈佛教授,前者是一位有很高声誉的神经生理学家。早在1904年,于马萨诸塞州总医院治疗一位歇斯底里病人时,帕特南就宣告精神分析方法绝不是无用的东西。他对弗洛伊德的赞同,使他成为美国医疗体系里第一位认同精神分析理论的人。但让弗洛伊德遗憾的是,帕特南总是保持他的独立,拒绝将其哲理倾向,即便是退而为抽象神性内涵的倾向,换成弗洛伊德的无神实证主义。但是克拉克大学的演讲,让帕特南与弗洛伊德以及随行的学者有更多的讨论机会,也使帕特南相信精神分析理论及其治疗模式基本上是正确的。从某个角度来看,这次经历是弗洛伊德美国插曲中影响最持久的一段传奇。

在克拉克大学的宴席结束之后,弗洛伊德、荣格和费伦齐前往帕特南位于阿迪朗达克(Adirondacks)印第安人领地的营区住了几天,继续未完的谈话。在纽约度过最后两天之后,9月21日,三位旅伴搭乘另一艘德国蒸汽邮轮"威廉大帝号"(Kaiser Wilhelm der Grosse)回到欧洲大陆[82]。八天之后,他们在不来梅靠岸。美国经验成了一次鲜活、丰富与复杂的记忆:"我很高兴终于离开那儿了,更庆幸的是我不用住在那里。"弗洛伊德在给女儿玛蒂尔德的信中如是说:"我不觉得我们在这次旅行中获得了多么丰富的新经验,也不觉得这次旅行是休闲之旅,但这是一次极有趣的行程,对我们的志业意义甚大。总的来说可称为一次重大的成就。"⑱荣格回到苏黎世后,10月初向弗洛伊德表明些许对他的想念⑭。弗洛伊德也在回来之后大步向前迈进,在美国获得荣誉法学博士学位证明了他的理论运动乃是一项真正的国际事务。

在如此满意的旅程之后,维也纳却报之以低沉的气氛。11月初,弗洛伊德的门人令他极为不悦,"有时候,我那些维也纳人真让我生气。"他写信给荣格,把罗马皇帝卡利古拉(Caligula)的话稍做更动,"我希望他们[你]以臀部背对着我,这样我就可以用棍棒教训他们[你]。"一个意味深长的语误泄露了弗洛伊德心中对荣格压抑的不快:弗洛伊德把"他们"写成了"你",暗示着荣格应该被鞭打一顿⑮。但是精神分析阵营里的第一次严重分裂,是在回到维也纳的一年之后,包括了弗洛伊德开始时的两位同伴:斯特克尔以及阿德勒。此时,荣格仍然还是一个意气相投的朋友,坚定地站在弗洛伊德这边。

维也纳对抗苏黎世

在这段恼人的日子里,弗洛伊德曾经把斯特克尔和阿德勒叫作"麦克斯与莫里茨"(Max and Moritz),这是两个在威廉·布施著名幽默故事里的坏小孩。这个故事描写的是刻意而残忍的恶作剧,以及可怕的报应。"我渐渐被这两个人惹恼了。"⑯然而这两个人虽为盟友,个性却非常不同,也让弗洛伊德因为不同的理由而气馁,甚至采取激烈的手段。

在对星期三心理学会以及象征理论的贡献上,斯特克尔从一开始就是个惹人厌的角色。他直觉力强,孜孜不倦,是一个多产的专栏作家、剧作家、短篇小说家,以及精神分析专论作者。虽是个有趣的同伴,但他的自大和使用证据上的不择手段,却让人敬而远之。为了急于评论每一篇在心理学会里讨论的论文,他甚至会"发明"出一个病人以便符合主题讨论。琼斯回忆:"'斯特克尔的星期三病人'已成为一个笑话。"⑰似乎斯特克尔的想象力太过丰富以至于无法被检验。在一篇文章里,斯特克尔提出了一个令人吃惊的理论,他谈到名字可能会对人的生命产生潜藏的影响,并且"记录"了几位分析者的名字作为验证。弗洛伊德告诫他,这样的举动可能违反了医学道德的考量,斯特克尔却要弗洛伊德放心,因为这些名字都是编出来的!⑱弗洛伊德在和他的关系还未闹翻前,曾评论说,斯特克尔虽然"对隐藏的无意识有良好的敏感度",但在"理论和思想上却很

第五章　精神分析政治学

薄弱"。

1908年,弗洛伊德开始轻视斯特克尔的说法,为斯特克尔"愚蠢而可怜的妒忌"感到愤怒(schwachsinnige eifersüchteleien)。弗洛伊德最后总结对斯特克尔的评价:"一开始还值得表扬,之后全然地刚愎自用。"[在他未出版的自传里,弗里茨·威托斯这样记录着,当一本新的"精神分析运动史"将要问世的时候,他问弗洛伊德是否可以柔化对斯特克尔的反复无常且充满"恶意的"评价,弗洛伊德在无法掩饰对斯特克尔的批评下勉强同意,他会使用"比较缓和的说法"。但最后最糟糕的说法(verwahrlost)还是被保留下来了。(Fritz Wittels,"Wrestling with the Man:The Story of a Freudian"167 – 170. Fritz Wittels Collection. Box 2. A. A. Brill Library,New York Psychoanalytic Institute)]这样的说法很严厉,但相较于弗洛伊德私下的评论,还算是温和。在他的私人信件里,他把斯特克尔称为无耻的骗徒,"一块不可雕的朽木"(mauvais sujet),"一头猪猡"。在给琼斯的信中他甚至还用英文说:"那头猪,斯特克尔!"因为他认为琼斯对斯特克尔有太多的嘉奖。许多维也纳的同人虽然不曾使用这么贬抑的称呼,但大多人认为斯特克尔虽然很有活力,会出其不意地令人发笑,但却不负责任,到头来总是令人无法忍受。一直到1911年,他还都是维也纳精神分析学会的重要成员,发表文章,参与讨论。该年4月,学会还特别挑出一个晚上——通常是极具批判性的,来讨论斯特克尔的书《梦的语言》(*The Language of Dream*)。他虽令人不堪忍受,却也被忍受了许多年。

在维也纳的门徒中,有像斯特克尔这样令弗洛伊德气恼的,但除此之外,还有更多令弗洛伊德忧虑的事。大约同时,弗洛伊德卷入了卡尔·克劳斯——一个机智而危险的对手的纠纷中。弗洛伊德原本与克劳斯不亲近,但还算友善。克劳斯本人也并未不尊重弗洛伊德,但却强烈地反对把弗洛伊德的理论应用到对文学人物的分析上,也包括自己创作的文学形象。其中就包括克劳斯以前的朋友和合作者威托斯对他的文学作品所做的分析,威托斯试图把克劳斯著名的期刊《火炬》解释成只是神经症状的反应,这尤其激怒了克劳斯。克劳斯因此对精神分析回敬了几个尖锐而不乏恶毒的评论。虽然弗洛伊德不喜欢把精神分析方法做通俗化的运用,对他同伴的做法也不苟同,但弗洛伊德仍选择忠于同伴。他曾经在1910年2月给费伦齐的信中,以最无节制的词句谴责克劳斯:"你知道那头不知节制地表现虚荣,又缺乏纪律的有才气的野兽 K. K(Kral Kraus)吧?"两个月后,他向费伦齐再次透露,他已经知道克劳斯的秘密了:"他是个疯狂的弱智,却带着矫揉造作的天分。"这样的评论其实是出于一时的冲动,绝非是冷静的判断;而克劳斯逞一时口舌之快,对精神分析的评论尖酸而非理性,也一样是无的放矢。

此外还有其他问题要考虑:随着精神分析运动的加速进行,弗洛伊德必须培养并维护那些具影响力但尚未稳定的外国新成员;和弗洛伊德互动的国际人士越来越多,很像在筹划一场大型的运动,或外交官在争取盟友;也许最使弗洛伊德不安,也最重要的,是荣格优秀的上司尤金·布洛伊勒。有一段时间,布洛伊勒是弗洛伊德团队中的重要成员,第一届在萨尔斯堡召开的小型国际研讨会,他也曾经出席。那一次的"精神分析之友"从维也纳、苏黎世、柏林、布达佩斯、伦敦,甚至纽约聚集在一起,聆听荣格、阿德勒、费伦齐、亚伯拉罕、琼斯,当然还有弗洛伊德自己所发表的论文,同时酝酿着更紧密的互动合作。在那次会议上,一个重要的成果就是第一份精神分析期刊的出现:《精神分析与精神病理学研究年鉴》(*Jahrbuch für psychoanalytische und psychopathologische Forschungen*),弗洛伊德与布洛伊勒为发行人,荣格为总编辑。刊头上的阵容是维也纳和苏黎世双方合作愉快的象征,并且足以显现布洛伊勒对弗洛伊德志业的忠诚。

布洛伊勒和弗洛伊德之间的关系,表面上看起来非常和谐,却有些疏离。虽然布洛伊勒对弗洛伊德的思想印象深刻,但是对于性欲观点他仍无法完全认同。这份不确定感,加上他对弗洛伊德企图建立一个紧密控制的政治机制而感到的不安,让他对弗洛伊德正在发展的事业冷漠以对。"'凡是不赞同我们的就是反对我们',"布洛伊勒在1911年退出新近成立的国际精神分析组织时对弗洛伊德这样声明,"这种'不是同志,就是敌人'的作风对我来说是宗教团体或者政治党派才有的现象。但我认为这对科学来说,是有害的。"⑩弗洛伊德照理应该欢迎这种心胸开放的真正科学姿态,但他出于自己总是遭受围攻的经验而无法接受布洛伊勒的观点["我从未对精神分析圈里的不同意见展开攻击,"弗洛伊德某次对莎乐美如此说道,"特别是我自己也经常对同一主题持有好几种不同的看法——当然,是在我公开其中一种看法之前。但一个人必须要把握某个核心的同质性,否则它就会变成另一种东西。"(Freud to Andreas-Salomé, July 7, 1914. *Freud-Salomé*, 21 [19])]。弗洛伊德继续和布洛伊勒交往,但同时也对他的亲近者谴责布洛伊勒。他对费伦齐说:"布洛伊勒真叫人无法忍受。"⑱

虽然弗洛伊德对布洛伊勒这种出于良知的不确定态度感到厌烦,但他还有更重要的家务事要处理,那就是阿尔弗雷德·阿德勒在维也纳精神分析学会中的位置。弗洛伊德和阿德勒的关系比起斯特克尔来说,要麻烦得多,从长远来看,影响更为重大。阿德勒是个忧郁又颇为武断的人,弗洛伊德圈中的反对者认为他毫无幽默感,渴望被称赞,特别是琼斯,形容他是"绷着脸,可怜地等着认同的家伙"⑲,但那些了解他的人则视他为维也纳咖啡厅的常客,既轻松又爱说笑,简直判若两人。不管哪一个才是"真的"阿德勒,他已在同道间巩固了自己的权位,使自己仅次于弗洛伊德。但弗洛伊德并不担心,或认为阿德勒会是他的对手。相反,有好些年,弗洛伊德给予阿德勒无限的信任。1906 年 11 月,阿德勒对神经症的一个生理学组织发表论文的时候,弗洛伊德曾真诚地给予赞赏。他很少使用阿德勒常用的词汇"器官缺陷"(organ inferiority, Minderwertigkeit),相对应,他较喜欢用"器官的特殊变异"(a particular variability of organs)这一中性词汇。但除此之外,他发现阿德勒的这篇文章对他亦极具意义。当晚的其他评论者都附和弗洛伊德,只有鲁道夫·赖特勒敏锐地感觉到,阿德勒的说法只处理了生理以及遗传因素所造成的神经症,而完全忽视了其他因素⑳。

赖特勒的异议犹如蚊子叮咬般的无关痛痒,阿德勒仍然在弗洛伊德精神分析的保护伞下架构他的心理学。表面上,他和弗洛伊德似乎有许多相同的观点:都把遗传和环境看作神经症的病源。在强调器官缺陷对人类心灵会造成的混乱上,阿德勒强烈地依赖生物学取向,当然,这是弗洛伊德并未全然拒绝的观点。同时,作为一个主张从教育以及社会工作来改善人性的社会主义者,阿德勒同样把环境当成是塑造心灵的重要因子。如我们所知,弗洛伊德实际上提倡的是,儿童时期的经验对心理发展的冲击——包括父母、兄弟姊妹、保姆、玩伴所扮演的角色,所造成的性欲创伤和未解决的冲突。但是阿德勒对于环境的想法其实和弗洛伊德并不相同。事实上,阿德勒还公开质疑弗洛伊德所谓早期性欲发展是日后性格塑造关键的这个基本命题。之后,阿德勒继续将他转向精神病医学的主张加以修正和精细化,独断地演绎出另一套独特的想法。他的论文、评论、散文,以及第一本心理学专著,都非常的"阿德勒式",它们全都重复同样的信念,即神经症实际上是试图要补偿器官缺陷的结果。不论阿德勒如何严肃地对待外在世界,在他的心理学中,他把生物学因素提升到命运的高度,但这些并没有剥夺阿德勒对这个刚起步的精神分析社群的兴趣。

阿德勒待在弗洛伊德圈子里的数年之间,"器官缺陷"一直是他谈话和写作中极度关注的话题。他第一次使用这个词汇,是1904年在对医师进行教育指导的一篇激励性质的文章里。在文章中,他说明器官的不健全,是造成儿童羞怯、紧张、胆小以及其他疾病的原因,他反对过分强调心灵创伤的理论:"一个人的先天体质,造成了他的性欲创伤。"[100]心灵在发现某些体质或者心智上的残疾时,会试图以另一种方式弥补它——有时候会成功,但通常没有办法如愿以偿。简言之,阿德勒把神经症定义为对缺陷感寻求补偿时出现的失败。他接触到许多心灵不完美的残疾例子,实际上是要对抗先天的问题。例如,阿德勒认为虐待癖,以及与其有关的一连串特质——要求秩序、吝啬、固执——这些被弗洛伊德叫作肛门期性格的表现,可以显示他们的遗传问题根源。在星期三心理学会一次讨论儿童性启蒙的场合里,阿德勒甚至反对弗洛伊德所主张的启蒙,亦即反对性启蒙虽然不是万灵药,但仍是针对神经症的有效预防。他认为:"婴儿时期的创伤只有在和器官缺陷相关时才有意义。"[102]

当实质的问题让阿德勒和弗洛伊德开始分道扬镳的同时,精神分析圈里的政治争斗问题也涉入其中,并成为彼此敌意恶化的原因。弗洛伊德有一次写信给亚伯拉罕时透露:"政治破坏人格。"[103]他心里想的是斯特克尔的例子,但他也可能联想到政治[意指其学术圈内的权力斗争。——编者注]对自己的影响。弗洛伊德一旦涉入政治角力场里,就沦为一个政客,通常所做出来的都比其他的行为更为迂回,而他和阿德勒的斗争,也激发他在相互冲突的力量中坚定不移地追求自己目标的天赋。

弗洛伊德第一次公开对抗阿德勒及其同伴,是在1910年春天于纽伦堡(Nurnberg)举行的国际精神分析家会议及其后续的活动中。弗洛伊德努力想把精神分析运动组织起来,以符合他对未来的期待。他之后想要抚平自我创伤的努力,其实不乏政治的意味。这些努力表现出弗洛伊德的处事怀柔,事实上只是掩饰好战的表象罢了。纽伦堡会议是成功的,它带给了弗洛伊德新的能量。"借由纽伦堡的帝国会议[Reichstag,德意志帝国国会——译者注],"他在会议结束数天之后愉快地写信给费伦齐,"我们这个运动的儿童期已经结束了,至少我是这样想的。我希望这之后会有一段丰富且平顺的青年期。"[104]但弗洛伊德其实很清楚,当他作这样评估的时候,这个会议也引发了严重的怨恨及公开反对。在向琼斯报告纽伦堡的消息时,弗洛伊德观察到:"到处充满了新的希望和对前途的预期。作为一个年老的绅士,我应该退居幕后了(不再祈求恭维了)!"这个说法并未全然坦白实情,就在纽伦堡的会议上,弗洛伊德和几位精神分析运动中重要的同道,陷入了严重对立的情绪中。

一开始是费伦齐的演说所引起的问题,他表现得像是弗洛伊德的代言人,提出弗洛伊德有意成立"国际精神分析协会"的愿望,荣格将担任永久会长,而里克林(Franz Riklin)——另一位瑞士精神医师且是荣格的亲戚,将担任秘书长的职务。这对弗洛伊德早期的追随者而言,实在是难以下咽的苦药,更糟糕的是费伦齐对维也纳精神分析学会的无端的批评。弗洛伊德会议之后检讨起来,对自己的指责不下于费伦齐:"我没有仔细考虑(这个提案)对维也纳追随者的影响。"这样的自责确实公正,弗洛伊德根本不需要对他们的反应感到诧异。再怎么谨慎的说辞都没有办法掩饰弗洛伊德提案中的含义:维也纳已经失色了。

维也纳的分析家强烈地反对,威托斯回忆他们在格兰饭店(The Grand Hotel)私下的聚会中,"讨论这个令人气结的状况,弗洛伊德突然在不请自来的情况下现身会场,我从来没有看过他这么激动"。在公开场合,弗洛伊德总是给人非常自制的形象。"他说:'你们大多数是犹太人,因此你们也无法胜任在新的阶段里去结交盟友的工作。犹太人应该要安于为他人做奠基的工作,我应该为这个学科找到和普通科学世界接轨的连结点。我为此准备了多年,也厌倦于不断地被攻击,我们都身陷在困惑之中。'"之后弗洛伊德不理智地要求大家散会。威托斯的报告,透露了弗洛伊德对自己年纪的考量和种种忧虑——即使他那时还不到54岁,同时也勾画出整个事件大致的真相。"他抓住自己风衣的外领,说:'他们(批评的敌人)甚至不会为我留下一件可御寒的大衣,而瑞士人可以拯救我们——拯救我,以及你们。'"最后,保住面子的折中方案出炉了:荣格的会长期限缩短为两年,但仍无法挽回维也纳派感到弗洛伊德冷酷地忽视他们的感觉,他们觉得弗洛伊德忽视他们这些第一批的追随者,就是为了讨好新加入的苏黎世人。

他们毕竟无计可施,自1906年以来,弗洛伊德和荣格的通信就变得越来越亲近。1907年起,荣格和其他来自苏黎世的访客,与弗洛伊德之间发展出友谊关系之后,弗洛伊德心中即充满强烈的期待,这已是大家都心知肚明的事。纽伦堡会议唯一增强的,只是把维也纳派所担心的化为冷酷的事实。弗洛伊德对他的规划完全清楚。"我判断过,"他在回顾的时候这样写道,"和维也纳的关系并不是这个新生学科未来应有的方向,反而会是一个阻碍。"位于欧洲中心的苏黎世,才真正是个值得期待的地方。他已经不年轻了,精神分析的志业,在专断式的领导风格下,在创建者无法胜任之后,应该交给一个仍能继续带领这门学科发展的年轻人。"官方科学"不仅不肯承认他们的能力,还不断抵制使用精神分析技术行医的医生,这使弗洛伊德觉得未来应该建立一个训练机构,用来保证教学的权威性,以及受教者能力被认可。"这是我想要创立国际精神分析协会的目的,别无其他。"[108][1911年3月,在他和阿德勒最后的争论当中,弗洛伊德写信给宾斯万格:"当我所创建的那个组织成为孤儿的时候,除了荣格之外没有其他人应该继承它。如你所见,我的想法一直不变地朝向这个目标,而我对待斯特克尔和阿德勒的态度也出于相同的想法。"(Freud to Binswanger, March 14, 1911. Ouoteel in Ludwig Binswanger, *Erinnerungen an Sigmund Freud*)[1956],42)]

1910年,维也纳的追随者并没有被弗洛伊德说服,因此也不觉得这个组织的创立有其必要。连忠诚的希尔施曼也担心,"作为另一个族群",苏黎世代表的成员实际上"和我们维也纳人完全不同"[109]。不过在1910年4月初,维也纳精神分析学会在这个大会成立决议之后第一次的讨论里,虽然有许多抱怨声,但仍然维持着礼貌与温和。对于会长职务的折中结果,以及因无奈地认知到弗洛伊德依然是不可或缺的角色,为争议降了温。弗洛伊德尽责地、有技巧地抚慰他们,他提名阿德勒代替他原来在学会里的主席职位——叫作"领导人",并提议发行一份新的月刊——《精神分析集刊》(*Zentralblatt für Psychoanalyse*),由阿德勒和斯特克尔一起担任编辑。阿德勒谦让一番之后接受了这个职位,并和斯特克尔一起担任新期刊编辑[110]。

弗洛伊德将这些好意解释为嘲讽。"这些维也纳人,"他向费伦齐吐露,"在纽伦堡之后的反应,是非常情绪化地希望建立一个由大公来领导的共和国。"[111]另一项妥协多多少少让大家都感到愉快:当阿德勒在喝彩中被大家选为"领导人"时,还创造了另一个新职位,叫作"科学主席",由弗洛伊德来坐这个位子[112]。弗洛伊德稍后指出他的安抚行动证明了阿德勒的烦恼是没有根据且不理性的[113]。但这不是个诚恳的说法,如同弗洛伊德在计划他的策略时坦白告诉费伦齐的,他把这个领导职位让给阿德勒"并不是出于喜爱或者满意,而是因为,毕竟他是争议中主要的反对人物,这个领导职位可能迫使他加入弗洛伊德的整体防护大业中"⑭。弗洛伊德既无法说服阿德勒,就只好和他合作。

诚如我们所见,这些精神分析圈里的权力角逐问题,还不足以全然解释弗洛伊德和阿德勒之间紧张的共存关系与最后的分离。组织里的必要事务、不自觉的冲突、意气互不相投,以及想法的冲击,都让两个人互有摩擦,进而冲突。两人几乎在每个方面都不相同。当时与两人关系都友善的支持者指出,弗洛伊德和阿德勒在衣服穿着习惯上、个性风格上,以及治疗态度上,再不能更为相异了:弗洛伊德亲切、高贵,在临床治疗上刻意保持距离;阿德勒大意、作风平民化,积极介入治疗过程⑮。但最后是信念上的碰撞让两人分手。就在两人诸多歧异、暗潮汹涌的一年之后,弗洛伊德认为阿德勒的立场过于反动,并且质疑他是否真是个心理学家,质疑阿德勒这么做是否纯粹是故意的,还是出自极端的敌意[弗洛伊德不认为理性或者理智的主张会导致两人不睦。他曾经认为,两个人虽然意见不同,但依然可以有友善的关系。"通常不是科学上的意见不同造成这么重要的差别,而是某些敌意、嫉妒,或者是报复心态,造成实际仇视的冲动。科学态度上的不同常常是后来才加上去的。"(Joseph Wortis, *Fragments of an Analysis with Freud*〔1954〕,163)但实际上弗洛伊德自己的态度则是相反,意见不同,将会是情绪争执的基础]。维也纳的平静是弗洛伊德非常渴望的,在1911年,与苏黎世方面的联系已经开始有点裂痕,此时,弗洛伊德和阿德勒之间不可挽回的分歧还不明显。虽然数年来,弗洛伊德已经预感到这最后的结果,但是一直到很久以后,他才感觉到阿德勒将会出走的严重性。早在1909年6月,弗洛伊德就向荣格形容阿德勒是"一个理论家,精明而具原创性,却不是为了心理学的目标,他的目标是生物学的观点"。不过他又补充说,阿德勒"正派亲切","不会很快抛弃自己的信念",结论是,如果可能,"我们必须留住他"⑯。两年后,如此宽大的语气不可能再从弗洛伊德口中听到了,1911年2月他告诉普菲斯特,阿德勒"为自己建造了一个没有爱的世界体系,而我正在为那位受辱的力比多女神向他进行复仇"⑰。

在弗洛伊德表达如此极端的结论同时,导致最后摊牌的事件已经酝酿了数个月。"有了阿德勒,"弗洛伊德在1910年的12月告诉荣格,"事情变得很糟糕。"⑱[弗洛伊德承认,令他烦心的感受之一,是阿德勒激起他对弗利斯的回忆]

之前弗洛伊德满怀希望地聆听阿德勒的观点,同时又担忧阿德勒对无意识里力比多作用的诋毁,弗洛伊德对阿德勒的看法,在此二者之间来回摇摆。但渐渐地,他对阿德勒仅剩的希望消散了。阿德勒的笨拙与令人不快的举止,让弗洛伊德觉得不圆融而渐失耐性,对其疑虑也渐增。一直到1910年末,这类经常性的争吵对弗洛伊德的冲击,特别是在为了要不要把布洛伊勒这种人吸收进来的争论上,更加恶化了,这对弗洛伊德而言,毋宁像是末日审判。他不时感到疲倦与抑郁,不禁对费伦齐说,在维也纳所要忍受的争吵,让他渴望回到从前的孤立:"告诉你,在我一个人独处的时候,感觉可要愉快多了。"⑲

然而不是弗洛伊德先挑起这样的危机,是希尔施曼,这位在弗洛伊德的追随者中最同情阿德勒的人。1910年11月,希尔施曼认为阿德勒详述他的观点,是为了让其他人可以顺畅地沟通。毕竟,大多数学会成员,包括弗洛伊德自己,都把阿德勒的观点当作对精神分析理论的补充,而非具有威胁性的替代品。1911年的1月和2月,阿德勒把自己的一些观点汇集成两篇文章,其中一篇叫作《男性钦羡作为神经症的核心问题》(*Masculine Prolest as the Core Problem of Neurosis*),大胆地呈现出其立场,连弗洛伊德都无法视而不见,于是他再也无法接受阿德勒了。他在阿德勒第一次讲演的时候还能保持沉默,此时他那郁积已久的怒火终于爆发了。

弗洛伊德的观察刚好可以构成一个持反面意见的论文。一开场,他说阿德勒的报告太过抽象,以致常常无法理解。弗洛伊德认为阿德勒实际上是把类似的观念放在一个新的称呼底下:"它给人一种印象,即压抑的观念实际上是隐藏在'男性钦羡'之下";更甚者,阿德勒"把我们原有的双性观念称作'心理上的雌雄同体'(psychological hermaphroditism),好像这是另一件新发现"⑳[有先见之明的费伦齐在两年之前,就注意到阿德勒这方面的倾向。"无疑,阿德勒关于缺陷的学说,"他在1908年7月7日写信给弗洛伊德时提到,"并不是这个争议问题的最终解答。实际上,它只是你所提出的'身体顺从'(somatic compliance)的广义延伸而已。"(Freud-Ferenczi Correspondence, Freud Collection, LC.)]。但伪造及加工原创观念实际上倒还在其次,阿德勒的理论忽视无意识及其性欲特质,这样的简化只会是"一般心理学",并且是"反动保守以及倒退的"。不断宣称对阿德勒智慧的尊敬之同时,弗洛伊德指控阿德勒正把心理学摆在生物学与生理学之下,从而有损于心理学的自主地位。"阿德勒的这些基本学说,"弗洛伊德坚定地预测,"会给人产生极深的印象,而对精神分析造成伤害。"[121]在弗洛伊德强烈的反应底下,实际上是害怕自己那些扎实的观念,会被阿德勒灌水之后的版本影响,因为后者更容易获得大众的喜爱,因为阿德勒把其中许多极端的观念,例如俄狄浦斯情结、婴儿性欲,以及神经症的性欲病源等观念都加以摒弃。弗洛伊德认为若接受了阿德勒这种伪装的精神分析版本,会比正面的拒绝精神分析更具威胁性。

阿德勒果断地捍卫自己,他坚持在他的理论里,神经症的起源也如同弗洛伊德的想法一样和性欲有关,但这一明显的退让还是没办法掩饰其中的差异。古罗马的斗士已经在竞技场里,所以必须要拼到底[122]。面对这一可能的分裂危机,几个极为痛苦的学会成员想要逃避这个问题:他们宣称弗洛伊德和阿德勒的想法并无不同。斯特克尔甚至称赞阿德勒的见解,深化并发展了"我们到目前为止所知道的事实",这些想法"都是继续建立在弗洛伊德的基础上"。但弗洛伊德对这种被迫的妥协并不感兴趣,他说要是斯特克尔无法在他和阿德勒两人的观点中找到矛盾冲突之处,那么他自己(指弗洛伊德)或阿德勒,随便一人都可以替他把这个矛盾冲突找出来[123]。

结局只是时间问题,稍后在1912年2月底,阿德勒辞去维也纳精神分析学会会长一职;斯特克尔当时是副会长,为了"利用这个机会表达他对阿德勒的友谊"[124],他也跟着辞职了。6月,弗洛伊德试着寻找机会让阿德勒辞去《精神分析集刊》编辑的职位——虽然阿德勒确定退出学会,但还是继续担任编辑。一旦生气,弗洛伊德会一直生气下去。他一直耐心地倾听阿德勒,现在可不愿意了。在这种情绪下,弗洛伊德已经无法认同阿德勒的某些想法,例如"独立的攻击驱力"(independent aggressive drive)这样的假说,纵使这个假说可能对精神分析思想极有价值。相反地,他把他的字典中最具破坏性的心理术语全加在阿德勒身上。1911年的8月,弗洛伊德告诉琼斯:"和阿德勒的内部冲突即将到来,我个人也促发了这场危机的来临。阿德勒不是个正常的人,他在野心的驱使下发狂,而且他以自己强大的恐怖主义方式和施虐倾向影响别人。"[125]弗洛伊德曾在1909年的时候称呼阿德勒是诚挚的追随者,却在不久后使自己相信,阿德勒身处被害妄想中[126][1914年,当亚伯拉罕阅读弗洛伊德《精神分析运动史》的手稿时,他反对使用"迫害"这个词:"阿德勒将会因为被称为偏执狂而抗议。"当时弗洛伊德坚持阿德勒宣称自己遭到了迫害,不过他同意把这个词去掉。但是当弗洛伊德的这个颇具争议的文章出版的时候,Verfolgungen 这个字仍然出现在铅字里。(Abraham to Freud, April 2, 1914. Freud-Abraham, 165 [169])]。这是谴责式的诊断。

阿德勒的说法,一开始当然是比较温和的,1911 年 7 月,在向琼斯说明其中的争执时,阿德勒称琼斯为"诚实伙伴里最聪明的一个"⑫。他感叹弗洛伊德"防御的姿态"!并且坚持自己"如同每个原创者"一样,也需要被认可,"我总是适当地节制自己,这样我可以让自己等待,并且不去羡慕每个人都有属于自己的不同的意见。"回想他为大家的"志业"宣传的时日,他告诉琼斯自己在维也纳为精神分析奋斗了"15 年"。他发自肺腑感慨地说:"如果在今天的维也纳,临床界与知识界对精神分析研究能加以严肃看待,或者赞赏——而不是嘲笑与排斥的话,那么可以说,我也在其中尽了心力。"诚然,他重视琼斯对他的评价:"我不希望你误解我。"⑬在那年夏末,阿德勒的声调转为强烈,并且对琼斯抱怨弗洛伊德将在公开场合对他进行"毫无道理的阉割"(nonsensical castration),"就当着大家的面"。他认为弗洛伊德对他的迫害是"个性使然"⑭。我们可以发现,并不是只有弗洛伊德把心理问题的诊断当作攻击的方式。

夏季的长假让争论停止了一阵子,但是被弗洛伊德认为已经成熟结痂的危机,在维也纳精神分析学会秋季再次聚会的时候达到了高潮。"明天",弗洛伊德在 10 月初的时候向费伦齐宣称,"学会的第一个议程里",将会进行某些举措,"迫使阿德勒一帮人离开"⑮。在会议中,弗洛伊德宣布阿德勒以及三位他最亲近的追随者已经退出了学会,转成阿德勒团体,弗洛伊德称他们为"有敌意的对手"。事态发展截断了所有可能的局面。他坚持加入新组织的成员将无法继续留在维也纳精神分析学会,并且要求每个在场的会员在一星期内选择其中一方。尝试对这无法弥补的裂痕进行修补的是福特穆勒——后来成为阿德勒最亲近的同伴,他非常详细地陈述了反对两个组织间不相容的提议,但弗洛伊德丝毫不为所动,萨克斯、费德恩以及希尔施曼也跟着附议,但最终六个阿德勒的支持者还是在众目睽睽之下退出学会。弗洛伊德此时"对斗争以及胜利都已经厌倦了",他向荣格提到,一切都已经结束了,"所有的阿德勒帮分子"都已经离开了。"我做得有点严厉,但并不失公正。"带着一点恼怒,他继续对荣格说,"他们成立了一个叫作'自由精神分析'的学会,相对于我们这个不自由的学会,并计划出一本属于自己的期刊。"不过,阿德勒组织里的成员仍然宣称拥有维也纳精神分析学会的会员资格,"自然地"希望用他们"寄生"的方式,来利用或歪曲维也纳精神分析学会。"我已让这个共生体无法存在。"⑬弗洛伊德与他的亲信将维也纳精神分析学会变成纯粹属于他们自己的。只有斯特克尔留了下来,提醒弗洛伊德未完成的工作。

阿德勒比弗洛伊德更视这个决裂为思想上的竞争,当两边在分裂边缘时,弗洛伊德曾在一个私人的晚餐聚会里,要求阿德勒不要遗弃维也纳学会,阿德勒夸张地回应:"我为什么每次都要在你的阴影下做事?"无须细究这个问题出于伤心或者挑衅,阿德勒后来将之解释为害怕他会"为他越来越不相信的弗洛伊德理论负责,而自己的理论不是被弗洛伊德及其追随者误解,就是被晾在一旁"⑬。不只是弗洛伊德拒绝了阿德勒,阿德勒断然决裂的态度也不亚于弗洛伊德——我们或者可以这样看待他们的决裂。

1911年6月,弗洛伊德很简洁地告诉荣格:"我终于摆脱阿德勒了。"这是胜利的呼喊。不过在弗洛伊德的心灵深处,没有事情是终了的,也没有事情是已尘埃落定的。弗洛伊德在信中用"无止无尽的"(endlos)代替"终于"(endlich)⑬——一个明显的语误。他似乎在此之前就预感到问题的存在,但仍把荣格留在身边,作为他钦定的继承者。在维也纳陷入争端的时期,精神分析学会的事务包括聚会、大型讨论、期刊等,这占去了他和荣格通信的许多篇幅,但他们没有谈到布洛伊勒,即使书信中充满了与反对者对抗的描述,他们也没有停止对个案的讨论。在接下来的大型讨论会中,以及许多已问世的精神分析出版品中,以1910年开始担任新成立的国际精神分析学会会长为起点,荣格渐渐巩固了他的优势。一年后,1911年9月在魏玛举行的国际研讨会上,就在阿德勒脱离后不久,荣格的地位似乎已经稳如泰山。他再次被选为会长,里克林在大家的欢呼声中也继续担任秘书长。弗洛伊德书信开头亲昵的称呼"亲爱的朋友",依然是他和荣格通信时经常使用的起头语。但就在魏玛大会的一个月之后,爱玛·荣格就察觉到她丈夫和他尊敬的导师之间关系有些紧张。"我被这样的感觉困扰,"她鼓起勇气写信给弗洛伊德,"你和我丈夫之间的关系,似乎出现了不可能有的和不应该有的感觉。"⑬弗洛伊德告诉费伦齐,他"感性且详尽地"回复这封信,但表示他并不了解她所表达的信息⑬。这一刻,荣格夫人比事件的两个主角都要敏感且有先见之明——事情不太对劲了。

荣格：后来的敌人

回顾他们不和的过程，荣格把他和弗洛伊德的意见相左，回溯到1909年的夏末在"乔治·华盛顿号"邮轮上。当时，他、弗洛伊德和费伦齐正在前往美国的路上。根据荣格的说法，他曾经分析了弗洛伊德的一个梦，并且在弗洛伊德还未进一步提供私人内容的情形下竭尽所能地加以分析。弗洛伊德对于是否要提供这些信息有些犹豫，他多疑地看着荣格，抗议说他自己应该可以不被分析，因为这会威胁到他的权威。荣格回忆说，这个拒绝的动作为弗洛伊德的影响力敲起警钟。弗洛伊德，这个自称科学真诚的信徒，竟然把自己的权威放在比真理还高的位置上[130][在另一版本里，荣格把这个弗洛伊德不愿意说明的梦，关联到弗洛伊德与自己的小姨子明娜有染，而不愿意承认不忠的态度（见第二章的书目研究）]。

不管真相如何，在弗洛伊德的权威之下，荣格觉得有些受伤，他竭尽所能地抗议，他已无法再继续容忍下去。1912年7月，弗洛伊德写信给普菲斯特，说他希望荣格可以"不带恶意"[132]而公正地与他的意见相左，这正是荣格做不到的。愤怒与狂暴充斥在荣格给弗洛伊德的最后一封信里，这封信见证了一个真实的恶意。

荣格举出让他离开弗洛伊德的更多例证，如弗洛伊德拒绝严肃对待荣格在美国所做的演讲，这个演讲的内容于1912年出版为《精神分析理论》（*The Theory of Psychoanalysis*）。"的确，写这本书伤害了我和弗洛伊德之间的友谊，"荣格回忆，"因为他无法接受里面的内容。"[133]后来荣格又修正这个说法，并把起因复杂化：书本身不是决裂的"最后原因"和"真正理由"，"因为在这之前已有漫长的酝酿期"。他们之间的友谊，荣格认为，就是为这个愤怒的结局做准备。"要知道，一开始我就带有保留心态（reservatio mentalis），我没办法同意他的许多想法。"[134]荣格所指的主要就是弗洛伊德有关"力比多"的想法。这是荣格对弗洛伊德最主要的攻击点，这有如恶兆般的潜在信息，在他给弗洛伊德的信中从未停止过。荣格曾温和地表示，他没有办法去定义力比多——意思是无法理解力比多的含义，因此不愿意接受弗洛伊德的定义。荣格不断地试图要将弗洛伊德的词汇广义化，使它不只是对性驱力的界定，而是指涉广义的心理能量。

但弗洛伊德沉迷于自己不可动摇的传奇地位,对荣格这种"心态保留"状态的持续与蔓延迟迟未能理解。荣格则把真正的感觉隐藏了数年。弗洛伊德依然有如"古代的赫拉克勒斯"(Hercules),一位"人类英雄和更高的神祇"[140]。1909年11月,从克拉克大学回到瑞士之后,由于后悔没有及时写出一些作品,荣格谦逊地向"父亲"忏悔——"父亲,我错了"(pater peccavi)[141]。两周后,荣格再一次以最为尊敬的方式向弗洛伊德恩认他是最终的权威:"我常常希望您在身边,我常常会有许多问题需要请教于您。"[142]

裂痕显现前,荣格把一切都归咎于自己。如果他对弗洛伊德的理论有任何问题的话,那"显然"是他自己"尚未把我的论点充分地配合您所要表达的思想"[143]。两人继续着他们一路同行的思想交流,在各自密密麻麻的行程里找出时间来共处,总有题材可以讨论与通信。1910年1月2日,弗洛伊德给荣格的信里提到,他正在推测人类对宗教的需要,是来自婴儿期的无助感(infantile helplessness)[144]。兴奋的宣告表明了弗洛伊德对荣格的信任。在一天前弗洛伊德对费伦齐提到,他刚刚在新年之中顿悟到了宗教的根源[145]。而荣格也宣告他正在深入探究"多配偶部分"(polygamous components)所造成的家庭的危机[146],并亲密地对弗洛伊德表示,他开始反复思量"性欲自由的伦理问题"[147]。

这些私下的困扰让弗洛伊德相当挂虑,它们威胁着荣格将从这个主题事业——精神分析——转向离去,他要求荣格保持耐性。"在这个问题上撑久一点,将我们的志业领向突破的阶段。"[148]那时是1910年1月。接下来的一个月弗洛伊德向费伦齐说,荣格的"情欲与宗教领域"里又出现了"风暴和愤怒";弗洛伊德也敏感地发现,荣格信件里的语气听起来既保留又遥远[149]。几周之后,弗洛伊德才兴奋地发现荣格从他"个人的困惑"里挣扎出来,并且"迅速地让自己复原。毕竟,我对他并不生气,只是关心"。[150]荣格显然恢复了镇定,开始分析他的太太,并向弗洛伊德报告这个技术在规则上的巨大变动,弗洛伊德也殷勤以待。此时弗洛伊德正协助格拉夫分析他的儿子小汉斯,他认为荣格应能成功地处理他太太的个案,但他也无疑认为,要完全超越不被分析的感觉是不可能的事。

荣格暴躁时,弗洛伊德即安抚他。谈到精神分析在文化领域可能的运用,这是荣格一直热烈期待的兴趣,弗洛伊德表示需要一个"神话学、语言学,以及宗教历史学方面的学者",来帮助这方面的工作,"不然我们就要全部自己动手"[151]。带着一点莫名的疑惑,荣格把弗洛伊德的感触当作是一种批评:"你这样说,大概就是认为我不适合这个工作。"⑬这完全不是弗洛伊德的意思。"你所有被攻击的感觉,"弗洛伊德回应说,"对我来说是美妙的音乐。我非常高兴地发现,你对这个任务严肃以待,你希望自己就是这支援军。"⑬"不要激动,"弗洛伊德告诉他"亲爱的儿子",并描绘即将到来的胜利远景,"我把远超过我自己能处理的部分,留给你去征服,那就是所有的精神医学领域以及文明世界,而他们一向把我当成野人!"⑬

长久以来,荣格一直妥善维持着作为被钟爱的儿子的姿态,令人疼爱,只是偶尔不太听话。1910年初,荣格去美国接待了一个收费可观的个案,导致他在纽伦堡会议上迟到,他从巴黎给弗洛伊德寄了一封孩子气的短笺表达歉意:"不要为我的恶作剧发脾气!"⑬"在你面前,自卑感还是笼罩着我,"他说,并表示弗洛伊德称赞他的信件内容令他无比的愉悦,"毕竟,我对于父亲给予的任何肯定都欣然接受。"⑭但是,荣格却又无法压抑他反抗的无意识。弗洛伊德已经开始进行《图腾与禁忌》一书的准备工作,知道荣格对其中带有推测性质的史前史感兴趣,因此探询荣格的建议。荣格对这封"非常友善的信件",却出现防御式的回应,他先诚挚地向弗洛伊德道谢,但马上补充:"如果你也涉入宗教心理学的领域,对我来说会很压抑,而若论及竞争,你会是个危险的竞争对手。"⑮荣格确实必须视弗洛伊德为一个竞争对手,虽然对此他再次归咎于自己的人格缺陷。他以鼓吹精神分析思想为傲,这是一件(他希望弗洛伊德会同意)比"我个人的笨拙与防御心态"更重要的工作。他焦虑地问,有没有可能"是你对我的不信任呢?"弗洛伊德不反对荣格有他自己的想法。不过,荣格仍然坚持认为弗洛伊德"奋力想改变我的观点,听从熟悉我的人对我的判断。如果有异端的感觉在我血液里奔腾的话,我从一开始就不会支持你(弗洛伊德)"⑱。在弗洛伊德和阿德勒最后决裂的数个月后,荣格再次强调他的忠诚:"我一点都不可能去模仿阿德勒的作风。"⑲

即使弗洛伊德很想忽略荣格的这些举措,他也很难从荣格的保证中获得安心。弗洛伊德小心翼翼地试着再次修复他们之间渐渐磨损的亲密关系。他拒绝接受荣格严格的自我诊断,并且把"笨拙"以及"防御"换成"情绪"这种和缓的字眼,他们之间的唯一问题,只是荣格有时候忘记自己身为国际精神分析协会的会长职责。他提醒荣格:"我们私人情谊上不可破坏的基础,就是我们对于'精神分析'的承诺,为了企图在这个基础上建立更为美好,即使是易变的亲密的团结,我们难道不该好好地维持下去吗?"⁽¹⁶⁰⁾这是来自弗洛伊德心灵深处的请求,在谨慎地回应荣格所提出来的质疑之后,他宣称自己完全可以配合荣格智识独立的要求。荣格引用一段尼采在《查拉图斯特拉如是说》(*Thus Spoke Zarathustra*)里的长文,作为加强他要求自主的后盾。这段文字是:"如果一个人继续是个学生,他将没有办法好好地回报老师。"接着是,"为什么你要从我的花环上摘下花朵?"⁽¹⁶¹⁾弗洛伊德有点迷惑地回应:"如果某个第三者看到这段文字,他将会问,我什么时候压抑过你的智识活动?而我的回答会是,我不知道。"再一次切中要点,弗洛伊德试图缓和荣格的急切:"对我钟爱的兴趣的坚持要有信心,并且对我保持友善,即使你并不常以这种角度写信给我。"⁽¹⁶²⁾

弗洛伊德的恳求付诸东流,如果要说荣格有任何回应的话,他的回应是把这封回信当作诱人犯罪的香饵。1912年5月,荣格和弗洛伊德卷入一场关于乱伦禁忌的论争,所争议的是从来没有被解决过的性欲问题。弗洛伊德在那次交锋时的语气是令人困惑的,他急切地想回避和荣格之间的友谊已经注定失败的事实。但荣格却像是受了伤,如同一个已经和朋友断绝关系的人,现在才整理自己的理由。而最终的决裂缘自一件小事并非是出于意外。

1912年4月,宾斯万格被指派为康斯坦斯湖边的克罗伊茨林根疗养院的院长,他刚动过恶性肿瘤手术。因为警觉到"那些健壮的年轻人"可能因为无预警的疾病而死去,弗洛伊德给病榻中的宾斯万格寄了一封表达痛苦的信。他形容自己是个"不应抱怨的老人,如果生命没剩几年的话(同时也决定不去抱怨)",同时他也知道宾斯万格的身体有点危险,而这点让他感觉"特别的痛苦"。弗洛伊德说,毕竟宾斯万格是"几个能延续我生命的人之一"。有时候,弗洛伊德追求永生的愿望,以及认为他的"子嗣"和追随者会为他捍卫理想的想法,会浮现于意识的表层。这个愿望微妙地影响了他和荣格的关系,当他发现宾斯万格可能死去时[实际上,宾斯万格最后活到1966年],他为这个愿望找到了最痛苦的表达方式。宾斯万格要求弗洛伊德保守他生病的秘密,弗洛伊德赶去探望他时,宾斯万格的身体还可以撑得住⁽¹⁶³⁾。

这时,荣格在库斯那赫特(Kusnacht)的家离克罗伊茨林根只有64公里远,但弗洛伊德迫于时间,没办法顺道过访⁽¹⁶⁴⁾。无视于弗洛伊德忙碌的行程,荣格只觉得自己被轻视了,他给弗洛伊德送了一封带有责备意味的信,把这个忽视称作

"克罗伊茨林根姿态"(kreuzlingen gesture),乃是弗洛伊德对他选择独立自主的不悦。弗洛伊德在回信中费尽苦心地解释自己的行程,但回避了宾斯万格动手术的实情[弗洛伊德也对其他人保守这个秘密。他在写给亚伯拉罕的信里这么说:"我在康斯坦斯那里做了宾斯万格两天的客人。"(June 3,1912. Karl Abraham paper,LC.)他也写信给费伦齐,其中只提到他在宾斯万格那里过了个周末,并没有说明他此次旅行的理由。(May 30,1912. Freud-Ferenczi Correspondence, Freud Collection,LC.)],他提醒荣格以前就算有重大争论,也未妨碍他的来访。"数月之前你也许不会要我做详尽的解释,"荣格对"克罗伊茨林根姿态"的过度敏感让弗洛伊德感到不解,"这个事件,显示了你对我的不信任。"

弗洛伊德的局促不安很快就让他的密友感觉到了。6月,琼斯来到维也纳,见了费伦齐,他担心在精神分析阵营内可能出现另一次的意见不合。阿德勒的离去在弗洛伊德和他亲密追随者之间划上的情感伤痕还没有愈合,和荣格之间的麻烦看起来也可能有同样的悲剧。琼斯想到一个在精神分析史上有特殊意义的折中方式:他认为,需要一个紧密结合的忠诚分子组成的小团体,一个秘密的"委员会"围绕在弗洛伊德四周,作为他的大内禁卫。这个委员会的成员要互相分享信息与想法,即使是最私密的情况下,也要互相讨论任何"会从最根本的精神分析理论原则中分离出去"的欲望——这些理论包括了压抑、无意识,还有儿童性欲。费伦齐和兰克都热忱地接受这个提议。受到鼓舞,琼斯把这个想法告诉弗洛伊德,并恢复在卡尔斯巴德温泉区(Karlsbad spa,位于今捷克的度假地)的年度工作。

弗洛伊德接受了建议。"我心里一直在这样想,这个秘密委员会里的成员,都是我身边最好且最值得信任的人,他们将会守护精神分析这个领域的发展,并且为这个志业抵挡因个性或者意外而出现的伤害,即使在我无法捍卫它之后亦复如此。"他非常喜欢琼斯的提议,还说是自己发起这个想法:"你说是费伦齐给的主意,但这应该是我的想法。最好是在荣格身边也能形成这样的团体,由他作为一个地方组织的领导者。现在,我们这个组织必须把他这个主席排除在外来运作。"当然,这样的委员会,"让我觉得活着或者死去都容易得多"。弗洛伊德认为,首先"这个委员会"的存在和行动必须绝对秘密。其中的成员不能太多:琼斯、费伦齐、兰克这些提议者是必然的成员,还有亚伯拉罕。萨克斯也包括在内,"他是我可以完全信任的人,虽然我们只见过几次面"[108]。作为这个提案的中心人物,弗洛伊德展现出最极致的判断。

这个计划说明了第一代的精神分析家被强烈的不安全感包围。弗洛伊德觉得这"是为了现实的考量而出现的调适"[109],但老实说他也承认"在这里面存在孩子气,以及浪漫幻想"[110]。琼斯也用过同样类似的语言:"关于一个小团体的想法,如同查理曼的殿前武士,是为了护卫王国及其主人,这其实是我自己想象出来的结果。"[111]这个委员会数年以来在运作上都尚称满意。

经过1912年的夏天,荣格坚持被"克罗伊茨林根姿态"冒犯的感觉一直未曾消逝,他的不悦继续增添着弗洛伊德的不安。弗洛伊德在7月底告诉琼斯,从荣格寄给他的信里,"让人不得不感觉到他对我们友善关系的正式否决"。弗洛伊德的遗憾,不是来自个人而是专业上的理由,并"决定让事情自然发展下去,不进一步影响它"。毕竟,"精神分析已经不是我个人的事业,还牵涉到你以及其他人"[112]。几天之后,他懊悔地对亚伯拉罕倾诉,又回忆起亚伯拉罕长期对荣格的不信任:"我脑中充斥着苏黎世事件的影响,那是你很久以前就预言,但我一直想否认的,现在已经被证实了。"[113]这几个月的通信显示,弗洛伊德都专注于思考如何保证他的运动在未来能有较好的发展,从情感上说,这是属于他自己的运动:"我对这个决裂显然无法做些什么,希望另组的这个小社群里仍能保持紧密的交流。"[114]在给费伦齐的信中提到没去拜访荣格这件事,弗洛伊德解释是荣格的神经质反应在作祟。他悲伤地承认他试图混合"精神分析事业里的犹太人与非犹太人"是个失败。不幸的,"他们如同油和水一样的壁垒分明"[115]。在接下来的一个月里,他告诉兰克他希望"在精神分析的土壤上"达成"整合犹太人与反犹太主义"[116]。即使在逆境中,这仍然是弗洛伊德的愿望。

弗洛伊德认为费伦齐会为他处理此事的方式感到高兴,那就是"情感上抽离,智性上表现出优越"[117]。事实上,弗洛伊德对情感的投注比他往常表现出来的要来得多;9月底,他接受琼斯的预测并说:"关于荣格和我的分离,并不会造成太大的危险。"他希望能理性点:"如果要和苏黎世的人达成正式的和解,对我来说不会太难处理。但那只会是一种形式,实际上对他我并不生气。"但是,"我先前对他的感觉已很难复原"[118]。也许待在他喜爱的罗马,会使他的心情比任何时候要好些。

荣格给弗洛伊德的回应越来越不乐观。这年11月，荣格从美国进行一场演说旅行回来之后给弗洛伊德写了一封信，抱怨自己的不满。信中谈到福坦莫（Fordham）大学（弗洛伊德觉得这是一所"由耶稣会经营的没啥名气的学校"）[129]和其他事情，此时荣格显然已经把许多精神分析的包袱——儿童性欲、神经症的性欲病源，以及俄狄浦斯情结——都抛弃了，并且期望公开重新界定力比多的意义。在他给弗洛伊德的报告里，他兴奋地观察到这修正版本的精神分析观点，已经赢得许多先前因为"性欲对神经症的作用这个问题"的犹疑者的认同。但他继续提到，他是以所见事实来支持他的正确。虽然弗洛伊德先前的"克罗伊茨林根姿态"对他的伤害仍在，但他希望能继续维持和弗洛伊德友善的私人情谊，此时他更进一步表现出他的风度，他说他亏欠弗洛伊德许多，希望从弗洛伊德这里得到的不是愤怒，而是客观的评估。"毕竟，这对我来说不是一些奇谈怪想，而是增强我信仰真理的信念。"[130]

荣格的来信是无情的宣言，是一份毫无语词修饰的独立宣言，但它同时也提醒弗洛伊德，苏黎世不是异议的唯一来源。"我听说，"荣格写道，"这样的事件也在斯特克尔那里发生。"他以一种好战挑衅的语气说，斯特克尔应该会从《精神分析集刊》的编辑位置上开炮，他已经"以他那些不入流的奇想告白造成了许多伤害，更不用说他的暴露狂本性[181]"。弗洛伊德同意荣格的看法，但也许是最后一次了。整个1912年，斯特克尔一直参加维也纳精神分析学会的会议，当年的前几个月里，他积极参加一连串关于手淫自慰的讨论，10月，他继续被选为《精神分析集刊》的编辑[182]，之后他和陶斯克发生争执。这个最新事件，让弗洛伊德在遭遇一连串的挑衅之后，无法再维持他的耐性。在斯特克尔的自传里，对弗洛伊德和他决裂的介绍颇为模糊，并且没有太多抱怨，也许，他猜测荣格在背后有对他不利的说辞。弗洛伊德其实是袒护较具攻击性的陶斯克，斯特克尔则把这位仁兄当成敌人[183]。实际上，最后的纠纷是和斯特克尔在《精神分析集刊》的编辑事务有关：一开始，如同弗洛伊德以充满感激的说法表示，斯特克尔是个"绝佳的"编辑，借以作为和阿德勒的明显对比[184]，但斯特克尔马上把这本期刊当作他私人的管辖地，尽量拒绝让陶斯克的评论性文章出现。弗洛伊德对这样的高压方式"感到不能忍受"[185]，最后，在1912年11月，他告诉亚伯拉罕："斯特克尔已经开始刚愎自用了。"对此，弗洛伊德反而大大松了口气："我很高兴，你无法想象，为他向整个世界辩护所花的力气让我多痛苦，他是个让人无法忍受的家伙。"⑱弗洛伊德始终相信，斯特克尔是个"铤而走险又无耻的"骗子，他和所有人的决裂将无法避免。弗洛伊德告诉琼斯，斯特克尔对苏黎世的人说，这里的人想要"使他心灵的自由窒息"，却没有提到他和陶斯克的争端，以及他宣称《精神分析集刊》是他"个人的财产"这件事。⑱弗洛伊德是个喜爱宣告伦理原则的人，把虚伪和欺骗看作是对任何同事关系的绝对伤害。他认为，斯特克尔已经堕落成"为阿德勒宣扬教义"的传教士⑱。

斯特克尔事件并没有让弗洛伊德从荣格挑战的语气里分心太久。对弗洛伊德来说，荣格曾经是多年来"亲爱的朋友"，但是从11月中旬的信件之后，弗洛伊德改变了对他的称呼。"亲爱的医师先生（Lieber Herr Doktor），"他的回信这样开头，"欢迎你从美国回来。虽然不如先前在纽伦堡那么亲密——你已经成功地让我断绝这种感受，但我仍对你个人的成功感到荣耀。"之后又大声质疑，这样的成功，代价会不会是放弃精神分析可能的长远发展。他在希望维持两人友好关系的同时，又在信中加入可能激怒对方的话："你对'克罗伊茨林根姿态'的坚持，令人无法理解，同时也带有羞辱意味，但有些事情没办法在信件中表达清楚。"⑱弗洛伊德仍然想和荣格修好，但他的追随者已经准备好要抛弃荣格了。11月11日，也就是荣格向弗洛伊德再次提到"克罗伊茨林根姿态"的那天，艾廷冈从柏林写信给弗洛伊德："精神分析现在已经够久也够成熟，应该可以从分化和排除异己的过程中恢复过来了。"⑲

11月底，借由一个在慕尼黑举行的小型精神分析会议的机会，两个主角坐下来并且展开一段关于宾斯万格事件的私人对话，荣格借此机会为自己辩白以得到对方的谅解。弗洛伊德告诉费伦齐："结果是，我们私人以及智性上的关系还会紧密地持续数年。没有提到分离、背叛这样的说法。"这几乎是一种绝望的自欺，并不符合真正的现实。弗洛伊德变得戒慎恐惧，他不能信任这种和平的结局，他告诉费伦齐，荣格让他感到如同一个醉汉不断地嚷着："不要说我醉了！"⑲

慕尼黑的重聚，伴随着弗洛伊德的昏倒魔咒——这已是第二次当荣格在场的时候发生了。如同三年前在不来梅，这个场景一样在午餐之后出现，弗洛伊德和荣格之间有一场生气勃勃的讨论，而弗洛伊德再一次诠释荣格所说的话，显示荣格有希望他死亡的潜藏欲望。弗洛伊德责备荣格和里克林在瑞士期刊刊印的精神分析文章里没有提到他的名字。荣格解释：毕竟，弗洛伊德的名字已经为大家所熟知。但是弗洛伊德坚持他的感受："我当时觉得，他把这当成是他个人的事。"当时在场的琼斯回忆："突然，出乎众人意料地，他像死了一般昏倒在地上。健壮的荣格敏捷地把他放到大厅的一张躺椅上，他随即苏醒了过来。"⑱这个事件对弗洛伊德来说隐藏着许多未显的意义，他在一封给密友的信件里有所分析。不论当天他的身体状况是不是已经隐隐出现了问题——疲倦、头疼，弗洛伊德认为，造成他昏倒的主因是心理上的冲突。如同以往，带着一种模糊的感觉，弗利斯的形象和这个事件混在一起，弗洛伊德仍然试着整理他先前对友人的情绪反应。在荣格这边，不论是怎么看待这个令人惊讶的事件，他马上在信中表现和弗洛伊德和好的态度。他忏悔、挂念，再次成为温柔体贴的儿子。11月26日在写给弗洛伊德的信中，荣格说："请原谅我的过错，这次我完全不为自己找借口来掩饰我的过错。"⑲

这次的和好仍是枉然，荣格心中仍然充满被冒犯的感受，并且把和解视为一种侮辱。11月29日，弗洛伊德写了一封信给荣格，把这次的昏厥归因于"偏头痛以及心理因素的混合"，简单说来，"是一个片段的神经症"。同时，他赞扬荣格已经"揭开所有神秘问题的谜底"⑳，但这个说法却刺伤了荣格，荣格似乎忘记在前一封信里自己的忏悔，他认为弗洛伊德这么说是对他的一种攻击——弗洛伊德又一次贬低了他的工作。荣格一口咬定弗洛伊德存在着未经分析的片断神经症的问题。就是这个"神经症的片段"，再加上荣格宣称因为自己"瑞士赫尔维希乡下人的作风"（helvetic boorisliness），使得弗洛伊德一直无法欣赏他的想法。荣格多年来使用"父亲情结"这个词汇，并且从自己的行为出发提供许多夸张的证据支持这个概念，现在却把"父亲情结"当作一种维也纳式的叫法。他痛苦地表示，精神分析师往往会利用自己的专业知识达成指责他人的目的㉑。

凭着最后的一点点自制，弗洛伊德并未苛责荣格这次表现出来的"新风格"。他同意荣格说的，看到精神分析被误用令人痛心，并且建议一个"小小的居家清理补救法"（little household remedy）："让我们拥抱自己的神经症，比拥抱我们的邻居来得更热切些吧！"㉒这样的回应，让荣格暂时缓和了语气，并且告诉弗洛伊德他将要严苛地评论一本阿德勒的新书㉓。弗洛伊德表示赞同，但提醒荣格正是阿德勒"创新地"处理力比多理论才使他们分道扬镳的㉔。大概是荣格内心的无意识活动影响所及，12月中旬给弗洛伊德的一纸短笺里，荣格出现了精神分析家赖以维生的话语疏失。"即使是阿德勒的同路者，"他写道，"也不会把我当作他们的同一类人。"但却在原来句子脉络下应该出现的"他们的"（ihrigen）这个字，荣格在否定弗洛伊德的无意识作祟下写成了"你们的"（Ihrigen）[199]。弗洛伊德也曾经在数年前发现自己以类似的话语失误来显示他对荣格的敌意。现在，他把这个错误当作荣格表达真实感受的一个线索，并且在这想法刺激之下，忍不住要加以评论。他带着恶意询问荣格，是否可以好好地用"客观性"——这个荣格最喜欢使用的攻击性字眼——来考量他自己的语言失误而不必生气[200]。

荣格显然没有办法做到，他以最具威吓性的语气，让自己的"健康的粗野"[201]（弗洛伊德曾这么评价荣格）脱缰而出："我可以对你说几句重话吗？我承认我对你的理论还不太确定，但至少我可以用一种诚实而绝对尊敬的方式去看这个问题。如果你怀疑我诚恳的态度，那是你的问题。我想提醒你注意的是，你对徒弟如同对待病人一般使用的治疗技术，是个大大的错误。用这种方法，你只会制造出像奴隶般的儿子，或者无耻的流氓（阿德勒、斯特克尔以及整个无理的帮派，他们现在终于可以在维也纳拥有一席之地）。我用足够的客观去看穿你所使用的把戏。"[202]在推翻自己的父亲情结之后，荣格同时又把它推展到极致。他继续说，弗洛伊德这种侦测症状式行为，把每个人都贬抑到儿子或女儿的层次，因此所有人都必须羞愧地承认他们的错误："与此同时，你高高坐在上位，像个父亲。"荣格宣称他不吃这套奴性屈从[203]。面对精神分析事业可能会毁于一旦的风险，弗洛伊德似乎还愿意与荣格进行理智的沟通。他在信中特别提到，荣格特意用语误的方式来刺激他，实在是太过分了。同时，他对于被控将学生维持在一种婴儿的依赖情形进行辩解。他说，相反地，他在维也纳常常被学生批评为不够用心去分析他们[204]。

弗洛伊德认为，荣格过度激烈的回应，会为自己招惹来评论。第一代精神分析学家在互相的通信和对话当中，常使用攻击式的风格，一种在其他人的对话中不会出现的方式。他们毫无畏惧地分析彼此的梦境，把彼此放入自己的笔误或口误之中；漫无节制地使用诊断式的词汇如"妄想的"或者"同性恋的"，来描述他们的友人，当然还有他们自己的个性。他们全都在自己的圈子里使用这种野蛮的分析方式（wild analysis），被外界人士批评为过于粗暴，不够科学，并且可能产生不良后果。这种不负责任的修辞,可能是他们在艰苦修行的精神分析事业下放松逃离的方式,一种在他们让自己保持无声以及谨慎许久之后出现的反扑。弗洛伊德和其他人一起玩这个游戏,虽然他也曾清楚地警告同事们,不要把精神分析当作武器来滥用。但在那之后,这种斩刈杀伐的风格就很难令人抗拒,它被过多地使用,而且使用时的方式又过于相似。弗洛伊德的想法没错,荣格对弗洛伊德诠释其语误的反应可谓是超乎常情,甚至是一种病征的显现。

到了 12 月底,弗洛伊德终于认识到,厘清这些细节的时机已经过去了。他不再使用高超的政治辞令。"谈到荣格,"他在写给琼斯的一封发人深省的信件中说,"他似乎已经丧失了他原有的智慧,他的行为完全疯狂。在几封体贴的信件之后,他给我一封极为傲慢的信,证明在慕尼黑的经验"——那次 11 月中的"和解","在他身上没有留下任何痕迹。"要回应荣格显现出来的语言失误,实际上"是非常轻微的挑衅",毕竟"他激烈地否认自己根本不是神经症者"。然而,弗洛伊德却仍然不要"正式的决裂",因为对"我们共同的利益"来说,这样做是不恰当的。但他建议琼斯"不必再进一步乞求和解,因为那是无用的"。弗洛伊德告诉琼斯,他可以想象荣格是如何指控他的:"我是个神经质的人,我自己惯坏了阿德勒和斯特克尔等人。在阿德勒事件中,阿德勒也采取了同样的方式与反应。"其实说起来相同,但也不尽相同,思索这个最近的、最为重要的觉醒时,弗洛伊德掩饰不了他的失望,给了个有点悲观的双关评语:"可以确定的是,荣格至少是个 Aiglon。"^㉟我们可以用冲突的方式来解读这个称号,这反映了弗洛伊德自身矛盾的感受:Aiglon 在法文中是"小老鹰"的意思,以前用来指阿德勒,因为他的名字在德文中也是老鹰的意思。但那同时也让人想起拿破仑的儿子,"拿破仑二世",通常也被戏称作 l'Aiglon,他没能活着完成父亲为他设计的使命,如同弗洛伊德选荣格当作继承者,而未能完成他的期待一样。弗洛伊德原想把荣格的野心"纳于麾下"^㊱,后来却证明这是他无法驾驭的。他对琼斯说,荣格的信件带给他一种羞辱的感觉^㊲。

弗洛伊德同时告诉琼斯,他准备了一个"非常温和的回答",但还没有寄出去,因为荣格"会把这个柔顺的回应看成胆怯,好更确认他自己的重要性"^㊳。在绝望中他仍怀抱希望。荣格的"友谊不值得再多费笔墨",1913 年 1 月 1 日他告诉琼斯。虽然弗洛伊德已经"不需要他的陪伴",但是协会和精神分析刊物的"共同利益"仍然要"尽可能地维系着"^㊴。两天之后,在一封寄给荣格的信中,弗洛伊德对他们投入甚久的友谊提出强烈的质疑,他说,他无法回应荣格的指控。"我们这些精神分析者都认可,没有人需要为他片段的神经症状感到羞愧。但是如果有个人持续地尖叫,伴随着一连串不正常行为,他会引起一般人的怀疑,因为他没意识到自己的病况。因此,我向你建议,我们应互相放弃我们的私人关系。"随沮丧感蔓延,他又补充道:"我无所失,多年来,我都以一条细细的丝线和你在情感上联系着,那早期失望的经验,在我心中挥之不去。"[210] 弗利斯仍然还留在弗洛伊德的心中。当然,现在这条线已经破损到无法修复的地步。在一封弗洛伊德给密友的信件里,荣格已经变成"让人无法忍受的傲慢","过度炫耀的蠢蛋以及一个粗鲁的追随者"[211]。荣格接受了弗洛伊德的决定,"剩下的,"带着点夸大,荣格在回信中说,"就是沉默了。"[212]

其实还有许多需要交代的,不论荣格近来想着如何与弗洛伊德分道扬镳,他仍然是以弗洛伊德学说的代言人角色闻名于世。更甚者,他仍旧是国际精神分析协会的会长,并且是国际学术运动的主要推动人物。平心而论,弗洛伊德有理由觉得自己的处境不堪,那就是:当荣格和他的跟随者控制精神分析组织和期刊的宣传机构之后,他们可以宣示权力,反过来流放奠基者和他的亲近人士。这个忧虑并非只有弗洛伊德一人感受到了,1913年3月中,亚伯拉罕发出一个提案,希望在5月的时候,伦敦、柏林、维也纳、布达佩斯的精神分析组织要求荣格辞职下台。难怪他这份备忘录,开头只有简单的几个字:"机密件!"[213]

弗洛伊德已经做了最坏打算。"根据琼斯的消息,"在1913年5月他告诉费伦齐,"我们必须提防来自荣格最邪恶的行动。"很自然,他酸涩地继续说道:"任何偏离我们真理的另一方,都会得到官方的鼓励与赞许。在为我们唱了那么多次无效的挽歌后,这次他们真的可能会埋葬我们。"他继续充满挑衅意味地说:"这一次将会大大地改变我们的命运,但却无法撼动这门科学本身。我们手中握有的是真理,我和15年前一样确定这点。"[214]

弗洛伊德鼓足信心,不论是自发或者被诱发出来的。而此时荣格正在他的巡回演讲中不断地说明他与弗洛伊德的不同之处。1913年7月,琼斯给弗洛伊德寄了一份打印好的声明,没有附带琼斯的任何评论,声明是"苏黎世的荣格医生所写的文章",标题是"精神分析",准备要在伦敦的心理医疗学会(Psycho-Medical Society)发表。弗洛伊德和琼斯都有不祥的预感,因为演讲者被介绍为"精神分析学界最伟大的权威之一"[215]。尤其是接下来的一个月,在伦敦演讲时,荣格大胆地再一次重述他十个月前曾经在纽约阐述过的想法：要让精神分析从先前被性欲观点主宰的情形中解放出来。这几次伦敦的演讲中，荣格第一次把他修正过的想法称作"分析心理学"，而不是"精神分析"。

弗洛伊德的梦理论是荣格下一个反省的对象。荣格使用了一种教导的、几近权威的语调——反转了他们原有的角色关系，荣格于1913年7月寄了一封信到维也纳伯格巷19号，指出弗洛伊德显然错估了"我们的观点"。荣格现在代表苏黎世团队在说话，如同弗洛伊德长期以来作为维也纳族群的发言人一样。弗洛伊德所出现的错误，还包括荣格现在将要讨论到的梦的形成。荣格以教师的语气向他说道："我们承认（弗洛伊德的）欲望满足理论没有什么瑕疵。"但他们却认为原先的说法太过肤浅，并准备超越这样的想法[209]。

以这种屈尊俯就的方式与弗洛伊德对话大概可以让荣格极为愉快。他努力建造属于自己的心理学理论，许多荣格式分析心理学的想法，都在这个时期发展出来：原型（archetype）、集体无意识（collective unconscious）、无所不在超自然的神秘感（uncanny）、对宗教经验的同理感受，以及对神话和炼金术的想象。作为一个向病人学习的精神医师和临床工作者，荣格发展出一种和弗洛伊德式精神分析很相近的心理学，但其区别却也很明显。在弗洛伊德看来，荣格对于力比多的著名定义不过就是个神经上的错误（a failure of nerve），是因为对人类既存性驱力这个真理不敢加以面对的懦弱修正。荣格关于原型的理论，在弗洛伊德理论里找不到合适的对应点。原型可说是创造力的基础原则，深植于不同种族的天性中，是在宗教教义、神话、梦境、艺术与文学工作里都会表现出来的人类潜力。生物学上的相似说法，应该是"行为模式"[210]。

除了他们观点的不一致，荣格和弗洛伊德对待他们科学事业的态度也截然不同。值得注意的是，他们都指责对方偏离了科学方法，并且落入神秘主义之中。"我批评弗洛伊德的心理学，"荣格写道，"相当狭隘与偏颇，而且落入'弗洛伊德式'的一种以派系自重，且不愿意放开心胸接受自由思考的封闭观点中。"荣格认为，弗洛伊德曾经是一位心灵真相的伟大发现家，但他现在已经偏离了"批判思考以及一般常识"[211]的坚实基础。弗洛伊德则批评荣格被神秘现象所欺骗，并且对东方宗教过于入迷，他用一种讽刺的角度以及不妥协的怀疑论，批评荣格把宗教感当作是心理健康当中一个不可缺少的因素。对弗洛伊德来说，宗教是人类心理需求投射到文化上的一种现象，同时是幼童时期的无助感延续到成人之后的结果,应该加以分析而不是赞扬。当他与荣格的关系还很好的时候,他就指责荣格"为宗教的狂热所迷乱"(religious-libidinal cloud)[19]。作为18世纪启蒙时代的继承者,弗洛伊德对模糊而无法分辨差异的系统知识并无好感,并且不愿接受科学和宗教之间无止尽的战争。

对外在事物的歧见,只会增加弗洛伊德和荣格两人的心理冲突。在对他自己原创发展的心理学颇为得意的情形下,荣格后来宣称他并没有感觉到和弗洛伊德的决裂是被逐出团体或者放逐,反而是一种解放。如果以弗洛伊德式的观点来解释,荣格在过去短短数年内和他维也纳"父亲"历史性的亲密姿态,其实是俄狄浦斯情结下的儿子挣扎着要得到自由,受苦的同时也对这个受苦来源加以打击。荣格在1909年圣诞节给弗洛伊德的信中清楚地说明:"要和创造者肩并肩地竞争,是很困难的事。"[20]无疑,荣格这些年得到的,不只是一份破碎的友谊以及私人的争执,还发展出他自己的心理学观念。

弗洛伊德和荣格间的通信渐渐变少,只剩下偶然正式的公事往来。同时,弗洛伊德正在从这场争端的残骸中招募人马回笼。过去他和亚伯拉罕讨论的时候,把他和荣格的冲突以"种族上的"问题来解读;现在他则极力否认这个冲突是犹太人和非犹太人之间的战争。弗洛伊德告诉费伦齐,如果瑞士籍的精神医师阿方斯·梅德(Alphonse Maeder)——荣格亲密的伙伴,坚持要这样看待这场冲突,那是他的权利,但这不是弗洛伊德的看法。"当然雅利安精神会十分地不同"——弗洛伊德大概描绘出费伦奇可能对梅德采取的回应:"因此当然每个地方会有不同的世界观(Weltanschauungen)。"但"不应该有不同的雅利安与犹太科学。他们的结果应该是相同的,只是表达的方式可能有所不同"。的确,结果的不同只会证明"其中可能有错误"。弗洛伊德嘲讽地加上,费伦齐也许可以向梅德保证:"我们无意扰乱他们的世界观与宗教。"他也可以告诉梅德,荣格已经在美国宣告:"精神分析不是一种科学而是宗教。"果真如此,这可以用来解释整个争论。"但犹太精神会担心将精神分析宗教化不会有长远的结果。而拙劣的模仿也不会影响到科学式的精神分析。"[21]在这一切令人气馁的争议中,弗洛伊德宣告他效忠于严格训练,亦即科学客观性的追求。精神分析作为一门科学,必须独立于派系的考量之上,也必须独立于所有"雅利安的庇护"。[22]

带着疲惫的悲观,弗洛伊德试着继续和荣格合作——不论他们的合作看起来是多么冷淡。怀抱着些许幻想以及一点点最谨慎的期待,他在1913年9月初出席了慕尼黑精神分析学国际会议。这和前几次会议比起来都要盛大得多,有87个会员和来宾与会㉒。但是整个气氛充斥着党派的忠诚度角力,令人感到极不舒服,不过大部分的与会者还不太清楚领导人物之间的决裂已处于无法弥补的状态㉔。整个程序,弗洛伊德抱怨"既令人疲倦又没有启发性",荣格以"难以亲近且不正确的方式"主持会议。对荣格续任会长的选举,也酝酿着不满的情绪:22位成员以弃权的方式表示抗议,另外52位则投下赞成票。"我们已经分裂了,"弗洛伊德下了这样的结论,"也不想再看到彼此。"㉕当时在场的莎乐美在比较弗洛伊德和荣格之后,对后者有较严厉的评语。"只要看看这两个人,"她在日记中写道,"就可以发现哪一个是比较武断的,对权力更为热爱。荣格两年前还带着一种喧嚣的欢欣,充沛的活力,边说话边爆出笑声,他现在的严肃则含着一种纯粹的侵略,野心,以及心智上的野蛮。弗洛伊德从没有像这次一样这么接近我,不只是因为他和之前喜爱的'儿子'荣格决裂了——因为他,弗洛伊德还把事业转移到苏黎世——也因为这种决裂的状况,好像是因为弗洛伊德心胸狭窄的顽固姿态所致。"而那正是荣格昧于事实所编造出来的结果㉖。

荣格并未快速或者安静地离开这块领域,10月——"扮演着无辜受伤害者的角色"㉗如弗洛伊德所形容的,荣格唐突地以"个人因素"以及"不屑于公开讨论"㉘为由,辞去《年鉴》的编辑职位。他对弗洛伊德的解释也并不友善,他说这样做的原因,是因为从梅德那里听说弗洛伊德质疑他的"诚意"(bona fides)㉙——不管这个意思到底是什么,反正是未来不可能再共事了。弗洛伊德怀疑,荣格辞职的模糊说法只是个花招。"他为何辞职的理由再明白不过,"他告诉琼斯,"他希望我和布洛伊勒都被剔除于《年鉴》工作之外,只有他占全部的功劳。"㉚弗洛伊德意识到需要快速行动,他"紧急地"召唤费伦齐到维也纳来㉛。荣格,这个他现在觉得"粗鲁、不正直,甚至有点不诚实"㉜的人,可能和出版商协议要控制《年鉴》这本期刊。更糟的是,荣格仍然主控着弗洛伊德耗费心血所建立起来的组织。

弗洛伊德想努力地再次夺回他的期刊和组织,他信誓旦旦地表示,"这是势在必得的",但是,他和他的追随者都不会"像荣格那样的残忍"㉝。弗洛伊德的说辞如果不那么刻薄,那么他的声明或许会较令人信服。他在柏林和伦敦的盟友对荣格敌对的立场也一样报以苛刻的态度。琼斯为了寻求制胜策略,写了一封又一封散发着怒气的信件。"一个人可能被荣格激怒,"他在1913年末的时候对亚伯拉罕如此写道,"不过他会发现荣格只不过是个粗鲁又驽钝的人,一如精神医师会用的术语,是'情绪愚蠢'(emotional stupidity)的。"[24]弗洛伊德好争论的风格是会传染的,琼斯建议是否要解散国际精神分析学会时表示:"对于是否要解散,主要理由是现况的荒谬,如果要我再出席另一个会议,我会为遇到我们之前的工作伙伴感到羞耻。""同时,我们让苏黎世派的那群人把自己定位为精神分析的时间越久,就越难以断绝和他们的关系,我们必须有所决断。"[25]亚伯拉罕也有相同的意见。对他来说,弗洛伊德式的和荣格式思想的混合,一直以来就是个"不自然的联姻"[26]。

弗洛伊德对拥有这么精力充沛的支持者感到高兴,却也不觉惊异。这些日子他主要的力量泉源,是撰写《精神分析运动史》这篇文章,借此他可以加入他愤怒的情绪,使其成为一本宣传小册子,说明数年以来种种的意见不合,就像瘟疫一样缠扰着这个运动。1913年11月,在给费伦齐的短笺中,他第一次透露他的计划,"一部精神分析的历史,对阿德勒和荣格都有非常直白的评论"[27]。两个月之后,他又宣称:"我热烈地写作这篇历史文章。"[28]语句中所用的措辞精确地反映出他的速度以及心情的写照。这部"历史"是弗洛伊德的宣战。他一边"热烈地"写着,一边把草稿寄给密友,还情绪性地称其为"炸弹"。

即使在这个"炸弹"正式引爆之前,弗洛伊德也乐于看到他在苏黎世的敌人出现了一些他认为的战术上的错误。他觉得这些错误正好对他有利。1914年初春,荣格给了弗洛伊德想要的举动:4月20日,他辞去了国际精神分析协会会长一职。两天后,柏林人给伯格巷19号送来一份愉快的电报:"来自苏黎世的消息以及亚伯拉罕和艾廷冈衷心的祝贺。"[29]弗洛伊德松了一口气,告诉费伦齐,荣格的决定"大大地简化了冲突"[30]。

7月中旬投下的"炸弹"完成了剩下的工作。它把弗洛伊德及其追随者和指摘他们的人如荣格区分开来了,而后者不再被称为精神分析学家了。弗洛伊德欣欣地写信给亚伯拉罕:"我忍不住欢呼。"[31]他的兴奋并没有马上消散。"我们终于摆脱他们了——"一个多礼拜的观察后,"可恶的荣格以及他那群虔诚的鹦鹉(nachbeter)!"[32]艾廷冈在小册子出版前夕阅读到这本书,激动地出现前所未有的雄辩口才以及多样的比喻词汇。他这样告诉弗洛伊德:他仔细看过这部

"历史","带着激动和景仰的心情"。弗洛伊德的笔,曾经是"掘开我们最黑暗与最肥沃土壤的锄头",在此时变成了"一把锋利的刀刃",使他能挥洒自如。"大刀阔斧击中要害,所造成的伤疤",并不会从"已经不属于我们的那群人身上"[23]消失。这种夸张的词语并没有不妥,如同阿德勒的离开让维也纳精神分析学会回到弗洛伊德及其同伴手中一样,荣格的离开,更确切地说,也将使国际精神分析协会回复其原来坚实的组织,作为传播弗洛伊德思想的地方。不论荣格事件究竟还制造了些什么,它确实帮助了弗洛伊德公开地定义精神分析真正的基础是什么。

回顾过去,弗洛伊德和荣格的相遇,看起来像是他早期和其他一些人失败友谊的翻版。弗洛伊德自己提供资料:弗利斯的名字以及其他离去的盟友,都在他这几年的通信当中来回闪动。而荣格也在弗洛伊德的痛苦回忆当中。如同之前的友谊,弗洛伊德快速而草率地以毫无保留的热忱投下感情,并在无法弥补的狂怒疏离下告终。1915 年 7 月,一切都过去之后,弗洛伊德轻蔑地把荣格放在"已作古的皈依者"行列中。他说,他曾经喜爱过这个人,直到荣格碰到一个"宗教——伦理的'危机'",完成了"更高层次的道德以及再生",却完全没提到"对我的谎言、粗暴以及硬要我接受的反犹太态度"[24]。在这个狂热的结盟里,弗洛伊德唯一不允许自己有的感觉就是无动于衷。

这些情感的轨迹让我们疑惑,弗洛伊德是否终究必须让他的朋友都变成敌人。一开始是布洛伊尔[这两个老友到此时已经完全疏远了。1907 年 11 月 21 日,布洛伊尔写信给福雷尔说:"就个人而言,我现在已经完全和弗洛伊德分离了。"他补充这"当然"不会是"全然没有痛苦的过程"。如同以往的宽大,他依然觉得弗洛伊德的作品"伟大高贵:借由他个人执业里的辛苦学习以及最重要的部分建造完成——即便",他勉强地继续说下去,"整个结构里最小的部分,也无疑不再粉碎"。(Quoted in full in Paul F. Cranefield "Josef Breuer's Evaluation of His Contribution to Psycho-Analysis" Int. J. Psycho-Anal., XXXIX,〔1958〕,319 – 320)],然后是弗利斯、阿德勒与斯特克尔,现在是荣格,后面说不定还有其他人。如果有人把荣格看成是另一个弗利斯,是可以理解的,但是这样的配对实际上被模糊掉的比显示出来的还多。弗洛伊德和弗利斯年龄相仿,而荣格和弗洛伊德之间大约相差 20 岁:他们在 1906 年开始通信的时候,弗洛伊德 50 岁,荣格

31岁。在父亲式的感情之下,弗洛伊德从来没有使用过德文的最亲密用语——"du"(你),一如他对弗利斯所使用的那样。在他们亲密关系的高峰期,当弗洛伊德把荣格当作精神分析运动的王储之时,他们的通信仍然保持一种正式的距离:弗洛伊德称呼荣格为"亲爱的朋友",但荣格始终没有超过"亲爱的教授先生"(Dear Herr Professor)这样的称呼方式。弗洛伊德投注在荣格身上的友情分量如同对弗利斯一般,但这是两种不同的投注。后来的弗洛伊德其处境已经大大地不同了,如果他把弗利斯当作他独特大胆探险的唯一伙伴,而荣格则是他所兴起运动的坚定保证人,当时这种运动虽然仍在奠基阶段,却已经逐渐得到支持。

此外,弗洛伊德并非某种模糊不清的重复强迫症的受害者。在1912年的角力中他写信给亚伯拉罕:"我每天都学得更能容忍一点。"⑳他认为已经比过去更能调适自己。1911年的阿德勒,以及1912年的荣格,可能都没有认识到他和蔼的一面。而弗洛伊德也无法和那些不曾在精神分析运动里威胁他地位的人有长期而无碍的友谊,例如眼科医师科尼希斯坦,以及考古学家埃马努埃尔·勒维。不过,一些和他亲近的学术密友,即使不是以"正统"的角色出现,也只是会偶尔承受弗洛伊德明示的不赞同而已。费德恩、琼斯,以及其他最忠实的追随者,只会发现他们有时候和弗洛伊德在重要的技术或理论问题上意见相左,但却不会被贬为变节或是叛徒。瑞士籍的精神医师宾斯万格,终其一生都在为他自己的观点能在精神分析里得到一席之地而奋斗,并且发展出一种极为个体式的存在主义心理学,数十年以来也可以维持和弗洛伊德良好的关系。同样的状况也发生在新教派的牧师普菲斯特身上,即使面对弗洛伊德对宗教的轻蔑攻击,两人关系依然良好。

弗洛伊德对他必须和朋友决裂的说法,有极度的敏感,敏感到需要用文字来消毒。他在1925年简短的自传当中,比较了那些被他驱逐的人物,"荣格、阿德勒、斯特克尔以及其他少数一些人",以及"其他大部分的人",如"亚伯拉罕、艾廷冈、费伦齐、兰克、琼斯、布里尔、萨克斯、普菲斯特牧师、范埃姆登(J. E. C. van Emden)、赖克(Theodor Reik),以及其他人",都忠实地在他身边工作了15年,大部分"也都具有非常明朗无碍的友谊"㉔[范埃姆登,是弗洛伊德在1910年第一次碰面的一位荷兰籍精神分析家。关于赖克的资料见原书490—492页]。弗洛伊德告诉宾斯万格,"每个人所拥有的独立自主的怀疑,对我而言都是神圣的"⑳,他的确这样认为,虽然有时在战斗的激情中,他会忘却了人文科学的这个教诲。

注　释

① Jones, *Free Association*, 165.

② See William McGuire, Introduction to *Freud-Jung*, xv.

③ Carl G. Jung, *Über die Psychologie der Demantia Praecox. Ein Versuch*(1907), Introduction(dated July 1906), iii-iv.

④ Ibid, iv. See also ibid., 38, 50n, 62.

⑤ See"Psychoanalysis and Association Experiments"(1906), translated by R. F. C. Hull and Leopold Stein in collaboration with Diana Riviere, in Carl G. Jung, *The Psychoanalytic Years*, ed. William McGuire(1974), 3 - 32.

⑥ Jones, *Free Associations*, 165.

⑦ Freud to Jung, April 11, 1906. *Freud-Jung*, 3(3).

⑧ Jung to Freud, October 5, 1906. Ibid., 5(5).

⑨ Freud to Jung, October 7, 1906. Ibid., 5 - 6(5 - 6).

⑩ Jung to Freud, November 26, 1906. Ibid., 10(10).

⑪ Jung to Freud, December 4, 1906. Ibid., 11(11).

⑫ Freud to Jung, December 6, 1906. Ibid., 12 - 13(12 - 13).

⑬ See Freud to Jung, December 30, 1906. Ibid., 16 - 17(16 - 17).

⑭ Freud to Jung, January 1, 1907. Ibid., 18(17).

⑮ 在弗洛伊德给费伦齐的信件中,所用到的"prächtig"这个词至少有三个用法:January 18, 1909; May 17, 1909; and December 29, 1910. Freud-Ferenczi Correspondence, Freud Collection, LC.

⑯ Freud to Ferenczi, December 29 1910. Ibid.

⑰ Freud to Jung, August 13, 1908. *Freud-Jung*, 186(168).

⑱ Jung to Freud, February 20, 1908. Ibid., 135(122).

⑲ Martin Freud, *Freud*, 108 - 109.

⑳ See Carl G. Jung, *Memories, Dreams, Reflections*(1962; tr. Richard and Clara Winston, 1962)146 - 147.

㉑ Martin Freud, *Freud*, 109.

㉒ Binswanger, *Erinnerungen*, 11.

㉓ Jung to Freud, March 31, 1907. *Freud-Jung*, 26(25).

㉔ Freud to Jung, April 7, 1907. Ibid., 29(27).

㉕ 宾斯万格把这个插曲记录下来，但他已经不记得荣格的梦境内容，而只记得弗洛伊德的解释。(See Binswanger, *Erinnerungen*, 10)

㉖ Jung to Freud, May 24, 1907. *Freud-Jung*, 54(49).

㉗ Freud to Jung, April 21. 1907. Ibid., 44(40).

㉘ Jung to Freud, June 4, 1907. Ibid., 62(56).

㉙ Freud to Jung, July 10, 1907. Ibid., 83(75).

㉚ Freud to Jung, August 18, 1907. Ibid., 85(77).

㉛ Freud to Jung, August 27, 1907. Ibid., 88(79).

㉜ Jung to Ferenczi, January 6. 1909. Carl G. Jung, *Briefe*, ed. Aniela Jaffé with Gerhard Adler, 3 vols. (1946 – 1955; 3d ed., 1981), Ⅰ, 26.

㉝ Jung to Freud, October 28, 1907. *Freud-Jung*, 105(95).

㉞ Freud to Jung, Novemher 15. 1907. Ibid., 108(98).

㉟ Freud to Abraham, May 3, 1908. *Freud-Abraham*, 47(34).

㊱ Freud to Sabine Spielrein, August 28, 1913. By permission of Sigmund Freud Copyrights, Wivenhoe.

㊲ Freud to Abraham, July 23, 1908. *Freud-Abraham*, 57(46).

㊳ Freud to Abraham, October 11, 1908. Ibid., 64(54).

㊴ Freud to Abraham, December 26, 1908, Ibid., 73(64).

㊵ See Freud to Abraham, July 20, 1908. Karl Abraham papers, LC.

㊶ Freud to Abraham, July 23, 1908. *Freud-Abraham*, 57(46).

㊷ Freud to Abraham, July 20, 1908. Ibid., 57(46).

㊸ Freud to Ferenczi, June 8, 1913. Freud-Ferenczi Correspondence, LC.

㊹ Jung to Freud, January 8, 1907. *Freud-Jung*, 21(20).

㊺ Jung to Freud, March 11, 1909. Ibid., 234(211 – 212).

㊻ "Selbstdarstellung". *GW* XIV, 78/"Autobiographical Study," *SE* XX, 51.

㊼ Thorndike to James Cattell, July 6, 1904. Quoted in Dorothy Ross, G. Stanley Hall, *The Psychologist as Prophet* (1972), 385.

㊽ Hall to "Siegmund" Freud, December 15, 1908. Quoted in Ibid., 386.

(49) See William A. Koelsch, "*Incredible Day Dream*" : *Freud and Jung at Clark*, The Fifth Paul S. Clarkson Lecture(1984), unpaged.

(50) "Geschichte der psychoanalytischen Bewegung," *GW* X, 44, 70/"History of the Psychoanalytic Movement," *SE* XIV, 7, 30 – 31.

(51) "Selbstdarstellung," *GW* XIV 78/"Autobiographical Study," *SE* XX. 52.

(52) Freud to Ferenczi, January 10, 1909. Freud-Ferenczi Correspondence, Freud Collection, LC.

(53) Freud to Ferenczi, January 17, 1909. Ibid.

(54) Freud to Ferenczi, February 2, 1909. Ibid.

(55) Freud to Ferenczi, February 28, 1909. Ibid.

(56) See Ferenczi to Freud, January 11, 1909. Ibid.

(57) Ferenczi to Freud, March 2, 1909. Ibid.

(58) Freud to Ferenczi, March 9, 1909. Ibid.

(59) Freud to Abraham, March 9, 1909. Karl Abraham papers, LC.

(60) Freud to Ferenczi, April 25, 1909. Freud-Ferenczi Correspondence, Freud Collection, LC.

(61) Freud to Ferenczi, July 25, 1909. Ibid.

(62) Freud to Jung, June 18, 1909. *Freud-Jung*, 258(234).

(63) Freud to Ferenczi, July 25, 1909. Freud-Ferenczi, Correspondence, Freud Collection, LC.

(64) See Freud to Jung, July 7. 1909. *Freud-Jung*, 264(240).

(65) See *Jones* II, 55.

(66) Brill to Smith Ely Jelliffe, December 4, 1940. Quoted in Hale, *Freud and the Americans*, 390.

(67) Ibid., 391.

(68) Jones, *Free Associations*, 230 – 231.

(69) Quoted in *Jones* II, 55 – 56.

(70) See Anna Freud to Ernest Jones, March 10, 1954. Jones papers, Archives of the British Psycho-Analytical Society, London.

(71) Freud to Pfister, March 17, 1910. By permission of Sigmund Freud Copyrights, Wivenhoe.

(72) Jones to Freud, February 12, 1910, By permission of Sigmund Freud Copyrights, Wivenhoe.

(73) See Freud to Jones, January 27, 1910. Freud Collection, D2, LC. See also *Jones* II, 59 – 60.

(74) *Jones* II, 59.

(75) See Koelsch, *Incredible Day Dream*, unpaged.

(76) See Hale, *Freud and the Americans*, 3 – 23.

(77) "Selbstdarstellung," *GW* XIV, 78/"Autobiographical Study," *SE* XX, 52.

(78) *Jones* Ⅱ, 57.

(79) James to Mary W. Calkins, September 19, 1909. Quoted in Ralph Barton Perry, *The Thought and Character of William James*, 2 vols. (1936), Ⅱ, 123.

(80) James to Flournoy, September 28, 1909. *The Letters of William James*, ed. Henry James, 2 vols. (1920), Ⅱ, 327 – 328.

(81) See Jung to Virginaia Payne, July 23, 1949. Jung, *Briefe*, Ⅱ, 159.

(82) See Jung to Freud, October 14, 1909. *Freud-Jung*, 275(250). See also Jung to Virginia Payne, July 23, 1949. Jung, *Briefe*, Ⅱ, 158.

(83) Freud to Mathilde Hollitscher, September 23, 1909. Freud Collection, B1, LC.

(84) See Jung to Freud, October 14, 1909. *Freud-Jung* 275(250).

(85) Freud to Jung, November 11, 1909. Ibid., 286(260). 弗洛伊德在页缘注意到这个笔误,但极力减低它的重要性。

(86) Freud to Ferenczi, April 6, 1911. Freud-Ferenczi Correspondence, Freud Collection, LC.

(87) Jones, *Free Associations*, 219.

(88) See Ibid., 219 – 220.

(89) Freud to Jones, November 20, 1908. In English. Freud Collection, D2, LC. 这封信在琼斯文集第二卷中全文节录,但错置时间为 1909 年。*Jones* Ⅱ, 62.

(90) Freud to Otto Rank, September 13, 1912. Rank Collection, Box lb. Rare Book and Manuscript Library, Columbia University.

(91) "Geschichte der psychoanalytischen Bewegung," *GW* X, 58/"History of the Psychoanalytic Movement," *SE* XIV, 19.

(92) See Freud to Jones, November 15, 1912. Freud Collection, D2, LC.

(93) Freud to Ferenczi, April 10, 1911. Freud-Ferenczi Correspondence, Freud Collection, LC.

(94) Freud to Ferenczi, October 17, 1912. Ibid.

(95) Freud to Jones, February 21, 1914. In English. Freud Collection, D2, LC.

(96) See April 26, 1911. *Protokolle*, Ⅲ, 223 – 226. "talented beast, K. K.": Freud to Ferenczi, February 13, 1910. Freud-Ferenczi Correspondence, Freud Collection, LC. "histrionic talent": Freud to Ferenczi, April 12, 1910. Ibid.

(97) Bleuler to Freud, December 4, 1911. Freud Collection, D2, LC.

⑨⑧ Freud to Ferenczi, November 30, 1911. Freud-Ferenczi Correspondence, Freud Collection, LC.

⑨⑨ Jones, *Free Association*, 169.

⑩⓪ November 7, 1906. *Protokolle*, I, 36 – 46.

⑩① November 27, 1907. Ibid., 237.

⑩② December 18, 1907. Ibid., 257.

⑩③ Freud to Abraham, January 1, 1913. Karl Abraham papers, LC.

⑩④ Freud to Ferenczi, April 3, 1910. Freud-Ferenczi Correspondence, Freud Collection, LC.

⑩⑤ Freud to Jones, April 15, 1910. In English. Freud Collection, D2, LC.

⑩⑥ Freud to Ferenczi, April 3, 1910. Freud-Ferenczi Correspondence, Freud Collection, LC.

⑩⑦ Wittels, Freud, 140. 另一个比较戏剧化但不是那么可信的描述是弗洛伊德当时流了泪。see *Autobiography of Wilhelm Stekel*, 128 – 129.

⑩⑧ "Geschichte der psychoanalytischen Bewegung," *GW* X, 84 – 86/"History of the Psychoanalytic Movement," *SE* XIV, 42 – 44.

⑩⑨ April 6, 1910. *Protokolle*, II, 427.

⑩⑩ Ibid., 425.

⑪① Freud to Ferenczi, April 12, 1910. Freud-Ferenczi Correspondence, Freud Collection, LC.

⑪② See April 6, 1910. *Protokolle*, II, 422 – 430.

⑪③ "History of the Psychoanalytic Movement," *SE* XIV, 50.

⑪④ Freud to Ferenczi, April 3, 1910. Freud-Ferenczi Correspondence, Freud Collection, LC.

⑪⑤ See Carl Furtmüller, "Alfred Adler: A Biographical Essay," in Alfred Adler, *Superiority and Social Interest: A Collection of Later Writings*, ed. Heinz L. and Rowena R. Ansbacher (1964; 3d ed., 1979), 345 – 348. 这个说法特别可信，因为福特穆勒（Furtmüller）是阿德勒的一位热烈的支持者。

⑪⑥ Freud to Jung, June 18, 1909. *Freud-Jung*, 259 – 260(235).

⑪⑦ Freud to Pfister, February 26, 1911. *Freud-Pfister*, 47(48).

⑪⑧ Freud to Jung. December 3, 1910. *Freud-Jung*, 415(376).

⑪⑨ Freud to Ferenczi, November 23, 1910. Freud-Ferenczi Correspondence, Freud Collection, LC.

⑫⓪ January 4 and February 1, 1911. *Protokolle*, III, 103 – 111, 139 – 149.

⑫① February 1, 1911. *Protokolle*, III, 143 – 147.

⑫ See Ibid.,147-148.

⑬ February 22,1911. Ibid.,168-169.

⑭ Freud to Ferenczi, March 12, 1911. Freud-Ferenczi Correspondence, Freud Collection,LC.

⑮ Freud to Jones,August 9,1911. In English. Freud Collection,D2,LC.

⑯ See Freud to Jung,June 15 and July 13,1911. *Freud-Jung*,473,479(428,434).

⑰ Adler to Jones,July 7,1911. Jones papers,Archives of the British Psycho-Analytical Society,London.

⑱ Adler to Jones,July 10,1911. Ibid. 阿德勒实际上夸大了他忠于精神分析的日子。如果他的日子没算错的话,在1896年他才转变为弗洛伊德信徒。

⑲ Adler to Jones,September 7,1911. Ibid.

⑳ Freud to Ferenczi, October 5, 1911. Freud-Ferenczi Correspondence, Freud Collection,LC.

㉑ Freud to Jung,October 12,1911. *Freud-Jung*,493(447).

㉒ Phyllis Bottome,*Alfred Adler*:*Apostle of Freedom*(1939;3d ed.,1957),76-77. 因为Bottome是阿德勒授权的传记作者,而且这些事件对阿德勒自己的信誉并没有什么助益,因此我倾向认定它的真实性。即使弗洛伊德似乎不太可能去恳求阿德勒留下来。

㉓ Freud to Jung,June 15,1911,*Freud-Jung*,472(428).

㉔ Emma Jung to Freud,October 30,1911. Ibid.,499(452).

㉕ Freud to Ferenczi. November 5,1911. Freud-Ferenczi Correspondence,Freud Collection,LC.

㉖ See Jung to Freud,December 3,1912. *Freud-Jung*,583-584,584n(526,526n). See also Jung,*Memories*,*Dreams*,*Reflections*,158.

㉗ Freud to Pfister,July 4,1912. *Freud-Pfister*,57(56-57).

㉘ "The Houston Films"(1957),an interview in *C. G. Jung Speaking*:*Interviews and Encounters*,ed. William McGuire and R. F. C. Hull(1977),339.

㉙ "The 'Face to Face' Interview with John Freeman,"on the BBC,1959,in ibid. 433.

㉚ Jung to Freud,December 14,1909. *Freud-Jung*,303(275).

㉛ Jung to Freud,November 15,1909. Ibid.,289(262).

㉜ Jung to Freud,November 30/December 2,1909. Ibid.,297(270).

㉝ Jung to Freud,December 25/31,1909. Ibid.,308(280).

㉞ Freud to Jung,January 2,1910. Ibid.,312(283-284).

⑭⑤ See Freud to Ferenczi, January 1,1910. Freud-Ferenczi Correspondence, Freud Collection, LC.

⑭⑥ Jung to Freud, March 7,1909. *Freud-Jung*, 229(207).

⑭⑦ Jung to Freud, February 11,1910. Ibid., 324(294).

⑭⑧ Freud to Jung, January 13,1910. Ibid., 316(287).

⑭⑨ Freud to Jung, January 13,1910. Freud-Ferenczi Correspondence, Freud Collection, LC.

⑮⓪ Freud to Ferenczi, March 3,1910. Ibid.

⑮① Freud to Jung, December 19,1909. *Freud-Jung*, 304(276).

⑮② Jung to Freud, December 25,1909. Ibid., 307(279).

⑮③ Freud to Jung, January 2,1910. Ibid., 311(282).

⑮④ Freud to Jung, March 6,1910. Ibid., 331(300).

⑮⑤ Freud to Jung, March 9,1910. Ibid., 333(302).

⑮⑥ Jung to Freud, July 26 and August 29,1911. Ibid., 482,484,(437,438).

⑮⑦ Jung to Freud, November 14,1911. Ibid., 509(460).

⑮⑧ Jung to Freud, March 3,1912. Ibid., 544(491).

⑮⑨ Jung to Freud, March 10,1912. Ibid., 546(493).

⑯⓪ Freud to Jung, March 5,1912. Ibid., 546(493).

⑯① Jung to Freud, March 3,1912. Ibid., 544(491). The passage is from *Also Sprach Zarathustra*, part I, section 3.

⑯② Freud to Jung, March 5,1912. *Freud-Jung*, 545(492).

⑯③ Freud to Binswanger, April 14,1912. Typescript copy, Freud Collection, D1, LC.

⑯④ 1912年6月3日的时候,弗洛伊德在给亚伯拉罕的一封信中,提到他没有时间去探望荣格:"没有足够的时间到苏黎世去。"*Nach Zürich gings nicht mehr*. Karl Abraham papers, LC.

⑯⑤ Jung to Freud, June 8,1912. *Freud-Jung*, 564(509). Jung first used the term "Kreuzlingen gesture" in a letter to Freud on July 18,1912. Ibid., 566(511).

⑯⑥ Freud to Jung, June 13,1912, Ibid., 565-566(510-511).

⑯⑦ *Jones* II,152.

⑯⑧ Freud to Jones, August 1,1912. In English. Freud Collection, D2, LC.

⑯⑨ Ibid.

⑰⓪ Freud to Jones, August 10,1912. In English. Ibid.

⑰① Jones to Freud, August 7,1912. By permission of Sigmund Freud Copyrights, Wivenhoe.

⑫ Freud to Jones, July 22, 1912. In English. Freud Collection, D2, LC.

⑬ Freud to Abraham, July 29, 1912. Karl Abraham papers, LC.

⑭ Ibid.

⑮ Freud to Ferenczi, July 28, 1912. Freud-Ferenczi Correspondence, Freud Collection, LC.

⑯ Freud to Rank, August 18, 1912. Rank Collection, Box lb. Rare Book and Manuscript Library, Columbia University.

⑰ Freud to Ferenczi, July 28, 1912. Freud-Ferenczi Correspondence, Freud Collection, LC.

⑱ Freud to Jones, September 22, 1912. In English. Freud Collection, D2, LC.

⑲ Freud to Ferenczi, June 23, 1912. Freud-Ferenczi Correspondence, Freud Collection, LC.

⑳ Jung to Freud, November 11, 1912. *Freud-Jung*, 571-572(515-516).

㉑ Ibid., 573(516-517).

㉒ See October 9, 1912. *Protokolle*, IV, 99.

㉓ See *Autobiography of Wilhelm Stekel*, 141-143.

㉔ Freud to Jones, August 9, 1911. In English. Freud Collection, D2, LC.

㉕ Freud to Abraham, November 3, 1912. Freud-Abraham, 127(125).

㉖ Ibid. See also November 6, 1912. *Protokolle*, IV, 108-109n.

㉗ Freud to Jones, November 15, 1912. In English. Freud Collection, D2, LC.

㉘ Freud to Abraham, January 1, 1913. Karl Abraham papers, LC.

㉙ Freud to Jung, November 14, 1912. *Freud-Jung* 573(517).

㉚ Eitingon to Freud, November 11, 1912. By permission of Sigmund Freud Copyrights, Wivenhoe.

㉛ Freud to Ferenczi, November 26, 1912. Freud-Ferenczi Correspondence, Freud Collection, LC.

㉜ *Jones* I, 317.

㉝ Jung to Freud, November 26, 1912. *Freud-Jung* 579(522).

㉞ Freud to Jung, November 29, 1912. Ibid., 581-582(524).

㉟ Jung to Freud, December 3, 1912. Ibid., 583-584(525-526).

㊱ Freud to Jung, December 5, 1912. Ibid., 587(529).

㊲ Jung to Freud, December 7, 1912. Ibid., 589-591(531-532).

㊳ Freud to Jung, December 9, 1912. Ibid., 592(532-533).

㊴ Jung to Freud, n. d. [written between December 11 and December 14, 1912]. Ibid., 592(533).

⑳ Freud to Jung, December 16, 1912. Ibid., 593(534).

㉑ Freud in conversation with Jones. (*Jones* Ⅱ, 86.)

㉒ Jung to Freud, December 18, 1912. *Freud-Jung*, 594(534 – 535). Jung used the Freud term truc.

㉓ Ibid., 594(535).

㉔ See Freud to Jung, December 22, 1912. Ibid., 596(537).

㉕ Freud to Jones, December 26, 1912. In English. Freud Collection, D2, LC.

㉖ Freud to Ferenczi, January 23, 1912. Freud-Ferenczi Correspondence, Freud Collection, LC.

㉗ See Freud to Jones, December 26, 1912. Freud Collection, D2, LC.

㉘ Ibid.

㉙ Freud to Jones, January 1, 1913. In English. Ibid.

㉚ Freud to Jung, January 3, 1913. *Freud-Jung*, 598 – 599(538 – 539).

㉛ Freud to Ferenczi, December 23, 1912. Freud-Ferenczi Correspondence, Freud Collection, LC.

㉜ Jung to Freud(typed, signed postcard), January 6, 1913. *Freud-Jung*, 600(540).

㉝ Typed memorandum, Karl Abraham papers, LC. 文件并未标示日期,但在3月13日时琼斯写了一份详尽的回函(同前出处),因此这必然在1913年3月10日或3月11日间寄出。

㉞ Freud to Ferenczi, May 8, 1913. Freud-Ferenczi Correspondence, Freud Collection, LC.

㉟ Mailed on July 4, 1913. Freud-Jones Correspondence, Freud Collection, D2, LC.

㊱ Jung to Freud, July 29, 1913. *Freud-Jung*, 609 – 610(548).

㊲ See Jung to Henri Flournoy, March 29, 1949, in which "pattern of behaviour" is in English. Jung, *Briefe*, Ⅱ, 151.

㊳ Jung to J. H. van der Hoop, January 14, 1946. Ibid., 9.

㊴ Freud to Jung, February 18, 1912. *Freud-Jung*, 537(485).

㊵ Jung to Freud, December 25, 1909. Ibid., 307(279).

㊶ Freud to Ferenczi, June 8, 1913. Freud-Ferenczi Correspondence, Freud Collection, LC.

㊷ Freud to Ferenczi, May 4, 1913. Ibid.

㊸ See *Jones* Ⅱ, 102.

㊹ See Jones, *Free Associations*, 224.

㊺ "Geschichte der psychoanalytischen Bewegung," *GW* X, 88/"History of the Psychoanalytic Movement," *SE* XIV,45.

㉖ Andreas-Salomé, *In der Schule bei Freud*, 190 – 191.

㉗ Freud to Abraham, November 2, 1913. Freud-Abraham, 150(152).

㉘ Jung's statement in the Jahrbuch, reproduced in *Freud-Jung*, 612.

㉙ Jung to Freud, October 27, 1913. Ibid., 612(550).

㉚ Freud to Jones, November 13, 1913. In English. Freud Collection, D2, LC.

㉛ Freud to Ferenczi, October 30, 1913. Freud-Ferenczi Correspondence, Freud Collection, LC.

㉜ Freud to Jones, January 8, 1914. In English. Freud Collection, D2, LC.

㉝ Freud to Abraham, May 17, 1914. Karl Abraham papers, LC.

㉞ Jones to Abraham, December 29, 1913. Ibid.

㉟ Jones to Abraham, January 14, 1914. Ibid.

㊱ Abraham to Jones, January 11, 1914. Jones papers, Archives of the British Psycho-Analytical Society, London.

㊲ Freud to Ferenczi, November 9, 1913. Freud-Ferenczi Correspondence, Freud Collection, LC.

㊳ Freud to Ferenczi, January 12, 1914. Ibid.

㊴ Abraham and Eitingon to Freud (telegrm), April 22, 1914. Karl Abraham papers, LC.

㊵ Freud to Ferenczi, April 24, 1914. Freud-Ferenczi Correspondence, Freud Collection, LC.

㊶ Freud to Abraham, July 18, 1914. *Freud-Abraham*, 178(184).

㊷ Freud to Abraham, July 26, 1914. Ibid., 180(186).

㊸ Eitingon to Freud, July 6, 1914. By permission of Sigmund Freud Copyrights, Wivenhoe.

㊹ Freud to Putnam, July 8, 1915. *James Jackson Putnam*: Letters, 376.

㊺ Freud to Abraham, June 14, 1912. Karl Abraham papers, LC.

㊻ "Selbstdarstellung", *GW* XIV, 80/"Autobiographical Study," *SE* XX, 53.

㊼ Freud to Binswanger, December 31, 1909. Quoted in Binswanger, *Erinnerungen*, 32.

第六章　疗法与技术

尽管星期三心理学会的聚会变得愈来愈恼人，但弗洛伊德继续利用这个组织作为自己的扩声器。他有很多著名的案例，在还没有出版前就在聚会上报告过。其中一个这样的案例连续两次在聚会上发表（1907年10月30日和一星期后的11月6日）。兰克在会议笔记上清楚记下弗洛伊德当时所说的话："那是一个非常有教益的强迫型神经症案例，患者是一名29岁的青年。"[①]这就是著名的"鼠人案例"。

来年（1908年）4月，在萨尔斯堡举行的国际精神分析家大会上，弗洛伊德就同一个案例做了报告（其时鼠人的分析治疗尚未结束）。他的讲演让听众目眩神迷。琼斯在事隔半个世纪后回忆说，这个讲演让他一生难忘（他就是在这次会议上初见弗洛伊德的）。他说，弗洛伊德"没有看笔记。演讲开始于8点，到11点时，他建议到此为止。但我们全都被迷住了，求他继续讲下去，于是他又讲了一小时。时间过得如此不知不觉，是我从未有过的经历"[②]。

就像威托斯一样，琼斯对弗洛伊德的讲演风格深感折服，又特别是被"他交谈式的语调、他的从容态度、他驾驭复杂材料的能力、他的条理清晰和他的强烈热忱"所迷住。这个案例分析的演讲，对琼斯以及在场的其他人来说，都"同时是一场知识与艺术的飨宴"[③]。这显示出，即使在这个风风雨雨的时期，弗洛伊德的心思仍然没有被精神分析圈子的纷争所占去，不时会有灵光以及比灵光强烈的洞见，从他的实验室射出。

弗洛伊德的实验室就是他分析室里的沙发。自19世纪90年代初起，弗洛伊德的很多心理学知识，都是从他的病人身上学来的。实际的临床经验除了为他打开一个壮观的理论视野外，也逼得他不得不进一步打磨临床技术，不得不痛下决心修正甚至丢弃一些他至为珍惜的理论假设。这就是弗洛伊德为什么会高度重视他的案例分析记录的原因，它们是他接受教育的记录。不过，它们对别人的教育性,一点也不亚于对他本人,而且可以作为精致而有效的说服工具[正如我们所知,琼斯在读完弗洛伊德所写关于杜拉病史案例之后,便投入精神分析阵营。在弗洛伊德众多著名的后继者中,他是唯一一个非常明显的由对一个案例的兴趣发展到对精神分析的喜爱的人。回想起来,这些经典的临床报告比临床实践本身更令人印象深刻,也更具教益。最近几十年来,精神分析家已习得复杂的诊断技术,他们带着后见之明再一次仔细地阅读当年的案例,这使他们确信,弗洛伊德当年最著名的分析者的病理状况实际上都更为严重。然而,作为教学工具,在一个似乎不知道该如何书写案例历史的年代,弗洛伊德的个案报告依然是权威典范]。所以,当弗洛伊德"形容"鼠人是一个深具"教益"的案例时,他是指它可以作为对他的追随者的一个教学文本。弗洛伊德从未说明他出版某些病人的案例报告而不出版另一些病人的案例报告,取舍原则在哪里。不过加在一起,这些案例报告可以补缀起神经症研究的破碎面貌,和呈现一些最具想象力(也是高风险)的重建。这些案例报告中的病人,有得歇斯底里症的,有得强迫型神经症的,有得妄想症的,还有一个弗洛伊德只见过一次的恐惧症小病人和一个他素未谋面的精神病人。在他为这些病人所刻画的精致画像中,其中一些画中人(最著名的是杜拉)到后来会走出画框,成为一个独立的、有血有肉的角色,一如著名小说中的角色那样。

疑窦重重的首演

那个现在以"杜拉"之名闻名于世的年轻女子,是在1898年夏天首次踏进弗洛伊德的诊察室的,当时她年方十六。两年后,她开始接受弗洛伊德的精神分析治疗[④]。不过,七周后,她就放弃了治疗。早在10月中,弗洛伊德就告诉弗利斯,自己有了一个"新案例",一个芳龄十八的女孩子,"一个顺利打开一切的万能钥匙"。这个隐喻,有着弗洛伊德所不愿说破的性意涵[⑤]。

1901年1月,亦即紧接着杜拉放弃治疗之后,弗洛伊德就迅速完成了她的案例分析报告(1月25日)。"那是我迄今写过的最细腻的(案例分析报告)。"弗洛伊德得意之情溢于言表。不过,这种兴高采烈的气氛随即被他接着所说的话冲淡:他表示,自己毫不怀疑,这个报告一出版,只会让厌恶他的人更加厌恶他。预期归预期,他又以一贯自信和冷对千夫指的语气补充说:"不管怎么说,人都应该做该做的事,而不是去迎合潮流。"⑥但结果是,他一直延宕至1905年才出版杜拉的分析报告。这个延宕倒是给了他一个意料之外的好处:让他可以把杜拉后来(1902年4月)重访他的会面经过记在报告的最后面,使一个本来不太成功的案例,获得了较完满的结局。

弗洛伊德为什么把杜拉案例的分析报告延宕那么久才出版,理由并不是完全透明的,照理说,他有着迅速把它付梓的强烈动机。弗洛伊德把自己的报告看作"基于两个梦的案例"中的"片断",所以它"可以说是梦书的一个延续"⑦。换言之,杜拉案例乃是《梦的解析》在临床上的应用。另外,它可以提供一个有力的阐述,说明未解开的俄狄浦斯情结是怎样形成杜拉的性格和她那些歇斯底里的征候。弗洛伊德曾对出版的延宕提出过若干解释(如分析家有为病人保密的责任),但理由都显牵强。另外,他朋友里依对手稿的批评以及他与弗利斯友谊的变色,无疑都让弗洛伊德感到泄气。"我把我最新一份作品从印刷厂那里抽了回来,"他在1902年3月告诉弗利斯,"因为在那之前不久,我已失去了你这位最后的听众。"⑧这个说法似乎有点言过其实,因为弗洛伊德肯定知道,杜拉案例是可以带给任何对精神分析感兴趣的人教益的。另外,它也完全符合弗洛伊德已出版的临床报告的模式:杜拉是个歇斯底里症患者,是那一类自19世纪90年代中叶以来就一直是精神分析主要关注对象的神经症病人(实际上布洛伊尔的安娜·O案例出现于20年前)。这反映出,弗洛伊德延宕杜拉案例报告的出版,有一些特别的、不寻常的理由。当他后来回顾这个案例时,总是把它的日期误记为1899年(应是1900年),而这显然又是某些心理因素在作祟⑨。这些事实都反映出弗洛伊德把手稿放在书桌抽屉里那么长一段时间,一定是有一些私密的理由。

弗洛伊德对杜拉案例不是很放心的一个明显证据,表现在他为这个案例报告所写的序言中,文章口气极具挑衅性,而即使弗洛伊德是个好论战的人,这种口气在他其他的作品里都是不常见的。他说,他出版这个案例报告的目的,是要教育那些固执顽抗和不明事理的大众,好让他们明白梦境分析的用处和这种分析对了解神经症的切要性。不过——他带着受伤的语气说,《梦的解析》获得的反应却让他明白,专家们对他所揭示的真理是多么的手足无措:"新事物总是会引起困惑和抗拒的。"⑩他继而指出,在19世纪90年代末,人家批评他提供的病人资讯太少,但现在,随着杜拉案例的出版,他却可以预期,他会被批评为提供太多病人的资讯。然而,出版歇斯底里案例的精神分析家,无可避免地需要深入讨论病人性生活的细节。精神分析家固然有为病人保密的最高义务,但科学却要求无拘无束的讨论。为了科学的要求,他只好部分违反精神分析家的保密义务。不过,弗洛伊德却又挑衅地说,他不相信有任何读者可以从他的报告中辨识出杜拉本人是谁。

弗洛伊德接下来又指控,维也纳"很多医生"对他即将要呈献的这一类材料,都是抱着淫秽的心态来阅读的:"不是把这样的案例报告视为对神经症的精神病理学研究,而是当成可以让他们得到快感的真人真事小说(roman à clef)[⑪]。"这些指控,无疑都极有可能是事实,但弗洛伊德那种怒气冲冲的姿态,仍然反映出杜拉案例为他带来的心潮起伏,要比他自己知道的还要大。

即使涉世最深的读者,读到杜拉所卷入的性纠葛,恐怕也会目瞪口呆。其情节之错综复杂,大概只有施尼茨勒的那些揭露维也纳情欲生活的小说可以等量齐观。故事涉及两个家庭,在恪守礼仪的外表下,隐藏着任性的对情欲享乐的追求。主角是杜拉的父亲,一个富有而精明的工厂企业家,深受肺结核和婚前感染的梅毒的后遗症所困。他是弗洛伊德的病人,而杜拉也是他带去给弗洛伊德治疗的。从各方面的描述看来,杜拉妈妈是个愚蠢、没文化又迷信、抑郁的家庭主妇。杜拉还有一个哥哥,但兄妹关系紧张,每次家里发生争吵,她哥哥总是站在妈妈这一边,而杜拉总是站在父亲这一边。让杜拉案例更高潮迭起的是K家,一户与杜拉家关系密切的人家。K太太曾在杜拉父亲一次重病时照顾过他,而杜拉则照顾过K家的小孩。尽管杜拉家庭不睦,但看起来,两个家庭都是讲礼、体面和乐于助人的。

但这只是表面。杜拉16岁时,已出落为一个迷人而漂亮的少女,但同一年,她却突然声称,自己对K先生深感厌恶(K先生一向都是杜拉极敬爱的长辈朋友)。在此四年前,杜拉就已表现出若干歇斯底里的症状,主要是偏头痛和神经质的咳嗽。到了16岁,她的病状加重了。本来是个有魅力而活泼的女孩,但是现在却出现了一堆不舒服的症状,包括失音、间歇性抑郁、非理性的敌意,甚至有轻生念头。她对自己的不快处境提供了一个解释:有一次她与K先生散步时,对方向她求欢,她感到深受冒犯,打了K先生一耳光。但K先生不但否认指控,还反咬杜拉终日以淫秽书刊自娱,满脑子都是性幻想。杜拉的爸爸比较相信K先生的话,而认为杜拉的指控只是出于幻想。不过,弗洛伊德在对杜拉开始治疗分析以后，却发现她爸爸的说法里存在着矛盾，决定暂时搁置谁是谁非的判断，等待真相慢慢从杜拉的言谈中自己透露出来。这是他在治疗杜拉的过程中，最具同理心的一刻。没有这种同理心，分析家与病人很容易会产生相互的敌意，让分析治疗的效果大打折扣。

这个等待证明是有价值的。原来，杜拉的父亲只对弗洛伊德透露了部分事实，那就是他太太未能带给他性满足。尽管他常常在弗洛伊德面前抱怨自己健康欠佳，事实上，他却跟K太太发展出婚外情，以弥补婚姻的不幸福，这件事瞒不过杜拉的眼睛。但多疑的杜拉却因此渐渐相信，父亲不相信她的控诉是出于一己之私：当成K先生什么都没做过，自己就可以若无其事继续和K家来往，继续和K太太上床。不过，杜拉所涉入的性纠葛，可并不只这一桩。深入到杜拉父亲与K太太私通事件的背后，弗洛伊德发现，杜拉是这个事件半意识的共犯。在杜拉还没放弃分析治疗以前，弗洛伊德就已经在她身上发现了三种爱欲，一以K先生为对象，一以她父亲为对象，一以K太太为对象。换言之，在杜拉焦虑的青春期心灵里，忘年恋、乱伦和女同性恋的欲望是互相角逐的，至少这是弗洛伊德的分析。

弗洛伊德认为，单是K先生的求爱之举，并不足以完全解释杜拉众多的歇斯底里症状，再者，这些症状也是出现在杜拉痛恨父亲的卑鄙背叛以前。后来，杜拉又向弗洛伊德透露了一件更早期的事件（但弗洛伊德仍然不认为那是杜拉的病因，而认为那只是反映出她的歇斯底里症早就存在）：在杜拉14岁那一年，也就是K先生向她求欢的整整两年前，她就被他攻击过。K先生把杜拉带至自己办公室，突然拥抱她，并激情地吻她的唇。受到这种突袭，杜拉的反应是呕吐。弗洛伊德把杜拉的呕吐解释为一种情感的反转和感觉的移置，认为这是一种明确无误的歇斯底里症表现。弗洛伊德毫无顾忌地说，被一个男人抱住，加上受到顶在自己身上那男性硬物的刺激，"毫无疑问是会让一个14岁的纯真女孩产生明晰的性兴奋"[12]，但杜拉却把这种感觉往上移位——转移到了喉咙。

弗洛伊德并未暗示，14岁的杜拉（乃至16岁的杜拉）应该屈从于K先生的要求。但他却认为，这样的身体接触肯定是会引起一定程度的性兴奋，而杜拉的反应则是一种歇斯底里症状。这种解读，显然是源于弗洛伊德自命是个精神分析的侦探和资产阶级道德观的批判者。他一直致力的目标，就是挖开布尔乔亚彬彬有礼的表层，揭示下面潜藏着的欲望，他也一直认为现代人的性欲望（尤以那些备受尊敬的阶级为然),是由一层无意识中的否认与有意识的谎言交织而成的布幕所隐藏着的。基于这些预设,弗洛伊德除了把杜拉对K先生的激烈拒绝解释为一种神经症的防御以外,几乎别无选择。弗洛伊德之前就见过K先生,并认为他是个讨人喜欢而英俊的人。但是弗洛伊德无法理解杜拉的敏感,表明他无法去同理杜拉的感受,这个失败是贯穿于整个案例中显著的一点。他没能认知到一个少女在一个残忍而自私自利的成人世界里,多么渴望有一个值得信赖的人可以理解她被一个自己信赖的长辈攻击时的愤怒情绪[13]。这个失败,也反映出弗洛伊德无法从女性的立场去看事情。杜拉极度渴望别人会相信她,而不是认为她是个说谎者或幻想狂。弗洛伊德固然是宁愿相信杜拉对K先生的指控而不相信她父亲的说法,不过,这也是他愿意从杜拉角度看事情的最大极限。

未能理解杜拉遇袭时的反应,并不是弗洛伊德唯一缺乏同理心的表现。事实上,他几乎完全不愿意接受杜拉对他的分析的任何否定,这一点,表现在他总是把杜拉的否定解释为一种隐性的肯定。治疗杜拉那段时期,弗洛伊德临床的一贯作风是喜欢为病人提供即时而强烈的解释。在指出杜拉暗恋她父亲时,弗洛伊德虽然受到杜拉"最强烈的否认",但他不但不以为然,反而认为这种否认是证明自己分析正确的有力证据。"当分析家第一次把病人的一个压抑思想揭示出来,如果病人的反应是说'不对',这只证明了这个压抑思想的存在,不仅具有决定的力量,而且还极具强烈。如果分析家能对这个'不对'置之不理,继续工作,那很快就有证据可以证明,这个'不对'所意味的事实正是'对'。"[14]说这样的话,弗洛伊德就不能埋怨别人批评他麻木不仁甚至独断自大了。虽然是专业的聆听者,但他现在却不再聆听,而是把病人硬套入一个预先设定的模式里。他这种几乎暗示分析家具有全知能力的言辞会招来抨击,当然一点都不奇怪,因为这反映出,弗洛伊德相信分析家的分析总是绝对正确的,而不管病人是赞同还是否定。这等于是说:"对"表示"对","不对"也表示"对"。[当时弗洛伊德并未面对这一类的困境,许多年后他才明确地去处理。"若患者与我们达成一致,"在一篇发表于1937年的报告中,他解释了一段匿名的评论文字,"那么(我们)就是对的,但倘若他与我们相抵触,那么他的抗拒只是一种信号,这个信号让我们再度置于正确的位置。依此,无论他对我们下的诊断采取何种态度,我们总是处于正确的位置。"同时他也引用一句英文谚语"(掷硬币时)正面我赢,反面你输"(Heads I win, tails you lose),浓缩出一般的精神分析方法内涵。但实际上,他提出异议,这并非精神分析家的工作方式。无论分析者对诊断的意见是同意还是反对,精神分析家所保持的怀疑态度都是一样的。("Konstruktionen in der Analyse",〔1937〕,*GW* XVI, 41 – 56/"Construction in Analysis," *SE* XXIII, 569 – 571)〕

弗洛伊德的分析给人一种印象:他把杜拉视为一个要征服的挑战,多于一个需要帮助的病人。固然,在治疗杜拉的过程中,他的很多分析都证明是有益处的。例如,杜拉虽然认为父亲和 K 太太有私情,却又强调她父亲是个性无能,为了解决这个矛盾,她向弗洛伊德坦承,她知道一个人可以获得性满足的方法不是只有一种。听到这个,又想到她的一些症状(受损的语言能力和发炎的喉咙),弗洛伊德就说,她想到的方法一定是口交。这个分析获得了证实,因为过了不久,杜拉的咳嗽就不药而愈了⑮。尽管如此,为什么弗洛伊德总是会近乎愤怒地要求杜拉接受他的每一个分析结果,仍然值得探讨。其实,在 1900 年的时候,弗洛伊德就已经明白,病人会排斥一些他们不喜欢听的分析,这是完全可预期的。不过,当时他却还没有明白,对病人施压效果会适得其反。弗洛伊德后来对待病人的态度之所以会变得没那么急迫、那么自以为是,部分就是拜他从杜拉身上所学的一课所赐。

弗洛伊德为杜拉所做的分析解说虽然强劲有力,但总带着一种专横的味道。在杜拉所透露的两个梦境中,第一个梦境的内容是她家失火了,她妈妈想要抢救出一个小首饰匣,但爸爸却坚持要先抢救出子女。聆听杜拉的叙述时,弗洛伊德把关注点放在杜拉妈妈极度看重的小首饰匣上。他要求杜拉就首饰匣这个东西加以自由联想,而杜拉所联想到的,是 K 先生曾经送过她一个类似的、价值昂贵的首饰匣。于是弗洛伊德就提醒她,首饰匣实际象征的是女性性器官。杜拉的回应是:"我就知道你会这样说。"而弗洛伊德的回答则是:"应该说,你已经知道了它的含意。现在,这个梦的意义已经变得更清晰分明了。你对自己说:'这个男的正在追逐我,想要强行闯入我的房间,我的"首饰匣"处于危险状态,而如果这样的事发生了,那就是爸爸的过失。'这也是为什么你会在梦里梦见相反的情况:梦见你爸爸救了你。要知道,在梦的领域里,一切都是和你的实际想法相反的。至于为什么,我稍后会再告诉你。现在待解的秘密就是你妈妈,为什么你妈妈会出现在这个梦里呢?因为在以前你喜爱爸爸的时候,妈妈曾是你的情敌。"接着,弗洛伊德在报告的下一页里,又提供了进一步的解析:梦中杜拉的妈妈事实上是代表K太太,而她爸爸则代表K先生。杜拉实际上是为了回馈K先生的过分行为,而想把自己的珠宝盒送给他。"因此,你是准备把K太太不能给她丈夫的东西送给他。你这个想法压抑得如此之深,以致把所有的元素都颠倒了过来。就像我先前告诉过你的,这个梦再一次印证了,你唤起你暗恋父亲的记忆,是为了把你对K先生的暗恋隐藏起来。但你这一切的努力证明了些什么呢?不只证明你害怕K先生,也证明了你更害怕你自己,害怕你会经不起诱惑,屈从于他。所以说,你的梦境印证了你爱他爱得有多强烈。"⑯

对此,杜拉断然否认。但弗洛伊德一点都不惊讶:"杜拉会不愿意接受这个解释是再自然不过的。"⑰但这里问题的重点不在于他对杜拉梦境的解析是否正确,而在于他态度上的坚持,拒绝接受杜拉的否认。弗洛伊德最后会失去杜拉这个病人,不能不说是咎由自取。

但悖论的是,这个失败才是对精神分析的发展史最具有深刻意义的。我们知道,弗洛伊德说过,他出版杜拉案例的目的,是想用它来证明解梦对分析治疗的重要性,以及用它来佐证他所发现的那些支配着梦境结构的规则。再者,这个案例也漂亮地展示了歇斯底里症的复杂性。不过,最后会让弗洛伊德决定出版杜拉的案例报告的,还有一个关键原因,那就是他无力挽留杜拉的事实。

1900年12月下旬,弗洛伊德对杜拉的第二个梦境做出了解析,他认为,这个解析再一次证明了杜拉是一直无意识地暗恋着K先生的。不过,在下一次的治疗要开始时,杜拉却喜滋滋地告知弗洛伊德,这将是她最后一次接受他的治疗。弗洛伊德冷冷地看待这个突如其来的消息,并建议不妨利用这最后一小时,来分析一下杜拉对那个曾经让她感到受羞辱的男人[指弗洛伊德本人。——译者注]的内在感受。"我静静聆听,没有如往常一样反驳。她似乎受感动了,离开时以最亲切的语气道再见并祝我新年快乐——然后再没有回来过。"⑱

弗洛伊德把杜拉突然放弃治疗之举分析为一种报复,认为那是受她想伤害自己的渴望所驱使。她选择放弃治疗的时间,"正是我认为治疗成功在望的时刻"。弗洛伊德好奇,如果自己向她夸大她对他的重要性,并且为她所渴望那种感情提供替代品的话,说不定可以让她留下来。"我不知道这样做会不会有效果,"他写道,"但我总是避免在分析治疗中扮演角色,我只愿望实践没有任何假装的心理学艺术。"[19]"之后,在1901年4月1日,杜拉再次来找他,声称自己准备再次接受分析,但弗洛伊德并不相信她是由衷的。杜拉告诉弗洛伊德,她感觉好多了。又说自己找过K先生和K太太,而在对质后,K先生招认了一切。不过两星期前,她得了颜面神经痛。就在此时,弗洛伊德笑了:因为报纸刊登他被晋升为教授的消息,恰好是两星期前,所以,杜拉的颜面神经痛,显然是打了K先生一巴掌[即打了弗洛伊德一巴掌。——译者注]的自我惩罚形式。弗洛伊德告诉杜拉,虽然她剥夺了他把她完全治愈的机会,但他仍然愿意原谅她。而显然的,他却无法原谅自己。

弗洛伊德在杜拉离他而去时所面对的困惑,与1897年当他发现自己的"诱惑理论"站不住脚时相似。对前一个失败,他视之为一个可以带来更重大的理论发现的基础,而现在,面对新的失败,弗洛伊德在分析其缘由的同时,也把精神分析的临床技术向前推进了一大步。他坦承,自己的失败源于未能"及时去驾驭病人的移情作用",承认自己"忘了在移情作用乍露端倪时,应该马上付诸注意"[20]。在弗洛伊德治疗杜拉的当时,他对分析家与病人之间的感情牵系,已有初步的了解。对移情的问题,他曾经在《歇斯底里症研究》一书中做过一些大胆的猜测,而他19世纪90年代晚期致弗利斯的信中,也显示出他对这个现象已经有若干体察。然而在治疗杜拉时,他却忽略了这个他已经有了初步了解的现象。弗洛伊德重新深入和厘清移情的议题,很大程度上是拜杜拉的案例所赐——但不是在分析治疗的当时,而是在其结束之后。

所谓移情作用,就是指病人把他所爱或恨的某个人的特质,转移到精神分析家的身上。这种转移,有时是很细微难辨的,但更通常是明显的。现在,弗洛伊德认识到,这种心理的伎俩固然"看来一定会成为精神分析的最大障碍",但与此同时,如果驾驭得宜,它也可以变成精神分析家"最有力的辅助工具,只要分析家能够发现它并把它向病人揭示出来"。不过在治疗杜拉时,他却未能发现它,至少是没有及时发现,而这个疏忽让他付出了重大代价。因为未能观察出杜拉对他的"迷恋",弗洛伊德才会成为她报复的对象,而这种报复,本来是她想加之于K先生的。"因此,她才会把她的记忆与幻想中的一个重要部分付诸行动,而不是在分析治疗的过程中把它们表现出来。"这样,无可避免地会导致分析工作的夭折㉑。

弗洛伊德相信,杜拉中途放弃治疗之举会让她受伤,因为毕竟她正在迈向康复。但受伤的并不只有杜拉,还有弗洛伊德本人。在一段最文采斐然的文字里,他慨叹说:"举凡像我这样,想唤醒住在人胸膛里那未被完全驯服的恶魔并与之搏斗的人,都该做好会受伤的心理准备。"㉒虽然感到自己受了伤,但弗洛伊德却无法完全明了个中原委,而这是因为他站得太近了。他固然已经察觉到自己忽视了杜拉对他的移情,却未能察觉到自己对杜拉的移情。当时,他还没有能明白那种他后来称为反移情(countertransference)的作用。

正如弗洛伊德后来所界定的,反移情是分析家感受到的情感,而这来自"病人对分析家的无意识感受所造成的影响"㉓。尽管自我分析几乎已成了弗洛伊德的第二天性,但在杜拉案例以前,他对病人可能对精神分析家产生的影响,不管在他的心灵里还是论文里,始终都只是朦朦胧胧,未能充分放大[近年来,有些精神分析学家强力主张,识别自己在潜意识中对分析者的感觉,将有助于加强对于分析者心智了解的程度。然而,这样的立场与弗洛伊德并不一致]。尽管如此,他却毫不怀疑,反移情乃是精神分析家的大敌,是精神分析家必须自我诊断出来并加以打败的。反移情对精神分析家之害,一如不自觉的偏见对历史学家之害。他在1910年时严峻地指出,精神分析家"必须要能辨识出这种在自己里面的反移情作用,并克服它",因为"一个精神分析家能走多远,取决于他对自己的情结和内在的阻抗克服到何种程度"㉔。不过,弗洛伊德在治疗过程中对待杜拉的态度却显示出,他很难让自己不受杜拉的诱惑和敌意所产生的影响。这也是他从杜拉案例学到的重要一课:弗洛伊德作为分析家的敏锐观察力有时也是会被情绪蒙蔽的[在20世纪20年代中期之前,精神分析训练机构会通过教学分析使分析家了解甚至掌握自己的情结和阻抗,这后来成为分析家训练中不可避免的一部分。至于有经验的执业者,如果他们有理由认为自己没有用必需的临床态度去聆听分析者时,则需要咨询同行。但在弗洛伊德写作"杜拉"当时,并无这些补救方法可用]。

不过,也正是在这个案例中,弗洛伊德声称精明的分析家可以从病人最细微的动作中搜集到资讯。他说(这是他有名的一段话):"凡人不可能保密,如果他们的嘴唇不发一语,他们的指尖就会蜚短流长,泄密之举,会从任何毛细孔里找到出口。"㉕[劳伦斯·施特内,一位早于弗洛伊德时代的心理学小说家,曾在一个半世纪前说过与此非常相似的一段话:"我父亲继续说道,有上千个没有被注意到的缺口,可以让一只充满洞察力的眼睛立刻穿透一个人的灵魂;他继续补充说道,一个明智的人并不会只注意到人们在进入室内时把帽子摘下来,或者在离开时戴上,而是会留心某些逃逸不见的事物,并通过它们来发现人们隐藏的真相。"]一个能印证弗洛伊德这个说法的例子就是杜拉的小动作:她躺在弗洛伊德的沙发上叙述和K先生家庭的往事或回忆梦境时,喜欢把玩手上的小皮包,把它开开关关,并反复把手指伸到里面去。弗洛伊德很快就看出,这是一个模仿手淫的动作[26]。不过,他看得见杜拉这个小动作的意义,却看不见自己对杜拉的感情涉入。正如有一次他向琼斯坦承的:"当然,(精神分析家)要察觉到(自己)的心理过程,虽说不是不可能,却是难之又难。"[27]

尽管弗洛伊德有时会觉得杜拉很迷人,但他也认为如果爱上了这个漂亮和难以对付的病人是不切实际的。而且他对杜拉的情感以负面的居多。他对她的情绪,除了好奇以外,更多的是一点点不耐烦、恼怒和(最后)难掩的失望。这是他极度渴望要治愈她的心理造成的。这种一心一意要治愈病人的激情,日后受到了弗洛伊德自己的嘲笑,认为那对分析治疗反而有反效果。但治疗杜拉的当时,他仍然受困于这种激情而不自知。他对自己的分析太有自信了,但杜拉却不愿意接受,尽管他某些有力的分析已经证明是有疗效的。难道他不是已经通过分析驱除了杜拉的神经质咳嗽了吗?他知道自己是对的,所以对杜拉的极力阻抗深感挫折。其实,有关杜拉案例的分析报告,值得惊讶的倒不是弗洛伊德把它延后四年才出版,而是愿意让它出版。

经典的两课

与杜拉案例形成鲜明对比的是小汉斯案例——对后者,弗洛伊德备感称心如意。这两个案例分析报告的出版时间前后相隔四年,而其间,弗洛伊德的生活里发生了不少事情。1905年,除出版了杜拉案例外,他还发表了一部有关性欲理论的划时代论文集和一部有关笑话的精神分析研究。1906年,也就是他迈入50岁那一年,他把星期三心理学会稍加改变,雇用了兰克为学会的秘书,并通过与苏黎世精神病学家的来往,扩大了精神分析运动的阵营。同一年,他与弗利斯公开决裂,并发表了第一本有关神经症的主要论文集。1907年,他在伯格巷19

号首次接待了艾廷冈、荣格、亚伯拉罕和其他一些重要的追随者。1908年(他投入小汉斯案例的这年),他把星期三心理学会改组为维也纳精神分析学会,同时主持了在萨尔斯堡举行的首届国际精神分析家大会,然后又第二次游访了他心爱的伦敦。1909年,他前往美国(他这一生唯一一次美国行),接受克拉克大学颁赠的名誉学位,同年又创办了《精神分析与精神病理学研究年鉴》。年鉴的第一期以小汉斯的案例分析报告打头阵,弗洛伊德对这个报告深感满意。

"我很高兴你看出了'小汉斯'的重要性,"他在1909年致琼斯的信上说,"我从未对一个小孩的灵魂有过如此精细的洞察。"[28]即使在治疗结束后,弗洛伊德对他这个最小的"病人"的感情,并未随时间的流逝而减少,始终称呼他为"我们的小英雄"[29]。弗洛伊德希望用这个案例报告强调的一点是,小汉斯的"儿童神经症"证明了他从成年神经症患者身上得到的一个推测,那就是,导致他们得病的"病源材料"(pathogenic material),总可以"回溯至相当早年的情结"[30]。正如我们前面看到的,在杜拉的案例报告中,弗洛伊德通过对杜拉两个梦境的透彻分析,证明了他在《梦的解析》中所揭示的观点是可以应用于临床的,也证明了俄狄浦斯情结对歇斯底里症具有多大的影响力。类似的,小汉斯的案例分析报告可以以具体的临床经验,印证弗洛伊德在其第二本最重要作品《性学三论》中所勾勒出来的结论。一如往常,弗洛伊德的临床医师与理论家的身影总是相偕相伴的。

在杜拉案例里,弗洛伊德刻意避谈临床技术方面的问题,而在小汉斯案例里,谈到临床技术的地方就更少了。这是有理由的:因为弗洛伊德自小汉斯三岁生日到过他家,送过他礼物以外,此后再也没有见过他,而在治疗他的期间,弗洛伊德也几乎完全是通过小汉斯的父亲为中介。因此,不管小汉斯案例包含着多丰富的理论意涵,它使用的临床技术却是最不正统的,因此不能作为阐明临床技术问题的一个例示。五岁的小汉斯是音乐学家格拉夫的儿子,而格拉夫早在儿子生病前就已经是星期三心理学会的成员。小孩的"漂亮"母亲(弗洛伊德的形容词)[31]也曾经是弗洛伊德的病人,夫妻俩都是他最早期的追随者。他俩都同意以弗洛伊德的原则教养小孩,避免施以强制管教。他们对孩子极具耐心,对他的童言童语深感兴趣,也会记录下他做过的梦境。小汉斯受到每一个人的宠爱,包括他妈妈、一个朋友家的几个女儿和一个堂兄弟。弗洛伊德以难掩的钦佩指出,小汉斯已经发展成为了"集各种邪恶于一身的完美典型"[32]！当小汉斯开始流露出神经症的征候时，他父母决定谨遵弗洛伊德的原则，不去硬性改变他。

不过，尽管格拉夫夫妇决定遵照精神分析的作风教养小孩，但有时候仍然会掉入世俗的偏见而不自知。例如，小汉斯三岁半的时候，他妈妈发现他把玩阴茎，就警告他，再有下次，会找医生把他的"小鸡鸡"割掉。又例如，当他妹妹出生时（"汉斯生命中的重大事件"），他父母给他的解释是，妹妹是鹳鸟衔来的[33]。在这个问题上，小汉斯比他自以为开明的父母要更理性些。他决定自己去探索生命的事实（特别是出生的过程），并取得了初步和让人动容的成绩，而在他接受分析期间，他也让父亲感受到，他对鹳鸟送子之说嗤之以鼻。稍后，格拉夫夫妇决定要让小汉斯多知道一些，就告诉他，小婴儿是在母亲的肚子里长大的，然后会辛苦地从"粪便"排出的孔道排出来。但这种说法只会让小汉斯对生产过程更感兴趣。不过，除开言行和性兴趣上过度早熟以外，小汉斯在其他方面一切正常，长得活泼开朗而讨人喜爱。

然后，到了1908年1月，一件无法解释而又不愉快的事情发生了。小汉斯变得对马有严重的恐惧，常常担心自己会被马所咬。他也担心体形庞大的挽马（拉马车用的马）会突然摔跤，把他压倒，所以尽量不去有马车的地方。自小汉斯得病后，格拉夫就开始充当儿子的心理治疗师，为他进行分析治疗，并经常向弗洛伊德提出详细报告。他倾向于把儿子的焦虑，归因于母亲的过度关爱所带来的过度性刺激（sexual overstimulation）。他也怀疑，儿子的焦虑症和手淫行为有部分关系（这是小汉斯自己也同意的一个解释）。但弗洛伊德没有被说服（他一贯都是要亲自诊断过病人才会下判断）。根据他对焦虑症的理论，弗洛伊德猜测，小汉斯的问题出自对妈妈"压抑着的性渴望"（其中一个证据是小汉斯曾经以童稚的方式诱惑过他妈妈）[34]。这种压抑着的性渴望和侵略渴望转化成焦虑，然后焦虑又攀附在某个特定的对象，作为其恐惧和回避的东西。这就是小汉斯惧马症的成因。

弗洛伊德会这样看待小汉斯的症状，是他的精神分析的典型风格：对于任何有关心理状态的报告，不管它们乍看之下有多荒谬或琐碎，他都会严肃对待。"有人也许会说，那只是一个小孩子的愚蠢观念使然。但神经症就像梦一样，是从来不会说蠢话的。我们总是喜欢嘲笑那些我们不明白的事情，因为这会让我们自在些。"[35]弗洛伊德也批评格拉夫把儿子逼得太紧了一些（这是弗洛伊德在这个案例报告里少数谈到临床技术的地方之一):"他发问太多了,而且是根据自己的预设进行提问,没有让小孩子自由表白。"弗洛伊德自己在治疗杜拉时犯过同样错误,所以现在已知警惕,况且,他对小汉斯的感情涉入,也远比杜拉的少。他警告说,如果顺着格拉夫的方法走,分析就会变得"没有穿透力和不可靠"㊱。自19世纪90年代以来,弗洛伊德就反复重申,精神分析是一种耐心倾听的科学和艺术。

小汉斯的恐惧症变得益发多面了。他不愿意走出家门,而当他出去的时候,他有时会感到有一种力量逼他看马。到动物园的时候,他会避看大型动物(他以往是很喜欢大型动物的),不过,他仍然保持对小型动物的兴趣。大象与长颈鹿身上的阴茎似乎特别让他苦恼,他对性器官念念不忘(包括他自己、他父母、他妹妹与动物的性器官),眼看就要发展成强迫神经症。格拉夫由此推论说,小汉斯一定是害怕巨大的阴茎。但弗洛伊德却完全不同意,在他看来,格拉夫与儿子的一番谈话,对小汉斯的心灵状态提供了一个无价的线索。当时格拉夫对儿子说:"也许是马的大'鸡鸡'让你感到害怕,但你事实上不应该怕的,大动物有大'鸡鸡',小动物有小'鸡鸡',这是很自然的。"而小汉斯则回答说:"所有人都是有'鸡鸡'的,等我长大,我的'鸡鸡'也会变大,毕竟,它是和我的身体连在一起的。"㊲弗洛伊德认为,这是小汉斯害怕自己会失去"鸡鸡"的明显征兆,这种恐惧的专业名称是"阉割焦虑"(castration anxiety)。

到了这个阶段,格拉夫决定把儿子带给弗洛伊德诊察。在这次初次会面中,弗洛伊德即听到了(也看到了)可以大大减轻小汉斯病情的新材料。根据弗洛伊德的分析,在小汉斯的心目中,马代表的是他父亲,格拉夫一把又大又黑的髭须和马大而黑的胡须都很相像。原来,小汉斯是害怕父亲得知他暗恋母亲和有期望父亲死掉的模糊念头后,会勃然大怒。咬人的马代表的就是愤怒的父亲,而摔倒的马,则象征了父亲的死亡。换言之,小汉斯会惧马,是一种复杂微妙的心理规避,意在隐藏起一种他不敢向自己或别人启齿的感情[Joseph William Slap,一位美国的精神分析学家,曾就小汉斯的惧马症提出一项有趣的补充说明(而非反驳)。1908年2月,那是他患上神经症的第二个月,这个小男孩割除了扁桃腺("Little Hans", SE X, 29),而他的恐惧症就从此开始恶化。在此不久后,他很明确地将白马认定为会咬人的马,基于此以及弗洛伊德病史中的相关证据,Slap

提出建议,认为小汉斯可能将对于手术的恐惧(伴随着他的面罩以及白袍)加入了他对于留着短须的父亲所怀的恐惧中。(Joseph William Slap, "Little Hans's Tonsillectomy," *Psychoanalysis Quarterly*, XXX〔1961〕259-261)〕。让小汉斯的内心冲突更白热化的是,尽管他把父亲幻想为情敌,却又同时深爱着父亲,这和他既热恋着母亲,却又对她有虐待幻想是如出一辙的。弗洛伊德认为,小汉斯这种心态,再一次印证了矛盾双重性在心灵生活里是无处不在的。如果说小汉斯会乐于打他父亲的话,他同样乐于亲吻父亲被他打过的伤口。这是人类心灵的一个普遍现象,矛盾双重性是俄狄浦斯情结的一个铁的定律,而非特例。

当弗洛伊德慈祥地给五岁的小病人分析过这些事实以后,小汉斯的恐惧症就开始消退,焦虑也不见了,他的症状乃是他那些不能被接受的渴望和恐惧的扭曲表现。他对于大便的态度,是他的防御性扭曲的一个典型例子:他满怀好奇地思考它,并得出一个推想(小婴儿就像"粪便"一样是从肛门排出来的),但又把与这个推想联结在一起的快乐和兴奋联想转化为无意识的羞愧,然后转化为公开的厌恶。同样的,他的惧马症也是为了要把他在一次激烈骑马时所体验的快感予以转化,并祛除对这种快感的不安,他的案例充分阐明了心理防御机制在俄狄浦斯阶段的运作方式。

接受了弗洛伊德的分析后,小汉斯的心灵就获得了更大的自由,让他敢于承认自己有希望妹妹死掉的念头。他也已经能够面对以及谈论他的"粪便"理论,谈论自己希望同时成为自己小孩的母亲和父亲(以肛门来怀孕生产)。但他这些剖白都是暂时性的,因为说出来以后,他又会马上把话收回。例如,在说出自己想有小孩时,他又马上说自己不想有小孩。但能够承认自己怀有这些想法,就是迈向痊愈的一大跳跃。事实上,在接受分析治疗的过程中,小汉斯表现得犹如一个敏锐的分析家:如果他父亲提出的分析是在不适当的时间或强烈得让人难以忍受,小汉斯就会加以否认。即使只有五岁,他已经知道了"思想"与"行动"是不同的。因此,在坦承自己有一些侵略愿望时,他又会申辩自己是没有恶意的。有一次,格拉夫听说儿子希望妹妹会溺死在洗澡水里,就说:"那就只剩下你和妈咪两个人了,一个好孩子不应该有这种想法的!"但小汉斯不为所动,反驳说:"他也许只是想想罢了。"而当他爸爸说:"只是想想也不好。"他就回答说:"如果他这样想,那就是好的,因为这才可以让教授知道他在想些什么。"弗洛伊德教授得知小汉斯的这个答话以后,难掩钦佩之情:"壮哉,小汉斯!我不敢期望有任何大人会对精神分析有更精确的理解。"㊲小汉斯想出来解决自己俄狄浦斯情结的方法也一样让人动容:他幻想父亲娶祖母,这样,他就不必让父亲死,自己也可以与母亲结婚和生小孩。

在这个案例分析报告里,弗洛伊德对小汉斯内心世界的追溯,要远比对成年人来得简短,也没有那么迂回曲折㊳。正如他说过的:"对成年病人进行精神分析的医师,必须把覆盖在病人上面的心理岩层一层一层挖起,最后才会找得到一些可以解释病人神经症所有症状的背后动机。"但因为小汉斯还小,所以没必要挖得那么深。而弗洛伊德之所以宣称这个案例具有"典型和例示的意义"㊵,恰恰是因为它浓缩而简明,不像成年人的案例那样复杂曲折。

小汉斯案例可以例示的其中一个理论就是俄狄浦斯情结(我们知道,自十多年前弗洛伊德第一次提出这个观点以后,就一直致力于把它精细化)。这个案例同时也可以对压抑作用的运作做出阐明:事实上,小汉斯所使用那些自我的防御策略是那么的明晰,几乎让他的案例足以作为一篇这方面的教学文本。小汉斯固然已经表现出一些如羞愧、呕吐和对性问题显得拘谨的心理防御机制,但因为他仍是个五岁小孩,所以这些机制在他身上还没有合并起来而变得难于辨识。弗洛伊德当然不会错过这个可以批评布尔乔亚压抑性态度的机会。他指出,表现在小汉斯身上的防御机制,就其严峻和顽强来说,仍然与成年人有一段距离——特别是生活在现代布尔乔亚文化里的成年人。由于小汉斯的案例报告是从一个儿童的成长中观察压抑作用的发展过程,这让弗洛伊德可以借它来痛斥现代人忌讳跟小孩子和少年人谈性问题的态度。所以,小汉斯案例报告的意义,绝不止于一篇富含精神分析意义的论文,而且也具有预示意义:预示着弗洛伊德思想的影响力将会越出分析室之外——但还不是在1909年,也不是在接下来的几年。

弗洛伊德很满意的一点是,小汉斯的案例完全没有受到"暗示"污染之虞,他揭示的整幅图画都是合情合理的,而病人也表示接受。另外,小汉斯也克服了他的焦虑症与恐惧症。13年后(1922年),在他为小汉斯案例的分析报告所加的一篇补充说明里,弗洛伊德得意地告诉读者,他最近会见了"一个强壮的19岁青年"㊶,小汉斯长大了,成了赫伯特·格拉夫,这位日后知名的歌剧制片人和导演现在正站在他面前。最让弗洛伊德难掩得意之情的是,批评弗洛伊德的不祥预言并未成真:他们曾经预言,弗洛伊德的分析会破坏小汉斯的纯真,让他的未来蒙上阴影。现在,弗洛伊德可以告诉这些批评者,事实证明他们是错的。汉斯的父母已经离婚且各自再婚,但他们的儿子却安然度过了儿童期及青春期,没有表现出任何恐惧症的后遗症。让弗洛伊德觉得特别有意思的一点,是当他把小汉斯的案例分析报告拿给青年汉斯看时,青年汉斯只觉得里面提到的,是一个与自己完全陌生的人。这情形,就像弗洛伊德儿子马丁在滑冰场受辱而经父亲开解后,忘了父亲说过什么话一样。这一点,再一次提醒弗洛伊德,最成功的分析治疗,就是病人在治疗结束后会忘记有过这么一回事。

杜拉是歇斯底里症患者,小汉斯是恐惧症患者,而鼠人——弗洛伊德的另一个经典病人——则是强迫神经症患者。因此,他被收入弗洛伊德出版的案例报告系列里是最恰当不过的。前面提过,弗洛伊德认为鼠人是很有教益的案例,一如杜拉的案例,但他喜欢鼠人要更多一些。"鼠人"这个不正式而带点感情的称呼,就是弗洛伊德自己取的⑫。他对鼠人的治疗开始于1907年10月1日,持续的时间不及一年。这样的分析步调,在后来的精神分析家看起来会相当匆促,但弗洛伊德却声称,那已足够让他大大缓解鼠人的症状。然而,弗洛伊德有能力打败强迫神经症,却没有能力打败历史。1923年,他在鼠人案例的分析报告里黯然加了一个注:"这个病人死了,就像很多有价值和有前途的青年一样,死于世界大战。"⑬

这个案例在各方面都是值得弗洛伊德重视的。鼠人本名兰策(Ernst Lanzer),是个29岁的律师,第一次见面,弗洛伊德就对他的敏锐和精明留下了深刻的印象⑭。他也相当会讨人欢心,给弗洛伊德说了许多有趣的小故事。兰策的强迫神经症症状强烈而怪异,弗洛伊德早就在临床中发现,强迫神经症患者常常会表现出自我矛盾和变态逻辑。他们集理性与迷信于一身,他们表现出的症状同时隐藏和揭示出疾病的起源,而且会为最没有道理的担心所苦恼。这些特点在鼠人身上的展现,要比大部分同类型病人来得强烈。

弗洛伊德在鼠人案例分析报告的导言里指出,分析强迫神经症要远比分析歇斯底里症困难:因为在临床的环境里,强迫神经症患者所启动的阻抗相当聪明而有原创性。而尽管"强迫神经症的语言"常常不包括让人困惑的转换症状,但它——可以这样说——"却是歇斯底里症的一种方言"。让治疗更加困难的是,强迫神经症患者会一直强装健康,非到病情变得非常严重,否则绝不肯求助于精

第六章　疗法与技术

神分析家。所有这些原因,加上为病人保密的理由,让弗洛伊德未能把这个案例以完整的面貌呈现出来。他表示,他所能提供给读者的,只是一些"洞见的碎片",而这些碎片本身大概也不是非常让人满意的。"不过,其他研究者的类似研究,说不定可以对它有所阐明。"[45]毕竟,弗洛伊德写下这些话是在1909年,时至今日,已经有更多他可以仰赖的"其他研究者"了。

除少数例外,鼠人的案例报告都是直接取材自弗洛伊德治疗鼠人期间每天晚上所写的笔记[46]。他在报告中指出,在进行头一次分析治疗时,病人向他一一细数自己的苦恼:常常担心有某些可怕的事情会发生在父亲和自己深爱的年轻女人身上;会有杀死别人或用剃刀割喉自杀的冲动;会被强迫执念困扰,而这些执念所指向的又往往是最微不足道的小事(如念念不忘一笔自己尚未偿还的小额欠款)。然后,鼠人主动透露了他性生活中的细节。当弗洛伊德问他为什么谈这个,他说,据他所知,这些材料是最被弗洛伊德的理论看重的(事实上他对精神分析理论几乎一无所知)。

第一个小时过后,弗洛伊德告诉鼠人精神分析的"基本原则":想到什么都说出来,不管那是多么琐碎和无意义的。于是,鼠人就提到他有一个深为倚重的朋友,每次自己出现杀人或自杀的冲动,都会去寻求这个朋友的帮助。不过接着,鼠人却突然把话题一转,谈到自己儿时性生活的种种[47]。由于弗洛伊德一贯主张,病人在接受治疗最初所透露的事情,都是深具意义的,因此,鼠人所选择的两个最初话题(他的男性朋友和他对女性的欲望),在弗洛伊德看来绝不是无足轻重的,反而暗含着分析家必须从中慢慢加以解开的重大意义。事后证明,鼠人所选择的这两个话题,事实上反映出他在儿时和青春期曾经有过强烈的同性恋冲动,与此同时,又有过更强烈而过早熟的异性恋激情。

事实上,弗洛伊德很快就意识到鼠人的性活动开始得异常早。鼠人回忆起自己曾经有过一些年轻漂亮的保姆,而他曾经偷窥过她们,对她们的性器官深感兴趣。同样,鼠人透露,他对几个姊妹也怀有性兴趣,不管是观察她们还是跟她们玩耍,对他来说都是一种乱伦愿望的达成。不过,没多久之后,年轻的鼠人就发现,自己的性好奇(如不由自主地渴望要观看女人裸体)会受到一种"古怪的想法"的抵制,这个想法就是:如果他不压抑自己的性念头,父亲就会死掉。这种古怪想法是他在大约6岁那年首先感受到的,但时至今日,尽管他父亲已经死了好些年,他仍然会受这个想法(害怕父亲会因为自己有不正经的性念头而死掉)所困扰。他告诉弗洛伊德:"这是我的疾病的开端。"⑱

但弗洛伊德却有不同的诊断:出现在鼠人六七岁时的那个古怪想法"并不是你的疾病的开端,而是这个疾病本身"。弗洛伊德认为,想要掌握住鼠人成年后的"病征的复杂结构",得先认识到,在六岁大的鼠人身上,已经"展现出一种完整的、一个基本元素都不缺的强迫神经症,那是他后来疾病的核心和原型"⑲。

这是个收获丰硕的开始,但鼠人并没有放慢脚步:他怀着极大的热情向弗洛伊德复述了那些导致他接受精神分析治疗的事件。他告诉弗洛伊德,服兵役期间,他从一个上尉那里听来一种实行于东方的奇特恐怖刑罚,自此,这种刑罚便在他脑海里萦回不去。但说到这里,鼠人突然把话停住,从沙发站了起来,请求弗洛伊德让他一个人静一静。弗洛伊德并没有答应,反而给他上了临床技术上的小小一课。弗洛伊德首先指出,他不让鼠人静一静,不是因为自己铁石心肠,而是因为那不在他的权限范围之内:"克服阻抗是治疗的一个法则。"心情稍稍平复以后,鼠人便把他听说的那种刑罚的细节道出:犯人被绑着,然后施刑者把一个煮着老鼠的小锅子,倒过来按在他的屁股上,而老鼠为了觅路,就会钻进……钻进……(说到这里,鼠人又极度不安地站了起来。)"钻进他的肛门里。"弗洛伊德帮他把话说完⑳。

弗洛伊德注意到,鼠人在叙述这事时,脸上流露出"一种非常古怪复杂的表情"。而据他解读:"那是一种出自恐惧的表情,但在这种恐惧后面,紧跟着一种他自己不知道的快感。"㉑目前,弗洛伊德尚不明了这个小小的线索反映的是什么意义,他只能把它记录下来,留待日后使用。不管为什么鼠人对鼠刑有着混杂的情绪,但他告诉弗洛伊德,他曾经在脑海里想象过父亲和他所爱的那个女人被施以这种刑罚的画面。每当这样的思想侵袭他,他就会求助于强迫行为作为纾解。

鼠人又告诉了弗洛伊德一件看来无关痛痒的事情:他欠了一个人的钱没有还,对方可能是他军队里的同胞,也可能是一个邮局的职员,这个人在为他订购一个包裹时垫付了邮资(包裹里放着的是一些单片眼镜)。鼠人告诉弗洛伊德,自己一直对未能把钱还给这个人而耿耿于怀。弗洛伊德在记录鼠人这个荒谬执念时,在行间写了一个小注:"如果读者在这一点上觉得跟不上我,我是不会惊讶的。"事实上,就连他本人,都觉得鼠人的一些执念和强迫行为是"无意义和不可理解的"㉒。接着鼠人告诉弗洛伊德,他的症状(不管是莫名其妙或滑稽可笑的)都是几乎让他承受不了的。弗洛伊德欣赏他的这种坦白,尽管如此,鼠人的自白,有时仍然会让他陷于绝望边缘。由于强迫症的病人常常会把大量精力消耗在叙述一些琐碎、看似无关重要的事情上,加上他们会不断重复已经述说过的事情,这让他们不但显得非理性,也显得烦人。

弗洛伊德是精神分析家里文笔最好的一个,自然不会把他的分析报告写成只是一堆消化不了的资料汇集,他希望的毋宁是重建鼠人的人生戏剧。但鼠人狂热地扔给他的材料是那么的杂乱、奇怪和无意义,几乎已要超出他的驾驭能力。在撰写鼠人案例分析报告近尾声时,他在信中向荣格诉苦说:"这案例对我来说很吃力,几乎已超出我的写作技巧所能驾驭的范围。大概除了与我们走得近的人以外,其他人会看得一头雾水。我们(对心灵运作方式)的复制是何其拙劣,我们把心灵的伟大艺术工作撕扯得何其体无完肤!"[53]荣格私底下也有同感。在写信给费伦齐时荣格表示,尽管弗洛伊德的鼠人案例报告写得很棒,但同时也"很难了解,我快读完第三遍了,但仍然是迷迷糊糊的。是我特别愚笨吗?还是它的风格有问题?我希望是后者的原因"[54]。不过,如果是弗洛伊德本人,应该会归因于鼠人提供给他的芜杂材料。

在困惑中,弗洛伊德求助于临床技术来为他提供一幅可以走出迷宫的地图。他决定不把重点放在解开鼠人所设的谜题上,而是尽量让鼠人自由驰骋,自己则静静倾听。事实上,弗洛伊德这样做的同时,也等于是把鼠人的案例报告转化为应用与解释精神分析临床技术的一场小小筵席,他反复打断鼠人的叙述,简短地向鼠人解释一些临床的程序。例如,他会告诉鼠人意识与无意识之间的区别:前者是变动不居的,而后者是恒常不变的。为了向鼠人说明这一点,弗洛伊德拿摆设在他诊察室里的古物来做比方:"它们都是来自墓穴的东西,人们当初埋藏它们,是为了保存它们。但庞贝古城现在已经被摧毁了,因为它已经被发现了。"[55]又例如,在分析报告里复述过鼠人对他的一个分析表示不信服后,弗洛伊德评论说:"这些分析的目的从来都不是为了让病人信服,而只是为了把病人压抑着的情结导入意识之中,为了让它们的矛盾性可以在无意识心灵活动的土壤里被照亮,以及促进新的材料从无意识里冒出来。"[56]弗洛伊德在告诉读者他是怎样教育鼠人精神分析知识的同时,也等于是教育了读者。

作为回应弗洛伊德的分析,鼠人透露了有关他父亲的一个"新材料",并称之为"思想锁链"。鼠人坚称,这件事情是无害的,只是跟他在12岁时爱过的一个小女孩有关,但弗洛伊德却不满意鼠人这样一个模糊、委婉的说法(这是鼠人说话的一贯特色)。相反,弗洛伊德把这个思想解释为一个愿望:渴望父亲会死掉。这个分析引起了鼠人的强烈抗议:他说他害怕的正是父亲会死掉!他爱他父亲!弗洛伊德并没有争辩,而只是强调,鼠人对父亲的爱是与恨并存不悖的,而且从鼠人很小开始就并存在他心灵深处[57]。

在对鼠人的基本矛盾心态不再怀疑后,弗洛伊德认为自己可以着手解开这个病人执念的谜团了。他耐心地把鼠人听来的那个东方刑罚与鼠人当前的神经症一点一点连接起来。弗洛伊德在他治疗鼠人时写的笔记中指出,事实上鼠人用老鼠来象征很多东西,包括赌博、阴茎、金钱、子女以及自己的母亲[58]。弗洛伊德一向都主张,心灵是最会表演让人目瞪口呆的特技的,会做出一些无视于理性与一贯性的跳跃,而鼠人的例子正好强有力地印证了这一点。因为鼠人那些强迫行为与自抑,恰恰就是他心灵里未被揭发的阴影的线索。它们所反映的是,他具有压抑着的和不敢启齿的虐待癖。这一点也说明了,鼠人为什么会对不人道的鼠刑同时表现出恐惧与兴奋之情——这也是弗洛伊德从鼠人脸上看到那种古怪复杂的表情的由来。

揭示过这些以后,弗洛伊德就试着对鼠刑的故事何以会让鼠人萦回于心,提出一个分析。他说,那是环绕着鼠人对他父亲的矛盾感情而形成的。弗洛伊德认为,可以印证这一点的一件事情,是鼠人在父亲过世多年后第一次感到性交之乐时,有一个古怪的念头强行闯入他的脑海:"多么美妙的经验啊!人为了得享这个经验,会不惜以弑父来换取!"[59]另一件弗洛伊德认为同样可以佐证他的分析的,是鼠人在父亲死后几年才开始手淫。大多数时候,鼠人都会因为羞愧而半途中止。但只是大多数时候,而不是每一次,因为在一些美妙、激情的时刻(例如读了歌德自传里一个动人的段落),他都无法抗拒自己的冲动,弗洛伊德把这种奇怪现象解释为"抑制和反抗命令"[60]的一个例子。

受到弗洛伊德这个分析重建的刺激,鼠人回忆起一件发生在他三四岁时的往事。当时,他父亲因为发现他手淫,狠狠揍了他一顿,而他则在盛怒中咒骂父亲。由于鼠人当时还不懂任何污言秽语,就用脑子里想到的任何东西当骂词:"你的灯,你的毛巾,你的舌头!"他父亲惊讶之余,觉得自己儿子将来不是个伟人就是个穷凶极恶的罪犯,从此没有再打过他。回忆起这件往事以后,鼠人对弗洛伊德的分析再无怀疑:在自己对父亲的爱意背后,潜藏着同样强烈的恨意。这就是主导着鼠人一生的矛盾心态——一种所有强迫神经症都拥有的心态。鼠人的这种心态,也回响在他所爱的那个女人身上。弗洛伊德总结说,鼠人这两种相互冲突的感情"并不是各自独立,而是融为一体的。他对父亲的恨离不开他对父亲的爱,反之亦然"[61]。

接着,弗洛伊德把他的分析再往前推进一步。他指出,鼠人不仅反抗父亲,同时也认同他的父亲。他父亲是个军人,极喜欢谈军旅生涯中的轶事。更重要的是,他还是个赌徒,是只"爱赌博的老鼠"[德文中"赌徒"(spielratte)一词的字面意义为"爱赌博的老鼠"。——译者注]。鼠人父亲一度欠下一笔还不起的赌债,后来靠着一个朋友的帮助才还清欠款。他父亲退役后虽然发了财,却未能把钱还给当初那位慷慨的恩人(他忘了对方的住址)。尽管鼠人爱他父亲,却认为父亲年轻时这种欠债不还的行为非常要不得。弗洛伊德认为,这一点,一方面解释了为什么鼠人会念念不忘要还钱给一个为他垫付微薄邮资的人,另一方面也解释了鼠人为什么会对鼠刑的故事着迷。这是因为,在服役时听到的这个故事,除了唤起他父亲一度爱赌和欠债未还的回忆以外,也唤起了他儿时肛门性欲的残余。"在其强迫症的妄想中,"弗洛伊德指出,"他有老鼠为自己制作出一种通行货币。"[62]鼠刑的故事让鼠人所有残忍的性冲动全都从压抑中被拖曳了出来。一旦鼠人消化并接受了弗洛伊德的这一连串分析,他就愈来愈接近其神经症迷宫的出口。他的"老鼠妄想"[63]——亦即他的强迫症状——消失了,并逐渐从弗洛伊德所称的"受苦学校"(school of suffering)[64]毕业了。

尽管鼠人让他的精神分析家绞尽脑汁,但从一开始,他就是弗洛伊德的一个宠儿。在弗洛伊德12月28日的笔记中,有一句谜语似的话很可以说明他对鼠人的态度:"饿了但被喂饱了"(Hungry and is refreshed)[65]。这句话指的是他请鼠人吃了一顿饭一事。这种做法,是违背精神分析家的守则的。这些年来,弗洛伊德都一直告诫门人弟子,绝不可为取悦病人而向对方透露自己私生活方面的事情,也绝不可在一个友善而非专业的环境里提供病人食物。但显然,弗洛伊德并不认为他请鼠人吃饭一事有何不妥。撇开这一点不论,鼠人案例仍然是分析强迫神经症的一个完美案例[重新分析此案例后,之后的评论家认为弗洛伊德并未对那个让鼠人对老鼠怀有特殊迷情的鼠人的母亲,以及鼠人本身的肛门性欲(anal eroticism)投以适当的关注。这两者在弗洛伊德报告的注解部分比在内文中得到了更多的处理。一开始,当弗洛伊德对鼠人解释他的精神分析方法与专有名词时,鼠人即说他必须与母亲商量。(Freud, *L' Honme aux rats*, ed. Hawelka, 32; "Rat Man," *SE* X, 225)],因为它漂亮地印证了弗洛伊德的一些理论,其中包括了神经症的病根可追溯至童年、最不可解的症状都有着内在的逻辑、矛盾情感所产生的隐藏而又强大的压力等等,弗洛伊德可不是个只会出版失败案例报告的被虐狂。

事出有因:达·芬奇、史瑞伯、弗利斯

大部分弗洛伊德的作品都带有他生活的印记,这些作品经常是以重要却不显眼的方式,跟他个人的内心冲突或他的教学策略纠结在一起的。《梦的解析》是他拿自我剖析来为科学服务的一个尝试。杜拉案例是情感需要和专业职责相互较量的公开展示;小汉斯案例和鼠人案例也不只是纯粹的临床报告,而是肩负佐证《性学三论》一书中那些深具颠覆性理论的任务。当然,这并不是说,他所有的作品都有特殊的个人考量。只要是有吸引力的题材,同样可以引起他写作和出版的兴趣。不过,一般来说,弗洛伊德的个人需要、策略考虑和科学动机是互相重叠和彼此强化的。以史瑞伯(Schreber)和狼人两个案例报告(两者都是出版于鼠人案例的报告之后)为例,在它们亮丽的外表下面,就显然隐藏着一些弗洛伊德萦绕于心、未能排解的心理动机。同样的情形也适用于他的《达·芬奇及其童年的回忆》("Leonardo da Vinci and a Memory of His Childhood")。

弗洛伊德从未把他论达·芬奇的长文视为一个案例分析报告(尽管有一次他开玩笑地告诉费伦齐,自己有了一个"显赫"的新病人)[66]。他毋宁是把这长文视为将精神分析应用在广泛文化领域的一个先锋探险。在1909年10月致荣格的信上,他说:"传记领域,同样是一个我们必须占领的领域。"又得意扬扬地宣布:"达·芬奇的性格之谜突然间在我面前开豁了。靠着他,我们将可在传记的领域踏出第一步。"[67]不过下面我们将会明白,他的这个正式说法是不完整的,因为弗洛伊德写作《达·芬奇及其童年的回忆》(以下简称《达·芬奇》),除了是作为写作精神分析传记的练习以外,还有更深层的动机。

尽管这篇长文后来引起了极大的争议,但弗洛伊德对它的钟爱始终不灭,究其原因,部分是因为他对达·芬奇一向情有独钟。他承认:"就像其他人一样,

我折服在这位神秘伟人所释放出来的吸引力之下。"⑱并引用了布克哈特的赞语:"这位无所不精的天才,他的宽广只能猜测,无法丈量。"⑲我们知道,弗洛伊德非常喜欢意大利,几乎每个夏天都必定一游。意大利会吸引弗洛伊德,达·芬奇是一个重要原因。

弗洛伊德对达·芬奇的好奇由来已久。早在1898年,他就曾经告诉正在搜集左撇子材料的弗利斯:"从来没有恋爱传闻的达·芬奇……也许就是所有左撇子中最著名的一个。"⑳冒险探讨达·芬奇谜一样的性格,带给了弗洛伊德无上的快乐。1910年末,他从荷兰一个海边度假胜地前往意大利途中,特别在巴黎稍作停留,为的是到卢浮宫再欣赏一次达·芬奇的名画《圣母、圣婴与圣安妮》(*The Virgin, the Christ Child, and Saint Anne*)㉑。能够与这位伟人神交,是弗洛伊德撰写其精神分析传记时所获得的一项福利。

1909年11月,结束美国之行后不久,弗洛伊德在信中向费伦齐抱怨自己的身体,但又马上补充说:"我的思想——如果我仍能听见它们的话——是与达·芬奇和神话学在一起的。"㉒1910年3月,他向费伦齐解释自己的信为什么会写得那么短:"我想多拨点时间来写莱昂纳多[莱昂纳多·达·芬奇。——译者注]。"㉓在《达·芬奇》出版近12年后,他告诉莎乐美,在他的乡愁中,这篇文章是"我写过唯一漂亮的东西"㉔。

弗洛伊德对达·芬奇的偏爱并未让他对于自己要冒多大的风险视若无睹。1909年11月,当他首次在信上向费伦齐提到他"显赫"的新病人时,他声明自己准备撰写的并不是"多伟大"的东西㉕。他也用同样的口气对琼斯说:"你可不要对莱昂纳多期望太高,我会在下个月把文章写出来,它既不会揭示《岩窟中的圣母》(*Vierge aux rochers*)的秘密,也不会解开《蒙娜丽莎》之谜。把你的希望降低一些,那它就能取悦你多一些。"㉖另外,弗洛伊德也告诉德国艺术家施特鲁克(Hermann Struck),他论达·芬奇的"小册子",只是一部"半小说的作品"(halbe romandichtung),希望对方"不会以这个模式为标准,来判断我们其他研究的可靠性"㉗。

但这部"半小说"的首批读者中有一些拒绝接受弗洛伊德对《达·芬奇》的自我评价,这让他很高兴。他在1910年6月愉快地观察到:"《达·芬奇》似乎受到同志们的喜爱。"㉘的确如此,而且不只喜爱,还是相当喜爱。亚伯拉罕读完弗洛伊德寄给他的印本之后说:"你的分析是那样的精致,形式是那样的完美,在我所读过的东西中,没有堪与它比拟的。"⑦荣格的反应要更热烈:"你的莱昂纳多真是让人叹为观止。"⑧弗洛伊德很高兴看到,此文第一位书评人霭理士的反应"一如以往那样友善"⑧。这种良好的反应让弗洛伊德乐于拿《达·芬奇》来作为区分圈内人与圈外人的试金石。他在1910年夏天告诉亚伯拉罕:"它使我的所有朋友高兴,而我预期,它也一定会引起所有陌路人的憎恶。"⑧

但弗洛伊德在《达·芬奇》里面的语气却不是如此把握十足,反而显得低调和保守。它以一个声明起头:精神分析研究的目的不在于抹黑伟人和"把崇高的东西贬为尘泥",达·芬奇固然伟大,且"早已被其同时代人推许为意大利文艺复兴时代最伟大的人物之一",但既然他也是人,"就理应同样臣服于那些支配人类心灵常态或病态活动的法则——这一点,对再伟大的人来说都不算是不光彩"⑧。在正文里,弗洛伊德又对为何必须为达·芬奇写一篇精神分析传记,提出如下的辩护:一般传记家总是执着于传主的英雄形象,结果写出来的总是"冷冰冰、陌生、理想化的人物,而非一个我们会觉得与自己有紧密关联的人物"。弗洛伊德向读者保证,他的唯一目的,只在于揭示那些塑造达·芬奇"心智和知性发展"的因素,而如果有见多识广的精神分析界朋友指控"我只是写了一部精神分析小说的话,我会回答说,我自己并未过度高估其结论的确定性"⑧〔大约在1931年,他写道:"我曾勇于趋近那最伟大,却不幸极少为人了解的达·芬奇。我至少清楚,若不知达·芬奇特殊的童年史,将无法理解那幅你在卢浮宫可以每天看到的《圣母、圣婴与圣安妮》。"(Freud to Max Schiller, March 26, 1931. *Briefe*, 423)〕。因为毕竟,有关达·芬奇的生平资料是零碎且待考证的。弗洛伊德又用开玩笑的口气说,自己所做的有如在拼一幅大部分方块都已不见了的拼图,而剩下来的方块,几乎又是无法解读的。

这些都是弗洛伊德为防范批评所预先架设的防御网,尽管如此,还是不能遮掩一个事实:不管弗洛伊德在《达·芬奇》里的推论多么精彩,它仍然是有着严重瑕疵的作品。很多弗洛伊德用以支持其推论的证据,不是可靠性有待查考,就是有缺陷的。当然,他为达·芬奇所描绘的肖像(一个创作时常常有头无尾的艺术家,晚年反对艺术而拥护科学,具有温和、压抑的同性恋倾向,为世人留下了一件最神秘的作品:《蒙娜丽莎》)并非没有可信度,只是,这种可信度,并不是建立在他所选择的那些证据上。

弗洛伊德的论证相当直截了当,他主张,要了解达·芬奇及其作品,应着眼于他人生中的两个时刻:一个成年经验和一个儿时记忆(前者又是由后者唤起的)。弗洛伊德所说的成年经验是指达·芬奇绘画《蒙娜丽莎》这件事,他想通过一切可找得到的材料去重建和分析达·芬奇画这幅画时所凭借的是什么记忆。弗洛伊德很幸运(一种事前准备充分的人才得享的幸运):他从达·芬奇数量惊人的笔记本里找到了他希望找到的线索。这些笔记本涂写得密密麻麻,有杂乱的漫画、科学实验记录、武器和要塞的设计图样、对伦理学和神话的思索心得。在他所有的笔记本里,达·芬奇只提到过一次童年,而那是他在研究鸟类飞行时联想到的。虽然这只是一个小小的线索,但弗洛伊德却把它的价值发挥到了最大限度。达·芬奇回忆起的是一个奇怪的梦境般的遭遇。他在笔记本里这样说(以下根据的是德译本的译文):"看来,我会那么关注秃鹫,是从一开始注定的。这一点,是一个突然出现的早年回忆告诉我的。当时我还睡在摇篮里,一只秃鹫飞向我,用尾巴撑开我的嘴巴,又多次用尾巴拍打我的嘴唇。"⑥弗洛伊德相信这只是达·芬奇后来的一个幻想,而不是真正的回忆,不过,他却认为,假如能对这个幻想加以适当的探究,便可为达·芬奇的情绪与艺术生活的发展提供相当有用的信息。

弗洛伊德以旁征博引的方式去解释达·芬奇儿时在摇篮中看到的那只鸟所代表的意义,他指出(他认为达·芬奇也应该知道),在古埃及的象形文字里,秃鹫图形代表的是"母亲"。再进一步来说,在基督教的神话传说里,秃鹫是一种只有雌性性别的鸟类(这一点达·芬奇也应该知道),所以足以作为处女生子的诗性象征。弗洛伊德据此认定,达·芬奇是一个"有母无父的秃鹫之子"(vulture-child)——这等于是说,达·芬奇是个私生子。弗洛伊德据此推测,从一出生,达·芬奇就接收到妈妈全部的爱。这种爱"必然是对他心灵发展最具影响力的因素"。这表示,达·芬奇的性格基础,是在一个无父的环境下奠定的:"他在秃鹫幻想里看到自己受到的那种激烈爱抚,其意义是显而易见的:那是他可怜的妈妈加诸儿子身上的爱抚,也是他妈妈渴求从一个新丈夫那里得到的爱抚。她这样做,不只是为补偿自己没有丈夫的痛苦,也是为了补偿儿子没有父亲爱抚的遗憾。因此,就像所有欲求不满的妈妈那样,她把儿子放在了丈夫的位置,但这样做的同时,却让儿子的性欲发展太过早熟,剥夺了他的一部分阳刚之气。"⑧就这样,达·芬奇妈妈在不知不觉中把儿子推向了同性恋的道路。

弗洛伊德第一次对外宣布他已解开了达·芬奇之谜,是在给荣格的一封信里。信中,他又卖关子似地补充说:"我最近在一个神经症病人身上发现了(与达·芬奇)相似的特征(但没有他的天才)。"⑩这解释了弗洛伊德为什么会那么有把握可以重建达·芬奇那几乎没有资料可查的童年:在他看来,达·芬奇的秃鹫幻想负载着丰富的临床联想。他毫不怀疑,达·芬奇的儿时回忆,同时象征着阴茎的被动吸吮和幼时对母亲乳头的吸吮。

当然,这是个熟悉不过的精神分析原则,也是弗洛伊德的病人一次又一次向他印证的:襁褓时的情感纠结和成年后的复杂激情有密不可分的联系性。弗洛伊德特别指出,"所有同性恋病人"都显示出几乎一模一样的心理联结:"在他们最早的岁月(但稍后会忘记),他们对一个女性(无一例外是母亲)怀有强烈的性依恋。这一点,既是由母亲的过度关爱刺激出来的,也是因为父亲的缺席造成的。"弗洛伊德认为,这是同性恋性向发展的初始阶段,而在接着的阶段,"小孩为压抑对母亲的爱,就把自己放在母亲的位置,与之认同,并把原本的自己作为模型,而日后被他选择作为爱恋对象的,都是与这个模型相似的人。就这样,他变成了一个同性恋者。事实上,他是回到了自体情欲(autoeroticism),因为他稍长后爱上的男孩子,不过都是替身,是他自己儿时的替身,那个他母亲所爱也是他自己所爱的小孩的替身。"换言之,精神分析家看出了,"他是在自恋(narcissism)的路上寻找他的爱恋对象。就像希腊神话中那个青年纳西索斯(Narcissus)一样,他除了自己的影像外谁也不爱[纳西索斯是希腊神话中的美男子,因爱上自己的水中倒影,终日痴痴坐在水边,最后憔悴而死。自恋这个术语,就是弗洛伊德以纳西索斯的名字造出来的。——译者注]。"⑪这几句话,在精神分析的发展史中很关键,因为这是弗洛伊德第一次在作品里引入"自恋"这个术语。这个术语要表达的是,在原始的自体情欲与稍长后的对象爱恋(object love)之间,有一个自我爱恋(erotic self-love)的阶段。很快,自恋就在弗洛伊德的思想里占据了中心位置。

弗洛伊德认定,达·芬奇最初是生活在没有父亲的环境中,而这一点,无可避免会让他发展出自恋性格。不过,弗洛伊德又认为,达·芬奇成年生活中的另一个事件,对他的性格同样具有戏剧性的影响。达·芬奇出生没多久,他父亲就结婚了,三年后,父亲把他接过去一起住。换言之,达·芬奇先后有过两个母亲。而就是因为幼年时有过两个爱他的漂亮年轻妇人,他后来所绘的蒙娜丽莎,才会流露出那样暧昧的、朦胧的笑容。蒙娜丽莎的永恒性,正是达·芬奇在经验与回忆间跳跃所产生的创造火花所造就的。后来,到画《圣母、圣婴与圣安妮》时,他再一次把记忆中两个母亲的面容(或是他感觉中她们的面容)画了上去——正因如此,画中的圣安妮和圣母玛丽亚母女俩才会是一样的年纪,并带着如歌女乔康达[歌剧《歌女乔康达》(*La Gioconda*)中的主角。——译者注]一样难以捉摸的笑容。

值得重申的是,弗洛伊德从未在这个探索过程中宣称自己发现了达·芬奇天才的奥秘,但他却相信自己掌握了通向达·芬奇性格核心的线索。弗洛伊德认为,达·芬奇会那么热衷于创作,却没有耐心经营细节,以致作品大都半途而废,正是与父亲认同的结果:他父亲生了他又弃养他,于是,他对自己的"子女"也是一样的态度。但弗洛伊德又相信,达·芬奇固然有认同父亲的一面,但也有叛逆父亲的一面,而这表现在他后来摈斥艺术而拥护科学的态度上。因为这样,他就可以找到一个比父亲更高的服从对象:服从于证据。带着近乎可以听得见的赞叹声,弗洛伊德引述了达·芬奇的"大胆的语句中包含着所有自由研究的正当性:'任何在意见中挣扎的人都会诉诸权威,都会以自己的回忆而不是以理性为依归。'"[38]达·芬奇把他的同性激情"升华"[弗洛伊德假说的一种过程,说明一些表面与性无关,但其原动力却来自性欲力量的人类活动——主要为艺术活动与智识探究。——编者注]为一种从事独立科学研究的激情。弗洛伊德到底在多大程度上认同于达·芬奇,我们无从判断,不过,从他刻意引述达·芬奇这句话观之,最少在不愿受接受任何成见的束缚这一点上,弗洛伊德与他心仪的偶像是一致的。

弗洛伊德对这个精神分析传记实验所投注的热情并不是全然误置的(misplaced)[艺术史学家克拉克(Kenneth Clark)并非弗洛伊德的信徒,但他接受了弗洛伊德对达·芬奇的油画作品《圣母、圣婴与圣安妮》"(提出的)美丽而且我相信是全然的解释",他也认同弗洛伊德所认为的,达·芬奇对两位母亲"无意识的记忆"表现在了画中两位女性的脸庞上]。他为同性恋性向勾勒的那幅发展路径图,至今仍引人兴趣,而且被认为在相当程度上仍然是有效的。另外,他对被他称为"升华"的防御策略的零散观察,也仍具启发性——哪怕他未能解释,本能能量是如何接受心灵的征召,为文化目标(如艺术或科学)的追求而服务。不过,如果再逼近观察,弗洛伊德那些看似精密的论证就会显得漏洞百出。

他认为达·芬奇把圣安妮描绘为一名年轻女子是个多少具有原创性的做法,然而这种主张站不住脚(因为达·芬奇可能只是根据惯例,把母女画成同等的年纪,而这或许是了解他心灵构成的一条线索)。另外,也有证据显示,弗洛伊德假设达·芬奇的父亲是在儿子三岁后才把他接回家这一点,也是靠不住的[弗洛伊德似乎忽视了一项他所拥有并给予高度评价的法国人有关达·芬奇的研究,研究指称达·芬奇的父亲在他结婚当年就将私生子达·芬奇带回家了。当然,弗洛伊德可以拒绝这种说法,但他是知道的。(Jack J. Spector, *The Aesthetics of Freud*: *A Study in Psychoanalysis and Art*〔1972〕,58)]。

这些问题已经够恼人的了,但弗洛伊德推理中最脆弱的部分,是他对秃鹫幻想的分析。事实上,他使用的那个达·芬奇笔记的德译本是有错误的:nibbio 这个字的原意是"鸢"而非"秃鹫"(这个错误第一次被人指出来,是在1923年⑩,但在弗洛伊德生前,不管是他本人还是其他精神分析家都从没有承认过这个错误)。如果达·芬奇儿时幻想里看到的鸟是鸢而不是秃鹫,那弗洛伊德对这个幻想的分析就不能成立。因为与备受神话青睐的秃鹫不同的是,鸢只是一种普通的鸟。不管是什么鸟,达·芬奇的回忆仍然不无可能是一次同性恋经验或同性恋幻想的象征,但是,弗洛伊德建筑在误译上面的整个上层建筑,却仍然无法逃避整个垮下来的命运。

这些缺失加在一起,让弗洛伊德那本《达·芬奇》的权威性大为减损,哪怕他本来就对自己分析结果的正确性语多保留。另外值得一提的是,尽管弗洛伊德因为受到德译本的误导,把达·芬奇所说的"鸢"当成了"秃鹫",但终其一生,他从未就此做出更正。在作为一个精神分析理论家的漫长岁月里,弗洛伊德修正自己重要观点的例子屡见不鲜,这证明了他不是个惧于修正的人。但《达·芬奇》却是个例外。

弗洛伊德会这么固执己见,理由不止一个,其中之一毫无疑问是因为《达·芬奇》可以带给他专业上的奖赏。在写信给荣格谈他对达·芬奇的分析时,他凭空飞来一笔地指出:"我愈来愈觉得儿童性欲是个极重要的理论,在这之前,我对它的处理太不完整了。"⑪这不啻是给了荣格一个免费的提醒:弗洛伊德根本不打算在力比多这个火爆且会带来对立的议题上作出妥协。在这四面楚歌的十多年里,向公开的敌人或动摇的支持者开火,一直是弗洛伊德作品的核心企图之一。

不过,除此以外,还有一些更隐微的因素在作祟。1909年12月2日,也就是他把有关达·芬奇的研究在维也纳精神分析学会上发表的次日,弗洛伊德写信告诉荣格,自己对这个讲演并不满意,但只希望做了这个讲演,最少可以让他的"执念"(obsession)获得一些纾解。⑫"执念"是一个很强烈的字眼,弗洛伊德几乎就是指的它的字面意思。没有这种执念,他说不定就不会为达·芬奇撰写一部精神分析传记了。

导致这种"执念"的秘密能量是什么,我们可以从这些年弗洛伊德的书信和行为里窥见蛛丝马迹,它的源头就是他对弗利斯的感情。弗洛伊德一直以为,他早已把弗利斯忘得一干二净,但他错了。在1910年12月,他告诉费伦齐:"弗利斯——你对我跟他之间的事一直深感好奇——我现在已经克服了这个问题。"但他随即补充(显然是出于联想):"阿德勒有点像是弗利斯的再现(a little Fliess redivivus),而两人都同样偏执。斯特克尔身上也有弗利斯的影子,至少他的名字是威廉[弗利斯的名字也是威廉。——译者注]。"⑬弗洛伊德在任何地方、任何人身上都会看到弗利斯的影子。他告诉荣格:"(阿德勒)会唤起我对弗利斯的回忆,他就像个低八度音的弗利斯,两人都偏执妄想。"⑭写这封信的时候,弗洛伊德已开始了对"史瑞伯案例"的分析,这个案例以让人目眩的方式,印证了他持之已久的一个主张:偏执妄想的基本病因是一种伪装过的同性恋性向。他早在1908年就告诉过荣格:"我往昔的朋友弗利斯放弃了对我的(同性恋)倾向后(显然是一种不轻的倾向),就发展出了一种要命的妄想。"弗洛伊德总是勇于分析自己的精神骚动,并把结果用于丰富精神分析理论。但这一次,他却把自己会发现同性恋性向与偏执妄想的关联,归功于弗利斯的启发。除弗利斯外,他的推测也可以从很多病人的身上获得印证⑮。

因此,在弗洛伊德的专门术语的用法里,称某个人为偏执狂,就等于称他为同性恋,至少是隐性的同性恋。而弗洛伊德之所以念念不忘弗利斯,也正是无意识的同性恋残余在作祟。不管他对荣格说了些什么,他所致力于分析的,都是自己对弗利斯的感情而非弗利斯对他的感情,而他的目的是要明白这些感情。1910年秋天,也就是费伦齐向他索求更亲密的关系的那段时间,他告诫对方说:"自弗利斯之后,这种需要已在我心中熄灭了。那一点点的同性恋驱力已经退却,被转用于发展及扩大自我。我的成功处就是妄想狂的失败处。"⑯正如他向荣格暗示过的,他发现自己的"同性恋倾注"远远未达到可以把他压倒的程度。9月,他又从罗马向荣格抱怨说:"(费伦齐)是个非常可爱的伙伴,但在我面前,他总是略显笨拙地展现着他的梦幻情调,他也总是以婴幼儿的姿态和我相处……他就像个妇人一样,喜欢别人为他把一切事情做好,但我的同性恋性向又不够强烈,无法把他当成女人。"⑰尽管如此,他还是承认自己身上有若干的"喜男癖"(androphile)成分⑱。

两年后,在分析自己的几次昏厥现象时,他提供了一个同样大方的自我诊断。我们知道,1912年11月时,弗洛伊德曾经在慕尼黑一个小型私人精神分析家的聚会上昏厥,当时荣格也在场。弗洛伊德觉得很需要将之分析一番,因为同样的情形发生过不止一次。正如他告诉琼斯的,之前有两次(分别是1906年和1908年),"我曾经在帕克饭店的同一个厅室里有过非常相似但较轻微的症状,两次我都不得不离座"⑲。后来在1909年,他再一次在不来梅昏厥,当时他正要登上前往美国的轮船(荣格同样在场)。回顾这些事情的时候,弗洛伊德告诉费伦齐,他已完全康复,而且"已经通过自我分析,把慕尼黑的昏厥魔咒排除得相当彻底"。他说,这些昏厥"指向的是我在很早时所经历的死亡经验"。他所说的死亡经验,指的是他弟弟的夭折。当时弗洛伊德还不到两岁,对弟弟的死还暗暗高兴⑳。

但是在一天前,弗洛伊德曾在写给琼斯的信中,提出过一个更深入的解释:他太累了,睡眠太少,抽烟太多,除此以外,还得面对荣格"从温柔变为傲慢"的来信。更重要的是,帕克人饭店那个让他有过三次晕眩或昏倒经历的厅室会让他产生挥之不去的联想。"我第一次到慕尼黑,是为了探弗利斯的病。"他在信上说,"这个城市看来已经象征了我和弗利斯之间强烈的联结。事情的核心是某种不受管束的同性恋情愫。"㉑由于琼斯觉得自己与弗洛伊德的关系已经够密切,所以胆敢表示:"你在慕尼黑所经历的昏厥,我早就怀疑有同性恋的因素存在。这也是我们在火车站道别时,我跟你说我认为你很难摆脱对荣格感情的弦外之音(我的意思是说你把内心某种旧情愫移情到了他的身上)。"㉒弗洛伊德相当愿意接受琼斯的这个想法:"我想你的假定是对的,我是从别处把同性恋的情愫移情到了荣格身上,但我却高兴地发现,我已经毫无困难地把它们移除并用于别的用途了。有关这个,我们以后再好好谈谈吧。"㉓诚如弗洛伊德正确察觉到的,荣格在他内心激起的某些情愫,是"从别处"借过来的:荣格就像先于他的阿德勒一样,是弗利斯的"再现"。值得一提的是,弗洛伊德到慕尼黑探弗利斯的病,是在1894年,也就是几乎24年前。他对弗利斯的感情有多么经久不衰,由此可见。

这种感情——就像一切爱欲感情一般——同样错综复杂。稍后不久,弗洛伊德向宾斯万格分析自己的昏厥现象时重申:"在这件事情上,对性的压抑自然扮演着主要角色。这一次针对的是荣格,正如以前针对的是他的前任一样[指弗利斯。——译者注]。"[104]由于受到回忆的持续骚扰,慢慢地,弗洛伊德对弗利斯及其替身[指阿德勒、荣格等人。——译者注]的感情,开始出现了180度的扭转:也就是由爱变成恨。弗洛伊德本就已经被阿德勒和斯特克尔的行为激怒,而现在,他更是感到自己被荣格的"死亡愿望"[死亡愿望(death wishes)是指有意识或无意识地希望别人或自己死去的愿望,这里是指荣格有希望弗洛伊德死去的愿望(弗洛伊德自己如此认为)。——译者注]和他自己对弟弟的"死亡愿望"所围困。不过,在这一切情绪背后,依然屹立着那个千疮百孔的废墟——他对弗利斯深邃的爱与恨,而那并不是可以轻易跳过或拆解的。

弗利斯反复在最意想不到的情境下进入弗洛伊德的生活。1911年,弗洛伊德在信中谈到自己最近一次严重头痛的发生日期时,不自觉地使用了他从弗利斯那里学来的周期性原则(即把发病日期从生日那天算起):"自5月29日起(即5月6日再加23天),我就因为严重的偏头痛而陷入低潮。"[105]一年多以后(当时他正全神贯注于他与荣格的龃龉),他再一次发现自己身陷旧日的回忆中。他在写给费伦齐的信上说:"我刚看完《唐·乔万尼》回来。"又说,在此剧的第二幕,当剧中的乐队奏起《费加罗的婚礼》的一首咏叹调,而莱波雷洛[Leporello,《唐·乔万尼》的剧中人物之一。——译者注]说"这音乐我感觉好熟悉"时,他只感到心有戚戚:"这话用来形容我当时的心情也很适合。对,这音乐我感觉好熟悉。这一切,我早在1906年之前不久——1906年就是他与弗利斯已经变调的友谊的最后一年——就经验过了:同样的反对、同样的预言、同样的声明。而这些,都是我现在已经拔除了的。"[106]不过,把弗洛伊德分析达·芬奇与史瑞伯的动机完全归因于自己的无意识感觉(特别是他关于弗利斯的压抑感情),也是言过其实。因为那些在1910年前后大量走进其分析室的妄想狂,无疑也是促使弗洛伊德对妄想的临床与理论问题产生高度兴趣的原因。另外,他也绝不会让他从持续的自我分析中得到的见解,危及科学发现的价值。弗洛伊德虽然宣示他已经克服对弗利斯的依恋,却又在言行间暴露出他并未做到,这一点很好地表明了弗洛伊德的潜意识。1908年初,当他告诉荣格,自己为什么喜欢称弗利斯为妄想狂时,带着完全认真的态度说:"一个人必须努力从任何事情上学习。"[108]这个任何事当然包括他自己。

1910年初春,当弗洛伊德正在读《达·芬奇》的校样时,已经开始思索一个新的、较不那么独一无二的案例。案主是萨克森的一位名法官、妄想狂史瑞伯。不管是在感情、出版时间和其他方面,弗洛伊德论史瑞伯的文章,都是跟他论达·芬奇的文章互相对应。首先,这两个个都是他素未谋面的"病人"。对于达·芬奇的分析,他靠的是达·芬奇的笔记和绘画;而对史瑞伯的分析,他除了一本自传性的回忆录外,别无凭借。就像达·芬奇一样,史瑞伯也是个有同性恋倾向的人,因此,弗洛伊德对他的研究,是对那些年间一个萦绕于心的主题的延续。另外,史瑞伯的研究就像达·芬奇的研究一样,带给弗洛伊德极大的乐趣。他感情洋溢地称史瑞伯为一个"神奇的人",并打趣说史瑞伯"应该被任命为精神病学教授和一家精神病医院的院长"[109]。

弗洛伊德开始研究史瑞伯案例时,他对妄想的思考,已经有两年多的时间。他在1908年2月告诉费伦齐,他刚刚见过一个备受妄想折磨的女患者。他认为,这个女病人"大概超出了精神分析可以发挥作用的范围",然而,他还是愿意为她进行治疗,原因是:"不管怎样,她都可以教给我们一些东西。"[109]六周后,他对费伦齐提到同一个病人时,重申了分析家在治疗妄想时,应该同时保持涉入与抽离。他看不出这个女病人有任何治愈的机会,"但我们需要这些分析,以便最终可以对所有神经症都有所了解"[110]。妄想狂那种谜样的特性深深吸引着弗洛伊德。"我们对于它(妄想)的了解仍然极少,"他在1909年又对费伦齐说,"所以必须继续搜集材料并从中学习。"[111]弗洛伊德常常认为自己是个科学动机大于治疗动机的研究者,这一点,在此可以得到再一次印证。同年秋天,弗洛伊德告诉亚伯拉罕,自己正投身于"最繁杂的工作"中,并已"对妄想狂取得了一点点更深的了解"[112]。这时候,史瑞伯案例已成为弗洛伊德的另一个执念,其强度毫不亚于先前的达·芬奇。

由于史瑞伯的妄想症状是那么多姿多彩而且一目了然,自然会引起弗洛伊德的强烈反响。史瑞伯生于1842年,其父丹尼尔·戈特洛布·史瑞伯(Daniel

Gottlob Moritz Schreber)是整形外科医生、多产作家和知名的教育改革家。史瑞伯本人曾在萨克森的司法系统任职,后来成为法官。1884年10月,他代表保守与民族自由党竞选国会席位,结果惨败给社会民主党。他的第一次精神崩溃发生在这次落选之后,就像其他人一样,他也把自己的精神崩溃归因于工作过劳。史瑞伯开始出现妄想,在一家精神病医院待了几星期,到了12月,他被改送到莱比锡精神疗养院治疗。到了1885年6月,院方认定他已经痊愈,准予出院,之后第二年再次被任命为法官。史瑞伯显然十分精明能干,因为到了1893年,他就被调升到最高法院,成为首席法官之一。但之后不久,他又开始失眠,企图自杀。到了11月下旬,他再度被送回9年前住过的莱比锡精神疗养院。这一次的病情更加严重,一直持续到1902年才康复。他把这段患病经历,生动详尽地写入了篇幅庞大的《一个精神病患者的回忆录》(*Memoirs of a Neuropath*)中,于1903年出版。不过后来他再次住院,在灰暗萧索中度过了最后的岁月。当史瑞伯在1911年4月身故时,弗洛伊德有关他的研究报告,已进展至最后校样阶段。

弗洛伊德1910年夏天前往意大利度假时,随身带着史瑞伯的《回忆录》,展开他对史瑞伯的分析[13]。并持续到他回到维也纳后的整个秋天。在弗洛伊德认为值得研究的"病人"中,史瑞伯的症状,可说是最令人叹为观止的。他最奇特的一个地方,是身为妄想狂的同时,可以对自己的病情做出评论,并用流畅有力的文字为自己辩护。事实上,史瑞伯会写《回忆录》,就是为了证明自己已经恢复正常,让自己可以从疗养院中释放出来。他早期读者中的精神病学家(特别是布洛伊勒和弗洛伊德)把他在《回忆录》中所表现的雄辩有力、细节详尽、辞藻华丽和合乎逻辑视为一种癫狂的逻辑,是其异常心智的宝贵见证。对其他的精神分析家来说,史瑞伯不过是一本书罢了,但弗洛伊德却认为自己可以从中学到什么。

弗洛伊德对史瑞伯的研究极为狂热,这暗示着有一些隐秘的动机在驱策着他:弗利斯。但在分析史瑞伯的过程中,弗洛伊德并不是任由自己对弗利斯的回忆摆布的。他的工作进行得很顺利,而且从史瑞伯那里获得很多乐趣。史瑞伯是个喜欢自创新词的人,而弗洛伊德在写给密友的书信中,也大量使用这些新词,如"神经接触"(nerve contact)、"灵魂谋杀"(soul murder)等。渐渐地,有没有使用这些词语,成了是不是圈内人的标识。弗洛伊德、荣格、亚伯拉罕和费伦齐都极为喜爱使用"灵魂谋杀"和其他史瑞伯所创的新词。

尽管如此,弗洛伊德研究史瑞伯的同时,仍时为焦虑情绪所困扰。那时候,他与阿德勒那场惨烈的战争正进行得如火如荼。他告诉荣格,这场战争之所以打得那么厉害,"是因为它扯开了弗利斯事件的旧伤口"。他说阿德勒"打扰了我原本研究妄想症(指他的史瑞伯研究)时平静的情绪"。又说:"这一次,我不确定自己受到内在情结的干扰有多少。"⑬他疑心有某些深层动机在驱使他从事史瑞伯的研究,这是完全正确的,尽管这些深层动机不见得就是他自己认定的那些。他抱怨自己对弗利斯的思绪干扰了他对史瑞伯的研究,然而,这种思绪却也正是他会如此投入史瑞伯案例的理由之一。他的史瑞伯研究固然会唤起他对弗利斯的回忆,但反过来,他对弗利斯的回忆也有助于他了解史瑞伯。毕竟,弗利斯和史瑞伯不都是妄想狂吗?至少这是弗洛伊德的解读。但不管这个具有高度争议的解读公允与否,弗洛伊德都是在利用史瑞伯的案例来厘清自己的"情结"("情结"是荣格所创的用语)。

荣格初读到弗洛伊德的分析时(荣格日后宣称是他把弗洛伊德的注意力引向史瑞伯的)⑬,表示这篇分析是"有趣和使人开怀的",而且"书写卓越"⑭。不过那时还是1911年初,也就是荣格还声称自己是弗洛伊德忠实儿子的时候。日后,荣格就表达了对这篇分析的极度不满。这点并不奇怪,因为弗洛伊德对史瑞伯的分析报告,是为了支持其精神分析理论(特别是性欲理论)而写,就像之前论《达·芬奇》的长文一样,隐含着对荣格心中正在浮现的心理学理论的批评。荣格在1911年末写给弗洛伊德的信上说:"你对史瑞伯的分析中触及力比多的部分,乃是你我心路历程中交错而过的一个点。"⑮一个月后,荣格把他的不自在表现得更为直率:他说史瑞伯的案例分析在他内心激起"一阵低沉的回响",让他对过去以来弗洛伊德的力比多理论适用于精神病患者的所有疑问,全部重新冒了出来⑯。

史瑞伯在其《回忆录》中建构了一个雄心勃勃的宇宙理论,其中还包含一套纷繁难解的神学。他又认为,自己身负着弥赛亚般的使命,但要实行这使命,他得先变性。似乎,他认定启迪自己写这作品的人就是上帝。带着不寻常的开放性,史瑞伯并不否认自己是个有幻想的人。那个判定他精神已恢复正常的法庭不以为意地把他的幻想记录如下:"他认为自己被召唤去拯救世界,让世界恢复它失去的福乐……但又认为,想完成任务,得先把自己从男人变为女人。"⑰尽管这种奇思怪想会让人觉得滑稽，但它们带给史瑞伯的痛苦是极巨大的（弗洛伊德和他的朋友有时会在通信中开史瑞伯的玩笑，这一点难免让人觉得有点麻木不仁）。史瑞伯被各种折磨纠缠：对自己健康的焦虑，还有对身体症状、垂死和被酷刑折磨的恐惧。有时，他会觉得自己虽然活着，却失去了身体基本不可或缺的部分，要让这些部分重新出现，只能求助于魔法。他也会被幻听折磨，如听到一些称他为"史瑞伯小姐"的嘲笑声，或听到有人用惊讶的声音说"这个喜欢被别人骚扰的人"[120]竟会被任命为最高法院法官；有时他会连续几小时陷于神思恍惚的状态，也常常渴望死掉，他有一些神秘的幻视，看见自己和上帝或魔鬼打交道。同样折磨他的是被迫害的幻想（一种妄想症的典型征候）：他认为有很多人在悄悄跟踪监视他，而其中又以弗莱克西希医生（Dr. Flechsig）为首——这个他住在莱比锡精神疗养院时的诊治大夫被他称为"灵魂杀手"[121]。但几乎包括上帝在内的每一个人都被史瑞伯认定是串通一气要对他不利的。史瑞伯所建构的上帝形象非常奇特，上帝被他描绘为一个苛刻和最不完美的人物。这个上帝不了解人类，把史瑞伯当成白痴，逼着他去排泄，反复问他："你干什么不拉屎？"[122]

　　弗洛伊德不错过分析史瑞伯《回忆录》每一页的机会。史瑞伯明显的肛门性欲和性器性欲、他深具暗示性的自造新词，还有他不讳言的女性化，都是了解其心灵运作高度可读的线索。有几十年的时间，弗洛伊德都认为，哪怕是最退行的（regressed）精神病患者最疯癫的观念里，都富含信息并且拥有内在的逻辑。基于这个信念，弗洛伊德认为史瑞伯的疯言疯语需要的是破译，而不是摈斥。他把史瑞伯的世界图像解读为一组具有一贯性的变形（transfigurations），其用意是为了让一些他不能承受的事情变得可承受；而史瑞伯会把如此邪恶的力量加诸他的敌人（不管是上帝或弗莱克西希医生）身上，就是因为他们都是他生命中极为重要的人。换言之，他会恨他们恨得如此之甚，就是因为他早年对他们有着极深的爱。在弗洛伊德看来，妄想症的本质就是一种颠倒与投射[投射是一种驱逐行动，当个人发现自己的感情或希望太可耻、太猥亵、太危险，而完全无法接受时，便会将它们归诸其他人身上。这是一套非常明显的机制。比方说，反犹太人士发现必须将自身认为低劣或是肮脏的感受移转到犹太人身上，于是就在犹太人身上"侦测"这些感受。在所有的防御中，这是最原始防御中的一种，在一般的行为里都很容易发觉，而尤以在神经症患者与精神病患者中最为常见]。"一个人妄想症的核心，"弗洛伊德在分析报告中写道，"就是对另一个人的同性爱恋所形成的幻象。"㉚妄想症患者首先会把"我爱他"转化为"我恨他"（颠倒作用）。然后他会说："我恨他是因为他迫害我"（投射作用）。弗洛伊德不认为自己有妄想症，诚如他告诉费伦齐的，他已经成功把自己的同性恋感情转移于为自我（ego）服务。不过弗洛伊德也意识到，史瑞伯那种把爱变形为恨的巨大扭曲，在他自己身上也有影子。

尽管如此，弗洛伊德对史瑞伯的兴趣，毕竟在于他所能提供的科学研究而不在于他所写的自传。这一点，可以从弗洛伊德这些年所写的信件中获得有力证明：他坚持，他有关妄想症运作方式的大胆假设，有待更多对妄想症患者的经验研究来印证。不过，他对他为妄想症形成过程的勾勒，却深具自信㉛。根据弗洛伊德的架构，妄想症患者之所以会把世界加以重构，是为了要存活下来（几乎是字面意义上的"活"）。这种艰巨的重构，会伴随着向自恋阶段的退化。自恋阶段是儿童性欲一个相对原始的阶段，弗洛伊德是在撰写《达·芬奇》论文的前几个月，才首次注意到它的存在。现在，他已有信心把它的形成过程描画得更完整一点了：一个小孩在经过性欲发展的开始阶段后，会把性冲动集中在一个爱恋对象上，不过一开始，他还不会把别人当成爱恋的对象，而是会把自己的身体作为爱恋的对象。

弗洛伊德慢慢看出，这个自恋的阶段，乃是一个人要发展出异性恋性向所不可少的中介阶段。他认为，人的性心理发展主要有四个阶段：口欲期、肛门期，然后是阴茎期，最后是性器期。这条性心理发展的路途是漫长的，有时甚至是无法走完的。有很多人看来都无法彻底走出儿童的自恋阶段，而把它带入后来的爱情生活中。这样的人，在早年有可能会选择自己的性器作为爱恋对象，而日后，又会选择与自己有相同性器的人作为爱恋对象。弗洛伊德称这种现象为自恋性的固着（narcissistic fixation），又认为，有这种现象的人，长大后不是会发展为同性恋，就是会把同性恋的倾向加以"升华"。通向性成熟的路不只漫长，而且曲折，有时甚至会退转：即使是已经向着同性恋方向发展的人，有时也可能会因为某些因素，不由自主地退回到更早期且更安全的性发展阶段，也就是自恋阶段。

精神分析家可以从精神病患者身上看到这种退化最戏剧性的例子，他们企图通过各种稀奇古怪的幻想来扭曲自己的感官知觉和感情，以达到自我保护的目的。史瑞伯认为世界末日即将到来的幻想就是其中一例。弗洛伊德指出，这一类的恐怖狂想在妄想症患者中间绝非特例。他们会把自己的"内在灾难"向

第六章 疗法与技术

外投射,认定一个普遍性的毁灭已经临近。妄想症患者的庞大重建工作就是以此为起点的:世界正在被摧毁之中,"妄想症患者把它重新建立了起来。这个新的世界尽管不如先前的一个璀璨,但最少是可以让他再次存活的世界"。事实上,"我们认定是病态的产物,其实是一个重新发现和重新建构的尝试"[125]。

单凭一本《回忆录》就可以做出如此淋漓尽致的分析,弗洛伊德的演出让人叹为观止。这个分析所勾勒出的轮廓尽管日后被其他研究者的研究稍稍修正,但它的基本有效性却始终屹立不动。弗洛伊德通过史瑞伯的案例,以前所未有的清晰说明了心灵有哪些防御机制,退行会遵循何种路径,而矛盾心态又会带来哪些代价。史瑞伯所使用的一些象征、联系和变形,一经弗洛伊德指出后,就昭如日月。例如,太阳象征史瑞伯的父亲,同样的,弗莱克西希医生乃至于上帝,都是老史瑞伯(他也是个医生)的象征。老史瑞伯人生大部分岁月都是个无信仰者和严谨刻板的人,但小史瑞伯却把宗教狂热和好色淫乱加到对父亲的变形建构里,这可以说是把爱变形为恨的显著例子。弗洛伊德的史瑞伯分析报告所带给读者的知性之乐,一点都不亚于带给他自己的快乐。

在确认儿时经验是导致史瑞伯内心冲突的主因后,弗洛伊德就试着去找出史瑞伯成长环境的资料作为佐证。他相信,这些额外的资料应该是有用处的,因为史瑞伯的《回忆录》曾经有过对其家人的删节。"如果我能够从熟悉的人类动机中得出他的妄想症的核心,我将会备感满意。"[126]他说这句话时语气明显带着不满意。为此,他托一位住得离史瑞伯家族不太远的德国追随者施特格曼(Arnold Stegmann)医生,为他"收集各种有关老史瑞伯的个人资料。我会在分析报告中讲些什么,将视这些资料的内容而定"[127]。施特格曼搜集到的资料一定很有限,因为在弗洛伊德出版的报告里,他的分析绝大部分都是以史瑞伯的《回忆录》为根据。不过,弗洛伊德却私下放胆做了一些猜测。他在给费伦齐的信上说:"如果我说老史瑞伯医生是个能行'奇迹'的医生的同时,又是个家中的暴君,你会怎样想?"又说他会很欢迎这方面的材料,作为他对史瑞伯分析的补充[128]。

这是个精明的猜测,但由于找不到任何可用的证据,弗洛伊德并没有进一步发挥下去。他甚至没有去读老史瑞伯的作品,而这点是很可惜的,因为如果他读了,就会发现这些作品会对他大有帮助。老史瑞伯是个名人,因为鼓吹一种"对年轻人的融洽教养法"而享有全国声誉,而且也是"德国矫治体操课的创立者"⑫。有若干年时间,他在莱比锡经营一家声誉卓著的整形外科诊所。不过,他最广为人知的身份,却是"休闲农园"(Schrebergärten)的热烈倡导者。所谓的"休闲农园"是市政府设在市郊的一些小块田地,供怀念务农生活的城市人在闲暇时种种菜或果树,又或只是纯粹享受一个绿色的休闲环境。

事实上,史瑞伯妄想症的根源,是可以在他父亲的作品中找到蛛丝马迹的,而且这种关联,还可以佐证一个弗洛伊德持之已久的主张:心灵具有一种把它得自外在世界的材料加以扭曲变形的天分。如果能熟悉老史瑞伯作品的话,弗洛伊德可为他对史瑞伯的直接分析添加上若干细节。但不管出于什么理由,弗洛伊德就是没有这样做,而是以他既有的分析为满足,也就是说,他认定史瑞伯会得妄想症,就只是因为深爱着父亲,而这种爱里又包含着不被容许的同性爱成分。事实上,弗洛伊德还把史瑞伯得以部分康复的原因,解释为他的"弑父情结"里包含着"本质上的正面色调"⑬。

弗洛伊德之所以会不再深究老史瑞伯的为人,不再深究他是不是真是个家庭暴君,其理由是显而易见的。老史瑞伯看来是个很杰出的人,"而这样的人会在儿子的柔情记忆里被变形为上帝,显然没有什么不合理的地方"⑬。弗洛伊德有所不知的是,这个名人事实上对自己儿子所蒙受的精神折磨,要负上或多或少的间接责任。在《回忆录》里,史瑞伯提到,他曾经看到自己的头被一部恐怖的夹头机器(Kopfzusammens-chnürungsmaschine)夹得紧紧的。这固然是他幻想的一部分,但这个幻想并不是没有事实基础的。小时候,史瑞伯的父亲曾经为子女设计过一种用来改善头型的机器。尽管有关史瑞伯小时候家庭生活的资料相当稀少,但毫无疑问,他建构出来的那个古怪世界,有相当大的部分和他小时候接受过的机械折磨有关。这个发现的重要性有多大很难评估,不管怎样,弗洛伊德的基本诊断的有效性是毋庸置疑的。但是,他忽略了在史瑞伯对父亲的爱背后潜藏着恨,而这种恨,大大助长了史瑞伯的煎熬与痛苦。他在妄想症中建构出来的那些东西,乃是真实生活中痛苦记忆的变形。弗洛伊德笔下的史瑞伯已经够让人目眩神迷的了,如果有一个更全面的探索的话,这个史瑞伯说不定会更让人着迷。

事出有因:狼人政治学

弗洛伊德在1910年12月完成了史瑞伯的分析报告⑬,这时,他对狼人(日后他最著名的病人)的分析治疗,已进行了近一年。狼人本名潘克耶夫(Sergei Pankejeff),是一个年轻、英俊富有的俄国贵族。出现在弗洛伊德面前时,其心理危机看来已超出神经症的程度,演变为一些极其有害的症状,情况非常严重。之前,狼人曾在私人医生和仆从的簇拥下,到各地求医,从一种治疗转到另一种治疗,从一个收费昂贵的专家转到另一个收费昂贵的专家,却一点效果都没有。他健康的衰损始于17岁感染淋病以后,而现在,据弗洛伊德的形容,"已无独立生活的能力"[13]。

毫无疑问,弗洛伊德会有兴趣治疗这个病人,部分原因是狼人曾经接受过他两个敌手的治疗,一个是柏林的齐恩,一个是慕尼黑的克雷佩林(Emil Kraepelin)。齐恩时任柏林著名的夏里特医院(Charité Hospital)院长,曾经有几年时间,他对精神分析表现出善意的兴趣,但后来却成为弗洛伊德最猛烈的攻击者。克雷佩林要比齐恩更为有名,而且完全不认为弗洛伊德的观念和临床方法有任何价值。在弗洛伊德正逐渐建立起其观念系统之时,这两人是当时德国学院派精神医学代表人物中的佼佼者,但他们都治不好狼人的病。

弗洛伊德认为自己也许帮得上狼人的忙。"你规劝我要多休息,但结果是——"他在1910年告诉费伦齐,"我又收了一个来自敖德萨(Odessa)的新病人,他是个有着强迫症状的有钱的俄国人。"[14]弗洛伊德在一家疗养院里看过狼人一次后,一等到自己可以排出时间,就邀他做了伯格巷19号的病人。就是在伯格巷19号,狼人发现了弗洛伊德的分析室里具有一种静谧安详的气氛,并发现弗洛伊德是一个专注而有同情心的倾听者,足以提供病人康复的希望。

狼人的分析报告,与弗洛伊德分析史瑞伯和达·芬奇的论文同属一个系列。它们都是用来提供临床和理论上的洞察,但与此同时,又有其各自的现实动机。弗洛伊德希望可以借着这个临床报告,有力地打击精神分析的背离者。正如他在这个报告的首页不讳言地指出的,他写这个报告,是为了还击荣格和阿德勒对精神分析真理所做的"扭曲性再解读"[15]。所以,弗洛伊德会在1914年秋天把狼人的分析报告写出来并不偶然。他把这个报告视为一年前发表[16]的《精神分析运动史》的姊妹篇,而后者是他对效忠者发出的战斗总动员令。

弗洛伊德的战斗意图也反映在他为狼人的分析报告所选择的标题上:《来自婴幼儿神经症的生活史》("From the History of an Infantile Neurosis")。毕竟,弗洛伊德已经观察到,荣格刻意突出的是"现实和压抑,而阿德勒(刻意突出的)是自利动机(egoistic motives)"。这是因为,荣格主张,对儿童性欲的回忆只是一种把成年的幻想往回投射的产物;阿德勒则主张,早期爱欲不是以性为本质而是以侵略为本质。这都是对弗洛伊德的儿童性欲理论的一种否定,但弗洛伊德却坚称,被这两人所指为错误的东西,"恰恰是精神分析的新颖处和专属物"。又说这两人在否定他的性欲理论的同时,不啻是否定了"令人不舒服的精神分析的革命进步之处"。这也是为什么弗洛伊德会把狼人案例的着重点放在儿童神经症上面,而不是一个23岁的青年近乎精神病的状态上。狼人首次踏进弗洛伊德的分析室是在1910年2月,当时,弗洛伊德的《达·芬奇》论文正接近尾声。

弗洛伊德认为狼人是一个能够佐证其"令人不舒服的"理论的理想案例,因为它未受到"胆怯的妥协"而失真。如果他真的能迅速把这个案例付梓的话,那它应该有助于厘清他与荣格和阿德勒的歧异之处。但这个出版计划却因为一件意外事件而受到延宕:第一次世界大战。在这场战争期间,一切精神分析的出版活动都近乎停止,而等到报告终于在1918年出版时,弗洛伊德已经用不着靠这个报告来跟荣格和阿德勒划清界限了。尽管如此,弗洛伊德一直把这个案例的位置摆得很高,其理由不难理解。狼人所受到的心理折磨是如此具有启发性,以致其分析治疗还在进行的过程中,弗洛伊德就已发表了一些有关这个案例的内容片段,还要求其他的精神分析家提供给他一些有助于阐释其病人早年性经验的材料。

狼人案例跟弗洛伊德较早期的案例是有共鸣性的:就像杜拉一样,解开狼人的神经症的主要钥匙是梦;就像小汉斯一样,狼人儿时曾经历过动物恐惧症;此外,他也像鼠人那样,有一段时期深受强迫性的重复行为与执念所苦。狼人也以活生生的经验为弗洛伊德当时感兴趣的理论问题(如儿童性欲和人格结构的发展),提供了有用的材料。尽管如此,狼人案例可不只是弗洛伊德之前作品的一个综合,而是也带着预示性:它预告了在这个治疗结束的四年后,弗洛伊德会从事哪些方面的研究。

狼人的分析治疗一开始颇具戏剧性。弗洛伊德私下告诉费伦齐,经过第一回合的治疗之后,狼人"向我坦承以下的移情:一个犹太骗子,他喜欢从后面'使用'我且在我头上拉屎"。由此可见,这是一个具潜力但同时大概也是很困难的案例。事实上,弗洛伊德辛苦地从狼人嘴里诱导出来的,是一个令人伤心的故事,其中包含了过早的性刺激、要命的焦虑症、奇特的性癖好和曾经使其童年蒙上阴影的强迫症。当狼人两岁多快三岁的时候,他姐姐就挑逗他玩性游戏,把玩他的阴茎。他姐姐比他大两岁,是个固执、充满肉欲而不知拘束的女孩。对于她,狼人是既敬佩又嫉妒。不过,在儿时的性游戏里,小狼人并没有把她视为伙伴而是视为敌人,极力抗拒她的碰触。他爱的是他的保姆,而且通过手淫的方式,企图诱惑他的保姆。保姆明白他在她面前手淫的意思,并郑重警告他,小孩子这样做,"那地方"就会"受伤"。这个半遮半掩的威胁花了好些时间才在小狼人的心灵里生根:一直要到他看到过他姐姐和另一个小女孩小解,发现了某些人的确没有阴茎以后,他就开始产生被阉割的焦虑。

在害怕中,小狼人退缩到更早期的性欲发展阶段,也就是肛门虐待狂(anal-sadism)与受虐狂(masochism)阶段。他会残忍地折磨蝴蝶,也会用恐怖但刺激的被打的性幻想折磨自己。被保姆拒绝后,他陷入了真正的自恋,并挑选了父亲作为性幻想的对象。他渴望父亲打他,所以刻意刺激(更精确地说是诱惑)父亲对他进行体罚。他的性格转变了,而他那个有关狼的著名梦境(也是弗洛伊德分析的核心)就是出现在那之后不久,亦即在小狼人四岁生日之前。他梦见自己躺在床上,面对着窗户(真实生活中他的床就是面窗的),当时是夜晚,突然间,窗户打开了(看来是自己打开的)。他惊恐地看到,一颗大胡桃木的树枝上坐着六七只狼。它们是白色的,但看起来更像狐狸或牧羊犬,那是因为它们有着狐狸似的大尾巴以及警觉、竖起的耳朵。"在极度的焦虑中(显然是因为怕被狼吃掉),我尖叫了起来。然后醒了过来……"⑲半年后,他的焦虑症就完全成形,交织着动物恐惧症。他出现了很多强迫行为,极为易怒,而且被性欲望紧紧纠缠着,同性恋欲望扮演了一个很大却隐而不现的角色。

这个儿时的创伤经验为日后狼人神经症式的性行为铺了路。这些经验的一部分,要到很后来(狼人成年初期)才发展为严重的心理问题,这就是精神分析家所谓的"滞后作用":得等他的心灵组织成熟到一定程度,才能感受到儿时经验的创伤性。尽管如此,它们仍然从很早就塑造了他的性癖好:他特别偏好大臀部的女人,因为她们可以满足他从背后交媾的欲望;另外,他也只对女仆或村姑感兴趣,因为他需要他的性对象低他一等。

弗洛伊德认为,自己在着手分析狼人的情欲生活以前,有必要先研究涉及狼人姐姐和保姆在内的那些儿时片段。尽管狼人坚称自己有关这方面所说的都是真话,但弗洛伊德却不无怀疑,而且认为,就算狼人说的是事实,仍不足以解释狼人儿时的神经症为什么会如此严重。这个谜,在狼人接受分析治疗的过程中,有很长一段时间都让人看不清,直到狼人透露那个包含狼的梦境("狼人"的绰号就是因此而来),其原因才渐露端倪。

在精神分析文献中,"狼梦"的地位仅次于弗洛伊德在大约15年前,即1895年所分析的"伊尔玛的注射"之梦。到底狼人第一次向弗洛伊德透露这个梦境是在什么时候,我们并不确知,但日后据狼人回忆,他提到这个梦,应该是在分析治疗的开始(弗洛伊德也同意此说)。这么说,弗洛伊德对这个梦一定是分析了一遍又一遍。不管怎样,在狼人把这个梦境说出来以后,曾把梦中的景象画成一幅画(他是个业余艺术家)给弗洛伊德看。画里的狼高踞在一棵大树的树枝上,俯视着梦者——但和狼人的回忆有所出入的是,画中的狼只有五只[19]。

提到这个发生于大约19年前的梦境的同时,狼人也透露了一些相关的回忆片段:他对一本童话书的狼插图感到害怕,但他姐姐则反复把插图拿给他看,以他的害怕为乐;他父亲庄园的邻居本来养着大群大群的羊,但这些羊在一次瘟疫中大量死亡;他从祖母那里听过一个有关狼的故事,故事中的狼把自己尾巴扯掉;以及有如"小红帽"之类的童话。这些在弗洛伊德看来,反映出狼人对父亲有着一种原始的、深藏着的恐惧。"狼梦"的其他成因还包括了阉割恐惧和想从父亲那里得到性满足的渴望,而这种渴望,又转化为焦虑:担心如果这种渴望要得到满足,自己就得先被阉割,成为女儿身。然而,并不是梦境里的每件事情都和小狼人的渴望和焦虑有关。狼人梦境的逼真,还有梦中那些狼完全静止不动的姿势(这些都是狼人极力强调的细节),让弗洛伊德推论说,这些狼是狼人在真实生活中经验过的某种事情的扭曲变形。这个推测,和弗洛伊德主张的一个原则是一贯的,那就是,梦总是会把经验或渴望转化成相反的东西。他认为,那些沉默不动的狼一定是反映着狼人小时候目睹过什么震撼性的场面。在这样的提示下,狼人自己分析说,梦中他看到窗户突然打开,一定象征着弗洛伊德所说的那个震撼性场面,而且是他某次突然醒来时目睹的。

但他看到的是什么场面呢?弗洛伊德在揭开谜底以前,觉得有必要暂停下来,策略性地向读者补充说明。弗洛伊德意识到,他将要说出来的推测,只怕连最忠实的追随者都会起疑。"我恐怕,"他写道,"我的读者将会在这一点上失去对我的信任。"[20]原来,弗洛伊德认为,狼人的梦境反映出小狼人曾经目睹双亲交

第六章　疗法与技术

媾的场面。弗洛伊德的重建可是一点都不含糊：他推测，狼人父母一天性交三次，而其中最少有一次所采取的体位，是小狼人可以清楚看见他们的性器官的。弗洛伊德的这个猜想已经够玄的了，但还不只这样：他还断定，狼人目睹父母性交，是在一岁半。

一岁半的小孩会明白他看到的是什么事情吗？弗洛伊德倒不认为这是个问题。他说，成年人常常会低估小孩的观看能力和他们对所看到的事情的理解能力。但另一方面，他却怀疑，小狼人"看到"父母交媾的情景，到底是真有其事，还是只是幻想出来的。弗洛伊德当然是对事情的真相感兴趣，但又坚持，这个问题"并不是挺重要"。因为毕竟，"父母交媾，在童年时受到诱惑，或受到阉割的威胁，这些场面无疑都来自个体所固有的特性，但也可能是真的通过个人经验得来的。"[我们在这里看到，之后也将再度看到，弗洛伊德最与众不同，也是最无可抗拒的学术成就：弗洛伊德接受拉马克式信条（Lamarckian，由拉马克〔Chevalier de Lamarck，1744—1829，法国生物学家、进化论者〕所提出的进化论与达尔文的进化论在本质上有很大的差异，达尔文强调的是物竞天择，适者生存，而拉马克的理论则认为生物的特征可由一代一代的学习慢慢累积而成。也就是说，每一代所学得的特征会借由遗传让子代继承。——编者注）——这些想法大部分可能都已经出现在达尔文的著作中，而他本身也在某种程度上信奉这个理论——认为"个性"（在这个例子中，是童年时受到引诱或是受到阉割威胁的"记忆"）是可以继承的。当时极少有声誉的生物学家愿意相信这种观点，也少有分析学家对此理论觉得安心，但弗洛伊德仍抱持此观点。〕也就是说，不管小狼人看到父母交媾是真有其事还是出于想象，两者对于他幼小心灵的影响力都是一样的。至于真相如何，弗洛伊德打算存而不论。

有关真实与幻想的问题，弗洛伊德当然一点都不陌生。正如前面提过的，弗洛伊德在1897年抛弃了他本来所主张的，只有真实的事件（如儿时受到强暴或诱惑）才会导致神经症，改为主张：这种创伤即使只是出于幻想，也一样会造成神经症。弗洛伊德并不是主张，心理创伤一律是由虚构的幻想引起。他更倾向于认为，幻想是由当事人的视觉和听觉材料的断片编织而成的图画，有着心灵上的真实性。在《梦的解析》近结尾的地方，他曾经力主"心理真实"（psychical reality）和"物质真实"（material reality）尽管是不同的形式，但重要性不相上下。在分析"狼梦"时，弗洛伊德认为——不管是出于论战的需要还是科学的理由——这个视角是不可少的。他坚信,对原初场景(primal scene)的回忆,多少总有一些事实基础(如看见父母或动物交媾之类的)。这个主张,是弗洛伊德向荣格的正面开火,其重点在于认定成年人的神经症起源于童年经验,而不是像荣格说的那样来自于成年后的幻想。换言之,弗洛伊德主张,神经症的起源要比荣格所认为的要深密得多,绝不是后来才夹带进来的。"童年经验的影响力,"弗洛伊德以最强调的语气表示,"业已昭然若揭地表现在它对神经症的构成上。它会以一种有力的方式,决定一个人会不会失去驾驭生活的能力,而如果会,又会在什么时候发生。"[140]

如前所述,狼人成年后之所以无法驾驭其生活,是因为他有着不快乐的性依恋。因此,弗洛伊德在为狼人进行分析治疗和撰写他的分析报告的那些年间,会同时思索"爱"的理论,绝不是偶然的。自1910年以后,弗洛伊德就"爱"这个主题写过好几篇文章(但从未把它们合成为一本书)[141]。"一切(有关爱的事情)都早已被别人说过了。"[142]他有一次这样写道。但既然把性能量放在人类心灵的主要位置,他就无法把"爱"这个被人无休止地加以讨论,而又几乎没有定论的主题置之不理。年复一年倾听病人对他诉说他们哪里出了差错的感情生活后,弗洛伊德把"对爱完全正常的态度"界定为"情感(the tender)与肉欲(the sensual)这两种趋向"的交汇[143]。不过,有些人却是无法对他们爱的人产生性欲,而有些人则无法去爱他们有欲望着的人[144]。这是一种分裂,是情感能力的发展产生偏差的征候。大部分有这种分裂的人都会觉得它是一个痛苦的负担,但这一类的情形却非常普遍,这是因为,"爱"(就像它的对手"恨"一样)自小孩最幼小时以原始的方式浮现后,就注定会在迈向成熟的道路上历经浮沉:像俄狄浦斯阶段就是"爱"的一个接受考验与指导的时期。就像其时代备受敬重的作家一样,弗洛伊德把无欲之爱视为单纯的友情,把无爱之欲视为色欲。精神分析的一个主要目的,就是要给病人上一堂现实主义的课,让病人的"两种趋向"得以达到和谐交汇的境界。但在狼人个案里,这样一个快乐的结局却有过一段很长的时间看来遥不可及。他解不开的肛门爱欲,他对父亲同样有解不开的固着(fixation)——成为狼人发展出成熟感情能力以及达到成功治疗的障碍。

对狼人的分析治疗持续了几乎四年半,如果不是弗洛伊德决定采取一个最不正统的策略的话,整个治疗时间说不定会持续更久。事实上,弗洛伊德对狼人的分析治疗一直都感到困难重重。"头一年的治疗几乎没有半点效果。"他指出。狼人对他一直保持礼貌,但却在自己四周"挖了一道别人无法攻入的壕沟","他表现出一种柔性的漠不关心。他会聆听,也能了解,但就是不让任何事情触动他"。弗洛伊德感到非常受挫:"他那无可挑剔的智性就像是和主导着他行为的那些本能力量切断了关系似的。"㊾花了许多个月(多少个月弗洛伊德并未说明),狼人才愿意配合分析治疗的进行,但是,一旦感受到内在转变的压力,他就故态复萌,恢复原来的柔性抵制态度。他显然觉得生病状态反而更能保护自己,所以不愿意接受康复的前景。在这个困境中,弗洛伊德决定使用一个大胆的策略:定出一个结束治疗的确定日期(再过一年时间),而且绝不更改。这是风险相当高的一着,但如果弗洛伊德不是认定狼人对他已有足够的信赖,是不会下这一步险棋的。

这个策略奏效了,狼人开始看出了弗洛伊德的决定是"毫无松动余地的",而在这种"无情的压力"下,他放弃了阻抗和"对生病状态的固着"。他很快就把一切有助于弗洛伊德厘清其病因和减轻其症状的"材料"和盘托出㊿。到1914年6月,弗洛伊德认定,狼人基本上已经痊愈。狼人也觉得自己变成了健康的人,并打算结婚。[之后弗洛伊德对狼人心智状况的乐观评估加入了更黑暗的笔触。1919年,因为狼人成为苏俄革命的难民且急需经济资助,狼人再度短暂地接受弗洛伊德的分析。弗洛伊德在稍后察觉并写出报告,指出狼人的部分移情作用并未被清除。20世纪20年代中期,狼人又因妄想症的压力,接受了更密集的分析。然而他在心理上已相当独立,他具有足以成婚的能力、足以去面对家庭财产的损失的能力,并保有一份工作。他的一生都是个受尽折磨的人,他也从未体会到他那些洋溢的天分,因为它们似乎总是为他招致灾难。直到最后,他仍感激且崇敬弗洛伊德,沉浸在身为最著名治疗者的著名病人的感受中。]这个案例,对弗洛伊德来说是个最有力的奖赏,但是,持续让他感兴趣的,却是临床技术方面的事情,也就是他设计来逼狼人配合分析治疗的"勒索方法"。不过,在几乎事隔25年后回顾这个案例时,弗洛伊德却提出警告说,这个策略只有应用在最精确的时间,才可望获得成功。因为,"一个分析家一旦定出了最后日期,就绝不能延期,否则,病人对他的信任感将会尽失"。这是弗洛伊德对临床技术最大胆和最有争议性的一个贡献。在回顾这个案例时,他深感得意,并引用一句古谚来夸奖自己的表现:"狮子在扑杀猎物时只会跃起一次。"⑫

临床技术手册

弗洛伊德每个重要的案例分析报告,都或多或少是精神分析临床技术的一个浓缩教程。不过,从弗洛伊德在治疗鼠人过程中所写的笔记,我们却得知弗洛伊德不一定会遵守自己所制订的临床规则。有几十年的时间,弗洛伊德请鼠人吃饭之举是否妥当,一直是精神分析学界争论不休的话题(其中不无嫉妒的味道)。但对精神分析的发展史来说,真正重要的是他立下的规则,而不是他自己的破格行为。

弗洛伊德最早是在1895年,也就是在《歇斯底里症研究》一书所包含的案例分析报告里,谈到技术层面的问题。不过,他对技术问题的关注却是持续一生的,像《有期和无期的分析》("Analysis Terminable and Interminable")与《分析中的建构》("Constructions in Analysis")两文,都是在1937年他80岁之后写成的。对临床技术的改善抱有浮士德般雄心的弗洛伊德,从不以既有的成果为满足,一直孜孜不倦,精益求精。在生命的最后阶段,他开始好奇,药物的疗效会不会有朝一日凌驾于费时费事的精神分析之上。但他也相信,至少截至当时为止,精神分析仍是让病人脱离苦海最可靠的方法。

弗洛伊德历经40年时间对临床技术研究的最大心得,就是精神分析家应培养一种被动的警觉(alert passivity)。19世纪80年代晚期,他对病人使用的方法是催眠术;19世纪90年代早期,他使用的方法是诱导病人说出自己的烦恼,技巧则包括了抚摸病人的额头和打断他们的陈述。这个时期他对自己的治疗本领深具信心,其中一个显著例子就是他相信1893年他在阿尔卑斯山避暑时,只用了一次的治疗分析就治好了病人卡特琳娜的歇斯底里症状。另外,他对杜拉的分析,也反映出此时期他在临床上的权威风格。很显然,到了1904年,他主要的临床技术已统统到位——这一点,可从他为勒文费尔德(Leopold Löwenfeld)的《心理的强迫表现》(*Psychic Obsessive Manifestations*)撰写的短文《弗洛伊德的精神分析方法》("Freud's Psychoanalytic Method")反映出来。

然而,在1910年发表于纽伦堡会议上的《精神分析疗法的未来机遇》("The Future Chances of Psychoanalytic Therapy")一文里,他谈论临床技术问题的语气,却与以前有了大大的不同。那是一种收敛的语气,而此后终其一生,谈到临床技术时他都是这种语气。在纽伦堡的演讲中,他告诫同行,对精神分析而言,很多迫切的临床技术上的问题都是未解之谜。又说在临床技术的领域,"几乎一切"都"还没有达到明确的确定性,而其中有相当多的部分,我们还只是处于了解的开端而已"。这里所说的"还只是处于了解的开端"的项目包括了分析家对病人的反移情作用,还有弗洛伊德开始应用于病人身上的那些技术改良[13]。

同年,弗洛伊德发表了一篇中气十足的短文,抨击他所谓的"野蛮"分析。证诸日后(20世纪20年代)人们对精神分析语汇滥用成灾的情形,《论"野蛮"的分析》("On 'Wild' Analysis")一文可谓深具先见之明。文中弗洛伊德提到一位"年长女士"的病情,她是个年近50的离婚妇人,"保养得非常好",因此"女性韵味显然还没有消失"。离婚后,这女士就出现了焦虑症状,为此她求诊于一位年轻医生,结果症状不减反增。那医生告诉她,她的症状是由"性需要"所引起,并提出三个可能让她恢复健康的办法:回到丈夫身边、找一个情人,或是手淫。但这三个选项无一符合这位"年长女士"的意愿。不过,由于在诊察过程中,年轻医生提到自己的见解是来自弗洛伊德,又说如果"年长女士"对他的诊断有怀疑,不妨找弗洛伊德本人求证。就这样,她踏入了弗洛伊德的分析室。[15]

但听了那位女士转述年轻医生的一番话以后,弗洛伊德不但不觉得受到恭维,反而火冒三丈。他知道,病人(特别是精神异常病人)的陈述并不一定是可靠的,所以那位女士所转述的话,说不定是经过扭曲的,甚至是虚构杜撰的。尽管如此,弗洛伊德仍然认为,故事中那个年轻医生是个很好的反面教材。这个业余的精神治疗家犯了几个错误。首先,他无知地以为,对精神分析家来说,"性生活"一定是指肉体上的,而事实上,此词指涉的范围要大得多,包括了意识层面的感受与无意识层面的冲动。弗洛伊德认为,固然不能排除女病人真如那位年轻医生所说的,得了一种"现实神经症"(actual neurosis),亦即一种由身体因素所引起的心理失调。如果是这样,那年轻医生开出的"处方"就不能说是不合理。但更有可能的是,医生误读了病人的处境,也因此开出了无效的处方。不过,弗洛伊德认为,那位医生所犯的最大错误还不是在诊断上,而是在临床技术上:就算他诊断无误,也不应该以为,只要告诉病人问题的症结所在,就足以治愈病人的疾病。因为,精神分析不能回避的一项工作就是克服病人的阻抗心态。"在分析治疗的一开始就三言两语把病人问题的症结道破,是一个技术上的错误。"尤有甚者,凡这样做的分析家都等于是在"惩罚自己",因为这会引起"病人强烈的敌意",自此,他对病人的影响力将会尽失。简言之,在分析家尝试对病人提供任何的评论分析以前,必须要对"精神分析的戒律"[158]有相当的认识。

为了防堵这一类"野蛮"的分析,同时汇整自己从临床实践中获得的心得,弗洛伊德在1911年至1915年间出版了一系列论临床技术的论文。尽管语调保守,但论战的意味却溢于言表。他在1912年写给亚伯拉罕的信上说:"你对我最近论临床技术文章的肯定,对我而言十分有价值,你一定是已经意识到我的批判企图了。"[159]弗洛伊德早在几年前就已经想撰写这方面的文章,当时,他正进行着一些他重要的案例治疗分析工作。一如往常,他的临床心得和他的出版作品是相辅相成的。"除星期天以外,"他在1908年11月下旬告诉费伦齐,"我难得有机会为精神分析的方法论问题写上几行字,迄今我才写了24页。"[160]弗洛伊德的进度很缓慢,慢得超过一向充满热情的费伦齐的预期。两星期后,弗洛伊德又勉力写出10页,但不认为自己在圣诞节费伦齐过访前,能再写出多少[161]。到了1909年2月,他决定把整个计划搁置一旁,等夏天假期再开动[162]。但在6月,他却告诉琼斯:"论临床技术的论文已完成一半,但我目前无暇把另一半续完。"[163]不过,临床工作尽管占去了他撰写临床技术文章的时间,它们却提供了研究临床技术问题无价的材料。"我的那些病人令人作呕,"他在10月告诉费伦齐,"但却给了我一个研究临床技术的新契机。"[164]

这些新的研究契机让他雄心勃勃地准备开始写作计划,他在纽伦堡举行的精神分析家大会上宣布:自己在"不久之后"将会以一部"精神分析的一般方法论"[165]来探讨移情作用和其他与临床情境有关的问题。不过,他所说的"不久之后",后来竟延后了近两年的时间。"你那本谈方法论的书究竟什么时候会出来?"当年末琼斯问他,"一定有很多人在引颈以待——包括朋友与敌人。"[166]他们得有耐性,因为这个系列的第一篇文章《论精神分析中对梦的解析的驾驭》("On the Handling of Dream Interpretation in Psychoanalysis")得等到1911年12月才会出来。而其他几篇(共六篇)则在接下来几年零散地陆续出版。其他作品的写作以及精神分析圈的斗争,拖慢了弗洛伊德的进度。更重要的是,弗洛伊德对这个工作的态度,从一开始就非常慎重。当他把还没有写满20页的文章寄给费伦齐过目时,就曾预言:"我相信这些文章对正在从事精神分析工作的人来说,将极为重要。"[167]时间将证明他是对的。

《论治疗的开端》("On Beginning the Treatment")是这一系列论文的缩影,其调子具鼓励性而通情达理,让人感到弗洛伊德要提供的是一些有弹性的建议,而非不可变更的铁律。文中他用下棋的开局来比喻分析治疗的开始:下棋的开局是没有单一的、不变的规则可循的,分析治疗的开始也如此。这不只是为了给分析家一些自由空间的缘故,也是因为,病人的病史各有不同,不能拿一个硬性的规则一以贯之。尽管如此,弗洛伊德仍然认为,有若干策略明显适用于分析治疗的开端,其中之一就是分析家应慎选病人,因为并不是每个病人都稳定或明智得适合接受分析治疗。另外,病人和精神分析家最好是素不相识的(这是弗洛伊德自己最喜欢犯的规)。然后,当分析家选定病人,并定下开始的时间后,他应该利用最初几次的晤面,作为进一步审视病人的机会。这个阶段应该在一星期上下,这期间,他应该保留对病人是否适合接受精神分析的判断。

这些初步的会面不应该以常态的诊察视之。事实上,在这些试验性的场合,分析家应该比平常更加沉默。然后,如果分析家决定要放弃一个病人的话,他应该"想办法不让病人感受到治疗流产的痛苦"[168]。不过,这并不是说,这个阶段一过,分析家就可以认定病人绝对适于接受精神分析。因为事实上,有些看似是温和歇斯底里症或强迫症的症状,有可能只是初期精神病的伪装(精神病患者是不适合接受精神分析治疗的)。弗洛伊德警告说,特别是在最初几周,分析家对自己的判断绝不能过于自信。

不管是在这个试验阶段还是正式分析阶段,进行治疗的环境都应该是同样的安排:病人躺在沙发上,分析家坐在他后面(因此病人看不到分析家),凝神静听病人的倾吐。很多以精神分析场面为主题的漫画,都会把分析家画成一个大腿上放着本笔记本的人,这事实上是个误解,而弗洛伊德也在他的论文里特别告诫分析家不可以犯这个错误。他指出,分析家聆听病人倾吐时绝不可做笔记,因为这会导致分心。他们必须努力用心去记住病人说过的话,事后记录下来。弗洛伊德承认他主张让病人躺在沙发上而分析家则坐在病人看不见的地方,是得自催眠术的启发,也承认这个安排有一种个人的理由:"我不能忍受一天8小时(或更多)被人瞪着。"但除此以外,他也提出了一个不那么个人的理由:由于在分析治疗的过程中,他会让无意识主导自己的心神,所以不想让病人看到他的面部表情,以免他们会分神[169]。

他也承认,这个故意安排的治疗环境可能会给病人带来压迫感。但弗洛伊德认为,对分析治疗来说,这恰恰是个优点。"我知道,"他这样写道,"有很多分析家的做法有所不同。但我不知道,他们这样做,是为了故意立异而立异,还是另有考虑。"⑱至于他自己,却一点都不怀疑,精神分析的情境会让病人退行,从日常交谈的束缚中解放出来。任何可以促进退行的安排(沙发、分析家的沉默和中性语调),都有助于分析治疗的进行。

从分析治疗进行的第一天开始,分析家和病人就有一些现实的、世俗的事情要面对。正如我们所知的,不避讳谈任何事情,乃是精神分析的专业要求。但19世纪的布尔乔亚文化却是充满禁忌的,其中特别是金钱和性。如果分析家任由病人在这些方面避开去,或以迂回曲折的方式进行,将会让分析治疗一开始就变得残缺不全。分析家应有的一个心理准备就是,那些到他的分析室接受治疗的男女,"在谈及钱的问题时,会跟他们谈性的问题一样,同样表现出不一贯、拘谨和矫饰"。弗洛伊德承认,金钱是自我保存和权力的一个重要工具,但他又认为,病人对金钱的态度,可反映出影响其心灵的一些"有力的性因素"(powerful sexual factors)⑲。因此,坦率是很有必要的。事实上,病人的利益和分析家的利益是一致的,尽管病人未必从一开始就意识到这一点。病人必须同意,不管治疗有没有成效,他都必须付费。弗洛伊德知道,这样的要求,无疑会让有着医学人身份的分析家显得势利眼,但他却坚持,这是唯一实际可行的安排。因为给予病人付费上的特殊通融,将会造成分析家本人生活品质的下降。这些年间弗洛伊德写给密友的信件证明,他对他们的收入多寡是很在意的:只要听说他们生意兴隆,他就会欢欣雀跃。不过,弗洛伊德坚持不可有金钱上的让步,理由并不只是考虑到分析家的收入,而且也担心这样会危及治疗的连续性与强度。如果一个病人得了器官性疾病,分析家应该停止分析治疗,把为该病人预留的时间拨给其他人;但等这个病人一痊愈,就应该尽早(在分析家腾得出时间的前提下)重新恢复分析治疗。

为确保治疗的连续性和强度,弗洛伊德会见大部分的病人一星期六次。例外的是那些病情温和和治疗接近尾声的病人,他们一星期见三次就足够。但弗洛伊德指出,即使分析治疗一星期只打断一天(即星期天),也会对进程有所影响,而这也是为什么精神分析家会打趣地说"星期一的面包屑"的原因。更重要的是,分析治疗通常都需要一段很长时间才会奏效,因此分析家最好在一开始就坦白告诉病人,治疗有可能得花上好几年。在这个议题上,就像其他与分析情境有关的一切议题一样,实话实说乃是上上策:"大体来说,我认为从一开始就让病人知道分析治疗的种种难处和需要付出的牺牲,不但是更高尚的做法,也是更恰当的做法。这样,病人在日后就不会因为治疗过程的冗长和艰巨抱怨。"⁽⁹⁹⁾反过来看,分析家也应该给予病人随时终止治疗的权力。这种权力,弗洛伊德带点恼恨地说,就是他早期的病人动辄使用的。他说这话,证明杜拉仍是他心中之痛,尽管她不是他唯一半途而废的病人。

在分析家最初应该告知病人的各种事项中,"基本原则"是不可少的一项。所谓的"基本原则",就是病人必须答应愿意切实进行自由联想,把心里想到的任何事情毫无保留地说出来。另外,不缺诊和按时付费都是病人应该遵守的事项。如果病人忽视了这些责任,分析家就应该把他为什么会这样做的理由纳入分析中——正如分析家们喜欢说的,这些现象都是分析治疗的宝贝。不然,如果病人一再违反基本原则,分析治疗就必然会受到破坏。在《论治疗的开端》一文中,弗洛伊德极端强调基本原则的重要性,反复叮咛再三⁽¹⁰⁰⁾。很显然,这篇文章乃至同系列其他文章所设定的读者,都是弗洛伊德的精神分析家同仁。他在对费伦齐谈到他准备要写的"方法论"时这样说:"那些仍然站在外头的人是不会明白其中任何一个字的。"⁽¹⁰¹⁾不过,尽管是以同仁为对象,他似乎仍然满怀疑虑,对任何主张都强调再三,就像生怕别人会误解他的话似的。除了上述的事项外,弗洛伊德又指出,从一开始,分析家就应该让病人明白,他与分析家的谈话将不会跟他人生中进行过的任何谈话相似。在这种谈话中,条理、文法、逻辑、得体与否和风格的考量都是不相干的,甚至是有矛盾的。病人最不想透露的事情,正是他必须要说出来的。弗洛伊德对所有病人的第一要求就是绝对坦白,如果这是无法完全办到的话,分析治疗将是徒劳的。

病人可以用来对付其神经症的武器就是说话,分析家的武器是分析,这是两种很不同的武器。因为病人的语言活动应该尽可能无拘无束,分析家则恰恰相反,说什么和说多少都要慎重斟酌。分析家与病人的关系是一种最奇怪的关系,因为他们半是盟友,半是敌人。病人会在多大程度上与分析家合作,是受到其神经症的强弱度限制的。至于分析家,则应该努力做到不受自己的神经症的蒙蔽。不管在任何情况下,他都应该用一些高度特殊化的策略,这些策略,部分是从他所受的精神分析训练学来的,其余则是从他与病人的相处经验得来。另外,分析家必须要自我约束,对病人所说的大部分事情保持沉默,只对少数做出评论。应该让病人在大部分时间都觉得分析家是个吝惜语言的人,这样,他才会把分析家偶一提出的分析,视为珍贵的礼物。

精神分析的解析是一种颠覆性的解读,它们会让病人产生错愕、不自在和怀疑的心理,因为它们和病人对自己所说的话的理解,是大相径庭的。不过,这正是分析家的目的所在:让病人重新审视自己的言语与行为。例如,弗洛伊德把狼人梦境中那些沉默不动的狼解释为一个激烈性交场面的扭曲象征,就是要把一个既可怕而又刺激的记忆,从压抑着的深层释放出来。他把鼠人的强迫重复行为解释为对其最爱的人的无意识恨意,也同样是把压抑着的东西拖曳到阳光底下。分析家的分析结果,并不是每次都是这样可观,但他们至少应该把目的设定在削除自欺这一点上。

决定应该分析病人提供的哪些材料,以及在什么时候向病人提出分析,是一件很微妙的事。精神分析治疗的本质性格也系于此。在《论"野蛮"的分析》一文中,弗洛伊德指出急躁的分析是会误事的,因为不管它有多精确,都必然会导致分析治疗夭折。在《论治疗的开端》里,弗洛伊德尽情发泄了他对喜做急躁分析的分析家的揶揄,说他们的动机是为了炫耀才智而不是帮助病人:"对一个有经验的分析家来说,要从病人的自白与他的病情报告中侦测出病人隐藏着的渴望,并不是什么难事。不过,分析家与病人认识的时间是那样短,而对方又是对所有的精神分析命题一无所知,想想看,如果分析家骤然告诉病人,他对母亲有乱伦欲望,或有希望母亲死掉的愿望,或有欺骗上司的念头,那是多么自以为是和欠缺思虑的做法!我曾听说过有些分析家吹嘘自己可以即时切断症状和迅速把病人治好,但我要告诫每一个人不要以此为榜样。"⑫审慎的分析家总是采取迂回的方法来追求治疗的目的:他首先会分析病人的阻抗,再分析他的移情,再诱导他把儿时的罪恶经验(这些经验通常是出于想象多于事实)说出来。

弗洛伊德有关阻抗的讨论,是放在医疗实践的脉络上,而这显然是恰如其分的做法。在《梦的解析》一书中,弗洛伊德早已经清楚界定过何谓阻抗:"任何会对分析治疗的进程带来困扰的,都是一种阻抗。"⑬现在,在《移情动力学》("The Dynamics of Transference")一文中,他进而强调阻抗的顽强性:"阻抗会与治疗的每一步如影随形:病人的每一个联想、每一个行为,都必然会夹带着阻抗——这是病人身上渴望痊愈的力量对病状的力量妥协的结果。"⑭弗洛伊德和他的同仁都从临床经验认识到,病人的阻抗(哪怕是最忠心与分析家合作的病人)有多么高明和顽强。阻抗的策略五花八门,不一而足:忘记做过的梦境,躺在沙发上沉默不语,企图把分析治疗转化为一场有关精神分析理论的知性谈话,对重要资讯有所保留,一再迟到,视分析家为敌人,等等。这些防御性策略还只是阻抗力量中最显著的表现形式罢了。有时,阻抗力量还会伪装成一种对分析家百依百顺的态度。这也是为什么,有时那些所谓的"好"病人(乐于透露自己的每一个梦、乐于进行自由联想、对分析家的任何分析都表示同意、永不迟到和付费爽快的病人)反而是最难对付的:他们的阻抗藏得那么的深,甚至连分析家都难以察觉。

病人会在分析治疗中表现出阻抗,乍看之下很不理性。有受虐癖的人会做出阻抗很容易理解,因为他们会从痛苦中得到乐趣,但那些为了解除症状而求助于分析家的神经症患者,又为什么要阻抗呢?从他们愿意花钱、花时间接受不愉快的精神分析,就足以表明,他们具有被治愈的真诚愿望。只不过,无意识所遵循的法则,却是与意识不同的,而且几乎是难以测度的。事实上,神经症对患者来说是一种折腾,但却是用来处理他那些被压抑着的愿望和记忆的方法。因此,把无意识意识化的做法(这是精神分析宣示的目的),对病人来说不啻是一种威胁,因为这会让他认为本来应加以埋葬的感情与记忆会被挖出来。精神分析家所主张的,病人可以通过把压抑着的材料回忆起来而获得治疗,无疑具有相当的说服力。而病人会求助于分析家,也是因为内心有着一些驱使他渴望恢复健康的元素,没有这些元素,任何分析治疗都是不可能成功的。但另一方面,这些元素又必须和一股相反的力量作战,那就是无意识希望保持原状的愿望。分析家的其中一个努力,就是要驱动病人心灵的"正向"(normal)力量,使之与自己结盟。这不是不可能的,因为他毕竟是病人可依赖的合作者:他不会对病人说的任何话错愕,不会对重复感到无聊,也不会对任何龌龊的事情蹙眉,他欢迎病人尽情剖白自己。就此而论,分析家的角色与告解神父相似,但与告解神父不同的是,他不会训诲病人,也不会施加赎罪的惩罚[⑮]。

弗洛伊德并没有无视移情作用是充满矛盾的,杜拉的案例已经让他了解到,病人对分析家的移情爱恋,既是分析家最难克服的障碍,也是他最得力的助手。现在,在他的论临床技术的论文里,特别是在《移情动力学》和《对移情之爱的种种观察》("Observations on Transference Love")两篇中,他更详尽地揭示了移情作用的吊诡性格:它既是"阻抗"的最大武器,也是"阻抗"的劲敌。

这种冲突角色并不是辩证式的谜。弗洛伊德区分了三种会在分析治疗环境中出现的移情作用:负面的(negative)移情、爱欲的(erotic)移情和理智的(sensible)移情。负面的移情是一种对分析家充满侵略性和敌意的移情作用;爱欲的移情则会把分析家转化为爱欲的对象,这两种作用都是"阻抗"的守护者。幸而还有第三种移情。这是一种最理性和扭曲最少的移情作用,它把分析家看成是帮助病人对抗神经症的仁慈盟友。一旦前两种移情被分析家在治疗过程中加以揭示(也就是带入意识之中),它们就会被解除武装。然后,理智的移情就可以以较少的障碍,在冗长费力的治疗过程中发挥助力。不过,只有在理智的移情强度够强和病人对分析家的信赖够充分时,它才有可能打败其他两种移情作用。"我们治疗所依赖的,"弗洛伊德在1906年末告诉荣格,"是对一种主导着无意识的力比多的固着(移情)。"这种移情"提供一种理解与破译无意识的冲动,但如果它拒绝行动,病人就不会愿意费这种事,或者不愿意聆听我们所找到的破译。因此,这种治疗本质上是一种通过爱而获得的治疗"。

这听起来相当简单直接,但弗洛伊德却意识到,这个"爱"是一个最不可信赖的帮助者。理智的移情是很脆弱的:很多时候,病人对分析家所产生的温情和信任,很容易会变质为一种爱欲上的渴求,结果,它非但不能有助于神经症的消解,反而会助长持续之。说得更明白些,病人是很容易爱上分析家的,而这个事实,迅速成了精神分析被人拿来当笑话的题材。弗洛伊德认为,这种怀有恶意的闲话是免不了的:精神分析冒犯了太多人们认为是神圣不可攻击的领域,所以注定是要成为中伤的对象。不过,分析家与病人发生感情的情况却又是真有其事,这种尴尬的处境让弗洛伊德不得不专文讨论这个问题。《对移情之爱的种种观察》写成于1914年底,出版于第二年初,是弗洛伊德论临床技术系列论文的最后一篇。他告诉亚伯拉罕,他认为此文是"整个系列里写得最好与最有用的一篇"。又语带嘲讽地补充说,他已经"准备好会招来强烈的非议"。但他写这篇论文,主要是为了提醒精神分析同仁移情之爱的危险,所以对它是否会招来非议,根本不在乎。

移情之爱既让人苦恼又滑稽可笑,既难以逃避又极难化解。弗洛伊德指出,面对这种情形,分析家通常采取三种策略:一是与病人结婚,一是终止治疗,一是与病人发生关系后继续进行分析治疗。弗洛伊德认为,第一种解决方式很罕有;

第二种方式虽然普遍,却是不能接受的,因为病人只会对下一个医生重复同样的行为;至于第三种方式则是被"布尔乔亚的道德观与医学的尊严"所共同禁止的⑬。因此,当一个分析家发现病人爱上他的时候,应该做的只是分析。他应该向病人揭示,她对他的迷恋,只是在重复一种早年的(又几乎往往是儿时的)经验。病人对分析家的激情,并不是一种真正的爱,而只是移情与阻抗的一种形式。

弗洛伊德强调,在这种棘手的处境里,不管分析家认为病人的爱多么的可信,他都必须拒绝任何妥协。跟病人争辩,或试图把病人的欲望导向升华的渠道,都一样徒劳无功。他必须把分析家的基本伦理操守和专业责任作为指导原则:"分析治疗的基础是坦率诚实。"分析家也不可以在病人的恳求下同意病人的爱恋要求,以为这样可以取得病人的信任,从而加速治疗的进行。如果他这样做,很快就会发现,他的期望只是幻想。"病人会达到其目的,而分析家则永远无法达成自己的目的。"为了说明这一点,弗洛伊德讲了一个牧师与保险推销员的故事做比喻。有一个保险推销员大病将死,他是个无神论者,其家人为了让他可以上天堂,找来一个牧师说服他归主。"谈话进行了很久,在房间外等候着的家人因此满怀期望。最后门打开了,结果是那个无神论者并没有被说服,反倒是牧师买了一份保险。"⑲

能预先认清病人的爱只是一种移情之爱,将有助分析家保持对病人感情上乃至肉体上的距离。"对分析家来说,这种认知是珍贵的启发和有用的警告,让他可以对潜藏在自己内心的反移情有所防范。他必须要认识到病人对他的迷恋,是分析治疗的环境促成的,而非他个人的魅力使然。换言之,他并没有任何理由值得为这种'征服'感到骄傲。"身在这种处境下的分析家,必须拒绝病人的求爱。"治愈病人的结果,只有在分析家节制感情的前提下始可获得。我指的并不只是肉体的节制,也不是要分析家拒绝病人任何渴望(这做法恐怕没有一个病人受得了)。我真正想要陈述的是这条原则:分析家必须把病人的需要或渴慕维持在一种对治疗有助力的状态,而且切不可以用替代品去抚慰病人。"⑳

这是对所有分析家一个坚定的、普遍适用的戒条,不管弗洛伊德其他临床技术建议的语气听起来多么有弹性,但在要求精神分析家节制情感这一点上,他却十分坚持。不过,在这个重要的点上,弗洛伊德却使用了一个会造成混淆的比喻,而这个比喻所引起的争议,至今仍没有平息。他说,一个分析家在面对病人时,态度应该和外科医生一样。外科医生"会搁置他的一切个人感情乃至怜悯心肠,倾全部心智力量于一个单一目标:尽可能精确而有效地完成手术"。分析家不应该从一开始就抱着治好病人的宏愿,因为这种宏愿,恰恰是治疗效果的敌人。而太过于人性的愿望,拉近与病人的距离,也同样是有害无益的。弗洛伊德觉得自己揶扬外科医生的"铁石心肠"是合理的,因为这可以警惕其他分析家不致落入非专业的情绪中。因此,向病人透露自己的内心世界与家庭生活,乃是一个严重的技术错误:"分析家对病人不应该是透明的,而应该像镜子那样,只把病人投在其上的样子如实照映出来。"

不过,弗洛伊德为分析家素描的这个冷面形象,却是和他其他作品的主张有所出入,与他的临床实践更是大相抵触。我们已经看到,他有时会出于纯粹的人性考量而不惜扭曲甚至打破自己制订的临床规则。例如,他在得知病人手头拮据时会把诊疗费用退回;会容许自己在治疗过程中说一些知心话;会和他喜欢的病人交朋友;他也会在一些非正式的场合进行精神分析(他带着艾廷冈在维也纳边散步边分析就是一个例子)。但在论临床技术的系列论文里,他对自己的这些破格行为却只字不提。

不过,既然他论临床技术的系列论文是为了给同行提供指引而写的"手册",自是没有容他讨论例外情形的空间。正如他所说的,任何对分析的阻碍都是一种阻抗,而任何会让病人偏离基本原则的做法都是一种阻碍。哪怕是在最理想的情况下,病人自己引入的阻抗已经够多的了,分析家实在没有必要再雪上加霜;他不应该流露任何感情的痕迹,不应该和病人进行理论讨论,也不应该为病人的病情有所改善而高兴。用爱护、鼓励的方式来对待病人,都只会让他们重新落入平日的思考习惯,而这种思考习惯正是精神分析要致力克服的,甚至只是告诉病人自己的一个度假计划都是要不得的。这听起来有点冷酷无情,但分析家绝不能让自己被他对病人的同情心冲昏了头,因为病人的痛苦正是其疾病赖以治愈的一个媒介。想利用鼓励或安慰病人当作治疗的捷径,只会让病人的神经症纹丝不动。那样做,等于是给圣塞巴斯蒂安(Saint Sebastian)阿司匹林,以减轻他的痛苦[圣塞巴斯蒂安是基督教里一个被乱箭穿身的殉教圣徒。给他阿司匹林,只会延长他的受苦时间。——译者注]。尽管如此,弗洛伊德的外科医生和镜子比喻仍然是欠妥的,因为它会让人忽视分析家和病人之间同样具有合

第六章 疗法与技术

作关系的事实。

弗洛伊德知道,即使分析家和病人严格遵守他定下的每一个技术规定,分析治疗的过程往往仍然是缓慢而充满不确定性的。弗洛伊德把很多种类的精神异常(特别是精神病)排除在适用精神分析的范围之外,理由是精神病患者无法形成那种对治疗来说不可缺少的移情作用。不过即便是歇斯底里症或强迫症这些适于进行精神分析的患者,治疗的进展也常常有如蜗牛般缓慢和出现令人沮丧的倒退。挂一漏万的记忆、顽固的症状、对强迫习惯的执着,都证明是对有效分析和移情的有力障碍。最难对付的障碍,是那些会把病人诱向重复其早期行为的移情作用。弗洛伊德清楚认识到,精神分析家最不可少的一项素质就是耐性。临床经验证明,分析家单是让病人在知性上明白他们的病因是不够的。在《回忆、重复与修通》("Remembering, Repeating, and Working Through")一文中,弗洛伊德指出:"分析家该做的事情无过于等待和让事情按自己的步调展开,这个过程是无法避开的,也不应该总是刻意让它加速。"[89]另外,在分析治疗中的两者,都应该培养耐性。"这个对阻抗的克服过程,对病人来说也许会是一件累人的工作,而对分析家来说,则是对他耐性的一个考验。但正是这个部分的工作,对病人最具转化力。"事实上,让精神分析有别于其他企图用暗示来治疗病人的方法的,也正是这一点。但分析家在这个重要阶段并不是完全消极被动的,如果他认定病人对他有足够的顺服,就应该尽力"去赋予病人所有症状一个新的移情意义,以一种移情神经症(transference meaning)去取代病人原来的一般神经症(common meaning)"。这种"移情神经症"是一种只会产生于分析治疗过程中的疾病,也是病人迈向治愈所不可少的,之后,分析家可以"通过治疗的工作"把它除去[90]。接下来就是终曲,也就是分析治疗的结尾阶段,但有关这个阶段,弗洛伊德着墨并不多。不过,他倒是指出,这个阶段也会有"难舍难分的困难"(Abschiedsschwierigkeiten)[91]。一旦分析开始进行,新获得的知识被修通,而移情神经症又很明显,那可期的结果就会随之而来。

尽管论临床技术系列论文的语调是平和的,但它们却表现出十足的自信,并凸显出弗洛伊德作为一个学派创建者和老练分析家的形象。弗洛伊德表示,他写这些论文,只是把自己在实践中发现的最有效的方法展示出来,供别人参考,并不是硬性要别人遵循。但毫无疑问,他期望追随者会把他的建议奉为权威。他的期望没有落空,没有别人可以写出有同样分量的论文,而他的读者也表现出由衷的折服,屡加征引,并明显从中获益。1912年,艾廷冈在信中热烈感谢弗洛伊德的《对从事精神分析的医师的建议》("Recommendations to Physicians Practicing Psychoanalysis")一文,说自己"受益良多"[38],有类似反应的精神分析家大有人在。弗洛伊德论技术的系列论文成为精神分析家一本不可少的手册,这是理所当然的,因为这些论文的精彩并不亚于他写过的任何作品。固然它们并不是精神分析学界——甚至不是弗洛伊德本人——对临床技术的最后意见,也不是无所不包或正式的论文,但整体来看,它们仍然丰富扎实,深具启发性,以致事隔许多年后,至今仍是有抱负的精神分析家的重要活水源头与临床上的重要指引。

有一个这些论文并未解决甚至没有触及的问题,那就是他有多少病人是获得治愈的,这是一个迄今为止都最具争议的议题。不过在弗洛伊德写这系列论文的当时,他及其最亲密的追随者都相信,他们治愈过的病人要比敌对阵营的多。而且,即使这是个悬而未决的问题,弗洛伊德仍然不认为它足以撼动一个事实:那就是他已经创造了一种可以有效解释心灵运作的知性工具。他的这种自信并不只是一厢情愿的产物。从外界所传来的正面回响,已经不再如从前般零星稀少。到了1915年出版临床技术系列论文的最后一篇时,他已不再是与弗利斯交往时期(或星期三心理学会第一年时)那个孤立的先行者;而他对艺术与文学、宗教与史前史的研究,只再次增强了他从案例分析中得来的一个自信:他的心理学洞见是适用于每一个领域的。

注　释

① November 6, 1907. *Protokolle*, I, 213.

② Jones, *Free Associations*, 166.

③ Ibid.

④ 杜拉的真实姓名是艾达·鲍尔(Ida Bauer),而她哥哥奥托(Otto)后来成为奥地利社会主义运动的领导人物。

⑤ Freud to Fliess, October 14, 1900. *Freud-Fliess*, 469(427).

⑥ Freud to Fliess, January 25, 1901. Ibid., 476(433).

⑦ Ibid.

⑧ Freud to Fliess, March 11, 1902. Ibid., 501(456).

⑨ "Editor's Note," *SE* VII, 5.

⑩ "Brüchstuck einer Hysterie-Analyse" ("Dora") (1905), *GW* V, 164/"Fragment of an Analysis of a Case of Hysteria," ("Dora"), *SE* VII, 11.

⑪ Ibid., 165-166/9.

⑫ Ibid., 186/28.

⑬ 杜拉无疑是爱上了K先生,弗洛伊德也认为K先生颇为英俊。同时,弗洛伊德还认为,在这种情况下,K先生的求爱举动对一个身心健康的女孩来说"既非不得体也非侵犯",我怀疑现在还有谁不会反对弗洛伊德的这种观点。

⑭ "Dora," *GW* V, 219./*SE* VII, 58-59.

⑮ Ibid., 207/47-48.

⑯ Ibid., 231-232/69-70.

⑰ Ibid., 232/70.

⑱ Ibid., 272-273/108-109.

⑲ Ibid., 272/109.

⑳ Ibid., 282/118.

㉑ Ibid., 281, 282-283/117, 119.

㉒ Ibid., 272/109.

㉓ "Die zukünftigen Chancen der psychoanalytischen Therapie" (1910), *GW* VIII, 108/"The Future Prospects of Psychoanalytic Therapy," *SE* XI, 144.

㉔ Ibid., 108/144-145.

㉕ "Dora," *GW* V, 240/*SE* VII, 77-78.

㉖ Ibid., 239-240/77.

㉗ Freud to Jones, September 22, 1912. In English. Freud Collection, D2, LC.

㉘ Freud to Jones, June 1, 1909. Ibid.

㉙ Freud to Jones, April 15, 1910. Ibid.

㉚ "Analyse der Phobie eines funfjahrigen Knaben" ("Der Kleine Hans") (1909) *GW* VII, 377/"Analysis of a Phobia in a Five-Year-Old Boy" ("Little Hans"), *SE* X, 147.

㉛ Ibid., 372/141.

㉜ Ibid., 252/15.

㉝ Ibid., 245, 247/7-8, 10.

㉞ Ibid.,260－261/25.

㉟ Ibid.,263/27.

㊱ Ibid.,299/64.

㊲ Ibid.,269/34.

㊳ Ibid.,307,307n/72,72n.

㊴ Ibid.,243－244/6.

㊵ Ibid.,377/147.

㊶ "Nachschrift zur analyse des Kleinen Hans" (1922), *GW* XIII,431/"Postscript," *SE* X,148.

㊷ Freud to Jones, June 1 (1909). In English. Freud Collection, D2, LC.

㊸ "Bemerkungen uber einen Fall von Zwangsneurose" ("Rattenmann") (1909) *GW* VII, 463n/"Notes upon a Case of Obessional Neurosis" ("Rat Man"), *SE* X,294n.

㊹ "Rat Man," *SE* X,158.

㊺ "Rattenmann," *GW* VII,382－383/"Rat Man," *SE* X,156－157.

㊻ 现在看得见的笔记只有分析治疗最初三个半月的,第一篇为1907年10月1日所写,最后一篇写于1908年1月20日。但看来弗洛伊德在之后并未停止写笔记,只是其后的部分后来散失了。

㊼ Ibid.,386/160.

㊽ Ibid.,384－387/158－162.

㊾ Ibid.,388/162.

㊿ Ibid.,391－392/166.

㉕ Ibid.,392/167.

㉖ Ibid.,394,397/169,173.

㉗ Freud to Jung, June 30,1909. *Freud-Jung*,263(238).

㉘ Jung to Ferenczi, December 25,1909. Jung, *Briefe*, I,33.

㉙ "Rattenmann," *GW* VII,400/"Rat Man," *SE* X,176.

㉚ Ibid.,404－405n/181n.

㉛ Ibid.,400－401/178－179.

㉜ 见弗洛伊德的笔记,Elza Ribeiro Hawelka: Simgund Freud, *L'Homme qux rats. Journal d'une analyse* (1974),230－234.

㉝ "Rattenmann," *GW* VII,423/"Rat Man," *SE* X,201.

㉞ Ibid.,426/204.

㉑ Ibid,426 – 427,454/205,238.

㉒ Ibid.,433/213.

㉓ Ibid.,438/220.

㉔ Ibid.,429/209.

㉕ Freud, *L'Homme qux rats*, ed. Hawelka,210. "Rat Man," *SE* X,303.

㉖ Freud to Ferenczi, November 10, 1909. Freud-Ferenczi Correspondence, Freud Collection,LC.

㉗ Freud to Jung,October 17,1909. *Freud-Jung*,280(255).

㉘ "Leonardo da Vinci and a Memory of His Childhood"(191H), *GW* VIII,207/"Leonardo da Vinci and a Memory of His Childhood," *SE* XI,134.

㉙ Ibid.,128,128n/63,63n.

㉚ Freud to Fliess,October 9,1898. *Freud-Fliess*,362(331).

㉛ Freud to Abraham,August 30,1910. Freud-Abraham,98(92).

㉜ Freud to Ferenczi, November 21,1909. Freud-Ferenczi Correspondence, Freud Collection,LC.

㉝ Freud to Ferenczi, March 17, 1910. Freud-Ferenczi Correspondence, Freud Collection,LC.

㉞ Freud to Andreas-Salomé,February 9,1919. *Freud-Salomé*,100(90).

㉟ Freud to Ferenczi, November 10,1909. Freud-Ferenczi Correspondence, Freud Collection,LC.

㊱ Freud to Jones, April 15,1910. Fd2.

㊲ Freud to Struck,November 7,1914. *Briefe*,317 – 318.

㊳ Freud to Ferenczi,June 7,1910. Freud-Ferenczi Correspondence,Freud Collection,LC.

㊴ Abraham to Freud,June 6,1910. *Freud-Abraham*,96(90).

㊵ Jung to Freud,June 17,1910. *Freud-Jung*,364(329).

㊶ Freud to Abraham,July 3,1910. *Freud-Abraham*,97(91).

㊷ Ibid.

㊸ "Leonardo," *GW* VIII,128/*SE* XI,63.

㊹ Ibid.,202,203,207/130,131,134.

㊺ Ibid.,150/82.

㊻ Ibid.,158 – 160,186 – 187/90 – 92,116 – 117.

㊼ Freud to Jung,October 17,1907. *Freud-Jung*,281(255).

⑧⑧ "Leonardo," *GW* VIII,170/*SE* XI,100.

⑧⑨ Ibid.,194/122.

⑨⓪ Eric Maclagan, "Leonardo in the Consulting Room," *Burlington Maganize*, XLII (1923),54 – 57.

⑨① Freud to Jung,November 21,1909. *Freud-Jung*,292 – 293(266).

⑨② Freud to Jung,December 2,1909. Ibid.,298(271).

⑨③ Freud to Ferenczi,December 16,1910. Freud-Ferenczi Correspondence,Freud Collection,LC.

⑨④ Freud to Jung,December 3,1910. *Freud-Jung*,415(376).

⑨⑤ Freud to Jung,February 17,1908. Ibid.,134(121).

⑨⑥ Freud to Ferenczi, October 6, 1910. Freud-Ferenczi Correspondence, Freud Collection,LC.

⑨⑦ Freud to Jung,September 24,1910. *Freud-Jung*,390(353).

⑨⑧ Freud to Fliess,August 7,1901. *Freud-Fliess*,492(447).

⑨⑨ Freud to Jones,December 8,1912. In English. Freud Collection,D2,LC.

⑩⓪ Freud to Ferenczi, December 9,1912. Freud-Ferenczi Correspondence, Freud Collection,LC.

⑩① Freud to Jones,December 8,1912. In English. Freud Collection,D2,LC.

⑩② Jones to Freud, December 23, 1912. By Permission of Sigmund Freud Copyrights, Wivenhoe.

⑩③ Freud to Jones,December 26,1912. In English. Freud Collection,D2,LC.

⑩④ Freud to Binswanger,January 1,1913. Quoted in Binswanger,*Erinneungen*,64.

⑩⑤ Freud to Ferenczi,June 1,1911. Freud-Ferenczi Correspondence,Freud Collection,LC.

⑩⑥ Freud to Ferenczi,December 31,1912. Ibid.

⑩⑦ Freud to Jung,February 17,1908. *Freud-Jung*,134(121).

⑩⑧ Freud to Jung,April 22,1910. Ibid.,343(311).

⑩⑨ Freud to Ferenczi, February 11,1908. Freud-Ferenczi Correspondence, Freud Collection,LC.

⑪⓪ Freud to Ferenczi,March 25,1908. Ibid.

⑪① Freud to Ferenczi,May 2,1909. Ibid.

⑪② Freud to Abraham,October 24,1910. *Freud to Abraham*,101(95).

⑪③ Freud to Jung,September 24,1910. *Freud-Jung*,390(353).

第六章 疗法与技术

⑭ Freud to Jung, December 22, 1910. Ibid., 422-423(382).

⑮ See a note by Jung in *Symbols of Transformation* (1952), quoted in *Freud-Jung*, 339n (307n).

⑯ Jung to Freud, March 19, 1911. Ibid., 449(407).

⑰ Jung to Freud, November 14, 1911. Ibid., 509(461).

⑱ Jung to Freud, December 11, 1911. Ibid., 521(471).

⑲ Quoted in "Psychoanalysische Bemerkungen uber einer autobiographish beschriebenen Fall von Paranoia(dementia Paranoides)" ("Schreber") (1911), *GW* VIII, 248/"Psychoanalytic Notes on Autobiographical Account of a Case of Paranoia (dementia Paranoides)" ("Schreber"), *SE* XII, 16.

⑳ Ibid., 252/20.

㉑ Ibid., 245/14.

㉒ Ibid., 259/25-26.

㉓ Ibid., 299/62.

㉔ Ibid., 299-300/63.

㉕ Ibid., 308/71.

㉖ Ibid., 272/37.

㉗ Freud to Ferenczi, October 6, 1910. Freud-Ferenczi Correspondence, Freud Collection, LC.

㉘ Ibid.

㉙ "Schreber," *GW* VIII, 286-287/*SE* XII, 51.

㉚ Ibid., 315/78.

㉛ Ibid., 287/51.

㉜ Freud to Abraham, December 18, 1910. Freud-Abraham, 102(97).

㉝ "Aus der Geschichte einer infantilen Neurose" ["Wolfsmann"] (1918) *GW* XII, 29/"From the History of an Infantile Neurosis" ["Wolf Man"], *SE* XVII, 7.

㉞ Freud to Ferenczi, February 8, 1910. Freud-Ferenczi Correspondence, Freud Collection. LC.

㉟ "Wolfsmann," *GW* XIII, 29n/"Wolf Man," *SE* XVII, 7n.

㊱ 弗洛伊德自己表示,狼人的案例分析报告写成于1914年至1915年间的冬天,但事实上,这个报告似应成于1914年秋天。

㊲ "Wolfsmann," *GW* XIII, 82/"Wolf Man," *SE* XVII, 53.

341

⑬ Freud to Ferenczi, February 13, 1910. Freud-Ferenczi Correspondence, Freud Collection, LC.

⑬ "Wolfsmann," *GW* XIII, 54/"Wolf Man," *SE* XVII, 29.

⑭ 这幅图见 Ibid., 55/30.

⑭ Ibid., 63/36.

⑭ Ibid., 131/97.

⑭ Ibid., 84/55.

⑭ *Traumdetung*, *GW* II-III, 625/*Interpretation of Dreams*, *SE* V, 620.

⑭ "Wolfsmann," *GW* XIII, 83/"Wolf Man," *SE* XVII, 54.

⑭ 此书包括三篇文章。第一篇"A Special Type of Choice of Object Made by Men"初发表于1910年，第二篇"On the Universal Tendency to Debasement in the Sphere of Love"初发表于1912年，最后一篇"The Taboo of Virginity"以讲演的方式初发表于1917年。书是在弗洛伊德对狼人的分析治疗已告结束，而案例分析报告出版以前出版的。

⑭ "Angst und Triebleben," in *Neue Folge der Vorlesungen zur Einfuhrung in die Psychoanalys* (1933), *GW* XV, 155/"Anxiety and Instinctual Life," in *New Introductory Lectures on Psycho-Analysis SE* XXII, 107.

⑭ "Über die allgemeinste Emiedrigung des Liebeslebens" (1912), *GW* VIII, 79/"On the Universal Tendency to Debasement in the Sphere of Love," *SE* XI, 180.

⑭ Ibid., 33 – 34/11.

⑮ "Wolfsmann," *GW* XIII, 32 – 33/"Wolf Man," *SE* XVII, 10 – 11.

⑮ Ibid., 33 – 34/11.

⑮ "Die endliche und die unendliche Analyse" (1937), *GW* XVI, 62/"Analysis Terminable and Interminable," *SE* XXIII, 218 – 219.

⑮ "Die zukunftigen Chancen," *GW* VIII, 107 – 108/"Future Prospect," *SE* XI, 144 – 145.

⑮ "Über 'Wildè' Psychoanalyse" (1910), *GW* VIII, 118/"On 'Wild' Analysis," *SE* XI, 221.

⑮ Ibid., 122, 124/224, 226.

⑮ Freud to Abraham, June 14, 1912. Karl Abraham papers, LC.

⑮ Freud to Ferenczi, November 26, 1908. Freud-Ferenczi Correspondence, Freud Collection, LC.

⑮ Freud to Ferenczi, December 11, 1908. Ibid.

⑮ Freud to Ferenczi, February 2, 1909. Ibid.

⑯ Freud to Jones, June 1, 1909. In English. Freud Collection, D2, LC.

⑰ Freud to Ferenczi, October 22, 1909. Freud-Ferenczi Correspondence, Freud Collection, LC.

⑱ "Die zukunftigen Chancen," *GW* VIII, 105/"Future Prospect," *SE* XI, 142.

⑲ Jones to Freud, November 6, 1910. By Permission of Sigmund Freud Copyrights, Wivenhoe.

⑳ Freud to Ferenczi, November 26, 1908. Freud-Ferenczi Correspondence, Freud Collection, LC.

㉕ "Zur Einleitung der Behandlung" (1913), *GW* VIII, 455/"On Beginning the Treatment," *SE* XII, 124.

㉖ Ibid., 467/133 – 134.

㉗ Ibid., 467/134.

㉘ Ibid., 464/131.

㉙ Ibid., 460, 462/127, 129.

㉚ 弗洛伊德讨论这条基本原则之处, 见"On Beginning the Treatment," *SE* XII, 134 – 135, 135 – 136n; "Recommendations to Physicians Practising Psycho-Analysis," Ibid., 112, 115.

㉛ Freud to Ferenczi, November 26, 1908. Freud-Ferenczi Correspondence, Freud Collection, LC.

㉜ "Zur Einleitung der Behandlung," *GW* VIII, 473/"On Beginning the Treatment," *SE* XII, 139.

㉝ *Traumdetung*, *GW* II-III, 521/*Interpretation of Dreams*, *SE* V517.

㉞ "Zur Dynamik der Übertragung" (1912) *GW* VIII, 368 – 369/"The Dynamics of Transference," *SE* XII, 103.

㉟ "Zur Einleitung der Behandlung," *GW* VIII, 473/"On Beginning the Treatment," *SE* XII, 139.

㊱ Freud to Jung, December 6, 1906. *Freud-Jung*, 13(12 – 13).

㊲ Freud to Abraham, March 4, 1915. *Freud-Abraham*, 204(213).

㊳ "Bemerkungen uber die Übertragungsliebe" (1915) *GW* VX, 307/"Observations on Tranderence-Love," *SE* XII. 160.

㊴ Ibid., 312, 314/164, 165.

⑱ Ibid.,308,313/160 – 161,165.

⑲ "Ratschläge für den Arzt bei der psychoanalytischen Behandlung"(1912), *GW* VIII, 380-381,384/"Recommendations to Physicians Practising Psycho-Analysis," *SE* XII,115,118.

⑳ 弗洛伊德对艾廷冈的分析,见 Freud to Ferenczi, October 22,1909. Freud-Ferenczi Correspondence, Freud Collection, LC.

㉑ "Erinnen, Wiederholen und Durcharbeiten"(1914), *GW* X,136/"Remembering, Repeating And Working-Through," *SE* XII,155.

㉒ Ibid.,136,134 – 135/155 – 156,154.

㉓ Freud to Eitingon, June 23,1912. By Permission of Sigmund Freud Copyrights, Wivenhoe.

㉔ Eitingon to Freud, June 18,1912. By Permission of Sigmund Freud Copyrights, Wivenhoe.

第七章　应用与涵蕴

有关品位

弗洛伊德在这段纷扰时期的工作排得极其紧凑沉重，让人好奇他哪来时间过私人生活。在1905年至1915年间，弗洛伊德除忙于临床工作、撰写案例分析报告、编辑杂务和应付精神分析圈的纷争以外，还出版了论文学、法律、宗教、艺术、伦理学、语言学、民间故事、童话、考古学和学童心理学的文章。但他就是有能耐每天中午1点准时与家人一起用餐，固定每周六夜晚与友人打塔罗克牌（塔罗克牌由三人玩，也可另加一人为发牌人，发牌人自己不拿牌，却与任何一家共输赢），星期日早上探访母亲，维持每天傍晚散步的习惯，招待访客和偶尔去看一场莫扎特的歌剧。

尽管忙碌，但因为越来越有名，弗洛伊德收到请他撰写通俗文章和发表通俗演讲的邀约也越来越多，而他也接受了其中一部分。例如，在1907年，他就在一本社会卫生方面的刊物上发表了一篇短文，谈《儿童的性启蒙》("The Sexual Enlightenment of Children")，力主父母不应忌讳与小孩谈性方面的问题。同一年，他又发表了一个演讲，谈白日梦在作家的创作中扮演的角色。听众是他的出版商凯勒所主办的沙龙，来宾大半是精神分析的门外汉。除了他在《梦的解析》中的寥寥数语，这是弗洛伊德第一次把精神分析的观念应用在文化领域。

这个演讲在第二年以《创造型作家与白日梦》("Creative Writers and Daydreaming"）为题发表。尽管语调轻松，但它却是对精神分析美学的严肃献礼。此文的核心命题是无意识的作用、愿望达成（wish fulfillment）的心理学和儿时经验对成年生活的影响。弗洛伊德富有技巧地以任何门外汉都会感兴趣的一个问题展开他的讲演：作家创作的材料是哪里来的？他指出，这个问题，似乎从未有人提出过让人满意的回答，而且——让事情显得更神秘的是——即使有这样的回答，它也不可能让一个门外汉成为诗人或剧作家。接着,他表示,想要对作家的创作有一些初步理解,说不定可以从一些人类都会从事的相似活动中找到线索。在列举过一些可能的困难后,弗洛伊德表示,他只希望他的方法"到最后不会是没有结果的"①。

这是一番谦逊的开场白,只不过,开场白一结束,弗洛伊德就做出他典型的惊人跳跃,把看似毫不相干的两种人类经验连接起来。类比是一种危险的方法,尤以勉强做出超过能力所能承担的推论时为然,不过,有效的类比却可以揭示出两类事物之间迄今未为人知的关系,甚至揭示出它们具有因果关系。弗洛伊德的跳跃属于后者,他宣称,每一个游戏中的小孩,其行为和作家其实没有两样,因为两者都是"为自己创造一个属于自己的世界,更正确地说,是把他原来所处世界的秩序,改变为自己喜欢的秩序"。玩耍的小孩都是最认真的,但他们也知道,自己所创造的只是虚构:"游戏的反面不是认真,而是真实。"②诗人或小说家的创作与此类似:他们都知道,自己只是在构筑幻想,但他们并没有因此对这些幻想等闲视之。儿童会在游戏中得到快乐,而由于人是最不愿意忘记他们享受过的任何快乐的,所以成年后,他们就会为游戏寻找替代物。他们不再游戏,但却幻想。游戏与幻想几乎是彼此的一面镜子:因为它们都是由愿望所启动的。但小孩在游戏中表达的愿望是成为大人,大人在幻想中表达的愿望则是变回小孩。就此而论,游戏和幻想都是反映出一种不满足的状态:"也许可以这样说,快乐的人是不会去幻想的,只有不满足的人会这样做。"简言之,文学的幻想是一种"对未能让自己获得满足的真实的一种修止"③。成年人会有修正真实的动机,源于他们有未能达成的愿望和未能满足的性欲。但一般来说,他们会把这些不满足隐藏起来,因为那是社会禁止公开谈论的。

这就是作家创作的原动力。受其志趣的驱使,作家会把他的白日梦大声说出来,而这样做的同时,他等于是把他那些较没有表达能力的同时代人的幻想给广播出来。就像晚上做梦的人一样,作家会在其白日梦里把有力的成年经验与被唤醒的遥远童年回忆连接起来,并把从这种连接中所升起的愿望,转化到文学里去。诗歌和小说就像梦境一样,乃是现在和过去、外在与内在冲动的混合物。弗洛伊德不否认想象力在文学创作的过程中有其功能,但却认为文学创作主要是在重塑真实,把它加以美妙地扭曲。他不打算把艺术家抬举为一个施行神迹的角色,不愿意承认文学艺术有着纯创造性的方面,这是显而易见的。

第七章 应用与涵蕴

因此,弗洛伊德对文学中创造性的分析,是一点也不抒情的。它聚焦在创作者与其童年、创作者与消费者在心理上的相互作用上。不过由于弗洛伊德认为,每个人的秘密愿望归根究底都是很个人化的,因此,当它变成文字以后,会不容易吸引那些本身就很爱做白日梦的人。弗洛伊德指出,诗人用于克服这些抗拒的方法,是用美学形式这样的"前期快感"来"欺骗"读者或听众,前期快感承诺了会有更大的快感到来,而且允许读者"不带任何自责和羞耻"地从中窥见自己的白日梦。弗洛伊德认为,这是一种地道的贿赂行为,是"诗艺"(the Ars poetica proper)的精要所在。根据他的观点,"一部有想象力的作品之所以能够带来愉悦,是因为它可以释放我们心灵的紧张感"④。艺术家用"美"来作为他的钓饵。

尽管事务繁忙,弗洛伊德私生活的固定节奏却总不会变调,其中也包括了冬夏两季一家人的度假。在1909年儿子马丁离家念大学以前,弗洛伊德总会带着太太、小姨子和全部子女前往山中享受他珍贵的假期。除了儿子念大学以外,弗洛伊德家在1909年还发生了另一件大事:排行老大的玛蒂尔德出嫁了。这也是弗洛伊德子女中的第一件婚事。生于1887年10月的玛蒂尔德尽管从一出生就带给父亲很多乐趣,但也是弗洛伊德一个焦虑的来源。自1906年接受了一次盲肠手术后(显然是一次拙劣的手术),玛蒂尔德就一直健康欠佳:两年后,她发了一场高烧,弗洛伊德怀疑是得了腹膜炎⑤;又两年后,她"一如往常般勇敢地"接受了另一次大手术⑥。时断时续的疾病、稍嫌粗重的五官和苍白的面容让玛蒂尔德的自信受到重创,她告诉父亲,她怀疑自己是个没有魅力的人。这给了弗洛伊德一个表现父爱的机会。1908年3月,他写信对正在矿泉疗养地疗养的玛蒂尔德说:"我很久以前就疑心,尽管你是一个理智的人,但仍然会因为觉得自己不够漂亮和无法吸引异性而伤心……但在我看来,你是漂亮有余的。"他提醒她,不管怎样,都不应忘了,"有决定性影响力的不是一个女孩的外在美,而是她的个性所给予别人的印象"。他请女儿不妨去照照镜子,这样,她就会发现,她的长相既不平庸,也不讨人厌。更重要的是——这也是她"慈爱的父亲"想要表达的一个保守警告:"明智的青年人都会知道他们所应该选择的对象,是一个性情温柔、开朗活泼、有能力让他们生活得愉快和轻松的女孩子。"⑦不管弗洛伊德的这种见解多么过时(哪怕当时才是1908年),她女儿显然仍感到相当受用。不管怎样,第二年的2月,玛蒂尔德就嫁给了一个维也纳商人霍利切尔(Robert Hollitscher),后者比当时芳龄21岁的玛蒂尔德足足大了12岁。弗洛伊德在信中告诉费伦齐(当时两人的友谊正处于第一次高潮期),宁愿他当自己的女婿⑧。但弗洛伊德没有为女儿的选择发牢骚,霍利切尔很快就被弗洛伊德以"罗伯特"相称,并成了弗洛伊德家族中声誉良好的一员。

四年后,也就是1913年1月,弗洛伊德的次女苏菲也出嫁了,对象是汉堡摄影家哈尔贝施塔特(Max Halberstadt)。弗洛伊德对这个新女婿的接纳并没有太多的延迟,他之前就到过哈尔贝施塔特的摄影工作室,留下了良好印象。在1912年7月上旬写给哈尔贝施塔特的信中,弗洛伊德使用的抬头仍然是"亲爱的先生",又带点说教味道表示,自己乐于看到苏菲像她姐姐一样,按照自己的偏好选择对象⑨。但才两星期后,弗洛伊德使用的抬头就一变而为"我亲爱的女婿",尽管如此,他在信中仍然以带距离的"您"(Sie)相称⑩。不过,他显然是很乐于哈尔贝施塔特成为家族中的一员的。在写给女儿玛蒂尔德的信中,他形容哈尔贝施塔特是个"明显可信赖、严谨、温柔却不软弱的人",并表示自己相信,一家人将会再一次见证一宗罕有的幸福婚姻⑪。到了7月27日,哈尔贝施塔特不但收到以"亲爱的马克斯"⑫作为抬头的信,还被弗洛伊德以"你"(du)⑬相称,足证他已被弗洛伊德接纳为家族中的亲密成员。弗洛伊德得到一个女婿的满足感多少弥补了失去一个女儿的失落感。在9月从罗马寄给这个未来女婿的明信片上,他写道:"谨致上来自一个孤苦父亲的衷心祝福。"⑭[当苏菲的长子出生时,弗洛伊德用惊喜来迎接。"昨夜,"他在1914年3月11日时写给费伦齐的明信片中这样说,"约三点钟时,我得了一个外孙。真是不可思议!心中的快乐弥补了一种渐老的感觉。"(Freud-Ferenczi Correspondence,Freud Collection,LC.)]

但精神分析始终是弗洛伊德首要关心的,据萨克斯观察(他就是这个时期认识弗洛伊德的),弗洛伊德的生活"受到一个霸道的观念所主宰",这句不算太夸张的话指的是弗洛伊德是个工作狂。弗洛伊德对工作的热情,受到了家人"最热烈的支持,而且一点抱怨都没有"⑮。在这个远景辽阔的时期,弗洛伊德那种一心一意于工作的态度,只怕比任何时期都犹有过之,因为这个时期,正是把精神分析的发现应用于分析室以外的时机已经成熟之时。"我越来越对精神分析具有文化价值的主张感到信服,"他在1910年致荣格的信上说,"我希望的是会有一个出色伙伴,可以把精神分析对哲学与社会的涵蕴抽绎出来。"⑯虽然他仍然会有犹豫和不确定的时刻,但这种时刻已越来越少出现。同一年,在回复费伦齐的热烈新年问候时,他说:"我觉得很难去评论我的作品的价值与它们未来对科学的影响力。我有时候相信它们有这种影响力,但有时又会怀疑。"接着又马上补充一句他越来越爱说的话:"只怕连善良的上帝现在都不知道(答案)。"[17]

这是否只是弗洛伊德故作自谦之词[18],我们不得而知,但不管怎么样,精神分析应用于文化领域的大好前景,却让他充满幸福感。他自信地认定,他的下一个使命将是这件事。到了1913年,在总结过精神分析已经做过哪些超出于分析室之外的工作以后,他为接下来精神分析应该进一步去征服的领域,勾勒了一个雄心勃勃的蓝图。他说,精神分析是有能力对宗教与道德的起源问题,以及对法律与哲学的领域发言的,又说"文化领域的各部门"现在正翘首企盼着它们的精神分析家的莅临[19][如同弗洛伊德在1925年时对桀骜不驯的社会党人Hendrik de Man所说的,他早在15年前就已经建立了信仰:"我一直有个想法,就是认为精神分析在医学之外的应用会和在医学领域上一样显著。的确,前者对于人类心灵的朝向或许可发挥更大的影响力。"(Freud to Hendrik de Man, December 13, 1925. Archief Handrik de Man, International Institute of Social History, Amsterdam.)]。

弗洛伊德很多有关应用精神分析的文章都是简短而没有最后定论的,而这是因为他并没有伪装自己是文化各领域的专家的缘故。他知道自己不是考古学家或历史学家,不是语言学家或律师。不过他又指出,不知道是出于无知还是胆怯,这些领域的专家并不愿使用精神分析家提供给他们的洞见去进行研究。他们阻抗精神分析的激烈程度,一点都不亚于精神病学的既有权力机构。不过这一点对弗洛伊德来说倒不是坏事,因为这给了他更大的自由发挥的空间。

弗洛伊德从不怀疑,他说的那个能将精神分析应用于文化领域的"出色伙伴"就是他本人。不过,他还是很乐于看到精神分析圈子里有其他先进成员[20]愿意在这方面与他并肩作战。这些人的其中一个是荣格,荣格对把精神分析应用于文化领域的兴趣开始得更早,尤以超自然的部分为然——从中,他甚至可以得到一种近乎感官享乐的满足感。在1910年初春,他向弗洛伊德坦承,自己正沉溺于"我那些神话性的梦境中",而它们带给他的快感,"几乎有如自体情欲般的快感"[21],又表示自己满怀着"利用力比多理论的钥匙"打开神秘主义的秘密企图。但弗洛伊德的反应却是劝他"回到神经症去,那里才是我们的母国,有了它,我们才能抵抗任何事和任何人的攻击"[22]。不管弗洛伊德对精神分析的应用多感兴趣,他还是强调首要的事应放在首位的原则。

但卡尔·亚伯拉罕和奥托·兰克就没有这种耐性了,他们秉性中的神秘主义倾向尽管没荣格强,但对把精神分析运用于文化领域的兴趣,却几乎不亚于荣格。1911年,亚伯拉罕发表了一篇论文,分析19世纪末提洛尔[Tyrolean,奥匈帝国的一省。——译者注]短命画家塞冈第尼(Giovanni Segantini)的作品,后者以其画作充满神秘气氛的场景而享有盛誉。这个前卫尝试获得了不少掌声,接着,在第二年,他又为应用精神分析学再献新猷,发表了一篇论埃及法老阿蒙霍特普四世(Amenhotep IV)的文章[阿蒙霍特普四世是埃及宗教的创新者,后来在弗洛伊德论摩西与一神教的书中也占有一个角色]。与此同时,阅读广泛且下笔如流的兰克则把自己的研究领域扩及艺术家心理学、文学中的乱伦主题以及与英雄诞生有关的神话。

1912年,在萨克斯的协助下,兰克创立了《潜意象》(Imago)——一本致力于把精神分析应用于文化学领域的期刊。弗洛伊德告诉琼斯,他本来给这本"一点都不医学的新刊物"建议的名字是"爱欲与心灵"(Eros and Psyche)[23]。但兰克最后决定采用《潜意象》,则是一种对文学的礼敬。《潜意象》取自瑞士诗人施皮特勒(Carl Spitteler)的同名小说:作者借一个朦胧的爱情故事,讴歌了无意识的力量。尽管《潜意象》的主编是"两个机灵而忠实的小伙子"[24],但弗洛伊德起初仍然担心他们会力不从心,因为"这工作可不像我们其他刊物那么容易"[25]。但事实证明他是过虑了。他在1912年6月欣然告知荣格,《潜意象》的工作"做得惊人的好"。一共有230个订户,大部分都是德国的订户,这个结果让弗洛伊德极为满意,他唯一的遗憾是维也纳本地的反应并不热烈[26]。来自各地的精神分析家的投稿非常踊跃,其中包括了弗洛伊德本人。他除了负责监督"两个机灵而忠实的小伙子"外,还给了他们一些自己最大胆的探索文章。

这本非医学杂志提供了圈内人一个互相致意和颂扬的机会。像弗洛伊德,就曾经对琼斯那篇有关盐的象征意义的投稿高声喝彩。而琼斯则告诉亚伯拉罕,自己以"最大的兴趣"熟读他对塞冈第尼的"迷人研究"[27];至于亚伯拉罕,则说他读了弗洛伊德的《图腾与禁忌》"两次,越读越有滋味"[28]。但不得不承认,《潜意象》里有些分析艺术家和诗人的投稿是幼稚和拙劣的,它们有时甚至会引起弗洛伊德公开表示不满。然而不管这些作品是好是坏,都反映出一个事实:精

第七章 应用与涵蕴

神分析的应用,从一开始就是个群策群力的事业。弗洛伊德对有其他人分享他在这方面的兴趣当然深感高兴,只不过,即使没有其他人的投入,他把文化放在沙发上进行分析的热情也一样不会减低。

弗洛伊德赖以对文化领域进行突袭的主导原则为数并不多,而且容易陈述,但实际应用起来却很困难。正如弗洛伊德自己指出的,精神分析"通过假定个人心理与社会心理之间有着相同的动力泉源",而让两者建立起密切的关联。"心灵机制的主要功能"在于"纾解一个人的需要在他内在所形成的紧张。"而一个人想要纾解这种紧张,部分办法是"从外在世界获取对需要的满足",部分办法是"找出某种方式去处理掉那些未获满足的冲动"[29]。因此,对艺术和文学所做的精神分析探究,理应就像对神经症所做的精神分析探究那样,致力于找出那些隐藏着的已获实现或未获实现的欲望。

配备了这些相当简单的原则以后,弗洛伊德就开始漫游于一个涵盖范围非常大的高级文化领域。但在进行这些探索时,他始终都是把焦点摆在精神分析上面。他在乎的并不是他能从艺术史或语言学之类的学科学到什么,而是这些领域可以从他那里学到什么,他是以征服者的姿态而不是乞恩者的姿态进入这些异域的。正如前面已经看到的,弗洛伊德论达·芬奇的文章,固然是一个传记写作的实验,但同时也是对同性恋的成因与升华的作用方式的一个精神分析探索。就此而论,他的《达·芬奇》可作为他所有其他文化分析的范例。正如他自己所说的,精神分析自始至终都是他的母国。

弗洛伊德极享受这一类的短途旅行,但他对文化领域的关注,并不只是一种休闲活动。那种他在写作案例分析报告和从事理论探索时昭然若揭的强迫动力,也可以见之于他对艺术与文学的思考上。如前所述,他对于解开达·芬奇与史瑞伯的谜之所以那么在意,是为了纾解自己的执念。同样,莎士比亚的《李尔王》与米开朗基罗的《摩西像》的深层秘密也像强力磁铁一般吸引着他。终其一生,弗洛伊德对于解开谜团都有一种身不由己的强烈渴望。当1909年琼斯主动提出要把自己论哈姆雷特的俄狄浦斯情结的文章寄给他时,弗洛伊德表现了极大的兴趣。琼斯的文章,事实上可以视为弗洛伊德在《梦的解析》里那些论哈姆雷特罪恶感的著名段落的一个延伸注脚。在向琼斯回忆这些段落时,弗洛伊德的自傲之情溢于言表:"当我写下这个我认为是这个谜题的解答时,我还没有对研究哈姆雷特的文献做过特别的研究。但我知道我们的德国研究者会怎样思考事情,而且发现,即使是歌德,在这一点上也是看走了眼。"㉚能够在这件事情上超越歌德,让弗洛伊德感到莫大的满足(这种感情对像琼斯这样的外国人而言是不易理解的)。

然而,弗洛伊德会投入哪些主题的研究,不完全是他可以决定的。1912年6月,也就是他期盼已久的夏天假期即将来到之时,他写信告诉亚伯拉罕:"本来,我现在的知性活动,应该是局限在为《日常生活中的精神病理学》第四版做修改上面。不过,我却突然意识到,《李尔王》开幕的场景(巴黎审判)和《威尼斯商人》里的匣子,都是以同一个主题为基础的,所以我现在必须沿着这个方向追溯下去。"㉛他"必须"追溯下去,因为这是他身不由己的。这也难怪他有时会用一些形容病痛的语汇来形容他的殚精竭虑。"我今天备受折磨,"1911年春天他在致费伦齐的信上说,"被悲剧学校的秘密折磨,不过这个秘密无法抵抗精神分析的力量。"㉜一般来说,弗洛伊德兴趣最强烈的主题,都是那些像迫切的压力一样驱迫着他的主题。"我已经开始研究《麦克白》,"弗洛伊德在1914年写给费伦齐的信上说,"我备受它折磨已经有很长一段时间,迄今仍未得其解。"㉝他不止一次说过,他有一点点不舒服的时候,正是工作效率最好的时候,他就只差没有说出,他的这些微恙,乃是他的思想正在奋力表达自我的信号。

对弗洛伊德来说,一个萦绕他脑际的谜题就像一颗跑进蚌壳的沙子,是不可以置之不顾的,因为它说不定最后会变成一颗珍珠。根据弗洛伊德的主张,成年人的科学好奇心其实只是小孩子对两性区别和怀孕生产之谜之类的好奇心的一种演化。如果此说属实,那弗洛伊德本人那些极迫切的科学好奇心,正足以反映出他的儿时好奇心是异乎寻常的强烈:如果考虑到他父母年龄的悬殊,考虑到他有一个年纪像母亲一样大的哥哥和一个比自己还要大的侄儿时,这就没有什么好奇怪的了。

在弗洛伊德论艺术的文章中,最能透露出他的强迫冲动的,莫过于他谈米开朗基罗的《摩西像》那一篇(发表于1914年)。他第一次亲睹这尊比真人要大的雕像,是在1901年,亦即他第一次游罗马的时候。他站在它前面,只感到目眩神迷。从未有其他艺术品让他有过更深刻的印象㉞。1912年,在另一次罗马之行中,他写信告诉太太,自己每天都会去看一看《摩西像》,而且打算为它写上"寥寥数语"㉟。这"寥数语"后来发表在《潜意象》上。他非常喜欢这篇文章,但奇怪的是,此文他是以匿名发表的。亚伯拉罕对此感到不解,问他说:"难道你认为别人会认不出狮子的爪印吗?"㊱尽管匿名,弗洛伊德却始终称此文为他的"一个爱子"㊲。在1914年3月,也就是此文已经印出来以后,他仍然对匿名的做法是否恰当有点犹豫不决。他对琼斯说,他不知道"不公开承认这个儿子,是不是个比较好的做法"㊳。这个不认亲,一直持续了十年。不过,弗洛伊德对此文的珍爱,几乎不亚于对《摩西像》的珍爱。在弗洛伊德写作此文期间,琼斯刚巧计划游访罗马,弗洛伊德写信给他说:"我嫉妒你这么快和这么年轻就可以看到罗马。把我最深的致意捎给摩西吧,并写信告诉我有关他的事。"㊴琼斯敏锐地知道弗洛伊德想要的是什么,赶紧把握这个表现的机会。"我抵达罗马的第二天就进行了我的首次朝圣,"他在信中告诉弗洛伊德,"目的是向摩西传达你的问候。而我觉得,他听了以后,傲慢威严的样子软化了一点点,真是叹为观止的一尊像!"㊵

弗洛伊德对米开朗基罗的硕大雕像这么入迷,每一次到罗马,他都一定会去看《摩西像》,而大部分都是有目的的㊶。"在1913年9月里,有三个孤单的星期,"他回忆说,"我每天都会站在这尊雕像前面,研究它、量度它,并且画它,直到我完全了解了,敢于用匿名方式写成文章发表为止。"㊷《摩西像》会引起弗洛伊德高度的好奇心是完全合理的,因为长久以来,它就是一个引起人们惊叹和臆测的对象。这个不朽雕像的前额上长着神秘的角,象征摩西见过上帝以后脸上所放射出的光芒[事实上,意大利艺术家会喜欢把摩西刻画为带角的人,是《出埃及记》的意大利译者把"光芒"误译为"角"所致。——译者注]。而为了凸显摩西的巍峨形象,米开朗基罗给了他一个特大号的体型,又把他雕塑为一个神武有力、肌肉发达的老人家,胸前垂着一把波涛般的胡子,左手和右手食指挟着胡须。他是坐着的,眼神严峻地望向左边,而刻着十诫的两块石板则夹在他的右腋下。让弗洛伊德深感好奇的一个问题是,在米开朗基罗刻这雕像时,想表现的到底是哪一个时刻。他引用艺术史家绍尔兰特(Max Sauerlandt)的话指出:"世界上没有一件艺术品,会像这尊带角的摩西像那样,可以招来如此两极化的诠释。"㊸摩西像脚部的肌肉是紧绷着的,这表示,他要不是刚刚坐下,就是正准备站起来,但到底何样才是米开朗基罗的原意?这个谜,是弗洛伊德感到自己非去解开不可的。到底米开朗基罗想要刻画的是那个刚见过上帝、可以作为立法者永恒象征的摩西呢,还是那个因为发现族人拜偶像而大怒、正准备要把他从西奈山带回来的石板摔得粉碎的摩西?

1912年,弗洛伊德从罗马带回一个《摩西像》的石膏模型,但还没有准备好要把想法写成文字。琼斯一个出于好意的帮忙反而让事情更复杂化。"琼斯寄给我一尊佛罗伦萨多那太罗(Donatello)所塑人像的照片,"弗洛伊德在11月写给费伦齐的信上说,"它大大动摇了我(对《摩西像》)原来的想法。"⁴⁴因为这照片让弗洛伊德想到,米开朗基罗在雕刻摩西像时,服从的有可能是艺术的而非感情的压力。1912年12月下旬,弗洛伊德在信中谢过琼斯寄给他的照片后,又近乎腼腆地想请对方帮一个忙:"如果你容许我再麻烦你一件事的话,我会说我希望要一件复制品,哪怕是手绘的也可以。我想要的是如我草图所示那不同凡响的十诫石板下部的细致轮廓。"⁴⁵弗洛伊德所画的草图虽然简略,但已足够让琼斯知道他想要的是哪个部分。琼斯迅速完成了任务,他知道这一类的细节对弗洛伊德有多重要⁴⁶。

弗洛伊德在为他谈《摩西像》的论文构思和整理笔记那段期间,仍然摇摆不定。1913年8月,他从罗马寄了一张《摩西像》的照片给费伦齐,又在9月写信告诉琼斯:"我刚刚再一次拜访了老摩西,并印证了我对他的姿势的想法。不过,我的信心却因为你为我搜集的那些参考材料而动摇,而且至今没有恢复过来。"⁴⁷10月上旬回到维也纳后,他告诉琼斯:"在罗马17天所畅饮的美酒至今仍让我有点醉醺醺的。"⁴⁸不过迟至1914年2月,他对自己的想法仍然犹豫不定:"在摩西那件事情上,我对自己想法的评价越来越负面。"⁴⁹

一如可预期的那样,弗洛伊德对《摩西像》的分析完全是独创的。历来对《摩西像》的诠释可分为两大派:少数艺术史家认为米开朗基罗是要借它来象征一种超越时间的伟大庄严,但大部分的艺术史家都认为这个雕像要刻画的是风暴来临前的宁静,也就是摩西因发现以色列子民敬拜金牛犊而震怒,正准备把两块十诫石板摔碎前的片刻。但弗洛伊德在仔细研究过一些细节以后(如摩西右手的姿势和石板本身),却力排众议,断定米开朗基罗所要刻画的,是一个正在努力克制怒气的摩西,因此,雕像的姿势"不是在暗示有一个激烈的肢体动作即将展开,而是在表现一个已结束动作的余绪"。弗洛伊德知道,他的分析是和圣经相左的,因为据《旧约·出埃及记》记载,摩西在发现以色列人拜金牛犊以后,火气越升越高,最后以摔碎两块石板来宣泄怒气。但圣经的权威性并未能动摇弗洛伊德的信念：他的摩西是一个非常人性的摩西，虽然这个摩西——就像它的创作者米开朗基罗那样——是个烈性子的人，但有时却能表现出不凡的自制能力。因此，米开朗基罗"为教皇陵墓[这里所说的教皇和后面所说的"死者"都是指教皇尤利乌斯二世（Julius II）。——译者注]所刻的这尊《摩西像》，固不无针砭死者的意味，但除此以外，它还是一个自我警醒，一个通过自我批判提升自己的尝试"[50]。

弗洛伊德对米开朗基罗的这个分析，听起来就像是他对自己的分析。他的人生，可说是一个不断奋力追求自我克制的过程。他要克制的是思辨的冲动和怒气：对敌人的怒气甚至拙劣或不忠信徒的怒气（后者比前者对他来说更难克制）[就像我们之后将会看到的，这一次弗洛伊德的狂怒自有其无意识的一面，大部分可以从他的失望中找到蛛丝马迹。当阿马利娅（弗洛伊德的母亲）为弗洛伊德一个接着一个增添兄弟姊妹时，他便对自己不再享有母亲独子的专属地位而感到沮丧]。虽然在1901年初见《摩西像》时，他就深深着迷，但一直要到1912年，也就是他与荣格的关系开始走调以后，他才首次兴起要分析这尊雕像的念头。他开始写《米开朗基罗的摩西》（"The Moses of Michelangelo"）的草稿，是在1913年底，也就是他构思《精神分析运动史》之前不久，而后者是他计划投给荣格与阿德勒的一枚"炸弹"。本来，他是想把发泄在《精神分析运动史》中的怒气收敛一些的，因为这样对他的精神分析大业更有助益。只不过，由于又气又累，他没有把握自己是不是可以表现出像摩西——他诠释下的摩西——一样的克制自持。1912年10月，他写信告诉费伦齐："以我现在的心绪，我会宁愿认同历史上的摩西而非我诠释的那个米开朗基罗的摩西。"[51]因此，他写《米开朗基罗的摩西》这个艺术史作业的重点，就是要教诲自己向米开朗基罗那个懂得抑制的政治家学习，而不是向《出埃及记》里那个烈性子的领袖学习。只有像这一类贴近弗洛伊德生平的解释，才能说明他为什么在罗马时每天都要朝拜"摩西"，仔细量度它，把它的细节素描下来，并辛勤阅读相关的文献。如果没有个人因素牵涉其中，弗洛伊德是犯不着付出这样大的辛劳的，因为充其量，《米开朗基罗的摩西》都只是精神分析的艺术应用的一个注脚罢了。不过，也不应该把他会花那么多时间在《摩西像》上面，完全解释为出于律己的实用动机，因为作为一个具有强迫冲动的研究者，一旦被一个谜题攫住，他不找出破解之法是不会心安理得的。

弗洛伊德把对美学的观察局限在短篇文章或长篇论文的形式上。1907年底,格拉夫在星期三学会的一次聚会中曾特别主张"艺术创作的奥秘之谜是可以解开的"㉜,然而这个观念在弗洛伊德的作品中始终未能真正完成。这个失败,很大部分是个人的因素使然。我们知道,弗洛伊德对艺术家一向都有着强烈的矛盾心态。"我常常都很惊讶地自问,"他在回施尼茨勒贺他50岁生日的信函时说,"为什么你对这个或那个(人类心理的)秘密的洞察,可以信手拈来,而我却要费九牛二虎之力去研究才会获得?"㉝没有比这句话更为赞美施尼茨勒的了,但致谢函毕竟不同于正式表达自己的真实看法。不过,有想象力的作家不费吹灰之力就能够洞悉人类心理奥秘这一点,确实让弗洛伊德苦恼了很长一段年月。更让他苦恼的是,这种直觉性的、不受束缚的思辨天赋,正是他自己拥有而又觉得有必要去加以克制的。

使这件事情更显得个人化的是,从很久以前开始,他就对艺术家的魅力深感恼火。事情可以溯源至他追求玛尔塔·贝尔奈斯的时代。当时,玛尔塔还有另外两个追求者,都是从事艺术工作的。弗洛伊德本来就是个焦躁而专横的情人,在这两个对手的刺激下,他断然宣称:"在艺术家和从事具体科学工作的人之间,存在着普遍的敌意。"他以毫不掩饰的妒意指出,诗人和画家"在他们的艺术中拥有一把轻易打开所有女性心灵的万能钥匙,而我们却只能孤立无援地站在这些设计怪异的锁面前,痛苦地寻找一把适合的钥匙"㉞。有时候,弗洛伊德评论诗人的文字,读起来就像是科学家对艺术家的复仇,就像是乌龟对兔子的中伤。弗洛伊德自己固然也有艺术上的野心(从他对文字风格的讲究就可以充分反映出来),只不过,这却只是加深了他对艺术家的嫉妒。

但是,从他写给施尼茨勒的信中也显示出,在他对艺术家的妒意中,是夹杂着钦佩之情的。虽然他有时会把艺术家形容为神经症患者,说他们的作品只是对他们在现实世界的失败的一种补偿,但他同时也肯定他们具有不寻常的分析天赋。其中一个受到这样恭维的人是德国剧作家暨小说家延森(Wilhelm Jensen),弗洛伊德曾对他的短篇小说《格拉迪娃》(*Gradiva*)进行解读,认为延森在小说里等于进行了一场精神分析的治疗。此文发表后,弗洛伊德寄了一份给延森。在回信中,延森礼貌地表示他接受弗洛伊德的解释,但又表示不解:自己在写该小说以前,并不懂得任何有关精神分析的知识㉟。那么,他又是怎样能把《格拉迪娃》里的角色"精神分析化",而且又怎么可能把情节安排得像一次分析治疗的过程？对于这个"谜",弗洛伊德的回答是:"很有可能,我们(指作家与精神分析家)的灵感来源是一样的,处理的对象也是一样的,只是使用不同的方法罢了。"精神分析家观察的是病人的无意识,作家观察的是自己的无意识,并用有表达力的文字把他的发现呈现出来。因此,小说家和诗人都是业余的精神分析家,他们其中最优秀的那些,对人类心灵的洞察力一点都不亚于专业的精神分析家[⑭]。弗洛伊德对艺术家的赞美,没有比这一个更由衷的了——尽管受到赞美的是艺术家身上那个精神分析家。

虽然弗洛伊德对较高文化领域的分析都是片段性的,但它们却触及了三个审美经验的主要向度:角色的心理学、读者的心理学和作者的心理学。这三个向度必然是互相涵摄和互相阐发的。因此,精神分析家既可以把《哈姆雷特》的主角解读为一个受俄狄浦斯情结所困扰的病人,也可以把此剧解读为一个可通向观众的俄狄浦斯情结的线索(他们会因为在此剧中辨认出自己的内心秘密而深受触动),或者解读为作者本人俄狄浦斯情结的证言[这个想法曾在他脑中出现过,弗洛伊德曾写信给弗利斯,说他在想无意识中的俄狄浦斯情结"是否是《哈姆雷特》的来源。我说的不是莎士比亚的意识意图,而是相信在真实事件的刺激下莎士比亚刻画了这个人物,而莎士比亚的无意识理解了主角的无意识"]。简言之,对《哈姆雷特》的精神分析探究,既可解释主角许多奇怪行为的隐秘动机,也可以解释为什么此剧对观众的魅力历数世纪而不衰,还可以解释其创作者的洞察力怎么来的问题。弗洛伊德认为,这样的探究,可以提供比早先的诠释者(特别是那些形式主义的诠释者)更为周延、更为细致的诠释(正如艾廷冈所扼要指出的),那些形式主义的诠释者总是"对内容与决定内容的力量"[㉟]诚惶诚恐。

然而,反对弗洛伊德美学的人很快就指出,精神分析式的文艺批评往往会有适得其反的结果:重内容而轻作者的原创力、形式和风格。由于精神分析家致力要在诗歌、小说或绘画中挖出的是它隐藏着的意义,这很容易会让他过度重视情节、故事、隐喻和角色性格这些方面,而无视一个事实:艺术作品是出自聪慧而训练有素的创作者之手,而且总离不开一个传统(不管创作者的意图是追随、修改或挑战这个传统)。因此,一个对艺术或文学作品的真正周延的诠释,理应是比精神分析所建议的更为全面的。尽管有这样的批评,弗洛伊德对自己的方法仍是信心十足,他说:"精神分析允许我们去假定,一个有想象力的作家所处理那些看似不可穷尽的问题与情境的宝库,事实上是可以溯源到一些为数甚少的原始主题去的,这些主题,大部分都是来自儿童心灵生活的压抑性经验的材料,因此,有想象力的作品只是这些孩提幻想的新版本。"㊳

就因为这个缘故,从作品去抽绎出其角色、读者与作者的心理秘密,一直是精神分析文艺批评一个历久不衰的诱惑。但是,即使是出自最有技巧和最精细的分析者之手,这一类的分析也往往会成为一篇还原主义的习作[精神分析学家与艺术史学家克里斯(Ernst Kris)曾写了一篇深具教育意义的文章,认为"对有创意的艺术家的临床分析表明,艺术家真实的生活经验有时对于他的视野来说是有限的,他想象力量的冲突可能远超越本身的经验,或者,更准确地说,至少有某些艺术家拥有这种天分,将他们各种各样的自身经验一般化"。比方说,要在《法斯塔夫》(Falstaff)或是《哈姆雷特》(Prince Hal)中找出莎士比亚,看来是个"徒劳无功"的要求,"而在临床经验上将艺术家作为精神分析的对象,似乎是暗示着有些伟大的艺术家是与他们自己所创造的角色接近,同时也觉得那许多角色正是他们自身的一部分,艺术家们是创造了一个世界,而不是沉溺在一场白日梦中"。(Ernst Kris, *Psychoanalytic Exploration in Art*〔1952〕,288)]。不过,在一个弗洛伊德主义者看来,认定莎士比亚在戏剧中淋漓尽致地描写的那些感情是他亲身经历过的,乃是完全合理的,因为莎士比亚不也是个人吗?难道他没有受过创伤、心里从未滴过血吗?问题是,一个剧作家不是只有对那些他完全亲身经历过的感情才能做出生动的描写。另外,这些感情,也不必然会在读者听众心中唤起同样的情绪。正如精神分析家应该知道的,"宣泄"并不是为了产生模仿,而是让情绪流溢,因此,读一部充满暴力的小说或看一出血腥的悲剧,不但不会激起愤怒的情绪,反而会把它给洗涤掉。弗洛伊德的一些作品显示出,他对这个道理是多少有些知晓的,不过,他却没有把它用在有关艺术的观点上。因此,尽管他的艺术观点打开了相当炫目的前景,但同时也引起了若干难题,致使其炫目程度因而失色。

不过,总的来说,弗洛伊德最让读者不自在的,不是他对艺术家的矛盾心态,而是他对于艺术那些斩钉截铁的论断。而其中最具争议的,大概莫过于他暗示,文学中的角色是个可如真人一般接受精神分析的对象。大部分的文学研究者都对弗洛伊德的这种主张感到愤怒,因为他们认为,小说或戏剧中的角色,并不是一个有着真实心灵的真人,而只是其创作者的傀儡。哈姆雷特的存在是并不先

第七章 应用与涵蕴

于或超出以他的名字命名的戏剧之外,把他当成一个躺在沙发上的病人那样分析,乃是混淆了虚构的范畴与真实的范畴。然而,面对这些批评,弗洛伊德却不为所动,反而大胆地步入这个泥淖中,以他对延森的《格拉迪娃》的迷人分析作为回应。他告诉荣格,这篇分析是他在"阳光灿烂的日子里"写成的,而它带给了他"极大的快乐。对,它是没有带给我们什么新的东西,但我却相信,它让我们得以享受使用我们财富的快乐"⁵⁹。他对《格拉迪娃》的分析充分说明了,精神分析在应用于文学时,可达到什么样的成绩和要冒上哪样的风险。

《格拉迪娃》的病人主角哈诺尔德(Norbert Hanold)是个对未知事物的挖掘者,也就是一个考古学家。最初会吸引弗洛伊德注意这个故事的,很有可能就是哈诺尔德的考古学家身份和他进行考古挖掘的地点意大利。哈诺尔德是北方寒冷气候区那种退缩、出世的代表人物,不过,他将会在阳光普照的南方(庞贝古城)找到他的明净,而他的心理疾病,也将会通过一种非常弗洛伊德式的方法(爱)而获得治愈。他的心理疾病源于对一个叫佐薇(Zoë Bertgang)的女孩之回忆,而这种回忆始终都是压抑着的,佐薇跟他一起长大,是他深深爱恋着的人。有一次,在罗马参观一批古物时,哈诺尔德看到一幅浅浮雕,上面刻着一个年轻漂亮的女孩,有着一种独特的步姿。他称这女孩为"格拉迪娃",意指"从我身边走开的女人",并把这幅浅浮雕的石膏模型"悬挂在他研究室里一个显眼的位置"⁶⁰(弗洛伊德日后也在自己的分析室里挂了一幅"格拉迪娃"的石膏模型)。

格拉迪娃的姿势让哈诺尔德深感着迷,他自己并不知道个中原因,但事实上,她是唤起了他对一个自己曾深深爱过后来又"遗忘掉"的女孩的回忆(他遗忘格拉迪娃,是为了追求自己那个隔离别人而又被别人隔离的志业——考古学)。有一晚,哈诺尔德做了一个噩梦:梦见格拉迪娃出现在庞贝城毁灭的当日。自此,他例外开始编织一些有关她的幻想,并深深为她的死感到哀悼,就像她是个与他同时代的人,而非某个近两千年前死于维苏威火山熔岩下的人。弗洛伊德在《格拉迪娃》的书页边缘评论说:哈诺尔德的"整个科学,都是为幻想而服务的"。在这种无以名之的情感和难以解释的执念的驱使下,哈诺尔德最后到了庞贝,并幻想自己回到了维苏威火山在公元79年爆发的那一天。不过,他的想象(vision)就是真实(reality)本身,因为格拉迪娃所代表的,就是他年轻岁月的激情。

哈诺尔德完全缺乏和女人交往的经验(弗洛伊德在眉批里指出他是个有性

压抑的人,而且住的地方也缺乏"性的气氛")——但幸好,他的"格拉迪娃"不但精明,而且漂亮。佐薇固然是哈诺尔德的"病源",但她后来也成为了解开这疾病的媒介,在认识到哈诺尔德幻想的本质以后,她想办法把他从幻想中抽离出来。她模仿浅浮雕里的"格拉迪娃"的步姿,走在他前面,而这正是治疗哈诺尔德的钥匙:这个年轻女子准确无误的步姿,让哈诺尔德对她压抑着的记忆可以进入意识之中。

这是一种通过考古学而达成的精神分析治疗。《格拉迪娃》中有两个段落,曾让弗洛伊德感动得在书页边写上"漂亮"两个字的评语。其中一段叙述的是女主角所转述的一句有智慧的话,这让弗洛伊德回忆起他偏爱的一个隐喻。她对哈诺尔德说:"想要得到生的人,就必须要先死过。"又补充说:"对考古学来说,这是绝对必要的。"[61]在他论《格拉迪娃》的文章中,弗洛伊德把这个比喻拿出来讨论:"没有一个有关压抑的比喻,要比这一个来得贴切。压抑就是要让心灵里的某些东西变得无法被触及和保存下来,而庞贝城的沉埋及日后得以通过铁锹的挖掘重现,就有如压抑和解开压抑的过程。"[62]《格拉迪娃》不只证明了压抑的胜利,也同时证明了压抑是可以被解开的。佐薇对哈诺尔德的成功治疗再一次证明了"爱的疗力"[63]。弗洛伊德认定,这种爱,归根结底是一种情欲之爱。读到书中描述哈诺尔德观察佐薇的鞋子时,弗洛伊德在页边写道:"恋足。"[64]全书的倒数第二段叙述哈诺尔德叫佐薇走在他前面,而佐薇则带着微笑照办;读到这里,弗洛伊德在书页边缘写道:"色欲!对幻想的接纳;妥协。"[65]

弗洛伊德曾经对自己这样强行介入延森的小说,有过一点犹豫。因为毕竟,他这样做乃是分析与诠释一个"从没有做过的梦"[66]。为此,他竭尽所能去谨慎阅读《格拉迪娃》,他一丝不苟地记笔记,就像面对的是另一个躺在沙发上的杜拉;他分析哈诺尔德的三个梦境和它们的后果[67];他细心指出有哪些残余感情(如焦虑[68]、侵略观念[69]和嫉妒[70]等)在哈诺尔德身上发挥作用;他细细推敲那些模棱两可或具有双重意义的象征的意涵[71];他费力地追踪哈诺尔德逐渐学会区分幻象与真实的过程[72]。在结论里,他审慎地提醒自己:"但我们的分析必须到此止步,否则我们就会忘掉,哈诺尔德乃至格拉迪娃都只是作者虚构的人物。"[73]

但这种犹豫并没有让弗洛伊德乃至他的追随者裹足不前。这些年间,精神分析家看不出来有任何理由足以否定文化在他们的沙发上有一席之位。诚然,他们把诊疗工作延伸至分析室之外的尝试,激起了美学家、文学批评家和展览评论者的一些兴趣,并获得了一些最热情的评价。不过,当弗洛伊德形容他对创作的分析是"对一个我们迄今几乎没有触及的地域的入侵,而这个地域是我们将可以舒舒服服地躺下来的"㊸,大部分专家慢慢认为,弗洛伊德让自己太舒服了一些。

弗洛伊德批评者的担心不是没有道理的:那些深具创造力的艺术家——也就是人类中非常有价值的一群人——被精神分析家请到沙发上以后,看来也不过是一些聪明的神经症患者,懂得利用精巧的虚构物,把容易上当的世人骗得一愣一愣的。弗洛伊德的分析虽然雄心勃勃,却鲜少对艺术家表现出欣赏的态度。他不只质疑艺术家有什么"创造性"可言,还阉割掉他们的文化角色。在他看来,文学作品不过是把公众的秘密愿望大声说出来,不过是顶着头衔在说三道四,唯一的功能就是把积聚在公众心灵里的紧绷的弦给舒缓一些。换言之,弗洛伊德并不认为艺术文学创造的功能迥异于人类其他领域的追求,具有任何特殊的地位。因此,他会用"前戏"这么世俗的名词去称呼人们从阅读或观赏所得到的愉悦,并不是偶然的。在他看来,文学艺术作品就像做爱与战争,或像法律与宪法一样,不过是驾驭世界的一个方法(或者是掩饰一个人无力驾驭世界的方法)。唯一不同的,只是小说或绘画会用漂亮的装饰物去遮掩它们的功利主义动机罢了。

但弗洛伊德相信他可以避开还原主义(reductionism)的陷阱。他不断重申和强调,精神分析并未声称自己可以阐明艺术创造的奥秘。像在《达·芬奇》里,弗洛伊德就开宗明义地指出,他并无让"这个伟人的作品变得可理解"的企图,并表示愿意"承认艺术成就的性质事实上是精神分析所无法置喙的"㊺[20世纪20年代晚期,在一段广受引用的段落中,他又重申:"在富有创造力作家的问题面前,分析必须解除装备。"("ostojewski und die Vatertotung"〔1928〕,GW XIV,399/"Dostoevsky and Patricide,"SE XXI,199)]。探索"人类心灵的规则",又特别是探索"杰出人物"的心灵规则,无疑是相当吸引人的工作,但这一类的探索"目的不在解释诗人的天才"㊻。弗洛伊德的这些声明,我们有理由相信是由衷之言,因为他对自己作品的态度的说明一向都是坦诚而精准的(哪怕他采取的态度是独断的确信或完全的不可知论,他都不会讳言)。不过,不管他对作家创造性的秘密怀有多大敬意,他仍然深信精神分析对艺术家的个性具有很大的发言权,深信自己把关注偏重在作品的某些主题或隐喻上是自有道理的(这种自信会带给他的听众怎么样的过度联想也不言而喻)。就连弗洛伊德最忠实的读者都可以看得出来,有一件事情是他忽略未提的,那就是,把文化化约为心理学的偏颇性,一点都不亚于在研究文化时完全置心理学于不顾的偏颇。

有异于表面上所见的那样,弗洛伊德的艺术观点并不是把艺术贬得全无价值,因为不管是风趣还是悬疑的作品,不管是色彩炫目或说理明晰的书写,它们那张用来隐藏原始激情的美学面具都可以提供快感。它可以让生活对作者以至读者(观赏者)来说都变得不那么沉重。因此,在弗洛伊德看来,艺术文学不啻是文化的麻醉剂,但与其他迷幻药物不同的是,它并没有深远的后遗症。因此,精神分析文艺批评的任务,在于追踪产生审美快感的不同途径,而无须对一件作品的价值做出判断。弗洛伊德深知,一棵果树的果子是与树根的样子截然不同的,而花园里的花也不会因为我们知道它们是由粪便浇灌而成而顿失其美。基于其专业关怀,弗洛伊德把他的研究制定在树根上。但这并不代表,他会拿起《威尼斯商人》与《李尔王》来阅读,就一定是出于纯粹临床上的兴趣;而雕刻《摩西像》的米开朗基罗,对他而言也不仅仅是个有趣的病人。同样的,虽然弗洛伊德曾以歌德的自传《诗与真实》(Poetry and Truth)来进行精神分析研究,但歌德的文学巨人地位,并未在他眼中稍减。然而,不管弗洛伊德对文学有多热爱,终其一生,他对"真"的兴趣都要远大于对"诗"。

社会的基础

弗洛伊德把精神分析应用于雕塑、小说和绘画的领域,可说胆识十足。不过,这种胆识和他研究人类文化的历史基础时所表现的胆识相比,立刻相形失色。从五十多岁开始,他就致力于一项大无畏的工作:研究人类怎样从动物状态做出跳跃,进入文明状态。弗洛伊德的这种雄心,很早就在他的文章、书籍的导论以及对同仁的简洁谈话中露出端倪。随着时间的推移,这个知性游戏越来越让他着迷。1908年11月中,他在维也纳精神分析学会上表示:"对罪恶感根源的探索,不是可以迅速事竟其功的。无可否认,有很多因素作用在里面。但可以肯定的一点是,罪恶感是在性冲动的废墟中冒出来的。"⑰两星期后,他在评论兰克一篇谈英雄诞生神话的文章时指出,这些神话中的主角事实上是自我的象征。

第七章 应用与涵蕴

这个自我,为了重新发现自己,所以重新回到过去,"回到一个英雄的第一个英雄行为中:反抗父亲"[78]。这个说法,反映出《图腾与禁忌》(由四篇主题相通的论文组成)一书的大纲,已在弗洛伊德的心里成形。

弗洛伊德的书信证实,写作这部作品期间,他就像写作其他重要作品那样,饱受煎熬,却被一股激情驱策着。1911年11月中旬,他告诉费伦齐:"我的时间再一次被朝八晚八的事务工作所占据,但我的心思却完全与'图腾'同在,写作工作也正缓慢地进行着。"[79]一如往常,为了写作《图腾与禁忌》,他广泛阅读了相关的文献资料,不过,他读得并不起劲,因为他深信,读与不读这些资料,他都可以找到自己想要的东西。他告诉费伦齐,为了撰写"图腾书"(指《图腾与禁忌》),他"正在读一些厚厚的书,但读得并不热心,因为我早就有了结论"[80]。在一些重要的思想方面,他的结论是先于他的研究的。

他写作的进程深具戏剧性。1912年3月,他谈乱伦恐惧那篇论文(《图腾与禁忌》四篇论文里的首篇)刊登在《潜意象》上。他告诉琼斯,这篇文章"全然谈不上有什么特殊之处"[81]。但他仍然继续前进,到了5月,他写成第二篇论文,并在维也纳精神分析学会的会议上宣读[82]。弗洛伊德觉得这篇文章宣读起来相当吃力,以致想要用英语去谈论它的时候,他一向流利的英语会变得突然不太灵光。像在1912年仲夏写给琼斯的信中,他谈到这篇文章时,就摆荡于两种语言之间:"我计划用四篇文章的最后一篇去谈 Verdrängung(抑制)的真正历史源头,而其中第二篇是谈论禁忌的,其标题是'儿童时期:图腾崇拜的回归'。不过,我现在就大可告诉你我的结论:每一个内在的(我的蹩脚英文!)[弗洛伊德这里是表示他突然想不出该怎样用英文把话说完,所以以下改用了德文。——译者注]——Jede innere Verdrängungsschranke ist der historische Erfolg emes äusseren Hindernisses(每一个内在的抑制,都是一个外在的障碍的历史结果)。因此,Ver-innerlichung der Wideistände, die Geschichte der Menschheit niedergelegt in ihren heute angeborenen Verdrängungsneigungen(由于内在的阻力,人类历史遂沦为今天固有的压抑状况)。"接下来,他的英语又恢复了:"我知道母权制的存在会阻碍我的论点,或使事情复杂化,我迄今未能找到出路,但我相信这个障碍迟早会被消除的。"[83]

他并没有马上找到解决的办法。12月,当他正在撰写第三篇论文时,他写信告诉费伦齐:"我目前正完全处于思想的主宰中。"[84]两星期后的另一封信再次证明了他对于这个工作的全神投入:"我完全被思想主宰着,像发了疯一样。这是一个人想做出一些成绩来必须具备的态度。"⑧ 1913年4月,他终于可以告诉费伦齐,他的"图腾书"⑧ 快要完结了;接下来那个月,他又大胆地对全书做出自我评价:"现在我一边写它,一边觉得它是我最棒最好的作品——大概也是我最后一件好作品。"

但他并不总是这么信心十足。才一星期后,他就告诉费伦齐,"图腾书昨天完成了",而代价是"可怕的偏头痛(这在我是很罕有的)"⑧。不过到了6月,他的头痛和大部分疑虑都消失了(应说是暂时消失):"自从图腾书完结后,我感到自在和愉快。"⑧ 在此书的序言里,他保守地表示,自己完全察觉得到这本书的缺点,但又说这些缺点的其中一些是免不了的,这一方面是其先锋的性质使然,另一方面则是因为它想要吸引一般读者"在民族学、语言学、民俗学等领域与精神分析之间架起桥梁"⑧。

但《图腾与禁忌》一书在主导主题上的野心,要更甚于企图获得读者的野心。就空想而言,它比卢梭对人类社会起源所作的那些猜测尤有过之。在他那些著名的18世纪论述里,卢梭曾经就人类从前文明时代踏入文明时代的过程,提出了一些高度假设的主张。但他不但不讳言这些主张的假设成分,反而要求读者不要把它们当成事实看待。但弗洛伊德的做法却恰恰相反:他要求他的读者把他那个让人喘不过气来的猜想,视为对一件久被湮埋、具有划时代意义的史前事件的历史重建。他踏出的这一步,事实上已危险地离开了临床观察所提供给他的坚实基础,但他一点也不放在心上,也不打算为此放慢脚步。

弗洛伊德的《图腾与禁忌》除了是一个精神分析的应用以外,还是一份有战斗动机的文件。1911年2月,当此书还在构想的早期阶段,他就告诉荣格:"几个星期以来,我都怀着书写一项更大的综合主题的计划,预产期是今年夏天。"⑧ 不过,实际的妊娠期却比弗洛伊德自己预估的要长得多。当他在1913年5月向朋友们宣布此书已大概完成时,显得志得意满,这是不难理解的。因为对他来说,产下这个史前史、生物学和精神分析的"综合体",乃是要先发制人,把他的"继承人"暨敌人比下去,换言之,《图腾与禁忌》里面的那些文章,乃是他用来对付荣格的武器。在他的心灵挣扎中,弗洛伊德显示出俄狄浦斯战争里一个常常受到忽视的侧面:父亲也有想要打败儿子的时候。四篇文章里最后一篇且战斗

第七章　应用与涵蕴

意味最浓的一篇——发表于他与荣格决裂以后,实际上是他对"王储"的一个报复:报复荣格对自己的粗暴和对精神分析的背叛。这篇文章发表在《潜意象》的8月刊,而弗洛伊德5月时就告诉过亚伯拉罕,此文"将有助于干干净净切除一切有着雅利安宗教成分(Aryan-religious)的东西"[91]。9月,弗洛伊德在罗马为《图腾与禁忌》的序言签上了一个花体字签名,此书至此算是大功告成。

《图腾与禁忌》一书随处都有证据显示出,弗洛伊德当前的战争,是意识与无意识地回响着其往昔岁月的。弗洛伊德一生都是文化人类学与考古学的爱好者,这一点,从他使用的很多比喻都是借自考古学就可以充分反映出来。如果说发现特洛伊古城的谢里曼(一个能在成年后实现儿时梦想的人)真是弗洛伊德少数几个嫉妒的人之一的话,那么,在弗洛伊德的自我认定中,他就是心灵探索领域的谢里曼。弗洛伊德在完成《图腾与禁忌》以后,就像他在出版《梦的解析》以后一样,经历了一段产后忧郁期。他对自己的结论产生了不确定感,而这是此书承载着他很深感情涉入的一个明确无疑的表征。幸而,其忠实支持者的掌声很快就来到了。弗洛伊德在6月底写道:"(费伦齐和琼斯的肯定,)是我完成此书后所获得的第一个快乐红利。"[92]当亚伯拉罕告诉弗洛伊德他有多喜欢"图腾书"和自己已被它完全说服时[93],弗洛伊德迅速回信表示感谢:"你对图腾书的判决对我而言特别重要,因为在完成它以后,我曾有过一个时期对它的价值感到怀疑。但来自费伦齐、琼斯、萨克斯、兰克的评语都与你相似,这让我重获信心。"他特别欢迎亚伯拉罕主动表示愿意为此书提供"贡献、补充和引申"。他告诉亚伯拉罕,自己早已准备好迎接"龌龊的攻击",绝不会受其影响[94]。这是个勇敢的宣告,但我们却不能不好奇,此语有多少程度反映出弗洛伊德的真实心情。

《图腾与禁忌》的"血统"相当显赫,这种显赫性,只稍稍被时间的更迭与相关学科的愈趋精密所冲淡。弗洛伊德指出,最初启发他去进行这方面研究的,是冯特(Wilhelm Wundt)的"非精神分析"的民族心理学(Völkerpsychologie),以及苏黎世学派里如荣格和里克林的作品。但他又带着自豪的口气表示,尽管自己受惠于这些研究者,但与此同时,他对他们的主张都有异议[95]。他其他的灵感来源还包括了对原始与域外宗教有着百科全书式研究的弗雷泽(James G. Frazer)、英国著名圣经学者史密斯(W. Robertson Smith)论图腾宴[指把图腾动物宰杀并吃掉的仪式。——译者注]的文章,以及鼓吹文化进化论的英国文化人类学家泰勒(Edward Burnett Tylor)[听起来和距离其约一个世纪之前的孔德很像,弗洛伊德设定了一个序列的思考三阶段，泛灵的或是神话的（animistic or mythological）、宗教的（religious）及科学的（scientific）（Totem and Taboo, SE XIII, 77.）。这个写作计划暗含了时间上的序列和价值上的不同层级。在弗洛伊德写作之时，以及在他发表《图腾与禁忌》一书之后的几十年，文化人类学家甚至带着轻蔑的意味，拒绝了弗洛伊德这样的写作模式］；更不能不提的是达尔文对原始人社会形态的猜测。

第一个对英文版《图腾与禁忌》（出版于1920年初）做出评论的是英国人类学家马雷特（R. R. Marett），他称它为一个"名副其实的故事"（just-so story）。在写给琼斯的信上，弗洛伊德对这种巧妙的批评做出了带点逗趣的评论："如果马雷特否认《图腾与禁忌》所提供的解答的话，他自是有权认为，精神分析只是把人类学的问题原封未动地留下来；但如果他接受这本书所提的解答，他就会发现情形完全相反。"弗洛伊德又认为，马雷特取笑《图腾与禁忌》是个"名副其实的故事""并不完全是坏事。他是个好人，弱点只是缺乏想象力"⑯。不过，"缺乏想象力"可不是别人可以指控弗洛伊德的弱点，最少在《图腾与禁忌》出版以后不是。但弗洛伊德在大胆中也带着谨慎，例如，他在1921年回顾此书时就指出，他不过是提出了"一个假设，其目的就像很多史前史学家所提出的假设那样，尝试为漆黑的太古时代投入一线亮光"。然而，他又难掩自信地补充说："如果这样的假设显示出它可以为一些变动不居的领域带来一贯性和了解，那它就是值得敬重的。"⑰

在探索人类文化的历史源头时，弗洛伊德依靠的可不只是一些让人望而生畏的专家权威而已。如果没有丰富的临床资料，没有自我分析自省，没有一套精神分析理论，弗洛伊德是断不会有写作《图腾与禁忌》的念头的。史瑞伯的幽灵同样也盘旋在这个研究之上，因为史瑞伯的案例让弗洛伊德明白到，人与神的关系，是从他们与父亲的关系派生出来的。因此，诚如弗洛伊德所告诉荣格的，《图腾与禁忌》乃是一个综合：它把人类学、民族志、生物学与宗教史和精神分析的猜测编织在一起。该书的副标题相当具有说明性："野蛮人与神经症患者心灵的众多一致性。"全书的第一篇（也是最短的一篇），处理的是乱伦恐惧，此文从美拉尼西亚人［Melanesian, 居住在位于西太平洋、赤道与南回归线之间群岛上的黑人。——编者注］与班图人［Bantu, 非洲黑人。——编者注］谈到处于俄狄浦斯阶段的男孩，再谈到与弗洛伊德生活在同一文化里的女神经症患者，举例非常广泛。第二篇文章讨论的是当时流行的文化人类学理论,此文又把图腾与矛盾心态联结于弗洛伊德从病人身上所观察到的强迫命令与禁制。第三篇文章探讨了泛灵论(animism,当时学界都认为泛灵论是宗教的前身)与巫术思考方式的关系,又把这两者联系到儿童"思想万能"的信念上。不过就在这里,弗洛伊德显示出他的野心是超出此书副标题所预告的范围的。现在,他的兴趣不再只是揭示原始人与神经症患者的思考方式的一致性上,而是更进一步,企图揭示原始的思考方式对所有的思考方式(包括"正常"的思考方式)以至于对历史,都可以有所阐明。他断言,"野蛮人"的心灵样态和精神分析家在所有人(病人或正常人)身上所观察到的,归根到底是一样的:都同样喜欢把愿望强加在思想上,而且所有的心灵活动带有实用动机。

这些主张的想象力已经够丰富的了,但弗洛伊德最让人瞠目结舌的思想,却是在全书最后也是最长的一篇文章里展开的。他的批评者指责他在此文里的"飞行"犹如一次伊卡罗斯飞行[伊卡罗斯(Icarus):希腊神话中巧匠代达罗斯(Daedalus)之子,与其父双双以蜡翼黏身飞离克里特岛,因飞得太高,蜡被太阳融化,坠入爱琴海而死。——译者注],胆大妄为而有致命性,但弗洛伊德本人却显然认为这样的飞行没有什么好害怕的。在这篇文章中,他从禁忌进一步谈到图腾。他指出,图腾归根到底其实就是一种禁忌。而对文化史家来说,图腾的重要性在于它是一种把乱伦恐惧制度化、突出化的方法(乱伦恐惧就是弗洛伊德在全书第一篇里谈的问题)。一个实行图腾崇拜的部落,最重要的一个戒条就是同部落的成员不得通婚。按弗洛伊德的观察:"著名而神秘的异族通婚制(exogamy),是与图腾崇拜相关联的。"⑧

接下来,弗洛伊德对当代有关图腾崇拜起源的解释做了一个简短的回顾,且提出了一些值得欣赏的注解。不过,他的这个回顾被证实只是虚晃一招,因为除达尔文和史密斯所提出的一些假设以外,弗洛伊德有关图腾崇拜起源的见解,完全是独创的。达尔文认为,史前人类是以一个个小群体的形式生活的,每个这样的小群体由一个专制、酷劲大的男性所统治;而史密斯则假设,把图腾动物宰来吃掉的献祭仪式,是所有图腾崇拜都必备的基本成分。一如其好类比的习性,弗洛伊德把这些非常不可靠的假设与患有神经症儿童的动物恐惧症放在一起来谈,然后进一步把俄狄浦斯情结引到舞台的中央。被他引来佐证自己论点的小病人,主要是小汉斯,弗洛伊德认为,他凭着这个五岁的惧马症小病人,就可以把

20世纪初期的维也纳和遥远的史前时代给连接起来。除小汉斯以外,弗洛伊德还引用了另外两个小病人,作为辅助证据,一个是俄国精神分析家武尔夫(M. Wulff)的病人,一个是费伦齐小阿帕德(Little Arpad)。前者患有惧狗症,而后者则惧怕鸡,但与此同时又爱看到鸡被宰杀的场面。弗洛伊德借这些儿童的行为,认为图腾动物就是父亲的一个象征。以此为前提,弗洛伊德指出,全部的"图腾系统"极有可能"就像'小汉斯案例'中的动物恐惧症和'小阿帕德案例'中对家禽的变态情感一样,都是源于俄狄浦斯情结的心理状态"。

弗洛伊德极力主张,图腾宴乃是一种重要的社会黏合剂。在杀死并吃掉图腾动物的同时,一个氏族等于是再一次认证了对神的信仰以及与神的同一性(因为人们相信被他们吃掉的图腾动物,与他们具有相同的实质)。那是一个浸透在矛盾心态中的集体行为:杀死图腾动物乃是一个始之以哀戚、继之以欢腾的场合。事实上,弗洛伊德认为那个紧接在杀牲之后举行的宴会,有如一个恣意狂欢、无拘无束的农神节,是先前哀悼心态一个奇特但不可少的匹配。弗洛伊德的论证一旦到达这个阶段,就再也没有什么可以让他止步,他已经准备好提出他的历史重建。

弗洛伊德知道,他的历史重建所揭示的那幅图画,在任何人看来都会是玄而又玄,但对他自己来说,则是完全有说服力的。如前所述,根据达尔文猜测,最早期的人类是生活在一个个小群体里的,每个小群体的主控者是一个性情暴烈而醋劲大的父亲。以此为前提,弗洛伊德推断,这个父亲为了不让儿子有染指自己女人的机会,会在儿子一长大就把他们赶走。然而,"有一天,那些被赶走的兄弟聚在了一块,打死了父亲,把他狼吞虎咽地吃掉,从而终止了父权的统治。要不是联合起来,他们没有一个人是敢单独去做这样的事的。"弗洛伊德也怀疑,这些儿子们会不会是因为学来了一些什么新的技艺(例如学会使用一种新武器),才会敢于向父亲的权威挑战。他认为,他们会在杀死父亲以后把父亲的尸体吃掉,一点都不奇怪,因为"吃人的野蛮人"都是这样干的。"暴力的原始父亲(primal father)显然是这支手足部队每个成员都嫉妒和害怕的模型。而现在,在把父亲吃掉的同时,他们得以认同于他(identification),而他们每个人也分享了他的一部分强壮。"一旦明白了"也许是人类第一场宴席"的图腾宴的历史起源以后,我们就明白,所有的图腾宴有可能都是"对一个罪行不可磨灭的回忆的重复与纪念"。弗洛伊德认为,这就是人类历史的起源。

第七章 应用与涵蕴

他承认自己的历史重建里有着若干含糊不清之处,但又认为,这种含糊不清是免不了的,因为,"以这种材料的性质,要求精准是荒谬的,一如要求确定性是不合理的"一样[101]。他强调不应该把他相对简单的推论视为一个可以证明他"忽视了此现象的复杂性质"的证据,又说自己所做的一切,不过是要"在宗教、道德和社会的起源的问题上,加入另一个补充"[102]。话虽如此,但弗洛伊德却根据他上述的精神分析遐想,抽绎出最让人目瞪口呆的推论。他认为,在那些杀死父亲的兄弟身上,"有着同一种对父亲相互矛盾的感情",而这种感情,是精神分析家已经在儿童和神经症患者的身上获得证实的。那些弑父的兄弟尽管恨父亲,同时却又爱着他,正因为这样,他们弑父后满怀悔恨,并慢慢形成了"罪恶意识"。故此,他们父亲在死后反而比生前对他们更有支配权。"那些先前父亲只能凭自己的存在去禁止的事情",现在儿子们因为"在心理上形成自我抑制",反而会自动自发地遵守。"这就是所谓'迟发服从'(deferred obedience)现象,也是我们精神分析家所最熟悉不过的。"因为良心不安,这些兄弟于是宣布"杀死图腾动物(实质上是父亲的替代物)是被禁止的行为[图腾崇拜中的图腾动物被视为圣物,除了一年一度的图腾宴当天,平常是不许杀害的。——译者注],并自动放弃享受父亲所留下来的女人的权力"。换言之,在罪恶感的压迫下,儿子们建立起"图腾崇拜里最基本的禁忌,这些禁忌与俄狄浦斯情结的两股压抑愿望,恰恰对应"。这里所谓的"俄狄浦斯情结的两股压抑愿望",就是指弑父和恋母[103]。因此,文明乃是从罪恶感中产生出来的[弗洛伊德追随一些民族学家和人类学家的见解,认为"禁忌"与"异族通婚制"可以为人类社群带来秩序、道德和宗教,因此是文明的最初形式。——译者注],而所有的人类社会,都是建立在一件重大的罪行上面。

这个赤裸裸而大胆的结论又蕴涵着另一个弗洛伊德认为无可回避的推论,"一群兄弟杀死原始父亲的事件,必然会在人类历史里留下擦拭不掉的痕迹。"[104]他认为,宗教、悲剧和很多艺术作品的内容,都是这种痕迹的表现。不过弗洛伊德承认,他的这个推论,乃以两个很有争议性的前提为基础:一是存在着"一个集体心灵(collective mind),它的运作方式看起来就像个体的心灵";二是这个集体心灵具有把第一批弑父者的罪恶感一代又一代传递下去的能力,"历经几千年而不衰"[105]。简言之,弗洛伊德相信,人类可以通过"遗传"得到他们生物祖先的良知负担。不过,他这样宣称的同时,不啻是在他原来的大胆假设上又叠上一

331

个大胆假设。可是,回顾来时路时,弗洛伊德却坚定地站在那个看起来不大可能是事实的历史重建一边。但他又指出,原始人其实不完全像神经症患者,因为后者是以思想取代行动,而前者则是将行动置于思想之前。在全书的最后,弗洛伊德引用了《浮士德》里的话做结论:"一切之初是行动(罪行)。"(In the beginning was the act)[100][在《浮士德》里,歌德是要把 In the beginning was the act 一语作为圣经 In the beginning was the word "太初有道"一语的异译,本以译作"太初有为"为宜。但因弗洛伊德是借其字面意义发挥,故此处译作"一切之初是行动"。弗洛伊德这里所说的"行动",亦有"罪行"的含意。——译者注]这个征引是那么妥帖,让人不得不怀疑,弗洛伊德一番迂回曲折的推理,就是为了让他的结论与歌德的名句相贴近。

如前所述,在弗洛伊德眼中看来,儿子们的行为("不可磨灭的罪行"),乃是文化的奠基性行为。它处于人类历史"很多事情"的开端,包括了"社会组织、道德规条和宗教"[101]。毫无疑问,当弗洛伊德站在精神分析的制高点对文化的历史进行探索时,他对自己提到的这三个文化领域都深感兴趣。但是,这三个领域的最后一个(即宗教),看来又是他感情介入最深的。揭示出宗教根源于一件史前罪行,让他可以把自己持之已久的无神论与他对荣格新产生的憎厌结合起来。也许读者还记得,弗洛伊德曾说过,他希望借着《图腾与禁忌》最后一篇文章,把自己从"一切有着雅利安宗教成分的东西"中解放出来;他想要揭示,宗教的最后根源,不过是原始的需要、原始的观念和原始的行为。荣格曾在一篇批评弗洛伊德的文章中写道:"在巴拉赫(Ernst Barlach,1870—1938,德国表现主义雕塑家)描写家庭生活的悲剧小说《死亡日》(Der Tote Tag)的结尾,那位母亲恶魔(motherdaemon)说:'人类认识不到上帝就是他的父亲,这真是奇怪。'这是弗洛伊德从未学会的,也是所有分享他观点的人拒绝去学的。"[102]

不过,如果说弗洛伊德未能学会上帝是人的父亲的话,他倒是学会了另一件事,而且在《图腾与禁忌》中教给了读者:人用父亲创造了上帝。在书中长篇征引过弗雷泽和史密斯的话以后,弗洛伊德指出,最早期的宗教(也就是图腾崇拜)用一些最严厉的惩罚来规定了一些绝不可以违反的禁忌;而在古代祭礼中被献祭的动物,被认为是等同于最原始的图腾动物本身。换言之,这动物是被等同为最原始的神明本身,而图腾宴是要以一种伪装的方式,把杀死与吃掉父亲的太初事件重演一遍。它"以几乎难于超越的坦白承认了,人们拿来献祭的动物始终都是同一个,而且与他们所膜拜的神是同一个——也就是他们的父亲"[109]。弗洛伊德在写给荣格的一些信上曾经暗示过,宗教乃是无助的产物。在《图腾与禁忌》中,他把这个主张进一步复杂化,指出宗教除了产生于无助以外,还产生于一种对抗这种无助的行为。荣格相信,人若想认识到上帝是自己的父亲,就需要一种具有同理心的理解,并需要把自己的灵性向度重新挖掘出来。但弗洛伊德却用他在《图腾与禁忌》里的发现去证明,荣格上述的主张,只是一种科学的倒退,是对人类基本心理事实的否认——一言以蔽之,是神秘主义的表现。

弗洛伊德在《图腾与禁忌》里最强调的心灵事实就是俄狄浦斯情结(它也是全书的主轴)。在这个情结里,"宗教、道德、社会和艺术的开端汇聚在一起"[110]。我们知道,俄狄浦斯情结并不是他的一个新发现或突然发现。早在1897年,他就在给弗利斯的一份备忘录里提到过人对父母具有敌意愿望。接下来几年,这个观念在弗洛伊德心目中的分量虽然越来越大,但他提及它的次数却不多。不过,这个观念无可避免会影响到他对病人的观察,像在杜拉案例的报告中,他就简要阐述过它[111],又把小汉斯视为一个"小俄狄浦斯"[112]。但一直要到1908年,他才在致费伦齐的信上,明确地把这种"家庭生活的情结"正名为"俄狄浦斯情结"[113];而要到了1909年,他才在鼠人的案例报告中首次称它为"神经症的核心情结"[114],弗洛伊德首次正式对外宣布这个观念,则是在一篇发表于1910年论爱的短文里[115]。到了这时,他已经明白到矛盾心态在俄狄浦斯情结里所占的分量,这一点,是小汉斯的案例教给他的。小汉斯让他了解到,单纯恨父恋母的情形是很罕有的。不过,在弗洛伊德看来,俄狄浦斯情结这种多样性的表现,只是更证明了它在人类心灵生活中的核心地位。"每个人类新生代所必须面对的一个任务就是去驾驭俄狄浦斯情结,任何无法做到的人都会沦为神经症的牺牲者。精神分析的进步业已显示在它对俄狄浦斯情结的重大意义从未有过的更深的开拓上;承认俄狄浦斯情结的存在与否,乃是把精神分析的追随者区分于其敌人的一个通关密语。"[116]无疑,那就是把弗洛伊德区分于阿德勒和荣格(又尤其是后者)的一个通关密语。

随着研究早期人类的学者所使用的方法与理论愈趋精密,《图腾与禁忌》里论证的漏洞益加显著——这些漏洞,大概只有弗洛伊德最死硬的信徒才敢于否认。文化人类学家的进一步调查证明,在实行图腾崇拜的部落中,大部分其实没有图腾宴这种仪式活动,换言之,史密斯当初认定图腾宴是图腾崇拜的基本部分,是不正确的。另外,达尔文假定史前时代的人类社群都是由多妻的雄性家长所控制的小群落,也经不起更深入的研究,特别是动物学家对高等灵长类的研究(这类研究在《图腾与禁忌》的写作当时还不存在)。这样,弗洛伊德那幅显示一群兄弟起而对抗父权制的图画,就愈发不可信了。

然而,最严重的问题在于,弗洛伊德的主张所赖以奠基的生物学基础,乃是受到现代生物学断然摈斥的。在弗洛伊德撰写《图腾与禁忌》的当时,还有一些研究人类的学者相信,人在后天所获得的习性,是可以代代遗传下去的。这没有什么好奇怪的,因为在1913年前后,基因科学还是处于襁褓阶段,因此容得下有关遗传性质最南辕北辙的假设。以达尔文本人为例,不管他提到拉马克的主张时态度有多不以为然,但在认定习得的特征可以遗传给下一代这一点上,他却多少有拉马克的影子。弗洛伊德也对这个假设偏爱有加,而这是因为,他相信这个假设可以让他的理论结构臻于完备。

讽刺的是,弗洛伊德所揣想的那个原始罪行(primal crime),并不是其论证所少不了的。因为要解释罪恶感的来源和它历数千年而不辍的持续性,他大可倚赖一些幻想成分较少而科学成分较大的机制。正如弗洛伊德自己在《图腾与禁忌》里指出过的,神经症患者虽然有弑父的幻想,却从来不会付诸实行。如果他能够把这个得自临床的洞察应用在他的历史重建上,那他的《图腾与禁忌》将不会暴露在那些最具杀伤力的批判下。如果他不是把那个儿子弑父的故事视为历史事实,而只是视之为一世纪又一世纪的年轻人对父亲很自然会产生的幻想,那么弗洛伊德将不用背负他那个拉马克包袱。因为单单是家庭经验的普遍性,单单是爱恨交集的感情的普遍性(换言之就是无所不在的俄狄浦斯情结),就足以充分解释罪恶感为什么会反复出现,并且能够与弗洛伊德的心灵理论完全嵌合[精神分析学家并不是唯一这么解释的学者。正如美国人类学家克罗伯(Alfred L. Kroeber)在他1939年重新省思《图腾与禁忌》时所说(他第一次审阅此书是在1920年):"在人类制度中永远有一些心灵过程的运作,这些心灵过程也能在人类的制度中找到表现形式。"("Totem and Taboo," *American Journal of Sociology*, LV〔1939〕,447.)]。在19世纪90年代末期,弗洛伊德就是靠用"幻想"的范畴来取代"真实"的范畴,才去除了其诱惑理论的荒谬性。但现在,不管他

第七章　应用与涵蕴

的语调有多保留,弗洛伊德却始终死守着一个命题:一切之初是罪行!这个命题,不但没有让他的主张更具有说服性,反而会让人觉得那是基督教原罪说的翻版[117]。

弗洛伊德在这件事情上表现出的顽固倔强,与他早先对《图腾与禁忌》一书的自疑——先不说他追求科学的理想——形成了强烈对比。他希望可以从其他领域的专家处获得的是配合:如果他们的主张可以佐证他的见解,就会为他所用,否则就会受到排斥。弗洛伊德在1912年夏天告诉费伦齐,他已经从史密斯论闪族宗教的书中,得到了"我的图腾假设最好的印证"[118]。他是担心弗雷泽和其他这个领域的专家会不认同他对图腾与禁忌之谜提出的解答,但他的自信心却没有——不管当时或后来——因此而动摇[119]。毫无疑问,他的这种顽固,跟他先前的自疑产生于同一个心理源头。他的第一批读者有着相同的怀疑:琼斯和费伦齐都不讳言告诉弗洛伊德,他们怀疑弗洛伊德在《图腾与禁忌》出版后所流露出的那种不安,并不是那种一般作者对自己作品的疑虑,而是有着更深的个人因素。他们两人都读过此书的校样,对其伟大见解深信不疑。"我们都认为,他在书中描述的经验,是一种他在自己的想象中亲身经历的经验,"琼斯写道,"他的得意扬扬,反映出杀掉和吃掉父亲的兴奋,而他的自疑,则是对这种兴奋的反动。"[120]弗洛伊德倾向于接受这种"学术性"的精神分析,却没有因此修正他的论点。他告诉琼斯,在《梦的解析》里,他只是描述了弑父的愿望,但在《图腾与禁忌》里,他却描述了实际的弑父行径,而"从渴望到行动,毕竟是跨出了一大步"[121]。当然这是弗洛伊德从未跨出的一步。看起来,他把那件原始罪行呈现为投下了永恒阴影的单一事件,而不是把它呈现为一种具有普遍性和出人类本性的幻想,这正是一种无意识地让自己与自己的俄狄浦斯情结保持距离的办法。因为这样做,他就可以辩护道,一个有理智的世界应该宽恕那些真正的无辜之人,因为他们只是在幻想中犯下罪行而已。有鉴于弗洛伊德一直强调心灵世界绝不是一个理性的领域,他一再逃避承认自己的俄狄浦斯情结里包含着弑父的愿望,不能不说是一种多少带有病态性的做法。

姑且不论弗洛伊德企图在俄狄浦斯情结中发现宗教基础的做法,有没有客观上的价值,但看来相当有可能的是,他在《图腾与禁忌》中那些论证的原动力,部分是来自其个人隐秘的内心冲突。从某些方面来看,此书可说是他与自己父亲从不休止的角力赛的又一个回合。另外,此书也是他对自己母亲的复杂感情的又一次规避。可以反映出后面这一点的,是弗洛伊德在他的历史重构中,几乎没有对母亲的角色着墨。尽管很多民族志资料都已经指出,有吃母幻想的原始部落比有吃父幻想的还要多见,但弗洛伊德却避而不谈。另一个证据是,被弗洛伊德引为佐证的小阿帕德曾经表示:"应该有人把我妈妈放在锅里,加以烹煮,这样,我就有一个保持新鲜的妈妈可以吃了。"⑫但弗洛伊德却故意忽略这个证据。然而,尽管《图腾与禁忌》隐含着弗洛伊德本人的内心秘密,但此书就像他其他很多作品一样,是他把最隐秘的内心冲突转化为有意义的科学探究的又一例子。

重绘心灵地图

对弗洛伊德来说,以精神分析的方法探索艺术、文学和史前史的领域,既是娱乐,也是重要的工作。这类工作可以帮助他印证自己的自我形象:一个在有一些荒凉和神秘的领域进行探索的先行者,而且是第一个能够对这些领域说出一些有分量的话的人。然而,这种对文化领域的知性突袭,并没有偏离他的理论工作。相反,两者其实是互相影响的。神经症的案例把弗洛伊德带向文化的领域,而对文学创造的思考则把他带回俄狄浦斯情结。不管这时期弗洛伊德的触须有多广泛纷纭,他也从未忘记自己的中心使命:把他所绘的那幅人类心灵的地图不断精细化。只不过,当时他还没有意识到,他在精细化这幅地图的同时,也对它做出了一些具有深远影响的初步修正。

在弗洛伊德发表于 1908 年至 1914 年间的理论论文里,有三篇值得特别注意。一篇谈性格问题,一篇谈心灵的基本原则,一篇谈自恋。这三部曲的头两部篇幅都很短(至少是不长),但这一点都无损于它们的重要性。在《性格与肛门性欲》("Character and Anal Eroticism")一文中,弗洛伊德以他的临床经验为根据,对个性如何形成的问题提出了一些一般假设。早在 1897 年,他就主张过,排泄、金钱和强迫症是以某种方式紧密联系在一起的⑫;12 年后,他又告诉荣格,那些会从抑制排便而获得快感的病人,会表现出讲究条理、吝惜和固执的性格特征。这些特征加在一起,乃是一种"对肛门性欲的升华"⑫。在鼠人的案例分析报告里,弗洛伊德对这种性格特征的组合方式有过进一步的观察⑫。现在,在他论性格问题的论文里,他以为数可观的病人例子为根据,斗胆把他的假设加以概念化。在精神分析理论里,"性格"被定义为由一些稳定特质所构成的结构。但这种有条理的组合方式并不一定暗示着和谐:由于人是被一群固着纠缠住的,因此,性格往往是由一群内在冲突形成的组织而不是解决这些冲突的组织。让弗洛伊德特别感兴趣,而且也是他三年前在《性学三论》里探讨过的,是这些特质在自我的形成过程中扮演着什么角色。就像这些年间他的其他论文一样,《性格与肛门性欲》既是他一些持之已久的观念的总结,也是这些观念修正的开端。

在《心灵运作的两个原则》("Formulations on the Two Principles of Mental Functioning")一文中,弗洛伊德把他的概推之网撒得更大一些,这一次,他不只想网住肛门性欲,而且想要网住驱力与成长经验的关系[120]。他在维也纳精神分析学会举行于1910年10月26日的会议上宣读了这篇文章,但却觉得会议上的讨论对他毫无裨益。"跟这些人相处真是越来越困难了。"他在第二天早上写给费伦齐的信中坦言。他说他从他们那里得到的,只是"娇羞的钦佩和愚蠢的反对"[121]。但弗洛伊德不但没有气馁,反而继续向前推进。再一次,他在这篇文章里提到的观点,除了曾出现在《梦的解析》第七章,同时也预示着以后的一些新想法。

这篇文章截然区分心灵运作的两种方式。第一种弗洛伊德称为初级过程,也是两种方式中最先出现的一种,其特征是无法忍受愿望的节制或满足的延后,它服从的是快乐原则;另一种弗洛伊德称为次级过程,则会随人心智的成熟而迈向成熟,它懂得深谋远虑,知道有时候节制或延缓愿望的满足,反而会带给自己更大的利益,它服从的是现实原则(至少有时是如此)。

每个小孩都必然会把现实原则的即位,体验为"意义重大的一大步"[122],这也是现实人生迫使他采取的态度。一旦心灵发现,愿望的达成不能带给自己真正的满足时,它就会开始培养自己理解外在世界乃至于操控外在世界的能力。具体地说,就是儿童会开始学习回忆、专心、判断、计划、计算,并把思想视为行动的实验。然而,这个次级过程的形成极不容易,要自动自发地出现就更困难了。因为虽然快乐原则会随着小孩的成长慢慢放松它的掌控,然而,每过一段时间,它就会去而复返。弗洛伊德指出,儿童事实上是死硬派的保守主义者,一旦感受过某种快乐,就不愿意放弃,哪怕他明知如果他放弃眼前的快乐,可以获得稍后一个更大、更有满足感的快乐。因此,快乐原则与现实原则是别扭地并存着的,而且常常会发生冲突。

但弗洛伊德并没有把这种冲突形容为不可避免的,而且偶然会陷入他不常有的乐观主义中:"在现实中,以现实原则取代快乐原则,并不意味着快乐原则被摒弃,那反而是它自保的一种手段。"[129]两个原则的关系,随着情况的不同而不同,但总的来说,随着时间的更迭,外在现实的重要性必然会与日俱增[130]。不过弗洛伊德也察觉到,性驱力特别抗拒现实,而这是因为它们可以通过自体情欲的活动(也就是通过一个人自己的身体)获得满足的缘故。一个人如果不能克服性驱力对现实的抗拒,日后就很容易沦为神经症的祭品。而这也是为什么文化对次级过程的成熟具有举足轻重力量的原因:它可以说服快乐原则,让它为现实原则服务,也就是说服快乐自我(pleasure-ego),让它愿意屈服于(至少是部分屈从于)现实自我(reality-ego)。这同时也是意识对心灵运作举足轻重的原因:它是以掌握现实为主要任务的。反观无意识领域,则是压抑与幻想的黑暗领域,现实检验无法发挥影响力。诚如弗洛伊德的一个精彩比喻所述:在无意识国度,唯一有效的货币就是"神经症的货币"(neurotic currency)[131]。因此,所有休兵的时刻都遮掩不了一个事实:心灵生活乃是一场持续的战争。

这篇论心灵运作的文章处理的是个体的心灵,主要是它的意识领域与无意识领域之间的纷争。不过,它也隐含地为精神分析的社会心理学铺平了道路。因为那些最早驱使小孩子与现实原则打交道的力量,大部分都是外在的力量,也就是来自权威他者的力量。母亲的短暂离开,父亲的惩罚,来自保姆、兄妹、同学的禁制,都是一种社会禁制,它们会使小孩的愿望受挫、不得不把愿望的满足延后。就连人最私密的一种经验——即俄狄浦斯情结——也产生且展开于社会情境中。

1911年,也就是他发表这篇论"快乐自我"与"现实自我"的文章那一年,弗洛伊德已经深信,个体心理学与社会心理学不可能各自独立。在此三年以前,他曾在一篇非正式的文章中述说过完全一样的论点。在那篇名为《"文明的"性道德与现代神经疾病》("'Civilized' Sexual Morality and Modern Nervous Illness")的文章中,弗洛伊德表示,种种神经疾病在现代之所以会如此普遍,乃布尔乔亚社会所加诸在人们身上的性压抑,远远超过正常人所能负荷之故。简言之,无意识根本无法逃离文化的罗网。因此,他论心灵运作两个原则的论文,以及那篇论现代人的神经疾病的文章,都是在隐隐暗示着一个新的理论出发点。

第七章 应用与涵蕴

弗洛伊德在第一次世界大战以前所写的那些具有双面性的论文中，也就是既是其观念的总结又是其观念修改先声的论文中，最壮观的一篇，莫过于《论自恋》("On Narcissism")。[《论自恋》也是与荣格之间辩论的一次和解，虽然，如同亚伯拉罕在阅读此论文草稿时所观察到的，弗洛伊德本可以更加强调他和"荣格的疗法与精神分析"之间的歧异。（Abraham to Freud, April 2, 1714, *Freud-Abraham*, 165〔169〕）]这是一篇对弗洛伊德一些持之已久的观念深具颠覆性的论文。据他自己形容，这篇文章只是导论性质。这并不是一种假谦逊，事实上，他抱怨写作这篇文章相当不顺手，感到很难用它的框架去载负自己具有爆炸性的思想。不过，他倒是深信，它可以用作对他敌人展开圣战的武器。1913年暑假要离开维也纳前不久，他在信中告诉费伦齐："我相信，'自恋'将会在夏天这段时期瓜熟蒂落。"[他在此处写到，将不断演进的性能量力比多回溯至童年，精神分析学家将自体情欲（autoerotism）这个最早期的阶段区分成两部分。第一部分是独立的部分性驱力的集合，它们在身体上寻求原始的满足，而第二部分的性驱力则是完全将自体当成是性驱力的对象。这个第二阶段其实也就是"自恋"阶段。]又表示，他认为此文"将科学地摆平（我）与阿德勒之间的争端"。到10月上旬，就是他在罗马享受过"17日美妙假期"以后，他告诉琼斯，他很乐意等琼斯以及兰克和萨克斯读过此文后，好好聊它一聊。

只不过，这几位追随者在读过《论自恋》以后，对于弗洛伊德想借此文去澄清的事情都备感焦虑。琼斯坦言，他们全都觉得这篇文章"让人困扰"。事实上，弗洛伊德自己对此文的感觉也比在一般情况下更不自在。他在1914年3月告诉亚伯拉罕："我'产'下这文章的过程非常辛苦，所以它一切的畸形应有尽有。我并不特别喜欢它，但在目前，我无法提供一些别的东西。"这篇文章的完成非但没有让弗洛伊德松一口气，反而让他产生了一些不快的生理症状：头痛和肠道方面的毛病。因此，当亚伯拉罕告诉他，这篇文章精彩而具说服力时，弗洛伊德感到很愉快。但只是感到愉快，并未疑虑尽消："我有一种很强烈的感觉：这篇文章有着严重的不足之处。"无疑，有一些理由可以解释他的不安，例如，写作《论自恋》期间，正是他与阿德勒和荣格激烈交火之时。尽管如此，他的困扰，仍有着更深层而不易察觉的理由：虽然他写作《论自恋》的目的只是解释其心理学，但他已在不知不觉中站在了重新思考其心理学的边缘。

《论自恋》把弗洛伊德发轫于大约五年前有关心灵发展过程的见解推得更

深入了，也更为复杂。早在1909年11月，他在评论萨德格尔一篇宣读于维也纳精神分析学会上的论文时就指出过，自恋，也就是"迷恋自己（迷恋自己的性器官）"乃是"从自体性欲过渡至对象爱恋（object love）的必然阶段"。⑩前面已指出，弗洛伊德最先浮现这样的想法，是在论《达·芬奇》的文章中，然后，同一个观点又在史瑞伯的案例报告与《图腾与禁忌》中先后提出［约在30年前，弗洛伊德还待在巴黎时，他表现得像一名爱国者，和倨傲的巴黎人相互较量。但他曾经宣称自己是一名法国的爱国者，这点不免让他的爱国情操显得有些暧昧模糊。其实，他是一个犹太人，并非奥地利人或是德国人］。"自恋"是一个有吸引力的术语，可以让人联想起弗洛伊德最喜欢的一个希腊神话：美男子纳西索斯爱上自己水中倒影憔悴而死的故事。弗洛伊德承认，这个术语，他借自德国的精神病学家内克（Paul Nacke）和霭理士。然而，"自恋"观念的爆炸性内涵，要到他发表于1914年的《论自恋》一文里才变得明显。

在《图腾与禁忌》中弗洛伊德指出过，自恋阶段是从来无法全然克服的，而且自恋似乎是一个非常普遍的现象。现在在《论自恋》中，他把《图腾与禁忌》里这些片段的观察进一步发挥了出来。本来，弗洛伊德把"自恋"一词的应用，局限在变态的范围内：自恋者是一种在性上有偏差的人，他们只有在把自己身体作为爱欲对象时，才会获得性满足。但在《论自恋》一文中，弗洛伊德却指出，自恋并不是变态者的专利。因为毕竟，精神分裂者也有着把力比多从世界抽回而投注在自身的现象。但这还不是故事的全部，因为精神分析家除了从变态者和精神分裂者身上发现自恋现象以外，还可以从神经症患者、儿童和原始部落中发现大量自恋的痕迹。在《图腾与禁忌》里，弗洛伊德早已把热恋中的情侣加到这张越来越膨胀的名单中。至此，他无法再规避一个结论，那就是，自恋"并非一种性变态，而是力比多对自我保存驱力中的自我中心主义形成的补充"。⑪自弗洛伊德提出"自恋"一词后，它的意义内涵迅速被加以扩大，首先是在弗洛伊德自己的手里扩大，继而是在一般人不负责任的使用中扩大，后者大大损害了它作为一个医学术语的内涵。自这个词在20世纪20年代进入一般受过高等教育的人的语汇中以后，它除了被用来指涉性变态或性心理发展的一个阶段以外，也被用来指涉精神病中的一种症状和各种各样的客体关系，有些人甚至滥用它来指涉现代文化的一个流弊或当成形容别人妄自尊大的宽松同义词。

早在"自恋"经历这种意义的膨胀以致几乎失去精准性以前，它就惹过一些很不寻常的议题。对此,连弗洛伊德都勉为其难地承认:"对于那些没有什么结果的理论论战,人们往往愿意保留观察。"不过,他还是克尽本分地补充说,面对这种情形,有必要"做出厘清的尝试"⑫。这个尝试迫使弗洛伊德认识到,事实上自我除了会选择他人为爱欲对象以外,也可以选择自己为爱欲对象。简言之,同时存在着"自我力比多"(ego-libido)与"对象力比多"(object-libido)。自恋类型的人由于受到"自我力比多"的主宰,会爱上他的过去,或者是他曾经的一部分自我。但弗洛伊德又指出,自恋型人并不是一种罕见的偏差,因为即使是父母对子女的爱,事实上"也只不过是父母的自恋的再生"⑬。随着他这份名单越来越膨胀,弗洛伊德不得不承认,这个世界似乎到处充斥着自恋者,包括了女人、小孩、猫、罪犯和幽默作家。

可以预期的是,弗洛伊德一定会对于人为何摆脱其早期的自恋心理感到好奇。因为毕竟,儿童在自恋中可以享受到很大的快感,这是不言而喻的;而弗洛伊德又一直主张,儿童很难放弃他们享受过的快感,因此,儿童要摆脱自恋的状态,势必经历过一番激烈挣扎。这个问题,驱使弗洛伊德开始探索一些议题(他对这些议题的完全解决,要到第一次世界大战结束后)。在《论自恋》一文中,弗洛伊德认为,成长中的儿童,由于面对来自父母、老师们和"公众意见"的压力,会放弃自恋,会认为自己先前爱恋的自我是不完美的,而以一个完美的自我取代之,作为自我追求的理想。这就是著名的"自我理想"(ego ideal),是儿童把外在世界的审查声音内化而成的产物。在有病态偏差的人身上,"自我理想"会带来一种自己老是处于被别人监视下的妄想(就像史瑞伯的情形一样),但在正常人身上,它却会带来我们所称之为良知(conscience)的相近的形式,从而能够保护"自我理想"。

亚伯拉罕读这篇文章时,对里面提到的"被监视妄想"、"良知"和"自我理想",印象特别深刻。但他并没有立刻对弗洛伊德修改过的驱力理论做出任何评论⑭。但正是《论自恋》的这个方面,让琼斯最深感不安。因为如果人同时有着"自我力比多"和"对象力比多",那么,精神分析家迄今所倚赖的那个二分法要怎样安置呢?问题的关键是这样的,弗洛伊德一贯主张,人类的驱力可壁垒分明地分为两类:自我驱力和性驱力。前者负责的是个体的自我保存,而与性无关;性驱力则会驱策人去追求性的满足,其目的是为了整个物种的保存⑮。现在,如果诚如弗洛伊德在《论自恋》中所言,自我也是有性欲投注的话,那么,自我驱力就必然也是以性为特征的。

如果这个结论可以成立,对精神分析理论将会带来极为严重的后果,因为它与弗洛伊德的早期构想——自我驱力是非性的——背道而驰的。难道,弗洛伊德真是如一些批评者所言,是个泛性论者,是个在任何地方都可以看到性的偷窥狂吗?对这一点,弗洛伊德一直以来无不反复而激烈地予以否认。又难道说,荣格把力比多界定为一种普遍的力量,一视同仁地弥漫于所有的心灵活动中,是一针见血的吗?但弗洛伊德不为所动,只是以他的临床经验为后盾,宣称他刚刚引入的"自我力比多"与"对象力比多"的观念,只是他原来的驱力二分架构"一个不可少的延伸"[⑩],又坚称它们没有带来任何新的东西,所以根本不必担心它们会造成任何困扰。但他的追随者可没有那么有把握,他们比文章的作者本人都更能意识到这个观点的激进涵蕴,弗洛伊德的《论自恋》一文让琼斯和其他朋友的神经都相当紧张。这种冲突性的评价直接冲击到心理学作为一门科学的基础,弗洛伊德从来没有对他有关驱力的理论完全满意,不管那是早期的构想还是后期的构想。在《论自恋》一文中,他抱怨"一个有关驱力的理论的完全阙如",让心理的探索者没有可以凭借的方向感[⑩]。这种理论清晰度的阙失,很大部分源于生物学家和心理学家在驱力或本能的性质上未能取得一致共识。由于缺乏他们的导引,弗洛伊德只能靠着他所能获得的寥寥生物学资讯,加上他对心理现象的观察,去构筑自己的理论。弗洛伊德指出,了解一种驱力的性质之所以需要这两个学科的协助,是因为驱力乃是处于生理和心理的接壤线上的,它是一种转化为愿望的冲动。

在《论自恋》发表的当时,弗洛伊德仍然宣称自己信守着驱力的二分法,即驱力可分为以自我保存为目的和以获得性满足为目的两者。我们知道,自19世纪90年代以后,他就喜欢引用席勒的名句:世界是由爱与饥饿所驱动。不过,随着他把自恋解读为一种在性上的自爱(sexual-love)而不是特殊的性变态,他等于有力地破坏了他原有的简单架构。尽管他努力尝试解决这个问题,但就是无法继续维持这个服务了他20多年的清晰二分法,因为事实上,爱恋自己与爱恋别人只有着对象上的分别,而没有本质上的分别。

到了1914年春天,重新分类驱力的必要性,乃至于对精神分析理论做出其他同样激烈调整的必要性,已经变得昭然若揭。但就在此时,却来了不测风云,以最激烈的方式打断了弗洛伊德平静的生活,让他的探索无法进行下去。《论自恋》写成于1914年3月,并在6月下旬发表于《精神分析与精神病理学研究年鉴》。经历了一整年费心费力的人事纷争和看诊工作,这时的弗洛伊德,正殷切期盼着夏天长假的到来,让他可以到卡尔斯巴德透一透气和专心做些自己的研究。然而,不到一个月之后,他却发现自己再无时间或心情去把其新思想的颠覆涵蕴挖掘出来。因为,在其思想逼近重大修正的边缘的同时,西方文明已经发了疯。

欧洲的终结

1914年6月28日,狼人在普拉特公园散步良久,回味几年来他在弗洛伊德那里接受治疗的种种。"那是个非常闷热的星期天。"他回忆说,他认为自己已经康复,打算要结束治疗,跟一个弗洛伊德赞成他娶的女人结婚。一切看来都顺顺当当,当他回家时,怀着一种充满希望的心境。不过,才一进家门,女仆就递给他一份号外,上面载有一则惊人的消息:斐迪南大公夫妇在萨拉热窝被一名波斯尼亚激进分子刺杀身亡[⑭]。这件事,不啻为早已被民族主义狂潮冲击得摇摇欲坠的奥匈帝国敲响了丧钟。萨拉热窝暗杀事件的深远影响并不是当时人马上就能察觉出来的,像弗洛伊德在写给费伦齐的信中就认为,事情会有什么样后续的发展,尚难预测,又表示据他观察,在维也纳,对王室的遭遇表现出"同情态度"的人相当少[⑮]。这之前三天,弗洛伊德曾向亚伯拉罕形容自己的《精神分析运动史》一文为"炸弹","现在,炸弹已经爆炸了"[⑯]。不过,他这枚"炸弹"与萨拉热窝那枚相比,只是小巫见大巫。仅仅六星期后,第一次世界大战就爆发了。

对文化史家而言,这个灾难的影响是带点吊诡的。因为大部分出现于20世纪20年代的艺术、文学和知识创新运动,其源头皆可以追溯至1914年之前(这些源头包括了功能架构、抽象绘画、十二音体系的音乐、实验小说,乃至精神分析),因此,20年代那激动而充满开创的十年,似与第一次世界大战并无直接关系。另一方面,第一次世界大战对文化的影响似乎又是无法否定的:因为它永永远远地摧毁了一个世界。英国经济学家凯恩斯在1919年回顾大战前的岁月时,把它描绘为一个舒服得让人昏昏沉沉的时代,在一段著名的文字里,他说,当时大部分人"都必须辛勤工作,过着低标准的舒适生活。不过,从各方面来看,人们都通情达理地满足于自己的命运。然而,任何有中上才智的人,想要逃离这种命运,晋升为中产阶级和更高的阶级,也并非不可能。对这些高一等的阶级而言,生活是惬意的,因为他们可以以最低的花费和最少的麻烦,获得其他时代最有钱财的富人和最有权势的君主所无法获得的便利、舒适与生活设施"。[151]

任何观察敏锐的社会工作者和原则性强的激进分子都一定会认为,凯恩斯这番话,乃是太高估当时穷人所可能享有的物质生活与社会流动性。然而,至少对为数不少的中产阶级而言,凯恩斯的描述相当精确。"伦敦的居民可以一边坐在床上啜饮早茶,一边通过电话订购来自全世界的各种产品,而且可以合理预期,东西很快就会送到他家的台阶前。另外,他也可以通过同一个方法,把财富投资于世界任何一个角落的自然资源开发或新事业的发展上,然后以同样少的麻烦,享受到这些开发或事业的成果和利益。"另外,如果这个伦敦人有出国旅游的打算,他用不着"任何护照或正式文件"就可以成行。"他可以吩咐仆役到附近银行的办公室,兑换他此行需要的贵金属。"然后,他就可以"动身前往世界任何一个角落,而不需要对它们的宗教、语言或风俗有任何知识。此行,他将会对自己所遇到的障碍之少感到惊讶和无趣"。除此以外,"更重要的是,他把这种视为正常的、确定的和永久的状态,而任何的偏离,都是出轨的、可耻的和应该避免的"。军国主义和帝国主义,种族上和文化上的敌对,以及其他的麻烦,都"不外是每天报纸上提供的娱乐",并不会对实际生活带来任何真正影响[152]。

这篇对一种已死生活方式的讣文,其抒情的调子正好反衬出战争所带来的杀伤力和绝望感有多么巨大。两相对比,1914年8月前的那个世界,犹如一片镜花水月的乐土。那时候,如果弗洛伊德要从维也纳寄一封信到苏黎世或柏林,若在星期一寄出,就有十足把握可以在星期四收到回信。那时候,如果弗洛伊德临时想去游访法国或任何一个文明国家,他都可以马上启程,而用不着任何正式的证件(只有俄国会要求入境旅客事先申请签证)。

在1914年8月前那相对和平的半个世纪,固然不乏激进分子煽动战争的来临,有将军忙于备战,有先知预言战争的必不可免,但他们仍属于明显的少数派。例如,当英国杰出的社会心理学家沃拉斯(Graham Wallas)宣称"恐怖的世界大战"已迫在眉睫时,他大部分的同时代人都认为这是痴人说梦[153]。没错,早已经有了一些不祥之兆。两大军事集团对峙态势的成形(一边是英国和法国,另一边是德国、奥匈帝国和意大利的"三国同盟")是其一,而如火如荼的军备竞赛(特别是英国和德国在舰队上的竞争)是其二。德皇已经说过他渴望德国在太阳下会占有一席之位,而这意味着德国将要跟其他强权在非洲和太平洋竞逐殖民地,并挑战英国一向以来的海上优势。

更重要的是,自1900年起,把巴尔干半岛称为"火药库"的说法已属老生常谈。长久以来,巴尔干半岛就是奥斯曼帝国的胸中之痛,它对非洲与巴尔干的附庸国的控制,则放松了已有一个世纪之久,这使得一些有冒进心理的政客产生了放手一搏的念头。另外,那些发行于大都会城市的廉价日报为广招读者,也不遗余力以干燥的引火物喂养沙文主义的激情火焰。1912年12月9日,当巴尔干半岛动乱再一次爆发时,弗洛伊德在写给普菲斯特的信里提到,尽管自己家里各人均好,"但战争的阴影却压得我们几乎透不过气来"。同一天,他又在信上对费伦齐说:"担心会有战争爆发的心绪主导着我们的日常生活。"然而,尽管人人都在谈战争,而军事竞赛又以令人焦虑的速度进行着,但一场世界大战看起来仍然不是绝对不可避免的。

再者,长久以来都存在着一些听起来相当有说服力的论证,主张和平状态是可以持续下去的。其中一个论证是,世界贸易的网络正在不断地扩大,而一场战争将会对商人、银行家和工业家带来巨大灾难,因此战争绝对不可能发生。另一个论证是,早已越出国界的那些艺术、文学和哲学上的活泼交流(精神分析是其中之一),业已在国与国之间建立起一种无形的手足情谊,足以作为维持和平的一个非正式的媒介。因此,正如弗洛伊德在日后黯然回顾这段岁月时所说的,当时的人们是有理由可以乐观相信,从教育中习得的道德强迫性有可能发挥作用,而"那些通过贸易与生产所创造的利益共同体,则是这种强迫性的开端"。毕竟,欧洲的强权在抵抗国际社会主义运动的扩张上,不就已经结成过一个松散的联盟了吗?因此,人们期望列强会把冲突局部化。社会主义运动的领袖也深信,列强任何发动全面战争的企图都会被各处无产阶级所发起的大罢工瓦解。只不过,这些一厢情愿的乐观想法很快就被证明是错的,因为短短几个星期之间,大部分被认定早已受到控制的侵略性、自杀性冲动,就变成了脱缰野马。

萨拉热窝暗杀事件发生后的几个星期,奥地利的政治家和外交官因为有德国撑腰,表现出强硬立场。如果弗洛伊德有机会读到这些人互相传递的秘密文件,就一定可以诊断出,他们都是些为自己的男性气概会被质疑而焦虑的人。他们在公文里谈到要快刀斩乱麻,谈到要一劳永逸解决掉塞尔维亚人,谈到行动的刻不容缓,谈到任何和解政策都会有被视为软弱之虞。很明显,他们不想招来优柔寡断、缺乏男子气概和无能之讥。7月23日,奥地利对塞尔维亚发出了一份实质上形同最后通牒的外交照会,并在五天后——尽管塞尔维亚做出了迅速和表示愿意让步的回应——对塞尔维亚宣战。

宣战之举在奥地利带来了举国欢腾,当时驻维也纳的英国大使有这样的观察:"这个国家陷入了疯狂,为即将与塞尔维亚开战而乐不可支。如果当局这时延后或制止军事行动,毫无疑问将会造成重大的失望。"⑱奥地利人会有这种反应,是因为觉得自己国家对塞尔维亚的忍让已经够久,该是挺直脊梁的时候了。"此间举行了很多极盛大的庆祝和游行活动,"亚历山大·弗洛伊德从维也纳写信给已经到了卡尔斯巴德两星期的哥哥说,"但总的来说,人们的情绪是很低落的,因为每个人都有朋友与熟人被征召入伍。"但这并没有让亚历山大变得反战,他说,"尽管有这些苦恼",他还是很高兴奥地利终于决定采取行动,起而防御自己,"不能让事情继续维持老样子了"⑲。亚历山大的这种心情,也正好是他哥哥当时的心情:奥地利对塞尔维亚宣战之举,让弗洛伊德感受到一种突如其来的爱国热情的冲击。"大概这是30年来第一次,"他在7月下旬告诉亚伯拉罕,"我觉得自己是个奥地利人,而且想给这个毫无前途可言的帝国最后一次机会。"⑳[即使少数像施尼茨勒这种拒绝拿人性来交换简易和自我陶醉的爱国主义的人,也深受这种激情所触动。威托斯回忆有一次拜访施尼茨勒,那是奥地利对苏俄的一次胜利,他看到这位内敛的作家表现出感动和欢欣,感到十分惊异:"他对我说:'你知道我有多痛恨奥地利的一切,但,当我听到迫在眉睫的奥苏危机已告消除时,我觉得想要跪下来,亲吻我们的土地。'"(Wittels, "Wrestling with the Man," 5.)这并非沙文主义者的兴奋,几乎所有奥地利人都怀有这种反俄的敌意,包括弗洛伊德在内。]他称赞奥地利对塞尔维亚的强硬态度是勇气十足的表现,并对德国的支持表示欢迎。

当然,这时期的国际气氛并不是一面倒地倾向战争一边,像英国和法国,就一直为追求和平努力到最后。但一点效果都没有,这并不奇怪,因为同盟国的决策者并没有追求和平的诚意,而且早就想好了狡猾的诡计。他们一方面试图劝说英国保持中立,另一方面则把一切都栽赃到俄国人的头上(他们把俄国人描绘为不让步和冲动的)。尽管形势凶险,但相信一场燎原大火即将来到的,仍然只是少数人,而弗洛伊德显然不在这少数之列。否则,他断不会让女儿安娜如期在7月前往英国[160],而自己也不会前往卡尔斯巴德度假,并邀请艾廷冈和他的新婚太太在8月初到卡尔斯巴德一游[161]。

弗洛伊德这时候的心思,主要放在安娜的安危和精神分析之上,而不是国际局势上。例如,在收到费伦齐热情洋溢的来信后,他坦白告诉对方,自己打算停止通信一阵子,以便专注于写作:"为了它,我不能分心于社交。"[162]但世界并没有能让他静一静。"你对战争与和平的概率有什么看法?"[163]他女儿玛蒂尔德问他,他的回答反映出,他预期(也许应该说是希望)即将来临的,只是一场极为局部的战争。他在7月26日致亚伯拉罕的信上说:"如果战争能局限在巴尔干的范围内,那情况还不算太坏。"但又补充说,如果俄国人也参加进来,那后果就不得而知了[164]。

弗洛伊德的不确定感反映出普遍的悬疑心情。迟至7月29日,他还表示,不知道两个星期后,世界是会带着点不好意思回忆起这阵子的过度激动,还是说那个长久以来的威胁会成为事实[165]。亚伯拉罕则如往常一样,一派乐观。"我相信,"他在同一天写给弗洛伊德的信上说,"没有一个强权会有意掀起一场全面战争。"[166]5天后,即8月3日,英国外相格雷爵士(Sir Edward Grey)警告德国,如德国违反它对巴尔干半岛的中立立场,后果将非常严重。当天黄昏,格雷爵士与朋友站在办公室窗前观看路灯点燃时,说了一句预言性的话:"全欧洲的路灯随即将要点燃了,不过,这将是我们在有生之年看到它们最后一次点燃。"[167]

最让奥地利举国上下忐忑不安的是英国的动向,意大利已经宣布了中立立场,并对它未能恪守对三国同盟的义务,提出法理上的辩解。亚历山大在8月4日写给哥哥的信中指出,意大利此举,早是意料中的事,"现在一切取决于英国的态度,英国会怎样决定,今晚便会见分晓。想法浪漫的人都预言英国一定不会卷进来,说一个文明的民族不会选择与野蛮人站在同一边"。亚历山大的态度与哥哥恰恰相反——他是个仇英者,而且不是个想法浪漫的人:"我对英国人喜欢背信弃义的想法可能会获得证实,我想他们不会为选择与俄国站同一边而感到尴尬。"[168]不管是不是背信弃义,就在亚历山大写此信的同一天,也就是8月4日,当德国出兵巴尔干的事实获得证实后,英国马上对德宣战,欧洲的旧秩序从此一去不复返。

这场萌芽于 1914 年 7 月底而扩大于 8 月初的战争波及了大部分的欧洲及其邻近地区：奥匈帝国、德国、英国、法国、俄国、罗马尼亚、比利时和土耳其。协约国的阵容在日后将会因为意大利和美国的加盟而获得壮大。尽管如此，在战争初起之时，仍然很少有人认为这将是一场旷日持久的战争，而同盟国阵营的大部分观察家更是预言，精锐的德军将会在圣诞节前攻克巴黎。会像亚历山大那样预言这场战争将耗时长久而代价高昂的人，在当时可谓凤毛麟角。"没有人会怀疑，最后胜利将会属于德国这一边，"他在 8 月 4 日写给哥哥的信上说，"但问题是在最后胜利来临前，战争会持续多久，又会造成多少人命、健康和商业财富上的损失，这是一个无人敢猜测的问题。"⑩

这场大灾难最让人惊异之处，不在它的发生，而在人们对待它的态度。所有欧洲人，无论持何种阶级立场，都以近乎宗教狂热般的激情，欢迎它的到来。不管是贵族、布尔乔亚还是工人，不管是反动分子、自由派还是极端分子，不管是帝国主义者、沙文主义者还是单一主义者，不管是军人、学者还是神学家，全都手牵着手，为战争的来到而欢欣鼓舞。这是民族主义意识形态的一个重大胜利，就连在大部分的马克思主义者中间，民族主义的情绪也沸腾到了歇斯底里的高亢状态。有些人把这场战争视为一个可以算清旧账的机会，但大部分的人则把它视为一个划清敌我界限的机会，并视自己的一方为神圣的，而敌方则是邪恶的。德国人喜欢把俄国人丑化为无可救药的野蛮人，把英国人丑化为伪善的店主，把法国人丑化为低级的感官主义者；反过来，英国和法国则突然发现，德国是个集拙劣官僚、头脑打结的形而上学家与有施虐癖的士兵于一体的发臭的混合物。欧洲高级文化的大家庭也被撕裂了开来：教授们纷纷退回他们得自敌对国的荣誉学位，并以学术著作来证明敌人的文明外表只是贪欲和权力欲的伪装。

这是一种令弗洛伊德感到难以置信的原始思维方式。雄辩家以散文或诗歌的形式，把这场战争讴歌为一场清洗精神的祭仪，说它注定要恢复古老的、几乎已失落了的英雄德行。这种因战争而起的爱国高热症感染了小说家、史学家、神学家、诗人和作曲家。敌对阵营的两边都是这个样子，但又以德国和奥匈帝国为最。例如，德国诗人里尔克就为了歌颂战争的爆发而在 1914 年 8 月写了《歌曲五首》("Five Songs")。诗中，他说他看到了那个"最遥远而不可思议的战神"已再一次兴起："终于来了一个神。由于我们通常再够不着那个和平之神，所以战神就忽然挥动燃烧着的木头，引起我们的注意。"⑩ 维也纳唯美主义者霍夫曼斯塔尔(Hugo von Hofmannsthal)摇身一变,成了奥地利战争大业不遗余力的官方宣传者⑪。就连日后大名鼎鼎的和平主义者斯蒂芬·茨威格在战争初期也乐于为奥地利的宣传机器效劳,而且热心程度不亚于霍夫曼斯塔尔。大文豪托马斯·曼也不遑多让,他在1914年11月欢叹道:"战争!我们感到那是一种净化、一种解放,也是一个巨大的希望。"又说战争"可以在诗人的心中点燃火焰","身为艺术家,身为艺术家中的战士,又怎能不对上帝让世界——一个把艺术喂养得太饱的和平世界——倾圮而欢欣赞美"⑫。[1912年,当时处处充满纷杂的战争谣言,弗洛伊德很担心"同时有三个儿子在前线的情况可能会发生在我身上"。(Freud to Ferenczi, December 9. 1912. Freud-Ferenczi Correspondence, Freud Collection, LC.)]

但诚如他们的批判者克劳斯尖刻指出的,发出这些狂热的、近乎精神错乱呐喊的作家,都是千方百计规避上前线责任的一群人。但这种自相矛盾显然没有让他们感到困扰,也没有让他们噤声。事实上,他们的狂热,乃是数十年来对枯燥、刻板、陈腐的布尔乔亚文化的怒气的大爆发;唯其如此,他们才会对非理性、净化和死亡表现出一种不负责任的迷恋。在1914年夏天,这种拥护战争的狂热言谈就像一种有传染性的精神病一样,席卷了所有人。这也证明了,那些自以为明事理和受过高等教育的知识分子,其实有多容易被集体退行(collective regression)所攫住。

最初,德国和奥地利的乐观主义者会从军事上的胜利吸取资粮。8月快结束前,亚伯拉罕向弗洛伊德报告了一个他称之为会让人"目眩"的消息:"德国军队离巴黎几乎不到100公里了,比利时已经完蛋了,在欧洲大陆上的英国人也差不多是如此。"⑬两星期后,他又告诉弗洛伊德:"我们(柏林人)都因为俄国人在东普鲁士全面溃败的消息深受鼓舞。接下来几天,我们相信将会从马恩河(Marne)的战场传回有利的战报。一旦德军获得胜利,法国就等于是完蛋了[马恩河位于法国境内,是第一次世界大战的重要战场,在第一次马恩河会战中,德军未能攻破法军的防线,自此形成了长达三年死伤枕藉的壕沟拉锯战。——译者注]。"⑭9月,艾廷冈也为"在西线和东线取得的那些无与伦比的辉煌开端"而在给弗洛伊德的信中欢呼不已,尽管如此,他还是在信中承认:"战争的进展不知何故似乎比原定的要慢。"⑮

有过一个时期,随着喜气洋洋的战报不断从前线涌回来,弗洛伊德也任由自已被偏袒和轻信所蒙蔽。不过,他从未落入像里尔克或托马斯·曼那种非理性的、宗教般的狂喜中。9月,他为了看一看自己头一个外孙(埃内斯特·哈尔贝施塔特),而到汉堡探望女儿苏菲,不过,此行的见闻,只让他内心某种复杂的情绪卷土重来。"这不是我头一次到汉堡,"他在信中告诉亚伯拉罕,"却是我头一次觉得自己到了一个陌生城市。"

当弗洛伊德为汉堡之行做准备时,他还在好奇,"德军在巴黎外围获胜的消息"会不会和自己刚好在同一时间到达汉堡。不过自从战争爆发,他就从未完全放弃作为一个精神分析家的立场。他在7月下旬记下的这个感想就是一个明证:"我们可以从每个人身上观察到最明显无误的症状表现。"另外,他一辈子对英国的深深爱恋,也让他无法成为一个吵吵嚷嚷的沙文主义者。弗洛伊德在8月2日写给亚伯拉罕的信中表示:"如果不是因为英国也站在错的一边,我将会毫无保留地支持战争。"亚伯拉罕同样也对与英国为敌一事感到不自在,而这特别是因为他们的好友与不可少的盟友琼斯就是英国人。"他(指琼斯)是我们'敌人'这件事,"他问弗洛伊德,"会不会也让你有一种怪怪的感觉?"弗洛伊德不但有这种感觉,而且极为尖锐。"大家已达成了共识,"他在10月告诉琼斯,"不把你视为敌人。"他行如其言,与琼斯始终通信不辍——信件是通过瑞士、瑞典和荷兰这些对德国摆出表面友善姿态的中立国传递的。

弗洛伊德的爱国热忱很快就开始消退的一个主要理由,毫无疑问是因为战火从一开始就烧到他家的门前。在战争结束前,他的三个儿子全部从军去了,其中两个负责的还是战斗任务。更重要的是,战争状态让他的行医业务几乎陷于停滞。可能会向他求诊的病人不是入伍去了,就是认为关心战争比关心自己的神经症更重要。"这是个艰难时期,"他早在8月14日就写道,"它让我们的利益蒙受贬值。"1915年春天,他估计战争带给他的金钱损失超过4万克朗(奥币),但更严重的问题是战争甚至威胁到了精神分析的生存。精神分析的第一个受挫就是原定于1914年9月在德累斯顿(Dresden)举行的国际精神分析家大会,接着,弗洛伊德的追随者一个接一个被征召入伍:他们大部分都是医生,所以都是战争急需的人才。艾廷冈是最早入伍的,亚伯拉罕被派到柏林附近的一个外科单位,费伦齐服役的是驻在外省的匈牙利轻骑兵团,但工作却轻松得近乎无聊,也因为这样,他比其他穿上军装的精神分析家有更多闲暇时间。弗洛伊德在

1915年写给费伦齐的信上说:"你现在是唯一一个身在军中而仍然跟我们一起工作的人了,其他人都因为军旅事务而瘫痪了。"⑱

不过,大部分从军的精神分析家被分派的任务虽然繁重,却没有危险之虞,这让他们可以忙里偷闲,回一点弗洛伊德的信。至于看诊,当然已不再可能,而且也无法以他们过去的效率进行写作或编辑工作。弗洛伊德有多在意精神分析的未来,从以下一点就可以反映出来:他兴高采烈地写信告诉别人,萨克斯因为近视的关系,无须服役⑱。

与此同时,他一向倚重的文书助手兰克也竭尽所能地抵抗征召。"他像头猛狮一样保卫自己,"弗洛伊德在信中告诉费伦齐,"抵抗祖国的征召。"⑱ 精神分析的需要,和几个儿子在前线的安危,都在测试着弗洛伊德爱国心的底线。

这个底线,最后在1915年(如果不是更早的话)被碰触到了。兰克终于被征召入伍。当时,奥地利正面临一个新的敌人(意大利),以至于最不堪用的人也会被派上用场。兰克被派去克拉科夫(Kraków)[克拉科夫是波兰城市,第一次世界大战前由奥地利统治。——译者注],充当一份报纸的编辑,一干就是两年。弗洛伊德在1917年末告诉亚伯拉罕:兰克"像个囚犯一样,被紧紧绑在《克拉科报》(Krakauer Zeitung)的编辑岗位上,情绪非常低落"⑱。他又说分派给兰克这样单调乏味的工作,简直是太浪费了。毫不让人惊讶的是,精神分析方面的期刊既缺稿又缺钱:《精神分析与精神病理学研究年鉴》停刊了,而《潜意象》和《国际精神分析期刊》(创立于1913年)虽勉强维持,但篇幅已大大缩小。维也纳精神分析学会的会议多年来都是每星期三晚上定期举行,至此不得不改为每两星期一次,自1916年初后,更是改为三星期才聚会一次,甚至不定期举行。当然,被弗洛伊德及其徒众视为有如精神分析生命力来源的国际精神分析家大会,也无从举行了。弗洛伊德在战争第一年的圣诞节写给琼斯的信中闷闷不乐地说:"我并没有心存幻想,我知道,精神分析科学的春天已猝然而止,迎面而来的,将是一个惨淡经营的时期。我们唯一能做的,就是让火炉里寥寥无几的火苗继续摇曳,以等待一阵比较有利的风吹来,使它们再一次全面旺盛起来。在荣格与阿德勒的劫火中幸存下来的那些东西,现已在各国的纷争中逐渐被摧毁。"就像任何国际性的东西一样,国际精神分析联盟看起来已经是不能存活的了。"过去我们耕垦过和看顾过的所有东西,如今只能任其荒芜了。"他宣称自己对精神分析的长远未来仍然深具信心,但对短期的未来,他的看法却是黯淡和无望的。"我不会怪任何一只在沉船时离船的老鼠。"⑱大约三星期后,他扼要地说出自己的感想:"科学沉睡了。"⑲这一切已经够烦人的了,但更让他烦恼的是子女的事情。他的幺女安娜在7月中去了伦敦,因为战争爆发而不得不滞留在英国⑳,后经琼斯辛勤奔走,才通过迂回的路线经过直布罗陀和热那亚这些中途站,于8月底回到家里。弗洛伊德对琼斯的感激完全溢于言表:"在这段让我们的理想和物质生活都变得匮乏的黯淡时光,我迄今没有机会对你把幺女送回我身边所表现的机智与处理得宜——以及这背后所反映的高情厚意——致上感谢之意。"⑳他确实大大松了一口气。一旦不用为女儿的安危牵挂,弗洛伊德的担心就转移到了三个儿子身上。他们都已届役龄,而且殷切盼望可以从军卫国。即便在战争爆发时弗洛伊德曾感受过一阵爱国激情,但他在意几个儿子的安全仍然要多于奥匈帝国战争机器的需要。他在1914年7月下旬高兴地告诉亚伯拉罕:"我的三个儿子幸未被卷入。奥地利当局否决了他们其中两个的资格,又豁免了第三个的服役责任。"⑫两天后,弗洛伊德以几乎一模一样的话告诉艾廷冈这个好消息,说他们"幸运地而又有愧地"获得安全了⑬。但他的长子马丁却在8月初志愿从军。"看着别人都从军而去,独留我一人在后头,这对我来说是难以忍受的。"他在给父亲的信上说。另外,他又补充说,能够在东线服役,是"表明我对俄国的反感的最好机会"。一直以来,俄国都规定,凡想入境俄国的犹太人,都要获得特别批准,但马丁当上军人后,就可以堂而皇之地进入俄国国土,而不需要什么特别批准⑭。他在入伍第二天写给父亲的信上说:"顺道一说,自我从军后,我就像盼着一次刺激的登山活动一样,盼着我第一次军事任务的到来。"⑮马丁确实没有太多好担心的,因为经过争取,他如愿地被分派到了炮兵部队(他在和平时期曾服过炮兵役)。入伍不久,他就被派到东线和南线去作战。

弗洛伊德的次子奥利弗直到1916年才被征召,不过不是执行战斗任务而是负责工程方面的工作,危险性较小。弗洛伊德最小的儿子埃内斯特在10月志愿服役,被派赴意大利前线。弗洛伊德的二女婿哈尔贝施塔特则在法国作战,1916年因受伤退役。从他们所受到的奖励与晋升看来,这几个年轻人的勇气和胆量,跟他们慷慨激昂的言谈相当。弗洛伊德所能做的,就是寄钱和食物给几个孩子,以及往好的一面想。"我们的情绪,"他在1915年初写给艾廷冈的信上仍然表示,"并不像德国人那样昂扬,未来在我们看来是不可预测的,但德国人的坚强和信心对我们仍不无影响。"⑯不过,由于弗洛伊德更为挂虑儿子、女婿和外甥的安危,与之相较,对胜利前景的关心就显得微不足道了。在写给朋友的信中(甚至包括琼斯在内),弗洛伊德都会提及亲人在军中的情况。每当他们休假回家时,都会穿着军服与家人拍一张合照,仪表整齐而面带笑容。

尽管有所保留,弗洛伊德仍然把同盟国的大业视同自己的事业,也因此对琼斯老是满怀信心地预言协约国终必得胜而深为恼火。"他谈到这场战争时,口气就像个地道的盎格鲁人,"弗洛伊德在1914年11月向亚伯拉罕抱怨说,"除非我们再多炸沉几艘超级无畏战舰或进行若干登陆,否则他们的眼睛是不会张开的。"他认为,英国人被"一种不可思议的自大"所蒙蔽。他提醒琼斯,不要相信报纸上有关同盟国的那些报道:"别忘了报纸现在有很多谎言,我们这里既没有什么管制,也没有爆发疫病,大家依然情绪高昂。"但与此同时,他还是承认,这是一段"惨淡时光"。然而到了11月底,在写给莎乐美的信中,他那种仿如业余战略家的口气已不复见,取而代之的是一种颇为失望的情绪:"我就像你一样,毫不怀疑人类可以撑得过这场战争,尽管如此,我也很肯定,我和我同时代的人都将不会再以一种喜洋洋的心情看待世界,那是一场太可鄙的战争。"最让弗洛伊德难过的是人们在战争中表现出的行为,恰恰和精神分析所预测的一样。他告诉莎乐美,这也是为什么他并不分享她的乐观主义的原因。他开始相信,人类"从机体上说,并不适合这样的文化",我们将不得不离开舞台,而有朝一日,大奥秘(the great Unknown)——它或他——将会在另一个种族身上重复这种文化实验["大奥秘"指主宰宇宙的力量,弗洛伊德在后面加上"它或他"的按语,是表示他不知道这个力量是人格的还是非人格的。——译者注]。他的措辞的确有点过分强烈,但它们却反映出他的沮丧和对德奥战争大业是不是值得自己支持而感到越来越狐疑。

过不了多久,弗洛伊德也开始怀疑,这个大业——不管它是不是值得称道——会有任何未来可言。奥地利军队在面对俄国军队时的逊色表现让他的爱国激情稍稍冷却消退了。1914年9月初,他在信中对亚伯拉罕说:"事情无疑看起来进展顺利,但迄今并没有什么决定性的战果,因此,我们得放弃战争会(通过压倒性的胜利而获得)迅速解决的希望了……胜负的关键将变成取决于谁更能熬。"没多久,就连亚伯拉罕也开始容许若干客观态度溜进他的书信里:"前线正经历着艰难日子,"他在10月底告诉弗洛伊德,"但总的来说我们依然信心十足。"[201]这个弗洛伊德口中的"无可救药的乐观主义者"[202],终于有了一种稍稍不同的语调。11月,亚伯拉罕又告诉弗洛伊德,柏林的情绪"目前仍然非常昂扬"[203]。但弗洛伊德这时的情绪早已不再昂扬。他在1915年1月初告诉艾廷冈:"尽头还未在望。"[204]同一个月稍后又以更灰暗一点的口气说:"我开始想,我们正处在一个漫长的极地之夜中,想等太阳再次升起,必须要相当有耐性。"[205]

这种比喻平淡无奇,却贴切得不能再贴切了——战争一直拖泥带水地持续着。尽管弗洛伊德的战争热情已经褪色,但每次读到琼斯那些预言协约国终将胜利的来信时,他总是拒绝接受,而死攀着他微温犹存的爱国主义不放。1915年1月,弗洛伊德在信中谢过琼斯的新年问候以后,这样说:"如果你相信报纸散播的那些不利于我们的谣言,我会感到遗憾。我们仍然充满信心与坚定不移。"[206]弗洛伊德对德军逐渐消退的信心,偶尔会因为一些夸大的胜利战报而获得重新充电。在1915年2月,他仍然怀抱着同盟国会胜利的希望,容许自己沉湎于片刻的"乐观主义"中[207]。三个月后,当意大利放弃中立、改投协约国的消息传来,他的希望动摇了,不过,他仍然告诉亚伯拉罕:"我们对我们的伟大盟友(德国)的钦佩与日俱增!"[208] 7月,他把自己"工作效率的增加"归因于"我们的漂亮胜利"[209]。

然而,到了1915年夏天,不管各战线的军事行动规模有多大,敌对双方僵持不下的态势却早已形成,而消耗战的血腥,一点都不亚于最凶猛的战役。司令官们虽然仍会发动攻势,但大都是徒劳无功。不管是有效或无效的攻势,都要向社会苛索巨大代价。"有关和平将会在5月来到的谣言始终不肯平息,"弗洛伊德在1915年4月初告诉费伦齐,"这些谣言,显然是起于一种深深的心理渴求,但我认为这些谣言是荒谬的。"[210]他再也无法拒绝自己习惯的悲观主义。"如果战争再持续一年(这看起来是很有可能的),"他在7月又告诉费伦齐,"那从战争刚爆发时就站在战场上的人,应该没有一个可以活下来。"[211]事实上,战争不是再持续了一年,而是再持续了三年多,它所造成的创伤,让欧洲从未能完全康复过来。

弗洛伊德是个善梦的人,因此,马丁、奥利弗和埃内斯特会进入他的梦中,似乎是理所当然的。在1915年7月8日晚上,他做了一个他称为"预言性的梦":"我非常清晰地梦见几个儿子死掉,马丁是第一个。"[212]几天后,弗洛伊德得知,自己在做上述梦境当天,马丁真的在东线战场上受了伤——幸而只是手臂上的轻伤。这让他再一次好奇,所谓的灵异经验是不是具有研究的价值。虽然从来没有公开宣称自己相信这一类事情,但事实上,弗洛伊德对灵异经验已经有保留地研究了几年时间。他认为,有很好的理由可以相信,人类心灵是有能力展现出这种惊人的特技的。但随着时间的推移和战争的持续,他越来越感兴趣的问题不再是心灵的这种特异性,而是人性可以堕落到什么样的程度。战争似乎已造成了一种恐怖的集体精神病,正如他告诉莎乐美的,这是一场太可鄙的战争了。

因此,在1915年,他发表了两篇相互关联的文章,分别谈战争所带来的幻灭感和现代人对死亡的态度。弗洛伊德用它们来代表自己和其他有理性的欧洲人发言,相当于一首为这个毁灭自身的文明所唱的挽歌[23]。弗洛伊德写道,我们认为,只要国与国之间存在着经济和文化差距,战争就无可避免。"但我们也能期望一些别的",也就是期望"主宰世界的白人国家"的领袖,会以"开发世界规模的利益为重",想办法"以其他方法解决国与国之间的利益冲突"。耶利米[旧约圣经中的先知。——译者注]曾经宣称战争是人类的宿命,"我们不愿意相信这一点,但当战争真的来临时,我们要怎样去想象它呢"?想象它是一场不会把平民卷进来的"有骑士风度的君子之争"?那些大部分希望大战是一种净化力量的人,都是把发生在遥远过去的战争加以浪漫化。他补充说,事实上,这场战争已经降格为一场血腥程度超过以前任何一场战争的屠杀,并制造了一个"几乎难以想象的现象",那就是对敌人的恨意与诋毁,已经到了无以复加的程度[24]。弗洛伊德不是个容易吃惊的人,但战争所暴露的人性丑陋却着实让他大大吃了一惊。

弗洛伊德论战争和死亡的文章显示出,他已准备好与这些让人愁苦的人生经验达成妥协。在第一篇文章中,他用苍凉的笔调勾勒出困扰着和他同时代许多人的不安与不确定感——这个勾勒,至少部分是他的自画像。"被战时的旋风所攫住,接收到的信息都是有倾向性的宣传,与那些已经发生或开始发生的重大事件缺乏距离,对即将到来的未来无知无觉,让我们开始对我们形成的印象与价值判断感到茫然。"这无疑是个真正的恐怖时代:"对我们而言,从未有过一件事件,一次就摧毁了那么多人类共同的珍贵财产,把那么多最清晰的心灵搞糊涂和把最崇高的东西贬低得那么彻底。就连科学本身,"弗洛伊德毫不容情地接着说,"也已经失去了它不偏不倚的公正性。"他悲哀地看到,"这些从事战争的人"从科学那里借来了武器:"人类学家觉得有必要宣称敌人是低等的和退化的;精神病学家则宣称他可以从敌人的身上诊断出心灵或精神上的疾病。"在这种情况下,那些未直接被卷入战争和"未成为庞大战争机器的小零件"的人,一定会感到困惑,且工作的能力受到抑制,于是只有感到失望和幻灭[213]。

不过,弗洛伊德又认为,借着精神分析把这种幻灭感加以透视,可以使之获得缓和。精神分析所奠基的一个观点是,人性根本抵抗不了真实的检视。基本的、原始的人类冲动,不管是好的还是坏的,都寻求表达,但却受到社会或个人所抑制。这种抑制举世皆然,但现代文明对驱力的抑制以及对人类行为的期望却是过苛了。即使说战争是一无是处的东西,但至少可以打破人们认定人性本善的虚假幻想。他说,事实上他并不担心人性会因为战争而降格到多低,"因为人性从来就没有到达过我们一直以为的那个高度"[216]。

这是一篇有慰藉动机的论文,而这一点是有点奇怪的,因为弗洛伊德从来不相信精神分析可以提供慰藉。像在《文明及其缺憾》一书中,他就严峻地说:"我没有勇气以先知的身份站在我的人类同胞前面,而如果他们责难我不懂得怎样为他们带来慰藉的话,我只能点头同意,因为他们(不管是最不羁的革命者还是最保守的虔信者)的遭遇,都是咎由自取。"[217]不过《文明及其缺憾》毕竟是写于1930年,而在1915年,弗洛伊德仍然用得着一点点慰藉。尽管他明白战争有可能是源于人类"生物上与心理上的必然性",但仍然表示他"责难战争并渴求一切战争的终结"[218]。不过,如果战争粉碎了人类的希望,证明了人类的渴求乃是幻象,那么弗洛伊德至少希望精神分析的现实主义可以帮助读者在战争年头过得没那么消沉,没那么绝望。

弗洛伊德在论死亡的文章里同样提到,精神分析可以对理解现代人的心灵做出贡献,又指出第一次世界大战的种种灾难,足以证明精神分析的见解,有多么接近人性的基本真理。弗洛伊德力陈,现代人总是拒绝接受自己会死的可能性,并求助于一些想象的方法,去冲淡别人的死对自己造成的影响。这也是小说和戏剧为什么这样受现代人欢迎的原因:它们让读者(观众)在认同于主角之死的同时又可以活下来。"在虚构的领域里,我们找到了我们需要的复数生命(the plurality of lives)。"[219]

原始人同样把自己必有一死的事实视为不真实和不可想象的,但至少在一个方面,他们比自我压抑的文明人更接近隐藏着的心理真实:他们会为敌人的死亡欢呼呐喊。只因为良知在文明社会的出现,"你们不可杀人"的禁令才会成为一条基本的行为戒律。但文明人就像原始人一样,归根究底(在无意识的层次里)是个嗜血者。哪怕是公开否认,但侵略性仍然会隐藏在他温文有礼的外表下。然而,侵略性并不仅仅是负面的,诚如弗洛伊德经常被人引用的一段话里所指出一般:"孩提时代最强烈的唯我主义者,长大后有可能变成最有用的公民,亦即最有自我牺牲精神的人,大部分人道主义者和保护动物的鼓吹者,小时候都是施虐癖者和虐待动物的人。"[19]

在结论处,弗洛伊德指出,世界大战所带来的一个结果,是让文明人再也无法规避一些他们一直在规避的真理。战争"撕去了我们身上的文化附加物,使我们内在的那个原始人类暴露在光天化日之下"。这个暴露不无益处,因为它可以让人以更忠实的眼光看自己,帮助人们除去一些会带来伤害的虚假想象。"古谚云:Si vis pacem, para bellum(凡想要保有和平的,就得为战争作准备)。也许,现在我们可以把它稍稍改写如下:Si vis vitam, para mortem(凡想要延长性命的,就得为死亡作准备[20])。"接下来的年月,弗洛伊德将要亲尝他所开出的这个处方。

注 释

① "Der Dichter und das Phantasieren"(1908), *GW* VII, 213, 222/"Creative Writers and Day Dreaming," *SE* IX, 143, 152.

② Ibid., 214/143 – 144.

③ Ibid., 216/146.

④ Ibid., 223/153.

⑤ Freud to Abraham, January 19, 1908. Karl Abraham papers, LC.

⑥ Freud to Pfister, March 17, 1910. By permission of Sigmund Freud Copyrights, Wivenhoe.

⑦ Freud to Mathilde Freud, March 26, 1908. *Briefe*, 286 – 288.

⑧ Freud to Ferenczi, February 7, 1909. Freud-Ferenczi Correpondence, Freud Collection, LC.

⑨ Freud to Halberstadt, July 7, 1912, Freud Collection, B1, LC

⑩ Freud to Halberstadt, July 24, 1912. Freud Collection, B1, LC.

⑪ Freud to Mathilde Hollitscher, July 24, 1912. Freud Collection, B1, LC.

⑫ Freud to Halberstadt, July 27, 1912, Freud Collection, B1, LC.

⑬ Freud to Halberstadt, August 12, 1912. Freud Collection, B1, LC.

⑭ Freud to Halberstadt, September 17, 1912. Freud Collection, B1, LC.

⑮ Sachs, Freud, *Master and Friend*, 68 – 69, 71.

⑯ Freud to Jung, July 5, 1910. *Freud-Jung*, 375(340).

⑰ Freud to Ferenczi, January 10, 1910. Freud-Ferenczi Correpondence, Freud Collection, LC.

⑱ Freud to Ferenczi, October 17, 1910. Ibid.

⑲ "Das Interesse an der Psychoanalyse" (1913), *GW* VIII, 414 – 415./"The Claims of Psycho-Analysis to Scientific Interest," *SE* XIII, 185 – 186.

⑳ Freud to Jung, October 17, 1909. *Freud-Jung*, 280(255).

㉑ Jung to Freud, April 17, 1910. Ibid., 340-341(308).

㉒ 这是弗洛伊德告诉费伦齐的,见 December 29, 1910. Freud-Ferenczi Correpondence, Freud Collection, LC.

㉓ Freud to Jones, March 10, 1910. In English. Freud Collection, D2, LC.

㉔ Freud to Jones, February 24, 1912. Ibid.

㉕ Freud to Jones, April 28, 1912. Ibid.

㉖ Freud to Abraham, June 14, 1912. Karl Abraham papers, LC.

㉗ Jones to Abraham, June 18, 1911. Ibid.

㉘ Abraham to Freud, June 29, 1913. *Freud-Abraham*, 141(141).

㉙ "Das Interesse an der Psychoanalyse" (1913), *GW* VIII, 415/"The Claims of Psycho-Analysis to Scientific Interest," *SE* XIII, 185 – 186.

㉚ Freud to Jones, June 1, 1909. In English. Freud Collection, D2, LC.

㉛ Freud to Abraham, June 14, 1912. Karl Abraham papers, LC

㉜ Freud to Ferenczi, May 21, 1911. Freud-Ferenczi Correpondence, Freud Collection, LC.

㉝ Freud to Ferenczi, July 17, 1914. Ibid.

㉞ "The Moses of Michelangelo" (1914), *SE* XIII, 213.

㉟ Freud to Martha Freud, September 25, 1912. *Briefe*, 308.

㊱ Abraham to Freud, April 2, 1914. Karl Abraham papers, LC.

㊲ Freud to Edoardo Weiss. April 12. 1933. *Sigmund Abraham-Edoardo Weiss. Briefe zur psychoanalytischen Praxis. Mit den Erinnerungen eines Pioniers der Psychoanalyse*, introduction by Martin Grotjahn(1973),84.

㊳ Freud to Jones,March 19,1914. In English. Freud Collection,D2,LC.

㊴ Freud to Jones,November 15,1912. Ibid.

㊵ Jones to Freud, December 5 (1912). By permission of Sigmund Freud Copyrights, Wivenhoe.

㊶ *Jones* II,364,

㊷ Freud to Weiss,April 12,1933. *Freud-Weiss Briefe*,84.

㊸ "The Moses of Michelangelo"(1914). *SE* XIII,213.

㊹ Freud to Ferenczi,November 3,1912. Freud-Ferenczi Correpondence,Freud Collection, LC.

㊺ Freud to Ferenczi,November 26,1912. In English. Freud Collection,D2,LC.

㊻ *Jones* II,365.

㊼ Freud to Jones,September 21,1913. In English. Freud Collection,D2,LC.

㊽ Freud to Ferenczi, October [1?] 1913. Freud-Ferenczi Correpondence, Freud Collection,LC.

㊾ Freud to Jones,February 8,1914. In English. Freud Collection,D2,LC.

㊿ "Moses," *GW* X,194,199/*SE* XIII,229,234.

(51) Freud to Ferenczi, October 17, 1912. Freud-Ferenczi Correpondence, Freud Collection,LC.

(52) December 11,1907. *Protokolle*,I,249.

(53) Freud to Schnitzler,May 8,1906. *Briefe*,266 –267.

(54) 转引自 *Jones* I,111.

(55) Freud to Jung,May 26,1907. *Freud-Jung*,57(52). 延森写给弗洛伊德的信,见 *Psychoanalytische Bewegung*,I,(1929),207 –211.

(56) "Der Wahn und die Träume in W. Jensens *Gradiva*"(1907),*GW* VII,120 –121./Delusions and Dreams in Jensens Gradiva,*SE* IX,92.

(57) Eitingon to Freud, December 23, 1909. By permission of Sigmund Freud Copyrights, Wivenhoe.

(58) Freud to Stefan Zweig,September 4,1926. By permission of Sigmund Freud Copyrights, Wivenhoe.

(59) Freud to Jung,May 26,1907. *Freud-Jung*,57(51).

(60) "Gradiva," *GW* VII,35/*SE* IX,10. 我用正体的 Gradiva 指弗洛伊德论小说《格拉迪

娃》的文章,用斜体的"Gradiva"指他使用的那本《格拉迪娃》,其书页上有许多弗洛伊德的眉批。后者现存放在伦敦的弗洛伊德博物馆。

(61) *Gradiva*, p. 141.

(62) "Gradiva," *GW* VII,65/*SE* IX,40.

(63) Ibid.,47/22.

(64) *Gradiva*, at p. 88. Freud Museum, London.

(65) Ibid., p. 151.

(66) "Gradiva," *GW* VII,31/*SE* IX,7.

(67) *Gradiva*, at pp. 11 – 12,31,76,92,96 – 97. Freud Museum, London.

(68) Ibid., p. 13.

(69) Ibid., p. 94.

(70) Ibid., pp. 108,112.

(71) *Gradiva*,特别是 pp. 58,84.

(72) *Gradiva* 各处,特别是 pp. 124,139.

(73) "Gradiva," *GW* VII,122/*SE* IX,93.

(74) Freud to Jung, December 8,1907. *Freud-Jung*,114(103).

(75) "Leonardo," *GW* VIII,202,209/*SE* XI,130,136.

(76) Foreword to *Edgar Poe, eine psychoanalytische Studie*, the German edition(1934) of Marie Bonaparte, *Edgar Poe, étude psych-analytique*(1933).

(77) November 11,1908. *Protokolle* II,46.

(78) November 25,1908. Ibid.,64.

(79) Freud to Ferenczi, November 13,1911. Freud-Ferenczi Correpondence, Freud Collection, LC

(80) Freud to Ferenczi, November 30,1911. Ibid.

(81) Freud to Jones, February 24,1912. In English. Freud Collection, D2, LC.

(82) May 15,1912, *Protokolle* IV,95.

(83) Freud to Jones, August 1,1912. In English. Freud Collection, D2, LC

(84) Freud to Ferenczi, December 16,1912. Freud-Ferenczi Correpondence, Freud Collection, LC.

(85) Freud to Ferenczi, December 31,1912. Ibid.

(86) Freud to Ferenczi, April 10,1913. Ibid.

(87) Freud to Ferenczi, May 13,1913. Ibid.

(88) Freud to Ferenczi, June 8, 1913, Ibid.

(89) "Vorwott" to *Totem und Tabu*, *GW* IX, 3/"Preface" to *Totem and Taboo*, *SE* XIII, xiii.

(90) Freud to Jung, February 12, 1911. *Freud-Jung*. 432(391).

(91) Freud to Abraham, May 13, 1913. *Freud-Abraham*, 141(141).

(92) Freud to Ferenczi, June 26, 1913. Freud-Ferenczi Correpondence, Freud Collection, LC.

(93) Abraham to Freud, June 29, 1913. Ibid., 141(141).

(94) Freud to Abraham, July 1, 1913. Ibid., 142(142).

(95) "Vorwott" to *Totem und Tabu*, *GW* IX, 3/"Preface" to *Totem and Taboo*, *SE* XIII, xiii.

(96) Freud to Jones, March 8, 1920. In English. Freud Collection, D2, LC.

(97) *Massenpsychologie und Ich-Analyse*(1921), *GW* XIII, 136/*Group Psychology and the Analysis of the Ego*, *SE* XVIII, 122.

(98) *Totem und Tabu*, *GW* IX, 129/*Totem and Taboo*, *SE* XIII, 105.

(99) Ibid., 160/132.

(100) Ibid., 171 – 173/141 – 142.

(101) Ibid., 172n/142 – 143n.

(102) Ibid., 189n/157n.

(103) Ibid., 173/143.

(104) Ibid., 186/155.

(105) Ibid., 189/157 – 158.

(106) Ibid., 194/161.

(107) Ibid., 172/142.

(108) Carl G. Jung, "Freud and Jung — Contrasts" (1931), in *Modern Man in Search of a Soul*, tr. W. S. Dell and Cary F. Baynes(1933), 140.

(109) *Totem und Tabu*, *GW* IX, 182/*Totem and Taboo*, *SE* XIII, 151.

(110) Ibid., 188/156.

(111) "Dora," *SE* VII, 56.

(112) "Der Kleine Hans," *GW* VII, 322/ "Little Hans," *SE* X. 97.

(113) Freud to Ferenczi, June 28, 1908. Freud-Ferenczi Correpondence, Freud Collection, LC.

(114) "Rattenmann," *GW* VII, 428n/"Rat Man" *SE* X, 208n.

(115) "A Special Type of Choice of Object Made by Men" (1910), *SE* XI, 171.

(116) *Drei Abhandlungen*, *GW* V, 127n/*Three Essays*, *SE* VII, 226n(note added in 1920).

(117) 琼斯大概是第一个指出这一点的人，但不是最后一个（见 *Jones* III. 311.）。

⑱ Freud to Ferenczi, August 8, 1912. Freud-Ferenczi Correpondence, Freud Collection, LC.

⑲ Freud to Jones, April 28, 1912. In English. Freud Collection, D2, LC.

⑳ *Jones* II, 354.

㉑ Ibid.

㉒ Ferenczi, "Ein kleiner Hahnemann" (1913). in *Schriften zur Psychoanalyse*. ed. Balint, I, 169.

㉓ Freud to Fliess, December 22, 1897, *Freud-Fliess*, 312 - 314 (287 - 288).

㉔ Freud to Jung, October 27, 1906. *Freud-Jung*, 8 - 9 (8 - 9).

㉕ editor's note to "Character and Anal Erotism," *SE* IX. 168.

㉖ 这个捕鱼的比喻出自弗洛伊德本人。有一次在巴德加施泰因度假时，他写给兰克的信上说（当时他正在思索一些重要观念）："顺道一说，你不要以为我这个夏天一定能得出什么重大成绩。渔人撒网捕鱼时，有时只会网到一大堆垃圾，更多时只会网到一些小白鱼。"(Freud to Rank, July 8, 1922. Rank Collection, Box lb. Rare Book and Manuscript Library, Columbia University)

㉗ Freud to Ferenczi, October 27, 1910. Freud-Ferenczi Correpondence, Freud Collection, LC.

㉘ "Formulierungen uber die zwei Prinzipien des psychischen Geschehens" (1911), *GW* VII, 232/ "Formulations on the Two Principles of Mental Functioning," *SE* XII, 219.

㉙ Ibid., 235 - 236/223.

㉚ Ibid., 232/220.

㉛ Ibid., 237 - 238/224 - 225.

㉜ Freud to Ferenczi, June 17, 1913. Freud-Ferenczi Correpondence, Freud Collection, LC.

㉝ Freud to Jones, October 1, 1913. In English. Freud Collection, D2, LC

㉞ Freud to Jones, October 1, 1913. Ibid.

㉟ *Jones* II, 302.

㊱ Freud to Abraham, March 16, 1914. *Freud-Abraham*, 163 (167).

㊲ Freud to Abraham, March 25, 1914. *Freud-Abraham*, 163 (167).

㊳ Abraham to Freud, April 2, 1914. Ibid, 165 (169).

㊴ Freud to Abraham, April 6, 1914. Ibid, 166 (170 - 171).

㊵ November 10, 1909. *Protokolle*, II, 282.

㊶ "Zur Einführung des Narzissmus," (1914), *GW* X, 138-139/ "On Narcissism: An In-

第七章 应用与涵蕴

troduction," *SE* XIV, 73 – 74.

⑭② Ibid, 142/77.

⑭③ Ibid, 156 – 158/90 – 91.

⑭④ Abraham to Freud, April 2, 1914. *Freud-Abraham*, 165(169).

⑭⑤ "The Psycho-Analytic View of Psychogenic Disturbance of Vision" (1910), *SE* XI, 211 – 218.

⑭⑥ "Narzissmus," *GW* X, 143/"Narcissism" *SE* XIV, 77.

⑭⑦ "Narzissmus," *GW* X, 143/"Narcissism" *SE* XIV, 78.

⑭⑧ "Memoirs of the Wolf-Man," in *The Wolf-Man*, ed. Gardiner, 90.

⑭⑨ Freud to Ferenczi, June 28, 1914. Freud-Ferenczi Correpondence, Freud Collection, LC.

⑮⓪ Freud to Abraham, June 25, 1914. *Freud-Abraham*, 175(181).

⑮① John Maynard Keynes, *The Economic Consequences of the Peace* (1920), 11.

⑮② Ibid, 11 – 12.

⑮③ Graham Walls, *Human Nature in Politics* (1908), 285.

⑮④ Freud to Pfister, December 9, 1912. *Freud-Pfister*, 59(58).

⑮⑤ Freud to Ferenczi, December 9, 1912. Freud-Ferenczi Correpondence, Freud Collection, LC.

⑮⑥ "Zeitgemasses über Krieg und Tod," *GW* X, 340/"Thoughts for the Times on War and Death," *SE* XIV, 288.

⑮⑦ Quoted in Oron J. Hale, *The Great Illusion*, 1900 – 1914 (1971), 300.

⑮⑧ Alexander Freud to Freud, July 29, 1914. Freud Museum, London.

⑮⑨ Freud to Abraham, July 26, 1914. *Freud-Abraham*, 180(186).

⑯⓪ *Jones* II, 169.

⑯① Freud to Eitingon, July 10, 1914. By permission of Sigmund Freud Copyrights, Wivenhoe.

⑯② Freud to Ferenczi, July 22, 1914. Freud-Ferenczi Correpondence, Freud Collection, LC.

⑯③ Mathilde Hollitscher to Freud, July 23, 1914. Freud Museum, London.

⑯④ Freud to Abraham, July 26, 1914. *Freud-Abraham*, 180(186).

⑯⑤ Freud to Abraham, July 29, 1914. Ibid. 181(186).

⑯⑥ Abraham to Freud, July 29, 1914. Ibid, 182(188).

⑯⑦ Viscount Grey of Fallodon, *Twenty-Five Years, 1892 – 1916*, 2 vols. (1915), II, 20.

⑯⑧ Alexander Freud to Freud, August 4, 1914. Freud Museum, London.

401

⑯ Ibid.

⑰ Rainer Maria Rilke,"Fünf Gesänge:August 1914,"*in Werke in Drei Bänden*,ed. Ruth Sieber-Rilke and Ernst Zinn(1966),II,86 – 87.

⑰ Edward Timms,*Karl Kraus*,*Apocalyptic Satirist*:*Culture and Catastrophe in Habsburg Vinna*(1986),289 – 295.

⑰ Thomas Mann,"Gedanken im Krieg,"*Neue Rundschau*,XXV(November 1914),1475.

⑰ Abraham to Freud,August 29,1914. *Freud-Abraham*,187(194).

⑭ Abraham to Freud,September 13,1914. Ibid,189(196).

⑮ Eitingon to Freud,September 11,1914. By permission of Sigmund Freud Copyrights, Wivenhoe.

⑯ Freud to Eitingon,September 15,1914. By permission of Sigmund Freud Copyrights, Wivenhoe.

⑰ Freud to Abraham,July 26,1914. *Freud-Abraham*,180(186).

⑱ Freud to Abraham,August 2,1914. Ibid,184(190).

⑲ Abraham to Freud,August 2,1914. Ibid,188(194).

⑳ Freud to Jones,October 22,1914. In English. Freud Collection,D2,LC.

㉑ *Jones* II,170.

㉒ Freud to Ferenczi, August 14, 1914. Freud-Ferenczi Correpondence, Freud Collection,LC.

㉓ Freud to Ferenczi,April 8,1915. Ibid.

㉔ Freud to Ferenczi,July 31,1915. Ibid.

㉕ Freud to Abraham,December 11,1914. *Freud-Abraham*,197(205).

㉖ Freud to Ferenczi,December 2,1914. Freud-Ferenczi Correpondence,Freud Collection, LC.

㉗ Freud to Abraham,December 26. 1917. *Freud-Abraham*,252(267).

㉘ Freud to Jones,Decemher 25,1914. In English. Freud Collection,D2,LC.

㉙ Freud to [Jones? or Putnam?],January 17,1915. Typescript copy in Freud-Jones Correspondence,In English. Freud Collection,D2,LC.

㉚ Freud to Ferenczi,July 17,1914. Freud-Ferenczi Correpondence,Freud Collection,LC.

㉛ Freud to Jones,October 22,1914. In English. Freud Collection,D2,LC.

㉜ Freud to Abraham,July 27,1914. Karl Abraham papers,LC.

㉝ Freud to Eitingon,July 29. 1914. By permission of Sigmund Freud Copyrights, Wiven-

⑭ Martin Freud to Freud, August 17, 1914. Freud Museum, London.

⑮ Martin Freud to Freud, August 18, 1914. Freud Museum, London.

⑯ Freud to Eitingon, January 17, 1915. By permission of Sigmund Freud Copyrights, Wivenhoe.

⑰ Freud to Abraham, November 25, 1914. Karl Abraham papers, LC.

⑱ Freud to Jones, October 22, 1914. In English. Freud Collection, D2, LC.

⑲ Freud to Andreas-Salomé. November 25, 1914. *Freud-Salomé*, 22 – 23(21).

⑳ Freud to Abraham, September 3, 1914. *Freud-Abraham*, 188(195).

㉑ Abraham to Freud, October 19, 1923. Ibid, 193(200).

㉒ 弗洛伊德经常这样称呼亚伯拉罕,其中一个例子见 Freud to Abraham, October 19, 1923. Ibid, 318(342).

㉓ Abraham to Freud, November 19, 1914. Ibid, 194(202).

㉔ Freud to Eitingon, January 3, 1915. By permission of Sigmund Freud Copyrights, Wivenhoe.

㉕ Freud to Abraham, January 25, 1915. *Freud-Abraham*, 201(209).

㉖ Freud to [Jones? or Putnam?], January 17, 1915. Typescript copy in Freud-Jones Correspondence, In English. Freud Collection, D2, LC.

㉗ Freud to Abraham, February 18, 1915. *Freud-Abraham*, 203(212).

㉘ Freud to Abraham, May 4, 1915. Ibid, 212(221).

㉙ Freud to Abraham, July 3, 1915. *Freud-Abraham*, 215(225).

㉚ Freud to Ferenczi, April 8, 1915. Freud-Ferenczi Correpondence, Freud Collection, LC.

㉛ Freud to Ferenczi, July 10, 1915 Ibid.

㉜ Ibid.

㉝ 这两篇文章是以联名发表在《潜意象》上,题为《战争与死亡的时代的思考》(*Thoughts for the Times on War and Death*)。

㉞ "Zeitgemasses über Krieg und Tod," *GW* X, 324 – 329/ "Thoughts for the Times on War and Death," *SE* XIV, 275 – 279.

㉟ Ibid., 324 – 325/275.

㊱ Ibid., 336/285.

㊲ Das Unbehagen in der Kultur(1930), *GW* XIV, 506/ *Civilization and It's Discontents*, *SE* XXI, 145.

㉘ "Zeitgemasses über Krieg und Tod," *GW* X,325/" *Thoughts for the Times on War and Death*," *SE* XIV,276.

㉙ Ibid.,344/291.

㉚ Ibid.,333/282.

㉛ Ibid.,354 – 355/299 – 300.

第三部 修 正 期
1915—1939

第八章　攻击性

牵连甚广的重大事件

弗洛伊德和其他许多人一样,经历了世界大战的翻天覆地和破坏损伤。在那段充满焦虑的黯淡时光,他的工作却颇有进展,这令他自己也感到意外。当时求诊的病人很少,他只做些简单的编务工作,也没有精神分析会议可参加。他的弟子几乎都已从军,这使他倍感寂寞。"我常觉得孤单,仿佛又回到了这工作头十年的荒疏岁月,"他于1915年7月向莎乐美感叹道,"但那时我比较年轻,精力无限,充满毅力。"①他渴望有病人上门,那是让他的理论趋于成熟的活水源头,同时也带来稳定的收入,让他能好好持家。他在1916年底告诉亚伯拉罕:"我暗自催促自己必须为家人赚钱、花钱,我很清楚这都是父亲情结作祟。"②不过,战争岁月可没有白白过去。不请自来的空闲时光并不讨人喜欢,弗洛伊德也因此士气低落,不过这却让他有时间进行大规模的计划。

1914年11月,弗洛伊德和莎乐美谈论战争以及对人类文明的疑虑,这时他已暗示正"秘密"进行"牵连甚广的重大事件"③。他非常可能正着手计划为精神分析的核心概念正式立言,给出定论④。12月,他告诉亚伯拉罕,如果低沉的心情还不至于毁了工作兴致的话,他将"阐述神经症病理,其中包括驱力、压抑(repression)、无意识(unconscious)之效应"⑤,三言两语透露出他那秘密计划的若干内容。一个月后,他在写给莎乐美的信中进一步透露,他"关于自恋的描述"应该"有一天"会被称为"后设心理学式的"(metapsychological)⑥[弗洛伊德慢慢地铸造他的"后设心理学"观念,他在1896年2月13日给弗利斯的信中第一次谈到这个概念(Freud-Fliess,181[172]),之后的定义逐渐严谨,亦即从三个角度分析心灵活动的心理学:动力的(dynamic)、经济的(economic)和地形学的(topographic)模式。第一个层面把精神现象追溯至它们的根源,即充斥着冲突的无意识力量,这些力量来自驱力,却并不局限于驱力上;第二个层面尝试明确精神能量的数量和变迁;第三个层面区分出心灵中的不同领域。这三者相加,揭示了精神分析的分析角度与其他心理学截然不同的部分]。自恋和后设心理学之间的关联非常重要。弗洛伊德在战前首次论及自恋时,还没走进他所打开的那扇门。现在,他准备作更深入的探讨。

1915年初,弗洛伊德开始草创他的"神经症理论",着手撰写后来统称为后设心理学的文章;他精力充沛,进展速度很快。他写这本书的过程颇为曲折,如今虽只留下部分篇章,写作的过程本身却更能说明这是一部重要的作品,是其思想转折的重要标记。1915年2月中,他要求费伦齐把他"谈抑郁的文章直接转给亚伯拉罕"⑦,这本书将会有一章专门讨论抑郁症。他一向喜欢把写好的草稿给亲近的朋友传阅,尤其是弗利斯。4月初,他告诉费伦齐,他已经完成了两章。对于自己旺盛的创作力,他也和对别人一样详加分析。"是因为战时的钱不好赚这个现实的原因,还是因为我和金钱的关系不免产生变化的心理因素,我认为都有可能。"⑧弗洛伊德的好心情仍维持着。4月底,他告诉费伦齐,前三章(驱力、压抑、无意识)已经完稿,将刊登于当年的《国际精神分析期刊》(*Internationale Zeitschrift für Psychoanalyse*)。他觉得"介绍"驱力的篇章"不怎么吸引人",但他自己大致上还算满意,并宣示还要写一篇比较做梦和精神分裂的文章,"草稿也拟好了"。⑨

其他几篇文章紧接着出现,一篇谈的是弗洛伊德最喜欢的主题,也就是做梦,另一篇是看来不甚起眼的《哀悼与抑郁》("Mourning and Melancholia")。弗洛伊德在这两篇文章里进一步演绎了他在谈自恋的文章里所提及的有趣概念:力比多如何在睡觉和沮丧的时刻自外在对象身上撤回。6月,弗洛伊德告诉费伦齐:"说真的,我写得并不顺心,但笔倒是没停过。那12篇文章有10篇写好了。另外两篇(谈意识和焦虑的文章)尚待修改。我刚完成转换性歇斯底里症(的文章),尚缺强迫症(obsessive neurosis)和移情神经症(transference neurosis)的整理。"⑩7月底,他颇有自信地写信给莎乐美说,这几个月的"成果很可能是一本有12篇文章的书,导论谈的是驱力及其效应"。他还说:"已大致定稿,只剩后续的工作。"⑪不管战争爆发与否,弗洛伊德谈后设心理学的书看来离出版之期已经不远了。

第八章 攻击性

弗洛伊德曾在1898年3月告诉弗利斯,提出后设心理学是为了解析超出意识之外或——如他所说——"之后"的心理学[12]。他显然想要制造出一个拥有论述力量的词汇:用后设心理学来和形而上学这个浮夸的哲学白日梦一较短长,甚至青出于蓝[13]。不过弗洛伊德两年前第一次使用这个词时,其意义还不明确。1896年12月,他表示后设心理学是他"理想中的,但也是难缠的小孩"[14]。到了1915年初,理想不变,但已不再那么难缠,同时也不再是个小孩了。后设心理学似乎已打点妥当,就要堂皇登场。5月,弗洛伊德写信给亚伯拉罕,说书名将是《试论后设心理学》(*Preparatory Essays for Metapsychology*),"等时局平静些便呈给这麻木的世界"[15]。弗洛伊德看来信心满怀,书名却颇有保留,仿佛一切还在试验阶段。弗洛伊德并不是谦虚的人,他在写这些文章时曾向费伦齐坦言:"谦虚?我忙着和真理与客观交朋友,无暇顾及谦虚的美德。"[16]他向亚伯拉罕解释说,这本新书"可说是《梦的解析》的后续"。不过他在同一封信里也提到:"我想这大概算是个进展。"[17]再看看他所拟的保守书名,显然他意识到这本完成在即的书既展开了新页,却也是旧调重弹,这本书或许会一出版就过时了。

事实上,弗洛伊德论后设心理学的文章不只是回顾历史的文件而已,设若写作时间在20世纪20年代,他的说法和观点或许会有不同,他也可能会添加一些新材料,但精神分析的堡垒仍将清晰可辨。弗洛伊德最后挑了几篇发表,其中第一篇论驱力的文章可能最需要做广泛的修正,因为《论自恋》的怪异论点已然自暴其短,显示将驱力区分为自我驱力和性驱力是行不通的。弗洛伊德于1915年论驱力的文章也坦诚,他最好再想一想如何"安排","这实在当不成理论基础",而"只是个附属建构,除非真有需要才会留下来"[18]。

在这篇导论中,弗洛伊德扼要重述了十年前在《性学三论》里为驱力所下的定义:驱力是一种"心理代理(psychical representative),源自身体内的刺激,及于心神",以他那广为传诵的话来说,就是"因为心理与身体相连,而在心理上产生的运作"。他仍沿袭《性学三论》的论点,主张分别就驱力的各个面向来了解其运作方式:其"压力"(pressure,用不完的精力),其"目标"(aim,通过移除刺激而得到满足),其"对象"(object,可能形形色色,五花八门,几乎所有东西都能提供满足,包括自己的身体,和个体所能经验到的任何获取快感的方式),及其"来源"(source,刺激从中产生的肉体过程,心理学无法解析)[19]。弗洛伊德特别强调驱力的流动性,性欲尤其如此,爱情的历史显然证明了这一点。弗洛伊德提醒读者,爱情起初本是自恋和自我痴迷,经过一段复杂的发展过程之后,与性欲本能结合,为个体提供了相当可观的满足感。仇恨伴随爱情而生,两者似乎相互对立,使得爱情更是变幻莫测。也难怪,一个人会对同一件事物表现出爱恨交织的矛盾情感,这本是最自然、最普遍的事。人类似乎注定要在互为对立的事物之间浮沉:爱与恨、爱与冷漠、爱与被爱。这篇文章的结论是,驱力的命运取决于"掌控心理的三大对立组":主动与被动之间、自我与外界之间、愉悦与非愉悦之间的张力[20]。在这些论点上,弗洛伊德无须另起炉灶。

弗洛伊德观察本能能量的种种起落,发现即使"针对驱力所设的防御机制"——他如此寥寥数语带过——让本能的追求得不到直接的满足,这种追求经过转换之后仍然可以得到部分的满足[21]。这篇论驱力的文章重拾他19世纪90年代末期的若干理论,并列举出防御机制的一些策略,稍后他又进一步分门别类加以说明。然而,在1915年另一篇题为《压抑》("Repression")的文章里,"压抑"却成了唯一的防御策略。到了20世纪20年代中后期,弗洛伊德重新启用"防御机制"这个老词,而"压抑"只是种种防御策略之一;即使如此,他还是以压抑为防御行为的典范。他强调说,精神分析若是一座房子,压抑的观念便是其地基与础石,是其"最关键之处"[22]。

弗洛伊德一直很得意于这个发现,他相信自己是第一个直捣心理活动核心的人。当兰克给他看一段数十年前叔本华所写的文字,其中有类似的观点时,弗洛伊德只是淡淡地说他有原创力是因为"读书甚少"[23]。其实,"缺乏知识"或许更突显了他的创新,弗洛伊德也很高兴自己的洞见是发源于实际从事分析得到的资料。他表示,只要他把病人表现出来的阻抗行为转换为文字,压抑理论就在其中了[24]。

由此观之,在1915年,弗洛伊德是以"压抑"一词代表一系列的心理策略,这些策略的目的是将本能愿望排除于意识之外。弗洛伊德自问,压抑为何而生?驱力的追求若能得到满足毕竟是乐事一桩,拒绝获得满足总是让人不解。弗洛伊德并没有详细解答,但他隐含的看法是认为人的心理是个战场。太多太多伸手可及的享乐变成了痛楚,因为人心幽微。越是想要的,常常越是招致无情的痛责,越是让人惊惧莫名。俄狄浦斯情结的种种症状最能表现出这种内心交战:男孩对母亲的欲望显得不道德,是危险的禁忌;弑父是男孩的另一种欲望,可能引发自责、愧疚以及其他灾难。

对于这些理论命题,弗洛伊德只是点到为止,他喜欢用临床案例来解说较为抽象的理论。有一位苦于焦虑型歇斯底里的分析对象,他对父亲既爱又怕的感情被放逐到意识之外,由动物恐惧症取而代之。另一位因转换型歇斯底里症接受治疗的分析对象,想要压抑的并不是她那禁忌的欲望,而是源于这些欲望的种种情愫。最后,强迫症用各种奇特的替代物代替了导向所爱之人的敌意冲动,道德洁癖、自贬自责、绕着琐碎事物打转等——在这里,狼人、杜拉、鼠人等弗洛伊德最有名的病人提供了证言。

压抑早在婴儿时期就初露端倪,这种机制后来进一步发展,监管范围从遭到禁制的冲动本身扩及其各种变体上。弗洛伊德强调,压抑的力道强劲,而且反复施行:"进行压抑是费时费力的工作。"㉕遭到压抑的并未消失,看不见不代表不存在。被压抑的东西不过是暂存于无意识的禁闭阁楼中,仍在积极寻求获得满足。因此,压抑的胜利都是一时的、不可靠的。压抑下去的东西,随时都会改头换面或形成神经症而再度出现。因此,弗洛伊德认为,困扰人类的心理冲突将永续存在、难以平息。

《论无意识》("The Unconscious"),是弗洛伊德所出版的《试论后设心理学》一书中的第三篇,也是最长的一篇,他在其中说明了上演这些冲突的场景。弗洛伊德的无意识理论虽然是心理学领域的一大创新,类似的观点却是源远流长。柏拉图把灵魂描写成两匹精壮的飞马,一匹高贵而美丽,另一匹则粗犷不驯,两匹马各行其是,车夫难以控制㉖。另一方面,基督教神学家说,亚当与夏娃一旦沦落,人性便陷入神性和肉欲的拉扯。所以,弗洛伊德有关无意识的概念已经弥漫在了19世纪的氛围里,若干相关论述还相当细腻。诗人与哲学家揣想着意识之外的心理活动;柯勒律治等浪漫派作家提及"意识的幽暗区域"㉗,比弗洛伊德发展无意识理论早了一个世纪;浪漫古典派作家歌德描绘他笔下极为迷人的精神性格,谓其为"深渊中的深渊"。华兹华斯(Wordsworth)在《序曲》(*Prelude*)里礼赞他的内心深处,说那是他的欢乐居所。"我在无意识里和美感暗通款曲,"他写道,"这是我心里的洞穴/阳光并无法穿越。"㉘19世纪一些颇有分量的心理学家都运用了类似的概念,约翰·弗里德里希·赫尔巴特(Johann Friedrich Herbart)只是其中最有名的一个。叔本华和尼采总会提醒说,别太强调意识的作用而忽略了无意识的力量,弗洛伊德多少受到一些影响,虽然他不太情愿承认。

弗洛伊德的理论之所以拥有无与伦比的阐释广度,是因为弗洛伊德在这个模糊的领域,心理冲突形成与持续的过程中,尽量准确地确定了无意识的主导地位。1915年,他还无法替无意识作用在心理活动之中做确切的定位,这项工作尚待他于20世纪20年代完成所谓的结构体系之后才会有所进展。那时他可以明确地宣称,因为心灵服从于严格的规律,所以有必要假设在精神中还存在一个隐秘的领域,如此一来,催眠、梦、口误、笔误、症状行为、自相矛盾、非理性行为等种种现象就能得到解释。他认为,无意识不只是合理,而且是必要的假设。

真正的无意识和目前恰好不在意识之内的东西,这两者之间有何差别?弗洛伊德重提他在《梦的解析》里对前意识与无意识的区分来加以说明。后者是一座杂乱的仓库,或新或旧的爆炸性材料散布其中,储存了被压抑的理念与情感,以及原始形态的驱力;弗洛伊德明言,驱力除非通过中介或伪装,否则无法进入意识。无意识是一个奇怪的地方,满载愿望,不容迟疑,不管逻辑,虽然无法直接观察,精神分析家却随处都能发现其踪影。弗洛伊德准备在他火速进行的后设心理学文章里,为无意识在其学中赋予核心地位。

然而,不知为何,他的《试论后设心理学》这本书出了问题。1915年6月中旬,他向费伦齐暗示,他不太满意他写的文章,总觉得不太对劲㉘。两个月之后他又向费伦齐写道:"12篇文章可以说已经就绪。"㉙请注意弗洛伊德略显保留的"可以说"(sozusagen)。他还在修改、思索、游移,看来是在一些地方陷入苦思。头三篇论驱力、压抑、无意识的文章如期于1915年出现,之后戛然而止。

显然,弗洛伊德觉得没有临床经验而想要作全面概观是很危险的,因为他将天马行空,无法控制他自由想象的欲望。4月,他写完论压抑的文章之后,他如此向费伦齐形容他的写作"生产机制":"狂野的想象与残酷的现实主义的批评交替进行。"㉚然而,批评日微,唯有想象驰骋。7月,他给了费伦齐一份他称之为"种系发生奇想"(phylogenetic fantasy)㉛的草稿,进一步扩展他首先在《图腾与禁忌》里提出的想象与臆测。这是后设心理学中的第12篇,也是最后一篇,其野心不小,主要论证现代人的欲望和焦虑其实根植于人类的婴幼儿时期。弗洛伊德的这份拉马克式奇想的大胆构思[在战争期间如同他对亚伯拉罕所说,弗洛伊德在揣摩把拉马克(参见第六章)的观点引入精神分析的方式,借由展现拉式观点中的"需要"实际上就是"无意识思想对个人身体的作用,如同我们在歇斯底里中所见到的残余,简言之,就是'思想的全能'"。(*Freud-Abraham*,247[261 – 262])],包括将神经症病史和人类的历史或史前史做类比。在他的想象中,现代人罹患神经症的相对年岁透露了远古人类的演进史。于是,焦虑型歇斯底里成了冰河时期的遗迹。当时,人类先祖受严寒威胁,把力比多转为焦虑。在酷寒的环境下,生命的繁衍会有害于自我生存,而控制生育的努力又种下了歇斯底里的病因,形成后来一连串的心理症状[33]。费伦齐甚表赞同,但他们两人的臆想终究是镜花水月,欠缺实证且不着边际,没有说服力。弗洛伊德在构思期间,也是忧喜参半。

弗洛伊德并不是成天都在架构理论、奇思幻想,或者紧张兮兮地看报纸、等前线儿子的消息。1915 至 1916 年和 1916 至 1917 年的冬季,他对日益增多的听众发表了三次导论式的系列演说,并准备予以出版。他照例于周六晚在维也纳大学演讲,目的是让"医师和一般男女"都能明了精神分析的基本原理[34]。他的女儿安娜也是忠实听众之一[35]。他首先以四场论口误和笔误的演讲小试身手,接着花了比较多的时间谈梦,最后是分量最重的谈神经症的系列演说。

近 20 年来,弗洛伊德一直是自己所建构理论的最佳推广人。他将难懂的大部头《梦的解析》浓缩成简洁的《论梦》,为精神病学相关书籍撰写论文,替百科全书写文章,为圣约之子会的成员解说精神分析。1909 年在克拉克大学,他在五场精彩演讲中扼要介绍了他学说的精华。但这些都比不上那三次系列演说来得全面与轰动,其讲稿读者众多,有多种文字的译本:他生前在德国有五万本销售量,此外至少有包括中文、日文、塞尔维亚克罗地亚语(Serbo-Croatian)、希伯来语、犹太意第绪语(Yiddish)、盲人点字等 15 种语言翻译[36]。经验老到的弗洛伊德在这里发挥了强大的感染力量。为了减轻听众与读者的负担,他撷取理论精华,穿插精心选择的故事和引述,随时欢迎指正,不时自谦才疏学浅。这一系列演讲的顺序安排是经过设计的:弗洛伊德从口误和笔误开始,让听众从日常生活有趣的事情之中学到精神分析的知识;接着谈做梦,这也是大家都很熟悉的现象,然后才慢慢跳脱常识经验的范畴。他首先说明谈论精神或心理是合情合理的,无意识是无所不在的,接着才阐述神经症和精神分析治疗。亚伯拉罕称赞这些演说"深入浅出",不会对听众造成太大的负担。亚伯拉罕觉得弗洛伊德总是能完满、自信地传达出理论信息[37]。

亚伯拉罕的美言诚然不虚，但弗洛伊德可不领情。他也老是说这些演讲“深入浅出”[38]，但他的意思是，对像莎乐美一样博学的读者而言，那些“不过是老掉牙的东西”[39]。弗洛伊德无视其动人演说的巧妙与创新，不屑之情溢于言表。他向莎乐美说道，那些东西“很粗糙，是讲给一般人听的”[40]。他告诉亚伯拉罕，他只会在“很疲倦”的时候去准备那些演讲[41]。

弗洛伊德如今常常抱怨自己很疲倦。“战事紧迫，没完没了，”他早在1915年4月就向费伦齐说，“搞得人筋疲力尽”。[42]1916年5月他届龄60岁生日，艾廷冈表示祝贺，他回复说自己已进入“老朽之年”（Greisenalter）[43]。隔年春天，亚伯拉罕听到了弗洛伊德更泄气的话。他向弗洛伊德祝贺其61岁生日，说他还是

370 “创意十足、活力充沛”[44]，但弗洛伊德回复说他称赞过头了，并且再次哀叹：“我其实已经老了，有点虚，有点倦了。”[45]

不过，世界情势总会冷不防蹦出一些事件，暂时解除弗洛伊德的疲累感。1916年11月21日，在位几近68年的皇帝弗朗茨·约瑟夫去世，弗洛伊德不甚在意；两天后他写信给莎乐美报告儿子在前线的好消息，倒是显得神采飞扬：他的“战士”很平安[46]。稍后，1917年2月1日，德国发动无限制潜水艇攻击，引起了他的兴趣。亚伯拉罕认为此招一出，则胜利在望[47]；弗洛伊德则没那么乐观，表示要再观望半年。他于4月写信给费伦齐说：“如果到9月潜水艇还没有大展雄风的话，德国可就要凄然梦碎了。”[48]德国发动潜水艇攻击之后6个礼拜，弗洛伊德在通常只注记生日和纪念日的家庭日历上简短记下“俄国革命”[49]。二月革命推翻了罗曼诺夫王朝（Romanov Dynasty），取而代之的是一个临时政府，充满了自由的气息与对和平的追求。

他如此关心战争消息，但在《精神分析导论》（*Introductory Lectures*）里却不提战争，倒颇令人意外，似乎整理与推广的工作让他暂时卸下了现实的重担。然而，弗洛伊德还是提醒听众，死亡与毁灭的乌云罩顶。“且放眼看看如今仍肆虐欧洲的大战，”他有一次讲得特别慷慨激昂，“想想如今在文明世界步步进逼的野蛮、残酷、虚伪。”面对如此恐怖情势，难道只有“一小撮可恶的野心分子要为所有的邪恶负责”吗？“百万顺民全无责任吗”？有谁敢断定“人类心理结构”无一丝邪恶因子[50]？几年之后，战争对弗洛伊德思路的影响才完全显现出来，尤其是对攻击性的思考。然而，这段铿锵有力的话突然出现在谈梦境检查机制的演

说中,说明了弗洛伊德当时多么在意人类的好战本能。

到了 1917 年,他一心想看到杀戮终止。美国于 4 月参战,加入协约国,使得轴心国的胜利更为渺茫。10 月,弗洛伊德显得更为悲观了,指称德国的潜水艇行动已经失败[51]。更糟糕的是,战争对后方的影响日益显著,维也纳的日子越来越难过:食物短少,燃料也缺乏;更甚者,日用品遭到囤积,物价腾贵,黑市兴旺,那里的物价更是高不可攀。弗洛伊德向密友抱怨,尤其是在冬天,他和家人吃不饱,他坐在没有暖气的书房里写作,手指都冻僵了。1918 年 1 月,他在给亚伯拉罕的信里劈头就写:"好冷啊!"(Kältetremor!)[52]布达佩斯的费伦齐和荷兰的朋友偶尔寄送些食物过来,以解弗洛伊德一家的燃眉之急,但毕竟非长久之计[53]。

情势如此低迷,弗洛伊德还得关心他可能获得诺贝尔奖的传言,提名他的是生理医学奖上一届的得奖人,奥地利医师罗伯特·巴拉尼(Robert Barany)。此奖项自 1914 年就没有颁发了,不过弗洛伊德还是保持关注。1917 年 4 月 25 日,他在日历上简短注记:"1917 年无诺贝尔奖。"[54]他当然知道阻力不小,一旦得奖会跌破眼镜[55]。但弗洛伊德很想得奖,那表示获得认同,还有奖金可用。

到了 1917 年,战争已打了三年,他似乎看什么都不顺眼。为了调剂精神,他搜集有关战争的黑色笑话,其中有许多无法翻译的简单双关语,有一两则虽然没什么看头,倒不妨记下来。例如,"亲爱的父母,"一位服役于俄军的犹太人写信回家,"我们的表现好极了。我们每天撤退几英里。老天帮忙的话,新年(Rosh-Hashana,犹太新年)我就可以回家了。"[56]但琼斯的预测还是让弗洛伊德很不高兴,他于 1917 年秋预言战争将会因德国的抵抗行动而延长,弗洛伊德便说他是个"如假包换的英国佬"[57]。1917 年 11 月,弗洛伊德写信给亚伯拉罕说:"事情还有得瞧。"不过他马上接着说:"人老得很快,有时不免怀疑能否在有生之年看到战争结束,或者能否再见你一面。"他表现得好像"一切都快结束了",并决定多出版两篇论后设心理学的文章[58]。布尔什维克革命,列宁崛起,俄国因此退出战争,这引起了他的兴趣。布尔什维克政权和轴心国于 12 月休战,贝尔福宣言(Balfour Declaration)承诺给犹太人建立家园,这几则新闻让他很开心[59]。此时,他已经对德国军队所向无敌的神话彻底绝望。他在 10 月给费伦齐的信里如此写道:"德国如果不来一场国会革命,那么我认为战争将以悲剧收场。"[60]。弗洛伊德一直觉得协约国隐瞒了战争的真正目的,如今他发现自己这边的战线也一样不老实。1917 年末,他告诉亚伯拉罕,他觉得很多事情不对劲,包括写作和

"你挚爱的德国故土"[61]。1918年3月的德国大规模攻击行动也让他提不起劲："老实说,我已经受够了这些打打杀杀。"德国还有可能打赢战争,他觉得这可能会让亚伯拉罕感到振奋,他自己则是意兴阑珊,他追求的是口腹之欲:"我是肉食动物,或许食物不对味是我精神萎靡的原因。"[62]可能除了德国高级将领之外,所有人都热切等待着和平的到来。美国总统威尔逊(Woodrow Wilson)于1918年1月向国会和整个世界提出14项计划,带来了终止杀戮的曙光。弗洛伊德也一直引首企盼和平降临,那真是"让人迫不及待的日子"[63]。

这些日子里,弗洛伊德不时提起那本后设心理学的书,吊足了朋友的胃口。1916年春,他告诉莎乐美说:"本书无法于战争结束前付梓。"弗洛伊德原本就对死亡有很多思考,此时又想到了自己生命的终点,"寿命难料",而他想必很希望看到这本书出版[64]。有趣的是,死亡在他的《哀悼与抑郁》里是重要的主题。他于1917年底完成两篇后设心理学的文章,这是其中一篇,弗洛伊德于其中预告了他在战后才趋于成熟的观念转变,此一预告在《哀悼与抑郁》里,比他在这些年所写的其他东西,甚至《论自恋》都要来得明显。

弗洛伊德认为,抑郁和哀悼的近似之处,在于两者都是对外在世界失去了兴趣,都是心情低落,难以排解,对工作与爱无动于衷。此外,抑郁者还习惯于谴责自己,妄自菲薄,恍惚之间期待着某种惩罚。他们以特别的方式进行哀悼:他们失去了曾经与其关联甚深的认同对象。弗洛伊德多年以来一直强调,爱情其实是矛盾的,爱其实包含愤恨与敌意。如此说来,抑郁者加诸自身的恨意与折磨实在是出于对自我的凌虐快感。当自我自视为绝对可恨的对象时,为抑郁所苦的人会选择自杀,这显然是抑郁症最极端的结果。以攻击作为一种驱力而言,弗洛伊德要再过几年才会正式提升其位阶,与力比多并列,但这时他已经很清楚这份攻击的力量——此处是指冲着个人而来的力量。

《哀悼与抑郁》做了预告,弗洛伊德所简述的自我惩罚也是如此。他表示,抑郁者的自我贬抑与自我诋毁,证明了他们一部分的自我已然割离。可以说,他们的自我制造出特殊的心理机制来做出通常是责难式的评判。弗洛伊德指出,这是一般人称为良知的极端,甚至是病态的表现。此时他尚未替这项检查机制定名,但显然和他当时称为"自我理想"、后来称为"超我"(super-ego)的概念牵连甚深[弗洛伊德在其他两篇短文章中讨论了这个特殊但尚未命名的机制所进行的自我惩罚,文章都发表在1916年:《由成功而来的痛苦》("Those Wrecked by Success"),其中讨论当一个人在成功的时候出现了神经症症状,他们惩罚性的良心使他们无法享受胜利的果实;《来自罪恶感的罪犯》("Criminals from a Sense of Guilt")分析了对于惩罚的神经症式需求。两篇文章都认为童年的俄狄浦斯式犯罪,虽然幻想的成分居多,但却是自我惩罚的主要原因]。

如此说来,《哀悼与抑郁》所代表的便是转变期的弗洛伊德。但其他那七篇已经写好却还不准备发表的文章呢? 弗洛伊德于1917年11月向费伦齐表示,其他的就任其无声无息吧(Der Rest darf verschwiegen werden)[65]。他向推心置腹的亚伯拉罕透露心里的不安,觉得当时并非出书良辰[66]。几个月后情况依旧。1918年初夏,他有点神秘兮兮地向一直催他出版文章的莎乐美宣称,他之所以不着手出版,除了他觉得疲惫之外,"还有其他原因"[67]。这些原因无论是什么,终归是让弗洛伊德收了手。种种暗示与说法不时传出,最后他终于毁掉了其余的文章,斩断了所有的犹疑。

这个举动着实费疑猜,理论疑团不曾让弗洛伊德噤声,表达上的困难也不曾让他退缩,而战争显然是主要原因。他的"战士"马丁和埃内斯特每天都可能送命,这实在不是潜心思考的好时机。然而,弗洛伊德写后设心理学的12篇文章本来就不是要做多创新的思考。他时间多得很,不管喜不喜欢,尽可以随兴利用,况且工作如果还做得下去,也不失为一种调剂。撰写后设心理学的书可以说是时事之外的避风港,这项计划之所以中止,其实是计划本身的因素。

《试论后设心理学》像一出默剧,始终未能完成,其关键是时机问题。弗洛伊德想要为自己人和敌营立下确切的标杆,此时尚未尽全功。并不是他的立场有所松动,精神分析的基本观念——活跃的无意识、压抑的作用、俄狄浦斯情结、驱力与防御机制的冲突、神经症的性起源,都未见更张。但其他很多地方都开始有了疑问,谈自恋的那篇文章早已明白透露出弗洛伊德正在重新思考,他毁了那7篇论后设心理学的文章也当作如是观。战时的弗洛伊德还没弄清楚该做什么,如同19世纪90年代末处于创造力的沉潜期,局促之相实为惊蛰前兆,他隐约感觉到(他或许会这么形容)肚子里又有了新的东西。

风雨中的和平

1918年秋,和平将至的消息传遍整个维也纳。奥地利外交官于1917年春开始背着德国进行秘密会谈,企图保持偏安局面却不得要领,一如预期地失败了。1918 年 9 月初,昂贵的战争又打了一年多,维也纳政府面临后方挨饿、前线吃紧的窘境,便进一步向协约国提出交涉,建议各交战国聚会共商休战事宜。那年稍早,奥地利刚勉强镇压住罢工与暴动,正准备在领土主权上作大规模的让步,但仍欲维持跨国的帝国架构。10 月中,协约国胜利在望,遂予回绝,奥地利的和平提议难以成事。政府部门一团混乱,一位历史学者描述当时情况犹如"溺水者的慌乱挣扎"[68],民众也感染了混乱的气氛。10 月 25 日,弗洛伊德写信给艾廷冈,表示时局"惊心动魄",他还说:"老者将逝,这很好,但年轻的还没出现。"[69]

当时,战火已不如前,战场西线仍杀声震天,东线战事则已趋缓。俄国已于 3 月初确定休兵,当时,心存报复、不留情面的轴心国强迫苏维埃政权接受了《布列斯特－里托夫斯克条约》(Treaty of Brest-Litovsk)。5 月,部分领土长期为轴心国占领的罗马尼亚决定议和,这是轴心国所获得的另一次小小进展。另一方面,周旋摇摆于交战国之间的保加利亚于 1915 年末投入德奥阵营,终究于 1918 年 9 月被迫与协约国达成停战协定。10 月,英国军队经历了几近传奇的近东沙漠拓展,也迫使土耳其竖起白旗。

终结大战的并不是人民虔心的企盼,而是协约国的军队和威尔逊的高瞻远瞩。英军、法军以及稍后的美军在法国消解了德军猛烈的春季攻势。1918 年 6 月,德军受阻于巴黎城外大约 40 英里的地方;7 月中,反击攻势展开,协约国军队从此势如破竹。9 月下旬,鲁登道夫将军(General Ludendorff)不惜代价决计不让协约国军队进入德国本土,遂提议协商。历史上罕见的德意志战争机器败象尽露,和平就要到来。

9 月,鲁登道夫已意识到大势所趋,而一场于布达佩斯举行的国际精神分析家大会更让弗洛伊德精神焕发。上次大会 1913 年于慕尼黑召开,事隔多年,弗洛伊德很需要会议重开的欢乐气氛,他和亚伯拉罕失和之后,两人已经四年没见面了。8 月,他告诉亚伯拉罕,他"气得也饿得"[70]回不了他的上一封信——这位勤于写信未曾稍懈的人居然这么说,可见心情有多低落了。大会原本预定于布雷斯劳(Breslau)举行,9 月 28 和 29 日正式于布达佩斯召开。会议规模自然要小得多,有 42 人参加,2 位是荷兰人,3 个德国人,37 位来自奥匈帝国。这终究是一场大会,弗洛伊德不似以往随兴讲话,倒是一板一眼地勾勒出技术的发展,并呼吁设立精神分析诊所,让穷人也能得到治疗。会议气氛热烈,宾主尽欢,分析家都住进雅致的格乐旅馆(Gellert Hotel)。过了一个月,弗洛伊德仍回味无穷,向亚伯拉罕称赞那"布达佩斯的美好日子"[71]。

琼斯表示,这是一场首次"有官方代表参加"的大会,"包括奥地利、德国、匈牙利政府的代表"。这完全是出于实际的需要,因为"军方渐渐能对'战争神经症'予以正视"[72]。官方观察员的到场,见证了精神分析中生和死的奇特的辩证关系。在和平时期,精神科医师根本不把弗洛伊德的想法当一回事,如今许多派驻军队医院的医师面对受到战场惊吓的士兵,转而对弗洛伊德的理论大表认同。可以这么说,大战是验证精神分析理论的大型实验室。1917年,英国精神科医师里弗斯(W. H. R. Rivers)表示:"老天给了我们一个绝佳的机会来测试弗洛伊德的无意识理论,看看他所诠释的心理与功能性神经失调有没有道理。"[73]以前,由于来自军队高层的压力,精神科医师并不反对,甚至本身就认为那些表现出战争综合征的士兵其实是在装病,即使不受军法审判也要立刻送回前线。然而,无论是协约国或轴心国阵营的医师都逐渐了解到,也就是弗洛伊德所说的:"只有极少数患者……是装病。"[74]布达佩斯大会更适时以战争综合征为主题召开精神分析研讨会,费伦齐、亚伯拉罕、齐美尔(Ernst Simmel)都发表了论文,德国医师齐美尔最受瞩目,战争期间他在一所军人精神病院里发现了精神分析的妙用。布达佩斯的轴心国代表提议设立军人心理医学中心,这项颇有野心的计划最后却无疾而终。革命行动如秋风扫落叶般横扫战败国。

弗洛伊德的记事簿[原是弗氏例行的日历记事,之后被整理付印成书。——编者注]上颇多惊叹,几乎是逐日记录了一连串飞快进行的事件。10月30日:"维也纳和布达佩斯发生革命行动。"11月1日:"与德、匈之间交通中断。"11月2日:"奥利弗返家。保加利亚实行共和国?"11月3日:"和意大利停战,战争终了!"11月4日,他想到自己的事情:"停颁诺贝尔奖。"11月6日:"基尔发生革命。"11月8日:"巴伐利亚共和国!!与德国交通中断。"11月9日:"柏林共和国,威廉退位。"11月10日:"艾伯特(Friedrich Ebert)担任德国首相,休战协定。"11月11日:"终战日,奥皇卡尔(Karl)退位。"11月12日:"成立共和国,与德国的联合艰苦进行着。"——后者说得快了点,战胜国不同意德奥合并。四天后,11月16日:"匈牙利共和国。"[75]"战争的梦魇"终于结束了[76]。

其他几乎同样可怕的噩梦也在等着弗洛伊德,马丁在意大利前线,已经好几个礼拜没和家人联络。11 月 21 日,弗洛伊德才在日历上记下:"马丁从 10 月 27 日起被俘。"⁷⁷意大利人在战争已形同结束之际俘虏了他所属的整支部队。紧张的政治局势也让弗洛伊德心神不宁,终结了罗曼诺夫王朝的屠杀行动也不会放过霍亨索伦(Hohenzollern)王室和哈布斯堡王室。弗洛伊德暗自庆幸的是,奥匈帝国正在解体,对其前景他没有一丝幻想,也不觉得遗憾。10 月底,帝国命运尚在未定之日,他却向艾廷冈说:"我不会为这样的奥地利或这样的德国流一滴眼泪。"⁷⁸

弗洛伊德准确预测到,德意志帝国经过那"无可救药的浪漫派"威廉二世长久而傲慢的统治后,一旦瓦解必然引起血腥冲突⁷⁹。然而,他最不以为然的还是那延续了他整个一生的王朝。"哈布斯堡王室只留下了一堆屎。"⁸⁰10 月底,他以同样鄙夷的口气劝费伦齐这位"匈牙利爱国人士",别老巴望着祖国,为了心理健康最好把爱国热情转移到精神分析上⁸¹。那个礼拜稍后,他调皮地说自己正努力对匈牙利人将心比心,却发觉无能为力⁸²。他的朋友只有萨克斯说得出奥地利革命的笑话,别的地方的革命都要比奥地利来得杀气腾腾许多。萨克斯想象或许会有布告写道:"革命时间定于明天两点半,若天候不佳则于室内举行。"⁸³

终战之后几个月的情势也实在让人笑不出来,前线军队之间的战争已告平息,激进派和保守派之间的战事却在街头轰轰烈烈地开打。局势动荡,连绵数月,有关德、奥、匈未来的政局谣言四起。11 月下旬,艾廷冈写信给弗洛伊德说:"旧物看似坚固,实已腐坏,摧枯拉朽之势遂不可挡。"⁸⁴1918 年 12 月底,由于战争已经结束,弗洛伊德又用英文写信给"亲爱的琼斯",要他别"期望我和家人明年春天会到英国去;未来几个月我们恐怕都不能出远门,和平还要等到六七月"。对这位挚友,弗洛伊德直言要他来亲自见证:"我们这里真正的情况是你无法想象的,你应该尽快过来看看奥地利成了什么模样。"他还不忘提醒:"顺便把我女儿的礼物带来。"⁸⁵

1919 年 1 月,弗洛伊德简单总结新的局势:"钱和税如今已不堪闻问,现在我们已经一无所有了。看看这几个月和未来可想而知的重大危机,那四年的战争着实是个笑话。"⁸⁶琼斯曾提出警告,弗洛伊德原本以为他不过是英国人盲目的爱国心在作祟,如今他眼见中欧乱哄哄的政局,便向琼斯承认错误:"你有关战争及其后果的预言都已成真。"弗洛伊德"坦承老天是长眼睛的,德国如果打赢了,对全人类的福祉可能会是更沉重的打击"。尽管有此不俗的体会,弗洛伊德一家的运势还是不见起色。"能不能过好日子其实全看输家表现,因此说赢家好话也无济于事。"而好日子已越来越遥远。"我们全都衣带渐宽。"不过,弗洛伊德马上接着说,"城里其他人"其实都和他们一家人一样,"前景黯淡"[87]。

和平协定谈判进度缓慢,争议又多,未来仍然不看好。1919年1月,战胜国在巴黎集会商讨中欧版图重整事宜,诸国在战场上可能还合作愉快,上了会议桌却常有歧见。英国首相乔治(David Lloyd George)声称必须处死德皇,彻底压制德国,"绝不手软"。他一坐下来谈判,态度便和缓一些,但法国的克莱蒙梭(Georges Clemenceau)可就没那么好讲话了。阿尔萨斯-洛林两省(Alsace-Lorraine)在普法之战后于1871年落入德国之手,不用说必须回归法国。天然资源丰富的德国莱茵兰(Rhineland)也可能是法国的战利品。但战胜国还得和威尔逊商量,这位晕乎乎的先知正在向整个欧洲传递自决、民主、透明外交以及希望等扣人心弦的信息。1918年12月,他以一贯飞扬的口吻告诉曼彻斯特的听众,他相信:"人民即将看到的或许不是什么黄金年代,但无论如何日子将一年好过一年,我们将步步高升,直到有一天看见世人心向往的境界。"[88]

其他人不唱这种高调,弗洛伊德越来越觉得威尔逊的预言不对劲,更发觉其性格可疑。他一向不太喜欢救世主。但威尔逊的欧洲计划一开始还是把弗洛伊德给迷住了。他于1919年初告诉亚伯拉罕:"最近,威尔逊手下的一个美国人来看我。"显然,弗洛伊德已经是国际知名的学者。"他带来两篮日用品,以换取几本《精神分析导论》和《日常生活中的精神病理学》。"还有,"他要我们对总统有信心"。[89]弗洛伊德的美籍侄子爱德华·贝尔奈斯(Edward Bernays)曾说,那些日用品包括一盒他"最爱的哈瓦那雪茄"[90]。到了4月局势仍然低迷不安,弗洛伊德说话却是神清气爽。"我们的牢笼开了第一扇窗户,"他写信给琼斯,"我可以直接写信给你,信还是密封的。"战时的检查制度已经停止。还有,弗洛伊德不再觉得那么孤单。"我非常高兴,"他说,"因为五年的战争与分隔下来,你对我们的关心却没有改变。"更棒的是,"精神分析到处都受到欢迎"[91]。

1919年,一连串条约正式宣告中欧帝国解体。6月,德国被迫签订《凡尔赛条约》(Treaty of Versailles),将阿尔萨斯-洛林两省归还法国;奥伊彭(Eupen)和马尔梅迪(Malmédy)地方虽小,却有战略地位,赏给了比利时;德国在非洲和太平洋的殖民地由协约国看管;德国东部的波森(Posen)和西普鲁士(West Prussia)等省份的部分土地,加上奥地利和俄国的一些领土,波兰便在战胜国的规划下重新诞生。新的德国是个地理怪物,国土一分为二,东普鲁士是一座四周被波兰领土环绕的孤岛。和平协定第231条的签订更让德国人深感颜面无光:德国承认要为战争开打负完全责任。

1919年9月,轮到奥地利于圣日耳曼(St. Germain)接受了几乎同样苛刻的和约,交出了匈牙利、波希米亚、摩拉维亚等地,另行组成缩水的匈牙利,以及新而独立的捷克斯拉夫共和国。另外,奥地利也让出特伦蒂诺(Trentino)和南蒂罗尔(South Tyrol)等地给意大利。为了收纳奥地利南部的波斯尼亚(Bosnia)和黑塞哥维那(Herzegovina)等地的领土,又在巴尔干半岛上划出了南斯拉夫。我们知道,早在《圣日耳曼条约》签订近一年前,弗洛伊德眼看奥地利有可能解体,对此趋势已表示欢迎⑫。他的新祖国不得与德意志共和国合并,处境尴尬,便有人冷嘲热讽,说奥地利成了患脑水肿的怪物。这虽然只是无聊的闲话,倒颇为贴切:维也纳这个大都会就有200万人口,其他已经缩水的国土上则总共才住了500万人。早在和平条约签订之前好几个月,协约国的意图已昭然若揭。"如今我们知道,"1919年3月,弗洛伊德表示,"我们无法与德国合并,而且还得交出南蒂罗尔。我当然不是什么爱国人士,但想到有那么多地方将成为外国的领土还是挺难过的。"⑬

弗洛伊德当时才刚认识的斯蒂芬·茨威格后来也提到,战后的奥地利成了"从前显赫皇室的槁木死灰"。捷克和其他国家攫取其土地,"切割后的残块上,动脉都还流着血"。受冻、挨饿、贫穷的德奥民众眼看着"曾经繁荣这片土地的工厂"如今位居国外,"铁路柔肠寸断","国家银行已没有储备黄金"。"没有面粉,没有面包,没有煤、没有石油,革命势不可免,也或许是其他灾祸。"当时,"面包味同嚼蜡,咖啡是烤麦汁,啤酒是黄色的水,巧克力是黑色的沙土,马铃薯是冻硬的"。众人怕忘了肉的滋味,便养兔子,抓松鼠。黑市和战争后期一样大发利市,众人又回到最原始的以物易物生活模式⑭。安娜·弗洛伊德后来也证实茨威格的说法,她记得当时面包"有霉味",也"没有马铃薯"⑮。有一次,弗洛伊德在一份匈牙利期刊上发表文章,要求以马铃薯偿付稿费,期刊编辑住在维也纳,便扛着马铃薯到伯格巷19号。"我爸爸总是管那篇文章叫'马铃薯派'(Kartoffelschmarm)。"⑯1919年3月,弗洛伊德告诉费伦齐,政府计划"终止数周来的肉荒,取而代之的是连续数个月的肉荒。好一个饿疯了的蠢笑话"[97]!

对战后种种恼人的衰败景象,弗洛伊德可能比较能够泰然处之,因为让他最担心的儿子马丁有了好消息。马丁自从10月底被意大利人俘虏之后,一时间音信全无。几乎一个月之后,传来马丁还活着的消息,只是人在医院,弗洛伊德殷殷垂询,寄钱过去,和朋友写起信来总不时提及儿子被俘的状况。1919年4月,他告诉亚伯拉罕,有关马丁的消息并不多,但都不是坏消息[98];5月,他通知英国的侄子萨穆埃尔(Samuel Freud)说,马丁还在靠近热那亚的地方"当俘虏",不过"从他的信看来似乎状况不错"[99]。几个月之后他获得释放,"状况好得很"[100]。马丁算是个幸运儿,已有80多万的奥匈士兵在战争期间命丧前线或因病死亡。

弗洛伊德自己和身边的家人的生活却甚为萧索,往后两年多,现实的温饱问题成了日常生活的重心和写信的主题。和战争最后两年相比,维也纳的食物质量还是不见起色,取暖燃料还是非常缺乏。政府实行严格的日用物品配给,连牛奶都难以取得。有时连着好几个礼拜,只有医院工作人员和救火员、公车驾驶等公家机关人员吃得到牛肉,米成为肉的替代品,腌菜代替马铃薯。就算有肥皂配给券,店里也没有肥皂可买,也没有石油和煤炭,一小段蜡烛就是1919年1月留下的家当。奥地利官员发出急切的呼吁,西方世界许多国家的善心人士与机构也予以回应,为奥地利人展开募集行动。1919年初,从前的宿敌送来了一车又一车的必需品,但数量永远不够。"虽然协约国慷慨捐输,我们还是缺乏食物,营养不足,"弗洛伊德于1919年4月写道,"实在是填不饱肚子(Hungerkost)。"[101]婴儿死亡率蹿升,结核病蔓延。一位叫迪里希(Durig)的奥地利生理学家估计,1918与1919年之交的冬天,每人每天的热量摄取只有746卡路里[102]。

弗洛伊德写信从不讳言大环境对他家里的影响。他在"冰冷的房间"[103]里写作,连一支堪用的自来水笔也不可得[104]。直到1920年,他还为缺纸所苦[105]。弗洛伊德表示自己并不是在发牢骚。"我们在这里都成了饥民,"他于1919年4月写信给琼斯说,"但我从不抱怨,我仍然问心无愧,这世界的荒唐事全不是我的责任。"[106]他自称心怀"快乐的悲观思想"[107],然而,悲的成分渐居上风。弗洛伊德当然不喜欢像个乞丐一样,但为了在战后的维也纳讨生活,他也不吝于告诉别人自己的窘境。他从来不是咬紧牙关、坚忍清苦过日子的人,如今他也只是让不清楚状况的人了解他家里的困难。"如果你硬要我告诉你,"1919年5月他有点生气地指责琼斯,"我们今年夏天或秋天碰面的时间和地点,会议是否照常举行或者改成联谊会,我只能说你完全搞不清楚奥地利这里的生活状况,你那里的报纸也帮不上什么忙。"他不知道何时才能照常出门旅行。"这全要看整个欧洲的情况,更不用说我们这个没有人关心的不幸的地方,也要看和平协定、我们的金融状况、边界是否开放等等。"[108]但他可不是在抱怨!

可抱怨的事情实在很多,虽然精神分析声名远播,弗洛伊德才华洋溢,即使吃苦也逆来顺受,但他不免觉得生活过得不是滋味。"我们正在过苦日子,"1919年春天他告诉侄子萨穆埃尔,"你看看报纸就知道,目前局势不稳,大家都很穷。"[109]1919年4月,玛尔塔·弗洛伊德写给琼斯一封恳切的感谢函,从中可以看出当时过的是怎样的穷日子。琼斯送她一件"非常漂亮的外套",不只她穿着合身,也挺适合"小安娜"的,于是她和小女儿便在夏天轮流着穿[110]。5月中玛尔塔·弗洛伊德染患"感冒并发肺炎"。医生告诉弗洛伊德不用担心[111],但玛尔塔长年劳累,且营养不良,有没有体力与疾病对抗实在令人操心。事实上,"西班牙流行性感冒"常引发致命的肺炎,自从上个冬天以来已有好几千人因此送命。早在1918年秋天,维也纳的学校和剧院便不时关闭,以避免传染。但这一切都是徒劳,病魔仍然肆虐。女人比男人更容易受到感染,而男人病死的数目更是多得吓人。两年多以后,疫情才逐渐减轻,而维也纳已有大约1.5万人命丧黄泉[112]。玛尔塔的病虽然难缠,但她终究是撑过去了。染病两周之后,她"仍旧卧床,肺炎已经改善,但还是很虚弱,今天又见发烧"[113]。直到7月初,弗洛伊德才宣布妻子已经痊愈[114]。

1919年夏天,弗洛伊德的妻子正在一家疗养院休养,他则由小姨子明娜陪同,到他最喜欢的一家名叫巴德加施泰因城的奥地利矿泉浴场住了一个月。选了这么一个昂贵的地方他觉得有点不好意思,便为自己辩解,表示要为即将来临的寒冷季节储存足够的精力以资对抗。"谁晓得,"他告诉亚伯拉罕,"我们有多少人挨得过下一个冬天,到时候麻烦事可多着呢!"[115]7月底,他高兴地向琼斯说:"今年以来的种种不如意几乎已经一扫而空。"[116]他63岁了,仍是生龙活虎。

然而,一旦回到维也纳,弗洛伊德又得面对残酷的现实。"我们的日子实在不好过,"他于10月回复侄子萨穆埃尔的询问,信里写道,"我不晓得英国的报纸怎么写,或许不过轻描淡写而已。食物不足,金融恶化,中产阶级和靠头脑讨生活的人受害尤深。要知道,我们的现金原本如果是20块,现在只剩1块钱。"奥币(krone)已不值一分(penny),而且还在持续贬值。此外,"奥地利的生产永远嫌不足",弗洛伊德还提醒侄子,"不只是帝国从前辖下的省份,连我们自己的国家境内都在明目张胆地和维也纳作对;由于煤和原料不足,工业已形同停摆,而且无法向外国购买和进口。"⑩贸易失衡,资金外流,且必须进口日益昂贵的原料和食物,再加上奥地利仅存的领土上所生产的外销物品又大幅减少,这一切使得通货膨胀一发不可收拾。战争爆发前,奥币兑美元的汇率是5∶1,到了1922年12月成为大约90000∶1。这种惨况日后在和国际银行业与外国政府进行反复协商之后才得以解决。

曼彻斯特的富商萨穆埃尔·弗洛伊德成了弗洛伊德最喜欢诉苦的对象。弗洛伊德告诉他,家里"食不饱餐,几天前第一次吃的鲜鱼已经算是大餐。没有肉,面包不足,没有牛奶,马铃薯和蛋则贵得要命"。幸好,他的小舅子埃利(Eli Bernays)在美国"变得相当有钱",由于他伸出援手,"我们的女眷得以渡过难关"。他还说,弗洛伊德家族"正快速解体"。他的两个姊妹道芬(Dolfi)和保利(Pauli)以及母亲被送到伊雪(Ischl)矿泉浴场安度寒冬,他的小姨子明娜受不了严寒的维也纳,跑到其实也好不了多少的德国去了;除了"将成为我们的唯一"的安娜以外,其他孩子都已离家。说到他自己,弗洛伊德满不在乎地说:"你知道我声名在外,作品也不少,但我入不敷出,坐吃山空。""好心的"萨穆埃尔想要帮忙,于是弗洛伊德列出"我们急需的食物:油脂、腌牛肉、可可粉、茶叶、饼干等等。"⑩[弗洛伊德当时的胃口永远无法满足,没有什么其他原因。1919年底,他告诉艾廷冈:"菲尔埃克(Viereck)先生,一位新闻记者、政论家以及颇帅的家伙,也供给我'食物'。我接受了,因为我发现肉食可以再次提高我的生产能力。"["食物"(food)这个词以英文出现]。(Freud to Eitingon, November 19, 1919. By permission of Sigmund Freud Copyrights, Wivenhoe)]同时,多金又体贴的艾廷冈也从柏林慨借金钱,但弗洛伊德照实告诉他,如果是奥币,就没有用。他手边就有"超过10万"不值钱的奥币。不过艾廷冈也送来食物,也就是德文所昵称的"生活必需品"(Lebensmittel)。他也不忘送来雪茄,弗洛伊德感激之余,还特地造了个新名词"工作必需品"(Arbeitsmittel),这东西让弗洛伊德有了更多支撑的力量。⑲

弗洛伊德一再地动员国外亲戚维持维也纳家中的必需品。"遵照玛尔塔的指示",1920年初时他请侄子给他寄来"轻软的苏格兰衣物、胡椒与盐,或者鼠灰色,或者有颜色的呢料——足以用来做一套西装",适用于"春秋季节"[121]。弗洛伊德数年来持续发布这类委托的需求到英国及美国。一直到1922年,他还会要求他在曼彻斯特的家族,帮他买上一双"最好的结实皮靴",因为他在维也纳买的那双鞋已经破烂不堪了[122]。他仔细地监督这些物资的抵达,并且和信件中的内容相比对。

这些实用物资的充足对弗洛伊德来说是必要的。政治情势的发展,让他没有机会去设想自己对周遭事物有任何主导能力。"我猜想,下个月将有非常巨大的变动,"他在1919年5月的时候对艾廷冈如此预测,"但我们既不是观众,也不是演员,更不是戏台旁的伴奏,事实上,我们是受害者!"[123]这对他来说难以忍受。"我感觉很疲倦,"1919年夏天他对费伦齐如此告白,"更甚者,我也感到了自己的恶意,被无能的愤怒所侵蚀。"[124]照顾家人的责任,让他暂时从这种无能中舒缓开来。

弗洛伊德能够为家庭提供舒适的生活,他不是那种让太太处理一切庶务,不食人间烟火的"教授先生"。实际上他勤奋地列举需要的物资,发送清单,建议合适的寄送方式——食物要用不会渗漏的容器,并且咒骂迟到的邮件。在革命的数个月中,和国外的一般通信被切断的时候,弗洛伊德务实地提醒他的接济者把礼物寄到维也纳来通常是收不到的。让邮件跟着英国军队到维也纳出任务的船只比较可靠,否则一般的食物包裹只会喂了"那些邮政人员以及铁路工人"[124]。1919年11月末,弗洛伊德的报告说:"我们的情况依靠从荷兰或者瑞士的朋友以及学生带来的(而非寄过来的)物资。"他试图在这个困顿的时刻找到一些安慰。"在这段悲惨时光中的数件好事之一,"他告诉曼彻斯特的侄子,"是重新开启我们之间的联系。"[125]

国外邮务的不可依靠一直是让他忧心的事,1919年12月8日,他告诉侄子说马丁已经在前一天结婚了,并且几乎是没有更换语气地加上一句,先前的一个包裹并没有收到。他没有多少时间怨天尤人了。"我并没有抱着包裹仍会抵达的期望。"[126]数日之后,他温暖地感谢萨穆埃尔的关心——"你对你贫穷的亲戚是这么友善",弗洛伊德要他不要再寄任何东西过来,直到他写信确认包裹真的到了维也纳。"你完全不了解德奥政府到底有多愚蠢。"[127]弗洛伊德的英文也许过于正式僵硬,但他对德奥当局的挖苦批评,的确表现了他的辛辣雄辩。

斥责也是弗洛伊德的行动之一,他最喜爱的一位德国诗人席勒,曾经表示就连诸神也没有办法对抗愚蠢。但奥地利官僚的愚蠢并没有让弗洛伊德完全陷入绝望。"你寄来的包裹没有一件真的抵达,"他在1920年1月底的时候这样告知萨穆埃尔,"不过我们听说物件仍会到达,只是要比平常多上三个月。"他考虑到所有的事情。在1920年10月他报告,"你寄出的包裹中三件抵达了",虽然"其中一件里面的东西已经完全不见了"。至少萨穆埃尔不是该为遗失负责的人:"邮局传来了承诺书,并且我向调度员说明,希望你可以得到保险赔偿。"同样地,经验也显示包装的重要:"两个安全到达的包裹是由粗麻布保护的,给我们带来储藏里最受欢迎的东西。"但是——总是会有些意外——"几乎所有的东西都保存良好,只有一些包在纸张里的奶酪发霉了,影响了巧克力棒的味道。"

有时他也会发发怒气,1920年5月的时候,他写了封信给"管理当局"——美国救济协会驻维也纳办事处,抱怨一个从美国寄来的食物包裹署名给他太太(当时不在城里),却没有交给他的儿子。"工程师奥利弗·弗洛伊德",即使他带着"有力的代理人证据"也没有让他取件。当局机构的作风显然是不通人情的,但美国救济中心也设立了规定,只有真正的收件人可以领取邮件,因为太多所谓的"亲戚"带着假造的证件淹没了他们的办公室,弗洛伊德没有被这个理由说服。奥利弗"就这样一直等着,从2点半站到5点",然后还是没有给他包裹就被打发走了。"他的时间也是有价值的",因此被"要求经历多次这样的经验"是不合理的。如果只有收件者可以取件,"请你告诉我送件的人是以什么样的理由做这个要求"。弗洛伊德还没有结束,愤怒之下,他想要夸耀他的国际声望:"我不是个无名的家伙,我绝不会忘记告诉美国大众,你们的规定是如何失当。"这个插曲有个滑稽又可悲的尾声。救济机构的主任埃尔默·比蓝(Elmer G. Burland),许多年前在伯克利念大学的时候曾经读过弗洛伊德的作品,他乐于亲自把东西送到弗洛伊德家。但他却被精心设计,无理地对待:弗洛伊德要求他对奥利弗说英文(虽然比蓝的德文当时应该很不错),并且要奥利弗把他的话译成德文(即使不需要特别指明,弗洛伊德当然懂得每个字)。弗洛伊德则以德文回答,并且要他的儿子翻译成英文(当然比蓝也不需要翻译者)。这个设计夸大琐碎的报复,用来表示弗洛伊德的愤怒与失望。

弗洛伊德这些年的信件中,显示他需要另外抽时间继续思考与写作。看到他——人类中最独立的人,实际上有其他事情等着他去思索——被家庭的基本需求束缚着,实在很令人难受,但他不愿一直只是个接受者。只要他能力许可了,他马上偿还艾廷冈,并且回馈那些先前资助过他的人。在1920年2月时,他要求他的侄子"接受附在信中的一张4英镑的支票(那是一个英国病人的给付)"⁽¹³²⁾;5个月之后,他又送去了8镑⁽¹³³⁾;10月他带着一点胜利的气息坚持:"我诚心地感谢你的关照,但如果这些物资要继续送来,你必须给我一些回馈的机会。我已经因为给外国病人治病而在经济上稍有好转,并且在海牙得到了一笔款项。"⁽¹³⁴⁾

这个时候,奥地利的情况稍有缓和,弗洛伊德家的状况因而稍微舒缓。斯蒂芬·茨威格回忆时认为1919年到1920年是最艰苦的时候。但毕竟,此时还没有太多暴力,只有零星的打劫⁽¹³⁵⁾。到了1922年和1923年,食物已经可以流通了。奥地利精神分析家理查德·斯泰尔巴(Richard Sterba)记得,在战争结束之后需要大约五年的时间,才有办法"让Shlagobers,一种对奥地利人来说极为基本的生奶油,出现在咖啡馆里"⁽¹³⁶⁾。随着食物和燃料再次出现在自由市场里,以茨威格的话来说:"一个人才能活起来,并且感觉到自己的力量。"⁽¹³⁷⁾弗洛伊德也同样感觉到了力量。他的临床工作,以及追随者的礼物持续送来,为他提供暂时无虞的生活。"我已经渐渐老了,无可避免地变得懒散怠惰,"1920年6月他写信给亚伯拉罕时这么说,"同时也被许多礼物和馈赠所围绕,包括必需品、雪茄,以及许多人给我的钱,我必须接受,否则无法继续生活。"⁽¹³⁸⁾1921年12月,弗洛伊德的生活已经改善了许多,他得以邀请亚伯拉罕到伯格巷19号来暂住,他以事实引诱着亚伯拉罕,他的客房不但比旅馆便宜,而且还有暖气⁽¹³⁹⁾。

但事实上我们也可以知道,通货膨胀侵蚀了弗洛伊德以奥币储存的积蓄[情势当然也同时吞噬其他人的财产。迟至1924年1月20日,费伦齐还会写信给弗洛伊德说:"匈牙利币贬值的速度实在太快了;它马上也跌落到奥币的低点。对中产阶级来说,悲惨的感觉持续不断,医疗执业几乎停滞不前。人们太穷而不敢生病。"(Freud-Ferenczi Correspondence, Freud Collection, LC.)]。国内政治也没有比较令人舒服的消息。"今天的选举,"1920年秋天时弗洛伊德写信给卡塔·莱维(Kata Levy),一个匈牙利籍的朋友以及前分析者说,"反动的浪潮将会入主——在革命派并没有带来什么令人愉快的变化之后。哪一种乌合之众最糟糕?当然是跃上权力顶端的那个。"⁽¹⁴⁰⁾就政治事务来说,弗洛伊德也算是风云人物,在战后变动之中,他一直处在一个不稳定又危险的位置上。无怪乎当

第八章 攻击性

1922年夏天，艾廷冈邀请他到柏林去定居时，弗洛伊德觉得这个想法颇诱人。"到了最后我们都得离开维也纳，"他在给兰克的一封信里如此说，"因为没有人可以继续住在这里，需要接受分析的外国人也不会到这个城市来，艾廷冈正在为我们提供第一个庇护所。如果我年轻十岁，我就打算接受这个邀请。"[141]

战争的离乱，几乎让弗洛伊德的小孩流落到不同亲戚家。1919年夏天他告诉琼斯，他正"尽可能地资助生活在汉堡的孩子，为他们在战争中失去的物资感到哀伤。我的小孩里只有工程师奥利弗找到一份工作，埃内斯特在慕尼黑工作但没有薪水，而如果没有他仍在工作的老爸爸的话，恐怕数周之后马丁回来会发现他将流落街头。"[142]但奥利弗的工作也不是个可靠的经济来源，他被神经症的问题影响，这让他的父亲感到忧虑。弗洛伊德对艾廷冈承认，奥利弗"令我非常忧心"。的确，"他需要治疗"[143]。

弗洛伊德的工作无疑是他的经济救星，他的外国病人不只可以用强势货币支付诊费，还可以给他现金。1921年在写信给伦哈德·布卢姆加特（Leonhard Blumgart），一个希望接受分析训练的纽约外科医师时，弗洛伊德说要收他"一小时10美元（要现金，不要支票）"的学费[144]。他向美国籍精神医师以及人类学家阿布拉姆·卡丁纳（Abram Kardiner，当时是他的分析者）解释收费的理由：他为分析钟点所收的10美元应该要"有效率地以现金支付，而不用支票，因为后者只能用来兑换克朗（奥国硬币）"[145]，而克朗已经渐渐失去其市值。如果没有来自美国和英国的分析顾客，弗洛伊德把他们称为"协约国人士"，他将告诉琼斯，他将没办法"让收支两端平衡"[146]。相较于"协约国人士"可以给付他美金和英镑，来自德国和奥地利的病人就不那么令他喜爱。"我现在有四小时空档，"他在1921年初这样写信给琼斯说，"但不想拿来喂养'轴心势力'的病人。"他已经"养成对西方货币的胃口"[147]。如他告诉卡塔·莱维："一个人永远无法依赖维也纳人、匈牙利人以及德国人维生。"他为自己的偏见感到抱歉，并且要求她为其保密："这真的不是一个有尊严的老人应有的想法，C'est la guerre（一切都是战争的缘故）。"[148]如果不坦率面对自己的财产状况，那他终将一事无成，在讨论技术的文章里，他也教导他的同事们这么做。

因为接受分析的客户类型的转移，弗洛伊德现在主要的诊疗语言已经变成英语，这也是他长期以来喜爱的语言。因此，他在英语上的不足让他非常气恼。1919年的秋天，他找来私人教师"加强我的英语"[149]，但这个私人课程并没有让他满意。"我现在每天要听4—6小时的美语或英语谈话，"他在1920年时记录说，"照理说应该有不错的进步，但我发现在64岁学英文比16岁时要难得多。我进展到某个程度，然后就无法再进步。"⁽¹⁵⁷⁾他的病人，有时在对话中喃喃自语，或者使用当时流行的俗语，都让他觉得特别艰难。"我对我的英文感到焦虑，"他在和琼斯讨论琼斯转介给他的两个病人时这么说，"他们都用令人讨厌的成语说话。"他们让弗洛伊德"想念"英国医师大卫·福赛思（David Forsyth）"出众的标准腔调"，他曾在1919年秋天和弗洛伊德共事，并且以优雅的词汇与清楚的发音赢得了弗洛伊德的赞赏⁽¹⁵⁸⁾。

弗洛伊德的语言问题，实际上的影响比他想象的要小得多，但变成了一种过于敏感的强迫。"我每天听和说四五个小时的英语，"他在1921年7月写信给侄子时这么说，"但我总是无法把这个天杀的语言学好。"⁽¹⁵⁹⁾不久之前，他在给准备来维也纳做分析训练的伦哈德·布卢姆加特的信中，做了简短的自我保护说明："如果你会说德语，那对我来说是大大的帮助，如果不会，也请你不要批评我的英语。"⁽¹⁶⁰⁾英语对话的分析过程让他非常疲惫，他在1920年末对费伦齐告白："到了晚上就没有精力再去做别的事了。"⁽¹⁶¹⁾这种令他烦恼的感觉一直挥之不去。他发现整整"5个小时，有时候六七个小时"说或者听英语让他"紧张而费力"。1920年下半年他告诉卡塔·莱维，他已经无法在晚间回信，只好把这些琐事都留到星期天去做⁽¹⁶²⁾。

不过，弗洛伊德从"协约国人士"那里赚来的钱，让他可以做一些比获得更令人快乐的事情——施予。对一位终生都在忧心他的孩子可能在贫困中度过的人来说，他辛苦赚来的钱可以让他不再有此忧虑。当1921年秋天，莎乐美接受他的邀请，到伯格巷19号来拜访他们的时候——他们已经有好一阵子没见面了，弗洛伊德大胆提议："我想谈谈和你旅行有关的事，但请你别误会。"简单说，如果需要的话，他打算提供她旅行所需的费用。"因为收到强势的货币（来自美国人、英国人、瑞士人），我变得比较有钱了。"他提出的巧妙说法是，如果她使用他所提供的资源，那会使他很高兴。"我也希望可以用这笔新的财富做些事。"⁽¹⁶³⁾〔在1922年9月，弗洛伊德寄给她2万马克——虽然是波动中的货币，却也是不小的数目。（Freud to Andreas Salomé September 8, 1992. Freud Collection, B3 LC.）〕他注意到她在哥廷根的执业活动收入微薄。在20世纪20年代，正当德国的艰苦时刻,弗洛伊德认为需要提供给她美金,而且这也是她应该安心收下的礼物[157]。到了1923年夏天,当他从女儿安娜那里得到可靠的消息说,莎乐美一天有将近十次左右的分析执业活动时,他给"亲爱的莎"亲密的斥责,"自然,我会把这个举动当作企图自杀的伪装",他似乎也忘了自己长年来持久的工作时数。他要莎乐美提高收费并且少看一些病人[158],同时给她寄去更多的钱。

就他自己的状况,他考虑把自己的工作时数降低。1921年,他告诉布卢姆加特他"只收了很少学生和病人",提到的数字是六个[159]。但在那年的某些时间里,如同他以往的焦虑忧心所驱使的那样,他也看到十个左右的病人[160]。"我是个老人,应该有享受不被打扰的假期的权利吧?"他在给布卢姆加特信中这么写,带着被虐的快感,像个老人般抱怨着[161]。他引用德国谚语告诉琼斯:"艺术的重要仅次于面包(Die Kunst geht nach Brot)。"又简洁地指出:"工作赚钱正在吞噬科学创作。"[162]但是他还没办法退休。他正在为精神分析的未来作重要的贡献,他监督着未来分析家的"自我分析"。更重要的是,在这个周遭动乱以及心情动荡的环境中,弗洛伊德完成了对精神分析系统的巨大修正,这是从五年前就开始的工作。

死亡:经验与理论

弗洛伊德对工作的热爱,让他忘了身体的逐渐衰老以及终将到来的死亡。如此投入工作,并非只是面对新病人,或为了获得更好的食物和进口雪茄的本能反应,同时也是弗洛伊德处理哀伤经验的方式。讽刺的是,就在和平即将到来的时候,弗洛伊德却不得不面对他在战争中全然躲过的——死亡,这种经验让物质的困顿相形之下反而显得微不足道。1920年初,弗洛伊德吊唁琼斯父亲的去世,感性地询问:"你可曾想过死亡围绕在你身边的感觉吗?"他认为老琼斯走得很快是"令人欣慰的",不用等到"被癌症逐渐侵蚀他的健康"。他提醒琼斯最近可能会觉得特别不好受:"你很快会知道这个事件对你来说有什么样的意义。"这个事件让弗洛伊德想起,自己父亲死亡的哀伤经验,那几乎已是四分之一世纪之前的事了。"我父亲死时,我大概也是像你这个年纪(43岁),它带给我的灵魂革命般的经验。"[163]

不过,在弗洛伊德学术圈的友人里第一个去世的是他的学生维克多·陶斯克,他死于自杀,但这件事没有带给弗洛伊德任何"灵魂革命"的感觉。他以一种临床的、例行事务般的超然态度看待这件事。陶斯克从原来的法律以及新闻事业转向精神分析之后,随即在维也纳分析圈发表了许多重要的文章和令人赞赏的演说,弗洛伊德在他正式的公开吊唁致辞中特别提到这些[64]。不过陶斯克在大战时的经历似乎特别坎坷,弗洛伊德也公开把他心态上的恶化归咎于他在军队中的生活,许多事情逐渐消磨着他;陶斯克也是个绯闻不断的人——我们知道他和莎乐美在战前有过一段情。他曾经离婚,和许多人有过婚约,彼时大概正在准备另一场婚姻。长期忧郁使他的心情越来越恶劣,便要求弗洛伊德对他进行分析,却遭到拒绝。早年,弗洛伊德曾经慷慨地在金钱上资助陶斯克,为他打气,不过他现在把陶斯克转介给海伦娜·多伊奇(Helene Deutsch)——弗洛伊德的一位年轻的追随者,当时在弗洛伊德处接受分析,结果陷入了一种复杂的三角关系中,而且没有什么成效:陶斯克在多伊奇面前谈论弗洛伊德,而多伊奇在接受弗洛伊德分析时又会谈起陶斯克。最后陶斯克还是敌不过忧郁,在1919年7月3日上吊自尽。弗洛伊德在三天后对亚伯拉罕提到:"陶斯克在数天前自杀了,你记得他在国际会议上的状况吧?"前一年9月在布达佩斯,陶斯克因生病而呕吐。"他被不断袭来的战争经验压垮,本来还打算在这个礼拜结婚,却一直没办法振作起来,尽管天赋过人也再无用武之地了。"[65]

弗洛伊德在数天之后,以同样冷静的态度向费伦齐解说陶斯克自杀的"病因":"是很模糊的。也许是心理上的无能,是他在和父亲幽灵的战役中(这场战役属于婴幼儿时期)所采取的最后行动。"弗洛伊德坦承"虽然对他的才华非常欣赏",却"丝毫不感到同情"[66]。实际上,弗洛伊德等了一个月才对莎乐美提到"可怜的陶斯克"的死亡,并几乎重复了他对亚伯拉罕的说法[67]。她对这个消息感到震惊,却可以理解弗洛伊德的看法,某种程度上她甚至觉得陶斯克对弗洛伊德以及精神分析来说是危险的[68]。弗洛伊德告诉她,陶斯克以前就对我没什么贡献。但是,弗洛伊德在信中由陶斯克的死谈到了自己的工作,证明陶斯克之死对弗洛伊德还是有点作用:"这让我想到退休后所要面对的主题——死亡,驱力使我想到了一种古怪的想法,我现在必须了解和死亡有关的各种资料,比如叔本华,这可是我第一次想阅读他的作品。"[69]他不久就会对死亡这个议题发表看法,但不是以陶斯克或者任何个人的事件来解读,而是把它当作一种普遍的现象。

不论弗洛伊德对他可怜而迷途的弟子听起来多么冷酷麻木,另一位弗罗因德(Anton von Freund)的死亡,证实他感受失去的能力并没有萎缩。弗罗因德身患癌症,后又复发,1920年1月才年过五旬便死于维也纳;生前他慷慨赞助精神分析运动,主要是出版事业,而且也是弗洛伊德的朋友。弗洛伊德在他患病卧床时每天都去看他,并且告知亚伯拉罕、费伦齐以及琼斯,弗罗因德可能不久于人世。在他过世后一天,弗洛伊德写信给艾廷冈说:"(他的死)对我们的事业是个重大损失,对我来说则是亲近的伤痛;我可以想象他在世最后一个月的感觉。"当弗罗因德接近死亡的时候,"他看起来清醒而无惧,一点也没有让分析事业蒙羞"。简言之,他死时像弗洛伊德的父亲,而且这也是弗洛伊德要求自己应有的死亡态度[120]。

虽然早已可以预见他的死亡,但弗罗因德死时依然令人错愕。而弗洛伊德的女儿苏菲猝死,则带来更大的震惊。在弗洛伊德眼中,这"最亲爱的,如花朵般的苏菲"[121]因为感冒并发肺炎,在弗罗因德死后五天也过世了,当时还怀着她的第三胎[122]。苏菲·哈尔贝施塔特可说是战争的受害者,身上带着无数可疑的感染症状。弗洛伊德在2月底时写信给卡塔·莱维:"我不知道愉快的感觉是否永远消失了,我可怜的妻子伤心欲绝。"还好弗洛伊德有许多工作要做,可以"转移一些我对苏菲的哀痛"[123]。但在此时,他还是非常哀伤,弗洛伊德家从没有过这种失去的经验。八年后,1928年,当玛尔塔·弗洛伊德写信给琼斯的太太凯瑟琳,哀悼他们刚死去的女儿时,她想起了自己的经验:"我们的苏菲儿已走了八年,但我仍每每被朋友群里类似的消息震撼。是的,我当时也像你现在这样六神无主,所有的快乐似乎永远离我而去。"[124]五年之后,1933年,当意象派诗人希尔达·杜利特尔(Hilda Doolittle)提到大战末期在弗洛伊德身边的分析经验时说:"他说他怎么也忘不了当时的传染病,因为他最钟爱的女儿就是因此丧命。'她在这里',他说,指着系在他的表链上的一个纪念盒。"[125]

弗洛伊德以哲学思考和精神分析语言来看待这问题。"失去一个小孩,"他写信给普菲斯特说,"似乎是对自恋的攻击,哀伤总会来临。"弗洛伊德忘不了"这赤裸裸的残酷事实",因为当时没有火车通行,因此他也没法在事件之后和远在汉堡的女婿以及两个小孙子碰面。弗洛伊德如此写道:"苏菲留下一个6岁和一个13个月的儿子,以及悲伤万分的丈夫,哀恸着两人仅有的七年快乐时光。这段时间外面的世界只有战争、侵略和受伤,他们的财物渐渐变少,但两人还是勇敢地过日子。""明天她就要火化了,我可怜的甜心!"⑬他告诉亲家母哈尔贝施塔特女士:"的确,一个母亲很难被抚慰,我现在发现,父亲也很难!"⑰在写给鳏居女婿哀伤的信中,弗洛伊德认为"残酷的命运夺走了我们深爱的苏菲"。无可责难,也无从说起:"面对打击,一个人在至高无上的力量下只能低头无能为力。"他告诉哈尔贝施塔特他能完全体会他的感受,只要他愿意,永远都是弗洛伊德家的孩子,最后他悲伤地署名"爸爸"⑱。

弗洛伊德心情低落了好一段时间。"这实在是我们全体的悲伤,"他写信给在布达佩斯的精神分析家拉约什·莱维(Lajos Levy,卡塔·莱维的丈夫)时说:"身为父母的伤痛已没什么可说的了。毕竟,我们知道死亡是生命的本质,无可避免,说来就来。白发人送黑发人,本来就不是件舒服的事,但命运从不会去管你优先顺序的问题。"⑲弗洛伊德熬过来了。"不要担心我,"他向费伦齐保证,"我除了有点意志消沉之外,一切如常。"即使面对这样重大的伤痛,也未改变弗洛伊德对生命的态度。"多年来我一直担心儿子会在战争中死去,结果却是女儿。因为我是一个绝对的无信仰者,无人可以控诉,也知道没有地方可以容纳这个控诉。"本希望日常的生活力量可以抚平伤痛,"但是自恋受创伤的感觉则是我所无法克服的"。⑳他依然维持他无神论的立场,不想以信仰来换取对哀伤的抚慰,因此,他尽量工作。"你知道降临在我身上的不幸,真的是很令人沮丧,"他在给琼斯的信中如此描述,"这是个无法忘怀的损失,但让我们暂时抛开这些,只要我们活着一天,生命和工作还是得继续下去。"㉑他给普菲斯特的信也同样写着:"我尽可能地工作,感谢它们分散了我的注意力。"㉒

1920年9月初,第一次战后的国际精神分析大会在海牙举行,弗洛伊德发表了一篇比对梦理论的叙述更加详细及稍作修改的文章,并带着后来也成为精神分析家的安娜出席。他在文章中大略勾勒出反复强迫的观念,隐约呈现了他即将出版的理论的大致样貌。海牙大会是弗洛伊德信徒一次热闹的重逢,早在两年前这些人还各自划地为限,形成敌对阵营。在这次聚会中,那些战败国饿坏了的分析家,在荷兰东道主提供的午餐和盛宴下好好饱餐了一顿,这不禁令人动容[对奥地利、匈牙利以及德国的分析家来说,这次聚会让他们想起已经遗忘许久的丰饶盛宴。安娜·弗洛伊德记得不久后她和父亲已经没多少盘缠了。"不过我的爸爸仍一如往常,非常慷慨。他每天都为我留一些钱,让我买水果(比如香蕉),我们在维也纳已经很久没能天天吃水果了。他还坚持让我买些新衣服,也不限制我花钱:'任何我需要的'……而他什么也没买,除了雪茄之外。"(Anna Freud to Jones, January 21, 1995. Jones papers, Archives of the British Psycho-Analytical Society, London)]。来自英国的琼斯记得,弗洛伊德和她的女儿安娜在一顿午餐后,安娜"以非常优美的英文进行了简短的感谢演说"[183]。这是一次人数众多而愉快的核心聚会:62位会员及57位来宾与会;没有几个精神分析家死抱着自己的爱国主义不放,美国与英国的分析家很自然地和德国、奥地利以及匈牙利的分析家并肩而坐。确实,1920年要在柏林办一个这样的活动是不可能的,虽然亚伯拉罕曾极力想争取这个机会[184]。因为即使他们没有异族恐惧症(xenophobia),英国和美国的精神分析家还是对德国人有点反感。但两年之后,在亚伯拉罕的热切鼓吹下,国际精神分析协会还是选择柏林作为下次会议的聚会地点,只是后来又因政治因素的干预而告吹。在海牙的这次,是弗洛伊德最后一次参加的大会。

战后紧接着的数年中,弗洛伊德的作品多为小品且数量不多。他的文章谈到同性恋及一个有趣的题材——心灵感应,这一直是弗洛伊德感兴趣的东西。除此之外,他出版了三本小书,感觉上比较像小册子:1920年的《超越快乐原则》(Beyond the Pleasure Principle),1921年的《群体心理学与自我分析》(Group Psychology and the Analysis of the Ego)[不适当的翻译将会破坏这个名词。弗洛伊德的德文标题是,Massenpsychologie und Ich-Analyse。"群体"(Group)是英文标准版编者用来代表"Masse"的字(字面上来说是"大众"),实际上太过温驯。弗洛伊德在一封写给琼斯的信中,谈到他自己的"大众心理学"(Psychology of Mass)。虽然这个词看起来有点拗口,"大众心理学"实际上比"群体心理学"要接近原来的意思],以及1923年的《自我与本我》(The Ego and the Id)。整个算起来,这些作品的页数不到200页。但作品的长短无关宏旨,这些作品为他设定了结构系统[一般习惯将弗洛伊德战后的思想体系称为"结构的"(structural)体系,对比于战前"地形学的"(topographic)体系。这两者,在这几页解说里会慢慢显示,实际上它们涵盖了许多连续的连结观点。再者,这些名称实际上只是语言学上的区别以及约定俗成,两个体系实际上描述的都是关于心灵的地志观以及结构],弗洛伊德的余生都保持着对这个体系的信仰。他从战争结束之后就一直在发展这个思想体系,同时也忙着安排从英国寄来的可可及衣物,还咒骂着他糟糕的钢笔。"但是我的后设心理学(的书)在哪里呢?"他夸张地询问莎乐美。"首先",他比先前更为强调地表示,"它还在酝酿之中……在我那些片断的经验中和偶发的独特想法中",因此没办法有系统地准备。"但是,"他说,"如果我可以继续多活十年,直到那时都还可以工作,没有被饥饿和死亡击倒,没有被家庭或身边事务的悲惨耗尽心力的话,我就可以保证能有进一步的贡献。"这些承诺第一个兑现的应该是《超越快乐原则》⑱这本薄薄的书,以及接下来的两本,说明了他为什么没办法完成他答应了好几次,却总是一直延后的后设心理学的书。他让他的想法变得太复杂,也修正过好几次。至少,这些作品中关于死亡的讨论都还不充分——或者更精确地说,这些作品都还没有将死亡的部分整合到他的理论里。

阅读弗洛伊德晚期的精神分析系统是很诱人的,其中的重点都在谈论攻击和死亡,以作为他对这几年哀伤经验的回应。在此同时,弗洛伊德的第一位传记作家——弗里茨·威托斯,同样也做了个结论:"1920 年(《超越快乐原则》),弗洛伊德发现了一个令我们惊讶的原则,那就是从希腊时代就被称为'爱欲'的快乐原则存在于每一种生物之中,除此之外还有另一个原则,那就是,从哪里取得生命,也从哪里得到死亡。从尘土中来,也回归尘土。其中有生的驱力,也有死亡的驱力。当弗洛伊德以这样的想法来看待世界之际,他刚经历过风华正茂的女儿过世的哀恸,同时也担心数位赶赴战场的亲友的安危。"⑲这虽然是个简单的解释,不过大致是合理的。

弗洛伊德马上提出异议,事实上,他是在威托斯之前三年就完成了他的想法:在 1920 年初夏,他要求艾廷冈以及其他人阅读《超越快乐原则》的草稿,而那是早在爱女苏菲去世之前⑳。1923 年末的此时,当他读到威托斯的传记,弗洛伊德觉得这个解释"非常有趣":如果他在这个情境下进行分析,那自然会将"我女儿的死和《超越》中的想法"联结在一起。但是,他补充,"这个推论是错误的。《超越》是在 1919 年写成,当时我的女儿还很健康。"为了强调这点,他重申曾经把这本书大致完成的草稿,在 1919 年 9 月左右就给柏林的朋友看过。"可能的情况往往并非事实。"㉑弗洛伊德的异议是有绝对证据的,他不是因为家庭成员的死亡才经历超越快乐原则的思想洗礼㉒。他关心的不只是自己的假设是否实际上得到普遍的认可,同时他也更不希望自己被无端戴上一顶帽子。然而,弗洛伊德确实常常从他的亲历经验里,提炼出心灵的普遍原则。难道他在苏菲死后一周的通信里提到"死亡驱力"(Todestrieb)只是个偶然吗⁰？这强烈提醒着他女儿死亡所带来的深沉悲痛。失去至亲的毁灭感占据了弗洛伊德的整个心思，影响至深。

1914年到1918年间，在战争和主战宣传品中显现的人性野蛮，让弗洛伊德进一步增加了他对攻击性的重视。1915年冬天在维也纳大学演说时，他要听众注意正在文明世界中散布的残酷、野蛮以及虚伪，而人性中的邪恶是永远都无法被驱逐的。其实，早在1914年之前弗洛伊德就已注意到攻击性的力量，不论是弗洛伊德给弗利斯的私人信件，或《梦的解析》这样的公开作品，都提到过。而诸如弗洛伊德对么弟的死亡愿望、对父亲具有敌意的俄狄浦斯想象，或者因为自己的需要而在生命中创造敌人，这些现象在没有付诸文字的情况下，我们只能将之留给弗洛伊德自己。比较普遍的证据是在1896年，弗洛伊德就已经把一些自我责难的强迫神经症表现当作是"儿童期性欲攻击能力"的转变⁰。稍后，他也发现攻击冲动是俄狄浦斯情节里的重要成分；并且在1905年的《性学三论》中，提到"大多数人的性欲活动里都混合了攻击"⁰。的确，他认为攻击驱力只限于男人，且是一种偏狭心态的残余，需要修正。弗洛伊德在第一次世界大战的十年前便有了更清楚的看法：无所不在的攻击性，甚至在性生活里，以及连女性都会有。他认为，精神分析并没有因为战争而开始谈论攻击性的问题，而是战争证实了分析家在许久以前就提到的说法［参见弗洛伊德在1914年12月给荷兰诗人、精神分析家伊登(Frederik van Eeden)的信。弗洛伊德写道，战争只是证实了精神分析从"一般人的梦境、口误，以及在神经症病人的症状里学到的事情"，那就是"原始、野蛮以及邪恶的人类冲动，并没有在任何一个人身上消失，它们存在其中，只是以压抑的状态呈现"，并且"等待机会来展现"。(Jones II, 368)］。

其他读者或许和弗洛伊德一样困扰，为何攻击性迟迟未被当作力比多的对应力量。他稍后在回顾中自问："为何我们需要这么长时间去确认自己的攻击驱力？"⁰他回忆起当这个想法第一次出现在精神分析文献中时，他很防御地拒绝，以及"又过了许久我才终于接受"⁰。他想到1911年⁰，在伯格巷19号的星期三心理学会聚会中，杰出的俄国分析家萨宾娜(Sabina Spielrein)的报告以及她一年后出版的杰出文章《破坏是形成的原因》("Destruction as the Cause of Becoming")⁰［参见她的文章："Die Destruktion als Ursache des Werdens," *Jahrbuch für psychoanalytische und psychopathologische Forschungen*, IV (1912), 465–503, 对性欲驱力中的破坏冲动加以讨论。萨宾娜是年轻分析家里最特殊的一位,出生在俄国,后到苏黎世学医,并且在强大的心理压力下,寻求荣格的精神分析治疗。她爱上她的分析家,而荣格借由她的依赖,让她为他打理家务。经过一段痛苦的挣扎,其中弗洛伊德扮演过关键角色,她从这痛苦的情绪中解脱出来,并且成为一位分析家。在她短暂停留维也纳期间,她固定在星期三心理学会的讨论中提供自己的文章和看法。之后她回到俄国,并在那里进行精神分析事业。1937年后她就失去了音讯。1941年,当纳粹入侵苏联的时候,她和两个已经长大的女儿被德国士兵射杀身亡]。那几年,弗洛伊德还未做好面对这个议题的准备。

他的迟疑还有其他原因,阿德勒在众人之前大力鼓吹"男性钦羡"(male protest)的观念,不管它和弗洛伊德后来的定义有多不同,多少阻碍了弗洛伊德接受破坏驱力这样的想法;再者,荣格宣称他在弗洛伊德之前,就已经论证了"力比多"朝向死亡不亚于朝向生[⑳],这也让弗洛伊德对这个观念的接受产生了犹豫。此外,他迟疑的原因还有个人层面,这可能是他本身对攻击倾向展现出防御。他责怪现代文明拒绝承认人类天性中不敬神的邪恶面向,使得攻击欲望成为一种最基本的驱力。情况也许是如此,不过他自己的犹豫,比较像是自我否认的外在投射。

人类本质中每天都出现骇人的兽性,凸显了弗洛伊德的看法,显示出精神分析理论必须将驱力的分类做更进一步处理。如我们所见,他早期那篇关于自恋的论文,把驱力分为性欲与利己这两类并不恰当,但在这篇文章以及之后的讨论中他都没有提出令人满意的体系。弗洛伊德并不打算把力比多概念稀释成一般的心理能量,如同他对荣格修正观点的攻击;他也不想以普遍的攻击力量来替代力比多观念,这对他来说是阿德勒的致命错误。在《超越快乐原则》中,他清楚地将荣格的"一元论"力比多论和他比较倾向的"二元论"架构,做了一个比较[㉑]。

弗洛伊德不论在临床工作、理论建构还是美学观点上,都是二元论者。许多病人个案,更让他确认心理活动中充满了冲突。更甚者,压抑——这个精神分析理论的基石,其实就预设了心灵活动中基本的分裂:弗洛伊德把形成压抑的力量和被压抑的心理素材区分开来,而他的二元论免不了还有美学面向。弗洛伊德并不是被两个剑客决斗至死的画面所迷惑,他对俄狄浦斯三角情节的分析,就显示当证据充分的时候,他也可以放弃二元的观点。极端对立,似乎给弗洛伊德一种满足和圆融的感觉：他的作品充满主动和被动、阳性与阴性、爱与饥渴的对立冲突，现在在战后，还包括生与死的冲突。

可以确定，弗洛伊德对理论的修正并没有妨碍他的另一项目标：澄清他在战前揭示出的心灵结构和心灵运作的核心。但如同之前以及之后的精神分析家所抱怨的，弗洛伊德很少对自己的修正做清楚的说明。他不会清楚指出，他所抛弃的、所修正的，以及所坚持的究竟是什么，而只是留下改变之后的协调，让读者去烦恼［毕竟还是有些例外，我们会在讨论他1926年把兴趣转移到焦虑的理论时发现这个例外］。无疑，《超越快乐原则》所进行的重新论述，仍然将传统精神分析的想法以及期望放在原来的位置，先前熟悉的无意识、前意识与意识的实用性仍然被保留。不过弗洛伊德在1920年到1923年之间重新描绘的心灵结构图，已经将迄今为止没有特别怀疑或更动的心理活动与失常的类型，比如罪恶感，延伸到精神分析的讨论当中。最令人振奋的，也许可以算弗洛伊德把触角深入到被大部分分析思潮所忽略、不正确命名甚或缺乏了解的那个部分——自我。经由弗洛伊德在战后描绘的自我心理学，他更接近了一个陈年的理论企图：超越神经症个案的讨论，去阐述普遍的心理学知识。

《超越快乐原则》是一本难懂的书，文笔本身非常清楚，不过许多令人困惑的新想法被压缩在极短的篇幅里，使得读者不易理解。更多变的是弗洛伊德在写作中经常出现不受束缚的想象力。弗洛伊德最喜爱的临床例证，和在谈论理论观点时喜欢引用的标记，在这篇文章中却几乎找不到［舒尔医生，向来偏袒弗洛伊德的著作，却也坦率表示："我们可以认为弗洛伊德的结论只是用来证明他预先成形的假设……这种思考方式，和弗洛伊德惯常的科学风格全然不同，这可以在《超越快乐原则》通篇中发现。"（Max Shur, *The Id and the Regulatory Principles of Mental Functioning*,［1966］,184.）］。但是让内容看起来依然复杂的是，弗洛伊德留下了许多他自己也不确定的主张。"有人会问我，"他在接近结论的地方写下，"我是否相信这些假设，相信的程度如何？我的答案是，我既不寻求说服我自己，也不想推广一个信仰。比较正确的说法是：我不知道我对这些假设的信任到了什么程度。"他带着点机巧地跟随在这思想的列车后，看能走多远，"纯粹是来自科学的好奇心，或者如果你愿意的话，也可以称我是'advocatus diaboli'（魔鬼代言人），只差没有把自己的灵魂卖给魔鬼。"[19]

弗洛伊德表示自己对最近两个关于驱力理论的进展感到满意——就是把性

欲观念扩大,以及把自恋观点引进理论中,这两者是"对理论观察的直接翻译"。但是第三个,对驱力退行本质的强调,也是在弗洛伊德新设立之二元论中的基本角色,却似乎没有像另外两个那么被肯定。即使在这里,弗洛伊德也宣称他是从观察素材中得来的想法。"但也许我高估了观察材料的重要性。"不过即便如此,他还是觉得这些想法值得"推敲"[201],这些想法有的很热切,但大多数时候还是显得很怪异。在1919年初春,当他完成了书的草稿,并且打算寄给费伦齐的时候,他发现这个作品带给他很大的趣味[202],但这种趣味是他的追随者无法分享的。

《超越快乐原则》从精神分析的平凡论调开始:"快乐原则自动调节着精神事件的进程。"反省到许多心理过程所产生的不愉悦感,弗洛伊德在两页之后把语气缓和下来说:"心灵有朝向快乐原则的强烈倾向。"[202]借由这个重新设定的规则,弗洛伊德进入这本书的中心论点:心理活动中还有一些基本的力量,会在最重要的时候使得快乐原则失效。他引用现实原则的证据,例如习得的延迟能力,以及抑制获得即刻满足的不耐烦冲动。

弗洛伊德认为冲突出现在所有人类的行为当中,尤其是精神装置成熟之后,通常产生的是不愉快而非愉快的感觉。但其后弗洛伊德用来支持论点的例证,让人既不觉得熟悉也没有适当的说服力。但他还是引用了,或者我们可以说这是个令人印象深刻的证明,它证明了在快乐原则之外,确实还存在着另一种精神力量。其中一个例子,虽然有趣但并非最具决定性的,却成为有名的例子:"fort-da"(不见了-回来了)游戏,是弗洛伊德对苏菲的大儿子,当时18个月大的外孙所做的观察。虽然他很黏妈妈,但还是个"乖宝宝",在妈妈短暂离开的时候都不会哭。不过他会自己进行一个神秘的游戏,拿一个木制的线轴,一端绑上一条线,把线轴丢到婴儿床毯外的一端,同时发出"o-o-o-o"的声音,他的妈妈和祖父认为这表示"fort"——"不见了"。然后他把线轴拉回来,并且为重新发现它而发出快乐的"da"声——"回来了"。这就是整个游戏,弗洛伊德把它解释为一个处理压倒性的自我经验的方式:这个小男孩借此把因为母亲不在身边而被动接受的状况,转换成主动地再现母亲消失与回来的状况。或者,也许这是用来报复的方法——把她(母亲)丢掉,好像他一点都不需要她一样。

这个婴儿游戏让弗洛伊德感到疑惑,为什么一个小男孩要不断重复同样的情境呢?弗洛伊德并不打算以单一案例就给出结论,借用老式的精神分析幽默,他说:"不要从一个案例来推测普遍的状况,至少要两个!"但不论他观察外孙的证据是多么局限或令人困惑,小埃内斯特的确表现出让人深思的问题:心理活动中的快乐原则的掌控地位,是否真的如精神分析预期的那样牢靠呢[20]?

其他的证据看起来就坚实多了,至少对弗洛伊德来说是如此。在精神分析治疗的过程中,分析家试图使病人压抑的不愉快,通常是创伤性的早期经验或幻想浮现出来的。从刻意作对的角度来看,病人压抑或阻抗去面对他们已经压抑的东西,可说符合了快乐原则。对于某些事情来说,忘记比回忆要令人愉快。但经由对移情作用的掌握,弗洛伊德观察到,许多分析者会不断回顾那些令人不甚愉快的经验。分析家希望分析者自由述说那些事实,以便使无意识的部分变成为意识;但更痛苦的活动似乎在过程中起作用,那就是想要重复痛苦经验的冲动。弗洛伊德在患有"命运神经症"的病人身上发现了一种重演痛苦经验的版本:受苦者的命运一次又一次地重复去经历同样的灾难。

弗洛伊德在这本书中较不依赖临床的资料,他把这个命运神经症的描绘对应到托尔夸托·塔索(Torquato Tasso)的浪漫史诗《解救耶路撒冷》(*Jerusalem Delivered*)中。在一次决斗中,故事主角坦克雷德(Tancred)杀死了伪装在敌人护甲中的爱人克洛琳达(Clorinda)。在她的葬礼之后,坦克雷德行经一片奇特的魔术森林,他挥剑砍掉一棵挡在面前的树,却发现树流出血来。然后他听到爱人克洛琳达的声音,说她的灵魂被囚禁在这棵他必然经过的树中,且责难他再一次伤害了她[29]。受苦者不断重复命运神经症的行为,以及治疗战场伤兵时发现他们不断被战争经验压迫的现象,对弗洛伊德来说都是快乐原则的真实例外。这些重复的冲动没办法提供任何乐趣。的确,弗洛伊德强调,表现这种症状的病人一直让自己生活在悲苦与受伤中,并且常常在分析过程中不断阻抗。他们尽力找寻自己被遗弃的证据,并且充满嫉妒的感觉。他们也会幻想不切实际的计划,即使心里很清楚计划会落空、会使他们失望,好像他们从不了解这些强迫的重复幻想并不会为他们带来乐趣一般,他们的行为像是"着魔"(demonic)似的[30]。

"着魔"这个词无疑是弗洛伊德的策略,他把这种强迫重复视为一种原始的心理活动,把一种"本能上的"特质"发挥到了极致"。孩子的重复——如再讲一次前面讲过的故事,即使细节一点都没变化——很明显,依然是能够带来乐趣的。但是在分析过程的移情中不停地重复可怕的经验,或儿童期的梦魇,所遵循的是另一种规则。这种规则必然独立于对快乐的追寻且往往与快乐相冲突,而且也是一种基本冲动。弗洛伊德因此以某些驱力有保守作用这个发现作为推论，其作用不是要寻求刺激或者未曾预期的经验，而是为了保留先前事物的无组织状态。简言之，"所有生命的目标就是死亡"。与之相比，要求支配的欲望，以及其他弗洛伊德多年来尝试寻找的原始驱力，相对来说都显得微不足道。我们可以得到的结论是："有机体只想以他自己的方式死去。"[209]弗洛伊德以此达到死亡驱力的理论观点。

弗洛伊德在推论过程中流露了他的犹豫，他宣称这个重大发现仍然不无可疑之处："但让我们想想，它可能不是这样！"生命就为了死亡做准备是无法想象的。性欲的驱力证明应该不是这样：它们是生命的奴仆。至少，生之驱力延长通往死亡的道路，究其所以，它们也在为永生挣扎[207]。心灵活动，在此变成战场。这个立场让他感到满意，弗洛伊德纵身跳入现代生物学，甚至哲学的荆棘中，寻找可用的证明。有人记得，弗洛伊德在1919年夏天对他的朋友莎乐美女士提到：他跌跌撞撞地试着理解可以解读所有事物的驱力，包括叔本华的说法。这个努力的结果就是心灵中两个基本又好斗的力量，爱欲（Eros）与死欲（Thanatos），在永恒的战斗中对立。

弗洛伊德在1920年的时候，似乎不太确定是否要相信他所描绘出的这种对立战斗的可怕图像，但是他渐渐对他喜爱的二元论投入许多精力。面对追随者的抗拒，他优雅地加以辩驳，他之后回忆："一开始，我想要鼓吹这个只是初步尝试的看法。但随着时间的推移，它们在我心中展示的力量如此强大，我已经无法另有异议。"[208]1924年，在他的文章《受虐狂的经济问题》("The Economic Problem of Masochism")中，他以这个模式进行推展，似乎其中一点都没有争议，此后也都没有改变这个理论模式，这让他得到写作《精神分析大纲》的想法。这本书1940年在他死后出版，其重要性不亚于1930年的《文明及其缺憾》或三年后的《精神分析新论》（New Introductory Lectures on Psychoanalysis）。他在1937年写道，要设定"生命中乐观对抗悲观的理论并不难。困难在于两个最根本的驱力——爱欲与死之驱力，是如何相互合作以及产生冲突，并且隐藏于人生中各种现象之下的驱力，绝不只是其中之一而已"[209]。弗洛伊德深信自己的看法，但并没有表现得固执己见。他在1935年写信给琼斯，为他重新描述生与死对抗的冲突："当然，这所有的想法都还在摸索之中，直到我们可以找到更好的看法。"[210]所以即使在弗洛伊德的权威下，也并不是所有的精神分析运动都依循他的路线。

第八章 攻击性

当他们论辩弗洛伊德关于本能的新二元理论时,精神分析家发现弗洛伊德对死亡驱力和攻击性做出区分:前者相对寂静,在于使生命体退回到无生命状态;后者更为显眼,可以在每日生活中找到实证,并且出现在临床经验中。从实例看来,毫无例外,他们可以接受攻击性是人类继承而来的动物天性:不只是战争与抢夺,还包括带有敌意的玩笑、嫉妒的诽谤、家事的争执、运动竞赛、经济上的对抗,以及精神分析阵营的长期仇恨,都证实攻击欲望遍布各处,在各种可能的情境下被永不穷尽的本能所驱使。但是对大多数的分析家来说,弗洛伊德所认为的那种朝向死亡的原始冲动,以及原初的受虐倾向,又是另外一回事。他们认为不论是从精神分析或生物学中,支持这个想法的证据并不可靠。为了区分死亡驱力和单纯的攻击,弗洛伊德的某些追随者将这两者隔开,拒绝他所提倡的死欲对抗爱欲的史诗架构,不过仍然维持两者互相对抗的驱力模式[弗洛伊德的某些追随者,尤其是儿童分析家克莱因(Melanie Klein)以及她的学派,对这个议题的看法比弗洛伊德自己更不妥协。"不断重复尝试提升人性——尤其是使它变得更为爱好和平,"克莱因在1933年如此写道,"毕竟失败了。因为没有人真正了解原生于每个个体之中的攻击本能的深度和力量。"("The Early Development of Conscience in the Child"[1993], in *Love, Guilt and Reparation and Other Works, 1921-1945*)[1975], 257)这个"攻击的本能",她指的是弗洛伊德式的基本力量中的死亡驱力。作为强烈对比的是,哈特曼(Heinz Hartmann)将弗洛伊德19世纪20年代片段的结构理论加以重整,选择把注意力放在"我们实际上在临床精神分析理论中遇到的驱力概念",而不讨论"弗洛伊德其他主要具有生物学朝向的假设,如'生命'与'死亡'本能的假设"。("Comments on the Psychoanalytic Theory of the Instinctual Drives"[1948], in *Essays on Ego Psychology: Selected Problems in Psychoanalytic Theory*[1964], 71-72)]。

弗洛伊德很清楚他所冒的险,但一点都不后悔。"最近数年的工作,"他在1925年的自我描述中如此说明,"我把长期以来受压抑的想法整个解开了。"他的新理论建构是否被证明有用,他补充说,仍有待观察。他的野心可能是要解决某些独特的理论之谜,但是在这个过程中,他发现自己已经走到"远超乎精神分析"的地方了[21]。不论他的同行对这范围过大的远行是否赞成,弗洛伊德都把这些说法当作增进其科学成就的证明。"在我身上沉睡的科学兴趣在时间的进程中被激活了,"他在1920年秋天《超越快乐原则》出版的时候,写信给琼斯说,

"我仍旧可以为我们未完成的事业带来新的贡献。"[212]出乎他意料,这本书还颇受欢迎。"就《超越》这本书来说,"弗洛伊德在1921年3月对艾廷冈报告,"我已经受过了足够的苦,它现在非常受欢迎,我也收到了无数的信件和赞扬。我必定在其中写了什么愚蠢的想法。"[213]而情况之后渐趋明朗,这本书是巨大架构中的第一块砖。

爱欲、自我及其敌人

弗洛伊德尽管活力不减,但毕竟不是一台写作机器,有时他还是得等待灵感的降临。"此时身处阿尔卑斯山优美的景致中,"1920年8月,他在巴德加施泰因城写给琼斯的信中说道:"我感到精疲力竭,静静等待着这里的优质泉水及甜美空气所带来的回春效果。虽然我带着'大众心理学'及'自我分析'(Analysis of the Ego)的写作材料,但是到目前为止,我那顽固的脑袋还是拒绝对这些深层的问题提起兴趣。"[214]弗洛伊德在这些材料上花了几个月的时间,慢慢地、断断续续地写着。而只要他感到澄静清明,"大众心理学"的写作进度就变得很快。同年接近10月的时候,柏林的信徒们就读到了他的草稿;而到了1921年初,他已经开始着手最后的修订工作[215]。"我觉得相当充实,"他在3月写给琼斯的信中说道,"而且正忙着修改一本关于大众心理学的小书。"[216]和过去一样,弗洛伊德对这本"小书"也有些怀疑,于是寄了一本给罗曼·罗兰(Roman Rolland),为了避免被批评而先自我批判一番:"我并不认为这是本特别成功的书,但它确实指出了一条由个体分析通往了解社会大众的路。"[217]

这一语概括了弗洛伊德《群体心理学与自我分析》中所要探讨的重点。过去30年弗洛伊德一直依靠由古斯塔夫·勒庞(Gustave Le Bon)到威尔弗雷德·特罗特等群众心理学家所发表的文章及著作,并且用它们刺激、训练自己的思考。但最后他的《图腾与禁忌》终究还是比勒庞的《群众心理学》(Crowd Psychology)有着更深远的影响。当时让弗洛伊德感兴趣的问题是,除了自利(self-interest)那样显而易见而又合理的动机外,究竟还有什么可以让人群形成团体?而他的答案必然将自己推向社会心理学的领域。其实现在在"大众心理学"中最受到瞩目的,是弗洛伊德在阐述社会凝聚力时对精神分析论点的自由运用。"个体与社会或大众心理学之间的差异,"他写道,"起初看来非常明显,但是当再进一步去检视时,往往就变得模糊不清了。"的确,"在个人的心灵世界中,他者相当规律地以一种理想、对象、帮助者或是对手的角色出现,因此个体心理学一开始也是社会心理学"[219]。

这样的主张看起来似乎过于武断,但从对精神分析有利的立场来看,却是完全合乎逻辑的。就像弗洛伊德在 19 世纪 90 年代所做过的事一样,他在 20 世纪 20 年代也准备去阐明生物特性对心灵世界的影响。但对于弗洛伊德的社会心理学来说,强调个体心理学和社会心理学之间的关联才更为切题。弗洛伊德清楚指出,如果不求助于外在世界,精神分析就不可能解释内在生活。婴儿从呱呱坠地的那一刻起,就一直处在有其他人影响的环境下,而这样的影响在儿童时期变得更加广泛多样。他们开始接受塑造他们人格的激励与贬抑、赞扬与责备,以及令人嫉妒或不快的事件。性格发展、神经症状,爱与恨的冲突,都是内在冲动与外在压力的妥协形态。

这就是为什么,弗洛伊德相信,社会心理学家在试图对凝聚群体的力量进行分析时,终究必须回到对个体心理特质的讨论,尤其是那些心理学家长期以来感兴趣的特质。"个体与他的父母弟兄,他所爱的对象的关系,"弗洛伊德写道,"他的医师、他的老师等,这些截至目前精神分析最主要关心的关系类型,都可以被我们看作社会现象。"[220]群体行为,究其所以,表现了它自己明确的特性;弗洛伊德同意勒庞的看法,群体行为会更令人无法忍受、更非理性、更不道德、更为残酷,总的来说,不像个体那么的压抑。群众没有创造出任何东西,他们只会释放、扭曲、夸大每个个体成员的特质。如果没有精神分析家为个体发展出来的观念,例如认同、压抑、力比多,那么社会心理学的解释便没有办法完整,或只将流于表面。简单地说,群众心理学以及与它相关的社会心理学,其实是依附在个体心理学之上的,这是弗洛伊德的出发点,也是他一直坚持的。

弗洛伊德对集体心理学(collective psychology)的远征,实际展现了精神分析理论应用上的普遍适切性。这一点,弗洛伊德和之前讨论组织、群众以及暴民等议题的学者完全不同。总体来说,群众心理学者大多是业余的。伊波利特·泰纳(Hippolyte Taine)在他谈论法国大革命的文章里解剖了革命群众的行为,但他是个文学评论家、历史学家以及哲学家。埃米尔·左拉,一位笔锋辛辣的新闻工作者以及多产的小说作家,在他那激励人心的关于矿工抗争的小说《萌芽》(Germinal)中,群众即是其中的主角。古斯塔夫·勒庞,这位最为人知的群众心理学家,是个折中派的科学作家。只有外科医师威尔弗雷德·特罗特可以宣称自己具有心理学上的专业训练,他也是琼斯的密友和连襟,特罗特对精神分析可以说有相当的知识,并非只是一般读者。

所有的时论人士在面对群众混乱时,都会表现出对群众心理学的兴趣。对特罗特这位在大战期间写书谈论"群众本能"的英国人来说,暴民群众指的是德国人。他在1916年出版了《战争与和平中的群众本能》(*Instincts of the Herd in Peace and War*),弗洛伊德略带遗憾地加以评论:"并没有脱离对已结束了的大战的厌恶感。"⑳而之前的左拉,把群众描述为激动的,通常是暴力的罢工者,他们的行动中混合着一触即发的威胁与改善的企图。但对当时多数的评论者来说,他们的评论里警告多于欣赏:群众,尤其在被煽动之后,就是带着仇恨、嗜血、迷失方向,且非理性的现代现象——民主就是这一类的产物。弗洛伊德对他曾经称为"愚蠢的一般人"(das blöde Volk)㉑这个词并不喜爱,他老式的自由主义里,带着亚里士多德的色彩[带着点贵族政治派头。——编者注]。当然在弗洛伊德写作群众心理学的时候,政治并不是他主要的讨论内容,他主要探讨如何应用精神分析的理论。

作为执业精神分析家,弗洛伊德把群体(groups)、群众(crowds)或暴民,不论是短暂或稳定的组织,都当作被散乱的性情感组织在一起的一群人——这种散乱的性情感就像目标遭到抑制的力比多——如同是组成家庭的激情一般。"爱情关系(中立地说,就是情感纽带)同样组成了群众心灵的本质。"这个情欲纽带把团体里的成员以垂直与水平两种方式联结起来。"在人为的群众组合里,"弗洛伊德以教会或军队为例写道,"每个个体一方面和团体的领导者(例如基督或指挥官)有力比多联结,另一方面也和团体中的其他人有力比多联结。"㉒这个双重联结的强度解释了个体居于群体时的退行表现:在这里他可以安全地把获得的压抑释放掉。弗洛伊德认为,如同情欲关系建立了群众,这个关系的失败也会导致团体瓦解。因此,与认为惊慌应该为群体中情感联结的减弱负责的有些心理学家不同,弗洛伊德主张,只有在力比多的联结松弛之后,惊慌才会接着发生。

这些"升华"的情欲联系,也同时解释了为什么团体以爱的链条把成员结合在一起的时候,对外来者会出现厌恶的反应。不管是小至家庭或大至团体(团体位于家庭的另一端),爱都常常笼罩在敌意的阴影下。"根据精神分析的证据,两人之间几乎任何一种亲密的情感关系,"包括婚姻、友谊或亲子关系,"都包含了负面和敌意情感的累积,只有通过压抑作用,个体才不至于感受到这些情感。"因此,以弗洛伊德从不放弃打击信仰的作风,他评论说:"一个宗教,即使自称为爱的宗教,也一定对不属于它的人抱持既强硬又没有爱的感觉。"[23]

弗洛伊德的《群体心理学与自我分析》以新的角度思考社会中的心理活动,并且提出了没有经过彻底研究的假设。弗洛伊德碰触社会凝聚力这个复杂议题,勇气绝佳,给人一种即兴创作感。此书的附录,搜集的是弗洛伊德无法在正文里解释的材料,表现出这个作品试验性与过渡的立场。从许多层面来看,弗洛伊德的这本书回应了他之前的作品,如《图腾与禁忌》和《超越快乐原则》,同时也具有前瞻性。费伦齐在1922年发表的评论中,盛赞弗洛伊德把迷恋和催眠拿来比较的原创观点。更重要的是,他认为弗洛伊德"第二重要的创新观点"是在个体心理学领域,是他对"自我以及力比多的发展阶段之发现"[24]。弗洛伊德开始区分自我成长中的不同阶段,并且注意到它和理想自我之间的密切互动,亦即弗洛伊德之后所称的超我的心理机制。弗洛伊德对社会心理学的探究其实是对自我更确定的声明,但要达到这个目标还得要等上两年。

回顾起来,1923年出版的《自我与本我》,其实是弗洛伊德必然出现的思想高峰,这是他10年前就已关切的议题,并且在战后加速进行。但在弗洛伊德的眼光能够触及事实之前还有一段路要走。在1922年7月,他告诉费伦齐他正在对《超越快乐原则》的延伸议题进行研究,还谨慎地说:"我会把它发表在一本小书里,或者完全不发表也不一定。"[25]接下来的一个月他对兰克说:"我现在处在工作的思绪中,心情平静。我正在写一些东西,也许可以叫作自我与本我。"这会是"一篇文章甚至一本小书,如同《超越快乐原则》,实际上讨论的问题也是它的延伸"。但弗洛伊德在等待驱动他的灵感。"我的草稿已经进展不少,但还在等待好心情和灵感,没有这些的话作品就不会完成。"[26]弗洛伊德平淡又犹豫地宣告,他正在写作其生命最后十年中最重要的作品,但是却对如何以及何时完成仍不确定,甚至不确定这会不会成为一本书,或只是一篇为《超越快乐原则》所作的补充说明。

《自我与本我》起初给分析家带来了一些疑惑,也引起了一些抗拒,但最多的还是赞赏与认可。这并不令人讶异,因为这部作品吻合并且深化了他们的临床经验,它对心灵的三分架构——自我、本我、超我,为分析家提供了对心灵结构的分析,而且功能上更为详尽,阐释得也更为清楚。只有当弗洛伊德宣告说《自我与本我》是在"格罗德克(Georg Groddeck)的赞助下"[22]得来的这个说法时,才引起了些微的抗议。

格罗德克,一个具有自我风格的"野蛮分析家"。他对精神分析持有不同意见,并且吸引了不少人的注意。他和他的追随者威胁着精神分析家的名誉,即他们所渴望成为的清醒、负责任的医学工作者。弗洛伊德认为他"常常过于夸大,倾向把事情标准化,并带有些许的神秘主义"[23]。身为在巴登巴登市的疗养院院长,格罗德克早在1909年就接受了弗洛伊德的精神分析概念——婴儿性欲、象征、移情、阻抗,但都只是在传闻中听到而已。1912年,在没有进一步探究之下,他贸然写了一本批评精神分析的书,但他在一年之后读到《日常生活中的精神病理学》与《梦的解析》之后大受震撼,又转而信仰精神分析。那些他觉得是自己也有的想法,别人已经想过而且说得更好。1917年他在一封写给弗洛伊德的信件中,潇洒地表明他"迟来的坦率",他承认自己之前的错误,从此之后把自己视为弗洛伊德的门徒[24]。

弗洛伊德薰然陶醉,把他列入门下的学生之中。格罗德克经常挑衅也没有减低弗洛伊德对他的喜爱,他在他身上嗅得到清新的气息,想法既原创又新颖,行为更是大胆不羁。1920年他把情妇带到在海牙举行的国际精神分析大会上,并且以一句让人印象深刻的话作为他文章的开场白:"我是一个野蛮分析家。"[25]他应该知道自己正是那些坐在台下的分析家听众们不喜欢的样子。他的文章看起来真的很"野",是关于未来被他称为身心药物(psychosomatic medicine)的自由联想。格罗德克认为,器官的问题,甚至例如近视,都是无意识情绪冲突的生理表现,因此都可以用精神分析加以治疗。就原则来说,如果这个观点被温和而谨慎地提出的话,是没有分析家会反对的,毕竟,精神分析最古典的操作实例,歇斯底里症的转换症状,对格罗德克的立场是支持的。但是格罗德克所强调的部分,即使是热烈的弗洛伊德信徒也不能接受,而且他的发现只有几个人肯为他辩护——弗洛伊德也是其中之一。弗洛伊德之后曾经询问格罗德克是否认真地相信自己说出的见解,而格罗德克给了弗洛伊德肯定的答案[26]。

格罗德克还有其他把戏。在1921年初,他在弗洛伊德常合作的出版社出版了一本"精神分析小说",叫作《灵魂的寻找者》(*The Seeker of Souls*),以此确认他是精神分析中的狂人。兰克为这本书命名,而弗洛伊德则在读过草稿之后觉得很有趣[22]。之后,他又成了费伦齐的密友。"我不是个文学评论家,"费伦齐在《潜意象》上评论这本书时说道,"也没办法随便提出对一部小说的审美观点,但是我深信一本成功的书,如同这一本,可以把读者的眼光从开始吸引到最后。"[23]而弗洛伊德圈里的大多数其他分析家就比较死板了。琼斯把这本书贬为"辛辣淫猥的书,还穿插了一些下流的段落"[24]。普菲斯特更是愤怒。精神分析家,这些对上流贵族摆出敌对姿态的斗士,却似乎以他们自己的方式各自成了这本书的受害者与捍卫者。然而弗洛伊德的立场还是坚定的,他很遗憾艾廷冈并不喜欢格罗德克。"他是有点爱幻想,"弗洛伊德承认,"但却是圈子里少数拥有充分幽默感的人,我不希望少了他。"[25]一年过去了,弗洛伊德的态度仍然如此,他告诉普菲斯特:"你一直认为格罗德克冒犯了你,如果拉伯雷[Rabelais,1494? —1553 年,法国重要的小说家,作品以怪诞而富原创性闻名。——译者注]生在我们这个时代你会怎么说?"[26]但普菲斯特没有这么容易被说服,他喜欢"新鲜的乳酪",1921 年 3 月他坦白地对弗洛伊德说:"但格罗德克总是让我想起腐臭的乳酪。"毕竟,他还是知道拉伯雷和格罗德克的不同:前者是个讽刺小说家且并不会假装自己是个学者,后者却像只变色龙,在科学和风花雪月之间摆荡[27]。应该是格罗德克所呈现的混杂文体,让普菲斯特及其他人觉得十分不安。

但格罗德克对弗洛伊德来说,不只是个被认可的小丑,他照亮了那些专业人士太过严肃的一面。在格罗德克出版《灵魂的寻找者》的同时,他开始写作一本介绍他对身心药物的创新想法的书,而且这本书以更为浅显的方式表达,使大众更容易读懂。他先把手稿寄给弗洛伊德过目,弗洛伊德对其中流畅的语言和音乐般的词汇表示赞赏。"这五封信件都很迷人。"弗洛伊德在 1921 年 4 月告诉格罗德克[28]。它们不只是迷人,而且还带来革新的气息。在他的书中夹杂着对于怀孕与出生、自慰、爱与恨等事件的讨论,格罗德克不断地回到他多年前就产生的"它"(It)的观念,这个听起来很单纯的词,借用自尼采,试图涵盖比传统精神分析家认定的无意识范围更广的观念范畴。"我的想法是,"格罗德克在第二封信里说,"人是被'未知'所驱动的。在人体内有个'它',神奇地调节一切他所做的以及一切发生在他身上的事物。'我活着'这样的句子只是有条件地成立,仅指出一个基本真理的部分现象:'人依靠着它而活'。"[29]

弗洛伊德也思索类似的观点有一段时间了，虽不是全然相同。1921年4月，弗洛伊德在给格罗德克的信件里描绘了他关于自我的新观点，提出了一个心灵结构的简单图表，同时评论道："自我在它的深处也是无意识的，并且和被压抑之物的核心共同运作。"[200]弗洛伊德整整两年后在《自我与本我》里面放入了类似说法，说明这个想法在他心中已经滋长了很久。但是从这个角度来看，通往弗洛伊德最终想法的大道已经显现在眼前了。

不过弗洛伊德的"本我"（id）实际上和格罗德克的"它"（It）基本上还是不同的。早在1917年初，弗洛伊德就告诉莎乐美："格罗德克的'它'，比我们的'无意识'（Ucs）表示的意义更多，也许不能清楚地从中划界，但却有些意蕴藏在此词汇之后。"[201]1923年初，当格罗德克出版《它论》（The Book of the It），而弗洛伊德在数星期之后紧接着出版《自我与本我》时，"它"和"本我"的不同变得更为清楚。在读到弗洛伊德对他的新观点简洁而清楚的陈述时，格罗德克颇为生气，且觉得失望。他别具一格地对弗洛伊德形容，自己是犁，而弗洛伊德则是使用犁的农夫。"有一件事我们都同意，那就是把土掘松。但不同的是你想要耕种，而且，如果上帝和天气允许的话，便可以收割。"[202]私底下，格罗德克并没有这么仁慈地把弗洛伊德的书称作"美妙的"，而是咒骂它是"不重要的"。基本上，他认为弗洛伊德是借用了他和斯特克尔的点子。"总的来说，他的'本我'只不过限制在谈论神经症的价值上。他在谈论有机体时只不过借用了斯特克尔和萨宾娜的死亡驱力或破坏驱力。而对于我的'它'的建设性观点则摆在一边，大概打算下一次再来试看吧。"[203]格罗德克的说法是可理解的，但这也显示，就算是他这种私淑门徒，也很不容易维持好他的角色。

弗洛伊德则大方地承认，格罗德克的作品为自己的思考提供了养分，犁与农夫的比喻也很恰当。不过弗洛伊德坚持，并且正确地表明了他们两人在观念上的冲突。自从19世纪90年代后弗洛伊德就一直重申，人类是被许多不自知的心灵成分所撞击，更不用说要去了解这些成分——因为他们甚至连自己心中怀藏了什么都不知道。弗洛伊德关于无意识与压抑的观点就强有力地显示，精神分析并不是把理性美化成自己居所中毫无疑问的主人。但弗洛伊德并不接受格罗德克的名言，那就是人类依赖"它"而生。弗洛伊德是个决定论者（determinist），却不是个宿命论者（fatalist）：在心灵中有些力量是与生俱来的，集中在自我的部分，他相信，尽管可能只是部分地，却给予男男女女主控自己与外在世界的能力。在为格罗德克献上60岁生日的祝福时,弗洛伊德在一个有趣的句子里捕捉到他们两人的差别:"我的'自我'与我的'本我'向你的'它'表示祝贺。"[204][这当然是对两人所出版的书名的一个优雅暗示,这两本书前后只差了三年又一个月。不过弗洛伊德的句子的确精简地总结了他们两人想法的不同。]

弗洛伊德在《自我与本我》的总结段落中,更把这个距离戏剧性地拉大:"对本我来说,如果我们把它延伸到最后,发现并不会对自我显示爱或恨的明确意义,它无法明确表达它要什么;它并没有统一的意志。爱欲及死的驱力在其中相互角力。"一个人可以把本我看成"如同潜伏在沉静而全能的死亡驱力的宰制下,期待得到和平,并且在快乐原则的提示下,让爱欲这个惹麻烦的家伙先休息一下。但我们却怀疑,在这个假设下会低估了爱欲的角色"[205]。弗洛伊德认为爱欲是斗争中角力的一方,而非顺服的一方。

在校阅《自我与本我》这本书的时候,弗洛伊德沉浸在"熟悉的沮丧"中,他把这本书批评为:"不清楚,太刻意地把论点放在一起,措辞也令人难以忍受。"他对费伦齐承认说:"我发誓绝不让我自己再踏上这片会滑动的冰上一次。"他觉得自己在《超越快乐原则》出版后心力就快速地交瘁,至少这本书还是花了许多力气写好的[206]。如同以往,他对自己的作品常常都评判错误,《自我与本我》是弗洛伊德最不可或缺的一本著作。在他所有的作品中,《梦的解析》与《性学三论》必然是举足轻重,然而不论弗洛伊德怎么说,《自我与本我》还是他自己清明心灵的胜利产物。弗洛伊德在战前与战时和个人的损失搏斗,在战后则纯粹在身体病痛及家庭生计上挣扎,在此都应该得到补偿。但不同于其他发现者把工作留给身后门徒,弗洛伊德则将这份工作留给自己。如果《自我与本我》看起来是这么暧昧不明,那是因为他战后作品的内容特色就是高度压缩。

这本小书的序言带着鼓舞的气息,弗洛伊德告诉他的读者,这本书延续《超越快乐原则》的思想历程,并且因为"分析观察下多样的事实"而显得丰富,不像他以前仅仅借用生物学的知识。因此这本著作比他先前的《超越快乐原则》,"更接近精神分析的角度"。他补充,他正在探索先前的精神分析完全没有接触过的领域,因此他无法避免地会和"之前的非精神分析家,或者早先从精神分析领域里退出的人的理论有所冲突"。不过,他带着一点好战的意味强调,虽然他一直肯定其他人先前的研究成果,但此处却没有觉得有感激的必要[207]。

在《自我与本我》一书中,弗洛伊德找到了一个地方可以提到格罗德克的"建议","从个人动机的角度来看,这个作者和严肃及高级的科学知识是有一些关系的"——格罗德克认为我们的心灵是依靠"无法得知,无从控制的力量"而"活动着"。顺着他的观察,弗洛伊德建议遵从格罗德克的命名法,并且把无意识的主要部分称作"本我"(id)[248]。格罗德克应该会觉得这样提到他的方式并不慷慨。不过弗洛伊德对自己很有信心,认为自己充满实验性和创见。这个观点"与其说是推论,不如说是集综合之大成"[249]——我们还可以这么说,大部分都是如此。

弗洛伊德的作品以回顾已知者开始,旧的分类里,意识与无意识领域的区分对精神分析来说是最基本的,这无疑是不能忽略的"第一道暗语"[250],"最终来说,区分意识的性质,是深度心理学漆黑中的唯一明灯"[251]。此外,无意识是动态的。无怪乎分析者一开始总是在关于压抑的学习上跌跌撞撞,"自我压抑的部分对我们来说,是无意识的原始模型"[252]。

到此为止,弗洛伊德仍停留在以前所熟悉的领域里。但他只是以此为进一步探索未知领域的基地。压抑意味着有压抑的代理机制,而分析家总把这个机制当作"一个协同组合的心理过程",亦即自我。然而弗洛伊德多年前就已经指出在每个分析疗程中都会出现阻抗的现象,这一直是个理论上难解的谜题。阻抗中的病人常常不自觉,或只是从其神经症的痛苦中隐约揣测到自己阻碍着分析的过程。顺着这个逻辑,因为阻抗和压抑激于自我,所以自我中有些成分也是无意识的。如果不是这样的话——弗洛伊德强调,传统精神分析规则中认为神经症是从意识与无意识的冲突而来的观点一定有问题。在他谈论神经症的重要文章里,弗洛伊德已经暗示他的神经症理论应该修正:"事实是,不但是心理压抑,还有部分主宰了自我的冲动,对意识来说都是陌生的。"简单地说:"为了从后设心理学的角度看心理活动,我们必须把我们自己从明显的'意识'症状里释放出来。"[253]这段在1915年写的文字,说明了弗洛伊德的新旧理论之间是如何互相纠结的。但是一直要到《自我与本我》这本书,他才把反省的全部过程写出来。

这个过程着实激烈而极端,精神分析学现在认识到压抑并不等同于无意识;虽然压抑都是无意识的,但无意识的内容并不一定被压抑。"自我的一部分也是无意识的。"自我在发展中的个体里原本是本我的一个部分,渐渐地把自己分

第八章 攻击性

离出来,并且受外界世界影响而有所调整。弗洛伊德简单地说道:"自我代表一个人所谓的理性以及深思熟虑,并且和充满激情的本我相对。"㉘在他最后的15年时光里,弗洛伊德对于要赋予自我以及本我什么样的力量,并没有确定的观点,但是他倾向的态度,通常是本我占了上风。他在《自我与本我》里用了一个有名的比喻:"自我就像一个在驾驭马匹时应该占上风的骑士,所不同的是,骑士以自己的方式驾马,但是自我却从别的地方借来力量。"——而这是从本我处得到的力量。弗洛伊德把这个类比推展到极致:"如同一个骑士通常不会让自己特别显眼,如果他想要继续和马匹保持合一的话,就让马儿自己决定要往哪里去;自我也一样,它习惯于把本我的欲望,转译成好像原本就应该如此的行动。"㉙

本我不是自我唯一的麻烦对手。我们知道弗洛伊德在战前写的一篇关于自恋的文章,以及后来的《群体心理学与自我分析》里,他都认为在自我之中有一块特别的区域在监看着自我的运作,这个位置他后来称为超我,这个解释主要在《自我与本我》中出现。"自我"如同前面提到的骑士,不只忙于驾驭他永不停歇的"本我"这匹马儿,同时还要应付一群在它周围愤怒的蜜蜂,也就是"超我"。弗洛伊德写道,我们可以把自我看作"一个可怜的东西,身处三重的奴役里,也因此身陷三重的危机当中,分别是来自外在世界、来自本我的力比多,以及来自超我的严格监督"。面对这些危险的焦虑情境,对弗洛伊德来说,自我是被围攻的,而绝不是一个全能的协调者,在威胁它的力量以及可能的冲突之间有折中能力。它的工作包括使本我对来自外界和超我的压力得以明晰洞察,另一方面也去说服外界和超我顺服本我的欲望。因为居于本我与现实之间,自我将因为"听从奉承的、投机的,以及虚伪的诱惑而陷入危险,有如一个政治人物,纵使有极佳的洞察能力,却还是让自己陷入取悦大众的妥协姿态。"㉙然而这个卑屈又柔顺的趋炎附势者却控制了防御机制、焦虑、理性的言论,以及从经验学习等能力。自我可能是个可怜的家伙,但却是人性在处理内在与外在需求时最好的工具。

这样的比喻其实比弗洛伊德当时意识到的还更为广泛,他坚持自我"首先是肉体上的自我",意思是"它究其所以是来自身体的感官活动"㉚。不过它不只从和外在世界的交流中得到它的知识,还包括各式各样来自它所见、所听,身体所感觉、所经历的欢愉而来的经验。弗洛伊德并没有在《自我与本我》里仔细讨论这个部分的观点,不过在他的《群体心理学与自我分析》里,他实际对自我和外界刺激的交涉做了描述与讨论。在他最后的几部著作里,他会把这些观念放到更大的架构里去看[受到精神分析理论影响的人类学家、社会学家以及历史学家,在20世纪30年代之后就开始追随弗洛伊德的理论设定。他们从弗洛伊德那里得到启发,他们认为自我不只面对和本我与超我间的争斗,还要面对外在以及内在环境的战斗、争论以及妥协活动]。他的自我心理学把在大战前精神分析处理的小规模悲喜剧,转成有更广泛指涉意义的戏剧——一出道具与服装华丽的历史戏剧。这类的分析探索涉及弗洛伊德极为着迷的艺术、宗教、政治、教育、法律、历史及自传记录,因为他把自我比成骑士的观点显得简单而易懂,这个骑士面对繁重的驯服本我以及抚慰超我的双重任务,同时还要注意周遭的变化,并且从它疾驶而过的经验中进行学习。

单是定义"自我"本身,就可以写成一本小书了,但弗洛伊德把他的标题放得更广,也许比较不精简,但这本书实际上应该称为《自我、本我与超我》。如同我们所见,弗洛伊德在描绘心灵结构时,就已经预留空间给他所谓的"自我理想"。如果从一般的想法来看,弗洛伊德写道,也许有人会说,当对心灵活动的标准定得越高时,应该就可以越接近意识能觉察的程度,但事实不是如此。在《自我与本我》中,弗洛伊德以临床经验说明这个和一般想法相反的状况。这些例证说明有些最高标准的道德状态,例如罪恶感,一点都不会进入意识之中:"不只是最卑微的,还包括最高贵的部分,在自我中都是无意识的。"要支持这个论点最强力的证据,就是在分析者当中,"自我批评与良心,这两个最高度的心灵成就,通常是无法被意识到的"。尽管他们自己有更好的判断标准,精神分析家们发现自己被迫要接受"无意识的罪恶感"(unconscious feeling of guilt)这个观念。弗洛伊德以超我和他的读者互相对抗着。

良知与超我实际上并不相同。"对于正常罪恶感的意识(也就是良知),"弗洛伊德这样说,"在解释上并无困难。"这种罪恶感基本上是"自我由自己的批判标准而来的谴责表达方式"。但是超我是更为复杂的心灵代理机制,不论能否意识得到,超我一方面怀藏个体的道德价值,另一方面观察、判断,或是惩罚各种行为。强迫症以及忧郁症患者,其罪恶感会出现在意识里,但是对其他大多数的人来说,这个感觉只能被推测而来。因此精神分析家会发现相对来说难以接近的道德挣扎,正因为无法以意识的方式接近,因此出现的仅是片段的、常常难以辨识的痕迹。弗洛伊德认为,一个人的道德生活,会达到比一般道德家认定的标准还高的程度。因此精神分析家可以认可这样的矛盾状况:"一个正常人不只比他所认定的还不道德,也比他自己所知道的还道德许多。"[20]

为了展现无意识的罪恶感,弗洛伊德给的例子是在精神分析的疗程中,当分析家表示对最终治愈的信心以及称赞治疗过程的进展时,病人通常会表现出更严重的症状。当他们看起来变好的时候,其实他们反而变得更糟。这就是在精神分析中恶名昭彰的"负向治疗反应"(negative therapeutic reaction)。一如所料,弗洛伊德不同意把这个反应当作一种抵抗,或是病人自大地想表现自己比医师更伟大。相反,我们必须把这种乖张的反应视为一个严重的,可能是绝望的信息。负向治疗反应的原因对弗洛伊德来说毫无疑问:它来自于无意识下的罪恶感,来自希望被惩罚的欲望,但这其实远非病人所感觉得到的。"这个罪恶感是无声的,虽然它并没有告诉它的主人他是有罪的,但当这个人不觉得有罪时,却觉得不舒服。"[20]

在他比《自我与本我》晚十年的《精神分析新论》,也是最后一部宣示精神分析理论的书中,弗洛伊德清楚地总结了这个分析过程。婴儿并不是生来就有超我,它的出现是分析理论中极易令人产生兴趣的部分。以弗洛伊德的观点来看,超我的形成有赖认同的发展。弗洛伊德警告他的读者,他将要讨论一个复杂的问题,并且会深深陷入俄狄浦斯情结的命运中。这种命运,以技术性的词汇来说,涉及由对象选择(object choices)进入身份认同的转换过程。儿童一开始选择父母作为他们爱的对象,之后,慢慢被迫放开这个选择,以父母喜爱的态度来认定自己——包括价值标准、外在的禁止以及限制。简言之,一开始是以"拥有"父母为起始点,之后转为"变成"父母的样子。但并不是一模一样地像他们——弗洛伊德认为,儿童建造其认同的方式,"不是依照父母的模型,而是建立起像父母一样的超我"。通过这个方式,超我变成"所谓承载传统的工具,这个不被时间磨灭的价值评量,以这种方式在世代之间传递"[21]。因此在同时保存了文化价值,并且对它所禁止的个体行为加以挞伐之下,超我也变成了生与死的心灵活动代理机制。

这看起来已经很复杂了,但事情还有更复杂的部分:超我,对父母的要求与理想的内化,不仅包括了本我早期对象选择的残留,或早期认同的残留。如同以往,弗洛伊德在《自我与本我》中以浅显的语言解释他的学术立场:这个超我"并不只包括'你应该这样做'的(像父亲一样)训示,还包括'你不可以这样做'(像父亲一样)的禁止——这指的是,你不能做到所有他做的事情,有些事情是他的专利"。带着父亲的意象,超我会产生一种"良心,或者无意识的罪恶感"。总的来说,"自我理想"变成了"俄狄浦斯情结的继承人"[82]。因此人类"更高层次"的本性以及文化成就都可以用心理学的方法来解释。弗洛伊德暗示,哲学家和其他心理学家之所以没有看到这一点,恰恰是因为全部本我、多半的自我,以及大部分的超我都保留在无意识当中[另一个更复杂的解释,要等到弗洛伊德处理到男孩和女孩的情绪发展问题,这是他从这段时间便已开始注意的议题。他的结论,如我们之后看到的,是超我在两个性别的表现上截然不同]。

虽然弗洛伊德看起来苍老、衰弱,能力也渐渐衰退——至少他自己是这么说的,但他仍然给了国际精神分析团体许多可以反复思量和辩论的题材。他对自己的理论已经做了很多修改,澄清了许多部分,但仍留下一些不清楚的内容。当1926年琼斯寄给他一份讨论超我的文章时,弗洛伊德说道:"你的确指出了我书中所有模糊之处和困难点。"但是他不认为琼斯提供了解决方法。"所需要的是彻底重新探索,累积经验和印象,而我知道这很难做到。"琼斯的文章,他认为,"是一团纠结的没有希望的起点"。[83]

许多反应要取决于读者怎么看《自我与本我》这本书。1930年,普菲斯特告诉弗洛伊德他又看了一遍这本书:"也许是第十次了,在你原本只勘探了人性这栋建筑的基础以及房屋的下水道之后,很高兴看到你如何在本书中转向人性的花园。"[84]这是理解弗洛伊德新的思想体系的合理方向,也可以说是其作品观点的部分展现。因为毕竟,普菲斯特是弗洛伊德的追随者中,不接受"死亡驱力"的一位[85]。但更阴郁的解释也不见得不合理:弗洛伊德在他的《哀悼与抑郁》这篇文章之后,就主张超我具有攻击和惩罚的特性,比起为生命服务,超我更乐于为死亡驱使,因此像这样的争议,还会继续下去。

注 释

① Freud to Andreas-Salomé, July 30, 1915. *Freud-Salomé*, 35(32).

② Freud to Abraham, December 18, 1916. *Freud-Abraham*, 232(244).

③ Freud to Andreas-Salomé, November 25, 1914. *Freud-Salomé*, 23(21).

④ This is also the view of Barry Silverstein, "'Now Comes a Sad Story': Freud's Lost Metapsy-chological Papers," in *Freud, Appraisals and Reappraisals*, ed. Stepansky, 1, 144.

⑤ Freud to Abraham, December 21, 1914. *Freud-Abraham*, 198(206).

⑥ Freud to Andreas-Salomé, January 31, 1915. *Freud-Salomé*, 29(27).

⑦ Freud to Ferenczi, February 18, 1915. Freud-Ferenczi Correspondence, Freud Collection, LC. 这封信可能是他在1917年时出版的一系列关于后设心理学的文章的较早版本（或是一份摘要）。

⑧ Freud to Ferenczi, April 8, 1915. Ibid. 关于这个讨论，我得益于 Ilse Grubrich-Simitis 的文章，"Metapsychologie und Metabiologie: Zu Sigmund Freuds Entwuif einer 'Übersicht der Übertragungsneurosen'"，收录在她讨论迄今尚未出版的12篇后设心理学的选集中，Übersicht der Ubertragungsneurosen(1985), 83–119.

⑨ Freud to Ferenczi, April 13, 1915. Freud-Ferenczi Correspondence, Freud Collection, LC.

⑩ Freud to Ferenczi, June 21, 1915. Ibid.

⑪ Freud to Andreas-Salomé, July 30, 1915. *Freud-Salomé*, 35(32).

⑫ Freud to Fliess, March 10, 1898. *Freud-Fliess*, 329(301–302).

⑬ *Psychopathology of Everyday Life*, SE VI, 259.

⑭ Freud to Fliess, December 17, 1896. *Freud-Fliess*, 228(216).

⑮ Freud to Abraham, May 4, 1915. *Freud-Abraham*, 212(221). See also "Editor's Introduction" to *Papers on Metapsychology*, SE XIV, 105.

⑯ Freud to Ferenczi, April 8, 1915. Freud-Ferenczi Correspondence, Freud Collection, LC.

⑰ Freud to Abraham, May 4, 1915. *Freud-Abraham*, 212(221).

⑱ "Triebe und Triebschicksale"(1915), *GW* X, 216–217/"Instincts and Their Vicissitudes," *SE* XIV, 124.

⑲ Ibid, 214–216/122–123.

⑳ Ibid, 232/140.

㉑ Ibid, 219/127. 1936年，他的女儿安娜将弗洛伊德散论各处的防御机制，加上一些她自己的说法整理成册。见安娜·弗洛伊德《自我与防御机制》(*The Ego and the Mechanisms of Defence*, 1936; tr. Cecil Baines, 1937.)

㉒ "Geschichte der psychoanalytischen Bewegung," *GW* X, 54/"History of the Psycho-Analytic Movement," *SE* XIV 16. 这个讨论受益于英文版编者在《压抑》("Repression")一文中的注释。*SE* XIV, 143–144.

㉓ "Geschichte der psychoanalytischen Bewegung," *GW* X,53/"History of the Psycho-Analytic Movement," *SE* XIV 15. 在他 1925 年的自述中,他重复这个宣称:压抑"是一个创新想法;之前在心灵活动里没有类似的讨论"。

㉔ See "Autobiographical Study," *SE* XX,29.

㉕ "Die Verdrängung"(1915),*GW* X,253/"Repression," *SE* XIV,151.

㉖ See,for this image,Plato,*Phaedrus*,246,253 - 254.

㉗ Quoted in Lancelot Law Whyte,*The Unconscious before Freud*(1960;paperback ed.,1962),126.

㉘ William Wordsworth,*The Prelude*,Book First,I,562,and Book Third,II,246 - 247.

㉙ See Freud to Ferenczi,June 21,1915. Freud-Ferenczi Correspondence,Freud Collection,LC.

㉚ Freud to Ferenczi,August 9,1915. Ibid.

㉛ Freud to Ferenczi,April 8,1915. Ibid.

㉜ Freud to Ferenczi,July 18,1915. Ibid. See also Freud to Ferenczi,July 28,1915; and Ferenczi to Freud,July 24,1915. Ibid.

㉝ See Freud to Ferenczi,July 12,1915. Freud-Ferenczi Correspondence,Freud Collection,LC.

㉞ "Vorwort" to *Vorlesungen zur Eirfuhrung in die Psychoanalyse*(1916 - 1917),*GW* XI,3/"Preface" to *Introductory Lectures on Psycho-Analysis*,*SE* XV 9.

㉟ See Anna Freud to Jones,March 6,1917,in a postscript to a letter from her father. Freud-Jones Correspondence,Freud Collection,D2,LC. 进一步确认可以在稍晚的陈述里找到:"我总是在父亲演说的场合陪伴他并且聆听。"

㊱ See "Bibliographische Anmerkung," *GW* XI,484 - 485.

㊲ See Abraham to Freud,January 2,1917. *Freud-Abraham*,232 - 233(244 - 245).

㊳ See Freud to Andreas-Salomé,November 9,1915. *Freud-Salomé*,39(35).

㊴ Freud to Andreas-Salomé,May 25,1916. Ibid,50(45).

㊵ Freud to Andreas-Salomé,July,14,1916. Ibid,53(48).

㊶ Freud to Abraham,August 27,1916. *Freud-Abraham*,228(239).

㊷ Freud to Ferenczi,April 8,1915. Freud-Ferenczi Correspondence,Freud Collection,LC.

㊸ Freud to Eitingon,May 8,1916. *Jones* II,188.

㊹ Abraham to Freud,May 1,1917. *Freud-Abraham*,224(235).

㊺ Freud to Abraham,May 20,1917. Ibid,238(251).

(46) Freud to Andreas-Salomé, (postcard), November 23, 1916. *Freud-Salomé*, 59(53).

(47) See Abraham to Freud, February 11, 1917. Karl Abraham papers, LC.

(48) Freud to Ferenczi, April 30, 1917. Freud-Ferenczi Correspondence, Freud Collection, LC.

(49) *Prochaskas Familienkalender*, 1917. Freud Collection, B2, LC.

(50) *Vorlesungen zur Einfuhrung*, *GW* XI, 147/*Introductory Lectures*, *SE* XV, 146.

(51) See Freud to Ferenczi, October 9, 1917. Freud-Ferenczi Correspondence, Freud Collection, LC.

(52) Freud to Abraham, January 18, 1918. *Freud-Abraham*, 253(268).

(53) For the details in this paragraph, see esp. *Jones* II, 192.

(54) *Prochaskas Familienkalender*, 1917. Freud Collection, B2, LC.

(55) See Abraham to Freud, December 10, 1916; and Freud to Abraham, December 18, 1916. Both in *Freud-Abraham*, 231 – 232(243 – 244).

(56) 两页从笔记本上撕下来的纸张，标题为“战时记叙”(Kriegwitze)。Freud Collection, LC, uncatalogued.

(57) Freud to Abraham, October 5, 1917. *Freud-Abraham*, 244(258). 整个战争的过程中琼斯一直保持乐观。早在 1914 年 8 月 3 日，他就信心满满地写信给弗洛伊德说：“在这里没有人怀疑……德奥终究会战败。”(By permission of Sigmund Freud Copyrights, Wivenhoe)

(58) Freud to Abraham, November 11, 1917. *Freud-Abraham*, 246 – 247(261). The two papers were “A Metapsychological Supplement to the Theory of Dreams” and “Mourning and Melancholia.”

(59) See Freud to Abraham, December 10, 1917. Ibid, 249(264).

(60) Freud to Ferenczi, October 9, 1917. Freud-Ferenczi Correspondence, Freud Collection, LC.

(61) Freud to Abraham, December 10, 1917. *Freud-Abraham*, 249(264).

(62) Freud to Abraham, March 22, 1918. Ibid, 257(272).

(63) Freud to Andreas-Salomé, May 25, 1916. *Freud-Salomé*, 50(45).

(64) Ibid.

(65) Freud to Ferenczi, November 20[?] 1917. Freud-Ferenczi Correspondence, Freud Collection, LC.

(66) See Freud to Abraham, November 11, 1917. *Freud-Abraham*, 246 – 247(261).

(67) Freud to Andreas-Salomé, July 1, 1918. *Freud-Salomé*, 92(82).

(68) Kann, *History of the Habsburg Empire*, 481.

(69) Freud to Eitingon, October 25, 1918. By permission of Sigmund Freud Copyrights,

Wivenhoe.

⑦⓪ Freud to Abraham, August 27, 1918. *Freud-Abraham*, 261(278).

⑦① Freud to Abraham, October 27, 1918. Ibid, 263(279).

⑦② *Jones* Ⅲ, 197. See also Freud to Andreas-Salomé, October 4, 1918. *Freud-Salomé*, 92–93(83–84).

⑦③ W. H. R. Rivers, "Freud's Psychology of the Unconscious," a paper read before the Edinburgh Pathological Club on March 7, 1917, and printed in *The Lancet* (June 16, 1917). Quoted in Clark, *Freud*, 385.

⑦④ "Memorandum on the Electrical Treatment of War Neurotics," *SE* XVII, 213. The original five-page memorandum, "Gutachten über die elektrische Behandlungder Kriegsneurotiker von Prof." Dr. Sigm. Freud, "dated" Vienna, February, 23, 1920, has not been published.

⑦⑤ *Prochaskas Familienkalender*, 1918. Freud Collection, B2, LC.

⑦⑥ Freud to Abraham, December 25, 1918. *Freud-Abraham*, 266(283).

⑦⑦ *Prochaskas Familienkalender*, 1918. Freud Collection, B2, LC. 在马丁给家人的通信当中,有一封是1918年11月8日,标示为"战俘的明信片";另一封11月14日,说明他仍在医院里,但已经好多了——看起来他花了一个礼拜回到维也纳;另外还有12月20日的信件。

⑦⑧ Freud to Eitingon, October 25, 1918. By permission of Sigmund Freud Copyrights, Wivenhoe.

⑦⑨ Freud to Ferenczi, November 9, 1918. Freud-Ferenczi Correspondence, Freud Collection, LC.

⑧⓪ Freud to Ferenczi, November 17, 1918. Ibid.

⑧① Freud to Ferenczi, October 27, 1918. Ibid.

⑧② See Freud to Ferenczi, November 7, 1918. Ibid.

⑧③ Quoted in *Jones* II, 201.

⑧④ Eitingon to Freud, November 25, 1918. By permission of Sigmund Freud Copyrights, Wivenhoe.

⑧⑤ Freud to Jones, December 22, 1918. In English. Freud Collection, D2, LC. 安娜·弗洛伊德大部分的东西都被送还,并且安全抵达。(See Freud to Jones, April 19, 1919. In English. Ibid.)

⑧⑥ Freud to Ferenczi, January 24, 1919. Freud-Ferenczi Correspondence, Freud Collection, LC.

(87) Freud to Jones, January 15, 1919. In English. Freud Collection, D2, LC.

(88) Quoted in George Lichtheim, *Europe in the Twentieth Century*(1912), 118.

(89) Freud to Abraham, February 5, 1919. *Freud-Abraham*, 267(285).

(90) Edward Bernays, "Uncle Sigi," *Journal of the History of Medicine and Allied Sciences*. XXXV(April 1980), 217.

(91) Freud to Jones, April 18, 1919. In English. Freud Collection, D2, LC.

(92) See Freud to Eitingon, October 25, 1918. By permission of Sigmund Freud Copyrights, Wivenhoe.

(93) Freud to Ferenczi, March 17, 1919. Freud-Ferenczi Correspondence, Freud Collection, LC.

(94) Stefan Zweig, *Die Welt von Gestem. Erinnerungen eines Europäers*(1944), 259 - 266.

(95) Anna Freud to Jones, March 7, 1955. Jones papers, Archives of the British Psycho-Analytical Society, London.

(96) Ibid. Kartoffel，理所当然就是"马铃薯"，Schmam 是一种撕开的煎饼，一种奥地利和德国巴伐利亚地区的美味。Schmam 在俚语中同时也表示"垃圾"或者"胡说"的意思。

(97) Freud to Ferenczi, March 17, 1919. Freud-Ferenczi Correspondence, Freud Collection, LC.

(98) Freud to Abraham, April 13, 1919. *Freud-Abraham*, 269(287).

(99) Freud to Samuel Freud, May 22, 1919. In English. Rylands University Library Manchester.

(100) Freud to Samuel Freud, October 27, 1919. In English. Ibid.

(101) Freud to Ferenczi, April 9, 1919. Freud-Ferenczi Correspondence, Freud Collection, LC.

(102) See quotation from *Reichspost*, December 25, 1918, in *Dokumentation zur Östeneichischen Zeitgeschichte, 1918 - 1928*, ed. Christine Klusacek and Kurt Stimmer(1984), 124.

(103) Freud to Abraham, February 5, 1919. *Freud-Abraham*, 267(284).

(104) See Freud to Andreas-Salomé, February 9, 1919. *Freud-Salomé*, 100(90).

(105) See Freud to Abraham, June 4, 1920. Karl Abraham papers, LC.

(106) Freud to Jones, April 18, 1919. In English. Freud Collection, D2, LC.

(107) Freud to Max and Mirra Eitingon, May 9, 1919. Typescript copy. By permission of Sigmund Freud Copyrights, Wivenhoe.

(108) Freud to Jones, May 28, 1919. In English. Freud Collection, D2, LC.

(109) Freud to Samuel Freud, May 22, 1919. In English. Rylands University Library, Manchester.

(110) Martha Freud to Jones, April 26, 1919. Freud Collection, D2, LC.

(111) Freud to Abraham, May 18, 1919. Karl Abraham papers, LC.

⑫ See *Dokumentation*, ed. Klusacek and Slimmer, 156, 296 – 297.

⑬ Freud to Jones, May 28, 1919. In English. Freud Collection, D2, LC.

⑭ See Freud to Abraham, July 6, 1919. Karl Abraham papers, LC.

⑮ Ibid.

⑯ Freud to Jones 28, 1919. In English. Freud Collection, D2, LC.

⑰ Freud to Samuel Freud, October 27, 1919. In English. Rylands University Library, Manchester.

⑱ Freud to Samuel Freud, October 27, 1919. In English. Ibid.

⑲ Freud to Eitingon, December 2, 1919. *Briefe*, 341 – 342.

⑳ Freud to Samuel Freud, February 22, 1920. In English. Rylands University Library, Manchester.

㉑ Freud to Samuel Freud, February 5, 1922. In English. Ibid.

㉒ Freud to Max and Mirra Eitingon, May 9, 1919. Typescript copy. By permission of Sigmund Freud Copyrights, Wivenhoe.

㉓ Freud to Ferenczi, July 10, 1919. Freud-Ferenczi Correspondence, Freud Collection, LC.

㉔ Freud to Samuel Freud, October 27, 1919. In English. Rylands University Library, Manchester.

㉕ Freud to Samuel Freud, November 24, 1919. In English. Ibid.

㉖ Freud to Samuel Freud (postcard), December 8, 1919. In English. Ibid.

㉗ Freud to Samuel Freud, December 17, 1919. In English. Ibid.

㉘ Freud to Samuel Freud, January 26, 1920. In English. Ibid.

㉙ Freud to Samuel Freud, October 15, 1920. In English. Ibid.

㉚ Freud to "Geehrte Administration" May 7, 1920. (This letter was brought to my attention by Dr. J. Alexis Burland.)

㉛ Dr. J. Alexis Burland, personal communication to the author, December 29, 1986.

㉜ Freud to Samuel Freud, February 15, 1920. In English. Rylands University Library Manchester.

㉝ See Freud to Samuel Freud, July 22, 1920. In English. Ibid.

㉞ Freud to Samuel Freud, October 15, 1920. In English. Ibid.

㉟ See Zweig, *Die Welt von Gestem*, 279.

㊱ Richard F. Sterba, *Reminiscences of a Viennese Psychoanalyst* (1982), 21.

㊲ Zweig, *Die Welt von Gestern*, 279.

㉜ Freud to Abraham, June 21, 1920. *Freudr-Abraham*, 291(312).

㉝ See Freud to Abraham, December 9, 1921. Ibid, 304(327).

⑭ Freud to Kata Levy, October 18, 1920. Freud Collection, B9, LC.

⑭ Freud to Rank, September 8, 1922. Rank Collection, Box lb. Rare Book and Manuscript library, Columbia University.

⑭ Freud to Jones, July 28, 1919. In English. Freud Collection, D2, LC.

⑭ Freud to Eitingon, October 31, 1920. By permission of Sigmund Freud Copyrights, Wivenhoe.

⑭ Freud to Leonhard Blumgart, April 10, 1921. A. A. Brill Library New York Psychoanalytic Institute. Blumgart was to be president of the New York Psychoanalytic Institute form 1942 to 1945.

⑭ Freud to Abram Kardiner, April 10, 1921. In English. Quoted in A[bram] Kardiner, *My Analysis with Freud: Reminiscences*(1977), 15.

⑭ Freud to Jones, March 8, 1920. In English. Freud Collection, D2, LC.

⑭ Freud to Jones, January 28, 1921. In English. Ibid.

⑭ Freud to Kata Levy, November 28, 1920. Freud Collection, B9, LC.

⑭ Freud to Eitingon, October 12, 1919. By permission of Sigmund Freud Copyrights, Wivenhoe.

⑮ Freud to Samuel Freud, November 28, 1920. In English. Rylands University Library, Manchester.

⑮ Freud to Jones, March 8, 1920, In English. Freud Collection. D2, LC.

⑮ Freud to Samuel Freud. July 25, 921. In English. Rylands University Library, Manchester. 原文使用[d-d]来表示"天杀的"(damned), 对一个通常直言不讳的人来说有点怪异, 不过我们可以看成这是弗洛伊德在19世纪学习有教养的英文的习惯使然。

⑮ Freud to Blumgart, May 12, 1921. In English. A. A. Brill Library, New York Psychoanalytic Institute.

⑮ Freud to Ferenczi, November 28, 1920. Freud-Ferenczi Correspondence, Freud Collection, LC.

⑮ Freud to Kata Levy, November 28, 1920. Freud Collection B9, LC.

⑮ Freud to Andreas-Salomé, October 20, 1921. *Freud-Salomé*, 120(109).

⑮ For one instance, see Andreas-Salomé to Freud [early September 1923p. Ibid, 139(127)] There are numerous others.

⑱ Freud to Andreas-Salomé, August 5, 1923. Ibid, 137(124).

⑲ Freud to Blumgart, May 12, 1921. In English. A. A. Brill Library, New York Psychoanalytic Institute.

⑯⓪ See Freud to Samuel Freud, December 4, 1921. Rylands University Library, Manchester.

⑯① Freud to Blumgart, April 10, 1921. A. A. Brill Library, New York Psychoanalytic Institute.

⑯② Freud to Jones, November 18, 1920. In English and German. Freud Collection, D2, LC.

⑯③ Freud to Jones, February 12, 1920. In English. Ibid. 实际上，当弗洛伊德的父亲在 1886 年过世的时候，他是 40 岁，而非 43 岁。

⑯④ See "Victor Tausk," *SE* XVII, 273 – 275.

⑯⑤ Freud to Abraham, July 6, 1919. Karl Abraham papers, LC. 精神分析学家 Ludwig Jekels 在他打字的回忆录里（第八页），提到他曾向弗洛伊德问道为什么不把陶斯克带进分析里，弗洛伊德回答："他会杀了我！"（Siegfried Bemfeld papers, container 17, LC.）

⑯⑥ Freud to Ferenczi, July 10, 1919. Freud-Ferenczi Correspondence, Freud Collection, LC.

⑯⑦ Freud to Andreas-Salomé, August 1, 1919. *Freud-Salomé*, 109(98 – 99).

⑯⑧ See Andreas-Salomé, August 25, 1919. *Freud-Salomé*, 109(98 – 99). Picturesquely, she called Tausk a "frenzied soul" — *Seelenberserker* — "with a tender heart."

⑯⑨ Freud to Andreas-Salomé, August 1, 1919. Ibid, 109(98 – 99).

⑰⓪ Freud to Eitingon, January 21, 1920. Original German passage quoted in Schur, *Freud, Living and Dyin*, 553.

⑰① Freud to his mother, Amalia Freud, January 26, 1920. *Briefe*, 344.

⑰② 这是弗洛伊德对他的分析对象，之后成为他朋友的格罗特（Leanne Lampl-de Groot）所说的。Interview by author with Lampl-de Groot, October 24, 1985.

⑰③ Freud to Kata Levy, February 26, 1920. Freud Collection, B9, LC.

⑰④ Martha Freud to "Kitty" Jones, March 19, 1928. Jones papers. Archives of the British Psycho-Analytical Society, London.

⑰⑤ H. D. [Hilda Doolittle], "Advent," in *Tribute to Freud* (1956), 128.

⑰⑥ Freud to Pfister, January 27, 1920. *Freud-Pfister*, 77 – 78(74 – 75).

⑰⑦ Freud to "Mother" Halberstadt, March 23, 1920. Freud Collection, B1, LC.

⑰⑧ Freud to Max Halberstadt, January 25, 1920. *Briefe*, 343 – 344.

⑰⑨ Freud to Lajos Levy, February 4, 1920. Freud Collection, B9, LC.

⑱⓪ Freud to Ferenczi, February 4, 1920. Freud-Ferenczi Correspondence, Freud Collection, LC.

第八章　攻击性

⑱ Freud to Jones, February 6, 1920. In English. Freud Collection, D2, LC.

⑱ Freud to Pfister, January 27, 1920. *Freud-Pfister*, 78(75).

⑱ *Jones* Ⅲ, 27.

⑱ See Karl Abraham to Jones, January 4, 1920. Jones papers, Archives of the British Psycho-Analytical Society, London.

⑱ be Beyond the Pleasure Principle：Freud to Andreas-Salomé, April 2, 1919. *Freud-Salomé*, 105(95).

⑱ Wittels, *Sigmund Freud*, 231. 虽然这本书的日期标为1924年, 不过我们知道弗洛伊德在接到这本书之后曾经立即给威托斯写过信, 时间是1923年12月18日。因此这本书应该是在1923年完成的。

⑱ 举例来说, 1920年7月18日, 弗洛伊德写信给艾廷冈："《超越快乐原则》这本书终于完成了。你将了解, 在苏菲在世的时候, 它就已经完成了大半。(By permission of Sigmund Freud Copyrights, Wivenhoe.) See also Freud to Jones, July 18, 920. Typescript exert, Freud Collection, D2, LC.

⑱ Freud to Wittels [December 1923?]. 这封信件的亲笔信函已不存在(至少我没有发现)。不过现存于俄亥俄州立大学的威托斯《西格蒙德·弗洛伊德》一书的拷贝, 应该是当时翻译者艾登(Eden)和保罗(Cedar Paul)所使用的那本书, 书的边缘有威托斯写下弗洛伊德信件的手抄原文, 这是我此处引用的来源。翻译者在英文版里把这些信件插入到正文的段落中。

⑱ 在1919年秋天, 弗洛伊德出版了《论不可思议之事》("The Uncanny")这篇有趣的文章, 一部分如名词解释一般, 一部分是精神分析式的文章, 其中已经包含部分《超越快乐原则》的中心观点, 亦即想要重复的冲动。即使这样, 这个想法也绝非弗洛伊德当时才刚刚出现的新点子(See editor's note to "The 'Uncanny'" *SE* XVII, 218.)。

⑲ See Freud to Eitingon, February 8, 1920. By permission of Sigmund Freud Copyrights, Wivenhoe. See also the discussion in Schur, *Freud, Living and Dyng*, 328-333, esp. 329.

⑲ "Zur Ätiologie der Hysteric," *GW* I, 457/ "The Aetiology of Hysteria," *SE* III, 220.

⑲ *Drei Ahhandlungen*, *GW* V, 57/*Three Eassays*, *SE*, VII, 157.

⑲ "Angst und Triebleben," in *Neue Folge der Vorlesungen*, *GW* XV 110/ "Anxiety and Instinctual Life," in *New Introductory Lectures*, *SE* XXII, 103.

⑲ *Das Unbehagen in der Kultur*, *GW* XIV, 479/*Civilization and Its Discontents*, *SE* XXI, 120.

⑲ See November 29, 1911. *Protokolle*, III, 314-320.

⑯ For Freud's acknowledgement of Spielrein's contribution, see *Beyond the Pleasure Principle*, *SE* XVIII, 55n.

⑰ See for one statement among many Jung to J. Allen Gilbert, March 4, 1930. *Briefe*, I, 102.

⑱ Jenseits des Lustprinzips (1920). *GW* XIII, 56 – 57/Beyond the Pleasure Principle. *SE* XVI-II, 53.

⑲ Ibid, 63 – 64/59.

⑳ Ibid. 在《超越快乐原则》一书中，弗洛伊德不止一次使用"推敲"这个不确定的词。

㉑ Freud to Ferenczi, March 28, 1919. Freud-Ferenczi Correspondence, Freud Collection, LC.

㉒ Jenseits des Lustprinzips, *GW* XIII, 3, 5/Beyond the Pleasure Principle, *SE* XVIII, 7, 9.

㉓ See Ibid, 11 – 15/14 – 17.

㉔ See Ibid, 21/22.

㉕ Ibid, 20/21.

㉖ Ibid, 36 – 41/35 – 39.

㉗ Ibid, 41/39.

㉘ Das Unbehagen in der Kultur, *GW* XIV, 478 – 479/Civilization and Its Discontents, *SE* XXI, 119.

㉙ "Die endliche und die unendliche Analyse," *GW* XVI, 88 – 89/"Analysis Terminable and Interminable," *SE* XXIII, 243.

㉚ Freud to Jones, March 3, 1935. Freud Collection, D2, LC.

㉛ "Selbstdarstellung," *GW* XIV 84/"Autobiographical Study," *SE* XX, 57.

㉜ Freud to Jones, October 4, 1920. In English. Freud Collection. D2, LC.

㉝ Freud to Eitingon, March 27, 1921. By permission of Sigmund Freud Copyrights, Wivenhoe.

㉞ Freud to Jones, August 2, 1920. In English. Freud Collection, D2, LC.

㉟ See *Jones* III, 42 – 43.

㊱ Freud to Jones, March 18, 1921. In English. Freud Collection, D2, LC.

㊲ Freud to Rolland, March 4, 1923. *Briefe*, 360.

㊳ Massenpsychologie und Ich-Analyse (1921), *GW* XIII, 73/Group Psychology and the Analysis of the Ego, *SE* XVIII, 69.

㊴ Ibid.

㉒⓪ Ibid,130/118.

㉒① Freud to Andreas-Salomé,November 22,1917. Freud-Salomé,75(67).

㉒② Massenpsychologie,GW XIII,100,104/Group Psychology,SE XVIII,91,95.

㉒③ Ibid,110,107/101,98.

㉒④ Ferenczi,"Freud's Massenpsychologie und Ich-Analyse., Der individual-psychologische Fortschritt"(1922) in Schrijien zur Psychoanalyse,ed. Balint,II,123 – 124.

㉒⑤ Freud to Ferenczi,July 21,1922. Freud-Ferenczi Correspondence,Freud Collection,LC.

㉒⑥ Freud to Ran,August 4,1922,Rank Collection,Box 1b. Rare Book and Manuscript Library,Columbia University.

㉒⑦ Ibid.

㉒⑧ Freud to Andreas-Salomé,October 7,1917. Freud-Salomé,71(63).

㉒⑨ Groddeck to Freud,May 27,1917. Georg Groddeck-Sigmund Freud: Briefe über das Es, ed. Margaretha Honegger(1974),7 – 13.

㉓⓪ Quoted in Carl M. and Sylva Grossman,The Wild Analyst: The Life and Work of Georg Groddeck(1965),95.

㉓① See Groddeck to Freud,September 11,1921,Briefe über das Es,32.

㉓② See Freud to Groddeck,February 7 and 8,1920. Ibid,25 – 26.

㉓③ Ferenczi,"Georg Groddeck, Der Seelensucher. Ein psychoanalytischer Roman"(1921), Schrijien zur Psychoanalyse,ed. Balint,II,95.

㉓④ Jones III,78.

㉓⑤ Freud to Eitingon,May 27,1920. By permission of Sigmund Freud Copyrights,Wivenhoe.

㉓⑥ Freud to Pfister(postcard),February 4,1921. Freud-Pfister,83(80 – 81).

㉓⑦ Pfister to Freud,March 14,1921. By permission of Sigmund Freud Copyrights,Wivenhoe.

㉓⑧ Freud to Groddeck,April 17,1921. Briefe Über das Es,38.

㉓⑨ Groddeck,Das Buchvom Es. Psychoanalytische Briefe an eine Freundin(1923; rev. ed.,1979),27.

㉔⓪ Freud to Groddeck,April 17,1921. Briefe Über das Es,38 – 39.

㉔① Freud to Andreas-Salomé,October 7,1917. Freud-Salomé 71(63).

㉔② Groddeck to Freud,May 27,1923. Briefe Über das Es,63.

㉔③ Groddeck to his second wife,May 15,1923. Ibid,103.

㉔④ Freud to Groddeck,October 13,1926. Ibid,81.

㉔⑤ Das Ich und das Es(1923),GW XIII,280/The Ego and the Id,SE XIX,59.

㊻ Freud to Ferenczi,17,1923. Freud-Ferenczi Correspondence,Freud Collection,LC.

㊼ Ich und Es,*GW* XIII,237/Ego and Id. *SE* XIX,12.

㊽ Ibid,251/23.

㊾ Ibid,239/12.

㊿ Ibid,239/13.

㉛ Ibid,245/18.

㉜ Ibid,241/15.

㉝ "Das Unbewusste"(1915),*GW* X,291/"The Unconscious," *SE* XIV,192 – 193.

㉞ Ich und Es,*GW* XIII,244,252 – 253/Ego and Id,*SE* XIX,18,25.

㉟ Ibid,253/25.

㊱ Ibid,286 – 287/56.

㊲ Ibid,255/26,76n. 这个解释于 1927 年在弗洛伊德的授权下,第一次以英文翻译出现。并没有德文版本。

㊳ Ibid,254 – 255/26 – 27.

㊴ Ibid,280 – 282/50 – 52.

㊵ Ibid,278 – 280/49 – 50.

㊶ "Die Zerlegung der psychischen Persönlichkeit," in *Neue Folge der Vorlesungen*,*GW* XV,73/ "The Dissection of the Psychical Personality," in *New Introductory Lectures*,*SE* XXII,67.

㊷ Ich und Es. *GW* XIII,262 – 264/Ego and Id. *SE* XIX,34 – 36.

㊸ Freud to Jones,November 20,1926. In English. Freud Collection,D2,LC.

㊹ Pfister to Freud,September 5,1930. *Freud-Pfister*,147(135).

㊺ Pfister to Freud,February 4,1930. Ibid,142(131). 弗洛伊德对其立场的强力辩护,参见他的回信,1930 年 2 月 7 日。Ibid,143 – 145(132 – 134)。

第九章　生死相争

死亡的阴影

1923年,也就是《自我与本我》发表的同一年,死神再度向弗洛伊德现身,这一次除了夺去他一个外孙的性命外,还向他本人的健康发出了重大威胁信息。这些灾难都是突如其来的,所以让人格外难以承受。这之前,尽管弗洛伊德不时会抱怨肠胃不舒服,但他工作起来仍然干劲十足。一如以往,他热切期待夏天长假的来临,并把这段时间珍如拱璧,保留它来从事山间远足、矿泉区疗养、到意大利观光和思索精神分析的理论问题之用。他极少会在度假期间接受看诊的请托,尽管这时候会提出丰厚报酬相诱的人不在少数。例如,1922年在贝希特斯加登度假期间,他在信中就告诉兰克:"(我)回绝了一个铜业大王太太的求诊……尽管她愿意出的钱足以抵销我度假期间的一切开销。"被他回绝的还有一位美国妇人,"她肯定会愿意付我50美元一天的诊疗费,因为过去在纽约,她付给布里尔半小时的费用是20美元。"对度假时不诊的原则,弗洛伊德毫不含糊:"我不会把我在这里度假的时间拿来卖。"弗洛伊德不止一次告诉过朋友,他对宁静与休息有迫切的需要,而且,"为了顾及其他病人的利益与保持工作的效率",他的立场绝不松动①。

尽管这么强调自己需要休息,但他密密麻麻的工作安排、大量的通信和重要作品的源源不断发表,都反映出弗洛伊德有着让人嫉妒的旺盛精力和大体来说良好的健康。不过,在1922年的夏天,却出现了不祥之兆。当年6月,他告诉琼斯,自己本来一直都不觉得疲惫,"但随着政治局势的灰暗前景变得明显,情形已有所改变"②。他希望,通过度假,可以远离维也纳喧嚣的政治纷争——至少是一段时间。而他在7月从度假地贝希特斯加登发出的信件,也足以反映出他真的有大大松一口气的感觉。他形容自己的度假时光过得"自由而美好",又说这里有"灿烂的空气和水、荷兰雪茄、上好的食物,这一切——和中欧那个地狱相比——简直就像一首田园诗"。不过,他在8月从贝希特斯加登写给兰克的信中,语调却不再那么愉快,而且还要求对方帮他撒一个谎:如果有谁问起,就说弗洛伊德身体健康。这是一个宣告他的健康不对劲的明显信号。"我对自己的健康已经变得不太有把握,我不想瞒你,因为我知道你迟早总会察觉出来的。"③但对于自己为什么对健康不太有把握,他却没有多作说明。

不久,他又有了其他值得忧愁的理由:他的外甥女加奇莉亚·格拉夫(Caecilie Graf)在8月自杀身亡。年方23的加奇莉亚因未婚怀孕,无法面对这种不良名誉,决定以服用过量的巴比妥结束生命。在服药后写给妈妈那封凄美感人的遗书中,她没有把自己的死归罪于包括情人在内的任何人。"我以前还不知道,"她写道,"死是这样轻松的,而且可以让人如此愉快。"④弗洛伊德在信中告诉琼斯说,这件事让他"深感震撼"⑤。不过,还有更让他沮丧的事情等在后头:1923年春天,有一些证据显示,他可能得了口腔癌。

早在1923年2月,弗洛伊德就注意到,"我的颚部长出了一些黏膜白斑般的增生物"。黏膜白斑是一种因大量吸烟而引起的良性增生物,但弗洛伊德因为害怕医生会勒令他戒烟,所以有一段时间秘而不宣,没把这事情告诉任何人。不过两个月后,他在信上告诉琼斯,"自从因病(手术)失去了一星期左右的工作能力以后",表明他口腔里的增生物已经被切除⑥。早在1917年,弗洛伊德颚部就出现过疼痛的浮肿,讽刺的是,他在抽过病人请他抽的一根上好雪茄后,浮肿就迅速消失了⑦。但现在,弗洛伊德颚部的增生物已变得太大和太顽强,让他无法再掉以轻心。"我确信那东西是良性的,但天晓得你让它继续长下去,它会变成什么玩意儿。"弗洛伊德从一开始态度就很悲观。"我自己的诊断是上皮瘤(一种恶性肿瘤),但医生不这么认为。吸烟被归咎为这种组织病变的罪魁。"⑧当他最后终于鼓起勇气去面对不能抽烟的恐怖未来后,就去找一位相熟的皮肤病医生施泰纳就诊。施泰纳并没有要他戒烟,反而撒谎说他颚部的增生物没有什么大不了的⑨。

几天后,也就是4月7日,弗洛伊德趁多伊奇(Felix Deutsch)过访之便,请他帮自己看看口腔(多伊奇充当他的内科医生已有一段时间)。"你要有心理准备,"弗洛伊德事前警告他说,"你看到的东西可能不是你会喜欢的。"不幸被他言中了,日后多伊奇回忆说,他第一眼就可以断定弗洛伊德嘴巴里的增生物是个

第九章　生死相争

肿瘤。但他并没宣布这个恐怖的消息,而只是说那是"很糟的黏膜白斑",他劝弗洛伊德戒烟并把增生物切除。

弗洛伊德本身是医生,四周围绕着的也多是医生,照理说,他决定要动手术前,应该去征求一个著名专家的意见,不然至少也应该找个口腔外科医生主持手术。但奇怪的是,弗洛伊德找来为他动刀的,却是一个鼻科医师哈耶克(Marcus Hajek),更奇怪的是,他早先就说过一些不信任哈耶克医术的话(这个事实让人不得不怀疑哈耶克乃是另一个弗利斯)。他女儿安娜在多年后回忆说,这是一个只有弗洛伊德才会作的选择[10]。最后,哈耶克完全证实了弗洛伊德的疑虑。事实上,不但他建议弗洛伊德做的那种手术根本风马牛不相及,而且他对这种手术也只一知半解,他还草率地选择以自己医院的门诊部作为动手术的地点。进行手术时,只有多伊奇陪在弗洛伊德身边,而且不是全程陪伴,这一点,似乎是出于他一个一厢情愿的想法:只要不把这手术看得有多么大不了,手术就会顺利完成。但显然有重大差错发生在手术台上,因为手术结束后,弗洛伊德大量流血。事后,他不得不在一张帆布床上躺着,"在医院的一个小房间里,因为没有其他房间有空床位"[11]。他唯一的同伴是另一个病人,而据安娜日后的形容,那是一个"亲切、友善"的弱智侏儒[12]。

事实上,说不定就是这个侏儒救了弗洛伊德一命[13]。手术前,哈耶克告诉玛尔塔和安娜说,弗洛伊德说不定需要在医院过一夜,叫她们回家带点必要的东西过来。不过她们回来后,却发现弗洛伊德血迹斑斑地坐在一张椅子上。稍后,由于午餐时间访客是不允许留在病房里的,院方就叫玛尔塔和安娜先回家,并告诉她们弗洛伊德的情况稳定,不必担心。不过,当她们在下午再回到病房,才知道她们不在的这段时间,弗洛伊德伤口曾大量出血。当时,弗洛伊德曾经按铃求救,但电铃却坏了,这让他变得孤立无援。全靠同房的侏儒冲到外面找来护士,弗洛伊德才转危为安,不过护士也费了很大的劲才把他的血止住。

听说了这件让人魂飞魄散的事情后,安娜再也不肯离开父亲半步。"那些护士,"她回忆说,"因为电铃故障一事问心有愧,所以对我们非常好。她们给我端来黑咖啡和一张椅子,就这样,我和父亲及侏儒三个人共处了一夜。父亲因为失血而极为衰弱,虽然服了药物而陷于半昏迷状态,伤口仍然极其疼痛。"当晚,安娜和护士越来越为弗洛伊德的情况担心,最后决定派人找哈耶克过来看一看,但哈耶克却认为她们大惊小怪,没有动身。第二天,当哈耶克和几个助手来巡房时,安娜躲了起来⑭。哈耶克对他拙劣的甚至差点要了人命的手术毫无愧疚之色,当天稍后就让弗洛伊德出院了。

尽管已经无法再向朋友隐瞒自己的健康情况,弗洛伊德仍然用乐观的病情报告去误导他们(相当程度上也是在误导自己)。"我乐于向你报告,"他在5月10日(他生日后四天)写给莎乐美的信上说,"我已经可以再次说话、咀嚼和工作了。甚至吸烟都是被允许的——当然是少量和小心谨慎的,也就是只能仿效小资产阶级的抽法。"⑮稍后,写信给住在曼彻斯特的侄儿时,他也说:"两个月前,我切除了一个软腭上的增生物,它本来应该已经变坏的,但却没有。"⑯

事实上,虽然没有人告诉他真相,但弗洛伊德显然还是知道得比别人以为的要多一些。例如,当哈耶克建议他采取疼痛且徒劳的X光和激光疗法时,他就认为,这印证了他对自己的增生物是癌症的怀疑。尽管如此,哈耶克还是没有告诉他真相,而且为了掩饰事实,故意同意他如常去度暑假,只要求他常常写信回来报告身体状况以及在7月回维也纳一趟检查伤口。弗洛伊德先是去了巴德加施泰因,然后又越过奥意边界,去了拉瓦罗内(Lavarone)。这个假期并没有让弗洛伊德得到松弛,疼痛更是让他坐卧难安,最后在安娜的坚持下,同意请多伊奇到巴德加施泰因城一趟来看诊。多伊奇火速赶到,没有耽误任何时间。他的诊断结果是:弗洛伊德有必要进行另一次更彻底的手术。尽管如此,他仍然没有把全部真相说出来。

多伊奇这个善意的隐瞒,就像很多做法相同的人一样,都是出于对这个巨人的敬畏和不愿意接受他是个有限之躯的事实。然而,多伊奇还有其他不愿吐实的理由,他担心弗洛伊德会承受不了事实的真相。他多少期望着第二次手术可以彻底除掉弗洛伊德口腔中的癌细胞,这样,弗洛伊德就可以继续活下去而无须知道自己得过癌症。不过除此以外,他也是担心弗洛伊德知道真相后有可能会寻短见:因为在4月7日的那一次关键会面里,弗洛伊德曾要求他,如果自己注定要忍受漫长的痛苦的话,希望他可以帮助自己"体面地从这个世界上消失"⑰。多伊奇担心,如果弗洛伊德得知真相,会把轻生之念付诸实行。

就像觉得这些理由还不足够似的,老天爷在1923年夏天又给了多伊奇另一个守口如瓶的理由。弗洛伊德当时正为他挚爱的外孙海纳勒(Heinele)的死而哀伤,后者是在6月夭折的。弗洛伊德女儿苏菲的这个幼子死时才四岁,死前几个月曾到维也纳探望过外公一家,受宠备至。"我的小外孙是同龄小孩(四岁)

第九章 生死相争

中最乖巧的,"深情的外公在1923年4月写给费伦齐的信上说,"但也是同龄小孩中最瘦弱的,全身上下仿佛只剩一双眼睛、一把头发和一个骨架子。"[18]这是个深情告白,却已暗含着不祥之兆。到了6月初,当海纳勒病危时,弗洛伊德又写信给费伦齐说:"我的长女玛蒂尔德和她丈夫等于已经过继了他,而且深深爱上了他,深得超过任何人所能预料。他确实是(was)——"弗洛伊德这里用了过去式,表示他已不对海纳勒的康复抱希望,"一个迷人的小家伙,而我自己知道,我从未爱一个人——又尤其是小孩——爱得如此之深。"[19]

有过一段时间,海纳勒除了发高烧和头痛以外,别无其他症状,这使得诊断变得困难。不过到了6月,他得的是粟粒性肺结核已确定无疑,而这表示,"我们已失去了这个小孩"。海纳勒经常处于昏迷状态,但偶尔会醒来一下,"这时候,他会与原来的样子完全没有分别,真是让人难以置信"。弗洛伊德感受到的难过,远超过自己所能想象。"这个丧失对我来说极其沉重,我相信我从未受过更严重的打击。"他表示自己固然还在工作,但那只是机械式的,因为"基本上所有事情对我而言都没有了价值"[20]。

他相信,他对海纳勒病危一事反应会如此激烈,是自己的疾病在推波助澜,不过不管怎样,他对这个外孙的关心多过对自己的关心。"不要企图永远活着,"他在信中引用萧伯纳在《医生的窘境》(The Doctor's Dilemma)序言里的话说,"因为你不会成功的。"[21]海纳勒的大限在6月19日来到。听到外孙的死讯,从不流泪的弗洛伊德哭了[22]。当费伦齐在7月专顾自己且突兀地责问弗洛伊德为什么没有恭贺他的50岁生日时,弗洛伊德回信说,他是不会对一个普通朋友忘记这种礼节的[表示费伦齐并非他的普通朋友。——译者注]。但他不认为自己是在报复什么,"相反,那是与我现在对生命失去品味有关。我以前从未有过消沉的时候,但是这一次,我确定无疑是陷于消沉了"[23]。这是一句值得注意的话:因为一直以来,弗洛伊德每过一段时间就会被消沉的心绪袭扰,但是现在,他却只把他对外孙之死的伤痛形容为消沉,这代表,他这一次感受到的消沉,是厉害得异乎寻常的。"我仍然被我的口腔所折磨,"他在8月告诉艾廷冈,"而且强迫性地思念着那个可爱的孩子。"[24]他形容现在的自己是"生"的陌路人和"死"的候选人。在写给终身挚友里依的信中,他表白自己无法从海纳勒的死亡中平复过来。"对我而言,他代表的是未来,因此,他的死把我的未来一并带走了。"[25]

至少那时候弗洛伊德是这样的感觉。三年后,当宾斯万格八岁大的儿子死于结核性脑膜炎,写信向弗洛伊德倾诉哀痛时,后者在回信中忆及了1923年的伤心事。他说,他不打算"说一些表面的慰问话,除非那是发自内心的冲动。对,我要说的话正是发自内心冲动,因为你的信唤起了我的一些回忆。不,不是唤起,因为这些回忆从未沉睡"。他回忆起他所丧失的所有亲人,特别是在27岁就殒逝的爱女苏菲。"不过,"他说,"我还是撑了过来,因为那毕竟是1920年,也就是我曾经准备好随时会失去一个甚至三个儿子的时候。因此,顺服于命运是面对不幸的最好心态。"但接着他却指出,海纳勒的死彻底打破了他的自持。"(海纳勒在我心中)代表的是我的所有小孩和所有孙子女,而自他死后,我不再关心我的孙子女,也不再觉得人生有什么欢乐可言。这也是我能以满不在乎的态度面对自身生命危险的原因——别人还以为那是出于我的勇敢。"㉖对宾斯万格的丧子之痛感同身受的同时,弗洛伊德觉得自己的回忆把旧伤口撕开了一遍又一遍。尽管他稍微夸大了海纳勒之死对他造成的影响(接下来的年月可以证明他身上留着的精力和柔情仍然很多),但海纳勒始终是他的最爱,仍是无可争辩的事实。海纳勒的哥哥埃内斯特曾经在1923年夏天和弗洛伊德一家同住了两个月。且不论别人怎么想,至少他的老外公认为:"他对我没有起到什么安慰作用。"㉗

423 　　这就是1923年夏天多伊奇所必须面对而又不敢面对的处境:弗洛伊德就像其他人一样,都是血肉之躯,都是会死的。多伊奇最初能够商量的人只有兰克一个,稍后,又扩大到弗洛伊德的禁卫军——也就是委员会的成员。这一小群弗洛伊德的密友(亚伯拉罕、艾廷冈、琼斯、兰克、费伦齐、萨克斯)为此事在多洛米蒂山(Dolomites)的圣克里斯托福罗(San Cristoforo)会面(圣克里斯托福罗离弗洛伊德落脚的拉瓦罗内只相隔一个长长的山坡)。但这六个人早有心结,而且是战后就开始的。即便从1920年10月开始,弗洛伊德推行了连环信(Rundbriefe)的方式[指同一封信由几个收信人挨着传递。——译者注],但帮助并不大。这种连环信的目的,是为了使弗洛伊德分处维也纳、布达佩斯、柏林和伦敦四地的几个密友能够保持稳定的联系。当连环写信措施即将展开之时,弗洛伊德写信对琼斯说:"我急切想知道这个措施的效用如何。我预期它会相当有用。"㉘但大概在同一时间,琼斯创立了《国际精神分析期刊》,并因此和兰克产生了矛盾。

第九章 生死相争

事情的起因是,琼斯有鉴于美国的反德情绪日渐高涨和急于想表现美国人对精神分析的贡献,所以特别青睐美国的投稿者,但也因此接受了一些在他的维也纳同事看来不够水准的稿子。兰克得知这件事情以后,马上要求琼斯纠正,琼斯却认为兰克专横地干涉他的编辑工作,为此愤恨难平。弗洛伊德认为,这种龃龉将会危及精神分析领导核心的团结。由于兰克在推动精神分析事务上是弗洛伊德离不开的左右手(他在琼斯面前赞扬过兰克不止一次),所以这一次的事件,他选择站在兰克的一边,温和地斥责了琼斯。"当兰克不在身边的时候,我几乎感到自己无依无靠和几近残疾。"他在1919年下半年致琼斯的信上说[29]。稍后不久,又说:"我感觉你对兰克的言辞有一点点尖锐,让我想起你对亚伯拉罕也有同样的情绪。即使在战争期间,用语也要尽量温和。我希望你和我们之间没有什么不对劲的。"[30]他责怪琼斯不应该情绪失控,并说自己期望事情会有所改观[31]。

但是事情并没有朝弗洛伊德期望的方向发展,委员会成员间的敌对情绪仍然在继续。"兰克的大铁锤再一次敲了下来,"琼斯在1922年夏天的一封连环信上说,"这一次是落在伦敦,而在我看来,那是很不公平的。"[32]虽然琼斯与兰克的关系变坏,但他与亚伯拉罕的关系反而有变好的趋势(亚伯拉罕对兰克在分析技术上偏离正统的做法越来越感到不高兴)。在这个紧密的七人小圈子里,弗洛伊德最亲密的是兰克和费伦齐,但他一样少不了其他人。现在,在1923年仲夏,弗洛伊德饱受疾病与丧亲之痛煎熬之际,他只希望那个争吵不息的委员会能至少维持表面的和谐。"我太老了,老得舍不得放弃老朋友,"他稍后写道,"换成是年轻一点的人,大概会觉得生活中有变动反而可以维持良好的关系。"[33]

8月26日,琼斯在一封写给太太的信中,描述了委员会在圣克里斯托福罗开会时的硝烟味和焦虑气氛。"最重要的消息是F(指弗洛伊德)得了如假包换的癌症,这癌症会慢慢增长,也许会持续很多年。他本人并不知情,所以这是个天大的秘密。"至于他和兰克的争端,他在信中说:委员会"花了一整天去反复讨论'兰克-琼斯事件'。那是一个非常痛苦的过程,但我希望我们的关系会因而改善"。但琼斯又同时意识到,这种改善并未在望,因为一个不愉快的插曲让他和其他成员间的紧张关系加剧了。"我早已预期费伦齐不怎么会和我说话了,因为布里尔也来了,比我早到一步。他告诉费伦齐,我在背后说兰克是个犹太骗子。"琼斯自己部分否认这个指控,说布里尔的话是夸大其词㉞。

不管琼斯说了兰克些什么,都可以肯定那是深具羞辱性的[就现在仅有的片段资料,我们已无法得知琼斯的原话是什么。1924年,当时兰克除琼斯以外还触怒了所有人(包括弗洛伊德),弗洛伊德忿忿地向琼斯表示,琼斯一直以来对兰克的批评都是正确的。在写给亚伯拉罕的信中,琼斯转引了弗洛伊德这番话,并说:"由此可见,甚至是我对布里尔所说那句名言也是公允的,尽管在圣克里斯托福罗的当时,我没有勇气为自己辩护但我这样说并不代表布里尔的转述里没有谬误)。"]两天后,琼斯又写信告诉太太,委员会花了"好几小时在争吵,我只觉得自己在疯人院里"。大家"都认定我在'兰克-琼斯事件'中站在错的一边,甚至认为我实际是个神经症患者"。他是成员里唯一的外邦人,也对自己这个身份特别敏感。"一个犹太家庭举行会议对一个罪人进行审判,当然是大事一件,想想看他们五个人坚持要当场一起分析我的情景!"尽管琼斯宣称自己"有够多的英国人幽默感,可以对此事一笑置之",没有为此而动怒,但他仍然向太太承认,那是一个毕生难忘的经历㉟。

在这一片争吵声中,委员会也为弗洛伊德罹患癌症的消息感到震撼,他们面临的两难处境极为尖锐。弗洛伊德需要接受一次彻底的手术是很显然的,但该怎样跟他说(或该说多少)就不是那么容易了。弗洛伊德本来已经计划好,接下来要带安娜去游罗马,所以委员会不愿去破坏这个他计划已久的行程。最后,委员会的几个医生成员(亚伯拉罕、艾廷冈、琼斯、费伦齐)决定采取中庸之道:郑重要求弗洛伊德意大利之行以后要再接受一次手术。然而,他们仍然不敢把全部真相告诉他,多伊奇也一样。多伊奇为他这个不明智的体贴即将付出高昂的代价:失去了弗洛伊德的信任和失去作为其私人医师的资格。事实上,他既低估了弗洛伊德接受坏消息的能力,也低估了弗洛伊德对别人把他当成一个需要受保护的小孩的愤怒。委员会的成员也为此让弗洛伊德相当不悦,多年以后,他在发现他们的善意欺骗时,感到怒不可遏。"你们凭什么权利这样做!"㊱他在信中向琼斯怒吼说。弗洛伊德认为,没有人有权欺骗他,哪怕是出自最善良的动机。说出真相,不管这真相多么骇人,才是最大的仁慈。

在多伊奇向委员会报告弗洛伊德病情的那次聚会结束后,安娜跟众人一起共进晚餐。饭后,她在月色的照耀下,与多伊奇一起爬上山坡,在回拉瓦罗内途中,她从多伊奇口中套出了真相。她用半开玩笑的口吻问多伊奇,要是这一次他

第九章 生死相争

们父女俩在罗马玩得太愉快了,决定多留一阵子,他会有什么想法? 多伊奇听后面露惊惶之色,极恳切地要求安娜万万不可有那样的想法。"你们绝对不能那样子,"他激烈地说,"答应我,无论在任何情形下都不要那样做。"安娜在多年后回忆听到多伊奇答话时的想法:"事情再清楚不过了。"[37]但是,弗洛伊德携幺女游罗马的计划还是如期进行。而就像他期望的,安娜一如她自己的习惯那样,对罗马表现出极大的热忱和观察入微。弗洛伊德在9月11日从罗马写信告诉艾廷冈:"安娜把罗马品味得淋漓尽致,她懂得自己找门道,而且也对它的各种层面都同样具有接受力。"[38]回到维也纳以后,他又写信告诉琼斯,"在罗马的那段灿烂时光",他的幺女"确实显示出自己受益良多"[39]。

不过,到了这时候,弗洛伊德怀疑已久的真相已逐渐向他显明。9月24日,弗洛伊德以带点朦胧的语气写信告诉他住在曼彻斯特的侄儿说:"我并未克服对上一次口腔手术留下的后遗症,感到极为疼痛,吞咽困难,前景未明。"[40]两天后,他的立场明朗了。他写信告诉艾廷冈:"你想知道我的最新消息,我今天就可以满足你。我决定要接受第二次手术,切除部分的上颚,因为那里已出现了可怕的新增生物。手术将由皮希勒(Hans Pichler)教授主持。"皮希勒是著名的口腔外科医生,由多伊奇推荐。弗洛伊德告诉艾廷冈,皮希勒"是这方面最好的专家,而且会为我制作事后所需要的上颚假体,他保证我在手术后四到五星期就可以进食和说话"[41]。

事实上,弗洛伊德要接受的手术不是一次而是两次,分别在10月4日和12日进行。这两次手术大体上是成功的,但因为那是一种组织损伤较明显的切除术,所以弗洛伊德手术后有一段时间无法说话和吃东西,只能靠鼻管喂食。不过第二次手术后一星期,弗洛伊德尽管还在住院,就已迫不及待地写给了亚伯拉罕一封行文像电报的信:"亲爱的无可救药的乐观主义者:今天换过了棉塞,能下床了,但仍然像黏附在衣服上的残肉。谢谢你捎给我的消息、信件、问候和剪报。等不用注射就可以睡觉时,我就会马上回家。"[42]九天后他就获准出院了,但他跟死神的角力赛却还没有结束。

这场角力赛是累人的,而对手则狡猾而无情,弗洛伊德做好了最坏的打算。10月底,考虑到身体状况有可能会让他无法继续执业赚钱,他为遗嘱写了一些附注。他最关心的是妻子和女儿安娜:他要求几个儿子为母亲着想而放弃遗产的继承权,并把安娜的嫁妆提高为2000英镑⁴³。然后,在11月,他又做了一件有点奇怪的事,他做这件事虽然是可理解的,但却不如他修改遗嘱那么理智。他接受了一次睾丸的小手术,用专业术语来说,是"对两边输精管的结扎"⁴⁴。这种手术由具争议性的内分泌学家施泰纳赫(Eugen Steinach)首创。因为据说此手术可以让男性重振雄风,所以颇受欢迎,但弗洛伊德接受它的理由,是因为有些专家认为,这种手术可以强化身体的抵抗力。弗洛伊德相信这种手术的有效性,希望可以凭借它预防癌症复发,甚至可以改善他的"性功能、他的一般健康状态与工作效率"⁴⁵。动过手术后,弗洛伊德对它的效果不再那么深信不疑,但至少有些时候,他觉得自己似乎确实变得年轻一些和强壮一些⁴⁶。

但就在同一个月,皮希勒却发现弗洛伊德口腔里有残余的癌细胞组织,并坦然相告,而弗洛伊德也以同样坦然的态度接受了手术。不过他仍然承认,这个消息让他极度失望。很显然,皮希勒承受了弗洛伊德颇大的压力,因为弗洛伊德一直把他当成神医看待。弗洛伊德在11月下旬告诉兰克,自己在"感情上相当依赖皮希勒教授",不过,这最新的一次手术已经把他毫无保留的依赖粗鲁地震醒了,让他的"同性恋纽带松弛了下来"⁴⁷。不管弗洛伊德对他的外科医生的感情有多复杂,至少直到1936年为止,皮希勒没有再在他口腔里发现过癌症的增生物。

不过,自1923年以后,弗洛伊德的口腔还是会反复形成黏膜白斑(有些是良性的,有些则有癌变的可能性),所以他还得一再接受治疗或切除手术。皮希勒技术高明而友善,然而,前后30次左右的小手术(有些并不是那么的"小"),还有上颚假体无数次地装设、清洗和重装,还是让弗洛伊德苦不堪言,更别提有时它们会让弗洛伊德剧痛难忍。可以想见,弗洛伊德已必须抗拒抽烟的诱惑,毕竟,每一根雪茄都是一个刺激,都是迈向另一次疼痛手术的一小步。我们知道,他坦承自己嗜雪茄成癖,又说过,吸烟归根究底只是所有癖好的原型的替代物。但明显的是,他心灵深处中的某些地方,是他的自我分析无法达到的,而他的一些心理矛盾,也是他自己从未能够纾解的。他始终无法戒烟的事实,强烈印证了他认为人有时会处于"知而不知"(knowing-and-not-knowing)状态的主张。所谓的"知而不知",是一种尽管有着理性的认知却不愿采取适当对策的状态。

在1923年底,弗洛伊德就像受了伤而急着康复的运动员。一度是出色的讲

第九章 生死相争

演者和十分健谈的他,再一次努力训练自己说话,只不过,他的声音从未能完全恢复往昔的清晰与嘹亮。手术也影响了弗洛伊德的听觉,他抱怨自己老是听到一种"持续的奔腾声"[48],而慢慢地,他的右耳变得几乎全聋。为此,他把病人躺的沙发从一边的墙移到另一边,以便自己可以用左耳聆听。进食也为他带来了一些不愉快的困扰,他尽可能避免在公众场合用餐。据琼斯形容,弗洛伊德所戴的上颚假体——也就是把他的口腔隔离于鼻腔的装置——是一个庞然大物,状如"一副加大码的假牙"[49]。不管戴上或取下上颚假体,都是一种折腾,常常会让人感到烦躁,更多时候是感到疼痛。在他的余年里,弗洛伊德换装过这种加大码的假牙不止一次,像在20世纪20年代晚期,他就为装一副新的上颚假体而前往柏林。某种程度的不舒服始终没有离他而去,但他却没有自怨自怜,而是努力去适应自己的新处境,有时候还会流露出一点点悠然自得的味道。"亲爱的萨穆埃尔,"他在1924年1月写给曼彻斯特的侄儿的信上说(信是他口述,安娜执笔),"我很高兴可以告诉你,我正在迅速康复中,预期将可在这新的一年重拾我的工作。我的说话能力受损了,但我的家人和病人都说他们完全听得懂我说些什么。"[50]

弗洛伊德辛苦赢得的镇定沉着是有价值的,他固然见证了家庭成员的死亡,但新生的成员又重新把家族挤得满满的。他三个儿子都在扩大家族人丁一事上做出了贡献。"埃内斯特通知我们,他的第三子将在4月24日诞生,"他在1924年春天写给萨穆埃尔·弗洛伊德的信上说,"而另外两个小孩现在也在路上了,分别是马丁的次子和奥利弗的长子[将在杜塞尔多夫出生]。因此,我们的家族就像植物一样,荣枯互见——这是个你也许可以在老荷马那里找得到的比喻。"[51]1924年10月,阿利克斯·斯特雷奇写信到伦敦告诉丈夫詹姆斯说,海伦娜·多伊奇"给了我有关弗洛伊德最令人振奋的健康报告。他已再一次坐在协会的座椅上,而且健谈如昔,情绪高昂"[52]。五个月后,亦即1925年初,她又告诉丈夫,尽管弗洛伊德说话仍然有困难,但"安娜说他的健康情形已经好得让人没敢再多求什么"[53]。

安　娜

安娜在父亲心目中地位的膨胀,并不是始于1923年,不过在弗洛伊德于

1923年动过手术后,她的地位就变得无可争议和无可挑战了。毕竟,弗洛伊德接受完魂飞魄散的手术后,在医院里陪伴他一整夜的,就是女儿安娜而非他太太。这件事,标志着安娜成为弗洛伊德情感重心的起始。不过,他对安娜的感情依赖早见端倪。一年前,也就是1922年3月,当安娜为照顾姐夫哈尔贝施塔特和两个外甥而离家以后[54],弗洛伊德写信告诉费伦齐:"现在我们家里一片孤寂,因为安娜到汉堡去了,要四个礼拜后才会回来。"[55]那之前三星期,安娜也去了汉堡一周,当时弗洛伊德写了一封深情的信给她:"有人非常想念你,没有你,家里变得极其冷清,根本找不到替代者。"[56]

在内心深处,安娜是百般愿意陪伴在父亲身边的——打从少女时代开始,她就对自己是不是能把父亲照顾好而感到万般焦虑。1920年的时候,她曾经花了一部分的夏天,在奥斯湖照顾大病初愈的里依。里依一直对弗洛伊德隐瞒自己生病的事,直到无法隐瞒为止。里依这种出于不想让朋友担心的隐瞒令安娜联想起父亲的为人(很多事情都会使她联想到弗洛伊德)。她决定不要让父亲采取跟里依一样守口如瓶的策略。"答应我,"她在信中求父亲说,"如果你有一天生病了,而我又不在家里,马上写信告诉我,让我可以赶回来,可以吗?"又补充说,如果弗洛伊德不答应,她到哪里去都不会安心。其实,早在她要离开家前往奥斯湖时,就可以把这个话题摊开来讲,但却因腼腆而作罢[57]。不过三年以后,就是弗洛伊德开过第一次刀以后,安娜也再也顾不了腼腆不腼腆的问题。在回信中,弗洛伊德一开始是拒绝的:"我不愿马上屈从于你的愿望,因为你不应过早投入照顾年迈双亲的灰暗工作。"写此信的当时,弗洛伊德正在维也纳接受哈耶克的检查。不过,他又表示愿意作出一个让步:"如果他(指哈耶克)认为我有任何理由应该留在维也纳的话,我会马上发电报通知你。"[58]从这时起,安娜比她妈妈负起了更多照顾父亲的责任。

因此,在1923年夏天,安娜会是家里第一个发现父亲得了癌症的人,是再自然不过的。而弗洛伊德这段时期的书信也充分反映出,安娜对他而言,变得有多重要。在8月写给里依的信上,弗洛伊德谈到太太和小姨子时,只限于谈她们的健康状况,但谈到安娜时,语调就变了:"她正在茁壮成长,是家里大小事情的支柱。"[59]

弗洛伊德从来不怀疑,自己对每个子女都感情深厚而且充满关心。前面我们看到过,马丁在滑冰场受辱后,弗洛伊德是如何耐心地、不带责备地开导他。而当女儿玛蒂尔德在1912年夏天突然病倒时,弗洛伊德未加考虑就取消了英国之行的原定计划,而不管他有多期盼重游伦敦。他对苏菲的疼爱和对奥利弗的神经症病情的关心都是溢于言表的[20世纪20年代初期,奥利弗在柏林接受弗朗茨·亚历山大的分析治疗,几年后,弗洛伊德在写给阿诺德·茨威格的信上赞叹地指出奥利弗有着"过人"的天分和渊博的学识。"他的个性很好,但神经症却突然把他攫住,实在很可怕。"又说奥利弗的情况是他一个沉重的心理负担]。我们也知道,大战期间,他没有把自己对几个在前线的儿子的担心闷在心里,反而把他们的生活细节倾吐在与朋友的通信上,仿佛这些消息会让他的所有收信者感兴趣似的。有一次,他饶有哲学意味地对美国医师莱尔曼(Philip Lehrman)说:"在一个大家庭里,总是有不幸事故会发生。任何像你这样以扶助家人为己任的人(一个我自己不陌生的角色),等于是为自己提供了一辈子的忧虑与关注。"⑩他有时也会开一点点父亲角色的玩笑(但就只是一点点)。"正如贵国人喜欢说的,"他在信中对莱尔曼说,"连在家庭里都得不到安宁就太糟了!但在我们犹太人的家庭里,又何尝有过一日安宁?一个大家长永远也别想享有这种安宁,除非他已获得了永恒的安息。"⑪不管子女们怎样争取他的偏爱,他总是努力表现出一视同仁。

尽管如此,他还是发现,幺女安娜非常特别。"最小的一个,"他在大战期间这样告诉过费伦齐,"是个特别可爱和有趣的小东西。"⑫他也慢慢承认,安娜也许比她的姐姐和哥哥都要可爱和有趣。"你成长得有一点点不同于玛蒂尔德和苏菲,"他在1914年的信上对安娜说,"你显示出更多知性的兴趣,而不会那么专注于纯女性的事务。"⑬

弗洛伊德对安娜知性能力与她在他生命中的特殊地位的肯定,反映在他对她说话的特殊语调上:一种充满柔情的劝告口气,加上近于进行精神分析的语调,那是一种几乎不见于他对其他子女的语调。另一方面,安娜争取父亲对她表现出特殊亲密感的意志,又是顽强的,而且一日比一日强烈。安娜在少女时代常常会病倒,一再需要到疗养胜地去休养,以便可以得到完全的休息、进行有益健康的散步和为过于瘦削的身体增重几磅。她这个时期的家书里满是这星期重了一公斤、那个星期重了半公斤的消息。但除此以外这些信还满载着对父亲的思念。1910年夏天,也就是她14岁那年,她从一处矿泉疗养地写信告诉"亲爱的爸爸",她的健康已越来越好,"体重一直增加,已接近胖子的边缘"。虽然还是青涩的年纪,但对于父亲,她已有着如慈母般的关心:"你在哈茨山(Harz Mountains)上胃有没有再一次感到不舒服?"她希望几个哥哥("那几个男孩")会把父亲照顾好,但又毫不怀疑,父亲换成自己来照顾,一定会更妥善些。一般说来,她总是不停歇地跟几个哥哥姐姐争宠。"我也很希望可以跟着你一道旅行,就像埃内斯特和奥利弗现在的样子。"她也流露出对父亲作品早熟的兴趣。她曾经要求"友善的"耶克尔兹医生(Dr. Jekels)把《格拉迪娃》借她读,但后者却表示,除非她父亲同意,否则不能答应⑭。安娜也深深喜爱父亲为她取的外号。"亲爱的爸爸,"她在次年夏天写道,"已经很久没有人喊我'黑恶魔'(Black Devil)了,我极为怀念这个称呼。"⑮

弗洛伊德认为,安娜的大部分病痛(例如背痛)都是心因性反应,是她所沉湎的"胡思乱想"(这是安娜自己的形容)引起的。弗洛伊德鼓励她把自己的症状告诉他,安娜没有让父亲失望。早在1912年,当她仍然疾病缠身时,就已经毫不隐瞒把自己的心理状况向父亲报告。在信中她告诉父亲说,她认为自己既没有生病但也不是健康的人,反正就是不确定自己哪里不妥。"不知道怎么搞的,就是会有一些怪病痛冒出来。"然后,她就会变得衰弱和为各种事情烦恼,其中包括为自己乐于懒散而烦恼[这是她与父亲的通信中一个持续的主题,像在一封1919年夏天写给弗洛伊德的信中,她就不快乐地问道:"为什么我无所事事时就会很快乐?我会这样问,是因为我不喜欢工作吗,还是说只是表面上看起来是如此?"]。她渴望自己能像大姐玛蒂尔德那样深明事理。"我希望自己是个理智的人,至少会变成这样的人。""你知道吗,"她提醒父亲说,"我宁可没有告诉过你这一切,因为我不喜欢困扰你。"不过,因为这是父亲先前要求她的,所以她在附笔里又补充说,"我不能告诉你更多了,因为我对自己的了解仅此而已,但我可以保证不会对你隐瞒任何秘密。"她又要求弗洛伊德,如果可能,请再一次尽快回信,"如果你能帮我一点点,我就一定会变得更理智。"⑯

弗洛伊德太愿意帮这个忙了,因为在1912年时,玛蒂尔德已经嫁人,而苏菲也打算跟随姐姐,准备嫁人,所以,安娜就变成了弗洛伊德——正如他喜欢称呼她的——"亲爱的独女"(dear only daughter)⑰。11月,安娜前往意大利北部的著名疗养胜地梅拉诺(Merano)休养,在她准备住上几个月时,弗洛伊德告诫她一定要放轻松心情和尽情享受,他告诉她,一旦习惯了慵懒与阳光,就一定会增加体重和变得心情开朗[68]。安娜在回信中告诉父亲,自己有多想念他。"我总是尽可能多吃,而且相当理智,"她在信中说,"我常常想念你,而且极为盼望你在有空时能写信给我。"[69]要求父亲"有空"写信给自己,是她经常在信中提到的,因为她知道,弗洛伊德可是个超级大忙人——当安娜主动表示希望回家时,弗洛伊德力劝她再多留一阵子[70],尽管这表示她将会错过苏菲预定在1913年1月举行的婚礼。不过,这个建议,乃是弗洛伊德一个精明的治疗策略。因为早先,安娜曾经向他坦承,自己与姐姐苏菲之间"无休止的争吵",对她来说乃是一件"可怕"的憾事,因为尽管她在苏菲心中没什么地位[71],但苏菲却是她既喜欢又羡慕的人。这种自我轻视在当时乃至于后来很长一段时间,都是安娜的特征。在这一点上,就连弗洛伊德——他的很多建议都是安娜言听计从的——也未能完全改变她。

但他至少尝试这样做过,他认定,安娜已经成熟得足以吸收一些精神分析的真理,毕竟,她已经在进行自我分析了。很明显,苏菲的婚礼在她内心搅起了强烈而矛盾的感情。她坦承,自己同时希望能够回家参加苏菲的婚礼,又想置身事外:一方面,她享受在梅拉诺的奢侈闲适;另一方面,又希望能在姐姐出嫁前见上一面。不过不管怎样,她现在"都远比从前要理智"。"如果你晓得我现在变得有多理智,一定会惊讶万分。你之所以察觉不出来,只是因为身在远处。不过,想要变得你所希望的那种程度的理智,实在难之又难,我不知道自己是否办得到。"[72]安娜这些自省的话给了弗洛伊德一个机会,他告诉她,她的各种疼痛症状,其根源都是心理性的,是由她对苏菲的婚礼与对苏菲的准夫婿哈尔贝施塔特的矛盾感情所引起的。"毕竟,你知道你是个小怪胎。"弗洛伊德说这话,并不是要责怪安娜对苏菲"日积月累的嫉妒",因为他觉得,要负责任的主要是苏菲。但他却认为,安娜把这种嫉妒转移到哈尔贝施塔特身上,而这让她备受折磨。另外,他也认为安娜对父母隐瞒了一些什么,而且,"大概你也同样隐瞒着自己"。弗洛伊德温和地劝女儿"不要隐瞒什么,不要忸怩羞怯"。他说话的调调,听起来就像一个精神分析家劝病人自由倾吐。但他在结语里说的话,仍然像个父亲:"毕竟,你不应该永远停留在小孩状态,而应该勇敢直视生命和它所带来的任何东西。"[73]

鼓励女儿长大是一回事,但能放开手让女儿长大又是另一回事。有很多年时间,安娜在弗洛伊德的心目中始终是"最小的一个"。那个弗洛伊德在苏菲订婚后打趣地称呼安娜的头衔——"我亲爱的独女"——自苏菲结婚后反复出现。1913年3月,他利用一次短假期带安娜到威尼斯游玩。这是一趟安娜事前热烈期待而过程极为愉快的旅行。"跟你一道去(威尼斯)旅行,"她惊呼说,"让它比起本来该有的更加怡人。"⑭当年稍后,弗洛伊德向费伦齐承认,安娜让他联想起科迪莉亚(Cordelia),也就是李尔王(King Lear)最小的女儿⑮。这种联想让他写成了《三个匣子的主题》("The Theme of the Three Caskets")一文,一篇对女性在男人的生与死上所扮演的角色的动人沉思。这个时期,有一张弗洛伊德与安娜合照于多洛米蒂山的照片,两人看起来就像是志同道合的同伴。照片中,弗洛伊德穿的是远足的装束:斜戴着的帽子、束腰夹克、灯笼裤和粗厚的靴子。安娜挽着父亲臂弯,身穿一件与其瘦削身材十分匹配的阿尔卑斯村姑式连衣裙。

迟至1914年夏天,也就是安娜快满19岁时,弗洛伊德仍在给琼斯的信中称她为"我的小女儿"⑯。但这一次,他可是别有动机的:他要预防琼斯会向安娜献殷勤。"我从一些最可靠的消息得知,"他在安娜7月17日准备动身前往英国时警告她说,"琼斯医生有寻求你垂青的强烈企图。"他指出,自己是没有干涉她两个姐姐选择伴侣的自由,但她却不一样,因为她迄今都没有过追求者,而且又比两个姐姐生活得与父母更为亲近。因此,弗洛伊德认为她不应该在"未征求过我们的同意前"擅自做出重大决定⑰。

弗洛伊德不忘对安娜赞扬琼斯是他一个好朋友与"非常重要的工作伙伴",但又担心,说这些话"可能只会成为你一个更大的诱惑力"。因此,他说他觉得有责任提醒女儿两件事情:首先,"我们希望你在看过、学习过和生活过更多之前,不要做出感情的承诺或结婚"。确切来说,她应该最少五年内不要想有关结婚的事。其次,弗洛伊德又提醒安娜,琼斯现年35岁,岁数几乎足足是她的两倍。尽管琼斯毫无疑问是一个"温柔、好心肠"的男人,"会爱太太和对太太的爱满怀感激",但适合他的,应该是个年龄稍长、涉世较深的对象。弗洛伊德又指出,琼斯是"在一个非常简单的家庭和困难的生活环境中长大的",大部分的关注都在科学上,因此缺乏像安娜这样一个"被宠坏的"、"非常年轻而带点矜持的女孩"所期望于丈夫的那种细致和体贴。弗洛伊德又补充说(这一次把刀子捅得更深),琼斯事实上远不如乍看的独立,而是非常需要别人打气的。因此,弗洛伊德在结论里说,在与琼斯相处时,安娜应该保持亲切,但避免与他单独相处[78]。

显然,给了安娜这些忠告以后,弗洛伊德并未疑虑尽释。五天后,也就是7月22日,他又写信给已经身在英国的安娜,温和地把前述的教诲重申一遍。他说她不应该拒绝琼斯的相陪,而且应该以尽可能坦然的态度与他相处,把自己放在一个"友谊与平等的立足点上"[79]。然而,这个二度提醒仍然未能平息弗洛伊德的担心,为此,他给琼斯写了一封信。据他告诉安娜,在这封信中,他用了不会被看作冒犯的"几行字",打消了琼斯任何求爱的主意[80]。

这"几行字"事实是相当有趣的。"大概你对她的了解还不够,"信中弗洛伊德告诉琼斯,"她是我孩子里最有天分和才华的一个,除了有着美好的个性外,还充满学习、观察和了解世界的兴趣。"[81]这些话,和他直接告诉过安娜的没什么两样[82]。但接下来他却语气一转,说出一番大可以称之为维多利亚式想象的话来:"她还没有自觉是个女人,没有一点性的渴望,对男人抱着相当拒绝的态度。她与我有一个说开了的共识,那就是在再长大两三岁之前,不会考虑有关结婚或谈恋爱的事,我不认为她会打破这个协议。"[83]我们知道,这个"协议"只是弗洛伊德自己想象出来的,因为一直以来,都是他自己在主动建议女儿把谈恋爱和结婚的年纪延后。毫无疑问,他并不认为这是不合情理的,因为他一直认为,安娜的感情心智年龄要比实际年龄为小。但不管这是不是一厢情愿的想法,弗洛伊德说安娜——一个已经充分发育成熟的年轻女性——没有任何性渴望的一番话,都像是出于一个没有读过弗洛伊德著作的保守布尔乔亚之口。不过,也许弗洛伊德这样说的目的,是暗示琼斯,如果他对安娜有任何不轨的话,就等于是攻击儿童——当初琼斯就是因为这个指控而不得不远走他乡异国,所以这个半遮面的警告肯定会对他非常有力。但不管怎样,弗洛伊德否认女儿有性渴望一事,都是很让人惊讶的,让人怀疑他是不是私心渴望女儿始终是个没长大的小女孩——他的小女孩。

安娜对父亲要求的回应,是她自轻心理的另一次表现。"你所提到的我在家中享有的地位,"她在英国写信给弗洛伊德说,"我感到很愉快,但我却难以相信那是事实。例如,我不相信如果我不在家里,会造成很大的分别。我相信,只有我一个人可以感受到这种分别。"[84]到底琼斯本人是怎样看待这出他不由自主被卷进去的小小戏剧的,我们无法确知。但在某些方面,他是看得很清楚弗洛伊德对女儿的感情牵系的,在回信中,他说:"(安娜)具有美好的个性,而如果她的性压抑不会为她带来伤害,那她日后肯定会成长为一个不同凡响的妇人。她当然是强烈地依恋你的,而这是一个实际父亲(actual father)与潜意象父亲(father imago)相合的罕有例子。"⑧这是个敏锐的观察,也是个不会让弗洛伊德感到惊讶的观察,但他却不打算接受其意涵。

正如我们所知,安娜平安无事地度过了她的英国之旅。经过一些紧凑的参观行程以后(有些有琼斯相陪,有些没有),安娜于一个月后回到家里。接下来几年(战争、革命和缓慢重建的几年),她的生活就像其后来的精神分析家事业的彩排。不过,她成为一个弗洛伊德主义者的路途是迂回曲折的。她受的是师范教育,通过了考试,在20多岁时成为女子学校的老师,但她注定是不会当一辈子老师的。

她日后回忆,少女时代她喜欢坐在父亲的图书室外面,"听他与访客的谈话,这对我相当有裨益"⑧。直接阅读父亲写的东西对她的裨益就更大了。1912年至1913年冬天在梅拉诺疗养期间,她写信告诉父亲,自己读了他的"一些"作品。"你不应该为此感到惊异的,"她带点防御的姿态说,"毕竟,我现在已经长大,会对它们感兴趣是不值得奇怪的。"⑧她的阅读一直持续,有时会请父亲解释一下诸如"移情"之类的术语是什么意思⑧。1916年,她到大学旁听父亲有关精神分析的导论课程⑧。这些精神分析教育,强化了她继承父业成为精神分析家的野心。次年,她在旁听父亲的讲课时,在座的还有海伦娜·多伊奇,后者穿着医生的白袍,帅气十足,让安娜印象深刻。回家后,她向父亲表明自己打算以精神分析为目标,并且准备投考医学院,为这个志愿作预备。弗洛伊德没有反对她的远景规划,但却反对她读医,这不是弗洛伊德第一次(或最后一次)劝有志从事精神分析工作的人不必进医学院⑧。

自此以后,弗洛伊德把安娜带到他的专业大家庭去的次数越来越频繁。然后在1918年,开始对她进行精神分析。同一年,安娜受邀参加在布达佩斯举行的国际精神分析家大会,但她因为教学工作的羁绊,无法成行⑧。两年后,当大会在海牙举行时,她终于能够抽出时间,陪伴为爱女而感到自豪的父亲一起出席。她的信件也反映出,她的精神分析技巧越来越老练了。有多年时间,她都会把她最特别的梦境(主要都是一些吓人的梦境)写信告诉父亲,现在她更是进而自己去分析它们,而弗洛伊德则对她的分析加以评论⑫,她也成了少数能够首先

第九章 生死相争

读到弗洛伊德最新作品的人。她曾参加精神分析的会议，而且不局限在维也纳的范围内。在1920年11月从柏林写给父亲的信中，安娜对父亲的同仁提出了一些有见地的评论，并且毫不隐瞒自己对一些已经开始分析儿童的同仁的妒意。"你看到了，"她带有自责意味地补充说，"任何人都有能力比我做得更多。"[93]此时，她已经辞去了教职（她对此事有着矛盾的心情）[她在8月写信告诉弗洛伊德："到目前为止，我对放弃教书一事从未后悔过。"但到了10月，她却向父亲抱怨心情恶劣，极为思念她原来教书的学校]，准备好要成为一个精神分析家。

她的头两个"病人"是外甥埃内斯特和海纳勒，也就是她姐姐苏菲的两个遗孤。1920年，安娜在汉堡与这两个小孩相处了很长一段时间。她特别关心的是已六岁多的埃内斯特，他受到父亲的宠爱远不如羸弱的弟弟海纳勒。为了赢得埃内斯特的信任，安娜跟他分享了很多自己的奇思怪想，又告诉他小婴儿来自哪里和死亡是怎么一回事之类的"秘密"[94]，这使得埃内斯特愿意对她说出心里话。埃内斯特有一个毛病就是非常怕黑，但根据安娜分析，这是他妈妈的一个警告（更严格来说是威胁）所带来的后遗症：苏菲曾经对埃内斯特说过，如果他继续"玩自己的小东西，就会生重病"[95]。由此可见，就算是弗洛伊德的子女，也不是每个都恪守他有关教育子女之道的教诲的。

安娜并没有满足于这种儿童精神分析的初步尝试，她开始分析其他小孩的梦[96]，并在1922年春天写出了一篇精神分析论文。她期望，此文会让她获得加入维也纳精神分析学会的资格。她告诉父亲，这个会员资格是她梦寐以求的[97]。5月底，她的愿望成真了，她那篇论鞭打幻想的论文，部分是以她个人的心理状况为基础的，不过这种主观性并未让此文的科学贡献失色。"我女儿安娜在上星期三做了一个很好的讲演。"[98]弗洛伊德在6月初欣慰地告诉琼斯。两星期后，安娜成为了维也纳精神分析学会的正式成员。

这之后，安娜在弗洛伊德的密友间声誉鹊起。甚至早在1923年，宾斯万格就告诉弗洛伊德，他已看不出安娜与父亲之间有任何风格上的分别[99]。1924年底，艾廷冈、亚伯拉罕与萨克斯也从柏林写信给弗洛伊德，建议他应该把安娜视为核心分子的一员，让她参与重大事务的讨论，而不是像多年来一样，"只是充当父亲的秘书角色"[100]。这个建议固然不无取悦弗洛伊德的用意，但它仍然反映出，安娜在他父亲密友心目中的分量已提高至何种程度。

弗洛伊德既毫无保留地鼓励女儿从事专业上的追求，也不遗余力地介入她的私生活。安娜对生活和友谊的热爱是溢于言表的,他父亲看得出这种需要,并努力去促成它:弗洛伊德曾在1921年底邀请莎乐美到伯格巷19号做客,主要就是出于为安娜的考虑。在一封写给艾廷冈的信上,他指出:"自从英国的勒、匈牙利的卡塔和你的米拉(Mirra)相继离去以后,安娜对女性友谊的渴盼是可理解的。"勒·卡恩(一度是琼斯的情妇、弗洛伊德的病人)已经回英国去了;卡塔·莱维已经结束了她在弗洛伊德那里接受的分析治疗,回到布达佩斯;而费伦齐的太太米拉现在与丈夫同住在柏林。"令我欣慰的是,她仍然年轻漂亮而开朗,"弗洛伊德在信上补充说,"但我只希望她能尽快找到一个可以比她的老父更为长久的对象,使她能够寄托感情。"[101]而在另一封写给英国侄儿的信中,谈到安娜时,他慨叹说:"她在各方面都相当成功,唯一的遗憾是欠缺找到一个适合她的男人的好运气。"[102]

弗洛伊德撮合安娜与莎乐美友谊的计划,成功得超乎他的最高期望。1922年4月,安娜到哥廷根探望莎乐美,待了很长一段时间,重拾两人上一年在维也纳私密而近乎精神分析式的深谈。这种亲密关系有着一圈神秘的氛围:安娜声称,如果不是有莎乐美"奇异而神秘"的帮助,她根本无法写出那篇论鞭打幻想的论文[103]。弗洛伊德对自己成功的计划大感高兴。1922年7月,他写信给莎乐美表示感激,感谢她愿意用"爱护"的态度去对待一个"小孩"。他在信中告诉莎乐美,安娜想与她有进一步的深交已经有好些年,又说如果安娜"想有所成就的话,需要来自一些高标准的朋友的影响与扶持。由于受到来自我这一边的抑制,她已鲜有男性友人,而在女性友人方面,她又一向运气不佳。这使她的成长变得缓慢,而她比同龄女孩子显得小的地方,也并不仅限于外表。"信中,他也毫不隐讳自己的矛盾心理:"有时我极渴望她找到一个好对象,但有时又怕失去她而感到畏缩。"[104]安娜和莎乐美虽然年龄悬殊,但却有两件事情是情投意合的:一是对精神分析的兴趣,二是对弗洛伊德的仰慕。没多久,她们就互相以"你"(du)相称,而她们的亲密友谊也持续了一辈子[105]。

尽管为女儿找到了一个好朋友,但安娜始终独身这事情却让弗洛伊德不能释怀。在1925年写给萨穆埃尔·弗洛伊德的信上,他再一次谈到这个话题:"安娜——最小的却举足轻重——值得我们为她骄傲,她已经成为一个儿童精神分析家,专门治疗顽皮的美国小孩,赚到不少钱,而且也慷慨地用这些钱来资助穷人。她现在是国际精神分析协会的成员,受到专业同仁的尊敬。然而,她已经过了30岁生日,却没有一点打算结婚的迹象。谁又知道,当父亲去世后,她目前的兴趣仍能带给她欢乐呢?"[109]这是个好问题。

安娜总是不厌其烦地让父亲知道,他在她的心目中有多重要。"你一定不能想象我对你的思念有多么持续不断。"[107]她在1920年的信中写道。她会带着母亲般的关怀——更精确地说是妻子般的关怀——担心他的消化系统或他的胃。1922年7月中,她从一些细微的线索中敏锐地看出,父亲可能正处于身体不适中。"你正在写的两篇文章是关于什么的?"她问道,然后就立刻把话题转移到她主要关心的问题,"你心情不好吗?还是说这只是我从你的来信中得到的错误印象?是巴德加施泰因不如从前漂亮了吗?"[108]她的直觉一点都没有错,因为她写这信的时间,正是弗洛伊德私下向兰克透露自己的健康似乎出了问题的两星期前。"别让病人折磨你,"她力劝父亲,"就让所有的百万富翁继续发疯好了,反正他们没有别的事可做。"[109]从1915年开始,也就是她接受弗洛伊德精神分析的前一年,她的梦境变得更加充满焦虑。"现在大部分时间,"她在1919年夏天告诉弗洛伊德,"我在梦里都会看到一些不好的事情,有谋杀的、有枪击的,有关于病危的。"[110]她一次又一次梦见自己变成了瞎子,这让她惊骇莫名[111]。她也梦见自己为了保卫一个属于她和父亲的农庄而拔出佩剑,但却发现剑是断的,使她在敌人面前困窘莫名[112]。她还梦见陶斯克医生的新娘子租了伯格巷20号(位于弗洛伊德家对面),目的是伺机开枪射杀弗洛伊德[113]。所有这些梦,都反映出安娜对父亲的安危焦虑不已。不过,最能反映这种焦虑的,是她在1915年夏天所做的梦——它的直接有如儿童的梦境。"最近我梦见,"她在信中说,"你是个国王而我是公主,人们为了分开我们发起了政治阴谋,这个梦让我不愉快和非常焦躁不安。"[114]

这些年间,有大量证据可以向弗洛伊德证明,安娜之所以迟迟找不到一个适合的对象,跟她对父亲毫不隐瞒的依恋有离不开的关系。在还没有正式对安娜进行精神分析以前,弗洛伊德对女儿梦境的分析,都显得漫不经心,甚至几乎可以说是草率。不过,这些梦境所透露的信息,已越来越让弗洛伊德不能忽视女儿对他的依恋。也因为这样,弗洛伊德才会在1919年向艾廷冈提及,安娜有着"恋父情结"[115]。不过,他的语气仍然是轻描淡写的。这反映出,尽管弗洛伊德是个家庭政治学的大师,但仍然无法完全了解自己在安娜不情愿结婚一事上,扮演着多重要的角色。旁观者要比他看得清楚得多。1921年,当弗洛伊德的美国"弟子"们谈及以安娜"这样迷人的一个姑娘"为什么会仍然小姑独处时,其中一个人——卡丁纳说:"看看她父亲不就得了,这是个极少男人可以达得到的高标准,如果她嫁给一个低一筹的男人,就会感到屈就。"⑯要是弗洛伊德曾充分认识到自己对女儿笼罩性的影响力,只怕就会对是不是要为她做精神分析踌躇再三了。

弗洛伊德和安娜一定都知道,这种父女间的精神分析是非常不合常规的。而且他们之间的分析也是一个冗长的过程。它开始于1918年,持续了超过三年才结束,然后到了1924年又再恢复。对于分析的内容,弗洛伊德只对极少数的人透露,从未公诸大众,而安娜的保密程度也不遑多让。她不断跟父亲诉说她的梦境以及许多恼人的白日梦,但她同时又保留了一部分秘密。1919年,也就是开始分析之后一年,她有一次和好朋友玛格丽特去巴伐利亚的乡间度假,无意间对她倾吐了这个秘密。"我告诉她,"她跟父亲报告,"我正在接受你的精神分析。"莎乐美自然也知道分析的秘密,艾廷冈也知道。稍后,知道的人又多了一些,但仍然是屈指可数。总之,这始终是一件具有高度保密性的事情。

这一点不足为奇,弗洛伊德一直强调,分析家应该设法驾驭病人的移情和自己的反移情。但现在,他却决定要为女儿进行分析,这不啻是对他自己有力而清晰地制订的那些临床规则的蓄意破坏——至少在别人眼中是如此。1920年,当卡塔·莱维的分析治疗结束后,弗洛伊德曾写信告诉她,他对于自己现在"无须再隐藏我对你的诚挚友谊"⑰,可以说一些知心话而感到满心欢喜。两年后,当琼·里维埃找他当分析家,并透露自己曾与琼斯发生感情后(她之前是琼斯的病人),弗洛伊德马上写了一连串怒冲冲的信给琼斯,责备他行为欠妥。"我很欣慰你并未跟她发生性关系(你信中的一些话曾让我有过这样的怀疑),"弗洛伊德写道,"但你在她的分析治疗结束前与她发生感情,则毫无疑问是一项临床技术上的错误。"⑱

那么,弗洛伊德在为其幺女进行分析治疗期间,所犯的技术错误又是哪些呢?弗洛伊德显然不认为自己有什么违规的地方,事实上,在精神分析的早期岁月,他所宣示的那些规则,并不是那么被认真遵守的,违规的情形比比皆是。在那个时候,分析家与病人之间应该保持距离的想法,也还是处于未完全定形的状态。因此,例如荣格就尝试分析过自己的太太,格拉夫分析过儿子小汉斯,弗洛伊德分析过艾廷冈和费伦齐,而费伦齐也分析过琼斯。尤有甚者,在20世纪20

第九章 生死相争

年代早期,也就是弗洛伊德已经在他论临床技术的论文里宣示过精神分析家应该像外科医生一样铁石心肠以后,梅兰妮·克莱因(Melanit Klein,儿童精神分析的先驱)仍然不避讳地以自己的小孩为分析对象。当意大利精神分析家魏斯的长子打算继承父业,要求父亲当自己的分析家时,魏斯曾征求弗洛伊德的意见。回信中,弗洛伊德称这样的分析为"棘手的事务",说它能不能成功,要看两人的关系而定,又说对弟弟进行精神分析也许会比较容易,但以儿子为对象的分析则会碰到特殊的问题。不过他却补充说:"我对我女儿的分析倒是有不错的效果。"[119]

不过,至少弗洛伊德自己也承认的一点是,这个分析过程进行得并不容易。在1924年癌症手术初愈,恢复看诊后,他已把每天接见的病人数目减至六人,然而,诚如他在当年5月写信告诉莎乐美的,他已经"因为特殊的感情考量而接受了第七位病人:我那不可理喻地攀附着老父亲的女儿安娜"。弗洛伊德这时对莎乐美已经完全开诚布公。"这个孩子给我的忧虑够多的了,我担心她将来怎样忍受孤单的生活,也担心自己是否能够让她的力比多从紧抓不放的那个隐秘地方驱赶出来。"弗洛伊德又承认:"她具有让自己不快乐的异常天赋。"接着,他又自我安慰地说,他深信只要莎乐美活着,他的安娜"将不会感到孤单,但她可是比我们两个都要年轻得多啊"[120]!有过一段时间,也就是1924年夏天,这个分析治疗眼看就要夭折,但最后还是坚持了下来。弗洛伊德在8月致莎乐美的信上说:"你对安娜的生活机遇的看法是完全恰当的,也完全印证了我的疑惧。"他深知,女儿在感情上对他的持续依赖,乃是"一种不应被容许的流连,因为那原应只发生在人生的预备阶段"[121]。但安娜还是没有放弃流连。"安娜的分析还在持续中,"弗洛伊德在次年5月向莎乐美报告说,"她不是个单纯的人,所以虽然可以清楚看出别人该怎样走,却不容易找到一条自己可以走出去的路。不过,在成长为一个有经验、有耐心和有同理心的精神分析家这件事上,她表现出了辉煌的进展。"尽管如此,他又表示,安娜的总体人生趋向是他所不乐见的。"我害怕,她压抑着的情欲有朝一日会开她一个卑鄙的玩笑。我无法使她离开我,变得自由,也没有人能够在这件事情上帮助我。"[122]但早些时候,他曾经用一个生动的比喻向莎乐美形容他的矛盾心情:如果安娜嫁人,他的被剥夺感将有如不得不戒烟[123]。因此,他无依无靠地被困在与他最宠爱的女儿的关系中。他被他自己的需要攫住,无法遁逃。他早在1922年就向莎乐美说过:"人生有那么多不可解的内心矛盾,它会在有朝一日结束未尝不是一件好事。"⑩

毫无疑问,安娜有许多父亲值得为她骄傲以至于宠爱她的理由。不过,弗洛伊德却从未评估过,安娜会选择精神分析为志业,有多少是自发的,又有多少是出于对父亲的感情因素。这一对父女终其余生都是最密切的盟友,几乎是平起平坐的同事。例如,当安娜有关儿童精神分析的观点于20世纪20年代晚期在伦敦受到猛烈炮轰时,弗洛伊德就挺身为女儿辩护,发出凶悍的还击;又例如,安娜那篇发表于30年代中期有关自我心理学与防御机制的经典论文,固然是以自己的临床经验为基础,但它的理论架构,却主要来自弗洛伊德的作品。安娜对父亲有着强烈的占有欲,嫉妒任何可能会减损其特权的人(包括兄姊、母亲和朋友),也对任何批评父亲作品的意见(哪怕只是暗示性的)极其敏感。到了20年代早期,这父女俩在事业上与感情上都已经是无可分离的了。

在其晚年,弗洛伊德喜欢称安娜为他的安提戈涅(Antigone)⑫。这也许没有什么特别,因为那时候像弗洛伊德这样受过高等教育的欧洲人,都喜欢拿索福克勒斯剧作里的角色来比喻自己的亲人。另一方面,弗洛伊德把安娜称为"安提戈涅",其中可能的弦外之音丰富得让人无法置若罔闻。因为首先,它证明了弗洛伊德把自己认同于俄狄浦斯——就是那个勇于解开重大谜题和弑父娶母的古希腊英雄。但还不止这样,俄狄浦斯所有子女都与他异乎寻常地亲近,因为他们既是他的子女,也是他的兄弟姊妹。尽管如此,安提戈涅在众兄弟姊妹中的地位仍然是独树一帜:她是父亲殷勤而忠实的同伴,而这一点,与安娜多年来都是弗洛伊德的亲密同志是一样的。在《俄狄浦斯在科洛诺斯》(*Oedipus at Colonnus*)一剧中,牵着瞎掉的俄狄浦斯的手,为他带路的,是女儿安提戈涅。相似的,弗洛伊德在1923年动过手术后,安娜就同时身兼父亲的秘书、知己、代表、同事与看护多种角色。可以说,安娜乃是弗洛伊德赖以对抗死亡的盟友。

安娜为父亲所做的工作,不仅是在他无法执笔时代写书信或代表他在会议上宣读论文,从1923年开始,她也以最亲近的方式照顾着他的身体。对外,弗洛伊德称赞说,好好照顾自己的人不止安娜一人。"我太太和安娜温柔地照料着我。"他在1923年春天动过第一次手术后告诉费伦齐⑫。12月动完第二次手术后不久,他又告诉萨穆埃尔·弗洛伊德:"如果说在经过这次溃败后我的身体还留有任何力量的话,那都是完全拜我太太和两个女儿的体贴照顾所赐。"⑫但事实上,安娜才是他的护士长。当弗洛伊德安装上颚假体碰到困难时,都会找安娜

第九章 生死相争

来帮忙(为了搞定这种笨拙的装置,有时候得花上她半小时的努力)。[122]不过,这种照顾病人的工作没有让安娜反感,反而把这对父女的感情推到了极致。现在,他们对彼此来说都变成了不可或缺的。

毫无疑问,弗洛伊德大部分的诱惑都是不自觉的。有时候,他会坦言自己对安娜始终生活在他身边怀有矛盾感情。"安娜的工作很出色,"他在1921年4月告诉"亲爱的马克斯"〔弗洛伊德第一次称呼艾廷冈为"亲爱的马克斯"是在1920年7月4日的信上,自此一直沿用。换言之,弗洛伊德是经过一段时间的犹豫,才把艾廷冈接纳为近乎家人的角色的。艾廷冈大概也是弗洛伊德的伙伴中唯一没惹过他生气的(最少是没惹他生过很长的气)〕艾廷冈,"她开朗、勤劳而活跃。我会很乐于把她留在家里,一如乐意听到她出嫁的消息。但愿两者对她来说都是一样的!"[129]不过,更多时候,他会为女儿的不婚状态感到忧虑,而且会形诸笔墨。"安娜的身体棒极了,"他在1921年12月写给侄儿的信上说,"而如果她不是度过了第26个生日(昨天)而仍待在家里,那这个福分就可以说是没有瑕疵了。"[130]就像索福克勒斯笔下的安提戈涅,弗洛伊德的安提戈涅也终身未嫁,但这当然不是弗洛伊德所能预知得到的。在他遗留下来的文件中,有一个显然是装钱用的信封,而这笔钱,又无疑是他给安娜的生日红包。信封的正面写着这句话:"为嫁妆基金或独身基金贡献的心意。"[131]

弗洛伊德会找安娜来充当心灵感应实验的受试者,正是他们亲密关系的指标。弗洛伊德在1925年曾告诉亚伯拉罕,安娜具有"心灵感应式的敏锐直觉"[132],但当时只是半开玩笑的。弗洛伊德对心灵感应现象的态度,可以用安娜有一次对琼斯所说的话一语道破:"这一定是个让他既着迷又排斥的主题。"[133]琼斯曾指出,弗洛伊德喜欢谈一些有关神奇巧合和神秘声音的传闻,而且对巫术的思考方式多少有一点相信(但从未全信)[134]。最能够反映他对巫术思维有所相信的,是发生在1905年的一件事:当女儿玛蒂尔德罹患凶险疾病时,他"不小心"砸碎了一件心爱的古董,以作为神祇让女儿痊愈的代价[135]。但不管怎样,最让弗洛伊德着迷的还是心灵感应现象。

在一封写于1921年的信中,他宣称自己并不是"对所谓神秘心理现象的研究斥为不科学、无价值甚至危险的人士之一"。相反,他把自己形容为这个领域"完全的门外汉和新手"(但又补充说他"未能自免于某些怀疑主义和唯物主义偏见")[138]。同一年,他起草了一个备忘录《精神分析与心灵感应》("Psychoanalysis and Telepathy"),以供委员会的成员——亚伯拉罕、艾廷冈、费伦齐、琼斯、兰克和萨克斯——内部讨论。在这个备忘录里,他所持的立场与上述一致。他指出,精神分析并没有理由去追随那些鄙夷神秘心理现象的既有意见。"这不是精神分析第一次支持那些普通人的模糊猜测,而和所谓的受过教育者的自大无知对立"。尽管如此,他还是愿意承认,迄今为止有关这些方面的所谓"研究",都跟"科学"两个字沾不上边,而精神分析家又是"无可救药的机械论者和唯物论者"[137]。他说,作为一个科学家,他并不打算抬高迷信而与理性为敌,但另一方面,他科学家的身份也不容他对任何问题预设立场。他表示,他相信很多神秘的心理现象都可以加以科学解释,例如一些惊人的预言或巧合往往只是强有力的愿望的投射。尽管如此,仍然有一些神秘经验——特别是在思想转移(thought transference)的领域里——有可能是可信的。在1921年,弗洛伊德宣称自己对这个问题的态度是开放的,但与此同时,他又把相关的讨论局限在他最亲密的小圈子内,以免太公开讨论心灵感应的议题会使人们对精神分析分了心。

然而,到了第二年,弗洛伊德却丢弃了他的部分谨慎,向他的维也纳同仁发表了一篇论梦与心灵感应的文章。他事先警告他的听众说:"这个讲演将不会为你们解开心灵感应之谜,也不会告诉你们我本人是否相信心灵感应这回事。"[138]在结论里,他也一样的模棱两可:"我有让各位产生我窃信神秘学意义下的心灵感应的印象吗?如果有,我将会感到非常遗憾。因为我一直努力要达到的是完全不偏不倚的立场。我有充分的理由采取这种立场,因为我对心灵感应一无所知,也没有任何看法。"[139]弗洛伊德发表这篇文章的动机也让人好奇,因为文章里提到的那些梦境,不但不能证明心灵感应的可信,反而会让人怀疑——诚如他所说的——预言性的梦境和心灵感应可能不过只是一种无意识活动。看来他发表这篇文章的目的,只是要让心灵感应的议题继续保持活力。琼斯说得好:"(在弗洛伊德身上),想相信的愿望和不想相信的警告激烈交战着。"[140]

纵贯20世纪20年代,弗洛伊德都叮咛他的同人不要在这件事情上采取太积极的立场。其中一个理由是,相关的证据都不彻底;另一个理由是,如果精神分析公开宣称心灵感应是一个值得认真研究的领域,那么,将会让敌人有了大造文章的机会。1925年初,费伦齐曾经想在下一届的国际精神分析家大会上发表一篇论心灵感应的文章(内容以安娜和她父亲所做的实验为基础),并以此事征询弗洛伊德,后者的反应是断然反对:"我忠告你不要这样做,千万不要。"[141]

尽管有这些顾虑,弗洛伊德的立场却慢慢松动。在1926年,他告诉琼斯,自己一向以来"都对心灵感应现象有所偏爱",而之所以一直有所保留,只是为了不让精神分析与神秘学走得太近。不过到了最近,"那些我与费伦齐和我女儿所携手进行的实验是那么具有说服力,以至于我觉得应该把那些策略性的考量放在后面。"他又补充说,他之所以愿意挺身为心灵感应现象说话,是因为这个现象所受到的待遇,让他联想起精神分析过去所受的待遇。所以,他已经准备好横眉冷对千夫指了。不过,他又安抚琼斯说:"如果有人因为我的'堕落'而责备于你的话,你可以回答说,我对心灵感应的执迷——就像我的犹太人脾气和嗜烟如命的激情一样,只是我的自家事,与精神分析的本质无关。"[142]尽管安娜对父亲的了解要比任何人都多,但在有关心灵感应这件事上,她也低估了父亲愿意去相信的意向。她告诉琼斯,弗洛伊德对心灵感应议题的态度"只是力求'公平',也就是说,不要别人用以前对待精神分析的态度去对待它。而对于两个无意识心灵可以不借助一座意识桥梁而沟通的这件事,他自始至终只是相信不能排除有这种可能罢了"[143]。这个辩护固然有许多可议之处,但却反映出,安娜对父亲的保护之心是不遗余力的。

弗洛伊德虽然有女儿做支柱,但心情仍然起伏不定。在1924年4月写给兰克的信中,他带点恼怒地抱怨亚伯拉罕完全搞不清楚他的身体状态:"他希望我的'微恙'很快就会过去,说什么都不肯相信我必须接受一个新的和缩减了的人生与工作计划。"[144]弗洛伊德在9月向琼斯承认,他正在进行一些研究,但那都是"次要的","现在没有任何我感兴趣的研究方向"[145]。他在1925年5月向莎乐美形容,自己正渐渐凝固为一个麻木不仁的硬壳,又说根据事物的原理,"这是一个从有机变为无机的开始",说这时候他身上那个生命驱力与死亡驱力的天平,显然正逐渐向死亡的一边倾斜[146]。他刚刚"庆祝"过69岁生日。不过,这并不表示他的活力从此真的就消失了。因为在八年后,也就是他77岁时,他的活力仍然让他的病人希尔达·杜利特尔印象深刻。"教授几天前告诉我,"杜利特尔在她的日记上写道,"如果他可以再多活50年,仍然会对人类的心灵或灵魂的变幻无常和多样性感到迷惑和好奇。"[147]毋庸置疑的是,这种好奇心乃是弗洛伊德在动过癌症手术后仍然能够保持工作动力的原因——而因为有工作的动力,所以才有活下去的动力。在1923年10月中旬接受过皮希勒两次手术以后,弗洛伊德原预定在11月恢复工作,不过,皮希勒再次在他嘴巴里发现癌细胞一事,却让这个计划变得不切实际。他到1924年1月2日才恢复看诊,但一天"只限"看六个病人。没有多久,他又接受了第七位病人:安娜。

成名的代价

1925年初,安娜在写给亚伯拉罕的信中,用一个鲜明的比喻把父亲的健康情况与奥地利的情况相提并论:"皮希勒希望可以给(弗洛伊德的)上颚假体来个一劳永逸的改造……目前他正深受其苦,一如奥地利正为它的改造所苦。"⑱她所说的"改造",是指奥地利当时所进行的货币整顿。尽管这是个理性的决策,是奥地利迈向经济复苏的必经一步,但却造成了庞大的失业人口。

对奥地利和其他许多地方来说,20世纪20年代乃是风狂雨暴的十年,尽管中间不是没有一些阳光灿烂的片刻。中欧各国努力修补凋敝的经济,但只获得最保守和间歇性的成功。它们努力学习在缩减了的国土和未曾尝试过的政治制度中生活[奥匈帝国在第一次世界大战后解体为多个国家,而原来的君主政体也一变而为民主政体。——译者注],一如它们的前敌人学习怎样与它们和平共处。小小的奥地利共和国在1920年被国际联盟接纳为成员,比德国要早上六年。这是奥地利战后的一大外交胜利——它的第一次,也是最后一次。

这些年间,奥地利经历了一段激动人心的社会改革实验,不过,这个实验的效果却因为政治党派的紧张关系而大打折扣:"赤色维也纳"(Red Vienna)与天主教省份之间的敌对——也就是社会民主党与基督教社会党之间的敌对,从未获得过彻底解决。各种分裂出来的小政党(包括了君主主义者、国家社会主义者等)用煽动性的言论、激情的游行和血腥冲突来毒化政治气候。当维也纳的社会主义市政府雄心勃勃打算推行一个包括建设公共房屋、管制租金、兴建学校和济贫在内的计划时,控制着全国其他地区的基督教社会党用来作为号召的,却不是什么积极的社会政策,而是仇恨。它处心积虑要推翻社会民主党的政权(必要时不惜使用武力),其成员都是彻头彻尾的反犹太主义者,而从波兰、罗马尼亚和乌克兰涌入的犹太难民则是他们的主要开刀对象。

这段时间,魏玛共和制下的德国正处于一个金碧辉煌的文化盛放期,反观奥

第九章 生死相争

地利,却从未产生过(甚至从未尝试产生过)一幅体面的自画像。奥地利人唯一能够拿来自抬身价的,只有战前奥匈帝国时代金碧辉煌的文化。如果说奥地利对它的时代有任何"贡献"的话,那主要就是现代的野蛮主义:希特勒就是奥地利人。希特勒1889年生于因河畔布劳瑙县(Braunau am Inn),并在反犹太主义者卢埃格尔当市长任内,生活于维也纳(他把卢埃格尔誉为"所有时代最伟大的市长")。希特勒就是在维也纳吸收到他的政治"哲学"的:一种把极端反犹太主义、精明的宣传手法、野蛮化的社会达尔文主义与"雅利安人"应该主宰欧洲的模糊想法共冶一炉的腐臭大杂烩。没有错,以音乐生活、萨赫蛋糕(Sacher torte)和"蓝色多瑙河"闻名于世的奥地利,就是为希特勒的政治观念提供养分的地方。日后,他将在一个更大的阵地(德国),用他的政治观念和政治行动把世界搞得天翻地覆。

1919年,也就是第一次世界大战晚期,希特勒因伤退役,在慕尼黑加入了一个有反资本主义倾向的民族主义小团体。第二年,这个团体改名为国家社会主义德国工人党(National Socialist German Workers' Party),简称纳粹(Nazis),希特勒靠着非凡魅力而跃居领袖地位。他是一种新型的政治人,对权力有着永远填不饱的饥渴,貌视传统的行为方式,为人既精明又充满狂想。1922年,善于蛊惑民心的墨索里尼通过虚张声势和武力两种手段的结合,在意大利建立起个人独裁。尽管墨索里尼在很多方面都是纳粹的榜样和老师,但在大胆冒进、投机取巧、善于摆布群众和商界领袖这些方面,都要瞠乎希特勒之后。历史将要证明,不管意大利法西斯主义有多么浮夸腐败、矫揉造作和冷血无情,都比希特勒从他最默默无闻时代即已开始梦想的"纳粹新秩序"来得温和。

尽管希特勒具有投听众所好的卓越演说本领,但他从来不忘在演说中炮轰他的眼中钉:自由主义文化、民主党人、布尔什维克,又特别是犹太人。他在1923年11月在慕尼黑一家啤酒店发动的暴动虽然一败涂地,但他却把这次溃败善用为一个新的出发点:利用坐牢那舒舒服服的八个月写出了那本后来成为纳粹圣经的《我的奋斗》(Mein Kampf)。然而,由于魏玛共和在1923年底终于成功控制住通货膨胀,恢复了相当程度的社会秩序,而且在外交上重新获得国际社会的尊敬,所以接下来的好几年,希特勒所能扮演的只是一个边缘的小角色。

因此,在20世纪20年代中期的德国,领风骚的是主张和解外交政策的外交部长斯特莱斯曼(Gustav Stresemann),而不是狂暴的梦想家希特勒。让德国重返

448

国际大家庭的政策就是由斯特莱斯曼制订的,而他也努力让德国走出巨额战争赔款的泥淖。这段时期,希特勒的名字从未出现在弗洛伊德的书信中,这反映出,他还只是个微不足道的角色。这时期,尽管德国街头上还是会出现间歇性的暴动,而协约国也继续施压要求德国支付它几乎拿不出来的战争赔款,但在小说、电影、戏剧、舞蹈、绘画、建筑和雕刻等各个文化领域,德国却大放异彩,精神分析领域也是。不过,弗洛伊德不管是对魏玛共和国还是战后的奥地利都没有好感。1926年,他告诉对他进行专访的菲尔埃克(George Sylvester Viereck):"我的语言是德语,我的文化与才艺也是来自德国,所以我一直在思想上认定自己是德国人。但自从反犹太偏见在德国和日耳曼奥地利弥漫开来以后,我宁可称自己为犹太人。"[149]

如果说弗洛伊德未能从政治局势获得慰藉的话,精神分析在战后的蓬勃发展似乎应该可以给他慰藉;事实却不然,他对精神分析现状的观感是蹙眉和不满。1920年圣诞节当天写给普菲斯特的信上,他表示自己收到了若干来自世界各国致力于把精神分析大众化的作品,因此不得不承认"精神分析大业在各地都有所推进"。但他随即收回自己的乐观情绪:"看来你高估这件事情所带给我的愉快了,任何从事精神分析所能带来的满足,我已经在一个人的孤独时代享受过了,而自从我有了追随者以后,我的困扰要大过快乐。"他又补充说,精神分析越来越高的接受度,并未改变他对一般大众的鄙视,这种鄙视的形成,可追溯到人们不分青红皂白诋毁精神分析观念的时代。他又怀疑,这种态度也许是自己心理史的一部分,也就是其早期孤立岁月的一个结果:"无疑,从那个时候起,在我与别人之间,就已经形成了一道无可弥合的裂痕。"[150]在这一年前,他又告诉过艾廷冈,自从其工作的非常早期开始,也就是他相当孤独的那段岁月开始,他对未来的最大忧虑,就是"当我不在世时","人类的暴民"会怎样胡搅瞎搞精神分析[151]。

这听起来有点意兴阑珊和妄自尊大,但弗洛伊德的忧虑不是没有道理的,因为毕竟他所倡导的,是一组高度专业的观念,而且是最不恰人、最易引起反感的观念。事实上,精神分析的出现,不只是对当道的心理学派与精神病学派的否定,也是对平常男女那种无根据的自尊感的否定。在《精神分析导论》一书中,弗洛伊德以带点戏剧性的方式指出,精神分析是历史上对人类自尊心的第三个

第九章 生死相争

重大伤害。第一个伤害来自哥白尼,他证明了地球不是宇宙的中心;第二个伤害来自达尔文,他泯灭了人与动物的界限。现在,又来了个弗洛伊德,大声宣称人的自我基本上不过是无意识和不受控制的心灵力量的仆人[132],这样的主张能够期望受到世人的理解乃至欢迎吗?

精神分析的命题在冷冷的日光下听起来不太真实,甚至是荒谬的,而它们所倚赖的证据则显得遥远和难于评估。要能接受它们,一个人必须做出信仰的跳跃,但这是很多人不愿意去做的。1919年的维也纳是一个对新知如饥似渴的城市,人们在咖啡厅里热烈讨论很多稀奇古怪的激进观念,其中包括精神分析学说。"那时候的空气,"哲学家卡尔·波普尔(Karl Popper)日后回忆道,"充满了各种革命口号、观念,以及新颖而通常是不羁的理论。"[133]克劳斯刻薄而广被征引的警句——"精神分析是一种可以自己医治自己的疾病",虽然早已不新鲜,但仍然是人们对精神分析的态度的写照。波普尔当时虽然才17岁,却认为自己的论证已足以彻底推翻精神分析和阿德勒的心理学。他认为,这些系统的不可信,表现在它们无所不能的解释能力上,而它们之所以具有这种能力,乃是内容的含糊不清使然,以至于任何事情都可以被它们拿来当自己的证据。波普尔主张,这些系统在表现出能解释一切的同时,也等于表明它们什么也解释不了。那时候,像波普尔这一类"速成"的专家遍地皆是,而波普尔还算是他们之中最老练的。在这样的气候中,精神分析的推广会踌躇不前,自是不会让弗洛伊德意外。

弗洛伊德的理论在咖啡厅、鸡尾酒会和戏台上受到欢迎,但这并没有推动人们尝试去认真了解它。他的专门术语和基本观念往往受到误读,甚至扭曲,以便迎合一般人的需要。1923年,一个评论者马森(Thomas L. Masson)在评论四本有关精神分析的作品时这样说:"精神分析不只感染了我们的文学作品,作为这种感染的一个自然的结果,是它也在其他很多方面潜入与影响了我们的生活。"马森举出的一个例子是商业机构在雇用人员时,使用精神分析方法的越来越多;并表示希望精神分析最终可以"解决由三K党(Ku Klux Klan)所引发的问题"。不过,在结论里,他却态度一转,表示:"必须坦承的是,我们对它的终极价值不无怀疑。"[134]大部分在20世纪20年代对精神分析发表意见的人之中,坦承他们怀疑的比比皆是。

公众媒体(报纸和杂志)在散播误解与轻率的判断上也难辞其咎,它们常常把弗洛伊德描绘为一个滑稽甚至带有威胁性的漫画角色。在战后的不安时代，这个漫画化的弗洛伊德对读者深具吸引力。按照这个描绘，弗洛伊德是个肃穆、蓄胡的德国教授先生，带着滑稽浓重的中欧口音，整天把性挂在嘴边。大家都相信，他的学说鼓励人们尽情地把性需要表达出来。即使少数认真的评论者，也宣称他们在弗洛伊德作品里得到的困惑要多于启蒙。像玛丽·艾沙姆（Mary Keyt Isham）在《纽约时报》的书评版上坦承，虽然自己试图努力弄明白弗洛伊德在《超越快乐原则》与《群体心理学与自我分析》中想说些什么，"但本书评者却在弗洛伊德的作品里碰到很多困难，而最近出版的两部作品更是让人感到前所未有的困难"。艾沙姆相信，这些困难源于弗洛伊德尝试"以'后设心理学的'方式来呈现其早期的探索结果"。接着，她又把后设心理学误称为"一门新创的学问"⑮。

在了解真实情况的人中间，会挺身为弗洛伊德辟谣或对精神分析的误读做出澄清的，寥寥无几。传教士、记者和教师都谴责弗洛伊德散播淫秽观念，认为精神分析大行其道是一种灾难。1924年5月，《内在心灵的力量》（Power of the Inner Mind）一书的作者布朗（Brian Brown）博士在纽约圣马可教堂举行的一个研讨会上，把弗洛伊德对无意识心灵的分析形容为"腐臭的"。会上，纽约大学语言学会的会长博登（Richard Borden）博士本来想要勇敢地说明弗洛伊德的一些基本观念，但布朗博士却加以反对，所持的理由是"弗洛伊德不是教心理学的"，又说事实上，弗洛伊德的观念"说的是意识有一个外部的隔间，里面充斥着各种有害观念，而它们都磨刀霍霍准备好要冲入我们的意识。尤有甚者，他把一切都分解为性"⑯。看来弗洛伊德被指控为执迷于性的这个老罪名，始终洗刷不去。

在布朗博士以"腐臭"之名加在弗洛伊德观念上一年后，著名的纽约犹太教改革派拉比与犹太复国运动的倡导者怀斯（Stephen S. Wise）以较细致的语言重提这个指控。他在"国际学舍"（International House）向学生演讲时，力劝他们远离门肯（H. L. Mencken）［门肯（1880—1956年），美国评论家、新闻记者。——译者注］的影响，而致力于重新发现阿诺德（Matthew Arnold）［阿诺德（1822—1888年），英国维多利亚时代诗人、评论家。——译者注］作品中的甜美与光明。不过，他又进一步指出，"在'以新神取代旧神'这件事上"，还有一个比门肯的犬儒主义更坏的榜样，那就是弗洛伊德主义。就像其他很多焦虑的观察者一样，怀斯认为弗洛伊德乃是一个鼓吹释放原始本能的先知。"我乐于把弗洛伊德与康德相提并论,"他说,"因为在康德的'你必须、你将会和你能够'(Thou must, thou shalt, thou canst)理论之外,弗洛伊德又加上一个'你可以'(You may)。"怀斯在结论里洪亮地说:弗洛伊德主义乃是要"深入挖掘我们的情绪与欲望、梦与激情的污水沟"。其他人的批评要更轻率,像费城长老教教会的麦克尼尔(John MacNeill)牧师在斯托尼布鲁克(Stony Brook)的一个会议上说:"今天,每三个人之中就有一个人热衷于谈精神分析话题,如果你想让他们赶快闭嘴,可以要他们把'精神分析'这个词拼出来。"

这一类的贬斥是当时的典型,而且不限于美国一地。艾延冈在1922年11月从他最爱的巴黎写信告诉弗洛伊德,精神分析在那里正在与吵闹的反对声音苦苦搏斗:"看来,在《日常生活中的精神病理学》法译本出版的同一天,碰巧有一篇叫《弗洛伊德与教育》("Freud et léducation")的文章发表,并不是纯粹的巧合。此文是一个叫阿玛尔(Amar)的教授写的,他在文中吁请政府要保护小孩,让他们免受精神分析的污染。这位阿玛尔先生的语气非常愤怒。"愤怒正是人们对弗洛伊德所带来的信息的另一种防御策略。

围绕着弗洛伊德观念展开的讨论,不管是出自同情者还是敌对者,程度往往都很吓人。1922年,一个作者在伦敦《泰晤士报》评论《精神分析导论》时指出,精神分析"因其使徒的过分狂热,而交上了厄运";又说精神分析开始时本来是"对心理科学的一个贡献",后来却不幸成了"一种'喧闹'(rage),也就是说,它成为了对它的意义只有些微了解的人所热烈讨论的对象"。姑且不论这种把责任完全推到弗洛伊德追随者身上的说法是否公允,这篇文章有一点没有说错,那就是精神分析已经在那些对它没有多少了解的人之间成了一种喧闹。被弗洛伊德视为其信徒的瑞典医生比耶勒在1925年指出,精神分析之所以会引起激动不安的情绪,是因为它俨然像"一种新的宗教而非新的探索领域,特别是在美国,精神分析的文献多得足以形成雪崩。'去精神分析一下吧'(To be psyched)已经成了时尚"。知名的美国心理学家麦独孤(William McDougall)在一年后也指出:"除了弗洛伊德专业上的追随者以外,一大群的门外汉、教育工作者、艺术家和半吊子之徒也对弗洛伊德的思辨着迷,因此把它变成了一种广泛流行的时尚。也因此,弗洛伊德所使用的一些专门术语,在美国和英国变成了流行语。"

欧洲大陆对弗洛伊德语汇的抵抗力,只比英美要强上一点点,但观感就像英美一样,好坏参半。"在日报里,"亚伯拉罕、艾廷冈和萨克斯在一封1925年5月从柏林寄出的连环信上指出,"有好些有关精神分析的谈论,但主要是负面的,不过并非总是如此。"他们在信中也带来了好消息:由柏林精神分析机构(成立于1920年)所举办的课程总是能吸引大量听众,而且培养出了一些让人满意的候选分析家。他们也不忘提供给弗洛伊德一则有娱乐性的消息:一个叫佐默(Friedrich Sommer)的人最近出版了一本题为《精神能量的测量法》(The Measurement of Spiritual Energy)的小册子,他在其中宣称:"有一天我结识了精神分析,而这使我与基督更接近。"⑯10月,亚伯拉罕又告诉弗洛伊德"德国的报纸和期刊对精神分析的讨论是没完没了,我们发现所有地方都在谈论精神分析。"当然,"攻击言论是不会少的,但毫无疑问的是,人们对精神分析的兴趣从未像现在这样强烈"⑯。但亚伯拉罕所未提的,乃是这些感兴趣的人对精神分析的了解,并未比那个声称自己因结识了精神分析而得以更亲近上帝的佐默先生强多少。

这种混杂而以反面居多的信息,也是当时维也纳意见气候的特色。卡内蒂(Elias Canetti)[德语小说家、剧作家。——译者注]回忆他20世纪20年代居住在维也纳的见闻时指出:"几乎没有一席谈话是没有提到弗洛伊德的名字的。"尽管"大学里的领导人物仍然趾高气扬地反对他",但"分析'口误'(slip)已蔚为社交聚会的流行游戏"。俄狄浦斯情结造成的"喧闹"也不遑多让:暴民中鄙视崇高事物的人都乐于承认自己具有这种情结。事实上,很多奥地利人认为弗洛伊德有关攻击的理论非常具有时代的关切性:"目击过谋杀残酷性的人都很难忘记这一幕,而很多参加过战斗的人现在都回来了。他们深知他们做过什么事,也贪婪地抓紧精神分析提供的'人有杀人倾向'的解释。"[这段话指很多奥地利人认为精神分析会为"谋杀"提供合理性。——译者注]⑯

不只弗洛伊德的大部分诋毁者对他的观念只有一知半解,就连他的很多仰慕者也是如此。还不只是那些中等教育程度的人如此,即使博学者如比耶勒,也竟然会用"下意识"(subconsciousness)一词来向大众说明弗洛伊德的无意识观念⑯。在美国,许布希出版公司(B. W. Huebsch)为黑尔(William Bayard Hale)的《风格的故事》(The Story of a Style)——"对伍德罗·威尔逊的精神分析研究"——所撰写的广告传单上,有这样的文字:"对那些跟不上精神分析文献的

第九章 生死相争

快速累积速度的读者来说,此书可以让他们了解弗洛伊德与荣格的追随者在揭露人类心灵或灵魂的运作方式上有多高明。"⑥这一类的鬼话当然会让弗洛伊德倍感恼怒,而他只好用一句古谚自我解嘲:他固然对付得了敌人,却需要先好好防备来自朋友的攻击。

但他的这个说法并不尽公允,严格来说,推广精神分析的最大威胁还是来自趋附时尚或投机取利之徒。他们有一些摆明着就是骗子,正如《纽约时报》在1926年5月指出的:"对弗洛伊德的声誉最不幸的伤害,来自其理论被无知者与江湖术士轻率滥用。"又说尽管弗洛伊德本人斥责这种滥用,但"在大势所趋下他的抗议鲜有影响力"⑥。这是一定的,因为心理治疗市场乃是一块庞大的大饼,自然会引起滥竽充数之徒的垂涎。一个令人发指的例子是一家所谓的"英国精神分析出版社"竟然刊登这样的广告:"你想当一名年薪1000英镑的精神分析家吗?我们可以教你怎样办到,只要4几尼[旧英国金币,1几尼相当于21先令,也就是1.05英镑。——编者注],你就可以获得八次的函授课程!"⑥

不过,大部分因弗洛伊德所掀起的狂热,都是无伤大雅的,不会让人感到愤怒,而只会让人对人性的愚昧哑然失笑。其中一个例子发生在1924年夏天。当时,一件煽情的谋杀案轰动了全美国。杀人犯一共两人,名字分别是利奥波德(Nathan Leopold)和勒布(Richard Loeb),而辩方律师则是大名鼎鼎的达罗(Clarence Darrow)。这案子会造成轰动,在于两名被告都是出身富有的世家,犯案动机完全只是出于一个难以解释的冲动:想要制造一件完美无瑕的谋杀案(其中也掺杂着一些隐晦的同性恋因素)。《芝加哥论坛报》(Chicago Tribune)以专横著称的社长麦考密克(Robert McCormick)看准这是个可以炒作的机会,于是发了一封电报,邀弗洛伊德到芝加哥来为两个杀人犯进行精神分析,开出的报酬是让人动容的2.5万美元⑪。考虑到弗洛伊德年老体衰,麦考密克又主动表示愿意包一艘蒸汽轮船把他接到美国,但弗洛伊德不为所动⑪。同年稍后,好莱坞最有权势的制片人之一高德温(Sam Goldwyn)在前往欧洲途中,告诉《纽约时报》记者,他此行打算拜访弗洛伊德"这位世界上最伟大的爱的专家",请他帮忙拍片。他开出的报酬比麦考密克还要高出更多:整整10万美元。记者在报道里指出:"高德温认定,爱与笑乃是制作电影时两个最重要的元素,因此,他想请弗洛伊德这位精神分析专家把自己的研究加以商业化,写作一个剧本,或者前来美国,帮助把这个国家的心情'推一把'。"这篇报道继续说:正如高德温所说的,"没有什么题材比一个真正棒的爱情故事更有娱乐性的了",那么,谁又比弗洛伊德更有资格为这样的故事写剧本或提供意见呢?高德温认为:"剧本作者、导演和演员可以从对日常生活的深入研究中获益良多。如果这些人懂得表现真正的情感动机和压抑的渴望,那他们的作品,将会更加有力多少?"[172]过去25年来,弗洛伊德的收费都是每小时20美元(后增至25美元),这当然是很不错的收入,但毕竟他年事已高,能继续执业的日子不多,而且,他理应对强势货币如饥似渴。据此,《纽约时报》的记者推论说,弗洛伊德将无法抗拒高德温的美意。然而,在1925年1月24日,《纽约时报》却以头条的方式,报道了一个大相径庭的结局:"弗洛伊德泼了高德温冷水。维也纳精神分析家对电影公司的高价筹码毫无兴趣。"事实上,根据维也纳一份娱乐报纸《时刻》(Die Stunde)报道(说是弗洛伊德亲口告诉该报记者的),他回绝高德温求见的信上只有一句话:"我不打算见高德温先生。"[173]

这一类的小插曲反映出,到了20世纪20年代中叶,"弗洛伊德"已成了一个家喻户晓的名字。尽管如此,真正会去读《超越快乐原则》或《自我与本我》的人,仍属少数。而能够以公正的态度对待弗洛伊德学说的,更属少数中的少数。遗憾的是,大部分在这些年间对精神分析发表评论的人,并不在这极少数者之列。不过,弗洛伊德的名字和照片(一个穿戴整齐、有着锐利眼神和嘴里总叼着雪茄的年老绅士),却为数以百万计的人所熟悉。但麦考密克和高德温的插曲也同时说明了,为什么弗洛伊德对这些情况的反应是气恼而不是欢欣。"成不成名这件事情本身不是我关心的,"他在1920年底写给萨穆埃尔·弗洛伊德的信上说,"那充其量只应该被视为达到更严肃成就的障碍。"[174]他一年后又重申,他的"世俗名声"对他来说是一个"累赘"[175]。类似的形容,在他的书信里反复出现。例如在1922年初,他就对艾廷冈说:他认为他的名声是"可憎的"(repulsive)[176],那对他来说顶多有如一个嘲笑的表情。在那一年以前,他也告诉过艾廷冈:"现在在英国和美国,有一个盛大的精神分析狂欢节,但那不是我所喜欢的,它带给我的不过是一些剪报和采访者。不过我还是得承认,这些东西对我具有娱乐性。"[177]弗洛伊德是获得了名声,却不是他想要的那种名声。

我们知道,弗洛伊德并不是完全不在乎公众的毁誉,因为既然他坚信自己对心灵科学的贡献是具有原创性的,自是会希望这种贡献受到肯定。但随着名气

第九章 生死相争

日盛,各种苦恼也接踵而至:记者会不请自来,报纸会刊登一些有关他健康的不实报道,而信件也如雪片般涌来(偏偏他又是个有信必回的人)。这些事情,都会剥夺他从事科学研究的时间,并有把他本人及其事业庸俗化之虞,这是他所害怕和憎厌的。"大家认为我是个名人了,"他在1925年底告诉住在英国的侄儿,"全世界的犹太人都拿我的名字来炫耀,把我与爱因斯坦相提并论。"⑫这种炫耀可不是弗洛伊德自己的发明,而拿他与爱因斯坦相提并论,也不只流行于犹太人之间。像英国政治家贝尔福爵士(Lord Balfour),就曾经在耶路撒冷希伯来大学的揭幕典礼上,把弗洛伊德形容为对现代思想最具正面影响力的三个人(全都是犹太人)之一:另外两个是爱因斯坦和柏格森(Bergson)⑬。这个颂扬的意义,对弗洛伊德来说非同寻常,因为贝尔福爵士乃是一个他深为敬慕的人(贝尔福在1917年任英国外相时曾许诺帮助犹太人在巴勒斯坦建国)。感激之余,弗洛伊德请琼斯把他的《自传研究》一文转呈给贝尔福爵士,聊表谢意⑭。

在这种心情下,弗洛伊德有时会对他的世俗名声泰然处之。毕竟,他在写给萨穆埃尔·弗洛伊德的信上说,"我没有理由抱怨和害怕生命尽头的接近,经过长时间的贫困,我现在不费劳力就可以赚到钱,而且敢说已经为妻子的余年做好储备。"⑮有一两次,加到他身上的荣誉是他感到光荣的。荷兰精神病学与神经病学学会(Dutch Society of Psychiatrists and Neurologists)在1921年11月授予他荣誉会员头衔就是其中之一。这个殊荣让他获得很大的满足感,因为这是继克拉克大学颁赠他荣誉法学博士以后,学术世界对他唯一一次的正式肯定。抨击弗洛伊德为江湖郎中的声音固然仍能听见,不过,他的声誉已经超出了追随者所组成的小圈子之外了。他开始与一些名人通信,主要是些知名作家,如罗曼·罗兰、斯蒂芬·茨威格、托马斯·曼、辛克莱·刘易斯(Sinclair Lewis)。1929年起,又加入了两年前因出版反战小说《格里沙中士案件》(*The Case of Serseant Crischa*)而声名鹊起的阿诺德·茨威格。弗洛伊德在写给曼彻斯特的侄儿的信上说:"路过维也纳的作家与哲学家都会来找我聊聊天。"⑯他的孤立岁月已成为遥远的回忆。

不过,有一种满足感却是老天始终不愿给他的:诺贝尔奖。当格罗德克在20世纪20年代早期提名他为诺贝尔奖候选人时(这不是第一次有人提名他),他不抱希望地告诉格罗德克的太太,他的名字已经飘浮在瑞典皇家学院的空气中好些年,但总是一场空⑱。后来,在1928年和1930年,弗洛伊德又两次获得提名,而这两次,都有一个年轻的德国精神分析家门格(Heinrich Meng)为他发起提高获奖机会的圣战。门格的办法是找来大批名人为弗洛伊德签名以表支持。愿意签名的有一些是弗洛伊德的德国仰慕者,如著名小说家德布林(Alfred Döblin)和瓦塞尔曼,有些是外国人,如哲学家罗素、教育家尼尔(A. S. Neill)、传记家斯特雷奇(Lytton Strachey)、科学家赫胥黎等。就连挪威小说家暨诺贝尔奖得主汉姆生(Knut Hamsun)和德国民族主义者作曲家普菲茨纳(Hans Pfitzner)这些看起来不太可能会欣赏弗洛伊德的人——他们后来都是纳粹的同情者——也加入了联署的行列。为了保护自己的势力范围,托马斯·曼并没有签名,不过他宣称,如弗洛伊德竞逐的是诺贝尔医学奖,他将会乐于联署⑱。不过门格知道,这是不可能的,因为瑞典皇家学院咨询的那些精神病学家,都把弗洛伊德视为骗子和敌人。因此,唯一弗洛伊德有可能角逐的奖项就只剩下文学奖一项。不过,如此一来,弗洛伊德就得跟普鲁斯特、乔伊斯、卡夫卡乃至伍尔夫这些风格大家一较长短。也因此,他从没有到斯德哥尔摩领奖的机会。

弗洛伊德固然欢迎这些善意的努力,但他自己对结果并不看好。他在写给琼斯的信中声称,门格为他所做的努力是他事前不知情的,然后又说:"谁会蠢到蹚这种浑水?"⑱这种强烈尖刻的措辞反映出,如果他能获奖,肯定会马上用双手去接。1932年,他告诉艾廷冈,自己正在和爱因斯坦通信,谈战争的本质和战争是否能避免的问题。他说这些通信是打算要出版的,不过自己并不预期会因此获得诺贝尔和平奖⑱。这句出现得无缘无故的按语透露出他对诺贝尔奖有多么念念不忘——甚至已经到了可怜兮兮的程度。不过,他已经在西方文化里留下了一个深深的烙印,这是不争的事实。而且不只是在西方:从20世纪20年代起,他开始和印度医师博斯(Girindrasehkhar Bose)通信⑱。"我相信,"斯蒂芬·茨威格在1929年写给弗洛伊德的信中说,"你在心理学和哲学以及整个世界的道德结构中所唤起的革命,其重要性远远超过你的发现在医疗上的效用。因为每一个20世纪30年代的人,包括那些对你一无所知的人,都已间接地感受到你转化灵魂般的影响。"⑱茨威格是个常常被热情冲昏头的人,不过他这一次的评断,倒是和事实相去不远。

有时弗洛伊德所引起的注意并不都是那么严肃,反而会相当有趣。匈牙利的剧作家莫尔纳(Ferenc Molnar)——此君向来以幽默机智著称,有一次预备用弗洛伊德的观念写一个剧本,他说他已经准备了一个很好的素材:"这个故事要怎么发展,我目前还没有概念,但出发点很简单,和一般伟大的悲剧没两样:一个年轻人很高兴地跟自己的母亲结婚了,可是后来发现这个女人并不是他的母亲,于是就举枪自杀了。"20世纪20年代末期在英国,一位叫诺克斯(Ronald Knox)的牧师,他是圣经翻译者,也是高品位的讽刺家,对于那种冒牌的精神分析诊断,有一次他开了个温和的玩笑:用弗洛伊德的行话重新叙述德国古典儿童文学作品《蓬头彼得》(*Struwwelpeter*)。大约同时,在美国,瑟伯(James Thurber)和怀特(E. B. White)曾一起合写过一本小书,书名叫《性是必要的吗? 或者,你怎么想就怎么做》(*Is Sex Necessary? or, Why You Feel the Way You Do.*),借此讽刺书店里性书的泛滥。书中的章节名称诸如"美国男性的本质:烛台研究"或是"孩子应该跟父母说什么?"等,都充满了弗洛伊德式的暗示,至于许多术语的解释亦复如此,比如"暴露狂"被解释为"太过火了,但不是故意的","自恋"解释为"自我满足的企图,但太含蓄"。这两位作者同时也为读者解释什么是"快乐原则",以及什么是"力比多"。

弗洛伊德的读者并不都是没有责任感。事实上,从精神分析早期开始,弗洛伊德就拥有一些很有责任感的读者,只不过,他们的存在会被一个谣言遮蔽:凡接受弗洛伊德主张的人都没有读过他的书。1912年,年轻的李普曼(Walter Lippmann)[李普曼(1889—1974年),美国新闻评论家和作家。——译者注]在抱着"相当大的热忱"研究过"弗洛伊德心理学"以后,告诉英国的社会心理学家沃拉斯说,他对弗洛伊德作品的感觉,"犹如人们读过《物种起源》之后的感觉"!李普曼在读过弗洛伊德以后重读威廉·詹姆斯时,"有一种很奇怪的感觉:世界在19世纪80年代的时候一定还相当年轻"[89]。回顾这段豪情岁月时,他指出:"当时的年轻人对弗洛伊德都是相当地认真看待,把他当成一种时髦玩意儿来对待,百般剥削,只是后来的事,而且一般来说都是从那些没有读过他或没听过他的那些人中间产生出来的。"[90]

很多精神分析家也不放过任何可以为弗洛伊德的观点辩护的机会,方法包括对宗教人士或医生进行演讲,或是为一些非专业期刊写文章。在20世纪20年代,普菲斯特分别在德国和英国从事讲学之旅,把弗洛伊德的信息带给他的听众,并在私下的谈话中,努力说服一些有影响力的教授,俾使他们可以把精神分析的观念传播给学生⑩。普菲斯特和其他精神分析家也为推广精神分析,写了一些可堪信赖甚至可读性很高的介绍作品。普菲斯特那本详尽但不艰涩的《精神分析的方法》(*The Psychoanalytic Method*)出版于1913年,其英译本四年后出版于纽约。但它并不是这个领域的第一本作品,因为在1911年,希尔施曼就已出版了《弗洛伊德的神经症理论》(此书比普菲斯特的书要简洁许多),而且很快被翻译成英文。1920年,坦斯利(G. A. Tansley)出版了《新心理学及其与生活之关系》(*The New Psychology and Its Relation to Life*)一书——一本对精神分析理论的概括论述,文笔优美,两年内就印了七版。1926年,费德恩和门格合编了一部说是"为大众而编"的精神分析手册:《精神分析大众读本》(*Das Psychoanalytische Volksbuch*)。此书由多位同人合力撰写,涵盖了精神分析的整个领域(包括对艺术和文化的分析)。全书由37篇短文构成,尽量避免使用专门术语且多用切近的实例,务求让弗洛伊德的学说能够平易近人。

这些努力或许会被弗洛伊德本人取笑,但它们却不全然是徒劳的。1926年5月,很多国家的报纸和期刊都大幅报道了弗洛伊德70岁诞辰的消息,其中有些内容还相当翔实。这些报道之中,最让人动容的大概首推随笔作家与传记家克鲁奇(Joseph Wood Krutch)为《纽约时报》撰写的一篇。他指出,作为"精神分析理论之父"的弗洛伊德,"有可能是除爱因斯坦以外,今日被人谈论得最多的科学家"。"科学家"正是弗洛伊德最渴望得到而罕能得到的头衔。克鲁奇承认:"当然,即使时至今日,还存在着行为主义者和其他不肯妥协的反弗洛伊德主义者,但至少他的主要观念的影响力,已经日益强烈地反映在大部分重要心理学家与精神病学家的作品中。"克鲁奇相信,正如达尔文的观念已经渗透到现代文化的最里层,同样的,"假以时日,弗洛伊德的观念大有可能也会像进化观念一样,成为每个思想家视为理所当然的心智的一部分"⑫。在差不多同一时间,布朗大学一名教授著文表达了他对大学当局引入心理咨询的忧虑,说这样做只会让学生暴露在"一门半生不熟的科学分析下"。但《纽约时报》的一个社论主编却撰文驳斥,文章的标题是:"半生不熟看来是个坏选择"(Half-Baked Seems Ill-Chosen)⑬。冷眼旁观这一切,弗洛伊德向阿诺德·茨威格自嘲说:"我不是名满天下,只是'声名狼藉'。"⑭这话只对了一半:他两者都是。

第九章 生死相争

活力:柏林精神

到了20世纪20年代晚期,就连一向悲观的弗洛伊德都不得不承认,尽管仍然存在着外部与内部问题,但精神分析机构正在繁荣成长。在这段日子里,除了维也纳、柏林、布达佩斯、伦敦、荷兰和瑞士等地以外,精神分析机构在世界各地又新增了不少,其中"巴黎一个,加尔各答一个,日本两个,美国好些,耶路撒冷和南非各一个(都是最新近的),斯堪的纳维亚两个"。他志得意满地推断说,精神分析毫无疑问已经站稳脚跟了[19]。

柏林的精神分析学会是亚伯拉罕在1908年创立的,采取的是维也纳精神分析学会的模式:成员定期在他的住处聚会和宣读论文。这个学会的成员,成了后来国际精神分析协会柏林分会的核心分子。在美国,一些对精神分析感兴趣的医师在1911年分别组成了纽约精神分析学会和美国精神分析协会,两个组织之间存在着既合作又竞争的关系。两年后,费伦齐成立了布达佩斯精神分析学会。这个学会在战后兴盛过很短一段时间,在布尔什维克政府于1919年夏天被推翻后就画上了休止符,因为新登台的霍尔蒂(Miklos Horthy)政权是反犹太的,因此也是反精神分析的。不过布达佩斯却产生过一些极其出色的精神分析家:费伦齐当然是其一,其余的还包括亚历山大(Franz Alexander)、拉多(Sándor Radó)、巴林特、罗海姆(Geza Róheim)和施皮茨(René Spitz)等。英国精神分析学会成立于1919年,而伦敦精神分析研究所则成立于1924年底(主要的推动力来自不知疲倦的组织家琼斯)。法国的精神分析支持者在两年后克服医学与精神病学机构的阻挠,成立了他们的精神分析机构。意大利的精神分析学会成立于1932年,荷兰的成立于1933年。同一年,艾廷冈从柏林移民巴勒斯坦(他是第一批离开希特勒统治下的德国的精神分析家之一),并很快在耶路撒冷创立了一个精神分析研究机构。的确,诚如弗洛伊德所说,精神分析已经站稳脚跟了。

20世纪20年代最有生命力的精神分析机构在柏林,最开始,亚伯拉罕所成立的学会只是一个很小的团体,其中一些成员后来离了队,性学家希施费尔德就是其中之一,他的兴趣只在性解放,而不是在精神分析。不过,到了魏玛共和国初期,尽管饱受种种政治和经济动荡的困扰,柏林却成了全世界精神分析运动的神经中心。讽刺的是,柏林精神分析家团队之所以人才济济,有相当一部分是拜其他国家更大的不幸所赐。像萨克斯就是在1920年从风风雨雨的维也纳搬到柏林的,拉多、亚历山大和巴林特夫妇则是在匈牙利王政复辟后,从匈牙利避走柏林的。也有一些人——如梅兰妮·克莱因和海伦娜·多伊奇——到柏林的目的是接受分析治疗和学习精神分析。

阿利克斯·斯特雷奇——她在转投亚伯拉罕前原是弗洛伊德的病人——极其喜欢柏林那种激动兴奋的气氛,并认为与之相比,维也纳显得呆滞。她也喜欢亚伯拉罕当她的精神分析家。"我毫不怀疑,"她在1925年2月写给丈夫的信上说,"亚伯拉罕是我遇到过的最好的精神分析家。"她深信,自己"过去五个月以来从亚伯拉罕那里的获益,要比跟随弗洛伊德那15个月的还多"。这一点让她想不明白,不过她又指出,自己不是唯一有此感觉的人,因为其他人也有类似的体会——像梅兰妮·克莱因就认为亚伯拉罕比弗洛伊德高明[⑰]。在柏林,不管是在会议上还是在糕点甜食店里,甚至在酒会上,都可以看见精神分析家或候选分析家在讨论、激辩或争吵。在这里,吃甜点或跳舞与讨论俄狄浦斯情结或阉割恐惧并行不悖。据精神分析家勒文施泰因的观察(他到柏林去是为了接受萨克斯的训练),柏林的精神分析机构"冷冰冰的,非常德国化"[⑱]。尽管如此,他仍然承认,柏林确有不少优秀的临床专家和深具启发性的老师。在20世纪20年代,对精神分析家来说,柏林成了圣地。

柏林的另一个优势是人们对精神分析的敌意降得空前地低。"这个冬天,"亚伯拉罕、萨克斯和艾廷冈在一封连环信中向弗洛伊德报告说,"人们对精神分析的兴趣异乎寻常地升高,有不同的群体都开办了供大众选读的精神分析课程。"有一些外地人来到柏林讲学和演讲,其中包括普菲斯特。他在宗教研究学会所做的演讲"大体上很成功,只在若干地方流露出弱点与不熟练……赢得为数150人的听众(大部分是神学家)的友好反应"[⑲]。三个月后,亚伯拉罕又为弗洛伊德捎来更多"有利消息":他刚在柏林妇科学会宣读了一篇谈妇科与精神分析的论文,听众把大学附属医院的大堂挤得水泄不通;不只这样,这个妇科学会在演讲过后不久,就向亚伯拉罕要了一篇讲稿的印本,说是要登在学会的期刊上。"这是个成功的信号!"[⑳]亚伯拉罕在信中欢呼说。

柏林吸引精神分析家的最大磁力是亚伯拉罕,他是年轻人和有想象力的人可靠、忠实而稳定的支持者。如果说亚伯拉罕真如弗洛伊德一度所说,具有强烈的"普鲁士调调"的话,那这种气质在生气勃勃的柏林并不构成负面影响。柏林的另一块磁石是齐美尔和艾廷冈创办于1920年的诊疗院(由艾廷冈出资)[200]。两位创办人都把原始构想归功于弗洛伊德[201],而这并不只是一种奉承。事情可回溯至1918年举行于布达佩斯的国际精神分析家大会,会上弗洛伊德曾经为精神分析勾勒出一个在很多听众听来几近狂想的未来远景。他指出,到目前为止,世界上只有寥寥可数的精神分析家,但备受神经症困扰的人却为数可观,而且大部分都是穷人,也就是负担不起接受分析治疗费用的人。但"有朝一日,社会的良知将会觉醒,明白人有接受心灵治疗的权利,一如他们有接受外科手术的权利;明白神经症对人体健康的威胁,并不亚于肺结核"。一旦有了这个认知,社会就会建立一些由受过精神分析训练的医生所组成的公共机构,去为有需要的病人看诊。"这些治疗将是不收费的。"弗洛伊德也知道,国家要意识到这是它的责任,不是一朝一夕的事。所以,"也许首先会设立这种机构的是一个私人慈善家。但不管怎样,总有一日,事情会如我所说的实现"[202]。

齐美尔和艾廷冈创办的诊疗院可以说是弗洛伊德这个"乌托邦"梦想的初步实现。在庆祝诊疗院成立十周年而出版的一本小型纪念文集里,撰稿者都认为诊疗院的成就相当可观[203]。一些统计数字可以多少反映出这种评价没有太夸大:据柏林一位年轻的精神分析家费尼切尔(Otto Fenichel)统计,在1920至1930年间,诊疗所看诊的人数是1955人,其中有721人被认定需要接受分析治疗。这721个分析治疗中,有117个尚在持续,有241个中断,有47个被认定失败。而在其他316例中,116例显示出情况有所改善,89例显示情况有明显改善,111例被认定痊愈[204]。当然,断定一个病人"情况改善"或"痊愈"的标准何在,一直是个充满争议的问题,不过,就算费尼切尔的数字缺乏科学的精确性,但它们至少见证了精神分析活动的范围已扩大至十年前无法想象的程度。在柏林的精神分析机构及诊疗所工作过的治疗师前后有94位,其中60位是(或后来成为)国际精神分析协会的会员。换言之,当那些贫穷的神经症患者来此求诊时,为他们看诊的,并不一定是正在实习的候选分析家,也可能是经验老到的治疗师[205]。

与此同时,诊疗院的附属研究所还会训练有志从事精神分析工作的学生,而在柏林,这种训练课程又是最一丝不苟的(批评者则认为是吹毛求疵)。它要求学生修读包括精神分析一般理论的课程、有关梦的课程、有关临床技巧的课程，以及把精神分析应用于法律、社会学、哲学、宗教与艺术的课程。尽管课程的安排会因人而异，但弗洛伊德的作品被认定是必须彻底研读的。尽管每个学生都要研读弗洛伊德，但他们可不是都会成为精神分析家：研究所对候选分析家与旁听生之间有着严格区分。那些想成为职业分析家的学生，需要接受全面的训练，而旁听生只需要选读他们认为可以对他们原有职业有帮助的课程。

研究所又规定，学生都必须接受训练性质的分析治疗。这种要求，在其他地方仍然是有争议的，但在柏林，却没有一个分析家没有接受过别人的分析。训练分析治疗为期"至少一年"[206]，让学生可以——就像萨克斯所说的——"如教堂里的见习修士一般"[207]，经历一段考验的时间。但萨克斯的这个比喻不会为弗洛伊德所喜欢，因为后者曾对琼斯说过："我并不喜欢扮演大祭司长（Pontifex maximus）的角色。"[208]不过这个抗议是徒劳的。

一旦柏林精神分析机构的优越性在精神分析家之间建立了口碑，学生就蜂拥而至。他们很多都是外国人：有英国人、法国人、荷兰人、瑞典人、美国人。他们都喜爱这里不拘一格、热情和认真的氛围。这些学生在回国后除了执业外，有些也会创立自己的研究所。奥迪耶（Charles Odier，法国最早的精神分析家之一）在柏林接受了亚历山大的分析，巴林特接受的是萨克斯的分析，哈特曼（他稍后移民纽约）接受了拉多的分析。接受过亚伯拉罕分析的学生名单读起来就像一部精神分析的名人录，其中包括爱德华·格洛弗和詹姆斯·格洛弗（他们是英国精神分析家中的领导人物），海伦娜·多伊奇（她曾是弗洛伊德的病人，日后以关于女性性欲的论文而闻名），理论创新者梅兰妮·克莱因，还有那个风趣的观察者阿利克斯·斯特雷奇（她也是后来弗洛伊德作品的英译者）。

柏林固然是精神分析最璀璨的重镇，但并不是唯一的重镇。弗洛伊德继续在维也纳执业，而且越来越把重心放在教育后进上，诸如珍妮·兰普尔－德·格罗特（Jeanne Lampl-de Groot）和玛丽·波拿巴王妃这些重要的追随者，都是弗洛伊德战后阶段的"弟子"。格罗特在 60 多年后回顾 1922 年 4 月到伯格巷 19 号初访弗洛伊德的情形时，深情一点未减。她回忆说，弗洛伊德是时已 66 岁，是个彬彬有礼，"迷人、体贴而老派"的绅士。当他问自己或女儿可以尽什么绵薄之力时，格罗特回答说她需要一部钢琴。弗洛伊德当即谈到自己是没有音乐细胞的人，并表示自己提这个，是怕如果不事先告知而日后格罗特自己发现这一点的话,会成为她的分析治疗的一个干扰。而当格罗特告诉他,自己深爱而身体一向强健的大姐五天前才死于流行性感冒时,弗洛伊德追忆起女儿苏菲之死所带给他的哀痛[209]。日后格罗特回到荷兰,两人继续保持热情友好的通信。并不是每个弗洛伊德的病人都会觉得他如此有魅力,不过到了20世纪20年代末期,他的影响力已经像一个绵密的网络一样涵盖了欧洲和美国,这是可以肯定的。

还有其他可以显示精神分析体质强健的证据。直至纳粹在1933年掌权为止,两年一度的国际精神分析家大会总是如期举行,而参加者也总是翘首期盼着它的到来。弗洛伊德因为受到上颚假体的困扰,后来没有再出席,不过,他要下定这个决心相当不容易,所以一直拖到自己真的力不从心才停止参加国际精神分析家大会。1925年3月——当时预定要在巴特洪堡(Bad Homburg)举行的国际精神分析家大会正处于筹备阶段——弗洛伊德写信告诉亚伯拉罕:"你的观察是正确的,我又在订新的计划了。不过,只怕到了付诸实行时,我的勇气又会离我而去。例如,在大会举行前后,我的上颚假体让我感到的不舒服应该不会比上星期少,因此那时我不适宜旅行,这是可以预见的。所以你在做安排时,不要把我算进去。"[210]他派安娜代表自己出席,算是在精神上参加了大会。

随着时光的推移和各个精神分析机构站稳脚跟以后,精神分析的刊物就如雨后春笋般在一个又一个国家冒出来,与在第一次世界大战之前创办的那些形成互补,像1926年法国的《法兰西精神分析评论》(*Revue française de Psychanalyse*)和1932年意大利的《精神分析评论》(*Rivista Psicanalisi*)都是其中的佼佼者。另一件让弗洛伊德开心的事情是,其作品已被译成很多种语言。在20世纪20年代的通信中,他谈到安排好的翻译计划时,语气总是很热切,而且也常常会对已出版的译本做出评论,这些都足见译本这件事情对他意义重大。在他的所有著作中,《日常生活中的精神病理学》是发行最广的一本,一共(在他生前)有12种外语译本,《性学三论》有9种外语译本,《梦的解析》有8种。但最早期的译本并不总是尽如人意。布里尔一度是弗洛伊德作品英译的垄断者,但他的译笔很随意,有时还会出现一些吓人的差错,其中一个例子是他似乎不知道(至少是不在意)"笑话"(jokes)和"风趣"(wit)之间的差异。尽管不太可靠,但布里尔的译本至少让战前的英语世界得以一窥弗洛伊德理论的轮廓。他所译的《性学三论》英译本出版于1910年，《梦的解析》英译本于三年后出版。

不过，翻译的精确性逐渐获得改善。在1924年和1925年，一支小型的英国团队把弗洛伊德的重要文章翻译成了四册的《论文集》(Collected Papers)。主其事者是斯特雷奇夫妇和琼·里维埃那个"戴着阔边花式女帽和打着猩红色洋伞的爱德华风格的高个美女"[211]，他们的翻译比任何人都保留了更多弗洛伊德的行文风格，弗洛伊德阅后深为动容。"《论文集》的第一册已经收到，"他在1924年底写给艾廷冈的信上说，"译笔非常帅！非常令人肃然起敬！"信中，他又表示了对此书所收录的一些"老古董"文章是否适合作为向英国大众引介精神分析的媒介，感到疑虑，但只期望第二册（预定几星期后出版）会在这方面有所改善。他在写给几个译者的信上说："我看得出来你们想让精神分析的重要文献在英国落地生根的良苦用心，也对你们获得的成果表示恭贺——我不能期望一个更好的译本了。"[212]一年后，在收到《论文集》的第四册时，他回信表示了由衷的感激，但又不忘带着他一贯的怀疑主义说上一句："如果此书只会以非常缓慢的方式发挥其影响力，我是不会感到惊讶的。"[213]

不过，他的这种忧虑就像大多数时候一样，是多余的。事实上，弗洛伊德作品的英语化，乃是精神分析观念拓展上的一件大事：四册的《论文集》迅速成了不谙德语的精神分析家的标准文本。它包含了弗洛伊德撰写于19世纪90年代中叶至20世纪20年代中叶间所有较短篇的作品，如论临床技术的那些论文，有关精神分析运动那篇论战性的文章，所有关于后设心理学与应用精神分析学的已出版论文，五个重要的案例分析报告（杜拉、小汉斯、鼠人、史瑞伯和狼人）。由于英国和美国很多较年轻的精神分析家都不像琼斯、斯特雷奇夫妇和琼·里维埃那样，具有学好德语的天分与意愿，因此，弗洛伊德作品的优秀英译本，乃是强化精神分析国际大家庭凝聚力的重要手段。

但正如我们前面已经清楚看到的，这个"大家庭"并不是完全快乐融洽的一家人。从20世纪20年代起，精神分析运动就饱受一些内部争吵所困扰，而这些争吵，有一些从根本上来说带有私人因素。例如，很多精神分析家认为格罗德克太自我和口无遮拦，不适合代表精神分析在公共场合发言。琼斯仇视兰克，而费伦齐则认为琼斯是反犹太主义者，弗洛伊德因为听说亚伯拉罕愿意帮助拍一部有关精神分析的电影而愤怒。纽约高高在上的布里尔则像试验每个人的耐性似的,谁的信也不回。在伦敦的许多会议上,儿童精神分析家梅丽塔·施米达伯格(Melitta Schmideberg)则公然和她妈妈梅兰妮·克莱因——儿童精神分析的前驱——唱反调。

不过,精神分析理论和临床技术上的观点冲突,也不一定全是当事人用来掩饰私人恩怨的面具,或是为了让自己在这个高度竞争的领域里显得高人一筹。它们部分来自于对弗洛伊德文本的不同解读,部分则来自于临床经验的出入。这些解读上的不同和经验上的出入,都是发挥原创性的契机,而且也是弗洛伊德本人——在一定范围内——所鼓励的。

20世纪20年代最具创见的精神分析理论家,毫无疑问就是克莱因。她1882年生于维也纳,不过一直到28岁迁居布达佩斯以后,才"发现"弗洛伊德的学说。此后,她大量阅读精神分析文献,找费伦齐为她进行训练分析,然后开始从事儿童精神分析工作。她的小病人包括儿子和女儿,她以他们为蓝本,写了一些几乎无所隐讳的临床报告。那时候,儿童精神分析仍然是个存在高度争议的领域,但费伦齐和亚伯拉罕都对克莱因的理论创新感到着迷,并挺身为她辩护。这种支持正是克莱因急需的,因为她对儿童精神分析的探索几乎没有前例可援。弗洛伊德固然分析过小汉斯,但依靠的主要是二手资料。到了1919年,克莱因开始发表关于儿童精神分析的临床报告,因为亚伯拉罕愿意对她的观念保持开放态度,她遂决定移居柏林,从事分析、辩论与发表研究报告的工作。

阿利克斯·斯特雷奇后来认识了克莱因,并深深喜欢上了她。她跟梅兰妮·克莱因一道上咖啡厅,一道去跳舞,为后者的刚强、干劲和雄辩深深折服。在一封写给丈夫詹姆斯的信中,斯特雷奇描述了一场克莱因所起的典型风暴。"昨晚的聚会刺激透了,"她写道,指的是柏林精神分析学会的聚会,"克莱因发表了她有关儿童精神分析的观点和经验,最后,反对者表达了他们陈腐的观点——那可是古老陈旧得够呛。他们的用语(words)当然都是精神分析式的,像批评克莱因的论点有削弱'理想自我'观念之虞等等。不过,我想他们的意思(sense)都是反精神分析的:我们千万不能把孩子压抑的倾向揭示出来等等。对于这些指控,克莱因说明得很清楚,小孩子从小(两岁九个月以后)就深深为压抑欲望和罪恶感而苦恼了。"斯特雷奇进一步指出:"来自亚历山大和拉多两位医生的反对意见,都是非常情绪化和'理论化的'。"毕竟,除了克莱因,没有人对儿童有任何了解。幸而,一个又一个人急着发言,为克莱因辩护。事实上,"每一个人都站在她的一边,炮轰那两个黑不溜秋的匈牙利人"[214]。

斯特雷奇又指出,在这个充满硝烟味的会议中,克莱因用来支持其论证的两个例子"非常出色"。事实上,"如果克莱因的报告无误的话,她的案例在我看来是非常有说服力的。她将到维也纳宣读她的论文,可以预期,她会受到来自贝恩菲尔德(Bernfeldt)和艾希霍恩(Eichhorn)这两个没救了的小学教师的非难,当然也少不了来自那个多愁善感的安娜·弗洛伊德的非难"[215]。斯特雷奇这番立场鲜明的言论,预示了克莱因在1926年移居英国以后与安娜之间的激辩。

但一个不争的事实是:不管克莱因去到哪里,哪里的气氛就会变得热烈。就算那些拒绝追随她的创新理论的人,也会对她开发的协助分析治疗儿童的游戏技巧感到入迷。她主张,游戏乃是让儿童透露自己的幻想,让分析家得以进行分析的最佳方法——甚至往往是唯一的方法。与她的批评者大异其趣的是,克莱因愿意尽可能坦白地对她的小病人解释他们幻想的意义。但她并不只是个有想象力的临床专家,因为她在临床技术上的创新,部分源于她在后设心理学上的创新。住在英国那些年间,克莱因对她的系统进行进一步精密化,把俄狄浦斯情结和超我的出现时间,推得比弗洛伊德所认为的时间早很多。对克莱因来说,孩童的内在世界乃是一个破坏和焦虑幻想的大杂烩,充斥着暴力与死亡的无意识意象。如果说在弗洛伊德看来,儿童是自私的野蛮人,那在克莱因看来,儿童就是嗜杀的食人族。要是说有谁对弗洛伊德的死亡驱力及其意涵认真对待,当非克莱因莫属。

然而,她对儿童心灵的那些假设,偏离了弗洛伊德和他女儿认可的儿童心智发展时程表。对此,弗洛伊德最初采取了一种不置可否的态度。"克莱因的主张受到很多人的怀疑和反对,"他在1925年告诉琼斯,"至于我自己,则不是很有资格对儿童心理的事情发言。"[216]不过两年后,他终于表明立场。在一封措辞强烈的信中,他告诉琼斯,一直以来,他都试图在克莱因与安娜之间采取不偏不倚的立场,因为一方面,克莱因最强烈的敌人就是他女儿,而另一方面,安娜的研究又和他各自独立。不过接着又说:"但有一点我可以告诉你,那就是,克莱因女士有关儿童的自我理想行为的观点,在我看来完全不可能成立,也与我的理论的所有预设相违背。"[217]他表示如果她能证明儿童"比我们以往所认为的更成熟",自己会无比欢迎,但又说那是"有极限的而且无法证明"[218]。

梅兰妮·克莱因与安娜的理论争辩会激起更大的冲突,这毋庸惊讶,至于弗

第九章 生死相争

洛伊德最终无法保持中立,就更毋庸惊讶了。不过,他的怒火主要宣泄在了写给琼斯的私人信件上。在这些信中,他放任自己使用一些相当尖刻的言辞。他在信中除指责琼斯不应该发动对安娜的围攻,也挺身为女儿批评克莱因的意见辩护。除此以外,他也对克莱因等人指控安娜所接受的分析治疗不够彻底一事,大发雷霆(这是弗洛伊德的一个敏感地带)。"试问,谁又得到过彻底的分析呢?我敢说,安娜所受到的分析比你接受的分析更长更彻底。"[21]他否认自己把女儿的观点奉为神圣不可批评的;事实上,他说,如果有任何人试图封住克莱因的嘴巴,第一个不答应的就是他本人。但克莱因和她的盟友指控安娜所接受的分析治疗规避了俄狄浦斯情结,则太过头了,让他怀疑,这些对安娜的攻击,矛头事实上指的是他本人[22]。

在公开的出版物里,弗洛伊德并没点名批评过克莱因。这种策略性的谨慎,反映出弗洛伊德知道自己对外应该保持一个大家长的风度,表现出一种超然于纷争之上的立场。1935 年,他为《自传研究》一文添加了一个新注脚,表示因为"克莱因和我女儿安娜·弗洛伊德的研究"的关系,儿童精神分析获得了强劲的推动力[23]。从 20 世纪 30 年代初期开始,出现了一些不受正统精神分析理论约束的克莱因主义者(Kleinians),而这些影响力,日后将会弥漫于英国、阿根廷和部分的美国精神分析机构。不过,这时候的弗洛伊德,并无暇对这些人开火,因为他要把能量集中在他认为更事关重大和更需要他介入的争论上,如焦虑概念是否必须重新定义、没有医生资格的分析家是否适合和胜任,以及最棘手的女性性欲问题。

注 释

① Freud to Rank, August 4, 1922. Rank Collection, Box lb. Rare Book ard Manuscript Library, Columbia University.

② Freud to Jones, June 25, 1922. In English. Freud Collection, D2, LC.

③ Freud to Rank, August 4, 1922. Rank Collection, Box lb. Rare Book ard Manuscript Library, Columbia University.

④ Caecilie Graf to Rosa Graf, "Dear Mother," August 16, 1922. Typescript copy, Freud Collection, D2, LC.

⑤ Freud to Jones, August 24, 1922. In English. Freud Collection, D2, LC.

⑥ Freud to Jones, April 25, 1923. In English. Freud Collection, D2, LC.

⑦ Freud to Ferenczi, November 6, 1917. Freud-Ferenczi Correpondence, Freud Collection, LC.

⑧ Freud to Jones, April 25, 1923. In English. Freud Collection, D2, LC.

⑨ Schur, Freud, *Living and Dying*, 350.

⑩ Anna Freud to Jones, January 4, 1956. Jones papers, Archives of the British Psycho-Analytical Society, London. 像这种对父亲语含批评的话,在安娜是很罕见的。

⑪ Deutsch, "Reflections," 280.

⑫ Anna Freud to Jones, March 16, 1955. Jones papers, Archives of the British Psycho-Analytical Society, London.

⑬ 这是琼斯的合理猜测。(见 *Jones* Ⅲ, 91.)

⑭ Anna Freud to Jones, March 16, 1955. Jones papers, Archives of the British Psycho-Analytical Society, London.

⑮ Freud to Andreas-Salomé, May 10, 1923. *Freud-Salomé*, 136(124).

⑯ Freud to Samuel Freud, June 26, 1923. Rylands University Library, Manchester.

⑰ Cifford, "Notes on Felix Deutsch," 4.

⑱ Freud to Ferenczi, April 17, 1923. Freud-Ferenczi Correpondence, Freud Collection, LC.

⑲ Freud to Kata and Lajos Levy, June 11, 1923. *Briefe*, 361 – 362.

⑳ Ibid.

㉑ Ibid, 361.

㉒ *Jones* Ⅲ, 92.

㉓ Freud to Ferenczi, July 18, 1923. Freud-Ferenczi Correpondence, Freud Collection, LC.

㉔ Freud to Eitingon, August 13, 1923. By permission of Sigmund Freud Copyrights, Wivenhoe.

㉕ Freud to Rie, August 18, 1923. Freud Museum, London.

㉖ Freud to Binswanger, October 15, 1926. Quoted in Binswanger, *Erinneungen*, 94 – 95.

㉗ Freud to Samuel Freud, September 24, 1923. Rylands University Library, Manchester.

㉘ Freud to Jones, October 4, 1920. In English. Freud Collection, D2, LC.

㉙ Freud to Jones, December 11, 1919. Ibid.

㉚ Freud to Jones, December 23, 1919. Ibid.

㉛ Freud to Jones, January 7, 1922. Ibid.

㉜ Jones to Committee, August 1922. Rank Collection, Box lb. Rare Book ard Manuscript Library, Columbia University.

㉝ Freud to Jones, September 24, 1923. In English. Freud Collection, D2, LC.

㉞ Jones to Katharine Jones, August 26, 1923. Jones papers, Archives of the British Psycho-Analytical Society, London.

㉟ Jones to Katharine Jones, August 28, 1923. Ibid.

㊱ *Jones* Ⅲ, 93.

㊲ Anna Freud to Jones, January 8, 1956. Jones papers, Archives of the British Psycho-Analytical Society, London.

㊳ Freud to Eitingon, September 11, 1923. By permission of Sigmund Freud Copyrights, Wivenhoe.

㊴ Freud to Jones, September 24, 1923. In English. Freud Collection, D2, LC.

㊵ Freud to Samuel Freud, September 24, 1923. Rylands University Library, Manchester.

㊶ Freud to Eitingon, September 26, 1923. Quoted in the original German in Schur, *Freud, Living and Dying*.

㊷ Freud to Abraham, October 19, 1923. *Freud-Abraham*, 318(342).

㊸ Freud to "Dear Martin!" signed "Cordially Papa." October 30, 1923. Freud Museum, London.

㊹ *Jones* Ⅲ, 98 – 99. See also Sharon Romm, *The Unwelcome Intruder: Freud's Struggle wih Cancer*(1983), 73 – 85.

㊺ Max Schur, "The Medical Case History of Sigmund Freud," an unpublishes manuscript, date February 27, 1954. Max Schur papers, LC.

㊻ Interview with Helen Schur, June 3, 1986.

㊼ Freud to Rank, November 26, 1923. Rank Collection, Box lb. Rare Book ard Manuscript Library, Columbia University.

㊽ Freud to Eitingon, March 22, 1924. By permission of Sigmund Freud Copyrights, Wivenhoe.

㊾ *Jones* Ⅲ, 95.

㊿ Freud to Samuel Freud, January 9, 1924. Rylands University Library, Manchester.

(51) Freud to Samuel Freud, May 4, 1924. Ibid.

(52) Alix Strachey to James Strachey, October 13 [1924]. *Bloomsbury/Freud: The Letters of James and Alix Strachey, 1924 – 1925*, ed. Perry Meisel and Walter Kendrick (1985), 72 – 73.

(53) Alix Strachey to James Strachey, March 20 [1925]. Ibid.

(54) Anna Freud to Jones, April 2, 1922. By permission of Sigmund Freud Copyrights, Wivenhoe.

(55) Freud to Ferenczi, March 30, 1922. Freud-Ferenczi Correpondence, Freud Collection, LC.

(56) Freud to Anna Freud, March 7, 1922. Freud Collection, LC

(57) Anna Freud to Freud, August 4, 1920. Ibid.

(58) Freud to Anna Freud, July 21, 1923, Ibid.

(59) Freud to Rie, August 18, 1923. Freud Museum, London.

(60) Freud to Lehrman, March 21, 1929. A. A. Brill Library, New York Psychoanalytic Institute.

(61) Freud to Lehmian, January 27, 1930. Ibid.

(62) Freud to Ferenczi, September 7, 1915. Freud-Ferenczi Correpondence, Freud Collection, LC.

(63) Freud to Anna Freud, July 22, 1914. Freud Collection, LC

(64) Freud to Anna Freud, July 13, 1910. Ibid.

(65) Anna Freud to Freud, July 15, 1911. Ibid.

(66) Anna Freud to Freud, January 7, 1912. Ibid.

(67) Freud to Anna Freud, July 21, 1912. Ibid.

(68) Freud to Anna Freud, November 28, 1912. Ibid.

(69) Anna Freud to Freud, November 26, 1912. Ibid.

(70) Anna Freud to Freud, December 16, 1912. Ibid.

(71) Anna Freud to Freud, January 7, 1912. Ibid.

(72) Anna Freud to Freud, December 16, 1912. Ibid.

(73) Freud to Anna Freud, January 5, 1913. Ibid.

(74) Anna Freud to Freud, March 13, 1913. Ibid.

(75) Freud to Ferenczi, July 7, 1913. Freud-Ferenczi Correpondence, Freud Collection, LC.

(76) Freud to Jones, July 22, 1914. In English. Freud Collection, D2, LC.

(77) Freud to Anna Freud, July 17, 1914. Freud Collection, LC

(78) Ibid.

(79) Freud to Anna Freud, July 22, 1914. Ibid.

(80) Freud to Anna Freud, July 24, 1914. Ibid.

(81) Freud to Jones, July 22, 1914. In English. Freud Collection, D2, LC.

(82) Freud to Anna Freud, July 22, 1914. Ibid.

(83) Freud to Jones, July 22, 1914. In English. Freud Collection, D2, LC.

(84) Anna Freud to Freud, July 26, 1914. Freud Collection, LC

(85) Jones to Freud, July 27, 1914. By permission of Sigmund Freud Copyrights, Wivenhoe.

(86) Anna Freud to Joseph Goldstein, October 2, 1975. Quoted in Joseph Goldstein, "Anna Freud in Law," *The Psychoanalytic Study of the Child*, XXXIX (1984).

(87) Anna Freud to Freud, January 31, 1913. Freud Collection, LC

(88) Anna Freud to Freud, July 30, 1915. Ibid.

(89) Anna Freud to Freud, August 28, 1916. Ibid.

(90) 这件事是 Jay Katz 告诉我的，而他又是从安娜口中听来。

(91) Anna Freud to Freud, September 13, 1918. Freud Collection, LC

(92) Anna Freud to Freud, July 24 and August 2, 1919. Ibid.

(93) Anna Freud to Freud, November 12, 1920. Ibid.

(94) Anna Freud to Freud, July 4, 1921. Ibid.

(95) Anna Freud to Freud, August 4, 1921. Ibid.

(96) Anna Freud to Freud, August 9, 1920. Ibid.

(97) Anna Freud to Freud, April 27, 1922. Ibid.

(98) Freud to Jones, June 4, 1922. In English. Freud Collection, D2, LC.

(99) Binswanger to Freud, August 27, 1923. By permission of Sigmund Freud Copyrights, Wivenhoe.

(100) Abraham, Eitingon and Sachs to Freud, November 26, 1924. Karl Abraham papers, LC.

(101) Freud to Eitingon, November 11, 1921. By permission of Sigmund Freud Copyrights, Wivenhoe.

(102) Freud to Samuel Freud, March 7, 1922. Rylands University Library, Manchester.

(103) Anna Freud to Freud, April 30, 1922. Freud Collection, LC

(104) Freud to Andreas-Salomé, July 3, 1922. Freud Collection, B3, LC.

(105) 在1930年弗洛伊德寄给莎乐美的一张明信片上，安娜附笔说："亲吻你很多次。你的安娜。"（Freud and Anna Freud to Andreas-Salomé, October 22, 1930. Ibid.）

(106) Freud to Samuel Freud, December 19, 1925. Rylands University Library, Manchester.

(107) Anna Freud to Freud, August 9, 1920. Freud Collection, LC

(108) Anna Freud to Freud, July 18, 1922. Ibid.

(109) Anna Freud to Freud, July 20, 1922. Ibid.

(110) Anna Freud to Freud, August 5, 1919. Ibid.

(111) Anna Freud to Freud, July 12, 1915. Ibid.

(112) Anna Freud to Freud, July 27, 1915. Ibid.

(113) Anna Freud to Freud, July 24, 1919. Ibid.

(114) Anna Freud to Freud, August 6, 1915. Ibid.

(115) Freud to Eitingon, December 2, 1919. By permission of Sigmund Freud Copyrights, Wivenhoe.

(116) 这是 Elisabeth Young-Bruehl 告诉我的。

(117) Freud to Kata Levy, August 16, 1920. Freud Collection, B9, LC.

(118) Freud to Jones, March 23, 1923. In English. Freud Collection, D2, LC.

(119) Freud to Weiss, November 1, 1935. *Freud-Weiss, Briefe*, 91.

(120) Freud to Andreas-Salomé, May 13, 1924. Freud Collection, B3, LC.

(121) Freud to Andreas-Salomé, August 11, 1924. Ibid.

(122) Freud to Andreas-Salomé, May 10, 1925. Ibid.

(123) Freud to Andreas-Salomé, March 13, 1922. Ibid.

(124) Freud to Andreas-Salomé, March 13, 1922. Ibid.

(125) Uwe Henrik Peters 在他的 *Anna Freud: Ein Leben für das Kind*（1979）里提到这件事，38–45。

(126) Freud to Ferenczi, May 10, 1923. Freud-Ferenczi Correpondence, Freud Collection, LC.

(127) Freud to Samuel Freud, December 13, 1923. Rylands University Library, Manchester.

(128) *Jones* Ⅲ, 95, 196.

(129) Freud to Eitingon, April 24, 1921. By permission of Sigmund Freud Copyrights, Wivenhoe.

(130) Freud to Samuel Freud, December 4, 1921. Rylands University Library, Manchester.

(131) Freud Collection, LC

㉜ Freud to Abraham, July 9, 1925. *Freud-Abraham*, 360(387).

㉝ Anna Freud to Jones, November 24, 1955. Jones papers, Archives of the British Psycho-Analytical Society, London.

㉞ *Jones* Ⅲ, 380 – 381.

㉟ Ibid, 382.

㊱ Freud to Nandor Fodor, July 24, 1921. Typescript copy, Siegfried Bemfeld Papers, container 17, LC.

㊲ "Psychoanalyse und Telepathie" (written 1921, published 1941), *GW* XVII, 28 – 29/ "Psycho-Analysis and Telepathy," *SE* XVIII, 178 – 179.

㊳ "Traum und Telepathie" (1922), *GW* XIII, 165/"Dreams and Telepathy," *SE* XVIII, 197.

㊴ Ibid, 191/220.

㊵ *Jones* Ⅲ, 406.

㊶ Freud to Ferenczi, March 20, 1925. Freud-Ferenczi Correpondence, Freud Collection, LC.

㊷ Freud to Jones, March 7, 1926. In English. Freud Collection, D2, LC.

㊸ Anna Freud to Jones, November 24, 1955. Jones papers, Archives of the British Psycho-Analytical Society, London.

㊹ Freud to Rank, April 10, 1924. Rank Collection, Box lb. Rare Book ard Manuscript Library, Columbia University.

㊺ Freud to Jones, September 25, 1924. In English. Freud Collection, D2, LC.

㊻ Freud to Andreas-Salomé, September 25, 1924. *Freud-Salomé*, 169(154).

㊼ H. D., "Advent," in *Tribute to Freud*, 171.

㊽ Anna Freud to Abraham, March 20, 1925. Karl Abraham papers, LC.

㊾ George Sylvester Viereck, *Glimpses of the Great* (1930), 34.

㊿ Freud to Pfister, December 25, 1920. *Freud-Pfister*, 81 – 82(79).

(151) Freud to Eitingon, November 23, 1919. By permission of Sigmund Freud Copyrights, Wivenhoe.

(152) *Introductory Lectures*, *SE* XVI, 284 – 285.

(153) Karl R. Popper, "Philosophy of Science: A Personal Report" (1953), in *British Philosophy in the Mid-Century: A Cambridge Symposium*, ed. C. A. Mace (1957), 156 – 158.

⑭ Tliomas L. Masson, "Psychoanalysis Rampant," *New York Times*, February 4, 1923, sec. 3, 13.

⑮ Mary Keyt Isham, review of *Beyond the Pleasure Principle and Group Psychology and the Analysis of the Ego*, *New York Times*, September 7, 1924, sec. 3, 14 – 15.

⑯ "Critics Make Freud Symposium Target/Dr. Brain Brown Calls His Interpretation of the Unconsious Mind Rotten./Discussion at St. Mark's/Dr Richard Borden Explains Soul-Sickness, Libido, Complexes and the Old Adam," *New York Times*, May 5, 1924, 8.

⑰ "Dr. Wise Attacks Modern Writers/Tells Students at International House to Abandon Mencken for the Classics/Regrets Freud ian Vogue/Declares War Has Lost for Religion the Faith and Loyal-tys of Millions," *New York Times*, March 16, 1925, 22.

⑱ "Declares Freud Devotees/Can't Spell Psychoanalysis," *New York Times*, August 27, 1926, 7.

⑲ Eitingon to Freud, November 10, 1922. By permission of Sigmund Freud Copyrights, Wivenhoe.

⑳ "Mind Cure./Professor Freud's Lectures," London, *Times*, April 15, 1922, 17.

㉑ Poul Bjerre, *Wie deine Seele geheilt wird*! *Der Weg zur Lösung seelischer Konflikte*, tr. From the Swedish by Amalie Brückner (1925), 163.

㉒ William McDougall, *An Outline of Abnormal Psychology* (1926), 22. Quoted in Carl Christian Clemen, *Die Awendung der Psychoanalyse auf Mythologie und Religionsgeschichte* (1928), 2 – 3.

㉓ Abraham, Eitingon, and Sachs to "Dear Friends," May 16, 1925. Karl Abraham papers, LC.

㉔ Abraham to "Dear Friends," October 17, 1925. Ibid.

㉕ Elias Canetti, *Die Fackel im Ohr. Lebensgeschichte* 1921 – 1931 (1980), 137 – 139.

㉖ Bjerre, *Wie deine Seele geheilt wird*!, 163.

㉗ William Bayard Hale papers, box 1, folder 12. Y-MA.

㉘ "Topics of the Times," *New York Times*, May 8, 1926, 16.

㉙ *Jones* III, 48n.

㉚ Ibid.

㉛ Ibid.

㉜ "To Ask Freud to Come Here," *New York Times*, December 21, 1924, sec. 7, 3.

⑰ Quoted in *New York Times*, January 24, 1925, 13. 弗洛伊德的这封信遍寻不着。

⑭ Freud to Samuel Freud, November 5, 1920. Rylands University Library, Manchester.

⑮ Freud to Samuel Freud, December 4, 1921. Rylands University Library, Manchester.

⑯ Freud to Eitingon, January 24, 1922. By permission of Sigmund Freud Copyrights, Wivenhoe.

⑰ Freud to Eitingon, February 17, 1921. By permission of Sigmund Freud Copyrights, Wivenhoe.

⑱ Freud to Samuel Freud, December 19, 1925. Rylands University Library, Manchester.

⑲ *Jones* Ⅲ, 190 – 210.

⑱ Freud to Jones, June 9, 1925. Freud Collection, D2, LC.

⑱ Freud to Samuel Freud, December 19, 1925. Rylands University Library, Manchester.

⑱ Freud to Samuel Freud, December 19, 1925. Rylands University Library, Manchester.

⑱ Freud to Emmy Groddeck, December 18, 1923. Groddeck, *Briefe über das Es*, 70 – 71.

⑱ Mann to Meng, September 8, 1930. A. A. Brill Library, New York Psychoanalytic Institute.

⑱ Freud to Jones, February 18, 1928. Freud Collection, D2, LC.

⑱ Freud to Eitingon, August 18, 1932. Quoted in *Jones* Ⅲ, 175.

⑱ (Girindrasehkhar Bose) 通信：见 *Bose-Freud Correspondence*(n. d. [1964?])，这是出版于加尔各答的一本小册子。

⑱ Stefan Zweig to Freud, December 8, 1929. By permission of Sigmund Freud Copyrights, Wivenhoe.

⑱ Lippmann to wallas, October 30, 1912. Quoted in Ronald Steel, *Walter Lippmann and the American Century*(1980), 46.

⑲ Lippmann to Frederick J. Hoffman, November 18, 1942. *Public Philosopher: Selected Letters of Walter Lippmann*, ed. John Morton Blum(1985), 429.

⑲ Pfister to Freud, October 24, 1921; December 23, 1925; May 6 and October 21, 927. By permission of Sigmund Freud Copyrights, Wivenhoe.

⑲ Joseph Wood Krutch, "Freud Reaches Seventy Still Hard at Work/Father of Psychoanalysis Continues to Expand and Alter the Tlieories Tliat Have Made Him a Storm Centre," *New York Times*, May 9, 1926, sec. 9, 9.

⑲ "Topics of the Times," *New York Times*, May 10, 1926, 20.

⑲ Freud to Arnold Zweig, December 20, 1937. *Freud-Zweig*, 164 (154).

⑲ "Nachschrift 1935" to "Selbstdarstellung," *GW* XIV 34/ "Postscript (1935)" to "Autobiographical Study," *SE* XX, 73.

⑯ Alix Strachey to James Strachey, February 9, 1925. *Bloomsbury/Freud*, 184.

⑰ "The Reminiscences of Rudolph M. Loewenstein" (1965), 19 – 25. Oral History Collection, Columbia University.

⑱ Abraham, Eitingon, and Sachs to "Dear Friends", December 16, 1924. Karl Abraham papers, LC.

⑲ Abraham, Eitingon, and Sachs to "Dear Friends", March 15, 1925. Karl Abraham papers, LC.

⑳ 见 Phyllis Grosskurth, *Mdanie Klein: Her World and Her Work* (1986), 94.

㉑ 见 Ernst Simmel, "Zur Ceschichte und sozialen Bedeutung des Berliner Psychoanalytischen Institute," in *Zehn Jahre Berliner Psychoanalytischen Instituts (Poliklinik und Lehranstalt)*, ed. Deut-sch Berliner Psychoanalytischen Gesellschaft (1930), 7 – 8.

㉒ "Wege der Berliner Psychoanalytischen Therapie" (1919), *GW* XII, 192 – 193/ "Lines of Advance in Psycho-Analytic Therapy," *SE* XVII, 167.

㉓ Simmel, "Zur Geschichte," in *Zehn Jahre Berliner Psychoanalytischen Institut*, 12.

㉔ Otto Fenichel, "Statistischer Bericht über die therapeutische Tätigkeit 1920 – 1930," Ibid, 16.

㉕ Ibid, 19.

㉖ "Anhang: Richtlinien fur die Lehrtatigkeit des Intituts," following Karen Horney, "Die Ernrichtungen der Lehranstalt, A) Zur Organisation," in Ibid, 50.

㉗ Hanns Sachs, Die Ernrichtungen der Lehranstalt, B) "Die Lehranalyse," in Ibid, 53.

㉘ Freud to Jones, June 4, 1922. Freud Collection, D2, LC.

㉙ Interview by author with Jeanne Lampl-de Groot, October 24, 1985.

㉚ Freud to Abraham, March 3, 1925. Karl Abraham papers, LC.

㉛ Katharine West, *Inner and Outer Circles* (1958). Quoted in Paula Heimann, "Obituary, Joan Riviere (1883 – 1962)," *Int. J. Psycho-Anal.*, XLIV (1963), 233.

㉜ Freud to Jones, November 16, 1924. Freud Collection, D2, LC.

㉝ Freud to Jones, December 13, 1925. Ibid.

㉞ Alix Strachey to James Strachey, December 13 [really 14, 1924]. *Bloomsbury/Freud*,

131 – 132.

㉕ Ibid,132 – 133.

㉖ Freud to Jones,July 22,1925. Freud Collection,D2,LC.

㉗ Freud to Jones,May 31,1927. Ibid.

㉘ Freud to Jones,July 6,1927. Ibid.

㉙ Freud to Jones,September 23,1927. Ibid.

㉚ Freud to Jones,September 23 and October 9,1927. Ibid.

㉛ "Selbstdaistellung," *GW* XIV 96n/"Autobiographical Study", *SE* XX,70n.

第十章　黑暗大陆的摇曳火光

兰克事件及其结果

20世纪20年代中期以来,盘踞在弗洛伊德心中的种种问题,并不纯然抽象,这些问题在弗氏个人的生命事件中十分迫切,并再次展现了弗氏内心个人情感与科学概念间的持续交流——此一交流既不减损其个人情感的强度,亦不减损这些情感与科学间的联结。潜藏在理性论证面孔背后的是弗洛伊德,一个失望的父亲、忧心的教师,以及焦虑的儿子。

弗洛伊德打算找身边最后一位追随者的麻烦,此人正是弗洛伊德所器重并完全信赖的精神分析之子奥托·兰克。他的确在1923年经历了一些令人沮丧的事情,预示了与弗洛伊德之间即将爆发的全面冲突。例如,8月份当兰克在圣克里斯托福罗与委员会共进晚餐时,安娜·弗洛伊德亲眼见识了她后来称之为"歇斯底里亢奋"(hysterical hilariousness)的突发状况①。正如先前所预见的,兰克在技术和理论上的立场,开始背离自己埋首20多年并曾大力宣扬的理念,他曾以正统弗洛伊德学派自居,如今将自成兰克学派。第一次世界大战后,兰克曾以欣然配合的得力助手身份出现——敏捷、高效、顺从,让弗洛伊德巴不得能有好几个像兰克一样能干的助手②,但仅数年之后,弗洛伊德便将兰克贬斥为一个"天生的骗子"(Hochstaplernatur)③。弗洛伊德并非只在称呼上贬低兰克,稍后,他对精神分析中的焦虑理论提出了根本上的修改,以此来同化和修通这个他意想不到的失望经验。弗洛伊德于1926年发表的论文集《抑制、症状与焦虑》(*In-hibitions, Symptoms and Anxiety*)展现了他能透析损失并从中获益的完美能力。

弗洛伊德对兰克曾经全心全意栽培且为期甚久,他曾很快认为这位于1905年带着手稿《艺术家》(*The Artist*)亲自登门拜访的年轻追随者天赋异禀。他支持兰克接受学术教育,指派他做星期三心理学会的会议记录并鼓励他参与会议讨论,雇用他做编辑助理,支援他的研究和假期旅行。机灵的兰克也渐渐习惯支使那些没他幸运的人,弗洛伊德在一趟造访英格兰的旅程中邀兰克作伴同行,并要求兰克将此一邀请视为"我对你那令人激赏之近作表达的谢意"④,更重要的是,弗洛伊德极力鼓励"小兰克"将自己锻炼成一位非专业的分析家,并持续指派重要职务给兰克,让他保持自信。1912年的《潜意象》,以及次年的《国际精神分析期刊》,兰克都扮演了创始人和编辑的角色。1919年,当弗罗因德侯爵赐予精神分析运动慷慨礼物,使精神分析的出版基地"费拉格"[Verlag,德语里出版社之意。——译者注]成为可能之际,兰克也是该出版社的奠基者和管理者之一。那段时期,兰克一直都是"自己人",当弗洛伊德贴身亲信于1912年组成委员会时,兰克理所当然成了其中的一员。

弗洛伊德对这位年轻信徒宠爱有加,他甚至像父亲一般为兰克忧心。1918年12月,他写信给亚伯拉罕,针对兰克在大战期间于克拉科夫被指派为编辑,遇到一名女子并于数月之后结婚的事情说道:"兰克似乎因自己的婚姻而深受伤害,一个跟任何人都不合而且唯利是图的波兰籍犹太裔小女子,这件事令人相当遗憾而且难以理解。"⑤这是弗洛伊德当时放纵自己的不负责的评论之一。他很快便放弃这样的论调,并且对贝娅塔·兰克(Beata Rank)刮目相看,认为她是个有吸引力且深思熟虑的女性[显然安娜·弗洛伊德对于贝娅塔·兰克的意见与他父亲一致,在谈到兰克的"个性转变"时,她告诉欧内斯特·琼斯:"我曾经把兰克的转变归罪于她,然而她仅仅是个受害者。"(Anna Freud to Jones, February 8, 1955. Jones papers, Archines of the British Psycho-analytical Society, London)]。往后数年,弗洛伊德曾以书面的方式感谢她为《论不可思议之事》所提供的建议⑥;弗氏乐见她对他社交圈产生的贡献,并于1923年协助她申请维也纳精神分析学会的会员资格。在弗洛伊德对贝娅塔反复无常的理解趋于稳定之后,他反而开始对兰克的事业更加担心起来。弗氏曾忠告兰克,就像弗氏曾忠告他女儿安娜和他朋友普菲斯特一样,要想成为一个精神分析家,就别把力气耗在医学院上。1922年,他在一封写给兰克的信里质疑道:"我一直无法确定自己阻止你读医学院是否为明智之举,但只要一想到当初在医学研究所经历的无聊,我便相信这整件事是对的。"带着甚感欣慰的口吻,弗洛伊德认为兰克在众分析家中适得其所,也不再认为他有必要进一步说明对兰克的忠告⑦。

当然，兰克面对施加于他的恩惠并非坐享其成，他通过尽心尽力的服务、理所当然的忠贞、丰富多产的出版加以回报，兰克从事大量且多样的活动、编辑、写作、分析，使得他在年轻一辈的分析家中显得卓尔不群，大家对于他在上述活动中所花费的时间、辛苦的工作以及流畅的文笔都有目共睹。即使像欧内斯特·琼斯那么讨厌兰克的人，都不得不承认兰克处理事情的能力是难以超越的。但兰克的忙碌活动及不可或缺随后却面临了考验，且于20世纪20年代中期荡然无存。

弗洛伊德是最后一位对兰克起疑的人，1922年当兰克和费伦齐联手写作一本与分析技术有关的著作并导致多数分析家极端不安时，弗洛伊德却喝彩称道。他写信给兰克说："你应了解，我完全可以理解你与费伦齐的合作，你们在草稿中创新大胆的发明着实令人振奋。"弗氏进一步表明，他曾担心那些与其过从甚密的人无法获得独立；如今他"乐见情势朝反方向发展"⑧，兰克和费伦齐两人合著的《精神分析的发展》(The Development of Psychoanalysis)一书出版于1924年初，该书包含许多技术上的有趣素材，但隐然出现了忽视精神分析对象童年经验的论调，企图借此缩减分析疗程。这种治疗上的乐观取向正好与弗洛伊德在分析上烦琐、持久的要求背道而驰。大约同一时期，兰克出版了《诞生创伤》(The Trauma of Birth)一书，他将此书献给弗洛伊德，但其潜在的破坏性却远大于他与费伦齐的共同著作。书中指出诞生创伤以及重回母亲子宫的幻想，在心灵史中要比其他的创伤和幻想都来得重要。尽管如此，弗洛伊德仍然按兵不动。

弗洛伊德的平静并不只是被动接受，他尽力不把诸多征兆看作兰克可能会变成另一个阿德勒或荣格的可能。他坚持把存在于追随者之间的嫌隙看成彼此的个人恩怨，其他的人并不会因此而区别对待他们。只有艾廷冈例外，这位生性乐观且对弗洛伊德各种观点都乐意回应的人，拒绝把兰克与费伦齐当一回事。1924年1月，他告诉弗洛伊德，导致兰克与亚伯拉罕分裂的争议，"的确是互不相让，但和兰克与琼斯彼此间的冲突相比，简直就是小巫见大巫"⑨。同样在该月，弗洛伊德告知委员会，他终究得接受兰克把《诞生创伤》这本书献给他。无疑，他对兰克和费伦齐在书中鼓吹的新技术并不赞同，对于兰克的诞生创伤理论更是质疑，但弗洛伊德希望同事间难能可贵的真挚情感能够不受损害⑩。2月初，他对亚伯拉罕看待兰克和费伦齐的著作所采取的严肃观点表示惊讶，但他仍然不愿介入争论。他告诉艾廷冈,"我会尽最大的努力抑制自己滥用特权去打压朋友或追随者的独立,我不会要求他们创作的东西与我一致"。他谨慎地说:"尽管这样的说法预设了兰克和费伦齐没有为大家留下共同的园地,不过实际上我们很难对他们怀抱这样的指望。"⑪兰克对弗洛伊德的回应显得有些失望,他崇敬而坦白地告诉弗洛伊德,其回应方式让他仍有一种还没"雨过天晴"或被误解的郁闷,但他仍公开对弗洛伊德的温和立场表达谢意⑫。

亚伯拉罕已开始修筑防御工事。2月末,他提醒弗洛伊德"数星期来彻底重新自我检视,感受到一种与日俱增的担忧"。他强调这并非搜寻打压异己者的意图,"任何合法分析方式所达到的结果,都不致引发极端的担忧",但这次的情况不同:"我看到灾难后果的征兆,而精神分析的诸关键问题亦被牵涉其中,它们迫使我极度懊恼,这种警告者的角色在我的精神分析生涯中并非第一次出现。"⑬兰克与费伦齐的《精神分析的发展》,以及兰克个人更糟的《诞生创伤》一书所传递的各种理念,使亚伯拉罕觉得过于荒谬,以至于既不能忽略它们,亦不能原谅它们。

此时,弗洛伊德至少还拒绝把亚伯拉罕从柏林发出的警告当一回事,到了3月,尽管有许多人向弗洛伊德询问和兰、费二人"创新"发明有关的问题,他仍写信给兰克在圈内最稳定的支持者费伦齐:"我对你和兰克的信心是无条件的,若和某人相处了15到17年之后,发现自己被骗将是件悲伤的事。"弗洛伊德认为兰克的作品"是无价的,他这个人也是无可取代的"。他承认他对兰克和费伦齐的短程分析治疗持怀疑态度,他认为这样的治疗将使"分析沦为廉价的建议"。但兰克与其他人之间日趋严重的隔阂也令弗洛伊德沮丧:"我比作为我接班人的委员会还要长命,甚至可能比'国际精神分析协会'来得长命,让我们一起盼望精神分析能够比我长命。"很幸运,任何存在于兰克与荣格间的相似性都只是表面的,"荣格是个邪恶的伙伴"⑭。

当弗洛伊德试图展现事缓则圆、表现耐心之际,两位置身是非中心的男主角似乎迫切地想要战斗。费伦齐为兰克的利益叫屈,宣称亚伯拉罕的敌意是基于"贪得无厌的野心和嫉妒",他告诉兰克,单单他们两人,就可以解释为何亚伯拉罕"大胆抹黑"他和兰克的作品,把它们看成"匮乏的暴露"⑮。弗洛伊德仍旧自欺地相信,或者说盼望,费伦齐没沾染到"兰克对亚伯拉罕的愤怒"⑯。尽管如此,弗洛伊德这位年迈的战士,借着展示他的病痛,以及对围绕在他身边种种摩擦的厌恶,企图保住和平局面,并把兰克留在家族中。此一尝试虽勇敢却徒劳。3月中旬,兰克秘密地把他与弗洛伊德的谈话向费伦齐转述,此举令弗洛伊德震惊。虽然弗洛伊德在写一篇评价兰克理论的论文,但他显然并没有认真读过他的理论。"教授(弗洛伊德)还没有读过我(兰克)的书",或"仅读了一半"。弗洛伊德似乎不再认为兰克的论证令人印象深刻,也不再被说服。然而弗洛伊德在会上并没有表现出这一切:他让兰克自己决定是否该出版弗氏本人对兰克的批判[17]。但由于彼此间的冲突涉及根本问题以至于无法轻易平息,弗洛伊德于是呼吁委员会成员对所有争议问题进行讨论,他此时已表明必须对兰克的最新著作持批判的观点,"但我想听听潜在的威胁是什么,我还没看见它"[18]。慢慢地,他将不得不看清楚这个威胁。

3月初,兰克在维也纳精神分析学会讨论他的《诞生创伤》。兰克告诉会员,他的书源自一份他本人随手写下的日记,"其中记录了分析的印象,以格言的形式,如同马赛克一般被拼凑在一起"。兰克说,这些手记最初并不是写给精神分析家看的[19],但它显然足以引起精神分析家的长篇争论,并招致批评。稍后,兰克主张,他之所以把诞生创伤看成决定性的心理事件,其实源自弗洛伊德本人的想法,一个多数分析家多年来早已熟悉的想法。他这么说的确是有根据的:1908年,兰克发表了一篇有关英雄人物诞生神话的论文,弗洛伊德在阅读时曾简短摘录其内容,并评论"诞生过程是焦虑的根源"[20];一年后,在聆听一连串为创伤所苦之儿童的谈话后,弗洛伊德提醒维也纳精神分析学会"论及焦虑,分析家必须谨记在心,儿童自诞生之始便有了焦虑"[21];同样在1909年,他在一则添加至《梦的解析》的注释中,再度以强调的语气写道,"顺便提醒,诞生之举为焦虑的首次经验,因此可作为焦虑感的根源和模式"[22]。这正是弗洛伊德最初并不认为兰克的论点有什么不对劲的原因。

事实上,若只由单一面向展望精神分析理论的发展,那么与其把兰克论点看成一种自精神分析想法的撤退,不如把它看成对精神分析想法的预言。兰克通过牺牲父亲的角色来提升母亲的角色,通过牺牲俄狄浦斯情结来强化诞生的原生焦虑。起初,弗洛伊德认为这可能会对他自己的想法有真正的贡献,当他接受兰克著作的敬献时,他自贺拉斯的诗篇引用了一行优雅的字句:"我不会完全死去(Non omnis moriar)。"[23]的确,1924年3月初,他向亚伯拉罕建议"让我们做最糟的打算：费伦齐与兰克会直接宣称我们不应该停留在俄狄浦斯情结中，这是错误的，而真正的关键事实在于诞生创伤"，如果他们是对的，那么神经症的起源将源自生理学的偶发事件，而非"我们的性欲病源说"（sexual etiology），在这样的情况下，精神分析家肯定得修正他们的技术，"接下来会有什么样的损害？大家可以心情完全平静地在同一个屋檐下工作"，他认为经过数年的工作后，一定可以看出谁的理论是正确的。[24]

弗洛伊德的耐心随着他对兰克父亲般的情感而增强，他也像个验证自己论点是否站得住脚的科学家，随时准备发现俄狄浦斯情结并不像自己多年来所相信的那样，对心灵发展至关重要。他提醒委员会成员，"在科学细节的诸问题以及所有新兴主题上达成一致的共识"，"不可能出现在六位本质不同的委员身上"，甚至是不该企求的[25]。尽管极不情愿，弗洛伊德并非没有责备像亚伯拉罕那样的"警告者"，但对于他们在反对兰克的争论中表现出的轻率以及不通情理的处置，却也显得越来越不耐烦。不愿承认处境的危险性，弗洛伊德开始责备传话者。他欣然承认兰克表达自己的方式显得暴躁、鲁钝、笨拙和轻率，并且缺乏幽默感，无疑兰克要为自己招惹的麻烦负大部分责任，但弗洛伊德亦同时认为他的工作伙伴并没有善待兰克[26]。弗洛伊德以严肃的中立回避这场混战，并且将他的责备均匀地分配给双方，"兰克感受到的憎恶部分来自你和在柏林的那群人，部分则来自于他的想象"，弗洛伊德在1924年9月的信里告诉琼斯，"这些都扰乱了兰克的心智"[27]。

弗洛伊德所领导的核心成员以笨拙的步伐摇摆不定、踌躇不前，甚至反复无常，但亚伯拉罕屹立不摇，他担心费伦齐，更担心兰克，在"科学退化"（scientific regression）的行动中被牵绊了[28]。一些英国心理分析家，尤其是琼斯以及詹姆斯与爱德华·格洛弗兄弟，完全赞同亚伯拉罕的观点：兰克拒绝承认弗洛伊德有关父亲角色之于心理发展的学说。琼斯激动地告诉亚伯拉罕，"诞生创伤的学说"，仅仅是对"俄狄浦斯情结的叛逃"。的确，反兰克阵营的成员此刻皆认为自己比年迈的大师还要坚持，也就是比弗洛伊德更弗洛伊德学派。琼斯写道："当我们把所有因素——年龄、病痛、身边的小道消息纳入考虑，设身处地为弗洛伊德着想其实并不困难。""完全忠于其著作"而疏离"教授"（弗洛伊德）本人将是一件令人遗憾的事情，但如果必须在精神分析和"个人考量"之间作选择，琼斯郑重地宣布,精神分析应该被放在首位㉙。

他们并不需要担心太多,弗洛伊德越来越质疑兰克新理念的价值,深思熟虑之后,他把兰克几近沉迷地反复强调的诞生创伤,视为对历经时间考验之精神分析理念的令人难以忍受的离弃,而兰克对短期分析的提倡,仿佛是一种跟治疗过不去的象征。直至1924年3月底,弗洛伊德还告诉费伦齐,他认为兰克《诞生创伤》一书有三分之二是对的,如今弗洛伊德只承认其中的三分之一㉚;不久后要承认比三分之一更少的篇幅,都已超过弗洛伊德的忍耐限度。

兰克于1924年4月前往美国,两派的斗争通过相互通信而持续着;他举行演讲、主持研讨会、分析患者、指点热诚的分析家;他第一次造访美国,是一种飘飘然的、相当眩惑的经验,他打算借此迈开脚步。部分美国的分析家为兰克的言论感到不安,其中一位精神病医生崔根·伯罗(Trigant Burrow),是个内科医生和奇想者的特异混合体,并且是精神分析的非固定支持者——弗洛伊德认为他是个"口无遮拦的冒失鬼"㉛,此人警告弗洛伊德,兰克正在美国散播一种危险的异端邪说。弗洛伊德安抚他说:"那只是一种技术上值得一试的新发明,它期许缩短分析的时程,经验将告诉我们是否可以保持那样的期许。"尽管其自身亦心存怀疑,弗洛伊德依然发出自信的宣言:"兰克医生与我太过相近,以至于我不会期待他会和他的前辈走相同的路。"㉜

兰克从未领受过像在美国那样的恭维,从未痴想过自己的影响力,也从未见过如此巨额的钞票。他两面做人:演讲中,他一方面将诞生焦虑与短程分析治疗归功于弗洛伊德的理念,与此同时,他又为拜倒在他脚下的听众留下了令人振奋的新印象——是母亲而非父亲在塑造人类的过程中起作用!(Im Gegenteil, die Mutter! On ze contrary, ze mozer!)㉝他既是精神分析协会的代言人,同时也是大胆的修正主义者,他发现这是个无比诱人的位置[纽约精神分析学会的会议记录显示兰克的演出受到相当的瞩目并引起激烈的讨论。他发现有狂热的支持者,同样也有狂热的反对者(See minutes for May 27, October 30, and November 25, 1924. A. A. Brill Library, New York Psychoanalytic Institute)]。

但是兰克无法将维也纳抛诸脑后,弗洛伊德在信件中不辞劳苦地告诉他:兰克自己最近的六个分析对象,其中五个相当熟悉兰克的理念,都对诞生创伤理论全盘否定。7月,弗洛伊德以年长的父辈口气告诫兰克:"我实在非常担心你。"弗氏并无敌意,甚至没有要兰克转变心意,他认真地恳求兰克别让自己陷入困境:"替自己留一条后路。"㉞但兰克将弗洛伊德恳切的信看成反对和中断沟通的信号,他在一封草稿中写道:"如果我不是早就知情,我会认为你今日的来信明确表示出要你理解我是不可能的。"㉟兰克并未寄出这封信,但这封信已反映出他的受伤情感。此刻,弗洛伊德较兰克来得温和,在一封自避暑之地塞默灵(Semmering)寄出的长信中,弗洛伊德举证其他分析家,包括处于精神分析阶段的荣格,并没有因为忤逆弗洛伊德本人而被讨厌。他不是只要应声鹦鹉;"在我看来",费伦齐的确"给了我太多无谓的赞同"。弗洛伊德向兰克保证:"我对你的感情并未因任何事情动摇。"㊱

但弗洛伊德的确受到了动摇,且深受动摇,弗洛伊德在这个夏天里极度有限的乐观并没有持续,他在态度上逐渐偏向反兰克阵营,致力于关闭所有的调停管道。9月,艾廷冈写了一封异常尖酸的信至维也纳,"我们的朋友兰克真是平步青云"——艾廷冈憎恶反兰克的"柏林共谋论"㊲。不过截至10月,安娜的确在柏林帮的阵营里。弗洛伊德在那个月写信给艾廷冈道:"安娜一听到有人提起兰克便火冒三丈。"㊳然而弗洛伊德仍在犹豫,并寄发矛盾的信息。一方面,他不想放弃兰克这个人,在10月中旬写给亚伯拉罕的信里,弗洛伊德心怀盼望地写道:"我应该将他的人(兰克)与诞生创伤区别开来。"㊴另一方面,几天后,兰克返回维也纳,他抵达后第一件事便是立即打电话与弗洛伊德联络,弗洛伊德却不看好这次会面。他写信给琼斯:"我对这次会谈结果不抱任何指望。"㊵弗洛伊德的前后不一正显示出他懊恼的程度。

维也纳这帮人发现新兰克令他们相当困惑,弗洛伊德在11月告诉琼斯:"我们无法解释他的行为,但可以确定的是,他轻易地把我们放在一边,为自己独立于我们之外的新地位做准备。"他继续补充,为了达到该目的,兰克必须声称弗洛伊德也是众多没有善待他的人士之一,"在面对他自己不友善的言论时,他(兰克)说它们是闲话与杜撰。"弗洛伊德发现兰克不真诚,不再是可信任的,"亲爱的琼斯,我感到很遗憾,你对此事的预料竟然如此正确。"㊶他不得不写这样的信给琼斯,以及早先的亚伯拉罕。

回到维也纳,兰克仍然陶醉于美国之行的凯旋中,他辞去各种正式职位,很少待在家里,并计划着另一趟海外旅程,目的地还是美国。他的马不停蹄是可以理解的:他的敌人已经成功收编了他最后一位盟友——费伦齐。琼斯11月中旬告诉他"亲爱的卡尔"亚伯拉罕:"我并不惊讶,那个桑多尔(费伦齐)早该证明自己是忠诚的。"他认为这是"人们可以对他怀抱的期待,至少他总是那么正人君子"[42]。但兰克则优柔寡断、消沉、充满罪恶。11月,兰克偕妻搭乘火车打算前往美国,没想到不一会儿便折返家园。弗洛伊德向莎乐美描述兰克,"他不怀好意地四处奔走,伴随一张极度痛苦、窘迫的脸",给人"一种受到重创的印象"[43]。如同弗洛伊德在类似情况里通常会有的例行反应,他拒绝承担任何责任。他之所以在发现兰克的欺骗时如此冷静,不只因为他正逐渐年迈和冷漠,还因为他无法将任何过错归咎于自己[44]。兰克被彻底激怒了,11月下旬,他第二次出发前往美国,到达巴黎却再次折返。到12月中旬,在心灵危机的纠缠,以及旧忠诚与新机会的拉扯下,兰克开始每天接受弗洛伊德的咨询。

12月20日,在一封令人惊讶的连环信件内容中,兰克翔实地向同事说明了自己的境况,他感到悔悟、歉疚、自责,他告诉委员会,他以前的行为是神经症式的,受无意识冲突所支配。显然,他所经历的"学者病"(Pro-fessor's cancer)乃是一种创伤,同时背叛了自己与朋友。剖析自己的苦痛时,兰克诉诸传统精神分析的智慧,并以最正统的弗洛伊德术语分析其懊悔的心理状态:他显现出俄狄浦斯情结,甚至兄弟情结[45]。连环信件的读者中,琼斯是未被说服和安抚的一个,他12月下旬私下写信给亚伯拉罕,"老实讲我没有与兰克过不去的意思",且宣称自己乐见兰克"恢复理智",但他怀疑那只是纯粹"理智上的洞察"(Intellectual insight)。简言之,琼斯坦承:"我压根儿就不相信兰克。"若忽视兰克早先的恶劣行径,期待此人彻底恢复,则无异于彻底的盲目。"现实原则迟早会报复快乐原则。"因此避免让兰克重掌旧权便极为重要[46]。

弗洛伊德本人没有这么苛求,他把兰克的"拐弯抹角"视为一项好消息。在兰克几近自虐的自我分析持续了两星期后,弗洛伊德写信给琼斯:"虽然我知道你与他疏远了好一阵子,但我希望你仍能出于理智和仁慈,不致全盘否定兰克的说辞,忘记过去,给他重新开始的机会。"弗洛伊德对自己与同事们不至于"像在征战途中置垂死者或掠夺者于不顾"而感到"心满意足",并期待见到兰克再次加入同胞阵营,勇敢地战斗[47]。兰克撤回自己主张的举动深深打动了弗洛伊德,1925年1月,弗洛伊德评估兰克早先的不当举措之后,告诉他所信赖的艾廷冈:"我不相信像那样的事情会再度发生。"[48]

弗洛伊德的同胞并没有就这样原谅兰克,让事情过去,他们对兰克的疑虑与琼斯全然相同。圣诞节当日,柏林小组的成员——艾廷冈、萨克斯、亚伯拉

第十章 黑暗大陆的摇曳火光

罕——寄给他们"亲爱的奥托"(兰克)一封欢迎他重返阵营的信,但他们欢迎的热忱并不是没有带刺的,这三位柏林人不忘提醒兰克的神经症病症,并在兰克回归精神分析真理而忙于修改其修正论之际,极力主张他大可放弃自己的出版,利用这样的休息时间聆听并接受来自同事的讨论与批评[49]。几天后,琼斯亦写给兰克一封友善但多少有点施惠的信,同样对他晓以大义,他乐见兰克的"明白自省,以及随之而来重修旧好的念头"。巧妙略过五年来的争吵和怨怼,琼斯向"亲爱的奥托"保证彼此的友情"在我这边从未受损",并且"毫不迟疑地以最大热忱欢迎你的到来",然而,琼斯却稍嫌严厉地指出:话语本身无法将过去一笔勾销。这句子转译自歌德在《浮士德》中的名言,弗洛伊德在《图腾与禁忌》一书的结论中亦曾引用,他说:"行为是最后的判断准则(Am Ende ist die Tat)。"[50] 面对诸如此类不甚友善的"友好"信息,兰克的反应是在1月初返回美国,他不愿、也无法留在维也纳。仍充满耐心的弗洛伊德,希望兰克能在这次的美国之行中,"弥补自己(第一次驻留时)犯下的过错"[51]。

事实上,整个冬季以及1925年春天,弗洛伊德都在与他对兰克的旧有态度进行斗争。兰克在3月结束第二次美国行返家,弗洛伊德告诉亚伯拉罕,他"再次恢复了"对兰克的"全部信心"[52]。直到7月为止,弗洛伊德对于这位难以捉摸的门徒都还保有一丝信任[53]。但部分弗洛伊德的亲信在兰克与荣格间进行了令人不悦的比较,其间令人遗憾的相似性,真正刺痛了弗洛伊德和他所有的乐观想法[54]。荣格同样于其前往美国发表演说之际,一边展现自己对弗洛伊德的追随,一边宣称自己的原创性;荣格同样为自己的勇气感到害怕而不停地为自己的脱轨行为向弗洛伊德道歉,不一会儿又收回这些道歉。最后,根据弗洛伊德的回忆,荣格似乎从否定弗洛伊德的学说中大大获利。兰克对于自己被拿来和荣格相较自然是非常生气,对兰克及其党羽来说,这些疑虑及恶意的类比听起来根本就是诽谤。

上述言论有部分的确是诽谤。兰克被批为不忠,更糟的是成为他以前朋友任意分析的对象。这已不是什么新鲜事了,尽管弗洛伊德反对这么做,但即便在视兰克为己出之际,他也难以克制对兰克进行诊断。弗洛伊德看待兰克的观点摆荡在俄狄浦斯之子与贪婪资本家之间。早在1923年11月,弗洛伊德便已将兰克的一个梦解释为"青年的大卫"(兰克),想要杀害"自大的哥利亚"(弗洛伊德)〔取自圣经大卫王年轻时以石头击倒巨人哥利亚的典故。——译者注〕。"你是心怀诞生创伤的可怕大卫,致力颠覆我的作品。"⑤次年夏天,弗洛伊德直言不讳地告诉兰克,其诞生创伤理论"对父亲的排除",实际上来源于兰克个人早年的痛苦经验。弗洛伊德认为一旦兰克开始接受分析,理应把力气花在摆脱早年的影响上,而不是在自己的神经症上发展有野心的结构⑥。于是11月,在兰克的公开自我分析之前,弗洛伊德曾严苛地将兰克描述成"因为我的疾病对其生计造成了影响,所以他感到受了威胁",他"寻找救赎之岛",然后在美国发现了它,"这正是老鼠逃离沉船的案例"。在与自身严重的神经症式弑父情结的斗争中,兰克显然发现纽约承诺他的金钱报酬令他难以抗拒⑦,此一对兰克充满敌意的诊断,被弗洛伊德在最后和盘托出。

那些曾敦促弗洛伊德提防兰克的分析家们,也如弗洛伊德这般滥用分析来挑兰克的毛病。琼斯向弗洛伊德主张,虽然第一次世界大战把兰克于1913年"明显的神经症"掩盖了起来,该病症却逐渐以神经症性格的形式重返,这尤其预设了"对俄狄浦斯情结的否定",以及一种"从兄弟身上(我自己)退行到父亲身上(弗洛伊德)的敌意"⑧。亚伯拉罕则更为严厉,他否认任何敌意,进而将兰克的"神经症历程"无情地诊断为一种潜伏过程很长的发展过程。依亚伯拉罕所见,兰克以极度勤勉的工作和降低对友情的需求来弥补自身的负面情感,他任自己举止专横、极易愤怒,并且越来越公开地把心思放在对钞票的兴趣上。简而言之,这是"一种朝肛门施虐期的明显退行"⑨。

这些沦为诽谤名誉的危险游戏,正是精神分析家一面谴责却又一面从事的攻击性分析的典型案例,弗洛伊德则为此道先驱。如我们在许多场合所见,这是分析家们用来思考自己和别人的方式。弗洛伊德把荣格自精神分析变节解释为"严重的神经症式以及自私的动机"⑩,与此同时,他在自我评断的时候则稍嫌宽松,仅承认自己"过于自我中心"地把健康不佳当作借口,以远离分析家们的争论⑪。但即使弗洛伊德本人没有对他人进行攻击性诊断,也不会使精神分析的滥用变得更为收敛。这种倾向充斥于分析家之间,俨然是一种普遍的专业畸形。

1925年6月,正当兰克事件朝无情的结局发展之际,弗洛伊德曾短暂地为一桩伤感事件而分神。弗洛伊德30多岁时结识的一位如父亲般的朋友——约瑟夫·布洛伊尔,在弗洛伊德与其断交了25年后,以83岁的高龄逝世。回复弗

第十章 黑暗大陆的摇曳火光

洛伊德表达哀悼之意的信件时,布洛伊尔的长子罗伯特使弗洛伊德确信,其父始终带着理解的眼光关注着精神分析这些年来的发展。弗洛伊德压根儿没想到布洛伊尔会以这样的态度对待他,因此迅速回信:"来信提及你父亲与我晚期作品的关系,这对我来说是全然陌生的,其作用仿佛在始终不结痂的伤口上涂抹止痛软膏一般。"⑫此信证明,这些年来弗洛伊德对于自己与布洛伊尔的疏离始终无法释怀,布洛伊尔曾在情感和财物上支持弗洛伊德,对弗洛伊德付出甚多,甚至引介安娜·O给弗洛伊德,促使其开创精神分析领域。布洛伊尔的善意曾受到弗洛伊德的尖酸回报,但在弗洛伊德得知布洛伊尔始终充满善意地在远方关心着他时,他感到深深的宽慰——尤其是此时的兰克如此让人失望。

1925年夏季开始,弗洛伊德遇到了远比兰克的欺骗更忧心的事情:卡尔·亚伯拉罕的健康。6月上旬,亚伯拉罕在病床上写信给弗洛伊德⑬,在他结束荷兰演说并返回家乡后就出现了支气管炎症状,表面上是因为他吞下的一根鱼骨黏在了气管上,事实上他还受未被诊断出的肺炎所苦。7月,亚伯拉罕自觉病情好转,并随家人前往瑞士休养避暑。截至8月,他已能在山区适度地健行;到了9月初,他康复的情形足以使他参加在巴特洪堡举行的国际会议。不过此行却显露出其体质衰退的端倪,这不禁使一直与他保持联系的弗洛伊德担心起来,弗洛伊德9月中旬写信给亚伯拉罕说:"我一直害怕的事情果不其然发生了,这次会议耗尽了你,我希望你的活力可以帮助你尽快克服身体不适。"⑭

来自柏林的报告仍不致令人担心,10月中旬,亚伯拉罕寄出一封安抚大家的连环信件:他觉得神清气爽。相较于弗洛伊德的不安,亚伯拉罕却感受到自己在弗利斯的照顾下逐步好转,因此赞许弗利斯"无愧为内科医学专业中的顶尖人物"。"此外,"亚伯拉罕继续补充道,"我发病的整个过程,显然完全吻合他的阶段理论。"⑮但病情并未持续改善,发烧、疼痛以及胆囊病变,显示亚伯拉罕的病情已经恶化。到了12月,弗洛伊德焦虑至极,12月13日他写信给琼斯:"我们这个月都没有写连环信件的心情,亚伯拉罕的病情紧紧地揪着大家,消息是如此不确定,听起来也十分可怕,这使我们很难开心起来。"⑯三天后,他告诉琼斯,菲力克斯·多伊奇已前往为亚伯拉罕看诊,并警告说:"这个礼拜是关键期,大家要作最坏的打算。"弗洛伊德同时拒绝放弃希望:"情况虽不乐观,只要亚伯拉罕还活着,我们就该保留康复的希望。"弗洛伊德的健康状况不适于远赴柏林,但仍期待费伦齐能成行,他同时担心琼斯的健康状况亦不利前往。弗洛伊德不敢面对眼前的局势,"我企图不去想象恐怖事件的发生"⑰。

几天后,也就是12月21日,事情似乎出现了转机,他写信给琼斯,"今天没有关于亚伯拉罕的新消息",但最新通报显示"一切尚安好"。他想到阿利克斯·斯特雷奇同样自肺脓肿中康复便觉心安,而且亚伯拉罕的心脏还在正常运转,⑱所以应该总会好起来的。但信的注脚却与正文大不相同,多伊奇刚打电话告知:虽然亚伯拉罕刚刚有所好转,不再发烧,但病情却突然再度复发,且有恶化迹象,情况极不乐观。四天后,也就是圣诞节当天,事件终告落幕,亚伯拉罕去世,享年48岁。

弗洛伊德对于亚伯拉罕的死相当难过,这位敏锐的组织干部、声誉卓著的专业分析家、精神分析发展中不可或缺的乐观主义者、引人瞩目的理论家、忠诚的朋友,就这么走了。12月30日弗洛伊德在信里告诉琼斯:"我只能重复你说过的话。"弗洛伊德一定深受震撼,因为他以德文写道[弗洛伊德给琼斯的信件大都是英文信。——译者注]:"恐怕亚伯(拉罕)的死是足以打击我们的最大损失,它也的确打击了我们,我曾开玩笑地在信里称他为我的'试金石'(rocner de bronze);我在他(对精神分析理论)的全然信心中感到安全,他那十足的信心启发了我和其他所有人。"弗洛伊德还说他写了一篇简短的讣文,并在其中引用了贺拉斯慨赠刚正不阿之人的著名赞词:Integer vitae scelerisque purus(公正纯洁的生命)。弗洛伊德可是当真的。他告诉琼斯,死亡通常引发言过其实的赞词,"总让我感到特别不舒服;我小心避免说出那样的话语,但我对自己引用的字句确有无比真实的感受"⑲。弗洛伊德这篇令人屏息的讣文的确引用了贺拉斯的话,且流露出对亚伯拉罕的真诚哀悼,精神分析运动正在埋葬"这门年轻科学中最闪亮的希望之星,这对精神分析的未来造成了无可弥补的伤害"⑳。此一巨变使弗洛伊德放弃兰克的念头有了更扎实的立足点。

兰克仍按自己的步调行事,定居美国之前,他在巴黎与纽约之间往返了好一阵子。弗洛伊德的心被其他事情占据着:1926年初他惯有的心脏病发作,严重到进疗养院。3月,他冷静地告诉艾廷冈,自己可能正面临死亡,但是"我唯一的恐惧在于我可能变成残废而无法工作,更精确地说,无法赚钱"㉑。尽管他已相当富裕,养家糊口仍然是他忧心的。不过到了4月,当兰克最后一次造访弗洛伊德时,弗洛伊德已经康复返家,并且开始分析病人。兰克仍然没有完成自己的最终理论;直到两三年后,他把意志作为人类的主要力量,认为它作为自我的一部分,一方面掌控各种驱力,另一方面掌控环境,这时,其理论才逐渐浮现出来。但是1926年春天,兰克已脱离弗洛伊德的阵营,当他前去道别时,弗洛伊德与他断绝了关系。"兰克从自己的疾病中,"弗洛伊德评断道,"以物质独立的形式取得的收获一定非常巨大。"[72]到了6月,弗洛伊德终于想通了,他向艾廷冈坦白:"我无法继续累积对兰克的怒意,我任他自己另辟蹊径,他似乎也闯出了成绩,但显然他已不再属于我们。"[73][威廉(Frankwood Williams)医师是纽约精神分析学会的正式成员,兰克的仰慕者。弗洛伊德在写给他的一封信中,以极为粗暴的方式声明,威廉医师自视为分析家的做法让他感到惊讶:"我仅知道你是一位兰克迷,在和你的谈话中我没有办法说服你,但在我们眼中,和兰克共事短短几个月其实与分析沾不上边,而且兰克也不再具有分析家的资格。如果你至今还不开窍,我得和你讨论讨论你是否够资格称得上分析家。"(Freud to Frankwood Williams, December 22, 1929. Freud Museum, London)]

这件事对弗洛伊德而言,痛苦且旷日持久,但弗洛伊德仍从兰克离经叛道的想法中提取出好多重要课题。这全都在《抑制、症状与焦虑》一书中表露无遗,他察觉到"兰克事件提醒我们,焦虑情感,如同我最初所说的那样,是诞生过程及其处境被重复经历的结果,这使我们必须重新检视焦虑问题。但是",弗洛伊德也注意到,"我认为他的诞生创伤概念,把焦虑状态视为对诞生创伤的反应,以及把每一次新的焦虑情感视为对创伤的更彻底的'发泄'(abreact),这种种想法都是说不通的"[74]。尽管如此,弗洛伊德仍不得不承认兰克提出了一些有趣的问题。

弗洛伊德正打算庆祝——或正在犹豫要不要庆祝——他的70岁生日,但压力并未因此而烟消云散。刚出版的小书体现了弗洛伊德在焦虑问题上的新想法,使精神分析家陷入了前所未见的困境:他们得自行消化另一个影响深远的理论修正。弗洛伊德得意地告诉莎乐美:"可预期的是我的新书将引起一阵骚动,不过事情不一会儿便会明朗,我们还没有权利去遵从死板的教条,也必须不断耕耘自己开辟的园地。"但弗洛伊德镇定地补充道:"提出的变革毕竟不是颠覆性的。"[75]如他给莎乐美的信里所言,在《抑制、症状与焦虑》一书中,弗洛伊德的策略是承认自己早先放弃的理论立场,但简化其中所涉及的环节:"这篇论文所提出的焦虑概念,和我迄今为止认为并无不妥的观点之间有些许距离。"⁷⁶其中"些许距离"的用语显然难以表达他的修正的重要意义。

这本书就美学而言远不及弗洛伊德的其他重要著作,它将不同的理念串联在一起,而非展示它们彼此间的必要联系。其中对精神分析思想有持续贡献的部分,即讨论压抑与防御机制的篇章,如关于焦虑的部分,都散布在全书及该书的最后一个附录中。似乎弗洛伊德已经对修正其理论架构的劳烦任务失去了耐心,而且他对这样一劳永逸修正作品的方式,感到忐忑不安。早在多年以前,弗洛伊德就认为"清晰无矛盾的写作方式表现了作者自身的和谐一致",相反,如果"我们在其中发现的是紧张扭曲的表达",那么我们认为,这表现出"作者的思考过程十分复杂,尚未完全理清,或者我们可以从中听出作者压抑着的批判之声"。⁷⁷这是文学侦探以文风作为线索进行推断的指南。但在这个例子里,这份指南却失效了:弗洛伊德对自己的新念头并未怀抱自我批判的想法。然而,他的确对于如何安排书中大量的素材显得犹豫不决。正如书名《抑制、症状与焦虑》,一路排开的名词显出他的不确定感。此篇论文以对抑制和症状的区别开头,虽然弗洛伊德对于防御机制性质的兴趣要大些,甚至对焦虑的主题更感兴趣;事实上,该书的美国版即名为《焦虑的问题》(*The Problem of Anxiety*)。尽管本书结构松散,但它在弗洛伊德思想中的地位却至关重要。

虽然兰克的名字仅在其中零星地出现数次,但弗洛伊德却在通篇文章中持续与兰克的战斗,这正是弗洛伊德对待出走门徒的方式[兰克回击了。1927年他在发表于美国专业期刊《心理卫生》(*Mental Hygiene*)的文章中,以相当长的篇幅评论了《抑制、症状与焦虑》一书,重述了诞生创伤这个精神分析概念的由来,他与弗洛伊德对诞生的认知差异以及由此产生的后果。(E. James Lieberman, *Acts of Will: The life and Work of Otto Rank*[1985],263 – 267)]。但若仅止于解决私人恩怨并不能使这本书获得重要地位。事实上,自19世纪90年代中期起,焦虑便引起弗洛伊德的关切,弗洛伊德认为,对于这个问题,不仅需要从理论上进行研究,还要从临床上进行观察,这表示,对于焦虑现象,他比其他研究者更为敏锐。就在弗洛伊德开始思考精神分析的那几年,也就是他正在撰写有关歇斯底里以及焦虑神经症的早期论文之际,精神医疗领域的主流人物对于焦虑皆关注甚少,无论教科书或学术论文多半都只是敷衍的生理学描述。当时哈克·图克(Hack Tuke)权威的《心理药物学辞典》(*Dictionary of Psychological Medicine*),综合了1890年左右的专业智慧,却仅对焦虑做了极为简短的定义:"因预期中的悲伤或考验而苦恼,一种激动和沮丧的状况,伴随心前区(precordial region)的紧缩和压制感。"[28]有关的就这么多。

弗洛伊德认为应该对此做进一步讨论,他最初接触的部分神经症患者都表现出明显的焦虑症状,此外,既然他主张所有神经症皆源自性失调,那么他也顺理成章地得出焦虑必有其性根源的结论。于是焦虑的起因在弗洛伊德看来并不算太神秘,其运作原理也相当简单:未被卸载的性兴奋转化成了焦虑。正如尤金·布洛伊勒在第一次世界大战后,在他被广泛使用的《精神医学教程》(Text-book of Psychiatry)中说,焦虑"以某种方式与性产生关联,一个我们知道已久的事实,但弗洛伊德却是第一个把它弄清楚的人"[29]。弗洛伊德所厘清的问题在于,焦虑的浮现不只是看不见的生理历程,亦与心理机制有关,就像他说的,压抑造成焦虑(repression causes anxiety)。正是在这个环节浮现出《抑制、症状与焦虑》一书中的两个重要主题——焦虑与防御机制——之间密切却不显著的关联。但弗洛伊德不只修改了对此二者关系的初步解释,他更进一步颠倒了这个关系。现在他说,压抑并未产生焦虑,反而是焦虑创造了压抑。

在此一新的理论体系内,弗洛伊德对焦虑赋予他本人及其他分析家早先皆未曾认识到的任务:成长过程中,孩童学会预测弗洛伊德所谓的危险处境,并对于这些预期中即将到来的危险以焦虑回应之。换句话说,焦虑可以作为未来可能出现之创伤的信号。于是弗洛伊德此时不再将焦虑看成仅是被动的反应,它也是心灵活动的一部分。

从这一令人吃惊的逆转中可以看出,弗洛伊德多年来一直了解,严谨的焦虑研究,肯定只会在原本的复杂性上添加更多的复杂性。在某些弗洛伊德最初的精神分析论文中,他已能够区辨神经症式的焦虑与现实的焦虑,并注意到焦虑袭击可能是对内在压力或外在危险情境的回应,焦虑在上述两种状况中皆源自心灵无法处理加诸其上的刺激。剩下的工作,便是界定焦虑的性质,分类焦虑的来源,可能的话并区辨焦虑的类型,这便成了弗洛伊德在1926年的论文中致力研究的课题。我们知道对兰克而言,诞生经验乃是真正唯一造成焦虑的原因,尔后所有的焦虑袭击纯粹只是心灵因应"原初创伤"(Ur-trauma)的方式。弗洛伊德质疑过于简单的概念和单一归因,把兰克的解释视为仅针对丰富且多样之焦虑经验中的一个特定面向,予以特意的夸大。

如弗洛伊德现在所界定,焦虑是一种伴随明确生理感觉的痛苦情绪。诞生创伤是所有焦虑状态的原型,它引发明显的生理变化的反应,成为往后焦虑状态模仿的对象。弗洛伊德毫不怀疑婴儿本身就有一定的应对焦虑的机制,因为,简而言之,焦虑反应是天生的。但是困扰幼儿的许多焦虑并不能追溯到诞生的经验,比如对黑暗的恐惧,或对于能满足其需求者不在场的恐惧等。尽管弗洛伊德并没有赋予它们一个明确的时间表,但他相信心灵发展的每一阶段都被该阶段特有的焦虑所笼罩,诞生创伤跟随着分离焦虑,紧接在后的是失去所爱的害怕、阉割焦虑、罪恶感,以及死亡的恐惧。因此从惩罚性超我(punishing superego)而产生的焦虑,仅在其他焦虑完成自己的工作后才有可能浮现[80]。

弗洛伊德并不认为特定型态的焦虑能取代其他焦虑,相反,每种焦虑在人的一生中持续存在于无意识内,任何时刻都有可能重演。但是所有的焦虑迟早都会有迫切的、极度不舒服的无助感,因无法处理过量的兴奋,比如恐惧、愿望和各种情绪情感。扼要地说,弗洛伊德最重要的论点如下:焦虑乃是对预期危险的监督报告。无论该危险是真实的或想象的,被理性评估或歇斯底里地高估,皆与焦虑的感受无关;焦虑的源头千变万化,其生理和心理影响却大同小异。

彻底修改其焦虑的定义之后,弗洛伊德从特殊移向普遍。倾听病人谈话时,他开始对他们的焦虑感兴趣,此时焦虑被描述为指引人们穿越生命险境的讯号,他将结论由心理病理的个别解释转变为人人适用的心理学原则——不论是否为神经症。依据弗洛伊德的观点,正直勇敢的传奇人物齐格弗里德(Siegfried)出发去学习害怕的故事,可视为一则寓言,隐喻人类成熟之必要元素:教育的一种形式就是发现恐惧有什么用途,学会区分什么是需要去害怕的,什么是需要避免的,而什么是可以信任的。全然没有焦虑,人类将对其内在冲动和外在威胁毫无招架之力——也因而无法成为人。

弗洛伊德在《抑制、症状与焦虑》一书中对防御机制的零星观察,显示其对精神分析理论,如同他彻底修改自己关于焦虑的理念一样充满创见,且有过之。但这些观察终其一生及其后,都给了他的追随者许多任务,因为弗洛伊德讨论防御机制的篇章不外是大量理论可能性的简略提示,不过至少弗洛伊德于其1926年的文章中明白地确定了一点:焦虑与防御机制有许多共同点。如果焦虑是在塔顶警戒的尖兵,那么防御机制便是被动员前往阻止入侵者的部队。心理防御策略远比焦虑来得隐晦,因为它们几乎完全在受保护且难以穿透的无意识覆盖下。但是,如同焦虑一般,防御机制也被镶嵌在自我之内;如同焦虑,防御机制也必不可少,但两者都太人性,且都是不甚可靠的应付方式。事实上,涉及防御机制至关重要的问题之一,在于它们可能会从"适应"的殷勤仆人,摇身变为对适应而言难以妥协的障碍。

弗洛伊德承认长久以来他忽略了一个问题,即自我如何防御三个敌人:本我(id)、超我(superego)和世界(world)。他有点忏悔地写道:"在有关焦虑问题的讨论中,我不得不重拾一个概念——或者说得谦虚一点,一个术语,一个我在30年前研究之初曾专门使用,后来被放弃的术语,我说的正是'防御历程'(defensive process),我后来用'压抑'取代了它,但防御机制与压抑两者间的关系却悬而未决。"这番话其实淡化了问题的严重性,事实上,弗洛伊德一开始便明确地区分出各种防御机制,然而却混淆了此一议题,进而以他所偏好的精神分析概念——压抑,来代表否定特定想法进入意识的心理技巧,又代表其他回避不愉快刺激的各种方法。如今,弗洛伊德准备修正此一偏误,他打算把"既有的'防御'概念"视为自我在回应可能导致神经症之冲突中"动用到的各种技巧的一般通称,而'压抑',只是防御机制的其中之一"[81]。

弗洛伊德恢复其早期论点的隐含利益是惊人的,压抑的观念在弗洛伊德心里仍在防御机制的众多策略中,同时它也在精神分析的历史中占据最重要的位置。但同样地,防御机制的其他策略也类似压抑,阻绝心灵素材进入意识,不过它们各自掌控了不同来源的素材。有些策略弗洛伊德曾在他的早期论文和个案历史中讨论过:自我为了对抗无法接受的本能冲动,可能通过退化至较早的心灵整合阶段,在那时,这些冲动隐藏不见,且没有那么强烈。神经症者可能得费力回避自己对所爱之人怀有的敌意和毁灭性情感,进而将心中不被允许的恨意转变为夸大的疾病。这并非全部。精神还有许多防御武器可使,例如投射,已为弗洛伊德的读者所熟知。此刻,在《抑制、症状与焦虑》一书中,弗洛伊德添加了两项以前没有提过的策略:"抵消"(undoing)与"隔离"(isolating)。前者是一种"取消的魔术",不只寻求"抹除"经验结果,还寻求"抹除"经验本身:已发生的事情神奇地变成从未发生。后者则被弗洛伊德视为强迫症患者的特征,表现为隔离开自身情感中淫秽、恐怖、羞耻的幻想或记忆[82]。弗洛伊德认为只有当旧的集合名词"防御机制"被重新定位后,才能进一步公平省视心灵为对抗他人和自己以求自保的各种方式。

弗洛伊德对防御机制的描述如同对焦虑一样,源自他工作中的观察。在《抑制、症状与焦虑》一书中,他几近乡愁地再度回述一些他最珍视的个案:小汉斯、鼠人、狼人。他认为没有理由忽视这些信息来源,毕竟,神经症患者施展阻抗,为了避免改变自身的神经症式的表现,或者不愿以疗愈的痛苦换取洞见,而更愿意死守住疾病的痛苦,都是防御机制运作的表现。但是弗洛伊德相当明白,神经症患者并非唯一有权使用这些策略的人,他们只是将日常的道德实践以夸张明显的漫画形式表现出来。举一个例子来说:"隔离"可能是强迫症患者的特征,但它只是专注意念的神经症式的对应物,把其他刺激排除而专注于某事,是完成日常工作必要且正常的心理历程。因此,正如焦虑一般,防御机制也普遍存在,且对所有人来说都不可或缺;这正是弗洛伊德在熟读兰克的《诞生创伤》一书后学到的课题。在与弗洛伊德决裂的事件中,兰克让弗洛伊德受益之巨远超乎兰克自己的想象。

医生的两难

相较于弗洛伊德以往的表现,他就防御机制和焦虑进行讨论的著作,因内容反复且形式不得体,使得该书表面上的紊乱看起来更为显著。无论如何,这些缺陷并不意味文学力量从此烟消云散。因为1926年,正好是《抑制、症状与焦虑》发行的那年,弗洛伊德出版了另一本展现其以往风格韵味、充满犀利智慧的小书:《非医学专业进行分析的问题》(The Question of Lay Analysis)。这本书既是论战,也是弗洛伊德引介精神分析最具说服力的通俗读物。弗洛伊德有意选择以对话的方式进行论证,他不是第一次使用这种非正式的文学表达形式。

这本自当下论战中诞生的小册子,从典型的弗洛伊德的方式,再次刺激动员了同阵营的好战分子。1924年末,弗洛伊德应一位地位崇高的奥地利医学界大人物要求,为非医学专业分析问题提供专家意见。他写信给亚伯拉罕,信中充满乐观的看法:"所有与此(非医学专业分析)相关的问题,我都希望有关当局能听从我的意见。"[83]事实远比弗洛伊德的预期来得复杂。次年初在维也纳,一些似乎受到威廉·斯特克尔提醒,而注意到非医学专业分析家存在的市政府官员,以"未授权的医疗执业行为"[84]对特奥多尔·赖克提出警告。赖克是弗洛伊德的年轻追随者之一,他适时出现在市府行政官员前解释自己的执业程序。在激烈讨论、专家证词,以及随之而来的法律争辩之后,赖克被勒令停业。赖克继而咨询了律师,谋求弗洛伊德的支持,对停业的判决上诉,并随后继续开业[85]。但次年春天,赖克因密医行为遭到一位名为牛顿·墨菲(Newton Murphy)的美国病人的控诉。墨菲是一位内科医生,本打算前往维也纳接受弗洛伊德的分析,弗洛伊德因为抽不出时间,于是将墨菲转介给赖克。墨菲似乎接受了赖克为期数周的分析,结果必定令墨菲感到极度不满,否则原本对精神分析显然没有敌意的墨菲,理应不会一状告到法院。此事也促使弗洛伊德毫不迟疑,于一个月内完成了《非医学专业进行分析的问题》一书。

弗洛伊德并没有隐藏他写这本小册子的动机源于那阵子的诸多事件:他(在书中)扮成对此事充满同情却未被说服的官员,既与弗洛伊德进行诉讼,亦就该案例征询弗洛伊德的意见。显然,弗洛伊德仍是他自己。他送了一本《非医学专业进行分析的问题》给普菲斯特,普菲斯特真诚地赞叹弗洛伊德从未写过这么简单易读的东西,"而且一字一句都来自深刻的思考"。我们自然可以质疑,普菲斯特长期对抗瑞士的"专业"心理医疗界,并以身为弗洛伊德第一位非医学院出身的"非专业"学生为傲[86],他的话并不客观。但是弗洛伊德的著作本身,却足以证明他的话是对的。

弗洛伊德为赖克而战,也仿佛是为自己而战。他在1926年写信给费德恩,当时维也纳精神分析学会对非医学专业分析的论辩正方兴未艾,信上说:"我不要求会员们声援我,但我不管在私底下、公开场合,还是在法庭上,都会支持他们。"毕竟,"非医学专业分析的抗争迟早要爆发的,与其以后才发生,不如现在就开始吧。只要我活着一天,就要阻止精神分析被医学并吞。"[87]事实上,弗洛伊德是为了自己而抗争。赖克在维也纳法庭上受到的苦痛促使弗洛伊德出版关于非医学专业分析的作品,而他对此议题的心态也转为长期抗战。弗洛伊德自觉对赖克的困境难辞其咎,也就更显得热情与执着了。

这两人1911年初次见面,弗洛伊德读了赖克讨论福楼拜玄奥故事的《圣安东尼的诱惑》(*The Temptation of Saint Anthony*)的博士论文。这次见面让赖克永生难忘:"我刚跟我的教授吵架,他反对学生在文献探讨和精神分析写作上走弗洛伊德路线。"赖克的心理学教授一次偶然的批评引发他去读弗洛伊德的《日常生活中的精神病理学》,结果此后他开始饥渴地读起所有找得到的弗洛伊德著作,就像兰克几年前一样,他把博士论文原稿寄给弗洛伊德,后者大感兴趣并邀他前来见上一面。几年后赖克回忆道,当他踏上位于伯格巷19号的楼梯时,"就像个赴约的年轻女孩,心头小鹿乱撞"。他走进分析室,看见弗洛伊德工作的地方,"充满了他所爱的埃及和伊特鲁里亚(Etruscan)的小雕像"。结果,"弗洛伊德比我更了解福楼拜的书,我们谈了很久"⑱。

他们很快就谈到严肃的话题,赖克打算去念医学院,但弗洛伊德"说'不'。他对我有其他计划,并力劝我投入精神分析研究"⑲。我们都知道弗洛伊德常随意给出这类忠告,但对赖克,他可不只给予忠告而已,他还给予具体的支持。有几年时间,他定期资助一贫如洗的赖克,并替他找工作。他引荐赖克加入维也纳精神分析学会,而赖克也从未在口语或文字上词穷,不时提出理论,发表文章。弗洛伊德写信给亚伯拉罕,亚伯拉罕当时正受弗洛伊德之托,在柏林替赖克探路。弗洛伊德信上说:"他免不了会犯错的,但他是个谦虚的好孩子,有坚定的毅力和信念,可以写出好文章。"⑳在弗洛伊德的力捧之下,一位不是医学院出身的非医学专业分析家诞生了,而且通过了训练期的考验。《纽约时报》一则头条里写着"1927年5月24日,维也纳",总结赖克的案子:"反对弗氏,美国认输/精神分析发现者说没有专业医学仍然可以做得很好。"㉑报纸引述弗洛伊德(不管报纸上怎么说,他当然不是什么被告)说的话,写道:"专科医生没办法把精神分析做好,因为他总是想着如何用药。对有些案例,用精神分析疗法即可见效,无须进行药物治疗。"彼时,赖克的控告被撤销了,精神分析也得到拯救。

1895年,也就是大约30年前,弗洛伊德第一次提到非专业医生从事分析的风险,那是在有名的"伊尔玛的注射"之梦中。他梦见他的病人伊尔玛或许有器官上的病痛,而他诊断为——或误诊为——精神上的症状。这就是反对非专业精神分析的人一再重申的主要观点,但弗洛伊德认为这是可以解决的问题。1913年,在为普菲斯特一本书所作的序文中,他坚持这种甘冒大不韪的论调,硬是说精神分析家不需要医学训练。相对地,"与心理学和启发人性深刻见解的教育准备比起来,医学院训练对于精神分析的执业是微不足道的"。他还有点调皮地说:"大部分的专科医生,没有受过精神分析训练,所以当他们想尝试精神分析时,就会遭到令人沮丧的失败。"㉒于是,很自然地,他一些最有名的追随者都不是医学院毕业的,从奥托·兰克到汉斯·萨克斯,从莎乐美到梅兰妮·克莱因,更不用说他自家里的分析家——女儿安娜。另外,还有许多天赋异禀的年轻成员新加入这个行列,如教文学的老师夏普(Ella Freeman Sharpe)、小学老师奥古斯特·艾希霍恩(August Aichhorn)、艺术史家埃内斯特·克里斯,这些人都表现出他们的确是称职的临床医生,充满想象力的理论学者。可是弗洛伊德早期的文字却明白显示出,他对非医学专业分析的辩护不是特别为这些人讲的,而是出于他对精神分析本质的了解。早在赖克触犯奥地利法律之前,弗洛伊德就已经投注在非医学专业分析的议题上了。

弗洛伊德对非医学专业分析的提倡并不是要鼓吹漫不经心或外行的诊疗,他向来都认为精神分析的对象应先经过专业内科医生的检查。事实上,他在《非医学专业进行分析的问题》一书中不断反复重申这一点。毕竟生理上的症状被热心的精神分析家归因为歇斯底里的转换症状,最后却显示为生理疾病的情况,是有可能的,就像他自己在"伊尔玛之梦"里犯的错一样。但摒除这种状况不谈,弗洛伊德认为,医药上的训练可能反而是一种阻碍。终其一生,弗洛伊德可以说都在致力于拓展精神分析家有别于内科医师及哲学家的独立空间。

的确,在战后,他有五分之四的学生都是专业的内科医生出身,但他从不曾放弃坚持,"内科医生并没有垄断分析的特权"。一个准备不足的医生去做精神分析,不啻一个外行的江湖骗子。当然,弗洛伊德也说,非医学院出身的人一定要受过所有和精神分析有关的训练,并略知医药,但"强迫一个只想解除病人的害怕或精神困扰的人绕一大圈医学院的路,毋宁是不明智、不公平的"。简而言之,"我们不认为精神分析该被生理医学吞并"——这是弗洛伊德偏爱的隐喻,"还要为它在精神病学教科书上找到一席之地"。⑬

弗洛伊德对此议题的热切,使他毫不犹豫地质疑反对者的动机,他控诉说,反对非医学专业分析就是反对精神分析。在对手们的水准及论点明显不如的情况下,这样的论断说得既轻易又强悍,弗洛伊德的理论,至少理性上说起来是比较能说服人的,反对的人就显得不负责任且似乎只是为了追逐私利。25年之后,琼斯从英国人的观点就这个话题深思时,就说这是"精神分析运动的核心困境,至今未解"。琼斯写道,弗洛伊德果敢公正地对待每一个团体,"他能够站在一定的距离外观望,并将之与自己对远景的想象融合在一起。"⑭当然,弗洛伊德有权利沉浸在理想的计划中,例如大学中可以招收非医学院毕业的精神分析家,教授他们生物学和精神医疗⑮。"但我们这些没有显赫地位的后进，只能被迫迁就短浅的眼光，同时应付眼前浮现的突发状况。"琼斯总结说，人们的目光可能会被弗洛伊德的宏伟计划所吸引，但同时却还得兼顾现实⑯。

这些现实太过于明显以至于难以轻视。想要说服始终没有完全信赖分析家言论的大众，同时又得娴熟地应付因地而异的医疗和心理治疗法规，分析家们其实倍感压力。1925年，心理学家卡特尔（J. Mckeen Cattell），也就是"美国科学进步学会"（American Association for the Advancement of Science）的理事长，将精神分析贬抑成："充其量是个人偏好，而不是科学，弗洛伊德博士则是活在一群性变态怪物中的艺术家。"⑰卡特尔说的虽不能代表每一个人，但他的影响力却足以威胁精神分析在专业地位上获得认同。

由于一些雨后春笋般冒出的自称分析家的人大放厥词，卡特尔的批评更显得掷地有声。就在他说出上述嘲讽话语的那年，一个名叫莱恩（Homer Tyrell Lane）的美国人，以"江湖骗子"的罪名被捕入伦敦法庭。他在布鲁姆斯伯里（Bloomsbury）区的精华地段高登广场执业，以每小时两几尼的收费，演讲"个人主义的哲学"⑱。在几个重量级人士，如林肯区的主教目睹见证下，起诉者隐约地暗示："莱恩与其所接触之女校的住宿学生间，有着不当的行为。"他被判监禁一个月，但后来监禁被撤销，改为罚款40先令，且必须在一个月内离开英国永远不得返回⑲。莱恩在法院文件中的身份是精神分析家。

同时，1925年，曼哈顿区的一名牧师波特（Charles Francis Potter），在西区唯一神教派（West Side Unitarian）教堂演讲"精神分析与宗教"时，警告"冒牌的精神分析家"已经"骗"倒了许多人，他提出解决之道在于发给分析家执照。他说："这虽难以相信，却是不争的事实：当医生要十年以上的教育和准备才能诊治人的身体，而分析家诊治最细致的器官——人心，却只要花个十天读读弗洛伊德和荣格的书，毫无准备就可以挂出招牌，每次收费25元。"⑳像莱恩那样上报的江湖郎中，以及波特那样意见极端的诽谤者，不但为精神分析家所惧，更加剧了大众对精神分析的排斥。

因此，到20世纪20年代为止，法国、英国和最严重的美国，都有许多自封为治疗师并以此维生的人，破坏了精神分析家好不容易建立起来的信誉。不过此一情况部分是分析家自己造成的，就像美国知名的精神分析家杰利夫（Smith Ely

Jelliffe)所说:"许多'教派'(cults),如基督科学、心灵治疗、自我暗示心理疗法(couéism)和琳琅满目的类医疗行为,如果真有'医生'执业的话,原本不可能那么昌盛。"[101] 不论谁该为这喧闹的现象负责,真正的精神分析家一定要跟冒牌的江湖郎中划清界限。弗洛伊德的外国"门徒"回到自己家乡执业后,也开始渴望受人敬重的好处,并建立专业规范以保护自己。在这行中,非医学专业分析家被视为制造混乱,甚至令人不快的闯入者。

弗洛伊德则不这么想,正因为他本身是医生,他可以客观地为受过训练的非医学专业分析家说话。他组织起英勇的抗议活动,所得成果却零星而有限,问题变得充满争议,引起精神分析期刊上没有结论的争辩,和20世纪20年代以来精神分析会议中各种权宜的解决之道。当时整个西方世界的官方机构也有各种做法,但大部分都要求医学院学位为先决条件,要不就是对非医学院毕业的人加诸繁多的限制。有一个问题,而且对很多人而言是唯一的问题,那就是:到底是要神化弗洛伊德,将他的著作奉为圭臬?还是甘冒惹恼他的危险,嘲弄他的心愿?1927年,布里尔在他的文字里为这些急躁的效忠者说话,他写道:"我很久以前就已学会先接受大师的东西,因为经验告诉我,无论突发奇想,还是不正确的想法,都可以在短时间内发现原来这些都是错的,这些质疑都源于本身的经验缺乏。然而许多年来,我努力地想同意大师关于非医学专业分析家的想法,但始终无法接受他的观点。"在观点的铺陈上,"大师"尽管"聪明",但终究难以服人[102]。

这议题被热烈地争论,1927年,艾廷冈和琼斯决定办个国际研讨会,论文同步刊载于德文的《国际精神分析期刊》和其英文版的对应期刊。超过20个参与者,来自六个国家,几乎所有著名的精神分析专家,都以短文或简短的声明表达他们的立场,大多数人的表达都如预期,唯一的意外是:弗洛伊德连自己的阵营都守不住。不出所料,赖克语带调皮地承认自己的立场并不客观,来替非医学专业分析说话,并将之比喻为从牧师和诗人而来的两种心灵智慧。但其他的维也纳人,有些甚至是弗洛伊德最初的支持者,也拒绝这样的论调。爱德华·希尔施曼——1905年加入弗洛伊德星期三心理学会的成员之一,并且是当时维也纳精神分析临床执业组织的理事长,就冷冷地说:"我坚守卫生单位的法令,精神分析应为执业医生所为。"[103] 伊西多尔·萨德格尔则是弗洛伊德最早期的追随者之一,也明确地说:"我的原则和看法很坚定,病人应完全由专业医师诊疗,任何由

非专业人士对病人的分析都应该避免。"⁽¹⁰⁴⁾

即使基于个人理由而亟欲讨好弗洛伊德的菲力克斯·多伊奇,也没有能隐藏他真正的意见而勉强说出一个模糊的定义,做结论时还忍不住坚持:"治疗是医生的工作。"⁽¹⁰⁵⁾当然,在会中弗洛伊德还是有他的支持者:有些是英国的分析家,如爱德华·格洛弗和约翰·里克曼(John Rickman),他们认为非医学专业的分析治疗无伤大雅,"只要可以把'治疗'和'诊断'分辨清楚就好了。后者必须留给具有医师资格的人才行"⁽¹⁰⁶⁾。事实上,英国一直是非医学专业分析蒸蒸日上的国度,琼斯回忆说,英国大约有40%的分析家不是专业医师⁽¹⁰⁷⁾。对弗洛伊德而言,更振奋人心的是布达佩斯"匈牙利精神分析协会"(The Hungarian Psycho-Analytical Society)通过的一项决议,决议承认:"根据弗洛伊德的著作,非专业精神分析不仅正当合理,而且其促进本国科学进步的利益更令人向往。此外,'非医学专业分析'目前为止在匈牙利并没有对任何病人造成伤害。"⁽¹⁰⁸⁾研讨会中另一位发言者,维也纳最年轻最有才华的学者之一——赫尔曼·农贝格(Hermann Nunberg),则把矛头直指反对非医学专业分析者的自私心态,他写道:"我有一个印象,就是排斥非医学专业分析家的论调并非完全是理论的考量。依我看,其他的因素如医疗的优势、经济的利益,也是动机之一。我们这个阶层,其实和其他阶层一样,经济斗争自有其意识形态。"⁽¹⁰⁹⁾这些话很重,却相当准确地反映了弗洛伊德的想法。

至于弗洛伊德自己的贡献则载于《非医学专业进行分析的问题》的后记中,他再次将这个熟悉的论辩详述一次,带着一种怀旧的语气,插叙自传式的反省,这是一段常被引用的话:"因为亲身经验,我可以为任何有兴趣的人提供关于我个人动机的一些见解。行医41年,我的自我认识告诉我,我并不曾成为一名真正的医生。我是被迫偏离原定的意愿而成为医生的,而我一生的成就在于:绕了一大圈后再次找到我最初的方向。"弗洛伊德认为自己的"施虐倾向并不强,所以不需要发展它的衍生物"。他也不记得曾玩过扮医生的游戏,"显然我童稚的好奇心选择了其他的道路,在我年轻时,想了解世界之谜的需求变得强烈,我想我可以对解决这些谜有所贡献"。学医似乎是最好的实践抱负之道。但是最初他的兴趣就集中在动物学、化学上,最后,在"最伟大的权威布吕克爵士的影响下"才转到生理学。而他后来踏上行医一途,是为了经济因素;弗洛伊德说他的"物质环境"曾是"悲惨可怜"的。但是——这当然是他回想起年轻岁月时的重点:"我认为我缺乏正统的医疗禀性并没有对我的病人造成太大的伤害。"⑩[这些章节理应显示出此一主观的自我评估需要两点修正:其一,弗洛伊德的确具有人道主义兴趣的倾向,即使他对研究的兴趣大于治疗;其二,他视自己人生旅程有别于原订计划之曲折过程的描述,忽略了他所致力的理论,甚至哲学工作,这成就不只出现在他晚年,20世纪20年代及以后,甚至可早到19世纪90年代。]

弗洛伊德承认他的报告显然于澄清非医学专业分析的议题上毫无建树,但他本身尽管已对某些偏激的想法加以修正,基本立场还是没有改变⑪。在他的信中,不管是给朋友或陌生人,他总是抱怨医生们的偏见。1927年10月,他写道:"身兼分析家的医生,会过于着重人体器官的研究,而不是心理的研究。"⑫一年后,在写给艾廷冈的信中,他宣称自己多少已经认输,他说非医学专业分析"是个大失败"(ein Schlag ins Wasser)。他曾希望在分析家之间营造命运共同体的气氛,却没有成功:"可以说,我简直是个没有兵卒的将军。"⑬

不出所料,弗洛伊德发现真正的"坏蛋"在美国。无疑,美国的精神分析家是最不妥协的非医学专业分析的反对者。弗洛伊德写了一篇准备发表的文章表达他的愤怒,用词比以前类似的文章都要谨慎,他在《非医学专业进行分析的问题》的后记中写道:"我们美国同行的决议,基本上是受到现实因素的宰制,在我看来,那反而是最不实际的,因为那不能改变主导局势的一项要素,他们的企图完全等同于镇压。"他在结论时问道,接受非医学专业分析的存在并施予完善的训练不是更好吗?⑭

这只是不言自明的修辞式提问,这些美国人大部分都失去了理想,而且从一开始就这样。由布里尔于1911年2月创立的纽约精神分析学会,成员都是医生。章程里认为准会员资格是"对精神分析有高度兴趣者"⑮,而会员们却绝少怀疑为什么只要是医生就可以为病人做精神分析。1921年,为了避免误会,布里尔在其畅销著作《精神分析的基本概念》(*Fundamental Conceptions of Psychoanalysis*)的导读中,积极地强调这点,他写道:"不幸的是,精神分析引来了很多江湖郎中和骗子,假精神分析之名,剥削无知的人们,宣称可以治好他们的病。"的确,各种医疗派别都深受这类治疗者的连累,但那不表示人们可以自扫门前雪,袖手旁观。"我自认该对本国的精神分析多少负些责任,我只想说,精神分析是心灵科学上了不起的发现,就像外科手术有X光,但必须由受过解剖及病理训练的专业人士来使用。"⑯[事实上,布里尔被柯里亚(Isador Coriat)远远地超越,后者早在1917年，便于一本简短的问答手册中写到"精神分析的执行"理应被限定在"那些于精神分析理论和一般的心理病理都受过扎实训练的人。因为一个未受过训练而使用精神分析的人，就像一个对放射性物理完全无知而使用镭，或缺乏解剖学知识而尝试进行手术的人，他们会一样地遭到轻视"（Isador H. Coriat, *What is Psychoanalysis?*）〔1917〕, 22）。这陈述自身听起来有点含糊其辞，但柯里亚在其通篇文章中皆提到"专业医生"。]

布里尔可能出于无心的比喻，却成为对抗非医学专业分析家论战中的一项武器，而且对于将此种疗法列入考虑的人来说，无疑是一项警告。1921年，当杰利夫尚未加入布里尔阵营，并支持非医学专业分析、雇用非医学院毕业的助手时，布里尔即予严词斥责[117]。但他的苛责其实是骂过头了，弗洛伊德从不曾想过把病人转给未受训练的治疗师，问题跟X光和外科手术刀无关，问题在于医学院是否为精神分析治疗提供必要的、最好的准备。

这个议题在1925年变得更为戏剧化，卡罗琳·牛顿（Caroline Newton）申请加入纽约精神分析学会，她在1921年曾有一段时间跟随弗洛伊德从事分析[118]，受过训练且备受肯定，回到美国后着手翻译兰克的著作。但她不是专业医生，这对纽约精神分析组织而言，是个致命的缺点。协会立刻为这件事去函给当时任职国际精神分析协会会长的亚伯拉罕〔1925年2月24日，纽约精神分析学会的会议记录中记载了卡罗琳·牛顿以客座身份出席会议的权利被取消了，处理信件的秘书告知亚伯拉罕，"此乃基于本地情况和其他理由，不得不如此"，并"限制会议出席者为专业人士"——当然也就是医学专业人士（A. A. Brill Papers, Container 3, LC）〕，3月时亚伯拉罕在一封公开信中提出报告，他说纽约人只承认牛顿为客座身份，并拒绝她公开执业，以及寄发资格证明书。亚伯拉罕还说，他们要修改国际协会的法令，规定隶属于某一协会的成员不应该自动成为另一协会的会员。亚伯拉罕认为这是合理的要求[119]，弗洛伊德也勉强同意了。但弗洛伊德抓住这个机会把这些美国同胞自我中心的性格狠狠地修理了一顿，他9月写给琼斯的信上说："这些美国人的主张对我而言，是过分了点，其中有太多源于既心胸狭窄又自我中心的利益而产生的限制。"[120]

纽约精神分析学会没有因弗洛伊德的反对而动摇，该会既令人惊讶又自我防御地对牛顿事件做出反应，指定一个教育委员会，过滤将来的申请入会者。1925年10月27日的会议记录简洁地写着："热烈辩论后，全体无异议达成决议,反对非医学专业分析家从事精神分析治疗。"⑫ 逐渐成熟的组织,难以避免的官僚化倾向,已露出端倪。就在同一年,分析家们在巴特洪堡的集会中,创立了跨国的训练委员会,制订核准精神分析机构的标准,界定精神分析训练的方法,两者迄今都仍在某些地方被宽松地执行着。这个训练委员会利弊参半:它和企图保有自主权的机构之间引发了争论,然而却有助于分析家取得资格,以及将教育训练制度化。

即使这个委员会不存在,美国的分析家最终也会有他们自己的解决方式,弗洛伊德1926年秋天对琼斯评论美国人的立场时说:"局势会决定美国精神分析学和医学的最终关系,但那并不表示我们不该试着改变局势,试着通过自己的努力去塑造局势。"⑫ 然而,1926年11月30日,纽约精神分析学会采取了一项决议,并且于隔年被纳入非医学专业分析的研讨会中,在国际上广为流传:"为达治疗目的而从事的精神分析,只限于专业医师(医学专业的医生),必须从被认可的医学院毕业,受过心理治疗及精神分析的特殊训练,符合医疗执业资格。"⑫ 没有比这更明确的规定了。

弗洛伊德继续努力地影响美国人,但好长一段时间似乎都只是白费功夫。1927年夏天,弗洛伊德收到来自布里尔的信——他跟琼斯讽刺地说道,这和第一封信"也不知道隔多少年了",布里尔在信中保证对于弗洛伊德及其原则"他与他们'理应维持绝对的忠诚'"。弗洛伊德还透露,布里尔听说弗洛伊德"想把纽约人自协会中驱逐,'此举一旦成真,我将感到非常遗憾'"。弗洛伊德将之称为想象的悲情。弗洛伊德"认真严肃"地回答布里尔,直截了当地告诉布里尔,他对美国人非常失望,而如果他们退出国际精神分析协会,协会在科学、经济及同行友好关系上,其实毫无损失。弗洛伊德还说:"也许他会觉得受到冒犯,不过这也不是第一次了。如果他控制了自己的敏感度,也就是坏心眼的展现,还是可以成就一段良好的关系。"⑫ 1928年,弗洛伊德告诉瑞士的分析家雷蒙德·德索绪尔(Raymond de Saussure),美国人确立了"门罗主义"(Monroe Doctrine),拒绝欧洲人插手美国的事务。"总而言之,我有关非医学专业分析的著作毫无建树,他们把自己利益的重要性,置于全体精神分析界的利益之上,无视将来可能造成的危险后果。"⑫

直到1929年初期,争议未歇,弗洛伊德开始思考是否该平静地与美国分析界划清界限,以坚守对非医学专业分析的立场⑫。可见布里尔之前对弗洛伊德把美国人赶出国际协会的预感不是无中生有。但这时布里尔已经学到了一些政治智慧,他不想把美国精神分析界带入不确定的独立状态中,于是在策略上提出妥协,同意纽约精神分析学会应该允许某些非专业医师入会。1929年8月一场在牛津举行的分析家集会之后,弗洛伊德写信给琼斯说:"我感到非常愉快,大会以相当和缓的方式进行,使我们的观点得以明白无误地传达给纽约人。"⑫[一如她多年来例行的工作,安娜·弗洛伊德再次代表父亲出席这次国际聚会,弗洛伊德建议她,别太在乎欧内斯特·琼斯和"整个大会","把牛津之行看成一次有趣的探险,无论如何,你该庆幸自己没有嫁给欧内斯特·琼斯"(Freud to Anna Freud, July 25, 1929. Freud Collection, LC.)。从她毫无顾虑、笔调幽默的会议通告中可以得知,安娜接受了父亲的忠告,她在7月27日打电报回家说道,"与其说令人愉快,不如说中规中矩","奋力贯彻始终"(Freud Collection, LC.)。两天后,在宣读完一篇论文之后,她发了第二封电报:"演讲成功,没有丢家族的脸,心情很好。"(Ibid.)显然没有嫁给琼斯的事实使得她神清气爽]弗洛伊德满意地发现,布里尔英勇地对抗"全美国1/4、1/8,或1/16的医疗分析家"⑫。几个月后,纽约精神分析界因布里尔寻求和解的努力而松动立场,勉强同意非医学专业分析家可以治疗孩童。1930年,费伦齐在一封公开信中得意地说:"布里尔在美国非医学专业分析争议上的让步,使得此一问题终获解决。"⑫但针对成人的精神分析治疗,纽约人仍有好几年一直坚持自己的立场。弗洛伊德的权威,再怎么伟大,也还是有限的,毕竟,他的话不是法律。

女人,黑暗大陆

就在心理分析阵营对于分析家的职前训练和认证方式意见产生分歧,威胁着已日趋疲软的弗洛伊德理论运动之际,分析家们也正致力于有关女性心理学的争论。有关此议题的讨论整体而言可说是礼貌而平和的,但这些讨论直指弗洛伊德的理论核心,且至今持续困扰着精神分析界。20世纪20年代中期,弗洛伊德预言反对者将会批评他对女性特质(femininity)的看法,说他对女人的展望太不友善,认为他偏袒男人。他的预言一语成谶,而且情况远比他想象的更加激烈。

很多后来的评论都忽视了弗洛伊德的复杂态度,这种态度包括了早就被接受的老生常谈、实验探索,以及有创意的深刻见解。他是说了一些深深刺伤女人的话,但无论他的理论发言,还是私底下的个人意见并不全然是充满敌意或趾高气扬的,甚至也不独裁。关于女性心理学,弗洛伊德有时甚至是个不可知论者。直到1924年,弗洛伊德试着解开亚伯拉罕提出的关于阴蒂和阴道敏感的一些疑惑,但他承认对这问题深感兴趣之余,也表明他对任何与之相关的事"一无所知"。总的说来,他承认,而且似乎承认得太爽快了些:"此问题的女性面向对我来说是全然隐晦的。"[130]一直到1928年,他告诉琼斯:"我们所知有关女性早期发展的每件事情,在我看来都是令人不满意和不确定的。"[131]他觉得自己已经非常诚恳地试着了解"成年女性的性生活",但仍觉得诡奇和困惑,简直就像"黑暗大陆"一般[132]。

那时,至少有两件事对他而言似乎是相当确定的:"最早的性交概念是口腔的——像早年吸吮母亲的乳房一样吸吮阴茎,而放弃阴蒂手淫是因为痛苦地承认了这个器官是低级劣等的。"那似乎是个大发现,但"其他每一件事我都必须保留我的判断"[133]。大约在弗洛伊德对琼斯坦承他的困惑的同时,他告诉玛丽·波拿巴他已深入研究"女性灵魂"达30年之久,却拿不出什么成绩来。他问道:"女人到底想要什么(Was will das Weib)?"[134]这句名言与女人像是黑暗大陆的比喻,是一种外表现代、实为古老的说法:几个世纪以来,男人借由将所有女人形容为深不可测,来抵抗对女人潜在能力的莫名恐惧。同时弗洛伊德这话也是一次绝望的耸肩,表达了对自己理论缺失的不满。直到1932年,对于女人,他能说的仍只是"非常零碎而片段的"。他劝告他的读者,如果想知道更多,应该"诉诸自身的经验、请教诗人,或等待科学给你更深入的答案"[135]。这些公开宣称并不只是说辞而已,就我们所知,弗洛伊德在他的私人信件上也不自觉地强调这一点。如果是弗洛伊德确定知道的事,他一定会说出来的,但关于女人,他实在没有把握。

1924到1933年之间,弗洛伊德发表的关于女性心理的文章引发了一场论辩。这场论辩始于20世纪20年代初期,起因正是弗洛伊德的一些零碎评论。除了亚伯拉罕之外,和弗洛伊德过招的还有寻求自我定位的欧内斯特·琼斯;年轻的德国心理学家卡伦·霍妮(Karen Horney),她敢言、独立,勇于在弗氏的地盘上公开挑战大师;而像珍妮·兰普尔-德·格罗特和海伦娜·多伊奇等追随者则都站在弗洛伊德的立场上,极少批评,只作一些次要的修改。弗洛伊德关于女性的理论在当时的心理学界很吃得开,不像死亡驱力的概念一直受到强烈争议。从20世纪30年代初期起,弗洛伊德关于女性气质的观点就是他职业中的经典。不过偶尔也有不同的意见爆发,修改弗洛伊德战后关于女性的观点的提议从来没有停止过。修正派精神分析学者并不像女性主义者那样怨恨弗洛伊德,只是弗洛伊德的言论使他们觉得不安。

弗洛伊德关于女性的论述,再一次表现了他的理念是如何被多种因素决定的:无意识幻想、文化背景,以及精神分析的理论思辨。自弗洛伊德最初开始幻想时,他就被女人包围着。美丽、专制的年轻母亲,对他影响至深;他的天主教徒奶妈,在他婴孩时期的情感生活中对他有一些神秘影响,虽突然中止却无法磨灭;他的侄女保利娜,年纪与他相仿,是他年轻时展开异性追求的第一个目标;他的五个妹妹很快相继来到人间——最小的一个也叫保利娜,出生时弗洛伊德还不满八岁,她们夺走了弗洛伊德身为独子的专宠,对弗洛伊德来说,她们不是拱月的众星,却是造成不便的竞争者;他成年后唯一的真爱,他二十几岁时为之神魂颠倒的玛尔塔·贝尔奈斯,给了他全然残酷的打击,导致他强烈的占有欲,使弗洛伊德蒙受非理性嫉妒的发作;他的小姨子明娜·贝尔奈斯,1895年末加入弗洛伊德家族,是弗洛伊德聊天、散步、旅行的好朋友。弗洛伊德虽然可以告诉弗利斯,女人不曾取代男性友人的地位,但他显然容易受到她们的影响。

弗洛伊德的职业生涯也深受女性的影响,她们都是精神分析界的历史人物。第一位是纪元开启者安娜·O,她是弗洛伊德从她原来的医生那儿借来的。在她之后是19世纪90年代初的歇斯底里症病人,她们教会了弗洛伊德聆听的艺术。另一位老师杜拉,是弗洛伊德最早公布的五位研究对象之一,她在关于失败以及移情、反移情的问题上给弗洛伊德上了一课。这两位影响深远的老病号在1901年到1902年的冬天奠定了弗洛伊德的专业地位,而她们都是女性。

此外,往后几年,身为世界上最有名的精神分析学家,弗洛伊德更体会到美丽、有趣且事业有成的门徒,如莎乐美,以及女性分析者如希尔达·杜利特尔对他的追随与崇拜。这些人当中,他最喜欢的有海伦娜·多伊奇、里维埃、布伦斯维克(Ruth Mack Brunswick)、玛丽·波拿巴,当然还有他的女儿安娜,这些人都在精神分析史上留下了足迹。1910年,维也纳精神分析学会的成员重审内部章程时,萨德格尔宣布他反对女性加入,但弗洛伊德坚决不同意。他认为"如果女性根据章程被排除,是严重的矛盾"⑬〔我应该补充,在弗洛伊德之前发言的阿德勒倡导应允许"女医生和真正有兴趣、想合作的妇女"加入(April 13,1910. *protokolle*,Ⅱ,440.)。第一位女性会员是玛格丽特·希尔弗丁(Margarete Hilferding)博士,1910年4月27日由一场自12点进行到2点的投票选出。(Ibid,Ⅱ,461)〕。后来,弗洛伊德毫不犹豫地说"女性分析家",如珍妮·兰普尔-德·格罗特和海伦娜·多伊奇可能比像他那样的男性分析家更能深入挖掘女性患者"同年龄一样难以捉摸、如此晦涩"的早期经验;毕竟,在移情作用的过程中,她们扮演母亲替代者的角色可比男人好多了⑬。因此,弗洛伊德承认,在从事分析的过程中,女性可能比男性更称职。这可是个货真价实的恭维,虽然语带机锋:一个有名望的男人作出了一大让步,提到对女性的偏见时松口,这事本身就微妙地表达了偏见的存在。弗洛伊德说,女性分析家最成功之处在于从事生物本能的职务——扮演母亲的角色。

这点,从生物学角度观之,寓意深远。对弗洛伊德而言最重要的人当中,他的母亲虽不是最有名的,却应该是最有影响力的。她对弗洛伊德内心世界的影响,如同他的妻子、小姨子,甚至是他的女儿安娜一样重要,说不定还更具决定性。是这个妈妈——阿马利娅·弗洛伊德,使她的长子四岁时,在一次火车旅途上,因看到她的裸体而目眩神迷;是这个妈妈,使得弗洛伊德既对她的爱充满渴望,又对她的消失充满恐惧。弗洛伊德小时候,大约十岁以前⑬,做过一个很有名的焦虑的梦,他在《梦的解析》一书中很翔实地谈到,还做了部分分析:"我清楚地梦见我亲爱的妈妈平静熟睡的脸,随后她被两三个有着鸟喙的男人带进一个房间,躺在床上。"他尖叫着醒来⑭。他回想起这个梦,毫无困难地认出抓他母亲的角色来自何处:"鸟喙"这个形象,源于德文里表示"性交"的俚俗说法——vögeln,"栓入"——原字为 Vogel,意思是"鸟"。造成弗洛伊德梦见这个粗俗暧昧意象的另一来源,是他自小熟读的家庭圣经上,印有长着鸟头的埃及神祇画像。弗洛伊德自己对这个梦的分析透露出他对母亲童稚而秘密的情欲、置威严的宗教禁忌于不顾的情欲。

弗洛伊德的妈妈必然能引起她儿子的欲望,不只是他理论上这么认为,更因为她真的美丽而耀眼,她可绝对是个难缠的角色。弗洛伊德的儿子马丁,对这个祖母印象深刻,形容她为"标准的波兰裔犹太人,该有的缺点都有。她绝不是所谓的'淑女'。她爱恨分明,没耐心、任性固执、反应灵敏且头脑聪明"⑭〔西欧化了的犹太人在看待自己东欧同胞的时候,总伴随着矛盾的态度,被马丁·弗洛伊德明讲为"典型"波兰犹太人"缺点"的东西,可以在同一篇文章中被毫不掩饰地欣赏,这正是指来自东欧的法律系学生,在面对维也纳大学法学院发生反闪族(anti-Semitic)动乱时所展现出的勇气。此地"'受人轻视、遭人践踏'的'波兰犹太人',以可观的身体耐力,面对人数远超过他们的德、奥两国学生的攻击,进行抵抗"。(Martin Freud, "Who Was Freud" in *The Jews of Austria: Essays on Their Life, History and Destruction*, ed. Josef Fraenkel〔1967〕,207)]。弗洛伊德的外甥女朱迪思·贝尔奈斯·黑勒(Judith Bernays Heller)小时候常跟外祖母在一起,她也非常支持她表哥马丁对外祖母的描述,她写道:"阿马利娅·弗洛伊德情绪起伏很大,充满活力,意志坚强,大小事情都有主意,直到95岁过世前都对自己的容貌很自负。她做事有效率、能干、相当自我。""她在陌生人面前非常迷人,笑容可掬,但跟熟人在一起时总是,至少我觉得总是,像个暴君,自私的暴君。"然而,这些都只是更加巩固了她的力量——她不是个爱抱怨的人,熬过了第一次世界大战期间和战后在奥地利的艰苦生活,她以令人赞叹的精神,面对逐日增加的年纪加诸行动上的不便。"她是有幽默感的人,懂得笑,有时还自我解嘲。"⑪另外,她毫不避讳地以言语和行动展现对长子的崇拜。如同传奇故事一般,她称弗洛伊德为"金儿子"⑫。这样一个妈妈的存在,是令人难以躲闪的,即使经历过很彻底的自我解析也是一样。

事实上并无证据显示弗洛伊德系统化的自省触及他对母亲最深层的情感依赖,我们也看不出他曾探索并试图摆脱母亲的宰制[舒尔医生对于我此处所说的这种情况表示了应有的谨慎。他在给琼斯的信中写道:"总体来说,许多涉及他与母亲之间复杂前性器期(pre-genital)关系的证据,他可能从来都没有充分分析过。"(Schur to Jones, October 6, 1955. Jones papers, Archives of British Psycho-Analytical Society, London.)]。身为分析家,终其一生他都知道母亲对孩子的发展有关键影响,他自己也不例外,"无论一个人的力比多是否挣脱了乱伦欲望的固着(incestuous fixation),都很难完全摆脱它的影响"。弗洛伊德在1905年写道:"一个男人总是在寻找记忆中,那个自孩提时代起就控制着他的母亲的样貌。"⑬可是,弗洛伊德在研究个案历史时,似乎故意漠视这个见解,排除母亲的重要性。例如杜拉的妈妈,一直深受弗洛伊德所称"主妇型精神病"(housewife's psychosis)⑭的困扰,就被视为一出家庭传奇剧中的安静配角。小汉斯的母亲,被

第十章 黑暗大陆的摇曳火光

丈夫认为其挑逗行为导致了儿子的神经症,事实上只是整个分析解释之外的附属品。狼人的生母只存在于他童年看到的影像及幻想中,作为一个微不足道的配角,但他的奶妈却造成了他的神经症。鼠人的妈妈只短暂地出现过片刻,在鼠人开始分析之前,他曾向妈妈寻求帮助。同样地,史瑞伯的母亲仿佛不存在似的[145]。

母亲的重要性在弗洛伊德病人的神经病史中被削减,部分反映了极不得已的资讯匮乏。弗洛伊德总是叹息,他那时代所谓庄重的行为模式,迫使女病人沉默寡言,使得他们比男人更放不开。结果,根据他20世纪20年代初的观察,与女孩子比起来,精神分析家对男孩子的性发展知道的要多得多。然而弗洛伊德似乎有意忽视这点,仿佛跟女孩子有关的事他也不想知道似的。这告诉我们弗洛伊德曾感受到的情感依赖,只有母亲对儿子的爱。他在1921年写道,任何一种长久的亲密关系,不管是婚姻、友情或亲情,都隐含着敌意,"只有一个例外",就是"母亲与儿子的关系",它"建立在自恋的基础上,不会受到后来的敌手的干扰"[146]。他将这种对儿子的母爱界定为"所有人际关系中,最完美、最不容易动摇的"[147]。这话听起来倒像是许愿,而不是从临床资料中得到的理性推论。

琼斯曾描述弗洛伊德具有大胆、独立、不屈不挠的创造力与好奇心,并指出这种"无畏的勇气"是"弗洛伊德最高尚的品格和最珍贵的天赋。除了对母爱无上的信心外,还能从何处得到这样的品格呢?"[148]这个断言可以从弗洛伊德自己的名言中得到证实——他甚至重述一次,身为母亲的最爱,会发展出胜利感与自尊,而得到在未来生活中成功的力量[参阅《梦的解析》,SE V,398n(1911年加注)]。就连这种说法,也只是像个愿望,而不是理性、有说服力的论证,或可靠的自我评价。母亲对儿子自然不比儿子对母亲那样充满冲突,但也不能免于矛盾、失望、愤怒,甚至完全的敌意。弗洛伊德就极有可能竭力否认他与母亲之间的关系并不完美,例如母亲的爱受到其他姊妹瓜分,即使只有一点点,或他对母亲其实怀有不正当的欲望。在处理与母亲之间的复杂感受所导致的冲突上,弗洛伊德似乎借由回避来解决。

弗洛伊德在1931年有关女性性欲的论文中,谈到男孩子可通过将敌意转向父亲而保持对母亲的情感依赖,并解决与母亲之间的矛盾。他很慎重地加注说不应在这尚嫌模糊的论点上遽下结论,而应该等更多有关"前俄狄浦斯期"的研究出现了再说[149]。弗洛伊德虽语多保留,但我们不应忽略它——不只是对其他人,还包括他自己的情感生活——所带来的启示。

在他两年后发表的有关女性的文章中,我们得以瞥见弗洛伊德焦躁不安的内心世界。他解释小女孩为何抛下母亲转向父亲,而无论她原来对母亲的情感依赖多么强烈:弗洛伊德论道,这种转移不只单纯地以父亲取代母亲,而是伴随着敌意,甚至仇恨。小孩子"对母亲的不满在下一个孩子来到时爆发出来",对手剥夺了老大得到充分喂养的优势。而且,"很奇怪的是,即使只有11个月大的年龄差距,孩子也不会小到对自己的处境浑然不觉"。这与弗洛伊德自身的遭遇很像:他和弟弟尤利乌斯只差了17个月,他还是以怒气和邪恶的诅咒来迎接他的诞生。

"但是小孩,"弗洛伊德继续说道,"嫉妒入侵者和对手,不只是因为哺育,还包括种种母亲的关怀。幼小心灵觉得自己的权利被排挤、剥夺,并且受损,因此对新生的小弟弟或小妹妹充满嫉妒,也对不忠实的母亲发展出恨意,这些表现出来就是令人憎恶的行为转变:小孩变得惹人生气、不听话,甚至回到无法控制大小便的阶段。"弗洛伊德观察到这些都是常见的情况。"只是我们很少对这些嫉妒的强度、孩子倔强的程度,及对未来发展的深远影响形成正确的看法。"这个见解的正确性,见诸"接下来几年的童年时光中,嫉妒随着新的弟妹诞生持续增加,打击也反复出现"。弗洛伊德还下结论说:"即使孩子仍是母亲的最爱,情况也不会有所改变。孩子对爱的需求是无止境的、排外的、不愿与人分享的。"弗洛伊德这番话专指女孩子,但又非常像他的自我陈述,从他给未婚妻的信上看来,嫉妒、排外、厌恶竞争,不就是在说他自己吗?这么说来,弗洛伊德似乎是有理由认为女人具有神秘感,甚至带有威胁性。

也难怪弗洛伊德可以规避这个悬而未决、遁入无意识中的问题,因为他的男性占有欲正好和他文化背景上的保守态度相合。弗洛伊德本身在社会地位、道德、服装款式上都是不折不扣的19世纪绅士。他从不曾调整自己的行为以适应新时代,不管是老旧的观念、说话和写字的方式、服饰,还是他的拼字。他不喜欢收音机和电话,他认为道德上的争辩是荒谬的,因为善恶、对错是再明白不过的了。总之,对弗洛伊德而言,那早已成为历史的时代从未曾逝去。由他的信件、给弗利斯的便签及19世纪90年代的个案研究可看出他对女性的古老观念——如今我们已将之视为偏见。例如丈夫有责任保护妻子免于接触任何与性相关的

第十章　黑暗大陆的摇曳火光

外来事物，即使是为了医疗之故[63]；聪明而美丽的女子是值得赞赏的，因为她在这些事情上，显得和男人一样好[64]；女人天生在性行为上是被动的[65]。不过与此同时，弗洛伊德也质疑既有的陈词滥调，承认女人在性爱上的被动并非天生的，而是社会加诸的限制[66]。弗洛伊德看见如笛福（Defoe）、狄德罗（Diderot）和司汤达等先贤智慧的力量，他们认为任何所谓女人能力的缺陷都不是天生的，而是文化压迫的结果。

上述和其他种种关于女人的不相协调甚至前后矛盾的观念，以及某些令人侧目的大男子主义论调，使得弗洛伊德这些年来的发言复杂难解。1907年他在《格拉迪娃》中确信男人在做爱时必然扮演侵略者的角色[67]。12年后，他请费伦齐转寄一封回信给一位来自布达佩斯的女士，信中提到："但是，身为一位不折不扣的女性（Frauenzimmer），竟然忘了写住址，通常是男人才会这样。"[68]男女之间的小差异被弗洛伊德放大了，他在给琼斯的信中提到里维埃——一位他欣赏的女性时说道："根据经验，对一个有男性气概的女人（masculine woman），你并不需要深究就能发现她的女性特质。"[69]弗洛伊德对女性的态度是对大环境文化背景的忠诚，也就是他那个时代的"维多利亚风格"（Victorian style）[直到1938年，他还会以不折不扣的19世纪语气写信给斯蒂芬·茨威格："分析就像女人，想被征服，却知道如果毫不抵抗将会被瞧不起。"（Freud to Stefan Zweig, July 20, 1938. By permission of Sigmund Freud Copyrights, Wivenhoe）]。

这种风格从来就不是单一的，但"维多利亚式"一词，被全世界广泛滥用，结果已经变成了一种庸俗的说法，常常带有贬义，而大部分时候还常会引起误会。它令人联想起"家庭天使"（Angel in the House）的意象：乖顺的女性守着炉火，专注地照顾孩子，忙于家事，而她专横、高人一等的另一半——充满企图心的丈夫，正在外面险恶的商业与政治世界打拼。根据女人这个议题，把维多利亚时代的人分成两派，女权主义者和反女权主义者，其实也和"维多利亚式"一词一样语意模糊，令人费解。谈到女人议题，大家不免情绪高涨，想起各种廉价的口号，但给所有人贴上标签，分成两派，显然是太轻率了，不能尽述各种纷陈的观点。有些反女权主义者，主张收回女人的投票权，却鼓吹女人有受高等教育的权利、有控制自己财物的权利，或与男性同样拥有离婚的权利。而所谓女权主义者，本应是反女权主义者的对头，所抱持的想法竟是大同小异。例如，弗洛伊德就表现出这种矛盾的现象。从不隐瞒自己对女权主义运动反感的弗洛伊德，就表达了对上述结盟或立场上的困惑。他推崇甜美、能干的主妇，但从不阻挠——相反却培养——上进的女性精神分析家，并尊重她们的见解。事实上，弗洛伊德主持着一个女人可在其中成为顶尖人物的专业领域，他推翻了自己对女人做出无知、礼貌的评论，他很早就有这些观念了，也持续地印证了这些观念，只不过身为一个不乏由女性做出醒目和公认贡献的国际运动的领导人，弗洛伊德的行为和他的论调恰恰相反。

无意之间，弗洛伊德竟成为风起云涌的女权运动的参与者。自19世纪中叶始，整个西方世界，妇女运动者致力于对法律、社会及经济上的缺失提出抨击。第一次世界大战前夕，英国鼓吹妇女参政的人士采取了消极抵抗策略，且时有暴力冲突发生。但大部分妇权运动者持续她们长久以来的努力，提出温和的诉求，顶多是口气忿忿不平罢了。1848年在纽约州塞尼卡福尔斯（Seneca Falls）的一场会议中，投票通过了第一篇初具规模的妇女权益宣言，语气抚慰人心，可惜分贝不大：全球普及妇女参政权的呼吁几乎没被提出，被提出的一项也没通过。那些大骂女性主义者为颠覆家庭及"正常"男女关系的性变态者的人，多半受焦虑所苦。事实上，从堆积如山的漫画、社论、布道及传单上看来，女人被说成是"具侵略性、吃人的"，她们的男性支持者则是"怕老婆、娘娘腔"，可见19世纪许多男人真是焦虑到了极点。塞尼卡福尔斯会议之后的数十年，这种跨国的厌恶女性（misogynistic）狂潮，只有弗洛伊德的分析可以解释⑩。

尽管女性主义者骁勇热闹地战斗着，显得充满威胁性，但她们仍然遭到来自教会、政府及社会的反对。更糟糕的是，到19世纪末，这场运动内部针对政策及目标产生的歧见及斗争，日渐激烈凶残。女权人士中的社会主义者认为只有资本主义灭亡，妇女才能获得解放；政治策士坚持全球普及的妇女参政权是任何改革的第一步；比较谨慎的女权主义者则致力于按部就班地，寻求女性进入医学院及拥有自己账户的权利。就这样，妇女运动一点一滴地寻求改革，积累得之不易的成功。在这过程中，伟大的女性精神分析家如安娜·弗洛伊德、梅兰妮·克莱因是当时女权奋进精神的代表人物，受益于妇运先驱们不畏孤独的勇气，更受惠于弗洛伊德的态度。

在弗洛伊德的国家奥地利，妇女运动的进展比其他国家都缓慢，可说是挫折连连。1867年一项法律明定"女性同胞",连同外国人及少数族群,不得参与任何政治活动。因此,妇女运动组织致力鼓吹的妇女投票权,实际上是难以想象的。即使奥地利的社会主义者,在19世纪90年代晚期阵容壮盛之际,也不愿意将妇女参政权列为该党党纲的重要政见。虽然他们要求把对妇女不利的法律全数移除,但其实他们更有兴趣的是洗刷他们长久以来的冤屈:1898年,他们的领袖维克多·阿德勒将这些列为"经济剥削、参政权缺乏、精神苦役"[061][由于一项奇怪的奥匈帝国法律的曲解,19世纪后半期,某些省份的一些妇女可以投票,不过是以"财产所有人"的身份,而不是妇女的身份。连激进的宣传妇女参政权的人士也反对这样的特权。但无论如何,这不适用于维也纳],仿佛一旦这些问题被克服,女人也就自由了。因此,奥地利的妇女组织起来后,只限于争取长久以来被定位为妇女理应关注的安全项目:教育与慈善。甚至没有人想到要挑战1811年的法律,那法律明令说"丈夫为一家之主",且为"家事的指导者",妇女必须听从及附和他的命令,也就是说,虽然19世纪的奥地利法律给予妇女公民地位——有些人觉得这值得庆幸,因为已经比法国好多了,但是没有丈夫同意,她们不能教育自己的孩子,不能管理家务、上法院,或签署商业合约。1907年海伦娜·韦伯(Helene Weber)发表一份权威性的针对家庭法律的调查,称奥地利的规定为"专权的日耳曼家长制"(predominantly German-patriarchal)[062]。这种称呼并不为过。

在这严峻的法令与政治气候中,又有主流文化态度的雪上加霜,奥地利争取教育与独立的妇女们面对的是纷至沓来的奚落。这气氛还微妙地受到当时的通俗小说影响而增强,其中一本最有"成就"的就是阿图尔·施尼茨勒露骨的情色小说。这种作品通常满是甜蜜青春的情节,主要是描写社会地位较低的商店助手、女侍、舞者等,她们让人欢欣、个性柔弱,注定要受骗于年轻的军官、有钱人的纨绔子弟或养尊处优的中产阶级,成为娱乐他们的牺牲品。故事、小说、戏剧等,把"甜姐儿"(süsse Mädel)描述成中上等家庭里不可或缺的安全阀:提供尊贵的年轻女士婚前不敢做,婚后也绝少享有的性欢娱,它们挽救婚姻免于破碎,或拯救性饥渴的男人免于精神病。事实上,施尼茨勒并非只是轻松描述欢爱的场面或不负责任的维也纳生活,他还尖刻地批评了维也纳的残酷、冷漠及伪善。但只读表面的读者以为这样的小说是为沉迷于美酒、女人及歌舞——尤其是女人——的维也纳签名背书。这种对小说的误解,曾为弗洛伊德极力抗辩,但始终无助于改善奥地利女性主义者的前景。

中产阶级妇女大都还没准备好为自己开创一片天,斯蒂芬·茨威格在自传里回忆到维也纳的上流社会滴水不漏地保护年轻女性免于受到任何"污染",检查她们的读物,监视她们出游,让她们学钢琴、作画、学外国语,转移她们对情色思想的注意力。她们变得"很有教养和太有教养",不出所料,"愚蠢而无知,知书达礼且从不怀疑,好听八卦又故作矜持,优柔寡断而不切实际,完全被脱离现实的教育所形塑,然后被她们的丈夫带进完全没有自主空间的婚姻"[58]。弗洛伊德的时代,奥地利妇女的命运其实还更甚于此,但是茨威格借着他擅长的夸饰和极端的对照,从一团纠结的压迫与反压迫中,只抓出一条相当精彩的线索来描写。

反压迫的一股力量来自奥地利组织严密的社会主义妇女,她们可没有时间和兴趣打情骂俏,这种既令人激动又令人感到堕落的调情嬉闹是维也纳小说家和剧作家的题材。另一股力量则来自上层中产阶级和开明的贵族妇女,她们之中很多都是犹太人。她们有办法争取到扎实的教育,通常是在国外,或主持着不只是闲谈聊天的文艺沙龙。也不是所有的文人都把空闲时间消磨在纯男性的俱乐部或最受欢迎的咖啡屋里。例如尤金妮亚·施瓦茨瓦尔德(Eugenie Schwarzwald)这位教育改革人士,在苏黎世得到她的博士学位,1901年创立了维也纳最好、最知名的男女合校,她的付出与精力无疑是杰出的。就在弗洛伊德正开始以精神分析为人所知的同时,她展现了女性,甚至包括犹太女性,都可以拥有的各种可能。1913年,一位前往布达佩斯参加全球妇女研讨会的英国代表,因一场会前会而过境维也纳,这个德卡斯特罗(de Castro)女士,报告说她在那儿遇见的妇女运动者是多么有效率,有活力。她写道:"我吓了一跳,维也纳有那么多领袖人物显然都是犹太人。维也纳有非常多而体面的犹太人,而她们似乎都是妇运的热烈支持者。"[59]

简单地说,弗洛伊德怀有数种看待女性的对立模式:他不去沙龙,但是可以在他自己的圈内听到关于女性的热烈讨论。杰出的医学教授如卡尔·罗基坦斯基(Karl Rokitansky)和特奥多尔·比尔罗特曾公开反对女性主义者改善中等教育的要求,唯恐她们下一步的计划就是要上大学。另一方面,一位同样杰出的古典主义者特奥多尔·贡珀茨宣称,他希望女性受更好的教育。弗洛伊德不喜欢斯蒂芬·茨威格笔下生动讽刺的那些愚蠢女性,却跟几位当时最有教养的女子相谈甚欢,时有联络。在1904年一场对圣约之子会教友的演讲中,他明确提出异议,反对保罗·默比乌斯恶名昭彰的论点,说女人注定"生理上心智低落"(physiologically feeble-minded)⑯;4年后,他以文字重申他对默比乌斯的反对⑯。这说法一直萦绕在他心头,直到1927年,他仍觉得该和女人"生理上心智低落"——女人较男人更不聪明——的"一般"观点保持距离。这种说法备受争议,诠释也模糊不清。弗洛伊德承认有女人可能表现出"智能萎缩"(intellectual atrophy),但如果是这样,那是社会的错,社会禁止她们从事她们最有兴趣的事——性⑯。

也许弗洛伊德对女性的最终评论偶然来自对其爱犬的感受。在一封寄给柏林莎乐美的信中,他承认自己想念他的中国黑鼻狗"周非"(Jo-Fi),"几乎跟想抽雪茄一样。她是个迷人的家伙,有趣,就像个女孩子,狂野、直觉敏锐、温柔、聪明,却不像其他的狗那么黏人"⑯。关于健康的议题,他也毫不犹豫地承认,女人比男人要强壮些,1933年夏天,正当他与家人眼见德奥两国日益恶化的政治气候而无奈、气愤时,他告诉阿诺德·茨威格:"女人比男人挺得住。"弗洛伊德并不认为这有什么好惊讶的,"她们毕竟是比较坚毅的一群,公正地来说,男人天生容易认输——崩溃(einfälliger)"⑯。弗洛伊德想从女性身上得到所有的美好特质:坚强、温柔、狂野以及智慧。但即使带着那么一点善解人意,他说话的高傲姿态,却又表现出自己永远不可能被女性主义运动所收编,因为他全部的所作所为都只是基于自己专业的考量。

1908年,在维也纳精神分析学会成立之前,他从没有改变过这个态度。威托斯曾写过一篇论文讨论"女性的天性地位",其中他批评"当前该死的文化",逼迫女性受制于一夫一妻制、贞洁善良及个人美貌的迷思与牢笼中。威托斯的结论之一是:这后果造成女人们"恨不生为男儿身,所以(发起女性主义运动)想要变成男人"。人们浑然不知"这努力多么没有意义,甚至女人也是一样"⑰。弗洛伊德评论这篇文章时,愉悦而顽皮地回忆起25年前他曾向他的未婚妻批评过米尔写的一段有关女人赚钱能力的文章,还补充说:"反正,所有的女人终究没有因现代的妇女运动而获利,顶多只有其中一些罢了。"⑰〔有趣的是,弗洛伊德的老朋友弗利斯也是传统阵线的。在他的主要著作《生命的过程》(The Course of Life, 1906)中,他写道:"女人的心理主要受到惰性定律的支配;当男人汲汲于新事物时,女人却反对改变;她只是被动接受而不加入她的创造……感性是她的世界,同情是她的美德……一个健康女人的一生真正的特色在于,她在性上的任务是她所有事务的中心,对孩子的爱是健康女性的特殊标记。"(Quoted in the original Germnan in Patrick Mahony,"Friendship and Its Discontents",*Contemporary Psychoanalysis*,XV(1979),61n.)]而在美国这运动有声有色,相当成功(虽然,一路走来也是辛苦缓慢),虽然这是事实,但也没有使弗洛伊德称赞此运动。

在所有关于女人天性及地位的论辩中,最棘手的议题莫过于女人的性欲。综观所有人类有记载的历史,绝少有人会质疑女人是热情的动物,问题只在于她们是否比男人更享受性交的欢娱,或者一样享受。早期的基督徒把这个问题搁在一边,坚决相信好色不是女人的本性,而是必然的弱点。被污染的同时,女人也是绝大的污染者:教会牧师严厉指责"女人"是罪恶的渊薮。要不是夏娃和撒旦结盟,引诱亚当,人们现在还在伊甸园里,享受性交而无淫欲。无论我们将这虔诚的斥责解读为人类起源历史的真实表述,或斥之为幼稚的寓言,视女人为有性欲的个体(sexual being)几乎是没有争议的。

这些终究都要改变,最明显的是在19世纪,英国一个辩才无碍的妇科医生威廉·阿克顿(William Acton),他写作、翻译了许多书,提出"多数女性(对她们而言是值得庆幸的)都不会因为性的感觉而有困扰"[12]。虽然阿克顿在同行中的声名还有待商榷,反对他的声音也时有所闻,但他也表达了许多人的想法,不管在英国或其他地方。一般说来,"否认"就是最好的防御:男人借着否认女人对性有任何兴趣,隐藏他们对女人性胃口的潜在焦虑。说明这种否认最著名的例子大概是柏林的学者奥托·阿德勒(Otto Adler)所写的书,他在1904年尝试证明:"无论是最初自发的起源,或日后的表现,和男人相较起来,女人的性驱力(欲望、冲动、力比多)显然是较小的。"[13]弗洛伊德次年发表的《性学三论》,却是一个完全不同的世界。奥托·阿德勒标榜自己为一个有良心的研究者,提供了15个临床案例,支持女性性冷感的个案。但至少其中的十个研究对象,表现出尽管难以捉摸却程度剧烈的性兴奋:奥托·阿德勒竟然在实验室的桌上,刺激两位研究对象达到性高潮。难怪奥托·阿德勒的观点和阿克顿的一样,都被大加挞伐,内科医生和牧师恐怕知道更多这样的个案。其实即使在19世纪,宣称女人被赋予性欲的作家也未曾沉寂或安分;法国的小说家也不是唯一认为女人具

第十章 黑暗大陆的摇曳火光

有高度性欲的。但当时以及之后，对性注定冷感的女性仍然受到超乎她们应得的注意。她们在19世纪中成为反女性主义意识形态为自己辩护时所选择的素材，接着后维多利亚时代，又利用此一形象来讽刺自己的父母。较之"女人有多少程度，或是否真的享受鱼水之欢"这个技术问题，更夸张的议题是"性麻木的女子适合那些想把女人留在家里专注于家务事的（男）人"，弗洛伊德曾告诉他女儿玛蒂尔德，如此将使男人的生活更加愉快。

我们知道，弗洛伊德尽管态度保守，仍认为女人和男人一样，是有性欲的动物。1890年初他发明的理论说，所有的精神病都导因于性的冲突，而这前提是女人和男人对性刺激一样敏感。再者，大约同一时间，他在给弗利斯的书简中，将精神微恙的症状归因于使用避孕药和避孕措施。他认为不管男性还是女性，避孕都会导致"性趣"打折。不用说，弗洛伊德在第一次世界大战以前关于精神分析的论点都暗示了男性优势的假说。1908年一次私底下的谈话，他说女性的性欲弱于男性[124]。甚至弗洛伊德认为那原始的、根本的性能量——力比多，本质上是男性的。1905年，他在第一版《性学三论》中提到小女孩的自慰行为，他当时的说法是："小女孩的性欲具有完全的男性特征。"[125]接着，1913年，他描述了女性性动欲区——阴蒂，是个男性器官，她们的性欲"往往如男孩子般"[126]。同时，他也完全知道，并一再警告，"男性"（masculine）和"女性"（feminine）这样的词汇很不精确，很误导人，它们的意指因作者不同而异。弗洛伊德于1915年曾明白表示，称力比多为"男性的"，只不过意指它是"主动的"（active）[127]。那段时期，更重要的是，弗洛伊德在战后视男孩和女孩性欲发展为平行的，它们的不同主要取决于社会压力的差异。作为一种性的动物，弗洛伊德的看法是，男人和女人像彼此的镜子一般。然而无论如何，这些都是技术问题，是该拿来研究，不是拿来吵架的。

这就是20世纪20年代，女性性欲的内部讨论没有变得激烈的原因之一，所有参与者都将之视为主要是精神分析理论的一个议题。但是，当弗洛伊德重新检视男孩和女孩不同的发展过程之际，他的批评者得尽量控制自我，才能将争论维持在科学的层面上。因为强悍但慎重的语汇，弗洛伊德得以将火柴放到易燃物上。有关这恼人的女人议题，他逐渐变得公正，颠覆自己的想法，与女性主义者的立场颇为契合，认为女性和男性有非常相似的心灵史。可是，弗洛伊德并不关心政治，即使是性别政治亦然。促使弗洛伊德修正观点，提出对女性的富有争议且有时显得"色情"的看法的,既不是20世纪20年代的大环境,也不是弗洛伊德自己的遭遇。它们都源自理论发展上的困境及其造成的疑惑,特别是当他重新检视俄狄浦斯情结的复杂性,以及它的浮现、茁壮及衰退时。

最迟到20世纪20年代初期,弗洛伊德已经几乎确立了一个想法,就是女孩是失败的男孩,女人则是被阉割的男人。1923年,弗洛伊德指出人类性历史的各个阶段中,在口欲期和肛门期之后,有一段他称之为性器期㉑。最初小男孩和小女孩一样,相信每个人都有阴茎,当觉悟到事实并非如此时,必然是个创伤经验。由此看来,弗洛伊德是以男孩及男人为衡量事情的基准的。此时弗洛伊德已摒弃了"男孩和女孩的早期发展是平行的"这样的想法。他借用拿破仑谈政治的名句,提出警世格言一则:"解剖学乃天意。"㉒

他认为这个命运最明显的证据表现在男孩和女孩性器官的可辨区别上,这造成心理发展的关键差别,尤其是两性的俄狄浦斯情结的运作。对弗洛伊德来说,很自然地,两性的俄狄浦斯情结的衰退,特别是超我的建构,必定因此也不相同。男孩在阉割恐惧摧毁他的俄狄浦斯征服欲后,得到他的超我。女孩则早已"被阉割"而无动机发展出如男孩般积极的超我,只建构出女性的对失去所爱的恐惧㉓。

第二年,1925年,弗洛伊德已有准备,人们将对他的新理念大肆抨击。事实上他已有自知之明,或者,更准确地说,他自己也相当怀疑。他说,"人们不愿意说出来,但也无法否认,对女人来说,道德标准的水平变得不同于男人"。"女性的超我永远无法变得像男人般,如此无情、如此客观、如此独立于情绪的干扰之外",如我们要求男人做到的那样。弗洛伊德说,女人超我的这项薄弱,加重了长久以来那些厌恶女人的人对女人性格的批评。"女人比较没有正义感,比较缺乏迁就生命中紧急迫切事物的倾向,比较容易受温柔或敌对的感觉影响而做出决定。"㉔有点讽刺的是,弗洛伊德的女儿安娜必须在巴特洪堡举行的国际心理学研讨会上,宣读她爸爸的这篇论文。

弗洛伊德宣称他不愿意说出这些,但明知冒着触怒听众与读者的大不韪,他还是勇敢地说了,彼时,他不在乎冒犯人,在他生涯的早期他就不怕提出婴儿的性欲,在他生涯的晚期,他也不惧于称摩西为埃及人。敢于面对反对的性格简直像壮阳药一般刺激着他。他承认对多数男性来说,超我让他们产生许多追求,他也承认关于女人软弱超我的结论有待进一步证实。他的归纳毕竟只以少量的案例为基础,但尽管是暂时的结论,弗洛伊德却坚持:我们不应该分心,或"被女性主义者的抗议所扰乱,他们硬要说两性在地位和价值上完全相等"[182]。

弗洛伊德有另外一个理由发表这篇如果在早年他会暂时按捺以搜集更多资料的文章:他现在觉得自己"没有大把时间了"[183]。当他发现这观点相当敏感,值得进一步探索时,他就不想等了。要不是屈就于他的高龄,或者如果他追求的是理论的有效而非表面的震撼效果,他实在可以把这个论点说得更有说服力一些。话说回来,弗洛伊德的反女性主义立场并不是因为他觉得自己老了或想引人侧目,而是他将之视为男人与女人各不相同的性发展历程中不可避免的结局:解剖差异就是命定事实。他的性别发展比较历史论点或许不能完全令人信服,但他1920年将之重新定义之后,就呼应了人类成长的逻辑顺序。弗洛伊德论述道,两性心理和道德的分野,因人体生理及其对两性心智的影响而自然产生。最初,男孩和女孩的发展是相同的。弗洛伊德并不认同一般的想法,说小男孩是进取的,而小女孩是服从的。相反,在孩提时代性的探索上,男孩是被动的,女孩则相当主动。这种性的发展历程,强烈支持弗洛伊德的双性(bisexual)理论,也就是说,不管男女,都会展现另一性别的特征。

然而,弗洛伊德继续说道,事情还没结束。大约在三岁,或更早一点,女孩面临男孩可以幸免的差事,而自那时起,男性优势开始确立。原本所有的婴儿和蹒跚学步的孩子,都对母亲有着深深的孺慕,母亲是生命的源头,是所有营养、照料和柔情的来源。彼时母亲之于婴孩,力量无远弗届,相比之下,父亲的参与就是抽象而遥远的。但当婴儿长成儿童,父亲在生活中和孩子想象世界中的角色越来越重要,终于,男孩和女孩与他的相处模式产生决定性的变化。当男孩发现父亲是与他竞争母亲注意和爱的强大对手时,他的世界将掀起一场风暴,他仿佛自天堂被逐出。而女孩所面临的,则是比她的兄弟更艰难的心理任务:男孩的母亲可以维持自己对男孩的爱,即使家庭迫使男孩对母亲的欲望压抑至最低,而就我们所知,女孩却必须将她对母亲的情感依赖转移至父亲,并得面对永远烙印在她心上的具有破坏力的创伤经验。

弗洛伊德说,女孩的挑战,始于"阴茎嫉妒"(penis envy)。发现自己没有阴茎,看不见性器,以及不能像男生一样神气地尿尿,使得女孩感觉到居于劣势,并有想超越她的兄弟和所有男生朋友的嫉妒感。男生看到女生的性器时,自然也展开思索，因而发展出阉割焦虑。更糟糕的是，他们的父亲，威风的程度远超过该有的程度，母亲则是一抓到他们自慰，就威胁要割掉他们的阴茎。毕竟，即使是最现代、开明、具有精神分析背景的父母，如小汉斯的父母，都毫不犹豫地警告小孩，如果他一直把手放在"小鸡鸡"上，妈妈就要叫医生来把它割掉。对女孩来说，她要面对的不是恐惧，而是现实的处境，是她"残缺"的身体。弗洛伊德并不认为阉割焦虑，这男性专属的特权，有什么值得羡慕的，但似乎"害怕失去"，比起"发现自己一无所有，无可失去"的伤害要来得轻微些。

小女孩对母亲的排斥起于自恋式的屈辱之后，母亲使她生来如此可怜地残缺，甚至该为取走她的阴茎负责；接着小女孩对父亲的爱就开始了。这个转移所爱的过程是痛苦又冗长的，因为弗洛伊德在1931年一篇论文《女性性欲》(Female Sexuality)中发现，小女孩在"前俄狄浦斯期"对母亲的依赖是如此强烈。弗洛伊德颇自豪于可以深入挖掘小女孩的婴儿时期，这"前俄狄浦斯期"的发现，精神分析界也很难掌握，弗洛伊德视之为一项"惊喜"。小女孩对母亲的情感很难被察觉，因为通常都被后来对父亲的情感所掩盖——弗洛伊德自考古学借用了一个比喻，这个发现就像"希腊之前的克里特－麦锡尼文明"。这"前俄狄浦斯期"对女性远比对男性重要，弗洛伊德认为，探索这个时期，"我们可以完全厘清很多以前无法了解的女性性生活"。

然而两性心理较清楚的分野是起于稍晚的俄狄浦斯时期，青春期男女所展现出的相反性征，只是强化了原本存在的差异性，而不是差异的肇因。男孩面临身体完整性受到伤害的威胁，只好自对母亲的爱中退缩；女孩则体认到身体居于劣势的地位，转向父亲寻求安慰，而且，对阴茎的向往则由想要孩子的愿望取而代之。弗洛伊德对两性相反的发展性向提出他独家的定义公式，"阉割恐惧摧毁了男孩的俄狄浦斯情结，但女孩经由阉割情结而引入俄狄浦斯情结。"简而言之，不管男孩女孩都必须通过这两个情结，即阉割情结和俄狄浦斯情结，但两种性别与两种情结的遭逢顺序正好相反。弗洛伊德有点后悔地注解道，他以前只专注于男孩，而精神分析家们以为这些关键事件的发展，男孩女孩会循相同路线。但最近的文章和思想说服了弗洛伊德，儿童心理发展并非如此，两性并不相同，而女性则受苦较多。

这个相异的时间表，说明了为什么弗洛伊德准备否认女性有能力发展出发号施令的超我。男孩的俄狄浦斯情结被父母的阉割威胁所击溃，然后就像利用被击碎的石块重建房子,男孩将此情结的废墟纳入他的自我,并据此建造他的超我;但对小女孩来说,就没有这些现成的砖石可用。弗洛伊德极度简化地以为,小女孩必须自她的成长经验及对失去父母的恐惧中拼贴她的超我。这实在很不可信,毕竟,(男孩)压抑自己的俄狄浦斯情结,自父亲处借取力量,并"受到权威、宗教、教育、阅读的影响",这些类型的影响,不管是医学的或一般的观察,都显示出女孩也是一样。其实弗洛伊德对女孩超我的哀叹也并非全无道理,但那只是一部分:就精神分析理论所知,外力若能将心灵塑造成严峻的、压迫的超我,其对女性的影响并不亚于对男性的影响。文化背景,同样也是命定事实。

弗洛伊德关于超我分化发展的案例真是够具争议性的,他对性兴奋部位的论证引起更多争议。他说小孩会借着碰触阴茎——也就是说小女孩会碰触阴蒂——而感到满足。但到了青少年时期,在迈向成年女性之路上,年轻女孩会在这"男性器官处"取得的愉悦上更添一笔,把快感的部位上升到"源自生殖腔,通向性敏感带的阴道"。所以弗洛伊德论道,在此生命中的狂飙时期,女生早已从对母亲的倚赖转向了父亲,但她必须再一次经历辛苦的心理蜕变,这是年轻男孩子不须经历的。弗洛伊德相信女性由于必须通过这个额外的过程,在性心理上大有可能遭受如沉船般的大灾难。她要不变成性受虐狂,就是一派正经,缺乏幽默,甚至完全放弃性而拥抱她的男性特征,或退缩到只知一味顺从的家务天地里。但对成年女性而言,她们保有性欢愉的程度主要是透过阴道,阴蒂顶多是附属品,如果事实并非如此,她也就不需要男人来给她性的欢愉了。

早在性学家和生理学家的实证研究对这种说法提出严重质疑之前,精神分析家已对它持保留态度了,然而他们尚无足够的临床及实验证据,去质疑弗洛伊德对女性性器官及性活动从阴蒂到阴道的论证。同时,霍妮和琼斯这些抱持异议者,正专注地研究女性的本质,他们拒绝认同弗洛伊德的公式说女性性征是借着抛弃男性性征而获得的。总之,弗洛伊德将阴蒂视为残留的阴茎而作出的男女类比,可说是充满了含糊及严重偏见。

批评者是有根据的。1922 年,国际精神分析学会在柏林举行,弗洛伊德也在座,霍妮勇敢地站起来发表了关于阴茎嫉妒的新理论:她不否认阴茎嫉妒的存在,但认为应把它放在正常女性发展的脉络下谈。她说,阴茎嫉妒并未创造女性,而是表现女性。她认为这种嫉妒不必然使女性弃绝其特征,相反,"我们可以看到,阴茎嫉妒并不排除一种依附于父亲之上的深层、完整、女性的爱"⁹⁸。从主导大会的弗洛伊德观点看来,霍妮的表现恰当极了:她先是尊崇地引用了创始前辈的话,也赞同阴茎嫉妒的概念。然后,她语带犀利地推测:也许是精神分析家们的"男性自恋"(masculine narcissism)作祟,才导致他们认为占人口半数之多的女性不满上天赋予的性别,而且他们还以为这想法不证自明,根本无须解释。不管原因为何,霍妮认为,这些前辈精神分析家关于女人的理论,"不只是对女性自恋者,即使对生物科学来说也缺乏说服力"⁹⁹〔她在 1912 年,于"On the Universal Tendency to Debasement in the Sphere of Love"(*SE* XI,189)一文里,就这样说过,但那时她并不是在谈男女之间的不同〕。

这是 1922 年的事。四年后,也就是在弗洛伊德发表了一篇极具争议的文章,将男女两性依解剖结果一分为二的一年后,霍妮更明确地指出了精神分析家对男性的偏袒,她引用弗洛伊德的文章说:"弗洛伊德最近的作品中,愈见急切地注意到我们在分析研究中的片面,我指的是直到最近还是只有男孩和男人的心理被当作研究的对象。"若从弗洛伊德有名的女病人的观点来看,这显然是不正确的陈述,但霍妮穷追猛打地说道:"这原因很简单,精神分析是男性天才的发明,发展出理论的也几乎都是男的。"所以"精神分析理应比较容易发展成男性心理学"似乎也是"正确而合理的"¹⁰⁰。她还诉诸精神分析界极少碰触的领域——德国的哲学、社会学及文化评论家齐美尔的理论,将现代文明描述成是男性本质的。齐美尔曾经说过,女性并非较为低等,而是当前看待女性特质的主流观点遭到了扭曲。列举了小男孩对自己及其姐妹自夸且极度主观的想法后,霍妮指出,它们与精神分析家中常见的女性发展立场完全相符¹⁰¹。关于女性天生具受虐倾向的论述,就像贬低女性天生具有优于男性的母性一样,充满偏见。事实上,这是一项能力,也因为此一能力使得男孩羡慕女孩。霍妮另外说道,阴茎嫉妒往往也不是俄狄浦斯情结的起因,而是一种防御的手段。她不否认女孩在遭受残酷的失望打击后,常会对"性"一概弃绝。但她坚持,女孩和男孩一样,先经历俄狄浦斯情结;她认为弗洛伊德有名的"两性经历阉割恐惧和俄狄浦斯情结顺序相反"的公式是站不住脚的。事实上,基于某种伸张正义的立场,她主张,主流的关于女人的精神分析理论都是有"服务"目的的,那就是:"服务"那些发表这些理论的人,"女人较为劣等的说法源自于无意识的男性倾向(unconscious male tendency)"¹⁰²。

第十章 黑暗大陆的摇曳火光

这说法可真是既恶毒又有力,但对霍妮而言,重要的不是得分,而是要建立原则。无论弗洛伊德及紧紧跟随他而毫无批判力的女性分析家如何看待,女性气质始终就是女人天赋的才能,女人像男人一样有尊严与价值,不管她的性器官如何隐而不显,不管她曾如何辛苦地转移情感,由恋母而恋父。像珍妮·兰普尔-德·格罗特那样的分析家也许会附和弗洛伊德的结论,说"在个人发展的头儿年","小女孩的行为表现像小男孩一样,不管是自慰,或其他的心理行为,她爱恋的对象和选择的物件,简直就是个小小的男人"[195],但霍妮可不同意这种说法。

同样的异议人士还有琼斯。他暂无结论地和弗洛伊德研究相同的女人题材,但在三篇论文中反复重申他的反对立场。弗洛伊德则是在发表了有关女性性欲的文章后,曾呼吁琼斯,希望他再重新考虑自己的立场,整件事"很重要却混沌未明,的确值得再重新研究"[196]。但琼斯可说是和弗洛伊德一样固执,1935年,他在维也纳心理分析学会投稿,为"战斗力十足"的霍妮辩护,并明确地否认女人是"有缺陷的男人"(un homme manqué),是"饱受失望打击,挣扎着以违背本性的次等人类身份自我安慰"。琼斯总结说"最终的争议"在于"女人到底是天生的还是被塑造成的"[197],关于这点他毫不迟疑地认为答案是天生的。

琼斯把刊载这篇文章的那期刊物"献给弗洛伊德教授,以志作者感谢之意"[198]。但不管是琼斯或霍妮,甚至是年轻分析家费尼切尔,三篇论理谨严的长篇大论,都没能让弗洛伊德留下印象。费尼切尔其实并无意推翻弗洛伊德的学说,尤其是小女孩对母亲的幻灭和将力比多转向父亲的需求,但他降低了"小女孩发现自己残缺不全"及"性器期"的重要性,他认为那虽然重要,却远非决定性的心理经验[199],"俄狄浦斯情结"和"阉割焦虑"只是"文字罢了,它们可能落实为无限多种心理症状"[200]。但弗洛伊德相信费尼切尔的批评并不能区分女性的天生本质和社会文化层面。1935年,琼斯提出关于女性的最终争议时,弗洛伊德再次提出他的结论:婴儿时期的性欲最初研究的是男孩,男孩女孩平行发展的论点显然是站不住脚的;小女孩必须经历性爱对象及性欲生殖区的转移,"因此造成困难及阻碍,而这是男人所没有的"[201]。这是弗洛伊德关于女人大胆的结论。

他可能还有更多要说的,我们所看到的他将女人比成"黑暗大陆",事实上是附会历史上惯用的陈腔旧词。所有那些关于"神秘的夏娃"的古老智慧语,暗示出男人有史以来对女人,他们这根"肋骨",根本地、成功地压抑住了的害怕。

弗洛伊德也不例外地有这样的痕迹。有一次玛丽·波拿巴说:"男人是怕女人的。"弗洛伊德回答:"他应该如此(He's right)!"[202]弗洛伊德当学生的时候,有一次向他的朋友埃米尔·弗卢斯感叹道:"教导我们的前辈们真聪明,他们不以科学去染指那美丽的性别!!!"他还跟弗卢斯说:"女人来到世上,可是有比变聪明更好的任务。"[203]但弗洛伊德并不满足于"女人是神秘的黑暗大陆"这样的简单说法;他认真地去探索看察。他所绘制的地图上有许多仍属未知的空白,甚至存在着为后代的研究者所指出的诸多错误,但至少他试着走过。他坚定的语气(使他冒犯了许多人),不带感情、企图超越任何带有偏见暗示的假说,以及他对女性主义者无情的攻击,对他帮助不大,反而遮蔽了他立论的新意和其结论的适切性。他知道同情女性主义的分析家会说他偏袒男性,而他的支持者则以简化的学说来对抗反对者;弗洛伊德睿智地评论这种好战的分析工作"终无结论"[204]。他不愿看见自己有一副逞凶好斗的嘴脸,只是他不愿画地自限,将所有精力花在这个狭隘虽然挺有意义的议题上。自20世纪20年代晚期开始,他就迫不及待地转移到那些更费解的宗教和文化议题,那可是他从小就有兴趣的。

注 释

① Anna Freud to Jones, January 8, 1956. Jones papers, Archives of the British Psycho-Analytical Society, London.

② See Freud to Ferenczi, July 18, 1920. Freud-Ferenczi Correspondence, Freud Collection, LC.

③ Freud to Eitingon, July 2, 1927, By permission of Sigmund Freud Copyrights, Wivenhoe.

④ Freud to Rank, August 18, 1912. Rank Collection, Box lb. Rare Book and Manuscript Library, Columbia University. He had in mind Rank's bulky study of the interest theme in literature.

⑤ Freud to Abraham, December 25, 1918. Karl Abraham papers, LC.

⑥ See "The 'Uncanny'" (1919), SE XVII, 23on.

⑦ Freud to Rank, July 8, 1922. Rank Collection, Box lb. Rare Book and Manuscript Library, Columbia University.

⑧ Freud to Rank, September 8, 1922. Ibid.

⑨ Eitingon to Freud, January 31, 1924. By permission of Sigmund Freud Copyrights, Wivenhoe.

⑩ See Freud to "Dear Friends," January 1924. Photocopy of typescript copy, Rank Collection, Box lb. Rare Book and Manuscript Library, Columbia University.

⑪ Freud to Eitingon, February 7, 1924. By permissin of Sigmund Freud Copyrights, Wivenhoe.

⑫ Rank to Freud, February 15, 1924. Rank Collection, Box lb. Rare Book and Manuscript Library, Columbia University.

⑬ Abraham to Freud, February 21, 1924. *Freud-Abraham*, 324(328 – 349).

⑭ Freud to Ferenczi, March 20, 1924. Typescript copy, Rank Collection, Box lb. Rare Book and Manuscript Library, Columbia University.

⑮ Ferenczi to Rank, March 18, 1924. Ibid.

⑯ Freud to Ferenczi, March 26, 1924. Typescript copy, Ibid.

⑰ Rank to Ferenczi, March 20, 1924. Ibid. 事实上,在这段时间的连环信件里,显示出弗洛伊德完全了解兰克的信息。

⑱ Freud to "Dear Freuds," February 25, 1924. Ibid.

⑲ March 5, 1924. Vienna Psychoanalytic Society, minutes for 1923 – 1924, kept by Otto Isa-kower. Freud Collection, B27, LC.

⑳ November 25, 1908. *Protokolle*, II, 65.

㉑ November 17, 1909. Ibid, 293.

㉒ *Traumdeutung*, GW II-III, 406n/*Interpretation of Dreams*, SE V, 400 – 401n.

㉓ Freud to Rank, December 1, 1923. Rank Collection, Box lb. Rare Book and Manuscript Library, Columbia University.

㉔ Freud to Abraham, March 4, 1924. *Freud-Abraham*, 328(352 – 353).

㉕ Freud to "Dear Friends," January 1924. Rank Collection, Box lb. Rare Book and Manuscript Library, Columbia University.

㉖ See esp. Freud to Ferenczi, March 26, 1924. Typescript copy, Ibid.

㉗ Freud to Jones, September 25, 1924. In English. Freud Collection, D2, LG.

㉘ Abraham to Freud, February 26, 1924. *Freud-Abraham*, 326(350 – 351).

㉙ Jones to Abraham, April 8, 1924. Karl Abraham papers, LC.

㉚ See Freud to Ferenczi, March 26, 1924. Typescript copy, Rank Collection, Box lb. Rare

Book and Manuscript Library, Columbia University.

㉛ Freud to Sandor Radó, September 30, 1925. Dictated to Anna Freud. Freud Collection, B9, LC.

㉜ Freud to Burrow, July 31, 1924. Trigani Burrow papers, series I, box 12. Y-MA.

㉝ Quoted in E. James Lieberman, *Acts of Will: The Life and Work of Otto Rank* (1985), 235.

㉞ Freud to Rank, July 23, 1924. Rank Collection, Box 1b. Rare Book and Manuscript Library, Columbia University.

㉟ Rank to Freud, August 7, 1924. Ibid. 他实际寄出的那封信,内容虽然和此相近,但并没有包含这一段关键说词。

㊱ Freud to Rank, August 27, 1924. Ibid.

㊲ Eitingon to Freud, September 2, 1924. By perission of Sigmund Freud Copyrights, Wivenhoe.

㊳ Freud to Eitingon, October 7, 1924. By permission of Sigmund Freud Copyrights, Wivenhoe.

㊴ Freud to Abraham, October 17, 1924. *Freud-Abraham*, 345(371).

㊵ Freud to Jones, October 23, 1924. 有关弗洛伊德在这段时间里打算放弃兰克的说法,参见弗洛伊德1924年9月27日、11月19日给艾廷冈的信。

㊶ Freud to Jones, November 5, 1924. Dictated to Anna Freud. Freud Collection, D2, LC.

㊷ Jones to Abraham, November 12, 1924. Karl Abraham papers, LC. See also circular letter to "Dear Friends" from Berlin, November 26, 1924. Ibid.

㊸ Freud to Andreas-Salomé, November 17, 1924. *Freud-Salomé*, 157(143).

㊹ See Freud to Jones, November 16, 1924. Dictated to Ann Freud. Freud Collection, D2, LC.

㊺ Rank to the Committee, December 20, 1924. Quoted in Lieberman, *Rank*, 248–250.

㊻ Jones to Abraham, December 29, 1924. Karl Abraham papere, LC.

㊼ Freud to Jones, January 6, 1925. Dictated to Anna Freud. Freud Collection, D2, LC.

㊽ Freud to Eitingon, January 6, 1925. By permission of Sigmund Freud Copyrights, Wivenhoe.

㊾ Eitingon, Sachs, and Abraham to Rank, December 25, 1924. Rank Collection, Box 1b. Rare Book and Manuscript Library, Columbia University.

㊾ Jones to Rank, January 3, 1925. Ibid.

㊶ Freud to Jones, January 6, 1925. Dictated to Anna Freud. Freud Collection, D2, LC.

㊷ Freud to Abraham, March 3, 1925. Karl Abraham papers, LC.

㊸ See Freud to Eitingon, July 16, 1925. By permission of Sigmund Freud Copyrights, Wivenhoe.

㊹ See Abraham to Freud, February 26, 1924. *Freud-Abraham*, 326(350-351). 弗洛伊德本人对于这样的类比有点怀疑。参见弗洛伊德1924年3月20日写给费伦齐的信。

㊺ Freud to Rank, November 26, 1923. Rank Collection, Box lb. Rare Book and Manuscript Library, Columbia University.

㊻ Freud to Rank, July 23, 1924. Ibid.

㊼ Freud to Andreas-Salomé, November 17, 1924. *Freud-Salomé*, 157(143).

㊽ Jones to Freud, September 29, 1924. Quoted in Vincent Brome, *Emest Jones: Freud's Alter Ego*(English ed., 1982; American ed., 1983), 147.

㊾ Abraham to Freud, October 20, 1924. *Freud-Abraham*, 347(373).

㊿ Freud to Abraham, March 4, 1924. Ibid, 327(352).

㉑ Freud to Abraham, March 31, 1924. Ibid, 331(355).

㉒ Freud to Rober Breuer, June 26, 1925.

㉓ See Abraham to Freud, June 7, 1925. *Freud-Abraham*, 355(382).

㉔ Freud to Abraham, September 11, 1925. Ibid, 367(395).

㉕ Abraham to "Dear Friends," October 17, 1925. Karl Abraham papers, LC.

㉖ Freud to Jones, December 13, 1925. Dictated to Anna Freud. Freud Collection, D2, LC.

㉗ Freud to Jones, December 16, 1925. In English. Ibid.

㉘ Freud to Jones, December 21, 1925. Dictated to Anna Freud. Ibid.

㉙ Freud to Jones, December 30, 1925. Ibid.

㉚ "Karl Abraham"(1926), *GW* XIV, 564/"Karl Abraham," *SE* XX, 277. First published in the *Internationale Zeitschrift für Psychoanalyse*, XII(1926), 1.

㉛ Freud to Eitingon, March 19, 1926. By permission of Sigmund Freud Copyrights, Wivenhoe.

㉜ Freud to Eitingon, April 13, 1926. By permission of Sigmund Freud Copyrights, Wivenhoe.

㉝ Freud to Eitingon, June 7, 1926. By permission of Sigmund Freud Copyrights, Wivenhoe.

㉔ Hemmung, Symptom und Angst(1926), *GW* XIV,194/Inhibitions, Symptoms and Anxiety, *SE* XX,161.

㉕ Freud to Andreas-Salomé, May 13,1926. *Freud-Salomé*,178(163).

㉖ Hemmung Symptom und Angst, *GW* XIV 193/Inhibitions, Symptoms and Anxiety, *SE* XX,160 – 161.

㉗ Psychopathologie des Alltagslebens, *GW* IV, 112/Psychopathology of Everyday Life, *SE* VI,101.

㉘ D. Hack Tuke, ed., *A Dictionary of Psychological Medicine*, vol. 1, 96.

㉙ Eugen Bleuler, *Textbook of Psychiatry* (1916; 4th ed., 1923; tx. A. A. Brill, 1924), 119.

㉚ See *Inhibitions, Symptoms and Anxiety*, *SE* XX, 139.

㉛ Ibid, 195 – 196/163.

㉜ Ibid, 149 – 152/119 – 121.

㉝ Freud to Abraham, November 28, 1924. Karl Abraham papers, LC.

㉞ Quoted in a long letter from Reik to Abraham, April 11, 1925. Karl Abraham papers, LC.

㉟ See Ibid.

㊱ Freud to Pfister, February 11, 1928. By permission of Sigmund Freud Copyrights, Wivenhoe. 普菲斯特的主要对手是 Emil Oberholzer, 瑞士精神分析学会(Swiss Society of Psychoanalysis)至1927年为止的主席。弗洛伊德也站在普菲斯特这边，称 Emil Oberholzer 为"一个最好敬而远之的顽固家伙"。

㊲ Freud to Federn, March 27, 1926. Typescript copy. By permission of Sigmund Freud Copyrights, Wivenhoe.

㊳ Quoted in Erika Freeman, *Insights: Conversations with Theodor Reik*(1971), 86 – 87.

㊴ Quoted in Ibid, 87. 赖克在他给亚伯拉罕的长信里也提到同样的事件, 1925年4月11日。

㊵ Freud to Abraham, February 15, 1914. Karl Abraham papers, LC.

㊶ *New York Times*, May 25, 1927, 6.

㊷ "Geleitwort" (1913), *GW* X, 450/"Introduction to Pfister's *The Psycho-Analytic Method*," *SE* XII, 330 – 331.

㊸ *Die Frage der Laienanalyse. Unterredungen mit einem Unparteiischen* (1926), *GW* XIV

261,282 – 283/*The Question of Lay Analysis*: *Conversations with an Impartial Person*, *SE* XX, 229,247 – 248.

㉔ *Jones* III,287,289.

㉕ See *Lay Analysis*, *SE* XX,246.

㉖ *Jones* III,289.

㉗ Quoted in, John C. Burnham, "The Influence of Psychoanalysis upon American Culture," in *American Psychoanalysis*: *Origins and Development*, ed. Jacques M. Quen and Eric T. Carlson(1978),61.

㉘ "American Accused As London 'Charlatan'/Bow Street Police Recommend Deportation for Homer Tyrell Lane, Psychoanalist [sic],'Individualist,'" *New York Times*, March 18,1925,19.

㉙ "Imprisions Psychoanalyst/London Magistrate Sentences H. T. Lane of Boston," *New York Times*, March 25,1925,2.

⑩ "Pastor Rakes Quacks in Psychoanalysis/Many Mulcted by Fakers, Warns Rev. C. F. Potter —/Would License Teachers," *New York Times*, March 30,1925,20.

⑪ Jelliffe to Jones, February 10,1927. Quoted in John C. Burnham, *Jelliffe*: *American Psychoanalyst and Physician*(1983),124.

⑫ "Discussion in Lay Analysis," *Int. J. Psycho-Anal*., VIII(1927),221 – 222.

⑬ Ibid,246.

⑭ Ibid,274.

⑮ Ibid,251.

⑯ Rickman, in Ibid,211.

⑰ *Jones* III,293.

⑱ The Hungarian Psycho-Analytical Society,"Discussion on Lay Analysis," *Int. J. PsychoAnal*., VIII(1927),281.

⑲ Ibid,248.

⑳ "Nachwort" *to Laienamdyse*, *GW* XIV,290 – 291/"Postscript" to *Lay Analysis*, *SE* XX, 253 – 254.

㉑ See Freud to Jones, May 31,1927. Dictated to Anna Freud. Freud Collection, D2, LC.

㉒ Freud to "Sehr geehrter Herr Kollege," October 19,1927. Freud Collection, B4, LC.

㉓ Freud to Eitingon, April 3,1928. By permission of Sigmund Freud Copyrights, Wivenhoe

Freud-Salomé.

⑭ *Freud-Salomé*,"Nachwort" to *Laiemnanalyse*,*GW* XIV 295 – 296/"Postscript" to *Lay Analysis*,*SE* XX,258,*Freud-Salomé*.

⑮ Constitution of the New York Psychoanalytic Society, adopted March 28,1911. Quoted in Samuel Atkin,"The New York Psychoanalytic Society and Institute:Its Founding and Development," in *American Psychoanalysis*,ed. Quen and Carlson,73.

⑯ A. A. Brill,*Fundamental Conceptions of Psychoanalysis*(1921),IV.

⑰ See Brill to Jelliffe,May 1,1921. Quoted in Burnham,*Jelliffe*,118.

⑱ See Freud to Leonhard Blumgart,June 19,1921. A. A. Brill Library,New York Psychoanalytic Institute. 从这封信中我们知道,牛顿在来到维也纳之前就已经在跟 Blumgart 学习精神分析了。

⑲ See Abraham,Sachs,and Eitingon to "Dear Friends," March 15,1925. Karl Abraham papers,LC.

⑳ Freud to Jones,September 25,1925. Dictated to Anna Freud. Freud Collection,D2,LC.

㉑ Minutes of the New York Psychoanalytic Society of October 27,1925. A. A. Brill Library,New York Psychoanalytic Institute.

㉒ Freud to Jones,September 27,1926. In English. Freud Collection,D2,LC.

㉓ "Discussio on Lay Analysi," *Int. J. Psycho-Anal.*,VIII(1927),233.

㉔ Freud to Jones,September 23,1927. Freud Collection,D2,LC. 在其中直接被引出来的句子,显然直接引自布里尔的信件,是用英文书写的。

㉕ Freud to de Saussure,February 21,1928. Freud Collection,Z3,LC.

㉖ See *Jones* III,297 – 298.

㉗ Freud to Jones,August 4,1929. Freud Collection,D2,LC.

㉘ Freud to Jones,October 19,1929. Ibid.

㉙ Ferenczi to "Dear Friends," November 30,1930. Freud Collection,LC.

㉚ Freud to Abraham,December 8,1924. *Freud-Abraham*,350(376).

㉛ Freud to Jones,February 22,1928. Freud Collection,D2,LC.

㉜ *Laienanalyse*,*GW* XIV,241/*Lay Analysis*,*SE* XX,212. "黑暗大陆"这个词在原文中就以英文表示。

㉝ Freud to Jones,February 22,1928. Freud Collection,D2,LC.

㉞ Undated remark to Marie Bonaparte. Quoted in *Jones* II,421,英文翻译由琼斯稍做

改动。

⑬ "Die Weiblichkeit," in *Neue Folge der Vorlesungen zur Eirtflihrung in die Psychoanalyse*(1933), *GW* XV 145/"Femininity," in *New Introductory Lectures on Psycho-Arudysis*, *SE* XXII,135. Although dated 1933, this volume was actually published in December 1932.

⑬ April 13,1910. *Protokolle*,II,440.

⑬ "Über die weibliche Sexualität"(1931), *GW* XIV,519/"Female Sexuality," *SE* XXI, 226–227.

⑬ See William J. McGrath, *Freud's Discovery of Psychoanalysis: The Politics of Hysteria* (1986),34. 关于这个梦的正确日期，相对于弗洛伊德自己认定的"七岁或八岁"。

⑬ *Traumdeutung*, *GW* II-III, 589–590/*Interpretation of Dreams*, *SE* V,583.

⑭ Martin Freud,"Who Was Freud?" in *The Jews of Autria: Essays on Their Life, History and Destruction*, ed. Josef Fraenke(1967),202.

⑭ Judith Bernays Heller, "Freud's Mother and Father: A Memoir," *Commentary*, XXI (1956),420.

⑭ Freud Museum, London. 有一张阿马利娅送给他儿子的照片明信片（没有日期），她自己坐在阿尔卑斯山般的布景前，提上"我的金儿子"。

⑭ *Drei Abkandlungen*, *GW* V,129/*Three Essays*, *SE* VII,228.

⑭ "Dora," *GW* V,178/*SE* VII,20.

⑭ "在阅读这些个案之后，我不禁疑惑为何弗洛伊德对病人父母的描绘有如此大的差异。为何总是父亲成为亲子关系的要角，不论这个小孩是男是女？……也许这些描绘受到弗洛伊德自我分析的影响，或者更精确地说，被他当时和父亲的关系所影响。无论原因如何，弗洛伊德早期作品中的'俄狄浦斯母亲'是个静态的角色，一个扮演其未知命运的伊俄卡斯特（Jochasta，俄狄浦斯王所娶的妈妈），而 Laius（俄狄浦斯的父亲）则大胆地面对命运。" Iza S. Erlich, "What Happened to Jocasta?" *Bulletin of the Menninger Clinic*, XII [1977],283–284.

⑭ *Massenpsychologie*, *GW* XIII,110n/*Croup Psychology*, *SE* XVIII,101n.

⑭ "Die Weiblichkeit", in *Neue Folge der Vorlesungen*, *GW* XV,143/"Femininity," in *New Introductory Lectures*, *SE* XXII,133. *Das Unbehagen in der Kultur*, 弗洛伊德在稍早的时候说过类似的话，他说攻击性"形成每个温柔的人类关系中最基本的沉淀部分，也许唯一一个例外是母亲和她儿子之间的关系"。（*GW* XIV,473/*Civilization and Its Disconteints*, *SE* XXI 113）

⑭ *Jones* II,433.

⑭⑨ See "Female Sexuality," *SE* XXI,235.

⑮⓪ "Die Weiblichkeit," in *Neue Folge der Vorlesungen*, *GW* XV,131/"Femininity," in *New Introductory Lectures*, *SE* XXII,122 – 123.

⑮① Ernest Jones(Jones 1,7)and Robert D. Stolorow and George E. Atwood("A Defensive-Resti-tutive Function of Freud's Theory of Psychosexual Development", *Psychoanalytic Review*, LXV〔1978〕,217 – 238). 欧内斯特·琼斯(Jones 1,7)以及 Robert D. Stolorow 和 George E. Atwood 都表示弗洛伊德实际上比他的弟弟 Julaus 大 17 个月。如果真是如此,那么弗洛伊德在谈女性特质的文章里提到"11 个月",在情绪上的关联和证据上的参考意义都大为提高。实际上,这是弗洛伊德的观点:琼斯对他平淡的宣称没有提供任何证据,而很可能是从弗洛伊德那里得来的说法。而事实和这些说辞都有所出入。弗洛伊德生于 1856 年 5 月 6 日;尤利乌斯生于 1857 年 10 月,并且在 1858 年 4 月 15 日就夭折。

⑮② "Die Weiblichkeit," in *Naue Folge der Vorlesungen*, *GW* XV,131/"Femininity," in *New Introductory Lectures*, *SE* XXII,123.

⑮③ See Freud to Fliess, Draft B, enclosed in letter of February 8,1893. *Freud-Fliess*,27(39).

⑮④ See "Frau Emmy von N.," in Breuer and Freud, *Studies on Hysteria*, *SE* II,103.

⑮⑤ See Freud to Fliess, Draft K, enclosed in letter of February 8,1893. *Freud-Fliess*,27(39).

⑮⑥ See Freud to Fliess, Draft G'n. d. 〔the editors give it to January 7,1895〕. Ibid,101(101).

⑮⑦ See "Gradiva," *SE* IX,38.

⑮⑧ Freud to Ferenczi, January 12,1919. Freud-Ferenczi Correspondence, Freud Collection, LC.

⑮⑨ Freud to Jones, March 23,1923. In English. Freud Collection, D2, LC.

⑯⓪ 我试着提供对这个现象的分析,在《感官教育》(*Education of the Senses*)中,《布尔乔亚经验》(*The Bourgeois Experience*)第 1 册,特别参见第 2 章《攻击型女人与防御型男人》(*Offensive Women and Defensive Men*)。

⑯① Quoted in Erika Weinzierl, *Emanzipation? Österreichische Frauen im 20. Jahrhuruler*(1975),37.

⑯② Helene Weber, *Ehefrau und Mutter in der Rechtsentwicklun. Eins Einführung*

(1907),343.

⑯ Zweig,*Die Welt von Gestern*,79,81.

⑯ Quoted in Juliet Mitchell,*Psychoanalysis and Feminism: Freud, Reich, Laing and Women*(1974;paperback ed.,1975),419.

⑯ Freud's lecture of April 16,1904,is summarized in Klein,*Jewish Origins of the Psychoanalytic Movement*,159.

⑯ See "'Civilized' Sexual Morality and Modern Nervous Illness," *SE* IX,199,

⑯ *Die Zukunft einer Illusion*(1927),*GW* XIV,371/*The Future of an Illusion*,*SE* XXI,48.

⑯ Freud to Andreas-Salomé,May 8,1930. *Freud-Salomé*,205(188).

⑯ Freud to Arnold Zweig,August 18,1933. By permission of Sigmund Freud Copyrights, Wivenhoe.

⑰ March 11,1908. *Protokolle*,I,329.

⑰ Ibid,331.

⑰ William Acton,*The Functions and Disorders of the Reproductive Organs, in Childhood, Youth, Adult Age, and Advanced life, Considered in their Physiological, Social, and Moral Relations*(1857;3d ed.,1865),133.

⑰ Otto Adler,*Die mangelhafte Geschlechtsempindung des Weibes. Anaesthesia sexualis feminarum. Dyspareunia. Anaphrodisia*(1904),124.

⑰ See "'Civilzed' Sexual Morality and Modem Nervous Illness," *SE* IX,191 – 192.

⑰ *Drei Ahhandlungen*,*GW* V,120/*Three Essays*,*SE* VII,219.

⑰ "Die Disposition zur Zwangsneurose"(1913),*GW* VIII,452/"The Disposition to Obsessional Neurosis," *SE* XII,325.

⑰ *Drei Abhandlungen*,*GW* V,121n/*Three Essays*,*SE* VII,219n(note added in 1915).

⑰ See "Tlie Infantile Genital Organization(An Interpolation into the Theory of Sexuality)"(1923),*SE* XIX,141 – 145.

⑰ "Der Untergang des Ödipuskomplexes"(1924),*GW* XIII,400/"The Dissolution of the Oedipus Complex," *SE* XIX,178.

⑱ See Ibid.

⑱ "Einige psychische Folgen des anatomischen Geschlechtsunterschieds"(1925),*GW* XIV 29 – 30/"Some Psychical Consequences of the Anatomical Distinction between the Sexes," *SE* XIX,257 – 258. 对弗洛伊德的女性性欲观点的论辩仍持续着,不论在精神分析圈里或

圈外。James A. Kleeman,一位批评弗洛伊德的领袖(他自己也是位分析家),仍能观察到:"弗洛伊德早期性欲理论里值得我们注意的,虽然这些大部分是来自对成人的分析,在于这些观点经得起时间的考验。"

⑫ "Einige psychische Folgen," *GW* XIV, 30/"Some Psychical Consequences," *SE* XIX, 258.

⑬ Ibid, 20/249. The phrase quoted is in English in Freud's original.

⑭ "Weibliche Sexualität," *GW* XIV, 519/"Female Sexuality," *SE* XXI, 226.

⑮ See Ibid, 523, 529, 531 – 533/230, 235, 237 – 239.

⑯ Ibid, 523/230.

⑰ "Einige psychische Folgen," *GW* XIV, 28/"Some Psychical Consequences," *SE* XIX, 256.

⑱ "Das Ich und dm Ex", *GW* XIII, 263/"The Ego and the Id," *SE* XIX, 34.

⑲ "Die Dispositon zur Zwangsneurose," *GW* VIII, 452/"The Disposition to Obsessional Neurosis," *SE* XII, 325 – 326.

⑳ Karen Horney, "On the Genesis of the Castration Complex in women," in *Feminine Psychology*, a collection of Homey's papers, ed., Harold Kelman(1967), 52 – 53.

㉑ Ibid, in Feminine Psychology, ed., Kelman, 38.

㉒ Horney, "The Flight from Womanhood: The Masculinity-Complex in Women as Viewed by Men and by Women," in *Feminine Psychology*, ed. Kelman, 54. The paper was published in German in 1926, and appeared in English in *Int. J. Psycho-Anal.* VII(1926), 324 – 339.

㉓ See Ibid, in *Feminine Psychology*, ed., Kelman, 57 – 58.

㉔ Ibid, 62.

㉕ Jeanne Lampl-de Groot, "The Evolution of the Oedipus Complex in Women, in *The Development of the Mind: Psychoanalytic Papers on Clinical and Theoretical Problems*(1965), 9.

㉖ Freud to Jones, January 23, 1932. Freud Collection, D2, LC.

㉗ Emest Jones, "Early Female Sexuality" (1935), in *Papers on Psycho-Analysis*(4th ed., 1938), 606, 616.

㉘ Dedication in Jones, *Papers on Psycho-Analysis*.

㉙ See Otto Fenichel, "The Pregenital Antecedents of the Oedipus Compless" (1930), "Secific Forms of the Oedipus Complex" (1931), and "Further Light upon the Pre-oedipal Phase in Girls" (1934), in *The Collected Papers of Oue Fenichel*, ed., Hanna Fenichel and David Rapaport, 1st Series(1953), 181–203, 204–220, and 241–288.

⑳ Feniehe, "Specific Forms of the Oedipus Complex," in *Collected Papers*, 1st Series, 207.

㉑ "Selbstdarstellung," *GW* XIV, 64n/ "Autobiographical Study," *SE* XX 36(note added in 1935). "We deal with only one libido, which acts in a masculine way," 弗洛伊德在 1935 年 7 月 21 日写信给德国精神分析家 Carl Muller Braunschweig 时说:"我们只处理一种力比多,而它是以男性的方式在运作。"

㉒ Journa lof Mrie Bonaparte. Quoted in *New York Times*, November 12, 1985, sec. C, 3.

㉓ Freud to Emil Fluss, February 7, 1873. *Selbstdarstellung*, 111–112.

㉔ "Weibliche Sexualität," *GW* XIV, 523n/ "Female Sexuality," *SE* XXI, 230n.

第十一章　人性使然

对抗幻象

对弗洛伊德来说,不论是在躺椅上进行的分析,还是面谈式的分析,都一样有效。而他所身处的分析情境也的确提供了一个独特的机会,能够激发和检验他的假说。这炼金术般,且高度专业化,几乎无与伦比的情境,对弗洛伊德来说是无穷尽的信息来源和许多想法的起始点。[事实上弗洛伊德尊重且引用过一些对其理论的实验证明(特别注意弗洛伊德对 Otto Pötzl 所写关于梦之形成的论文的评论,这些评论在 1919 年版《梦的解析》中提及。The Interpretation of Dreams, SE IV, 181n. 2)。不过总体上看,他相信花在精神分析对象身上几千个小时的分析,加上信徒们花掉的几千个小时,已经足够证明自己的观点。这种在当时并不被广泛认可的态度,至少是一种策略性谬误。1934 年,美国心理学家 Saul Rosenzweig 将一些用于检验若干精神分析命题之有效性的实验研究交给弗洛伊德。弗洛伊德礼貌而简要地回复说,他发现这种研究有趣却没什么价值,因为精神分析论断所依赖的"大量可靠的观察已使其自身独立于实验验证,尽管如此,验证是无害的"。(这是 1934 年 2 月 28 日弗洛伊德给 Rosenzweig 的信中所写,全文引自 David Shakow 和 David Rapaport 的原始德语版 The Influence of Freud on American Psychology, 1964, 129n)]但不同于弗洛伊德之后的许多精神分析学者,他认为自己的每一次探索都同样地有启发性且同样重要。借由少量与可疑的证据来嘲弄文明的起源,和衡量临床资料虽然是完全不同的状况①,但弗洛伊德对使用精神分析为工具来探索艺术、政治、人类史前史等领域,一点也不觉得羞赧或不安。"我一生的事业,"他在 1930 年回顾时说,"一直是同一个目标。"②

不久之前,他以两本被人广泛阅读的文集,戏剧性地展现这个观点:1927 年的《一个幻觉的未来》(The Future of an Illusion),以及1930年的《文明及其缺憾》,这两本文集虽野心较小,却仍备受争议。弗洛伊德再度屈服于自己的尖酸脾气,用一种不宽容的自我批评方式,来贬低自己最近横跨文化领域的行为。他把《一个幻觉的未来》贬为"孩子气",同时也是"软弱无力的分析,有如自我告解般的不充分"③。这类评语,混合着创作后的抑郁心情和一种迷信式的防御姿态,已成为了他的习惯。弗洛伊德在数十年前出版《梦的解析》后,也曾给予类似的批评,现在,他承认在校阅《自我与本我》之后有"相似的忧郁"④。对于《一个幻觉的未来》的批评,是其中最强烈的,他的反应近乎自我憎恨。1927年10月,弗洛伊德答应艾廷冈,他从出版商那里拿到校稿后,就立马寄一份拷贝给他,同时也提到"这部著作的分析内涵非常薄弱","并不是很值得阅读"⑤。

弗洛伊德渐感衰老,他的假颚令他疼痛,更糟糕的还有间歇心绞痛。1927年3月,当阿诺德·茨威格提议来看他时,弗洛伊德要求他承诺不可有任何延迟:"不要让我等太久,我马上就71岁了。"⑥同一个月里,因为健康不佳,艾廷冈建议他到疗养院休养一段时间时,他激烈地向艾廷冈抗议:"为健康而活的生命对我来说是无法忍受的。"⑦死亡的念头现在常常出现在弗洛伊德心中。到了夏天,为了邀请詹姆斯和阿利克斯·斯特雷奇来到塞默灵作他的访客,他像提醒茨威格一样提醒他们:"我们怕是没有几次机会了。"⑧

弗洛伊德不喜欢向全世界宣告他健康不佳的消息,但面对亲近友人时则不然,他给莎乐美的信件,是晚年最为感情丰富的自我表白,描绘他起伏的健康状况和相应的心境。这两位老友已经很久没见过面了:莎乐美住在哥廷根,陪伴着年老的丈夫,鲜少远行,弗洛伊德则寓居在维也纳城里或附近,他们的友谊持续滋长,即使只是通过信件。1927年5月,收到莎乐美对他71岁生日的祝贺时,他很高兴得知她和先生仍能享受阳光。"我可没有这么幸运,随着年纪渐长,脾气变得容易暴躁,全然的幻灭感就像月亮照射出来的清冷光辉,让我的心里感到无限凄凉。"⑨终其一生,弗洛伊德喜欢这样看待自己,他都在与幻觉搏斗并自认他的内在温度是支持他和谎言、平淡无奇的表象、误将愿望视作真实的妄想等长期交战的后盾。他总是冷静处世,即使在溽暑时节亦然。

有些时候他向亲友散布自己还不错的好消息,但这是非常稀少珍贵的例外,通常也只是对他认定自己衰老的暗示而已。他在1927年12月写给"亲爱的(莎乐美)"的一封信里,弗洛伊德愉快地报告近况,为他未立刻回复她的"喋喋不休"而致歉:"我的邋遢和懒惰渐占上风。"⑩这个人终其一生以快速而热切地回复信件为傲,并把别人的回信延迟当作不满的表现,所以他自己在回信上的耽搁表明他的身体情况确实不佳。感到自己身体已经不像以前那样好的忧郁心情,遍布在《一个幻觉的未来》这部作品里。当法国精神分析家勒内·拉福格(René Laforgue)——一位20世纪20年代经常来访的客人,表示对这本书的喜爱时,弗洛伊德虽感欣喜,却忍不住脱口说出:"这是我最糟糕的书!"拉福格对此有所异议,不过弗洛伊德坚持事实如此:这是一个老人的作品,那个具有原创性的弗洛伊德是个伟大的人物,但他已经死了,他多么感叹拉福格没有认识到那个人!沮丧的拉福格问弗洛伊德,这究竟是什么意思?"那可以穿透的力量已经消失了。"(Die Durchschlagskraft ist verloren gegan-Gen)⑪弗洛伊德回答道。

弗洛伊德的自我贬损不足以模糊《一个幻觉的未来》是他必须写的一本书这个事实。"我不知道你是否在猜测《非医学专业进行分析的问题》与《一个幻觉的未来》这两本书之间的秘密关系,"弗洛伊德毫不修饰地写信给普菲斯特时提到,"首先,我要让分析从医生的专业中独立出来,其次则是牧师。"⑫但《一个幻觉的未来》一书早就开始在弗洛伊德的心中酝酿,也有更多隐秘的缘由促使他写成此书。多年来作为一位有原则的无神论者的经验,以及对宗教进行的精神分析反省,都是他发表这个论述的准备工作。弗洛伊德从求学以来,就是个好战的无神论者,嘲弄上帝与宗教,而且未在他的家庭中留下上帝及宗教的位置。"因为在上帝的黑暗道路上,还没有人发明一盏明灯。"1873年夏天他17岁时就对朋友西尔伯施泰因这样说⑬。这样晦涩与模糊的说法,显示神性并没有对弗洛伊德产生吸引力,或者让他觉得可信。他对西尔伯施泰因说,我们不能以宗教太过于形而上或无法以感官经验到宗教而斥责它——因为"更确切地说,宗教触动的就是感官"。当弗洛伊德这么说时,他不是在提出什么严肃的思考,而是在开烹饪玩笑:"即使是出生于虔敬之家的无神论者,也无法否认在宗教节日品尝到庆祝糕点时的美妙滋味。适量的宗教感能刺激味觉和消化,但过量就不好了。"⑭

这种不敬的语调对弗洛伊德而言早已是家常便饭,如我们所知,在他大学生活的最初数月里,受到他敬重的哲学教授弗朗茨·布伦塔诺影响,弗洛伊德就曾以戏弄的角度看待哲学有神论。但他真正的倾向,如同他对朋友西尔伯施泰因所说的,是个"没有神的医学院学生"[15]。他从未改变这个立场,"不论在我的私人生活或是写作上"(因此,总结其一生之事业为:一个无神论者的杰作),"从不神秘地隐瞒我是个绝绝对对的怀疑者"。[16]终其一生,他不觉得无神论需要解释,反而宗教信仰才需要解释。

作为一个精神分析家,这正是他想做的,1905年他为自己写的备忘录里,就已经表明:"宗教像一种强迫症——特别是私人的宗教。"[17]两年之后,他把这个核心观念加以拓展,放到一篇探索文章《强迫行为与宗教活动》("Obsessive Actions and Religious Practices")里,这是一篇优雅又撩人的文章,试着把宗教和神经症放在同一个尺度下看待。他发现"典礼"和"仪式"对患强迫症的人来说有多么重要,而且也是每个宗教信仰中的基本元素。他强调,宗教和强迫症这两者,都涉及冲动的克制,两者都有防御和自我保护的作用。"以这种对应和类比的方式,我们可以试着认为,强迫神经症是宗教形态的病态对应物,神经症是个人式的宗教,而一般宗教则是普遍性的强迫症。"[18]

数年来,弗洛伊德把这种分析观点拓展到许多神圣的事物上。1911年,他告诉费伦齐,此时他"再一次"反刍关于"宗教在驱力中的起源"这个问题,并认为有一天他可以详细地加以处理[19]。《一个幻觉的未来》为他履行了这个承诺。试图以精神分析的武器来攻击宗教,已经在弗洛伊德的想法里酝酿多年。他向普菲斯特坚持,这样对待宗教的观点没有"构成分析理论教条的一部分。这只是我个人的态度,许多非分析家或预备分析家可能会同意我的看法,但肯定许多有名望的分析家不会同意"[20]。这是他二十几年来,让自己和神学之间虽有良性争执,却相安无事的方式。在《一个幻觉的未来》中,他常常隐约或者明显地表达对人的观点,弗洛伊德的结论可能远非独特,但他达致结论的方式却带有地道的精神分析特点。

如同以往,一篇文章出现的时机常常和私人层面密切相关。1927年10月,弗洛伊德在信中对普菲斯特宣告这本将要出现的"小册子":"这本书和你有很大关系,很久以前我就想写了,但考虑到你,我才一直搁置,直到书写的愿望变得极为迫切。"我们很容易猜想到,他的文章所处理的是"我对宗教的绝对负面的感觉,而且这种对宗教的负面感觉有许多表现形式。我知道,这对你来说不是新闻,但是我担心,这样公开的说明还是会让你觉得不舒服"[21]。普菲斯特的回应不出预料——他非常鼓励弗洛伊德,说他宁可阅读一位敏感的不信者,比如弗洛伊德所写的评论,也不愿意阅读一千位盲目信仰者的著作[22]。即使普菲斯特流露出不安的感受,或者为此与弗洛伊德发生争执,弗洛伊德不会——也无法——舍弃他的计划。我们之前就曾见过这样的行为模式:当一个想法在他脑中运作的时候,它会产生令人痛苦的压力,这只在书写后才会消除。在弗洛伊德所有的著作中,《一个幻觉的未来》大概是最不可避免也最在意料之内的。

从开头的段落起,《一个幻觉的未来》就雄心勃勃地进行论辩。它所宣示的主题是宗教,但却意味深长地由文化的反省展开。阅读这本小书,感觉像是《文明及其缺憾》的预告彩排。第一步棋,就表现出弗洛伊德对其任务的自我认识:把宗教放在尽可能大的背景框架中,使它像人类的其他行为一样能够接受科学研究。简单地说,他出于不妥协的世俗主义,如同当代许多宗教心理学家与社会学家一样,否认宗教信仰的特殊地位,也否认宗教信仰可以免除于任何分析。弗洛伊德并没有特别尊崇的神圣对象,而且以他作为研究者的身份也没有任何一间神殿是他不能进入的。

在弗洛伊德时代的一个半世纪前,德尼·狄德罗就已经大胆宣告:"有三个层面的事实:神的作为、自然现象,以及人的行为。我们可以说第一层面属于神学,第二层面属于哲学,最后的部分属于历史,三者都应该同等地面对批判。"[23] 这正是弗洛伊德对宗教进行批判分析时所呼吸的空气——启蒙运动的批判精神。在智识的活动领域里,没有事情是神秘或者隐藏的。"其实你的替代宗教,"普菲斯特大胆地告诉他,"究其本质是18世纪以来的启蒙思想,只不过带上了骄傲又清新的现代伪装。"[24] 弗洛伊德不认为他在传播一种替代宗教,但是他并不否认他的思想起源。"我并没有特别强调什么,"他对《一个幻觉的未来》的读者说,"但是话又说回来,在我之前的人并没有说得更清楚、更有力,以及更令人印象深刻。"他避免提到那些"为人熟知"的名字,以免有人认为他"想把自己放到这个伟大的名录里"[25]。但他们并不难找:斯宾诺莎、伏尔泰、狄德罗、费尔巴哈,还有达尔文。

除了在宗教研究上的这些杰出前辈,弗洛伊德也有杰出的同侪。这些年,当弗洛伊德为自己的无神论寻找精神分析的理论支撑时,宗教的科学研究正在人文与社会科学领域蓬勃发展。詹姆斯·弗雷泽与罗宾逊·史密斯(W. Robertson Smith)的原始宗教比较研究,对弗洛伊德的创作有极大的影响,其中最著名的就是《图腾与禁忌》。哈夫洛克·霭理士的研究,则把宗教经验中的改宗追溯至青少年压力以及停经时的紧张状态,而宗教中的狂喜则和性冲突相关联,这可以说和弗洛伊德的兴趣一致。稍早时候,沙可努力将神秘的"超自然"现象以自然的原因加以解释。1900年之后,马克斯·韦伯以及埃米尔·涂尔干,两位当时最有名望的社会学家,也出版了划时代的宗教研究著作。韦伯将相互关联的文章集结成经典的《新教伦理与资本主义精神》,出版于1904年与1905年间。他认为特定的宗教教派,特别是禁欲的新教徒,其特殊的心态与价值观有助于后来资本主义的发展。涂尔干,如同韦伯一样,企图使社会学从心理学中独立出来,把宗教信仰当作社会组织的表达方式。他认为他的所有研究,不论是对自杀、教育还是对宗教的研究,目的都是为了揭示出社会现实而非个人的心理事件。因此,他希望自己屡被讨论的观念"失序"——一种社会标准的崩塌,造成了迷惘与自杀——可以被当作社会现象而获得理解和研究[弗洛伊德曾读过涂尔干严谨且极富影响力的论宗教作品——1912年的《宗教生活的基本形式》(*The Elementary Forms of Religious Life*),并在"社会学理论"里简要地进行讨论(*Totem and Taboo*, GW IX 137/*Totem and Taboo*, SE XIII, 113)]。韦伯和涂尔干面对宗教时,无疑把宗教视为文化的表现形式,这和弗洛伊德的看法相同,甚至超越了弗洛伊德的看法。不过,虽然韦伯所谓的"世俗禁欲主义"以及涂尔干的"失序"都有心理上的意涵,却没有社会学家仔细研究过这些意涵,也没有人像弗洛伊德在《一个幻觉的未来》中所尝试的那样,如此坚定地把宗教放置于人类天性中去理解。

当然,弗洛伊德的文章已经开启了对文化的讨论。在他简洁的定义里,文化是一种操纵外在自然以及调节人们彼此关系的集体活动[在这几页的说明里,我跟随弗洛伊德的说法:"我并不屑所谓'文化'与'文明'的区别。"(*Die Zukunft*, GW XIV, 326/*The Future of an Illusion*, SE XXI, 6.)]。这表示,每个人都需要经历令人不舒适的困难的牺牲过程,如延迟满足欲望和剥夺享乐,所有这些都是为了共同的生存。因此,"每个个体都可称得上是文化的敌人",所以强制是无法避免的。有人认为,某些上古时代,不需要外力或者对驱力的压抑就可以把想要的事情做好,但这其实只是乌托邦。"我认为,人会发现,所有人类都拥有毁灭式的趋向——也就是反社会以及反文化的倾向,在一群人之中,其强烈程度足以影响人类社会中的活动。"弗洛伊德如是说㉕。

弗洛伊德，作为一位旧式的自由派，与当时的民主倾向处于对立，他在大众和精英之间划出一条清楚的界限。"大众是懒惰又非理性的，他们并不想克制驱力的作用。"我们必须承认，人类"并不会自发地喜爱工作，理性也不会战胜他们的激情"㉗。与此相近，弗洛伊德早在1883年就对他的未婚妻说："一般人的心理和我们的大大不同。"他所谓的"乌合之众"（Gesindel）是放纵口腹欲望的人，不像那些有教养的人，比如他自己和玛尔塔·贝尔奈斯，可以控制他们的欲望而压抑自然的冲动㉘。这个有贬义的"Gesindel"（乌合之众）称呼，常常出现在弗洛伊德笔下。然而，弗洛伊德这位最藐视群众的人也不是社会既存秩序的盲目崇拜者。他发现穷人和生活贫困的人，只会对那些牺牲更少的人表示嫉妒及怨恨，很自然的，几乎没有办法期待他们会遵守社会法规的禁制。"不用说，一个文化会使得如此多数的参与者变得不满足，迫使他们起而反叛，那么这个文化便不会长存下去，或者说，根本不配存在。"㉙但不论公平或不公平，文化仍然必须诉诸强迫与压制，以增进它的控制。

弗洛伊德论点上的缺陷至为明显，他补充说，文化已经完全学会去履行其主要工作，那就是帮助人对抗自然。在未来也许会做得越来越好，但这并不表示"自然已经被征服了"，实际上正好相反。弗洛伊德列举许多自然对人的敌意表现：地震、洪水、暴风、疾病，以及——越来越关涉到他自己的——"死亡的痛苦谜题。到目前为止没有医药可以对抗这个谜，也许永远找不到。自然凭着这些力量宰制我们，强烈残酷且无情"。这是一个有报复能力的"自然"女神，一个无情又无法打败的敌人，带来死亡的女神，这和弗洛伊德年轻时代认识到的"自然"——那支持、包容，甚至带点情欲的，并引领他进入医学领域的母神，竟然完全不同。无怪乎弗洛伊德在一则私人的笔记中说道："不管是对人类全体或个人而言，生命都是很难忍受的。"㉚无助感一直是人类的共同命运。

此时弗洛伊德巧妙地把宗教放入他的分析当中，说巧妙是因为，借由强调无助感，他可以把宗教需求联结到儿童期的经验，由此他把宗教编入精神分析的基本课题之一。诚如弗洛伊德的说法，宗教是人类最珍视的财产之一，可以和艺术以及伦理并列，但是其起源则来自婴儿时期的心理。幼儿惧怕双亲的力量，却又信任他们，以寻求保护。因此在长大之后，自然而然就把这种亲情权威——主要来自父亲，转移到自然世界中，因此自然同时是危险和充满希望的。如同小孩一般，成人也屈服于自己的愿望，并且为他的幻想添上最奇特的装饰。这些幻想存在于内心最深处:需求、儿童的软弱和依赖,它们可以存活到成年时期。从这个点出发,精神分析可以对宗教是如何形成的加以阐释[弗洛伊德当然明白,宗教的种类繁多且每一种文化对于宗教的信仰态度也多有歧异,同时经过世代的累积,对宗教的思考与感受则发生了明确且剧烈的转变。他在《一个幻觉的未来》中曾说明现在一般人对于宗教的想法,也建议读者参考他的《图腾与禁忌》,其中有针对此种思考转变所做的讨论]。"宗教观念和其他文化成就有相同的起源,是为了面对极具优势而有压迫性的自然,所做的自我防御",这同时也是"为了修正文化中痛苦、不完美的一面"㉛[在《梦的解析》一书中,他已经断然指出,牵涉到一切与寻求满足相关的"复杂人类心智活动",皆"是达成愿望所必需的迂回表现,思考除了是幻想的替代品之外,其他什么也不是"]。

这个格言式的对比非常精巧,也许有点太过精巧了。它的说服力主要来自读者自己的信念。但是在《一个幻觉的未来》之中,弗洛伊德无疑是在显现他自己的信念,而非只是有趣的相似之处。人类发明了神,或者被动地接受文化强加到他身上的神,只是因为他们从小就跟着这个概念长大。如同小孩面对他人力量或者他自己欲望时产生的幻象,依据这个幻象的模式,宗教基本上就是一种幻觉——一个孩子气的幻觉。对宗教信念的心理学分析显示:"这些信念不是经验的沉淀物或思考的最终结果。这些信念都是幻觉,是对最古老的、最强烈的,以及最急迫的人类愿望的满足。这些宗教力量的秘密,其实正是这些愿望的力量。"㉜弗洛伊德对这样的心理学论点感到很得意,并且把这些论点看作他对宗教科学研究的贡献。人类以自己的形象造神的观念,可以回溯到古希腊时代,但是弗洛伊德把这个说法延伸为人类以自己父亲的形象来造神。

揭示宗教观念为幻觉,不是必然要否定宗教观念的正当性。弗洛伊德强调说,应该区分幻觉(illusion)和妄想(delusion),前者不是以它的内容而是以它的源头来加以定义。"幻觉的特色是,它的源头来自人类愿望。"㉝这些愿望(幻觉)甚至可能成真。弗洛伊德所举的有趣实例是,一个布尔乔亚女孩梦想能碰到一个王子并且和他结婚,这可能会发生而且曾经发生过。但是宗教的幻觉,比如弥赛亚会降临并创造一个黄金时代的信念,就过于不真实而接近妄想。有人可能会批评说,弗洛伊德自己的理论就假设,所有的思考活动,包括最抽象和最客观的,都有非理性的来源,毕竟,是他发现了在婴幼儿的性好奇心中,隐藏着日后科学探索的根源。后来的精神分析家也不讳言,在临床上对分析者生命故事的好奇，也不亚于一种升华的偷窥欲望。不能根据一种想法的来源来决定这个想法的价值，这个规则至今仍是不可撼动的；当然弗洛伊德论宗教的文章也并非要违反这一规则。但对弗洛伊德来说，重要的是这些来自源头的影响会剩下多少。为了把科学思考的风格和宗教思考中以幻觉为主的风格加以区别，他称颂前者的方式可以经得起公开的检验、展示，甚至是否定，而把后者贬抑为浮夸地免疫于各种严格的批评。所有的想法，包括最科学化的，都可能来自盼望，但科学是一种训练有素的实现愿望的方式，经由必要的可靠验证以及开放的气氛，使得信念和信仰得以精细化，得到修正，或者在必要的时候可以抛弃。

弗洛伊德发现，验证宗教和寻找宗教信仰的基础同等必要。他发现，虔信者会给怀疑者三个防御的理由——这个信仰的历史久远、过去得到过可靠验证，以及信仰的崇高性质，因此任何理性探讨都自然被贬抑为不敬。弗洛伊德并不信这套，他也不接受其他的辩解，如中世纪将宗教教条本身的荒谬性，看成保障其真理的必要条件，或者当代哲学观里的"亦如真实"（as if），即如果我们接受了由虔信者所倡导的虚构说法，那么生活就会容易得多。这两种说法中的前者，对弗洛伊德来说一点意义也没有。如果其中一种是荒谬的，那为什么另外那个不是？第二种说法则是一种命令，他置之一笑地说，那意味着"只有哲学家才能得到心灵上的提升"㉞。这些都不是真正存在于人类心中的共识，这些都只是托辞，"没有比理性更高一层的法庭"㉟。

弗洛伊德也不被宗教的实用主义——宗教真的会产生作用——所说服。他也不同意当代的论战者，这些人认为让劳苦的民众因为地狱景象或永恒的诅咒而害怕是一种阴谋。这样的解释对弗洛伊德来说太过于唯理主义，它无法说明几个世纪以来宗教紧握人心的事实。不过，历史也很清楚地显示，当宗教对驯服人类狂野的驱力有所贡献时，它不是必然形成一股教化力量，或是一股寻求秩序的力量。不过全然相反的是，他观察到，在他的年代，宗教无法再让许多人远离文明中的不幸。弗洛伊德认为，这个证据显示，在过去的虔信时代里，人们并没有比较快乐，"他们显然也未必更有道德"。的确，"任何时代里，不道德在宗教中所能寻到的支持，绝不会比道德所能寻到的支持少"㊱。这样的意涵已经非常明显：既然宗教不会使人们更快乐或更好，反宗教带来的则应该是进步[弗洛伊德为宗教所做的最佳评论，是说出宗教驯化了这个人，并拯救他免于孤独。正如他在狼人案例研究中所说："在这个案例中，我们可以说，宗教已经完全地融入个人的教育中。借由提供升华以及稳定的支柱,宗教驯化了他的性驱力、减弱了他的家庭联系,借由此,为他开启了另一个更广大的人际联结社群,免除了孤立。这个原本狂野、受恐吓的孩子变得具社会性、行为良好且可受教。"("Wolfs-man," *GW* XII,150/"Wolf Man," *SE* XVII,114-115)]。

弗洛伊德的前辈,也就是那些启蒙运动哲学家所强调的说法,在这些讨论中再次回响。如同他们的反教会干预与反宗教信念,弗洛伊德的想法也难以摇撼。弗洛伊德在政治手段与心理学诊断上,可能和伏尔泰以及他的学术继承者费尔巴哈的看法不同,但是他对宗教的最后判决和他们是相同的:宗教失败了。他顽固且真诚地想要区分幻觉与妄想,他出于真诚地写道:幻觉有可能成真。不过当他继续把讨论焦点移到宗教时,他的态度转回以争辩优先,先前对幻觉与妄想的区辨又变得模糊了。

如果,如弗洛伊德所相信的,宗教失败了的话,也许科学是一个成功的榜样。这个充满希望的推测,是弗洛伊德对古今幻觉评论后的附带产物。的确,在使用科学思维反思之后,弗洛伊德让自己陷入一种暂时性的乐观主义,这在他的思想中并不寻常。这样的弗洛伊德所崇拜的是麦考利和贡珀茨的历史作品,麦考利的作品描述的是欧洲历史的持续进步,而贡珀茨的著作则是对古希腊思想史的讨论,贡氏把古典时代的伟大思想看作启蒙时代的伏笔。至少在教养良好的社会阶层里,弗洛伊德认为,理性已经大致战胜迷信,高层次的批评家已经"破坏了宗教文献的证明能力,而自然科学也显示了宗教内容所包含的错误。比较研究也表明我们对宗教的敬畏,实际上和原始时代的心态如出一辙"[37]。

因此对他来说,世俗的理性主义持续高涨是他理想中的愿景。"科学精神在世间事务之前摆着某种特定的姿态,它在宗教事务面前停了会儿,迟疑着,但最后也越过那条临界线。在这个过程中,没有退缩,我们的知识宝藏被众人知道得越多,脱离宗教控制的人就会越多。一开始先抛弃那些老旧、顽抗的祭袍,随后心态的预设立场也会被拔除。"[38]这是弗洛伊德论证的核心:宗教的前提与科学无法相容。他不屑现代历史学者试图在两者间建立联结的努力,以及那些当代神学家编造出来的精致内容。他们写的不过就是悔过书——从这个声名狼藉的角度来看正是如此。"宗教与科学之间的交战",这在18世纪所使用的对抗口号,在 19 世纪延续发烧,还延伸到 20 世纪成为弗洛伊德的真理宣言。他不止一次在不同文章中提到,简单地说,宗教就是敌人。

在对抗这个敌人的战斗中,弗洛伊德愉快地把他的心理学放在科学的旗帜下。"精神分析,"他在《一个幻觉的未来》中如此表示,"实际上是一种调查方法,一种公正的工具,如同微积分。"㊴他显然喜爱这个定义。多年前他曾告诉费伦齐,这些精神分析家,"一直都对事情持客观的态度,除了研究和帮助这两件事外"㊵。要"客观"(tendenzlos)就是要科学性,因此精神分析也可以如此公正地被宣称是一门科学。从弗洛伊德的好战性来说,这样的宣告当然不够中立。要定义科学,包括精神分析,就如同要提出政治主张一样不可偏颇,去强调它们不被意识形态所限,或者不被自我保护所扭曲。如果宗教——从最原始的牺牲到最精致的神学——是婴儿期的恐惧、敬畏以及被动等,一直留存到成年;而科学则如同一位精神分析家的说法,是超越幼稚的一种有系统的努力。科学鄙视那些信仰者借由顺从的等待及仪式的表演,或借由颂歌及焚香,去了解幻觉的可悲方式。

弗洛伊德知道,无神论者也会屈服于意识形态:它可能被用来作为防御策略——借用精神分析的说法,如同青少年要反抗其父亲时的典型反应。那些想和上帝争执的人,打算在宗教领域的家中,进行其注定失败的俄狄浦斯战斗。但弗洛伊德并没有这样的问题,他并不想和幻想中的怪物战斗。他心中的无神论,有更好的状态:一种对宗教现象加以大规模探究的先决条件。如我们所知,弗洛伊德并没有披上社会改革者的外衣。但作为他所信服的哲学家们的信徒,弗洛伊德认为科学的职责之一,是将其所领悟的运用到对心理苦难的解除上。在弗洛伊德的精神分析对信仰的批评里所隐藏的,是希望能借由发现和散播宗教的真相,帮助人类脱离宗教的束缚。

这个希望,如同弗洛伊德在《一个幻觉的未来》里所说的,可能仍会成为另一种幻觉。但既然已经把问题挑起,他只得先将幻觉搁在一边,因为"长久来看,没有任何东西可以抗拒理性与经验"。可能是因为"我们的逻各斯(Logos,理性、理念)神并非全然万能,它只能满足先驱们所承诺的一小部分"㊶。它的信徒必须准备放弃他们自己的天真愿望,世界并不会因为放弃更多的梦想而崩毁。他们所使用的科学方法,以及主宰其研究的前提假设,可以为他们提供更好的证据来修正其观点。弗洛伊德总结:"不,我们的科学并非一般的幻觉,但是我们得相信,它可能是个可在其中得到而其他地方得不到答案的幻觉。"㊷这是他对科学信念的宣示,他过去从未有过类似热烈的情绪,以后也未曾再出现过。数年前,弗洛伊德曾对罗曼·罗兰描述自己为"花了大半的生命时光,去破坏自己的幻觉,以及全体人类的幻觉"㊸的一个人。不过,人们是不是希望自己的幻觉被打破,却是另一回事。

1928年1月,一位弗洛伊德不认识并自称"只是个一般工人"的名叫佩特里科维茨(Edward Petrikowitsch)的排版工人,对弗洛伊德对抗宗教的努力表示感谢,并寄给他一份《圣路易斯邮报》(St. Louis Post-Dispatch)的剪报。报道指出,弗洛伊德的新书造成了他追随者的分裂和社会轰动㊹。弗洛伊德立刻以礼貌又不悦的口吻回信,他不相信对方是没受过教育的人,而一定是个久居美国的欧洲移民,因此"我感到疑惑,为何你相信美国报纸写的任何消息呢"?弗洛伊德猜对了一部分。佩特里科维茨是一个贸易工会员工,自由思想家,以及社会主义者,在第一次世界大战后移民到圣路易斯。对于这篇他寄来的文章,弗洛伊德表示:"把我未曾说过的话归于我。"实际上,"一般大众对我所做的事情并不注意,我甚至可以说,没有人给过我轻蔑的嘘声(es hat kein Hahn nach ihr gekräht)"㊺。

事实上,当弗洛伊德感叹自己没有引起任何的注意时,《一个幻觉的未来》得到的嘘声比他能承受的还要多。他自己更清楚大众的反应,佩特里科维茨寄给他的剪报,只不过是在1927年12月的重刊,而这份报道第一次出现在《纽约时报》上时,标题显得煽动性很强而又容易对人产生误导:"弗洛伊德宣称宗教的末日来了/科学将会取而代之/他的追随者苦恼万分/精神分析大师的新书,为即将出现的异议深感遗憾。"㊻[弗洛伊德对于此报道毫无耐心是完全可以理解的:报道除了弄糟弗洛伊德的信息之外,还错误百出。弗洛伊德的名字被写成"西吉斯蒙德",这个名字早已被废弃了超过半世纪以上了。在翻译弗洛伊德的作品时,也发生了一个很有趣的笔误,写成了"一个暗示的未来"(The Future of an Allusion)。还把普菲斯特误称为"普菲瑟"(Pfiser),并把他当作"苏黎世新教徒教堂的院长",报道还为读者描述了精神分析期刊《潜意象》,不过描述的内容让人感觉这似乎是一本"教会杂志"]这显然过度夸大了《一个幻觉的未来》所引起的争议。不过在1928年4月,弗洛伊德对艾廷冈说,他已经招引来令他自己感到"最不愉快的感觉"。他听到"各种讽刺的话语在我四周形成嗡嗡声"㊼。这本书并没有让他的追随者产生严重分裂，但确实使其中一些人感到非常紧张，毕竟，宗教还是很敏感的议题。在柏林宣读论文时"安娜所碰到的抗拒"，艾廷冈在6月对弗洛伊德报告说，"原因就在《一个幻觉的未来》，她的论文以这本书为基础，和过去一样，许多人仍反感别人探讨这个话题，即使他们自己说不清这个问题。"[48]尽管报道中有错误及扭曲的部分，《纽约时报》的记者在维也纳实际上已捕捉到一点这样的气氛。

不可避免地，弗洛伊德对宗教的"分析"——批评者把它称为攻击——招来回应与反驳。其中最文明的，一如我们的猜想，来自普菲斯特。标题是《一个未来的幻觉》("The Illusion of a Future")，出版在《潜意象》期刊里，它谦恭、讲理，是最友善的回应。这篇评论的目的，以普菲斯特亲自给弗洛伊德的说法，并"不是反对你而是为了支持你，为那些参与精神分析战斗的人所写"[49]。老实说，弗洛伊德并没有反对这篇文章，而把它当作一篇"温和的反驳"[50]。在这篇反驳文章里，普菲斯特和他的老朋友交换了角色，因为他认为弗洛伊德这个根深蒂固的悲观主义者，竟会持不当的乐观主义。普菲斯特强调，知识没有办法保证进步，科学，这个浅薄而过度消毒的知识，也没有办法取代宗教的位置，它没办法激励道德价值，也没办法刺激艺术创作。

除此之外，大部分对弗洛伊德的反应就没这么有君子风度了。改革派的犹太祭司南森·克拉斯（Nathan Krass），在纽约第五大道的以马内利教堂（Temple Emanuel）对他的会众演说时，高傲地评论弗洛伊德："在这个国家里，我们已经习惯去听某位先生女士谈论所有的事务，只因为他们在某个领域很有名。"他以爱迪生为例，说他以"了解电学"闻名，因此也能为他的"神学观点"找到一些听众。或者有人因"航空经历出名"——当然他指的是林德伯格（Lindbergh）——"也被要求在公众场合回答对所有事务的意见"。克拉斯的说法此时带上他自己的注解："所有人都崇拜弗洛伊德这位精神分析家，但我们完全没有必要去尊敬他的神学观点。"[51]

我们不知道弗洛伊德是否听过克拉斯的责难，不过这绝非特例。有些评论家把弗洛伊德对宗教的分析，当作对现代社会道德价值的恶意破坏[52]。有个匿名评论者，在保守倾向的德文月刊《南德月报》（*Süddeutsche Monatshefte*）中，以生动的词汇批评弗洛伊德的宗教观，说这种宗教观给世界带来传染病般的"泛猪猡主义"（pan-swinism）[53]。可想而知，《一个幻觉的未来》在学界里为反犹太主义提供了多大的借口和支持。1928年,波恩大学的一位民族学教授克莱门(Carl Christian Clemen),趁这个机会攻击精神分析的泛性论:"我们可以这样解释,特定圈子的拥护者,甚或那些被治疗的病人圈子里,大家都欢欣鼓舞地迎接这个说法。"[54]另一位有名的德国教授埃米尔·阿布德哈尔登(Emil Abderhalden),一位多才多艺的生物学家与化学家,认为弗洛伊德的观点是一个"犹太人"完全未经授权"而对基督教信仰妄下判断"[55]的冒险行为。对于这些侮辱评论,弗洛伊德以蔑视回应。不过对于自己,在越来越确信他的写作已无法达到自我期许的水准时,他悲伤地觉得,自己已经不是十年前的那个弗洛伊德了。

这些日子中几乎没有什么令人愉快的消息,弗洛伊德自己更没什么值得高兴的事。1928年4月,他告诉匈牙利籍精神分析家伊什特万·霍洛什(István Hollós)自己对治疗精神病患者的抗拒:"我终于承认,我实际上并不喜欢这些病人,我感到他们与我不同,且缺乏人性,这令我感到生气。"他承认这是一种"奇特的偏执",并且带着屈从的语气补充:"随着时间逝去,我渐渐失去兴趣,在分析上当然会不正确。"然而,当他仔细思索自己为什么无法投入感情时,他又发现自己很有兴趣。这难道是"卓越智能更明显投入的结果,一种对自己本我的敌意?或其他原因"[56]?

当然,此时并非宣示智能优越的有利时机。政治煽动所造成的恶劣情况以及世界经济的不稳定,都显示出目前非理性占优势。1928年4月,威托斯再一次探询弗洛伊德是否愿意受邀前往美国进行精神分析讲学,弗洛伊德鼓励他自己去。"你知道维也纳这里不景气,短期内不可能会有什么改变。"[57]他想让自己为这个城市里分析家找不到病人的窘境负责,他告诉威托斯,当他"个人的影响力"能为他"年轻的朋友"带来的益处越来越小时,他就越感到"苦恼万分"[58]。

他虚弱的身体——在吃饭和说话时感到不舒服,以及疼痛,使他比以前更加痛苦了,这对情绪和身体皆有强烈的影响。1928年7月,他对琼斯透露"一个始终都是秘密的小秘密"。他考虑换掉皮希勒,这位口腔外科医师从1923年秋天为弗洛伊德动第一次手术之后,就为他出力甚多。"这最后的一年,我受苦甚多,皮希勒尽其所能地为我装上人工口腔,但结果并不理想,所以我打算换别人试试看。"[59]皮希勒本人也感到很受挫折[60],但是弗洛伊德却感到良心不安:"这对我来说不是简单的事,毕竟要抛弃为我延续四年生命的人。"但是情况已经到了无法忍受的地步[61],皮希勒的医事记录证实了弗洛伊德的感觉。"一切都变得糟糕,"他在4月16日写着,"任何方式的吞咽都会在(嘴巴)后方引起疼痛,在后咽喉壁发现过敏与发炎。"[62]新的假颚并没有发挥效果。"义体(指假颚)五号没办法用了。"皮希勒在4月24日如此记载。"太厚太大"[63],而早先的义体四号,皮希勒在5月7号加注,"会造成压迫"并"严重地影响舌头"活动[64]。因此弗洛伊德尝试寻找可以解除"义体苦难"[65]的方法,他找到了柏林的施罗德(Schroeder)教授。起先,施罗德指派助手到维也纳看看现有的义体状况,之后在8月底,弗洛伊德前往柏林进行进一步检查。整个过程十分保密[66]。

从检查、治疗到安装,感觉似乎相当不舒服,因为对皮希勒的罪恶感更加重了他的痛苦,他还怀疑是否真的可以找到更好的义体。不过他喜爱施罗德并且信任他,他乐观地告诉弟弟他正受到最好的照顾[67]。身体情况许可时,他就为一两个病人做精神分析。为了让生活可堪忍受,他带着小女儿同行。"安娜像往常那样总是很棒,"他写信给弟弟,"没有她,我在这里就真的全然迷失了。"她租了一艘船,花了许多时间在泰格尔湖(the lake at Tegel)划船、游泳,这个湖坐落于柏林风景宜人的西北方地区[68]。儿子埃内斯特当时也住在柏林,经常来访,还有老友桑多尔·费伦齐。整体来说,这趟医疗远足带给弗洛伊德一些振奋。出乎意料,新做出来的义体比上一次的要好很多。

弗洛伊德在1923年的癌症手术后安的装置,一直都没有吻合得很好,即使偶尔不觉得痛苦,也还会觉得不舒服。施罗德的设计让疼痛的时间变短了。但疼痛也还没有永远、完全解除。他在1931年夏天写信给"亲爱的莎乐美":"我发现,我此时正经历着义体所带来的痛苦,如同以往,这疼痛使我延宕了更高层次的兴趣。"[69]有时候弗洛伊德可以忘记痛苦,但更多时候这些痛苦干扰了他的工作。在柏林短暂停留期间,莎乐美曾来探望他,但是他只能把谈话留给女儿来进行。"理由是,"之后他向莎乐美透露,"我受损害的听力,已经没办法听到你的低声说话。而且你应该也发现了,想弄清楚我在说什么也是一件很烦人的事。想到这层,真令人感到沮丧,我只好闭口不说了。"[70]对以谈话来完成生命事业的人来说,这是很残酷。20世纪20年代中期之后,参加国际精神分析会议对弗洛伊德来说已经不可能了,他为此感到很难过。在1928年由他的一位美国病人菲利普·莱尔曼拍摄的业余影片里,弗洛伊德和女儿安娜一起散步,和狗儿玩耍,或者爬上一节火车厢,但看起来都憔悴、苍老了[71]。

第十一章　人性使然

是年稍后,弗洛伊德突然接到了一则消息,勾起了他的回忆,他本以为这些回忆已经在脑海中消失了,这则消息就是弗利斯过世了,他的遗孀在12月写信给弗洛伊德,要求取回她先生的信件。弗洛伊德做不到。"记忆中,"他告知弗利斯夫人,"我好像在1904年后的某段时间,把大部分通信都销毁了。"有些信可能还留存着,他答应好好找[72]。两个礼拜之后,他回说没有结果,就连其他信件,比如来自沙可的信件,也遗失了,他想可能整批销毁了。但是这次搜寻却让他想起与弗利斯通讯那段时间他写的那些信件:"我很想知道,我写给你丈夫的信件是否都保存得很好,不会在未来被利用。"[73]这件事,虽然他没有多说什么,但必然引发了他以前不愉快的记忆。这些记忆会再次回来,且仍旧令人不快,但那是十年之后的事了。

在这段焦虑与生死挣扎的时期,弗洛伊德出人意外地从他的中国黑鼻狗——"林裕"——身上获得了很多欢愉。多年来,他很喜欢看着女儿安娜的亚尔萨斯犬"小狼"在她长途散步时保护她。以一个父亲的立场,他也开始喜爱安娜的狗。1927年4月,安娜在意大利度假的时候,弗洛伊德发电报告知家里的信息,并且署名:"来自小狼和全家的祝福。"[74]现在他有了自己的狗,赠与人是桃乐思·布尔林翰(Dorothy Burlingham),一位在1925年时来维也纳的美国人。她是四个小孩的母亲,并且和患有躁郁症的先生分居,一来到维也纳,立即接受精神分析疗程,开始是跟特奥多尔·赖克,然后跟弗洛伊德本人,之后她的小孩也一起接受精神分析。因为小孩接受精神分析的缘故,她自己就打算以儿童分析作为职业。她马上成为弗洛伊德的亲密朋友,尤其和安娜很亲近。安娜1927年在意大利旅行时,布尔林翰夫人就是她的旅游伴侣。安娜对父亲说,她们两人分享了"最为愉快而纯粹的伙伴关系"[75]。弗洛伊德颇受桃乐思的吸引,称她为"一位意气相投的美国女人,以及不快乐的处女"[76]。她给弗洛伊德的礼物是再适合不过的了:6月时,弗洛伊德对艾廷冈提到,他收到"一只迷人的中国母狗,这个黑鼻狗带给我们许多欢乐"[77]。"林裕"是一只宠物,但也是个责任。狗儿育种场的主人汉丽埃塔·布兰德斯(Henrietta Brandes)寄给弗洛伊德一本指导手册,详细说明如何照顾这只宠物,6月底,她很高兴知道弗洛伊德已经和狗儿成为极好的朋友[78]。从那时起,弗洛伊德就与接下来出生的其他中国黑鼻狗,成了不能分开的朋友,尤其是他的"周非"。狗儿会在分析进行的时段里,静静地趴在躺椅脚边⁷⁹。

从此,一切都不再令人感到阴郁。弗洛伊德继续从事分析工作,带着欣喜看着下一代人的成长——至少是其中一些人,而他的专业圈子也成了紧密的大家庭。1927年,玛丽安·里依(Marianne Rie)——他的老友、同事,以及值得尊敬的伙伴奥斯卡·里依的女儿,嫁给了一位艺术史学者,就是后来也成为精神分析家的埃内斯特·克里斯。玛丽安当时是个医学院学生,希望成为一位以儿童分析为职业的医师。同一年里,海因兹·哈特曼,一位受过绝佳训练的外科医师、精神科医师、心理学家,并带有浓厚哲学关怀的后起之秀,出版了自己的第一本书《精神分析的基本原则》(*The Fundamentals of Psychoanalysis*),揭开了他未来将在自我心理学上有所贡献的序曲。弗洛伊德的女儿安娜,也继续在精神分析家中建立她的声望。安娜对儿童发展的观点,主要展现于1927年的第一本书《儿童分析技巧导论》中(*An Introduction to the Technique of Child Analysis*)。她和梅兰妮·克莱因的观点有所冲突,并且形成伦敦与维也纳分析圈之间有活力却又时而充满恶意的争论。精神分析的未来,看来已经有了极佳的接班人。

不过,虽然弗洛伊德满心欢喜地看着女儿作为一个分析家在未来可能拥有的"辉煌发展",但他在1927年春天对莎乐美说,他关切女儿的情感生活。"你不会相信我对她的新书实际上贡献不多,只有在去除她对梅兰妮·克莱因过度极端的对抗意见上使力⁸⁰。除此之外,那是一本完全独立的作业。"但"在其他方面,我并不满足,这个可怜的小家伙心理一定有什么事。她只接近女性朋友,一个接一个"。安娜需要适合的伴侣,不过他担心桃乐思·布尔林翰会是她最后的至交。他注意到,女儿和布尔林翰太太相处极为融洽,一同度过在意大利三个星期的复活节假期。弗洛伊德仍然疑惑,12月,他再次写信给亲爱的莎乐美:"安娜靓丽,在智性上独立,不过完全没有性生活。"然后他又转向老问题:"父亲过世后,她怎么办?"⁸¹

除了女儿之外,弗洛伊德圈中最有趣的新血液,是20世纪20年代左右加入的玛丽·波拿巴王妃。弗洛伊德在某次心血来潮时昵称她为"精力充沛的恶魔"(energy devil)⁸²。她带着头衔而来——的确是个活生生的幻想人物,她是拿破仑的弟弟吕西安(Lucien)的曾孙女,希腊国王康斯坦丁一世的弟弟乔治王储的太太,以及丹麦国王克里斯蒂安十世(Christian X)的表妹,可说有多重公主的头衔。虽然她有令人称羡的财富以及无法挑剔的皇室关系,却对民主时代皇室仍要保持传统空洞的社交礼仪感到不满。带着高度敏锐的智慧,以及自由的心灵,同时对布尔乔亚阶级的禁忌一无所知,她的年轻时代都在寻找智性、感性,还有情欲上的满足,这些她都无法在丈夫那里获得,不管是床笫或交谈。她也无法在她那些来头不小的爱人中得到全然的满足,其中还包括阿里斯蒂德·白里安(Aristide Briand),这位曾数次成为法国总理的政治家,以及精神分析家鲁道夫·勒文施泰因(Rudolph Loewenstein),一位优秀的临床工作者与理论家。1925年,当勒内·拉福格第一次向弗洛伊德提到"希腊的乔治王妃"时,她正为拉福格诊断出的"颇为显著的强迫症"所折磨,拉福格补充说,这个病症没有损害她的智慧,却"在某种程度上干扰了她心灵的整体平衡",她要弗洛伊德来分析她[83]。

我们不知道弗洛伊德是否对她响亮的头衔留下了深刻印象,因为他并没有表现出来。弗洛伊德告诉拉福格,只要"你能保证她是真的愿意接受分析,并且也适合被分析",还有,保证她必须懂德文或英文,因为弗洛伊德已经不信任自己的法文能力了。"最后,"借着来自中产阶级的沉着态度,他补充说,"这位分析者必须要和其他病人一样为治疗负相应的责任。"[84]接下来是细致的外交协商:在拉福格的描述中,这位王妃认真、诚恳,心智过人,她要求在短暂的两个月分析期间,能够每天接受两小时分析[85]。弗洛伊德有点犹豫,但是这位玛丽·波拿巴不耐于中间的中介,自己直接写信给弗洛伊德,并在7月把一切事情打点妥当。1925年9月30日,她从维也纳写信给拉福格说:"今天下午我见到了弗洛伊德。"[86]

剩下的过程则属于老套的故事。10月底,弗洛伊德带着胜利姿态写信给艾廷冈,谈到"亲爱的王妃,玛丽·波拿巴"。他的确每天和她会面两个小时,从弗洛伊德的观察来说,她是一位"极为出色,可以说具有一半以上阳刚气质的女性"[87]。两个礼拜之后,他这么告诉拉福格:"王妃的分析状况极为良好,我认为,她自己也很满意在这里的日子。"[88]她的分析疗程并没有马上治好她的心理疾病,却给她带来了生活的目标以及一位从来没有过的如父亲般的朋友。回到巴黎之后,她致力于组织法国的精神分析活动,不但勤于出席会议,还以她宽裕的财力慷慨地支持这些活动。她经常写日记和笔记,把弗洛伊德给她的建议以对话方式巨细靡遗地记录下来,她甚至开始书写关于精神分析的研究文章。其中最令人瞩目的大概就是她和弗洛伊德的互动关系,从一开始的分析者到可依赖的朋友,一直到慷慨的捐助人。她甚至信任地交给弗洛伊德自己年幼时的笔记本"蠢话"(Bêtises),是她从七岁到九岁之间以三种文字写成的[89]。她和弗洛伊德通信,尽其可能地去探望弗洛伊德,把总是濒于破产边缘的精神分析出版社拯救出来,甚至赠送弗洛伊德上好的古董。她的头衔固然是魅力的来源之一,不过这不是弗洛伊德喜欢她的原因,对弗洛伊德来说,她拥有一切。

当王妃信任他的同时,他也信任着王妃。1928年春天,王妃告诉弗洛伊德自己正在处理关于无意识与时间的问题,弗洛伊德也对王妃说了一个奇怪又重复的梦,多年来他一直无法了解其中的意义。他站在一家花园啤酒店的门口,门被某些雕像支撑着,他没办法进去,因此折返。弗洛伊德对王妃说,他曾经和弟弟造访帕多瓦(Padua,意大利北部城市),但却没办法进入类似于梦中入口后方的石室。[90]多年之后,他回到帕多瓦,找到了他梦中的那个地方,这一次他得以进入石室。现在,每当他发现自己没办法解决某谜题时,就会梦到这个梦。的确,时间和空间是如此神秘,弗洛伊德深深惋惜他一直无法解决这个问题,他认为总有一天他会的。

文明:人类的困境

"爸爸正致力于写作。"安娜·弗洛伊德在1929年7月初对莎乐美如此说[91]。当月稍后,弗洛伊德从巴伐利亚的避暑胜地贝希特斯加登证实了这个消息。"今天我写下最后一个句子,结束了在这里可以完成的工作进度——没有图书馆的辅助。这本书处理了文化、罪恶感、快乐,以及相似的欣喜感受。"[92]他刚刚完成的是《文明及其缺憾》。他发现,工作压力仍然存在。"我应该做什么呢?"他意味深长地问,"一个人不能整天抽烟或玩牌,我已经没有剩余的力气去散步了,而大部分人感兴趣的书籍也不能引起我的兴趣。我只好写作,在写作中愉快地度过了这段时光。"[93]

也许只是出于消遣而写,但《文明及其缺憾》与之前的《一个幻觉的未来》一样令弗洛伊德感到失望:"我刚发现了最平淡的真理。"弗洛伊德在这本小书出版之后对琼斯说,它带有"一种业余者的气息",所进行的也是"浅薄的分析研究"。当然对于一位鉴赏家如琼斯来说,这本最新的书"并未遗漏一贯的特殊气质"⑭。但弗洛伊德始终想象不到这本书会成为他最有影响力的作品之一。

如同《一个幻觉的未来》,这本书在作结论时依然流露出了不确定的希望,且这个希望有减弱之势。《文明及其缺憾》是弗洛伊德最冷峻的作品,从某个角度来说也是他最没有把握的作品。他不断停下来告诉读者,比以往任何时候都频繁,说他书中的内容是他们已经知道的,因此他的作品浪费了许多参考材料甚至是印刷者的时间和油墨⑮。真正说起来,在《文明及其缺憾》中所提到的主要观点没有一个是创新的。弗洛伊德早在19世纪90年代给弗利斯的信件中就描绘了这些想法,并且在大约十年前的一篇小文章《"文明的"性道德与现代精神疾病》里,做了简短的大意陈述,在最近的《一个幻觉的未来》中更是进一步重新复习了一次。但他还没有像现在这样那么强烈地集中心力来分析这些问题,把他的思想如此冷酷地表达出来。原本他想给这本书另一个标题。"我的作品或许也可以称为,"在1929年7月写信给艾廷冈时弗洛伊德说,"如果它真的需要一个标题的话,就是'文化中的不幸'(Das Unglück in der Kultur)。"他说写作的过程并不是很顺利⑯,最后他选择了"Unbehagen"(不满、不安、不自在)这样的意义,来取代"Unglück"(不幸)。但不论弗洛伊德对他的标题是大胆地选择,或是以委婉的说法稍加软化,他对待人类苦难的态度是极其严肃的。好比事先所预示,这个世界早已确定大灾难必将来临。就在弗洛伊德把《文明及其缺憾》的草稿付梓前的一个礼拜——10月29日,"黑色星期二"——纽约股市出现了大崩盘。这个事件的影响迅速蔓延至全世界,不久之后人们所称的经济大萧条马上就出现了。

弗洛伊德以对信仰的沉思作为《文明及其缺憾》一书的序曲,似乎有意强调对文化的精神分析承继自对宗教的精神分析。弗洛伊德提到,这个出发点,是法国小说家罗曼·罗兰——诺贝尔文学奖获得者及积极的和平主义者——向他建议的。弗洛伊德和罗兰从1923年以来就保持热切且互相景仰的通信,而当《一个幻觉的未来》在四年后出版时,弗洛伊德也寄赠了一册给罗兰。罗兰在回信中对弗洛伊德的宗教评价大致还表示同意,不过他疑惑弗洛伊德是否真的发现了宗教情感的真正来源,这个情感对罗兰来说是一种广泛且持续的"特殊情感"。许多人也证实了这种情感的存在,不计其数的人都拥有此一共同情感。这是一种"永恒"的感觉,一种无边无尽的感觉,有如"大海一般"。这种情感虽然完全主观,也无法保证永生,但它毕竟是"宗教的能量来源",且被教会所捕捉并操作[67]。弗洛伊德无法在自己身上看出这种情感,就依照自己惯用的方式加以分析。在弗洛伊德看来,这种情感可能源于一个人在婴儿阶段无法在心理上脱离母亲所残留下来的自我感觉,这种宗教情感,他认为其实很值得怀疑。

听起来,这像是《一个幻觉的未来》的再现。但弗洛伊德马上关联到了文化精神分析。他强调,人类是不快乐的:我们的身体会生病且会腐坏,外在自然界的毁灭力量时时威胁着我们,我们和他人的关系也常常是悲剧的来源。但我们总是尽一切所能去逃离不幸。在快乐原则的支配之下,我们寻求"许多娱乐消遣,借此减轻悲剧感,追求满足感,同时更沉醉于物质之中,麻痹对悲剧的感觉"[68]。宗教只是这些抚慰措施中的一种,比起其他方式并未更加有效,有时候反而更糟。

弗洛伊德更进一步指出,这些抚慰措施中最成功的(或者应该说,最不会失败的),是工作,尤其是个体自由选择的专业活动。"没有其他生存活动里的技术,比这个更贴近现实中的每个人。"至少,"这能把个体安全地绑在人类社群的真实中"。作为一个工作狂,弗洛伊德可以说是有感而发。但他又回到《一个幻觉的未来》的观点上,他指出,不幸的是人类并未把工作当作通向快乐的一条道路,多半是在强迫下才工作。但不论他们试图以工作、爱情、酗酒、对美的享受,或者宗教的慰藉来逃离自己的命运,最终都会失败。"生命是强加在我们身上的,对我们来说太过艰难,它为我们带来太多痛苦、失望,以及无法解决的问题。"[69]唯恐自己说得还不够清楚,弗洛伊德大胆反复重申他的观点。好像在上帝的计划中,并不包含"人类应该快乐"[70]。

可悲的人类追求快乐,并注定失败,这产生了令人惊讶的后果:对文明的厌恶。弗洛伊德认为他可以解释这个现象,而基督教贬低尘世生活的价值,可以说是其中最明显的症状。历来旅行者在碰到原始文化时,总错把这些看起来外来、不文明的部族生活,视为单纯和幸福的范本,这从侧面反映出基督教对尘世生活的贬抑,也可以看作对西方文明的指责。最近,自然科学与科技的发展一样出现了令人失望的结果,这不是弗洛伊德想要说明的。认识到现代发明并无法保证快乐,只能得出一个结论:"控制自然并非人类快乐的唯一前提,如同这不是文化活动的唯一目标。"但是文化的悲观主义者,总是贬低所有的科学和技术发展。他们认为铁路的发明只会让我们的小孩离家更远,而电话的唯一用途是当他们不在身边的时候,能够听到他们的声音。由于采取避孕措施,儿童总数和上个世纪一样少,且人们变得神经质。无疑,"我们对今天的文明并不感到舒服"[101]。

然而,这样的不适不应掩盖长久以来的历史事实,即文明已经在克服自然的力量上获得了很大的进步。人类已经习得使用火和工具,利用水的力量并且耕种土地;发明强有力的机器来举重和运输,使用眼镜矫正视觉,以书写、摄影和录音来增进记忆;花费许多时间和力气去发明许多炫目但无用的东西;努力试图维持秩序、整洁,以及美观,同时大幅度提升了精神的高级功能。显然过去认为只有神才具有的全能能力,如今人类也有了。弗洛伊德以极为深刻又惊人的比喻说:人,现在已经变成了"装上义肢的神"[102]。[弗洛伊德只是加重了此种隐喻的痛切之处,伴随着他的虚饰,当一个男人"戴上他所有的辅助器官时,是非常了不起的,但这些器官并不会成为他的一部分,还会偶尔为他带来大麻烦"。(*Das Unbehagen in der Kultur*, GW XIV, 415/*Civilization and Its Discontents*, SE XXI, 92)]

义肢不是每次都能起作用,当它们无法发挥作用时会令人慌乱。但这些失败在由人际关系所产生的不幸面前,又显得不那么重要了, homo homini lupus[103]（每个人对其他人而言都是一匹狼）。因此人类必须由制度来驯化。在这个想法上,弗洛伊德和托马斯·霍布斯(Thomas Hobbs)意志坚定的政治思想声气相通。霍布斯在三个世纪之前就表示,如果缺乏有力的约束,人类将会陷入无止境的内战中,且生命会是孤独、贫困、恶意、残酷,以及短暂的。人类只有在建立社会契约并赋予国家最高独断权力的情况下,才会驱策自己进行文明的互动关系。写作《文明及其缺憾》的弗洛伊德延续了霍布斯的传统:当社群得到权力,而人们放弃把暴力抓在自己的手中,步入文明的重大时刻就来临了。弗洛伊德评论说,当人们开始对他的敌人投以绰号,而非长矛的时候,文明的时刻就来临了。虽然这样的步骤是不可少的,但同时也会让每个社会都出现不满的敏感阶段:这牵涉到对个人强烈欲望的最激烈的干预,以及对本能需要的压抑,这些现象会在无意识里不断恶化,不断寻求爆发的机会。

弗洛伊德对政治理论最为突出的贡献,就是提出文化压抑激情的观点。这个观点使《文明及其缺憾》充满力量及原创性,同时这也是个简洁有力的政治精神分析理论。弗洛伊德既不是宗教史家或考古学家,也绝不是政治理论家,但是他以精神分析思想，展现了人类本性的各式形态。然而回溯到柏拉图与亚里士多德等最伟大的政治学理论家，他们也都是以同样的角度出发的，只不过弗洛伊德以自己讨论人类本性的理论来界定社会和政治活动。

回顾起来，他宣称这样的分析作为他的目标已经十多年了。他在后来的自传评论里说："早在1912年，当精神分析的工作到达某个高点时，我就在《图腾与禁忌》里尝试对宗教和道德的源头做探索分析。"随之而来的《一个幻觉的未来》和《文明及其缺憾》也在这个脉络里。"我更为清楚地认识到人类的历史事件、人类的互动、文化发展，以及关于原初经验(primeval experiences)的参与(宗教可以是最佳代表)等，都只是自我、本我与超我之间动态冲突的反映。精神分析在个体之中研究这些冲突，同样的事件在更大的舞台上重现。"[108]他思想的一致性在此阐明得再清楚不过了。既然《文明及其缺憾》是弗洛伊德更大的思想架构中的一部分，那么唯有以精神分析的思考风格表达出来时，这本书的冲击力才可能那么强烈。这本著作描绘了文化中的——任何文化中的弗洛伊德式人类(man in culture)。他们受自己的无意识需要困扰，还带着无药可救的矛盾情感，原始而充满激情的爱与恨，被外在的限制和隐秘的罪恶感挟制。社会规范对弗洛伊德来说代表许多意义，不过首先它们是谋杀、奸淫以及乱伦的防护坝。

弗洛伊德的文明理论把在社会中的生命，看作强加妥协下的结果，因此基本上是无法解决的困境。用来保障人类生存的社会规范，同时也会使人类产生不满。了解了这个情况，弗洛伊德就准备好了生存在不完美之中，同时对人类的美好未来持最谨慎的期待。在第一次世界大战结束德意志帝国垮台之后，他看到新德国拒绝布尔什维克主义。[109]在政治议题方面，他是个谨慎的反乌托邦主义者。但如果只把弗洛伊德当作保守分子，又忽视了他思想中的张力以及他隐藏的激进主义。他不像那么热衷传统的伯克主义者[18世纪英国政治家埃德蒙·伯克(Edmund Burke)，主张殖民地的自由主义，对传统以及立宪运动大力支持。——译者注]。从弗洛伊德的思想中，我们可以理解，胆怯的传统主义者需要被分析的程度，并不亚于鲁莽的理想主义者。弗洛伊德的想法可以说延续了约翰·洛克(John Locke)的态度：旧的东西并不一定都是对的。他甚至认为"改变人类和财产之间的关系"，而这样的改变甚至可能比伦理或宗教更能解除现代人的不满[110]。

第十一章 人性使然

　　这个想法并没有让弗洛伊德寻求社会主义的帮助,我们不止一次观察到,他把自己视为激进的社会批评家,但仅止于在性的领域。挥舞着革命大旗侵入这个领域是一种更具破坏性的行动:不论在理想上或是实际意义上,性的议题都比政治更为基本。如同弗洛伊德所观察的,作为性的改革者,就是作为布尔乔亚社会的批评家,然而更甚者,弗洛伊德最后数年所进行的批判工作,是针对把人类的在世活动绑死的禁欲独裁体制(ascetic dictatorship)。事实上,弗洛伊德对力比多的关注为他的社会理论带来未曾预期的效益。性欲苦难中刻板又广泛的症状,驱动弗洛伊德从一个研究神经症的医生,转而关注宗教和文明的议题:文化对他来说,如我们所知,基本上乃是个人冲突的大幅度反射。因此弗洛伊德觉得人类文明的困境很清楚——人无法在文明之外生活,但他们在文明之中又没办法得到快乐。在文明中,在受压抑的激情和文化的限制下,永恒的和平永远无法达到。这就是弗洛伊德所说的,快乐不在创世计划中的意思。充其量,明智的人类只能在欲望与控制之间签订一份协议书。

　　这个困境存在于文明生活的所有范围,即使在爱之中也是如此。弗洛伊德把事情说得很夸张:"需要"(Ananka),不是文明的唯一母亲,还有"爱欲"(Eros)。爱欲——这个驱使人类去寻找在他们自身以外性欲对象的本能力量,有时以隐藏其目的的形式出现,即有益的友谊——有助于形成可以行使权力和情感的基本单位:家庭。但是爱,文明的母亲,同时也是家庭的敌人。"在发展的过程中,爱和文化的关系变得模糊暧昧。一方面,爱抗拒文明的利益;另一方面,文化以严格的约束来威胁爱。"爱是排他的,夫妻或者是亲密的家人,总是把外人当作不受欢迎的入侵者。女人,当渐渐成为爱的守护者时,会特别对垄断她们的男人以及小孩关注点的文明产生敌意。文明本身会用严格的禁忌调节情欲冲动,并定义合法的爱情活动。

　　弗洛伊德认为,综观历史,人类总是不断尝试去躲避这个无法纠正的对立,并大都借由"否认"这个动作达到目的。这个企图的绝佳例子,就是基督教骄傲地宣称的教义:爱你的邻人,一如爱你自己。这个说法在弗洛伊德眼中看来很不切实际,也过于强求。爱众人的意思,是对每个人都不特别喜爱。进一步来说,一个人的邻人实际上不值得特别去爱:"我必须坦白承认,他可能会得到我更多的敌意,甚至怨恨。"基督教要求博爱看来是如此急迫与势不可挡,完全是为了作为人类攻击性及残酷的自我防御。人类完全不是温柔、有爱、可爱的生物,

"反而其强大之本能天赋具有攻击倾向"⑱。任何一个对人性有研究的人,弗洛伊德断然地说,都无法否认这个事实。他把匈奴人、蒙古兵的残暴,十字军战士的伪善,以及第一次世界大战的可怕都当作证据。

弗洛伊德肯定人类天性中的攻击本性,说明了他对俄国共产主义的批评,在他那个时代,甚至在斯大林的大清洗之后,许多知识分子还认同苏维埃的实验。在弗洛伊德看来,资本主义社会的财产制度不管怎样地令他不满,共产主义废除私有财产的做法,无疑源自对人类本性理想化的误解⑲。至于苏维埃共产党政权所从事的经济实验其后果会如何,他不想置评,但"我可以看出来,这在心理学的前提下是个站不住脚的幻觉"。毕竟,既然人类的攻击本性"并非由财产所造就出来的",那么,废除私有财产就未必能消除人的攻击性。事实上,攻击性是愉悦的来源,如同其他愉悦经验,人类在经历过之后就很难放弃。"他们如果不攻击就会觉得不舒服。"⑩攻击性是爱的补充物:如果有外来者可以恨的话,力比多会在感情上把团体的成员结合得更为紧密,并且会加强他们彼此的合作。

弗洛伊德把这个合宜的怨恨称为"小差异自恋"(the narcissim of small differences)⑪。他观察到,人们似乎很喜欢怨恨、迫害,或者至少嘲笑他们身旁的邻居:西班牙人与葡萄牙人,北德人与南德人,等等。弗洛伊德尖酸地说,散落世界各地,带着他们特殊命运的犹太人,是这个自恋活动中最受青睐的对象。犹太人长久的流亡经验赢得了邻人的感激,他们数个世纪以来也成为基督教徒发泄攻击欲望的对象。"不幸的是,所有在中世纪对犹太人的屠杀,仍然无法使他们的基督教盟友在这段时间感到和平与安稳。"容纳攻击力的一种有效却并不完美的手段,就是把攻击力集中在某些受害者身上。这就是在苏联发生的事情。"一个人必须询问自己,"弗洛伊德冷淡地质问,"当苏维埃政府把资产阶级根除之后,他们接下来会做什么?"⑫

这个分析,弗洛伊德认为,应该让人容易理解为何人类很难在文明中得到快乐:文明活动"不只在性活动方面,还包括在人类的攻击倾向"上,要求极大的牺牲。他随后简短地回顾复杂而又曲折的精神分析驱力理论的历史,并且再次承认他长期以来迟于认定这个基本攻击力量的独立存在。在这里,顺着弗洛伊德对这个议题的讨论,可以明显看出《文明及其缺憾》如何坚实地建立在本能的二元论,以及弗洛伊德数年前发展出来的结构系统上。两个伟大的对立体,爱与恨,为了要控制人的社会生活而互相角力,如同控制无意识作用时一样,也运用了极为类似的策略。可见的攻击性是不可见的死亡驱力的外显结果。"而现在,我认为,文化发展的意义已经不再模糊。这种意义向我们显现爱欲与死亡之间的战斗,如同生之驱力和死之驱力在人类活动中的表现。这个战斗就是生命的基本内容,因此文化的演化可以简单地描述为人类种族的生存挣扎,同时也是两个巨人间的争执,让我们的保姆试着用上帝来哄小孩睡觉!"⑬无神论的弗洛伊德,总是不放弃每一个可以让他表达这种思想的机会。

不过弗洛伊德最主要的关切点是文化如何约束攻击性,一个最值得注意的方法,是通过内化(internalization),把攻击情绪导回心灵之中,回到它们起源之处。这个行动,或者一连串的行动,是弗洛伊德称为"文化超我"(Kultur-Über Ich)⑭的基础。起初,孩童害怕权威,并且只会在他们估算到会被父亲施以什么样的处罚的情况下,才会乖乖表现。一旦他们把大人的行为标准内化之后,外在的威胁变得不再需要,儿童自身的超我会让他们的行为保持规矩。爱与恨之间的挣扎,是超我的基础,如同它们在文明中的作用,个体的心理发展常常复制社会的历史。整个文化可能背负着罪恶感,古时候的以色列人,就常常以先知来谴责他们自己的罪恶行为,并且从他们集体违背上帝的感觉,发展出特别严格的宗教与戒律。

这是非常矛盾的状况:被温和对待的小孩往往成就严酷的超我,一个人可以从想象的攻击就得到罪恶感,并且不亚于实际表现出来的攻击后果。不论这些攻击的起源是什么,罪恶感,尤其是无意识的变化,即是一种焦虑的类型。更甚者,弗洛伊德再一次为他所说过的一个论调辩护,这个论调认为并非所有的经验都来自外面的世界。内在的禀赋,包括种系的遗传,都在俄狄浦斯情结作乱过程中占有特殊地位。这个过程在于建立内在的警察制度,借以规范这个个体以及他的文化会表现出来的样子。因此,他在文化的分析里引入焦虑,如同在个体中引入超我。他说明,攻击的作用如同爱的作用,再一次反映心灵在成长的过程中,内在天性以及环境对心灵共同的作用。弗洛伊德在《文明及其缺憾》中,把他思想系统中的主要轴线交织在一起,这本书因此可看成是一部集其一生思想大成的著作。

同样,弗洛伊德在书中的思想结论,既动人又强烈地让人回想起他以前的内在挣扎。这些结论表现出他急于推测,同时却又小心翼翼,不想超越限度。他认为,文化超我的观念,可以让我们看出文化中的神经症倾向,并且如同对待病人一样给予治疗的建议。但他也警告,趋近这个目的时应该谨慎小心,个人和他的文化之间的相似性可能很接近,也很值得研究,但这也仅止于相似而已,这让弗洛伊德把自己定位为社会的学生,而非改革家。弗洛伊德非常清楚地表明,他并不希望自己成为社会的医师,为它的疾病开立药方。"我的勇气下沉了,"他写下被许多人引用的话,"因为我必须像一位先知那样站在我的人类同胞面前,在他们的责难面前鞠躬,只因为我不知道如何带给他们慰藉——这正是他们所要求的。最狂野的革命者对人类的热情,并不会少于最顺从的虔敬信仰者。"最后,他对关键问题保留开放的态度:文明可以包容人类攻击和毁灭的驱力吗?在有机会赞扬现代科技之后,弗洛伊德此时警告科技正在把人类生存推向危险。"人类现在已经得到对自然极大的控制力量,可以轻易地把彼此毁灭到剩下一人。他们知道这点正是形成现在大部分动荡、不幸,以及心情上焦虑的原因。"⑮

虽然企图如此,并且致力对现代文化中人类的不安加以分析,《文明及其缺憾》也同样反映了弗洛伊德自己的心情。在完成这本书后不久,他必须回到柏林去处理自己的假颚,他的心脏也出现了一些问题,他受心悸所苦,虽然这些苦痛都被医师认为还没有什么危害,却使他感到不安。在自己的记事簿里,他于1929年11月与12月写道:"神经痛"、"心、肠痛"、"整天的心痛"⑯。他在11月初顺手写道:"反犹太暴动。"之前的数天,10月31日,以没什么特别情绪的口气记载着:"和诺贝尔奖擦肩而过。"⑰但是,不论他的生活多么不愉快,不论他在《文明及其缺憾》书中的信息多么阴郁,弗洛伊德可以因为这本书惊人的受欢迎程度而感欣慰,在一年之内,第一版的1.2万册——在弗洛伊德著作里不算小数目——全告售罄⑱。

这本书的一个附带产物是精神分析家之间出乎预料的争论之复苏,讨论的是弗洛伊德关于死亡驱力的观念。琼斯在弗洛伊德送给他亲笔题字的书之前,已经事先读过来自琼·里维埃的翻译本。他对弗洛伊德的文明观以及"罪恶的理论"赞誉有加。他同意弗洛伊德关于敌意是生命中的主要现实的观点:"我和你的观点唯一的不同,仍然是我对'死亡欲望'(Todestrieb)的不确定感。"死亡驱力对琼斯来说,有如从现实中的攻击跳跃到没有证据支持的普遍结论⑲。弗洛伊德的回应是断言而非说理:"我无法除去这个基本的(死亡)驱力假设,不论是在心理学上或生物学上,并且认为不放弃希望仍可以找到出路。"[120]当普菲斯特抗议说,他宁可看到"'死亡驱力'在'生的驱力'旁沉寂下来"时[121],弗洛伊德不厌其烦地把他的看法重新陈述了一次。他强调并非把自己心情上的阴郁转译成精神分析理论:如果他怀疑人性不可能提升到最完美地步,如果他发现生命是"爱欲与死亡驱力之间不断的斗争",且这个斗争的结果对他来说仍然不可预期,"那么我相信我并没有把自己的气质或者后天倾向当成是表达的内容"。他强调,自己并非是一个"喜欢自虐的人",也因此,不是一个"怀有恶意的人"——弗洛伊德使用的是奥地利的口语"Bosnickel",他当然会希望可以在他面前看到对自己或对他人有好处的事物,或者是人类辉煌的未来。"不过,"他观察,"这看起来又是一个幻觉(愿望满足)与真实冲突的例子。"真正关键之处"在于我们之外的神秘现实"是那么令人觉得不舒服,也那么无用。"死亡驱力",并不是他"心中的欲望,这在我看来只是生物学和心理学上无可否认的假设而已"。因此"我的悲观只是一个结果,我对手的乐观则是个前提"。可能的解释是,他已经和他阴郁的理论形成一种"权宜的婚姻",其他人则是"和他们的理论生活在正规的婚姻之中"。他祝福这些人:"我希望他们的正规婚姻可以比我快乐。"[122]

不过,弗洛伊德终究以不甚安稳的乐观来结束《文明及其缺憾》,虽然对生之驱力与死亡驱力作为双重奏的喝彩,对他来说更像是个义务而不只是信念。"现在我们可以期待这对'至高力量'(heavenly powers)中的另一个——永恒的爱欲,在争斗中胜过和它相当的不朽敌人。"这是他在 1929 年夏天为此书所写的最后几个字。这本书销路很好,1931 年印行第二版时,弗洛伊德借机补上了一个具有不祥预兆的问题。受到越来越黑暗的经济和政治情势的刺激——希特勒的纳粹党刚刚在 1930 年 9 月的国会选举中取得全面胜利,把该党的席位从 12 席推向 107 席,他诘问道:"有谁可以预见前景与结果?"[123]弗洛伊德并未预期即将出现的事物,但他有一些预感。"我们正朝着更糟糕的时代迈进,"他在当年稍晚告诉阿诺德·茨威格,"我应该以老年人的漠不关心来忽略它,但我情不自禁地为七个孙子感到忧心。"[124]因为对家人的担忧以及对世界的焦虑,弗洛伊德把他最后的任务交付在写作中。

丑陋的美国人

那些年弗洛伊德的作品并非全都值得纪念。1930 年左右,他涉险以伍德罗·威尔逊总统为对象所著的《心理学研究》——和一位美国记者兼外交人员威廉·蒲立德(William Bullitt)合著——是一部令人尴尬的作品。蒲立德在 20 世纪 20 年代曾经拜访过弗洛伊德,请弗洛伊德治疗他的自我毁灭行为[⑲],并且在其中一次会面时告诉弗洛伊德,他正在写一本关于《凡尔赛条约》的书。他打算把焦点放在几个主要的参与者上面,而威尔逊总统就是其中一个。

他似乎提对了名字,因为当他提到威尔逊的时候,他回忆说:"弗洛伊德的眼睛亮了起来。"蒲立德也在正确的时间找到了弗洛伊德:因为弗洛伊德当时非常沮丧,一直想死。可以说,"他的死对他自己或任何人来说都不重要了,因为他已经把想写的东西都写出来了,他的心思掏空了"[⑳]。的确,弗洛伊德对自己近年来的工作表现下过严厉的批评,也难怪蒲立德会产生这样的印象。弗洛伊德总是需要病人来刺激他,但他现在看诊的机会并不多。他的诊疗活动在第一次世界大战期间大幅衰减的时候,他就曾觉得悲惨空虚。诚然,伍德罗·威尔逊并不是个很理想的病人:他并没有躺在分析躺椅上,更甚者,弗洛伊德曾经严肃地表示他所创造的精神分析,不应该成为攻击人的武器。但在这个年老的时刻,在不确定的健康以及愁苦的心情之下,弗洛伊德准备给伍德罗·威尔逊开个先例。

凡尔赛会议上粗糙的协议结果,让弗洛伊德对威尔逊有限又短暂的期待,转成愤怒的不满,弗洛伊德没有想到这位美国的弥赛亚会让他失望。1919 年夏末,琼斯在战争分离数年之后再次见到弗洛伊德时,他对威尔逊的意见已经变得相当刻薄。琼斯理性地指出,没有任何一个人可以在这么具有破坏性的战争之后,主导复杂的国际力量,威尔逊也没办法命令和平的到来。弗洛伊德反驳:"那么他之前就不应该做那些承诺。"[㉑]1912 年他公开表示他的愤怒并批判,"美国总统的 14 条",只是"想象出来的承诺",看起来过于夸大[㉒]。

但即使弗洛伊德开始"憎恶"威尔逊[㉓]——这是他说的,他仍然不愿放下精神分析的中立态度。1921 年 12 月,威廉·黑尔——一位曾经为威尔逊写过传记的美国政论家,送给弗洛伊德一本他的书《风格的故事》。这本书以极恶劣的手法解剖威尔逊的个性——显然两人已不再是朋友,充分展现了黑尔的独特风格:形容词和修辞学问题的不断堆积,活像个滔滔雄辩的火药库。弗洛伊德回应说,他愿意加以评论,只要大家能够小心谨慎地看待这件事情,"在我看来,我宁可持保留态度去设想威尔逊先生是个活生生的人物,而不是像格拉迪娃那种充满诗意的幻想型人物[德国作家延森笔下的人物,一位考古学家在博物馆里以自己的想象遇到的奇妙女子。——译者注]。"他再次把他的工具放下——"精神分析不应该被当作武器用在文学或政治的辩论上面,我意识到自己对这位总统深层的反感,实际上是我所持之保留意见的附加观点。"[131]

的确,当弗洛伊德见识到《风格的故事》中缺德的愉悦,他并未让这本书破坏他的标准。起初弗洛伊德告诉黑尔,他已经"因为你的出版商把你的书称为《精神分析的研究》而让我产生了偏见的反感"[131],显然事实并非如此[132]。不过他仍然发现其中有"真正的精神分析精神",弗洛伊德认为,这种"更高级更科学的'人物志'(Graphologie),开启了分析研究的一个新领域"。这本书可能不是黑尔所宣称的冷静的科学研究——弗洛伊德很快就发现"在你探索的背后有一股强烈的情绪",但这并没有什么可耻的,他向黑尔澄清。不过,弗洛伊德仍然忍不住要反对"这种做法。你对它做得有点像活体解剖,而精神分析不应该对一个活着的(历史)个体进行解剖"。弗洛伊德承认他对威尔逊并没有任何正面的感受:"如果要有一个人为这个世界的不幸负责的话,无疑就是他。"[133]即使如此,自我否定必须是一个负责任的精神分析家的命运,实际上就不应该对还活着的公众人物作远距离分析[134][弗洛伊德在这封信中有一个笔误,在信中提出也许他已经准备好放弃自己的禁制。他说,一个人不应针对仍活着的历史对象进行精神分析,"除非他对抗自己的自由意志提出此项要求"。当然,弗洛伊德的意思是说主体写下像"根据他本人的意愿"这一类的东西]。

然而八年之后,弗洛伊德还是决定从事这项"野蛮"精神分析工作。蒲立德证明了自己能够从精神分析的复杂性之中吸取知识而加以发扬光大。他来自古老又富裕的费城显赫家族,有魅力、易冲动而又好动,早在前往国外工作之前,他干过新闻工作,这期间他甚至为国际和平和经济复苏目的而草拟过一份备忘录。他交游广阔,认识一位父执辈的友人爱德华·豪斯(Edward M. House)上校,这个人曾是威尔逊最亲密的顾问,两人后来在凡尔赛会议时闹翻了。战后,蒲立德曾经当过威尔逊的幕僚,不只出席了凡尔赛的和平协商会议,也担任过国务卿罗伯特·兰辛（Robert Lansing）的秘书，接受过出使俄国的秘密任务。但是，因为威尔逊不听从他的建言，蒲立德被激怒了，与其他人一样，他也对凡尔赛的灾害感到惊骇，他辞职了。后来他在谈到外交人员的书籍里，承认自己犯过的罪恶，在觉醒后将之公之于世。1919年9月，他在参议院外交委员会里做证说，即使兰辛本人对这个和约也感到不满。蒲立德在这次鲁莽的行径后，在国际上已是声名狼藉，就逃到欧洲，写作、旅行，增加他和大人物碰面的机会。在1930年，当他接近弗洛伊德并邀他写一本关于威尔逊的研究著作时，根据蒲立德后来的说法，他当时对弗洛伊德说他曾经和威尔逊"维持了数年的友谊"。

这里的亲密是想象多于真实。但弗洛伊德却让自己参与了蒲立德的秘密计划，布氏只对数人吐露过这个计划内容，其中之一就是豪斯上校。在1930年7月时写给豪斯上校的信中，他评估了贝克（Ray Stannard Baker）所写的威尔逊传记，认为和他的有所不同：贝克既然写了这么多册，表明他"拥有事实，不过他却没有一点心理学概念，也不熟悉国际事务，因此他不知道哪个事实是重要的，他的解说看起来像部通俗剧"。这个不公平的类比不难理解：蒲立德曾经熟悉国际事务，而弗洛伊德是个伟大的心理学家。他计划和弗洛伊德进一步商讨，并且做一些必要的研究工作。"我的计划越来越确定，"他写信给豪斯上校时说，"在拜访弗洛伊德并且阅读过马克斯王储的文章之后，我可能会前往莫斯科。"马克斯·巴登，曾经在大战结束时做过德国总理，曾发起和协约国的和平商协，在他的档案中保存着许多珍贵资料，同时在莫斯科还有列宁的文件在向他招手，蒲立德非常执着于他这桩困难的工作，自然对这两个资料来源极感兴趣。

蒲立德的莫斯科之行实际上是个狂想的旅程，而他与弗洛伊德的咨商反倒不令人那么沮丧。豪斯上校则鼓励蒲立德继续："你将要写出一本不只会使你和你的朋友增光的书，还是一本对世界有所贡献的书。"蒲立德回复，他正转呈给"我在维也纳的朋友"一些资料，并且相信弗洛伊德的谨慎与智慧："他比任何人都对整体人性有着超然和科学的态度。"豪斯希望蒲立德能够用比较温和的语气来处理这个敏感的题材，蒲立德也答应这样做。9月初，弗洛伊德病了，不过预期可以"很快恢复工作"。该月中，蒲立德报告说："弗洛伊德幸运地康复，目前身体状况良好而且马上可以开始工作。"实际上此时还有另一个令人担心的牵绊，皮希勒将在10月为弗洛伊德动手术，同时，弗洛伊德还得跟肺炎搏斗。蒲立德在10月17日来电的时候，弗洛伊德的笔记本上记载着，他正在发烧。

第十一章　人性使然

一直到10月26日，蒲立德才发出一封"私人"信笺给豪斯，写道："明天，弗与我将要工作。"⑭

他加上注：他在阅读过马克斯王储的文章之后才到维也纳去，"因为弗的健康状况很不稳定"⑭。简单说，蒲立德感觉到弗洛伊德不一定能活着完成这一份两人都投注了许多感情的计划。不过三天之后，弗洛伊德的记录是："工作开始。"⑭蒲立德很愉快——但太愉快了。"工作进展得好极了"，11月他写信给豪斯上校时如此表示，虽然工作比"预期的时间要长"，但他希望能在12月之前完成⑭。弗洛伊德这边则带点神秘地告诉阿诺德·茨威格说，当他已经不想再出版任何作品的时候，"我正再次为别人的作品写导论，我还不想说这是什么，只能告诉你还是个案分析，不过却是当代的例子，绝对的政治内容"。他接着说："你猜不到这会是什么。"⑭

这本书进行得很慢，年轻时候的弗洛伊德比这速度快多了，不过蒲立德倒精力充沛。1931年8月，他向豪斯上校报告说，"在三次手术之后"，弗洛伊德现在"健康良好"，而"书的第一个草稿已经接近完成"，他正在美国的住所写作，计划11月回到维也纳，并在那里待上一段时间，再回来应该是"在5月，并且带有一份完成的手稿"——指的是1932年5月。"这是个庞大的工作，但也是个极为迷人的工作。"⑭1931年12月，他在维也纳定居下来，女儿也找到学校就读。

但蒲立德的心思已经不全放在谈威尔逊的书上面了，他发现经济大萧条的气息到处弥漫，而且沉闷——同时也令人振奋。眼看着奥地利"渐渐下滑到停滞与饥饿的深渊"，其他地方也好不到哪里去⑭，他逐渐失去耐性。国际经济危机带来政治灾难的风暴，让他目眩神迷，整个世界似乎在呼唤他的才华，不过他与弗洛伊德仍然默默而谨慎地继续他们的工作。蒲立德读到贝克关于威尔逊新出炉的传记，他觉得这本传记根本乏善可陈。豪斯上校继续激励他："你和弗洛伊德教授的进展如何了呢？我急着想看到它。"⑭1932年4月，豪斯终于得到答案："这本书完成了。"但是蒲立德所谓的"完成"并不指可以出版。每个注释都还要再重新确认一次。此外，部分手稿"需要再修订"，实际上还需要再花六个月的时间去编辑，现在他却没有时间做这件事。"至少现在已经有了一份完整的手稿，而且我又开始思考政治问题了。"⑭11月底，弗洛伊德宣布他正在期待他的"合作者"能告诉他："威尔逊的书何时可以公开发表。"⑭书是完成了，但最后，《托马斯·伍德罗·威尔逊》(*Thomas Woodrow Wilson*)这本书一直到1967年才出版，就在蒲立德去世的那一年。

这本书呈现出一些有趣的谜题。它的延搁并不神秘，蒲立德一直等到伍德罗·威尔逊的遗孀在1961年死后，以及他自己的政治生涯告一段落之后才出版［"你提到的那本书，"蒲立德在1955年写信给琼斯时说，"还未曾出版。我个人认为，在威尔逊太太去世之前，本书都不应该发表。她现在还活在世上！"（Bullitt to Jones, June 18, 1955. Jones Paper, Archives of the British Psycho-Analytic Society, London）］。毋庸置疑，威尔逊值得获得精神分析的研究：如同所有的人，他是一个矛盾的聚合，只是他的矛盾更为严重。威尔逊既聪明又迟钝，既果决又自我否定，情感丰沛又冷酷，好战又胆怯，有时是狡猾的政客，另一时刻又是不妥协的狂热分子。在1902年到1910年之间担任普林斯顿大学校长时，他为大学教育与生活引进不少改革，但是他在小处的固执，对同事以及董事会成员的跋扈，使得老朋友都疏远了他，他大部分的计划都因此被推翻。在他当新泽西州长时，已经呈现弗洛伊德和蒲立德所认定的无意识殉道行为。威尔逊这个有高度原则的人，却展现出是个顺从的机会主义者，为了得到立法上的胜利，不惜无情地与带他进入州政府的政客决裂。成为美国总统之后，他再次重演另一次不全出自他自己意愿的错误，并且损害了他在普林斯顿的终身教职。他推动了令人印象深刻的内政革新，但在美国于1917年加入战争后，他的挫败与灾难便开始出现，新的角色于焉形塑。同时他在折磨人的和平协商过程中的表现，既反复无常又无建设性。他在国内大费唇舌要多疑的国家和充满敌意的参议院接受他所签订的和约，但一样徒劳无功。在欧洲，他作出和他热烈宣示的宗教理想相违背的让步，但后来在美国，他却又拒绝通过一些微不足道的修正案来挽救这个和约，即便不失体面。

威尔逊对自己这种从无意识冲突而来的，矛盾特质之特殊组合方式非常清楚，他自己也无法化解，更不用说去解决。弗洛伊德与蒲立德对于这个人的着迷是非常可以理解的，他把两个大陆的近代历史交织起来，把他的神经症行为在世界舞台上表现出来。他们对威尔逊行为的理解并不缺乏自信，认为他们可以"追踪他心理发展之主要过程"。不过他们并未宣称可以对这些人格特质的资料做出全面解读："我们没有办法对他的性格做全面的分析，对于他的生活及其本性的许多部分我们一无所知。相较起来，我们所知的部分似乎更不重要。"因此,他们不打算把这本书称为对威尔逊的精神分析,而比较谨慎地称它为:"依据现有的资料所做的分析,别无其他。"[132]

如果批评这本书不够完整,这样的批评并未抓到要点,但是如果说这本书充满恶意批评和机械式的心理学倾向,却很中肯。通篇看来,语气非常轻蔑,似乎威尔逊的神经症症状是个道德缺点。整本书倾向于从情绪化的角度过于单向地来看这个人,而作者似乎也未注意到以偏概全的问题。怀特海(Alfred North Whitehead)对科学家的著名警语"寻找简洁但不妄信之"(Seek simplicity and distrust it),应该也是弗洛伊德的座右铭,却没有在这里体现出来。《托马斯·伍德罗·威尔逊》一书着重在威尔逊压抑对他父亲——约瑟夫·威尔逊(Joseph Ruggles Wilson)牧师——的愤怒上。"对父亲的敌意"——这本书把它当成一般原则——"对任何企图宣称自己男子气概的男孩来说,都是无法避免的。"[133]当这两位作者不否认威尔逊的男性气概之同时,他们发现,威氏的问题来自他对父亲的终生崇拜。"他的成长从未超越他对父亲的认同。"[134]很可能"许多小男孩会爱慕他们的父亲,但是",他们立刻加上,"并不如汤米·威尔逊这般强烈和完全"。[135]简单说,约瑟夫·威尔逊牧师可以说是威尔逊的上帝。借由对父亲的认同,威尔逊沉浸在认定他一生的使命是神圣使命的信念之中。"在某种程度上他必须相信,他在战争中的表现会使他成为整个世界的救世主。"[136]

但这样的认同是复杂的,威尔逊同时必须是上帝与基督。作为前者他大力宣扬律令,作为后者他又认定自己有被人背叛之虞。威尔逊有个年幼柔顺又非常崇拜他的弟弟,但因为这个弟弟的出现,两个人得在父母面前争宠。成年生活里,威尔逊重复了亲人之间的戏码,永远在寻找他可以慷慨施予感情的年幼伙伴,直到被背叛为止。他的心灵模式照这样来看,既简单又单纯。威尔逊是个永远渴望爱又害怕背叛的小男孩,在他任何一个职位上都重复着这个模式,并且巧妙地——有时也不那么巧妙地——祈求毁灭。更糟糕的是,他那永远没办法对父亲发泄的脾气,恶化累积,直到变成巨大无比的愤恨。一般观察者认为威尔逊的伪善,实际上是他自我欺骗的夸大表现,他的假装圣洁是其潜藏的永不耗竭之怨恨的来源。至终他都只是个大男孩。"他喜爱又可怜自己,他崇拜在天国已死去的父亲。他对许多人同样以在想象中对待父亲的方式发泄怨恨。"[137]这就是本书大致的内容。

剩下的问题是，弗洛伊德为何要涉入这幅应用分析的讽刺漫画中。这本书最后终于出现时，敏感的评论家依据写作风格，认为只有一开始有弗洛伊德签名的简短导论处，是唯一可以被相信出自弗洛伊德之手的。这个导论简洁、机智、信息丰富，其余则是重复、沉重且有过多的嘲讽。蒲立德曾经告诉过豪斯上校，他写这本书时下笔的原则是保守含蓄，如今这些理想已经被扫到一旁去了。而弗洛伊德所写的部分，乃是由许多短句所堆积起来的，就没这个毛病。再者，书中屡屡以贬抑的口气称威尔逊为"汤米"也不像弗洛伊德的风格。全书充斥着讽刺口吻，这类情形只会在弗洛伊德的私人通信中出现。弗洛伊德的观点被大量地简化，粗俗而带有挑衅意味的陈述贯穿全书⑱。但是根据蒲立德的说法，这本书的确是一本合作研究：每位作者都草拟了不同章节，和另一人仔细地讨论过其中的文字，并在每个章节的手稿页缘签上自己的名字。当然弗洛伊德应该为整本书的智性架构负责，但更夸张的是，他称呼蒲立德为"我的病人（以及合作者）"⑲，并且承认了自己不仅是这本书的顾问。1934年，被问到"关于威尔逊总统个人及其行为的意义"时，弗洛伊德在信中告诉一位美国友人，他写了"一些对威尔逊不表任何好感的评论"，但因为"个人特殊的复杂问题"，没办法出版⑳。

这些征兆显示，当蒲立德在伦敦把手稿拿给他看的时候，将近生命尽头的弗洛伊德有所犹豫，但在厌倦、年事已长、担心精神分析事业的未来、妹妹的生活境况，以及挥之不去的癌症阴影等因素影响之下，他同意了这本书的定稿。[我同意安娜·弗洛伊德的意见："我父亲为何在长期拒绝之后终于同意（完全可理解的）？我相信这发生在他抵达伦敦之后，且当时有许多东西比蒲立德的书重要得多。"（Anna Freud to Schur, September 71, 1966. Max Schur papers, LC）] 很有可能蒲立德选择在弗洛伊德死后修改了这份手稿，加入那些书评家感到不合适且机械式的精神分析运用。但弗洛伊德终究参与了蒲立德对威尔逊的恶意挞伐，如我们之前所说，弗洛伊德对先知与宗教狂热者有种强烈的反感，而他觉得威尔逊就是这个施加于人性上的通俗标本。他所见的威尔逊正如美国历史学家霍夫施塔特（Richard Hofstadter）所巧妙称呼的"一颗纯洁心灵的无情"（the ruthlessness of the Pure in heart）㉑。更糟糕的是，威尔逊那徒劳的企图，即让欧洲政治版图顺从他过高的理想，并且净化欧洲政治，证明了他的无情只是空洞的装腔作势，是最可憎的结合方式。在导论里，弗洛伊德引用了一个关于威尔逊的故事：

作为总统候选人，他告诉某个政治人物说他的胜利已经被神圣地注定了。威尔逊举例说，敌营里的德国皇帝也被宣称是"城邦所选择的宠儿"（A chosen darling of providence）。弗洛伊德冷冷地评论说："没有人因此而得到好处，对上帝的尊敬也没有因此而增加。"[162]

但弗洛伊德在《托马斯·伍德罗·威尔逊》这本书中所扮演的角色，不能全由激怒的情绪组合来解释，他选择和蒲立德合作的一个原因，可能是期盼借此给经济状况不佳的精神分析出版社一点协助。20世纪20年代末，费拉格出版社又将破产。弗洛伊德和这个出版社情谊甚笃，曾好几次出面挽救。他自己有好几次慷慨的捐献，也向适时出现的有钱仰慕者乐捐，把许多自己的作品，提供给它出版，这是最能吸引读者的保证。1926年，他给了"费拉格"2.4万元的帝国马克，那是弗洛伊德的同事为了他70岁生日所募来款项的五分之四[163]。次年，他又从一个匿名的美国捐款者那里转了5000美元给出版社。之后在1929年，玛丽·波拿巴以及其他捐献者再一次把出版社从破产边缘挽救回来[164]。弗洛伊德把这个出版社比作他的小孩，不希望看到它比自己早夭[165]。弗洛伊德知道，它的命运紧紧牵连在德国的政治命运上：他所谓的"希特勒帮"的胜利将会为它带来毁灭[166]。除此之外，它也渴望财政支援。因此，赚钱的任务给弗洛伊德写作威尔逊的计划带来热烈的刺激。1930年，对他来说一本关于伍德罗·威尔逊的书将会支持"费拉格"的营运，甚至拯救它。

弗洛伊德对于蒲立德的信心并非没有根据。弗洛伊德1931年底告诉艾廷冈，"蒲立德再次来到这里继续他关于精神分析和威尔逊的研究。事实上，我希望这本书以及王妃所写有关爱伦·坡研究的译本"——指的是玛丽·波拿巴关于爱伦·坡研究的德文版——"可以帮助'费拉格'渡过财务最困难的时刻。"[167]〔费拉格出版社的事变成了弗洛伊德身上持续的重担。1931年秋天，马丁·弗洛伊德接掌经理职位，在窘迫且日渐恶化的经济状况下尽力表现。来自慷慨的赞助者如玛丽·波拿巴那里源源不绝的经费多少弥补了一些亏空。1932年，弗洛伊德采取另一个方式：他写了一个"讲义"系列，交由费拉格出版，虽然这些书籍从未运送至任何地方，但它们的确为他在第一次世界大战期间所讲的精神分析引论形成补充。《精神分析新论》将《精神分析导论》的内容加以更新，涵盖了他在女性性欲方面的论文，并以一个章节对精神分析的世界观做结论。在这最后的"讲授"中，弗洛伊德以较以往更决然且更犀利的态度重申，他的确认为精神分析的世界观无法用公式来框架,亦无此必要。这,很单纯的,就是科学的一部分]最后,在次年年初,蒲立德预付 2500 英镑,约 1 万美元,作为美国方面的版税。这笔蒲立德预付给他的钱,比他以前和另一位令人失望的美国理想主义者打交道所得到的报酬还要多得多,这也可以说是弗洛伊德从威尔逊计划里得到的唯一利润。之后就是一段沉寂,当蒲立德转移注意力回到美国的民主党政治活动上时,弗洛伊德则为离自己国家不远的,比威尔逊恶毒数倍的煽动家而担忧。

无疑,威尔逊作为一个美国人,让弗洛伊德得以发泄他的怒火。当威尔逊骄傲地对现世事物表示轻蔑,似乎是与以罗伯特·麦考密克上校以及塞缪尔·高德温为代表的这些天真的金钱崇拜者不同的另一种美国人。精神分析教义的老生常谈,是相信最戏剧性的异质性会从同一根源发生,如同广为散布的枝丫一般。不论美国人戴的是什么样的面具——圣人或守财奴,弗洛伊德已经准备好把他们当作人类动物园里最不受欢迎的标本来研究。

弗洛伊德早在多年前踏上美国之前,就已经开始发出他反美情绪的声音:在 1902 年,他带着冷嘲热讽的心态,把由"权威控制"的旧世界和"金钱控制"的新世界相比较。虽然美国曾给予弗洛伊德第一个官方的荣耀,但他从未停止漫骂美国人。当然,他喜欢回忆 1909 年在美国克拉克大学得到的荣誉学位,并把它当作重要事件来提醒欧洲人。甚至,在他事业的开端,曾考虑移民美国。"距今天的 33 年前,"1919 年 4 月 20 日他对费伦齐追忆起 1886 年春天他开始的行医生涯及新婚生活,"我以一个新人医师的身份站在不可知的未来之前,想到如果前三个月的薪资收入不能支持的话,就到美国去。"他不知道这样是否会比较好,如果"命运没有在那时展现和蔼笑容的话"。但是这种希望在新大陆求得事业发展的渴望只是偶尔出现。他常说,这个国家及其居民是伪善的、粗野的、浅薄的,只迷恋金钱游戏,并且潜在地反犹太人。

弗洛伊德的反美主义,在他的追随者远行到美国的时候表现得特别恶毒。不论荣格,或者之后的兰克与费伦齐,为了演说或分析咨询而前往美国时,他都会把这些邀请看成对他志业的破坏。他似乎把美国看作诱惑的对手一般,富有、迷人、强大,从原始的角度来看比欧洲优越,浑身散发着强烈的吸引力。弗洛伊德曾经告诉阿诺德·茨威格,带着揶揄美国且自我陶醉的口吻说,美国是个"反天堂"。在他生命的最后数年间,他曾经告诉琼斯:"是的,美国是很巨大,但却是个巨大的错误。"简言之,他担心美国是个引诱他的门徒去犯巨大错误的国家。

这些情绪像一种单调而不愉快的主题遍布在弗洛伊德的通信里,但其中也包含一些前后不一致之处。如我们所知,当1909年1月和克拉克大学协调的时候,他觉得斯坦利·霍尔(G. Stanley Hall)给他吝啬的旅行补助是"太美国式的",换句话说,在钱方面太过计较。就他的理解来看,"美国之行应该带来钱,而不是花钱"。他喜欢在信件中不断重复这个粗糙的说法。"如果他们不带钱来,美国人有什么用?"他在1924年底夸大地询问琼斯。"他们在任何方面都不在行。"这句重复出现的话是他最喜欢说的。一年稍后他对琼斯说,"我总是说,美国只有在提供金钱上有它的用途。"当兰克1924年前往美国访问的时候,弗洛伊德以他最严厉的风格表达过相同的意见,他宣称自己很高兴发现兰克"找到在这群野蛮人之中生存的唯一合理方式:尽可能高价卖出自己"。他说:"对我来说,精神分析和美国人的配对,就像是白衬衫配上乌鸦。"不消说,弗洛伊德指出了美国人独有的道德缺陷,但弗洛伊德并不觉得内疚,他只不过是在剥削那些剥削者。

弗洛伊德对美国人在金钱上的狡诈所做的厌恶评论,只是另一种认为他们唯利是图的表达。"如果你要跟美国人打交道,"他在1913年对普菲斯特说,"你很可能被骗。在谈生意方面他们比我们高明许多!"他曾经把自己作品的国外版权弄得一团混乱,他自己没弄清楚,却怪罪美国人,"美国出版商,"是"一个危险的人群"——他在1922年给一位美国友人的信中说。在这种观点下,他把阿尔伯特·伯尼(Albert Boni)以及霍勒斯·里夫莱特(Horace Liveright)这两位为他出版早期作品的纽约出版商称为"两个骗子"。他想从这些资源丰富的野蛮人身上榨取的只是金钱支援。"以精神分析在美国的名气而言,"他1922年对费伦齐哀叹道,"却没有为精神分析带来任何金钱上的好处。"正是因为缺乏这些"好处"才让他失望,并使他产生偏见。

20世纪20年代中期,弗洛伊德的美国病人越来越多,他却是一副冷漠态度,这种态度如果在别人身上,他会认为这是不文明,而如果他稍加分析,就会知道这是他自己的症状。他可以喜爱那些来到伯格巷19号寻求分析训练的美国医师,但是对那些居领导地位的美国分析家,总是严苛以对。他对艾廷冈透露,这些"大致次等的"人大概只适合学习"技术问题"。1921年普菲斯特告诉弗洛伊德,说折中派的美国精神分析家史密斯·杰利夫要来伯格巷19号,并称赞"耶利夫"(Yelliffe)"灵巧又聪明"——弗洛伊德却形容他为:"哥伦布发现新大陆以来,最糟糕的美国生意人之一,用一般话来说,是个骗子。"杰利夫"看起来非常聪明,甚至有点狡猾,不那么正派"。克拉伦斯·奥伯恩多夫(Clarence Oberndorf)是美国精神分析家中的重要人物,早期是个非常热心的成员,对弗洛伊德来说,却是他们之中"最糟的"。"既愚笨又自大,"1921年弗洛伊德对琼斯表示,"为什么这么一位被认为杰出成功的人,却不能在他的分析操作里放一点头脑或心思呢?"他疑惑为何美国的精神分析家,即使是其中的"优秀分子",却也少有公共精神。"布里尔,表现得令人羞愧,必须排除他。"这种夸张的威胁,其实他从未付诸实行。

弗洛伊德告诉他互有书信往来的美国友人,美国人在分析治疗上古怪或令人意料之外的反应,必然是其民族性在作祟。"你们美国人是奇特的民族。"弗洛伊德给他的分析对象伦哈德·布卢姆加特分析时如是说,当时布卢姆加特对弗洛伊德说他即将订婚,但马上要和未婚妻分开六个月,"你们没人以正确的态度对待妻子。"另一个在美国接受精神分析的菲利普·莱尔曼,寄给他一篇谈《文明及其缺憾》的书评,弗洛伊德称这篇东西为野蛮的评论:"可以想象美国记者的愚蠢与无知。"数月之后,弗洛伊德并没有惊讶于听说莱尔曼一家过得还不错,毕竟,那是美国的萧条时代。"没有财产的美国人怎么办呢"?他这样问道。如同以往,在这种情绪之中时,他总会忘记那些值得尊敬的美国人,例如威廉·詹姆斯,还有帕特南。

弗洛伊德甚至抱怨说,这些可怜的美国人,在他们被需要的时候都无法保持正常。1924年,弗洛伊德一位具有天分的分析对象霍勒斯·弗林克(Horace Frink)突然得了精神病。对弗洛伊德来说,弗林克是美国人之中的少数例外:弗洛伊德对他期望很高,希望他来领导美国的精神分析组织。弗林克突然生病,住院疗养,使计划落空。观察弗林克骇人的心智状态之后,弗洛伊德把此一个人的灾难当作美国人性格的缺失。"我企图让弗林克做他们的领导人,演变至此,这会是我对他们做的最后一件事了,"他不耐烦地说,"难道我要为精神分析和精神医学的合并活上一百年吗?"此时是在1924年的9月,弗洛伊德正在癌症治疗后的挣扎中。1929年,琼斯向他询问,有人提议他编辑一本关于弗洛伊德精神分析的作品给美国读者,弗洛伊德回复的文字非常独特:"整个事情基本上来说,带着道地的美国风格,令我非常厌恶。我们可以说,如果真有这样一本书的话,大家就会依赖它。没有一个美国人会去看原件,即使他们会这么做,也可能会从最污浊的一般资源里找寻可用的信息。"⁽¹⁰¹⁾

类似这样的评论不只出现在私人通信中,甚至出现在出版品中。1930年,弗洛伊德为美国分析家多里安·费根鲍姆(Dorian Feigenbaum)编辑的期刊《医疗书评》(*Medical Review of Reviews*)特刊写引言时,坦承现阶段美国的精神分析进展只给他带来"乌云密布式"的满足。口头上的赞赏到处都有,实务和财务资助却很少,医师和出版商都自满于精神分析式的口号。他们自满于自己的"开阔心胸",实际上却表现出他们"缺乏判断力"。弗洛伊德认为:"精神分析在美国所背负的盛名,既不代表大家对这种东西的友善态度,也不表示对其中的知识有深入广泛的了解。"⁽¹⁰²⁾

弗洛伊德的排斥反应,部分来自他对美国人冲动般地接受精神分析所产生的焦虑,这种冲动似乎还混合着活力的极度贫乏,以及对性的极度恐惧心理,更不用说没有实质意义的平等主义了。早在1912年,弗洛伊德写信指示琼斯要让帕特南保持"温和",这样"美国人才能够站在力比多这边"⁽¹⁰³⁾。他认为,这不是个令人愉快的工作,因为引导美国精神分析的活动纯粹是政治的,优秀的创新并不被鼓励。20世纪20年代,他愤怒地对美国分析家处理组织团队的方式加以谴责。"美国人啊,"他对桑多尔·拉多说,"把政治里的民主原则转移到科学上来了。每个人都必须做主席一次,无人可续任主席,无人可优于其他人,因此无人可习得或成就任何东西。"⁽¹⁰⁴⁾1929年,一群美国精神分析家——其中有些是兰克的支持者,提议要组织一个讨论大会,向弗洛伊德询问邀请他女儿来参加的事宜,他以惯有的不礼貌方式回应:"我不觉得这个大会对分析事业有多大意义——虽然我祝福它成功。"他对其中一位筹划者威廉表示:"精神分析已经被美国人以量替代质的模式所主宰了。"⁽¹⁰⁵⁾他的焦虑并非没有根据,这种焦虑却在他怪异的想象中形成一种不真实或甚至梦魇般的形态。

弗洛伊德的某些抱怨不只是单纯的幻想,例如,他的消化不良,就非常真实⁽¹⁰⁶⁾。1909年秋天从克拉克大学回到欧洲之后,弗洛伊德就抱怨自己的健康状况:"美国让我元气大伤。"⁽¹⁰⁷⁾是年冬天他在卡尔斯巴德度假地(Karlsbad)待了三个星期,治疗他"在纽约得的结肠炎"⁽¹⁰⁸⁾。第一次世界大战后他的前列腺出了问题,他告诉费伦齐,他发现自己有时会陷在"最困窘的状况中,而这种困窘倒是十年前在美国时就发生了"[209]。这些病痛并非无中生有,但他却把自己的怒气转移到了某个方便的对象身上,况且这个对象在精神分析的专业发展上也和他多有冲突。美国精神分析学界所表现的对非医学专业分析活动的反对,对安抚弗洛伊德的反感明显没有帮助,他们只对弗洛伊德证实了,美国人若不是过于天真或假正经,就是贪婪而保守。弗洛伊德认为,他们说话的方式就注定了他们的失败。他曾经这么对自己的医师舒尔说:"这个民族注定要灭亡,起先是没办法张开嘴说话,不久就没办法吃东西了。"[210]

弗洛伊德这样以想象的恶意,不分青红皂白地大肆批判美国,实际上是在抒发他自己的内在需要,而非来自实际经验。即使最忠诚的琼斯,如我们所知,也必须承认弗洛伊德的反美主义,实际上跟美国并无全然的关系。弗洛伊德或多或少有一点感觉,他的意见并非完全客观。20世纪20年代,他甚至想过要对神秘的美国民族特性进行诊断。被两篇由美国作者所写的精神分析文章所激怒,他在1921年告诉琼斯:"美国人实在很坏。"但是,他谨慎地补充,他并不会在"缺乏更进一步的观察机会前,就对他们进行任何批判"。他的确试着提出一些看法:"他们之中的竞争非常激烈、尖锐,对每个人而言,不成功即意味褫夺公权,他们除了职业之外,没有任何其他别的收入,没有嗜好、游戏、爱,或者其他文明人的兴趣。成功意味着金钱,美国人有可能像我们这样,随时会为了反对舆论而活吗?"[211]美国人似乎大都物质主义,且不快乐。三年之后,弗洛伊德趁兰克往访美国时,给这个诊断下了一个极难堪的称呼:"没有任何地方比那里充塞着更多没有意义的人类行为,充满愉悦地满足自己的动物需要已经不被认为是合适的生命目标,这是阿德勒式的疯狂的肛门期的表现。"[212]弗洛伊德嘲弄的方式,莫过于把他最讨厌的前门生的名字套在美国人身上。以技术性的词汇来说,他对美国人一视同仁的看法是,他们都是肛门虐待狂的受害者,对享乐充满敌意,但却同时在商业和政治方面有最强烈的攻击性行为,这是为何美国人的存在被"匆忙"所占据[213],这也是为什么生活中不具实用性的层面,不论是天真的嗜好或文化上更高层次的活动,在美国人身上都看不到。

弗洛伊德在任何地方都可感受到美国人这种性格的展现,举例来说,诚信就很难维持。弗洛伊德在提到他外甥爱德华·贝尔奈斯的时候如此表示,他是一家公共关系企业的成功创造者,"我认识他的时候,他还是个诚实的小男孩,我不知道他到底被美国化到了什么程度。"[204]再者,美国给情人们提供太冷淡的气氛,这是弗洛伊德对布卢姆加特所提到的,美国男人从未建立他们对女人的正确态度。但最糟的是,美国人受到肛门期成人最喜欢的一种产品所奴役,那就是金钱。对弗洛伊德来说,美国可以用一句话形容:"金钱共和国(Dollaria)。"[205]

除了套上精神分析词汇,这些有关美国民族性的批评都不是新鲜事。大多数弗洛伊德给的称号都早已有一世纪之久,他常出现的地方即很容易听到这类批评。1927年,法国精神分析家勒内·拉福格在一个弗洛伊德应该会觉得意气相投的句子里,把一个美国人称作"P":"作为一个地道的美国人,P永远认为随时可以为自己买个分析家来用。"[206]同一年,费伦齐在一段长期旅行之后离开美国时,抱怨美国人的神经质,认为这里有太多人需要比现在更好以及更多的精神分析治疗。"我在多年后回到这里,"他如是说道,"发现在这里大家对精神分析的兴趣远大于欧洲,但我同样也发现,这些兴趣看来有些表面,更为深层的东西被忽略了。"[207]

这个说法只不过再次突显了弗洛伊德和他的信徒们复制了多年以来有教养的欧洲人对美国人的评价,这种评价带着高人一等的姿态。而这些实际上只是来自他们一个世纪前的祖先所投射在美国人身上的邪恶观点。责难美国人对平等的狂热,对新奇事件趋之若鹜的疯狂,以及他们的物质取向,已经是长期以来受人喜爱的社交辞令。早在1822年,司汤达就已经在他才气纵横的《论爱》(Love)一书中非难美国人,批判他们缺乏想象力。在他看来,美国人是不懂表达爱的:"在波士顿,年轻女孩和英俊的陌生人单独相处,想到的只是未来的婚姻。"[208]司汤达在他的小说《红与白》(Lucian Leuwen)中,以合情理的方式重复说明,美国人"只想到金钱以及累积它们的方式,别无其他"[209]。多年之后,狄更斯(Charles Dickens)造访美国时,以他无法忍受的方式被当作名人来欣赏,并成为盗印出版商的受害者。他辛辣的讽刺著作《马丁·翟述伟》(Martin Chuzzlewit)是对这个待遇表达愤怒的作品。从这本小说里我们发现,美国人崇尚自由,却害怕舆论,自称平等却同时蓄奴,势利眼又蓄积钱财。大部分美国人的对话"总结起来只有一个字——钱。他们所有的娱乐、关切、希望、情感、道德以及社团交往,似乎都可以融化到金钱里"[210]。这种指控,在弗洛伊德的写作里已经是老生常谈,同时也仍然是欧洲观察家的兴趣所在。1904 年,伯恩 - 琼斯爵士(Sir Philip Burne-Jones)在他关于美国的报道《金钱与民主》(*Dollars and Democracy*)里写道:"他们如何谈论金钱呢?任何在街上、餐厅、车上可以听到的对话",就是"钱,钱,钱"。[211] 弗洛伊德比司汤达强的一点是,如同狄更斯与伯恩 - 琼斯一样,他造访过美国。但是他对美国人的观点却不曾超越他们。

问题仍未得到解答:为什么弗洛伊德要如此未加批判地接受这种有力却已过时,混杂着偏颇的观察及不妥协的文化傲慢观点呢?事实是,他的盲从附和与他的激进主义彼此奇怪地交融,使他的反美国主义得以产生。作为传统的追求完美的欧洲布尔乔亚阶级人士,他以其他人的想法来看待美国人。相较于这个未加反思就加以接受的陈腔滥调,他对美国人一些令人恼怒的实际观察——包括以救世主自居的政治活动,以及对非医学专业分析的抗拒,更不用提令人厌恶的美国食物——都显得无关紧要。但同时,作为一个激进地鼓吹自由性关系的反布尔乔亚人物,他觉得美国人表现的正是性伪善的典型。看起来,弗洛伊德这个性改革者,为他自己形塑了一个美国——一个他可以用来专注于他认为最需要与之战斗的样本。

显而易见,弗洛伊德对美国人最早的评论,集中在他们——如他所见——的无能上:无能去感觉,无能去表达,无能去爱。在他访问克拉克大学前几个月,弗洛伊德告诉费伦齐,他害怕"新大陆的假道学"[212]。就在他从克拉克大学回来之后,他也告诉荣格,美国人"并没有时间理解力比多问题"[213]。他从不厌倦于指控美国人,他痛责"美国式贞洁的严格"[214],并嘲弄所谓美国的"严谨"[215]与"正直"[216]。1915 年,在给帕特南的著名信件中,他谴责现代认为值得尊敬的那些性习俗是可鄙的,他认为这些习俗在美国最为糟糕[217]。这样的国家,一则可能拒斥精神分析不妥协、非传统的真理,一则会拥抱它而导致它窒息。在《梦的解析》中,弗洛伊德坦承,终其一生他需要敌人如同他需要朋友。这样一种退行的需要必然会使当事人采取过度简化和冷酷无情这两种策略:这位战士,就像孩子一样,把他的世界截然已分为英雄与坏人两类,以维护他的士气,并使他的残酷合法化。美国,其实正是这个巨大敌人的集体展现,弗洛伊德永远不能没有他。

为了他自己的不快,弗洛伊德在第一次世界大战后,较之以往更热切地坚持这个强硬又单调的谐谑。他觉得"为钱而工作"令人难堪[218]。这样的依赖伤了他的自尊,但也无法从中解脱。在 20 世纪 20 年代,美国人恳求他为他们进行分析工作,美国人也带来他所需要但始终看不起的强势货币,这个困境产生的冲突并未改善。迟至1932年,他对艾廷冈透露:"我无法克服对美国人的猜疑。"[19]总而言之,当他对美国的需求增加时,他的敌意也随之增长。如果在解剖美国人时他展现了人类中的一部分天性,那么他也在不知不觉中展示了他自己的本性。

战利品与讣闻

在弗洛伊德与蒲立德一起合作伍德罗·威尔逊的研究之际,公众对他的认可和他个人的痛苦互相交织着。1930年7月底,他被通知在法兰克福市领取他梦寐以求的歌德奖(Goethe Prize)。颂词由法兰克福市长恭敬地签署:"以自然科学的严格方法,同时又大胆地阐释各种极富想象力的内容,西格蒙德·弗洛伊德开启了理解灵魂驱力的道路,也因此创造了认知文化形态之产生和其建构的可能性,以及治疗其中若干病症的可能性。"颂词继续提道:"精神分析理论不只包括丰富的医学科学内涵,同时还丰富了艺术家、神职人员、历史学家以及教育家的心灵世界。"为使用合宜的说辞,颂词将精神分析的根基联结到歌德谈论自然的文章:从恶魔的角度来说,弗洛伊德除去了所有的遮蔽帷幕;从浮士德的角度来说,他对知识的饥渴将他导向"探索无意识中沉睡的知识和创造力"。颂词的结尾带着微妙的赞扬之情:到现在为止,弗洛伊德这位"伟大的学者、作家与斗士"曾经被"每个外在的荣耀"所拒绝[20]。其实这并不完全正确,数年来弗洛伊德也曾获得一些荣誉。不过基本上,这篇颂词的重点是,弗洛伊德还未得到他应有的称誉。1930年11月,他再次简洁地在记事簿上写道:"确定与诺贝尔奖擦身而过。"[21]

因此,歌德奖可以说是阴沉的天空里洒下的一道阳光,暂时使弗洛伊德的注意力从个人病痛的挣扎以及迅速恶化的国际局势里转移开来。随着荣耀而来的奖金,1万元旧马克——大约2500美元——是令他欢欣的额外收入。他对自己的入选感到有点疑惑,他觉得法兰克福市长这位已经受洗皈依基督教的犹太人,可能和他的入选有关系[22]。当然,他还是很高兴这个奖的名称是他所喜爱的歌德[23]。这个奖创立于1927年,曾经颁给斯蒂芬·乔治(Stephan George),一位著名诗人与偶像人物;阿尔伯特·史怀哲(Albert Schweitzer),传教士兼巴赫传记的作者;还有利奥波德·齐格勒(Leopold Ziegler),一位文化哲学家。弗洛伊德侧身这些大家之中。他写了一封简短的致辞,由女儿安娜代表他领奖。他太虚弱以致无法旅行,他告诉授奖基金会的秘书阿尔封斯·帕逵(Alfons Paquet)博士,认为安娜代他宣读致辞较能为庆典增加气氛:"我的女儿安娜比我好看且说话容易听得懂。"㉘弗洛伊德后来转述女儿所获得的印象给琼斯:"这个典礼"在歌德的生日8月28日举行,"非常庄严,与会者都表达了对精神分析事业的尊敬与期待"。㉙

获奖提升了弗洛伊德的士气,但没有维持太久。他害怕这种显著的荣誉日后会为他招来不友善的回应。他在8月底时写信给琼斯说:"我相信,这次令人惊奇的事件,不会造成如诺贝尔奖般的影响,或者改变德国普遍对精神分析的态度。"㉚两星期后,他告诉琼斯外国报纸报道了对他身体状况的担心,并将之与歌德奖的事件关联起来:"所以他们才赶快把我放入获奖者当中。"㉛[迟至1931年6月,他写信给琼斯说:"自从歌德奖成为一种只是为了显示这一切有多微不足道,被公认为令人嫌恶的奖之后,和我同一个时代的人的行为就开始改变了。有点像是某种还可以忍受的装饰品,但本身不应有完整的或是主要的存在目的。"(Freud to Jones, June 2, 1931. Dictated to Anna Freud. Freud Collection, D2, LC)]但不论他人如何嫉妒,这个奖项为弗洛伊德带来了一个他喜爱的机会,他寄给莎乐美——此时她也已年过六旬,病痛缠身,手头并不宽裕——1000元旧马克,并且附上让她安心接受的说明:"以这个方式,我可以破坏一部分这个奖所带来的不公平。"㉜还有给予的能力,使弗洛伊德觉得自己仍然活跃,甚至仍然年轻。

他需要这类的慰藉,弗洛伊德长途的发现之旅已经确定要结束了。那些到阳光普照且古意盎然的地中海世界,不管是与弟弟亚历山大,与费伦齐,与明娜·贝尔奈斯,或是与他的女儿安娜共同度过的旅行,现在都已成回忆了。为了方便就医,弗洛伊德现在只能选择离维也纳很近的避暑地度假。能够抽上一支雪茄更是恩典。1930年春天,他在柏林向琼斯报告,他在试用一种新的假颚,而前一个月,他的"心脏、胃以及肠"都使他痛苦难当,必须短暂地到避暑地,更糟的是,他已经出现"对雪茄完全无法忍受的状况"了。㉝琼斯太了解弗洛伊德的瘾头,他很同情地回了弗洛伊德一封信,数日后弗洛伊德回复说:"就在昨天,我胆怯地试了我打算开始的每天第一支,也是唯一的一支雪茄。"㉞他在城里工作的数月中,持续为刚出道的分析家进行分析,但时数已经减少。皮希勒医师常常为他检查上颚,以防有恶性组织卷土重来,并且为他一些可疑的白斑进行手术。1930年5月,在答谢莎乐美写给他74岁生日的祝贺信件时,弗洛伊德哀叹着自己所剩无多的健康及因此所付出的惨痛代价:"我已经完全戒烟了,在它作为我面对生命战斗中的武器与护卫长达50年之后。就这样,我比以前好一点点,但并没有比较快乐。"他自己署名为"非常老的弗洛伊德"[220]。

与此同时,弗洛伊德四周的友人正逐渐减少。他的老牌友,每个礼拜六晚上一起打塔罗克牌的牌搭子,不见了。利奥波德·科尼希斯坦,这位自他医学院时代起就一直是亲密友人的眼科医师,在1924年过世了;路德维希·罗森贝格(Ludwig Rosenberg),另一位长期的医师友人,在1928年过世;奥斯卡·里依接着也在1931年辞世。这些都是弗洛伊德最常用"你"(du)这个词称呼的老朋友。在这些非分析领域的友人之中,只剩下考古学家勒维,一位对古物有着和弗洛伊德一样爱好的狂热者,有时还可以来访,聊上一聊。

弗洛伊德的家人也不断有人去世。1930年9月,弗洛伊德的母亲以95岁高龄过世。当歌德奖的委任团体在8月底从法兰克福到伯格巷19号时,弗洛伊德正向他的母亲做最后的告别[222]。弗洛伊德终其一生都是个散发生命光热的人,且始终相当自负。她的死引来弗洛伊德一个搁置已久的想法。一年前,当艾廷冈的母亲过世时,艾廷冈曾经在对她的哀悼信中这样写着:"母亲的过世必然是件大事,任何事无法与之相比,并且会唤起无以言表的激动情绪。"[223]现在弗洛伊德感觉到了,而且想去抓住这样的激动。"像这种心灵深处的感受是无法言说的,"他深沉地对琼斯说,"表面上我只有两种感觉:一是松了一口气,因为她极害怕我比她先死;另一是经历如此漫长的人生,她终于得到解脱。"弗洛伊德并不觉得悲伤,也没有痛苦,并且不去参加葬礼[224]。他对弟弟亚历山大辩解,他并不如大家所想的那么健康,再者他也不喜欢仪式[225]。女儿安娜如两星期前在法兰克福一样,代表他参加葬礼。"她对我的重要性,无甚于此。"弗洛伊德写给琼斯说。[226]母亲的死,让他松了一口气,现在他可以死了。

其实,弗洛伊德还有许多生活苦难,甚或愉悦,横在眼前。1931年1月,大卫·福赛思(David Forsyth),弗洛伊德高度评价的一位英国籍"学徒",邀请他去发表一场赫胥黎纪念演讲。这是两年一度的学术盛事,福赛思形容这次的邀请是"为你这一生对科学工作以及对我们的贡献所表示的高度感谢"。心思细腻的他在邀请函里还附上一张曾受邀演说者的名单，包括伟大的英国医师约瑟夫·李斯特（Joseph Lister），他曾经为世人介绍消毒法，还有著名的俄国心理学家伊凡·巴甫洛夫（Ivan Petrovich Pavlov）[238]。弗洛伊德的确感受到这次的邀请意义重大。"这的确是个极高的荣耀，"他对艾廷冈说，"在1898年的菲尔绍（德国病理解剖学家）之后，就没有德国人再受到这样的邀请。"[239]从上述的话中，我们可以发现，对德国身份的认同仍然留在弗洛伊德的血液里。但是对于这个来得有点晚的邀请，他必须甚感为难地加以拒绝，因为他的健康状况实在不适合旅行，也不适于发表口头演说。的确，4月底，他被迫又接受了另外一次重大手术，在身体以及心理上都元气大伤。他觉得又回到1923年动那次重大手术时的自己，感到生命再度受到威胁。"这最后的病痛，"不久之后他对琼斯吐露，"终结了我享受八年之久的安全感。"[239]弗洛伊德抱怨他失去了大部分的工作力量，他的状况是"虚弱的，说起话来有气无力"，他对阿诺德·茨威格说："不存任何乐趣。"[240]他一直住院直到5月5日，75岁生日的前一天[241]。

弗洛伊德想尽力避免隔天的庆祝活动，但盛情难却，因而并未成功。他对莎乐美形容，贺信如"洪水一般"[242]。他可以拒绝庆祝活动，但无法阻止雪片般飞来的祝贺信件，这些信件来自朋友、陌生人、精神分析家、精神医师，以及景仰他的知识分子。来自组织机构与高官权贵的电报也纷纷涌入，伯格巷19号的住宅被鲜花淹没。德国的精神医疗组织以他为名办了一次论文研讨会，纽约的支持者在丽嘉酒店（Ritz-Carlton）举行了一场庆祝活动，由威廉·怀特以及布里尔做开场演说，之后是名人如西奥多·德莱塞（Theodore Dreiser）以及克拉伦斯·达罗的演说。"来自精神分析界、医学界、社会学界的先生女士，"寄给弗洛伊德的电报如此写着，"在纽约集会，为了庆祝您的75岁生日，这位勇敢的探险家发现了自我之下隐没的大陆，且给予科学与生命新的方向。"[243]法兰克福市长阿尔封斯·帕逵、罗曼·罗兰等人也都记得这天。物理学家爱因斯坦写了一封特别的推崇信笺给弗洛伊德说，每个星期二，他都和一位女性朋友一起读弗洛伊德，并且为其中"完美与简洁"的风格赞叹不已。"自叔本华以后，"他亲切地补充，"没有其他任何人可以写成那样。"不过弗洛伊德观点的胜利，并没有全然压过爱因斯坦的怀疑论，爱因斯坦说因为自己的"厚脸皮"，他在"信与不信"之间摆荡[244]。赫茨尔会社（Herzl Club）致贺弗洛伊德说："您的75

岁生日是所有犹太人的欢乐与骄傲。"[265]其他的维也纳社团,如神经精神临床会及应用心理病理与心理学协会,也献上他们最诚挚的祝福[266]。

弗洛伊德冷眼看待某些颂词,甚至还带点愤慨。3月间他知道为了庆祝他的75岁生日,内科医师学会提议将他列为荣誉会员,他痛苦地忆起大约十年前,维也纳医疗机构对他的羞辱。在一封给艾廷冈的私人信件里,他表示此一提议令人厌恶,是一种对他近来成就的懦弱反应,他想,他还是会接受的,但会加之以简短与模糊的声明[267]。另一封恭贺信件,让他觉得更有趣,这封信来自维也纳大祭司大卫·福伊希特旺(David Feuchtwang),他亲切地说"我感到《一个幻觉的未来》的作者与我非常亲近"[268]。但那是弗洛伊德并不需要的亲近。

当这些祝贺如洪水般退去,弗洛伊德继续朝着神示的山头行进,每个信息都需要答案。不过还有另一个祝贺在眼前,其荣耀比生日时都更讨他喜欢,这个祝贺还掺杂着浓浓的怀旧情怀。一封以含糊的德文所书写的邀请信函,10月25日,星期天,"一个纪念碑的揭幕典礼,将在弗洛伊德教授的出生地弗莱堡举行"[269]。他没办法参加,但委派团队的规模——儿子马丁、女儿安娜、弟弟亚历山大、忠实的追随者费德恩及艾廷冈——见证了弗洛伊德对这场祝贺的重视程度。小镇为此旗海飘扬,一如最近几年,安娜·弗洛伊德代表父亲致辞。她所代读的感谢信虽然简短,却很有说服力,弗洛伊德感谢镇长以及所有出席者,他们在他还在世,并且当这个世界还能分享他工作价值的时候,将荣耀给了他。他3岁时就离开弗莱堡,曾在16岁学生假期回去过一次。他觉得在75岁的年纪已经很难再把年轻时光找回,但有一件事他可以确定:"在我内心深处,虽然已被时光淹没,但一个来自弗莱堡的小孩仍快乐地生活着,这位年轻母亲的长子,曾经对这里的空气和这里的土壤形成了永难忘怀的第一印象。"[270]

75岁生日那天,弗洛伊德觉得他苦恼到无法接见除了亲密家人之外的任何人。只有一个例外,应该是唯一例外,是当时在维也纳的费伦齐。弗洛伊德给他两分钟,代表了这两人超过20年的特殊友谊[271]。费伦齐一直是弗洛伊德忠实的听众,他并不排斥想象力的驰骋,还是许多精彩论文的作者。多年来,两人之间一直保持某种冷静。两人从未争吵,但费伦齐对亲密和褒奖的极度要求,遑论他对他所崇拜的这位大师的积怨,此时还是带来了损害。同时,这段友谊所带来的痛苦多于快乐,作为弗洛伊德的分析对象,费伦齐毫无保留地把自己的生活写下来或说出来,弗洛伊德这边则常常表现出像个不自在的、时而恼怒的父亲。1922

年,费伦齐在一些自我分析中,大声说出为什么他不像以前那么常写信给弗洛伊德:"无疑地,我忍不住把你当成父亲,把你为我所付出的一切温柔细腻的情感,当成'礼物'接受。我觉得现在该是我断奶的时候了——虽说迟了些,然后走我自己该走的路。"比起在战前和弗洛伊德一起到南方的那次不幸的旅行,他觉得他从现在起可以做一个更体贴的共事者[258]。

实际上,费伦齐从来没有断绝他对弗洛伊德的依赖,即使后来对他生气了也还是这样。其中表现得最明显的矛盾,就是倾泻而出的逢迎之词,而弗洛伊德并不领情。"看起来你还是对了——一如以往。"费伦齐在1915年即特别地告诉弗洛伊德[259],弗洛伊德试着回避这样的奉承,希望费伦齐不要如此轻易地把他偶像化[260]。费伦齐在战后,抱怨自己无法每天进行九至十个小时的分析,因而夸张地赞叹弗洛伊德"无穷尽的精力源泉"。此时,弗洛伊德的回应比平常更为直接:"我当然喜欢听你在信中提到着迷于我的年轻与创造力。不过,当我面对现实时,我知道这不是真的。"[261] 1923年春天,从"美妙的罗马城"寄来的信中,费伦齐回忆起他和弗洛伊德一起造访这个城市的"神圣地方":"我把这些日子当成我生命中最好的部分,感谢你对我无可比拟的指引。"[262] 弗洛伊德早就断然说过,费伦齐没有必要把他当成"精神分析的超人"[263],他宁可只是朋友,而不是导师。

比费伦齐的恭维更不能让弗洛伊德忍受的,是他间断的沉默。有一次,在他们结交之初的某个沉默期间,弗洛伊德给费伦齐寄了一封从头至尾充满问号的信件[264],他曾不止一次使用这样的告诫手法。其实,有时弗洛伊德自己也会沉默。"我们的通信,曾经是生气勃勃的,在过去的数年中却陷入沉寂,"1922年他写信给费伦齐,"你很少写,我更少回。"[265] 总的来说,费伦齐是比较沉默的一方。1927年6月底,从美国之行回来之后,费伦齐造访伦敦,却没有在维也纳落一下脚,弗洛伊德对此表示了复杂的情绪。"他不急着见我,"他写信给艾廷冈说,"显然很不够意思。但我不是个难以取悦的人,这中间很可能蕴涵了想割席而别的企图。"但弗洛伊德无法保持距离单纯地去分析这件事情。"当你年纪大一点之后,"他懊恼地说,"你会发现所有人都开始反对你。"[266] 艾廷冈不喜欢他所见到的画面。"我必须承认,"艾廷冈说,"自从我在柏林这里见到费伦齐,我已经开始有所警觉。"[267] 12月,弗洛伊德非常直接地表达他对费伦齐的关切:"亲爱的朋友,你的沉默是什么意思呢?希望你不是病了,在圣诞节前捎些信息来吧!"[268]

但费伦齐无所作为,他只感到苦恼,继续摆荡在多言与退缩之间。因此,只

第十一章 人性使然

是在1927年8月8日,弗洛伊德可以对艾廷冈说:"我们的通信非常活跃。"㉔大约两个星期之后,事情就变了。"和费伦齐的通信又突然断了,老实说,"弗洛伊德承认,"我实在不太了解他。"㉕有一件弗洛伊德可以理解的事,是费伦齐在精神分析技术上重要的创新,那是弗洛伊德一开始赞赏,而后又强烈反对的技术,认为它并不是纯粹的专业革新,而是"内在不满足的一种表达"㉖。

费伦齐极不愿意放弃这个试验性的诊断方法。1925年,在一封生动的信件中,费伦齐对弗洛伊德说:"关于我自己的健康,我不会(带着最大的恶意)报告任何不好的消息。"㉗看样子他真病了。1930年初,他给弗洛伊德写了一封长信,抱怨各种症状,包括对年老症状提早出现的恐惧㉘。当年11月,弗洛伊德说他没有费伦齐的消息,担心"尽管我们已尽全力,他仍然越来越孤立"㉙。费伦齐很清楚自己的状况。"你可以想象,"他在1931年9月告诉弗洛伊德,"在一段这么长的暂停之后要再开始有多困难。""但在你的生命过程中,"他充满希望与期待,"你曾经遭遇过许多你很想加以了解和宽恕的人性现象,比如包括我现在这种退缩现象。"他告诉弗洛伊德,自己专注在"较为困难的内在外在以及科学式的自我净化中",还没有最终的结果㉚。弗洛伊德很高兴听到费伦齐的回应,毫无迟疑地回复:"终于又看到了来自你生命与爱的信息!""在这许久之后!"弗洛伊德坦白地告诉费伦齐,"我确信你在这一段疏远的期间有越来越多的成长。但我希望能这样说:如果我们没有变得疏离才好。"但他不觉得自己对费伦齐不愉快的心情有责任:"你自己也说我总是尊重你的独立。"㉛但这样的独立,弗洛伊德认为,没有必要以分离的代价来换取。

经过数年的细致观察,弗洛伊德认为费伦齐的疏离并不是什么好的征兆,但他也认为应该尽量忽视这种行为背后的症状含义。毕竟,费伦齐在国际精神分析运动圈里,长期以来是个重要而曝光度高的成员,同时也是个有影响力、原创与多产的作者。"在照顾病人以及教育医师之间似乎存在着共生关系,"费伦齐早在1922年夏天就对弗洛伊德揭示,"我自己在巴登疗养院的经验即是如此。"㉜在20世纪20年代后半期,他的行为已经远远超过这种无害的对病人的移情方式。虽然他没有对弗洛伊德提到他在分析过程中的状况,但弗洛伊德从费伦齐的病人,例如克拉拉·汤普森(Clara Thompson)那里得知他的分析家如何爱着分析者,并且让他们也以同样的爱回敬之。

终于,在1931年年底,弗洛伊德对费伦齐在病人那里所进行的情感实验感到了严重的不自在,压过了对他独立性的尊重。"我一如以往般,喜欢看到你的来信——但这次却不然。"他在一封四页的通信里严肃地只谈论一个主题——费伦齐的精神分析技术。弗洛伊德认为费伦齐不太可能对他自己的创新改变心意,但他采用的途径,弗洛伊德认为,是"没有结果的"。他并不是假正经,他向费伦齐保证,自己并非受到布尔乔亚习惯的约束,但他觉得费伦齐对待病人的方式会引来不幸。"你并不隐瞒你亲吻病人也让他们亲吻你的事实。"老实说,亲吻也可能是无害的,在苏联这样的招呼方式很平常。"但应该警觉,事实上我们并非生活在俄国,而在这里,吻代表了无法错认的情欲亲密感。"精神分析技术应该是确实且不暧昧的:病人"应该被拒绝于情欲的满足之外"。费伦齐"如母亲般柔顺",和这个原则相违背。弗洛伊德认为费伦齐可以有两种选择:隐瞒自己的作为,或者公布。前者不名誉,后者会引来极端论者的攻击。"现在,想想如果你的技术发表之后会有什么后果。"如果费伦齐扮演慈母,而弗洛伊德扮演"粗野的"父亲能警告到他的话,弗洛伊德还担心这样的警告并没有用,毕竟费伦齐已经打算走他自己的路。"对我来说,你身上这种反叛式的自我确认,比你能认识到的更强有力。"弗洛伊德总结,至少,他已经尽了父亲那一部分的责任[23]。

费伦齐以略长的篇幅和平静的心情回应。"我对于你认为我可能会成为第二个斯特克尔的焦虑,不觉得有事实根据。"费伦齐在20世纪20年代发展出"积极疗法"以加速分析进程,现在看来,他觉得这个方法过于"苦行禁欲";他试图"相对化(relativize)分析中的禁止与规则",营造出一种"温和、冷静"的治疗氛围。他总结道,在经历过弗洛伊德的严厉教导后,他希望他们两人的差异不会影响他们"在私人及科学方面的友善及和谐"[24]。

早在1932年1月,费伦齐开始记录他所谓的"临床日志",一份实际的、私密的、关于精神分析个案的整理,其中包含理论与技术的冥想,有时还对弗洛伊德表现出精明而不尊敬的姿态。费伦齐整个夏天都在撰写这份日志,累积了两百多页,其中包含许多时而冷酷、时而兴奋的诚实报道与自我分析。他仍然以其他方式与弗洛伊德继续着小有摩擦的讨论,试图澄清自己的方法,并找到他在弗洛伊德团队里的位置。费伦齐的某些说法对弗洛伊德来说毫不惊奇,而有些则让他大为吃惊。

费伦齐在日志开篇即指责这位古典分析家"无动于衷"的分析方式,其"矫饰的开场方式,对分析者'知无不言'的要求,以及所谓的均匀悬浮注意(free-floating attention)"等方法,他认为这些全都是骗局。它们羞辱病人,降低病人与医生之间的沟通品质,并且使病人对自己感觉的实在性产生怀疑。费伦齐采用的分析态度截然不同,他在分析过程的数个月中不断探索,从分析家的"自然与真诚"中汲取到了灵感[25]。费伦齐已经陶冶多年的临床态度,使他对他的分析对象表现出"紧密的同理情感"[26],并且能坦然面对应用这种新态度时出现的问题。他提到——弗洛伊德的指摘不是凭空出现——有些女病人会亲吻他,这是费伦齐允许的行动,并在稍后分析其为"完全不具情感"的动作[27]。然而,有时候会有"在经历他人与我自己的痛苦时,会使我流泪"这个"情绪性"时刻,他坚持,这是不应该对病人隐藏的情绪[28]。费伦齐不再把自己当作冷静、抽离的分析者——所谓灵魂的外科医师,那种弗洛伊德在第一次世界大战前权威地认定的方式,即使他自己曾经表达的情绪也多于这个冰冷的比喻。

费伦齐的临床日志记录着,他的目标是希望病人成为完全痊愈的伙伴。他建议,并且实际演练他所谓的"相互分析"(mutual analysis)。当病人要求对他分析时,费伦齐会答应并配合[29],但必须承认,他自己也会因此有点不自在:如果一个病人发现另一个病人正在分析费伦齐,或者费伦齐做了多于病人可以吸收的告白,都是不健康的。但他认为,"对病人谦逊地承认自己的弱点或是曾有的创伤、失落",可以消除病人的弱势感,以及其面对分析家时的距离感。"让病人从帮助我们中获得快乐,或是在某一段时间里成为我们的分析家,有助于提升他们的自我尊严。"[29]

这是对传统分析技巧的强力嘲讽,本质上不只是技巧的差异而已。费伦齐期待能够和他的分析者和谐交融,乃是一种和宇宙互相结合的神秘感觉,同时也是一种自创的泛神论。弗洛伊德曾经明言,精神分析可以说是带给自大的人类三大自恋伤害之中的一种:哥白尼把人类从世界的中心移开,达尔文强迫人类承认他们与动物之间直接的关联,而他,弗洛伊德,显示了理性并不是自己心灵的主人。"也许,"费伦齐为这著名的说法加上注释,"第四个'自恋伤害'隐藏在我们自身之中,亦即,就算我们这些分析家引以为傲的智慧,其实并非我们的财产,而是在自我和宇宙的联结中得到的,这个宇宙是全知的,因而可以说是智慧的。"[30]费伦齐犹豫地展示他沉思的结果,也对此感到骄傲。"这大胆的假设,关系到个体和整个宇宙的联系,不应该只将这个联系视为全知全能的宇宙对个体的特别赐予,而是(这可能是所有说法中最似是而非的部分),这样的联系也对整个宇宙产生人性化的影响。"他的"乌托邦"是"恨意冲动的消除,一连串血腥残酷的终结,借由控制智识的领悟而达到对整个自然的渐进驯服"[282]。费伦齐猜想,精神分析的未来应该可以达成这个终极目标:"所有人类脑中的自私冲动皆已被驯服"的时代[283]。费伦齐清楚地意识到他设定的是过于平坦的土地,在发展其臆测的过程中,他对格罗德克这位好友承认,他的"'科学'幻想"——带有讽刺意味的引号放在"科学"旁边颇为生动——"诱使"他"走到比无意识更远而可以称为形而上学的境界"[284]。

这种模糊暧昧而非世俗化的形而上学观点,并未削弱费伦齐的批判力量。在他私人的日记里,他以一种由于长期积累及隐藏着的怨恨所滋生的扭曲和尖锐的判断力,分析他心目中大师的一些弱点。他把自己视为弗洛伊德"实际上所收养的儿子,反对一切他设定的技术规则"。的确,他记得弗洛伊德曾经告诉过他,费伦齐是"承接他的思想最完美的后裔"。但不论他或荣格要做这个后裔,弗洛伊德似乎相信一旦儿子准备好要接掌父亲的位置,父亲就必须死。因此费伦齐认为,弗洛伊德无法接受儿子长大的事实。弗洛伊德歇斯底里的攻击显示,他退回了儿童期——表现出费伦齐所谓的"幼稚的羞耻",当弗洛伊德"压抑他的美国虚荣"时,所经历的正是如此。循着这条思考路线,费伦齐得到关于弗洛伊德反美情愫的原创解释:"也许他对美国人的轻视正是这个弱点的反映,他既不能对我们也无法对他自己掩饰这个弱点。'如果我对美国人如此鄙视的话,我怎么能对美国来的荣耀这么高兴?'"[285]

费伦齐认为,弗洛伊德对死亡的恐惧,显示作为儿子的弗洛伊德希望谋杀自己的父亲,而这个动力引诱他去发展出弑父的俄狄浦斯理论[286]。事实上,费伦齐相信,弗洛伊德对父子关系的专注夸张了他的论述。而费伦齐,在他的自白里流露出对弗洛伊德那么多的仰慕,在大师面前如此不知所措,如此不愿去真正表达自己的意见,如此沉溺在"加冕王储的幻想"中[287],的确可以说明这样的特殊关系。但费伦齐仍然坚持他的看法,他认为弗洛伊德对父子关系的专注使他的性欲理论"偏向雄性的那一方",使他丧失了对女人分析的兴趣,并且把母亲的角色理想化。费伦齐推断,对于人类社会原始起源的设想,使弗洛伊德的理论"相对而言变得无力"。儿子希望"阉割父亲,这个强大的角色,而这是他出于自己屈辱经历所作出的反应,这使弗洛伊德将理论建构成父亲对儿子的阉割去势"㉘。费伦齐自己,如同他的临床日志中另一段落所证实,试着去修正弗洛伊德对俄狄浦斯情结的理论。他不怀疑婴儿性欲的存在,但他认为成人,常常是父母,过于不自然地刺激这个情结,对他们的小孩进行性侵害㉙。

费伦齐试着勇敢地面对弗洛伊德,把自己托付于"知识追求以及助人的事业"㉚。不过在他严厉的自我分析中,并没有对他自己臣属于弗洛伊德有所质疑,他将自己幻想为弗洛伊德身边的"总理大臣",但最后他很失望,因为他的主人"不爱任何人,除了他自己和他的工作",这样的结果是"暧昧的"。费伦齐总结说,只有在他把自己的力比多从弗洛伊德那里释放出来,他才敢于从事他"'革命性的'技术创新"——亦即"主动地、被动地、有弹性地回到创伤之中(布洛伊尔语)",作为探究神经症原因的方式㉛,费伦齐虽有强烈自我检视的意向,但他仍然自欺着。无论多努力,他无法全然拒绝让自己变成弗洛伊德身边那想象的、捉摸不定的、受苦的儿子。

费伦齐努力要减少他和弗洛伊德的不同,或弗洛伊德努力要使他们的争辩维持在科学层面,都无法阻止弗洛伊德把费伦齐的临床变革,视为对他掩饰但却明显的反抗,也就是对父亲的反抗。费伦齐长时间不写信所表示的意义,太明显而无法被忽视。"费伦齐是不是背负着十字架?"弗洛伊德在1932年春天的一封信里如此询问艾廷冈:"又一次已经数月没有他的消息,他是不是感觉到被羞辱,因为我们并没有被他和女学生之间所玩的妈妈与小孩的游戏所吸引。"㉜在随后的夏天,他向琼斯表达对费伦齐更为强烈的忧虑:"这三年来我一直在观察他逐渐地孤立自己,音讯全无,显示了他错误的技术路线,然而更关键的是对我个人的敌意,不过,我现在倒比较不这么认为了。"弗洛伊德私下把费伦齐比作其他的叛逃者,如同他之前所反应的,尤其是针对荣格,弗洛伊德把费伦齐的敌意,视为希望他死亡的愿望。也许费伦齐如此痛苦是"因为我还在他身边"㉝。弗洛伊德在1932年夏天预测,他可能会走向兰克的道路,这是弗洛伊德所不喜欢的下场㉞。

在这段日子里出现的其他争议问题,加剧了两人的紧张关系。费伦齐希望成为国际精神分析协会会长,一个他一生辛勤奉献后应得的职位。不过弗洛伊德暧昧地说:坐在这个荣誉的位置上,可能会驱使费伦齐治疗他的孤立和技术上的背离,但这需要费伦齐放弃"那个你以幻想儿童的姿态所寄托的梦幻之岛",

然后重新回到这个世界。但是弗洛伊德又暗示,费伦齐做不到[29]。费伦齐不赞成这样的说法:他认为弗洛伊德不应该用这些名词——梦幻生活、白日梦、青春期危机,来指责他不务实际[29]。这是1932年5月的事,到了8月,费伦齐决定,"在一段长期又痛苦的犹豫之后",撤回他的候选资格[29]。

弗洛伊德像是回到了分析运动里政治斗争的旋涡之中,变得支吾其词。8月底,他对费伦齐的决定表示遗憾与抗议,拒绝接受他的理由。但他在结语中留了一条路,表示费伦齐应该最清楚他自己的感受[29]。两周后,琼斯被选为国际精神分析协会会长。弗洛伊德带着些许不一样的情绪,对琼斯说:"我极其遗憾费伦齐没能实现自己的野心,但我也没有一刻怀疑过你能当选为会长。"这并非完全坦诚的言论,只能说接近弗洛伊德的真实想法,因为他心底里仍然对琼斯有所保留。毕竟,对于费伦齐,弗洛伊德的怀疑也是由来已久。弗洛伊德说:"费伦齐的变化令人深感遗憾",但这个变化已经酝酿了3年[29]。从某种程度上,对于这一点,我们可以纠正弗洛伊德:费伦齐的酝酿期,从更早的时候就已经开始了。

费伦齐的改变包括他重新挖掘出弗洛伊德数十年前放弃的说法——诱惑理论。费伦齐的病人为他提供了关于幼童时期遭到诱惑或强暴的证据,是真实而非幻想的,而他企图去探究其中的意义并把这些内容放入要在威斯巴登(Wiesbaden)召开的国际会议上发表的一篇论文里头。8月30日,费伦齐拜访弗洛伊德并且坚持把文章念给他听。当然,对弗洛伊德来说并无新义,且印象不佳[29]。

弗洛伊德9月3日给女儿安娜写的一封长信里述说了他的观感,当时他和费伦齐见面时所留下的印象还很深刻。费伦齐夫妇在下午的时候前来拜访,"夫人如同以往一样迷人,但有一种冰冷的气息。还来不及寒暄,费伦齐就说:我要对你读我的论文。他读他的论文,我仔细听,我感到惊愕。他完全退回到病原学方式的观点,那是我在35年前曾经相信,但之后放弃的说法——神经症的一般原因是儿童时期的性欲创伤,用的几乎就是我那时所用的词汇。"弗洛伊德提到,费伦齐对他如何得到这些材料保持沉默。如果弗洛伊德看过费伦齐的临床日志,就会知道费伦齐是以分析对象所陈述的表面事实来认定的,如同弗洛伊德在19世纪90年代中期所接受的病人说辞[29]。

弗洛伊德很讶异费伦齐的表现,他告诉安娜,那是"令人迷惑的、模糊的,以及过于造作的"。朗读过程中,布里尔来访,和弗洛伊德一起聆听,他向弗洛伊德小声说:"他并不诚恳。"这也是弗洛伊德所得出的痛苦结论。他质疑费伦齐与古典精神分析理论在俄狄浦斯情结上背道而驰的部分，疑惑于费伦齐如何获得其他分析家无法获得的经验，同时也质疑他为何坚持要把文章内容大声念出来。弗洛伊德觉得："他的确想成为协会会长。"他认为整篇文章虽然看起来无害，却会伤害到费伦齐自己，也会糟蹋了研讨会的气氛。"如同兰克的情况，但更糟糕。"[602]他已经在8月底对艾廷冈表示过同样的看法[603]。在给安娜的报告中也注明："由你自己来判断。"[604]不论弗洛伊德和他的亲近人士怎么劝费伦齐不要发表这篇文章，都没有用。他现身威斯巴登，朗读了这篇文章，发表在德文版的《国际精神分析期刊》里，但并没有在英文译本中出现。有关这篇论文的严苛批评，以及试图阻止它发表和出版的努力，在短时间内都继续着。这一切对弗洛伊德的打击，如同四年多前弗利斯遗孀的来信：一些他以为已经抛弃了的陈旧创伤，又再度出现。

弗洛伊德了解，费伦齐所表现的症状，都像是一个不高兴的儿子所出现的神经症症状。"不幸的是，"1932年9月他在写给琼斯的信中说道，"在他退化的智能活动和情绪发展之后似乎有生理上的衰退，他聪颖而勇敢的太太告诉我，应该把他当作一个生病的小孩。"[605]一个月后，他告诉艾廷冈，费伦齐的医师诊断他有"致命的贫血症"[606]。他的身体状况，如同心理状况，让弗洛伊德对这个他曾经最珍视的、热情的朋友感到忧心。12月，弗洛伊德终于有机会把注意力移开。他阅读了法国超现实主义作家安德烈·布勒东（André Breton）刚刚出版的《连通器》（The Communicating Vessels），在其中布勒东正确地提出，弗洛伊德在分析自己的梦境时，常常会回避性欲主题，不像他在分析别人的梦境时那么敞开。弗洛伊德立刻否认，坚持举例说，他完整分析的一个梦境中，即揭示他和父亲之间不快的关系。布勒东不接受这样的借口，两人的通信就这样戛然而止[607]。

不论发生任何事情，都无法让弗洛伊德远离费伦齐。1933年1月，在回复费伦齐诚挚的新年祝福时，他回忆："有关生活、情感以及对兴趣的热烈感受"把他们两人结合在一起。现在这个共有的感觉被"某些心理上的苦难"入侵[608]。来自布达佩斯的回应却是沉默的，因为费伦齐已经病痛缠身。之后，3月底，带着和解与自我批判，费伦齐答应暂停他"孩子气的噘嘴"，说他那致命的贫血又复发，他感觉"慢慢地被神经质的崩溃所淹没"[609]。弗洛伊德带着警觉，以最亲切的态度回复他，敦促那时已经病入膏肓的费伦齐好好照顾自己，他们在技术和理论上的讨论可以等以后再说[610]。这是弗洛伊德给他的最后一封信，次日，他告诉艾廷冈,费伦齐出现了"严重的幻觉"^⑪。费伦齐在 4 月 9 日口述了一封信,于 5 月 4 日通过他太太吉塞拉寄给弗洛伊德。5 月 22 日费伦齐过世。

数日之后,弗洛伊德在回复琼斯的慰问信时说,"我们的损失,是巨大且痛苦的。"费伦齐曾经"在旧日时光中占据了一部分",而另一部分会在弗洛伊德谢世后从舞台上消失。但这个损失,"并不是才出现的。多年来,费伦齐已经不再与我们共事,也不再是他自己。我们现在可以更清楚地看到,费伦齐缓慢的恶化过程。他的生理表现是致命的贫血,马上接连严重的肢体损伤"。肝功能治疗带来的只是最有限的好转。"在最后几星期里,他无法行走或站立。同时,伴随着怪异逻辑念头的出现,他的心智能力跟着极度退化,形成一种妄想症状。"后面的症状毫无疑问就是针对弗洛伊德。"在这其中最核心的问题,是我对他的爱并不够,不欣赏他的工作,把他的分析贬得一文不值。"这反而成为费伦齐后来恶名昭彰的临床实验之关键。如同弗洛伊德数年来抱持的态度,费伦齐在"技术上的创新"和他对弗洛伊德的感情有关。"他想要对我表示,分析家应该如何亲善地对待他的病人,如果真的想帮助他们的话。他不知不觉退化到儿童时期的情结,这其中最大的伤害就是,他的妈妈并不爱他,他在 11 个或 13 个兄弟姊妹中,排行在中间。因此他把自己变成一个好母亲,并且找到他所需要的小孩。"他受这样的错觉所诱导,认为他曾经每天花费四到五小时去分析的一位美国女病人,在她回到美国之后,还能以一种不可思议的方式对他产生影响;费伦齐认为她用这种方式拯救了他。"因此,他扮演两个角色,母亲以及小孩。"他把这位女病人奇特的儿童创伤当真。正是在这种"心神错乱"中,弗洛伊德悲伤地总结:"他那曾经如此伟大的心智,慢慢地消失退化。""但是,"他带着语重心长的口气说,"我们将把他的悲哀结局当作我们之间的秘密。"^⑫

费伦齐死后留下国际精神分析协会的副会长职位,弗洛伊德提名玛丽·波拿巴,"不只因为我们可以让她向外在世界炫耀",也因为她是"一位有高度智慧的女性,在工作上充满男子气概,曾发表过不错的论文,全心投入这个志业,也可以带来实质赞助的好处。她现在已经 50 岁了,可能很快会从其他兴趣中转移沉浸到分析工作里。更不用说,她可以使法国精神分析团体仍然组织在一起"。更甚者,她不是个医师,让一位非医学专业分析家得到这个崇高的位置"绝对可以表达出对高傲的医师们的反抗,看他们还会不会认为精神分析只是精神医学的一部分而已"⑬。

这封写给琼斯的信,看起来像是一个老人家在向命运挑战。在最后十年间,弗洛伊德经历了一连串丧失亲友的残酷打击:他的女儿苏菲、曾孙海纳勒、他的塔罗牌牌友、他的分析伙伴包括亚伯拉罕以及费伦齐,还有从另一个角度来看的兰克。最后,他自己也受癌症的侵扰。整个世界已经分崩离析了,但没有理由停止分析,也没有理由去拒绝栖息在带有幽默风格的避难所之中。弗洛伊德仿佛威廉·布施著名诗作里谈到的一只受困于捕鸟胶的小鸟。当这只鸟尝试着挣脱却无能为力时,一只黑猫慢慢靠近;看到它无法逃避的终结即将趋近,这只鸟决定把最后一分钟用来大声歌唱。"这只鸟在我看来,"布施睿智地评论说,"似乎有种特别的幽默感(Der Vogel, scheint mir, hat Humor)。"⑭弗洛伊德亦是如此,尽管他已开始逐渐怀疑,最后的努力还是有些用处的。

注 释

① See "Postscript" to *Lay Analysis*, *SE* XX, 257.

② "Ansprach im Frankfurter Goethe-Haus" (1930), *GW* XIV, 547/"Address Delivered in the Goethe Hous at Frankfurt," *SE* XXI, 208.

③ Freud to Ferenczi, October 23, 1927. Freud-Ferenczi Correspondence, Freud Collection, LC.

④ Freud to Ferenczi, April 17, 1923. Ibid.

⑤ Freud to Eitingon, October 16, 1927. By permission of Sigmund Freud Copyrights, Wivenhoe.

⑥ Freud to Arnold Zweig, March 20, 1927. *Freud-Zweig*, 10(2).

⑦ Freud to Eitingon, March 22, 1927. By permission of Sigmund Freud Copyrights, Wivenhoe.

⑧ Freud to James Strachey, August 13, 1927. In English. By permission of Sigmund Freud Copyrights, Wivenhoe.

⑨ Freud to Andreas-Salomé, May 11, 1927. *Freud-Salomé*, 181(165).

⑩ Freud to Andreas-Salomé, December 11, 1927. Ibid, 188(171).

⑪ Laforgue's account of this episode is quoted in Clark, *Freud*, 471.

⑫ Freud to Pfister, November 25, 1928. *Freud-Pfister*, 136(126).

⑬ Freud to Silberstein, August 6, 1873. Freud Collection, D2, LC.

⑭ Freud to Silberstein, September 18, 1874. Ibid.

⑮ Freud to Rank, November 8, 1874. Ibid.

⑯ Freud to Charles Singer, October 31, 1938. *Briefe*, 469.

⑰ Freud Collection LC, uncatalogued.

⑱ "Zwangshandlungen und Religionsübungen" (1907), *GW* VII, 138 – 139/"Obsessive Actions and Religious Practices," *SE* IX, 126 – 127.

⑲ Freud to Ferenczi, August 20, 1911. Freud-Ferenczi Correspondence, Freud Collection, LC.

⑳ Freud to Pfister, November 26, 1927. *Freud-Pfister*, 126(117).

㉑ Freud to Pfister, October 16, 1927. Ibid, 116(109 – 110).

㉒ Pfister to Freud, October 21, 1927. Ibid, 117(110).

㉓ Denis Diderot, "Fait," in the *Encyclopédie* (1756). Reprinted in his *Oeuveres complètes*, ed. Jules Assézat and Maurice Tourneux, 20 vols. (1875 – 1877), XV, 3.

㉔ Pfister to Freud, November 24, 1927. *Freud-Pfister*, 123(115).

㉕ Die Zukunfi einer Illusion, *GW* XIV, 358/The Future of an Illusion, *SE* XXI, 35.

㉖ Ibid, 326 – 327, 328/6, 7.

㉗ Ibid, 328 – 329/7 – 8.

㉘ Freud to Martha Bernays, August 29, 1883. *Briefe*, 56.

㉙ Die Zukunfi einer Illusion, *GW* XIV, 333/The Future of an Illusion, *SE* XXI, 12.

㉚ Ibid, 336 – 337/15 – 16.

㉛ Ibid, 343/21.

㉜ Ibid, 352/30.

㉝ Ibid, 353/31.

㉞ Ibid, 351/29.

㉟ Ibid, 350/28.

㊱ Ibid, 361/37 – 38.

㊲ Ibid, 361 – 362/38.

㊳ Ibid, 362/38.

㊴ Ibid, 360/36.

㊵ Freud to Ferenczi, April 20, 1919. Freud-Ferenczi Correspondence, Freud Collection, LC.

㊶ Die Zukunfi, einer Illusion, *GW* XIV, 378 – 379/The Future of an Illusion, *SE* XI, 54.

㊷ Ibid,380/56.

㊸ Freud to Rolland,March 4,1923. *Briefe*,359.

㊹ Petrikowitsch to Freud, draft of letter of January 1, 1928. Leo Baeck Institute, New York. See also Fred Grubel, "Zeitgenosse Sigmund Freud," *Jahrbuch der Psychoanalyse*. XI (1979). 73 – 80.

㊺ Freud to Petrikowitsch, January 17, 1928. Quoted in Ibid, 78.

㊻ *New York Times*, December 27, 1927, 6(dateline "Vienna, December 26").

㊼ Freud to Eitingon, April 3, 1928. By permission of Sigmund Freud Copyrights, Wivenhoe.

㊽ Eitingon to Freud, June 9, 1928. By permission of Sigmund Freud Copyrights, Wivenhoe.

㊾ Oskar Pfister, "Die Illusion einer Zukunft. Eine freundschaftliche Auseinandersetzung mit Prof. Dr. Sigmund Freud," *Imago*, XIV(1928), 149 – 150.

㊿ Freud to "Dear Friends," February 28, 1928. Circular letter dictated to Anna Freud. Jones papers, Archives of the British Psycho-Analytical Society, London.

(51) Nathan Krass, January 22, 1928, as reported in "Psychoanalyzing a Psychoanalyst," *New York Times*, January 23, 1928. Quoted in Clark, *Freud*, 469 – 470.

(52) See, for example, Emiol Pfennigsdorf, *Praktische Theologie*, 2 vols. (1929 – 1930), II, 597.

(53) "Psychoanalyse und Religion," *Süddeutsche Monatshefte*, XXV(1928). Quoted in A. J. Storfer, "Einige Stimmen zu Sigm. Freuds 'Zukunft einer *Illusion*,'" *Imago*, XIV (1928), 379.

(54) Clemen, *Die Anwendung der Psychoanalyse auf Mythologie und Religionsgeschichte*, 127 – 128.

(55) Emil Abderhalden, "Sigmund Freuds Einstellung zur Religion," *Ethik*, V(1928 – 1929), 93.

(56) Freud to Hollós, April 10, 1928. Freud Museum, London.

(57) "of a ahange soon": Freud to Wittels, April 20, 1928. Ibid. (Wittels quotes the complete letter in a rather clumsy translation in his unpublished autobiography, "Wrestling with the Man: The Story of a Freudian," 176. Typescript, Fritz Wittels Collection, Box 2. A. A. Brill Library, New York Psychoanalytic Intitute.)

(58) Freud to Wittels, July 11, 1928. Quoted in translation in Wittels, "Wrestling with the Man," 176 – 177. Ibid.

(59) Freud to Jones, July 1, 1928. Freud Collection, D2, LC.

⑥ See summary of Pichler's notes for May 8, 1928, in *Jones* III, 141.

⑥ Freud to Jones, July 1, 1928. Freud Collection, D2, LC.

⑥ Pichler, notes for April 16, 1928. Quoted in "Extract of Case History," *Jones* III, 479.

⑥ Pichler, notes for April 24, 1928. Ibid.

⑥ Pichler, notes for May 7, 1928. Ibid.

⑥ Freud to Andreas-Salomé, May 9, 1928. *Freud-Salomé* 191 (174).

⑥ Freud to Jones, July 1, 1928. Freud Collection, D2, LC.

⑥ Freud to Alexander Freud, September 28, 1928. Ibid, B1, LC.

⑥ Freud to Alexander Freud, September 24, 1928. Ibid, See also Freud to Alexander Freud, September 4, 1928. Ibid.

⑥ Freud to Andreas-Salomé, n. d. (shortly before July 10, 1931). *Freud-Salomé*, 212 (194).

⑦ Freud to Andreas-Salomé, May 9, 1929. Ibid, 196 (179). 这些影片都包含在 Lynne Weiner 所剪辑的一系列影片:《弗洛伊德,他的家人与同事,1928—1947》当中。

⑦ A. A. Brill Library, New York Psychoanalytic Institute.

⑦ Freud to Ida Fliess, December 17, 1928. By permission of Sigmund Freud Copyrights, Wivenhoe.

⑦ Freud to Ida Fliess, December 30, 1928. By permission of Sigmund Freud Copyrights, Wivenhoe.

⑦ Freud to Anna Freud (telegram), April 12, 1927. Freud Collection, LC.

⑦ Anna Freud to Freud, n. d. (spring 1927). Ibid.

⑦ Freud to Andreas-Salomé, May 11, 1927. Freud Collection, B3, LC.

⑦ Freud to Eitingon, June 22, 1928. By permission of Sigmund Freud Copyrights, Wivenhoe.

⑦ See Brandes to Freud, June 11 and 26, 1928. Freud Museum, London.

⑦ See Joseph Wortis, *Fragments of an Analysis with Freud* (1954), 23.

⑧ Freud to Andreas-Salomé, May 11, 1927. Freud Collection, B3, LC.

⑧ Freud to Andreas-Salomé, December 11, 1927. Ibid.

⑧ Freud to Ferenczi, October 23, 1927. Freud-Ferenczi Correspondence, Freud Collection, LC.

⑧ Laforgue to Freud, April 9, 1925. From the Freud-Laforgue correspondence, tr. into French by Pierre Cotet and ed. André Bourguignon et al, in *Mémorial, Nouvelle Revue de*

Psychanalyse, XV (April 1977), 260.

㉘ Freud to Laforgue, April 14, 1925. "Mémorial," 260 – 261.

㉘ See Laforgue to Freud, May 1, 1925. Ibid, 261.

㉘ Quoted in Bertin, *Marie Bonaparte*, 150.

㉘ Freud to Eitingon, October 30, 1925. By permission of Sigmund Freud Copyrights, Wivenhoe.

㉘ Freud to laforgue, November 15, 1925. "Mémorial," 273. 见五份笔记本，包在人造皮革里，书写的日期介于 1889 年 11 月 22 日到 1891 年 7 月 21 日，以英文、德文、法文写成。

㉘ Freud Museum, London. 见玛丽·波拿巴在弗洛伊德自我记录里的笔记，"1928 年的时候由弗洛伊德交给我"。法文书写。

⑩ Jones papers, Archives of the British Psycho-Analytical Society, London.

㉑ Quoted in Andreas-Salomé to Freud, July 14, 1929. *Freud-Salomé*, 198 (181).

㉒ Freud to Andreas-Salomé, July 28, 1929. Ibid, 198 (181).

㉓ Ibid.

㉔ Freud to Jones, January 26, 1930. Freud Collection, D2, LC.

㉕ See "Civilization and Its Discontents," *SE* XXI, 117.

㉖ Freud to Eitingon, July 8, 1929. By permission of Sigmund Freud Copyrights, Wivenhoe. See "Editor's Introduction" to *Civilization and Its Discontents*, *SE* XXI, 59 – 60.

㉗ Das Unbehagen in der Kultur, *GW* XIV, 421 – 422/Civilization and Its Discontents, *SE* XXI, 64.

㉘ Ibid, 432/75.

㉙ Ibid, 432/75.

⑩⓪ Ibid, 438n, 434/80n, 76.

⑩① Ibid, 445 – 447/87 – 89.

⑩② Ibid, 451/91 – 92.

⑩③ Ibid, 471/111. 这个古谚出自希腊神话中的财神（Plautus）。

⑩④ "Nachschrift 1935" to "Selbstdarstelung," *GW* XVI, 32 – 33/ "Postscript" to "Autobiographical Study," *SE* XX, 72.

⑩⑤ See Freud to Ferenczi, November 17, 1918. Freud-Ferenczi Correspondence, Freud Collection, LC.

⑩⑥ Das Unbehagen in der Kultur, *GW* XIV, 504/Civilization and Its Discontents, *SE* XXI, 143.

⑩ Ibid,462/103.

⑩ Ibid,469-470/110-111.

⑩ See Ibid,504/143.

⑩ Ibid,473/113-114.

⑪ Ibid,474/114.(see Ibid,475n/114n)从弗洛伊德在正文中的注释,他先前就已经创造了这个词汇,并且在 1918 年的一篇小文章《贞洁禁忌》(The Taboo of Virginity)以及《群体心理学与自我分析》(1921)当中都使用过。

⑫ Das Unbehagen in der Kultur, *GW* XIV,474/Civilization and Its Discontents,*SE* XXI,114-115.

⑬ Ibid,474,481/115,122.

⑭ Ibid,502-506/141-144.

⑮ Ibid,506/145. I have alread quoted the first of these passages on p.356.

⑯ *Kürzeste Chronik*,November 11 and 14,December 7-10,1929. Freud Museum,London.

⑰ November 7 and October 31,1929. Ibid.

⑱ See *Jones* III,148.

⑲ Jones to Freud,January 1,1930. Typescript copy,Freud Collection,D2,LC.

⑳ Freud to Jones,January 26,1930. Ibid.

㉑ Pfister to Freud,February 4,1930. *Freud-Pfister*,142(131).

㉒ Freud to Pfister,February 7,1930. Freud Museum,London.

㉓ Das Unbehagen in der Kultur, *GW* XIV,506/Civilization and Its Discontents,*SE* XXI,145.

㉔ Freud to Arnold Zweig,December 7,1930. *Freud-Zweig*,37(25).

㉕ See Will Brownell and Richard N. Billings,*So Close to Greatness*:*A Biography of William C. Bulitt*(1987),123.

㉖ William Bullitt,"Foreword"to Freud and Bullitt,*Thomas Woodrow Wilson*:*A Psychological Study*(1967;paperback ed.,1968),V-VI.

㉗ *Jones* III,16-17.

㉘ Massenpsychologie,*GW* XIII,103/Group Psychology,*SE* XVIII,95.

㉙ Freud to William Bayard Hale,January 15,1922. In English. William Bayard Hale papers,box 1,folder 12,Y-MA.

㉚ Freud to Hale,January 3,1922. In English. Ibid.

㉛ Freud to Hale,January 15,1922. In English. Ibid.

⑬² When Ernest Jones reviewed the book, he hailed it as "a remarkable and original study," but agreed with Freud that it was not psychoanalysis. (*Int. J. Psycho-Anal.*, Ⅲ〔1922〕, 385 – 386.)

⑬³ Freud to Hale, January 15, 1922. In English. William Bayard Hale papers, box 1, folder 12. Y-MA.

⑬⁴ See Freud to Hale, January 20, 1922. In English. Ibid.

⑬⁵ Bullitt, "Foreword" to *Thomas Woodrow Wilson*, v.

⑬⁶ Bullitt to House, July 29, 1930. Colonel E. M. House papers, series I, box 21. Y-MA.

⑬⁷ House to Bullitt, July 31, 1930. Ibid.

⑬⁸ Bullitt to House, August 4, 1930. Ibid.

⑬⁹ Bullitt to House, September 3, 1930. Ibid.

⑭⁰ Bullitt to House, September 20, 1930. Ibid.

⑭¹ *Kürzeste Chronik*, October 17, 1930. Freud Museum, London.

⑭² Bullitt to House, October 26, 1930. Colonel E. M. House papers, series 1, box 21. Y-MA.

⑭³ Ibid.

⑭⁴ *Kürzeste Chronik*, October 29, 1930. Freud Museum, London.

⑭⁵ Bullitt to House, November 23, 1930. Colonel E. M. House papers, series I, box 21. Y-MA.

⑭⁶ Freud to Arnold Zweig, December 7, 1930. *Freud-Zweig*, 37 (25).

⑭⁷ Bullitt to House, August 17, 1931. Colonel E. M. House papers, series I, box 21. Y-MA.

⑭⁸ Bullitt to House, December 13, 1931. Ibid.

⑭⁹ House to Bullitt, December 28, 1931. Ibid.

⑮⁰ Bullitt to House, April 29, 1932. Ibid.

⑮¹ Freud to Eitingon, November 20, 1932. By permission of Sigmund Freud Copyrights, Wivenhoe.

⑮² Freud and Bullitt, *Thomas Woodrow Wilson*, 59 – 60.

⑮³ Ibid, 69.

⑮⁴ Ibid, 89.

⑮⁵ Ibid, 83.

⑮⁶ Ibid, 228.

⑮⁷ Ibid, 338.

⑮⁸ 根据出版这本书的 Houghton Mifflin 出版社里一位编辑 Alick Bartholomew 的备忘

录,安娜·弗洛伊德宣称这本书已经变成"一本拙劣的学舌之作,草率地不断重复着例如'对他父亲的屈从'以及'与耶稣基督的认同'等等句子。这些重复的精神分析句型变成一种咒语"(Quoted in Brownell and Billings, *So Close to Greatness*, 349)。在 1965 年 8 月,在重读这本书之后,她强硬地评论说:"分析解释在布氏笔下的运用是不可能的,幼稚,笨拙,几近可笑。"(Anna Freud to Schur, August 10, 1965. Max Schur papers, LC.)

⑲ Freud to Eitingon, July 25, 1931. By permission of Sigmund Freud Copyrights, Wivenhoe.

⑳ Freud to Paul Hill, November 16, 1934. Paul Hill Collection, Hoover Institution Archives, Stanford University. (I owe this reference to Juliette George.)

㊶ Richard Hofstadter, *The American Political Tradition and the Men Who Made It* (1948), 248.

㊷ Freud, "Introduction" to *Thomas Woodrow Wilson*, xiii – xiv.

㊸ See *Jones* Ⅲ, 124.

㊹ See Ibid, 144.

㊺ See Freud to Pfister, Easter 1932. By permission of Sigmund Freud Copyrights, Wivenhoe.

㊻ Freud to Jones, September 12, 1932. Freud Collection. D2, LC.

㊼ Freud to Eitingon, November 15, 1931. By permission of Sigmund Freud Copyrights, Wivenhoe.

㊽ See *Kürzeste Chronik*, January 18, 1932. Freud Museum, London. (Freud to Eitingon, January 19, 1932. By permission of Sigmund Freud Copyrights, Wivenhoe.) 给艾廷冈的信中,弗洛伊德在说明这个消息的时候误用了一个美元的符号。这显然是个笔误,弗洛伊德其后立刻问艾廷冈:"这值多少美元?"

㊾ Freud to Fliess, March 11, 1902. *Freud-Fliess*, 503(457).

㊿ Freud to Ferenczi, April 20, 1919. Freud-Ferenczi Correspondence, Freud Collection, LC.

⑰ Freud to Arnold Zweig, March 5, 1939. *Freud-Zweig*, 186(178).

⑰ Jones, *Free Association*, 191.

⑰ Freud to Ferenczi, January 10, 1909. Freud-Ferenczi Correspondence, Freud Collection, LC.

⑰ Freud to Jones, September 25, 1924. In English. Freud Collection, D2, LC.

⑰ Freud to Jones. December 21, 1925. Dictated to Anna Freud. Ibid.

⑰ Freud to Rank, May 23, 1924 Rank Collection, Box 1b. Rare Book and Manuscript Library, Columbia University.

⑰ Freud to Pfister, March 11, 1913. By permission of Sigmund Freud Copyrights, Wivenhoe.

⑱ Freud to "Miss Downey," March 1, 1922. Freud Collection (to be placed in series B), LC.

⑲ Freud to Rank, August 6, 1924. Rank Collection, Box 1b. Rare Book and Manuscript Library, Columbia University.

⑳ Freud to Ferenczi, March 30, 1922. Freud-Ferenczi Correspondence, Freud Collection, LC.

㉑ Freud to Eitingon, November 11, 1921. By permission of Sigmund Freud Copyrights, Wivenhoe.

㉒ Pfister to Freud, July 21, 1921. By permission of Sigmund Freud Copyrights, Wivenhoe.

㉓ Freud to Abraham, August 24, 1912. Karl Abraham papers, LC.

㉔ Freud to Pfister, July 29, 1921. By permission of Sigmund Freud Copyrights, Wivenhoe.

㉕ Freud to Jones, December 9, 1921. In English. Freud Collection, D2, LC.

㉖ Freud to Jones, March 18, 1921. In English. Ibid.

㉗ Freud to Blumgart, Noevmber 28, 1922. A. A. Brill Library, New York Psychoanalytic Institute.

㉘ Freud to Lehrman, January 27, 1930. Ibid.

㉙ Freud to Lehrman, October 5, 1930. Ibid.

⑨⓪ Freud to Jones, September 25, 1924. In English. Freud Collection, D2, LC.

⑨① Freud to Jones, January 4, 1929. Ibid. Reproduced in Jones's slightly different translation in *Jones* Ⅲ, 143.

⑨② Introduction to the Special Psychopathology Number of The Medical Review of Reviews" (1930), *SE* XXI, 254 – 255. The words in Italics are in English in Freud's original.

⑨③ Freud to Jones, December 26, 1912. In English. Freud Collection, D2, LC.

⑨④ Freud to Rado, September 30, 1925. Ibid, B9, LC.

⑨⑤ Freud to Frankwood Williams, December 22, 1929. Typescript copy, Freud Museum, London.

⑨⑥ See *Jones* Ⅱ, 59 – 60.

⑨⑦ Freud to Ferenczi, November 21, 1909. Freud-Ferenczi Correspondence, Freud Collection, LC.

⑨⑧ Freud to Jones, March 10, 1910. In English. Freud Collection, D2, LC.

⑲ Freud to Ferenczi, April 20, 1919. Freud-Ferenczi Correspondence, Freud Collection, LC.

⑳ Quoted in Schur to Jones, September 30, 1955. Max Schur papers, LC.

㉑ Freud to Jones, April 12, 1921. In English. Freud Collection, D2, LC.

㉒ Freud to Rank, May 23, 1924. Rank Collection, Box 1b. Rare Book and Manuscript Library, Columbia University.

㉓ "Die endliche und die unendliche Analyse," *GW* XVI, 60/"Analysis Terminable and Intermi-nable," *SE* XXIII, 216.

㉔ Freud to Jones, March 8, 1920. In English. Freud Collection, D2, LC.

㉕ Freud to Pfister, August 20, 1930. *Freud-Pfister*, 147(135).

㉖ Laforgue to Freud, July 8, 1927. "Méorial," 288.

㉗ 《警告美国生活的危险性/布达佩斯的费伦齐医师觉得需要以精神分析来治疗大众神经症/在旅行演说之后启程/作为弗洛伊德医师训练的精神分析家将在这里展开他的工作》, *New York Times*, June 5, 1927, sec. 2, 4.

㉘ Stendhal, *De l'amour* (1822), ed. Henri Martineau (1938), 276.

㉙ Stendhal, *Lucien Leuwen* (posthumously published), ed. Arme-Marie Meininger, 2 vols. (1982), 1, 113.

㉚ Charles Dickens, *Martin Chuzzlewit* (1843), ch. 16.

㉛ Philip Burne-Jones, *Dollars and Democracy* (1904), 74. (I owe this reference to C. Vann Woodward.)

㉜ Freud to Ferenczi, January 17, 1909. Freud-Ferenczi Correspondence, Freud Collection, LC.

㉝ Freud to Jung, October 17, 1909. *Freud-Jung*, 282(256).

㉞ Freud to Jones, September 21, 1913. In English. Freud Collection, D2, LC.

㉟ Freud to Dr. Samuel A. Tannenbaum, April 19, 1914. Ibid, B4, LC.

㊱ Freud to Jones, May 11, 1920. In English. Ibid, D2, LC.

㊲ See Freud to Putnam, July 8, 1915. *James Jackson Putnam*: *Letters*, 376.

㊳ Freud to Pfister, November 3, 1921. *Freud-Pfister*, 86(83).

㊴ Freud to Eitingon, July 21, 1932. By permission of Sigmund Freud Copyrights, Wivenhoe.

㊵ Citation for the Goethe Prize, signed "Landmann," lord mayor of Frankfurt. Typescript copy. Freud Collection, B13, LC. See also letter from Dr. Alfons Paquet, secretary to the trustees of the fund, to Freud, July 26, 1930, informing him of the award. (*GW* XIV 545–546n).

㉑ *Kürzeste Chronik*, November 6, 1930. Freud Museum, London.

㉒ See Freud to Eitingon, August 26, 1930. By permission of Sigmund Freud Copyrights, Wivenhoe.

㉓ See *Jones* Ⅲ, 151.

㉔ Freud to Paquet, August 3, 1930. *GW* XIW, 546/*SE* XXI, 207.

㉕ Freud to Jones, August 30, 1930. Freud Collection, D2, LC.

㉖ Ibid.

㉗ Freud to Jones, September 15, 1930. Ibid.

㉘ Freud to Andreas-Salomé, October 22, 1930. *Freud-Salomé*, 207(190).

㉙ Freud to Jones, May 12, 1930. Freud Collection, D2, LC.

㉚ Freud to Jones, May 19, 1930. Ibid.

㉛ Freud to Andreas-Salomé, May 8, 1930. *Freud-Salomé*, 205(187-188).

㉜ See *Kürzeste Chronik*, August 24, 1930. Freud Museum, London.

㉝ Freud to Eitingon, December 1, 1929. By permission of Sigmund Freud Copyrights, Wivenhoe. See also Freud to Abraham, May 29, 1918. *Freud-Abraham*, 259(275). And see Schur, *Freud, Living and Dying*, 314-315, 423-424.

㉞ Freud to Jones, September 15, 1930. Freud Collection, D2, LC. The phrase "there is no saying" is in English.

㉟ See Freud to Alexander Freud, September 10, 1930. Ibid, B1, LC.

㊱ Freud to Jones, September 15, 1930. Ibid, D2, LC.

㊲ Forsyth to Freud, January 7, 1931. Freud Museum, London.

㊳ Freud to Eitingon, January 18, 1931. By permission of Sigmund Freud Copyrights, Wivenhoe. See also Freud to Jones, February 12, 1931. Freud Collection, D2, LC.

㊴ Freud to Jones, June 2, 1931. Ibid.

㊵ Freud to Arnold Zweig, May 10, 1931. By permission of Sigmund Freud Copyrights, Wivenhoe.

㊶ See *Kürzeste Chronik*, May 5, 1931. Freud Museum, London.

㊷ Freud to Andreas-Salomé, May 9, 1931. *Freud-Salomé*, 210(193).

㊸ Quoted in *Jones* Ⅲ, 158.

㊹ Einstein to Freud, April 29, 1931. Freud Collection, B3, LC.

㊺ Dr. M. Bernhard, president of the Herzl Club, and Dr. Wilhelm Stein, secretary to Freud, May 5, 1931. Freud Museum, London.

㊅ All in Freud Museum, London.

㊇ See *Jones* Ⅲ, 155.

㊈ Feuchtwang to Freud, April 7, 1931. Freud Museum, London.

㊉ Printed invitation to the festival at Príbor on October 25, 1931. Ibid.

㊊ Freud to the mayor of Príbor on October 25, 1931. Typescript copy, Freud Collection, B3, LC/"Letter to the Burgomaster of Príbor," *SE* XXI, 259. I have already quoted this passage on p. 9.

㊋ See *Jones* Ⅲ, 157.

㊌ Ferenczi to Freud, May 15, 1922. Freud-Ferenczi Correspondence, Freud Collection, LC.

㊍ Ferenczi to Freud, October 14, 1915. Ibid.

㊎ See for one instance Freud to Ferenczi, April 8, 1915. Ibid.

㊏ Ferenczi to Freud, March 20, 1922. Ibid.

㊐ Freud to Ferenczi, March 30, 1922. Ibid.

㊑ Ferenczi to Freud, September 3, 1923. Ibid.

㊒ Freud to Ferenczi, October 6, 1910. Ibid.

㊓ Freud to Ferenczi, June 28, 1909. Ibid.

㊔ Freud to Ferenczi, July 21, 1922. Ibid.

㊕ Freud to Eitingon, June 30, 1927. By permission of Sigmund Freud Copyrights, Wivenhoe.

㊖ Eitingon to Freud, August 10, 1927. By permission of Sigmund Freud Copyrights, Wivenhoe.

㊗ Freud to Ferenczi, (postcard), December 18, 1927. Freud-Ferenczi Correspondence, Freud Collection, LC.

㊘ Freud to Eitingon, August 8, 1927. By permission of Sigmund Freud Copyrights, Wivenhoe.

㊙ Freud to Eitingon, August 26, 1927. By permission of Sigmund Freud Copyrights, Wivenhoe.

㊚ Freud to Ferenczi, September 18, 1931. Freud-Ferenczi Correspondence, Freud Collection, LC.

㊛ Ferenczi to Freud, February 6, 1925. Ibid.

㊜ See Ferenczi to Freud, February 14, 1930. Ibid.

㉖⑨ Freud to Eitingon, November 3, 1930. By permission of Sigmund Freud Copyrights, Wivenhoe.

㉗⓪ Ferenczi to Freud. September 15, 1931. Freud-Ferenczi Correspondence, Freud Collection, LC.

㉗① Freud to Ferenczi, September 18, 1931. Ibid.

㉗② Ferenczi to Freud, August 17, 1922. Ibid.

㉗③ Freud to Ferenczi, December 13, 1931. Ibid.

㉗④ Ferenczi to Freud, December 27, 1931. Ibid.

㉗⑤ January 7, 1932, *Klinisches Tagebuch*. Typescript, with a few handwritten pages, Freud Collection, B22, LC, catalogued as "Scientific Diary."

㉗⑥ March 17, 1932. Ibid.

㉗⑦ January 7, 1932. Ibid.

㉗⑧ March 20, 1932. Ibid.

㉗⑨ January 7, 1932. Ibid.

㉘⓪ March 20, 1932. Ibid.

㉘① February 14, 1932. Ibid.

㉘② June 28, 1932. Ibid.

㉘③ Ibid.

㉘④ Ferenczi to Georg and Emmy Groddeck, March 3, 1932. Sándor Ferenczi and Georg Grod-deck, *Briefwechsel 1921–1933*, ed. Willi Köhler (1986), 85.

㉘⑤ August 4, 1932, *Klinisches Tagebuch*. Freud Collection, B22, LC.

㉘⑥ Ibid.

㉘⑦ Ibid.

㉘⑧ Ibid.

㉘⑨ See April 5, and July 26, 1932. Ibid.

㉙⓪ August 4, 1932. Ibid.

㉙① July 7, 1932. Ibid.

㉙② Freud to Eitingon, April 18, 1932. By permission of Sigmund Freud Copyrights, Wivenhoe.

㉙③ Freud to Jones, September 12, 1932. Freud Collection, D2, LC.

㉙④ See Freud to Eitingon, August 24, 1932. By permission of Sigmund Freud Copyrights, Wivenhoe.

㉕ Freud to Ferenczi, May 12, 1932. Freud-Ferenczi Correspondence, Freud Collection, LC.

㉖ Ferenczi to Freud, May 19, 1932. Ibid.

㉗ Ferenczi to Freud, August 21, 1932. Ibid.

㉘ See Freud to Ferenczi, August 24, 1932. Ibid.

㉙ Freud to Jones, September 12, 1932. Freud Collection, D2, LC.

㉚ Freud to Eitingon (telegram), September 2, 1932. By permission of Sigmund Freud Copyrights, Wivenhoe.

㉛ Freud to Anna Freud, September 3, 1932. Freud Collection, LC.

㉜ Ibid. 布里尔的说法,"他并不诚恳"在弗洛伊德信中以英文出现。值得注意的是,欧内斯特·琼斯对这个碰面的记录(*Jones* III, 172-173)以这封信巨细靡遗地呈现。

㉝ See Freud to Eitingon, August 24, 1932. By permission of Sigmund Freud Copyrights, Wivenhoe.

㉞ Freud to Anna Freud, September 3, 1932. Freud Collection, LC. 最后的这句话破除 Jeffery Moussaieff Masson 影射,弗洛伊德在没有听过费伦齐的想法之前就诋毁他,并把意见放在 8 月 29 日给艾廷冈的一封信中,正是费伦齐在维也纳念文章给弗洛伊德听的前一天(见 Masson, *The Assault on Truth*, 170-171)。显然,弗洛伊德和他的女儿,都应该对费伦齐的最新想法有些了解。

㉟ Freud to Jones, September 12, 1932. Freud Collection, D2, LC.

㊱ Freud to Eitingon, October 20, 1932. By permission of Sigmund Freud Copyrights, Wivenhoe.

㊲ See Spector, *The Aesthetics of Freud*, 149-155.

㊳ Freud to Ferenczi, January 11, 1933. Freud-Ferenczi Correspondence, Freud Collection, LC.

㊴ Ferenczi to Freud, March 27, 1933. Ibid.

㊵ See Freud to Ferenczi, April 2, 1933. Ibid.

㊶ Freud to Eitingon, April 3, 1933. By permission of Sigmund Freud Copyrights, Wivenhoe.

㊷ Freud to Jones, May 29. 1933. Freud Collection, D2, LC.

㊸ Freud to Jones, August 23, 1933. Ibid.

㊹ Wilhelm Busch, "Es sitzt ein Vogel auf dem Leim," in *Kritik des Herzens* (1874), *Wilhelm Busch Gesamtausgabe*, ed. Friedrich Bohne, 4 vols. (1959), II, 495.

第十二章 死于自由

灾难政治学

弗洛伊德晚年面对的政治纷扰比他对人性最灰暗的观念还要灰暗。"现在对时局说什么都是多余的了,"他1932年4月对琼斯说,"也许我们只是在重蹈一件荒谬的事:当房子失火的时候,我们救的却是鸟笼。"①那年春天和夏天②,他都埋首于写作《精神分析新论》。尽管有种种政治动荡,但20世纪20年代——特别是中叶——都预示着一个经济复苏的大好前景。不过事实证明,那只是昙花一现:1929年夏天爆发的经济大萧条改变了一切。

随之而来的一个灾难性后果就是纳粹得势。在1928年的德国国会大选中,纳粹只赢得12个席位,但到了1930年9月的大选却一举攻占了107席,成为国会中仅次于社会民主党的第二大党。为什么会有如此戏剧性的变化?原因再清楚不过:随着失业率飙升、银行相继倒闭和公司纷纷破产,德国的选民已经对中产阶级政党失望透顶,纷纷改投希特勒的阵营。魏玛共和国固然要苟延残喘到1933年1月才告寿终正寝,但在1930年的大选后,它已是处于布吕宁(Heinrich Brüning)——一个保守的天主教徒——援引紧急法令所实施的独裁统治下。因此,这个国家实际上已踏上了极权主义的不归路。

魏玛共和国的短命历史和悲剧收场证明了第一次世界大战的余波所积聚的能量有多巨大,只要点燃,就会形成一场新的燎原大火——经济大萧条恰好充当了引火物。纽约股市大崩盘发生于1929年10月29日,但这个"黑色星期二"与其说是大萧条的肇因,不如说只是千疮百孔的经济结构的病征。美国的股市大崩盘迅即对极度仰赖美国资金和市场的欧洲各个脆弱经济体带来巨大冲击。美国国会在1930年通过的高关税率,以及不肯通融战败国延缓赔款的做法,都让欧洲的经济雪上加霜——等胡佛总统在1931年7月宣布容许战败国延期偿还赔款时，一切为时已晚。就在无能政客兀自争吵不休之际，千万小市民只能坐看毕生积蓄化为乌有。只有像蒲立德之类的少数人才会觉得这场灾难具有促进作用。

在这个全球灾难中，奥地利的处境没有比别人好，只有比别人差。由于一直受政局不安和经济凋敝的影响，根本用不着等到股市崩盘和银行倒闭，血腥冲突就已经在奥地利街头上演。1927年7月15日，警察与示威者发生了激烈的战斗。事情的起因是几个罪证确凿的右翼暗杀者获得法官的开释，这种审判不公让社会民主党人走上街头。冲突中有89人被杀，社会主义阵营中的温和派元气大伤。"这个夏天不折不扣是灾难性的，"弗洛伊德在其度假地塞默灵写信对费伦齐说，"就像有一颗大彗星扫过天空似的。我们听说维也纳发生了暴动，但因为消息几乎完全被封锁，对于那里目前的情况以及将会变成什么样子，没有进一步的消息，真是糟透了。"③

"没有事情发生。"弗洛伊德两星期后写信给侄儿萨穆埃尔时说，他指的是没有不好的事发生在自己和家人身上。但又补充说："现在维也纳的社会环境和物质条件都很差。"④几天后，希特勒的奥地利追随者开始效法德国纳粹的那一套恐怖主义策略，从这时候起，奥地利共和制度的死亡只是迟早的事。弗洛伊德在1930年底告诉萨穆埃尔："奥地利现在的情况坏得吓人。"⑤

1931年初，法国、意大利和其他强权否决了奥地利与德国结为关税同盟的企图。这个决定，等于把奥地利进一步推向灾难。同年5月，奥地利最大的商业银行信贷银行宣布无力偿还债务。虽然在政府的介入下，信贷银行免于倒闭的命运，但因可信度及资产流失所产生的影响，波及了邻近的经济体，因为这些经济体早就像一群用绳子串在一起的攀山者一样，命运休戚相关。"你也许已经知道，"弗洛伊德在1931年12月告诉萨穆埃尔，"总体情况正每况愈下。"⑥

弗洛伊德虽然没有完全免于这些事件的影响，但至少他的经济情况不成问题。他的主要收入是一些外国"弟子"所支付的分析费，而他们付费所使用的都是强势货币。但弗洛伊德家族的一些成员就没有这么幸运了。"我三个儿子的工作都未受影响，"他在1931年指出，但他的两个女婿都无以为生，"罗伯特（大女婿）无法从他的生意中赚到一文钱，而马克斯（二女婿）则疲惫地和汉堡已经崩溃了的生活奋战。他们都是靠我的津贴过日子。"⑦不过，他还拿得出钱来补贴两个女婿,不能不说是幸运的了。尽管弗洛伊德已不再全天候看诊,但他的实际收入(每小时12到15美元分析费)却让他可以维持一个大家庭的开销,有时还可以存点钱。

到了1931年底,英国已不得不废除金本位制,而美国的银行则以惊人的数目倒闭,每个地方的失业率都升到惊人的新高度。1932年,德国有超过550万人失业,英国则有近300万人。生产指数可以说明萧条的情况有多严重。如果把1929年的生产指数定为100,那在1932年,英国的指数是84、意大利是67、美国和德国各为53。一般人的金钱和人生损失是无法估计的,无数本来有着大好前程的人失业,殷实的家庭突然陷于贫穷,一度自傲的布尔乔亚得向亲戚讨剩饭菜果腹,这样的事到处可见,稀松平常。在德国,一些流浪汉走到公寓大楼的前院,唱一首有关失业的小调,以求获得几芬尼的施舍。这个时候的美国,平·克劳斯贝(Bing Crosby)则用醇和的声音唱着非常不醇和的副歌:"兄弟,能给我一毛钱吗?"到1932年10月,哈尔伯格(Yip Harburg)所写的这首可怜兮兮的歌曲就冲入了十大流行歌曲之列,足证经济问题已经获得普遍关注。经济萧条的政治后果不难预测:推销万应灵丹的政治郎中大受欢迎,而主张理性中庸政策的人士则失去支持。

奥地利没有获得任何施舍,高失业率对这个国家来说不是什么新鲜事;从1923年起,奥地利的失业人口就一直刚刚低于10%(这还只是个平均值,而在奥地利最主要的经济部门,如金属工业,每十个工人中就有三个在找工作)。不过,在信贷银行接近破产那段时间,上述的失业率简直让人缅怀,因为在1932年,奥地利有几乎470万人——全国劳动力的近22%——是失业的,而在1933年,这个数字更是达到了前所未有的高峰:580万(27%)。随着工厂倒闭和社会保障的严重不足,整个国家犹如一片荒原。很多人在拼命找工作无望以后变得自暴自弃,坐在公园里无所事事,用余钱买酒浇愁。不过,也有为数众多刚从学校毕业的年轻人开始对奥地利纳粹党之流所贩卖的假药感兴趣。看着这一切,弗洛伊德在1932年春天安慰普菲斯特说:"你不应该为未能降服非理性的巨龙引以为耻,毕竟你才60岁。我都已经76岁了,还是奈何不了它。它肯定还可以再挺过几场战役,它比我们要硬朗多了。"⑧

从1932年底开始,奥地利总理陶尔斐斯(Engelbert Dollfuss)就靠着紧急法令的护身符,在奥地利实施起有如布吕宁在德国所实施的独裁统治。而在次年初,德国又提供了他一个更加极权的统治榜样:希特勒在1933年1月30日被任命为德国总理。接下来几个月,希特勒有系统地铲除了其他政党、议会制度、言论与出版自由、文化组织与大学的独立性,最后是法律的管治。从1933年3月起,陶尔斐斯仿效希特勒部分的做法,废除了国会。不过纳粹政权的作为更极端:它为政敌大开集中营之门,并通过恐吓、放逐、谋杀等手段铲除异己。社会主义者、民主党人和犹太人被彻底从政府、大学、报社、出版社、交响乐团和剧院的岗位上"清洗"出去,极端反犹太主义被确立为国策。

艾廷冈、费尼切尔、弗洛姆和齐美尔等50多名精神分析家身处第一批离开德国的犹太人之列。不过,他们发现自己在国外并不太受欢迎——到处都因为不景气而对外国移民心生反感。就连一向对反犹太主义免疫的荷兰,这时也感染了若干程度荷兰精神分析家霍尔史丁(Westerman Holstijn)所谓的"纳粹-自恋式"退行("nazistnarcissistic" regression)⑨。弗洛伊德两个儿子奥利弗和埃内斯特本来都定居在德国,但此时都认为移民比较明智。弗洛伊德告诉住在曼彻斯特的萨穆埃尔说,对他两个儿子来说,"生活在德国已经变得不可能了"⑩。后来奥利弗搬到法国住了一阵子,埃内斯特则前往英国定居了下来。

1933年5月10日,弗洛伊德间接成了纳粹的受害者:他的书在壮观的焚书大会中被烧毁。"排除'左派'的、民主派的和犹太人的作品,被纳粹视为第一要务。"德国历史学家布拉赫尔(Karl Dietrich Bracher)如此记载。"黑名单从1933年4月起开始起草",名列其中的有像倍倍尔(August Bebel)和伯恩斯坦(Eduard Bernstein)等德国社会民主党人,有魏玛宪章之父普罗伊斯(Hugo Preuss),有诗人与小说家——托马斯·曼(Thomas Mann)与海因里希·曼(Heinrich Mann)两兄弟都入列,还有科学家包括爱因斯坦。这份名单还在往回追溯,涵盖了从海涅和马克思到卡夫卡等人的作品。焚书大会在1933年5月10日举行,地点是各个城市的公共广场和大学城,象征着对一个世纪以来的德国文化的公审。会上有拿着火把的学生队伍,有慷慨陈词的教授,整场活动由德国的宣传部主事。这种野蛮的行径,海涅早已预言过其后果:"凡有焚书之处,人民亦终将遭焚。"⑪以弗洛伊德的作品为首的精神分析出版物没能逃过这把文化的劫火。

这是个"发疯的时代"⑫,弗洛伊德在焚书事件的四天后写信对莎乐美说。

莎乐美表示同意,语气一样激烈。同一个月稍后,普菲斯特在信中告诉弗洛伊德:"上星期我去了德国,看到了一幕恶心之至的情景,我想我会有很长一段时间都摆脱不了。激进分子的气味比魏玛时代的德国官吏还要腐臭。他们没有胆量对抗彼此,就把幼稚的怒气发泄在没有抵抗能力的犹太人身上,甚至洗劫图书馆。"[13]这时候的弗洛伊德还提得起挖苦的兴致。"时代总算是有了进步,"他在回信中说,"因为他们只烧掉我的书就满意了。如果是中世纪,他们会把我一起烧掉。"[14]这肯定是弗洛伊德最没有远见的一句话。

随着两个强邻——法西斯意大利与纳粹德国——对奥地利的钳制越来越紧,维也纳的生活就越来越朝不保夕。在希特勒主政的第一年,弗洛伊德的书信尽管阴郁和恼怒,但仍不失若干乐观情绪。1933年3月,费伦齐在信中极力恳求弗洛伊德离开奥地利(这是两人的最后几次通信之一),但弗洛伊德却不愿意。他在回信中说自己太老了,病太重了,对医生与舒适生活的依赖太强了,又况且,"希特勒的政权会不会笼罩奥地利,还是未知数。这种可能是有的,但大家都相信事情不会演变到像德国那样野蛮的程度"。他又说不认为自己会有人身危险,而"我相信,只有在生命安全受到威胁时,逃走才是合理的"[15]。在4月写给琼斯的长信中,弗洛伊德说的话听起来就像一年前很多德国人对纳粹的看法。他认为,奥地利的纳粹党一定会受到其他右翼党派的抑制。他说他知道右翼政党的独裁对犹太人来说不是好事,但又说他不相信他们敢于推行有歧视的法律,因为那是和平条约所明令禁止的,国联一定会出面干涉。"至于说奥地利会与德国合并一事(在这种情形下犹太人自是会丧失一切权利),法国及其盟友是绝不会允许的。"[16]就像大多数同时代人一样,弗洛伊德当时还没有认识到,不管是国联、法国还是它的盟友,一旦考验真正到来,都只是软脚虾。

尽管希特勒在掌权后没有立刻发起对奥地利的侵略,但他却煽动奥地利的纳粹分子兴风作浪。不过至少有一段时间,墨索里尼以奥地利保护者的姿态有效地遏止了纳粹德国的野心。这段时期,弗洛伊德所写的信件里固然透露出对前景的若干焦虑,却也处处弥漫着鸵鸟心态。他在1933年夏天写给侄儿萨穆埃尔的信上说,未来是极为晦暗不明的。"你从报纸[我现在是《曼彻斯特卫报》(Manchester Guardian)的固定读者]可以得知我们在奥地利的处境是多么不确定。我唯一能告诉你的,只是我们已决定在这里坚守到最后,事情的发展大概不会太糟。"⑰1933年10月,他在写给美国女诗人希尔达·杜利特尔的信上说:"我不认为我会像你那些朋友所猜想的,搬去伦敦——也许不会有任何刺激性的理由让我有必要离开维也纳。"⑱

事实上,刺激性的理由早就够多了,而移民也成为弗洛伊德越来越需要面对的一个选择——尽管每一次他都选择了否,他不喜欢那种当难民的感觉。1933年4月,他曾经叫费伦齐想象一下当个放逐者——不管是住在英国还是瑞士——会是多不愉快的一件事。但一年后,他不再那么有信心了。他在信中告诉普菲斯特,如果他不赶快来一趟维也纳的话,"只怕我们今生很难有机会再见上一面"。搭飞机现在是不可能的了,1930年他曾试过一次,但再不会考虑了。又说:"如果我要移民,一定不会选择瑞士,那里对犹太人的不友善恶名远扬。"不过,他又补充说,每个人都相信,如果奥地利会由法西斯主义当权,那也应该会是"一种温和的法西斯主义,不管那是什么样子的"⑲!

事实上,弗洛伊德写此信的前几天,奥地利总理陶尔斐斯刚刚显示过那会是一种什么样的法西斯主义:他尽其所能动用了全部力量,镇压了一次由社会主义者领导的政治大罢工。然后,他又把社会民主党和共产党宣布为非法政党,把它们的领袖移送集中营。于是他们有些逃亡国外,有些被囚,少数被处决。"我们的小小内战一点也不好玩,"弗洛伊德在信中向阿诺德·茨威格说,"现在没带身份证明的人不准上街,电力中断了一天,一想到有可能会断水就让人沮丧。"⑳几天后,他向希尔达·杜利特尔报告了同一件事:发生了一星期的内战,"并没有很多人受伤,只停了一天电。但'气氛'糟透了,感觉像经历了一场地震"㉑。

他是同情那些受害者的,但程度相当有限。"毫无疑问,"他对希尔达·杜利特尔说,"反叛分子属于我们国人中最优秀的一群。但他们就算成功,也不会维持很久,而且会招来德国的军事入侵。况且他们都是布尔什维克主义者,我可不敢期望共产主义会为我们犹太人带来救赎,所以我无法同情战斗两方的任何一方。"㉒他在写给儿子埃内斯特的信中也说:"换成是无产阶级专政,我们一样活不下去。"虽然前景仍不确定,但可以肯定的是,奥地利"要不是落入法西斯的统治就是'卐'字旗的统治。如果是后者,我们就非走不可了。"㉓在写给当时已移民到巴勒斯坦(但不是很能适应)的阿诺德·茨威格的信中,弗洛伊德用了《罗密欧与朱丽叶》中的一句话来形容当时发生在德奥两国的事情:"两家人同

时发疯。"㉔

弗洛伊德用以排解他对政治局势无力感的一个方法,就是揣测时局会怎样发展。"事情不会像这样一直维持不变的,"他在1934年2月底向阿诺德·茨威格预言,"迟早会有事发生。"又说目前的情势让他联想起"老虎还是淑女"的故事。这故事说有一个古罗马囚犯被送到竞技场的一道门前,门后面会出现的,可能是一只把他吃掉的老虎,也可能是一个会嫁给他的淑女。弗洛伊德认为,奥地利的命运就像这囚犯一样,是个未知数,有好几种可能性:希特勒有可能入侵,本地的法西斯分子有可能会夺权,哈布斯堡王朝的皇太子奥托有可能复辟。在沉思这些可能性的同时,弗洛伊德也任由一丝哀怨潜入他的信中:"我希望留在这里,以认命的心情面对一切可能性。毕竟,我这样一个依赖性高又体衰多病的人去得了哪里呢? 国外到处都不欢迎犹太人。"国外固然有地方表示愿意收容他,但在这个自怜时刻,他把它忘得一干二净。然而他也承认,要是维也纳最后由"希特勒的总督"所统治,那他是非走不可了,无论去哪里㉕。

不愿意离开维也纳是弗洛伊德书信中反复出现的主题。他并不是真的相信会出现一位"希特勒总督",同时也舍不得放弃习以为常的生活方式。他仍然在从事分析工作和写作,仍然喜欢告诉别人他的作品被译成了希伯来文、中文和日文这些遥远的文字,仍然喜欢把玩观赏朋友送给他的古物。他也在伯格巷19号接待访客,他两个已经移了民的儿子有时会回来看他。他的病人与密友(包括艾廷冈、魏斯、蒲立德、波拿巴王妃、珍妮·兰普尔-德·格罗特、阿诺德·茨威格等)也会偶尔路过。在他的新仰慕者中,其中一个是威尔斯(H. G. Wells)——弗洛伊德极为看重这个新朋友,以至于觉得有必要把他的来访记录在记事簿里㉖。和这样的生活相比,移民国外的生活当然只会糟而不会好。尽管如此,他还是告诉希尔达·杜利特尔:"我知道我已经过时了,而现在所拥有的一切,是一份预期之外的礼物。离开目前的生活对我来说已不是个太痛苦的想法,没有太多是值得留恋的了——时代是残酷的,而未来看来是灾难性的。"㉗

在这些让人沮丧的年间,希特勒的作为曾经让弗洛伊德高兴过一次。1934年6月30日,希特勒匆匆处死了一些老同志,以防他们会成为自己的劲敌。受害者中最著名的一个是纳粹冲锋队的首领勒姆(Ernst Röhm),与他同死的,大概多达200人。受纳粹控制的报章对这个血腥清洗行动大加喝彩,认为可以把纳粹运动中的同性恋者和阴谋分子除掉。这个行动对希特勒自是有利的,因为第三帝国自此将牢牢掌握在他手中。但弗洛伊德也感到高兴,因为他看到的是一个直接的事实:纳粹杀纳粹。他在写给阿诺德·茨威格的信上说:"德国最近发生的事让我联想起1920年夏天一件形成鲜明对比的旧事,当时我们到海牙参加国际精神分析家大会,而那是我们的第一次出狱。"对很多奥地利、德国和匈牙利的精神分析家来说,那是他们在第一次世界大战以后第一次出国旅行。"即使时至今日,我还没有忘记荷兰的同人对我们这些饥饿和衣衫褴褛的中欧人有多么慷慨。在大会结束时,他们以一席荷兰盛筵招待我们,而且不让我们付账。但我们却忘了该怎样去吃它。那冷盘好吃极了,我们都拼命大吃,结果很快吃饱,以致接下来的菜都吃不下。但现在的事情却适得其反。当我读到6月30日的新闻时,只有一种感觉:什么?吃完冷盘就要离席了?没有其他菜了!我还饿着呢。"㉘

遗憾的是,自此以后,希特勒再没做过什么让弗洛伊德称意的事。1934年7月,陶尔斐斯在奥地利纳粹分子发动的流产政变中被杀。这次政变之所以以失败收场,纯粹是因为墨索里尼还不准备把奥地利拱手让给德国。希特勒已摆好了入侵的态势,但却愿意再等一等,所以没有采取进一步行动。此后,奥地利共和国将会在紧急法令的管治下再多生存四年。弗洛伊德在1934年春天写给莎乐美的信上说:"一个人压抑着的暴怒可以把他耗尽,要不就是把他早年自我所留下的一切耗尽,而一个78岁的人是不会再形成一个新的自我的。"㉙

反抗作为自我认同的方法

吊诡的是,这段艰困岁月也正是弗洛伊德最认同其犹太人身份的年头。他发现,每当犹太人陷于困顿,都是他最愿意输诚效忠的时候。经济大萧条和政治动荡让理性解决犹太人的问题变得遥不可及,并为反犹太主义——特别是在中欧——提供了一片沃土。但弗洛伊德与阿德勒和兰克不同的是,他从不企图否认或隐瞒自己的犹太人身份(阿德勒改宗为新教徒,兰克则一度皈依天主教)。我们知道,在他写的那篇自传素描里,他明确地(甚至可说是剽悍地)指出自己父母是犹太人,而自己也始终是犹太人。两年后,他又作出了同样的声明,只不过这一次要更强烈一些。当时正是他的70岁生日。圣约之子会为他举行了盛大的庆生活动,又发行了一期《圣约之子会刊》(*The B'nai B'rith Mitteilungen*)的特刊号,以表扬他们中间这位最有名的成员。在致谢函里,弗洛伊德回忆了他在1897年初加入圣约之子会的情景,又说:"你们都是犹太人,这正是我无比欢迎的,因为我自己就是犹太人。在我看来,否认这一点不但有损尊严,而且相当荒谬。"㉚近80岁时,他在写给费尔博士(Dr. Siegfried Fehl)的信上再次表示:"我希望你知道,我一向都忠于我的族人,从来不会假装自己除以下身份外,还有别的身份:一个双亲来自奥地利加利西亚而自己来自摩拉维亚的犹太人。"㉛

但在20世纪20年代晚期与30年代初期,他的做法还要更进一步:非但不否认自己的犹太人身份,还会拿这件事来大肆炫耀。从弗洛伊德一生对犹太教的态度,可以看出这主要是一种发自无意识的策略。早在1873年,亦即念大一的时候,他已经发现,大学里的人认为他理应因为身为犹太人而自感低人一等。但他的回应是桀骜不驯:不但不摆出低人一等的姿态,反而刻意摆出高傲的姿态。他看不出有任何理由要顺从大多数人的判决。稍后,在1897年,也就是他新提出的精神分析学说备受冷落之时,他参加了圣约之子会,并偶尔在那里发表讲演,不过,自从找到了一些徒众后,他参加圣约之子会的活动和发表讲演的次数就越来越少。后来,在1908年,当弗洛伊德努力安抚他想离队的那些瑞士外邦人徒众时,他写信给两个犹太人密友亚伯拉罕和费伦齐,恳求他们,在这个关键时刻,应该耐心而有技巧地突出而非隐藏彼此"种族上"的联系。

政治局势也会对他产生同样的影响,尽管发挥作用的速度要缓慢一点。在1895年,反犹太主义者卢埃格尔高票当选维也纳市长,但约瑟夫皇帝却拒绝任命他为市长。弗洛伊德得知以后非常高兴,于是大开烟戒,作为庆祝㉜。不过皇帝只能延后卢埃格尔的任命而无法推翻他当选的事实,所以后者还是在1897年——也就是弗洛伊德参加圣约之子会的同一年——获得了任命。1898年年初,弗洛伊德看了赫茨尔(Theodor Herzl)[赫茨尔是犹太复国主义运动的创始人。——译者注]一出以反犹太主义为题材的戏剧《新犹太区》(*The New Ghetto*),心有戚戚,夜间做了一个梦。这个梦,几乎可以解读为他对自己政治处境的回应。那是一个"和犹太人的问题有关的梦",他梦见"自己因为未能给子女一个家园而对他们的未来忧心忡忡"㉝。弗洛伊德对赫茨尔传扬的信息早已耳熟能详,也带着温和的兴趣观察犹太复国运动的进展。不过正如我们知道的,他的政治意识发展得很慢。在19世纪90年代末期,也就是"犹太人问题"在奥地利变得尖锐之时,他的通信里最让人惊讶的是对政治局势谈论得何其少。不过,自第一次世界大战以后,他桀骜不驯的脾气在政治立场上的表现转趋强烈。我们应该记得,在1926年6月所接受的专访里,他曾经强调自己宁可当个犹太人而不是德国人。

599　　弗洛伊德的犹太人认同是非宗教的,他不仅与那些受过洗的犹太人之间有着无法弥合的鸿沟(他鄙夷这种为了受到接纳而作出的妥协),另一方面,他与那些继续虔信祖辈信仰的犹太人之间的鸿沟,也是一样的大。弗洛伊德身上的无神论者成分一点都不亚于犹太人成分,事实上,当圣约之子会的弟兄为他的生日大肆庆祝时,他感觉到一点点尴尬和莞尔。"那些犹太人像表扬一个民族英雄那样表扬我。"他在1926年5月70岁生日后写给波拿巴王妃的信上说,"尽管我对犹太人事业的贡献只有一个:从不否认我是个犹太人。"㉞这是一个相当保持距离的自我定义,而他的用语——"那些犹太人"——让那些视他为弟兄一员的人听起来像陌生人。

他一生(特别是晚年)都不厌其烦地重申这一点,仿佛生怕别人会误解他的立场似的。"我对犹太教的追随,不多于对任何其他宗教。"㉟他在1929年对一个通信者说。他早已说过同样的话,而且乐于对任何问他宗教立场的人再回答一次。他在写给施尼茨勒的信上说的话,和对波拿巴王妃说过的话一样:"那些犹太人以极大的热情拥抱我,就像我是个敬畏神的大拉比似的。对这一点,我并不排斥,特别是在我已经毫不含糊地表明自己的信仰立场之后。因为犹太教在感情的层次对我仍然有相当大的意义。"㊱1930年为《图腾与禁忌》的希伯来译本写序言时,他再一次形容自己"一如疏离其他宗教那样,是个完全疏离于父祖的宗教的人"㊲,又说他"虽然从未能分享自己族人的国族主义理念,却也从未否认自己与他们是紧密相连的"。当一个虔诚的美国医生告诉弗洛伊德自己曾因为听到一些内在之声而皈依了基督教,并建议他研究这方面的现象时,弗洛伊德坚定地婉谢了。他说上帝并没有赐予他那样多,他从未听到过什么内在的声音,所以看起来自己注定只能以"一个不忠的犹太人"身份终其余生㊳。

弗洛伊德的"不忠"还表现在他把学过的一点点希伯来文忘光了这件事上。小学时,他的宗教老师是哈默施拉格,但哈默施拉格强调的是犹太人的伦理观念和历史经验,对希伯来文的语法与词汇教育并不重视。弗洛伊德回忆说,在他小时候,"我们思想开明的宗教老师都不强调学生要学习希伯来文和文学"㊴。另

第十二章 死于自由

外,弗洛伊德也不会去练习希伯来文,他认为那全无用处。无疑,弗洛伊德35岁那一年,他爸爸是送了一本圣经给他当礼物,又在扉页上用花体字写上希伯来文题词(内容是摹拟上帝的灵魂对他的7岁儿子说话)。这样的礼物,无疑深具犹太人色彩,只不过,那个送礼物的人,却是一个开明派的犹太人["如果把这句题词拿来作为一份希伯来文件加以分析,就会明显发现,雅各布·弗洛伊德既不是一个宗教上的犹太人,也不是一个民族主义者,而是一个哈斯卡拉运动(Haskala)——也就是把犹太教视为启蒙宗教(the religion of enlightenment)的运动——的成员,因为没有任何正统犹太人会想象上帝的灵魂对自己7岁的儿子讲话,也没有任何宗教性的犹太人会认为圣经是属于全人类的。"(Martin S. Bergmann, "Moses and the Evolution of Freud's Jewish Identity," *Israel Annals of Psychiatry and Related Disciplines*, XIV〔March 1976〕,4)(哈斯卡拉运动的本意为"理性运动",是18世纪末和19世纪流传于中欧和东欧犹太人之间的社会及文化运动。——译者注)]。尽管如此,弗洛伊德仍然怪他父亲明明"能把神圣的语言说得像德语一样好,甚至更好",却放任儿子在"对犹太教的一切茫然无知的情况下长大"[40]。而虽然雅各布·弗洛伊德用希伯来文写题词,但这却并不表示他预期儿子会去读它。事实上,弗洛伊德对于自己无法阅读希伯来文有一点点遗憾。他在1928年给《群体心理学与自我分析》的希伯来译本译者德沃西斯(J. Dwossis)写道谢函时指出,自己是在一个精通"我们神圣、古老而又经过更新的语言"的亲戚的帮助下,得知德沃西斯的翻译非常卓越[41]。

弗洛伊德强烈的世俗化倾向使他家里看不到一丝犹太教风俗习惯的痕迹。弗洛伊德一家哪怕是最一般的犹太节日(像逾越节)都是忽略不过的(弗洛伊德父母虽然没有严格信仰,但仍然会庆祝逾越节)。在弗洛伊德的坚持下,他太太也不得不放弃了年轻时的正统信仰,而这让她相当痛苦和遗憾。他儿子马丁回忆说:"我们家庆祝的节日包括圣诞节和复活节。每逢圣诞节,家里就会摆放圣诞树,树下放着礼物;每逢复活节,家里就会有色彩鲜艳的复活蛋。我从未进过犹太会堂,就我所知,我的兄弟姊妹也没有。"[马丁这个回忆和弗洛伊德侄儿哈利所说的有所抵触。据哈利指出,他叔叔尽管是个"彻头彻尾的反宗教者(antireligious)……却全然不是无神论者(atheist)。他只是不喜欢仪式和独断的教义,也讨厌任何强加的宗教责任。他不过犹太人的新年,也几乎从不上犹太会堂"(Richard Dyck, "Mein Onkel Sigmund," interview with Harry Freud, *Aufbau*

〔New York〕,May 11,1965,3.）。如果弗洛伊德会去犹太会堂,看来也是参加某个朋友的追思礼拜,但并没有证据证明他去过]⑫不过,在第一次世界大战以后,马丁参加了"卡迪马"（Kadimah,一个犹太复国主义的学生组织）,他弟弟埃内斯特则热衷于一本犹太复国主义刊物的编辑工作。看来,他们这些举动,都是得到父亲赞成的(至少是没有受到反对)⑬。不过,弗洛伊德的小孩对犹太教风俗习惯的无知,就像他本人一样彻底。一个例子发生在马丁结婚当天。由于奥地利法律规定结婚必须有宗教仪式,马丁不得不在一家犹太会堂举行婚礼。踏入圣所时,马丁为了表示敬意而把帽子脱下,但他的新娘子对犹太风俗习惯的了解显然比较多,马上把他的帽子紧紧扣回他头上去。马丁不相信在举行宗教仪式时戴着帽子是合礼的,再次把帽子脱掉,新娘子只好再给他戴上⑭。这个小插曲反映出,世俗主义在弗洛伊德家里有多茁壮。他的犹太人身份在面对反犹太主义时要比在面对家人时鲜明。

与此同时,弗洛伊德又相信,自己之所以是个犹太人,是由某些不易捉摸、无法界定的因素造成的。他1926年写信告诉圣约之子会的弟兄,表明让他跟犹太教联系在一起的,并不是信仰,"因为我从来都是个无信仰者,自小就在没有宗教的环境下长大,尽管我对人类文化的需求——所谓的'道德伦理'——并不是不尊敬"。让他被犹太人身份吸引的也不是民族的自傲,他甚至认为这种自傲是有害且没道理的。"然而,剩下来的其他东西仍然足以让我对犹太教和犹太人身份的吸引力变得无法抗拒,它们包括了很多幽暗的情绪力量、对内在认同的清晰意识以及相同的心灵构造。"⑮尽管弗洛伊德坚持他对自己的犹太人身份有"清晰的意识",但上述一番朦朦胧胧的话却没有任何厘清的作用。

然而,它们却是弗洛伊德相信后天习性可以遗传的具体结果。他相信,他身上的犹太特性得自于种族遗传。他从未说明过这种拉马克式（Lamarckian,参见第六章注释）的"种族"禀赋是怎样在他身上起作用的,但他却显然确信它们的存在。1922年,他向费伦齐抱怨自己对于得为赚钱而活、得面对一个不值一顾的世界已感到不耐烦。他说,一些奇怪的秘密渴慕在他心里升起,而它们"有可能是我那些来自东方和地中海的祖先的遗传,它们是对一种相当不同的生活的渴慕,是一些孩提时期未获实现的梦想的表现"⑯。这些隐晦的渴望持续魅惑着他,十年后,也就是1932年,他写信给刚从巴勒斯坦回来的阿诺德·茨威格说:"我们都是来自那里的(尽管我们一个觉得自己是德国人,另一个觉得不是),我们的祖先有可能在那里住了五百年,也有可能住了一千年(但都只是可能),要说出我们的血液和神经有多少是那国度的生活遗产是不可能的。"这一切都是令人迷惑的:"啊,生命真的很神奇,但愿我们对它能多一点了解。"⑰

也许,弗洛伊德对古物的激情也可以由此获得解释。这些古物对他来说,其中一个明确无疑的意义,在于它们可以让他联想起一个他从未到过而又以某种神秘的方式作用于他身上的世界。这是弗洛伊德想在《图腾与禁忌》的希伯来文译本的序言里传达的信息。他表示,他固然是抛弃了很多他与其他犹太人可能有的共通性,但他剩下来的犹太性格"仍然相当多,而且很可能是最主要的那些"。他说他虽然暂时无法用言语来说明这种"本质",但"假以时日,它必然是可以通过科学的洞察而获得"⑱。

尽管弗洛伊德认为他身上的犹太特质难于分析,却认为自己了解到这种特质对他的意义。一方面由于与自己祖辈的宗教疏远,另一方面由于当时奥地利社会的反犹太主义,弗洛伊德感到了双重的疏离感。简单来说,弗洛伊德视自己为一个边缘人,但又认为这种身份对他的工作来说是有利的。1918年底,他在写给普菲斯特的信中提出了两个问题:"为什么精神分析不是由一个虔信者所创立?为什么非要等一个完全无神论的犹太人把它提出来?"⑲普菲斯特并没有被问倒,指出虔信的气质与发现的天分是不同的,而大部分的虔信者都没有创造的天分。另外,普菲斯特认为弗洛伊德既不是无神论者也不是犹太人,而是一个"从来没有过的好基督徒"⑳。

弗洛伊德并没有直接回应这个善意但动机可疑的恭维[多年后读到普菲斯特写给父亲的这封信时,安娜感到诧异万分(诧异得有道理):"普菲斯特在搞什么?他为什么不接受我父亲是个犹太人,竟要为此争论?"(Anna Freud to Jones, July 12, 1954. Jones papers, Archives of the British Psycho-Analytical Society, London.)],他对自己提出的问题其实早有答案,而且截然有别于普菲斯特的答案。如前所述,大学时代所感受到的被排斥感让他习惯于站在对立面,并为他铺好了通往"若干程度独立思考"的道路㉑。而在1925年,分析为什么人们对精神分析会有如此广泛的排斥时,他认为,其中一个原因就是它的开创者毫不讳言自己的犹太人身份㉒。次年,在写给圣约之子会的会友的信上,他把这个观点进一步扩大,他表示自己发现:"我受惠于我的犹太人品质的只有两点,而它们变成了我困难的人生道路上所不可少的。其一,因为我是犹太人,所以得以跳脱很多从事知性活动的人所可能落入的偏见;其二,因为我是犹太人,因此我总是准备好站在对立面。"⑤为此,他赞扬反犹太主义对犹太人的指控是有道理的:犹太人总是宁愿选择与更聪明的人而非大多数人站在同一边。

弗洛伊德的说法是有说服力的,但远谈不上完整或具有决定性。像他一样处于边缘地位的犹太人很多(包括受洗的、加入共产党的或移民美国的),但他们并不见得比其他犹太人更聪明或更有原创性。另一方面,像达尔文这样一个有开创性的人(他的开创性也许最足以与弗洛伊德相提并论),却从来不是一个边缘人,而一直都是主流的一员,甚至在出版了《物种起源》以后还是如此。这些,都可以推翻弗洛伊德所说的,边缘人更具有原创性的说法。不过弗洛伊德认为一个虔信的犹太人或基督徒永远不会发现精神分析,倒有几分是事实:精神分析对宗教信仰太不敬了。由于弗洛伊德认定包括犹太教在内的所有宗教都是精神分析研究的对象,他因此只能以一个无神论的角度接近它们。达尔文之所以也是一个无神论者,理由一样。

尽管我们不能以此推论说只有边缘人(特别是边缘的犹太人)才能开创出精神分析,但犹太人在奥地利的边缘地位却大概可以解释,为什么第一批精神分析家全都是犹太人。奥地利社会固然容许犹太人读医和行医,但犹太人想进入医学界的权力核心,却极为困难。琼斯在自传里反思精神分析的犹太人现象时指出:"我想理由主要和奥地利与德国的环境有关,因为同样的现象并不见于其他国家——除了美国有轻微的程度以外。"他认为,在维也纳,"犹太医生比较容易分享弗洛伊德的自我流放精神,因为那只是对他们已经习惯的生活的一种加深罢了。同样的情形也适用于柏林和布达佩斯——这两个地方的反犹太主义同样突出"⑤。面对社会的保守主义与种族偏见,初期的精神分析家认为保持一定程度的不妥协反而是有利于生存的策略。

另外,如前所述,弗洛伊德具有一种桀骜不驯的气质,他乐于充当反对派的领袖,充当伪善、自欺与假象的拆穿者。虽然有一些强大的敌人(迫害异己的天主教会、虚矫的布尔乔亚、冥顽不化的精神病学机构和物质主义的美国人),但他却反而以此自豪——太自豪了,以致他慢慢把这些敌人想象成比实际中还要恶毒和团结。他喜欢把自己比作汉尼拔,比作亚哈随鲁(Ahasuerus)[圣经提到的一个异族国王,据考证即是波斯国王薛西斯一世(Xerxes I)。——译者注],比作约瑟,比作摩西,这些人都是身负重要历史使命,有强大的敌人和艰难命运要面对。在一封常被人征引的早期信函中,他告诉未婚妻:"很少人多看我一眼,但自从大学时代,我就是个勇于站在对立面的人,是一个所谓的极端分子。"又说有一个晚上,布洛伊尔曾告诉他,"他发现在我腼腆的外表下面,隐藏着一个极端大胆无畏的人。我一直相信这一点,只是不敢告诉任何人。我常常觉得,我所有的倔强和激情,都遗传自我那些曾经捍卫过圣殿的祖先,我会为了一个伟大时刻而兴高采烈地抛弃生命。"�35

这样的话,有可能只是一个年轻男子为打动佳人芳心的豪言壮语,但弗洛伊德却真是他信中所说的那种人,而且自始至终都是如此。不管是他毫不讳言的犹太人身份还是精神分析家身份都让他的这种立场历经试炼和强化。不过,他的禀赋却是独一无二的,所以,到最后,要回答是什么让他开创精神分析的问题,只能诉诸弗洛伊德自己说过的话:站在创造性前面,精神分析家只有俯首的份。弗洛伊德只有一个,没有第二个。

桀骜不驯的脾气除了在不安的时代强化了弗洛伊德的犹太人认同以外,也催生了他最后一部重要著作:《摩西与一神教》(*Moses and Monotheism*)。大部分读过此书而感到忧虑或生气的读者,都会觉得弗洛伊德在开倒车:书中对摩西的思辨研究,动机看起来更像是为了伤害而不是保护犹太人。这部作品是一件引人好奇的产物,它的臆测性比《图腾与禁忌》尤有过之,内容比《抑制、症状与焦虑》还要驳杂,对宗教的冒犯比《一个幻觉的未来》还要强烈。它的形式本身就够特别的了。全书最后在1938年付梓时,由三篇紧密相关的论文构成,但它们的长短却很不成比例:《摩西,一个埃及人》是一个匆促的素描,篇幅寥寥无几;《如果摩西是埃及人》比第一篇长四倍;而第三篇论文《摩西,他的人民和一神教》又比前两篇加起来还要长很多。尤有甚者,最后一篇论文的序言多达三个,两个在论文的最开头,内容大部分是互相抵触的,第三个序言则在第二节的开头,其材料很多都与头两篇论文重复。但这种芜杂并不是出于作者的年老糊涂;事实上,想要充分理解《摩西与一神教》一书,就得参与到它的形成过程中去,参与到弗洛伊德这些年来所承受的内在与外在压力中去。

弗洛伊德在1935年告诉过莎乐美,摩西这个人物萦绕在他心头已经一辈子㊱了。25年以前,他把荣格比作约书亚,把自己比作摩西,认为荣格最终可以占有精神病学的"应许之地",而自己则注定只能对它有远远的一瞥㊲[据圣经《出埃及记》记载,摩西在米利巴为以色列人击打磐石出水时,没有归荣耀给上帝。因此,摩西与那些崇拜偶像的以色列人都不能进入迦南美地。他的继承人约书亚得以进入"应许之地",他自己则在死前被上帝带到尼波山顶"远远遥望"。——译者注]。弗洛伊德思考摩西的成果,最早表现为他对米开朗基罗的《摩西像》所写的研究文章(1914年以匿名发表)中。因此,当他对摩西的执念在1930年初重新浮现时,摩西对他来说就像个熟悉的老朋友——但又是一个让他不自在的同伴。在一封写给阿诺德·茨威格的谜一样的信上,他宣称摩西是个"强烈的反犹太主义者,而且他不讳言这一点,所以他真的有可能是个埃及人。而显然,他反犹太是反得对的"㊳。最后这句话大概是弗洛伊德一生所仅见的,也透露了他在这些年间的愤懑情绪。他厌恶看到其他犹太人身上的自憎,所以从来没有想到过自己身上说不定也会有一点点类似的情绪。因此,摩西之于弗洛伊德,既是个有诱惑力的角色,但也是个危险的角色。

他在1934年夏天展开《摩西与一神教》的写作工作,但相当保密,只告诉了艾廷冈与阿诺德·茨威格。安娜在年底告诉莎乐美,父亲正在埋首写一部"特别的作品",却不肯透露内容㊴。当弗洛伊德得悉女儿泄了密,就主动告诉莎乐美,自己正在与一个问题角力,这问题就是"是什么创造了犹太人的特殊性格"。显然,他对摩西的关注,乃是他的更大关注——犹太人性格之谜——的一部分。他把结论预先告诉莎乐美,"犹太人是摩西创造的",而摩西是一个埃及贵族。至于这个摩西是谁,而他又是怎样塑造犹太人的,弗洛伊德表示自己将会在一本"类似历史小说的作品"里提供解答㊵。

尽管研究摩西让弗洛伊德感到入迷,但他使用的文体却不是他擅长的。他向艾廷冈承认,历史小说并非自己所长,托马斯·曼才是个中高手,而且,能够为他提供佐证的历史证据并不充分㊶。不过,他又告诉阿诺德·茨威格,一方面因为闲得发慌,另一方面"有鉴于新的迫害的到来",他觉得有必要问自己:"犹太人是怎样成为犹太人的,而他们又为什么要把永恒的恨加在自己身上?"提出"摩西创造了犹太人"这样的命题很容易,但要怎样把它铺陈出来却让弗洛伊德伤透脑筋。早在1934年9月底,他已经知道,自己将会把材料组织为三个部分,"第一个部分会像一篇小说一样有趣,第二部分则会费力和费时"。不过,最棘

第十二章 死于自由

手的是第三个部分,因为它所包含的关于宗教的理论很难见容于高度敏感的天主教国家奥地利[62]。尽管如此,弗洛伊德还是无法停下笔来。

《摩西与一神教》的前两部分尽管会让读者有点瞠目结舌,但它们的颠覆性仍然只属中度。认为摩西是埃及人的见解,几十年来都有知名的学者主张;毕竟,"摩西"本身就是个埃及名字,而他也是被一个埃及公主在草丛中发现收养的。1935年,弗洛伊德正在写这本书之时,美国观众可以听到乔治·格什温(George Gershwin)的民俗歌剧《波吉和贝丝》(Porgy and Bess)里头女主角这样唱着:"绝对不是这样,你在圣经读到的,绝对不是这样。"这段话指的是埃及公主在河里救起婴孩的事迹。我们不知道弗洛伊德听说过这出歌剧没有,但这种论调在当时的奥地利却是闻所未闻的。

另外,人们对《出埃及记》内容的质疑也已经不新鲜,而且不仅限于弗洛伊德的时代。就连很多有虔诚信仰的学者(包括犹太教与基督教在内),都觉得摩西的个性很不协调。早在17世纪,自然神论者(deist)就已经拿摩西分开红海的故事开挖苦玩笑。1764年,伏尔泰在其《哲学辞典》(Philosophical Dictionary)一书中列举了一些可以证明"摩西五经"(Pentateuch)不是出于摩西手笔的中肯理由(例如,如果是摩西所作,其中又怎么会有他死亡的记载?),然后又提出一个更极端的问题:"世界上真的有过摩西其人吗?"[63]在1906年,知名的德国古代史学者梅耶——他是弗洛伊德尊敬的人物——重提了这个问题,并认定摩西只是个传说人物[64]。弗洛伊德并没有走得那么远,他需要一个真实存在过的摩西,因为那是他的理论所不可少的。不过,他倒是像韦伯那样,认定摩西不是犹太人。

弗洛伊德意识到,这个假设将会引起一个棘手的问题:众所周知,埃及人信仰各种各样的神祇,那摩西又怎么会起而鼓吹一神教呢?弗洛伊德认为他找到了答案:在法老王阿蒙霍特普四世(Amenhotep IV)在位期间,也就是公元前1375年前后,埃及曾经一度奉行过一神教,崇拜的神祇是阿吞(Aton)[65],而这就是摩西(一位高位的贵族,大概还是皇室的成员)传给当时还是奴隶的犹太人的宗教。不过,他宣扬的这种严峻、道德要求度高的神学却一度触礁:犹太人离开埃及、流浪于旷野之初,曾抛弃摩西的信仰,改而信奉耶和华——一个残忍、报复心强、嗜血的"像火山般的神"(volcano-god)[66]。要经过多个世纪以后,在另一个也叫摩西的人物的努力下,犹太人才重新接纳了第一个摩西当初所揭示的那种交织着自我牺牲和否定的一神论。弗洛伊德指出:"没有任何史学家能够确定圣经中关于摩西和《出埃及记》的内容不是一个虔诚的神话,这种神话出于编撰者自身的需要而偷换了古老的传说。"而如果他的历史重建能成立的话,很多备受犹太人珍视的传说都要被抛弃,"像十场灾殃、过红海和摩西在西奈山接受十诫等圣经记载的很多壮观场面,将再无存在的余地"⑰。他指出,圣经的作者事实上乃是把各式各样不同的人物压缩在一起(像把两个摩西压缩为一个),又在各种已知的事件上添油加醋。

这种破除偶像的做法对弗洛伊德来说没有什么难的,但要怎样调和古希伯来人的原始耶和华信仰与摩西的严苛新教义,看起来却是个难题。在这一点上,弗洛伊德从一个学者塞林(Ernst Sellin)那里获得了帮助。塞林在1922年发表的一篇论文里主张,摩西是被他带出埃及的以色列人民所杀死的,而他创立的新宗教也在他死后被抛弃。有超过大约八个世纪之久,耶和华一直是犹太人的上帝,不过,后来却出现了一位新先知,他借用了摩西的名字,通过手段,让第一个摩西没有成功贯彻的宗教改革取得了成功。"这就是最本质的结果,犹太人宗教历史的决定性内容。"弗洛伊德知道,塞林的假设是极端大胆的,而且也没有足够的证据,但他仍然觉得这个假设有高度说服力,而且很有可能是事实。"摩西的犹太族人民就像第十八王朝的埃及人一样,无法忍受那样一种高度精神化的宗教,无法从其中为他们的需要寻求满足。"⑱

一个开创者被他的不肖徒众杀害,然后这些徒众又因为内疚而进行了自我改造——没有什么想象比这个更投弗洛伊德的口味。毕竟,他就是《图腾与禁忌》的作者,假设过人类文化就是以一件与此非常相似的罪行为基础的。更重要的是,他视自己为一门有颠覆性的心理学的开创者,一个与敌人和叛徒已经战斗了一生的人。我们知道,有人想杀害他的想法,对他来说一点都不陌生,因为荣格、兰克,乃至于费伦齐,不都有过类似的"弑父"之念吗?

因此,在1934年末,弗洛伊德一头栽进了追踪摩西的路径上。奥地利局势的"外在险"固然让他萦怀,但某些"内在负担"同样让他透不过气来。试图理解宗教传统的真正性质与权威性、理解伟人对历史的影响、理解为什么宗教观念会比所有的物质考量更有力,成了弗洛伊德一个巨大而沉重的使命。但他却担心,这个使命的重量说不定会超过自己的能力负荷。他在11月写给阿诺德·茨威格的信上说,他的"历史小说"很不幸地"经不起自我批判,我需要的是更大的确定性。我不乐于看到结论建立在陶土的基础上"[69]。对自己恼怒之余,弗洛伊德恳求他的朋友说:"让我与摩西独处一段时间吧,这也许是我能够从这件烦恼之事中解脱的最后机会了,回避摩西是徒劳的。这个人,还有我想为他而做的事,一直不停地追逐着我。"[70]这反映出,即使已经78岁高龄,弗洛伊德还是会像年轻时代一样,被一个主题困扰不已。他的执念也没有随时间而消退,他在1935年5月初写信告诉阿诺德·茨威格,尽管自己既不抽烟也不写东西,"但摩西就是不肯离开我的心思"[71]。几天后,他又写信告诉艾廷冈,承认撰写"摩西"的计划"已成为了我的一个固着"[72]。并补充说:"我既无法把它赶走,也无法再前进一步。"摩西是一个弗洛伊德找不到门让他进来的客人。

但摩西并不是弗洛伊德的唯一访客,而他的执着也幸而没有发展成为一种偏执。他仍然勤于阅读,并如往昔一样有批判性[例如,他对自己一向推崇的英国小说家希尔顿(James Hilton)的新作《月亮的绿茵地》(*The Meadows of the Moon*)[1926]就表示了不悦,说那是"一个彻底的失败"——因为他的过量生产。"我恐怕他太多产了。"弗洛伊德在1934年9月24日写给杜利特尔的信上说。(Hilda Doolittle papers, Beinecke Rare Book and Manuscript Library, Yale University)],也仍然能够享受阳光、鲜花和假期。"我很遗憾你无法看到我们在格林津(Grinzing)这里的房子和花园,"他在1935年写给希尔达·杜利特尔的信上说,"这是我到过的最可爱的地方,有如一个白日梦,而且离伯格巷只有约12分钟车程。无疑,我已经越来越老,而病情也越来越重,但我仍然尽我所能去享受生活,一天工作五小时。"[73]在度过了一个愉快的暑假以后(主要是在格林津),他又告诉希尔达·杜利特尔,他仍然在"伯格巷这个非常舒适的监狱"[74]每天为五个病人进行分析治疗。尽管受到他的假颚、精神分析圈的纷争和摩西的困扰,他仍然能够提振起愉快的心情,或至少还能写信给令人愉快的同志。

一件弗洛伊德始终关心的事情是海外精神分析机构的发展情况。当琼斯在1935年早春来到维也纳,介绍"英国精神分析学界让人目瞪口呆的新发展"[75]时,弗洛伊德表现出了极大的兴趣。不过,琼斯要介绍的"新发展",却主要是他对弗洛伊德的死亡驱力的挑战和他对克莱因的观点的认同。弗洛伊德对这方面的问题早就发表过意见,所以这一次并没有提出反驳,只乐于当个安静的旁观者。但他在后来写给琼斯的信里重申,伦敦精神分析学会是"追随着克莱因女士走在一条错误的道路上"。⑯精神分析依旧在赢取皈依者,或者至少还在聚集声望。琼斯造访维也纳前后,发生了一件让弗洛伊德高兴无比的事,那就是他被提名为英国皇家医学会的会员,他以掩饰不住的喜悦告诉琼斯:"这件事单凭我自己的本事是不可能发生的,可见在英国的正式圈子里,我们的精神分析学已经获得了很大的尊敬。"⑰

弗洛伊德还要忙的就是写信,自纳粹得势后,他的子女和同道散居在世界各地:埃内斯特与家人定居在伦敦(杜利特尔曾找过他们,弗洛伊德为此感到很高兴),奥利弗仍然住在法国,萨克斯在波士顿,琼斯在英国,珍妮·兰普尔-德·格罗特在阿姆斯特丹,艾廷冈在巴勒斯坦[艾廷冈努力适应巴勒斯坦的生活,但却有微微的挫折感。他到达巴勒斯坦不久就创办了一个精神分析机构,因此尽管是个异乡人,但至少不是个游手好闲之徒。他在1935年春天写信告诉弗洛伊德:"我们这里的精神分析家都有许多事要做。"不过,他们的病人是他们所熟悉的那一类人,而世代定居在巴勒斯坦的阿拉伯人或正统派犹太教徒都几乎不会踏入分析室。(Eitingon to Freud, April 25, 1935. By permission of Sigmund Freud Copyrights, Wivenhoe)]。他们全都勤于给弗洛伊德写信,也衷心期待着收到回信。此外,自从成为名人后,弗洛伊德会收到很多陌生人的来信,其中一些是他认为有必要认真予以长篇回复的。在其中一封这样的回信中(以英文写给一位美国妇人),弗洛伊德总结了他长期以来对同性恋所持的态度:"我从你的来函得知,令郎是个同性恋。但最让我惊讶的是,你信中完全没有使用同性恋这个字,容我请问你为什么要回避它?"弗洛伊德不打算以典型美国式的拘谨去处理事情,而只希望给予对方直接的帮助。"同性恋毫无疑问是没有好处的,"他写道,"但那也没有什么好羞耻的。它不是罪恶、败俗,也不能归类为疾病。我们认为那是一种性功能的改变,是因为性心理发展过程中的某种迟滞造成的。"这种立场,自是无法让同性恋者满意,因为他们所希望的,是同性恋会受到像异性恋一样的尊重。不过,弗洛伊德有关同性恋的观点,在当时已属非常不传统,持有相同观点的人很少。"很多古代和现代深受敬重的人士都是同性恋者,其中还有好些是伟人(柏拉图、米开朗基罗、达·芬奇等)。把同性恋视为一种罪行来加以迫害,乃是极大的不义——而且是残忍的。如果你不相信我,请读一读霭理士的著作。"对于自己能不能把对方的儿子改变为"正常",弗洛伊德表示这是个很难回答的问题,但却说自己说不定可以让这个年轻人"变得和谐、拥有宁静的心灵和充满效率,而不管他是不是仍然是个同性恋者"[78]。

弗洛伊德桀骜不驯的脾气既是驱使他走向认同自己犹太身份的动力,也是驱使他甘冒大不韪伤害犹太同胞敏感感情的动力。同样地,他会对同性恋采取一种异于主流的立场与决定,以及不顾日渐逼近的危险继续留在维也纳,也是同一种心态的表现。他告诉那位匿名的美国妇人,如果她儿子想要接受他的分析治疗,就得到维也纳来:"我没有离开这里的打算。"[79]他并不是对前面的危险完全不知道,他在1935年10月告诉阿诺德·茨威格:"有一个灰暗的预言说,我们这些可怜的奥地利犹太人将要为账单付一部分的钱。唉,连判断世界局势我们都要从犹太人的观点出发,真是可悲,但我们又能有什么别的选择呢!"[80]

奥地利完了

希特勒的行径不断迫使弗洛伊德向犹太人的身份靠近,也让他的怒火日渐升高,他的亲友也一样。他在1935年秋天告诉阿诺德·茨威格:"我的私人医师舒尔大夫被发生在德国那些事深深激怒,开处方时不再开德国制的药物。"[81]对身在困境中的弗洛伊德而言,摩西不再只是他的执念,也成了他的荫庇所。然而思考摩西的问题尽管让他入迷,他却不抱把研究成果写成书出版的打算。他在11月写给斯蒂芬·茨威格的信上说:"'摩西'将永远不会看见天日。"[82]次年写给阿诺德·茨威格的信上,弗洛伊德谈到了埃及最近一些考古发现,但又说这不会成为让他把书写完的动机。他消沉地说,摩西的命运已经睡着了[83]。他又告诉琼斯,此书的书名《摩西:一部历史小说》(The Man Moses: A Historical Novel)本身,就足以透露出"我迄今没有出版它而将来也不打算出版它的原因"。这除了是因为书中的假设缺乏足够的历史证据支持以外,也是因为对"犹太民族传说式的历史"提出质疑,将会引起不利的反应。"只有包括安娜、马丁在内的少数人看过书稿"[84],但至少他不介意与别人讨论摩西,当阿诺德·茨威格(他在巴勒斯坦过得孤独和不自在)向弗洛伊德预告自己将要来访时,后者在回信里预期两人可以好好谈一谈:"让我们忘掉所有的愁苦和批评,来促膝畅谈摩西吧。"[85]这个造访延宕了很久,不过在1936年8月18日,弗洛伊德终于可以在记事簿上记道:"与阿诺德·茨威格谈摩西。"[86]

能与知己畅谈固然是一大快事,但1936年却被证明是旧戏重演和阴魂再现的一年。这一年的5月6日,弗洛伊德满80岁,但他并不喜欢过生日,因为那总会让他精疲力竭⑰。阿诺德·茨威格的造访,紧接在弗洛伊德挨过了那些无可逃避的繁文缛节之后。不过弗洛伊德至少打消了琼斯要为他出版一本贺寿论文集的主意,他告诉琼斯,以目前精神分析的处境和政治局势而言,做这样张扬的事是完全不适当的⑱。不过蜂拥而至的贺函还得回,尽管这一次他的回函都是写在预先印好的卡片上。另外,有一些重要的贺客也是他必须接待的:像宾斯万格和波拿巴王妃这样的知交,自是他由衷欢迎的,但对于其他人,他则是抱着尽义务的心情来应付(体贴的波拿巴王妃在5月6日当天没有留在伯格巷,以便让弗洛伊德可以与家人独处)。一个月后,弗洛伊德的妻子玛尔塔在写给侄女莉莉·弗洛伊德·马尔莱的信上表示:"你可怜的叔叔累得像个临时工似的,才谢完他欠下的一小部分人情。"⑲

在他收到的生日"礼物"中,包括了一篇由斯蒂芬·茨威格与托马斯·曼执笔,有191个艺术家与作家签署的颂词。在写给茨威格的道谢函中,弗洛伊德表示:"尽管在生日当天,在妻子和子女的陪伴下,我感到异乎寻常的快乐,但仍无法对伴随老迈而来的体衰与无能泰然处之,所以我现在会以类似渴望的心情等待着转化为非存有的到来。"⑳托马斯·曼也写了一篇题为《弗洛伊德与未来》的文章,祝贺他的八十大寿,并在6月14日于伯格巷19号向弗氏一家朗读㉑。同一个月,弗洛伊德获得了一项让他有最大满足感的荣誉,一个比英国皇家医学会会员身份更大的殊荣:他膺选为排他性一向很高、名字经常与牛顿和达尔文连在一起的英国皇家学会(Royal Society)的通信会员(Corresponding member)㉒。几天后,弗洛伊德把获得这个"极大荣誉"的兴奋之情倾泄在写给琼斯的信上㉓。与之相比,本国同胞给予他的那些稀少而敷衍的表扬,无异于蓄意羞辱。

对弗洛伊德的生活具有最高影响力的几件事,除了纳粹的威胁以外,就是他的年纪和不确定的健康。"我是个老头了,"他在信中对希伯来大学的施瓦德容(Abraham Schwadron)说,"显然已经来日无多。"施瓦德容曾要求弗洛伊德把一些手稿送给希伯来大学的图书馆加以保存,但弗洛伊德却回信告诉他自己的手稿寥寥无几。"我对人身遗物、亲笔信和手稿之类的东西,向来都有一种没什么道理可言的厌恶。这种厌恶是那样的强烈,以至于在1905年以前,我已经把所有手稿(包括《梦的解析》)送进了废纸篓。"自从那次以后,他的亲友都力劝弗洛伊德要保存好自己的手稿,但他却不愿意这样费事,"我的书籍和稿件将由我女儿安娜来继承。"[1938年7月28日弗洛伊德签署遗嘱,并于1939年12月1日验证,他对太太和几个儿女基本上是一视同仁。不过他特别留给了小姨子明娜300英镑,又规定自己的古物和心理学与精神分析方面的书籍由安娜继承。(A. A. Brill papers, container 3, LC.)[94]]

安娜继续充当她十多年来所充当的角色:父亲生活的中心。弗洛伊德为她感到自豪,也感到忧虑(安娜对父亲也是同样心情)。"我的安娜非常美好而能干。"他在1936年春写给阿诺德·茨威格的信上说。不过他的一贯担心随即又浮了上来:"从未有哪一个充满激情的女人可以把性欲完全升华掉!"[95]他对安娜的赞美从来不觉得够。几个月后他在写给艾廷冈的信中说:"最让我愉快的一件事就是安娜能乐在工作之中和她未来无可限量的成就。"而谈到太太,他说的只是报告式的话:她身体非常健康[96]。1936年9月14日是弗洛伊德夫妇的金婚纪念日,不过诚如他告诉波拿巴王妃的,他年轻时候对玛尔塔·贝尔奈斯的激情,已成为最遥远的回忆:"这确实不是解决婚姻问题的坏方法,而她至今仍然温柔、健康和活跃。"[97]

与太太不同的是,弗洛伊德尽管仍然活跃,却已不再温柔或健康:他的眼神锐利如昔,但双唇却是紧闭着的,嘴角微微下弯,让人觉得这个对人类不抱希望的观察者现在最喜欢的幽默形式,乃是黑色幽默。1936年7月中,皮希勒发现弗洛伊德的癌细胞有复发的迹象,为他动了两次手术(当年稍早就动过一次)。手术过了一星期,他才觉得自己有从"大病"恢复过来的感觉[98]。12月,他又接受了一次手术,并在24日以他一贯简略的方式在记事簿上记道:"疼痛的圣诞节。"[99]

另一类性质很不同的"疼痛"在一星期后等着他,这也是弗利斯的阴魂最后一次入侵他的生活。1936年12月30日,波拿巴王妃写信告诉弗洛伊德,柏林一个叫施塔尔(Stahl)的书商拿了一批以前弗洛伊德写给弗利斯的信件,向她兜售,又说施塔尔手上还有一批弗洛伊德在19世纪90年代写给弗利斯的备忘录。东西是弗利斯的遗孀卖出的,施塔尔要价1.2万法朗。波拿巴王妃又说,施塔尔表示美国方面也有买家,不过他想把东西留在欧洲。波拿巴王妃要了一封书信来检验真伪。"毕竟,"她告诉弗洛伊德,"我是认得你的笔迹的!"[100]

弗洛伊德大为吃惊。在弗利斯于1928年过世后,他太太曾要求弗洛伊德退还其丈夫的书信,但我们知道,弗洛伊德没能把信件给找出来。不过,弗利斯太太的这个要求,倒是让弗洛伊德担心起自己写给弗利斯的书信会外流。他在回信中告诉波拿巴王妃,这些书信的内容"亲密得超乎你想象。如果它们落到陌生人的手上,将会是我最尴尬的一件事"。他表示愿意与王妃分摊购信的价钱,显然他想把书信给毁掉。"我不想它们有任何一封会被所谓的后代子孙读到。"[001]不过王妃却告诉弗洛伊德,书商声明在先,她如果想购买这批书信,得承诺不会让书信流入弗洛伊德或其家人之手,以防它们会被毁。显然,弗洛伊德对隐私的重视——一种19世纪布尔乔亚的典型心态——并不是秘密。

一个对峙就这样形成了:一方是亟欲获得书信并加以销毁的弗洛伊德,另一方是渴望把书信保留给"所谓的后代子孙"的波拿巴王妃。1937年1月初,她向弗洛伊德保证,虽然那批书信还在德国,但"已不在那个'泼妇'手上"。她也保证自己不会读它们,但建议把它们保存在某个安全的图书馆,规定"在你死后的80年或100年内"不准让任何人过目。"你在人类思想史上的地位,属于与柏拉图或者说歌德同一个等级的。"她说,又叫弗洛伊德想想看,如果爱克尔曼(Eckermann)与歌德的谈话录不复存在,或是柏拉图为了隐瞒老师苏格拉底的恋童癖而销毁自己的对话录,那会是人类文明多么大的损失!她说,如果弗洛伊德的书信只是因为些许的个人考量而被销毁,"那精神分析的发展史就会失去某些环节。而你创立的这门独一无二的新科学,又甚至比柏拉图的观念更重要"。波拿巴王妃向弗洛伊德表示,自己会提出这样的要求,只是因为"我爱你……和敬重你"[002]。

弗洛伊德对于信件落在她手上而非任何别的人手上,算是松了口气,但对于她使用的论证和类比,却不以为然,以前费伦齐把他比拟于歌德时,他也是这种态度。"由于当时我和他关系极亲密,我们在信中无所不谈,"他写道,"这些信的内容包括了一些私人事务以及精神分析观念的启蒙,一样含有私人的性质。"王妃很了解他的想法,但不接受他的提议。2月,书信到了王妃手上,3月初,她前往维也纳,当面拒绝弗洛伊德的要求,然后把书信存放到维也纳的罗斯柴尔德银行(Rothschild Bank)。选择一家犹太人的银行保存这些书信当然不是明智之举,只不过当时谁也不知道,希特勒兼并奥地利已是必然。

虽然已经80岁,弗洛伊德仍然能够工作,也仍然能够爱与恨。1937年初,他回头探讨临床技术的议题。他在这个时候写出的长篇论文《有期和无期的分析》,可说是对精神分析的有效性最不抱幻想的宣言。当然,在精神分析的疗效上,弗洛伊德从来都不是一个乐观主义者[103],但现在,他又找到了为精神分析指出局限的新理由。他甚至宣称,成功的分析治疗并不必然保证神经症不会复发。这篇论文给人的感觉就像弗洛伊德要放弃(至少是质疑)他几年前才在《精神分析新论》里说过的话。当时他指出,精神分析的目的"是强化自我,让它独立于超我、扩大它的视界、拓展它的组织,去让它可以多占据本我的一些部分。本我在哪里,自我就应该到哪里。这是一件开发性的工作,相当类似于抽干须德海(Zuyder Sea)的水[须德海位于荷兰西北部,原为北海一海湾,后筑堤坝拦截,与北海分开,堤内大部分水被抽干,改造成田地。——译者注]"[104]。但现在,在《有期和无期的分析》里,他仿佛认定我们对自我的掌握,充其量只是暂时性的。把这个悲观的观点归因于弗洛伊德所面对的政治事件,未免太过简化,但政治事件扮演了一定的角色,也是不争的事实,政治让一切都变得黯淡。

《有期和无期的分析》发表于1937年6月,同一个月,弗洛伊德快慰地得知自己会比阿德勒活得久。在英国的一趟讲学之旅上,阿德勒因为心脏病发,倒毙于阿伯丁(Aberdeen)街头。得知这个消息后,阿诺德·茨威格流露出一些哀悼之意,但弗洛伊德却一点类似的表示也没有。他恨阿德勒超过了25年——阿德勒恨他的时间也一样长,而且一样直认不讳。"一个来自维也纳市郊的犹太小孩,最后却死于苏格兰的阿伯丁,这可说是一件前所未有的事情,足以反映出他走了多远的路。真的,因为他对精神分析的驳斥,他曾经获得了世人很大的奖赏。"[105]在《文明及其缺憾》一书中,弗洛伊德曾经说过,他不明白基督教泛爱世人的教诲,因为世上可恨之人实在太多了。而显然,在他认为最可恨的人中间,包括了那些让他失望的人和那些为迎合大众所好而诋毁力比多理论的人。

尽管弗洛伊德对阿德勒的死感到快乐(至少不感到痛苦),但却有其他人让他忧虑万分。他已经72岁的小姨子明娜就是其中之一:她老得非常厉害。弗洛伊德几个儿子也因为纳粹的狂潮而不得不到处寻找一个可以永久定居的处所。只有她女儿安娜变得越来越坚强:不管起初她的特权有多少是来自父亲的名声与保护,现在她已靠着自己对儿童精神分析的贡献,建立起充分的权威。不过令人难过的是,同属弗洛伊德父女俩挚友的莎乐美却在1937年2月辞世了,"安详逝于她哥廷根的小房子里",享年75岁。弗洛伊德是从报纸上知道她的死讯的。"我十分爱恋她,"他对阿诺德·茨威格说,"但奇怪的是这种爱恋中没有一丝性吸引力的因素。"弗洛伊德为她写了一篇简短而充满感情的挽文。艾廷冈从巴勒斯坦写信回来,也很能够反映弗洛伊德的感受:"莎乐美的死让人有一种奇怪的虚幻不实感。一直以来,她都看似生活在时间之外。"

尽管私生活上有许多要操心的事,弗洛伊德却无法不理纳粹德国的威胁。他仍然抱着可以在维也纳安度余年的希望,也会不时对时局作出一些无根据的乐观臆测,不过,他已经越来越看出,奥地利想继续保持独立是不可能的。一些赤裸裸的事实摆在眼前:德国重新武装,而西方则不情愿与希特勒对抗。让弗洛伊德感到泄气的不只是自己的状况,还有精神分析的前景。早在1933年夏天,他就告诉过琼斯,他已经"几乎准备好目睹我们的组织在当前的世界危机中走向衰败。柏林已经失守了,布达佩斯也因为失去了费伦齐而贬值,至于大家的力量会不会在美国重新汇聚起来,还未有定数"。两年后,亦即1935年9月,他力劝阿诺德·茨威格不要延缓回欧洲一趟的计划:"维也纳一定不会在你来看我以前落入德国手中的。"他的语气是逗趣的,语意却是沉重的。茨威格仍然认为纳粹政权说不定很快就会垮台,随之而来是君主复辟。弗洛伊德自己也会享受这一类的幻想,只是信心越来越低。迟至1936年2月,他仍然多少相信自己可以在有生之年目睹纳粹垮台。这样的心态,并不是政治幼稚者的专利,而是当时从右翼到左翼的政治观察家所抱持的普遍态度。

不过到了1936年中期,弗洛伊德用凄凉语气说话的时候越来越多。"奥地利迈向国家社会主义的步伐看来是不会停止的,"他在6月写给阿诺德·茨威格的信上说,"所有的命运都是与暴民串通好的。我正带着越来越少的遗憾,等着幕布在我眼前落下。"不到一年后,亦即1937年3月,他看见等在前头的只有灾难。"我们政治处境的乌云正一天比一天浓密,"他对琼斯说,"纳粹的侵入大概是无可阻挡了,而精神分析的命运将是灾难。"他把维也纳当前的处境与1683年被土耳其人围城的处境相提并论。不同的是那一次得救了,而这一次看来在劫难逃,一直保护着奥地利的墨索里尼显然已做好放手的打算。"我应该会像埃内斯特那样喜欢住在英国,像你那样喜欢到罗马旅行。"写给阿诺德·茨威格的信中,他的语调同样悲观,"四周的一切越来越漆黑,越来越有威胁性,而我们

第十二章　死于自由

的孤立无援则益发分明。"⑬四年前,他还愿意对国人表示温和的推许,当时他告诉琼斯,一个右翼的独裁政权是会让犹太人不好过,不过,至少在国联的干预下,它不敢对犹太人进行迫害,"另外,奥地利人是不会像德国人那样野蛮的"。⑭不过,他如今已经把事情看得更清楚(至少是有时候)。他在1937年12月表示:"这里的政府固然会改朝换代,但这里的人民却是始终如一的:他们就像他们第三帝国的兄弟一样,是彻头彻尾的反犹太主义者。我们的喉咙已被扼得前所未有的紧,只差还没有被扼死而已。"⑮由此看来,对于三个月后奥地利人狂热欢迎希特勒的情景,应该不会让弗洛伊德惊讶才对。

奥地利的灾难已经酝酿了很长一段时间,而且变得无可挽回也已经有好一段日子。1936年7月,奥地利总理舒施尼格(Kurt von Schuschnigg)在希特勒的压力下,答应作出若干妥协。他在秘密协议中承诺对非法的奥地利纳粹党的作为睁一只眼闭一只眼,并把它的一些领导人如塞斯-因克瓦特(Arthur Seyss-Inquart)延揽到内阁。因此,借弗洛伊德的比喻来说,绞索已经收紧了一段日子了。1938年2月,希特勒又以恫吓手段迫使舒施尼格就范,任命塞斯-因克瓦特为内政与公安部长。至此,特洛伊木马已经入城了。作为最后一搏,舒施尼格宣布要就奥地利是否保持独立的问题举行公民投票,并派人在各处的墙上与人行道上涂满支持他的口号。

弗洛伊德看出,此举等于是最后的摊牌,后果祸福难料。"目前我们政府的举动是正直和勇敢的,"他在1938年2月的信上告诉艾廷冈,"在抵抗纳粹一事上,表现出前所未有的积极。"不过又补充说,他不敢预言政府的这种勇气是否可以阻止德国的野心⑯。尽管如此,他和家人对情势平静以对。"维也纳现在一片人心惶惶,"安娜在2月20日告诉琼斯,"但我们不打算跟着恐慌起舞。"⑰两天后,弗洛伊德在写给儿子埃内斯特的信上透露出他开始有点相信奥地利最后会落得如德国一样的下场。"天主教会的力量非常强大,一定会做出强烈反抗的。"另外,"我们的舒施尼格是个高尚、有勇气和有个性的人。"舒施尼格邀集了一批犹太人工业家聚会,向他们保证"犹太人什么都不用怕"。话虽如此,如果舒施尼格被逼退位或纳粹真的发动侵略的话,那一切保证均属徒然⑱。

但弗洛伊德仍然不想出逃,他认为,如果他流亡,将是"精神分析组织已经彻底解体的象征",而那是他最不想看到的后果。"我不相信奥地利仅余的力量会沦为纳粹的附庸。"弗洛伊德这里所谓的仅余力量指奥地利的天主教会,从他把最后希望寄托在这个最不可能的盟友身上,就可知道他所攀住的是多么无力的一根芦苇。他在2月23日的信上问波拿巴王妃:"我们有可能会在天主教会的荫庇下获得安全吗?"问归问,他并不是真的很相信这种可能性,所以他接着又用小学程度的西班牙语补上一句,"天晓得?(Quien sabe?)"⑫不过这反映出,直到最后一刻,弗洛伊德仍然可怜兮兮地想找出可以安慰自己的办法。相较之下,他在早些时候还要比较清醒实际一些。

希特勒把奥地利并入第三帝国的计划是不会变更的,而舒施尼格的公民投票计划犹如螳臂挡车。德国驻伦敦和罗马的大使都向希特勒回报,英国和意大利均不打算出面干涉德国兼并奥地利的计划。最后,在大军压境的威胁下,舒施尼格取消了公投。3月11日,希特勒下了最后通牒,舒施尼格宣布辞去总理职务,以便由塞斯-因克瓦特继位。弗洛伊德这一天在记事簿写下的评论扼要而精练:"Finis Austriae(奥地利完了)。"⑫第二天早上,新任的奥地利总理塞斯-因克瓦特服从来自柏林的主人的指示,邀请德国部队过边界。

这一天(1938年3月12日)和第二天,弗洛伊德都守在收音机旁,聆听德军接收奥地利全境的消息。德军遭到了一些英勇抵抗,但反抗力量很快就被一一瓦解。尽管弗洛伊德因为动过手术而身体衰弱,但政局翻天覆地的变化还是完全吸引了他的注意,让他暂时忘了疼痛。3月13日星期天,他于记事簿上记道:"归并于德国。"第二天又记道:"希特勒进了维也纳。"⑬恐怖统治随即开始,结合了侵略者有计划的清洗行动和奥地利百姓自发的暴行;被施暴的对象是社会民主党人、老右派不合时宜的领袖和犹太人,其中又以犹太人为最。事实上,弗洛伊德早先大大低估了"国人"的兽性。我们记得,他在1937年底曾指出奥地利人的野蛮与德国人不相上下,但事实证明,奥地利人在欺凌弱者上比他们的纳粹榜样要更胜一筹。

很多德国人花了五年时间才学会的纳粹种族偏见和带虐待癖的仇恨心理,奥地利人只花了几天时间就学会了。很多德国人是因为宣传的疲劳轰炸和党的监视才对犹太人施暴,但很多奥地利人根本用不着别人推他一把。奥地利人对犹太人的暴行,只有很少数可以用迫于纳粹的淫威来加以解释(或开释)。不用当局授意,暴民就主动洗劫犹太人的住宅和捣毁犹太商店,而且乐在其中。作为

第十二章 死于自由

天主教良心守护者的那些奥地利高级教士,根本不打算把尚余的清醒力量动员起来。在枢机主教因尼策尔(Theodor Cardinal Innitzer)的授意下,神父们在圣坛上推崇希特勒的成就,承诺会愉快地与新政府合作;所有教堂也会在有需要的时候升起"卐"字旗。天主教会对希特勒这种输诚效忠,回答了几星期前弗洛伊德才向波拿巴王妃提出过的问题:强大的天主教会会因自身的利益起而反抗希特勒吗?[为了公允,应该补充的是,天主教会对纳粹的态度自1937年底就开始发生变化。但不管奥地利的教士做出过何种抵抗,都是微弱而徒劳的。]

自德国入侵后,发生在奥地利大城小镇里的暴行,比发生在希特勒治下的德国的行为还令人发指。德国纳粹刊物所散播的那些中伤犹太人的谣言、限制犹太人就业范围的规定,以及1935年底颁布的纽伦堡种族法律,都已经让德国的犹太人吃尽苦头。不过相较于德奥合并后横扫全奥的那些暴行相比,他们所受的苦还算是轻的,1938年3月发生于奥地利的那些排犹暴行,不啻是11月德国大屠杀的预演。这段时间,德国剧作家楚克迈耶(Carl Zuckmayer)刚好在维也纳,他对目睹的情景终生难忘:"地狱的门打开了,放出了那些最低级、最卑鄙、最肮脏的恶鬼。整个城市转化为一幅犹如博斯(Hieronymus Bosch)笔下的梦魇图画……空气里充满着男男女女不间断的、野蛮的、歇斯底里的叫嚣声。"在楚克迈耶看来,所有这些人的脸都像融化了一般,"就像一张扭曲的鬼脸:有些是焦虑的,有些是自大的,有些是狂野的,充满仇恨而扬扬得意"。楚克迈耶曾目睹过发生在德国的一些恐怖事件——包括希特勒在1923年11月发起的啤酒店暴动和纳粹在1933年1月的夺权成功,但没有一件能跟发生在维也纳街头的相比,"被纵放出来的是嫉妒、恶毒、怨尤和盲目邪恶的报复欲望"。

相比之下对犹太商人的抵制,算是最轻微的暴行。但这些抵制本身已经够丑陋的了:一些穿着褐色衬衫、手戴"卐"字臂章的少年守在商店门外,禁止任何人入内,胆敢违逆就会遭到拳脚相向。奥地利纳粹党人会带着预先拟好的名单,按图索骥,到一家家犹太人的住宅、商店和会堂进行搜掠。但更让人丧胆的是人们自发的暴力。只要看到落单的犹太人,暴民就会兽性大发。信奉正教的东欧犹太人(他们头戴宽边帽,耳边留有鬓发,蓄着大胡子,特色鲜明)是最受欢迎的靶子,但其他犹太人一样不能幸免。不管是小孩、妇女,还是老人家,一样会被暴民逼着跪在地上,赤手或以牙刷擦拭舒施尼格当初为宣传公投而派人在街上漆的标语。一个外国记者有这样的报道:"冲锋队的人拽着一个犹太老工人和他妻子穿过鼓掌的群众，眼泪从老妇人的颊上滚滚而下，她的眼神茫然地直视前方，她的手握着丈夫的手。我看得见，她丈夫试着用手去轻抚她的手。'犹太人有事要做了，终于有事要做了，'群众吼着说，'感谢元首让犹太人有事可做！'"[125]另外还有一些人群会逼犹太学童在墙上写上"Jud（犹太佬）"一语，做出一些难堪的肢体动作，或行纳粹式的致敬礼。

　　这不是一天之间的怒气勃发，据一个美联社记者在3月13日发自维也纳的电文报道："殴打犹太人和抢掠犹太商店的情形今天益发严重，犹太人已从维也纳的公共生活中绝迹，只有在街上或咖啡馆里偶尔看见一两个，有时候他们会被赶下电车。"记者目睹一名男性"被殴打以后丢弃在路边，另一个在刚走出咖啡馆时遭到殴打，他太太只能无助地站在一旁，一个犹太妇人在银行提取4000先令时无缘无故遭到逮捕"。另外，"纳粹分子搜索了马加比犹太运动组织（Makkabi）的总部，捣毁了若干财物，又把该组织的标志给扯了下来"。

　　但有些人根本不相信自己看到的事情："一些犹太领袖发表了看法，表示相信奥地利的仇犹心态要比德国人温和。"但事情刚好相反。一个外国记者在3月15日发出的电讯中指出："希特勒在奥地利播下的仇犹种子，生长的速度远远超过德国。"他指出一个犹太人如果可以自己选择被奥地利人还是德国人凌虐的话，一定会选择后者。"记者在泽希西舍尔（Saechsischer）大饭店附近看到一个穿毛皮大衣的妇人被六个戴着钢盔手持来福枪的纳粹卫兵包围，逼着她跪在地上，擦拭以油漆涂在人行道上的字句：'舒施尼格万岁！'不过，对于这些纳粹卫兵，犹太人还是应该感激的，因为他们尽管对犹太人施加羞辱，却没有拳脚相向，而那是暴民们常常急着去做的。"这些暴民"充满最危险的情绪，一心想进行抢掠"，得靠纳粹卫队的武力才能将之驱散。"很明显，"这位记者饶有远见地说，"要为兼并付出代价的将不只犹太人。"他又指出，有一个来自柏林的纳粹分子向他表示自己对反犹太主义在维也纳的蔓延速度有些惊讶，"因为在德国，这种转变多少是渐进的"。所有外国记者在这段日子最感惊讶的是普遍弥漫的欢庆情绪。3月14日的一则报纸标题是这样写的："维城举城狂欢／街头喧声震天：叫嚷、歌唱、挥舞旗帜的人群涌向四面八方／年轻人列队行进／德国军歌在咖啡馆里取代了华尔兹——看不见有人反对。"奥地利全国犹如在放大假。

　　不过这个节庆的黑暗面乃是胁迫和谋杀，在奥地利，1938年3月乃是一个有计划性的政治谋杀的月份，也是一个即兴谋杀的月份。像社会民主党人、律师施佩贝尔（Hugo Sperber）——他对奥地利纳粹分子的嘲讽一向不遗余力——就名副其实是被踩死的。这不是单一事件：4月，一家化学工厂的经理波拉克（Isidor Pollack）在纳粹冲锋队"搜查"其家里时以同样方式被杀害。有些犹太人则选择了让纳粹不费事的死法：像作家暨业余文化史家弗里德尔（Egon Friedell）就是在3月16日冲锋队员登上其公寓楼梯时，跃出窗外自杀的。这种死法迅速流行起来：3月11日当天发生了两起自杀，3天后，自杀的人数激增至14人，其中8个是犹太人。整个春天下来，一共有500个奥地利犹太人选择以自杀来逃避羞辱、无法忍受的焦虑和会被送入集中营的恐惧。自杀数字实在太高了，逼得当局在3月底不得不发表声明："传说自纳粹在奥地利掌权后发生了数以千计的自杀事件，纯属谣言。"这个声明接下来所说的和纳粹的谋杀机器一样精准："自3月12日至22日，维也纳共有96人自杀身亡，其中只有50人的死与奥地利政治环境的改变有直接关系。"

自杀的念头甚至一度侵入弗洛伊德家里，据深受弗洛伊德信赖的舒尔医生回忆，当弗氏一家知道逃出纳粹奥地利的希望渺茫时，安娜问她父亲："我们自己杀死自己会不会好一点呢？"而弗洛伊德给出的是他典型的回答："为什么会好些？是因为可以让他们更称心吗？"他固然是说过渴望幕布会早点落下，但他却不打算自己离开舞台，而让敌人省事。主宰着弗洛伊德一生大部分时间的那种桀骜不驯脾气仍然没有离他而去。如果他非死不可，他也要按照自己的游戏规则而死。

奥地利的新统治者以迅速而无情的效率把奥地利整合到希特勒帝国中，奥地利真是名副其实地"完了"：不到一星期，它的军队、法律和公共机构就成了德国相同机构的一个分支，而奥地利的国名也不复存在，变成了德国东部一省，被命名为"东马克省"（Ostmark）——取这么古典的名字，当然是出自精心考量的。犹太法官、公务员、工业家、银行家、教授、新闻记者和音乐家马上被滤清，才短短几星期，歌剧界、报界、商界、文化界乃至咖啡馆纷纷与犹太人划清界限，迫不及待宣称他们是"纯种雅利安人"。奥地利的纳粹分子纷纷被授以显赫而权重的职位作为犒赏。这些做法，几乎没有遭遇任何抵抗，甚至连反对的声音都没有。这并不奇怪，因为反抗是不理性和徒劳的：任何小小的反抗都会被希姆莱所领导的精锐党卫军迅速铲平。任何反纳粹或只是被怀疑为反纳粹的人不是被关入监狱，就是被捅死、枪杀或送到令人闻风丧胆的达豪（Dachau）集中营。只有极少数幸运的人得以逃到国外,只不过到达国外以后,他们会发现世界其他地方已经硬起心肠要袖手旁观。

部分由于他的国际声誉与友人的努力奔走,弗洛伊德得以幸免于大部分的暴力骚扰——但不是全部。3月15日,就是他在记事簿里记下希特勒来到维也纳的次日,弗洛伊德又写到他的住宅与出版社遭到"控制"。有一些穿褐色衬衫的杂牌军入侵了位于伯格巷7号的精神分析出版社办公室和他伯格巷19号的住家。这些人搜查了出版社的文件,又把马丁拘禁了一整天,但没有发现什么。弗洛伊德很幸运,因为事实上,出版社里有一些文件透露出他购有海外基金。在他家里,这些入侵者逗留了很长时间。镇定而有礼的弗洛伊德太太让他们有一点点窘迫,但还不足以让他们打退堂鼓;最后,安娜把他们带到保险箱前,任他们爱拿什么拿什么。弗洛伊德家下一次受到的骚扰是在一星期后,这一次来的是纳粹党,而搜查也没有那么草率。

至此,精神分析在维也纳不会有未来可言,已经是明明白白的了。至于弗洛伊德本人的未来,则是个未知数:他太有名了,想要无声无息地出境难之又难。据西方报纸报道,尽管巴勒斯坦政府愿意为弗洛伊德提供庇护,但奥地利新政府却不愿意发给他护照。不过弗洛伊德的记事簿里却记下了一些可以帮助他的人:3月16日是"琼斯",次日是"王妃"。琼斯在英国内阁里有熟人,而波拿巴王妃更不在话下;她的财富、血缘和王室地位,都足以让盖世太保对弗洛伊德的迫害暂时缓一缓。3月18日,宾斯万格从瑞士写了一封密码信(一种纳粹占领区内的人都会用的密码)给弗洛伊德。"我写这信的目的,"他说,"是想表示,如果你希望换换空气,我随时欢迎你。"又说,"你可以想象你在瑞士的朋友们都记挂着你,随时愿意提供帮助。"而对弗洛伊德的安危来说更举足轻重的人物是蒲立德,他现在已是美国驻法国大使,一直密切关注着弗洛伊德。当时任美国驻维也纳总领事的威利(John Cooper Wiley)是蒲立德举荐的人,受后者所托,威利随叫随到。另外,幸运的是,弗洛伊德的一些非犹太人奥地利朋友继续对他保持忠诚,其中特别重要的一个是他的外科医生皮希勒——他继续为弗洛伊德治疗,就像什么也没有发生过似的。

尽管有着这样一群重要的保护者,弗洛伊德的安全还是没有十足保障。由于被一次又一次的胜利冲昏了头脑,纳粹开始对优柔寡断的西方列强心生轻视,

第十二章　死于自由

倾向于不把英国、法国或美国的抗议当一回事。协约国政客对第一次世界大战的恐怖余悸犹存,所以希望可以通过绥靖主义保障和平。因此,一些冒进的纳粹政策制订者(如希姆莱)就力主把弗洛伊德和留在维也纳的一些精神分析家投入狱中。不过,这种意见却受到戈林(Hermann Goring)和德国外交部的制止,他们认为谨慎才是上策。3月15日,威利发电给美国国务卿赫尔(Cordell Hull)时指出:"恐怕弗洛伊德不仅老病,且性命垂危。"㉚赫尔把电文呈给罗斯福总统过目,并于第二天发电给美国驻柏林大使威尔逊(Hugh Robert Wilson),表示"根据总统的指示",要求威尔逊"就此事亲自而非正式地与德国有关单位进行磋商";又要求他尽力安排让弗洛伊德一家可以前往巴黎,"因为总统被告知,弗洛伊德的朋友正在巴黎焦急地等着接待他"。从这时起,弗洛伊德的命运就列名在美国政府最重要的关注项目中,参与其事的包括国务卿赫尔、他的副手威尔斯(Sumner Welles)以及驻法国和德国的美国大使。3月17日,威利向国务卿发电报告说,尽管弗洛伊德的护照已经被没收,但"维也纳的警察总监"已承诺"会亲自关注此事"。至于蒲立德本人,也向德国驻法大使郑重表示,如果弗洛伊德受到不体面的待遇,将会是一件世界丑闻。也因此,弗洛伊德的安全暂时得到了保障。

但拯救弗洛伊德行动最棘手的一个障碍来自他本人:他还是不愿意离开维也纳。为了说服弗洛伊德,琼斯匆匆飞到维也纳,并在3月15日与弗洛伊德进行了一次"推心置腹的恳谈"。据琼斯后来所写的一篇动人的回忆指出,弗洛伊德在这次谈话中提出各种理由来支持自己留在维也纳的愿望——其中一些理由是中肯的,但大部分都是牵强的。弗洛伊德告诉琼斯,自己太老了,太衰弱了,甚至没有力气爬上火车车厢的阶梯;另外,他也不认为有什么地方会接纳他。琼斯承认,最后面这个理由,不幸不是没有道理的。他回忆说,在当时,几乎每一个国家都对不断攀高的失业率紧张兮兮,因此对新移民表现出"凶悍的不友善"㉛。另外,也有些人认为,有关德奥境内犹太人受迫害的报道只是协约国中伤德国的手段,就像它们在第一次世界大战时所做的不实宣传那样。再说,又有哪个地方还需要更多的犹太人呢?

琼斯花了很大气力才以一个别出心裁的回答把弗洛伊德最后一个理由给驳倒,不过,看见自己的理由一个一个被推翻以后,弗洛伊德提出了一个"最后的宣言:他不能离开家乡,就像一个士兵不能擅离职守"。琼斯早料到他会说这个。"我用'泰坦尼克号'二副莱托勒(Lightoller)的例子,成功地把他这种态度推翻。""泰坦尼克号"的涡轮发生爆炸时,莱托勒被震到了海中,而当在调查法庭上被问到他是什么时候离船时,莱托勒回答说:"我从未离开她,大人;是她离开我的。"琼斯表示,这件轶事获得了弗洛伊德的"最后认同"㉗。得到弗洛伊德的承诺后,他在3月20日回到英国,运用他的关系为弗洛伊德一家取得了赴英签证。

但弗洛伊德又制造了另一些麻烦,威利在3月19日发给国务卿的电文中指出,弗洛伊德除了家人以外,还希望可以带着两个女婿和私人医生一家人——也就是总数16人——一起离开奥地利。蒲立德得知后,马上发电给威利,表示弗洛伊德的这个要求,是"完全超出我能够动用的资源范围之外的",而他也相信这是超过波拿巴王妃的能力范围之外的。他表示愿意资助一万美元,但"仅止于此,无法再多(重申:无法再多)"。威利回复说,弗洛伊德"计划前赴英国,现在唯一剩下的问题是出境签证"。其他的奥援也陆续到达。"王妃来了,"威利告诉蒲立德,"布尔林翰太太也来了。"于是,钱的问题解决了,怎样帮弗洛伊德取得离境批准成了首要之务。

为了帮助弗洛伊德一家取得居留许可,琼斯动用了他与内政大臣霍尔爵士(Sir Samuel Hoare)和掌玺大臣沃尔伯爵(Earl De La Warr)的关系,这绝非容易的事,但至少他们都答应尽力而为。但奥地利当局对弗洛伊德的态度仍未明朗,3月22日,他们发电给美国国务卿,说德国派在维也纳的总理已经在和希特勒磋商弗洛伊德出走一事,"弗洛伊德的年纪和健康是个问题,在过边境时需要特别照料"。但在同一天两点,威利又发出电文:"安娜刚刚被捕。"弗洛伊德在记事簿上记下了她的去处:"安娜在盖世太保那里。"㉘

这条简短的笔记隐藏了弗洛伊德的焦虑不安。当安娜被告知她必须去位于梅托普勒大饭店(Hotel Metropole)的盖世太保总部一趟时,她和哥哥马丁因为担心会遭到酷刑(马丁预期自己会继安娜之后被盖世太保找去),就向舒尔求助。"在他们的请求下,"舒尔回忆说,"我提供了他们足够数量的巴比妥。"并答应如果他们有什么不测,会照顾他们父亲到最后。舒尔指出,那一天是弗洛伊德心情最糟的一天㉙。

没有人会不同意舒尔的评断。"我去伯格巷陪在弗洛伊德身边,"他回忆说,"时间像是没有尽头,这是我唯一一次看到弗洛伊德陷于深深的忧虑。他在房间里踱来踱去,烟抽个不停,我尽可能去安抚他。"[131]而这个时候,身在盖世太保总部的安娜却没有失去自持。"她聪明地意识到,"她哥哥马丁回忆说,"她最大的危险是,直到办公室关门,她还忘了离开,而留在走廊里。如果这样的话,她就有可能会不由分说被当成人犯,与其他犹太囚犯一起送走,送到集中营或被枪决。"虽然事情的细节不是很清楚,但似乎安娜后来动用了一些有影响力的朋友,让盖世太保把她带进办公室里问话。盖世太保想知道国际精神分析协会是干什么的,而安娜则努力去说服对方,那是一个完全非政治和纯学术的团体[132]。当晚7点,威利总算能发给蒲立德好消息了:"安娜·弗洛伊德获释了。"舒尔回忆说,得知这个消息,弗洛伊德松了一口气,也放任自己流露出一点激动的情绪。

这事件比琼斯的雄辩更能打动弗洛伊德的去意。"在这段难挨的时光里,我只剩下两个心愿,"他稍后在信中对儿子埃内斯特说,"一是看到你们全部平安,二是死于自由。"[133]不过,自由的"代价"却是高昂的,因为纳粹最擅长的就是进行制度化的敲诈勒索。没有人可以在没有"良民证"的情况下离开奥地利,而想要获得这张"良民证",又必须能够付清当局巧立名目所征收的各种费用。先前,奥地利精神分析学会的委员会在3月13日就曾经决定,建议所有犹太会员马上移民,然后等弗洛伊德找到新家以后,再行复会。其中一个非犹太人会员施特巴(Richard Sterba)本来被推选出来担任"雅利安化"后的精神分析协会会长,但他拒绝接受,而是选择了与他的犹太同事一起逃亡。

学会的资产、藏书和出版社的财产全被没收[134],稍后,奥地利当局又进一步扩大对弗洛伊德的要求:要他支付"逃亡"税,并把他全部的库存书缴交给国家(先前马丁因为担心这批书会被焚毁而寄到了瑞士,当局现在要求他运回来)[135]。弗洛伊德没有钱去满足种种勒索:他的现金和户头都被充公了。但波拿巴王妃就在那里,她整个3月和4月初都住在弗洛伊德家附近,然后到了4月底又回到维也纳,为弗洛伊德支付一切不得不支付的费用。她的在场,马丁在日后回忆说:"我想,在3月11日到5月底我们住在维也纳那最后几星期,如果不是有王妃在旁边支持我们,生活将相当无法忍受。"她带来的不只是金钱和帮助,还有她的大无畏勇气:当党卫军要把安娜带到盖世太保总部时,王妃曾要求那些人把她一并逮捕[136]。

安娜一向都极为镇定自若,但也不是没有泄气的时候,她在4月3日写给琼斯的信上说:"等风平浪静一些以后,我希望能够向你显示,对于你帮了我们多大的忙,我是一清二楚的。"⑬这时,威利向威尔斯报告说,现在唯一延迟弗洛伊德出境签证的,只剩下他的出版社的"财产清理"问题。波拿巴王妃是不知倦怠的,但与当局和各种官员无穷无尽周旋的担子,大部分还得安娜自己去扛。"在昨天和今天之间,"她在4月底告诉琼斯,"我去见了律师五次,去了美国领事馆三次。一切都进展得极缓慢。"⑱有时候,她会让自己气馁的心情流露在写给琼斯的信件上,不过,事后又会为此懊恼。她在4月26日以近乎道歉的语气对琼斯说:"通常我都会在很晚才写信,也就是在我耗尽了大部分所谓'勇气'之后,也因此,有时我会纵容自己一点点。"她尤其担心父亲的状况,"如果他的身体撑不下去怎么办?不过这是最好不要去问的问题之一。"⑲

但事实上,弗洛伊德的健康在面对这些压力时却表现得异常好,为了打发时间,他会清理打包书本、古董和文件。他把不想要的书籍丢弃,也努力丢掉自己的信件和文件(但波拿巴王妃和安娜尽力从废纸篓里抢救了一些回来⑩)。有时候,他也会和女儿一起花几小时的时间,去翻译波拿巴王妃为其爱犬托普斯所写的回忆录。他甚至还挤得出一点点的精力("一天一小时")去写他的《摩西与一神教》⑪。在5月6日那天(凑巧是弗洛伊德82岁生日当天),威尔逊大使向国务院报告,负责弗洛伊德的那些盖世太保官员认为,现在让弗洛伊德离境的事只剩下一个障碍:与其出版商之间的债务。这虽然是鸡毛蒜皮的小事,但所花的时间却超过预期。三天后,弗洛伊德写信告诉儿子埃内斯特:"我们带着或多或少的耐性等待着事情的解决。幸而安娜的精力和乐观精神仍然是毫不动摇的。否则,生活对我来说乃是难以继续下去的。"信中他又提到一个他关注已久的老问题:男女的差别问题。"总的来说,女性要比男性经得起考验。"⑫这时候,弗洛伊德对于移民之举已义无反顾,而在5月,他向琼斯承认,驱使他移民的最大动机在于安娜:"移民会为安娜带来的好处,是完全值得我们做出小小牺牲的。否则,以我们三个老家伙(73岁、77岁和82岁,指他的小姨子、他太太和他本人),移民是完全不值得的。"⑬

工作依然是弗洛伊德抵抗失望的最好武器,哪怕他此时只能进行少量的工作。他那种挖苦性质的幽默感也没有完全离他而去,当局允许弗洛伊德离境后,要求他签署一份他从未受到苛待的声明,弗洛伊德签了字,又在声明上补充了一句:"我可以对任何人高度称赞盖世太保。"⑭弗洛伊德相当幸运,因为党卫军的人没有看出这句话的强烈挖苦意味。但他为什么要这样做,却相当引人好奇,为

第十二章 死于自由

什么弗洛伊德要在获得自由的前一瞬间冒这种天大的险呢?是他内心深处那个希望留在甚至死在维也纳的愿望在作祟吗?不管理由是什么,弗洛伊德对盖世太保的"赞扬",都是他在奥地利土地上最后一次桀骜不驯的表现。

弗洛伊德一家是分批到英国去的,最先动身的是明娜·贝尔奈斯,日期是5月5日;马丁在九天后出发;玛蒂尔德与丈夫在又过十天后启程。5月25日,安娜坦承她有一种似幻似真的感觉:"如果整件事情继续拖上100年,我是不会感到惊讶的。我们现在的感觉是既已不在这里,却又还没有到达那里。"[145]迟至5月31日,安娜在信中还表示,他们所需要的所有证件还没有全部就绪[146]:她和父母三个人的"良民证"还没有下来。

自由的护照最后在6月2日抵达,同一天,皮希勒为弗洛伊德做了一次检查,没发现什么好忧虑的。两天后的星期六,亦即6月4日,弗洛伊德终于要离开维也纳了。他从伯格巷19号寄出的最后两封信函分别是写给阿诺德·茨威格的短笺和写给侄儿萨穆埃尔的明信片,主要是告诉他们自己在英国的新地址[147]。弗洛伊德在记事簿上简短地记下了这些事,但却出现了一个笔误:他把离境日期写成6月3日(正确日期是6月4日)。是反映出他急于离开维也纳吗?还是刚好相反,是一个他窃愿可以延后出发日期的信息?答案只能诉诸猜测了。四星期以前,亦即5月10日,他在记事簿里写下这句话:"两星期内会离开?"[148]毫无疑问,面对放逐,他的心情是复杂矛盾的。"获得自由的眉飞色舞感,大大被哀恸所抵消了,因为我仍然深深爱恋着那个曾经囚禁着我的牢笼。"[149]这是他在伦敦新家寄出的第一封信上所写的话。

近乎戏剧性的是,这个出亡直到出发前的最后一刻钟仍然有状况:原定要以私人医生身份陪伴弗洛伊德一起离开的舒尔大夫忽然得了盲肠炎("拙到家的了!"),无法成行,要到6月15日才能与弗洛伊德在英国会合。在安娜的建议下,一位年轻的儿科医师斯特罗斯(Josefin Stross)接替了舒尔的职责[150]。6月5日,当弗洛伊德所乘坐的东方特快车越过法国边境,到达凯尔(Kehl)时,他在记事簿上写道:"下午2时45分。"[151]日后回忆起这个时刻,他欢呼说:"过了莱茵桥,我们就自由了!"除了因为疲劳所引起的心脏疼痛外,弗洛伊德此行没有其他不适。他在巴黎所受到的欢迎非常热烈,就是有一点吵:大批记者和摄影师守在车站,要拍照并对他进行访问。不过蒲立德、埃内斯特和哈利就在人群之中,他们努力保护弗洛伊德,让他免受记者的干扰;波拿巴王妃也在那里,并迅速把他载到自己优雅的房子去。在王妃的住处,弗洛伊德愉快地待了一整天,并获得了充分的休息。"玛丽以超过本分的温柔体贴接待我。"他日后向友人这样形容。之后,弗洛伊德就坐夜船越过英伦海峡,他在 6 月 6 日早上抵达维多利亚火车站,迎接他的包括先到英国的家人与琼斯夫妇。他的新家是一栋租来的房子,位于伦敦西北摄政公园附近。坐琼斯车子前赴新居沿途,遇到著名的景点——白金汉宫、皮卡迪利广场、摄政大街等——弗洛伊德都会一一为太太指出[132]。他从前做梦也没想过,自己会以流亡者的身份,在伦敦终其余生。

一个斯多葛派之死

弗洛伊德说过,他到英国,是为了"死于自由"。不过,他从伦敦寄出的第一封信,却见证了不管是他这段日子以来所承受的骚扰与焦虑,还是他抵抗了 15 年的癌症,还是他的老迈(现在他 82 岁了),都没有完全侵蚀掉他的精力、观察天分与中产阶级的生活习惯。"亲爱的朋友,"他写给在耶路撒冷的马克斯·艾廷冈说,"过去几星期,我给你的消息寥寥无几。为了弥补,我决定把我从新家写的第一封信寄给你,哪怕现在我还没有新的专用信笺信封。"[133]没有错,即使整个中产阶级世界已经从历史上消失了,即使现在住的是租来的、有现成家具的房子(埃尔斯沃斯路 39 号),但印有地址的信笺信封仍然是少不了的。弗洛伊德在信中向艾廷冈叙述了最近发生在他身上的一连串事件:他一家人(包括女仆、医生和小狗)浩浩荡荡从维也纳途经巴黎到伦敦的经过、舒尔不是时候的盲肠炎、波拿巴王妃的热情接待、新居的明媚景色。

这封信的内容都是报道性质的,这一点,透露出弗洛伊德想压抑些什么。作为一个老资格的精神分析家,弗洛伊德不会不知道这一点;他不只知道,也点了出来。就连他太太——尽管不是精神分析家——对此也看得一清二楚。她在 6 月底写给一个侄女的信上指出,如果一个人不是不停去想那些被留在后头的人,在这个新环境下"是可以过得无比快乐的"[134]。弗洛伊德的四个妹妹还留在维也纳。行前,弗洛伊德给了她们一笔为数不少的金钱:16 万先令,相当于 2 万多美元。但在奥地利新政权的统治下,这笔钱的命运是难以预测的,更别说几个老妇人的命运了。即使是放松感和快乐感给弗洛伊德带来的也是震动,过去两个月来发生了太多的事,而现在环绕在他四周的又是太多惊奇。他无法轻轻松松就

第十二章 死于自由

把这种尖锐的对比调和过来,他告诉艾廷冈,一切就像梦一样不真实。"难以捕捉我的心境,也几乎无法形容。"生活在一个新世界,固然是让他感受到了极大快乐,但这种快乐却被一些别的事情冲淡了,其中包括英国的一些奇怪生活习惯以及他自己心脏还能负荷多久的问题,还有他小姨子的重病。明娜·贝尔奈斯现在正躺在他对面一层楼房间的床上,而他迄今还未能去探视她。所以,他会感受到间歇性的消沉,是自然不过的。"但我的小孩,不管是亲生的还是收养来的,都表现得令人激赏。玛蒂尔德能干得就像在维也纳时候的安娜。"这可是弗洛伊德一个最高的赞誉。"埃内斯特的表现就像他一向的外号一样,是个力量之塔(a tower of strength);卢克斯(埃内斯特的太太)和他们的小孩也毫不失色。而马丁和罗伯特走路时又可以抬头挺胸了。大家都那么精神抖擞,难道我要独立于他们,成为一个让家人失望的人吗?我的太太也一直健康而顺遂。"⑤

他一直都异常幸运,《曼彻斯特卫报》在6月7日一篇报道弗洛伊德到达的热情文章中,引述了安娜的话:"我们在维也纳是受到体面对待的极少数犹太人中的几个,我们并没有受到幽禁,我父亲是足不出户几星期,但那是因为健康的缘故。"埃内斯特的话印证了妹妹这番话:"犹太人受到的对待普遍都糟透了,但不包括我父亲,他是个特例。"又补充说,他父亲之所以会"选择到英国来,是因为爱这个国家和这里的人民"⑭——这同时是一种外交辞令与由衷之言。

获得安全已够让人喜气洋洋的了,但弗洛伊德还有一个值得欢欣的理由。他在6月28日写给阿诺德·茨威格的信上以毫不掩饰的得意告诉对方,有三个英国皇家学会的秘书拜访过他,"带来了学会的圣书"让他签名。"他们留了(签名本的)一本摹本给我,如果你过来,我就可以把我的签名指给你看。上面还有牛顿以及达尔文的签名,真不错!"被邀请把名字签在一些显赫的科学家之间,固然是够光荣的了,但更难得的是英国皇家学会愿意放宽规定,把签名簿亲自送到弗洛伊德住处请他签名。这是英国人对欢迎他到英国来的一种额外表示,因为同样的事情以前只发生过一次,但对方是英国国王。尽管如此,弗洛伊德还是忍不住向阿诺德·茨威格指出,英国真是一个奇怪的地方,因为他们甚至希望他改变签名。英国皇家学会的人告诉他,在英国,只有贵族才会在签名时只签姓氏。信末,弗洛伊德实验性地签上了一个他已经弃用了40多年的签名式:"Sigm. Freud。"⑮

不过,与英国人对他的热烈欢迎相比,这些小小的不习惯根本不足挂齿。不管是名人还是一般的英国百姓,给予弗洛伊德的热情接待都几乎超过他消受得了的程度。"我们一下子就变成了热门人物,"他在信中告诉艾廷冈,"例如,银行的经理会对我说:'我对你很熟悉。'当安娜要坐计程车回家时,司机听到地址,就说:'啊,那是弗洛伊德医生的住处。'我们快被人们送来的鲜花呛死了。"还有更让弗洛伊德高兴的事:"你也许可以再一次在信里畅所欲言了,这里是不会把信件拆开来检查的。"⑱两星期后,在回复弟弟亚历山大的来信时(后者在3月安全地从维也纳到达瑞士),弗洛伊德陈述了他那几乎难以置信、无法估算的幸福。他指出,尽管英国有一些怪习惯,却是"一块福地,一片乐土,住着一些仁慈、好客的人民。这至少是我在最初几星期的印象"。他也很惊讶,一些地址写得不清不楚的信函(如只写着"伦敦的弗洛伊德医生收"或"俯览摄政公园的住处"等地址),竟也可以在他搬入新居的第三天送达他手中⑲,他太太也一样惊讶⑳。不过这些来信也让弗洛伊德感到很吃力。"那些来信,"他以假装惊恐的口气说,"我花了两个星期时间,工作得像个写信苦力一样,才把糟粕和麦子拣别开来,然后把值得回的信一一回复。"来信中有一些是朋友写来的,但"令人惊讶的是有很多是陌生人写来的,而且只是为了恭贺我们一家化险为夷,并不要求回信"。除此以外,来信者中理所当然也包含"一大群蠢材、疯子和亲笔信的狩猎者。也有信徒寄给我小册子和福音,想拯救我的灵魂,向我指出通向基督的道路,或是向我开示以色列的未来。还有各种学会通知我我已是他们的会员,又有数不胜数的犹太'协会'说希望我成为他们的名誉会员,直到暮年我才生平第一次体验到什么叫成名"。㉑

尽管有那么多让他满心畅快的事情,弗洛伊德却感受到一种他多年前定名为"幸存者的罪恶感"(sunvivor guilt)心情之侵袭。他意识到自己有一种不想回信给弟弟的抑制感,原因是自己和家人都过得非常好,甚至太好了,而尽管他在写给朋友的信中没有提到留在维也纳的几个妹妹,但她们显然令他牵挂。另外,他也感受到放逐的刺痛。他在回复瑞士精神分析家德索绪尔祝贺他逃出的来信上说:"也许你遗漏了一点,那就是移民会感受到一种特别的剧痛。那是来自对一种生活和思考的语言的失去,这种失去,是再多的努力也无法用另一种语言来弥补的。"他甚至对自己要放弃"哥特式字体"也感到不舒服。这不能说不是一种讽刺,因为诚如他自己所说的:"一直以来,我常被告知我不是德国人,而我也庆幸自己不用再当德国人。"㉒尽管如此,这些都是驾驭得了的不舒服。毕竟,弗

第十二章 死于自由

洛伊德现在并不是死于自由而是生活于自由,并在差劲的健康、罪恶感和世界局势许可的范围内享受这种自由。

弗洛伊德用来适应新生活的办法就是重拾重要的研究,6月21日,就是他抵达英国才两星期时,他在记事簿上记道:"摩西Ⅲ重新开始了。"[163]一星期后,他告诉阿诺德·茨威格,自己正投入《摩西与一神教》第三部分的写作,心情愉快。但又指出,他知道会分享他这种愉快心情的人并不多。他继续说,他刚收到一个年轻美国犹太人的来信,对方"求我不要剥夺我那些可怜的、不快乐的犹太同胞在不幸中的唯一慰藉[164]"。差不多同一时间,著名的犹太东方学家亚胡达(Abraham Shalom Yahuda)也提出了相同要求[165]。尽管当时弗洛伊德还没有完成《摩西与一神教》的全部写作工作,但知道这本书可能会出版,已经足以使许多犹太人忧心忡忡:《摩西与一神教》的头两篇论文1937年固然已经在《潜意象》发表过,但《潜意象》毕竟只是一本精神分析家之间的专业期刊,如果《摩西与一神教》以书的形式出版,让一般大众接触到,其后果将不堪设想。

从这时起,焦虑的恳求、愤怒的指责、鄙夷的否定就纷至沓来(偶尔也会有那么一两下掌声)。弗洛伊德不为所动,但却宣称别人指斥他顽固或自大,其实只是一个客气的说法。他说自己根本没有能耐动摇哪怕一个虔诚的犹太教徒的信仰[166]。带着解决摩西问题的激情,弗洛伊德变得固执而盲目,无视于那些奉摩西为远祖的人会有什么心理反应。他并不总是这样冒失的。在《摩西与一神教》的第一篇论文《摩西,一个埃及人》里,他就直接面对这个问题:"要证明一个被其民族赞誉为最伟大儿子之一的人其实并非该民族的成员,这的确不是一件轻松愉快的事情,尤其是当证明者本人也是这个民族的成员时尤其如此。然而,维护所谓民族利益的考虑也不能使我置真理于不顾。"[167]奥地利政权强加于他的暂时缄默已经让他够痛苦的了,他不允许他的犹太同胞对他做同样的事。他继续埋首于"摩西Ⅲ"[168]的写作中,那已经成为了他一件不能自已的工作。7月17日,他喜形于色地告诉亚历山大:"我刚刚写下了摩西Ⅲ的最后一句话。"次月初,安娜在举行于巴黎的国际精神分析家大会上宣读了此文的部分内容。

尽管《摩西与一神教》吸引了他的大部分注意力,但弗洛伊德并未完全忽略对精神分析议题的一贯关怀。他在7月初写给特奥多尔·赖克的一封信中反映出他对那个与美国人意见不同的问题——没有医生资格的人能不能当精神分析家——仍然是极为关心。这个争论基本上是赖克十年前所引发的,但他此时却定居到了美国。"什么邪风把你和所有人吹到美国去了的?"弗洛伊德在信中语带嘲讽地问,"你该知道我们的美国同人对非医师出身的精神分析家有多友善亲切,对他们来说,精神分析不过是精神病学的一个婢女。"接着又说出一句反映他的理智已为怒气所蒙蔽的话:"你就不能在荷兰待久一点吗?"⑩同一个月,听说有人指称他已经改变了对上述问题的看法时,他马上跳出来否认,形容此说只是"一个愚蠢的谣言","我不只从未推翻这些观点,反而更前所未有地坚持"。⑪

精神分析所面对的危险——不管是在不可信赖的美国还是在由纳粹所主宰的中欧——重压在弗洛伊德的心头。位于维也纳的精神分析出版社早于1938年3月被摧毁了,因此,出版《摩西与一神教》的事宜不得不委由一家阿姆斯特丹的出版社负责。不过这时萨克斯(他在希特勒夺权前一年从柏林移民波士顿)向弗洛伊德建议办一本关于应用精神分析学的期刊,以接替已经停刊的《潜意象》。但弗洛伊德却不情愿接受,生怕这等于宣布精神分析刊物在德国复刊无望。"你计划在美国创办一本新的英语版《潜意象》的主意,"他在给萨克斯的回信上说,"我起初并不喜欢……因为我不想让德国的火种完全熄灭。"不过经过安娜和琼斯力劝,他改变了主意。他建议新的期刊取名《美国潜意象》(*American Imago*),萨克斯迅速采纳了他的建议。⑪几天后的7月19日,画家达利在当时流亡英国的斯蒂芬·茨威格的陪同下,拜访弗洛伊德(他与超现实主义的关系一向是暧昧的),受到了热情的接待。事后弗洛伊德对达利有如此的形容:"这个西班牙年轻人有着一双坦率而狂热的眼睛和驾驭绘画技法无可否认的才能。"⑫

三天后,弗洛伊德开始动笔撰写《精神分析纲要》。撰写草稿时,他的心情相当迫不及待,所以用了许多简写,又略去冠词。他写信告诉当时在巴黎开会的安娜,说自己觉得这件"度假般的工作"是一个"娱乐性的任务"⑬。话虽如此,但事实证明,《精神分析纲要》是弗洛伊德成熟观点的一个有力宣言。虽然此书他只写了50页就半途而废,却总结了弗洛伊德有关驱力的理论、性心理发展的理论、对无意识本质的观点、对梦的解析与对临床技术的看法。然而,这部未完成的作品也不全然是总结性的,因为弗洛伊德在其中也投下了一些全新思想方向的线索,特别是在有关自我的看法上。在一个引人好奇的段落里,他猜测也许有朝一日，药物可以改变人脑中的化学物质的平衡，届时精神分析就会无用武之地。由此可见，尽管已经82岁高龄，弗洛伊德仍然向未来敞开，仍然不排除对精神分析的理论与实践做出彻底修正的可能。《精神分析纲要》看似一本高密度的入门书，但却不是给初学者读的。在弗洛伊德众多"普及性读物"中，这无疑是最难的一本。它内容广泛，暗含了对僵化的精神分析思维方式的警告，见证了弗洛伊德对这门学问的热爱。

弗洛伊德在9月上旬放弃了《精神分析纲要》的写作，因为当时他口腔里的癌细胞再一次活跃了起来。弗洛伊德的家人在焦虑地咨询过英国医生后，从维也纳召来了皮希勒医生。后者在9月8日为弗洛伊德进行了一场历时两个钟头的大手术（这一次的手术必须切穿弗洛伊德的脸颊才能到达肿瘤）。手术后，安娜迅速向波拿巴王妃报告此事，大大松一口气的心情溢于言表："我很高兴现在已经是今天而不再是昨天。"[124]这是弗洛伊德人生的最后一次手术：他太衰弱了，根本无法接受除激光治疗以外的任何激烈手术——尽管激光治疗本身就够激烈的了。

几天后，弗洛伊德获准出院回家，而在9月27日，他搬到了家人为他在汉普斯特德（Hampstead）准备好的新家，地址是曼斯菲尔德田园街（Maresfield Gardens）20号。那是一栋宽敞宜人的房子，花园里繁花似锦，又有高大树木可以遮阳。这一年的秋天气候柔和，弗洛伊德很多时间都是坐在室外的一张吊椅里阅读和休息。屋里的陈设都按他的需要和希望安排，让他尽可能有住在家里的感觉。他花钱向纳粹赎回的那些家当——书本、古物和他那张著名的沙发——终于寄到了，并安置在楼下两个布置得大体上像伯格巷19号的分析室与书房的房间里。从1929年起就跟着弗洛伊德一家的女佣宝拉（Paula Fichtl），在维也纳时曾对这些雕像赋予最大关注，现在她凭着记忆，把它们摆放在尽可能接近原样的位置。在这些深受弗洛伊德珍视的古物中，其中一件是一个古希腊双耳喷口罐（波拿巴王妃送他的礼物），是弗洛伊德计划将来放自己和太太的骨灰时用的。在这个仿旧布置的环境中，弗洛伊德还有人生最后一点点的时光要度过。

尽管仅余的精力已被最后一次手术吸干，弗洛伊德仍然关心每天发生的世界大事。国际局势每况愈下，而战争的威胁就像一团毒雾般悬浮在文明世界的上空。1938年9月29日，英国首相张伯伦（Neville Chamberlain）与法国总理达拉第(Édouard Daladier)在慕尼黑与希特勒达成协议,同意让德国并吞捷克的"德国人区",以换取一纸空洞的和平承诺。回到英国时,张伯伦被大多数人当成救世主一样欢呼喝彩,只有少数人斥之为可耻的绥靖主义者。在写给弗洛伊德的信中,阿诺德·茨威格挪揄说,那些所谓的和平缔造者"除非等到自己也要付出代价,否则他们不会知道他们要别人付出了多少代价。"《慕尼黑条约》带给协约国的只是几个月的和平,而等到幻象一被戳破,让步者所得到的只是出卖者和懦夫的恶名;而那个被英法出卖给纳粹的捷克城市,名字则成了不战而降的同义词。弗洛伊德9月30日在记事簿只简略记上一笔:"和平。"

他的身体状况已不容许他有信必回,他第一封从"新家"寄出的信是写给波拿巴王妃的,日期为10月4日,也就是他迁入新居的整整一星期之后。弗洛伊德那种迅速回信的偏执——这几乎已成了弗洛伊德的正字标记——已一去不复,因为他必须节约使用仅余的精力。他在信中告诉王妃,这一次的手术,"是自1923年以来最惨烈的一次,我受了很大的罪"。他现在只有精力写短函了。"我几乎不能书写了,说话和抽烟的能耐也好不到哪里去。"他又抱怨自己疲倦和衰弱得吓人。尽管如此,他还是在为三个病人进行分析治疗,又说等自己身体好一点,就会马上回到书桌去工作。放弃了《精神分析纲要》以后,他目前正构思另一篇教学性的论文:《精神分析的基本教程》("Some Elementary Lessons in Psychoanalysis")。不过,这篇论文又是注定要夭折的。到了11月他又告诉波拿巴王妃,自己"还相当能够工作",但他能做的工作项目却极有限:"我可以写信,别无其他。"信中他又表示自己还有最后一个幻想:希望归化为英国公民,以把自己对英国长年以来的爱恋具体化(显然也不无把他对奥地利的厌恶具体化之意)。不过,这个希望,却是连他最有力的英国朋友与内线关系都无能为力的,所以直到过世,他都未能如愿以偿。

告别的气氛弥漫了整个秋天。弗洛伊德的最后一些书信,读起来就像一篇篇临别赠言。意识到自己来日无多,他在信中敦促各个朋友快快来访。他认识且非常喜爱的法国女艺人伊薇特·吉尔贝(Yvette Guilbert)在10月告诉他,自己想在明年5月他生日时过访,弗洛伊德虽然感动,却又对要等待那么久感到忧心:"以我的年龄,每一个延期都包含着痛苦的弦外之音。"访客的数目因为受到玛尔塔与安娜的管制而减少,但仍然源源不断。这些访客中,既有像斯蒂芬·茨威格那样的旧交,也有像威尔斯那样的新知。他的密友当然是访客中最受欢迎的。像波拿巴王妃,就经常在曼斯菲尔德田园街小住,几乎和弗洛伊德的家人无异。阿诺德·茨威格在9月来访,住了几星期(他本来拿不出旅费,后来靠着来自苏联的一笔意料之外的版税才得以成行)。10月他在巴黎写信向弗洛伊德辞行时,满怀歉意地表示,两人先前的那些长谈,想必会让弗洛伊德精疲力竭[80]。

这一整段时间,都有人试图游说弗洛伊德打消出版《摩西与一神教》的计划。像在10月,一个著名的科学史家辛格(Charles Singer)就曾通过弗洛伊德的一个儿子传话,劝他还是把《摩西与一神教》留在书桌的抽屉里为妙,因为英国教会有可能会把它视为一种对宗教的攻击。不过,他的善意规劝就像亚胡达先前的介入一样,徒劳无功。弗洛伊德写信告诉辛格,《摩西与一神教》乃是对宗教的一种攻击之说,只有在一个前提下才能成立,那就是"所有对宗教信仰的科学研究都是以无神论为预设的"。他宣称犹太人对他这个科学探究的反应让他沮丧,他表示自己并不想冒犯他们,"但我又要怎么办呢?我一辈子都在为我认定的科学真理而战,哪怕它们会让我的同胞不舒服和不高兴。我不能因为有人反对,就把它们封存起来。"他认为,要求他进行自我审查对犹太人来说是一种小小的反讽:"有人指责我们犹太人,尽管我们一度是个充满勇气的民族,但随着时光的更迭,却变得胆怯畏缩。同样的变化可从未在我身上出现,因此我非得冒这个险不可。"[81]

事实上,弗洛伊德不仅没有放弃出版《摩西与一神教》德文本的计划,而且一直在催促英译本的出版。这个英译本是由琼斯的太太凯瑟琳负责(琼斯襄助),不过在10月底,琼斯却带给弗洛伊德一个坏消息:翻译工作在1939年的2月或3月前将不可能完成。在一封长而迫切的回信中,弗洛伊德毫不掩饰他的惊恐。他首先表示自己知道琼斯夫妻的时间非常宝贵,而他们对译事小心谨慎的态度也让人敬佩,不过,翻译《摩西与一神教》的工作毕竟是他们主动愿意承担的,况且,这个延宕令人不安的地方不只一端。弗洛伊德提醒琼斯,自己是个耆老之人,还剩下多少日子可过是完全不确定的:"多几个月的等待对别人可能不算什么,对我却事关重大。"因此,他说,自己希望在有生之年看到英译本的问世,是个"可以谅解的愿望"。他又建议琼斯不妨多找一个译者分担部分章节,以便全书能在两个月内完成。另外,他也提醒琼斯:"美国方面的出版商已经等得不耐烦了,而我们又是预收了报酬的。"[82]

这不是一个托辞,自夏天开始,纽约克诺夫出版社(Knopf NY)的女老板布兰奇·克诺夫(Blanche Knopf)就一直与马丁保持联络,希望可以获得《摩西与一神教》的美国版权。克诺夫出版社由布兰奇与其丈夫阿尔弗雷德(Alfred)共同经营,素来讲究品质,以拥有门肯之类的美国作者和托马斯·曼之类的国外作者而驰名。因此,《摩西与一神教》能够由克诺夫出版社出版,自是弗洛伊德所期望的。11月,布兰奇曾造访弗洛伊德,提出了一些细部修改的建议⑱:一个苗条、热情、自信的美国女出版家提出一些"小小建议",企图说服顽固的弗洛伊德修改书中对他来说很不利的部分,这个场面的张力可见一斑。弗洛伊德并没有接受,反提出不如取消合约,但明智的布兰奇当然是拒绝了,所以到最后,《摩西与一神教》的英译本还是由克诺夫出版社于美国出版⑱。这段时间,弗洛伊德也一直与《摩西与一神教》的希伯来文译者德沃西斯保持通信。尽管他殷切期望看到希伯来译本的出版,但他还是警告德沃西斯,《摩西与一神教》是"把《图腾与禁忌》里的方法应用于犹太教历史的研究,因此是《图腾与禁忌》主题的一个延续",但不可忽视的是"其内容特别容易伤害犹太人敏感的感情,理由是因为他们迄今没有臣服于科学"⑱。可见,他虽然渴望希伯来文译本的出版,但还是不忘提醒译者要注意自己所要冒的风险。

《摩西与一神教》的命运固然是弗洛伊德念念不忘的,但纳粹却以一些更让人屏息的事件攫取了他的注意力。11月10日,他在记事簿上记道:"德国发生大屠杀。"⑱前一个晚上,纳粹政权导演了一连串的"自发"反犹示威暴动,暴民对犹太人极尽打砸抢之能事,起因是一个德国外交官在巴黎被一名波兰籍的年轻犹太人枪杀。这暴动看似是突发事件,事实上却是经过纳粹长时间精心策划的。在全德国的大小城镇,一共有约7000家犹太商店被捣毁,几乎所有犹太会堂都被焚为平地,大概有5万德国籍犹太人被移送集中营。德国犹太人的末日已经在望了,许多犹太人不断往外移民,不断寻找庇护。这件被美其名为"水晶之夜"(Kristallnacht)[是夜因为有无数犹太商店的橱窗被砸碎,玻璃碎片散落一地,如水晶般闪闪发光,故名。——译者注]的野蛮事件,让弗洛伊德联想起3月间发生在维也纳的那些反犹太暴行,也加强了他对四个仍然住在维也纳的妹妹的安危的疑虑。为此,他请求波拿巴王妃想办法帮她们离奥赴法⑱。王妃尽了力,却也无能为力。

第十二章 死于自由

这都是生死攸关的大事,但还是无法完全占去他对精神分析大业的关注,这只是纳粹带给他的世界的另一个不愉快问题。尽管精神分析在德国或多或少地存活了下来,但却已完全变了样。它现在是德国精神治疗医学会(由戈林一个堂兄弟领导)的属下机构,密切配合纳粹的意识形态,使用的是经过"净化"的语汇,排除掉了所有的犹太分析家。换言之,想在德国找到有独立精神的精神分析家已属无望。奥地利的情况更为凄惨,所有与精神分析有一点点关系的东西都被铲除殆尽。瑞士的精神分析固然仍然存在,但它的领导者却是荣格,而荣格已多次提过,日耳曼人和犹太人的集体无意识是有别的,在这种情形下,弗洛伊德自是不能对精神分析在瑞士的发展寄予厚望。至于法国的精神分析,则仍然处于四面受敌的状态。美国无疑是接纳了来自德国、奥地利和匈牙利越来越多的精神分析家,但我们知道,弗洛伊德对美国人是殊少信任的。另外,纽约和美国其他大城市也禁止没有医生资格的精神分析家执业。有鉴于此,弗洛伊德不得不向琼斯承认:"这些年间所发生的事件,已让伦敦成为精神分析运动的首要之地和中心。"[188]在这种情形下,他自是很高兴有一个英国出版商罗德克(John Rodker)愿意成立一家新的出版社,为他出版一套修订过的德语全集[189]。另外,那些因为奥地利政治局势而被扼杀的精神分析刊物也有了新的生机:1939年初,有一本内容结合了《国际精神分析期刊》和《潜意象》的新期刊(由弗洛伊德署名主编)开始在英国出版。

弗洛伊德仍然继续写作,但只是一点点:一篇论反犹太主义的短评[写给由凯斯特勒(Arthur Koestler)主编的移民杂志]和就同一主题写给《时与潮》(Time and Tide)的公开信。这期间,访客仍然络绎不绝。1939年1月底,霍加斯出版社(Hogarth Press)的伦纳德·伍尔夫(Leonard Woolf)与弗吉尼亚·伍尔夫(Virginia Woolf)夫妇应邀到曼斯菲尔德田园街喝茶。伦纳德·伍尔夫对弗洛伊德的印象是始而惊讶,继而钦佩。伦纳德·伍尔夫自己就是个名人,加上有一个国际闻名的小说家太太,见过的名人无数,并不是个容易被打动的人,但他却在日记里记道:"弗洛伊德不只是个天才,而且——有别于很多天才——极端亲切。"他说:"自己从来不觉得有赞扬我认识的那些名人的需要,因为几乎所有名人不是名过其实就是太无聊乏味,或是兼而有之。但弗洛伊德两者皆不是,他有一种风采,一种来自伟大而不是名气的风采。"他认为,与弗洛伊德一起用茶并不是件自在的事,"因为他极端讲究礼节,是那种正式而老派的礼节,例如,他会近乎夸张地给弗吉尼亚献上一朵花。看得出来他是座半熄灭的火山,内心里有着某些忧郁的、压抑着的、有所保留的东西。他给我的感觉,只有很少数的人让我有过。那是一种温文尔雅,但隐藏在这温文尔雅背后的是庞然的力量。"[09]

伦纳德·伍尔夫观察到,弗洛伊德的家人几乎把位于曼斯菲尔德田园街的家布置成了一座博物馆:"他四周包围着好些过去搜集来的埃及古物。"闲谈间,弗吉尼亚提出了一个猜想:如果同盟国不是输掉第一次世界大战的话,说不定就不会有希特勒这样的人物出现。但弗洛伊德表示不同意:"如果德国赢得那场大战的话,希特勒和纳粹照样会出现,而且会更加凶悍。"伦纳德·伍尔夫给弗洛伊德说了一件轶事:报载一个雅贼在伦敦一家书店里偷了几本书(其中包括一本弗洛伊德的作品),但被逮到,法官在判决时说他但愿可以判被告把弗洛伊德所有作品读一遍,作为惩罚。弗洛伊德听了这件事的反应是莞尔,但表示"不赞成法官的说法。他说他的作品没有让他变得有名,只是让他变得恶名远扬"。真是一个仰之弥高的人[10]。至于弗吉尼亚·伍尔夫对弗洛伊德的评语,则如她一贯的样子,措辞尖刻,她说弗洛伊德是个"皱缩得非常厉害的老头子,两眼放射着猴眼般的光芒",感情内敛而炯炯有神;至于弗洛伊德的家人,她认为他们都处于心理和社交上非常饥渴的状态——以他们的难民身份,这是很自然的。不过就连弗吉尼亚也不得不承认,弗洛伊德让人一见难忘[02]。

与伍尔夫夫妇茶叙时的弗洛伊德,已经病得非常重。在1939年1月,弗洛伊德只在记事簿上记下了两件事[09],都是关于身体病痛的:"腰痛"(1月2日)和"骨头疼痛"(1月31日)。事实上,从月中开始,弗洛伊德信中谈到自己癌症的地方就已大幅增加。在他癌症伤口附近有一些可疑的浮肿,让他陷于更大的痛楚之中。尽管弗洛伊德一向鄙夷药物(他认为药物会影响清晰思考),至此也不得不依赖一些止痛药(如巴比妥)来镇痛[04]。2月,他在信中告诉阿诺德·茨威格:"自9月接受过手术以后,我的颚部就感到痛楚,缓慢而稳定地越来越强烈,因此我白天根本无法做任何事,而到了晚上,也非求助于一瓶热水和相当剂量的阿司匹林不可。"他不确定这只是暂时的,还是"那个跟我打了16年仗的敌人已经取得了重大进展"。他又告诉茨威格,波拿巴王妃曾与一个法国的激光治疗专家讨论过,把他送到巴黎接受治疗是否可行。"我已经可以预见,整件事情只是最后结局的开始。"[05]2月下旬,拉卡萨涅(Antoine Lacassagne)医生从巴黎来

第十二章 死于自由

到英国为弗洛伊德检查(舒尔也在场),两星期后又来了一次,为他进行激光治疗,但弗洛伊德的疼痛依然没有得到舒缓。

这段时间,弗洛伊德依然关心时局,依然喜欢说嘲讽的话,也依然与最亲密的朋友通信——尽管他与很多通信者的联络都已接近尽头。2月21日,普菲斯特对他说:"我上次到维也纳时你对德国人的判断何其正确!我们又何其欢欣你已经逃出了一个已退化为施虐癖父亲(sadistic father)的国家!"[⑩]3月5日,在最后一封写给阿诺德·茨威格的信中,弗洛伊德颇为详细地描述了自己所受的折磨和他对医生的持续不信任感,又建议阿诺德·茨威格不妨尝试拿一个"纳粹灵魂"作为分析对象[⑩]。弗洛伊德尽管依然关心世界的局势,但他对自己健康情况的关心当然总是放在首位。一星期后,他以委婉的方式向萨克斯透露了他对目前所接受的治疗的憎厌;医生表示,如果把X线治疗和激光治疗加在一起,说不定会有效,"可以增加我几星期或几个月的寿命"。他不确定这是不是值得。"以我现在的年纪,我不会再骗自己成功的概率会有多高。他们对我施加的治疗让我精疲力竭,既然结果都是一样的,那接受和不接受都是一样的好——尽管如果由我自己来决定,我不会选择接受。"[⑩]

不过到了此时,最后的判决已经出来了:一个2月28日做的活体切片化验证实呈阳性反应。癌细胞又再一次活跃起来了,而这一次的位置是在口腔的很后面,是手术刀鞭长莫及的地方。有过一阵子,X光疗法的效果超过舒尔的预期,确实起到了抑制癌细胞的作用,但时间证明这只是昙花一现。弗洛伊德拒绝接受虚假的乐观安慰。"我亲爱的玛丽,"他在4月底写给正在法国圣特罗佩茨(St. Tropez)度假的波拿巴王妃说,"你沐浴在蓝色大海的这期间,我都没给你写信,其理由,我猜你从我的笔迹就可以推知。"弗洛伊德坦承自己"不太好,而有关这一点我的疾病及治疗结果都要负责任。至于它们何者须负比较大的责任,则不是我能知道的。人们试着把我拉到一种乐观的气氛中,说肿瘤正在收缩,我的不舒服只是暂时反应。但我不相信,也不喜欢被骗"。安娜此时对他变得前所未有地不可缺少。"你知道安娜不打算到巴黎参加会议了,我越来越离不开她。"他在信中再一次透露了速死的愿望(这是他这期间的书信常提到的)。他说,一场"可以切断残忍治疗过程的"大病,"是我非常渴望的"[⑩]。

这封信已经透露得非常明白,它再一次见证了弗洛伊德对女儿的深情与需要,但与此同时也透露出他对依赖的憎厌。另外,它也再次透露出弗洛伊德认为

642

他有权知道一切真相,哪怕真相有多么让人泄气。不过如今他至少可以放心的是,他的私人医生舒尔是信得过的,不会像多伊奇在1923年那样瞒着他。然而,在弗洛伊德最后关键的几星期,舒尔却不得不暂时离开他身边:他在4月底去了一趟美国,以便安顿太太和两个幼小的小孩,并设法取得行医执照。他此行是满怀罪恶感的,唯一可以稍稍减轻他的内疚的是弗洛伊德在接受过X光治疗以后,情况看来有所改善。他先前已经以需要照顾弗洛伊德为由,申请把美国签证延期过一次,他本来想再次延期,但美国领事馆碍于移民法的硬性规定,没有答应。如果再不启程,他就会丧失移民美国的资格,不得已,他只好抱着赶快把事情办完、早去早回的决心出发[200]。

这个时候的舒尔,在弗洛伊德心中已确立了几乎相当于安娜的地位。弗洛伊德提到他时,常常称他为自己的"私人医师"[201],这听起来虽然有点高高在上的味道,但弗洛伊德是喜欢舒尔的,并把他当成一个可堪信赖的朋友。弗洛伊德子女对舒尔的态度也一样:我们记得,马丁和安娜被盖世太保找去问话之前,曾经到舒尔那里拿到一些可以结束自己生命的药物,以防万一。舒尔认识弗洛伊德是在1915年,当时还是个医学系的学生。他旁听了弗洛伊德的讲课(这个讲课的内容后来出版为《精神分析导论》一书),愈听愈兴奋。虽然舒尔后来选择了内科专业,但仍然没有对精神分析忘情,而这种持续的着迷(这在内科医生之中是很罕见的),又让波拿巴王妃留下了深刻印象:王妃是在1927年凑巧找他看诊的,到了次年,又找他进行更深入的治疗。后来,弗洛伊德在王妃的推荐下,于1929年3月接受了舒尔当自己的医生[202]。这是一个弗洛伊德从未后悔的决定;他形容自己为舒尔"驯服的病人,尽管驯服对我来说并不是容易的事"[203]。事实上,他只在两件事情上与舒尔唱反调:一是反复抱怨舒尔收费太低[204],二是对舒尔的戒烟忠告置若罔闻。两人第一次见面时,曾先把一切敏感的事项开诚布公地谈定,但接着,弗洛伊德却提出了一个更让人为难的要求:"也请你答应我,时候到的时候,不要让我接受不必要的折磨。"舒尔答应了,两人握手为凭[205]。到了1939年春天,舒尔实现这个承诺的时机已届成熟[206]。

舒尔赴美期间错过的一件大事是弗洛伊德的83岁生日。波拿巴王妃去曼斯菲尔德田园街住了几天,伊薇特·吉尔贝一如她承诺过的那样也来了。她送了弗洛伊德她的签名照,上面写着:"全心全意爱伟大的弗洛伊德!伊薇特·吉

第十二章 死于自由

尔贝,1939年5月6日。"然后,到了5月19日,弗洛伊德又有了一个值得衷心庆祝的理由,这一天,他在记事簿上写道:"摩西来了英国。"⑳他希望可以在有生之年看到《摩西与一神教》在英语世界出版的心愿实现了。不过,此书的出版,不管是对弗洛伊德还是他的读者来说,都不是没有杂质的喜讯。

粗看一眼组成《摩西与一神教》的三篇论文就足以证实弗洛伊德先前对出版此书的疑虑是有道理的。此书的核心问题当然是什么因素把犹太人缔造为犹太人的,但在全书的最后一篇论文里,他却把他的结论概括到一切宗教里去。事实上,他是大可以把这本书命名为《一个幻觉的过去》(The Past of an Illusion)[作者这里意指《摩西与一神教》的内容与弗洛伊德的另一本著作《一个幻觉的未来》是呼应的。——译者注]。《摩西与一神教》的很多论点都是弗洛伊德的读者耳熟能详的:俄狄浦斯情结,这个情结在史前史的展现,所有宗教的神经症成分,还有领导者与追随者的关系[这些年弗洛伊德都与崇拜他的波拿巴王妃就弗洛伊德算不算是一个伟人进行着友善的争论。弗洛伊德断言自己不是个伟人,只是个发现伟大事情的人]。值得一提的是,弗洛伊德晚年所相信的一个古怪主张——牛津的维尔伯爵(Edward de Vere)其实才是莎士比亚戏剧的真正作者——也以忸怩的姿态出现在此书的一个注脚里。不过,指出莎剧作者的真正身份毕竟只是《摩西与一神教》一个极次要的部分,因为弗洛伊德这个无可救药的世俗主义者真正想借《摩》书去做的,是重提一个他坚持了几十年的渎神命题:宗教是集体的神经症。

一旦弗洛伊德把他的整个论证付梓,不但犹太教徒,就连基督教徒都认为《摩西与一神教》让人不敢恭维,甚至是恶意中伤。弗洛伊德在书中的第二篇论文里认定,古希伯来人对摩西的谋杀,乃是太古时代儿子弑父那件原始罪行——也就是他在《图腾与禁忌》里分析过的那件罪行——的重演。摩西的死,乃是史前时代创伤的一个新版本,是被压抑的意识的再现。另外,弗洛伊德也认为,基督教有关无瑕疵的耶稣牺牲自己为人类赎罪的故事,一定是对另一宗罪行的掩饰。弗洛伊德以侦探般的口气问道:"一个没有犯谋杀罪的人怎么会任由自己像个谋杀犯一样被处死呢?在历史上,这样的自相矛盾是没有存在过的。因此,那位'救世主'实际上乃是一件罪案的首谋,也就是推翻父亲统治的一群兄弟的领导者。"弗洛伊德并不认为有需要去论断这件罪行是不是真的发生过,因为在他的思考架构里,真实与幻想就算不是孪生子,也是兄弟。如果那出犯罪只是出于当事人的想象,那"基督就是一个未获实现的愿望幻想(wishful fantasy)的继承人"。弗洛伊德指出,不管事实是何者,基督教的圣餐礼都是古代图腾宴的翻版,尽管是个更为温柔、敬畏的翻版。因此,尽管犹太教和基督教有很多相似的地方,但两者对父亲的态度却截然不同:"犹太教一直是父亲的宗教(a religion of the father),而基督教则变成了儿子的宗教(a religion of the son)。"[208]

弗洛伊德的分析过程看来是极科学和不带激情的,在基督教徒看来乃是一个极端的诬蔑。因为他不啻是把基督教的核心当成一个弥天大谎——尽管是个出于无意识的谎言。但弗洛伊德的口袋里还有更多法宝。他说,犹太人之中,大数的扫罗(Saul of Tarsus),也就是保罗,乃是第一个隐约认识到为什么他当时的犹太文化会那么死气沉沉的人:因为"我们杀死了父亲上帝(God the father)"。尽管如此,保罗仍然只敢用喜讯佳音的伪装把这个真理讲出来[209]。简言之,在弗洛伊德的解释里,基督教有关耶稣的一切——他的生平与受难——的记载,乃是一个为了自我保护而虚构出来的故事,以便用来隐藏某些可怕的行为或愿望。

《摩西与一神教》固然并没有饶了犹太人,因为根据弗洛伊德的说法,他们从来不承认弑父的事实,不过基督徒更糟,因为他们虽然承认罪行,却以为自己就因此得救了。在20世纪20年代晚期,弗洛伊德曾经称宗教——一切的宗教——为一种"幻象"。现在,他更进一步把基督教定位为最严重的一种幻象,一种与妄想症的狂想相当的幻象。就像觉得这样对基督教的侮辱还不够似的,他又补充说:"与古老的犹太教相比,这种新宗教在某些方面而言是一种文化倒退:当大批文化层次较低的人入侵或被接纳入较高文化之后,照例会发生这种现象。基督教维持不住犹太教曾经翱翔过的巍峨灵性高度。"[210]弗洛伊德认为犹太教要高一等,是因为他认为犹太人接纳了摩西所说以色列子民是上帝选民的信息后,仍懂得拒绝"巫术和神秘主义",勇于开垦心智与灵性素质,重视真理的价值和挚爱心灵与道德[211]。

在这个对古代犹太教的评价中,弗洛伊德证明了自己是父亲雅各布·弗洛伊德的真正继承人,因为后者的座右铭正是:"合乎伦理地思考,合乎道德地行动。"[212]我们知道,弗洛伊德曾经指出:"摩西曾经使犹太人树立了他们是上帝选民的自豪感,由于他把上帝去物质化(dematerialization),他为累积犹太民族的隐秘财富做出了新的、无可估量的贡献。从此,犹太人有了偏重精神财富的倾向,整个民族政治上的不幸教育了他们珍视自己保有的唯一财产,即他们文字记载的真实价值。"㉓这番自傲的话,明明白白是冲着纳粹对犹太人的中伤、焚书之举和集中营的设施而发。

弗洛伊德认为,犹太人与非犹太人对于原罪的不同态度,也解释了为什么反犹太主义会那么持续不断(他用了几页措辞犀利的文字去讨论这个问题)。他说,不管仇犹心态的根源在哪里,这种心态都反映着一个令人沮丧的事实:基督徒从来不是什么善良的基督徒,而一直是虚饰自己的神论倾向的野蛮人㉔。而反犹太主义会这样强烈而持续,一个最主要的原因就是嫉妒,对犹太人的纯然嫉妒。

《摩西与一神教》对犹太教的间接恭维并未能安抚犹太学者的情绪,6月初,《伦敦周刊》(John O'London's Weekly)上的一篇书评对《摩西与一神教》颇有好评,但又表示:"至于作者的犹太同胞会说些什么,我可不敢去想!"㉕这些犹太同胞说了许多,却少有赞美之语。焦虑和暴怒是最常见的反应,再来还有不屑与沉默。有些人甚至还拿精神分析当武器,还治弗洛伊德其人之身,例如,他们会质疑弗洛伊德硬说摩西不是犹太人的动机何在。是他渴望逃离犹太教的最后姿势吗?是他感受到自己压抑着的意识重现,所以拼命否认自己的父亲吗?又或是弗洛伊德自我认同于摩西,想以一个陌路人的身份,成为一个伟大民族的立法者?稍后,马丁·布伯(Martin Buber)在他研究摩西的著作中为了表示他对《摩西与一神教》的愤怒,仅仅在一个注脚里提及此书,痛批它是"令人遗憾的"演出、"不科学的"和"以无根的假设为基础"㉖。拉斯克(J. M. Lask)在耶路撒冷的《巴勒斯坦评论》(Palestine Review)中称弗洛伊德为"Am Haarez(粗鲁的无知之徒)"㉗。亚胡达指责《摩西与一神教》里说的话听起来就像是发自"一个最狂烈的基督徒",而且是因为"他对以色列的恨"而发㉘。

基督徒对《摩西与一神教》的咬牙切齿一点也不亚于犹太人,麦克纳布(Vincent McNabb)神父在伦敦的《天主教先驱报》(Catholic Herald)指出,《摩西与一神教》有很多不堪征引的段落,这些段落"让我们怀疑,其作者是否是一个性偏执狂"。接着,他进一步把漫骂升级为威胁:"弗洛伊德医生固然是对'自由、慷慨的英国'所给予他的欢迎表示了感激之意,但如果他对无神论与乱伦的坦然支持被广为认识以后,是不是还会被自称为基督教国度的英国所欢迎,我们就不敢说了。"㉙如果弗洛伊德看过这些评论,一定会联想起他住在维也纳时那些天主教徒对他的怒吼声。

读者写来的声讨信也是来势汹汹,而这一点早在《摩西与一神教》出版前就是如此。巴勒斯坦、美国、南非和加拿大的读者都来信表示他们对弗洛伊德鼓吹的那种不加约束的自由不以为然。一个来信者说,弗洛伊德的那种圣经批评,正是不虔诚的犹太人找理由丢弃犹太教基本真理的典型表现[20]。另一个来信者则希望弗洛伊德不要出版《摩西与一神教》,说这书的出版只会对犹太人带来"无可弥补的伤害",而且只是让"戈培尔和其他禽兽多一种武器"可用[21]。还有一个波士顿的匿名人士给弗洛伊德写来一首打油诗:"报上说你有关摩西的主张是非犹太教的/真是遗憾你走入棺材以前还要干出羞辱自己的事,你这个老笨蛋/像你这样的叛教者数以千计,我们很乐于把他们全部干掉,也希望很快可以把你干掉/遗憾的是德国的盖世太保没有把你扔进集中营,那才是你该去的地方。"[22]其他的来信者与评论者要稍微有礼貌一点,也有少部分人认为《摩西与一神教》的观念有挑战性,或部分是正确的。一个里约热内卢的来信者表示自己也在写一本类似的书,而他与弗洛伊德的观点是"重叠的",又要求弗洛伊德寄他一本《摩西与一神教》的英译本,说是货到付款[23]。

很显然,弗洛伊德在《摩西与一神教》里赖以支持其论证的那些证据是远远谈不上坚实的,这些证据充其量只能算是一种玄思的产物,部分是过时的,细节则相当有争议。他猜测希伯来文的"主"(Adonai)字是衍生自埃及人对阿吞的一神崇拜,看来是站不住脚的。他毫无保留的拉马克主义——也就是相信历史事件可以通过无意识一代传一代——对《摩西与一神教》的裨益一点都不多于从前的其他著作。但不管是把弗洛伊德视为一个秘而不宣的反犹太主义者或是一个自以为是、一心想把不知感激的追随者带到精神分析真理的应许之地的先知,都是不正确的。因为事实上,他只是一个不愿受临床材料束缚的知性推理爱好者,乐于为他钟情的臆测敞开大门。

认定摩西是埃及人的那个弗洛伊德,也是认定莎士比亚戏剧不可能出自一个没受过多少教育的小角色手笔的弗洛伊德。而这个弗洛伊德,又是一个藐视主流科学机构而愿意与那些认定梦有意义的迷信者站在一边的人。尽管如此"顽固",他不是仍然创立了一门具有重要突破意义的心灵科学吗?他对摩西的态度也是如此,他晚年的大胆思辨,事实上与他早年的思辨互为呼应。他是在玩一个高风险的智力游戏,而且乐在其中。不过就算他不是乐在其中,某种内在的

第十二章 死于自由

推力也会驱策他这样做的。事实上,即使塞林的论点——摩西是被谋杀的——被彻底推翻,弗洛伊德也是不会改变初衷的,这也是为什么后来塞林虽然已撤回自己的主张,弗洛伊德仍然不为所动。早些时候,也就是1935年,当他一度短暂停止对摩西的研究时,就曾经把自己的处境类比为一个精神分析家所熟悉的处境:"当人压抑一个主题时,将会没有东西能取而代之,视域会仍然是空白的,所以我虽然把摩西搁在了一旁,但我事实上仍固着于他。"

他的强迫特质有时会在文字间不自觉地流露出来,在为《摩西与一神教》第三部分所写的其中一篇序言里,弗洛伊德表示自己很高兴现在住在英国,因为他被当成一个贵宾,没有了自我审查的压力,"让我可以自由地说话、写作,甚至思考——如我所渴望或不能自已(wish or must)的那样。"渴望或不能自已,这个用语透露出他虽然是个自由人,但停写摩西却不在他的自由之内。他表示,住在维也纳的时候,他一直压抑着把《摩西与一神教》第三部分写出来的意愿,"不过它就像阴魂不散的幽灵一样折磨着我"[24]。这就是我们所知道的弗洛伊德:有时会被一个观念萦绕好些年的人。在为了驱除头脑中偏执念头而进行研究写作时,他会说出很多有意思的话,也会说出很多站不住脚的话。不管是构思、写作和出版《摩西与一神教》,都是他桀骜不驯脾气的产物。这种与"坚实的大多数"相左的立场,在他看来与他的开创者身份相称。但出乎他意料的,《摩西与一神教》销路甚佳。他在1939年6月15日写给波拿巴王妃的最后一封信上告知对方:"我获知德文本的'摩西'已售出1800本。"[25]但在弗洛伊德的全部作品中,《摩西与一神教》始终是一个异类,是一部比《图腾与禁忌》更纵情于想象的作品。弗洛伊德起初为此书取名字时,曾考虑过加上一个"一本历史小说"的副书名。如果他真的这样做了,说不定《摩西与一神教》会较容易被接受。

1939年6月初,安娜写信给美国的舒尔,说她父亲的健康有轻微的改善迹象。尽管这样,弗洛伊德仍然疼痛得厉害,而每次戴上或取下假颚,都是一种煎熬。他的癌细胞组织已开始化脓,散发出的味道相当难闻。当舒尔7月回到英国时,发现弗洛伊德的病情已开始恶化:他变瘦了,神智也没有以往那样清醒,睡眠情况很差,大部分时间都在休息。朋友纷纷从远方赶来,要见他最后一面。"他看来病得厉害,"萨克斯回忆说,"而且显得难以置信的苍老。很明显,他说出的每个字,都得花费他接近体力极限的力气,但这些折磨还没有磨蚀掉他的意志。"在疼痛没有那么厉害时,弗洛伊德还是会看诊几小时,而且"只要有力气执笔,仍然继续写写信"。他并没有向萨克斯诉苦,反而问起后者精神分析在美国的发展状况。要告别时,萨克斯知道弗洛伊德不喜欢强烈的感情流露,所以只是愉快地谈到自己的一些旅行计划。弗洛伊德明白他的心意,"按着我的手对我说:'我知道我在美国至少还有一个朋友[29]。'"几天后,也就是7月下旬,波拿巴王妃到曼斯菲尔德田园街住了一星期,走时深知不会再有看到弗洛伊德的机会了。8月1日,就像是一个决定性的告别式一样,弗洛伊德正式终止了他的分析治疗工作。

他的最后一批访客有些惊讶地在他们的回忆里指出,弗洛伊德接待他们的时候,还是一样的礼仪周到:他会询问他们亲人的情况,而且从不流露出不耐烦或恼怒的痕迹。他不愿意让自己被疾病幼儿化。8月13日,他的侄儿哈利前来与叔叔道别。"当我被问及什么时候回美国而我答以'圣诞节'时,他脸上掠过一丝苦笑,并说:'我不相信到时你仍能找得到我。'"[27]几天后,在写给德国诗人舍费尔(Albrecht Schaeffer)的一封热情友好的短函中,弗洛伊德形容自己已经"过时",又引用对方的诗句,表示自己尚余唯一要做的事就只是"等着,等着"[28]。

同月稍后,弗洛伊德病危的消息传到他还在维也纳的几个妹妹那里。"听说安娜对父亲照顾得无微不至。"罗莎·格拉夫在一封信上说。战争爆发一星期前,她又在信上说,尽管有她弟弟的友人在巴黎百般奔走,但签证迄今仍然没有下来[29]。[几星期前,也就是1939年8月2日,波拿巴王妃曾写信给希腊领事,建议发给罗莎·格拉夫签证(Freud Collection, B2, LC.)。不过不管是法国签证还是希腊签证,她都始终没有拿到。弗洛伊德很幸运不用知道几个妹妹的最后下场:阿道芬饿死于特莱西恩斯塔特集中营,另外三个则是被杀死的,地点大概是奥斯维辛集中营(Martin Freud, *Freud* 15–16)。弗洛伊德的另一个妹妹安娜(其夫为弗洛伊德妻舅埃利·贝尔奈斯)则早于多年前移民美国]8月27日,弗洛伊德在记事簿写上最后一条札记,最后的四个字是"战争恐慌"[30]。

终点逼近了,现在弗洛伊德溃烂的癌症伤口会发出恶臭,让家里的小狗不敢靠近他,每次听见主人呼唤,它都会蜷缩起来。看到这情形,弗洛伊德"深知是怎么一回事,以深沉、忧愁的了解眼光看着它"[31]。他饱受痛楚折磨,得以透一口气的时间很少,而且越来越少。不过,在醒着的时候,他总是保持警觉,留心报纸上报道的大事。9月1日,德国向波兰进军,同一天,舒尔搬到曼斯菲尔德田园街附近,以便就近照顾弗洛伊德,也是为了一旦伦敦遇到空袭,自己可以帮上一点忙。9月3日,英法终于卷入了他们一直千方百计要回避的战争。这一天,琼斯给弗洛伊德写了一封信,提到25年前他们彼此分处敌对国家的旧事。"但即使当时,我们仍然找到一个沟通友谊的方法。而如今,我们肩并肩,有着一样的军事立场。"信中,他又向弗洛伊德做出了最后一次道谢:"感谢你所带给我人生的一切。"[22]

战争在9月初以空袭警报的方式来到曼斯菲尔德田园街,为了以防万一,弗洛伊德的床被搬到屋里一个"安全"的位置。而据舒尔回忆,当时弗洛伊德带着"若干的好奇"看着移床的过程,这反映出,他的心思已经"相当遥远"。不过弗洛伊德的风趣仍然会闪耀,有一次,收音机上宣称这将会是最后一场战争,舒尔问弗洛伊德相不相信,后者只是回答:"我的最后一场。"弗洛伊德的布尔乔亚习性也自始至终保持不变。舒尔注意到,直到死前,弗洛伊德一直会把手表和时钟的发条上紧,就像他一辈子以来那样。"他告诉我,"舒尔回忆说,"他觉得自己是个幸运的人,因为找到那么多珍贵的朋友。"当时安娜刚好不在房间里,这让弗洛伊德利用这个机会向舒尔透露:"命运之神很眷顾我,让我直到此时此刻仍有这样一个女人照顾——当然,我指的是安娜。"舒尔指出,弗洛伊德说这话时的语气充满柔情蜜意(尽管他从未在女儿面前流露过这样的语气)[23]。安娜总是在他身边,按时做她该做的事情,舒尔和斯特罗斯也是如此。斯特罗斯就是那个陪伴弗洛伊德到英国去的儿科医生,弗洛伊德一家都昵称他为"菲菲"(Fiffi)。

弗洛伊德现已非常疲累,要喂他进食也很困难,但尽管肿瘤痛得厉害(尤其是晚上),他却不愿意服镇静药物。他仍然能够阅读,而他最后看的一本书是巴尔扎克的《驴皮记》(*La Peau de chagrin*)。读完此书后,他告诉舒尔,这是一本刚好适合他这个时候读的书,因为书中谈的是皱缩和饥饿。安娜得知此事以后,认为父亲所说的"皱缩",是针对他的身体状况而言:他的时间已经用光了[24]。他最后几天的时间大部分都是坐在楼下的书房,眺望窗外的花园。9月19日,琼斯应安娜的召唤匆匆赶到曼斯菲尔德田园街(安娜认为父亲危在旦夕),当时弗洛伊德正在打盹,但当琼斯喊他"教授先生"时,他张开了眼睛。认出来访者是谁以后,弗洛伊德"挥了挥手,然后甩下——这是一个有高度表达力的手势,含义相当丰富:欢迎,再见,我放弃了",之后就再度陷入睡眠状态[25]。

琼斯对弗洛伊德手势的解读看来是正确的:他是要向老盟友做最后一次致

敬,他已经放弃了求生意志。舒尔为自己无力纾解弗洛伊德的疼痛而痛苦,但琼斯来访的两天后,亦即9月21日,当他坐在弗洛伊德床边时,后者抓住他的手说:"舒尔,记得我们的'合约'吗?你答应过当时候到时,不会把我弃而不顾的。现在留给我的只有折磨罢了,不要再愚蠢了。"听见舒尔表示自己并未忘记承诺,弗洛伊德放心地松了一口气,继续抓住舒尔的手一阵子,然后说:"我谢谢你。"停了半晌又补充说:"跟安娜谈一下,如果她认为正确的话,我们就来做个了结吧。"[29]在这个节骨眼上,弗洛伊德一如多年以来的样子,第一个想到的人就是他的安提戈涅。听说此事以后,安娜起先希望把这个最后时刻往后延,但舒尔却力陈让弗洛伊德继续受苦是没有意义的。安娜被说服了,决定像父亲一样,顺从于命运。弗洛伊德知道时间到了,所以就坐言起行。他说过,他来英国,是为了死于自由,而他主动选择死亡,正是要把自由意志贯彻到最后。

目击弗洛伊德有尊严而不带自怜地接受死亡,舒尔的眼泪几乎夺眶而出,他从未见过有人是这样面对死亡的。9月21日,舒尔为弗洛伊德注射了30毫克的吗啡(用来镇定病人的正常剂量是2毫克),弗洛伊德酣然入睡。稍后,看到弗洛伊德出现不安,他再注射了一次。第二天,9月22日,又补了一针,弗洛伊德陷入昏迷,从此再没有醒来过,他死于1939年9月23日凌晨3点。近40年前,他在写给普菲斯特的信中曾经好奇地问过,有朝一日,"当一个人再也无法思考或言语时",该怎么办?他表示自己"一想到这种可能性,就会战栗发抖,而这也是一个诚实的人在面对命运的时候,应该泰然处之的原因。我跟自己订了一个秘密的约定:在因年老、疾病而丧失了工作生活能力后,决不会再继续人生。就像麦克白所说的:让我们死于工作中吧"[30]。弗洛伊德终于实现了他的秘密约定,这个老斯多葛派自始至终都没有失去对人生的操控权[31]。

注 释

① Freud to Jones, April 26, 1932. Freud Collection, D2, LC.

② Freud to Jones, June 17, 1932. Freud Collection, D2, LC.

③ Freud to Ferenczi, July 16, 1927. Freud-Ferenczi Correspondence, Freud Collection, LC.

④ Freud to Samuel Freud, August 3, 1927. In English. Rylands University Library, Manchester.

第十二章 死于自由

⑤ Freud to Samuel Freud, December 31, 1930. In English. Ibid.

⑥ Freud to Samuel Freud, December 1, 1931. In English. Ibid.

⑦ Ibid.

⑧ Freud to Pfister, May 15, 1932. By permission of Sigmund Freud Copyrights, Wivenhoe.

⑨ Holstijn to Karl Landauer, September 1933. Quoted in Karen Brecht et al., eds., "Hier geht das Leben auf eine sehr merkwiirdige weise Weiter⋯" Zur Geschichte der Psychoanalyse in Deutschland (1985), 57.

⑩ Freud to Samuel Freud, July 31, 1933. Rylands University Library, Manchester.

⑪ Karl Dietrich Bracher, *The German Dictatorship*: *The Origins*, *Structure*, *and Effects of Notional Socialism* (1969; tr. Jean Steinbeig, 1970), 258.

⑫ Freud to Andreas-Salomé, May 14, 1933. *Freud-Salonmè*, 218(200).

⑬ Pfister to Freud, May 24, 1933. *Freud-Pfister*, 151(139).

⑭ Quoted in *Jones* III, 182.

⑮ Freud to Ferenczi, April 2, 1933. Freud-Ferenczi Correspondence, Freud Collection, LC.

⑯ Freud to Jones, April 7, 1933. Freud Collection, D2, LC.

⑰ Freud to Samuel Freud, July 31, 1933. Rylands University Library, Manchester.

⑱ Freud to Hilda Doolittle, October 27, 1933. Hilda Doolittle papers, Beinecke Rare Book and Manuscript Library, Yale University.

⑲ Freud to Pfister, February 27, 1934. By permission of Sigmund Freud Copyrights, Wivenhoe.

⑳ Freud to Arnold Zweig, February 25, 1934. *Freud-Zweig*, 76(65).

㉑ Freud to Hilda Doolittle, March 5, 1934. Quoted in full in H. D., "Advent, in" Appendix to H. D., *Tribute to Freud*, 192.

㉒ Ibid.

㉓ Freud to Ernst Freud, February 20, 1934. Freud Collection, B1, LC.

㉔ Freud to Arnold Zweig, February 25, 1934. *Freud-Zweig*, 77(65). The quotation from Shakespeare is in English.

㉕ Ibid, 76 – 77(65).

㉖ *Kurzeste Chronik*, June 5, 1933. Freud Museum, London.

㉗ Freud to Hilda Doolittle. March 5, 1934. Quoted in full in H. D., "Advent, in "Appendix to A. D., *Tribute to freud*, 192.

㉘ Freud to Amold Zweig, February 25, 1934. *Freud-Zweig*, 96 – 97(86).

㉙ Freud to Andreas-Salomé, n. d. [May 16, 1934]. *Freud-Salomé*, 220(202).

㉚ Freud to the members of B'nai B'rith, n. d. [May 6, 1926]. *Briefe*, 381.

㉛ Freud to Fehl, Nevember 12, 1935. Freud Collection, B2, LC.

㉜ Freud to Fliess, November 8, 1895. *Freud-Fliess*, 153(150).

㉝ *Traumdetung*, *GW* Ⅱ-Ⅲ, 444/*Interpretation of Dreams*, *SE* Ⅴ, 442.

㉞ Freud to Marie Bonaparte, May 10, 1926. *Briefe*, 383.

㉟ Freud to Isaac Landman, August 1, 1929. Freud Collection, B3, LC.

㊱ Freud to Schnitzler, May 24, 1926. Sigmund Freud, "Brief an Authur Schnitzler," *Neue Rundschau*, LXVI(1955), 100.

㊲ "Vorrede zur hebraischen Ausgabe von *Totem und Tabu* (written 1930, 1 published 1934)", *GW* XIV 569/"Preface to the Hebrew Edition of *Totem and Taboo*", *SE* XIII, XV.

㊳ Quoted in "A Religious Experience(1928)", *SE* XXI, 170.

㊴ "Brief an den Herausgeber der *Judischen Presszentrale Zurich* (1925)", *GW* XIV556/"Letter to the Editor of the *Jewish Press Centre in Zurich*", *SE* XIX, 291.

㊵ Freud to Dwossis, December 15 1930. Freud Museum, London.

㊶ Freud to Dwossis, September 20, 1928. Ibid.

㊷ Matin Freud, "Who was Freud?" in *The Jews of Austria*, ed, Fraenkel, 203.

㊸ Ernst Freud to Siegfried Bernfeld, December 20, 1920. Typescript copy, Siegfried Bernfeld Papers, container 17, LC.

㊹ Matin Freud, "Who was Freud?" in *The Jews of Austria*, ed, Fraenkel, 203-204.

㊺ Freud to the members of B'nai B'rith, n. d. [May 6, 1926]. *Brief*, 381.

㊻ Freud to Ferenczi, March 30, 1922. Freud-Ferenczi Correspondence, Freud Collection, LC.

㊼ Freud to Arnold Zweig, May 8, 1932. *Freud-Zweig*, 51-52(40).

㊽ "Vorrede zur hebraischen Ausgabe von Totem und Tabu", *GW* XIV, 569/"Preface to the Hebrew. Edition of *Totem and Taboo*", *SE* XIII, XV.

㊾ Freud to Pfister, October 9, 1918. *Freud-Pfister*, 64(63)

㊿ Pfister to Freud, October 29, 1918. Ibid, 64(63).

(51) "Selbstdarstellung", *GW* XIV, 35/"Autobiographical Study", *SE* XX, 9. See also P. 27 above.

(52) "The Resistances to Psycho-Analysis(1925)", *SE* XIX, 222.

(53) Freud to the members of B'nai B'rith, n. d. [May 6, 1926]. *Briefe*, 381-382.

(54) Jones, *Free Assocations*, 208-209.

(55) Freud to Martha Bernays, February 2, 1886. *Briefe*, 208 – 209.

(56) Freud to Andreas-Salomé, January 6, 1935. *Freud-Salomé*, 224(250).

(57) Freud to Jung, January 17, 1909. *Freud-Jung*, 218(196 – 197).

(58) Freud to Arnold Zweig, August 18, 1933. By permission of Sigmund Freud Copyights, Wivenhoe.

(59) Quoted in Andreas-Salomé, to Freud, January 2, 1935, *Freud-Salomé*, 221(203).

(60) Freud to Andreas-Salomé, January 6, 1935. Ibid, 222 – 223(204).

(61) Freud to Eitingon, November 13, 1934. By permission of Sigmund Freud Copyrights, Wivenhoe.

(62) Freud to Arnold Zweig, September 30, 1934. *Freud-Zweig*, 102(91 – 92).

(63) Volaire, "Moses", in *Philosphical Dictionary*(1764; tr, Peter Gay, 1962), 2vols. Continuously paginated, II, 400n.

(64) Martin Buber, *Moses: The Reuelattion and the Covenant*(1946; paperback ed. 1958), 7.

(65) 亚伯拉罕在1912年的一篇重要论文里讨论过法老王阿蒙霍特普四世和他的宗教改革的问题,但引人好奇的是,弗洛伊德不知何故在《摩西与一神教》里并未提及。这篇论文的名称是《阿蒙霍特普四世:对其人格及阿吞的一神崇拜的精神分析解读》("Amenhotep IV: A Psycho-Analytical Contrbution towards the Understanding of His Personality and the Mono-theistic Cult of Aton"),一般较易找到此文之处是 *Clinical Papers and Essays in Psycho-Analysis*, tr. Hida C. Abraham and D. R. Elison(1995), 262 – 290.

(66) *Der Mann Moses und die monotheistische Religion. Drei Abhandlungen* (1939), *GW* XVI, 133/*Moses and Monotheism: Three Esays*, *SE* XXIII, 34.

(67) Ibid, 132/33.

(68) *Der Mann Moses*, *GW* XVI, 148/*Moses and Monotheism*, *SE* XXIII, 47.

(69) Freud to Arnold Zweig, November 6, 1934. *Freud-Zweig*, 108(97).

(70) Freud to Arnold Zweig, December 16, 1934. Ibid, 108(98).

(71) Freud to Arnold Zweig, May 2, 1935. Ibid, 117(106).

(72) Freud to Eitingon, May 12, 1935. By permission of Sigmund Freud Copyrights, Wivenhoe.

(73) Freud to Hilda Doolittle, May 19, 1935. Hilda Doolittle papers, Beinecke Rare Book and Manuscript Library, Yale University.

(74) Freud to Hilda Doolittle, November 3, 1935. Ibid.

(75) Freud to Hilda Doolittle, November 3, 1935. Ibid.

(76) Freud to Jones, May 26, 1935. Freud Collection, D2, LC.

(77) Ibid.

(78) Freud to Mrs. N. N., April 9, 1935. *Briefe*, 438.

(79) Ibid.

(80) Freud to Arnold Zweig, October 14. 1935. By permission of Sigmund Freud Copyrights, Wivenhoe.

(81) Ibid.

(82) Freud to Stefan Zweig, November 5. 1935. By permission of Sigmund Freud Copyrights, Wivenhoe.

(83) Freud to Arnold Zweig, January 20, 1936. *Frend-Zweig*, 129(119).

(84) Freud to Jones, March 3, 1936. Freud Collection, D2, LC.

(85) Freud to Arnold Zweig, February 21, 1936. *Freud-Zweig*, 133(122).

(86) *Kürzeste chronik*, August 18, 1936.

(87) 贺寿论文集的主意:弗洛伊德一向不喜欢别人给他出贺寿或表扬性质的论文集。"Freud to Jones, July 21, 1935, and March 3, 1936. Freud Collection, D2, LC. See also *Jones* Ⅲ, 200 – 201.

(88) Freud to Jones, July 21, 1935. Freud Collection, D2, LC. See also *Jones* Ⅲ, 200 – 201.

(89) Martha Freud to Lilly Freud Marlé, June 5, 1936. By permission of Sigmund Freud Copyrights, Wivenhoe.

(90) Freud to Stefan Zweig, May 18, 1937. By permission of Sigmund Freud Copyrights, Wivenhoe.

(91) *Kürzeste Chronik*, June 14, 1936. Freud Museum. London.

(92) *Kürzeste Chronik*, June 30, 1936. Ibid.

(93) Freud to Jones, July 4, 1936. Freud Collection, D2, LC.

(94) Freud to Schwadron, July 12, 1936. Freud Museum, London.

(95) Freud to Arnold Zweig, June 17, 1936. By permission of Sigmund Freud Copyrights, Wivenhoe.

(96) Freud to Eitingon, February 5, 1937. By permission of Sigmund Freud Copyrights, Wivenhoe.

(97) Freud to Marie Bonaparte, September 27, 1936. Quoted in *Jones* III, 209.

(98) *Kürzeste Chronik*, July 23, 1936. Freud Museum, London.

(99) *Kürzeste Chronik*, December 24, 1936. Ibid.

⑩ Marie Bonaparte to Freud, December 30, 1936. Quoted in the introduction to *Freud-Fliess*, XVIII.

⑩ Freud to Marie Bonaparte, January 3, 1937. Ibid, XVIII – XIX.

⑩ Marie Bonaparte to Freud, January 7, 1937. Ibid, XIX – XX.

⑩ "Editor's Note to" Analysis Terminable and Interminable, *SE* XXIII, 212.

⑩ "Die Zerlegung der psychischen Personlichkeit", in *Neue Vorlesungen. GW* XV 86/ "The Dissection of the Psychical Personality", in *New Introductory Lectures*, *SE* XXII, 80.

⑩ Freud to Arnold Zweig, June 22, 1937. By permission of Sigmund Freud Copyrights, Wivenhoe.

⑩ Freud to Arnold Zweig, February 10, 1937. By permission of Sigmund Freud Copyrights, Wivenhoe.

⑩ "Lou Andreas-Salomé, *SE* XXIII, 297.

⑩ Eitingon to Freud, February 24, 1937. By permission of Sigmund Freud Copyrights, Wivenhoe.

⑩ Freud to Jones, August 23, 1933. Freud Collection, D2, LC.

⑩ Freud to Arnold Zweig, September 23, 1935. *Frend-Zweig*, 121(111).

⑪ Arnold Zweig to Freud, November 22, 1935, Ibid, 124(113 – 114).

⑫ Freud to Arnold Zweig, February 21, 1936. Ibid, 132(122).

⑬ Freud to Arnold Zweig, June 22, 1936. Ibid, 142 – 143(133).

⑭ Freud to Jones, March 2, 1937. Freud Collection, D2, LC.

⑮ Freud to Arnold Zweig, April 2, 1937. *Freud-Zweig*, 149(139 – 140).

⑯ Freud to Jones, April 7, 1933. Freud Collection, D2, LC.

⑰ Freud to Arnold Zweig, December 20, 1937. *Freud-Zweig*, 163(154).

⑱ Freud to Eitingon, February 6, 1938. By permission of Sigmund Freud Copyrights, Wivenhoe.

⑲ Anna Freud to Jones, February 22, 1938. Jones papers, Archives of the British Psycho-Analytical Society, London.

⑳ Freud to Ernst Freud, February 22, 38. Freud Collection, B1, LC.

㉑ Freud to Marie Bonaparte, February 23, 1938. Quoted in *Jones* III, 217.

㉒ *Kürzeste Chronik*, March 11, 1938. Freud Museum, London.

㉓ *Kürzeste Chronik*, March 13 and 14, 1938. Ibid.

㉔ Carl Zuckmayer, *Ala was ein Stuck von mir. Horen der Freundschaft*(1966), 71.

㉕ G. E. R. Gedye, of the London *Daily Telegroph*. Quoted in Dieter Wagner and Gerhard Tomkowitz, *Ein Volk, Ein Reich, Ein Fükrer! Der Anschluss Osterreichs 1938* (1968), 267.

㉖ 仍有生命之忧：这里和以下的电文，我都引自原电报的摄影复制本。By permission of Sigmund Freud Copyrights, Wivenhoe.

㉗ *Jones* III, 220.

㉘ Ibid, I, 294.

㉙ *Kürzeste Chronik*, March 22, 1938. Fread Museum, London.

㉚ Schur, *Freud: Living and Dying*, 498.

㉛ Ibid, 498.

㉜ Martin Freud, *Freud*, 212–213.

㉝ Freud to Ernst Freud, May 12, 1938. *Briefe*, 459. The phase The phase "to die in freedom" is in English.

㉞ *Jones* III, 221.

㉟ Martin Freud, *Freud*, 214.

㊱ 值得指出的是，一等自己有能力，弗洛伊德就马上把波拿巴王妃为他付过的所有钱还给她。

㊲ Anna Freud to Jones, April 3, 1938. Jones papers, Archives of the British Psycho-Analytical Society, London.

㊳ Anna Freud to Jones, April 22, 1938. Ibid.

㊴ Anna Freud to Jones, April 26, 1938. Ibid.

㊵ McGuire, introduction to *Freud-Jung*, XX note.

㊶ Freud to Jones, April 28, 1938. Freud Collection, D2, LC.

㊷ Freud to Ernst Freud, May 9, 1938. Photocopy of holograph courtesy Dr. Daniel Offer. (I owe this referenee to George F. Mahl.)

㊸ Freud to Jones, May 13, 1938. Freud Collection, D2, IX.

㊹ Martin Freud, *Freud*, 217.

㊺ Anna Freud to Jones, May 25, 1938. Jones papers, Archives of the British Psycho-Analytical Society, London.

㊻ Anna Freud to Jones, May 30 and 31, 1938, Ibid.

㊼ Freud to Arnold Zweig, June 4, 1938. *Freud-Zweig*, 168 (160). And Freud to Samuel Freud, June 4, 1938. Rylands University Library Manchester.

㊽ *Kürzeste Chronik*, May 10, 1938.

第十二章　死于自由

⑭ Freud to Eitingon, June 6, 1938. *Briefe*, 462.

⑮ Anna Freud to Jones, May 25, 1938. Jones papers, Archives of the British Psycho-Analytical Society, London.

⑯ *Kürzeste Chronik*, June 10, 1938.

⑰ *Jones* Ⅲ, 228.

⑱ Freud to Eitingon, June 6, 1938. *Briefe*, 461.

⑲ Martha Freud to Lilly Freud Marlé and Her Husband, Arnold, June 22, 1938. Freud Collection, B2, LC.

⑳ Freud to Eitingon, June 6, 1938. *Briefe*, 461–463.

㉑ "Prof. Freud/In London After Sixty Years/Well But Tired," *Manshester Guardian*, June 7, 1938, 10.

㉒ Freud to Arnold Zweig, June 28, 1938. *Freud-Zweig*, 173(164).

㉓ Freud to Eitingon, June 6, 1938. *Briefe*, 463. The quoted passages are in English.

㉔ Freud to Alexander Freud, June 22, 1938. Ibid, 463–464.

㉕ "上个星期,"她写道,"一些没清楚注明地址而只写着'伦敦的弗洛伊德医生收'之类的信件竟然也寄到了。" Martha Freud to Lilly Freud Marlé and Her Husband, Arnold, June 22, 1938. Freud Collection, B2, LC.

㉖ Freud to Alexander Freud, June 22, 1938. *Briefe*, 464.

㉗ Freud to de Saussure, June 11, 1938. Freud Collection, Z3, LC.

㉘ *Kürzeste Chronik*, July 17, 1938. Freud Museum, London.

㉙ Freud to Arnold Zweig, June 28, 38. *Freud-Zweig*, 172(163).

㉚ *Jones* Ⅲ, 234.

㉛ Freud to Arnold Zweig, June 28, 1938. *Freud-Zweig*, 172(163).

㉜ *Der Mann Moses*, *GW* XVI, 103/*Moses and Monotheism*, *SE* XXⅢ, 7.

㉝ *Kürzeste Chronik*, July 17, 1938.

㉞ Freud to Reik, July 3, 1938. Typescript copy, Siegfried Bernfeld Papers, container 17, LC.

㉟ Freud to Jacques Schnier, July 8, 1938. Siegfried Bemfeld Papers, container 17, LC.

㊱ Freud to Sachs, July 11, 1938. Quoted in Sachs, *Freud: Master and Friend*, 180–181.

㊲ Freud to Stefan Zweig, July 20, 1938. Quoted in full in *Jones* Ⅲ, 235.

㊳ Freud to Anna Freud, August 3, 1938. Freud Collection, LC.

㊴ Anna Freud to Marie Bonaparte, September 8, 1938. Quoted in Schur, *Freud: Living and*

Dying, 510.

⑮ Arnold Zweig to Freud, November 8. 1938. *Freud-Zweig*, 179(170).

⑯ *Kürzeste Chronik*, September 30, 1938. Freud Museum, London.

⑰ Freud to Marie Bonaparte, October 4, 1938. *Briefe*, 467.

⑱ Freud to Marie Bonaparte, November 12, 1938. *Briefe*, 471.

⑲ Freud to Yvette Guibert, October 24, 1938. Ibid, 468.

⑳ Arnold Zweig to Freud, August 5 and October 16, 1938. *Freud-Zweig*, 176, 178(167 - 168, 169 - 170).

㉑ Freud to Singer, October 31, 1938. *Briefe*, 469 - 470.

㉒ Freud to Jones, November 1, 1938. Freud Collection, D2, LC.

㉓ Blanche Knope to Freud. November 15, 1938. Freud Museum, London.

㉔ Blanche Knope to Matin Freud, September 19, 27, 1938; Blanche Knope to Freud, November 15, December 9, and 22, 1938, and January 16, March 31, and April 28, 1939. All in Freud Museum, London.

㉕ Freud to Dwossis, December 11, 1938. Freud Museum, London.

㉖ *Kürzeste Chronik*, November 10. 1938. In English. Freud Museum, London.

㉗ Freud to Marie Bonaparte. November 12, 1938. 471, *Briefe*. 471, Freud to Anna Freud, August 3, 1938. Freud Collection, LC.

㉘ Freud to Jones, March 7, 1939. Freud Collection, D2, LC.

㉙ *Jones* III, 233.

㉚ Leonard Woolf, *Downhill All the Way*(1697), 166, 168 - 169.

㉛ Ibid, 169.

㉜ *The Diary of Virginia Woolf*, ed. Anne Olivier Bell, vol. V, 1936 - 1941(1984), 202.

㉝ *Kürzeste Chronik*, January 2 and 31, 1939. Freud Museum, London.

㉞ Anne Freud to [Pichler?], September 20, 1938. Max Schur papers, LC.

㉟ Freud to Arnold Zweig, February 20, 1939. *Freud-Zweig*, 183 - 184(175 - 176).

㊱ Pfister to Freud, February 21, 1939. By permission of Sigmund Freud Copyrights, Wivenhoe.

㊲ Freud to Arnold Zweig, March 5, 1939. *Freud-Zweig*, 186 - 187(178).

㊳ Freud to Sachs, March 12, 1939. Quoted in Sachs, *Freud: Master and Friend*, 181 - 182.

㊴ Freud to Marie Bonaparte, April 25, 1939. *Briefe*, 474 - 475.

㉒⓪ Schur, *Freud: Living and Dying*, 522 – 525.

㉒① Freud to Marie Bonaparte, April 28, 1939. *Briefe*, 474.

㉒② 见弗洛伊德1929年3月6日写给波拿巴王妃的信:"我已经依老样子聘用舒尔为我们的家庭医师。"(Quoted in Jones to Schur, October 9, 1956. Max Schur papers, LC.)

㉒③ Freud to Schur, June 28, 1930. *Briefe*, 415.

㉒④ Freud to Schur, January 10, 1930. Max Schur papers, LC.

㉒⑤ Quoted in Schur, *Freud, Living and Dying*, 408.

㉒⑥ Ernst Freud et al., eds., *Sigmund Freud: His Life in Pictures and Words*, 315.

㉒⑦ *Kürzeste Chronik*, May 19, 1939.

㉒⑧ *Moses and Monotheism*, SE XXIII, 90.

㉒⑨ Ibid, 244/135.

㉑⓪ Ibid.

㉑① Ibid, 194, 191 – 192/88, 85 – 86.

㉑② Quoted in Anna Freud Bernays, page proofs of "Erlebtes(1933), 5", Freud Collection, B2, LC.

㉑③ *Der Mann Moses*, GW XVI, 222 – 223/*Moses and Monotheism*, SE XXIII, 115.

㉑④ Ibid, 198/91.

㉑⑤ Hamilton Fyfe, review of *Moses and Monootheism*, *John O' London's Weekly*, June 2, 1939.

㉑⑥ Buber, *Moses*, 7n.

㉑⑦ J. M. Lask, review of *Moses and Monootheism*, *Palestine Review* (Jerusalem), IV (June 30, 1939), 169 – 170.

㉑⑧ Quoted in *Jones* III, 370.

㉑⑨ Father Vincent McNabb, O. P., review of *Moses and Monotheism*, *Catholic Herald*(London), June 14, 1939.

㉒⓪ N. Perlmann(from Tel Aviv) to Freud, July 2, 1939. Freud Museum, London.

㉒① S. J. Birnbaum(a barrister in Toronto) to Freud, February 27, 1939. Ibid.

㉒② Unsigned letter to Freud, May 26, 1939. Ibid Tor other opinions, see *Jones* III, 362 – 374.

㉒③ Alexandre Burnacheff to Freud, July 4, 1939. Freud Museum, London.

㉒④ "Zusammenfassung und Wiederholung," in ibid, 210/"Summary and Recapitulation," in ibid, 103.

㉕ Freud to Marie Bonaparte, June 15, 1939. Quoted in the original German in Schur, *Freud: Living and Dying*, 567.

㉖ Sachs, *Freud: Master and Friend*, 185–187.

㉗ Dyck, "Mein Onkel Sigmund," interview with Ham Freud, *Aufbau*, May 11, 1965, 4.

㉘ Freud to Schaeffer, August 19, 1939. Dictated to Anna Freud. Isakower Collection, LC.

㉙ Rosa Graf to Elsa Reiss, n. d. [August 23, 1939]. Freud Collection, B2, IC.

㉚ *Kürzeste Chronik*, August 27, 1939.

㉛ "The Medical Case History of Sigmund Freud," date February 27, 1954. Max Schur papers, LC.

㉜ Jones to Freud, September 3, 1939. By permission of Sigmund Freud Copyrights, Wivenhoe.

㉝ "The Medical Case History of Sigmund Freud," Max Schur papers, LC.

㉞ Anna Freud to Jones, typed comment on vol. III of Jones's Biography, n. d. Jones papers, Archives of the British Psycho-Analytical Society, London.

㉟ *Jones* III, 245–246.

㊱ Ibid.

㊲ Freud to Pfister, March 6, 1910. *Freud-Pfister*, 33(35).

㊳ 关于弗洛伊德最后生活资料的主要来源，来自于舒尔医师未出版的备忘录"The Medical Case History of Sigmund Freud"，日期是 1954 年 2 月 27 日。他希望把这份资料归入弗洛伊德的档案"the Freud Collection, LC"以及琼斯的备忘录，然后撰写他的传记。舒尔将这份备忘录整理成一篇关于弗洛伊德的演讲稿，"弗洛伊德写作与生活中的死亡问题"，并在 1964 年公布。在舒尔的论文中，这份讲稿有六个甚至更多版本——舒尔对于这些篇章的挣扎，远远超过他对生命中的其他任何事物。我在 1986 年 6 月 3 日与海伦·舒尔进行了一次愉快的会谈，收获颇丰，主要是确认了一些细节，也为舒尔的备忘录增补了不少内容。当时，我手边有一封弗洛伊德的侄儿哈利在 1939 年 9 月 25 日从纽约写给他在维也纳的几位姑姑的信，哈利在信上所说的事，根据他自己的说法，"部分直接来自弗洛伊德，部分来源于朋友电报中的信息"（Freud Collection B1, LC），我也就这封信上的内容询问了舒尔。我发现几封由安娜·弗洛伊德写给琼斯的非常珍贵的书信，值得一提的是 1956 年 2 月 27 日的那一封，包含了重要细节（Jones paper, British Psycho-Analytical Society, London）。与之后的回忆相比，关于这些事件，信中的叙述有些微差异，部分原因，我相信与事件参与者本身高亢的情绪有关。我自己的记录与舒尔发表的记录（*Freud: Living and Dying*, 526–529）以及 Jucovy 为舒尔在 1964 年针对弗洛伊德演讲所写的摘要，三者

内容上有看来细微、但实质严重的差异。在讲座中,舒尔说(但非事实):"9 月 21 日,他(指弗洛伊德)对他的医生说,他不再有理由继续接受折磨了,并要求用镇静剂。在打吗啡止痛后,他进入安详的睡眠,陷入昏迷,死于 9 月 23 日的清晨 3 点。"之后的传记作家因手中并无其他可用的报告(毕竟,舒尔是最权威且最有表现力的见证者),即简单地沿用舒尔已经发表的版本以及他的弗洛伊德演讲摘要。

在撰写其经典传记时,琼斯一开始用很轻率的手法处理弗洛伊德生病的细节,但之后终归使用舒尔发表的备忘录,并以接近原文的方式改写,并多次引述。安娜·弗洛伊德对舒尔说,琼斯曾对于弗洛伊德的重病感受到踌躇不前,但是她评述道:"疾病,以及伴随疾病而来的事情,这一切同时也是他生活态度的最高表现。"(Anna Freude to Schur, September 2, 1956. Max Schur papers, LC)安娜·弗洛伊德曾要琼斯使用舒尔的备忘录,把它当作传记中的最后一章,但琼斯决定,以改写并大量引用的方式使用这份备忘录(*Jones* III, 245 – 246);他在序言的地方也诚挚地感谢舒尔(Ibid, XII – XIII)。舒尔备忘录与琼斯所写的内容之间差异甚微,却值得一提。舒尔严谨得像是位律师,没有在这个极微妙的时点上明显地加注任何评论,而琼斯却坚定地(但并不准确,仅是根据舒尔关于弗洛伊德的演讲内容)说,当弗洛伊德要求舒尔协助他度过当时仅剩下的生命时,舒尔"握着他的手,答允他必会给他一个适当的解脱"(*Jones* III, 246, italics mine)。9 月 22 日,琼斯再度说到舒尔"给弗洛伊德 1/3 喱的吗啡",剂量约 0.00216 克,与舒尔在 *Freud*: *living and Dying* 中某次所特别提到的剂量一样,在此处舒尔说他给了弗洛伊德"20 毫克的皮下注射用吗啡"。琼斯只提到一次注射,但舒尔在其发表的报告中提到两次:"在 12 小时之后我又重复注射相同的剂量。"(Ibid)。此处,在舒尔为他未出版的备忘录写引言时,他指出若他意欲出版,会扭曲剂量,并删去他与弗洛伊德之间的一次对话。在 1954 年写信给安娜·弗洛伊德时,他提出了一份不同的清单,指出这个"正确版本(剂量,以及多过一次的注射)已经送交变成(弗洛伊德的)档案。"(Carbon copy, Max Schur papers, LC)

我自己的版本主要是从这个"正确版本"而来:剂量是 30 毫克,而非他在书中提到的 20 毫克,而舒尔可能注射了三次,而非两次。正如舒尔在 1954 年 3 月 19 日写给安娜·弗洛伊德的信中写明的,他曾针对安乐死这个问题与律师咨询,就像 Jerome H. Jaffe 与 William R. Martin 在他们的《类鸦片止痛剂与拮抗剂》(*Opioid Analgesics and Antagonists*)所说明的,根据内科医师用药剂量与效应说明专书 *Goodman and Gilman*: *The pharmacological Basis of Therapeutics*, ed. Alfred Goodman Gilman, Louis S. Goodman, and Alfred Gilman,用来让病人止痛的正常剂量是 10 毫克:"一般认为一开始给病人最合适的吗啡剂量是 10 毫克(1 毫克是 1 克的千分之一),对于中、重度疼痛的病患,约有 70% 可以获得满意的止痛。"虽然"接下来的剂量可能需要加重",但作者从未提到可以给超过 20 毫克的剂量。当病人病情非常严重、非常年迈——当然，弗洛伊德是两者兼而有之——对于药物的吸收会变得很慢，可以吸收的药量会比复原良好的病人所能忍受的要多，但30毫克对任何人来说都是会致命的药量。

　　在舒尔出版的弗洛伊德最后岁月版本中有另一项扭曲，他为了尊重安娜·弗洛伊德不愿隐私受攻击的希望，而将她的角色减至最低。在他所写的弗洛伊德演讲的某一份草稿中，舒尔省略以下这段"告诉安娜"的插曲。这也是值得评论的：出版的版本中有 Sagen Sie es der Anna，即"告诉安娜这一切"之意（Schur, *Freud: Living and Dying*, 529）琼斯忠实地依循舒尔，写成"告诉安娜我们的谈话"（Jones Ⅲ, 246），但在未出版的备忘录中写的是 Besprechen Sie es mit der Anna，意思是与安娜"讨论"或是"谈论"。这个版本是很有根据的，因为之后弗洛伊德所说的话变得更可信，根据舒尔的说法，这段话是："如果她认为这是正确的，就让一切有个终点。"可以臆测实际的情况是，她在这份重要文件中与舒尔的行动是一样无辜、善意且正义的，她因为最后默许让父亲脱离悲惨的境地，而决定背负严重的罪恶感。舒尔在备忘录中回忆，她抗拒过但最后悲伤地离开。这个情境变成了我在文章中的主述：我看到弗洛伊德最终走向一个冷静的死亡，由他的代表人执行，因为他的身体已经太虚弱而无法自己动手，借着他忠贞的医师，也获得了他挚爱女儿的默许。

缩 略 语

Briefe: Sigmund Freud, *Briefe 1873–1939*, ed. Ernst and Lucie Freud (1960; 2d enlarged ed., 1968). English version, *Letters of Sigmund Freud, 1873–1939*, tr. Tania and James Stern (1961; 2d ed., 1975).
Freud–Abraham: Sigmund Freud, Karl Abraham, *Briefe 1907–1926*, ed. Hilda Abraham and Ernst L. Freud (1965). English version, *A Psycho-Analytic Dialogue: The Letters of Sigmund Freud and Karl Abraham, 1907–1926*, tr. Bernard Marsh and Hilda Abraham (1965).
Freud–Fliess: Sigmund Freud, *Briefe an Wilhelm Fliess 1887–1904*, ed. Jeffrey Moussaieff Masson, assisted by Michael Schröter and Gerhard Fichtner (1986). English version, *The Complete Letters of Sigmund Freud to Wilhelm Fliess, 1887–1904*, ed. and tr. Jeffrey Moussaieff Masson (1985).
Freud–Jung: Sigmund Freud, C. G. Jung, *Briefwechsel*, ed. William McGuire and Wolfgang Sauerländer (1974; third corr. printing, 1979). English version, *The Freud/Jung Letters: The Correspondence between Sigmund Freud and C. G. Jung*, ed. William McGuire and tr. Ralph Manheim (Freud's letters) and R. F. C. Hull (Jung's letters), (1974).
Freud–Pfister: Sigmund Freud, Oskar Pfister, *Briefe 1909–1939*, ed. Ernst L. Freud and Heinrich Meng (1963). English version, *Psychoanalysis and Faith: The Letters of Sigmund Freud and Oskar Pfister*, tr. Eric Mosbacher (1963).
Freud–Salomé: Sigmund Freud, Lou Andreas-Salomé, *Briefwechsel*, ed. Ernst Pfeiffer (1966). English version, Sigmund Freud, Lou Andreas-Salomé, *Letters*, tr. Elaine and William Robson-Scott (1972).
Freud–Zweig: Sigmund Freud, Arnold Zweig, *Briefwechsel*, ed. Ernst L. Freud (1968; paperback, ed., 1984). English version, *The Letters of Sigmund Freud and Arnold Zweig*, tr. Elaine and William Robson-Scott (1970).
GW: Sigmund Freud, *Gesammelte Werke, Chronologisch Geordnet*, ed. Anna Freud, Edward Bibring, Willi Hoffer, Ernst Kris, and Otto Isakower, in collaboration with Marie Bonaparte, 18 vols. (1940–68).
Int. J. Psycho-Anal.: International Journal of Psycho-Analysis.
Int. Rev. Psycho-Anal.: International Review of Psycho-Analysis.
J. Amer. Psychoanal. Assn.: Journal of the American Psychoanalytic Association.
Jones I, II, III: Ernest Jones, *The Life and Work of Sigmund Freud.* Vol. I, *The Formative Years and the Great Discoveries, 1856–1900* (1953); vol. II, *Years of Maturity, 1901–1919* (1955); vol. III, *The Last Phase, 1919–1939* (1957).
LC: Library of Congress.
Protokolle: Protokolle der Wiener Psychoanalytischen Vereinigung, ed. Hermann Nunberg and Ernst Federn, 4 vols. (1976–81). English version, *Minutes of the Vienna Psychoanalytic Society*, tr. M. Nunberg, 4 vols. (1962–75).
SE: Standard Edition of the Complete Psychological Works of Sigmund Freud, tr. under the general editorship of James Strachey in collaboration with Anna Freud, assisted by Alix Strachey and Alan Tyson, 24 vols. (1953–74).
Y-MA: Yale University Library, Manuscripts and Archives.

文 献 综 述

总　　论

有关弗洛伊德的二手文献正广泛而快速地成长,几乎到了一发不可收拾的地步。这股滚雪球般的态势十分显著,许多文献颇有裨益,然而有更多则是充满挑衅,其中还有为数惊人的部分更是怀着恶意。在这篇文献综述当中,我并未试图追求到巨细靡遗的程度,而是专注在那些我认为有助于事实、诠释方式十分有趣,或是值得进一步论证的作品上。换言之,我之所以撰写这篇文章,是为了举出一些为何我采用某一个观点,或不采用另一个观点的原因,同时也指出那些使我受益良多的资料来源。

有关弗洛伊德精神分析学著作的最佳德文版本,首推 *Gesammelte Werke*, *Chronotgisch Geordnet*, 由 Anna Freud、Edward Bibring、Willi Hoffer、Ernst Kris 与 Otto Isakower 共同编纂, Marie Bonaparte 协力完成,共计 18 册(1940—1968)。这套书弥足珍贵,却非完美无瑕,因为它不算十分完整,而且一连串的标题也没有如预期般的受用,此外,每一册的编辑注释和索引部分,也显得不够充分。而最令人伤脑筋的是, *Gesammelte Werke* 对于弗洛伊德两本屡次修订的大作——*The Interpretation of Dreams* 与 *Three Essays on the Theory of Sexuality*, 并未区别出其不同的版本。所幸,这项区分工作可由 *Studienausgabe* 这部简便好用的书加以弥补,该书是由 Alexander Mitscherilich、Angela Richards 与 James Strachey 等人共同编辑,全 12 册(1969—1975)。不过,这本书也有其局限:它遗漏了一些次要的文章,而且有关弗洛伊德的自传文章与其编排方式,也不是按照时间顺序,而是根据主题分类的。不过它乃是根据英文标准版本(Standard Edition)编辑的,因此十分丰富。

这套英文版的 *Standard Edition of the Complete Psychological Works of Sigmund*

Freud,是由跨国的作者共同执笔,并由 James Strachey 和 Anna Freud 统筹编辑,Alix Strachey 与 Alan Tyson 两人从旁协助,共有 24 册(1953—1974)。不管将来能否有其他更多、更好的翻译版本出炉,这部书的可靠性仍可确保无疑。本书的企图十分宏伟,凡是必要之处,便会提供各种不同版本的文章;它还费了一番很大的功夫,处理一些棘手的资料(比方说,弗洛伊德在他的《论诙谐及其与无意识之间的关系》中所引用的一些德国笑话);此外,每一篇作品都附带介绍,即使最微不足道的小文章,也有不可或缺的书目和历史资料。不过它的翻译却有不少争议之处——这不是没有道理可言的,例如它在时态上会任意转变,还有一些令人看不懂的翻译语词,例如一些技术上的用语,如"anaclitic"(依赖性)和"cathexis"(投注)等,即引起了相当激烈的批评,然而弗洛伊德原本所使用的德文,却是相当通俗而且易于联想的。其中最严厉的批判(我觉得有点奇怪)则是来自 Bruno Bettelheim 的 *Freud and Man's Soul* 一书(1983),基本上他认为,这些翻译者已经糟蹋了弗洛伊德的论点,因此任何一位光是阅读 Strachey 英文版的人,势必无法理解弗洛伊德对人类灵魂的关怀。另外,Darius G. Ornston 则写了些较为冷静与合理的文章;请特别参见 "Freud's Conception is Different from Strachey's",收录于 *J. Amer. Psychoanal. Assn.*,XXXIII(1985),379 – 410;"The Invention of 'Cathexis' and Strachey's Strategy",收录于 *Int. Rev Psycho-Anal.*,XII(1985),391 – 399;以及 "Reply to William I. Grossman",见于 *J. Amer. Psychoanal. Assn.*,XXXIV(1986),489 – 492 等篇。如今,这套书则可和 S. A. Guttman、R. L. Jones 与 S. M. Parrish 等人合著的 *The Concordance to the Standard Edition of the Complete Psychological Works of Sigmund Freud*(共 6 册,1980)一起搭配使用。至于最生气勃发的英文翻译本,同时又比其他著作更能捕捉住弗洛伊德那生猛有力与机智风趣的德文的,当推 *Collected Papers*(1924 – 1925)的 1 到 4 册莫属,其主要由聪明绝顶的 Joan Riviere 负责翻译。第 5 册则是由 James Strachey 主掌编辑,并于 1950 年问世。无怪乎这个几乎涵盖弗洛伊德所有短文与病历的版本,始终是美国老一辈精神分析学家的最爱。

偶尔有些罕见的发现更是扩充了弗氏精神分析文集的范围。近年来最令人振奋的发现之一,便是那些有关后设心理学的论文(参见原文 367—368 及 373—374,),对此我们要归功于 Ilse Grubrich-Smitis,她也曾卓越地编辑与介绍过一本叫作 *Sigmund Freud, A Phylogenetic Fantasy*:*Overview of the Transference*

Neuroses 的书(1985, tr. Axel and Peter T. Hoffer, 1987)。目前一直有人在筹备一部合集,希望能够将弗洛伊德卷帙浩繁的著作汇整起来,同时编入传记作家认为重要的精神分析前期作品,想必它将成为众所期待的一部书。

弗洛伊德的大量书信多半都已出版。由 Erns 和 Lucie Freud 合编的 *Briefe 1873–1939*(1960; 2d., enlarged ed., 1968; English version, *Letters of Sigmund Freud, 1873–1939*, tr. Tania and James Stern, 1961, 2d ed., 1975)便是其中一部令人垂涎的编年选集。其他大多数的版本都是以一来一往的书信方式所呈现的。这些版本优劣互见,因此必须小心地加以运用。其中最具权威的,便是 Sigmund Freud 和 C. G. Jung 的 *Briefwechsel*,这部完美的书信集由 William McGuire 与 Wolfgang Sauerlsänder 两人编选(1974; English version, *The Freud/Jung Letters*; *The Correspondence between Sigmund Freud and C. G. Jung*, ed. William McGuire and Ralph Manheim〔Freud's letters〕and R. F. C. Hull〔Jung's〕, 1974)。德文的第三版(1979)则做了一些修订,主要在于编辑注释部分。倒是 Hull 翻译的书信对荣格一点好处都没有,因为他将荣格原本就已经极为通俗的语言降到了粗鄙的程度。举例来说,他将荣格所用的"schmutziger Kerl"一语,本意为"粗人",翻译成"龌龊的混球"(Jung to Freud, June 2, 1910, 359〔325〕)。另一个例子是:根据 Hull 的说法,荣格在写给弗洛伊德的信中提到,猛烈抨击精神分析的精神医生 Adolf Albrecht Friedländer"又当场呕吐"了(April 17, 1910, 39〔307〕),但实际上荣格所写的是"Friedländer hat sich wieder übergeben",这句话应该翻成"又放弃了"比较正确。弗洛伊德写给"他者"Wilhelm Fliess 的信也同样重要(若用"不可或缺"这个字眼来形容这样一部书信集,想必当之无愧),而且争论也比较小。美国版的 *The Complete Letters of Sigmund Freud to Wilhelm Fliess, 1887–1904*,由 Jeffrey Moussaieff Masson 负责编辑与翻译(1985),尽管在诠释上有些无伤大雅的怪异之处,这部书仍然极具价值。不过后来,又出现了一部德文原始信件的选集(1986),同样是由 Masson 所编辑,并且由 Michael Schröter 与 Gerhard Fichtner 从旁协助,使这个版本在注解方面较前面那本优越,同时还纳入 Ernst Kris 那篇长篇而有趣的引言,该文首次发表于 1950 年。至于一些有趣但范围有限的书信集,不妨参阅 Martin Grotjahn 所编辑的 *Sigmund Freud as a Consultant: Recollections of a Pioneer in Psychoanalysis*(1970),其中还收录了弗洛伊德写给意大利分析家 Edardo Weiss 的信件,而且还附带了后者的评论。德文版则有 *Sigmund Frsud-Edoardo*

Weiss. *Briefe zur psychoanalytischen Praxis. Mit den Erinnerungen eines Pioners der Psychoanalyse*(1973)一书。此外,Hilda Doolittle 的 *Tribute to Freud*(1956)则在附录中纳入了几封弗洛伊德写给她的信;这些信件已完整地收藏于耶鲁大学的善本图书馆(Beinecke Library)中。弗洛伊德于学生时代写给友人 Emil Fluss 的信(目前尚未翻成英文),则由 Ilse Grubrich-Smitis 收录于她精心编纂的善本当中:Sigmund Freud, "*Selbstdarstellung.*" *Schriften zur Geschinchte der Psychoanalyse*(1971;corr. ed.,1973,103 – 123),其中多是一些有关于弗洛伊德的"自我分析"(这个版本包含了完整的弗洛伊德自传;至于我经常从 *GW* 一书中所引用的"Selbstdarstellung"一篇,则是删除了几个字句,不过可从 *Selbstdarstellung* 一书中引出。这部著作除了有弗洛伊德写给 Emil Fluss 的信件之外,也收纳了几篇相关的文献)。至于弗洛伊德写给更亲昵的友人 Eduard Silberstein 的信笺,长久以来一直准备作为学术书籍出版,而我所引用的则是收藏于国会图书馆里的原稿。不过这部著作进入印刷厂之后,并没有立即付印成书。我也曾经查阅 William J. McGrath 悉心缮写的抄本,这些抄本的来源是他为弗洛伊德的青年时期所著的 *Freud's Discovery of Psychoanalysis*:*The Politics of Hysteria*(1986)一书,结果颇有斩获(有关这本书的评论,请参见以下第一章的部分)。此外也可阅读 Heinz Stanescu 的"Unbekannte Briefe des Jungen Sigmund Frend an einen rumänischen Freund",收录于 *Zeitschrift des Schriftstellerverbandes des RVR*,XVI(1965),12 – 29。

有关弗洛伊德往来书信的其他版本,则较让人感到气馁,确切的原因是这些书信过于露骨。弗洛伊德和一位住在柏林,也是他最钟爱和信赖的弟子 K. Abraham 之间的通信,则出现于 Hilda Abraham(K. Abraham 之女)与 Ernst L. Freud 合编的 Sigmund Freud, Karl Abraham, *Briefe 1907 – 1926* 一书中(1965;English version,*A Psycho-Analytic Dialogue*:*The Letters of Sigmund Freud and Karl Abraham*,*1907 – 1926*,tr. Bernard Marsha and Hilda Abraham,1965)。这个版本网罗了这两人所有的通信以及曾经出版过的信件,不过却没有指出哪些信经过删减;此外,编辑人员也从内文上删去了一些段落或句子,有时则是单字,却没有用删节号标示出这些删除的地方。尽管这些编辑人员的确有用星号(*)来表示那些删改的信件——但这并没有太大的帮助。Sigmund Freud 和 Lou Andreas-Salomé 的 *Briefwechsel*(1966;English version,Sigmund Freud,Lou Andreas-Salomé,*Letters* tr,William and Elaine Robson-Scott,1972)这本书的编辑 Érnst Pfeiffer,至少

采用了删节号显示那些缺漏的地方,不过他却完全摒除了某些最重要的信件(尤其是那些与 Anna Freud 有关的信函,并未收录在这本弗洛伊德的信件集之中)。Sigmund Freud 和 Oskar Pfister 的 *Briefe 1909 – 1939*(1963;English version, *Psychoanalysis and Faith*:*The Letters of Sigmund Freud and Oskar Pfister*, tr. Eric Mosbacher,1963)一书的两位编辑 Ernst L. Freud 与 Heinrich Meng,也用了删节号标明他们删减的地方,不过他们也舍弃了这两位友人之间许多重要(当然也是最亲密)的信件。同样,Ernst L. Freud 所编辑的 *Sigmund Freud*, *Arnold Zweig*, *Briefwechsel* 一书(1968;paperback ed.,1984;English version,*The Letters of Sigmund Freud and Arnold Zweig* tr. William and Elaine Robson-Scott,1970),也因为大刀阔斧地砍掉了一些信件,却没有具体的说明,而减损了它的价值。Ludwig Binswanger 则在 *Erinnerungen an Sigmund Freud*(1956)一书中,收录了他和弗洛伊德之间的往来信件,不但完备而且附带评论。此外也可参阅 F. B. Davis 的 "Three Letters from Sigmund Freud to André Breton" 一篇,收录于 *J. Amer. Psychoanal. Assn*,XXI(1973),127 – 134。其他极具启发价值的信件(特别是弗洛伊德和 Jones,以及弗洛伊德和 Ferenczi 之间的信函,目前只能在档案室中找到),目前正处于编辑阶段,准备日后发行。弗洛伊德和 Eitingon 之间的通信同样也值得出版。而弗洛伊德和 Anna Freud 的信件亦然。此外更不用说弗洛伊德和他的未婚妻 Martha Bernays 之间的通信了,目前只有 Ernst Freud 曾经找到大约 93 封信件,出版了一本引人遐思的精选集。尚有数以百计的信笺仍埋藏与尘封在国会图书馆里,其中有一些尚未出版的信(这部分我可以查阅)则属于弗洛伊德版权所有。Ernest Jones 摘录了大量弗洛伊德信件,并刊登在他那三大册的传记上,不过诚如我在内文中提过的,他在 Anna Freud 的劝说之下,将她父亲的英文信函所出现的那些"最令人困扰的错误",减到最低的程度,使 Jones 对于自己无法全盘掌握书写本身而耿耿于怀(请参考 Anna Freud 于 1954 年 4 月 8 日写给 Ernest Jones 的信,现收藏于伦敦英国精神分析学会的档案室)。而我自己则是完全忠实地引用弗洛伊德的英文,并将他犯的小错误,以及那些想象力丰富且十分讨喜的创新语词原貌呈现。

弗洛伊德对于自我的陈述,无论是公开或暗示,显然皆具有无可计量的重要性,因为它们显示了某些当事人愿意或不愿意披露的事实。弗洛伊德于 1925 年发表的 *Autobiographical Study*,无疑是这类文献当中最重要的一篇。而他在 *Inter-*

pretation of Dreams（1900）一书中所描述的陈年回忆，几乎是他在分析自己的梦境时，费尽心思所挖掘出来的全部，它们不但价值匪浅，而且被引用得十分广泛。假如可能的话，这些回忆应该要伴随我们对他的其他认识一起阅读。而一些散见于诸如"Screen Memories"（1899）与 The Psychopathology of Everyday Life（1901）等地方的自我揭露，情形也是一样的。

我想我应该在相关的章节里，进一步探索那些涵盖弗洛伊德某部分生活的传记研究。Ernest Jones 所编纂的 The Life and Work of Sigmund Freud，共3册（1953 – 1957；Lionel Trilling 和 Steven Marcus 曾于1961年精简为一册），仍是现存的弗洛伊德传记经典，尽管其中有许多明显而遭到严厉指正的错误。Jones 和弗洛伊德私交甚笃，而且有过多年的论战经验（Jones 除了和他人之外，也和弗洛伊德有过激烈程度较小的争论）。身为一名精神分析学先驱，且绝非一位拜倒在弗洛伊德膝下的追随者，Jones 对于所有的技术争议了若指掌。因此，他可以满怀信心地对弗洛伊德的家庭生活发表评论，也可以侃侃而谈精神分析领域的内斗情形。尽管缺少典雅的风格，而且很不幸地把人和作品分开处理（这点倒是比较要紧），Jones 的传记仍然捕捉了弗洛伊德的许多层面。而人们对他最严厉的指责是，他对弗洛伊德的追随者怀有敌意，并认为他被一股无可遏抑的嫉妒心所操弄，因而大力挞伐诸如费伦齐这类的对手。这个批评似乎有些道理，不过并不是大部分的人都如是想。Jones 对费伦齐所做的盖棺定论，确实强烈地暗示费伦齐的晚年深受精神病奴役，因而遭到强烈非议，但这与弗洛伊德写给 Jones 的一封未发表的信中所表达的意见，似乎有着异曲同工之妙。费伦齐的生命始终紧紧依附于弗洛伊德。

其他还有许多以各种语言写成的传记。其中最早的一部是由 Fritz Wittels 所写的 Sigmund Freud：His Personality，His Teaching and His School（1924；tr. Eden and Cedar Paul，1924），对此弗洛伊德并不怎么喜欢，还曾经去函表达他的抨击。近年来最常用的传记版本是由 Ronald W. Clark 所著的 Freud：The Man and the Cause（1980），这本书以煞费苦心的研究调查作为基础，有相当合理的评断，而且特别完整地描绘了弗洛伊德的私生活，不过，它对于弗洛伊德著作上的处理倒是颇为贫乏，并显得过于依赖他人的著作。Ernst Freud、Lucie Freud 与 Ilse Grubrich-Simitis 等人共同编写了一本图文并茂的传记 Sigmund Freud：His Life in Pictures and Words（1976；tr. Christine Trollope，1978），其中有完善的注解，而且引用弗洛伊德的话语作为照片说明,此外还纳入了一张由 K. R. Eissler 所画的真实素描。*Freud:Living and Dying*(1972)一书的作者——Max Schur,乃是弗洛伊德生前最后十年的私人医生,后来也成了一名精神分析家,由于这本书展现了一些最私密的部分,并有审慎而翔实的评断,使其价值无与伦比;我将会反复加以引用。其他较为简短的传记当中,O. Mannoni 所写的 *Freud*(1968;Renaud Bruce 翻译自法文版,1971),恐怕是资料最齐全的一部。J. N. Isbister 的 *Freud:An Introduction to His Life Work*(1985),则属于典型的贬抑学派,完全不加选择地套用 Peter J. Swales 所做的生平臆测和史料重建。Steven Marcus 对于这本书的评论是"糟透了",而且所言不虚,该书书评"The Interpretation of Freud"刊登于 *Partisan Review*(Winter 1987),151 - 157。Ludwig Marcuse 所著的 *Sigmund Freud. Sein Bild vom Menschen*(日期不详),则是一部夹杂着论文和传记的非正式版本。Gunnar Brandell 的 *Freud:A Man of His Century*(1961;修订版,1976,由 Iain White 翻自瑞典文版,1979),则试图将弗洛伊德与自然主义作家,如 Zola 和 Schnitzler 等人并列。此外也可参见 Louis Breger 的 *Freud's Unfinished Journey:Conventional and Critical Perspectives in Psychoanalytic Theory*(1981),这本书认为弗洛伊德置身于 19 世纪与 20 世纪的文化交叉口。而 Helen Walker Puner 的 *Freud:His Life and His Mind*(1947)则是最早出现的传记之一,非但毫不留情,而且也不够学术、不够可靠,不过它的影响力却足以使 Jones 在他前两册的传记中堂而皇之地采用其内容。

接着还有 Paul Roazen 所著的 *Freud and His Followers*(1975),特别注重弗洛伊德周围的人、事、物,还旁征博引了一些相当有用的资料。这本书混杂着艰难的考古挖掘、广泛的访谈、快速的判断,以及模棱两可的语气,令人眼花缭乱,因此必须小心谨慎地使用。Richard Wollheim 为这本书所写的评论,刊登在 *Times Literary Supplement*(March 26,1986,341)中,他一针见血地对这本书以及整个学派描述道:"Roazen 教授对弗洛伊德有诸多批评。他在不同的场合中告诉我们,弗洛伊德是一个冷酷无情、势利眼、贪爱钱财的人,并对家庭漠不关心;说他从来不曾给孩子喂过奶,一次也没帮他们换过尿片;他所尊敬的对象是人,而非真相;还说他是一个过于霸道、容易瞋恨、心胸狭窄与卖弄权威的人。尽管有这些林林总总的抨击,也有一项不断重复的颂词,那就是:弗洛伊德是个伟大的人物,我们不该忘了赞美他的勇气和天才。弗洛伊德在 Roazen 教授的心目中是一个好友,就如同 Bruins 在 Mark Antony 心中的地位一样。"诚哉斯言。相形之下,在我看来，对于弗洛伊德思想的最佳研究，首推 Wollheim 所写的那本完整、精辟且清晰的著作：Freud(1971)。同时我也必须承认，弗洛伊德的家人与仰慕者隐藏了一些最有趣的资料，并且为了后代子孙起见，还试图"匡正"弗洛伊德的形象，Roazen 对于这套保护措施的抱怨，其实是有道理可言的；请参见 Roazen 所写的"The Legend of Freud"一文，刊登于 Virginia Quarterly Review，XLVII（Winter 1971,33-45）。

许多著作当然都会对于弗洛伊德的人格品头论足一番，无论是以明确或含糊的方式；其他的作品也是如此，我将会在恰当的地方加以讨论。其中 Jones 所写的"The Man"一文应该被特别挑出来，这篇文章出现在传记第二册的第三部分，其相当大胆地企图达成前后一致的评论，尽管有其价值所在，不过（诚如我在内文中试图展现的），它却高估了弗洛伊德稳重而"成熟的人格"，而且也错读了弗洛伊德和他母亲之间的关系；我认为他们两人的关系，远远不及 Jones 所相信的那样稳固。Jones 的另一部著作 Sigmund Freud：Four Centenary Essays（1956），当然令人十分感佩，但若少了其中的一些洞见，那就不尽然了。Philip Rieff 所写的 Freud：The Mind of the Moralist（1959；rev. ed.，1961），是一篇延伸的优美论文，显然非常值得一读。在其他不胜枚举的评估论文当中，我特别挑选出 John E. Gedo 执笔的"On the Origins of the Theban Plague：Assessments of Freud's Character"这篇，刊登在 Paul E. Stepansky 所编辑的 Freud，Appraisals and Reappraisals：Contributions to Freud Studies I（1986,241-259）书中，由 Hanns Sachs 所著的 Freud：Master and Friend（1945）一书，尽管分量轻微，但资料却非常详尽；充满赞赏，但还不至于歌功颂德，它让人"感觉"很对味就是了。Benjamin Nelson 所编辑的 Freud and the Twentieth Century（1957）一书，涵盖了一连串由 Alfred Kazin、Gregory Zilboorg、Abram Kardiner、Gardner Murphy、Rick H. Erikson 等人所做的评论，虽然简短，有时却有画龙点睛之妙。Lionel Trilling 的 Freud and the Crisis of Our Culture（1955），是他在 1955 年针对弗洛伊德所做的演讲，再经过修订和扩编之后完成的，是一本聪明绝顶、温和典雅，而又深思熟虑的辩护作品。Ilse Grubrich-Simitis 对弗洛伊德的文章做了许多弥足珍贵的编辑工作，在她为弗洛伊德所写的"Selbstdarstellung"版本中（前已引述）的 7—33 页，有一篇特别敏锐的文章叫作"Einleitung"。Richard Sterba 早年在维也纳时就认识了弗洛伊德，他在"On Sigmund Freud's Personality"一文中，对弗洛伊德有些感人肺腑的赞美之词，

刊登在 *American Imago*, XVIII(1961), 289-304。

关于弗洛伊德的想法在科学上所占的地位, 始终是个争论不休的问题(有时甚至非常激烈), 在此我只列举出一些相关的书目。在我心目中, Paul Kline 的 *Fact and Fantasy in Freudian Theory* (1972; 2d ed., 1981) 是最明察秋毫、小心谨慎, 也是最令人满意的作品。此外也可参考 Seymour Fisher 与 Roger P. Greenberg 合著的 *The Scientific Credibility of Freud's Theories and Therapy* (1977), 这是一本范围广阔而且资料丰富的概论, 但评价不及 Kline 的那本那般正面; 此外, 它也应该加上该作者的另一本选集 *The Scientific Evaluation of Freud's Theories and Therapy* (1978), 才算比较完整, 这本选集十分公平地网罗了褒贬不一的观点。Helen D. Sargent, Leonard Horwitz, Robert S. Wallerstein 与 Ann Appelbaum 等人合著的 *Prediction in Psychotherapy Research: A Method for the Transformation of Clinical Judgements into Testable Hypothesis*, Psychological Issues, monograph 21 (1968), 则是一本相当专业, 并采取同情立场的著作。Joseph Masling 所编辑的 *Empirical Studies of Psychoanalytic Theories* (1983-1985) 共两册, 涵盖了许多有趣的资料, 诸如 Hartivig Dahl 等精神分析家的实验成果。而在怀疑论者当中最难缠的一位, 首推哲学家 Adolf Grünbaum 莫属, 正是他使弗洛伊德学说的可信与否成为十年来大众关心的焦点; 他将研究成果集结在 *The Foundations of Psychoanalysis: A Philosophical Crtique* (1984) 一书中。不过 Marshall Edelson 在 "Is Testing Psychoanlytlc Hypotheses in the Psychoanalytic Situation Really Impossible?" 一文当中 (刊登于 *The Psychoanalytic Study of the Child* XXXVIII, 1983, 60-109), 则严肃巧妙地对 Adolf Grünbaum 加以质疑。另请参见 Edelson 的 "Psychoanalysis as Science, Its Boundary Problems, Special Status, Relations to Other Science, and Formalization" 一文, 收录于 *Journal of Nervous and Mental Disease*, CLXV (1977), 1-28; 以及 Edelson 所著的 *Hypothesis and Evidence in Psychoanalysis* (1984)。关于 Grünbaum 的辩论, 再加上本书摘要中的一连串的评语, 以及作者本人的回应等, 全都出现在 "Précis of The Foundations of Psychoanalysis: A Philosophical Critique" 一文中, 刊载于 *Behavioral and Brain Seiences*, IX (June 1986), 217-284。另一篇针对 Grünbaum 的书加以扩大分析的文章, 则是 Edwin R. Wallace IV 执笔的 "The Scientific Status of Psychoanalysis: A Review of Grünbaum's *The Foundations of Psychoanalysis*", 收录于 *Journal of Nervous and Mental Disease*, CLXXIV (July 1986), 379-

386，尽管内容实事求是、批判犀利，但却绝非毫不留情。Grünbaum 的争论所夹带的一大好处是，它抛弃了 Karl Popper 所以为的精神分析学是一门假科学的认定，而这个主张长期以来都被（许多人）看成是无可反驳的。如欲了解此一主张，请详见 Popper 的"Philosophy of Science: A Personal Report"，收录于 *British Philosophy in the Mid-Century: A Cambridge Symposium*，由 C. A. Mace 编辑（1957），155 – 191；该篇论文也见于 Popper 的著作 *Conjectures and Refutations: The Growth of Scientific Knowledge*（1963; ed, 1965），33 – 65。其他有助于评定精神分析学为有效科学的文章，则包括 Ernest R. Hilgard，Lawrence S. Kubie 以及 E. Pumpian-Mindlin 等三人的演讲集 *Psychoanalysis as Science*（1952），编辑为 E. Pumpian-Mindlin；这些论文的看法都是相当正面的。此外，B. A. Farrell 的著作 *The Standing of Psychoanalytic Theory*（1981）则要严苛许多，一如 Barbara von Eckardt 的文章"The Scientific Status of Psychoanalysis"，收录于 Sander L. Gilman 所编辑的 *Introducing Psychoanalytic Theory*（1982），139 – 180。如欲阅读哲学家们针对弗洛伊德所发表的精辟文章，可参见 Richard Wollheim 编辑的选集 *Freud: A Collection of Critical Essays*（1974; 2d ed., enlarged, *Philosophica* Essays on Freud, ed. Wollheim 与 J. Hopkins, 1983）。Paul Ricoeur 的 *Freud and Philosophy: An Essay on Interpretation tr. Denis Savage*（1970），则是一本极为精练的研究报告，由主要的倡导者引领以诠释学的方式阅读精神分析。由于本书对弗洛伊德思想有颇具挑战性的解读（一如普通的认知），因此值得我们密切关注，不过，Ricoeur 所观察到的弗洛伊德，却不是我心目中的弗洛伊德。如果想知道人们对于弗洛伊德这位启蒙时代的人物作何观感，则可参阅 Peter Gay 的 *A Godless Jew: Freud, Atheism, and the Making of Psychoanalysis*（1987）一书，特别是第二章。另外也可阅读 Ilse Grubrich-Simitis 所写的"Reflections on Sigmund Freud's Relationship to the German Language and to Some German-Speaking Authors of the Enlightenment"，收录于 *Int. J. Psycho-Anal.*, LXVII（1986），287 – 294，其简短而宝贵评论的对象，是 Didier Anzieu 和 Ernst A. Ticho 这两人于 1985 年在汉堡举行的国际精神分析会议上所发表的论文。

关于弗洛伊德的著作，目前还未有明确的结论，不过，Harry Trosman 和 Roger Dennis Simmons 两人合写的"The Freud Library"倒是提供了一个宝贵的初步评价，收录于 *J. Amer. Psychoanal. Assn*, XXI（1973），646 – 687。

第一章　对知识的贪求

包括弗洛伊德的血统、其父亲的背景和神秘的第二任太太,以及弗洛伊德早年在弗赖堡和维也纳的生活在内的内容,全都被 Marianne Krüll 大费周章地搜进 *Freud and His Father* 一书当中(1979;tr. Arnold J. Pomerans,1986),这本书所根据的是一些相当费力的调查,然而有时不免流于臆测。Krüll 就如同同一时代研究弗洛伊德的学者一样,都必须仰赖 Josef Sajner 的先驱研究:"Sigmund Freuds Beziehungen zu seinem Geburtsort Freiberg(Príbor)und zu Mähren",发表于 *Clio Medica*,III(1968),167-180;以及"Drei dokumentarische Beiträge zur Simund-Freud-Biographik aus Böhmen und Mähren"一文,见于 *Jahrbuch der Psychoahalyse*, XIII(1981),143-152。Wilma Iggers 则在她的选集 *Die Juden in Böhmen und Mähren: Ein historisches Lesebuch*(1986)当中,提供了一些关于波希米亚的背景资料。而 Didier Anzieu 的著作 *Freud's Self-Analysis*(2d ed.,1975;tr. Peter Graham,1986),不但是一本重要而且极为详尽的书(尽管在某些小地方仍有待商榷),同时也研究了弗洛伊德的早年生活如何反映在 *The Interpretation of Dreams* 这本书记叙的梦境当中。另一个透视弗洛伊德早年私密生活的清晰观点,则是由 Alexander Grinstein 的 *On Sigmund Freud's Dreams*(1968;2d ed.,1980)一书所提供的。至于弗洛伊德的姊妹 Anna Freud Bernays 所写的回忆录,包括 *Erlebtes* 一册(约于1930年私下出版),以及"My Brother,Sigmund Freud"一文,(收录于 *American Mercury*,LI(1940),335-342),都经常被人引用,因为它们回忆了许多弗洛伊德童年时期的清晰片段(例如他反对他的姊妹们上钢琴课),不但历历如绘,并且绝不可能在其他地方看到(因此也无法加以证实)。不幸的是,她的文章必须要极为小心地运用,因为有一些可以自行查证的事实,比方说他父亲的结婚年龄,结果发现是错误的。Judith Bernays Heller 的"Freud's Mother and Father",收录于 *Commentary*,XXI(1956),418-421,虽然简短却生动感人。此外也可参阅 Franz Kobler 所写的"Die Mutter Sigmund Freuds",刊登于 *Bulletin des Leo Baeck Instituts*,V(1962),149-171,但由于证据有限,所以提供的信息也只能如此。关于弗洛伊德早年的生活,还可参见 Siegfried 和 Suzanne Cassirer Bernfeld 共同执笔的 "Freud's Early Childhood",刊载于 *Bulletin of the Menninger Clinic*,VIII(1944),

107 – 115。Marie Balmary 的 *Psychoanalyzing Psychoanalysis: Freud and the Hidden Fault of the Father*(1979;tr. Ned Lukacher,1982),则是一本想象力十足的书,即使像我这类的读者,虽然无法找到合理的根据可以证实她对弗洛伊德的母亲未婚怀孕实属臆测(除非弗洛伊德出生于 1856 年 3 月 6 日,而非 5 月 6 日这个一般人相信,而我也认为正确的日期,否则的话,这个主张几乎不可能是真实的),仍不免被这本书勾起一些兴趣。Balmary 同时也断言,弗洛伊德的父亲 Jacob Freud 所娶的第二任太太 Rebecca,是从火车上跳下自杀身亡的,不过目前我们对于她仍然一无所知。关于弗洛伊德的种种,虚构的故事似乎很容易取代事实本身。Kenneth A. Grigg 所写的"'All Roads Lead to Rome':The Role of the Nursemaid in Freud's Dreams",收录于 *J. Amer. Psychoanal. Assn.*,XXI(1973),108 – 126,则搜集了一位天主教保姆的相关资料,她乃是弗洛伊德在学步期深爱的对象。P. C. Vitz 在"Sigmund Freud's Attraction to Christianity:Biographical Evidence"一文中,刊载于 *Psychoanalysis and Contemporary Thought*,VI(1983),73 – 183,汇整了许多早年的弗洛伊德与罗马天主教之间的相关议题,不过我认为,本文并未真正显示出弗洛伊德对基督教精神的醉心。

Krüll 在 *Freud and His Father* 一书中简要讨论了弗洛伊德的叔叔 Josef Freud,同时还附带许多珍贵无比的文献资料。他是一名伪币买卖商,弗洛伊德在 *The Interpretation of Dreams* 的一则梦境当中("R 是我叔叔"),也曾经提到过他。此外,Krüll 也言之有理地批判了 Renée Gicklhom 那本充满怒气与敌意的小册子 *Sigmund Freud und der Onkeltraum. Dichtung und Wahrheit*(1976),因为书中的揣测根本毫无根据。我们很欢迎有更多的证据,可以显示出 Jacob Freud 和其他人的关系(比方说,他和两名儿子 Emanuel 与 Philipp 于 1865 年以前定居在曼彻斯特)。此外,读者还可参阅 Leonard Shengold 的一篇有趣的探索文章"Freud and Joseph",刊登于 Mark Kanzer 所编辑的 *The Unconscious Today:Essays in Honor of Max Schur*(1971),473 – 494,这篇文章是从弗洛伊德的叔叔 Josef 身上着手,尖锐地评论弗洛伊德眼中各种不同面向的 Josef,同时也概论弗洛伊德的人格塑造过程。

从中学、大学、医学实习,一直到 19 世纪 90 年代阐发精神分析学期间,有关弗洛伊德在知性和情感上的发展,当然应该阅读 *The Interpretation of Dreams* 书中各处,以及他早期写的"Autobiographical Study"。而 Anzieu 的 *Freud's Self-Analysis*

尤其提供了很多信息。Ernst Freud 等人共同编辑的 Sigmund Freud: His life in Pictures and Words，更是罗列了丰富有益的资料（时而附带新奇有趣的插图）。另外也可参考 Jones I，这本书大量地倚赖 Siegfried Bernfeld 所做的先驱研究，除了前文所引述的那篇文章之外，"Freud's Earliest Theories and the School of Helmholtz"，刊登于 Psychoanalytic Quarterly, XIII(1944), 341 - 362, 则是最具影响力的一篇；同时还包括"An Unknown Autobiographical Fragment by Freud"，见于 American Imago, IV(1946 - 1947), 3 - 19; "Freud's Scientific Beginnings'，见于 American Imago, VI(1949), 163 - 196; "Sigmund Freud, M. D., 1882 - 1885"，收录于 Int. J. PsychoAnal., XXXII(1951), 204 - 217; 以及 Suzanne Cassirer Bernfeld 执笔的 "Freud's First Year in Practice, 1886 - 1887"，载于 Bulletin of the Menninger Clinic, XVI(1952), 37 - 49。A. Pokomy 则拥有最不容易找到的弗洛伊德求学史（我是在 Siegfried Bernfeld 的论文当中发现的，收藏于美国国会图书馆，第 17 盒），分别发表于 Das erste Dezennium des Leopoldstädters Communal-Real-und Obergymnasium (1864 - 1874) 这部著作中。Ein historisch-statistischer Ruckblick（日期不详，不过显然是在 1874 年）这本书显示出（第 44 页），1865 年尽管只有 32 位犹太人是这所中学的在学学生，但是到了 1874 年时却增加到 335 位；反观天主教徒的情况，则是从 42 位增加到 110 位；至于清教徒，却只从一位变成三位。Dennis B. Klein 所著的 Jewish Origins of the Psychoanalytic Movement(1981) 有助于我们了解弗洛伊德的求学经过（以及他早年对犹太传统的忠诚）。McGrath 的著作 Freud's Discovery of Psychoanalysis，则是一本令人叹为观止的学术研究著作（尤其是弗洛伊德的大学生涯，以及他师从于 Brentano 的这两段时期，更显得格外珍贵），不过它却隐含了一个站不住脚的论点：McGrath 强烈地暗示，弗洛伊德发展出精神分析学是为了作为一种"对抗政治的手段"，那是出于反抗心态而刻意选择的，因为在当时的维也纳，反犹太人之风十分盛行，使得弗洛伊德一心向往的政治生涯遭到了封锁。这个论点或多或少减损了这本书的价值（这个论点原先是由 McGrath 的老师 Carl Schorske 提出来的，发表在一篇颇有影响力，但我却认为很怪异的文章"Politics and Patricide in Freud's Interpretation of Dreams"中，收录于 American Historical Review, LXVIII [1973], 328 - 347; 之后重新刊登于他的著作 Fin-de-Siécle Vienna: Politics and Culture 中 [1980], 181 - 207）。除却这项观点之外，读者都可从 McGrath 的这本书上获益良多。若想知道弗洛伊德自 John Stuart Mill

的学说脱胎换骨的过程,则可参阅 Adelaide Weinberg 的著作 *Theodor Gomperz and John Stuart Mill*(1963)。此外,Théo Pfrimmer 的 *Freud lecteur de la Bible* (1982)一书也饶富趣味,其中还包括很长一段有关青年弗洛伊德在家时的情况,以及他在心智发展阶段中对于宗教的想法。

由 John E. Gedo 和 George H. Pollock 两人共同编辑的 *Freud: The Fusion of Science and Humanism: The Intellectual History of Psychoanalysis*(1976),收录了许多关于弗洛伊德的传记研究,而以下这几篇文章更与这本书息息相关,包括:Gedo 与 Ernest S. Wolf 合写的"From the History of Introspective Psychology: The Humanist Strain",11 - 45;Harry Trosman 的"Freud's Cultural Background",46 - 70;Gedo 与 Wolf 合写的"The 'Ich.' Letters",71 - 86;Gedo 与 Wolf 共笔的"Freud's *Novelas Ejemplares*",87 - 111;Julian A. Miller、Melvin Sabshin、Gedo、Pollock、Leo Sadow 和 Nathan Schlessinger 等人合作的"Some Aspects of Charcot's Influence on Freud",115 - 132。而 S. B. Vranich 的"Sigmund Freud and 'The Case History of Berganza': Freud's Psychoanalytic Beginnings",刊登于 *Psychoanalytic Review*, LXIII(1976), 73 - 82,则提出一个有趣(但稍嫌放肆)的主张,认为弗洛伊德之所以身为一名"精神分析家",乃是因为青春期的他认同一只叫作 Cipio 的狗,那是 Cervantes 的著作 *Coloquio de los perros* 中出现的一条狗。如果想知道青年弗洛伊德对于 Gisela Fluss 的"初恋"情形,则可参考 K. R. Eissler 的一篇认真思考的文章,"Creativity and Adolescence: The Effect of Trauma on Freud's Adolescence",见于 *The Psychoanalytic Study of the Child*, XXXIII(1978), 461 - 517。Heinz Stanescu 则在"Ein 'Gelegenheitsgedicht, des jungen Sigmund Freud'"一文当中,发表了一篇弗洛伊德早年所写的诗作,收录于 *Deutsch für Ausländer: Information jür den Lehrer*(1967), 13 - 16。

Ilsa Barea 的著作 *Vienna*(1966)仔细剖析了弗洛伊德所在的维也纳,这个城市经常被人错认为欢乐、华尔兹,以及美丽蓝色多瑙河所在的世界总部,而这本书便对此做了澄清与冷静的历史研究。Authur Schinitzler 去世后才出版的 *My Youth in Vienna*(1968; tr. Catherine Hutter, 1970),则充满了锐利与可靠的观察。Robert A. Kann 的作品 *A History of the Habsburg Empire, 1526 - 1978*(1974; corr. ed., 1977),则把这个城市放在奥地利及其长远的历史下探讨。A. J. P. Taylor 的 *The Habsburg Monarchy, 1809 - 1918: A History of the Austrian Empire and Austria-*

Hungary (1941；2d ed., 1948) 是该作者最精华的一部著作，诙谐、生动，且见解独到。David F. Good 的 *The Economics Rise of the Habsburg Empire, 1750–1974* (1984) 则是一部合情合理的专题论文。William M. Johnston 的代表作 *The Austrian Mind: An Intellecural and Social History, 1848–1938* (1972)，冷静地调查了一些文化界的领导者（包括经济学家、律师、政治思想家，以及音乐家和艺术家等）。Johnston 那本图画丰富的作品 *Vienna, Vienna: The Golden Age, 1815–1914* (1981；先有意大利版，1980) 则引人入胜地揭露了许多熟悉与陌生俱足的题材。同时也可参考席勒国立博物馆（Schiller-Nationalmuseum）某次展览时的一本有趣目录——Marbach，*Jugend in Wien: Literatur um 1900*，由 Ludwig Gneve 和 Werner Volke 共同编辑（1974）。Richard Charmatz 所著的 *Adolf Fischhof. Das Lebensbild eines österreichischen Politikers* (1910)，是一本有关政治的大部头作品，尽管有点老套，不过内容还是相当广博。Joseph Roth 所写的优美小说 *Radtzkymarsch* (1932)，则有许多可以让人学习的地方，内容是关于帝国的没落。Allan Janik 与 Stephen Toulmin 合著的 *Wittgenstein's Vienna* (1973)，概述了维也纳复杂的知性生活风貌，在我看来，这本书非常急于将各个团体串联起来。相反地，若想知道弗洛伊德如何与维也纳格格不入，那么就应该阅读 George Rosen 所写的 "Frend and Medicine in Vienna" 这篇佳作，原本刊登于 *Psychological Medicine*, II (1972), 332–344, 不过更容易在 Jonathan Miller 所编辑的 *Freud: The Man, His World, His Influence* (1972), 21–39 中取得。不过 Miller 在这本插图精彩的著作中所收录的其他短篇论文，大部分都相当简略。此外也可参见 Ruper Feuchtmüller 和 Christian Brändstätter 两人合著的 *Markstein der Moderne: Österreichs Beitrag zur Kultur-und Geistesgeschichte des 20. Jahrhunderts* (1980)，以及 David S. Luft 所著 *Robert Musil and the Crisis of European Culture, 1880–1942* (1980) 的前面几个章节。

Schorske 的 *Fin-de-Siècle Vienna*（《世纪末的维也纳》）是一本优雅的论文集，其中最棒的一篇是 "The Ringstrass, Its Critics, and the Birth of Modern Urbanism" (24–115)，本篇比其他针对弗洛伊德而写的论文更值得拥护。而该文也可在 William J. McGrath 的第一本著作 *Dionysian Art and Populist Politics in Austria* (1974) 中见到。John W. Boyer 的 *Political Radicalism in Late Imperial Vienna: Origins of the Christian Social Movement, 1848–1897* (1981) 则以学者式的缜密，铺陈了弗洛伊德 40 岁之前所处的政治处境，令人印象深刻。Kirk Varnedoe 的 *Vienna*

1900: *Art*, *Architecture and Design*(1986)则是一本插画精彩的展览目录,而它的内文部分则义正词严地拒绝将这段时期的画家与设计师予以理想化,或者虚构出这些人和弗洛伊德之间原本并不存在的关联性。

  有关寄居于维也纳的犹太人,现代出现了许多可靠的学术研究。其中尤可参阅 Marsha L. Rosenblit 那本深具权威、鞭辟入里的专题论文 *The Jews of Vienna*, *1867 - 1974*: *Assimilation and Identity*(1983),以及 John W. Boyer 的文章"Karl Lueger and the Viennese Jews",刊登于 *Leo Baeck Yearbook*, XXVI(1981), 125 - 141。Steven Beller 的"Fin de Siècle Vienna and the Jews: The Dialectic of Assimilation",见于 *Jewish Quarterly*, XXXIII(1986), 28 - 33,也让我有所收获;此外,我也要感谢 Beller 那篇未出版的手稿"Religion, Culture and Society in Fin de Siècle Vienna: The Case of the Gymnasien",我得到作者的允许,有幸在 1986 年夏天拜读。同时也可参见 Wolfdieter Bihl 的"Die Juden",收录于 Adam Wandruszka 与 Peter Urbanitsch 共同编辑的 *Die Habsburger Monarchie*, *1848 - 1918*,第三册 *Die Völker des Reiches*(1980)之第二部分,890—896。有关犹太式的自由主义,包括弗洛伊德的自由主义在内,读者可见 Walter B. Simon 所作的"The Jewish Vote in Austria"一文,收录于 *Lso Baeck Yearbook*, XVI(1971), 97 - 121。另外有一本关于维也纳籍犹太人的论文集——包括回忆录、自传、犹太人参与城市专业生活的论文,以及犹太团体的兴亡史等——十分动人心弦,而且德文与英文的版本皆有,那便是 *The Jews of Austria*: *Essay on Their life*, *History and Destruction* 这本书,由 Josef Fraenkel 一手编辑(1967)。当然,这部合集无可避免地有所偏颇,不过它最棒的地方在于揭露了长达一个世纪以上犹太人的生活面貌。其中还包括一篇 Martin Freud 的论文"Who Was Freud?", 197 - 211,其赤诚地展现了 Martin Freud 对其父亲的观感,还有他对母亲的一些见解。而 Martin Freud 另一本充满深情、幽默风趣且助益甚多的著作——*Sigmund Freud*: *Man and Father*(1958),与本书的第四章尤其相关,此外它也提供了许多青年弗洛伊德的资料。如想知道其他五花八门的信息,则可参考 Johannes Barta 所著的 *Jüdische Familienerziehung. Das jüdische Erziehungswesen im 19. und 20. Jahrhundert*(1975)中 Friedrich Eckstein 的回忆录"*Alte unnennbare Tage!*"Erinnerungen aus siebzig Lehr-und Waderjahren(1936),以及 Sigmund Mayer 的 *Ein jüdischer Kaufmann 1891 bis 1911 Lebenserinnerungen*(1911)。Mayer 所著的 *Die Wiener Juden. Kommerz*, *Kultur*, *politik*(1917; 2d ed., 1918),主题

针对 19 世纪，是一本属于个人、语带哀伤，但真情表露无遗的作品。Peter G. J. Pulzer 的 The Rise of Political Anti-Semitism in Germany and Austria（1964）则是一本简练的绝佳概论，其中第四章"Austria, 1867 - 1900"与本书更是息息相关。

若想了解弗洛伊德对当时的思想与思想家之贡献，可阅读 Lucille B. Ritvo 的诸多论文，特别是"Darwin as the Source of Freud's NeoLamarckianism"一文，刊载于 J. Amer. Psychoanal. Assn., XIII（1965），499 - 517；"Carl Claus as Freud's Professor of the New Darwinian Biology"，见于 Int. J. Psycho-Anal，LIII（1972），277 - 283；"The Impact of Darwin on Freud"，见于 Psychoanalytic Quarterly, XLIII（1974），177 - 192；以及他与 Max Schur 合笔的"The Concept of Development and Evolution in Psychoanalysis, 收录于 L. R. Aronson 等人共同编辑的 Development and Evolution of Behavior（1970），600 - 619。弗洛伊德的旧识 Friedrich Eckstein 在他所写的"Alte unnennbare Tage！"一文当中，披露了弗洛伊德弃法律就医学的转变。关于 Brentano 对弗洛伊德造成的影响，除了可参考 McGrath 所著的 Freud's Discovery of Psyhoanalysis 一书之外，也可斟酌 Philip Merlan 的"Brentano and Freud"，发表于 Journal of the History of Ideas，IV（1945），375 - 377，以及 Raymond E. Fancner 这篇范围较广的文章"Brentano's Psychology from an Empirical Standpoint and Freud's Early Metapsychology"，收录于 Journal of the History of the Behavioral Sciences, XIII（1977），207 - 227。Marx W. Wartofsky 的 Feuerbach（1977）则是研究 Feuerbach 思想的英文标准版。至于弗洛伊德对这位思想家的看法如何，则可参考 Simon Rawidowicz 所著的 Ludwig Feuerbachs Philosophic. Ursprung und Schicksal（1931），348 - 350。Peter Amacher 的心理学刊物 Freud's Neurological Education and Its Influence on Psychoanalytic Theory，心理学专刊，第 16 本专题论文（1965），内容充实完整，不过再长一些似乎更好。反观 Larry Stewart 的"Freud before Oedipus"，刊登于 Journal of the History of Biology，IX（1976），215 - 228，则显得分量不足。而 Rudolf Brun 的"Sigmund Freud Leistungen auf dem Gebiet der organischen Neurologie"就比较扎实了，本文收录于 Schweizer Archiv für Neurologie und Psychiatrie, XXXVII（1936），200 - 207。

至于弗洛伊德在医学院期间的老师们，除了 Rosen 这篇自由奔放的文章"Freud and Medicine in Vienna"以外，同时也可参考 Erna Lesky 的不朽杰作 The Vienna Medical School of the 19th Century（1965；tr. L. Williams and I. S. Levij,

1976），这本书对于每一位就读医学院的维也纳学生而言，皆功不可没。同时还有 Dora Stockert Meynert 的 *Theodor Neynert und seine Zeit：Zur Geistesgeschichte Österreichs in der zweiten Hälfte des 19. Jahrjunderts*（1930）；Ernst Theodor Brücke 的 *Ernst Brücke*（1928），以及 Sherwin B. Nuland 的 *The Materful Spirit：Theodor Billroth*，由 The Classics of Surgery Library 出版（1984），3－44。Julius Wagner-Jauregg 的 *Lebenserinnerungen* 一书，系由 L. Schönbauer 和 M. Jantsch 共同编辑（1950），书中对弗洛伊德有一些生动的窥探。

有关可卡因这个争议话题，最棒的资料合集便是 *Cocaine Papers by Sigmund Freud*（1974），这本书由 Robert Byck 编辑，并由 Anna Freud 加注；其中还包括弗洛伊德为这个主题所发表的文章，以及一篇翔实可靠的介绍。同时也可参考 Siegfried Bernfeld 执笔的"Freud's Studies on Cocaine，1884－1887，刊登于 *J. Amer. Psychoanal. Assn.*，I（1953），581－613。而 Hortense Koller Becker 的"Carl Koller and Cocaine"，见于 *Psychoanalytic Quarterly*，XXXII（1963），309－373，则详细说明了弗洛伊德如何与友人共同发现了可卡因这种麻醉剂。Peter J. Swales 的"Freud，Cocaine and Sexual Chemistry：The Role of Cocaine in Freud's Conception of the Libido"一文中（privately printed，1983），有一些代表性的揣测。此外也可阅读 Jürgen vom Scheidt 的"Sigmund Freud und das Kokain"，收录于 *Psyche*，XXVIII（1973），385－430。E. M. Thornton 的著作 *Freud and Cocaine：The Freudian Fallacy*（1983），则是一部贬抑性的代表作：该书试图让读者相信，弗洛伊德是一位"冒牌而没有信仰的预言家"（原书312页），并且是在可卡因所造成的精神混乱下，才开创出精神分析学的。这位作者相信："所谓'无意识'这玩意儿压根就不存在，弗洛伊德的理论根本毫无根据，不但是精神错乱的产物，而且更是亵渎神明的表现，弗洛伊德在创造这些理论的时候，一定是被毒品影响了脑袋。"

若想了解 Charcot 这号人物，则可阅读 A. R. G. Owen 这本算是相当简略的著作——*Hysteria，Hypnosis and Healing：The Work of J. -M. Charcot*（1971）。而 Georges Guillain 的 *J. -M. Charcot，1825－1893：His Life and His Work*（1955；tr. Pearce Bailey，1959），内容则要充实得多，但重点却集中在 Charcot 早期对神经学的研究上，因而牺牲了有关歇斯底里症状的后期著作。关于这些部分，Mark S. Micale〔其针对 Charcot 与男性歇斯底里症所写的论文（1987 年在耶鲁大学发表）相当

具有权威]倒是曾经发表了一篇"The Salpêtrière in the Age of Charcot: An Institutional Perspective on Medical History in the Late Nineteenth Century",收录于 *Journal of Contemporary History*, XX(1985), 703 - 731。此外也可参考 Miller 等人的文章"Some Aspects of Charcot's Influence on Frend"。

第二章 酝酿中的理论

关于弗洛伊德和 Fliess 之间重大的友谊,*Freud-Fliess* 当然是最珍贵的资料来源。Max Schur 在 20 世纪 60 年代曾接触他们两人未出版的部分书信,对此他在 *Freud, Living and Dying* 一书中有真知灼见的评论。Schur 的开创性文章"Some Additional 'Day Residues' of 'The Specimen Dream of Psychoanalysis'",收录于 Rudolph M. Loewenstein, Lottie M. Newman, Schur 与 Albert J. Solnit 等人共同编辑的 *Psychoanalysis——a General Psychology: Essays in Honor of Heinz Hartmann* (1966, 45 - 85),题目尽管无伤,内容却相当具有爆炸性,例如在说明有关"伊尔玛的注射"(Irma's injection)之梦时,本文即相当赤裸地披露弗洛伊德对 Fliess 的迷恋。K. R. Eissler 的"To Muriel M. Gardiner on Her 70th Birthday"一文,刊载于 *Bulletin of the Philadelphia Association for Psychoanalysis*, XXII(1972), 110 - 130,则是一篇思想缜密的文章,而且在关于弗洛伊德和 Fliess 两人的论文当中,算是暗示方向拿捏得最好的一篇。此外也可参见 Edith Buxbaum 的"Freud's Dream Interpretation in the Light of His Letters to Fliess",刊登于 *Bulletin of the Menninger Clinic*, XV(1951), 197 - 212。Frank J. Sulloway 的著作 *Freud, Biologist of the Mind: Beyond the Psychoanalytic Legend* (1979),遭到某些舆论的过度伤害,因为它原本标榜的是一本真实呈现的巨作,不幸却夹带了一些老掉牙的信息,比方说弗洛伊德的理论具有生物学的基础;不过它的第五章和第六章,倒是分析了弗洛伊德对 Fliess 的依赖关系,同时也分析了 Sulloway 所谓的"19 世纪心理物理学",因而价值匪浅。Patrick Mahony 所写的"Friendship and Its Discontents",见于 *Contemporary Psychoanalysis*, XV(1979), 55 - 109,则一丝不苟地检视了 19 世纪 80 年代的弗洛伊德,同时特别留意德文的资料。Erik H. Erikson 的"The Dream Specimen of Psychoanalysis",收录于 *J. Amer. Psychoanal. Assn*, II(1954), 5 - 56,主要除了审视伊尔玛的梦境之外,同时也对弗洛伊德和 Fliess 两人的关系发表了

看法。Peter J. Swales 的"Freud, Fliess, and Fratricide: The Role of Fliess in Freud's Conception of Paranoia"(privately printed,1982),甚至大胆地暗示,在1900年两人最后一次"会谈"当中,弗洛伊德可能曾经预谋杀害过 Fliess。而 George F. Mahl 的"Explosions of Discoveries and Concepts: Hie Freud-Fliess Letters"一文,亦即 *A First Course in Freud* 这本书的第四章,尽管未曾正式发表,不过却审慎而可靠地调查了这些通信。弗洛伊德和 Fliess 之间友谊的破裂,其实在 Fliess 几本书的题词中即有迹可寻。1897年,当 Fliess 将他一本极重要的专题论著 *Die Beziehung zwischen Nase und weiblichen Geschlechtsorganen. In ihrer biologischen Bedeutung dargestellt* 送给弗洛伊德时,他在上头写道:"Seinem teuren Sigmund, innigst, d. V."到了五年后的1902年,当他又致赠 *Über den ursächlichen Zusammenhang von Nase und Geschlechtsorgan* 一书时,上面的题字为"Seinem lieben Sigmund!",显然变得冷漠许多。在德文中,teuren 是个非常热情的用语——用"最亲爱的"一词翻译也许最恰当不过,而 innigst 则大概意味着"最钟爱的";反观 lieben 一词,则是一个稀松平常的称谓语——类似于"敬爱的"或"敬启者"而已(这些题词的复印本都收藏于伦敦的弗洛伊德博物馆中)。

若想了解 Martha Bernays Freud 此人,可参考她丈夫的传记,特别是 *Jones* I 这部,以及我在本文所引用的几篇未发表的书信片段。Martin Freud 的妻子 Esti D. Freud 所写的一篇短文"Mrs. Sigmund Freud",收录于 *Jewish Spectator*, XLV (1980),29 – 31。Peter Gay 的"Six Names in Search of an Interpretation: A Contribution to the Debate over Sigmund Freud's Jewishness",刊登于 *Hebrew Union College Annual*, LIII(1982),295 – 307,则意有所指地提到弗洛伊德在家中的权威性。而在研究 Stefan Zweig 的相关论文当中(Martha Freud 曾对此人毫不留情地发表评论),D. A. Prater 所著的 *European of Yesterday: A Biography of Stefan Zweig*(1972),提供了不可或缺的背景资料。

截至目前,针对 Anna O. 这起个案以及 Breuer 的普遍研究当中,Albrecht Hirschmüller 所写的广泛论文(但不至于令人精疲力竭) *Physiologie und Psychoanalyse im Leben und Werk Josef Breuers* 算是最具权威的一部著作,其实是 *Jahrbuch der Psychoanalyse* 一书中第十册(1978)的第四则附录;本文不但让人心服口服地纠正了一些错误的推测和启人疑窦的诠释,同时也把 Breuer 安置于弗洛伊德的学术版图上,此外更探索了弗洛伊德的医学世界。那些有关 Anna O. 的病历以及她本人所写的文件等,都十分精彩有趣。Hirschmüller 曾在"The Scientific Styles of Breuer and Freud and the Origins of Psychoanalysis"一文当中,和 Julian A. Miller, Melvin Sahshin, John E. Gedo, George H. Pollock, Leo Sadow 和 Nathan Schlessinger 等人,展开了一场正面的争论;另外也在"Josef Breuer"中和 Pollock 言词交锋,这两篇文章都收录在 Gedo 和 Pollock 合编的 *Freud, Fusion of Science and Humanism* 一书中,分别见于 187–207 页,与 133–163 页。Paul F. Cranefield 执笔的"Josef Breuer's Evaluation of His Contribution to Psycho-Analysis",载于 *Int. J. Psycho-Anal.*, XXXIX(1958),319–322,则重现并分析了一封 Breuer 于 1907 年写给 Auguste Forel 的有趣信件,使我们可以回顾他早期的态度。Henri Ellenberger 的"The Story of 'Anna O.': A Criticla Review with New Data",刊登于 *Journal of the History of the Behavioral Sciences*, VIII(1972),267–279,则是将 Jones 错读的地方,以及弗洛伊德对此个案的错误记忆加以纠正,说法令人信服。Hirschmüller 也曾在"Eine bisher unbekannte Krankengeschichte Sigmund Freuds und Josef Breuers aus der Entstehungszeit der 'Studien über Hysterie'"一文当中,刊登于 *Jahrbuch der Psychoanalyse*, X(1978),136–168,挖掘出另一个罹患严重歇斯底里症的有趣个案,名为"Nina R.",他曾先后被弗洛伊德和 Breuer 送进克罗伊茨林根(Kreuzlingen)的一座美景疗养院(Bellevue sanatorium)里。如想知道 Anna O(本名 Bertha Pappenheim)日后如何成为顶尖的犹太女性主义分子与社会工作者,读者可在 Ellen Jensen 所写的"Anna O, a Study of Her Later life"一文当中,收录于 *Psychoanalytic Quarterly*, XXXIX(1970),269–293,窥见她的这段令人佩服的职业生涯。Richarard Karpe 的"The Rescue Complex in Anna O's Final Identity",见于 *Psychoanalytic Quarterly*, XXX(1961),1–24,则将她的精神病和她后来的成就串联起来。Lucy Freeman 的 *The Story of Anna O*(1972)则是一篇受人欢迎的论述。不过读者也不妨参阅 Marion Kaplan 所做的精彩历史研究 *The Jewish Feminist Movement in Germany: The Campaign of the Jüdischer Frauenbund, 1904–1938*(1979),这是一篇关于 Bertha Papenheim 的事业的重要资料。

如欲了解弗洛伊德对失语症的研究,则可参考一篇经常为人忽略的文章,那便是 E. Stengel 的"A Reevaluation of Freud's Book 'On Aphasia': Its Significance for Psycho-Analysis",收录于 *Int. J. Psycho-Anal.*, XXXV(1954),85–89,内容或许有点精简,不过倒不失为一篇有用的文章。弗洛伊德早期有一位歇斯底里症患者,名为"Frau Cäcilie M.",而 Peter J. Swales 则在"Freud, His Teacher, and the Birth of Psychoanalysis"一文中,深入而正面地研究了这个个案,是文刊载于 Stepansky 所编辑的 *Freud, Appraisals and Reappraisals*, I, 3 - 82。此外也可阅读 Swales 针对"Katharina"所写的论文:"Freud, Katharina, and the First 'Wild Analysis'"(1985),它是一次演讲的文字记录,还附带了一些额外的资料。Ola Andersson 的"A Supplement to Freud's Case History of 'Frau Emmy v. N.' in Studies on Hysteria 1895",收录于 *Scandinavian Psychoanalytic Review*,II(1979),5 - 15,则纳入了一些生物学资料。同时也可参阅 Else Pappenheim 的"Freud and Gilles de la Tourette:Diagnostic Speculations on 'Frau Emmy von N.'",刊载于 *Int. Rev. Psycho-Anal.*, VII(1980),265 - 277,文中暗示这位病人可能根本不是一位歇斯底里患者,而是深受 Gilles de la Tourette 抽动秽语综合征[一种头部抽搐,伴随口中不自主说出平时压抑的脏话的症状。——译者注]之苦(弗洛伊德也一度这样揣测过)。

弗洛伊德的一篇论文"Psychology for Neurologists",还未完成即遭到遗弃,后来则在 *Aus den Anfängen der Psychoanalyse. Briefe an Wilhelm Fliess, Abhandlungen und Notizen aus den Jahren 1887 - 1902* 一书中首度亮相,本书由 Ernst Kris, Marie Bonaparte 以及 Anna Freud 等人编辑(1950;English version, *The Origins of Psychoanalysis*, tr. Eric Mosbacher and James Strachey, 1954)。Fliess 的信件在第一版本中遭到大量删减,而 Kris 在本书的导言里探讨了这项计划在弗洛伊德的思想上所扮演的地位。这项计划很容易找到英文版,名为"Project for a Scientific Psychology",读者可见于 *SE* I, 283 - 397;Wollheim 曾在他的著作 *Freud* 中,特别是第二章的部分,对这个计划大大褒扬了一番。Isabel F. Knight 在"Freud's 'Project': A Theory for Studies on Hysteria"一文当中,刊载于 *Journal of the History of the Behavioral Sciences*, XX(1984),340 - 358,辩称这项计划是为了批判 Breuer 的理论而设计的。John Friedman 与 James Alexander 共同执笔的"Psychoanalysis and Natural Science:Freud's 1895 Project Revisited",发表于 *Int. Rev. Psycho-Anal.*, X (1983),303 - 318,则是一篇重要的文章,其中暗示弗洛伊德在早年的此时,正试图挣脱19世纪晚期科学论述的桎梏。此外,如想探讨弗洛伊德的"牛顿主义"倾向,可阅读 Robert C. Solomon 所写的"Freud's Neurological Theory of Mind",收录于 Wollheim 编辑的 *Freud:A Collection of Critical Essays* 一书,25 - 52。

弗洛伊德对于所谓"诱惑理论"的探讨,被 Jeffrey Moussaieff Masson 所写的 *The Assault on Truth. Freud's Suppression of the Seduction Theory*(1984)一书混淆了,这本书荒谬十足地主张弗洛伊德之所以摒弃这个理论,是因为他无法自绝于维也纳的医学组织之外,然而他所发展的激进理论将会陷他于不义。对此人们不禁怀疑,假使弗洛伊德真的感到紧张的话,那他又怎么会继续发表其他更令人不安的理论呢?比方说婴儿期的性欲论,以及性错乱无所不在论。事实上,弗洛伊德在 1897 年 9 月 21 日写给 Fliess 的信中(*Freud-Fliess*, 283 – 286),即提出了良好而且充分的理由。除此之外,弗洛伊德从未反驳过这个令人沮丧的真相,那就是:诱惑或强奸年轻女孩,以及男孩,是一个千真万确的事实。他甚至还可以向那些病人(包括 Katharina)举出自己的例子作为证明。关于弗洛伊德针对诱惑理论的态度如何,在 *Jones* I 中,特别是 263—267 页,提出了一些标准的说明,而其他作家也予以辩护。

至于弗洛伊德对自我的分析,特别是和他父亲相关的部分,读者可参阅第一章论文中所列举的资料,尤其是《梦的解析》这部著作,以及 Krüll 的 *Freud and His Father*, Anzieu 的 *Freud's Self-Analysis* 和 Grinstein 的 *On Sigmund Freud's Dreams*。此外也可阅读 George F. Mahl 执笔的"Father-Son Themes in Freud's Self-Analysis",收录于 Stanley H. Cath, Alan R. Gurwitt, John Munder Ross 等人合编的 *Father and Child: Developmental and Clinical Perspectives*(1982), 33 – 64,以及 Mahl 的"Freud, Father and Mother: Quantitative Aspects",刊载于 *Psychoanlytic Psychology*, II(1985), 99 – 113,这两篇文章对于这个晦涩的地带都有十分清晰的说明。Schur 在 *Freud, Living and Dying* 一书当中,做了一些不可或缺的广泛评论。而 Mark Kanzer 和 Jules Glenn 在共同编辑的 *Freud and His Self-Analysis*(1979)一书里,则汇集了一些颇为有趣的报告,不过有点琐碎就是了。

弗洛伊德到底有没有跟他的小姨子 Minna Bernays 有染呢?首先提出这项指控的是 Carl G. Jung,他先是在私底下发表这项说法(据说),接着在 1957 年与友人 John M. Billinsky 的访谈中又再度披露,于是后者便在 1969 年将这些内容发表于"Jung and Freud(the End of a Romance)"一文,见于 *Andover Newton Quarterly*, X(1969)39 – 43。接着相关的文字则出现在荣格于 1907 年首次访问伯格巷 19 号的描述中:"我立刻碰到弗洛伊德夫人的妹妹。她长得非常漂亮,而且她不但对精神分析学有渊博的知识,同时对弗洛伊德所做的每一件事都了若指掌。

当我于数天后造访弗洛伊德的实验室时,他的小姨子问我是否能和她说说话。她非常困惑于自己和弗洛伊德之间的关系,并且深感内疚。从她口中,我得知弗洛伊德正爱恋着她,而两人的情谊的确非常亲昵。这对我而言是一项惊人的发现,即使到现在,我仍然记得当时的苦恼。两年之后,弗洛伊德和我受邀前往伍斯特郡的克拉克大学,之后大约有七个星期,我们两人每天都一起工作。打从这趟旅程的一开始,我们便分析彼此的梦境。弗洛伊德有一些令他十分困扰的梦。这些梦是有关他、他太太,以及他的小姨子之间的三角关系。弗洛伊德并不清楚我知道这段三角恋情,以及他和他小姨子之间的亲密友谊。因此,当弗洛伊德向我陈述一则他太太和小姨子都扮演着重大角色的梦境时,我要求弗洛伊德告诉我一些他个人和梦境之间的关联。然而他却一脸苦恼地看着我,并说:'我可以告诉你更多的事情,但我可不能拿我的权威冒险。'"

一个人要怎样看待这段文字呢?诚如荣格许多自相矛盾的陈述所暗示的,他是一个相当不足采信的作者。弗洛伊德在船上时拒绝诠释自己的梦境,这个故事也许是真的,因为荣格在弗洛伊德的有生之年重复了不止一次,有一回是在他写给弗洛伊德的信中(Jung to Freud, December, 3, 1912. *Freud-Jung*, 583 – 584, 584n[526, 526n]),况且弗洛伊德本人对此并未加以否认。不过在其他方面,这段描述就十分诡异了。首先,弗洛伊德并没有一间"实验室"。他的分析室就位于书房的隔壁,而荣格前往的应该是这两间其中之一,不过这个用词仍然透着怪异。除此之外,尽管这些评论显然具有高度的暗示性,但我却必须承认,目前我们所拥有的文献从未显示出 Minna Bernays 的长相"非常漂亮"。她也许是对了弗洛伊德的胃口,不过在这位善于鉴别女性之美,而且在那几年婚外恋情也相当活跃的荣格眼中,我们似乎很难相信他会真的认为她美丽。Schur 承认自己在 Minna Bernays 年纪稍长时才认识她,不过他认为 Minna 相当缺乏魅力(见于 1986 年 6 月 3 日与 Helen Schur 的访谈中)。此外,Minna Bernays 几乎不可能把这样一桩亲密的事,向一个完全陌生的人透露———个她才刚碰面,而且在宗教信仰、文化背景与专业兴趣上都不同于她的人。当然,她的确可以把一个外来者视为推心置腹的理想人选,特别是一个即将离开精神分析阵营的人。不过我几乎很难想象这样的画面。

近年来,Peter J. Swales 在他的"Freud, Minna Bernays, and the Imitation of Christ"一文当中(于 1982 年未出版的讲稿,版权为 Swales 先生所有),又再度陈

述了这点,而且还信心满怀地提出一些不可思议的揣测;此外也可见于"Freud, Minna Bernays, and the Conquest of Rome: New Light on the Origins of Psychoanalysis",刊登于 *New American Review: A Journal of Civility and the Arts*, I(Spring/Summer 1982), 1 – 23。Swales 运用了我所称呼的"Bernfeld 的阅读方式",这是一种有效但冒险的方法。Siegfried Bernfeld 打算写一本弗洛伊德传记,并且搜集了大量资料,他把弗洛伊德的某些文章,特别是"Screen Memories"(1899)这篇,看成弗洛伊德不欲为人所知的自我揭露。他因为这个方法发现了弗洛伊德和 Gisela Fluss 之间的不轨恋情。的确,我们是可以从弗洛伊德的许多陈述当中得到一些推论,这不但合情合理,而且往往正确无误(特别是 *Psychopathology of Everyday Life* 更是充斥着这种间接的自我显现);若是把它们放在一起,形成一个前呼后应的故事,那它们将具有个别分开时所缺乏的分量。Swales 对于这类手法十分擅长,而精神分析学讲求深入表面的挖掘技巧,更是鼓励他如此。Swales 将重点专注在弗洛伊德的"Screen Memories", *The Interpretation of Dreams* 以及 *The Psychopathology of Everyday Life* 这几部著作上,因而建构出弗洛伊德生命中的一连串事件,然后借此证明弗洛伊德并非真的和他的小姨子有染。弗洛伊德对别人所作的陈述,其实有可能适用在他自己的身上,Swales 把这点看作一项证据;换言之,当某个陈述不准的时候,他会责怪弗洛伊德刻意掩藏了资料,或是寡廉鲜耻地欺骗了大众。当然,他的见解有可能是正确的:整个做梦的过程,夹杂着揭露与隐藏,似乎是以这样的方式进行的,而任何一位聪明的故事家都知道,最有效的技巧便是混合真相与虚构的成分。这样说来,弗洛伊德说不定真的和 Minna Bernays 有过一腿呢!

  Ernest Jones 中肯的看法暗示着,荣格的这则故事或许未必是真的,不过它已经广为流传,而且似乎到了应该加以公开反驳的地步(至少对某些人来说)。当然,Jones 过于强调这件事,使人不禁怀疑他是否有些护主心切。他宣称弗洛伊德是"绝无仅有的一夫一妻奉行者",而且"始终给人一种纯洁的印象——若是用'禁欲主义者'这个字眼来形容,那也不为过"(*Jones* I, 139, 217)。在他针对 Puner 执笔的弗洛伊德传记所做的批判中,他说他感觉自己有必要为弗洛伊德的"婚姻生活说几句话,因为有各种光怪陆离的传说似乎都在捕风捉影……他的老婆当然是弗洛伊德爱情生活中唯一的女人,而她永远比其他人重要……至于 Minna Bernays,她的伶牙俐齿为这个家庭制造了许多宝贵的隽语。弗洛伊德无疑会欣赏她的言论,不过若说她有可能取代姐姐,而得到弗洛伊德的爱意,这完全是一派胡言"(Jones II,386-387)。同样地,Clark 也探讨了这项说法,尤其是荣格的访谈部分,最后认为高度可疑而予以驳斥。

美国国会图书馆里收藏的弗洛伊德典籍中,包含了一批弗洛伊德和 Minna Bernays 之间的通信,这些信件在对外发表以前,已被小心地审查过;不过在这本书出版以前,它们还无法公开取得。因此在证据不足的情况下(弗洛伊德资料的保管要么否认这些重要资料,要么不断推迟众人看到这些资料的时间,再一次助长了流言),人们实在无法妄下断言——至少我不能。弗洛伊德在和 Minna Bernays 的姐姐订婚之后,还曾写过一些热情洋溢的信函给 Minna,不过这点并无法支持荣格和 Swales 所说的理论,对我而言,它反倒让这项理论更不可信。果真出现了可靠而独立的证据(杜绝于所有臆测和一连串自以为是的推论之外),足以证明弗洛伊德的确和他的小姨子有染(如同 Swales 指证的),而且真的曾经带她堕过胎,那么我将据此修正我的著作。然而此时,我却必须接受目前已建立的观点,以比较不具诽谤性的角度来看待弗洛伊德。

第三章　精神分析

若想知道 The Interpretation of Dreams 这本书是怎样创造出来的,弗洛伊德和 Fliess 之间的信件当然是无与伦比的资料。同样的,如想深入探索弗洛伊德在这本书中所引用的自身梦境,则可参见 Anzieu 所著的 *Freud's Self-Analysis*,以及 Grinstein 的 *On Sigmund Freud's Dreams*。此外,Fisher 和 Greenberg 合著的 *Scientific Credibility of Freud's Theories* 第二章(讨论得又好又完整),以及 Jones I 和其他我已罗列的传记研究等,均检视了弗洛伊德的梦理论。鉴于第一章文献综述中所提出的那些理由,我实在无法接受 McGrath 在 *Freud's Discovery of Psychoanalysis* 一书中针对弗洛伊德所作的"政治性"阐释,不过我发现他对弗洛伊德许多梦境的解读倒是相当细腻。读者也可参见 Ella Freeman Sharpe 的 *Dream Analysis* (1937;2d ed.,1978),这是英国一位著名非医师分析家所写的优美文章;Bretram D. Lewin 的著作 *Dreams and the Uses of Regression*(1958),使人不禁联想起弗洛伊德的演讲;Ernest Jones 几篇早期的论文则收录在 *Papers on Psycho-Analysis* 一书中(3d ed.,1923);而以下这些有趣的文章,全指出了梦的解析如何贯穿于精神分析领域:"Freud's Theory of Dreams" (1910), 212 – 246; "Some Instances of the Influence of Dreams on Waking Life" (1911), 247 – 254; "A Forgotten Dream" (1912), 255 – 265; "Persons in Dreams Disguised as Themselves" (1921), 266 – 269; "The Relationship between Dreams and Psychoneurotic Symptoms" (delivered in 1911), 270 – 292。

较近期的文章包括 D. R. Hawkins 所做的研究报告"A Review of Psychoanalytic Dream Theory in the Light of Recent Psycho-Physiological Studies of Sleep and Dreaming",刊载于 *British Journal of Medical Psychology*, XXXIX (1966), 85 – 104,以及 Leonard Shengold 一篇有益的文章"The Metaphor of the Journey in 'The Inteipretaion of Dreams'"见于 *American Imago* XXIII (1966), 316 – 331。分析家 Charles Rycroft 所写的一篇简短论文"The Innocnece of Dreams" (1979),既具可读性,而且兼容并蓄,其中还调查了近期的文献,而非仅局限在精神分析领域内。关于梦的研究持续不断,Francis Crick 与 Graeme Mitchison 共同执笔的"The Function of Dream Sleep",刊登于 *Nature*, CCCIV (1983), 111 – 114,文中出现了一个有趣且公认为极具实验性的理论,即主张睡眠时的快速动眼状态 (REM),是为了消除"大脑皮质层的细胞网中不受欢迎的互动模式"。此外也可阅读 James L. Fosshage 和 Clemens A. Loew 共同编辑的 *Dream Interpretation: A Comparative Study* 一书 (1978),以及 Liam Hudson 的 *Night Life: The Interpretation of Dreams* (1985),在本书里,这位心理学家提供了一套自己的检释系统。Walter Schönau 的 *Sigmund Freuds Prosa. Literarische Elemente seines Stile* (1968),又是另一项因弗洛伊德的梦的著作而产生的正面作品,书中包含了一些有趣,而且在我看来颇为可信的资料(原书53—89页),是关于一些遭到弗洛伊德否认的座右铭,以及那则他在 *The Interpretation of Dreams* 一书中所引用的格言。Erikson 所写的"The Dream Specimen of Psychoanalysis"是一篇针对伊尔玛之梦的有趣之作。同时也请参阅 A. Keiper 与 A. A. Stone 合著的"The Dream of Irma's Injection: A Structural Analysis",刊载于 *American Journal of Psychiatry*, CXXXIX (1982), 1225 – 1234。其他关于弗洛伊德梦境的有用文章,则包括 Leslie Adams 的短篇论文"A New Look at Freud's Dream 'The Breakfast Ship'",见于 *American Journal of Psychiatry*, CX (1953), 381 – 384; Eva M. Rosenfeld 实至名归的佳作"Dream and Vision: Some Remarks on Freud's Egyptian Bird Dream",收录于 *Int. J. Pscho-Anal.*, XXXVIII

(1956),97 – 105；以及之前已提过 Buxbaum 所写的"Freud's Dream Inteipretaion in the Light of His Letter to Fliess"（已于第二章的文献综述中述及）。

自传这个体裁在 19 世纪有着颇不寻常的繁盛迹象，而弗洛伊德的自传更是一枝独秀，因而吸引了越来越多学者的注意力。在此，我只简单地提出一些近年来最为有趣的书目，包括 Jerome Hamilton Buckley 的 *The Turning Key*：*Autobiography and the Subjective Impulse Since 1800*(1984)，这本书着实让我受益良多；William C. Spengemann 的 *The Forms of Autobiography*：*Episodes in the History of a Literary Genre*(1980)，书中最后一个章节涵盖了 19 世纪的许多例子；Linda H. Peterson 的 *Victorian Autobiography*：*The Tradition of Self-Interpretation*(1986)，内容较为凝练；A. O. J. Cockshut 的 *The Art of Autobiography in Nineteenth and Twentieth Century England*(1984)，其中充满了睿智的评语；最后则是 Avrom Fleishman 的 *Figures of Autobiography*：*The Language of Self-Writing*(1983)。

以下这些参考书目和弗洛伊德的著作直接相关。若想知道弗洛伊德那些年的想法，我们有 Kennth Levin 的 *Freud's Early Psychology of the Neuroses*：*A Historical Perspective*(1978)这本珍贵的专著。对于 19 世纪的精神科学或精神病院等，历史家们始终没有达成任何共识。这些题目已经引起许多关注，近年来激起大量辩论，更不用说要感谢 Mickel Foucault 所提出的激进派修正主义（在我认为，即使它有助长之功，大体上却是有害的）；特别挂在我心中的是 Foucault 这本影响深远的著作 *Madnesss and Civilization*：*A History of Insanity in the Age of Reason*(1961；tr. Richard Howard, 1965)。Lancelot Law Whyte 的 *The Unconscious Before Freud*(1960；paperback ed., 1962)，则是一本轻薄短小、但受用十足的研究报告。而 Henri F. Ellenberger 的 *The Discovery of the Unconscious*：*The History and Evolution of Dynamic Psychiatry*(1970)，内容则比前者广泛许多，这是一部厚达 900 页的大部头，不过却经过彻底的研究，其中花了许多章节介绍心理学的早期历史，以及荣格、阿德勒与弗洛伊德这几位人物。尽管文藻毫不优美，内容充满偏见，偶尔还会妄下不甚可靠的断言（比方说书中推测弗洛伊德是一名不折不扣的维也纳人），但仍不失为一部丰富的资料来源。Robert M. Young 的 *Mind, Brain and Adaption in the Nineteenth Century*：*Cerebral Localization and Its Biological Context from Gall to Ferrier*(1910)，则是一本较次要的现代经典。*Madhouse, Mad-Doctors, and Madmen*：*The Social History of Psychiatry in the Victorian Era*(1981)是一本不错的

选集，由 Andrew Scull 负责编辑。至于 William F. Bynum, Jr. 执笔的"Rationales for Therapy in British Psychiatry", 35 – 57, 以及 Michael J. Clark 所写的"The Rejection of Psychological Approaches to Mental Disorder in Late Nineteenty-Century British Psychiatry", 271 – 312, 这两篇文章都无意牺牲其他人，而独厚某些人的贡献，我得承认它们让我收获最多。另一部精彩的选集则是 Bynum, Roy Porter 与 Michael Shepherd 等人共同编辑的 The Anatomy of Madness: Essays in the History of Psychiatry (1985), 其中第一册的 People and Ideas, 以及第二册的 Institutions and Society, 皆显示出 Foucault 的影响，但拒绝流于哗众取宠。Raymond E. Fancher 的 Pioneers of Psychology (1979) 则清晰但简要地铺展出从 Renè Descartes 到 B. F. Skinner 所涉足的领域。J. C. Flugel 的 A Hundred Year of Psychology: 1833 – 1933 (1933) 一书，以简练方式涵盖了十分广阔的范畴。同时也可阅读 Clarence J. Karier 所著的 Scientists of the Mind: Intellectual Founders of Modern Psychology (1986), 其从 William James 到 Otto Rank 等十位现代精神分析家，皆有比重相当的章节介绍，当然更没忘了弗洛伊德、阿德勒与荣格等人。Gerald N. Grob 所编辑的 The Inner World of American Psychiatry, 1890 – 1940: Selected Correspondence (1985) 是一部精选之作，而且注解得相当不错。此外也可参阅 Kenneth Dewhurst 的 Hughlings Jackson on Psychialry (1982), 这是一本绝佳的短篇专题论文，以及 Edwin R., Wallace IV 与 Lucius C. Pressley 共同编辑的 Essays in the History of Psychiatry (1980), 这是一本关于 George M. Beard (Eric T. Carlson 所作) 等人的有用合集。Steven R. Hirsch 与 Michael Shepherd 合著的 Themes and Variations in European Psychiatry: An Anthology (1974), 乃从第一次世界大战之前的文献中，挖掘出 Emil Kraepelin, Karl Bonhoeffer 以及其他人的著作。Barry Silverstein 执笔的"Freud's Psychology and Its Oiganic Foundations: Sexuality and Mind-Body Interactionism", 收录于 Psychoanalytic Review, LXXII (1985), 203 – 228, 则成果丰硕地提出一些主张，包括我们不应该过分强调弗式接受的神经学教育对他产生的影响，以及精神分析学尽管没有放弃精神与身体的互动，但仍然坚持精神的独立地位。如想了解现代分析家意图将精神分析学与神经学结合起来的有趣尝试，不妨参考 Morton F. Reiser 的著作 Mind, Brain, Body: Toward a Convergence of Psychoanalysis and Neurobiology (1986)。同时也可阅读 R. W. Angel 的"Jackson, Freud and Sherrington on the Relation of Brain and Mind"一文，收录于 American Journal of Psychiatry

(1961),193 - 197。Anne Digby 的 *Madness, Morality and Medicine: A Study of the York Retreat, 1796 - 1914*(1986)是一本完善的专业研究,足以作为他人的模范。同样经典的还包括 Janet Oppenheim 的几篇文章,特别是"The Diagnosis and Treatment of Nervous Breakdown: A Dilemma for Victorian and Edwardian Psychiatry"一文,刊登于 J. M. W. Bean 编辑的 *The Political Culture of Modern Britain: Studies in Memory of Stephen Koss*(1987),75 - 90;以及她的 *The Other World: Spiritualism and Psychical Research in England, 1850 - 1914* 一书(1985)。

K. R. Eissler 的 *Sigmund Freud und die Wiener Vrdversitat. Über die Pseudo-Wissenschaftlichkeit der jüngsten Wiener Freud-Biographik*(1966)是一本颇具权威的研究报告,无人能出其右,书中除了探讨弗洛伊德如何一步步登上教授一职之外,同时还雄辩滔滔地反驳了两位奥地利研究员——Joseph 与 Renée Gicklhorn 的看法,证明了弗洛伊德被延误了两年才升至教授职位。

Sebastiano Timpanano 的 *The Freudian Slip Psychoanalysis and Textual Criticism*(1974;tr, Kate Soper)是一本相当锐利的,而且完全站在弗洛伊德理论对立面的著作,他检验的理论是:一个人的精神秩序可由日常的口误情形以及相关的征象反映出来。这是一部值得深入探讨的著作,尽管我不认为这个说法令人信服。

弗洛伊德对于性欲的探索,甚至可能比梦境的探索还要丰富。如想了解 19 世纪时的性生活、伦理规范以及现实情况等,弗洛伊德不仅是个中的参与者,而且还是一位批判者,读者不妨参见 Peter Gay 的 *Education of the Senses*(1984),以及另一本姊妹作 *The Tender Passion*(1986),这两部分别是 *The Bourgeois Experience: Victoria to Freud* 一书的第一册和第二册,根据文中的描绘,"维多利亚式"的中产阶级分子并未如评论者所主张的那样虚伪和压抑。此外也可阅读 Stephen Kern 所写的"Freud and the Discovery of Child Sexuality",这是一篇坦白而内容广泛的论文,收录于 *History of Childhood Quarterly: The Journal of Psychohistory*,I(Summer,1973),117 - 141;本文应该和 Kern 的"Freud and the Birth of Child Psychiatry"一同阅读,该文见于 *Journal of the History of the Behavioral Sciences*,IX(1973),360 - 368。另外也请参考 Sterling Fishman 的"The History of Childhood Sexuality",载于 *Journal of Contemporary History*,XVII(1982),269 - 283,这是一篇有用的文章,但分量上不及 Kern 的那两篇。K. Codell Carter 所写的"Infantile Hysteria and Infantile Sexuality in Late Nineteenth-Century German-Language Medical

Literature",刊登于 Medical History,XXVII(1983),186-196,则研究了当代的医学见解。弗洛伊德对于婚姻的看法,可见于 Jobn W. Boyer 执笔的 "Freud, Marriage, and Late Viennese Liberalism: A Commentary from 1905",收录于 Journal of Modern History(March,1978),72-102,文中还包含了弗洛伊德一段重要的德文原始陈述。

第四章 四面受敌的宗师

我为 50 岁的弗洛伊德所作的这篇速写,可是参考了几乎所有的相关传记、专题论文,以其前面所引述的回忆录等,此外还包括弗洛伊德的信件,无论是发表过还是未发表的;Anna Freud 写给 Ernest Jones 的重要书信(详见 Jones 的各篇论文,收藏于伦敦英国精神分析学会的档案室),以及弗洛伊德的一名分析者,亦即精神分析家 Ludwig Jekels,其未曾出版的回忆录(收录于 Siegfried Bernfeld 的论文,收藏于国会图书馆,第 17 盒)。至于 Jones, Schur, Sachs 等人,尤其是 Martin Freud,更是不可或缺的资料来源。如想一睹弗洛伊德的公寓面貌,Edmund Engelman 刊登于 Berggasse 19: Sigmund Freud's Home and Offices, Vienna 1938(1976)一书中的照片,相当引人入胜。这些照片于 1938 年 5 月拍摄,显示了弗洛伊德的分析室在他一耳半聋之后的摆设模样。同时也请参酌我为该本合集所撰写的引言 "Freud: For the Marble Tablet", 13-54,或是修订后的版本 "Sigmund Freud: A German and His Discontents",刊登于 Freud, Jews and Other Germans: Maters and Victims in Modernist Culture(1978),29-92。这本专业目录搜集了弗洛伊德的各项财物,特别是他的古董收藏,是一本必备的好书;不过,Rita Ransohoff 为 Engelman 撰写的照片说明其实帮助不大。Max Graf 的 "Reminiscences of Professor Sigmund Freud",刊载于 Psychoanalytic Quarterly, XI(1942), 465-477;Ernst Waldinger 的 "My Uncle Sigmund Freud",发表于 Books Abroad, XV(Winter, 1941), 3-10;以及 Richard Dyck 与弗洛伊德的另一名侄子 Harry Freud 之间的访谈记录 "Mein Onkel Sigmund",见于 Aufbau(11 May, 1956, New York;3-11)。Bruno Goetz 的 "Erinnerungen an Sigmund Freud" 登载于 Neue Schweizer Rundschau, XX(May, 1952, 3-4),这篇文章虽然简短,但迷人而且动人。Hendrik M. Ruitenbeek 这位勤奋的编辑者撷取了一些回忆录和诸多文献,全部收录

在 Freud As We Knew Him(1973)这本包罗万象的选集当中。关于弗洛伊德的音乐品位(尤其是歌剧),在我博览群书之后,才从中特别挑出 Paul Robinson 这篇精彩且具有说服力的佳作 Opera and Ideas from Mozart to Strauss(1985),本文主张音乐可以传达一个人的想法。至于 Karl Kraus 这个人,即请详见 Edward Timms 的 Karl Kraus, Apocalyptic Satirist: Culture and Catastrophe in Habsburg Vienna (1986),这是一本学术传记,其中仔细地修正了坊间对弗洛伊德和这位维也纳最著名的文学滋扰分子之间关系的错误看法。

关于弗洛伊德早期的拥护者,请读者参见 Franz Alexander, Samuel Eisenstein 和 Martin Grotjahn 等人共同编辑的 Psychoanalytic Pioneers(1966),这是一本内容丰富但不平均的选集,其中包含了一些别无可寻的资料。维也纳精神分析学会出版的 Protokolle 一书,共有 4 册,其中评论了弗洛伊德的社交圈,尽管过于简短,但提供的信息倒还不少。Lou Andreas Salomé 的著作 In der Schule bei Freud. Tagebuch eines Jahres, 1912/1913(1958),由 Ernst Pfeiffer 编辑,这是一本活力十足而且观察敏锐的书籍。Otto Rank 这位维也纳最重要的人士之一,则拥有不止一本令人赞赏的传记,其中包括 Jesse Taft 为他写的 Otto Rank(1985)以及 E. James Lieberman 的 Acts of Will: The Life and Work of Otto Rank(1985)这本完整的研究报告,不过书中强调的重点与我在本章及稍后章节中着墨的地方略有不同。关于发生在维也纳和其他地方的早期运动,Ernest Jones 的 Free Association: Memories of a Psycho-Analyst(1959)是一本精练、见解独到,而且资讯丰富的自传。

对于那些"外国人",我们不妨以更周全的方式对待,因为他们目前所受的关注显然不足。尽管关于普菲斯特的传记付之阙如,不过他的"Oskar Pfister"这篇自传陈述倒是个不错的出发点,这篇文章收录于 Die Pädagogik der Gegenwart in Selbstdarstellungen,由 Erich Hahn 编辑,共两册(1926—1927),II, 161 – 207。而弗洛伊德和普菲斯特之间的信件,目前几乎都属弗洛伊德版权所有(Wivenhoe),这些信件连同普菲斯特的文章(收藏于慕尼黑的 Zentralbibliothek)都可成为撰写传记的基础。同时也请参考 Willi Hoffer 为普菲斯特写的讣文,见于 Int. J. Pshcho-Anal, XXXIX(1958), 615 – 616,以及 Peter Gay 的著作 A Godless Jew 第三章。Karl Abraham 的女儿 Hilda Abraham 为他所立的传记 Karl Abraham: An Unfinished Biography(1974),是个勇敢但不完整的初步尝试,仍留下许多有待完成的地方(德文版为 Karl Abraham. Sein Leben fur die Psychoanalyse,由 Hans-Horst Henschen

翻译,1976,其中还引用了一些 Abraham 的原文信件)。Ernest Jones 则是一个十分有趣的人物,他比 Vincent Brome 于 *Ernest Jones:Freud's Aker Ego* 一书中(English ed.,1982;American ed.,1983)所描绘的更加精彩;这本书的主要价值在于呈现 Jones 的访谈记录,并从档案室中找出许多丰富的引述,不过它却少了一些批判,而流于敷衍了事。Jones 百年冥诞时出版了一些纪念文章,刊登于 *Int. J. Psycho-Anal.*,LX(1979),果真如预期般令人赞赏,而且也纳入了一些瑰宝,诸如:Katharine Jones 的"A Sketch of E. J.'s Personality",171-173;William Gillespie 的"Ernest Jones:The Bonny Fighter",273-279;Pearl King 的"The Contribution of Ernest Jones to the British Psycho-Analytical Society",280-287;Arcangelo R. T. D'Amore 的"Ernest Jones:Founder of the American Psychoanalytic Association",287-290 等篇。Binswanger 的著作 *Brinnerunger* 之前在谈到弗洛伊德的信件时已经提过,本书除了随处引用一些弗洛伊德的信件之外,还附带了 Binswanger 本人的回应。关于美丽、优雅且聪明绝顶的 Joan Riviere,我们拥有的文献太少,所幸有 James Strachey 和 Paula Heimann 所写的两篇真挚动人的讣文,各见于 *Int. J. Psycho-Anal.*,XLIV(1963),228-230 页与 230-233 页。也许 Ferenczi 的全传(或者说是布达佩斯精神机构的历史)才是个最严重的缺憾。目前最佳的资料来源是 Michael Balint 的一篇受人喜爱且资料丰富的文章"Einleitung des Herausgebers",收录于 Sándor Ferenczi 所著的 *Schrifien zur Psychoanalyse*,由 Balint 编辑,共两册(1970),I,IX-XXII;还有 Ilse Grubrich-Simitis 这篇无论是注解,或评论均佳的作品"Six Letters of Sigmund Freud and Sándor Ferenczi on the Interrelationship of Psychoanalytic Theory and Technique",刊载于 *Int. Rev. Psycho-Anal*,XIII(1986),259-277。

Hannah S. Decker 的著作 *Freud in Germany:Rebolution and Reaction in Science, 1893-1907*(1977),是一本关于弗洛伊德为德国所接受的情况的经典论文;本书修订了弗洛伊德和 Jones 为此提供的简略说明,又不至于落入修正主义的陷阱当中。而有关弗洛伊德在其他地方早被接受的类似论文,也值得一读。

至于 Otto Weininger 这号人物,早有堆积如山的相关文献,而我则发现 Hans Kohn 的 *Karl Kraus Arthur Schnitzler. Otto Weininger. Aus dem jüdischen Wien der Jahrhundertwende*(1962)这本小册子特别有用。其他相关的文章还包括:Johnston 的 *The Austrian Mind*,特别是 158—162 页的部分;Paul Biro 的 *Die Sittlichkeitsmeta-*

physik Otto Weininger. Eine geistegeschichtliche Studie(1927);以及 Emil Lucka 的 *Otto Weininger*,*sein Werk und seine Persönlichkeit*(1905;2d ed.,1921)。

一则关于 Eitingon 的注记:1988 年 1 月 24 日,《纽约时报书评》刊登了一篇 Stephen Schwartz 的文章,这位"旧金山现代研究机构的会员"(Institute of Contemporary Studies in San Francisco)对 Max Eitington 提出了一些极为严厉的指控。Schwartz 将 Eitingon 和一群由艺术家与知识分子组成的跨国网络联结起来,认为这群人在西方世界——包括法国、西班牙、美国,以及墨西哥等地——为斯大林执行他的杀戮政策(主要活动时期为 20 世纪 30 年代),同时也帮忙安排,或参与绑架及刺杀活动,而对象都是斯大林及其秘密政策所欲铲除的目标。对我而言,这些指控出现的时间极为诡异。在此之前,我从未听说过任何关于 Eitingon 的这类说法,而且我这本传记的各个章节也已经核阅过,所以只剩下这篇尚在付印中的文献综述让我有评论的机会。在撰写本书的过程中,我认为我知道了许多有关 Eitingon 的事,至于他可能会随时抛弃自身的独立性以及人性,而成为斯大林谋杀机器的帮凶之一,我认为这个想法是很荒谬的。尽管如此,我并不打算轻视 Schwartz 的这些指控,即使他对 Eitingon 的说法令人难以置信(除了一些错误的陈述之外,Schwartz 还说 Eitingon"从 1925 年到 1937 年期间",乃是帮助弗洛伊德"反抗全世界的帮佣和盾牌。Abraham 已经去世了,而 Ferenczi 和 Rank 却与这位主子疏离,至于 Sachs 和 Jones 则无法胜任 Eitingon 博士所扮演的完美角色,不能够持之以恒地以和善的态度照料日渐虚弱的弗洛伊德。他乃是这位老人在社交上的实质秘书"。看过这本传记的读者将了解这个奇怪的地方:Eitingon 在那几年当中,充其量只和弗洛伊德照过几次面,要不就是在他偶一为之的维也纳之旅时,要不就是更加难得地在弗洛伊德拜访柏林的期间。诚如弗洛伊德的 *Chronik* 一书中所显示的,Eitingon 于 1933 年底移民至巴勒斯坦后,他每年只造访伯格巷 19 号这间寓所一次。)

然而,无论 Schwartz 或他的研究助理对于精神分析学的创立经过有多么的无知,我并不能因此反驳他所提出的论点。况且,即使在 Eitingon 写给弗洛伊德的信中,未曾出现任何可能暗示他同情布尔什维克党的蛛丝马迹,我也无法顺理成章地否认 Schwartz。毕竟,假如 Eitingon 真是一名苏维埃的间谍的话,他是不会将这个事实暴露给他的亲信知道的——尤其是弗洛伊德,因为他对布尔什维克主义并不抱好感,乃是众所皆知的事。但如果 Schwartz 的指控证明是对的,那我必须义不容辞地将这个骇人听闻的事实,向本传记的读者揭露,无论 Eitingon 之于本书的焦点有多么不重要。

因此,我决定穷尽可能的时间,彻底调查这件事。于是我向 Wolfgang Leonhard 咨询,他是一位举世闻名的专家,精通苏联的各种史实。但他从来没听过 Max Eitingon 这号人物,而且在他那间博大精深的藏书室里,也找不到任何关于此人的资料。另外,我也在国内外翻阅过大量有关苏联秘密警察的文献,其中包括 Robert Conquest 的经典作品 *Inside Stalin's Secret Police*:*NKVD Polities*,*1936 – 1939*(1985),以及一些英文、法文与德文的专题论文。尽管这些书中充满了苏联克格勃的名字与活动,但没有一本描述过 Max Eitingon。除此之外,我还特别留意了两则 Schwartz 所倚赖的资料来源,一则是 John J. Dziak 的 *Chekisty*:*A History of the KGB*(1988),另一则是 Vitaly Rapoport 与 Yuri Alexeev 合著的 *High Treason*:*Essays on the History of the Red Army*,*1918 – 1938*,由 Vladimir G. Treml 与 Bruce Adams 共同编辑,Adams Russian 翻译(1985)。Schwartz 的第一项指控是,Eitingon 曾于 1937 年在巴黎参与了一位白俄罗斯人 Yevgeni Karlovich Miller 将军的绑架行动,其同伙人还包括一位俄国著名的民歌手 Nadezhda Plevitskaya 和她的先生 Nikolay Skoblin,而这两人都隶属于一个苏联秘密警察的特别单位。接下来,Schwartz 又暧昧地暗示了另一项罪行。他如此写道:"有证据显示,Eitingon 博士帮忙安排了 1937 年的那场秘密审判,苏联军队的最高领导人,包括军事委员长以及八位将军等,全都倒在斯大林的死刑机器之前。"我必须注明,这次的秘密审判有几位苏联秘密警察参与其中,比方说 Reinhard Heydrich 这位著名的纳粹官员,他曾密谋消灭苏联军队的领导阶层。不过 Schwartz 除了提到有证据之外,并未确实为这个指控提出任何文件,他只是忍不住结语道:"我不想太过强调这点,毕竟,想象弗洛伊德和 Heydrich 的一位追随者有所瓜葛,并不是一件令人愉快的事。"的确,这不是一件愉快的事。不过话又说回来,它是真的吗?

既然 Schwartz 对于第二个论点并未证实,于是我便专注于探询第一点。以下是他针对 Dziak 的 *Chekisty* 一书所做的心得总结:"Dziak 先生报告说,在 Miller 将军的绑架案中,扮演关键性角色的一名间谍并非他人,其正是弗洛伊德的一位亲密伙伴,也是精神分析运动的中流砥柱之一,那便是 Max Eitinson 博士……亦即 Leonid Eitingon 的兄弟。"在此必须附带一提的是,Leonid 是个充满神秘色彩的人物,而且有不止一处的资料称呼他为 Naum Eitingon。他似乎曾经当过苏联秘密警察组织的高阶官员,同时也是1940年Trosky谋杀案的首脑人物。Schwartz写道:"Dziak先生在他书中断言,正是Max Eitingon博士将Skoblin和Plevitskaya两人吸纳进(Starlin暗杀行动)特别单位的。"不过到了本文的尾声时,Schwartz倒显得没有那样斩钉截铁:"我们或许可以说,他的(即指Max Eitingon)参与程度整体上说来,应该是无足轻重的……"不过这段澄清并不足以弥补之前的指控所造成的伤害。事实上,Dziak的态度可是要比Max审慎许多。Dziak在他的这本书中,只提到Max Eitingon三次,而且大都是一语带过,或出现在注释中,例如:"Marx(原文如此)**似乎**和Skoblin将军与其夫人Plevitskaya有所关联",而Plevitskaya和Max Eitingon之间的"财务纠葛","**似乎**涉及了重大的金钱援助",Dziak根本就不敢肯定,因为他"并不清楚这笔钱的来源,到底是Eitingon家族,还是苏维埃那头"(黑体部分是我的强调)。确实,"Mark Eitingon名字是出现在审判(Plevitsknya)的名单当中,而不是Naum的名字。有一位苏联的异议分子却坚称是Naum安排并主导了Miller的绑架案"。然后在一则尾注当中,Dziak更以极为谨慎的态度,坦然面对这些可靠资料的不足,他相当认命地说:"关于这两位Eitingon兄弟的档案,实在有很多令人困扰的地方。"尽管这仍无法洗刷Max Eitingon的罪名,不过至少对于他的涉案,提出了一些关键性的疑问。

Schwartz对于其他重大消息来源的采用,也一样反复无常。他将Rapoport和Alexeev两人的结论改述如下:他们"坦然公布……Eitingon博士……便是掌控Skoblin和Plevitskaya两人的间谍"。事实上并没有这一回事。他又说:"Plevitskaya在苏联秘密警察组织中的上司,便是传说中著名的Naum Eitingon(原文如此)。"他们又写道:"而她的接口和回扣代收入,则是Eitingon的兄弟Mark(原文如此)。"接着他们又进一步说明:"有很多年的时间,他(Max Eitingon)一直是Nadezhda Plevitskaya的慷慨赞助者。她在审判中说道:'我从头到脚都是他所供养的。'此外他还资助她出版了两本传记。"这些零零星星的事实使他们不禁推测:"他之所以这么做,应该不只是因为他爱好俄国音乐而已。较有可能的情况是,他为他的兄弟Naum扮演着信息传递与财务中介者的角色。"不管我们对于这些猜测怎么说,它们都没有Schwartz所影射的那样斩钉截铁。

到了最后,几乎所有针对Max Eitingon的指控,都指向B. Prianishnikov的*Nezrimiaia pautina*(The Invisible Web)这本书,它是由这位苏联作家于1979年在美国所出版的。在Miller将军绑架案发生后,Plevitskaya于巴黎接受审判时,Prianishnikov 从这位被告的证词当中撷取了一些重要的片段。不过,这显然是一个大有问题的消息来源:我们实在很难去推断一个人在审判时所说的有利证词。当然有可能的情况是,这些证词全都是清清白白的事实,亦即:Plevitskaya 的确和 Max Eitingon 很熟;他也经常送给她礼物;他在金钱方面非常慷慨(一如这本传记的读者所能肯定的);她从未将自己性贩卖给任何人,以换取金钱或礼物(当然更不曾贩卖给 Max Eitingon);事实上,Max Eitingon 是一个清白正直的好人,而且对这些伟大的冒险行动毫无兴趣可言。确实,他的名声是如此的清白,以至于当一位法国审问者提到 Max Eitingon 时,竟然有一位苏联的目击者纠正他,说他言下指的应该是 Max 的兄弟。

不过当然,以上种种都无法证明 Max Eitingon 的清白。即使有更确实的证据显示,他真的有一个在苏联秘密警察组织中担任高官的兄弟,这也无法详细说明他在这些事件当中所扮演的角色。我们可以从弗洛伊德和 Eitingon,以及 Arnold Zweig 这位与 Eitingon 两兄弟一起流亡巴勒斯坦的挚友的通信里得知,Eitingon 在耶路撒冷期间,将大部分的时间都用在精神分析的工作上,同时致力于在当地筹建一所精神分析机构。此外,我们也可从弗洛伊德的 *Chronik* 一书中获悉,1937 年夏天时,Eitingon 人在欧洲。不过这些都无法构成重大的意义,当然也不足以使我们重新评估 Eitingon 的人格。可以确定的是(几可说是顺理成章),想要揭发一位秘密间谍的档案,真的是一项难以克服的任务。不过,几乎所有的文献都对 Max Eitingon 这号人物噤若寒蝉,这就不是毫无意义的了。偶尔,当夜里的狗儿不再吠叫,这只不过代表它正安稳地睡着了而已。当然,Schwartz 在未来的著作中,或是他所提到的几位研究者,也许会有一些未曾发表的资料足以指出 Eitingon 的罪行。不过在证据尚未出现并获得分析之前,我必须总结,Schwartz 的发现是缺乏事实根据的。

第五章 精神分析政治学

荣格并没有一本足以媲美 Jones 为弗洛伊德所立的传记,主要原因在于接近重要文献上的困难。荣格那本充满想象力且深入内心的自传,*Memories, Dreams, Reflections*(1962;tr. Richard and Clara Winston,1962),诚如贴切的书名所暗示的,的确是一本强调梦境的书。如同许多自传一样,这本书揭露了比作者的原意还要多的事实。而荣格另一本颇具分量的评论集 *C. G. Jung Speaking: Interviews and Encounters*，由 William McGuire 和 R. F. C. Hull 共同编辑（1977），同样不遑多让，这本书不但详述并修订了他的自传，有时还会提供矛盾的说法。Liliane Frey-Rohn 的著作 *From Freud to Jung: A Comparative Study of the Psychology of the Unconscious*（1969；tr. Fied E. and Evelyn K. Engreen, 1974），则是这类作品的典型。至于其他的传记，E. A. Bennet 的 *C. G. Jung*（1961）是一本简洁凝练的著作；而荣格的亲密友人 Barbara Hannah 所写的 *Jung: His life and Work, A Biographical Memoir*（1976），则强调并分享了荣格的神秘主义取向。Ellenberget 的 *Discovery of the Unconscious* 一书中，第九章的部分非常详尽。Robert S. Steele 的 *Freud and Jung: Conflicts of Interpretation*（1982）则值得一读。Aldo Carotenuto 的 *A Secret Symmetry: Sabina Spielrein between Jung and Freud*（1980；tr. Arno Pomerans, John Shepley and Krishna Winston, 1982; zd enlarged, 1984），则使用了琳琅满目的文献，且在描述荣格的一位聪明病人（与情妇）时，对荣格采取了强烈反对的观点——在这个故事中，弗洛伊德的表现也并不是很好。

荣格的作品有各种英文版和德文版。关于荣格和弗洛伊德往来的那段时期，请特别参考荣格的著作 *Freud and Psychoanalysis*（1961；corr. Ed. 1970）之第四册 *Collected Works* 中所收录的论文；以及荣格的另一本 *The Pschoanalytic Years*，由 William McGuire 编辑（1974），其中的第二、第四，以及第十七册。我已经提过 McGuire 那本令人叹为观止且重要备至的 *Freud-Jung*。在日渐成长的传记文学当中，我发现 Peter Homans 在 *Jung in Context: Modernity and the Making of a Psychology*（1979）所采用的"脉络取向"特别细心周全。Ernest Glover 的著作 *Freud or Jung?*（1956）则是偏向弗洛伊德一方，尽管我认为有反驳的余地。另一方面，Paul E. Stepansky 的 "The Empiricist as Rebel: Jung, Freud and the Burdens of Discipleship" 一文，刊载于 *Journal of the History of the Behavioral Sciences*, XII (1976) 216–239，虽然处理得十分谨慎而且高明，但在我看来过于袒护荣格。K. R. Eissler 的 "Eine angebliche Disloyalität Freuds einem Freunde gegenüber"，见于 *Jahrbuch der Psychoanalyse*, XIX (1986), 71–88，小心翼翼地为弗洛伊德于 1912 年对荣格所做的行为提出合理的辩解。Andrew Samuels 的 *Jung and the Post-Jungians*（1984）则是从荣格的观点出发，追踪 Jung 去世后其想法所面临的命运。在其他评论弗洛伊德和荣格书信的著作当中，我认为 Hans W. Loewald 的 "Transference and Counter-Transference: The Roots of Psychoanalysis",是最有用的一篇文章,刊载于 Psychoanalytic Quarterly XLVI(1977),514-527,本文也很容易在 Loewald 的 Papers on Psychoanalysis(1980)一书中取得,405—418;此外还有 Leonard Shengold 执笔的"The Freud/Jung Letter: The Correspondence between Sigmund Freud and C. G. Jung",收录于 J. Amer. Psychoanal. Assn., XXIV(1976),669-683; D. W. Winnicott 的评论,见于 Int. J. Psycho-Anal, XLV(1964),450-455。至于弗洛伊德和荣格之决裂这个争议不休的问题,读者可参阅 Herbert Lehman 所写的"Jung contra Freud/Nietzsche contra Wagner",见于 Int. Rev. Psycho-Anal., XIII(1986),201-209,这篇文章试图探测荣格的心理状态。另外也可斟酌 Hannah S. Decker 的"A Tangled Skein: The Freud-Jung Relationship"一文,刊登于 Wallace 与 Pressley 所编辑的 Essays in the History of Psychiatry,103-111。

弗洛伊德访问美国一事,值得我们做更深入的研究。William A. Koelsch 的 Incredible Day Dream: Freud and Jung at Clark, The Fifth Paul S. Clarkson Lecture (1984),是一篇受人欢迎的短文,根据完整的历史文献而写成,因此颇具权威。Nathan G. Hale, Jr. 所著的 Freud and the Americans: The Beginnings of Psychoanalysis in the United States, 1876-1917(1971),是一篇完善而且详尽的研究报告(关于弗洛伊德在克拉克大学的情形,请详见第一部分),并将这次访问之旅纳入本文中。Dorothy Ross 的 G. Stanley Hall: The Psychologist as Prophet(1972)也是如此,这是一本极为完备而且负责的传记。

在 Stekel 殁后才出版的 The Autobiography of Wilhelm Stekel: The Life Story of a Pioneer Psychoanalyst 一书中,提出他和弗洛伊德决裂(或是弗洛伊德和他决裂)的片面说辞,本书系由 Emil A. Gutheil 负责编辑(1950)。Fritz Wittels 未发表的自传文章"Wrestling with the Man: The Story of a Freudian"(打字稿为 Fritz Wittels 所收藏,存放于纽约精神分析机构,A. A. Brill 书库之第二盒),对待 Stekel 的态度远比弗洛伊德所允许的来得和善许多。关于维也纳精神分析学会针对手淫所做的持续调查,Stekel 仍是其中的参与成员。请参见 Annie Reich 所写的"The Discussion of 1912 on Masturbation and Our Present-Day Views"一篇,收录于 The Psychoanalytic Study of the Child, VI(1951),80-94。有关阿德勒的最佳传记,首推 Phyllis Bottome 的 Alfred Adler: Apostle of Freedom 莫属(1939;3d ed.,1957);其中充满了轶闻趣事,不算追根究底,而且让人不意外的是,本书以尽可能讨人喜

欢的方式呈现了这位主人翁。Paul E. Stepansky 的 *In Freud's Shadow: Adler in Context*(1983)则要来得复杂许多；本书一丝不苟地分析了弗洛伊德和阿德勒之间的关系，包括两人关键性的决裂事件，不过（请留意 Stepansky 所用的形容词）在这个争议所引起的诸多疑问上，本书却较倾向于阿德勒这一方。Ellenberger 著有 *Discovery of the Unconscious* 一书，其中第八章是一个颇具分量的章节，作者从一些未曾发表过的资料当中，采用了一篇致力于研究阿德勒的学者 Hans Beckh-Widmanstetter 所写的手稿 "Kindheit und Jugend Alfred Adlers bis zum Kontakt mit Sigmund Freud"。阿德勒的著作可在英文和德文的平装本中轻易取得；若想获得一些有用的生平细节，请参阅 Heinz L. Ansbacher 针对阿德勒日增的影响力所写的导论，以及 Carl Furtmüller 进行的传记研究，这两篇文章都收录在 Alfred Adler 的 *Superiority and Social Interest: A Collection of Later Writing* 一书中，由 Heinz L. 与 Rowena R. Ansbacher 共同编辑（1964；3d ed., 1979）。至于弗洛伊德的一篇自述 "On the History of the Psycho-Analytic Movement"（1914），收录于 *SE* XIV, 1-66，则有态度激烈与自我偏袒之嫌，尽管充满争论，不过仍是最具启发性的。Jones 的自传 *Free Associations*，对于这几年以及这些争斗也有一些披露。Walter Kaufmann 在他那本内容广泛的研究报告 *Discovering the Mind* 之第三册 *Freud versus Adler and Jung*（1980）中，则是把弗洛伊德的伟大争论放置在一个更大的脉络底下来观察。

第六章　疗法与技术

与弗洛伊德发表过的病历相关的文献，可以想见几乎是无法处理的。大致可以理解的是，"杜拉"（Dora）个案对于女性主义者和文学诠释家而言，具有令人难以抗拒的意义，因此产生了最大量也最热情的文献，以下所选的只是一些代表作品而已。如想一窥精神分析学家所写的论文，请特别参考 Jules Glenn 的 "Notes on Psychoanalytic Concepts and Style in Freud's Case Histories"，以及 "Freud's Adolescent Patients: Katharina, Dora and the 'Homosexual Woman'"，这两篇分别收录于 Mark Kanzer 与 Glenn 共同编辑的 *Freud and His Patients*（1980），3-19, 23-47；这本书还汇集了几篇有价值的文章，包括 Melvin A. Scharfman 所写的 "Further Reflections on Dora", 48-57；Robert J. Langs 的 "The Misalliance

769

Dimension in the Case of Dora",58－71；Kanzer 的"Dora's Imagery：The Fight from a Burning House",72－82；以及 Isidor Bernstein 的"Integrative Summary：On the Reviewing of the Dora Case",83－91。此外也请参阅 *Reveue Française de Psychanalyse*,XXXVII(1973)这本专刊,其中用了不只七页专门探讨这个案例；Alan 和 Janis Krohn 合写的"The Nature of the Oedipus Complex in the Dora Case",发表于 *J. Amer. Psychoanal. Assn.*,XXX(1982),555－578；以及 Hyman Muslin 与 Merton Gill 的"Transference in the Dora Case",见于 *J. Amer. Psychoanal. Assn.*,XXVI(1978),328－331。从一位历史学家的观点审慎思考这个案例的,则有 Hannah S. Decker 的"Freud and Dora：Constraints on Medical Progress",刊登于 *Journal of Social History*,XIV(1981),445－464,以及她的另一篇绝妙好文"The Choice of a Name：'Dora'and Freud's Relationship with Breuer",发表于 *J. Amer Psychoanal. Assn.*,XXX(1982),113－136。Felix Deutsch 执笔的"A Footnote to Freud's 'Fragment of an Analysis of a Case of Hysteria'"一文,见于 *Psychoanalytic Quarterly*,XXVI(1957),159－167,是一篇相当有名(我则希望它恶名昭彰)而且无端卑劣的后续报告,其中以极尽不堪的方式描写中年时期的杜拉,是一篇充满侵略性的分析文章。至于 Arnold A. Rogow 的"A Further Footnote to Freud's 'Fragment of an Analysis of a Case of Hysteria'",这篇针对 Deutsch 所做的后续文章,刊登于 *J. Amer Psychoanal. Assn.*,XXVI(1978),331－356,态度上则要温和许多,文中也提到了杜拉的家族背景。此外请参阅 Janet Malcolm 在 *Psychoanalysis：The ImpossibleProfession*(1981)一书所做的精彩评论(尽管我认为有点严厉),这位女作家暗示(原书 167—168 页),"杜拉"这个假名,与那位将各种邪恶力量从"盒子"中释放出来的神话人物相互辉映。

Charles Bernheimer 与 Claire Kahane 共同编辑的 *In Dora's Case：Freud—Hysteria—Feminism*(1985)一书,主要汇集了文学评论者所写的论文,内容颇具煽动性；这些文章的价值极端不一,每位作者各自磨刀霍霍。这本书还刻意纳入了两篇编辑们所写的长篇引言,并从 Steven Marcus 的"Frend and Dora：Story, History, Case History"一作中大量节录(是文原先登载于 *Partisan Review*,1914 年冬季刊,12—108；尔后又重刊于作者的 *Representations* 一书,1975,247－309)。Marcus 这位坚持把病历看成一种文类的作家,必须要为"杜拉"这个案例如今所承受的诠释重担负起部分的责任,这些诠释不但沉重,且经常流于武断;在这本选集里就有一篇实例,那就是 Toril Moi 的"Representation of Patriarchy:Sexuality and Epistemology in Freud's Dora",181－199。这位作者引用了弗洛伊德的话,说他使"支离破碎但价值无上的古代遗迹"重见天日(*SE* VII,12),同时将弗洛伊德所用的形容词大大发挥了一番,他说:"'支离破碎'一语经常被弗洛伊德用来形容阉割的作用,而'价值无上'……则如同字面上的意义,代表无价、没有价值。既然一个人的宝贝被割掉了,那怎么会有价值可言呢?" Moi 光是采用 *Standard Edition* 的翻译文句,而不愿意(或是没有能力)对照德文。然而在原文当中,弗洛伊德所使用的是 unschätzbaren 这个字眼,没有人可以堂而皇之地把这个字翻译成"没有价值"。它的意思是"无可估计",或者"无上价值",那是德文用语中最崇高的赞词。

而小汉斯(little Hans)所得到的关注就少多了。Joseph William Slap 执笔的"Little Hans's Tonsillectomy"发表于 *Psychoanalytic Quarterly*, XXX(1961),259－261,提出了一个有趣的假说,使得弗洛伊德对于汉斯恐惧症的诠释更加复杂了。Martin A. Silverman 则在 Kanzer 与 Glenn 共同编辑的 *Freud and His Patients* 一书中,发表了"A Fresh Look at the Case of Little Hans"一文,95－120,文中还附带了有关婴儿期经验的完整书目。同样在这一册中,也请读者参考 Glenn 所写的"Freud's Advice to Hans' Father:The First Supervisory Sessions"一篇,见于 121—134 页。

对于"鼠人"这起弗洛伊德的案例,他的家庭与他的精神症状,以及弗洛伊德的过程记录和公开的病历之间的差异,进行最持久性探索的,非 Patrick J. Mahony 的 *Freud and the Rat Man* 一书莫属(1986)。Elza Ribeiro Hawelka 曾经将弗洛伊德的德文过程记录完整地抄录下来(收录于 *SE* X,253－318 中的是广为采用的英文版本,其实既不完整,而且也不可靠),另外又加上使内容更充实的法文翻译、记录和评论等,写成了 *Freud, L'homme aus rats. Journal d'une analyse* (1974)一书。那些看起来比较像弗洛伊德后期笔迹的记录手稿以及注解等,则和一些仍未分类的资料一起存放在国会图书馆中。资料上出现了相当稀少的重点线与眉批,这显示出弗洛伊德可能想再找时间回顾这个案例,无奈我们却没有发现其他有关"鼠人"的任何手稿。Elizabeth R. Zetzel 的"1965:Additional Notes upon a Case of Obsessional Neurosis:Freud 1909"一文,刊登于 *Int. J. Psycho-Anal.*,

XLVII(1966),123-129,她提供了一些精神分析式的事后评论,内容不但有趣,而且可以和以下这篇文章一起阅读:Paul G. Myerson 的"Comment on Dr. Zetzel's Paper",130-142。同时也请参阅 Samuel D. Lipton 的"The Advantages of Freud's Technique As Shown in His Analysis of the Rat Man",收录于 *Int. J. Psycho-Anal.*, LVIII(1977),255-257,以及他的续篇"An Addendum to The Advantages of Freud's Technique As Shown in His Analysis of the Rat Man",LX(1979),215-216;另外还有 Béla Grunberger 的"Some Reflecions on the Rat Man",LX(1979),160-168。诚如之前所言,Kanzer 和 Glenn 共同编辑的 *Freud and His Patients* 一书所集结的,都是一些有趣的稿子,在此更请特别留意 Judith Kestenberg 的"Ego Organization in Obsessive-Compulsive Development:The Study of the Rat Man, Based on Interpretation of Movement Patterns",144-179;Robert J. Langs 的"The Misalliance Dimension in the Case of the Rat Man",215-230;以及 Mark Kanzer 的"Freud's Human Influence on the Rat Man",231-240 这几篇。Jones 的"Hate and Anal Erotism in the Obsessional Neurosis"(1913)一文,则是最早出现的评论之一,本篇可见于 Jones 所著之 *Papers on Psycho-Analysis* (3d ed. 1923),553-561。

如想一睹弗洛伊德对于达·芬奇的报告,Meyer Schapiro 的"Leonardo and Freud:An Art-Historical Study",收录于 *Journal of the History of Ideas*, XVII(1956),147-178,总而言之是一篇不可或缺的文章。K. R. Eissler 的回应之作 *Leonardo da Vinci:Psycho-Analytic Notes on the Enigma*(1961),不但包罗万象,而且提供了一些高明的见解,不过本书又是另一个犯了 Eissler 典型大刀乱砍的例子:这本仅只 350 页的书竟然想仔细分析一篇光是页数就已约达 30 页的文章。我从达·芬奇的书库中挑出 Kenneth Clark 的 *Leonardo da Vinci:An Account of His Development as an Artist*(1939;rev. ed,1958),这是一本简短、明快、资料齐全,并采取支持态度的著作。第一篇引起人们注意到弗洛伊德对"秃鹫"有所误解的,乃是 Eric Maclagan 的"Leonardo in the Consulting Room"一文,载于 *Burlington Magazine*,XLII(1923),54-57。至于 Edward MacCurdy 的 *The Notebooks of Leonardo da Vinci*(1939),则是最有用的一本书。

Han Israels 所撰写的 *Schreber, Father and Son*(1980;由作者翻自德文版,1981;之后又在法文版 *Schreber, père et fils* 中做了修订,由 Nicole Sels 翻译,1986),主旨在于针对 Schreber 进行权威式的研究,同时孜孜矻矻地纠正了之前

的著作。Israels 这本书有一个特别的优点,便是将 Schreber 放置在他的家族环境中探讨。可惜的是,他这本书并未完全取代 William G. Niederland 的一系列先驱性文章,其中有三篇收录于 Kanzer 与 Glenn 所编辑的 *Freud and His Patients*,251 – 305;另外,*The Schreber Case:Psychoanalytic Profile of a Paranoid Personalityx*(1974)一书则集结了全部文章。这些文章都显示出,有些 Schreber 所谓的"创新玩意",比方说用来虐待他的机器,其实和他儿时父亲拿来鞭打他的道具是非常相似的。无论是 Israels,还是 Niederland,对于这个案例的实质面和争议处,均有充分而深刻的探讨。

Patrick J. Mahony 则在他的 *Cries of the Wolf Man*(1984)一书中,针对狼人案例做了彻底的研究,一如他对鼠人案例的处理态度,而且还特别留意弗洛伊德的文字风格(Mahony 也曾针对这种风格单独写了一篇研究报告,叫作 *Freud as a Wrier*,1982)。至于其他的精神分析家对于这个案例所写的评论,当中最有趣的便是 William Offenkrantz 和 Arnold Tobin 共同执笔的"Problems of the Therapeutic Alliance:Freud and the Wolf Man",刊登于 *Int. J. Psycho-Anal.*,LIV(1973),75 – 78。Harold P. Blum 的"The Borderline Childhood of the Wolf Man"一文,见于 *J. Amer. Psychoanal. Assn.*,XXII(1974),721 – 742,也很容易在 Kanzer 与 Glenn 共同编辑的 *Freud and His Patients*(341 – 358)一书中找到,文中暗示这位著名的分析者远比弗洛伊德的诊断更为心智混乱。这本著作同时还附带有一篇 Mark Kanzer 所做的绝佳报告"Further Comments on the Wolf Man:The Search for a Primal Scene",350 – 366。Ruth Mack Brunswick 在 20 世纪 20 年代曾经分析过"狼人"这个病例,并发表于"A Supplement to Freud's History of an Infantile Neurosis"一文当中,之后又重载于 Muriel Gardiner 所编辑的 *The Wolf-Man by the Wolf-Man*(1971),263 – 307,很方便取得。这本精彩的著作同时也收录了"狼人"的回忆录,包括他对弗洛伊德的陈述,以及 Gardiner 对"狼人"晚年所做的报告。J. Harnik 写了一篇题为"Kritisches über Mack Brunswicks ' Nachtrag zu Freud's Geschichte einer infantilen Neurose"的文章,收录于 *Int. J. Psycho-Anal.*,XVI(1930),123 – 127,文中批评 Brunswick 处理"狼人"一案的方法不当,由是开启了一场争论,值得作后续的研究;至于 Brunswick,则马上以"Entgegnung auf Harniks kritischeBemerkungen",128 – 129 一文作为回应。接着,这又引起 Harnik 写了"Erwiderung auf Mack Brunswicks Entgegnung"这篇文章,发表于 *Int. J. Psycho-Anal.*,

XVII(1931),400 – 402,本文完全是紧跟着 Brunswick 的最后一个字"Schlusswort"而写成的,主题则仍维持不变。Karin Obholzer 的 *The Wolf-Man Sixty Years Later: Conversations with Freud's Controversial Patient*(1980;tr. Michael Shaw,1982),则记录了这位年迈狼人的部分访谈,不但价值非常有限,而且必须小心阅读。

晚期的精神分析家针对精神分析技术所撰写的论文和专著,大都可以看成对弗洛伊德经典著作的评论,当然,这当中最好的作品仍然具有某些原创性,而且能够更精辟地阐扬弗洛伊德的前卫论点。在这些著作当中,我发现最有帮助的——恕我疏忽了许多重要的短篇报告——包括 Edward Glover 的 *Technique of Psycho-Analysis*(1955)这本清晰有力的著作;Karl Menninger 的 *Theory of Psychoanalytic Technique*(1958)则是令人艳羡地简洁;还有 Leo Stone 的杰出论文"The Psychoanalytic Situation: An Examination of Its Development and Essential Nature"(1961),可说是弗洛伊德讲稿的扩充版。Ralph R. Greenson 的 *The Technique and Practice of Psychoanalysis*(1967),虽只出版了第一册的部分,却是一本详尽且高度专业的教科书,并对精神分析学的工作团体提供了一套治疗上的指导,其主要的目的是针对有意向到精神分析机构求职的人。我从 Loewald 所写的一系列优质论文(且经过缜密的修订)中收获良多,这些论文全都以"The Psychoanalytic Process"作为副标题,收录在他的 *Papers on Psychoanalysis* 一书里,其中最值得瞩目的包括:"On the Therapeutic Action of Psychoanalysis",221 – 256;"Psychoanalytic Theory and the Psychoanalytic Process",277 – 301;"The Transference Neurosis: Comments on the Concept and the Phenomenon",302 – 314;"Reflections on the Psychoanalytic Process and Its Therapeutic Potential",372 – 383;以及"The Waning of the Oedipus Complex",384 – 404,这篇激励性的原创文章。Sándor Ferenczi 针对技术方面撰写的争议性报告,可在 Schriften zur Psychoanalyse 这套由 Balint 编辑的两卷本书中找到;而在英文版的 *Further Contributions to the Theory and Technique of Psycho-Analysis* 这本书中(1926;2d ed.,1960),则更是容易找到。其他关于技术方面的论文当中,最有价值的还包括 Rudolph M. Loewenstein 所做的短篇调查"Developments in the Theory of Transference in the Last Fifty Years",收录于 *Int. J. Pssycho-Anal.*,L(1969),583 – 588;以及数篇由 Phyllis Greenacre 所写的文章,全都集结在她的 *Emotional Growth: Psychoanalytic Studies of the Gifted and a Great Variety of Other Individuals* 一书当中,计有两册,页码连续(1971),其中特别

重要的篇章略举如下:"Evaluation of Therapeutic Results:Contributions to a Symposium"(1948),619 – 626;"The Role of Transference:Practical Considerations in Relation to Psychoanalytic Therapy"(1954),627 – 640;"Reevaluation of the Process of Working Through"(1956),641 – 650;以及"The Psychoanalytic Process,Transference,and Acting Out"(1968),762 – 776 等。Janet Malcolm 这本机智而狡狯的著作 Psychoanalysis:The Impossible Profession,则被精神分析家赞扬为一本介绍分析理论与技巧的可靠书籍(这是公道话)。较之于其他正经八百的文本,它具有一个罕见的优点,那就是诙谐与知识兼具。

第七章　应用与涵蕴

弗洛伊德的美学著作十分零散。"Delusions and Dreams in Jensen's Cradiva"一文,收录于 SE IX,3 – 95,是他写信给 Fliess 以及 The Interpretation of Dreams 出版之后,首次尝试以精神分析解开文学之谜的作品(附带一提的是,Wilhelm Jensen 写给弗洛伊德关于 Gradiva 的信函,可在 Psychoanalytische Bewegung,I,1929,207 – 211 中找到)。"Creative Writers and Day-Dreaming"(1908),见于 SE IX,141 – 153,则是一篇颇具影响力的早期文本,不过这只是牛刀小试的作品,并未发展成一套真正的理论。同时也请参阅弗洛伊德对于两幕著名场景的动人解读,一幕出现在 King Lear 一剧中,另一幕则出现在 The Merchant of Venice 一剧中,这篇文章叫作"The Theme of the Three Caskets"(1913),收录于 SE II,291 – 301。而弗洛伊德首次介入艺术家生平的文章,当然要算"Leonardo da Vinci and a Memory of His Childhood"这篇了,见于 SE XI,59 – 137。这是一次大胆的探索举动,不过却犯了一些重要的错误(关于这篇著名的论文,我们可从 Schapiro 的"Leonardo and Freud:An Art-Historical Study"一文中学到很多,之前我已引述过)。弗洛伊德接下来的冒险尝试,则是以匿名的方式发表"The Moses of Michelangelo"(1914)一文,本篇连同"Postscript"这篇(1927)均收录在 SE XIII,第 211—238 页。在浩瀚如海的文献当中,还有一些特别重要的评论,是针对那座雕像而发表的,包括 Erwin Panofsky 的 Studies in Iconology:Humanistic Themes in the Art of the Renaissance (1939)之第六章;此外,Robert S. Liebert 也做了一些观察,见于 Michelangelo:A Psychoanalytic Study of His life and Images 一书(1983)之

第十四章。弗洛伊德的另一篇有争议文章,则是"Dostoevsky and Parricide",收录于 SE XXI,175-196;Joseph Frank 在他的"Freud's Case-History of Dostoevsky"一文中,强烈地抨击本篇文章(不过并非无的放矢),该文见于他的 Dostoevsky: The Seeds of Revolt,1821-1849(1976)一书之附录,379-391。

关于弗洛伊德对于艺术的复杂态度,最令人满意的综合分析应该是 Jack J. Spector 的 The Aesthetics of Freud: A Study in Psychoanalysis and Art(1972)这部精确而敏锐的著作了,它使我学到很多。同时也可参考 Harry Trosman 的 Freud and the Imaginative World(1985)一书,特别是第二章。其他研究弗洛伊德的早期艺评家当中,Roger Fry 也许是最有趣的一位,他在 The Artist and Psycho-Analysis(1924)一书中,批评弗洛伊德不当地减损了美学的乐趣,而这个乐趣乃存在于艺术的形式上——我想这应该是弗洛伊德赞同的抱怨吧!

许多弗洛伊德早期的拥护者都无法拒绝精神分析学应用在对诗人和画家的分析上(有时会让弗洛伊德伤脑筋)。其中最引人注目、也最受肯定的尝试,要算 Karl Abraham 的一部早期论文 Ciovanni Segantini,副标题为 Ein psychoanalytischer Versuch(1911)。1907 年 12 月 11 日,Max Graf 这位曾经亲近弗洛伊德数年的音乐理论家,于星期三心理学会(Wednesday Psychological Society)发表了一篇名为"Methodik der Dichterpsychologie"的报告,试图以一个有趣的主张怂恿他的同好脱离对艺术家和作家制作传统病人志(See Protokolle,I,244-249)。尽管 Graf 从未出版本文,不过他倒是出版了 Aus der inneren Werkstatt des Musikers(1911)与 Richard Wagner im "Fliefender Holländer" Ein Beitrag zur Psychologie des künstlerschen Schaffens(1911)这两本著作,后者先是以演讲的形式发表于星期三心理学会。在前言当中,Graf 满怀感激地将之归功于他"和弗洛伊德教授之间不断的意见交换"。Eduard Hitschmann 有很多年一直是维也纳精神分析界的圈内人士,他针对诗人和小说家写了不少"精神分析式的报告",算是一种探索性的尝试,而非证据确凿的研究。其中有一部分可以在他的英文版 Great Men: Psychoanalytic Studies(1956)一书中取得,本书系由 Sydney G. Margolin 负责编辑,Hannah Gunther 协力完成。Ernest Jones 则尝试对文学进行分析,在 1910 年的一篇报告中,他从 The Interpretation of Dreams 撷取了一些极富想象力的文字(这篇文章后来于 1949 年扩充为 Hamlet and Oedipus 一书)。由于这篇论文擅自推论的简化(它的目标只想单纯地阐明为何 Hamlet 会对克劳迪亚斯迟迟下不了毒手),使其遭到严厉的批评,但我认为这批评过火了,Jones 的处理方式其实饶富趣味。Otto Rank 则孜孜不倦地针对文学人物及文学主题进行精神分析。他首次拜访弗洛伊德时带在身上的一篇文章,日后为 Der Küstler 这本书(1907;4 th enlarged ed.,1918)。而他的 The Myth of the Birth of the Hero(1909;tr. F Robbins and Smith Ely Jelliffe,1914),可能是他最历久弥新的一部论文(另一本内容复杂的姊妹作,则是 Ernst Kris 和 Otto Kurz 合写的 Legend,Myth,and Magic in the Image of the Artist:A Historical Experiment,1979,采用的是 20 世纪 30 年代才首次公布的资料)。然而 Rank 所做过的最痛快淋漓的尝试,莫过于他针对诗歌、散文与神话中有关乱伦主题所做的庞大研究 Das Inzest-Motiv in Dichtung and Sage(1912;2d ed.,1926),弗洛伊德对此显然颇为满意。在 Rank 的其他报告当中,他的长篇论文"Der Doppelgänger",收录于 Imago III(1914),97 – 164(英文版称为 The Double,tr. Harry Tucker 1971),或许是最有趣的一篇。此外,它也出现在另一本由 Jens Maker Fischer 编辑的论文集 Imago:Psychoanalytische Literaturinterpretationen(1980)中;这本选集除了有一篇颇具分量的引言以外,还包含了 Hanns Sachs 和 Theodor Reik 等人的论文。诚如我在本文中所描述的,后者拿了一篇以 Flaubert 为主题的论文向弗洛伊德毛遂自荐,日后更以 Flaubert und seine "Versuchung des Heiligen Antonius" Ein Beitrag zür Kunstlerpsychologie(1912)一文正式发表。Marie Bonaparte 的心理式传记代表作 The Life and Works of Edgar Allan Poe:A Psycho-Analytic Interpretation(1933;tr. John Rodker,1949),是一篇"应用分析学"的重要文本;尽管略显严格与刻板,不过仍然展现出一些活力。十年之后在美国,Harms Sachs 这位涵养深厚的中欧人出版了一部关于艺术与美感的论文集——The Creative Unconscious:Studies in the Psychoanalysis of Art(1942),可惜没有受到合理的重视;尤其是该书的第四章"The Delay of the Machine Age",是一篇从弗洛伊德的观点出发,并具高度建议假设的历史推测研究。

毫不令人意外的是,精神分析家(以及受过精神分析训练的业余者)一直在这个领域中继续探索。在此必须指出一小群代表人物。首先是专业的分析家,包括:Gilbert J. Rose,其内容丰富的著作 The Power of Form:A Psychoanalytic Approach to Aesthetic Form(1980)研究了艺术创作中首要与次要过程之间的复杂互动关系。想象力旺盛的英国精神分析家 D. W. Winnicott 则在他的数篇论文当中,探触美学经验这个主题,最令人振奋的莫过于"Transitional Objects and Transitional Phenomena"(1953)这篇了,读者可以很容易在一本他自称为"发展产物"的著作 *Playing and Reality*(1971)中取得。该部合集同时也涵盖了他的一篇重要文章"The Location of Cultural Experience"(1967),95 – 103。至于 William G. Niederland 的"Psychoanalytic Approaches to Artistic Creativity",收录于 *Psychoanalytic Quarterly*,XLV(1976),则值得细细品读,而他早期所写的"Clinical Aspects of Creativity"一文也是如此,刊登于 *American Imago*,XXIV(1967),6 – 34。Robert Waelder 的弗洛伊德演讲集——*Psychoanalytic Aveneus to Art*(1965),尽管内容简短,却充满弦外之音。John E. Gedo 的论文集 *Portraits of the Artist:Psychoanalysis of Creativity and Its Vicissitudes*(1983),则试图直捣艺术创作者的秘密。我从多位精神分析家对于整个心理式传记版图所做的努力当中,特别挑出 Liebert 的著作 *Michelangelo*(引述如上),这虽然称不上是一本无与伦比的书,却有趣至极;另一本则是 Bernard C. Meyer 所著的 *Josef Conrad:A Psychoanalytic Biography*(1967)。

至于"业余爱好者"的部分,则有 Meredith Anne Skura 的 *The Literary Use of the Psychoanalytic Process*(1981),这是一篇错综复杂的分析,将精神分析学的四大主题——病历、幻想、梦境与移情作用,拿来作为文学评论的可能模式。此外我也从 Elizabeth Dalton 的 *Unconscious Structure in"The Idiot":A Study in Literature and Psychoanalysis*(1979)一书中获益良多,这是一部简短而大胆的论文,试图将 Dostoevsky 的小说角色视为一群心理互相协调的人物(而我认为她做到了)。EllenHandler Spitz 的 *Art and Psyche:A Study in Psychoanalysis and Aesthetics*(1985),则检讨了艺术家在其作品中现身的问题、它所代表的心理意涵,以及艺术家和观赏者之间的关系。关于上述最后一个问题——亦即艺术作品的接受性——Norman N. Holland 做了一些最精准而令人振奋的研究报告,尤其是他的 *Psychoanalysis and Shakespeare*(1966),*The Dynamics of Literary Response*(1968),以及 *Poems in Persons:An Introduction to the Psychoanalysis of Literature*(1973)这几部。Richard Ellmann 的"Freud and literary Biography"一文,收录于 *American Scholar*,LIII(Fall,1984),465 – 478,不但批判犀利,而且不负众望地睿智无比。

Leonard Tennenhouse 编辑的 *The Practice of Psychoanalytic Criticism*(1976),集结了一些相当近期的文章,大部分都取自 *American Imago*。Edith Kurzweil 与 William Phillips 共同编辑的 *Literature and Psychoanalysis*(1983),则以弗洛伊德作为起点,接着跨入现代的分析理论,其中包括 Lionel Trilling 的经典作品"Art and

Neurosis", 其原先发表于 Trilling 的 *The Liberal Imagination: Esssays Literature and Society*(1950),160—80。此外请参阅 Simon O. Lesser 的理论陈述 *Fiction and the Unconscious*(1957),同时佐以 Lesser 的论文集 *The Whispered Meanings*(1977),系由 Robert Sprinch 与 Richaid W. Noland 共同编辑。

哲学家们也没有忽略这个领域。请读者特别参考 Richard Wollheim 所著的 *On Art and the Mind*(1974),以及 Wollheim 和 Hopkins 合作编辑的 *Philosophical Essays on Freud* 一书(如前所引)。Richaid Kuhns 的著作 *Psychoanalytic Theory of Art: A Philosophy of Art on Developmental Principles*(1983),则关注于研究"自我"的心理学者如 Heinz Hartmann,以及客体关系的理论家如 D. W. Winnicott,以期将艺术创造性的所有面向做令人振奋的整合。在 *Art and Act: On Causes in History- Manet, Gropius, Mondrian*(1976)一书中,我试图将艺术创造放置在个人、工艺以及文化经验的网络中。而我的另一本著作 *Freud for Historians*(1985),则努力说服其他的历史学者,不但应该而且可以将精神分析学以有效而安全的方式,应用在我们的领域中,不过就我看来,我的努力多半遭到险阻。在采取鼓舞立场的这方,我选出了 Peter Loewenberg 的 *Decoding the Past. The Psychohistorical Approach*(1983),这是一位接受过精神分析训练的历史学者所做的一系列理论与应用报告(大部分出现在我的著作之前)。开头的一章"Psychohistory: An Overview of the Field",先是出色地概论了这个领域,接下来的章节则具体示范了精神分析的方法,其中有几篇是关于奥地利的历史文章,包括:"Theodor Herzl: Nationalism and Politics",101 – 135;"Victor and Friedrich Adler: Revolutionary Politics and Generational Conflict in Austro-Marxism",136 – 160;以及"Austo-Marxism and Revolution: Otto Bauer, Frend's 'Dora' Case, and the Crises of the First Austrian Republic",161 – 204,本篇与这本传记特别有关。Saul Friedländer 的 *History and Psychoanalysis: An Inquiry into the Possibilities and Limits of Psychohistory*(1975; tr. Susan Suleiman, 1978),则是一部理性论证的典范。

关于 *Totem and Taboo* 这本书,Edwin R. Wallace IV 的 *Freud and Anthropology: A History and a Reappraisal*(1983)提供了一部完美而睿智的研究报告。Alfred L. Kroeber 则针对弗洛伊德的这本书写了两篇著名的评论(第一篇比第二篇来得严苛),分别为"Totem and Taboo: An Ethnologic Psychoanalysis",收录于 *American Anthropologist*,XXII(1920),48 – 55,以及"Totem and Taboo in Retrospect",发表于

American Journal of Sociology, LV(1939), 446-457, 很值得我们一读再读。至于 R. R. Marett 这篇知趣横生的论述 "Psycho-Analysis and the Savage" 也是如此, 见于 *Athemeum* (1920) 一书, 205-206。Suzanne Cassirer Bernfeld 执笔的 "Freud and Archeology" 一文, 刊载于 *American Imago*, VII(1951), 107-128, 则是一个被人频频引用的丰富资源。近年来试图挽救弗洛伊德的核心论点(尽管它并不是什么重大刑案的历史真相), 而又最令人信服的著作, 莫过于 Derek Freeman 的 "Totem and Taboo: A Reappraisal" 一文了, 发表于 *Man and His Culture Psychoanalytic Anthropology after "Totem and Taboo"*, Warner Muensterberger 编辑出版(1970), 53-78。Sandor S. Feldman 的 "Notes on the 'Primal Horde'", 收录于 *Psychoanalysis and the Social Sciences*, Muensterberger 编辑, I(1947), 171-193, 是一篇较趋同情立场的文章。此外也请参阅 Robin Fox 的 "Totem and Taboo Reconsidered" 一文, 见于 Edmund Leach 所编辑之 *The Structural Study of Myth and Totemism* (1967), 161—178。在此我必须提出 Melford E. Spiro 所做的绝妙论文 *Oedipus in the Trobriands* (1982), 这位具有精神分析学知识背景的人类学者, 反驳了 Malinowski 对于弗洛伊德的想法无法适用于岛民(Trobriand Islanders)的论点——而且完全建立在 Malinowski 本人资料的基础上。

因为弗洛伊德从未完整发展出人格的概念——关于种种组织化的习惯与形态——因此有些人倾向于回归到他的早期论述, 例如这篇重要的短文 "Character and Anal Erotism" (1908), 以及八年后以 "Some Character-Types Met With in Psychoanalytic Work" 作为总名所发表的三篇姊妹作, 收录于 *SE* XIV, 309-333, 这三篇分别是 "The 'Exceptions'", "Those Wrecked by Success" 以及 "Criminals from a Sense of Guilt"。Edith Jacobson 在她的 "The 'Exceptions': An Elaboration of Freud's Character Study" 一文当中, 见于 *The Psychoanalytic Study of the Child*, XIV (1959), 135-154, 将弗洛伊德对 "例外" 的定义做了有趣的扩充; Anton O. Kris 的 "On Wanting Too Much: The 'Exceptions' Revisited" 也是一篇有趣的评论, 同样是关于弗洛伊德的这篇论文, 刊登于 *Int. J. Psycho-Anal.*, LVII, 85-95。有鉴于弗洛伊德无法将他的素材全部串联起来, Otto Fenichel 这几篇相当有系统的评论便格外受到欢迎。另请读者特别参考 "Psychoanalysis of Character" 这篇大作, 收录于 Hanna Fenichel 与 David Rapaport 共同编辑的 *The Collected Papers of Otto Fenichel* 之第二系列中(1954), 198-214。Fenichel 还有一部够分量而且经得起

时间考验的巨作 *The Psychoanalytic Theory of Neurosis*(1945),其中有些相关的章节也请读者参阅,特别是"Digression about the Anal Character"(278 – 284)以及"Character Disordeis"(463 – 540)这两篇。与此相关的则有 David Shapiro 的精辟论文 Neurotic Styles(1965),其中道出许多有用的信息。而 P. C. Giovaccini 的 *Psychoanalysis of Character Disorders* 一书(1975)也毫不逊色。

尽管这里不是一个演练自恋争论的地方,不过近几年来,这个话题已经引起了精神分析学者的激烈辩论。Sydney Pulver 的"Narcissism: The Term and the Concept"一文,见于 *J. Amer. Psychoanal. Assn.*, XVII(1970), 319 – 341,乃是一篇有助澄清的概论。Otto F. Kernberg 则做了许多有关自恋患者的临床与理论研究,请读者特别参阅 *Borderline Conditions and Pathological Narcissism*(1975)一书。至于 Heinz Kohut 收录于 *The Psychoanalytic Study of the Child* 一书中的两篇论文——"The Psychoanalytic Treatment of Narcissistic Personality Disorders", XXII(1968), 86 – 113,以及"Thoughts on Narcissism and Narcissistic Rage", XXVII(1972), 360 – 400——是在 Kohut 将他对自恋的独到见解形成一套思想体系之前写成的,然而至今仍具实验性与开创性。同时也请参见 R. D. Stolorow 的"Toward a Functional Definition of Narcissism"一文,刊登于 *Int. J. Psycho-Anal.*, LVI(1975), 179 – 185;以及 Warren Kingston 的"A Theoretical and Technical Approach to Narcissistic Disorders",载于 *Int. J. Psycho-Anal.*, LXI(1980), 383 – 394。Arnold Rothstein 的著作 *The Narcissistic Pursuit of Perfection*(1980)则检视了这项观念,并企图给予重新定义。至于其他"古典"分析家针对这个主题的讨论,Heinz Hartmann 倒是有几篇与此处特别贴近的文章,特别是"Comments on the Psychoanalytic Theory of the Ego"(1950),以及"The Development of the Ego Concept in Freud's Work"(1956)两篇,分别收录于 *Essays on Ego Psychology: Selected Problems in Psychoanalytic Theory*(1964), 113 – 141, 268 – 296。而 Edith Jacobson 的著名的专著 *The Self and the Object World*(1964),其重要性更是不下于此。

Oron J. Hale 的 *The Great Illusion, 1900 – 1914*(1971),十分可靠地汇整了近年来对于世界末日大决战(Armageddon)的相关史料。Walter Laqueur 与 George L. Mosse 则共同编辑了一本有趣的论文集,名为 *1914: The Coming of the First World War*(1966)。可想而知的是,与战争有关的精神疾病已然掌控了世界主义者,以及各方面的专业人才,从某个程度来说,甚至包括弗洛伊德本人在内,有关这方面的议题,请参阅 Roland N. Stromberg 所著的 Redemption by War: The Intellectuals and 1914 (1982);它也可以和 Robert Wohl 的 The Generation of 1914 (1979) 一书并读。几乎所有的丛书都写过第一次世界大战的主题,所以在此只需举出几部可靠的作品就够了,包括 B. H. Liddel-Hart 的 The Real War, 1914 - 1918 (1930); Corelli Barnett 的 The Swordbearers: Supreme Command in the First World War (1964);以及 René Albrecht-Carrié 的 The Meaning of the First World War (1965)。Fritz Fischer 的 Griff nach der Weltmacht. Die Kriegszielpolitik des kaiserlichen Deutschland 1914 - 1918 (1961; 3d ed., 1964) 一书,强烈地批判德国的战争目的,并以诚实的态度探讨战争的主因,因而触犯了德国人的禁忌,并在德国的历史学者之间引起了一场风暴,然而它是一篇有益的文本,尤其是它搜集了许多好战而又"阳刚"的外交官大爷们的言论,因而使本章特别受用。本书也可和 Hans W. Gatzke 的著作 Germany's Drive to the West (1950) 一起阅读。

第八章 攻击性

若想从精神分析学以外的观点了解无意识的历史,请读者再度参阅 Whyte 所著的 The Unconscious Before Freud,以及 Ellenberger 另一本范围更广的著作 Discovery of the Unconscious。至于从精神分析学的角度评论无意识的,则有浩如烟海的文献,其中请特别参阅 Edward Bibring 的 "The Development and Problems of the Theory of the Instincts",收录于 Int. J. Psycho-Anal., XXII (1934), 102 - 131; Bibring 的 "The Conception of the Repetition Compulsion",收录于 Psychoanalytic Quarterly, XII (1942), 486 - 516; Robert Waelder 的 "Critical Discussion of the Concept of an Instinct of Destruction",刊登于 Bulletin of the Philadelphia Association for Psychoanalysis, VI (1956), 97 - 109;以及 Heinz Hartmann 这位自我心理学家所写的多篇重要论文,均集结于他的 Essays on Ego Psychology 一书中。这些论文包括 "Comments on the Psychoanalytic Theory of Instinctual Drives" (1948), 69 - 89;"The Mutual Influences in the Development of Ego and Id" (1952), 155 - 181;以及(之前已引述过的)"Comments on the Psychoanalytic Theory of the Ego" 和 "The Development of the Ego Concept in Freud's Work" 这篇特别有用的历史论文。同时,Hartmann 也和其他的两位自我心理学家——Ernst Kris 与 Rudolph M. Loewenstein——共同写了"Comments on the Formation of Psychic Structure"（1946）这篇文章，发表于 *Papers on Psychoanalytic Psychology*（1964），27 – 55。*The Id and the Regulatory Principles of Mental Functioning*（1966）这份由 Max Schur 所做的精辟研究，非常有价值。至于 David Holbrook 编辑的 *Human Hope and the Death Instinct：An Exploration of Psychoanalytic Theories of Human Nature and Their Implications for Culture and Education*（1971）一书，尽管对精神分析学并无敌意，却集结了一些致力于避免毁灭倾向与寻求人类良知的文章。

关于触动弗洛伊德的死亡命题——无论只是一种概念，还是实际的威胁——Schur 的 *Freud, Living and Dying* 是一部颇具权威的著作。至于弗洛伊德对于攻击欲望的认知，则可参考 Paul E. Stepansky 所写的 *A History of Aggression in Freud*（1977）这本概论，这种攻击欲望尽管没有全盘遭到漠视，却是延迟了许久才受到关注。另外，Rudolf Brun 的"Über Freuds Hypothese vom Todestrieb"一文加以补充，收录于 *Psyche*，VII（1953），81 – 111。尔后关于这个主题的文章，如同排山倒海般涌来，我从中特别挑出一些杰作，包括 Otto Fenichel 的"A Critique of the Death Instinct"（1935），收录于 *Collected Papers*，第一系列（1953），363 – 372；*The Psychoanalytic Study of the Child*，III/IV（1949）一书中的两篇论文，分别是 Anna Freud 的"Aggression in Relation to Emotional Development：Normal and Pathological"，37 – 42，以及 Beata Rank 的"Aggression"，43 – 48；Heinz Hartmann，Ernst Kris 与 Rudolph M. Loewenstein 共同执笔的"Notes on the Theory of Aggression"（1949），见于 *Papers on Psychoanalytic Psychology*，56 – 85；René A. Spitz 的"Aggression：Its Role in the Establishment of Object Relations"，收录于 Rudolph M, Loewenstein 所编辑的 *Drives, Affects, Behavior：Essays in Honor of Marie Bonaparte*（1953），126—138；T. Wayne Downey 的"Within the Pleasure Principle：Child Aanalytic Perspectives on Aggression"，刊载于 *The Psychoanalytic Study of the Child*，XXXIX（1984），101 – 136；Phyllis Greenacre 的"Infant Reactions to Restraint：Problems in the Fate of Infantile Aggression"（1944），见于她的 *Trauma, Growth, and Personality*（1952），83 – 105；Albert J. Solnit 的文章"Aggression"收录在 *J. Amer. Psychoanal. Assn.*，XX（1972），435 – 450；以及对我而言最重要的一篇文章，亦即 Solnit 的"Some Adaptive Functions of Aggressive Behavior"，其收录于 Loewenstein, Newman, Schur 与 Solnit 等人共同编辑的 *Psychoanalysis：A General Psychology*，

169 – 189。与大部分的精神分析家大相径庭的是，有一群人把弗洛伊德有关死亡欲望的学说看得很认真，其中 K. R. Eissler 算是最令人信服——抑或最令人不服的一位，他在"Death Drive, Ambivalence, and Narcissism"一文当中（发表于 *The Psychoanalytic Study of the Child*，XXVI（1971），25 – 78），为弗洛伊德的这个想法进行了振振有词的辩护。Alexander Mitscherlich 的"Psychoanalysis and the Aggression of Large Groups"（见于 *Int. J. Psycho-Anal.*，LII〔1971〕，161 – 167），则是从精神分析社会心理学的角度加以检视。如想知道一位卓越的精神分析家如何高度怀疑弗洛伊德将攻击行为视为单一实体的可行性，请参阅 Leo Stone 所写的"Reflections on the Psychoanalytic Concept of Aggression"一文，发表于 *Psychoanalytic Quarterly*，XL（1971），195 – 244。

对弗洛伊德"消失"的后设心理学并没有太多评论，其理由是显而易见的。其中，Ilse Grubrich-Simitis 有一篇精彩的论文，叫作"Trauma or Drives; Drive and Trauma: A Reading of Sigmund Freud's Phylogenetic Fantasy of 1915"，是她于 1987 年 4 月 28 日在纽约所开展的有关弗洛伊德的讲座的文本，在此文撰写时仍未出版。她曾发现、解读，并在 *A Phylogenetic Fantasy* 一书中公布弗洛伊德的第 12 篇后设心理学论文。而在上述这篇论文当中，Grubrich-Simitis 语带暗示地将弗洛伊德天马行空的种系发展幻想，和他终其一生周旋于创伤理论与神经症的驱力理论两者间的思想纠葛联想在一起。这个观点恰巧和我在本书中所呈现的弗洛伊德不谋而合：一个处于巨大的潜在挣扎之中的人，一边是想去推论的焦急，一边是自我克制的需要。此外，在 Barry Silverstein 的"'Now Comes A Sad Story': Frend's Lost Metapsychological Papers"一文当中（收录于 Stepansky 所编辑的 *Freud, Appraisals and Reappraisals*，I，143 – 195），也有一些可供参考的推测（另外我也应该唤起人们对于反后设心理学派的注意，该学派选择强调弗洛伊德的临床想法。其中，George S. Klein 几篇受人瞩目的论文，特别是"Two Theories or One?"这篇——收录于他的 *Psychoanalytic Theory: An Exploration of Essentials*（1976）一书，41—71，乃是最具原创性的文章，但最终在我看来并不足以令人信服，此外它们应该和那本著作中的其他论文一起阅读。Merton M. Gill 与 Philip S. Holzman 也从这个观点出发，共同搜集了一些暗示性的文章，并汇编于 *Psychology versus Metapsychology: Psychoanalytic Essays in Memory of George S. Klein*，1976。

关于战后以及战败之同盟国所面临的余波，F. L. Careten 的这本学术性研究 *Revolution in Central Europe*, *1918 – 1919*(1972)，要算是其中最好的说明了，他不但采用发表或未发表过的资料来源，而且还用了许多章节广泛地描述奥地利。John Williams 的著作 *The Other Battleground: The Home Fronts, Britain, France and Germany 1914 – 1918*(1972)则超越了书名的范围，评论了奥地利走向失败的原因。Otto Bauer 的 *Die Österreichische Revolution*(1923)，则是一位社会主义分子所做的陈述。至于 Erika Weinzierl 与 Kurt Shalnik 共同编辑的 *Österreich 1918 – 1938. Geschichte der Ersten Republik*，全两册(1983)，则冷静而精简地呈现出现代学术观点；请读者特别留意 Wolfdieter Bihl 所写的"Der Weg zum Zusammenbruch—Österreich-Ungarn unter Karl I. (IV.)", 27 – 54; Karl R. Stadle 的"Die Gründung der Republik", 55 – 84; 以及 Fritz Fellner 的"Der Vertrag von St. Germain", 85 – 106 等篇。此外在这套书中格外重要的文章还包括：Hans Kembauer, Eduaid März 与 Fritz Weber 共同执笔的"Die wirtschaftliche Entwicklung", 343 – 379; Ernst Bruckmüller 的"Sozialstxuktur und Sozialpolitik", 381 – 436; 以及 Erika Weinzierl 的"Kirche und Politik", 437 – 496 等篇。其中 Karl R. Stadler 这位作家则有英文版的 *The Birth of the Austrian Republic*(1966)一书可供阅读。Anna Eisenmenger 所写的传记 *Blockade: The Diary of an Austrian Middleclass Woman, 1914 – 1924*(译者不详，1932)，则令人感动。此外，值得一读的相关作品还有 Ottokar Landwehr-Pragenau 的 *Hunger. Die Erschöpfungsjahre der Mittelmächte 1917/1918*(1931)。Franz Kadrnoska 所编辑的 *Aufbruch und Untergang. Österrichische Kultur zwischen 1918 und 1938*(1981)，则是一部清晰明朗的姊妹作，其中包括了几篇有关戏院、马戏团、漫画、电影、画家与节庆的论文；Ursula Kubes 的文章 "'Moderne Nervositäten' und die Anfänge der Psychoanalyse", 267 – 280，则与本处特别相关。而 Walter Goldinger 的 *Geschichte der Republik Österreich*(1962)，乃是一部严肃的概论。至于一些回忆录，请特别阅读 Bertha Zuckerkandl 的 *Österreich intim. Erinnerungen 1892 – 1942*(1970)一书，由 Reinhard Federmann 负责编辑。Christine Klusacek 与 Kurt Stimmer 合编的 *Dokumentaltation zur österreichischen Zeitgeschichte*, *1928 – 1938*(1982)，精选了奥地利在这十年间的各方片段。Jacques Hannak 的 *Karl Renner und seine Zeit. Versuch einer Briographie*(1965)则是一本详尽无疑的传记，内容是关于社会主义政治家以及理论家等，并从各种文献中

撷取了丰富的引言。Peter Csendes 的 *Geschichte Wiens*(1981),是一本过于简略的概论。Fraenkel 编辑的 *The Jews of Austria*,又一次选录了好几篇不可或缺的好文章。A. J. May 写了一篇有用的论文"Woodrow Wilson and Austria-Hungary to the End of 1917",收录于 H. Hantsch 等人共同编辑的 *Festschrift für Heinrich Benedikt* (1957),213-242。Klaus Schwabe 的著作 *Woodrow Wilson, Revolutionary-Germany, and Peacemaking 1918-1919*:*Missionary Diplomacy and the Realities of Power* (1971;tr. Rita and Robert Kimber,1985),主题同样也是威尔逊。而以下这三本,则是在这段时间中具有价值的传记,包括 Timms 的 *Karl Kraus, ApocalypticSatirist*,Luft 的 *Robert Musil and the Crisis of European Culture*,以及 Prater 的 *European of Yesterday*:*A Biography of Stefan Zweig*。

Victor Tausk 的自杀事件成为一桩邪恶争议的公案。首先,它在 Paul Roazen 一篇立场鲜明的研究报告 *Brother Animal*:*The Story of Freud and Tausk*(1969)中获得详细的讨论,该文使弗洛伊德成为这起事件的罪魁祸首。接着,K. R. Eissler 在典型的回应作品(不但慷慨激昂,且极为鞭辟入里)——*Talent and Genius*:*The Fictitious Case of Tausk Contra Freud*(1971)上,以及 Eissler 在 *Victor Tausk's Suicide*(1983)当中,均再次做了详细的讨论。

弗洛伊德在维也纳法庭上对于战争精神病所做的证词,K. R. Eissler 在他那本详尽彻底的 *Freud as an Expert Witness*:*The Discussion of War Neuroses between Freud and Wagner-Jauregg*(1979);tr. Christine Trollope,1986)一书中做了讨论。另请参见 Eissler 的"Malingering",收录于 George Wilbur 与 Warner Muensterberger 共同编辑的 *Psychoanalysis and Culture*(1951),218-253。分析家对于军人们尖锐无比的心理创伤的认知,连同其他几篇报告,均在 1918 年布达佩斯所举办的国际精神会议上引起了广泛的注意;对此,请参阅 Sándor Ferenczi, Karl Abraham, Ernst Simmel 与 Ernest Jones 共同执笔的 *Psycho-Analysis and the War Neuroses*(1919;或许是 Ernest Jones 翻译的,1921)。弗洛伊德为这本书所写的"引言"以及"Memorandum on the Electrical Treatment of War Neurotics"这篇,均写于 1920 年,尔后于 1955 年才发表,两者皆很容易在 SE XVII,205-215 页中找到。有一篇开拓性的文章是 Ernst Simmel 以德文写成的 *Kriegsneurosen und psychisches Trauma*(1918),相当具有影响力;M. D. Eder 则是英国当地的一位先驱者,请参阅他的著作 *War Shock. The Psycho-Neurosesin War*:*Psychology and Treatment*

(1917)。

关于1918年后弗洛伊德如何在维也纳度过饥寒交迫的生活,我们在弗洛伊德和几位布达佩斯、柏林及伦敦的密友,以及他和住在曼彻斯特的侄子 Samuel 之间的信件中,都有丰富而详细的线索可寻。另外请参考他的另一位侄子 Edward L. Bernays 所写的短文"Uncle Sigi",见于 *Journal of the History of Medicine and Allied Sciences*, XXXV (April 1980), 216 – 220。Louise E. Hoffman 的一篇清晰文章——"War, Revolution, and Psychoanalysis: Freudian Thought Begins to Grapple with Social Reality",刊登于 *Journal of the History of the Behavioral Sciences*, XVII (1981), 251 – 269,使我获益良多,这篇文章探讨的是战争和那几年的"社会真实面"对于弗洛伊德的想法带来什么样的冲击。而 Stefan Zweig 的著作 *Die Welt von Gestern. Erinnerungen eines Europäers*(1944),特别是"Heimkehr nach Östenich"一章,则蕴涵许多鲜明的细节——有时还可能过于鲜明。而 Prater 的 *European of Yesterday: A Biography of Stefan Zweig*(1982),则冷静地针对 Zweig 过于浮夸的缺点加以改正,特别是第四章"Salzburg and Success, 1919 – 1925"的部分。Richard F. Sterba 所写的自传性文本 *Reminiscences of a Viennese Psychoanalyst*(1982),则分量轻微。至于 Abram Kaidiner 的 *My Analysis with Freud: Reminiscences*(1977),尽管不够透彻,却传达了某些信息,使其堪称弗洛伊德在"战后"的门徒。

关于 Groddeck 这号人物,请特别参酌 Carl M. 与 Sylva Grossman 合写的 *The Wild Analyst: The Life and Work of Georg Groddeck*(1965),这是一本针对 Groddeck 的主张所做的完整书目,虽然简短,却颇受欢迎。Sándor Ferenczi 1921 年评论了 Groddeck 的一本小说,叫作 *Der Seelensucher*(Balint ed., *Schriften zur Psychoanalyse*, II, 94 – 98)。Lawence Durrell 所写的盛赞文章"Studies in Genius: VI. Groddeck",收录于 *Horizon*, XVII (June 1948), 384 – 403,内容相当有趣。Groddeck 针对"It"这个主题所写的主要著作,则有英文版 *The Book of the It*(1923; tr. M. E. Collins, 1950)可供阅读。Margaretha Honegger 则编辑了一本他和弗洛伊德等人的信件集: *Georg Groddeck-Sigmund Freud. Briefe über das Es*(1974)。

如想了解弗洛伊德的社会心理学理论,请特别参阅 Sándor Ferenczi 的 "Freuds 'Massenpsychologie und Ich-Analyse.' Der individualpyschologische Fortschritt"(1922)一文,收录于 Balint 所编辑的 *Schriften zur Psychoanalyse*, II,

122－126；以及 Philip Rieff 的"The Origins of Freud's Political Psychology"，刊登于 *Journal of the History of Ideas*, XVII（1956），235－249。Robert Bocock 于他的 *Freud and Modern Society: An Outline and Analysis of Freud's Sociology*（1976）一书当中，则意有所指地将弗洛伊德看成一位社会学家。顺便一提的是，在哥伦比亚大学典藏稀有书籍与手稿的图书馆中，真的发现了一本附有注解的弗洛伊德手稿——*Massenpsychologie und Ich-Analyse*。

第九章 生死相争

关于弗洛伊德和癌症之间的奋战，Schur 所写 *Freud: Living and Dying* 是一本较具权威的著作，特别是第 13 章到第 16 章的部分；而他的一篇未曾发表的备忘录"The Medical Case History of Sigmund Freud"，则做了一些补充——或在某些点上做了修正！本文注明的日期为 1954 年 2 月 27 日，收录于 Max Schur 的论文集 LC. 中。Anna Freud 写给 Schur 和 Ernest Jones 两人的信件，都使事实更加准确与沉痛。Sharon Romm 的 *The Unwelcome Intruder: Freud's Struggle with Cancer*（1983），则描写了医疗的细节，以及有关弗洛伊德的内、外科医生与手术情况的信息，大部分都是不可多得的资料。我则要感谢 Sanford Gifford 所写的一篇资料丰富却未曾出版的手稿"Notes on Felix Deutsch as Freud's Personal Physician"（1972），其对于 Deutsch 所处的困境深表同情，但还不至于感情用事。而 Deutsch 本人所写的"Reflections on Freud's One Hundredth Birthday"一文，收录于 *Psychosomatic Medicine*, XVIII（1956），279－283，同样也有帮助。我于 1986 年 6 月 3 日与 Helen Schur 之间的访谈，再次证明具有无比的价值。关于弗洛伊德的孙子 Heinele 之信息，我则受惠于 Hilde Braunthal 寄来的一封私人信函，当 Hilde 还是个年轻学子时，曾在 Mathilde 与 Robert Hollitscher 的家里工作过，而 Heinele 生前的最后几个月便是在那里度过的。Hilda Doolittle 的 *Trubute to Freud* 一书回顾了 20 世纪 20 年代到 20 世纪 30 年代的一些往事。George Sylvester Viereck 于 1926 年所做的访问记录，直到 1927 年才单独出版，尔后收录在 *Glimpses of the Great*（1930）一书中，该篇访稿引用了许多独特的话语，不过须审慎阅读。

在 Elias Canetti 的 *Die Fackel im Ohr. Lebensgeschichte 1921－1931*（1980），特别是 137—139 页的部分，对于弗洛伊德在 20 世纪 20 年代的奥地利受到欢迎的

程度，有一些动人又有趣的描述。至于在美国的部分，Ronald Steel 在他的 *Walter Lippmann and the American Century*（1980）一书中所捕捉的浮光掠影，则可由 Lippmann 的书信加以补充，这些信件收录于 John Morton Blum 所编辑的 *Public Philosopher：Selected Letters of Walter Lippmann*（1985）。Alfred Kazin 的著作 *On Native Grounds：An Interpretation of Modem American Prose Literature*（1942；paperback ed., 1956），对弗洛伊德为 20 世纪 20 年代所造成的冲击进行了一些评论；而 Richard Weiss 的 *The American Myth of Success, from Horatio Alger to Norman Vincent Peak*（1969）一书也是如此。Martin Wangh 编辑的 *Fruition of an Idea：Fifty Years of Psychoanlysis in New York*（1962），不但轻薄短小，且有自吹自擂之嫌；真正缺乏的是纽约精神分析机构的完整历史记录；曾经待过该机构的 C. P. Oberndorf，早期写了一篇研究报告，叫作 *A History of Psychoanalysis in America*（1953），这是一部极为个人的著作，不过颇有帮助。David Shakow 与 David Rapaport 共同执笔的 *The Influence of Freud on American Psychology*（1964）一书，更进一步地发挥了 Hale 于 *Freud and the American* 中所说的故事。而能与 Hale 的作品媲美的，则是 John C. Brunham 所写的 *Psychoanalysis in American Medicin, 1894 – 1918：Medicine, Science, and Culture*（1967）。至于 Brunham 的另一本书 *Jelliffe, American Psychoanalyst and Physician*（1983），系由 William McGuire 所编辑，其中也有一些不错的资料，包括 Jelliffe 和弗洛伊德与荣格之间的信件。同时也请参考 John Demos 所写的"Oedipus and America：Historical Perspectives on the Reception of Psychoanalysis in the United States"一文，刊登于 *The Annual of Psychoanalysis*，VI（1978），23 – 39，这是一篇具有反省力与启发性的文章（关于非医学专业分析在美国的状况，请参见以下第十章的书目讨论）。

Uwe Henrik Peters 的 *Anna Freud：A Life Dedicated to Children* 一书（1979；tr. anno. 1985），即使在缺少 Anna Freud 的文献帮助下，仍然以传记作家的努力，勇敢地孤掷下去，无奈成效却不彰，致使我们必须等到 Elisabeth Young-Bruehl 所做的权威传记出炉。她在 1987 年 1 月 15 日于耶鲁大学的精神分析与人文学系 Muriel Gardiner Program 举办的座谈会上，还有在一些对谈当中，以及在 1987 年 5 月 17 日写给我的一封信中，均向她的研究者分享了她的想法。*The Psychoanalytic Study of the Child*，XXXIX（1984）一册当中，收录了一些献给 Anna Freud 的纪念文章，这些都有助于完整地勾勒出这位含蓄但有趣的人物。另请读者特别留意 Joseph Goldstein 的"Anna Freud in Law",3 – 13;Peter B. Neubauer 的"Anna Freud's Concept of Developmental Lines",15 – 27;Leo Rangell 的"The Anna Freud Experience",29 – 42;Albert J. Solnit 与 Lottie M. Newman 合写的"Anna Freud:The Child Expert",45 – 63;以及 Robert S. Wallerstein 的"Anna Freud:Radical Innovator and Staunch Conservative"这篇回忆文。Anna Freud 的侄女 Sophie Freud 也有一本著作——*The Legacy of Anna Freud*(1987),内容亲切而且感人。Kardiner 的 *My Analysis with Freud* 则有一些引人注目的评论。Anna Freud 有一些未发表过的书信,特别是她写给 Max Schur 和 Ernest Jones 的信件,而弗洛伊德也有一些未发表过的信,部分是写给 Ernest Jones 的,还有更多是写给他至死方休的知己密友 Lou Andreas-Salomé 的,这些都有助于传记作家更上层楼(如欲了解 Andreas-Salomé,请参考她的几篇自传性文章,其中最值得注意的是 *Lebensrückblick*,1951,另请阅读 Angela Livingstone 的 *Lou Andreas-Salomé*,1984,此篇仰赖了一些未曾发表过的资料)。当然,在关于 Anna Frend 的资料来源当中,最有用的莫过于她和父亲之间的通信,均收录于国会图书馆的弗洛伊德典藏中。

关于精神分析学在柏林的情形,请参阅 James Strachey 与 Alix Strachey 之间开诚布公(且趣味盎然)的通信,收录于 Perry Meisel 与 Walter Kendrick 共同编辑的 *Bloomsbury/Freud:The Letters of James and Alix Strachey*,*1924 – 1925*(1985)。此外,也请参酌 Festschrift 所写的一本极为有用的著作 *Zehn Jahre Berliner Psychoanalytisches Institut*(*Poliklinik und Lehranstalt*),由 Deutsche Psychoanalytische Gesellschaft 负责编辑,并且收录了 Ernst Simmel, Otto Fenichel, Karen Horney, Hanns Sachs,Gregory Zilboorg 等人针对该机构的规定、学生、病人及计划等各方面所写的短篇报告。Melanie Klein 是首位在柏林崭露头角的人物,至今仍然充满争议,而 Phyllis Grosskuith 为她所写的传记——*Melanie Klein:Her World and Her Work*(1986),尽管非常完整,而且根据的是 Klein 报告中所做的广泛研究,不过仍然无法平息人们对她的争论。我从本书当中获益良多,不过我却无法苟同 Grosskurth 对于 Anna Freud 的过低评价。Hanna Segal 这位克莱因学派(Kleinian)的杰出分子,曾写过两篇非常受用的短篇概论,分别是 *Introduction to the Work of Melanie Klein*(1964)与 *Klein*(1919)。

弗洛伊德为法国所带来的冲击,请参考 Sherry Turkle 这部简短但丰富的著作——*Psychoanalytic Politics:Freud's French Revolution*(1978),作者描述了弗式精

神分析文化的风起云涌。至于弗洛伊德与 René Laforgue 之间的意见交流,系由 Pierre Cotet 翻译成法文,并收录于 André Bourguignon 等人所编辑的 "*Mémorial*" *Nouvelle Revue de Psychoanelyse*,XV(April 1977),236–314。而 Elisabeth Roudinesco 所写的 *La bataille de cent ans. Histoire de la Psychoanalyse en France*, vol. I, 1885–1935(1982)与 vol. II, 1925–1985(1986),同样很有帮助。此外也请参阅 Pobert Baraude 的 *Histoire de la Psychanalyse en France*(1975)一书。精神分析学在法国当然和 Marie Bonaparte 有着难舍难分的关联。可惜的是,Celia Bertin 所写的 *MarieBonaparte*:*A Life*(1982)一书,却相当不扎实,特别是关于 Bonaparte 的想法,以及她为法国的精神分析学所做的组织工作。一本更好的传记仍然是我们的期待。

Hilda Doolittle[H. D.],Kardiner,以及后期的 Jeanne Lamplde-Groot(1985 年 10 月 24 日与我有一场真挚、有趣,且不时感人肺腑的访谈)这几位被分析者,都对弗洛伊德做了一些描述。关于 H. D. 这人,请参见 Janice S. Robinson 所做的全传——*H. D.*:*The Life and Work of an American Poet*(1982),再佐以 Susan Stanford Friedman 的"A Most Luscious 'Vers Libre' Relationship: H. D. and Freud"一文,见于 *The Annual of Psychoanalysis*,XIV(1986),319–343。*Fragments of an Analysis with Freud*(1954)这本书系由 Joseph Wortis 这位"颇具实验色彩"的分析者所写,其中记载了弗洛伊德一些惊人的干涉行为,但最终的结果却令人不满,因为 Wortis 根本就不怎么想被人分析。David S. Werman 两篇收录于 *Int. Rev. Psycho-Anal.* 的文章:"Stefan Zweig and His Relationship with Freud and Rolland: A Study of the Auxiliary Ego Ideal",VI(1979),77–95;以及"Sigmund Freud and Roman Rolland",IV(1977),225–242,对于弗洛伊德那几年的友人与通信者都有厘清。此外,David James Fisher 也有一篇论文,叫作"Sigmund Freud and Romain Rolland: The Terrestrial Animal and His Great Oceanic Friend",刊登于 *American Imago*,XXXIII(1976),1–59。而 Mary Higgins 与 Chester M. Raphael 共同编辑的 *Reich Speaks of Freud*:*Wilhelm Reich Discusses His Work and His Relationship with Sigmund Freud*(1967)一书,则对弗洛伊德的晚年有一些撩拨人心的评论(尽管十分可疑),其中包括 K. R. Eissler 与 Reich 之间的长篇访谈。Albrecht Hirschmuller 发表了两封 Freud 于 Josef Breuer 去世时写给亡者之子的信:"'Balsam auf eine schmerzende Wunde'—Zwei bisher unbekannte Briefe Sigmund Freuds über sein

Verhältnis zu Josef Breuer",收录于 *Psyche*,XLI(1987),55–59。

有关于弗洛伊德对神秘现象的兴趣,或许还可以有更多的著作探讨这个让人困扰的主题。Nandor Fodor 所写的 *Freud, Jung, and Occultism*(1971)一书,几乎没什么定论可言。反观 Jones II,375–407,则非常完整与公正。

第十章　黑暗大陆的摇曳火光

关于 Otto Rank 此人,除了之前所引述过的传记——Lieberman 的 *Rank* 以及 Taft 的 *Otto Rank* 这两本充满敬爱的辛苦结晶,另请参阅 Esther Menaker 的 *Otto Rank: A Rediscovered Legacy*(1983),这本书将 Rank 视为一位自我心理学家的代表,同时回应了 Ernest Jones 针对 Rank 的著作和人格进行的批评。Rank 与 Ferenczi 携手研究的成果 *The Development of Psychoanalysis*(1924; tr. Caroline Newton, 1925),已翻印了不止一次。而 Rank 最受欢迎的 *The Trauma of Birth*(1924; anno., 1929)一书,至今仍然可得。还有一本从他卷帙浩繁的著作中撷取出来的选集,那便是 Philip Freud 编辑的 *The Myth of the Birth of the Hero and Other Writings*(1959)一书,重点在于艺术与神话的部分。至于 Rank 的热衷追随者当中最出类拔萃的一位,要算是晚期的社会学家 Ernest Becker 了,他的两部著作 *The Denial of Death*(1973)与 *Escape from Evil*(1975)便足以为证。

关于焦虑这项主题,*Inhibitions, Symptoms and Anxiety*, *SE* XX, 77–86 这部著作的"编辑引言"特别有帮助。至于涵盖范围较广阔的,则是 Allan Compton 的三段式概论"A Study of the Psychoanalytic Theory of Anxiety",均见于 *J. Amer. Psychoanal. Assn.*。这三篇分别是:I. "The Development of Freud's Theory of Anxiety", XX (1972), 3–44; II. "Developments in the Theory of Anxiety since 1926", XX(1972), 341–394;以及 III. "A Preliminary Formulation of the Anxiety Response", XXVII (1980), 739–774。关于这个主题,Otto Fenichel 还有几篇一如既往的有趣文章,特别是"Organ Libidinization Accompanying the Defense against Drives"(1928),收录于 *Collected Papers* 之第一系列, 128–146; "Defense against Anxiety, Particularly by Libinization"(1934),于 *Collected Papers* 之第一系列, 303–317;以及格外具有原创性的"The Counter-Phobic Attitude"(1939),于 *Collected Papers* 之第二系列, 163–173。Phyllis Greenacre 的论文"The Predisposition to Anxiety"(1941),刊

登于 Trauma, Growth, and Personality, 27-82, 则分成两大部分, 内容颇具说服力, 其将焦虑的倾向一直回溯至子宫时期。同时请参见 Ishak Ramzy 与 Robert S. Walleretein 共同执笔的"Pain, Fear, and Anxiety: A Study in Their Interrelations", 刊登于 The Psychoanalytic Study of the Child, XIII(1958), 147-189; René A. Spitz 的 "Anxiety in Infancy", 见于 Int. J. Psycho-Anal., XXXI(1965), 138-143, 再加上 Spitz 的 The First Year of Life(1965)一书中精彩的资料; Clifford Yorke 与 Stanley Wiseberg 合笔的"A Developmental View of Anxiety: Some Clinical and Theoretical Considerations", 载于 The Psychoanalytic Study of the Child, XXXI(1976), 107-135; Betty Joseph 的"Different Types of Anxiety and Their Handling in the Analytic Situation", 见于 Int. J. Psycho-Anal., LIX(1978), 223-228; 以及它的下一篇文章, 亦即 Leo Rangell 的"On Understanding and Treating Anxiety and Its Derivatives", 229-236。Max Schur 的"The Ego in Anxiety"一文, 收录了 Loewenstein 所编辑的 Drwes, Affects, Behavior, 67-103, 则是一篇较次要的经典作品。对于这个主题较为独立的探讨, 请参考 Silvan Tomkins 的一篇重要文本, 见于他的 Affects, Imagery, Consciousness 之第二册 The Negative Affects(1963), 特别是第511—529页的部分。此外在纽约精神学会的备忘录中, 还有一些开诚布公的讨论, 是关于 Rank 众说纷纭的想法, 目前收藏在纽约精神分析学会的 A. A. Brill 图书馆里。

Theodor Reik 的回忆录 The Search Within: The Inner Experience of a Psychoanalyst(1956)是一本庞大的概要, 其中提供了许多有趣的细节(他从弗洛伊德写给他的信上到处摘录); 而他早期的一本著作 From Thirty Years with Freud(Richard Winston, 1940), 则要精简与深刻许多。Erika Freeman 怂恿 Reik 回忆过往, 成果请参见她的 Insights: Conversations with Theodor Reik(1971)一书。Max Eitingon 与 Ernest Jones 共同编排了一本伟大的评论集, 对象都是一些业余者的分析, 分别(以英文)出现在 Int. J. Psycho-Anal. 第八册(1927)之第174—283页与第391—401页。关于美国人对这些业余分析家的态度, 至今仍未写成一本完整的著作, 但若从它所引起的庞大历史兴趣来看, 这应该是一本众所期盼的书。可惜的是, 纽约精神学会中有关这些业余分析的资料很少。就目前而言, 请读者特别参酌 Jacques M. Quen 与 Eric T. Carlson 共同编辑的 American Psychoanalysis: Origins and Development(1978)。至于 Obemdorf 的 History of Psychoanalysis in America 一书, 则请格外留意第九章的"Status of Psychoanalysis at the Beginning of the Third

Decade",以及第十章的"Stormy Years in Psychoanalysis under New York Leaderehip",这两章皆生动活泼、有主见,可惜都太过简短了些。此外,Hale 的 *Freud and the Americans* 一书,尽管只谈到 1917 年以前,不过却有不错的铺陈;至于 Burnham 的 *Jelliffe* 一书,同样在这个主题上有所帮助。

Jones III(287-301)以心平气和的态度简述业余分析所引起的争议,全文的精简凝练使其特别有助益。K. R. Eissler 的简练特质是不容置喙的;不过他的 *Medical Orthodoxy and the Future of Psychoanalysis*(1965)一书,倒有膨胀的嫌疑,且不时有自我耽溺的离题情况发生,不过在某些部分还算是清晰。近年来的一些贡献,包括 Lawrence S. Kubie 的"Reflections on Training",发表于 *Psychoanalytic Forum*,I(1966),95-112;Shelley Orgel 的"Report from the Seventh Pre-Congress Conference on Training",收录于 *Int. J. Psycho-Anal.*,LIX(1978),511-515;Robert S. Wallerstein 的"Perspectives on Psychoanalytic Training Around the World",见于 *Int. J. Psycho-Anal.*,LIX(1978),477-503;以及 Newell Fischer 的"Beyond Lay Analysis:Pathways to a Psychoanalytic Career"这篇关于美国精神分析协会(American Psychoanalytic Association)的座谈会记录,收录于 *J. Amer. Psychoanal. Assn.*,XXX(1982),701-715。Harald Leupold-Löwenthal 的 "Zur Geschichte der'Frage der Laienanalyse'",刊登于 *Psyche*,XXXVIII(1984),97-120,则网罗了一些补充资料。

那些围绕弗洛伊德对女性发展所做的文章,特别是在性欲方面,许多(事实上是大多数)都是争论不休的,因为这个议题几乎已经完全政治化了。还好有些分析家,无论是男性或女性,仍然保持着理智的头脑。Zenia Odes Fliegel 写了两篇负责任的概论,是关于弗洛伊德的思想脉络的,分别是"Feminine Psychosexual Development in Freudian Theory:A Historical Reconstruction",发表于 *Psychoanalytic Quarterly*,XLII(1973),385-408;"Half a Century Later:Current Status of Freud's Controversial Views on Women"这篇巧妙的后续文章,见于 *Psychoanalytic Review*,LXIX(1982),7-28。此外,这两篇文章也提供了绝佳的书目资料。Harold P. Blum 所编辑的 *Female Psychology:Contemporary Psychoanalytic Views*(1977)一书,则从 *J. Amer. Psychoanal. Assn.* 选录了许多代表性的论文。其中使我收获最丰富的,计有 James A. Kleeman 的"Freud's Views on Early Female Sexuality in the Light of direct Child Observation",3-27,这篇文章对弗洛伊德的想法褒贬皆

俱;Eleanor Galenson 与 Herman Roiphe 合作的"Some Suggestive Revisions Concerning Early Female Development",29 – 57,是一篇非常有趣的文章;Samuel Ritvo 的"Adolescent to Woman",127 – 137,令人信服地从童年时期以前开始说起;William I. Grossman 与 Walter A. Stewart 合写的"Penis Envy:From Childhood Wish to Developmental Metaphor",193 – 212,则是另一篇指出精神分析学内部应予修正的文章;Roy Schafer 的"Problems in Freud's Psychology of Women",331 – 360,敏锐地分析了一些根本的议题;Daniel S. Jaffe 的"The Masculine Envy of Woman's Procreative Function",361 – 392,则探讨了阴茎嫉妒论的另一面;Peter Barglow 与 Margret Schaefer 共同执笔的"A New Female Psychology?",393 – 438,严苛地检讨了近年来一些非精神分析学、半精神分析学与假精神分析学的文章,成果精湛绝伦。几乎所有这些文章都提供了广泛的书目。其他在选集当中所出现的重大文章,则包括 Kleeman 的"The Establishment of Core Gender Identity in Normal Girls. (a) Introduction;(b) Development of the Ego Capacity to Differentiate",收录于 *Archives of Sexual Behavior*,I(1971),103 – 129;以及 Galenson 与 Roiphe 合写的"The Impact of Early Sexual Discovery on Mood, Defensive Organization, and Symbolization",见于 *The Psychoanalytic Study of the Child*,XXVI(1971),195 – 216,本文可由两人的另一篇文章"The Preoedipal Development of the Boy"加以补充(与对照),收录于 *J. Amer. Psychoanal. Assn.*,XXVIII(1980),805 – 828。如想知道1977年的选集之后,还出现了些什么样的资料,请参考 Shahla Chehrazi 进行的清晰整理:"Female Psychology:A Review",见于 *J. Amer. Psychanal. Assn.*,XXXIV(1986),141 – 162。此外也请参阅 Iza S. Erlich 这篇极为有用的短文"What Happened to Jocasta?",刊载于 *Bulletin of the Menninger Clinic*,XLI(1977),280 – 284,本篇适切地提出弗洛伊德的病历中有关母亲角色的问题。同时也可阅读 Jean Strouse 所编辑的 *Women and Analysis:Dialogues on Psychoanalytic Views of Femininity*(1974)一书。

在弗洛伊德阐述女性的性欲发展之后,出现了一些经典的精神分析文本,尽管不免招来某些苛责。其中最受人瞩目的计有 Marie Bonaparte 的 *Female Sexuality*(1951;tr. John Rodker, 1953),这本著作原本是以三篇文章的形式,于1949年发表于 *Revue Française de Psychanalyse* 一书中;Helene Deutsch 的 *The Psychology of Woman*,全两册(1944—1945);以及 Ruth Mack Brunswick 的"The Preoedipal Phase of Libido Development"(1940),刊登于 Robert Fliess 所编辑的 *The Psychoanalytic Reader*(1948),261 – 284。Jeanne Lamplde Groot 的一些论文可在她的合集 *The Development of the Mind: Psychoanalytic Papers on Clinical and Theoretical Problems*(1965)当中取得,这些文章以格外清晰的笔触陈述了弗洛伊德的观点,它们包括:"The Evolution of the Oedipus Complex in Women"(1927),3 – 18;"Problems of Femininity"(1933),19 – 46;针对 Sändor Radó 的评论"Fear of Castration in Women"(1934),47 – 57;以及一篇对于这个问题的极早阶段——有关男性的部分——深具贡献的文章"The Preoedipal Phase in the Development of the Male Child"(1946),104 – 113。另请参见 Joan Riviere 的"Womanliness as a Masquerade"一篇(1929),收录于 Hendrik M. Ruitenheek 所编辑之 *Psychoanalysis and Female Sexuality*(1966),209 – 220。

如想了解 Abraham 对于这个议题的看法,除了可参考他与弗洛伊德的书信之外,另可阅读他所写的"Manifestations of the Female Castration Complex"一篇(1920),收录于 *Selected Papers of Karl Abraham*(1927),338 – 369。Jones 最重要的几篇文章都搜集在 *Papers on Psycho-Analysis*(4th ed.,1938)一书当中,分别是"The Early Development of Female Sexuality"(1927),556 – 570;"The Phallic Phase"(1933),571 – 604;以及"Early Female Sexuality"(1935),605 – 616。

Karen Homey 的文章很容易找到英文版。那些使她形成一股势力的文章,则收录在 Harold Kelman 所编的 *Feminine Psychology*(1967)一书当中,它们包括:"On the Genesis of the Castration Complex in Women"(1924),37 – 53;"The Flight from Womanhood: The Masculinity-Complex in Women as Viewed by Men and Women"(1926),54 – 70;"The Dread of Women: Observations on a Specific Difference in the Dread Felt by Men and by Women Respectively for the Opposite Sex"(1932),133 – 146;以及"The Denial of the Vagina: A Contribution to the Problem of the Genital Anxieties Specific to Women"(1933),147 – 161。此外,她的这本论文集也有一些相关的著作。*The Adolescent Diaries of Karen Homey*(1980)的内容感人且坦诚;而 Mareia Westkott 的 *The Feminist Legacy of Karen Horney*(1986),探讨了其想法的来龙去脉。至于 Susan Quinn(作者让我阅读她的手稿)新出版的传记 *A Mind of Her Own: The Life of Karen Horney*(1987),则公正地处理了霍妮的私生活。

此处不是讨论女权主义者抗议弗洛伊德"阳具中心论"的地方,尽管这是一个有趣的话题;Barglow 与 Schaefer 合写的文章(如前所述)不但强烈而且战斗意味浓厚地捍卫了精神分析学的观点。Juliet Mitchell 这位训练有素的精神治疗者,也是一位活跃的女权主义者,其所贡献的 *Psychoanalysis and Feminism*(1974)乃是一部最值得拜读、也最负责任的研究著作,本书不但能够体谅弗洛伊德的"男性沙文主义",而且还设法超越之。Mary Jane Sherfey 的 *The Nature and Evolution of Female Sexuality*(1972),则以现代生物学作为基础,合理地试着将弗洛伊德的理论加以修正。K. R. Eissler 的" Comments on Penis Envy and Orgasm in Women"一文,收录于 *The Psychoanalytic Study of the Child*,XXXII(1977),29 – 83,则企图将晚近的女权主义以及精神分析文献一并纳入考量。关于女人性欲的精彩历史,以及 19 世纪欧洲对于爱欲的态度,这些都与弗洛伊德的论点息息相关,对此请参见 Peter Gay 的著作 *The Bourgeois Experience* 之第一册 *Education of the Senses*,以及第二册 *The Tender Passion*。我从广大无垠的文海当中,只挑出 Helene Weber 的 *Ehefrau und Mutter in der Rechtsentwicklung Eine Einfuhrung* 一书(1907),这是一本关于奥地利的选集,一如 Richard J. Evans 的 *The Feminists: Women's Emancipation Movements in Europe, America and Australasia 1840 – 1920*(1977)。至于奥地利女性的当代简史,最棒的要算是 Erika Weinzierl 的 *Emanzipation? Österreichische Frauen im 20. Jahrhundert*(1975)这本书及其导读。我们欢迎有更长的历史记录出现。

有关弗洛伊德和他母亲这个动人的主题,除了有 Jones 书内各处,以及 McGrath 的 *Freud's Discovery of Psychoanalysis* 可供参考之外,也请阅读 Eva M. Rosenfeld 的" Dreams and Vision: Some Remarks on Frend's Egyptian Bird Dream"一文,收录于 *Int. J. Psycho-Anal.*,XXXVII(1956),97 – 105;以及 Robert D. Stolorow 与 George E. Atwood 的" A Defensive-Restitutive Function of Freud's Theoiy of Psychosexual Development",这篇重要的论文发表于 *Psychoanalytic Review*,LXV(1978),217 – 238,其对于弗洛伊德和 Amalia Freud 之间的看法与我所见略同。这两位作者十分有效地采用了 Tomkins 的著作: *Affect, Imagery, Consciousness*。Donald L. Burnham 则在" Frend and Female Sexuality: A Previously Unpublished Letter"当中,发表了一封弗洛伊德晚期写给德国精神分析家 Carl Müller-Braunschweig 的信,收录于 *Psychiatry*,XXXIV(1971),328 – 329。

有许多迄今仍未公布的资料，后来都在 Georg Wenzel 所编辑的 *Arnold Zweig, 1887-1968. Werk und Leben in Dokumenten und Bildern*(1978)一书中首次曝光。

第十一章　人性使然

之前我已提过，若有更多与 Ferenczi 相关的著作，那将是一件可喜之事。关于他晚年的情况（以及他的早年），弗洛伊德和他之间的通信（收录于国会图书馆之弗洛伊德典藏中）当然是最基本的资料。Michael Balint 也在 *The Basic Fault: Therapeutic Aspects of Regression*(1968)一书中，特别是第 23 章之"The Disagreement between Freud and Ferenczi, and Its Repercussions"一文当中，提供了一些重要的评论，尽管稍嫌粗略。而 Ferenczi 和晚年好友 Georg Groddeck 之间的书信录 *Briefwechsel 1921-1933*(1986)，则有助于了解真相。Masson 的 *Assult on Truth* 一书中有一章叫作"The Strange Case of Ferenczi's Last Paper"，是关于 Ferenczi 晚年和弗洛伊德的关系，乍看之下似乎很有说服力，实际上则完全不可靠。为了证明弗洛伊德对 Ferenczi 的强烈好感，Masson 在书中引述道：弗洛伊德"经常称呼他（指 Ferenczi）为'爱子'。"事实上，我只见过这个称呼一次，而且弗洛伊德之所以采用它，是为了强调 Ferenczi 的无力长大（请参阅弗洛伊德于 1911 年 11 月 30 日与 12 月 5 日写给 Ferenczi 的信，弗洛伊德与 Ferenczi 书信集，存放于国会图书馆之弗洛伊德典藏）。Masson 主张，Ferenczi 坚持恢复诱惑理论，这使他"葬送了与弗洛伊德之间的情谊"（见 148 页），这点也与事实有所出入。我从国会图书馆的弗洛伊德手稿中所节录的费伦齐诊疗日志，目前正由 S. Fischer Verlag, Frankfurt am Main 付印成书：编者为 Judith Dupont，篇名为"*Ohne Sympathie keine Heilung*"，收录于 *Das klinische Tagebuch von 1932*(1988)。

有关弗洛伊德的反美主义，至今仍未有完整的探讨。Hale 的 *Freud and the Americans* 提供了 1917 年以前的一些背景资料。若想认识弗洛伊德一位最早期、也最严肃的美国支持者——Walter Lippmann，请再次参阅 Steel 的著作 *Walter Lippmann*(至于 Martin J. Wiener 的 *Between Two Worlds: The Political Thought of Graham Wallas*〔1971〕一书，则对 Lippmann 发表了一些有趣的评论）。Burnham 的 *Jelliffe* 同样是一本有用的书。而关于 Bullitt 最彻底的传记研究，要算是 Will

Brownell 和 Richard N. Billings 携手合作的 *So Close to Greatness*:*A Biography of William C. Bullitt*(1987)一书了,我有幸能亲读这部著作的手稿。然而,这本书并不能完全解答弗洛伊德和 Bullitt 针对 Woodrow Wilson 之研究所引发的谜团。为了解构上述那本书,我采用了 Bullitt 写给豪斯陆军上校(Colonel House)的信件(Colonel E. M. House paper,series I,box 21,YMA)。Beatrice Farnsworth 的 *William C. Bullitt and the Soviet Union*(1967)一书,则将焦点集中在 Bullitt 早期的外交任务上,不过很可喜地超越了书名的范围。William Bayard Hale 的 *The Story of a Style*(1920),是一本弗洛伊德相当喜欢,却不愿公开认可的著作,书中仔细剖析了 Wilson 的文体风格。至于美国人对这本书的评价如何,请参阅 H. L. Mencken 执笔的"The Archangel Woodrow"(1921),刊登于 Alister Cooke 编辑的 *The Vintage Mencken*(l955),116-120,文章作者抓住机会大肆批了 Wilson 一顿。

1932 年当 Orville H. Bullitt 和他兄弟 William 住在一起时,他见到了 *Thomas Woodrow Wilson* 这本书的手稿,因而肯定弗洛伊德和 Bullitt 确实共同签署了这本书的每一个章节。到了 1950 年左右,他又再次亲见,而且发现没有改变(请参见 Orville Bullitt 于 1973 年 12 月 6 日写给 Alexander L. George 的信,版权为 Alexander George 所有)。Orville Horwitz 博士也同意他的说法,其乃是他的一位表亲,并且对于 20 世纪 30 年代的这份手稿也非常熟悉(根据 1986 年 5 月 31 日与 Horwitz 的电话访谈)。不过从另一方面来看,这本书的文体却不支持这些人的回忆:有不止一位评论家认为,这本书的导论无疑出自弗洛伊德之笔,然而正文却缺乏他特有的幽默感,以及细腻的构思和表达方式。因此,Max Schur 于 1968 年 1 月 19 日写信给任职于 Houghton Mifflin 出版社的 M. Legru 小姐,信中说道:"对这份手稿的研究清楚地显示出,只有导论部分无疑具有弗洛伊德的文体特征,并反映出其精神分析学的观点,尽管和他的笔迹不符(弗洛伊德所有的信件和手稿都是采用普通写法)。因此我们(Schur,Ernst Freud 与 Anna Freud)必须断定,这是弗洛伊德保留下来的原稿。至于这本书的其他部分,则应该是 Bullitt 所写的,其尽可能地(他的信念是不容怀疑的)运用了自身的记忆,以及他和弗洛伊德会谈过程中与结束之后所作成的记录,而创造出后者赋予他的分析模式。"(版权归 Helen Schur 所有)而弗洛伊德本人则于 1930 年 12 月时告诉 Arnold Zweig:"我正再次为别人的作品写导论,我还不想说这是什么,只能告诉你还是个案分析,不过却是当代的例子,绝对的政治内容。"(Freud to Arnold Zweig,

December 7, 1930. *Freud-Zweig*, 37〔25〕)

我想,最能为这个矛盾自圆其说的解答,便是假定 Bullitt 在弗洛伊德去世之后修改了这份手稿。不过 Anna Freud 一度对此有不同的看法。她在 1966 年 10 月 24 日写给 Max Schur 的信中说道:"你知道我有多么不喜欢 Bullitt,不过我认为这并不是他的作风。"(Max Schur paper, LC.)。反观她在 1966 年 11 月 6 日写给 Schur 的信上却说道:"我相当肯定,导论部分是我父亲自己写的。这是他的风格和思考方式没错,我可以随时对天发誓。我也同样确定,而且同样可以发誓,之后的章节没有一篇是出于我父亲之笔,不管是全部,或是部分。首先,那并不是他的风格;其次,他终其一生都不曾像这本书那样陈腔滥调;第三,他从来不像这本书的做法一样,诋毁或嘲讽任何接受分析的主体。"此外她补充道,她的父亲无疑曾向"Bulitt 建议过一些精神分析学的诠释方式,以便供他采用,不过却没想到它们会被利用成如此笨拙的田地"(Max Schur papex, LC.)。我们从 Anna Freud 于 20 世纪 50 年代中期写给 Jones 的信中可以清楚得知,在他父亲有生之年,她从未见过这份关于 Wilson 的研究手稿(Anna Freud to Jones, April 16 and April 25, Jones papers, Archives of the British Psycho-Analytical Society, London)。Bullitt 本人则于 1955 年 7 月 22 日写信给 Jones,上头提到这本书"是许多搏斗下的产物。弗洛伊德和我都是极端顽固的人:恐怕只有上帝可以多少说服得了我们之中的任何一人。结果,每一个章节,事实上是每一个句子,都成了激烈争辩的主题"。到了 1956 年 6 月,Bullitt 再次写信给 Jones,补充说道:"我(于 1939 年)两度造访伦敦,为了和他(弗洛伊德)讨论某些我认为必要的修正。他同意了这些改变的用字部分,于是我便照做了。不过我认为他的死亡阻碍了进一步的更动。"(两封皆见于 Jones paper,收录于伦敦英国精神分析学会的档案室中)。或许 Anna Freud 对这件事有最好的结语:"无疑,我父亲是过分高估 Bullitt 了。我可从来不会。不过在这类事情上,我父亲是不会任人摆布的。"(Anna Freud to Max Schur, November 6, 1966. Max Schur paper, LC.)。

关于 Horace Frink 的个案,请参见 Michael Specter 的"Sigmund Freud and a Family Torn Asunder: Revelations of an Analysis Gone Awry"一文,刊登于 1987 年 11 月 8 日 *Washington Post*,G 版。而 Frink 文件集,收录于约翰·霍普金斯大学(Johns Hopkins University)的 Frink Alan Mason Chesney 图书馆,也有助于进一步厘清真相。

与弗洛伊德的宗教性格有关的研究当中，Reuben M. Rainey 的论文 *Freud as Student of Religion：Perspectives on the Background and Development of His Thought*（1975）还有一点意思。至于弗洛伊德的犹太特质，弗洛伊德的儿子 Martin 所写的"Who Was Freud?"则是一篇不可不读的文章，收录于 Fraenkel 所编辑的 *The Jews of Austria*，197 – 211。A. A. Roback 的著作 *Freudiana*（1957），包含了"Freud，Havelock Ellis，Pavlov，Bernard Shaw 与 Roman Rolland 等人未发表的书信"，与其说提供信息，不如说令人恼怒。我自由地在我的 *A Godless Jew* 这部著作中发挥这章节的内容，其所涵盖的主题比我在此讨论的还要丰富（与弗洛伊德之犹太特质相关的书目，请参见底下第十二章的论文）。

曾经赞扬过 *Civilization and Its Discontents* 一书的作品，包括 Paul Roazen 的 *Freud：Political and Social Thought*（1968）这篇概论，其中有几页探讨了人类的政治天性。如想从弗洛伊德的观点出发，检讨他的想法所隐含的社会意涵，请参见 J. C. Flugel 所写的 *Man，Morals and Society：A Psycho-Analytical Study*（1945）这本有趣的著作。R. E. Money-Kyrle 的 *Psychoanalysis and Politics：A Contribution to the Psychology of Politics and Morals*（1951），也从同样的观点出发，是一本精简但丰富的论文。Rieff 的 *Freud：The Mind of the Moralist* 一书中，有一篇佳作叫作"Politics and the Individual"。Heinz Hartmann 将弗洛伊德的演讲进行相当程度的扩充，而写成 *Psychoanlysis and Moral Values*（1960）一书，为超我的概念，以及弗洛伊德的社会与政治理论（大都隐讳不宣）做了复杂的辩护，值得细细阅读。此外，关于超我的概念，也请参考 Michael Friedman 的"Toward a Reconceptualization of Guilt"，收录于 *Contemporary Psychoanalysis*，XXI（1985），501 – 547，本文探讨了弗洛伊德之后的重新思考，包括 Melanie Klein，以及诸如 W. R. D. Fairbairn 与 D. W. Winnicott 这几位研究客体关系的理论家。Talcott Parsons 这位杰出的美国社会学家，在几篇重要的论文当中，研究了弗洛伊德的想法所产生的社会意涵，特别是"The Superego and the Theory of Social Systems"（1952）这篇，其和几篇有关父亲禁忌与乱伦禁忌的论文，均收录在 *Social Structure and Personality*（1964）一书当中。Bocock 的 *Freud and Modern Society* 这部著作，再次证明有所帮助。我曾试图在"Liberalism and Regression"一文中，见于 *The Psychoanalytic Study of the Child*，XXXVII（1982），523 – 545，举例说明历史学家如何将精神分析学融入文化中。

第十二章　死于自由

那场最严重的经济灾难——最终更导致政治灾难——肇始于1929年秋天，接着便引发了20世纪30年代的种种事件，将这场灾难捕捉得最好的，乃是John A. Garraty 的 The Great Depression(1986)一书，这是一本相当不错的比较研究书籍，并且涵盖了一些有关奥地利的评论。至于弗洛伊德1933年至1938年间在奥地利的生活景况，请特别参考弗洛伊德和Zweig的通信，以及弗洛伊德稍后写给 Lou Andreas-Salomé 与 Max Eitingon（1933年后在巴勒斯坦）的部分信件。Schur 的 Freud, Living and Dying 是一本不可或缺的书，见证了弗洛伊德在希特勒统治下的那几个月。而 Clark 的著作 Freud，尤其是第23章的"An Older for Release"，其中有部分是根据外交文献写成的——这些文献却被其他的传记作者所忽略，而我则无拘无束地大力采用。Josefine Stross 博士从1938年5月到弗洛伊德去世这段时间，一直和弗洛伊德保持亲近（表面上看来），他很好心地使我对那几个月里的弗洛伊德有更多的认识。Detlef Berthelsen 的 Alltag bei Freud. Die Erinnerungen der Paula Fichtl 一书（我阅读的是校订本，本书于1988年出版），则提供了许多弗洛伊德家族中极为私密的细节，这些信息都是由一位自1929年开始便为弗洛伊德一家人工作的佣人所追述的。这些"揭露出来的真相"包括：Fichtl 这位如同处女般羞怯的人，不小心瞥见弗洛伊德的阴茎而吓了一跳；不过整体而言，这是一位老仆人天马行空的回忆，而不是一本足以信赖的文献。Carl Zuckmayer 所做的自传 Als wär's ein Stück von mir. Horen der Freundschaft(1966)，特别是64—95页，历历如绘地记录了他在1938年3月于奥地利（包括维也纳等地）的体验。关于奥地利在 Anschluss 统治下的情况，我已在第八章的论文中探讨过一些最佳书目，其中请特别参见 Kadrnoska, Goldinger, Zuckerkandl, Klusacek, Stimmer, Hannak, Csendes, Weinzierl 与 Skalnik 等人的作品。上述最后两位所编辑的 Österreich 1918–1938 一书中，有一篇文章应该特别提起，那便是 Norbert Schausberger 执笔的"Der Anschluss"，517–552。其他一些有用的书籍则包括：Christine Klusacek, Herbert Steiner 与 Kurt Stimmer 共同编辑的 Dokumentation zur Österreichischen Zeitgeschichte, 1938–1945(1971)，书中的前两段涵盖了有关 Anschluss 和奥地利的丰富资料（而且惊人），在第二次世界大战爆发后,奥地利失去国土成为东马克省;另外还有 Christine Klusacek 的 *Österreichs Wissenschaftler und Kunstler unter dem NS-Regime*(1966),将那些受到迫害的科学家(包括弗洛伊德)、艺术家以及他们的命运等,以简洁有力的方式加以列举。Dieter Wagner 与 Gerhard Tomkowitz 合写的"Ein Volk,ein reich,Ein Führer!",收录于 *Der Anschluss Österreichs 1938*(1968),则是一篇报道式但十分可靠的文章,其中还包括一些 1938 年 3 月时犹太人遭到虐待的翔实照片;此外,请再次参考 Fraenkel 编辑的 *The Jews of Austria* 一书中的某些篇章,特别是 Herbert Rosenkranz 所写的"The Anschluss and the Tragedy of Austrian Jewry,1938 – 1945",479 – 545,记载了一些骇人的数据,以及同样可怖的回忆。同时请阅读 T. Friedmann 所编辑的"*Die Kristall-Nacht*"*Dokumentarische Sammlung*(1972),记录了 1938 年 11 月时犹太教堂与社区中心——当然还有犹太人本身——所受到的惨烈攻击。Raul Hilberg 的 *The Destruction of the European Jews*(1961;2d ed.,1981)一书,尽管对于犹太人的被动性格这个笼统的主题有可议之处,不过它的学术成就仍然无懈可击。在 Martin Gilbert 编辑的 *The Macmillan Atlas of the Holocaust*(1982)中,还有一些其他的数据是关于希特勒统治下的奥地利犹太人的。诚如本文所显示的,那些维也纳的记者每日所发布的新闻,主要刊登于 *New York Times*,*Mancheste Guardian* 以及伦敦 *Daily Telegraph* 这几份媒体上,对这些事件来说,都是一些丰富的证明。

在 Karen Brecht 等人共同编辑的"*Hier geht das Leben auf eine sehr merkwurdige Weise weiter……*"*Zur Geschichte der Psychoanalyse in Deutschland*(1985)中,一清二楚地记录了希特勒统治时期的德国精神分析家和心理学家,是一本有条不紊而又资料丰富的目录。不过这本书应该由 Geoffrey Cocks 的著作 *Psychotherapy in the Third Reich:The Goering Institute*(1985)加以补充,这本书倾向于认为有几位精神分析家从纳粹的魔掌中存活了下来,不过在我看来,证据似乎不足以全然支持其观点,即便如此,本书仍不失为一本博大精深与完美的中庸之作。在关于德国纳粹的浩瀚书海当中,Karl Dietrich Bracher 的 *The German Dictatorship:The Origins,Structure,and Effects of National Socialism*(1969;tr. Jean Steinberg,1970),始终保有它的权威性。

弗洛伊德的犹太特质继续引起越来越多的评论。如欲了解我个人的观点,请再次参考本人的著作:*A Godless Jew*。此外我也在"Six Names in Search of an

Interpretation"一文当中,为我的立场做了部分的辩护,之前已引述过。Justin Miller 的"Interpretation of Freud's Jewishness, 1924 – 1974"一篇,刊登于 *Journal of the History of the Behavioral Sciences*, XVII(1981),357 – 374,则无所不包地概论了半个世纪以来的文章。早期有一篇试图为弗洛伊德定位的重要文章,乃是 Ernst Simon 所写的"Sigmund Freud, the Jew",见于 *Leo Baeck Yearbook*, II(1957),270 – 305,本篇应与 Peter Loewenberg 的文章"'Sigmund Freud as a Jew': A Study in Ambivalence and Courage"一起阅读,收录于 *Journal of the History of the Behavioral Sciences*, VII(1971),363 – 369。我则要感谢 Martin S. Bergmann 所写的"Moses and the Evolution of Freud's Jewish Identity",刊登于 *Israel Annals of Psychiatry and Related Disciplines*, XIV,1976,3 – 26,本文十分费力地探讨了弗洛伊德对这个主题的看法,并对其父亲的宗教特质做了一些有趣的观察。Marthe Robert 的著作 *From Oedipus to Moses: Freud's Jewish Identity*(1974;tr. Ralph Manheim,1976),是一部深刻而细腻的诠释文本,尽管它可能夸大了弗洛伊德对摩西这位遇害先知的认同。Stanley Rothman 与 Phillip Isenberg 共同执笔的"Sigmund Freud and the Politics of Marginality",见于 *Central European History*, VII(1974),58 – 78,则高明地排除了一些带有偏见的误读。同一位作者的文章"Freud and Jewish Marginality",刊登于 *Encounter*(December 1974),46 – 54,也有助于揭穿 Schorske 的"Politics and Patricide in Freud's *Interpretation of Dreams*"(已引述过)一文之谬误。Henri Baruk 的"La signification de la psychanalyse et le Judaisme",收录于 *Revue d'Histoire de la Médicine Hébraique*, XIX(1966),1528,53 – 65,则对弗洛伊德多有批评,同时有效地摒除了一些牵强附会的观念,诸如 David Bakan 在 *Sigmund Freud and the Jewish Mystical Tradition*(1958)一书中坚称(实际上并无令人信服的证据),弗洛伊德曾深受 Kabbalah[犹太教神秘学传统。——译者注]的影响(最会挑剔 Bakan 的评论家,要算是 Harry Trosman 和他那本之前引述过的 *Freud and the Imaginative World* 一书了,除此之外,这本书还包括了一些有趣的评论,是关于弗洛伊德的犹太身份认同)。A. A. Roback 的著作 *Jewish Influence in Modern Thought*(1929),则与 Bakan 同样站在这个有问题的阵线上,不过书中还纳入了几封弗洛伊德写给作家本人的信函。此外请参阅 Roback 的 *Freudiana* 一书。Sander Gilman 执笔的 *Jewish Self-Hatred: Anti-Semitism and the Hidden Langunge of the Jews*(1986),尽管将自我仇恨的主题处理得巧妙无比,但它的偏激反常仍让

我为之一惊。Mortimer Ostow 编辑的 *Judaism and Psychoanalysis*(1982)一书,提供了琳琅满目的文章,包括一篇从 Rabbi Richard Rubinstein 的 *The Religious Imagination*(1968)这部挑拨十足的研究著作中摘录出来的章节。不过我倒比较欣赏 Bergmann, Rothman 与 Isenberg, 甚至是 Robert 等人所做的冷静分析。对于弗洛伊德的犹太认同这个主题来说,犹太人特有的幽默感将是一个不可忽略的线索。Kurt Schlesinger 的"Jewish Humor as Jewish Identity"一文,收录于 *Int. Rev. Psycho-Anal.*, VI(1979), 317 – 330, 是一项有用的尝试。Theodor Reik 本人也曾采用过这个主题,其中最受人瞩目的文章乃出现于 *Jewish Wit*(1962)一书。同时也请参见 Elliott Oring 的 *The Jokes of Sigmund Freud: A Study in Humor and Jewish Identity*(1984), 这是一部简短、具有暗示性,且有点欠缺幽默感的作品。"Mein Onkel Sigmund"这篇乃是 Richard Dyck 与弗洛伊德的侄子 Harry 的访谈记录,后者断然否认他那位鼎鼎有名的叔叔是个无神论者,不过在阅读这篇文章时,必须略带三分怀疑。Avner Falk 所写的"Freud and Herzl"一文,收录于 *Contemporary Psychoanalysis*, XIV(1978), 357 – 387, 则根据弗洛伊德对于 Herzl 的观念认识作为基础,检视了弗洛伊德的犹太特质。

在上述所提的这些书目当中,许多都讨论到弗洛伊德的 *Moses and Monotheism* 一书,尤其是 Bergmann 的"Moses and the Evolution of Freud's Jewish Identity"这篇,以及 Robert 的 *From Oedipus to Moses*。再加上 Rieff 的 *Freud: The Mind of the Moralist* 之第六章:"The Authority of the Past";以及 Edwin R. Willace IV 的两部作品:*Freud and Anthropology* 与"The Psychodynamic Determinants of *Moses and Monotheism*",发表于 *Psychiatry*, XL(1977), 79 – 87。此外还请参阅 W. W. Meissner 的 *Psychoanalysis and Religious Experience*(1984)之第五章"Freud and the Religion of Moses",本章有着详细的讨论;以及 F. M. Cross 的"Yahweh and the God of the Patriarchs"这篇,收录于 *Harvard Theological Review*, LV(1962), 225 – 259。在 Leonard Shengold 的"A Parapraxis of Freud's in Relation to Karl Abraham"一篇当中,见于 *American Imago*, XXIX(1972), 123 – 159, 出现了一些有趣的臆测,是关于弗洛伊德为何没有提到 Abraham 早期对阿蒙霍特普四世所做的研究报告(1912), 这位国王乃与弗洛伊德对古埃及的知性探索息息相关。

根据几位目击者的陈述,我们多少领略了弗洛伊德最后一年半载的生活情景。Woolf 夫妇对于 1939 年早期与弗洛伊德在 Maresfield Gardens 20 号住所的茶叙，有一些惊人的回忆——而且两人说法似乎有些不符，详见 Leonard Woolf 所写的 *Downhill All the Way*(1967)，95 – 96，163 – 169；以及 Anne Olivier Bell 主编、Andrew McNeillie 协力的 *The Diary of Virginia Woolf* 一书之第五册，1936—1941，202，248 – 252。Hanns Sachs 在 *Freud：Master and Friend* 的第九章"The Parting"中，向弗洛伊德表达了他的告别；此外，Jones 也在他的 Jones III 之第六章"London，The End"中，致上他的道别之意。

弗洛伊德有一封著名的信件，是写给一位不知名的美国母亲，内容谈及她那位具有同性恋倾向的儿子，关于这封信请参阅 Henry Abelove 的"Freud，Male Homosexuality and the Americans"这篇有用的文章，收录于 *Dissent*(Winter，1986，59 – 69)。

除了这些寻常的讣文以外，在 *American Psychoanalytic Association Newsletter*，III(December，1969)之第2页当中，还有一篇 Max Schur 的回忆文章，不过太简短就是了。至于我对弗洛伊德生命余日的看法，请参见本书第12章的最后一条注释。

后　记

　　在撰写这本书的过程中，我遇到了一个有趣、但我认为相当可疑的描述，这桩事件应该发生在伯格巷19号的这间寓所。芭芭拉·汉娜在她那本令人赞叹的"传记回忆录"——Jung:His Life and Work（已引述过）中报告说，1938年3月中旬，纳粹入侵奥地利之后没多久，小弗朗茨·里克林——荣格的长年友人弗朗茨·里克林之子——"便立刻被一些极为富有的瑞士犹太人派遣进入奥地利，身上带了一笔数额庞大的金钱，竭尽所能地说服那些犹太领导分子，在纳粹开始迫害他们之前尽速离开该国"。这位即将年满30岁的里克林，当时才正要展开他的医学生涯，他认为这项任务之所以选上他，是因为他的镇定自若和"极像日耳曼人的外表"。整体而言，他"极其成功地完成了这项使命"，可惜却在弗洛伊德的身上失败了。里克林的父亲曾力劝他的儿子，要弗洛伊德赶紧离开奥地利，并且"要利用最掩人耳目的交通工具离开"。不过当年轻的里克林前去拜访弗洛伊德，并且"向他解释情况"时，无奈弗洛伊德却坚决地说："我拒绝理睬我的敌人们。"尽管里克林费了九牛二虎之力向他解释情况，并坚持表明他的父亲，或荣格对弗洛伊德都未怀有任何敌意。可惜弗洛伊德只是重申他的坚定立场。不过，汉娜总结道，弗洛伊德一家人还是非常客气地对待这位传话者，甚至还邀请他共进晚餐。

　　汉娜的描述仅止于此。此外她便没有再提出关于这则惊人故事的任何资料，不过既然她与年轻的里克林私交甚笃，而且经常在荣格那里和他碰面，所以里克林很可能便是她的消息来源。然而她的陈述却有一些破绽，比方说：那些"极为富有的瑞士犹太人"一定知道纳粹在进入奥地利的同时，便已经展开了迫害犹太人的行动。更重要的一点是，这些瑞士犹太人居然会挑上弗洛伊德最著名的敌人之子，作为他们的使节，这听起来不大可能。此处只有弗洛伊德刚毅且不妥协的拒绝态度似乎是真实的。因此，我决定把这项报告搁在一旁。

接着在去年,当这本传记的内文已经付梓之后,罗伯特·S.麦卡利博士(如今是一名心理学教授,但在20世纪60年代中期,他是纽约市康乃尔大学医学院的精神病学教员之一,并在当地的荣格学院接受训练)部分证实了汉娜的陈述,同时做了重大的修正。当这位年轻的里克林在纽约演讲时,麦卡利和他碰了面,并且聆听了他那次前往维也纳的任务细节。他记得里克林所说的是,当时的一万美金其实是荣格和里克林从他们自己的存款中凑起来的,而不是来自那些有钱的瑞士犹太人,他们希望将这笔钱直接送到弗洛伊德的手中。当里克林抵达伯格巷19号时,安娜·弗洛伊德却只把门开了一半,而不让他进来,同时还说她的父亲不想接见他。接着弗洛伊德来到门口,然后说了汉娜引述的那些话:"我拒绝理睬我的敌人们。"里克林向麦卡利回忆道,弗洛伊德一家人的敌意是如此强烈,使他不得不离开,返回苏黎世,而那笔钱还放在他的腰缠上[Robert S. Mc-Cully, "Remarks on the Last Contact Between Freud and Jung", *Quadrant*: *Journal of the C. G. Jung Foundation*, New York, XX (1987), 73 – 74]。

麦卡利博士(我已向他请教过)对于里克林的陈述记得非常清楚,而他的版本一听起来就比汉娜的版本可信也有趣许多。它将使我们对荣格有一番新的认识。根据麦卡利博士的信件,他只怀疑"汉娜是如何知道她所描述的这件事",不过他倒是相当确定小弗朗茨·里克林(如今已去世)既没看过她的手稿,也没接受过她的征询。诚如我提过的,无论汉娜的说法有多么混淆,我几乎可以毫无疑问地相信,她的消息来源一定是里克林本人。不过在欠缺公正记录的情况下——毕竟我手上只有两篇转述的报道——我决定不把最后这章从印刷厂抽回,以便把这个精彩的故事加入内文之中。不过它还是值得记上一笔。说不定,一旦我们被允许接触荣格的文献之后,这个故事将会晋升为一则历史真相。

致 谢

我用了两年半短暂而紧张的时间写这本书,不过写作的准备从很久以前就开始了。我对弗洛伊德的兴趣可以追溯到 20 世纪 40 年代晚期的研究生时代。70 年代中期,西方新英国精神分析研究院(Western New England Institute for Psychology)接受了我的求职申请,研究弗洛伊德成了我作为历史学家的工作核心。这一资格给了我可贵的机会,无拘无束地畅游在精神分析的世界。这段经历在写这部传记的过程中发挥了无法估量的作用,不过与此同时,我遵循历史学家的职业疏离,避免理想化的倾向,虽然弗洛伊德认为那是传记作者逃不掉的命运。

考虑到写作和酝酿时间的悬殊差距,我想起了惠斯勒(Whistler)的一句著名的话,他控告拉斯金(Ruskin)诽谤罪,因为后者形容他的一幅画像是"纨绔子弟把一罐颜料泼在观众脸上"。拉斯金的辩护律师展示了惠斯勒的画作《黑和金的小夜曲:坠落的烟火》,问他用了多长时间画的,惠斯勒的回答值得铭记:"我的一生。"现在应用到写作弗洛伊德的传记上,"我的一生"无疑是夸张的说法。不过在写作过程中,我有时会感觉所有的时间都耗在这上面了。幸运的是,我拥有档案保管员、图书馆管理员、朋友和同事们长久的支持。连素不相识的人也在演讲后找到我,或者在看过我的课题计划后主动给我提供素材,表达了他们的兴趣。

我曾经在其他作品里有机会提及,对话——赋予这个被滥用之词真正的含义——带来了便利,而且事实再次证明了对话的作用:通过正式的讲座引出问题和评论,有时激起异议,有几次还读到了未发表的信件。1985 年以来,我应邀向各种听众演讲,谈我正在准备的传记,谈弗洛伊德生平的实质问题,谈精神分析学与历史和传记的关系,谈目前关于弗洛伊德的公众认知的派系之争。我始终享受这些机会,通常也从中获益。1985 年,我在克拉克大学谈论弗洛伊德在文学方面的喜好,在印第安纳历史学会和美国心理学协会谈论精神分析学和历史学家的关系,在休斯敦的莱斯大学和荷兰格罗宁根的一次大型讲座上,我也详细考察过这个课题,虽然重点各不相同。1986 年,我在耶鲁大学或多或少的几次非正式讨论会上继续报告这个系列——在希勒尔基金会(Hillel Foundation)和一次耶鲁校友聚会上,听众是我那个系的毕业生和建筑学院的学生;还在医学图书馆的朋友面前开展经过充分练习的演讲。那年,我演讲的地方还有斯托尼布鲁克的纽约州立大学、俄亥俄州阿森斯的俄亥俄大学、波士顿精神分析协会、圣地亚哥的加利福尼亚大学(一次欢乐而感人的庆祝会,纪念 H. Stuart Hughes 的受尊敬的职业生涯)、北卡罗来纳夏洛特的南部历史协会的一次午聚会;在辛辛那提的希伯来联合学院,我得到了尤其令人高兴和有价值的机会,用一周时间谈论不信上帝的犹太人弗洛伊德。1987 年,我在芝加哥精神分析学会演讲,那是芝加哥大学的一个精神分析学和社会科学的专题讨论会,还在我母校医学院的博蒙特俱乐部作为第二乔治·罗森讲师(George Rosen Lecturer)讲课,最后面对的是耶鲁人文学科中心的研究员同行。如前所述,这些经历激励了我,它们极其宝贵,至少对我而言。我非常感谢这些听众,并深深觉得有义务感谢其他很多人,我只能希望在致谢时没有任何遗漏或怠慢。

首先,我非常感激国会图书馆手稿与档案部门的手稿历史学家 Ronald S. Wilkinson。他管理着最大、最有价值的弗洛伊德资料的宝库,毫无保留地与我分享了这些知识,以及别处的资料;他慷慨又富于想象力,使我查找文献的工作轻松了不少。Mark Paterson 是科尔切斯特(Colchester)附近的威文霍(Wivenhoe)的西格蒙德·弗洛伊德作品版权主管,他热诚地让我查看他那里关于弗洛伊德的全部资料,Celia Hirst 和 Jo Richardson 这两位档案保管员是他能干的助手。弗洛伊德博物馆坐落于伦敦汉普斯特德的曼斯菲尔德田园街 20 号,在我写这本书期间,馆长 David L. Newlands 一直欢迎我,博物馆的 Steve Neufeld 帮我节省了无数时间,向我提供非常宝贵的信息,使我发现了一些罕见的珍品。Pearl H. M. King 是伦敦的英国精神分析协会档案馆的荣誉档案保管员,他准许我仔细查阅和使用丰富的 Ernest Jones 的论文,使我得以重整 Jones 的弗洛伊德传记,同时档案馆的执行官员 Jill Duncan 回应了我的询问,并帮我查找一些重要信件。先是 Ellen Gilbert,然后是 David J. Ross,这两位图书档案管理员在纽约精神分析学会的 A. A. Brill 图书馆友善地接待我,并指导我查看令人好奇的藏书,主要是接受弗洛伊德的精神分析的美国人的文章(但不仅限于此)。哥伦比亚大学的珍本和手稿图书馆的 Kenneth A. Lohf 和 Rudolph Ellenbogen 帮助我查阅 Otto Rank Collection 收藏品。关于弗洛伊德和他侄子萨穆埃尔之间的揭示真相的通信,最现成的来源是英国曼彻斯特的 John Rylands 大学图书馆的手稿保管人 Glenise A. Matheson。耶鲁大学图书馆的手稿和档案文件的首席研究员 Judith A. Schiff 一如既往地帮助我,这次主要是关于 E. M. House 上校的文章。纽约 Leo Baeck 学会的助理档案员 Alan S. Divack 提供给我一些未公开发表过的信件。纽约公共图书馆的 Arents Collection 收藏品的管理人 Bernard McTigue 让我查阅弗洛伊德的一封关于他的抽烟习惯的信件(以前公开发表过,但是文字识别有错误)。我还要感谢胡佛战争、革命与和平机构的助理档案员 Elena S. Danielson,她交给我一封弗洛伊德写给 Paul Hill 的信。还有阿姆斯特丹的国际社会历史学会的 A. M. J. Izermans,他准许我复印弗洛伊德写给 Hendrik de Mann 的一封信件的一部分。奥斯汀的德克萨斯大学的 Harry Ransom 人文学科研究中心的 Sally Leach 帮助我查找弗洛伊德家人和布兰奇·克诺夫的一些通信。我发现耶鲁大学医学图书馆的历史藏书室(管理人是 Ferenc A. Gyorgyey)一如既往地对我热情友好。

我最感谢那些自愿提供关于弗洛伊德生活中不为人知的事件或者没有公开发表过的材料的人们。J. Alexis Burland 寄给我一封在第一次世界大战后不久弗洛伊德写给他父亲的令人着迷的信件,并提供了相关背景。Anton O. Kris 和他的姐妹 Anna K. Wolff 亲切地送我弗洛伊德写给埃内斯特·克里斯和奥斯卡·里依的几封信,并补充了一些逸闻。Sanford Gifford 寄给我关于 Felix Deutsch 未发表的手稿,其中包含有价值的、迄今无人知道的材料。在美因河畔法兰克福(Frankfurt am Main)的菲舍尔出版社(S. Fischer Verlag)的我的编辑 Willi Köhler 在出版前寄给我一些重要的资料。Josefine Stross 在弗洛伊德晚年时与他家交往甚密,她回忆了一些有所助益的事,又不违背她作为内科医生的守密承诺。

前不久去世的珍妮·兰普尔-德·格罗特是知名的荷兰精神分析学家,接受了弗洛伊德的精神分析,作为弗洛伊德的另一位传记作者,她也克服了她的怀疑论。1985 年 10 月 24 日,我在她阿姆斯特丹的家里进行了一次值得纪念的采访。海伦·舒尔从最开始就不是怀疑论者,1986 年 6 月 3 日她也让我进行了采访,并且做得更多:她在记忆和保险柜中搜寻,找出她丈夫和弗洛伊德的通信,提供了阐明弗洛伊德晚年的线索。我有幸第一个查阅国会图书馆收藏的马克斯·舒尔的文章,它们充实了本书的第十一和十二章。菲舍尔出版社的 Ingeborg

Meyer-Palmedo 不厌其烦地送给我弗洛伊德和爱德华多·魏斯通信的修正版本。我还想补充，我尤其感谢精神分析学家、编者和作者 Ilse Grubrich-Simitis，她用信件和谈话的方式帮助我，还非常体贴地提供极重要的长条校样（例如弗洛伊德和弗利斯的德语原文信件），其后很久世人才能看到它们。她知道，她的弗洛伊德就是我的弗洛伊德，不过为了帮我弄清楚，她还是做了许多。

朋友们通过有益的谈话和通信激励我，确实让我一次又一次地从中获益。Janet Malcolm 关于精神分析的妙趣横生而精确无误的作品，既能教育对此无知的外行，又能让博学的人感到高兴，给读者带来纯粹的愉悦，用德国人的说法，就像一位交谈搭档。Katwan 家的 Jackie 和 Gaby 非常优秀。Iza S. Erlich 是执业精神分析学家，也是受尊重的朋友，十多年间她常常和我谈论弗洛伊德，送给我一篇她写的令人大开眼界的论文，并指点我如何查找其他人的论文。Elise Snyder 是忠实的帮手，尤其是为我打开了大门（虽然不仅如此）。多年来，由于 Susanna Barrows 的帮助，我的学术生涯过得既轻松又愉快。Peter Loewenberg 对我和我的工作始终宽宏大量，他探究理论上的问题，送选刊，指引我寻找信息资源。在 Juliette L. George 和她的丈夫 Alexander 的帮助下，我对弗洛伊德和蒲立德关于伍德罗·威尔逊的研究的理解充实了许多。Jay Katz 告诉我关于安娜·弗洛伊德真实有趣的故事，让我在书中引用。Joseph Goldstein 是我的一位主要支持者，我必须说，他让我对精神分析学家的印象更好。Albert J. Solnit 同样如此，他是我的同事和朋友，我欠了他相当多的情，他给我恰到好处的鼓励和准确的信息，还有及时获取难以找到的资料的渠道。十几年间，Ernst Prelinger 和我多次进行过关于弗洛伊德的有价值的讨论，他还给这本书写了评论。前不久去世的朋友 Richard Ellmann 撰写的詹姆斯·乔伊斯传记激励了我，他当时帮我澄清了几个模糊的问题，我非常怀念他。Martin S. Bergmann 让我看了他关于爱情的精神分析和历史研究的原稿，送给我有价值的选刊，我们和 Marie Bergmann 一起围绕着弗洛伊德进行持续交流。James Kleeman, Richard Newman, Morton Reiser, Samuel Ritvo, Paul Schwaber, Lorraine Siggins 是西方新英国精神分析研究院的几位分析家，我也许可以说和他们不只是点头之交，他们提供信息、印刷资料以及（对于在敏感地带搜寻文件的人来说是非常宝贵的帮助）策略上的忠告，我应该感谢他们。关于我们对安娜·弗洛伊德的评价的分歧，Phyllis Grosskurth 和我进行过平和的辩论。William McGuire 耐心与我分享他的关于荣格、费伦齐、萨宾娜等人的学术资料。与 Ivo Banac、John Demos、Hannah S. Decker 和 David Musto 的交谈也使我受益匪浅。Stanley A. Leavy 帮助我获得欧内斯特·琼斯的关于滑冰的专论。我的朋友 C. Vann Woodward 和 Harry Frankfurt 都是出色的听众,或者当我需要回应时,他们也是出色的怀疑者。Bob Webb 和 Pattie Webb 三十年来一直是我温柔亲切的朋友,一如既往,我在华盛顿特区逗留时他们让我非常快乐。Joe 和 Millie Glazer 同样如此。耶鲁大学出版社的 Gladys Topkis 是我的老友,给我提供的帮助远远超过一位老练编辑的职责范围,她极好地理解作者的需要,即使当我正在为另一个出版商写书的时候。

我还要感谢这些人自愿提供情报、回答问题和赠送选刊或书籍:Henry Abelove, Ola Andersson, Roger Nicholas Balsiger, Hortense K. Becker, Steven Beller, Edward L. Bernays, Gerard Braunthal, Hilde Braunthal, Paul Brooks, Robert Byck, Edward T. Chase, Francis Crick, Hana Davis, Howard Davis, George E. Ehrlich, Rudolf Ekstein, Jason Epstein, Avner Falk, Max Fink, David James Fisher, Sophie Freud, Alfreda S. Galt, John E. and Mary Gedo, Robert Gottlieb, Henry F. Graff, Fred Grubel, Edwin J. Haeberle, Hendrika C. Halberstadt-Freud, Hugh R. B. Hamilton, John Harrisson, Louise E. Hoffman, Margo Howard, Judith M. Hughes, Orville Hurwitz, Han Israëls, Alice L. Kahler, Marie Kann, Mark Kanzer, Jonathan Katz, John and Robert Kebabian(他认出了弗洛伊德长沙发上的小毯子), George Kennan, Paul Kennedy, Dennis B. Klein, W. A. Koelsch, Richard Kuisel, Nathaniel S. Lehrman, Harry M. Lessin, E. James Lieberman, Arthur S. Link, Murray Louis, H. E. Lück, John Maass, Patrick J. Mahony, Henry Marx, Robert S. McCully, Frank Meissner, Graeme Mitchison, Melvin Muroff, Peter B. Neubauer, Lottie M. Newman, Fran H. Ng, Sherwin B. Nuland, R. More O'Ferrall, Daniel Offer, Alice Oliver, Darius Ornston, Peter Paret, Alan P. Pollard, Susan Quinn, Robert Rieber, Ana-Maria Rizzuto, Paul Roazen, Arthur Rosenthal, Rebecca Saletan, Perdita Scheffner, Josef and Eta Selka, Leonard Shengold, Michael Shepherd, Barry Silverstein, Roszi Stein, Leo Steinberg, Riccardo Steiner, Paul E. Stepansky, Anthony Storr, Peter J. Swales(他虽然肯定意识到我对他重构传记持怀疑态度,却慷慨大度地提供了自己作品的副本和其他难以入手的资料), John Toews, Don Heinrich Tolzman, Edwin R. Wallace IV, Robert S. Wallerstein, Lynne L. Weiner, David S. Werman, Dan S.

White、Jay Winter、Elisabeth Young-Bruehl(她慷慨地和我分享了关于安娜·弗洛伊德的一些发现),以及 Arthur Zitrin。

我应该专门用一个段落感谢我的同事 William Cronon。他为我提供无拘无束而充满热忱的指导,经常耗时很久却从未不情愿,假如没有他的辛劳和在关键时刻的援助,我就永远不会掌握 IBM-XT 文字处理机的复杂用法,这本书就会无限期耽搁,不知什么时候才能出版了。

我以前的学生(特别是 Carl Landauer、Mark Micale 和 Craig Tomlinson)和现在的学生(例如 Andrew Aisenberg, Patricia Behre, John Cornell, Robert Dietle, Judith Forrest, Michèle Plott 和 Helmut Smith)都耐心地付出同样的时间讨论弗洛伊德,并提供了有价值的评论。我还希望感谢我的肄业生助手 James Lochart 和 Rebecca Haltzel 的出色支持。

对于 W. W. Norton 处理这部复杂的长篇原稿,我感到格外幸运。除了履行作为出版社主管的多面职责外,Donald S. Lamm 还担任我的编辑。我很高兴有他这位编辑,因为我虽然有相当多的写作经验,却从未写过传记,Don 教给我许多如何写作和制作年表的方法,以前我只是模糊地意识到那些问题。Amy Cherry 发挥了疏导和缓冲的作用,并且在两方面都非常出色。Esther Jacobson 是精力过人的文字编辑,就像我最早的读者一样仔细,她在我的原稿页面右边空白处贴着的便签提醒我,更加小心是可能的也是可取的。这几百页原稿体现了我对她的感激。

在充满欢欣鼓舞的这些段落后面突然加一段不太和谐的记述,似乎显得粗暴。可我发现有必要告诫读者注意这部传记的缺陷,虽然这不是我的责任。我也努力用更雄辩的文笔和更诚恳的请求信来弥补,却徒劳无功。因为许可发表弗洛伊德的文章的权利属于西格蒙德·弗洛伊德版权有限公司,而准许查阅大量未公开发表的弗洛伊德资料的权利属于纽约的西格蒙德·弗洛伊德档案馆责任有限公司。库尔特·艾斯勒(Kurt R. Eissler)博士是这家机构的创办人,长期以来一直以强硬的手腕管理它。现在他的继任者是哈罗德·布卢姆(Harold P. Blum)博士。艾斯勒博士收集了无数文献,否则它们会分散或者可能遗失;他还采访了弗洛伊德的数十位同事、朋友、熟人和接受他的精神分析的人,把这些大量的宝贵资料存放在国会图书馆的手稿与档案部门。很大程度上,他以勤奋和一丝不苟的作风独自经营,赢得了研究弗洛伊德和精神分析学史的全部学者的感激。但是除了某些规定的例外,他的政策是在数十年里封存弗洛伊德的资料;他设定了解除限制的许多期限(并非总是符合捐赠者的意愿),这些日期在进入21世纪之后还要过一段时间才能到,目前正在工作的学者的寿命往往没有那么长。艾斯勒博士时常自由地表达这个观点,即凡是弗洛伊德没有打算公开发表的东西——此处指**任何东西**——就不该公开发表。我多次为更开放的态度辩护。若干年前,在美国精神分析协会的历史和档案委员会(我曾是其成员)的一次会议上,我和艾斯勒博士就这个问题辩论过,他的意见是,公开发表弗洛伊德和荣格的通信也是对弗洛伊德的伤害,因为有人利用它诋毁弗洛伊德。我的观点很简单:只有更好的历史或传记才能消除坏的历史或传记的影响,只有让学者容易获取参考文献,才能写出好的历史或传记。艾斯勒博士如此迷恋保密工作,只能助长最怪异的谣传,使情况继续恶化,结果反而损害他试图维护的人的名誉。我还评论了那种明显的矛盾——精神分析学反而对世人遮遮掩掩,更不必说光明正大了。显而易见,他对我的论点无动于衷。将近二十年,我一直为这个争论不休的问题与艾斯勒博士通信,自有可能写作这部传记开始,我一直请求查阅他监管的资料,但始终没能如愿。

艾斯勒政策最有意义的牺牲品或许是弗洛伊德和他的未婚妻在订婚后的五年间的通信。他们在这段时间中聚少离多,因为他们几乎每天都给对方写信,肯定每人都写了大约一千封信。这些所谓的情书(*Brautbriefe*)本来可以详尽地说明年轻的弗洛伊德在19世纪80年代的工作或恋爱状况,如同他和弗利斯的信件说明精神分析学是如何在19世纪90年代形成的一样。1986年12月,在历史和档案委员会的一次会议上,布卢姆博士称这些通信是西方文明史上最伟大的情书收藏品。别人的回应只能是"他怎么知道呢?" 20世纪60年代,埃内斯特和Lucie Freud选编了弗洛伊德相当多的通信(但仍然不完整),包括大约一百封这样的信件(参见正文735—737页)。1968年的第二版中这个数字并未增加。我曾一再尝试争取接触其余信件的权利,却遭到艾斯勒博士礼貌的断然拒绝。因此我不得不依靠自己设法获得的未发表的少量信件(包括玛尔塔·贝尔奈斯写给弗洛伊德的几封信),勉强补充公开发表过的。

在布卢姆博士的领导下,西格蒙德·弗洛伊德档案馆责任有限公司的现行政策不那么墨守成规,给了我们较大的希望。在写作初期,我获准接触弗洛伊德和亚伯拉罕的完整通信(作为卡尔·亚伯拉罕的文章,保存在国会图书馆的手稿与档案部门),以及弗洛伊德作品集的完整的D系列,其中包括弗洛伊德写给欧内斯特·琼斯的多数信件。1986年7月17日,《纽约书评》公布了布卢姆博士的一封信件,他以"执行主管"的身份宣布"西格蒙德·弗洛伊德档案馆拥有和支配的、正在出版过程中或已经公开发表的全部文章和文献将在接触权利平等的基础上向所有学者开放",并承诺将"在符合法律和伦理标准和责任的前提下,尽快放开全部信件和文献的限制"。布卢姆博士反复强调,也在与我通信时确认,对读者保密的材料**只有**直接指明或者有可能据此识别出某个病人身份的句子或者段落。我的建议是由国会图书馆设计一份严格的声明,要求每位使用者承诺不以任何形式公开发表或利用可能透露病人身份的特定片段或信件,签署这份声明的学者才能获准接触迄今受到限制的全部资料。这个建议被驳回了,因为那样西格蒙德·弗洛伊德档案馆可以指定一些受信任的人阅读目前依旧封存的全部信件,而仍任意指定应当对公众保密的片段。这一程序本身极度缓慢而死板。唯一的好消息是,弗洛伊德的许多资料会向学者开放,其中一些在若干年前已经可以获得,还有一些也越来越容易获得了。当然,历史学家最感兴趣的恰恰是西格蒙德·弗洛伊德档案馆依旧掌握的那些资料。

  让我们回到比较光明的话题。和以前写书时一样,我又一次很大程度地依靠了解情况的读者。我以前的学生和现在的好友Hank Gibbons是历史学家,对思想史的要求十分敏感,无论大问题小问题——特别是大问题,他都友好地提供了很有价值的建议。Dick和Peggy Kuhns是受过精神分析训练的哲学家和心理学家,他们各自以训练有素的眼光仔细审阅过我的原稿。他们的阅读,加上多年来我们围绕着弗洛伊德进行的出色交谈,在这本书里留下了深深的印记。Jerry Meyer是我在西方新英国精神分析研究院的同学,也是开业精神分析专家和有素养的读者,他尤其密切关注这部传记所涉及的技术和医学问题,如果本书可以自夸条理清晰,那全部是他的功劳。我还要向George Mahl表示特别的感谢,他是经验丰富的精神分析学家和老练的教师,尽管自己正在写作关于弗洛伊德的书,仍然无私地抽出时间一丝不苟地阅读我的作品。他对精神分析学史极为熟悉,对准确性无限重视,虽然比较固执,总是友善地帮我纠正小失误,提供改进方法和重新表述的贴切的方式,我对他欠下了似乎无法偿还的债务。我的妻子 Ruth 发挥了一贯的作用,凭借其机智和练达担任了最终审稿者。我再次感谢所有的读者,希望作品能值得他们付出时间和关注。

彼得·盖伊

哈姆登,康涅狄格州

1987 年 12 月

索　引

Abderhalden, Emile　阿布德哈尔登,埃米尔　537

Abraham, Karl　亚伯拉罕,卡尔　146,180 – 83,461 – 62

　　character and personality　个性与人格　180,182; and Committee　委员会和　230; death (1925)　1925 年去世　482 – 83; and Fliess　与弗利斯　56,182 – 83,482; on Freud as genial host　论弗洛伊德作为亲切的主人　158; vs. Freud on female sexuality　与弗洛伊德论女性性　185n.,502; on Irma dream　论伊尔玛梦境　124; and Jones　与琼斯　183,423; and Jung　与荣格　203 – 4,205,230,236,240; lectures　讲座　194,461; on "Leonardo,"　论《达·芬奇》　269; and "On Narcissism,"　《论自恋》与　341; personal relationship with Freud　与弗洛伊德的私人关系　181,181n.,375,445; publications　出版物　182,311 and n.; vs. Rank　与兰克的论战　473 – 74,475,479,481; role in Berlin　在柏林　180 – 81,461; skill as analyst　作为分析家的技巧　181,461; and Freud, compared　与弗洛伊德比较　461; his taste in art, and Freud's　他对艺术的口味和弗洛伊德对艺术的口味　165; on Totem and Taboo　论《图腾与禁忌》　326 – 27; visits Vienna　访问维也纳　178,387; on Wednesday Psychological Society　论星期三心理学会　178; and World War I　与第一次世界大战　347,350,353 – 54

"accidents" (psychological basis of)　"偶然"（的心理基础）　125

Acton, William　阿克顿,威廉　513

addiction(s)　成瘾

　　as alternative to masturbation　成瘾作为一种手淫的替代方式　100,170,427

adherents, Freud's　弗洛伊德的信徒　178,540 – 43

　　attracted by case histories　被病历吸引　245n.

　　as close-Knit family　亲密家庭　540

　　deaths among:　之死: Abraham　亚伯拉罕　483; Andreas-Salomé　安德烈亚斯－莎乐美　616; Ferenczi　费伦齐　585; Tausk　陶斯克　390 – 91

defend psychoanalysis publicly 公开捍卫精神分析 458

  disenchantment and departures of 醒悟和离开 242-43; Adler 阿德勒 221-24, 242; Jung 荣格 225-43; Rank 兰克 470,472-80,483-84; Stekel 斯特克尔 232,242

  dissensions and quarrels among 纠纷与争吵 176-77,217-24,423-24,466-67, 468-69,473-74,476; Freud on causes of 弗洛伊德论原因 220n.

  as embattled minority 作为被敌人围困的少数派 206,230

  independence vs. orthodoxy of 独立信徒与正统信徒 216n.,222,305,469,471,473, 475,578-84

  persecution/oppression of (1930s) 20世纪30年代的困扰/压力 592,639

  and psychoanalytic interpretations of culture 文化的精神分析阐释 311-12

  quarrels and battles with Freud 与弗洛伊德的争吵和斗争 213-43; by Ferenczi 费伦齐 576-85; Freud's rage in 弗洛伊德的愤怒 316; on lay analysis 论非医学专业的分析 490-500,567; on women's sexuality 论女性性欲 185n.,502, 519-22

  women among 女信徒 503,508-9

  and World War I 与第一次世界大战 347,350-51

adherents (Freud's), Viennese 弗洛伊德的维也纳信徒

  (Anna) Freud as 安娜·弗洛伊德 437

  Freud's disappointment in 弗洛伊德失望 178-79,193,213,312,336

  protest at Nürnberg congress (1910) 抗议1910年纽伦堡会议 218-19

Adler, Alfred 阿德勒,阿尔弗雷德

  as advocate of woman analysts 拥护女性分析家 503n.

  Andreas-Salomé and 安德烈亚斯-莎乐美和 193

  converts to Protestantism 改宗为新教徒 597

  death (1937), and Freud's response 弗洛伊德对阿德勒去世(1937年)的反应 615

  and Freud 与弗洛伊德 216-217,220-21; on destructive drive 与弗氏论毁灭驱力 397; final divergence and parting 与弗洛伊德最后的分歧 221-24; Fliess and 弗利斯和 274; Freud's effort to co-opt 弗洛伊德指派 219-20; as irritant to Freud 刺激弗洛伊德 213; on narcissism 论自恋情结 338; on Oedipus complex 论俄狄浦斯情结 332

  on "organ inferiority," 论"器官缺陷" 216,217

and Rank 和兰克 176

and Vienna Psychoanalytic Society 与维也纳精神分析学会 216,219 - 20,222,223 - 24

and Wednesday Psychological Society 与星期三心理学会 174,178,217

and *Zentralblatt* 与《精神分析集刊》 219,222

Adler, Otto 阿德勒,奥托 513 - 14

Adler, Victor 阿德勒,维克多 510

adolescent sexuality 青少年性欲 147,148

aggression and aggressive feelings 攻击性与攻击情绪 395 - 96

 Austrians and 与奥地利人 452 - 53

 and civilization/culture 与文化/文明的关系 549,550 - 51

 concentrated on selected victim 选定特殊受害者 550

 and death drive, distinguished 与死亡驱力的区别 402

 Klein on 克莱因论及 402n.

 power of 力量 372

 repressed 被压抑的 100

 unconscious 无意识的 357

 World War I and Freud's views of 第一次世界大战与弗洛伊德关于攻击的观点 370,395 - 96,396n.

Aichhorn, August 艾希霍恩,奥古斯特 468,468n.,492

alcohol, Freud and 弗洛伊德和酒精 100,169

Alexander, Franz 亚历山大,弗朗茨 429n.,460,461,463,467

Alt, Konrad 阿尔特,康拉德 194

ambition, Freud's 弗洛伊德的抱负 23 and n.,41,46,139,154

 childhood prophecy of greatness 童年的预兆 12 - 13,111

 his cocaine investigations and 对可卡因的研究 42,43,44

 confessed in *Interpretation of Dreams* 在《梦的解析》中坦白 111,112

 dream of Irma's injection and "伊尔玛的注射"之梦 82

 his family and 和他的家庭 12,13,14,22

 to be medical investigator 成为医学研究者 36

 setbacks in pursuit of 遇见挫折 95,134,139

 for wide popularity 出名 209

ambivalence 矛盾双重性 86,198,259,265-66,267
    in Schreber case 史瑞伯案例中的 282
Amenhotep IV, pharaoh 法老阿蒙霍特普四世 311,607
American Imago (periodical) 《美国潜意象》（期刊） 634
American Psychoanalytic Association, founded 1911 美国精神分析协会 184,460
amnesia, willful (cryptomnesia) 刻意的遗忘（潜在记忆） 125-26,127 and n., 142,637n.
anal eroticism 肛门性欲 281,282,336
analysis 分析（这里指的是个人的治疗过程部分）
    analyst's role in 精神分析家在分析过程中的角色 97,300 and n., 304
    cures effected by 受其影响的治疗 305,462,615
    duration of 持续时间 297; short 短期分析 472,474,476,477
    of family members 家庭成员的分析 227,440; by Freud, of daughter Anna 弗洛伊德对女儿安娜所做的 435-36,439-41; by (M.) Graf 由格拉夫所做的 227, 256,257,440; by Jung 由荣格所做的 227,440; by Klein 由克莱因所做的 440; by Weiss 由魏斯所做的 440
    frequency of sessions 讨论会的频率 297; Freud's 弗洛伊德的分析 464n.
    pace of 节奏 304
    provisional sessions 临时讨论会 295-96
    termination of 终止 305; threatened by analyst 被分析家威胁 291-92
    "wild," 野蛮 293-94,299,480
"Analysis Terminable and Interminable" (1937) 《有期和无期的分析》（1937年） 293, 614-15
analyst(s) 精神分析家
    as "always right" vis-à-vis patient 面对病人时分析家"永远是对的" 250n.
    American (Freud on) （弗洛伊德论）美国的精神分析家 564-65,566
    and artists, compared 和艺术家相比较 318
    candor with clients 精神分析家对个案对象的坦承 296-97,302,388
    charlatans as 江湖骗子作为精神分析家 453,493-94,497
    financial arrangements with clients 对来访者的财务安排 296-97
    interpretation by 阐释 298-99
    patience of 病人 304

　　　　role in psychoanalytic process　在精神分析过程中的角色　97,300 and n.,304

　　　　self-revelation by, to client　对来访者自我流露　303

　　　　training of　培训; in Berlin　在柏林　463; institutes for　培训机构　219,254n., 459-60

　　　　"voyeurism" (sublimated) of　精神分析家(升华)的"偷窥癖"　531

　　　　women as　女人作为精神分析家　503,508-9

analyst(s), first-generation　第一代精神分析家

　　　　defend psychoanalysis publicly　公开捍卫精神分析　458

　　　　their free use of diagnosticterms and theories　自由运用诊断术语和理论　235,481

　　　　never analyze themselves　从不分析自己　97n.,177,298n.

　　　　their psychoanalytic interpretations of culture　对文化的精神分析解释　311-12

analyst, Freud as　弗洛伊德作为精神分析家

　　　　and Abraham, compared　和亚伯拉罕相比　461

　　　　skill at listening　聆听技巧　64,69,70-71,73,96,184,258,264,427

　　　　skill at observation　观察技巧　71

analytical (Jungian) psychology, distinguished from Freudian　分析(荣格学派)心理学,从弗洛伊德学派分离出来的　237-38,241,338n.

"Anatomy is destiny,"　"解剖学乃天意"　515,516

Andreas-Salomé, Lou　安德烈亚斯-莎乐美,露　192-93

　　　　on Abraham as analyst　论作为精神分析家的亚伯拉罕　181

　　　　character and personality　个性与人格　192

　　　　death (1937)　1937年去世　616

　　　　and Ferenczi　和费伦齐　187

　　　　(Anna) Freud and　安娜·弗洛伊德与　437-38,440,441,524

　　　　Freud and　弗洛伊德与　164,192-93,389,503,524-25,572,616; his financial assistance　他的财务助理　389,572; in his old age　晚年　524-25,616

　　　　on Jung　论荣格　239

　　　　as lay analyst　作为非医学专业分析家　190,193,389,492

　　　　on Tausk　论陶斯克　391

animism　泛灵论　328

Anna O.　安娜·O案例　63-69

anthropology, Freud and　弗洛伊德和人类学　327 and n.,328,332-33

anti-American sentiments, Freud's 反美国情绪,弗洛伊德的 208 and n.,210 – 11,212, 497,498,562 – 70,581,633

 financial aspects 财务方面的 563 – 564,566 – 67 and n.,569,570 and n.

Antigone (Anna Freud as) 安提戈涅 442

antiquities, Freud and 弗洛伊德和古董 47 – 48,170 – 73

 gifts to Freud 给弗洛伊德的礼物 542,595,635; and *Gradiva* 和《格拉迪娃》 321 and n.

 and his Jewish identity 和他的犹太身份 602

 in his London quarters 在他伦敦的住所 635,640

 and Rat Man case 鼠人案例 264

 willed to daughter Anna 遗赠给女儿安娜 612n.

anti-Semitism 反犹太主义

 American 美国的 563,563n.

 in Austria, particularly Vienna: (late 19th century) 在奥地利,尤其是维也纳:19 世纪末 15 – 18,20,21,104; (20th century) 20 世纪 447,618 – 23,626,630 – 31

 Freud on 弗洛伊德对此的评论 15n,529n,602; and importance of Rome 罗马的重要性 132; in *Interpretation of Dreams* 在《梦的解析》中 104; and psychoanalytic movement 与精神分析运动 205,563n.,602,603

 and Freud's academic career 与弗洛伊德的学术生涯 138 – 139

 Future of an Illusion and 《一个幻觉的未来》 537

 in Germany: (1920s) 在德国:20 世纪 20 年代 448; (1930s) (20 世纪 30 年代) 591 – 92,638 – 39

 Italy and 与意大利 448n.

 in *Moses and Monotheism* 在《摩西与一神教》中 643,645

 at University of Vienna 在维也纳大学 27 – 28,30

anxiety 焦虑

 discussed in *Inhibitions, Symptoms and Anxiety* 在《抑制、症状与焦虑》中的讨论 471,484,485 – 87

 ego and 自我与焦虑 413

 guilt feelings as 罪恶感作为焦虑 551

 in Little Hans case 在小汉斯案例中 257 – 58

 Rank *vs.* Freud on 兰克与弗洛伊德针对焦虑的论辩 471,475,484,485 and n.

aphasia 失语症 62

archaeology, Freud and 弗洛伊德与考古学 170-73,321 and n.,326

archetype(s) 原型 237,238

art 艺术

 Freud's attitude toward 弗洛伊德对艺术的态度 165,167-68,319-20,323

artists 艺术家

 Freud's ambivalence about 弗洛伊德对艺术家的矛盾心态 317-18

 psychoanalytic critiques of 对艺术家的精神分析评论 322-23;criticism of 批评 318 and n.,322

 writers,daydreams of 作家的白日梦 306-8

 Aschaffenburg,Gustav 阿沙芬伯格,古斯塔夫 194,200

Athens(Freud in,1904) 弗洛伊德1904年在雅典 158

audience,paychology of 听众的心理 318 and n.

Augustine,Saint 圣奥古斯丁 129

Austria 奥地利

 (1920s),social and political situation 20世纪20年代的社会与政治情况 446-47

 (1930s),Anschluss and aftermath(1938) 20世纪30年代:1938年德国吞并奥地利及其后 618-23;political and economic situation 政治和经济情况 589-96,616-23

 feminist movement in 女权主义运动 509-12

 revolution(1918) 1918年革命 377

Austro-Hungarian Empire 奥匈帝国

 (late 19th century):cultural conditions 19世纪晚期的文化状况 129-30;political conditions 政治状况 15-19

 (20th century):divided(1919) 20世纪:1919年的分裂 379-80;nostalgia about 怀旧 447

 and World War I 与第一次世界大战 343,345-46,348,377

"Autobiographical Study"(1925) 《自传研究》(1925年) 6,25,243,445,469,597

 autoeroticism 自体情欲 147,339 and n.

Bad Gaetein,Austria 奥地利的巴德加施泰因 382,418,4205

Bad Homburg congress of psychoanalysts(1925) 巴特洪堡精神分析家大会(1925年)

464,499,516

Baker, Ray Stannard 贝克,雷·斯坦纳德 556,557

Balfour, Arthur James, earl of Balfour 贝尔福,亚瑟·詹姆斯,贝尔福伯爵 455

Balfour Declaration(1917) 贝尔福宣言(1917年) 371,455

Balint, Alice 巴林特,爱丽丝 461

Balint, Michael 巴林特,迈克尔 188,460,461,463

Balzac, Honoré de: *Peau de chagrin, La* 巴尔扎克,奥诺雷·德:《驴皮记》 650

Barany, Robert 巴拉尼,罗伯特 371

Barea, Ilsa 巴利亚,伊尔沙 14-15

Barlach, Ernst: *Tote Tag, Der* 巴拉赫,埃内斯特:《死亡日》 331

Baudelaire, Charles 波德莱尔,夏尔 166

Bebel, August 倍倍尔,奥古斯特 592

Bell, Sanford 贝尔,桑福德 210

Bellevue resort villa 维也纳近郊的美景度假别墅 81

Bellevue sanatorium, Kreuzlingen 克罗伊茨林根的美景疗养院 66

Berchtesgaden, Bavaria 贝希特斯加登,巴伐利亚 158,417

Berggasse 19, Vienna (Freud's residence) 维也纳伯格巷19号(弗洛伊德的寓所)
 apartment, its decor 公寓的装潢 165-66
 Freuds leave (1938) 弗洛伊德迁出(1938年) 628-29
 Freuds move to (1891) 弗洛伊德迁入(1891年) 74,103
 invaded by Nazis (1938) 被纳粹入侵(1938年) 622-23
 office (consulting room and study): analytic couch 办公场所(分析室与研究空间):分析躺椅 103 and n. 170,427; objects and furnishings 物品与摆设 166,170-71

Berlin 柏林
 Freud considers resettling in (1930s) 弗洛伊德打算重新定居柏林(20世纪30年代) 592
 psychoanalytic movement in 精神分析运动 180-81,182,460-63; Jewish phenomenon 犹太人现象 603; analysts flee (1930s) 精神分析家逃离柏林(20世纪30年代) 592

Berlin congress of psychoanalysts(1922) 柏林的精神分析家大会(1922年) 393-94,519-20

Berlin Psychoanalytic Institute 柏林精神分析机构 452,461,462,463

Berlin Psychoanalytic Society (founded 1908)　柏林精神分析学会　181

Bernays, Anna Freud (Freud's sister)　贝尔奈斯, 安娜·弗洛伊德(弗洛伊德之妹)
 in America　在美国　649n.
 birth (1858)　1858 年出生　6
 her recollections of Freud　她对弗洛伊德的回忆　14,32n.

Bernays, Edward (Freud's nephew)　贝尔奈斯, 爱德华(弗洛伊德的外甥)　567

Bernays, Eli (Freud's brother-in-law)　贝尔奈斯, 埃利(弗洛伊德太太的弟弟)　40, 383,649n.

Bernays, Minna (Freud's sister-in-law)　贝尔奈斯, 明娜(弗洛伊德的小姨子)　157,158, 308,383
 emigrates to England (1938)　1938 年移民英国　628
 Freud's letters to　弗洛伊德给她的信件　43n.,48,76
 Freud's relationship to　弗洛伊德与她的关系　76 and nn. 502-3; her encouragement of him　她对弗洛伊德的鼓励　140; on holiday　一起去度假　382; rumor of affair　关于两人绯闻的传闻　76n.,202n.,225n.
 her health　她的健康　615,630

Bernfeld, Siegfried　贝恩菲尔德,齐格弗里德　468 and n.

Bernhardt, Sarah　伯恩哈特,莎拉　48

Bernheim, Hippolyte　伯恩海姆,伊波利特　51
 Freud visits in Nancy (1889)　弗洛伊德到南锡拜访他(1889 年)　51,61,70
 On Suggestion and Its Applications to Therapy (Freud translates)　《论暗示及其对治疗的应用》(弗洛伊德翻译)　51,61

Bernstein, Eduard　伯恩斯坦,爱德华　592

Beyond the Pleasure Principle (1920)　《超越快乐原则》(1920 年)　394-403
 and *Ego and the Id.*　与《自我与本我》　411
 popularity of　受欢迎的程度　403

Billroth, Theodor　比尔罗特,特奥多尔　30,512

Binswanger, Ludwig　宾斯万格,路德维希
 on Freud and daughter Anna　评论弗洛伊德以及女儿安娜　437
 his illness, and Jung-Freud contretemps　他的疾病,以及弗洛伊德-荣格的意外事件　228-29 and n.,230,231,232,233,276
 relationship with Freud　与弗洛伊德的关系　242-43; Freud console on death of son

弗洛伊德慰问其子的死　422；invites Freud to Switzerland（1938）　邀请弗洛伊德到瑞士（1938年）　611

　　on Viennese analysts　论维也纳精神分析家　178

　　visits Freud：(1907)　拜访弗洛伊德：1907年　202-3；(1936)　1936年　611

biography psychoanalytic　精神分析传记

　　criticism of　相关的批评　313n.

　　Freud's Leonardo　弗洛伊德的莱昂纳多·达·芬奇　268-74,313

birth and circumcision, Freud's (1856)　弗洛伊德出生和举行割礼（1856年）　4-5,8

birth control, Freud on　生育控制,弗洛伊德谈论　163,514

birthdays, Freud's　弗洛伊德的生日

　　44th (1900)　1900年44岁　134

　　50th (1906)　1906年50岁　154

　　69th (1925)　1925年69岁　445

　　70th (1926)　1926年70岁　458-59,484,561,597

　　71st (1927)　1927年71岁　525

　　74th (1930)　1930年74岁　573

　　75th (1931)　1931年75岁　574-75

　　80th (1936)　1936年80岁　611-12

　　82d (1938)　1938年82岁　627

　　83d (1939)　1939年83岁　643

birth trauma (Rank vs. Freud on)　诞生创伤,兰克与弗洛伊德对此的争论　472-73,475,476,477,480,485n.,486-87

bisexuality　双性倾向　126,517

　　Fliess on　弗利斯的讨论　57,154-55

Bizet, Georges：Carmen　比才,乔治：《卡门》　168

Bjerre, Poul　比耶勒,波尔　192,451-52,453

Blanton, Smiley　布兰顿·斯迈利　590n.

Bleuler, Eugen　布洛伊勒,尤金

　　on anxiety　论焦虑　486

　　and Freud　与弗洛伊德　200,215-16,456

　　and Jung　与荣格　198-99

　　and Schreber　与史瑞伯　279

Bloch, Iwan 布洛赫,伊万 144

Bloch, Joseph Samuel 布洛赫,约瑟夫 17,18

Blumgart, Leonhard 布卢姆加特,伦哈德 387,388,389,565

B'nai B'rith (Freud and) 弗洛伊德与圣约之子会 40,597,602-3

body parts 身体部位
 Adler's "organ inferiority" 阿德勒的"器官缺陷" 216,217
 displacement of 移置作用 57

Bonaparte, Princess Marie 波拿巴王妃,玛丽 464,541-43,586
 aids publishing house 资助出版社 542,561,562n.
 and Freud: as his analysand 与弗洛伊德的关系:作为他的分析对象 542; about his analytic couch 关于他的分析躺椅 103n.; and his emigration from Austria 他从奥地利迁出 623,625,626-27,629; his fondness/approval of her 他对她的喜爱与赞扬 503,542; as his friend and benefactor 作为他的朋友与资助者 542,611; in London (1938-39) 在伦敦期间(1938—1939年) 636,640-41,643,649; on his self-analysis 对他自我分析的评论 98n.
 and Freud-Fliess correspondence 与弗洛伊德及弗利斯通信集 613 and n.,614; on man's fear of woman 对男人害怕女人的评论 522

Borden, Richard 博登,理查德 450-51

botanical-monograph dream (Freud's) 植物学专题梦境(弗洛伊德的) 45n,111,112,115

Bracher, Karl Dietrich 布拉赫尔,卡尔 592

Braun, Heinrich 布劳恩,海因里希 24

Braunthal, Hilde 布劳恩塔尔,希尔德 422n.

Brentano, Franz 布伦塔诺,弗朗茨 29,31,526

Breton, André: *Communication Vessels*, The 布列东,安德烈:《连通器》 585

Breuer, Joseph 布洛伊尔,约瑟夫 32-33
 and Anna O. case 与安娜·O的个案 63-69
 death (1925) 去世(1925年) 481-82
 in dream of Irma's injection 在"伊尔玛的注射"之梦中的角色 82,83
 and Fliess 与弗利斯 56,58
 Freud's relationship with 弗洛伊德与他的关系 32-33,63-64,67-69,71,140,141n.,242and n.,482,603
 "Preliminary Communication" (with Freud) 《初步交流》(与弗洛伊德合著) 63n,

71,211

 and psychoanalysis　与精神分析　63,103,210

 sends patients to Freud　将病人送往弗洛伊德处　53

 and sexual etiology of neuroses　与神经症的性欲病源说　91

Breuer, Mathilde　布洛伊尔,玛蒂尔德　33,54,67

Brill, Abraham A.　布里尔,亚伯拉罕·A.　178,209-10,465 and n., 466,565,574

 on Ferenczi　论费伦齐　583

 founds New York Psychoanalytic Society (1911)　1911年建立纽约心理分析学会　497

 Fundamental Conceptions of Psychoanalysis　《精神分析的基本概念》　497-98

 and Jones-Rank quarrel　和琼斯-兰克争论　424 and n.

 on lay analysis　论非医生专业分析　495,497-98,499,500

British Psycho-Analytic Society　英国精神分析学会　460

Broch, Hermann　布罗赫,赫尔曼　18

Brouillet, André: *La Leçon clinique du Dr Charcot*　布鲁耶,安德烈:《沙可博士的临床课程》　52-53

Brown, Brian　布朗,布莱恩　450

Brücke, Ernst　布吕克,埃内斯特　30,32-37,47 and n.,122,141n.,496

 in Freud's dreams　在弗洛伊德的梦中　98,116

 Lectures on Physiology　《生理学讲稿》　35

Brühl, Carl Bernhard　布吕尔,卡尔·伯恩哈德　24,25

Brun, Rudolf　布伦,鲁道夫　32n., 87n.

Brüning, Heinrich　布吕宁,海因里希　589

Brunswick, Ruth Mack　布伦斯维克,鲁思·马克　293n., 503

Buber, Martin　布伯,马丁　645-46,646n.

Budapest, psychoanalytic movement in　布达佩斯精神分析运动　387n., 460

 Jewish nature of　犹太性质　603

 Budapest congress of psychoanalysts, 1918　布达佩斯精神分析家大会　304n.,375-76,462

Budapest Psychoanalytic Society　布达佩斯精神分析学会　460

Bullitt, William　蒲立德,威廉　553-56,555-56

 and Freud's emigration from Austria　和弗洛伊德从奥地利逃离　623,624,625,629

 Thomas Woodrow Wilson (with Freud)　《托马斯·伍德罗·威尔逊》(与弗洛伊德合

著） 553-62

Burckhardt, Jacob 布克哈特,雅各布 20,268
Burghölzli Mental Hospital 布尔戈霍兹利精神医院,在苏黎世附近
 Abraham at 亚伯拉罕在 180,204
 Brill at 布里尔在 209
 Eitingon at 艾廷冈在 179
 Jones at 琼斯在,184
 Jung at 荣格在 198-99
Burland, Elmer G. 比蓝,埃尔墨·G. 386
Burlingham, Dorothy 布尔林翰,桃乐思 540,541,625
Burne-Jones, Sir Philip: *Dollars and Democracy* 伯恩-琼斯爵士:《金钱与民主》 569
Burrow, Trigant 伯罗,崔根 476-77
Busch, Wilhelm 布施,威廉 166,586
business applications of psychoanalysis 精神分析的商业应用 450
Byron, George Gordon, Lord 拜伦,乔治·戈登,勋爵 129

Cäcilie M. case 采齐莉太太的案例 69-70
cancer 癌症,弗洛伊德的 418-28,634-35,640-41,648-51
 emotional repercussions of 情绪上的反弹 538-39,574
 pain 疼痛 420,427,539,613,640,641,648,649,650
 physical limitations resulting from 因癌症而来的生理限制 427,524,538-39,571-72,574,635
 prosthesis 人工口腔 427,446,524,538,551,648; as metphor 作为比喻 646 and n.
 recurrences (1936,1938) 肿瘤复发(1936年、1938年) 613,634-35,641
 remission (1923-1936) 缓和(1923—1936年) 426
 his responses to 他对此的反应 420,426,427
 secrecy about 关于此的秘密 419,421,424-25
 smoking and 吸烟与 418-19,425-27,427n.,573
 surgery 手术 419-20,425-27,427n.,573,574,613,635
 X-ray and radium treatments X射线和放射疗法 420,635,641
Canetti, Elias 卡内蒂,伊莱亚斯 452
Carlyle, Thomas 卡莱尔,托马斯 129

case histories　个案历史　244-67
　　Anna O.　安娜·O　63-69
　　(Frau) Cäcilie M.　采齐莉太太　69-70
　　(Fräulein) Elizabeth von R.　伊丽莎白·冯尔小姐　71-72
　　(Frau) Emmy von N.　埃米·冯恩女士　70-71
　　Freud's adherents drawn by　弗洛伊德的信徒　245n.
　　Freud's choice of, for publication　弗洛伊德选择出版　245,267
　　Freud's conflicts and pedagogic strategies in　弗洛伊德的冲突和教育策略　267,286
　　on hypnosis and neurasthenia　论催眠和神经衰弱　62
　　Katharina　卡塔琳娜　73-74,95
　　(Miss) Lucy R.　露西小姐　72-73
　　mother's role neglected in　母亲的角色被忽略　505
　　(Fräulein) Rosalia H.　罗沙莉娅小姐　95
　　as "scientific" (or not)　作为"科学"与否　89,90
castration anxiety　阉割焦虑　258,287,289,515,517,518,521,522
cathexis (*Besetzung*)　全神贯注　465n.
Cattell, J. McKeen　卡特尔,J.麦基恩　493
cerebral paralysis, infantile　婴儿脑性麻痹　87 and n.
Chamberlain, Neville　张伯伦,内维尔　635
character (in psychoanalytic theory)　人格(精神分析理论中)　336 and n.
"Character and Anal Eroticism" (1908)　《性格与肛门性欲》(1908年)　336
character and personality, Freud's　弗洛伊德的性格与人格　12,158-60
　　buoyancy and resilience　轻松和恢复　78,96,382
　　cheerfulness and optimism　快乐和乐观　158-59
　　courage　勇气　27-28
　　curiosity　好奇心　25,27,28
　　emotional restraint, formality　情感束缚,拘谨　162
　　flexibility　适应性　159,634
　　generosity　慷慨　160,181n.,389 and n.,572,630
　　humor　幽默　159,628,650
　　immodesty　粗鲁　363
　　indiscretion (Jones on)　轻率(琼斯论)　187n.

831

jealousy 嫉妒 40,41

Lampl-de Groot on (1920s) 兰普尔-德·格罗特论（20世纪20年代） 464

passion for psychology 对心理学的激情 74

pessimism 悲观主义 354,370-71,372,381

receptivity to new experience 对新经验的接受能力 158

regularity and punctuality 规律与守时 157-58

self-control 克己 25,157,316-17

sensitivity to criticism 对批评的敏感 77

vitality, in later years 晚年的活力 422,445-46,629

Charcot, Jean Martin 沙可，让·马丁 46,48-53,53n.,141n.

Bleuler and 与布洛伊勒 198

and Freud's cases 与弗洛伊德的案例 64,70

and religion 与宗教 528

and sexual etiology of neuroses 与神经症的性欲病源说 91,92

charlatans and quacks in psychoanalytic practice 精神分析实践中的江湖郎中和骗子 453,493-94,497

child analysis 儿童分析

Burlingham and 布尔林翰与 540

(Anna) Freud and 安娜·弗洛伊德与 436,441,468-69

Freud on 弗洛伊德论 469

Klein and 克莱因与 467,468

by lay analysts 由非医学专业分析家进行的 500

childhood, Freud's 弗洛伊德的童年 5-14,316n.

in Freiberg 在弗莱堡 5-8

in Vienna 在维也纳 8-14,22

children 儿童

dreams of 梦境 108-9,124

fantasies of, and writers' fantasies 幻想，和作家的幻想 307-8

narcissism in 自恋 339 and n.,340

wishes of, in adult dreams 在成人梦境中的愿望 130-31

children, development of 儿童的发展

anxiety's role in 其中焦虑的角色 486

　　　　father's *vs.* mother's role in　父母亲在其中的角色　475,476,477,505,517-18

　　　　of girls　女孩的发展　506-7,514;and of boys, contrasted　相对来说,男孩的发展　514-19

　　　　Klein on　克莱因论　468

　　　　Oedipus complex in　其中的俄狄浦斯情结　113,468,475,476,518

　　　　and religion　与宗教　530

　　　　sexual　性欲　146

　　　　superego in　其中的超我　416n.,515-16

children, Freud's　弗洛伊德的孩子　60

　　　　their births　他们的出生　54,59,61

　　　　Freud's relationship with　弗洛伊德和他们的关系　74-76,100-1,160-62,429-30; as adults　作为成人　308-10,387; interprets their dreams　解释他们的梦　108-9; in World War I　在第一次世界大战中　351-53,354,370

　　　　and Jewish observances　和犹太人的惯例　600-1

　　　　their mother's relationship with　和他们母亲的关系　160-61

　　　　and visitors to Freud　和弗洛伊德的客人　191 and n., 202,203

　　　　vocations and careers of　职业生涯　161 and n.

Christianity and Christians　基督教与基督徒

　　　　criticized in *Moses and Monotheism*　在《摩西与一神教》中的评论　644-45;their response　以及他们的回应　646

　　　　and hostility to culture　与对文化的敌意　545

　　　　and Jews　与犹太人　549,64-45

　　　　on loving neighbor as self　论爱邻人如同自己　549,615

　　　　and unconscious　与无意识　66

　　　　on women's status and role　论女人的地位与角色　513

Christie, Agatha　克里斯蒂,阿加莎　166

Chrobak, Rudolf　克罗巴克,鲁道夫　91,92

Chronik, (private journal, Freud's)　记事簿(弗洛伊德私人日志)

　　　　on daughter Anna's arrest　记录女儿安娜的被捕　625

　　　　on departure from Vienna　记录从维也纳离开　628-29

　　　　final entry (27 Aug. 1939)　最后一篇(1939年8月27日)　649

　　　　on his health　记录他的健康　552,640

  on his *Moses*，记录他的《摩西》一书　632，643

  on public / political situation　记录公共/政治情势　618，623，635，638，649

  on visitors　记录他的访客　596，623

Civilization and Its Discontents，1930　《文明及其缺憾》(1930年)　524，543－53，566n.

  dualism in　其中的二元论　402

  popularity of　受欢迎的程度　552

  Rome as analogy in　拿罗马来做比喻　172－73

  selection of English title　选择英文标题　552n.

  writing of　写作过程　544

"'Civilized' Sexual Morality and Modern Nervous Illness"（1908）《"文明的"性道德与现代神经疾病》(1908年)　338，544

Clark，Kenneth　克拉克，肯尼思　273n.

Clark University（Worcester Mass.），Freud's visit and lectures（1909）克拉克大学，弗洛伊德的造访与演说(1909年)　206－13，255

  his honorary degree　他的荣誉学位　206，207，455－56，562

  and Jones　和琼斯　186，187

Claus，Carl　克劳斯，卡尔　30，31－32

Clemen，Carl Christian　克莱门，卡尔·克里斯蒂安　537

clinics，psychoanalytic（for poor），proposed by Freud　弗洛伊德为穷人筹划的精神分析诊所　375，462

cocaine　可卡因　42－43 and n.，44 and n.，45 and n.，50，53

coitus interruptus　性交中断　62，163

Coleridge，Samuel Taylor　柯勒律治，塞缪尔·泰勒　366

Collected Papers（in English，1924－25）《论文集》(以英文出版，1924—1925年)　465－66

collected works（in German，projected new edition）作品集(德文，新版本)　639

Committee［of Freud's insiders］（弗洛伊德圈内人的）委员会　229－30

  circular letters（*Rundbriefe*）通知函　423，452，466n. 479，482，500

  and Freud's cancer　和弗洛伊德的癌症　423－25

  and Rank controversy　和兰克论战　473－74，475，479

common folk　一般大众

  Freud's attitude toward　弗洛伊德对他们的态度　405，449，529 and n.

　　　　Freud's desire for popularity with　弗洛伊德期望在其中取得声望　209
Communism　共产主义
　　　　in Austria　在奥地利　594,595
　　　　Freud on　弗洛伊德论　549,594
complex(es)　情结　279
Comte, Auguste　孔德,奥古斯特　34
concentration camps　集中营　622,638
condensation　凝缩(梦作用里的)　113－15
conflict, psychological　(心理)冲突
　　　　as basis of politics　作为政治的基础　547
　　　　expressed in dreams　在梦中表达　109 and n.
　　　　importance of　重要性　397,399
　　　　unconscious　无意识　367
conscience　良知
　　　　and ego ideal　与理想自我　341
　　　　as internalized resistance　作为内化的阻抗　128
　　　　and superego, contrasted　与超我相对　414
　　　　and war　与战争　356
conscious　意识
　　　　relation to metapsychology　与后设心理学的关系　363
　　　　relation to unconscious　与无意识的关系　337,412
　　　　Schopenhauer and Nietzshe warn against stressing　叔本华和尼采提醒别太强调意识　367
consolation of psychoanalysis　精神分析的安慰　356
constancy principle　坚定的原则　80
"Constructions in Analysis"(1937)　《分析中的建构》(1937 年)　293
contraception, Freud on　弗洛伊德论避孕　163,514
conversion hysteria　歇斯底里转换　66,70,363,408
Copernicus　哥白尼　449,580
couch, analytic (Freud's)　弗洛伊德的分析躺椅　103 and n., 170,427,635
countertransference　反移情　253－54 and n.,293,302
Count Thun dream　"图恩伯爵"的梦　23n.,111－12

835

"Creative Writers and Daydreaming",1908 《创造型作家与白日梦》(1908 年) 306-8
creativity, literary and artistic 创作,文学与艺术 307-8,317-18,322-23
crime, primal 原罪 330-31,333,334
 and Freud's interpretation of Moses 和弗洛伊德对摩西的解释 607-8,644
"Criminals from a Sense of Guilt",1916 《来自罪恶感的犯罪》(1916 年) 373n.
 crowd psychology 群众心理学 394n.,404-6
cryptomnesia (purposeful forgetting) 潜在记忆(有意忘记) 125-26,127 and n.,142,637n.
cultural values, preserved by superego 文化价值,由超我保留 415
culture, modern (pressures and stresses of) 文化,现代的(压力) 120,123,128-29,148,546-47
culture, psychoanalytic interpretation of 精神分析对文化的诠释 227,307,310-35,523-53
 coercion discussed in 对强制的讨论 529,550
 criticism of 对此的批判 313n.,319,322
 in *Future of an Illusion* 在《一个幻觉的未来》中 527,528-29
 by Freud's followers 来自弗洛伊德的追随者 311-12
 Freud's principles of 弗洛伊德对此的原则 312,548
 hostility to 敌对 545
 importance and value of (Freud on) (弗洛伊德论)其重要性与价值 310 and n.
 reductionism in 其中的还原主义论调 319,322-23
 cure, psychoanalytic 精神分析的治愈 305,462,615
curiosity, scientific 科学的好奇心
 Freud's 弗洛伊德的 25,27,28
 origins of 起源 25,314,531

daily life, Freud's 弗洛伊德的日常生活 157-58,306
Daladier, Édouard 达拉第,爱德华 635
Dali, Salvador 达利,萨尔瓦多 634
Darrow, Clarence 达罗,克拉伦斯 453,574
Darwin, Charles 达尔文,查尔斯 35-36,449,580
 Brentano and 布伦塔诺与 29
 Claus and 克劳斯与 31

Freud and　弗洛伊德与　24,26,36,327,333,603

Origin of Species　《物种起源》　3-4

（Kaiser）Wilhelm and　威廉大帝和　344

David, Jakob Julius　大卫,雅各布·尤利乌斯　133

daydreams　白日梦　306-8

death, Freud's (23 Sept,1939)　弗洛伊德去世(1939年9月23日)　651

death, Freud's attitudes toward　弗洛伊德对死亡的态度　394

　　admires William James's fearlessness　欣赏威廉·詹姆斯的无畏　211

　　his beliefs about his early death　相信自己会早死　58,59,164,219,229,371,372,422

　　on colleagues'deaths　论同事的死亡　390-91,493,585-86,615,616

　　on daughter Sophie's death　论女儿苏菲的死　391-93

　　Ferenczi on　费伦齐论　581

　　in his old age　在晚年　524,530,554,573,596,641,642,651

　　his paper on World War I and　关于第一次世界大战和死亡的论文　356-57

death drive(*Todestrieb*)　死亡驱力　394-97,401-02,552-53

　　and aggression distinguished　与攻击的区分　402

　　Freud's own　弗洛伊德自己的　445

　　Hartmann on　哈特曼论　403n.

　　and id　与本我　410

　　Jones on　琼斯论　552,609

　　Pfister and　普菲斯特与　416,552

death wishes, against others　死亡愿望(对他人的)

　　against father　对父亲的　329-30,334

　　Freud's own　弗洛伊德自己的　99,275,396

　　against Freud (alleged)　（传闻）对弗洛伊德的　608; by Ferenczi　来自费伦齐　582; by Jung　来自荣格　209,233

　　Oedipus complex and　俄狄浦斯情结与　112

defenses　防御(机制)　78

　　discussed in *Inhibitions, Symptoms and Anxiety*　在《抑制、症状与焦虑》中讨论的　485,486,487-89

　　ego and　自我与　413

　　in resistance　阻抗中的　299

837

unconscious nature of 防御的无意识本质 488

De La Warr, Earl 沃尔伯爵 625

delusion vs. illusion 妄想与幻觉 531,532-33

depression(s), Freud's 弗洛伊德的忧郁 77,126,133,134-35,158,221,326,411,422,524

Depression, Great 大萧条 557,588,589,597

desire(s) 欲望

 "accidents" in explanation of "偶然"对于解释欲望 125

 concealed in fantasies 掩饰在幻想中的 308

 repression and 压抑与 128-29

 determinism, psychological 心理学的决定论 119,126,127 and n.

Deutsch, Felix 多伊奇, 菲力克斯

 and Abraham's final illness 与亚伯拉罕的最后病症 482

 and Freud's cancer 与弗洛伊德的癌症 419,420-21,423,424-25,425n.

 on lay analysis 论非医学专业分析 495

Deutsch, Helene 多伊奇, 海伦娜 390,428,435,461,463,502,503

diagnosis, medical 医学诊断

 Charcot and 沙可和 49

 Freud and 弗洛伊德和 92

Dickens, Charles: *Martin Chuzzlewit* 狄更斯, 查尔斯:《马丁·翟述伟》 569

Diderot, Denis 狄德罗, 德尼 167,527

displacement, in dream work 梦工作中的移置作用 113,115

Döblin, Alfred 德布林, 阿尔弗雷德 456

dogs, Freud's 弗洛伊德的狗 540,649

Dollfuss, Engelbert 陶尔斐斯 591,594,596

domestic life, Freud's 弗洛伊德的家庭生活 74-76,160-62,306,308-10

 his affection for 他喜爱 61

 during courtship 在求偶期 41

 Freud as center of family life 弗洛伊德作为家庭生活的中心 59

 furnishings of 家具 165-66

 regularity of 规则 157-58

 and religious observances 和宗教仪式 600-1

Donatello 多那太罗 315

Doolittle, Hilda (H. D.) 杜利特尔,希尔达 392,445-46,503,594,596,608n.,609

Dora case "杜拉"案例 141,153,354,246-55,293,297,300

    as failure 的失败 246,249,250,252,253

    Freud's personal relation to 弗洛伊德与她的私人关系 247,253,254-55

    Jones and 与琼斯 183-84,184n.,245n.

    Jung and 与荣格 199

    her later visit to Freud (1902) 她对弗洛伊德最后的问诊(1902) 246,252

    preface to 对此案例的序言 172,247

    published 1905 1905年出版 246

dream interpretation 梦的诠释 108-17

    in Dora case 在杜拉案例中 247,251-52,256

    dream work in 梦工作作用中的 113-16,289

    manifest *vs.* latent content 显明与潜伏的内容 108-9,110

    as "royal road to unconscious," 作为"通往无意识的康庄大道" 104,127-28

    symbols in 其中的象征 114,278n.

    in Wolf Man case 在狼人案例中 287-89

dreams 梦

    analysis of 分析

    anxiety type 焦虑型 109,109n.

    of children 儿童的梦 108-9,124

    "day's residues" in 梦中的"白日残余" 110-11

    (Anna) Freud's 安娜·弗洛伊德的 436,438-39,439n.

    Freud's lectures on 弗洛伊德的演讲 368,369,393

    Freud's papers on 弗洛伊德的论文 363,393

    (William) James on 威廉·詹姆斯论 211,212

    Jung *vs.* Freud on 荣格和弗洛伊德论 237

    prophetic 预言的 444

    recurrent 复发的 111

    and telepathy 和心灵感应 444

    theories of, before Freud 弗洛伊德之前的理论 106-7

    traumatic 创伤性 108n.

  as wish fulfillment　作为愿望满足　81,83,105,107 - 8 and n., 109 and n., 113,117,129,130 - 31,237

dreams, Freud's　弗洛伊德的梦　81

  botanical monograph　关于植物学专著的梦　45n.,111,112,115

  cocaine in　关于可卡因之梦　45

  Count Thun　"图恩伯爵"的梦　23n.,111 - 12

  erotic　情色的　94,162

  interpreted　解释的　163; in *Interpretation of Dreams*　在《梦的解析》中　33 - 34,45n.,80 - 88,111 - 12,117,124 - 25,504; by Jung　荣格的解释　225

  about "Jewish question" (1898)　关于"犹太身份的问题"（1898 年）　598

  about his mother　关于他的母亲　504

  "*Non vixif*"　"未曾活过"之梦　33 - 34,116 - 17

  at Padua beer garden　在帕多瓦啤酒花园　542 - 43

  his reluctance to complete interpretation of　对完成自己梦的解释的迟疑　124 - 25,585

  in his self-analysis　在他的自我分析中　98 and n.

  in World War I　在第一次世界大战中　354

Dreiser, Theodore　德莱塞,西奥多　574

drive, sexual　（性）驱力　46,128 - 29

  in children　儿童的　146 - 48,339n.

  vs. death drive　相对于死亡驱力　401

  and reality principle　与现实原则　337

drives, theory of　驱力理论　46,78,340 - 42,362 and n.,364

  biological *vs.* psychological interpretations　生理相对于心理的解释　341 - 42

  Freud's definition　弗洛伊德的定义　364

  Hartmann on　哈特曼论　402 - 3n.

  as regressive　作为退化的　399

  and religion　与宗教　526

  restructuring of (post-World War I)　（在第一次世界大战之后）重新建构　395 - 97

  as unconscious　作为无意识的驱力　367

dualism, Freud's　弗洛伊德的二元论　397,399,401 - 2

Du Bois-Raymond, Emil　杜布瓦-雷蒙德,埃米尔　34,35,122

Durkheim, Emile　涂尔干,埃米尔　528 and n.

Elementary Forms of Religious Life, The 《宗教生活的基本形式》 528n.

Dwossis, J. 德沃西斯,J. 598n., 600,638

"Dynamics of Transference, The"(1912) 《移情动力学》(1912年) 299-300

early death, Rreud's expectation of 弗洛伊德期待早逝 58,59,164,219,229,371,372,422

Eckstein, Emma 埃克施泰因,埃玛 84-85,87

"Economic Problem of Masochism, The"(1924) 《受虐狂的经济问题》(1924年) 402

education 教育
 Freud's Gymnasium 弗洛伊德的中学 18,19,20,22,26; university 大学 27-36
 of Freud's children 弗洛伊德的孩子 161
 for women in Austria 奥地利的妇女 512

ego 自我
 The Ego and the Id 在《自我与本我》中 409,412-14
 Freud's development of concept 弗洛伊德发展此概念的过程 336,337,398,406
 unconscious aspect of 自我的无意识层面 412,414,416,449

Ego and the Id, The (1923) 《自我与本我》(1923年) 394,407-16
 writing of 写作 407

ego ideal 自我理想 340-41,406,414,416

"ego-libido" *vs.* "object-libido," "自我力比多"与"对象力比多" 340,,31

Einstein, Albert 爱因斯坦,阿尔伯特 455
 blacklisted (1933) 列入黑名单(1933年) 592
 and Freud, on Zionism 与弗洛伊德论犹太人复国主义 598n.
 refuses to support Nobel Prize for Freud 拒绝支持弗洛伊德角逐诺贝尔奖 456n.
 his tribute on Freud's 75th birthday 他在弗洛伊德75岁生日时的献礼 574-75

Eitingon, Max 艾廷冈,马克斯 178,179-80,233,241,462,592
 in Jerusalem 在耶路撒冷 460,609 and n.; and Buber 与布伯 646n.; personal relationship with Freud 与弗洛伊德的私人关系 179-80; loans to Freud 给弗洛伊德的借贷 383-84,386
 urges Freud to settle in Berlin (1922) 催促弗洛伊德定居在柏林(1922年) 387
 and World War I 与第一次世界大战 349,350

Eitingon, Mirra 艾廷冈,米拉 437

electrotherapy, Freud's opinion of 弗洛伊德对电疗法的看法 62

Elisabeth von R. case 伊丽莎白·冯尔小姐的案例 71-72

Ellis, Havelock 霭理士,哈夫洛克
 Freud's debt to 弗洛伊德欠他的情 144,339,528
 on Freud's "Leonardo," 论弗洛伊德的《达·芬奇》一文 269
 Studies in the Psychology of Sex 《性心理学研究》 57

Emden, J. E. G. van 范埃姆登 243 and n.

Emerson, Ralph Waldo 爱默生,拉尔夫·沃尔多 129

Emmy von N. case 埃米·冯恩女士个案 70-71

England (Freud and) 弗洛伊德和英国
 desire to become citizen 渴望成为英国公民 636
 emigrates to (1938) 1938年移居英国 628-29
 feelings about 对英国的感觉 19,30-31,347 and n. 350,353,631
 last years in 在英国最后的日子 629-51
 visits:(1875) 访问:1875年 30-31;(1908) 1908年 255
 and World War I 和第一次世界大战 347

England (psychoanalytic movement in) 精神分析运动在英国 460,639
 innovations 创新 609
 lay analysis 非医学专业的分析 495-96

English language, Freud's mastery of 弗洛伊德精通英语 166,324n. 325,388-89
 Jones correspondence and 和琼斯的通信 185 and nn.

English translation of Freud's works 弗洛伊德作品的英文翻译 209,465, and n., 466, 637,643

Enlightenment 启蒙运动 167,527,532,533n.

Eros and Thanatos 爱欲与死亡 401-2,410-11

erotogenic zones 动欲区 146,147,148

Eroticism 爱欲
 anal 肛门 281,282,336
 in crowd psychology 在群众心理学中 405-6

Esquirol, Jean Etienne 埃斯基罗尔,让 95n.,121,123

excrement 排泄物
 and money and obsessional neurosis 与金钱和强迫症 336

retention of, by child 儿童的忍便 147

Exner, Sigmund von 埃克斯纳,西格蒙德·冯 137,138

experimental verification of psychoanalytic theories 精神分析理论的实验验证 523n.

Fackel, Die (periodical) 《火炬》(期刊) 130,215

family relationships, Freud's 弗洛伊德的家庭的关系 5-7,314

fantasy and fantasies 幻想

 of children: repressed 儿童压抑的 400; and writers 与作家 307-8

 vs. "reality," 相对于"现实" 290

 in Schreber case 在史瑞伯案例中 281,282

 in Wolf Man case 在狼人案例中 290

"fate neurosis," 命运神经症 400

father relationship and complexes 父亲关系与情结

 in child development 儿童发展中的 475,476,477,505,517-18

 death, wish against father 对父亲的死亡愿望 329-30,334

 and religion 宗教与 331-32,531

 in totemism 在图腾中 329-30

Fechner, Gustav Theodor 费希纳 46

Federn, Paul 费德恩,保罗 176,177,178,224,242

 Psychoanalytische Volksbuch, Das 《精神分析大众读本》 458

fees for psychoanalysis 精神分析的费用 296-97

 Freud's 弗洛伊德的 388,417,454,590 and n.

Fehl, Siegfried 费尔博士 597

"Female Sexuality" (1931) 《女性性欲》(1931年) 506,518

"Femininity" (1933) 《女性特质》(1933年) 506-7

feminist movement, Freud and 弗洛伊德与女权运动 508,509-12,513

Fenichel, Otto 费尼切尔,奥托 336n.,462,521-22,592

Ferenczi, Sándor 费伦齐,桑多尔 178,187-89,576-85

 on Adler 论阿德勒 222n.

 analytic practice of 费伦齐的分析执业 188,387n.,578-80

 analyzes Freud's weaknesses 分析弗洛伊德的弱点 577,581-82

 his clinical diary 他的临床日志 579-82,586n

and Committee　与委员会　230,423

　　death (1933)　死亡(1933年)　585; Freud's response　弗洛伊德的反应　585-86

　　The Development of Psychoanalysis（with Rank）　《精神分析的发展》（与兰克合著）　472,473

　　founds Budapest Psychoanalytic Society　成立布达佩斯精神分析学会　460

　　on Groddeck's *Seeker of Souls*　论格罗德克的《灵魂的寻找者》　408

　　Jones's training analysis with　和琼斯的培训分析　186

　　his metaphysice　他的哲学观　580-81

　　personal relationship with Freud　与弗洛伊德的私人关系　187,188-189,205,309,346,423,576-78,585-86; erotic element　其中的情色成分　275

　　proposes international psychoanalytic association（1910）　提议建立国际精神分析协会（1910年）　218

　　and Rank　与兰克　472,474,478

　　and *Totem and Taboo*　与《图腾与禁忌》　326

　　his unorthodoxy and estrangement from Freud　他的不循正统并且与弗洛伊德的分歧　576,577,578-85,586

　　visits U. S.　美国之旅　208-9,212,563,567

　　and World War I　与第一次世界大战　350 and n.

Ferstel, Marie, baroness　费斯特尔,玛丽,男爵夫人　137-38

Feuchtwang, David　福伊希特旺,大卫　575

Feuerbach, Ludwig　费尔巴哈,路德维希　28-29,532

Fichtl, Paula　费希特,宝拉　635

financial circumstances, Freud's　弗洛伊德的财务状况

　　(in childhood)　童年　7,8,10,13

　　(1880s)　19世纪80年代　37,38,46,48,50,53

　　(1890s)　19世纪90年代　67,68,76,134

　　(1900-1910)　1900—1910年　139,207

　　(in World War I)　在第一次世界大战中　350; postwar　战后　383-84,286-88,389,393n

　　(1920s)　20世纪20年代　454,455

　　(1930s)　20世纪30年代　590

　　Breuer and　布洛伊尔和　37,67,68

Freud's attitude toward 弗洛伊德的态度 160,483

Fleischl-Marxow, Ernst von 弗莱施尔-马克索,埃内斯特·冯 32,43,44-45 and n., 47,141n.

Fliess, Ida 弗利斯,艾达 101,539,613

Fliess, Wilhelm 弗利斯,威廉 55-59

    and Abraham 和亚伯拉罕 311n.

    character and personality 性格与人格 56

    correspondence with Freud 与弗洛伊德的通信 56,59,61; decline of 通信的减少 102,154-55; disposal of, after Fliess's death 在弗利斯死后将通信丢弃 539,613-14; dream of Irma's injection and 与"伊尔玛的注射"之梦 81-82; on Freud's promotion to professorship 评论弗洛伊德追求教授职的晋升 137,140-41; on psychoanalysis 论精神分析 103; on seduction theory 论"诱惑理论" 94,99; on self-analysis 论自我分析 96,98-99,100; on Weininger and sexuality 论魏宁格与性欲 154-55

    The Course of Life 《生命的过程》 155,513n.

    death (1931) 去世(1931年) 539

    gifts to and from Freud 和弗洛伊德的礼尚往来 35,133

    personal relationship with Freud 与弗洛伊德的私人关系 55,58-59,274-77; dream of Irma's injection and "伊尔玛的注射"之梦 82,83,85,86; emotional depth of 情感上的深度 61; erosion/demise of 侵蚀/死亡 101-2,126,137,154-56; erotic component 其中的情色成分 86-87,204,274-76; Freud warns Abraham against Fliess 弗洛伊德警告亚伯拉罕对抗弗利斯 182; transference in 其中的"移情作用" 58-59,86

    professional life and theories 专业生涯与理论 56-58; Eckstein case 埃克施泰因个案 84-85; nose as specialty 鼻子的专门观点 56,57

    professional relationship with Freud 与弗洛伊德的专业关系 56-58; challenges Freud 挑战弗洛伊德 89; influences Freud's theories 影响弗洛伊德的理论 56,57-58,126-27,144; reds Freud's works in progress 阅读弗洛伊德进展中的作品 56-57,62,74,78,101,246; as sounding board for Freud's theories 作为弗洛伊德理论的共鸣板 92,94,101,125,156, supports and encourages Freud 支持与鼓励弗洛伊德 56,140

Fluss, Emil (Freud's letters to) 弗卢斯,埃米尔(弗洛伊德的通信) 9,19,24,26

Fluss, Gisela 弗卢斯,吉塞拉 22-23

foreign analysands, Freud's 弗洛伊德的外籍分析对象 386,387-89,417,564-65,

570,590

Forel, Auguste 福雷尔，奥古斯特 198,199,206

forgetting, purposeful (cryptomnesia) 有意忘记（潜在记忆） 125－26,127,127n., 142,637n.

"Formulations on the Two Principles of Mental Functioning"（1910） 《心灵运作的两个原则》（1910年） 336－38

Forsyth, David 福赛思，大卫 388,574

France, Anatole 法朗士，阿纳托尔 166－67

France（psychoanalytic movement in） 法国（精神分析运动） 451,460 and n., 639

Frazer, Sir James G. 弗雷泽，詹姆斯 327,331,334,528

free association 自由联想 71,73,297－98

 in dream interpretation 在梦境解析中的 107,110

 in Freud's self-analysis 在弗洛伊德自我分析中 98

 Jung supports theory 荣格支持理论 199

 as misnomer 其中的人名错误 127n.

freedom, sexual（Freud advocates） 弗洛伊德提倡的性欲自由 63,143,163,548,569－70

Freiberg, Moravia 摩拉维亚的弗莱堡（弗洛伊德诞生地）

 Freud's birth in（1856） 1856年弗洛伊德诞生 4,8

 Freud's childhood in 弗洛伊德的童年 5－8; residence 住所 7

 Freud's feelings for 弗洛伊德的感觉 9,10,575

 Freud visits（1872） 1872年弗洛伊德访问 22

 tablet to Freud unveiled（1931） 1931年弗洛伊德的石碑揭幕 575

Freud Adolfine（Dolfi, Freud's sister） 弗洛伊德，阿道芬（弗洛伊德的妹妹） 8,383,630, 632,638,649

 death 去世 649n.

Freud Alexander（Freud's brother） 弗洛伊德，亚历山大（弗洛伊德之弟） 8, and n.,12n., 115,631

 and Freud: in childhood 和弗洛伊德：在童年 13; and their mother's death 和母亲的去世 573; travel together 一起旅行 135,158; in World War I 在第一次世界大战中 346－47

Freud, Amalia Nathansohn（Freud's mother） 弗洛伊德，阿马利娅·纳坦森（弗洛伊德之母） 4,5,6,8

characte and personality 个性与人格 504-5

death(1930), Freud's response 弗洛伊德对她死亡(1930年)的反应 573

Freud and 弗洛伊德与 7,10-11,19n.,316n.,335,502,503-7; his memory of seeing her naked 对看见她的裸体的记忆 11,99

post-World War I 第一次世界大战后 383

Freud, Anna (Freud's daughter) 弗洛伊德,安娜(弗洛伊德的幼女) 428-43

her analysis, with Freud 她的分析,与弗洛伊德 435-36,439-41,69

arrested by Nazis (1938) 被纳粹逮捕(1938年) 625-26,626n.

attentiveness to Freud 对弗洛伊德的注意 428-29,430; at his surgery and illnesses 在他的手术和疾病中 419-20,428,-29,442 and n., 443,538-39,641,649,651

birth (1895) 出生(1895年) 61,162

childhood 童年 75,101; her dream reported in Interpretation 《梦的解析》中提到他的梦境 108-9

her dreams 她的梦境 108-9,436,438-39,439n.

friendships with women: Andreas-Salomé 与女人的友谊:与安德烈亚斯-莎乐美女士 437-38,440,441,524;Burlingham 与布尔林翰夫人 540,541

her health 她的健康 430-32 and n.

(Ernest) Jones and 欧内斯特·琼斯与 351-52,433-34,435,442n,500n.,627

low self-esteem of 自暴自弃 432,434-35

opinions and observations: on Nazis in Austria 意见与观察:对奥地利的纳粹 622; on Pfister 论普菲斯特 191,192n.602n.; on Rank 论兰克 472n.478

personal/emotional relationship to father 与父亲的私人和情感关系 428-43; her feelings for him 她对父亲的情感 428-29,430,431,435,438-39,441,443; Freud on her sexuality and relationships with men 弗洛伊德论她的性欲与男人的关系 433-34,438,441,443,500n,541,613; Freud's dependence on her 弗洛伊德对她的依赖 428,429,443,538,612,627,641,642

Freud worries about her 弗洛伊德担心她 433-34,437-38,441,541,612-13; inherits Freud's books 继承了弗洛伊德的书 612 and n., her jealousy about him 她对他的嫉妒 442 and n.; their mutual candor 他们相互坦诚 431-32; represents him at official occasions 在正式场合介绍他 571,573,575

professional life: her analysis of children 专业成就:她对儿童的分析 436,441,468-69; attends psychoanalytic congresses 出席精神分析会议 393,436,464,500n.,516,

847

633; colleagues' respect for 同事尊敬 437; conflict with Klein 与克莱因的冲突 468-69,541; and father's analytic practice 与父亲的分析实践 464n.; and father's writings 与父亲的作品 431,436,536,560n.; Freud defends her positions 弗洛伊德依赖她的职位 441,468-69; Freud's pride in 弗洛伊德的骄傲 536-37,438,613; growing reputation 声名鹊起 540-41,616; *An Introduction to the Technique of Child Analysis* 《儿童分析技巧导论》 541; as model for feminist aspirations 作为女权主义的楷模 509; her preparation for 她的准备 435-37; writings 作品 436,441,541

her recollections of father 她对父亲的回忆 158-59,159n.,168,380,393n.,425n.,445 and n.,560n.

and sisters 和姐妹们 431-32

travels with Freud 和弗洛伊德旅行 424-25,429,432-33

and World War I and aftermath 和第一次世界大战及其后 346,351-52,380

Freud, Emanuel (Freud's half brother) 弗洛伊德,埃马努埃尔(弗洛伊德同父异母的哥哥) 5

Freud, Ernst (Freud's son) 弗洛伊德,埃内斯特(弗洛伊德的儿子)

(in childhood) 童年 161

(in World War I) 在第一次世界大战中 352; postwar period,(1930s) 战后(20世纪30年代) 592,609,629,630

children of 孩子 427-28

visits Freud in old age 晚年看望弗洛伊德 539,595

Freud, Harry (Freud's nephew) 弗洛伊德,哈利(弗洛伊德的侄子) 600n.,629,649

Freud, Jacob (Freud's father) 弗洛伊德,雅各布(弗洛伊德的父亲) 4,5,6,8,10

death (1896) 1896年去世 88; Freud's response 弗洛伊德对此的反应 88-89,141,390

as "enlightened" Jew 作为"被启蒙的"犹太人 600 and n.

Freud and: in childhood 弗洛伊德与父亲:儿童时代 10,11-12 and n.,23,112,599-600; after fathers death 在父亲死后 88,94,132n.,334-35,361; in father's old age 在父亲晚年 87-88; in university years 在大学时代 33

Freud, John (Freud's nephew) 弗洛伊德,约翰(弗洛伊德的侄子) 5-6,11,55

Freud, Josef (Freud's uncle) 弗洛伊德,约瑟夫(弗洛伊德的叔叔) 8

Freud, Julius (Freud's brother) 弗洛伊德,尤利乌斯(弗洛伊德早夭的弟弟) 8,11,

275,507

Freud, Marie (Mitzi, Freud's sister)　弗洛伊德,玛丽(弗洛伊德的妹妹)　8,137

Freud, Martha Bernays (Freud's wife)　弗洛伊德,玛尔塔·贝尔奈斯(弗洛伊德之妻)

 character and personality　个性与人格　59-60

 her children: births　她的孩子:出生　54,59,61; her relationship with　她和孩子的关系　160-61

 family role of　在家庭中的角色　59,60,61,160-61,428 and n.,429

 Freud's letters to　弗洛伊德给她的信件　9,31,38,39-41

 her health　她的健康　382

 in London (1938-39)　在伦敦(1938—1939年)　630

 her long life　她的长寿　89

 relationship with Freud　与弗洛伊德的关系　59-61,502,613; his ambivalence　弗洛伊德的暧昧态度　89; courtship　求爱过程　37-41,50; religious differences　宗教上的差异　38,54,600; wedding (1886)　结婚(1886年)　54

Freud, Martin (Jean Martin, Freud's son)　弗洛伊德,马丁(弗洛伊德之子)　53,308

 childhood　童年　75,101,161-62,429,600-1

 his children　他的孩子　428

 and emigration from Austria (1938)　1938年从奥地利移民　625-26,628

 his feelings about England　对英国的感觉　347n.

 financial dependence on father　对父亲的经济依赖　387

 in London (1938-39)　在伦敦(1938—1939年)　628,630

 his marriage (1919)　他的婚姻(1919年)　385,601

 recollections: of father　对人们印象的收集:对父亲　9,28,124,158,161-62,191n.; of grandfather (paternal)　对祖父　10; of grandmother (paternal)　对祖母　504; of Jung　对荣格　202; of his mother　对母亲　59

 religious allegiance and observances　宗教上的忠诚和监视　600-1

 and *Verlag*　"费拉格"　562n., 626

 and World War I　与第一次世界大战　352,354,377,380-81

Freud, Oliver (Freud's son)　弗洛伊德,奥利弗(弗洛伊德之子)　592,595,609

 birth (1891)　出生(1891年)　59

 childhood　童年　74-75,191

 his children　他的孩子　428

    Freud worries about　弗洛伊德对他的忧心　387,429,429-30n.

    in World War I　在第一次世界大战中　352

Freud,Pauline（Pauli, Freud's sister）　弗洛伊德,保利娜(弗洛伊德之妹)　8,383

Freud,Philipp（Freud's half brother）　弗洛伊德,菲利普(弗洛伊德同父异母兄弟)　5,6,7,137

Freud Rosa（Freud's sister）　弗洛伊德,罗莎(弗洛伊德之妹)　8,630,632,638,649 and n.

    her death　她的死亡　649n.

    marries（1896）　结婚(1896年)　74

Freud,Samuel（Freud's nephew）　弗洛伊德,萨穆埃尔(弗洛伊德的侄子)

    Freud's correspondence with：on conditions in Austria（1930s）　与弗洛伊德的通信:论奥地利情势(20世纪30年代)　589,590,593；on daughter Anna　论女儿安娜　438,442；on family　论家庭　380-83,385,428,628；on his health　论他的健康　427,442；on himself　谈论他自己　455,456

    sends supplies after World War I　在第一次世界大战期间给弗洛伊德送补给　384,385

Freud family　弗洛伊德的家族　4-8

    ancestry　祖先　5

    emigration to London（1938）　1938年移民伦敦　628-29

    and Judaism　和犹太教　600-1

    in World War I aftemath　在第一次世界大战及其后　381-83,386-87

"Freud's Psychoanalytic Method"（1904）　《弗洛伊德的精神分析方法》(1904年)　293

Friedell, Egon　弗里德尔,埃贡　621

friendship, Freud and　友谊,弗洛伊德和　55,61,86-87

    erotic element　色情成分　274-76

Frink, Horace　弗林克,霍勒斯　565,565-66n.

Fromm,Erich　弗罗姆,埃里希　592

Furtmüller, Carl　福特穆勒,卡尔　178,224

Future of an Illusion, The（1927）　《一个幻觉的未来》(1927年)　524,525-35,544

    Freud's assessments of　弗洛伊德的评价　524-25

    Freud's personal/biographical influences on　弗洛伊德的自传的影响　525-27

    responses to　对此书的回应　535-37

Fyfe, Hamilton 法伊夫,汉密尔顿 645

gender differences 性别差异 39
    in pleasure (sexual) 在性欲快感中 519
    relative strength, endurance 相对的力量以及耐受力 628 and n.
    in sexual maturation 在性成熟方面 514–19; Oedipus complex in 俄狄浦斯情结中的 113, 515, 518
    sexual origins of 差异的性欲起源 516–17
    superego development 超我的发展 416n., 515–16

General Hospital, Vienna (Freud at) 弗洛伊德在维也纳综合医院 37, 41–45
    his resignation (1886) 1886年辞职 53
    his status and title 他的地位和头衔 41

genetics 遗传学 333

Germany(1920s) 德国(20世纪20年代) 447–48
    anti-Semitism in: (1920s) 反犹太主义(20世纪20年代) 448; (1930s) 20世纪30年代 591–92, 638–39
    and Austria 与奥地利 447, 593, 595, 618; Anschluss and aftermath 驱逐犹太人以及之后的反应 618–623
    Freud disavows his identity with 弗洛伊德否认他对德国的认同 50, 346n., 448, 598
    Kristallnacht (9 Nov. 1938) "水晶之夜"(1938年11月9日) 638
    psychoanalysis in (1930s) 精神分析(20世纪30年代) 592, 639
    psychoanalysts flee (1930s) 精神分析学者逃离(20世纪30年代) 592

Glover, Edward 格洛弗,爱德华 463, 476, 495

Glover, James 格洛弗,詹姆斯 463, 470

Goethe, Johann Wolfgang von 歌德 166, 571
    Faust 《浮士德》 331, 480
    "On Nature" (attributed) 《论自然》 24–25
    Sorrows of Young Werther 《少年维特之烦恼》 129
    and unconscious 与无意识 128, 366

Goethe Prize (1930) 歌德奖(1930年) 571–72

Goetz, Bruno 格茨,布鲁诺 160

Goldwyn, Samuel 高德温,塞缪尔 454, 562

Gomperz, Elise 贡珀茨,埃莉泽 137
Gomperz, Theodor 贡珀茨,特奥多尔 36,137,166,167,533
Graf, Caecilie (Freud's niece) 格拉夫,加奇莉亚(弗洛伊德的外甥女) 418
Graf, Max 格拉夫,马克斯
 analyzes son (Little Hans) 分析自己的儿子(小汉斯) 227,256,257,440
 on Freud's eyes 在弗洛伊德的眼中 156
 and Wednesday Psychological Society 与星期三心理学会 174,175,176,177
grandchildren, Freud's 弗洛伊德的孙子 427-28
 his feelings toward 他对孙子的感情 310n., 421-22
gratification, delayed 延迟的满足 131,337,399
Greece 希腊
 Freud in (1904) 1904年弗洛伊德在希腊 88
Groddeck, Georg 格罗德克,乔治 407-10,456,466 and n.,581
 Book of the It, The 《它论》 410
 and Freud's *Ego and the Id* 与弗洛伊德的《自我与本我》 407,409-10,411
 The Seeker of Soul 《灵魂的寻找者》 408
Group Psychology and the Analysis of the Ego (1921) 《群体心理学与自我分析》(1921年) 338n., 394 and n., 404-7
 Hebrew translation 希伯来文的译本 600
 writing of 此书的写作 403-4
Guilbert, Yvette 吉尔贝,伊薇特 636,643
guilt feelings 罪恶感
 in *Hamlet* 《哈姆雷特》中的 313
 Klein on 克莱因论 469
 and Oedipus complex 与俄狄浦斯情结 333
 and original sin 与原罪 334
 from primal crime (*Totem and Taboo*) 从原始罪行(《图腾与禁忌》中)来的 330,331,333
 sources of 来源 324,551
 of survivor 幸存者的 88 and n.,89,632
 unconscious 无意识的 100,414,415,416
 World War I and 第一次世界大战与 370

Hague congress of psychoanalysts,1920　海牙的精神分析家大会（1920年）　393,436,596

Halberstadt,Ernst（Freud's grandson）　哈尔贝施塔特,埃内斯特（弗洛伊德的外孙）　310n.,349,399–400,422,436

Halberstedt,Max（Freud's son-in-law）　哈尔贝施塔特,马克斯（女婿）　309,352,428,432,590

Halberstadt,Sophie Freud（Freud's daughter）　哈尔贝施塔特,苏菲·弗洛伊德（弗洛伊德之女）　74,75；

　her children　她的小孩　310n.,421

　death(1920)　死亡（1920年）　391–393；Freud and　弗洛伊德与她的死亡　391–93,395,422

　Freud and　和弗洛伊德　349,429

　marries（1913）　结婚（1913年）　309–10

Hall,G,Stanley　霍尔,斯坦利

　and Abraham　与亚伯拉罕　181

　Adolescence　其所著《青少年》一书　206–07

　and Freud　与弗洛伊德　206–7

Hammerschlag,Samuel　哈默施拉格,萨穆埃尔　22,600

Hannibal（Freud's identification with）　汉尼拔（弗洛伊德对他的认同）　12 and n.,20,132,139,140,604

Hartmann,Heinz　哈特曼,海因兹　402–3n.,463

　Fundamentals of Psychoanalysis,The　《精神分析的基本原则》　540

healer *vs.* scientist,Freud as　弗洛伊德作为疗愈者相对于科学家　25,26–27,278,459,496n.

Hebrew language　希伯来语

　Freud and　弗洛伊德与　599–600,600n.

　translations of Freud's works into　翻译弗洛伊德的作品　598n.；*Moses and Monotheism*《摩西与一神教》　638；*Totem and Taboo*《图腾与禁忌》　599,602

Heine,Heinrich　海涅,海因里希　111,116,592

Heller,Hugo　埃莱尔,雨果　166,176,193,307

Helmholtz,Hermann　亥姆霍兹,赫尔曼　34,35,122

heredity　遗传性

　Lamarckian theory（Freud and）　（弗洛伊德与）拉马克派理论　290n.,333,368 and n.,

853

601-2,647

    and nervous disorders　与神经疾病　120,123,124

hermaphroditism　雌雄同体　31-326

Hirschfeld, Magnus　希施费尔德,马格努斯　181,460

    Yearbook for Intermediate Sexual Stages　《性过渡阶段年鉴》　144

"History of the Psychoanalytic Movement"(1914)　《精神分析运动史》(1914年)　223n., 240-41,316,343

Hitler, Adolf　希特勒,阿道夫

    ascent to power, acts of oppression　登上权力,压抑的行动　591,596

    and Austria　与奥地利　593,596,618-23

    early life and career　早期生命以及事业　447-48

Hirschmann, Eduard　希尔施曼,爱德华　176,219,221,224;495

    Freud's Theory of the Neurosis　《弗洛伊德的神经症理论》　176,458

Hollitscher, Mathilde Freud (Freud's daughter) birth (1887)　霍利切尔,玛蒂尔德·弗洛伊德(弗洛伊德之女)出生(1887年)　54

    childhood　童年　74,101,161,429

    Freud's erotic dream about (1897)　弗洛伊德关于她的情色之梦(1897年)　94

Hollitscher, Robert (Freud's son-in-law)　霍利切尔,罗伯特(女婿)　309,590,630

homosexuality/homoeroticism　同性爱欲　144,145,394,426,610

    in Freud's "Leonardo,"　在弗洛伊德的《达·芬奇》一文中　271-72,273

    in Freud's relationships: Ferenczi　在弗洛伊德的关系中:与费伦齐　275;Fliess　与弗利斯　86-7,204,274-76;Jung　荣格　204

    Krafft-Ebing on　克拉夫特-埃宾论　143n.

    in Rat Man case　在鼠人案例中　262

    in Schreber case　在史瑞伯案例中　277 and n.,281-82,284

    sublimation of　同性爱欲的升华　282

Horney, Karen　霍妮,卡伦　463

    vs. Freud on women's sexuality and psychology　相对于弗洛伊德论女性性欲与心理学　502,519-21

hypnosis and hypnotism　催眠与催眠术

    Charcot and　沙可与　49-50,51

    Freud and　弗洛伊德与　49 and n.,50,51-52,62,70-71,293,406

　　　　Meynert and　梅内特与　42

　　　　hysteria and hysterics　歇斯底里症与歇斯底里症患者　69-74,304

　　　　Charcot and　沙可与　49

　　　　in men　对男人的　49,53-54,91n.

　　　　sexual etioloby　性欲病源说　70,93,139

Ibsen, Henrik　易卜生,亨利克　166

　　　　Enemy of the People　《人民公敌》　27

id　本我　407,409n.,412-13

　　　　Groddeck and　格罗德克与　409-10

identification(s)　认同　415

imagination, role in literary creativity　想象力（在文学创作中的角色）　308

Imago(periodical)　《潜意象》(期刊)　311-12,351,471,632

　　　　American edition　美国版　634

　　　　London successor　伦敦的接替者　639

incest　乱伦　324

　　　　in literature (Rank on)　兰克论文学中的　311

incest taboo　乱伦禁忌

　　　　Jung vs. Freud on　荣格相对于弗洛伊德论　228

　　　　in Totem and Taboo　在《图腾与禁忌》中　324,328

Infantile Cerebral Paralysis (1897)　《婴儿脑性麻痹》(1897年)　87 and n.

institutes, psychoanalytic　精神分析机构　219,254n.,459-60

　　　　Freud monitors development of　弗洛伊德见证其发展　609

　　　　and lay analysis　非医学专业分析　494-95

　　　　standards established for　为之制订标准　499

Inhibitions, Symptoms and Anxiety (1926)　《抑制、症状与焦虑》(1926年)　471,484-89

Internationale Zeitschrift für Psychoanalyse (periodial)　《国际精神分析期刊》　351,362,471,495,639

International Journal of Psycho-Analysis (periodical)　《国际精神分析期刊》(前者的英文对应版)　425,495

International Psychoanalytic Association　国际精神分析协会

　　　　Berlin chapter　柏林时期　460

855

Bleuler resigns（1911） 布洛伊勒离开（1911年） 215

Ferenczi and 费伦齐与 582-83

Freud's intentions in founding 弗洛伊德想要创立的意愿 219

Jung and 荣格与 217,224-25,228,236-37,240,241

and lay analysis 与非医学专业分析 498

proposed, at Nürnberg (1910) 在纽伦堡建议成立（1910年） 217

and World War I 第一次世界大战 351;postwar 战后 393-94

international psychoanalytic congresses 国际精神分析大会

1908, Salzburg 1908年,萨尔斯堡 215,244

1910, Nürnberg 1910年,纽伦堡 217-19,293,295,460

1911, Weimar 1911年,魏玛 192,224-25

1913, Munich 1913年,慕尼黑 239

1918, Budapest 1918年,布达佩斯 304n.,375-76,462

1920, The Hague 1920年,海牙 393,436,596

1922, Berlin 1922年,柏林 393-94,519-20

1925, Bad Homburg 1925年,巴特洪堡 464,499,516

1929, Oxford 1929年,牛津 500 and n.

1932, Wiesbaden 1932年,威斯巴登 583,584

1938, Paris 1938年,巴黎 633

Freud stops attending 弗洛伊德停止参加 464,539

World War I and 第一次世界大战与 350,351

Interpretation of Dreams, The (1900) 《梦的解析》（1900年） 104-17,129,130-31,530n.

childhood memories (Freud's) in 其中弗洛伊德的童年记忆 8,12-13,16,23,112

expanded in successive editions 再版的扩增 105-6

Freud analyzes his own dreams in 弗洛伊德在其中分析自己的梦 33-34,45n.,80-81,111-12,117,124-25,504

Freud's assessment of 弗洛伊德对此书的评价 4,133

infantile sexuality discussed in 其中讨论的婴儿的性 144-45 and n.,434n.

Jung on 荣格论 124-25,145n.,199

materials collected from his analysands 从分析个案收集来的资料 117-18

personal importance of, to Freud 对弗洛伊德个人的重要性 89,96

publication and reception of 出版以及接受程度 3-4,105,132-33,140,247

resistance defined in　在其中定义的"阻抗作用"　299

　　　style and presentation of　风格以及呈现方式　104-5,106

　　　translations　翻译过程　465 and n.

Introductory Lectures on Psychoanalysis（1916-1917）《精神分析导论》（1916—1917年）
　　368-69,370,449,642

Irma's injection dream（Freud's）（弗洛伊德的）"伊尔玛的注射"之梦　45n.,80-87,107

　　　Freud's interpretation　弗洛伊德的解释　81,82-87,124

　　　text　内文　82

　　　isolation/alienation　弗洛伊德的孤独/疏离

　　　consequences in later life　晚年的后果　449

　　　from medical establishment　和医学社群的　53-54,62,77,93-94,132-35,139;and

　　　Fliess　与弗利斯　56,58,133

　　　moderation of　温和的　140,153

　　　his perceptions and uses of　他的看法以及使用　140-41,603-4

　　　resulting from his illness　因为生病的结果　464,539

　　　as secular Jew in Austria　在奥地利如同一般犹太人　602

　　　at university　在大学时代　27

　　　in World War I　第一次世界大战中　361,379

Italy　意大利

　　　and anti-Semitism　与反犹太主义　448n.

　　　Freud travels in　弗洛伊德在意大利旅行　135 and n.,136,158,268

　　　psychoanalytic movement in　精神分析运动在意大利　460

　　　and World War I　与第一次世界大战　344,347,351,354

Jahrbuch für psychoanalytische und psychopathologische Forschungen（periodical）《精神分析
　　与精神病理学研究年鉴》　215,240,255 351

James,William　詹姆斯,威廉　129,211-12,458,565

Janet,Pierre　让内,皮埃尔

　　　on Charcot's hypnosis patients　论沙可的催眠病人　50

　　　Jung hears lecture　荣格聆听他的演讲　198

　　　on urban nature of psychoanalysis　论精神分析的都市特性　10

Jensen,Wilhelm:*Gradiva*　延森,威廉:《格拉迪娃》　318,320-22

857

Jewishness, Freud's 弗洛伊德的犹太民族性 12,597-608

    his attitudes toward 他对此的态度 19 and n.,20,27,35n.,132,204-5,448; never disclaims it 从未放弃 6,50,346n.,448,597,602; secular nature of 世俗的本质 599-602

    in childhood 童年时期,6,19,20,599-600,600n.,601

    in *Moses and Monotheism* 在《摩西与一神教》中 643

Jews and Freud 犹太人与弗洛伊德

    claim him as their own 他们自己的 575,597,599

    and *Moses and Monotheism* 与《摩西与一神教》 604,632-33,636-37,638,644,645-46

jokes 笑话

    in dreams 梦中的 115

    in Freud's personal repertorie 弗洛伊德个人说过的 159; war jokes 和战争有关的 371

    psychoanalysis of 笑话的精神分析 141,255

    about psychoanalysis 关于精神分析 457-58

    sexual drives and 与性驱力 148

    and the unconscious 与无意识 80,117

Jokes and Their Relation to the Unconscious(1905) 《论诙谐及其与无意识之间的关系》(1905年) 153

Jones, Ernst 琼斯,欧内斯特 178,183-87

    and Abraham 与亚伯拉罕 183,423

    character and personality 个性与人格 183,185

    and Committee 与委员会 229-30,423-24

    his erotic disposition 他的情色气质 183 and n.,184 and n.,187

    and Ferenczi 与费伦齐 186,466,586 and n.

    founds London Institute of Psycho-Analysis 成立伦敦精神分析机构 460

    Free Associations(autobiography) 《自由联想》(自传) 175n.,184n.,603 and n.

    and(Anna)Freud 与安娜·弗洛伊德 351-52,433-34,435,442n.,500n.,627

    Freud on 弗洛伊德论 185-86,609

    as gentile in Freud's inner circle 作为弗洛伊德圈子里的非犹太人 184-85,424

    opinions: on Adler 各种评论:论阿德勒 216; on Brill 论布里尔 209; on death drive 论死亡驱力 552,609; on Eitingon 论艾廷冈 179; on Jewish phenomenon in psychoanalysis 论精神分析运动中的犹太现象 603 and n.; on Jung 论荣格 198,199,240; on lay analysis 论非医学专业分析 493; on Michelangelo's *Moses* 论米开朗基罗的《摩西像》 314-15; on "On Narcissism," 论《论自恋》 338,341; on religion and psychoanalysis 论宗教与精神分析 533-34n.; on Stekel 论斯特克尔 214; on Wednesday Psychological Society 论星期三心理学会 178; on women's psychology/sexuality 论女性心理/性欲 502,519,521-22

personal relationship with Freud 与弗洛伊德的私人关系 186,187,350,353,371,583,623,624,625,649-50

and Rank 与兰克 423-24,424n.,466,472,473,476,479-80,481

on resistance to psychoanalysis in North America 论北美对精神分析的抗拒 195-96

Jung, Carl Gustav 荣格,卡尔·古斯塔夫 197-243

and Abraham 与亚伯拉罕 203-4,205

character and personality 个性与人格 197-98; jealousy 嫉妒 204; Jones on 琼斯论其个性 198; mysticism 神秘主义 205,233,238,311,332

his dreams 他的梦境 197; interpreted by Freud 由弗洛伊德分析的 203,209,212

and International Psychoanalytic Association 与国际精神分析协会 217,224-25,228,236-37,240,241

and *Jahrbuch* 与《精神分析与精神病理学研究年鉴》 215,240

on Jones 论琼斯 185

personal relationship with Freud: Binswanger contretemps 与弗洛伊德的私人关系;宾斯万格的误会 228-29,230,231,232,233,276; break with Freud 与弗洛伊德决裂 225-43,316 and n.,447,480; erotic undercurrent 情色的暗流 204; as father-son relationship 作为父子关系 200-1,202;227,233,234-35,238,326, and Fliess-Freud relationship 与弗洛伊德及弗利斯的关系 202,206,233,236,241,242,275-76; Freud's affection 弗洛伊德的爱慕 201,203,225,228,232,275-76; Freud's fainting episodes 弗洛伊德晕倒的插曲 209,233,275-76; Freud's rage 弗洛伊德的愤怒 225,232,234-42,316,316-17n; Jung's feelings and responses 荣格的感受以及回应 202,226

professional relationship with Freud: his analytical psychology distinct from psychoanalysis 与弗洛伊德的专业关系:其分析心理学和精神分析的不同 237-38,214,338n.; defends and propounds Freud's theories 为弗洛伊德的理论辩护以及提倡 199,200,

204,205-6; Freud's hopes for and dependence on Jung 弗洛伊德希望依靠荣格 200,201-2,203,205,219,224,229,235,236,242; Jung as "gentile facade" for Freud 荣格对弗洛伊德来说是"装点门面的异教徒" 201,202,204-5,231,239-40; religious differences 宗教差异 205,226,227,238,331,332, his reservations about sexuality/libido theory 其对性欲/力比多理论的保留态度 199,203-4,226,228,231,274,280,341,397; theoretical differences 理论差异 226,231,237-38,332,339n

publications：Diagnostic Association Studies(ed.) 出版作品：《诊断中的联想实验研究》 197,199；Memories, Dreams, Reflections 《回忆、梦、反思》 197; On the Psychology of Dementia Praecox 《论早发型痴呆症的心理学》 199

visits U.S.：(1909, with Freud) 造访美国：1909年与弗洛伊德 207,208-9,212,225;(1912) 1912年 231;(1913) 1913年 237

Jung, Emma 荣格,爱玛 164,202,225,227

Kann, Loe 卡恩,勒 186-187,437

Kardiner, Abram 卡丁纳,阿布拉姆 388,439,464n.

Klein, Melanie 克莱因,梅兰妮 461,463,467-69,509

 on aggression 论攻击性 402n.

 analyzes her children 分析她自己的小孩 440

 controversies：with (Anna) Freud 与安娜·弗洛伊德的论争 468-69,541; with Schmideberg 与施米达伯格 466

 Jones and 琼斯与 609

 as lay analyst 作为非医学专业分析家 492

Königstein, Leopold 科尼希斯坦,利奥波德 43,157,242,573

Krafft-Ebing, Richard von 克拉夫特-埃宾,理查德·冯 93,96

 Nervousness and Neurasthenic States 《紧张与神经衰弱状态》 119-20,123

 Psychopathia Sexualis 《性精神病理学》 143 and n.,144

 sponsors Freud for professorship 支持弗洛伊德进入专业领域 136,137,138-39,140

Kraus, Karl 克劳斯,卡尔 21,129-30,155,449

 struggles with Freud 与弗洛伊德的挣扎 214-15

Kris, Ernst 克里斯,埃内斯特 319n.,492,540

Laforgue, René 拉福格,勒内 61,460n.,525,541,567

Lamarckianism (Freud and)　弗洛伊德与拉马克学派学说　209n.　333,368 and n,601 - 2,647

Lampl-de Groot, Jeanne　兰普尔-德·格罗特,珍妮　464,502,503,520n.,593,609

lay analysts (s)　非医学专业分析家　29n.,189,190,490 - 500

 (Anna) Freud as　安娜·弗洛伊德作为　435,492

 Rank as　兰克作为　471,492

 Reik as　赖克作为　490 - 92

 symposium on (1927)　论非医学专业分析家研讨会(1927年)　495

 in U.S.　在美国　497 - 500,567,633

Lehrman, Philip　莱尔曼,菲利普　418n.,430,459n.,539,565

Levy, Kata　莱维,卡塔　387,388,389,437,440

libido　力比多

 and aggressiveness　与攻击性　396 - 97

 and crowd psychology　与群众心理学　405 - 6

 Jung *vs.* Freud on　荣格与弗洛伊德论力比多　203 - 4,226,231,274,280,341,397

 theory of　力比多理论　142 - 43,144,145,148,397

 withdrawal of　力比多的撤回　363

Lichtenberg, Georg Christoph　利希腾贝格,乔治·克里斯托夫　45,127 - 28

literature, Freud and　弗洛伊德与文学　45 - 46,159,166 - 68,323

 English　英国文学　30 - 31

 his psychoanalytic studies of　他对文学的精神分析研究　313 - 14,318,320 - 22

Little Hans　小汉斯

 analyzed by father (Max Graf)　由父亲所分析　227,256,257,440

 case　案例　176,255 - 61,329,467,489,505

 visits Freud(1922)　拜访弗洛伊德(1922年)　260

London Psycho-Analytic Society　伦敦精神分析学会

 founded (1913)　创立(1913年)　184

 and Klein　与克莱因　609

love, Freud's theories on　弗洛伊德关于爱的理论　290 - 91,321,364

 ambivalent　矛盾双重性　372

 in crowd psychology　在群众心理学中　406

 and culture　与文化　548 and n.,550

  on loving neighbor as self 论爱邻人如同自己 549,615

  parental 父母的 340

  as transference 作为移情作用 300-3

Löwy, Emanuel 勒维,埃马努埃尔 171,242,573

Lueger, Karl 卢埃格尔,卡尔 16,447,598

Macaulay, Thomas Babington 麦考利,托马斯·巴宾顿 166,167,533

Mahler, Gustav 马勒,古斯塔夫 21

Mann, Thomas 曼,托马斯 348,456,592,606

  birthday tributes to Freud (1936) 给弗洛伊德的生日礼(1936年) 612

Marlé, Lilly Freud (Freud's niece) 马尔莱,莉莉·弗洛伊德(弗洛伊德的侄女) 160,162

masturbation 手淫

  alternatives to 的替代 63,170

  and castration anxiety 与阉割焦虑 517

  by infant 婴儿的 147

  in Little Hans case 在小汉斯案例里 257

  and neurasthenia 与神经衰弱 62

  in Rat Man case 在鼠人案例中 265-66

melancholy 抑郁 362,363,372-73,414

memory and memories 记忆

  in analytic process 在分析过程中 300

  and desire 与欲望 129

  in Freud's self-analysis 在弗洛伊德的自我分析中 97,99,100

  role in nervous disorders 在神经失调中的角色 92

  in scientific psychology 在科学心理学中 80

mental illness 心理疾病

  heredity and 遗传与 120,123,124

mentors and father figures, Freud's 弗洛伊德的老师与父亲形象 141n.

  Breuer 布洛伊尔 32-33,63-64; collapse of relationship 两人关系的崩毁 67-69,71,140

  Brücke 布吕克 32-37

  Charcot 沙可 48-49,52-53

Claus 克劳斯 31–32

    his defiance of 他的反叛 141

"metapsychology," "后设心理学" 362 and n., 363–68, 371, 372; definition 的定义 362n.

    Freud destroys seven papers on 弗洛伊德毁去七篇关于后设心理学的文章 373, 374

Meyer, Conrad Ferdinand 梅耶,康拉德 86, 166, 177, 195

Meynert, Theodor 梅内特,特奥多尔 41, 52

    Freud and 弗洛伊德与 42, 54, 141n.

Michelangelo Buonarroti: *Moses* 米开朗基罗:《摩西像》 135 and n.

    Freud's feelings about 弗洛伊德对雕像的感受 314–15

    Freud's paper on (1914) 弗洛伊德讨论雕像的文章(1914年) 167, 314–17, 603

Mill, John Stuart 密尔,约翰·斯图亚特 36, 38–39, 62, 513

mind, Freud's theories of 弗洛伊德的精神理论 78–80, 99, 103, 119–24, 335–42, 356, 365

    structural system 结构系统 394 and n, 398

modern life and civilization, pressures and strains of 现代文化(的压力与紧张) 120, 123, 128–29, 148, 546–47

Moses and Monotheism (1938) 《摩西与一神教》(1938年) 604–8, 643–48

    efforts to prevent its publication 阻止其出版的努力 632–33, 636–37 and n., 646

    English translation 英译本 637, 638, 643

    first essay ("Moses an Egyptian") 第一篇论文《摩西,一个埃及人》 604, 632, 633

    Jews and 犹太人与 604, 632–33, 636–37, 638, 644, 645–46

    responses to 对此书的反应 604, 645–47

    second essay ("If Moses Was an Egyptian...") 第二篇论文《如果摩西是埃及人》 604, 606, 632

    third essay ("Moses, His People and Monotheistic Religion") 第三篇论文《摩西,他的人民和一神教》 604–5, 606, 643

    writing of 写作过程 605–6, 611, 627, 632, 633

mother relationship and complexes 母亲关系与情结

    vs. father's role, on child development (Rank *vs.* Freud) 在儿童发展中相对于父亲角色(兰克与弗洛伊德争论) 475, 476, 477, 505, 517–18

    omitted from *Totem and Taboo* 在《图腾与禁忌》中忽略 335

mourning 哀悼 372

　　Freud's 弗洛伊德的 391−93,395,418,421−22,483,585;work and 工作与 390

Mozart, Wolfgang Amadeus 莫扎特

　　Don Giovanni 《唐·乔万尼》 168,169n.,276

　　Magic Flute, The 《魔笛》 168,169

　　Marriage of Figaro, The 《费加罗的婚礼》 168,276

Mussolini, Benito 墨索里尼,贝尼托 447,593,596

　　and Freud 与弗洛伊德 448n.

Nazis (National Socialists) 纳粹

　　in Austria 在奥地利 593,595,616,620;and Freud and his family 以及弗洛伊德与他的家人 623,625−26,627,628;and Jews 与犹太人 618−23,626,630−31

　　in Germany 在德国 447−48;book burnings 焚书 592−93;and Jews 与犹太人 591−92,638−39

Neue Freie Presse 《新自由通讯》 17,18,127

neurasthenia and neurasthenics 神经衰弱与神经衰弱患者

　　case history (1892) 个案历史(1892年) 62

　　Freud's dissatisfaction with diagnosis of 弗洛伊德不满意这样的诊断 92

　　Krafft-Ebing and 克拉夫特-埃宾与 119−20

　　as sexual neurosis 如同性欲神经症 62−63,91,92,120

neurosis and neurotics 神经症与神经症患者

　　etiology 病源学 412;childhood conflicts and 儿时冲突与 146;Oedipus complex and 俄狄浦斯情结与 113;seduction theory 诱惑理论 90−96,122n.,143,252,583;sexual 性欲的 94−95,122,163,514

　　Freud and 弗洛伊德与 61−63,412;his lectures on 他论述此主题的演讲 368,369;narcissiom in 其中的自恋 339

　　and normal psychology 与正常心理学 118

　　obsessional 俄狄浦斯幻想 333

　　and sexual perversity 性变态 146

New Introductory Lectures on Psychoanalysis (1933) 《精神分析新论》(1933年) 562n.,588

　　dualism in 其中的二元论 402

goal of psychoanalysis discussed in 其中讨论的精神分析目标 615

psychoanalysis as science discussed in 精神分析作为科学 534, 562n.

superego discussed in 讨论的超我 415

New York Psychoanalytic Society 纽约精神分析学会 460

and lay analysis 与非医学专业分析 497, 498-99, 500

Rank and 兰克与 477n.

Nietzsche, Friedrich 尼采, 弗里德里希 45-46 and n., 128, 129, 168, 192, 261, 367, 409

Thus Spoke Zarathustra 《查拉图斯特拉如是说》 228

Nothnagel, Hermann 诺特纳格尔, 赫尔曼 30, 42

sponsors Freud for professorship 支持弗洛伊德进入专业领域 136, 137, 138-39

Obsessional neurosis and neurotics 强迫症与强迫症患者

anal eroticism, sublimated in 在其中升华的肛门性欲 336

analysis of 对此的分析 304

and guilt feelings 与罪恶感 414

"isolating" defense of 神经症的"孤立"防御 489

religion as 作为宗教 526

sexual etiology 性欲病源 92, 93

occult phenomena, Freud and 弗洛伊德与超自然现象 354-55

telepathy 心灵感应 394, 443-45

Oedipus complex and conflicts 俄狄浦斯情结与冲突 90, 100, 112-13, 145, 329, 515

differences in girls and boys 在男孩和女孩间的差别 113, 515, 518, 519, 521

in Dora case 在杜拉案例中 246

erotic nature of 的情欲本质 143

Ferenczi on 费伦齐论 581, 582

Freud's own 弗洛伊德自己的 132 and n., 141, 334-35; Ferenczi on 费伦齐论 581

in *Hamlet* 在《哈姆雷特》里 313, 318 and n.

Klein on 克莱因论 468

in Little Hans case 在小汉斯案例中 257-60

Rank minimizes importance of 兰克减低此问题的影响 475

and religious belief 与宗教信仰 534

repression of 压抑 365

and superego 与超我 415

in *Totem and Taboo* 在《图腾与禁忌》中 329,330,332,333,335

totemism and 图腾主义与 329,330

On Dreams(1901) 《论梦》 114n,141,369

On the Conception of the Aphasias(1891) 《论失语症》(1891年) 62

Breuer's response 布洛伊尔对此书的回应 67-68

Outline of Psychoanalysis(unfinished) 《精神分析纲要》(未完成) 79,402,634,636

papers(published) of Freud 弗洛伊德出版的论文

(1887-1893) 1887—1893年 36

(1890s) 19世纪90年代 76-77,93,103,126

(1905-1915) 1905—1915年 306,335-36

(late 1930s) 20世纪30年代晚期 639

"Analysis Terminable and Interminable"(1937) 《有期和无期的分析》(1937年) 293,614-15

"Character and Anal Eroticism"(1908) 《性格与肛门性欲》(1908年) 336

"'Civilized' Sexual Morality and Modern Nervous Illness"(1908) 《"文明的"性道德与现代神经疾病》(1908年) 338,544

"Construction in Analysis"(1937) 《分析中的建构》(1937年) 293

"Female Sexuality"(1931) 《女性性欲》(1931年) 506,518

"Femininity"(1933) 《女性特质》(1933年) 506-7

"Freud's Psychoanalrtic Method"(1904) 《弗洛伊德的精神分析方法》(1904年) 293

"Leonardo da Vinci and a Memory of His Childhood"(1910) 《达·芬奇及其童年的回忆》(1910年) 268-274,313

"Mourning and Melancholia"(1917) 《哀悼与抑郁》(1917年) 363,372-73,416

"Observations on Transference Love"(1915) 《对移情之爱的种种观察》(1915年) 300,301-303

"Obsessive Actions and Religious Practice"(1907) 《强迫行为与宗教活动》(1907年) 526

"On Beginning the Treatment"(1913) 《论治疗的开端》(1913年) 295-99

"On Coca"(1884) 《论古柯》(1884年) 43,44

"On Narcissism"(1914) 《论自恋》(1914年) 338 and n.,339-42

"Recommendations to Physicians Practicing Psychoanalysis"(1912) 《对从事精神分析的医师的建议》(1912 年) 305

"Remembering, Repeating, and Working Through"(1914) 《回忆、重复与修通》(1914 年) 304-5

"Repression"(1915) 《压抑》(1915 年) 365-66

"Some Elementary Lessons in Psychoanalysis"(unfinished) 《精神分析的基本教程》(未出版) 636

"The Dynamics of Transference"(1912) 《移情动力学》(1912 年) 299-300

"The Economic Problem of Masochism"(1924) 《受虐狂的经济问题》(1924 年) 402

"The Sexual Enlightenment of Children"(1907) 《儿童的性启蒙》(1907 年) 306

"The Unconscious"(1915) 《论无意识》(1915 年) 366-67

paranoia 妄想症

 homosexual component 同性恋的成分 277n., 281-82, 284

 Schreber case 史瑞伯的案例 277-84

parricide, primitive 原初弑父情结 330-31, 333, 334

 and Freud's interpretation of Moses 与弗洛伊德对摩西的诠释 607-8, 644

penis envy 阴茎嫉妒 517, 519-20, 521

Pfister, Oskar 普菲斯特,奥斯卡 190-92, 243, 641

 defends and explains psychoanalysis to public 向大众解释精神分析以及为其辩护 458

 and dream interpretation 与梦的解析 114

 on *Ego and the Id* 论《自我与本我》 416

 vs. Freud, on religion 与弗洛伊德在宗教上的不同意见 191-2, 526, 536, 602 and n.

 on Groddeck 论格罗德克 408-9

 "Illusion of a Future, The," 《一个未来的幻觉》 536

 on *Lay Analysis* 关于《非医学专业进行分析的问题》 490

 and Nazis 与纳粹 592

phylogenetics 种系发生学 368, 551

Pichler, Hans 皮希勒,汉斯 425-27, 446, 538, 573, 613, 623, 634-35

Plato 柏拉图 129, 149, 366

pleasure principle 快乐原则

 in *Beyond the Pleasure Principle* 在《超越快乐原则》中 399-400

  and "primary process" 与"初级过程" 131,337

  and religion 与宗教 545

  and sexual drive 与性驱力 337

political attitudes, Freud's 弗洛伊德的政治倾向 17,112,387,594-95

  on Communism 论共产主义 549,594

  on Socialism 论社会主义 548

positivism 实证主义 34-35,79

"Preliminary Communication"(1893, with Breuer) 《初步交流》(1893年与布洛伊尔合著) 63n. 71,211

preconscious and unconscious, distinguished 前意识与无意识的区别 128

primary process 初级过程 131,337

projection (psychological) （心理学上的）投射 281 and n.

psychoanalysis 精神分析

  charlatans in 精神分析中的江湖骗子 453,493-94,497

  as consolation 作为慰藉 356

  fads and profiteers and 一时流行以及从中牟利者 453-54

  hypnosis and 催眠与 51,103

  popularizations of 普及 449-51,458; Freud's own 弗洛伊德自己的 368-69,489,634

  purpose and goals of 目标以及目的 74,300,615

  and religion 与宗教 533-34n.

  as science 作为一种科学 534,562n.

psychoanalytic method and techniques 精神分析的方法与技术 292-307

  Freud's violations of 弗洛伊德对方法的违背 267,292,295,303,439

  threat of termination 治疗结束的威胁 291-92

  unorthodoxy and independence of analysts in 其中非正统以及独立的分析家 216n.,222,305,469,471,473,475,578-84; *passim* 各处 609

  vulgarization and misapplication of 通俗化以及误用 215

psychoanalytic movement 精神分析运动

  (World War I) 第一次世界大战 350,376; aftermath 战后余波 379,393-94

  (1920s) 20世纪20年代 448-50

  (1930s) 20世纪30年代 459-69,616,617,618,623,633-34

Committee in　其中的委员会　229-30

　　　dissensions and quarrels in　异议与争执　217-24,423-24,466-67,468-69,473-74,476

　　　Freud's role as organizer and promoter　弗洛伊德作为组织者以及推动者　153-54,215,217-18

　　　Jewish character of (alleged)　犹太性格　204-5,218,231,239-40,597,602-3

　　　as secular religious movement　作为一种世俗的宗教运动　175n.,239,452,463

psychoanalytic politics　精神分析运动中的政治

　　　Abraham and　亚伯拉罕与　182

　　　Adler and　阿德勒与　217-20

　　　in Committee　在委员会中　423-24

　　　Freud and　弗洛伊德与　217-24;and his case histories (choice of)　与他选择的个案历史　267;on psychoanalysis as science　论精神分析作为科学　534 and n.

　　　Jewish/gentile component　犹太人与非犹太人的成员　204-5

psychoanalytic theory　精神分析理论

　　　development of　的发展　101-2,335-42;Breuer and　布洛伊尔与　63,103,210;

　　　Freud's autobiographical material influences　弗洛伊德的自传材料影响　89-90;

　　　Freud's medical practice influences　弗洛伊德的医疗执业的影响　118,256,523 and n.

　　　in *Interpretation of Dreams*　在《梦的解析》中　104,117;in "Psychology for Neurologists"　在《神经病理学者的心理学》一文中　78

　　　metapsychology in　其中的后设心理学　362-68

　　　rejection and unpopularity of　反对意见与失去群众　55-56,193-96,206,219,247,450-51,452,603;anti-Semitism and　反犹太主义　205,503n.,602,603

　　　role of sexuality in　性欲的角色　148-49,341,450,451,537,646

Psychopathology of Everyday Life, The (1901)　《日常生活中的精神病理学》(1901年)　117,126-27,141

　　　on Freud's self-analysis　论弗洛伊德的自我分析　97

　　　Hannibal discussed in　其中讨论的汉尼拔　12n.

　　　popularity of　受欢迎的程度　127,209,465

　　　translations　译本　465

"Psychology for Neurologists" (drafted 1895)　《神经病理学者的心理学》(1895年草稿)　78-80,123

psychoses and psychotics　精神病与精神病患

　　excluded from analysis　排除在分析之外　304

　　Freud avoids　弗洛伊德避免　537

puberty　青春期

　　female　女性　518

　　sexuality of　的性欲　147,148

publications, Freud's　弗洛伊德的出版物

　　complete works published　完整的作品合集　465-66,639

　　Nazis and　纳粹与　592-93,626

publishing house, psychoanalytic　精神分析事业中的出版商

　　Imago Publishing Company (London)　潜意象出版公司(伦敦)　639

　　Verlag (Vienna)　费拉格(维也纳)　375n.,471,561,562n.;(Marie) Bonaparte and 玛丽·波拿巴与　542,561,562n.; Bullitt collaboration undertaken by Freud to rescue 蒲立德的合作却由弗洛伊德接手救援　561-62; Freud's financial support of　弗洛伊德的经济支援　561; Nazis and　纳粹与　622-23,626,627,632-33

Putnam, James Jackson　帕特南,詹姆斯　143,163,570,565,566

　　promotes psychoanalysis　推广精神分析　196,212

Question of Lay Analysis, The (1926)　《非医学专业进行分析的问题》(1926年)　489-90,496,525

　　Freud's assessment of　弗洛伊德对此书的评价　497

Rank, Otto　兰克,奥托　176,179,408

　　Abraham *vs.*　亚伯拉罕对　473-74,475,479,481

　　and Committee　以及委员会　230,423,471

　　The Development of Psychoanalysis (with Ferenczi)　《精神分析的发展》(与费伦齐合著)　472,473

　　Ferenczi and　费伦齐与　472,474,478

　　Freud and　弗洛伊德与　423,424n.; conflict and parting　冲突与分离　470,472-81,483-84; and Freud's cancer　与弗洛伊德的癌症　423; Freud supports and worries about Rank　弗洛伊德对兰克的支持与担心　176,471-72,477

　　and *Imago*　以及《潜意象》期刊　311-12,471

and Jones 与琼斯 423-24,424n.,467,472,473,476,479-80,481

papers on psychoanalytic interpretations of culture 论精神分析诠释文化的文章 311

as secretary of Wednesday Psychological Society 担任星期三心理学会的秘书 175,176,178

The Trauma of Birth 《诞生创伤》 472-73,474-75,476

in U.S. 在美国 476-477,478,480,483,563

Rat Man 鼠人 129

case 案例 261-67,336,489;Freud lectures on (1908) 弗洛伊德关于此案例的演讲(1908年) 244-45;Jones and 琼斯与 184,244-45;Jung and 荣格与 264;modern critics of 当代对于此个案的批评 267n.;role of mother in 母亲在其中的角色 505

reaction formation 反向作用 357,415

reality principle *vs.* pleasure principle 现实原则对抗快乐原则 131,337,399

regression 退行

collective, war fever as 战争狂热 349

role in psychoanalysis 在精神分析中的角色 296

in Schreber case 史瑞伯案例 282

Reik, Theodor 赖克,特奥多尔 243,490-92,495,540,633

Freud and 弗洛伊德与 491

Reitler, Rudolf 赖特勒,鲁道夫 174,216

religious belief, Freud and 弗洛伊德与宗教信仰 525-27,544-45

and daughter Sophie's death 与女儿苏菲的死 393

on exclusiveness of religion(s) 论宗教的排他性 406

in *Future of an Illusion* 在《一个幻觉的未来》中 530-35

and happiness 与幸福 522,545

vs. (William) James 相对于威廉·詹姆斯 211,212

vs. Jung's 相对于荣格 205,226,227,238,331,332

in *Moses and Monotheism* 在《摩西与一神教》中 633,637,643-45

myth and 神话与 100

origins in infantile psychology 从婴儿期的心理学缘起 530,544-45

vs. Pfister's 相对于普菲斯特 191-92,526,536,602 and n.

vs. religious Jews and Judaism 相对于有宗教信仰的犹太人与犹太教 599-601,

632-33 and n.
  in *Totem and Taboo* 在《图腾与禁忌》中 331-32
  vs. his wife's 相对于他的太太 38,54,600
repetition compulsion 重复冲动 393,400-1
repression(s) 压抑 78
  discussed in *Inhibitions, Symptoms and Anxiety* 在《抑制、症状与焦虑》中讨论的 485,486,488
  and dream material 与梦境素材 130-31
  in Little Hans case 在小汉斯案例中 260
  by modern culture 现代文明下的 120,123,128-29,148,338,546-47
  and pleasure principle 与快乐原则 400
  and reason 与理性 410
  unconscious nature of 压抑的无意识本质 128-29,412
resistance(s) 阻抗 71-72,299-300,303,412
  to analysts's interpretation 对分析家解释的阻抗 250 and n.,251,299
  as defense mechanism 作为防御机制 489
  definition 定义 299
  in Freud's self-analysis 在弗洛伊德的自我分析中 99
  to making unconscious conscious 把无意识带进意识中 128
  in obsessives 在强迫症患者中 261-62,263
  to psychoanalytic theory 对精神分析理论的抗拒 247
  role in psychoanalysis 在精神分析中的角色 294
Rie, Oskar 里依,奥斯卡 82,422,429,573
  and Dora case 与杜拉案例 246
Riklin, Franz 里克林,弗朗茨 217,225,233,327
Rilke, Rainer Maria: "Five Songs" 里尔克,赖内·马利亚,《歌曲五首》 348
rituals 仪式
  Freud's dislike of 弗洛伊德不喜欢 537
  neurotic 神经症的 288; and religious 与宗教的 526
  totem meal 图腾宴 329-30
Rivers, W. H. R 里弗斯 376
Riviere, Joan 里维埃,琼

her analysis with Jones, then Freud 接受琼斯的分析,而后接受弗洛伊德的分析 400

(Anna) Freud and 安娜·弗洛伊德与 442n.

Freud on 弗洛伊德论 50

on Freud's eyes 谈论弗洛伊德的眼神 156-57

as translator 作为翻译者 465,466,552 and n.

Rolland, Romain 罗兰,罗曼 456,544,574,602

Roman Catholic Church and Nazism 罗马天主教会与纳粹 617-18,619 and n.

Roman Catholicism 罗马天主教廷

 Freud's attitude toward 弗洛伊德对他们的态度 17,30,132,604

 and Freud's childhood 与弗洛伊德的童年 7,12

Rome 罗马

 Freud's visits to: (1901) 弗洛伊德拜访罗马:1901年 135-36,141;(1913) 1913年 315;(1923), with daughter Anna 与女儿安娜同行(1923年) 424,425,429;with Ferenczi 与费伦齐 576

 Freud's wish to visit 弗洛伊德希望造访罗马 111,132,139

 importance of, for Freud 对弗洛伊德来说的重要性 171-72,173,314

Rousseau, Jean-Jacques 卢梭,让-雅克 325-26

 Confessions 《忏悔录》 129

Russia 俄国

 Freud's feelings about 弗洛伊德对它的感觉 352

 and World War I 与第一次世界大战 346,347,349 and n.,353,371,374

Sachs, Hanns 萨克斯,汉斯 178,224,461,463,609,648-49

 and *American Imago* 与《美国潜意象》杂志 634

 and Committee 与委员会 230

 on Freud: his collection of antiquities 论弗洛伊德收藏的古物 170; and work 以及工作 310

 and *Imago* 和《潜意象》杂志 311

 as lay analyst 作为非医学专业分析家 492

 on revolution in Austria 论奥国革命 377

 and World War I 与第一次世界大战 351

Sadger, Isidor 萨德格尔,伊西多尔 176,177,178,339,495,503

sadism 施虐狂

    Adler *vs.* Freud on 阿德勒相对于弗洛伊德论 217

    in Wolf Man case 在狼人案例中 287

Saussure, Raymond de 索绪尔,雷蒙德·德 500,632

Schiller, Friedrich 席勒,弗里德里希 46,128,166,342,385

schizophrenia and schizophrenics 精神分裂症与精神分裂症患者 198,199

    narcissism in 其中的自恋 339

Schliemann, Heinrich 谢里曼,海因里希 172,326

Schnitzler, Arthur 施尼茨勒,阿图尔 15n.

    and anti-Semitism 与反犹太主义 21,139

    Freud and 弗洛伊德与 130,166

    The Road to the Open 《开放之路》 139

    women portrayed by 所描绘的女人 510-11

    and World War I 与第一次世界大战 348-49n.

Schopenhauer, Arthur 叔本华,阿图尔 128,149,365,367,391,401

Schreber, Daniel Paul 史瑞伯,丹尼尔·保罗

    Freud's paper on 弗洛伊德评论他的文章 277-84; Freud's personal stake in 弗洛伊德与此案例的个人利害关系 267,279; Jung on 荣格论 279-80; narcissism mentioned in 其中提到的自恋 339; role of mother in 其中的母亲角色 505; and *Totem and Taboo* 与《图腾与禁忌》 328

Schur, Max 舒尔,马克斯 611,622,625,629

    on *Beyond the Pleasure Principle* 论《超越快乐原则》 398n.

    Freud's confidences to 弗洛伊德对他的信任 170

    and Freud's final illness 与弗洛伊德最后的病痛 642-43,648,649,650-51

    on Freud's relationship to his mother 论弗洛伊德与他母亲的关系 505n

    on (Martha) Freud 论玛尔塔·弗洛伊德 59

science 科学

    Freud's faith in 弗洛伊德对科学的信念 35,533-35

    psychoanalysis as 精神分析作为一种科学 534,562n.

    and religion 与宗教 533 and n.

secondary process 次级过程 131,337

seduction theory　诱惑理论　90-96,122n.,143,252,583

self-analysis, Freud's　弗洛伊德的自我分析　96-100

 and childhood memories　与童年记忆　6,7,10-11,97,99

 his methods　他的方法　98

 and relationship with Breuer　与布洛伊尔的关系　69

 and relationship with Fliess　与弗利斯的关系　274 and n.

 role of *Interpretation of Dreams* in　在《梦的解析》中的角色　89,96

 shortcomings of　其缺点　427,505 and n.

 and superstition (s)　与迷信　58

 unique in history of psychoanalysis　在精神分析历史中的特殊性　96,177

sexual abuse　性侵害

 boys as victims of　男孩作为受害者　91n.

 in etiology of neuroses (seduction theory)　在神经症的病源说当中（诱惑理论）　90-96

sexual etiology of mental illness　心理疾病在性上的病因学

 of anxiety　焦虑的　486

 Breuer and　布洛伊尔与　66-67,68-69

 Freud's commitment to　弗洛伊德对此说法的信奉　123-24

 Freud's own sexuality and theory　弗洛伊德自己的性欲与理论　38

 of hysteria　歇斯底里症的　70,93

 Jung's reservations about　荣格对此的保留态度　199

 of neurasthenis　神经衰弱的　62-63,91,92,120

 of neuroses　神经症的　94-95,122,163; for women　关于女人的　514

sexuality　性欲/性

 in crowd psychology　在群众心理学中　405-6

 development of (normal)　正常的发展　146

 Freud's early interest in　弗洛伊德对性的早期兴趣　32n.,141

 restricted/repressed by modern culture　被当代文明所限制/压抑的　120,123,128-29,148,338,546-47

 theory of　的理论　142-49; as subversive　被当作具破坏性的　148-49

 ubiquity of, in Freud's theory (alleged)　在弗洛伊德的理论中宣称为独一无二的　148-49,341,450,451,537,646

sexuality, female　女性的性　501,512,513-19

　　　　Abraham *vs.* Freud on　　亚伯拉罕相对于弗洛伊德论　185n.,502

　　　　bias of male analysts on　　男性分析家在此议题上的偏见　520 and n.,521

　　　　orgasm, clitoral *vs.* vaginal　　阴蒂高潮相对于阴道高潮　501,519

　　　　passivity　　被动性　507−8,513n.

　　　　pleasure　　快感　519

sexuality, Freud's　弗洛伊德的性　162−64

　　　　marital　　婚姻中的　59,162,163

　　　　in his relationships with colleagues　　在他和同事中的关系里　86−87,204,274−76

　　　　surgery and (1923)　　手术与(1923年)　426

sexuality, infantile　婴儿的性

　　　　Adler *vs.* Freud on　　阿德勒相对于弗洛伊德讨论　217,286

　　　　Fliess and　　弗利斯与　57

　　　　Freud lectures on, Clark University (1909)　　弗洛伊德在克拉克大学的演讲谈(1909年)　210

　　　　Freud's early approaches to　　弗洛伊德早期对此的取向　92,143,144−45 and n.

　　　　in *Interpretation of Dreams*　　在《梦的解析》中　144−45 and n.,434n.

　　　　Little Hans case　　小汉斯案例中　257−61

　　　　resistance to Freud's view of　　对弗洛伊德这种观点的抗拒　195

　　　　in *Three Essays*　　在《性学三论》中　146−148

　　　　Wolf Man case　　狼人案例中　286,287−91

　　　　Shakespear, William　　莎士比亚,威廉　86,166

　　　　authorship/identity, Freud on　　弗洛伊德论其是否为原创作者/身份　643 and n.,647

　　　　Hamlet　　《哈姆雷特》　100,313,318−19

　　　　King Lear　　《李尔王》　313,323,433

　　　　Macbeth　　《麦克白》　314,615

　　　　Merchant of Venice　　《威尼斯商人》　313,323

sibling rivalry　手足之争　147,506−7

　　　　Freud's own　　弗洛伊德自己的　7,99,141,316n.,502,506−7

Silberstein, Eduard　西尔伯施泰因,爱德华　22

　　　　Freud's letters to　　弗洛伊德给他的信件　23,26,27,31,35,525

Simmel, Ernst　齐美尔,埃内斯特　372,462,592

slips of tongue or pen　口误或笔误　80,117,125,127,452

（Anna）Freud and　安娜·弗洛伊德　436

　　Freud lectures on　弗洛伊德谈此主题的演说　368,369

　　Freud's own　弗洛伊德自己的　234,310n.,555n,628－29；in his self-analysis　他的自我分析　98,100,125

　　as revealing unconscious material　作为揭示无意识内容的方式　367

Smith,W. Robertson　史密斯,罗伯森　327,329,331,333,334,528

smoking habit, Freud's　弗洛伊德的吸烟习惯　59,77,169－70,384,393n.,572,642

Socialism and Socialists　社会主义与社会主义者

　　in Austria　在奥地利的　17；(1930s)　20世纪30年代　594,595；and feminist movement　与女权主义运动　510,511

　　Freud on　弗洛伊德论　548

　　and World War I　与第一次世界大战　345

Sophocles　索福克勒斯

　　Oedipus at Colonnus　《俄狄浦斯在科洛诺斯》　442

　　Oedipus Rex　《俄狄浦斯王》　154

Soviet Union　苏联

　　Communism of　共产主义　549

　　Freud's view of　弗洛伊德的看法　549－50

speculation, Freud and　弗洛伊德与沉思　25,27,157,316,317,367－68,551,647

　　in *Beyond the Pleasure Principle*　在《超越快乐原则》　398,403

Stekel, Wilhelm　斯特克尔,威廉

　　and Adler-Freud controversy　与阿德勒-弗洛伊德论争　222

　　Freud and　弗洛伊德与　173 and n.,174,187n.；break with Freud　与弗洛伊德决裂　232；as irritant to Freud　作为弗洛伊德的刺激者　213－14,221,232

　　Language of Dreams, The　《梦的语言》　214

　　and symbols in dreams　与梦中的象征　114,173

　　and Vienna Psychoanalytic Society　与维也纳精神分析学会　222,224,232

　　and Wednesday Psychological Society　与星期三心理学会　173－75,177,178,213－14

　　and *Zentralblatt für Psychoanalyse*　与《精神分析集刊》　219,222,231－32

Stendhal　司汤达　129；

　　Love　《论爱情》　569

　　Lucien Leuwen　《红与白》　569

Sterba, Richard 斯泰尔巴,理查德 386,626

Strachey, Alix 斯特雷奇,阿利克斯 428,461,463,483,524

    on Klein 论克莱因 467-68

    as translator 作为译者 465,466

Strachey, James 斯特雷奇,詹姆斯 465,466,524

Studies on Hysteria (1895, with Breuer) 《歇斯底里症研究》(1895年与布洛伊尔合著)

    and development of psychoanalytic theory 与精神分析理论的发展 74

    publication of 出版 63

    responses to 反应 77

    sexual etiology implied in 其中隐含的性上的病因 92

    techniques discussed in 其中讨论的技术 293

    transference discussed in 其中讨论的移情作用 253

sublimation of sexual instincts 性本能的升华 164,282

    in Freud's "Leonardo" 在弗洛伊德的《达·芬奇》一文中 272,273

successor(s) to Freud 弗洛伊德的继承者

    his concern about 弗洛伊德的关注 200,218-19 and n.,230-31,474

    Jung intended as 认定荣格 201-2,203,219n.,224,236

superego 超我 373 and n.,407,413,414-16

    and civilization 与文明 550-51

    and conscience, contrasted 与良知对比 414

    different development of, in boys and girls 在男孩和女孩中的不同发展 416n.,515-16,518

    Jones 琼斯论 416

    Klein on 克莱因论 468,469

    woman's 女人的 518-19

superstition, Freud and 弗洛伊德与迷信 58,126,127,141,444,533,647

survivor guilt 幸存者的罪恶感 88 and n.,89,632

"talking cure" "谈话治疗"

    Breuer and, case of Anna O. 布洛伊尔与安娜·O个案 65-66

    case of Elisabeth von R. 伊丽莎白·冯尔的个案 71-72

    Freud's commitment to 弗洛伊德对此技术的认定 71,103

Tausk, Viktor 陶斯克,维克多 178, 189-90, 193, 232
    his suicide (1919) 他的自杀(1919年) 390-91
telepathy, Freud and 弗洛伊德与心灵感应 394, 443-45
Thanatos and Eros 死欲与爱欲 401-2, 410-11
Three Essays on the Theory of Sexuality (1905) 《性学三论》(1905年) 104, 142-49
    critical response 批评的回应 194
    expanded in subsequent editions 在后续版本中的扩增 148
    female sexuality discussed in 在其中讨论的女性性欲 513-14
    first essay (on sexual deviations and perversions) 第一论(论性偏离与性变态) 145-46
    and Little Hans case 与小汉斯案例 256
    second essay (on infantile sexuality) 第二论(论婴儿性欲) 146-48
    third essay (on puberty and adolescence) 第三论(论青春期与青少年) 148
    translations 翻译 465
Totem and Taboo (1913) 《图腾与禁忌》(1913年) 324-25
    Freud's personal stake in 其中弗洛伊德个人的利害关系 334-35
    and his *Group Psychology* 与他的《群体心理学》 404
    Hebrew translation 希伯来文译本 599, 602
    Jung and 荣格与 227
    Oedipus complex discussed in 其中讨论的俄狄浦斯情结 113
    responses to 对此书的反应 327, 332-33; by Freud's followers 弗洛伊德追随者的反应 326-27
    shortcomings of 缺点 332-35
    writing of 写作 324-25, 326
totems and totemism 图腾与图腾主义 328-329, 331, 332-33
    totem meal 图腾宴 329-30, 331, 332; Holy Communion as 圣餐作为 644
transference 移情作用 50, 300-3, 305
    in analytic process 在分析过程中 299
    in Dora case 在杜拉案例中 253-54, 300
    Ferenczi and 费伦齐与 578
    Freud's 弗洛伊德的 33, 58-59
    Jones and 琼斯与 440
    Jung's to Freud 荣格对弗洛伊德的 204

women analysts and　女性分析家与　503

translation(s) of Freud's works　弗洛伊德作品的译本(翻译)　451,465,595

　　by Brill　布里尔所翻　209,465 and n.

　　into English　翻成英文　209,465 - 66,637,643

　　of *Future of an Illusion*, prohibited in USSR　《一个幻觉的未来》的译本,在苏联遭禁　534n.

　　of *Group Psychology*　《群体心理学》的译本　394n.,600

　　into Hebrew　翻成希伯来文　598n.,599,602,638

　　of his introductory lectures on psychoanalysis　他的精神分析引论讲义的译本　369

　　of *Moses and Monotheism*　《摩西与一神教》的译本　637,638,643

　　of *Totem and Taboo*　《图腾与禁忌》译本　599,602

unconscious　无意识　119,128,366 - 67,412

　　and defenses　与防御　488

　　in dream production　在梦产物里　130 - 31

　　early concepts of　的早期观念　127 - 128,366 - 67

　　ego and　自我与　412,414,416,449

　　and reason　与理性　410

　　its relation to: conscious　与意识的关系　337,412; preconscious　与前意识的关系　367; subconscious　与下意识的关系　453 and n.

　　and repression　与压抑　128 - 29,412

　　and telepathy　与心灵感应　444

"undoing," (defense mechanism)　"抵消"(防御机制)　488 - 489

United States　美国

　　analysands (Freud's) from　弗洛伊德分析者　564 - 65,570

　　anti-Semitism in　其中的反犹太主义　563 and n.

　　Ferenczi in　费伦齐在　208 - 9,212,563,567

　　Freud considers emigrating to (1886)　弗洛伊德考虑移民到美国(1886 年)　19,53,562 - 63

　　Freud's negative attitudes toward　弗洛伊德对美国的负面印象　208 and n.,210 - 11,212,497,498,562 - 70,581,633; financial aspects　经济方面　563 - 64,566 - 67 and n.,569,570 and n.

Freud's trip to (1909) 弗洛伊德的美国行(1909年) 206-13

psychoanalysis and psychoanalytic movement in: acceptance of 在美国的精神分析运动:接受 207,452;analysts (Freud on) 弗洛伊德论美国的分析家 564-65,566; charlatans and quacks 江湖郎中和骗子 493-94;lay analysis 非医学专业的分析 497-500,566,633,639;rejection of 的拒斥 194,195;societies 学会 460

Rank in 兰克在美国 476-77,478,480,483,563

receives European analysts (1930s) 接纳欧洲的分析家(20世纪30年代) 639

urinating incident in Freud's childhood 弗洛伊德童年的尿床事件 23 and n.,25,112

Vienna 维也纳

climate of opinion on psychoanalysis 当时对精神分析的意见 449-50,452-53,575,603,623,639

cultural conditions (late 19th century), Freud and 弗洛伊德与(19世纪末的)文化状况 130

Freud's decision to leave 弗洛伊德决定离开 624,628;departure (4 June 1938) 离开(1938年6月4日) 628-29;emotional impact on him 对他的情绪冲击 630;his resistance to and rationalizations 他拒绝离开并找理由 593,594,595,596,610,616,618,624-25;and sisters left behind 妹妹留下 630,632,638;support mobilized for 支持者对他的帮助 623-24

Jews in (late 19th century) 在维也纳的犹太人:19世纪末 14,15-21;(early 20th century) 20世纪初 139;(1938) 1938年 618-22

political and social conditions: (late 19th century) 政治与社会形势:19世纪末 14-19;(1930s) 20世纪30年代 593,594,616-17,618-22

Vienna Psychoanalytic Society 维也纳精神分析学会

Adler and 阿德勒与 216,219-20,222,223-24

Andreas-Salomé and 安德烈亚斯-莎乐美与 193

emigration of members (1938) 成员的移民(1938年) 626

(Anna) Freud becomes member (1922) 安娜·弗洛伊德成为会员(1922年) 426-37

Freud's lectures to 弗洛伊德对学会的演说 274,324,336,512-13

and lay analysis 与非医学生专业的分析 490-91

members, mediocrity of 会员的平庸 178-79,193,213,312,336

organization of (1908) 组织起源(1908年) 177-78

(Otto) Rank and 奥托·兰克与 474-75

its status in international psychoanalytic movement 在国际精神分析运动中的地位 218-19

and women's membership 与女性会员 503

in World War I 在第一次世界大战中 351

Vinci, Leonardo da 达·芬奇,莱昂纳多

Freud identifies with 弗洛伊德对他的认同 140,167,268,272

Freud's long paper on 弗洛伊德讨论他的长篇论文 268-74,322-23

Mona Lisa portrait 《蒙娜丽莎》画像 270,272

Virgin, Saint Anne, and the Christ Child, The 《圣母、圣婴与圣安妮》 268,272,273 and n.

vocabulary, psychoanalytic 精神分析词汇

early analysts' free use of 早期分析家自由使用 235

in general usage 在一般用法里 452; narcissism 自恋 340; misused 误用 450

Jung's contributions 荣格对此的贡献 198

Voltaire, François Marie Arouet de 伏尔泰 167,532,606

war, Freud on 弗洛伊德论战争 350,353

his 1915 paper on 他在1915年的文章论 355-56

war fever 战争狂热 348-49

war neurosis 战争神经症 375

Weber, Max 韦伯,马克斯

on Moses 论摩西 607

Protestant Ethic and the Spirit of Capitalism, The 《新教伦理与资本主义精神》 158,528

Wednesday Psychological Society 星期三心理学会 173-77

beginning of (1902) 开始(1902年) 136,173,174

Freud and his leadership 弗洛伊德及其的领导 174; its usefulness to him 这个讨论会对他的用处 174,244

meetings 聚会 175,176-77

members 会员 174,175

Weiss, Edoardo 魏斯,爱德华多 178,440,448n.

Wilson, Woodrow 威尔逊,伍德罗 372,375,378

    Freud and 弗洛伊德与 378-79,553-62;Freud's reasons for collaborating with Bullitt on 弗洛伊德和蒲立德合作的理由 560 and n.,561-62;psychoanalytic conclusions 精神分析式的结论 559-60

"wild" analysis "野蛮"分析 293-94,299

    by Freud's insiders 由弗洛伊德的圈内人所做的 235,480

wishes 愿望 78,80

    in psychoanalytic cultural studies 在精神分析的文化研究中 312

    religion and 宗教以及 530 and n.,531

    repression and 压抑与 365

Wittels, Fritz 威托斯,弗里茨

    on Breuer (Freud responds) 论布洛伊尔(与弗洛伊德的回应) 69

    on Freud 论弗洛伊德 173n.;appearance, physical 外表 156,157;choice of career 选择职业 24-25;and cocaine 与可卡因 45;and death drive 与死亡驱力 394-95;inferiority feeling 卑下的感受 27n.;lecturing style 演说风格 159,244

    on Kraus and *Die Fackel* 论克劳斯以及《火炬》 214-15

    on Stekel and Freud 论斯特克尔与弗洛伊德 214n.

    in U.S. 在美国 538

    and Wednesday Psychological Society 与星期三心理学会 176,177

    on women's status 论妇女地位 512

Wolf Man "狼人" 121,342

    case 案例 285-92,489;dreams in 其中的梦 287-89;Freud's personal stake in 弗洛伊德的个人利害关系 267;later analysts' views of 后来的分析家对此案的看法 285n.;religion in 其中的宗教 532n.;role of mother in 母亲角色 505

    later life of 晚年生活 292n.

    and objects in Freud's study 与弗洛伊德研究的对象 170-72

women 女性

    narcissiom in 女性的自恋 340 and n.

    neurosis in 女性的神经症 514

    in psychoanalytic profession, Freud's support of 弗洛伊德对女性在精神分析专业中的支持 503,508-9

women, Freud and 弗洛伊德与女性 502-7

883

　　　　as his analysands　作为他的分析对象　11

　　　　in childhood　在他的童年里　7,10－11,502

　　　　his inability to empathize with　他无法同情女性　249,501,505

　women,Freud on　弗洛伊德论女性　501－22

　　　　his agnosticism/perplexity　他的不可知论与困惑　11,501－2,505,507

　　　　his attitudes toward　他对女性的态度　38－39,309,340n.,501,512,515;cultural influences on　文化对弗洛伊德看法的影响　507－8;his personal (biographical) influences on　他个人经历对看法的影响　502－7

　　　　opponents and criticisms of his views　对他的观点的反对与批评　502,516,519－22

　women's rights movement,Freud and　弗洛伊德与女权运动　508,509－12,513

　Woolf,Virginia　伍尔夫,弗吉尼亚　639,640

　Word War I　第一次世界大战　347－61,370－72

　　　　casualties　伤亡　381

　　　　events leading to　导火线　343－47

　　　　Freud and　弗洛伊德与　345,346－47,349－61,370－72;difficulties and deprivations at home　物资的缺乏　371,379,380;his family in　他的家人　351－53,352n.,370,377,429－30;his financial circumstances　他的经济状况　350,361,371;its impact on his theories　对他理论的影响　370,373,395－96,396n.;postwar situation　战后状况　381－387;his psychoanalytic views of　他对第一次世界大战的精神分析观点　350,353,355－56,396n.

　　　　impact of, on psychoanalytic movement　对精神分析运动的影响　344,350,376

　Zentralblatt für Psychoanalyse　《精神分析集刊》　219,222,231－32

　Zionism　犹太复国主义

　　　　in Austria　在奥地利　17

　　　　Freud and　弗洛伊德与　598 and n.

　　　　Freud's sons and　弗洛伊德的儿子与　600－601

　Zola,Émile　左拉　166,405

　Zweig,Arnold　茨威格,阿诺德　456,524,611,616,636

　Zweig,Stefan　茨威格,斯蒂芬　60n.,452,457,634,636

　　　　on Austrian women's role　论奥地利妇女地位　511

　　　　and World War I and aftermath　与第一次世界大战以及战后　348,380,386－87

图书在版编目（CIP）数据

弗洛伊德传 /（美）彼得·盖伊著；龚卓军，高志仁，梁永安译. —北京：商务印书馆，2023
（启蒙文库）
ISBN 978-7-100-22012-5

Ⅰ.①弗⋯　Ⅱ.①彼⋯　②龚⋯　③高⋯　④梁⋯　Ⅲ.①弗洛伊德（Freud, Sigmmund 1856–1939）—传记　Ⅳ.① K835.215.1

中国国家版本馆 CIP 数据核字（2023）第 042066 号

本书译文中文简体字版权由台湾立绪文化
事业有限公司授予

权利保留，侵权必究。

启蒙文库
弗洛伊德传
〔美〕彼得·盖伊/著
龚卓军　高志仁　梁永安/译　刘森尧/校订

商 务 印 书 馆 出 版
（北京王府井大街36号　邮政编码100710）
商 务 印 书 馆 发 行
北京市十月印刷有限公司印刷
ISBN 978-7-100-22012-5

2023 年 5 月第 1 版	开本 710×1000	1/16
2023 年 5 月第 1 次印刷	印张 57.125	插页 8

定价：198.00 元

读者联谊表
（电子文档备索）

姓名：　　　　年龄：　　　　性别：　　　宗教：　　　党派：

学历：　　　　专业：　　　　职业：　　　　所在地：

邮箱：＿＿＿＿＿＿＿＿　手机：＿＿＿＿＿＿QQ：＿＿＿＿＿

所购书名：＿＿＿＿＿＿＿＿＿＿在哪家店购买：＿＿＿＿＿

本书内容：<u>满意　一般　不满意</u>　　本书外观：<u>满意　一般　不满意</u>

价格：<u>贵　不贵</u>　阅读体验：<u>较好　一般　不好</u>

有哪些差错：

有哪些需要改进之处：

建议我们出版哪类书籍：

平时购书途径：实体店　网店　其他（请具体写明）

每年大约购书金额：　　　藏书量：　　　每月阅读多少小时：

您对纸质书与电子书的区别及前景的认识：

是否愿意从事编校或翻译工作：　　　愿意专职还是兼职：

是否愿意与启蒙编译所交流：　　　是否愿意撰写书评：

如愿意合作，请将详细自我介绍发邮箱，一周无回复请不要再等待。

本表不作其他用途，涉及隐私处可简可略。

电子邮箱：qmbys@qq.com　　联系人：齐蒙

启蒙编译所简介

启蒙编译所是一家从事人文学术书籍的翻译、编校与策划的专业出版服务机构，前身是由著名学术编辑、资深出版人创办的彼岸学术出版工作室。拥有一支功底扎实、作风严谨、训练有素的翻译与编校队伍，出品了许多高水准的学术文化读物，打造了启蒙文库、企业家文库等品牌，受到读者好评。启蒙编译所与北京、上海、台北及欧美一流出版社和版权机构建立了长期、深度的合作关系。经过全体同仁艰辛的努力，启蒙编译所取得了长足的进步，得到了社会各界的肯定，荣获凤凰网、新京报、经济观察报等媒体授予的十大好书、致敬译者、年度出版人等荣誉，初步确立了人文学术出版的品牌形象。

启蒙编译所期待各界读者的批评指导意见；期待诸位以各种方式在翻译、编校等方面支持我们的工作；期待有志于学术翻译与编辑工作的年轻人加入我们的事业。

联系邮箱：qmbys@qq.com
豆瓣小站：https://site.douban.com/246051/